CURSO DE PROCESSO CIVIL

Tomo III

Fabio Caldas de Araújo

CURSO DE PROCESSO CIVIL

atualizado com as Leis 13.256/2016 e 13.532/2017

Tomo III
Procedimentos Especiais

CURSO DE PROCESSO CIVIL
Tomo III – *Procedimentos Especiais*
© Fabio Caldas de Araújo

Direitos reservados desta edição por
MALHEIROS EDITORES LTDA.
Rua Paes de Araújo, 29, conjunto 171
CEP 04531-940 – São Paulo – SP
Tel.: (11) 3078-7205 – Fax: (11) 3168-5495
URL: www.malheiroseditores.com.br
e-mail: malheiroseditores@terra.com.br

Composição: PC Editorial Ltda.
Capa
Criação: Vânia Lúcia Amato
Arte: PC Editorial Ltda.

Impresso no Brasil
Printed in Brazil
01.2018

Dados Internacionais de Catalogação na Publicação (CIP)

A663c   Araujo, Fabio Caldas de.
         Curso de processo civil : tomo III : procedimentos especiais : atualizado com as Leis 13.256/2016 e 13.532/2017 / Fabio Caldas de Araujo. – São Paulo : Malheiros, 2018.
         736 p. ; 21 cm.

         Inclui bibliografia.
         ISBN 978-85-392-0393-2

         1. Processo civil - Brasil. 2. Direito civil - Brasil. 3. Ação judicial. 4. Jurisdição voluntária. 5. Ação coletiva (Processo civil). I. Título.

                                              CDU 347.91/.95(81)
                                              CDD 347.8105

Índice para catálogo sistemático:
1. Processo civil : Brasil 347.91/.95(81)
(Bibliotecária responsável: Sabrina Leal Araujo – CRB 10/1507)

Esta obra é dedicada a minha mãe,
CLEUSE MARIA CALDAS DE ARAÚJO,
pessoa extraordinária, que, com sua força e determinação,
abriu mão de tantos sonhos em prol da família.
Nada poderá retribuir o carinho, a abnegação,
ou seja, a doação de sua vida.
Esta homenagem não representa sequer uma fração
do débito de seus filhos: Fabio, Gisele e Paulo.
Seu exemplo é um marco constante em nossas vidas
e somos eternamente gratos por tudo o que fez,
por tudo o que faz, e por tudo que ainda fará,
pois filhos são eternas crianças que sempre necessitam
do amor materno para a proteção
e conforto nesta vida tão atribulada.
Nosso muito obrigado Mãe,
como todo nosso amor!

SUMÁRIO

Agradecimentos, 29
Apresentação, 31

Parte I – A TÉCNICA PROCESSUAL E O DÉFICIT PROCEDIMENTAL

1. **Os procedimentos especiais e a tutela jurisdicional diferenciada**, 34
2. **Procedimentos comum e especial**, 37
3. **Procedimentos especiais: Código de Processo Civil e legislação extravagante**, 37
4. **Atualidade e importância dos procedimentos especiais**, 38
5. **Procedimentos especiais, flexibilização e atipicidade dos procedimentos**, 39
6. **Procedimentos especiais de jurisdição contenciosa e voluntária**, 41
7. **Procedimentos especiais excluídos e realocados pela Lei 13.105/2015**, 42
7.1 *A usucapião: judicial e administrativa*
   7.1.1 *A migração da ação de usucapião para o procedimento comum*, 43
   7.1.2 *Formação do título dominial por meio da usucapião*, 43
   7.1.3 *Natureza jurídica da ação de usucapião*, 44
   7.1.4 *A usucapião e a aquisição originária da propriedade*, 44
   7.1.5 *Petição inicial*, 45
   7.1.6 *Situações especiais de "legitimatio ad causam": espólio, condômino, compossuidor, pessoas jurídicas (associação e entidade coletiva)*, 46
   7.1.7 *Formação do contraditório. Citações e intimações*, 47
   7.1.8 *Citação do proprietário e do possuidor*, 48
   7.1.9 *Citação e intimação da Fazenda Pública*, 48
   7.1.10 *O procedimento edital*, 49
   7.1.11 *Citação dos confinantes*, 50
   7.1.12 *Audiência de conciliação e mediação e conversão para o procedimento administrativo*, 50

7.1.13 *Defesa: contestação e reconvenção*, 52
7.1.14 *Audiência de instrução*, 53
7.1.15 *Intervenção do Ministério Público*, 53
7.1.16 *A sentença e a "usucapio libertatis"*, 55
7.1.17 *A usucapião administrativa ou extrajudicial*, 55
7.1.18 *Facultatividade e contraditório na via administrativa*, 56
7.1.19 *Usucapião administrativa e mediação extrajudicial*, 57
7.2 A ação de depósito e a Súmula Vinculante 25 do STF, 58
7.3 A ação de nunciação de obra de nova, 60
7.4 Da ação de anulação e substituição de títulos ao portador, 61
7.4.1 *A boa-fé e os títulos ao portador*, 61
7.4.2 *A restrição de circulação dos títulos ao portador*, 62
7.4.3 *O procedimento edital em relação aos títulos ao portador*, 63
7.5 A ação de venda a crédito com reserva de domínio, 63
7.5.1 *Da venda com reserva de domínio para a alienação fiduciária de bens móveis*, 63
7.5.2 *Da venda com reserva de domínio e o "leasing" (arrendamento mercantil): Súmulas 263 e 293 do STJ*, 64
7.5.3 *Venda com reserva e a proteção ao terceiro de boa-fé*, 65
7.5.4 *O procedimento comum na venda com reserva de domínio: tutela específica ou equivalente pecuniário*, 66

Parte II – AÇÕES ESPECIAIS NO CÓDIGO DE PROCESSO CIVIL

Capítulo I – AÇÕES DE JURISDIÇÃO CONTENCIOSA
§ 1º. AÇÃO DE CONSIGNAÇÃO EM PAGAMENTO

1. A CONSIGNAÇÃO E O CÓDIGO DE PROCESSO CIVIL/2015, 71
2. DIREITO MATERIAL E DIREITO PROCESSUAL: CONSIGNAÇÃO EM PAGAMENTO E A AÇÃO DE CONSIGNAÇÃO EM PAGAMENTO, 73
3. MODALIDADES DE CONSIGNAÇÃO, 75
4. OBJETO DA CONSIGNAÇÃO, 75
   4.1 *O dever de cooperação do credor*, 76
5. CONSIGNAÇÃO E DISCUSSÃO ACERCA DA "RES DEBITA", 76
6. A CONSIGNAÇÃO NO DIREITO TRIBUTÁRIO, 78
   6.1 *Pressupostos específicos para a consignação*, 79
   6.1.1 *"Mora accipiens": a recusa injustificada do credor*, 79
   6.1.2 *Incognição: dúvida objetiva sobre a identidade do credor*, 80
7. O PROCEDIMENTO DA CONSIGNAÇÃO, 81
   7.1 *A via extrajudicial*, 81

7.2 A via judicial, 83
  7.2.1 Legitimidade "ad causam" para consignar, 84
  7.2.2 Interesse de agir, 85
8. DA COMPETÊNCIA, 86
9. A ESPECIALIDADE DO PROCEDIMENTO
  9.1 Requisitos da petição inicial, 87
    9.1.1 Consignação de prestações periódicas, 88
  9.2 A formação da relação processual na ação de consignação, 89
  9.3 O procedimento quando há incognição sobre o credor, 89
    9.3.1 O procedimento bifásico quando incerto o credor, 91
  9.4 Princípio da concentração, 91
  9.5 A resposta do réu, 93
    9.5.1 A revelia do credor, 94
    9.5.2 A "emendatio morae", 94
10. LEVANTAMENTO DA PARTE INCONTROVERSA E JULGAMENTO PARCIAL, 95
11. SENTENÇA, 96
12. O RESGATE DO AFORAMENTO, 96

§ 2º. AÇÃO DE PRESTAÇÃO DE CONTAS

1. CONSIDERAÇÕES PRELIMINARES, 97
2. A PRETENSÃO DE "EXIGIR" E "OFERECER" AS CONTAS, 99
3. LEGITIMIDADE PARA A PRETENSÃO DE EXIGIR CONTAS, 99
4. LEGITIMIDADE PARA A PRETENSÃO DE OFERECER AS CONTAS PELO RITO COMUM, 100
5. CONDIÇÕES DE ADMISSIBILIDADE DA AÇÃO DE PRESTAÇÃO, 101
6. PROCEDIMENTO DA AÇÃO DE PRESTAÇÃO DE CONTAS
  6.1 Petição inicial, 104
  6.2 O sistema bifásico da ação de exigir contas, 105
  6.3 Possíveis atitudes do réu
    6.3.1 Apresentação das contas, 105
      6.3.1.1 Apresentação e contestação, 106
    6.3.2 Contestação, 107
    6.3.3 Contumácia do réu, 108
  6.4 Sentença na primeira fase. Natureza jurídica, 109
    6.4.1 Cumprimento da sentença, 110
7. SEGUNDA FASE NA AÇÃO DE EXIGIR AS CONTAS, 110
8. RESULTADO DO JULGAMENTO – VERBAS DE SUCUMBÊNCIA, 111
9. AÇÃO DE PRESTAR CONTAS, 111
  9.1 Procedimento, 111
10. PRESTAÇÃO DE CONTAS VINCULADA A PROCESSO JUDICIAL, 112

§ 3º. AÇÕES POSSESSÓRIAS

1. **DO PROCEDIMENTO DAS AÇÕES POSSESSÓRIAS: BENS MÓVEIS E IMÓVEIS**, 112
2. **OBJETO DAS AÇÕES POSSESSÓRIAS: "STRICTO SENSU" E "LATO SENSU"**, 115
3. **A POSSE DE DIREITOS PESSOAIS**, 117
4. **"IUS POSSESSIONIS" E "IUS POSSIDENDI"**, 118
5. **A CONFLUÊNCIA DO DIREITO MATERIAL E DO PROCESSUAL – A POSSE PERANTE O CÓDIGO CIVIL BRASILEIRO**, 118
6. **A CLASSIFICAÇÃO DAS AÇÕES POSSESSÓRIAS POR SUA CARGA DE EFICÁCIA SENTENCIAL**, 121
7. **A FUNGIBILIDADE E AS AÇÕES POSSESSÓRIAS**, 124
   7.1 *A ação possessória e a petitória*, 125
8. **CONDIÇÕES DA AÇÃO POSSESSÓRIA**, 126
   8.1 *Interesse de agir*, 126
   8.2 *Legitimidade "ad causam"*, 127
9. **A CUMULAÇÃO DE PEDIDOS NO JUÍZO POSSESSÓRIO**, 128
   9.1 *O art. 555, I, do CPC – Perdas e danos*, 130
   9.2 *A cumulação de pedidos e prestações em arrendamento mercantil*, 131
10. **DANOS MORAIS EM AÇÃO POSSESSÓRIA**, 132
11. **O PEDIDO DE COMINAÇÃO DE PENA PARA A CESSAÇÃO DA AMEAÇA, TURBAÇÃO OU ESBULHO**, 132
12. **A APLICAÇÃO DE MEDIDAS ESPECÍFICAS**, 133
13. **INDENIZAÇÃO DOS FRUTOS**, 134
    13.1 *Frutos e vantagens. Princípios da separação*, 134
14. **O PEDIDO DE MEDIDA NECESSÁRIA AO CUMPRIMENTO DA TUTELA ANTECIPADA OU FINAL: DEMOLIÇÃO DE CONSTRUÇÃO OU ELIMINAÇÃO DE PLANTAÇÕES**, 135
15. **A OCUPAÇÃO DE BENS PÚBLICOS**, 136
    15.1 *A boa-fé na ocupação de bens públicos*, 137
    15.2 *Ocupação do bem público com disputa entre particulares*, 138
16. **AS ACESSÕES E BENFEITORIAS E A INVERSÃO DO PRINCÍPIO "SUPERFICIES SOLO CEDIT"**, 138
17. **A VETUSTA "EXCEPTIO DOMINI"**, 139
18. **A SÚMULA 487 DO STF**, 141
    18.1 *A ação de usucapião ou de postulação do domínio na pendência de ação possessória*, 141
19. **O PROCEDIMENTO DO JUÍZO POSSESSÓRIO**, 142
    19.1 *Litígio possessório coletivo e peculiaridades do procedimento*, 143
20. **CONCESSÃO DA TUTELA DE URGÊNCIA**, 145
21. **PETIÇÃO INICIAL E A LIMINAR**, 146
    21.1 *A negativa da liminar e as alternativas do autor*, 147
    21.2 *A audiência de justificação da posse*, 148

21.3 Concessão de liminar em litígio possessório coletivo e a relatividade do prazo de ano e dia, 149
21.4 Negócio processual possessório, 151
22. A DEFESA DO RÉU E A FORMULAÇÃO DO PEDIDO CONTRAPOSTO, 153
22.1 A exceção de usucapião e a pretensão publiciana, 154
23. AÇÕES POSSESSÓRIAS COM POLO PASSIVO COLETIVO, 155
24. SEQUESTRO E CAUÇÃO EM RELAÇÃO AO OBJETO LITIGIOSO, 156
25. SENTENÇA POSSESSÓRIA E EXECUÇÃO, 156
25.1 Impugnação e embargos de terceiro, 158
26. CONVERSÃO DA AÇÃO POSSESSÓRIA E AS PERDAS E DANOS, 158

§ 4º. AÇÃO DE DIVISÃO E DEMARCAÇÃO DE TERRAS PARTICULARES

1. BREVE VISÃO HISTÓRICA DAS AÇÕES DIVISÓRIAS, 160
2. A DIVISÃO E A DEMARCAÇÃO JUDICIAL E EXTRAJUDICIAL, 161
3. A FINALIDADE DA AÇÃO DE DEMARCAÇÃO E DIVISÃO, 163
4. CONDIÇÕES DA AÇÃO NA AÇÃO DE DIVISÃO E DEMARCAÇÃO, 163
4.1 Cabimento e o interesse de agir, 163
4.2 Condição de procedibilidade específica da ação de divisão: divisão cômoda da "res", 166
5. ASPECTOS PECULIARES: "ACTIO DUPLEX", 167
6. COMPETÊNCIA, 167
7. POSSIBILIDADE DE CUMULAÇÃO, 169
7.1 Ação demarcatória parcial, 170
7.2 Posição dos confinantes no juízo divisório após a demarcação, 170
8. PRETENSÃO VINDICATÓRIA OU INDENIZATÓRIA DOS CONFINANTES, 171
9. CUMPRIMENTO E LIQUIDAÇÃO DE SENTENÇA CONTRA OS CONDÔMINOS, 172
10. CUMULAÇÃO DE PEDIDOS DEMARCATÓRIO E REIVINDICATÓRIO, 173
11. DA PRESCRIÇÃO NAS AÇÕES DIVISÓRIAS, 174
12. PROCEDIMENTO DAS AÇÕES DIVISÓRIAS, 177
12.1 Natureza bifásica do procedimento, 178
12.2 Procedimento da ação demarcatória
12.2.1 Petição inicial, 178
12.2.2 Cumulação com pedido de reintegração ou reivindicação: pedidos implícitos, 179
12.2.3 Citação, 179
12.2.4 Resposta do réu, 180
12.2.5 Fase instrutória, 181
12.2.6 Realização da perícia e o georreferenciamento, 182
12.2.7 Sentença, 183
12.2.8 Segunda fase da ação demarcatória, 183
    12.2.8.1 Fixação dos marcos divisórios, 184; 12.2.8.2 Trabalhos de campo, 184;

12.2.8.3 Sentença final, 184
12.3 Procedimento da ação de divisão, 185
12.3.1 Divisão cômoda, 186
12.3.2 Procedimento bifásico, 186
12.3.3 Terceiros confinantes, 186
12.3.4 Homologação da divisão, 187
12.3.5 Trabalhos de divisão, 187
13. Ação discriminatória, 188
13.1 Breve retrospecto sobre as terras devolutas, 189
13.2 A discriminação das terras públicas e a Lei 6.383/1976, 193
13.3 Aspectos essenciais da ação discriminatória, 193
13.3.1 Procedimento comum, 194
13.3.2 Competência, 194
13.3.3 Petição inicial, 194
13.3.4 Natureza prejudicial, 195
13.3.5 Sentença e recurso, 195
13.3.6 Trabalhos de discriminação, 195
14. Demarcação de terras indígenas e quilombadas, 196

§ 5º. AÇÃO DE DISSOLUÇÃO PARCIAL DE SOCIEDADE

1. **A sociedade empresária na visão do Estado Constitucional**, 196
2. **O princípio da preservação da empresa**, 198
3. **A dissolução parcial e total**, 199
4. **Dissolução judicial e extrajudicial e a via arbitral**, 201
5. **Do objeto da dissolução parcial de sociedade**, 201
6. **As sociedades e o regime de dissolução do Código de Processo Civil**, 202
7. **Procedimento para a dissolução parcial**
   7.1 *Legitimidade para a postulação*, 204
   7.2 *A legitimidade do cônjuge ou companheiro e desconsideração da personalidade jurídica*, 207
   7.3 *Formação da relação processual e o litisconsórcio necessário*, 207
   7.4 *Resposta e ausência de oposição*, 209
   7.5 *A apuração de haveres*, 209

§ 6º. AÇÃO DE INVENTÁRIO E ARROLAMENTO

1. **Distinção entre as ações divisórias: inventário, demarcação e divisão**, 211
2. **Inventário judicial e extrajudicial: de processo necessário a processo facultativo**, 212
3. **Ação de inventário e sua natureza declaratória: o princípio da "saisine"**, 214

SUMÁRIO

3.1 O princípio da "saisine" e o art. 1.784 do CC, 214
4. MODALIDADES DE INVENTÁRIO, 215
4.1 Inventário positivo (A›P): único herdeiro e partilha em vida, 215
4.2 Inventário negativo (A‹P), 216
5. AÇÃO DE SOBREPARTILHA E AÇÃO DE SONEGADOS, 217
5.1 Sonegados e colação, 218
6. O ARROLAMENTO EXTRAJUDICIAL POR ESCRITURA PÚBLICA, 219
6.1 Competência para a elaboração da escritura pública, 219
6.2 Facultatividade e extinção da via judicial, 220
6.3 As despesas e emolumentos da escritura: a Lei 1.060/1950 e o art. 98 do CPC, 222
7. O INVENTÁRIO PELA VIA JUDICIAL, 223
7.1 Abertura da sucessão, 223
7.2 Âmbito de cognição no inventário e no arrolamento, 223
7.3 Reconhecimento de união estável e de paternidade pelo juízo do inventário, 224
7.4 Legitimidade para requerer a abertura do inventário, 224
7.4.1 Legitimidade concorrente, 225
7.5 Nomeação do inventariante, 226
7.5.1 Inventariante e administrador provisório, 226
7.5.2 Funções do inventariante, 227

7.5.2.1 Representação ativa e passiva do espólio, 227; 7.5.2.2 Arrecadação dos bens, 227; 7.5.2.3 Conservação dos bens, 228; 7.5.2.4 Prestação de contas, 228; 7.5.2.5 Atos de disposição, 228

7.5.3 As primeiras declarações do inventariante, 229

7.5.3.1 A petição inicial e o elemento subjetivo das primeiras declarações: (a) Relativas ao "de cujus", 230; (b) Relativas ao cônjuge ou companheiro(a) supérstite, 231; (c) O regime de sucessão do art. 1.829, I, do CC: (c.1) A situação do cônjuge, 231; (c.2) Em relação aos herdeiros, 232; (c.3) Proteção e prova da filiação, 232: (c.3.1) Inexistência de prova da filiação. Reconhecimento nos autos, 235; 7.5.3.2 Elemento objetivo das primeiras declarações: descrição dos bens, 235: (a) Descrição dos bens imóveis, 236; (b) Individuação dos bens móveis e semoventes, 236; 7.5.3.3 Primeiras declarações e sonegados, 237: (a) Consequência da sonegação: pena de perdimento, 238

7.5.4 Incidente de remoção do inventariante, 238
7.5.5 Substituição do inventariante, 239
7.6 A formação do contraditório: citações, intimações e impugnações dos interessados, 240
7.6.1 Modalidades de citação e o procedimento edital, 240
7.7 Impugnação das primeiras declarações, 241
7.8 Fiscalização sobre a avaliação dos bens, 242
7.8.1 Diligências do juízo quanto à avaliação. Novo papel do oficial de justiça, 242
7.8.2 Possibilidade de nova avaliação ou mera atualização do cálculo, 243

7.9 Últimas declarações e cálculo do imposto, 244

7.10 Da preparação da partilha: colação e pagamento das dívidas, 245

7.10.1 Colação, 246

7.10.1.1 Restrição da colação e despesas ordinárias, 247; 7.10.1.2 Venda de ascendente a descendente e simulação, 248; 7.10.1.3 A colação e a doação dissimulada, 249; 7.10.1.4 Dispensa da colação, 249; 7.10.1.5 Direito do cônjuge à colação, 250; 7.10.1.6 A situação do(a) companheiro(a), 250; 7.10.1.7 A colação e o terceiro de boa-fé, 251; 7.10.1.8 Cálculo do valor dos bens: ponderação na interpretação do art. 2.004 do CC, 251; 7.10.1.9 A renúncia translativa e a abdicativa, 252; 7.10.1.10 Renúncia e doação inoficiosa, 253; 7.10.1.11 Tributação sobre o adiantamento de legítima e meação , 254; 7.10.1.12 Renúncia e proteção do terceiro, 255

7.10.2 Pagamento de dívidas, 255

7.10.2.1 Reserva de bens no inventário, 256

7.11 Partilha: amigável e contenciosa, 257

7.11.1 Critérios para a partilha judicial: o princípio da igualdade, 257

7.11.2 Esboço da partilha. O papel do partidor, 258

7.11.3 Auto de orçamento, 258

7.11.4 Folha de pagamento, 259

7.11.5 Julgamento da partilha, 259

7.11.6 As despesas processuais e fiscais: o benefício da assistência judiciária e a isenção do Imposto de Transmissão, 259

7.11.7 Expedição do formal e da certidão (alvará judicial), 263

7.11.8 Modificação da partilha: emenda e retificação, 263

7.11.8.1 Limites da emenda e da retificação, 264

7.11.9 Anulação e rescisão da partilha judicial e extrajudicial, 264

7.11.10 O arrolamento sumário, 267

7.11.10.1 O arrolamento pelo art. 659 do CPC, 267; 7.11.10.2 Expedição do formal no arrolamento. O art. 659, § 2º, do CPC, 268; 7.11.10.3 Adjudicação ao único herdeiro. 270; 7.11.10.4 O arrolamento sumário pelo valor dos bens (art. 664 do CPC), 270

7.11.11 O alvará judicial, 271

7.11.11.1 Legitimidade para a requisição do alvará judicial, 272; 7.11.11.2 O alvará judicial incidental, 272; 7.11.11.3 O alvará autônomo: (a) Depósitos à vista, 273; (b) O pagamento do seguro de vida, 273; (c) O recebimento do Seguro DPVAT, 274; (d) A restituição de tributos e contribuições. A Instrução Normativa RFB-1.300/2012, 275; (e) O alvará para o FGTS. A Súmula 161 do STJ, 276; 7.11.11.4 Levantamento de precatórios. Exigência de certidão negativa (ADI 3.453-7), 276

8. DISPOSITIVOS COMUNS AO INVENTÁRIO E AO ARROLAMENTO, 278

8.1 A eficácia das medidas cautelares no inventário e no arrolamento, 278

8.2 A sobrepartilha, 279

8.3 Curador "ad litem", 280

8.4 Cumulação de ações de inventário, 280

§ 7º. EMBARGOS DE TERCEIRO

1. NATUREZA JURÍDICA DOS EMBARGOS DE TERCEIRO, 281
2. EMBARGOS DE TERCEIRO E AÇÕES AFINS
2.1 A ação possessória, 285
2.2 A oposição, 287
3. EMBARGOS CONTRA ATO DE CONSTRIÇÃO JUDICIAL, 289
4. A FIGURA DO TERCEIRO, 289
4.1 O terceiro e sua legitimidade "ad causam", 290
4.2 O terceiro vinculado e o desvinculado: o devedor "ultra titulum", 292
5. A LEGITIMAÇÃO NOS EMBARGOS
5.1 O possuidor indireto e o direto, 294
5.2 Terceiro possuidor e as Súmulas 84, 303 e 308 do STJ, 296
5.3 Embargos pelo proprietário, 298
5.4 Terceiro proprietário e a alienação "a non domino", 299
5.5 A parte equiparada ao terceiro. O art. 674, § 2º, do CPC, 300
5.5.1 Os embargos do cônjuge e do companheiro: a Súmula 134 do STJ, 301
5.5.2 Terceiro adquirente e a fraude à execução, 302
5.5.3 A fraude e a proibição da surpresa ("Verbot der Überraschungsntscheidung"), 303
5.5.3.1 A fraude à execução e a penhora. A Súmula 375 do STJ. O princípio da concentração, 303
5.5.4 Terceiro adquirente e a desconsideração da personalidade jurídica, 305
5.6 Terceiro credor com garantia real, 305
6. A LEGITIMAÇÃO PASSIVA NOS EMBARGOS, 305
7. PRAZO PARA A INTERPOSIÇÃO DOS EMBARGOS, 306
7.1 Prazo para os embargos nos processos de conhecimento e cautelar, 308
7.2 Prazo para os embargos no processo de execução, 308
8. OBJETO DOS EMBARGOS DE TERCEIRO, 309
9. PROCEDIMENTO, 311
9.1 Petição inicial, 312
9.2 A concessão da liminar e justificação prévia, 313
9.3 Suspensão do processo principal, 313
9.4 Competência, 314
9.5 Defesa do embargado, 315
9.6 Sentença e coisa julgada, 316

§ 8º. DA OPOSIÇÃO

1. INTRODUÇÃO, 317
2. CABIMENTO DA OPOSIÇÃO, 322
3. O PROCEDIMENTO DA OPOSIÇÃO, 324

3.1 A petição inicial. Requisitos, 325
3.1.1 Causa de pedir e pedido, 326
3.2 Momento para a oposição, 327
3.3 A tutela provisória na oposição, 327
3.4 Formação da relação processual da oposição, 328
3.5 Fase instrutória, 329
3.6 Fase decisória: a natureza prejudicial da oposição, 329
3.7 Oposições sucessivas, 331

§ 9º. DA HABILITAÇÃO

1. O PROBLEMA DA SUCESSÃO: DIMENSÃO MATERIAL E PROCESSUAL, 332
2. A SUCESSÃO VOLUNTÁRIA E A INVOLUNTÁRIA, 333
3. A HABILITAÇÃO "OPE IUDICIS", 334
4. DO PROCEDIMENTO DA HABILITAÇÃO
4.1 Litispendência, 335
4.2 A habilitação direta, 336
4.3 Habilitação incidental, 338
4.4 A legitimidade para o pedido de habilitação, 339
4.4.1 A habilitação por terceiros interessados, 339
4.5 A suspensão do processo na habilitação e a prescrição, 340
4.6 Sentença de habilitação, 341
4.7 Habilitação nos tribunais, 341

§ 10. AÇÕES DE FAMÍLIA

1. AS TRANSFORMAÇÕES NO DIREITO DE FAMÍLIA E O REFLEXO PROCESSUAL, 341
2. A FLEXIBILIZAÇÃO PROCEDIMENTAL PARA AS AÇÕES DE FAMÍLIA, 343
3. A DURAÇÃO RAZOÁVEL DO PROCESSO EM CONFLITOS FAMILIARES, 345
4. A OPÇÃO PREFERENCIAL PELA VIA DA AUTOCOMPOSIÇÃO: A MEDIAÇÃO, 345
4.1 Mediação extrajudicial e judicial: restauração das partes, 347
5. REGRAS PROCEDIMENTAIS COMUNS
5.1 A petição inicial, 348
5.2 A tutela provisória nas ações de família, 349
5.2.1 A tutela antecipada no juízo de família, 350
5.2.2 Tutela da evidência no juízo de família, 351
5.2.3 Tutela cautelar no juízo de família, 352
5.3 Citação e intimação, 352
5.4 Competência, 353
5.5 A participação do Ministério Público, 354
5.6 Em tempo: a Advocacia Pública e a Defensoria Pública, 355
5.7 Audiência de conciliação, 356

5.8 Instrução probatória, 356
5.9 Sentença e coisa julgada: pluriparentalidade e a superação da coisa julgada, 357
6. DAS AÇÕES DE FAMÍLIA
6.1 A ação de divórcio, 361
6.2 Ação de separação judicial, 365
6.3 A ação para declaração e extinção de união estável, 367
   6.3.1 A prova da união estável, 368
   6.3.2 Sentença para reconhecimento e dissolução, 369
6.4 Ações para investigação da filiação, 369
   6.4.1 Ação de investigação de paternidade: fase administrativa e judicial, 371
      6.4.1.1 Ação judicial de reconhecimento da paternidade, 372: (a) Competência, 372; (b) Provas: DNA, "exceptio plurium concubentium" e "fornicatio simplex", 373; (c) Revelia e sentença, 374; 6.4.1.2 A ação negatória de paternidade, 374
   6.4.2 Ação de alimentos, 376
      6.4.2.1 Classificação dos alimentos, 377: (a) Alimentos naturais ou civis, 377; (b) Alimentos provisórios e provisionais: a fungibilidade na tutela, 378; 6.4.2.2 A natureza satisfativa da verba alimentar, 379; 6.4.2.3 A irrepetibilidade da verba alimentar: boa-fé e enriquecimento ilícito, 379; 6.4.2.4 Quanto à origem da verba alimentar: alimentos legítimos, convencionais e indenizatórios, 382; 6.4.2.5 O procedimento especial da ação de alimentos, 383: (a) Petição inicial: (a.1) A atenuação do princípio dispositivo, 384; (b) Litisconsórcio eventual e chamamento ao processo, 384; (c) A competência para o oferecimento do pedido, 385; (d) Capacidade processual e postulatória e a legitimidade especial do Ministério Público, 385; (e) Concentração dos atos processuais: conciliação e instrução, 386; (f) Resposta do réu e instrução, 388; 6.4.2.6 Sentença de alimentos e a eficácia *ex tunc*, 389; 6.4.2.7 Os alimentos e sua revisão: minoração, majoração e exoneração, 389
   6.4.3 Ações para guarda e direito de visitas: a prevalência da proteção integral à criança e ao adolescente, 390

§ 11. AÇÃO MONITÓRIA

1. **A ESTRUTURA DO PROCEDIMENTO MONITÓRIO**, 392
2. **CARACTERÍSTICAS DO PROCEDIMENTO MONITÓRIO**, 394
   2.1 Facultatividade do procedimento, 394
   2.2 A ação monitória em face de título executivo extrajudicial, 394
   2.3 Celeridade dos atos processuais, 396
   2.4 Contraditório por iniciativa do demandado, 396
3. **NATUREZA DO DOCUMENTO NO PROCEDIMENTO INJUNCIONAL**, 397
   3.1 Peculiaridades da prova documental
      3.1.1 Forma escrita: física ou eletrônica, 397
   3.2 Os contratos de abertura de crédito, 398
   3.3 Notas de empenho e subempenho: a monitória contra a Fazenda Pública, 399
   3.4 Títulos cambiais e cambiariformes

3.4.1 *Cheque prescrito*, 400
3.4.2 *Duplicatas e triplicatas*, 401
3.4.3 *Nota promissória*, 402
34.4 *Outros documentos representativos de obrigação de fazer ou de entrega*
    3.4.4.1 Compromisso de compra e venda, 403; 3.4.4.2 Notas fiscais de compra de bem móvel, 403
3.5 *Identificação precisa da "res" e do "quantum debeatur"*, 404
3.6 *Documento unilateral e documento bilateral*, 404
4. O PROCEDIMENTO MONITÓRIO
4.1 *Petição inicial*, 406
    4.1.1 *A inicial e a "causa debend"*, 407
    4.1.2 *A substanciação da petição inicial*, 408
    4.1.3 *Valor da causa*, 409
    4.1.4 *Emenda da inicial e conversão do procedimento*, 410
    4.1.5 *Indeferimento da inicial*, 410
4.2 **Expedição do mandado e juízo de admissibilidade do pedido monitório**, 410
    4.2.1 *Juízo positivo e a natureza do pronunciamento judicial*, 411
4.3 **Competência**, 414
4.4 **A integração processual e a citação: Súmula 282 do STJ**, 415
5. A DEFESA DO RÉU POR MEIO DE EMBARGOS: "AÇÃO" OU "DEFESA", 415
5.1 *Forma e prazo para os embargos*, 417
5.2 *A "exceptio declinatoria quanti"*, 417
5.3 **Possibilidade de parcelamento: negócio processual e renúncia aos embargos**, 418
5.4 *Não oferecimento dos embargos*, 419
5.5 *Embargos pela Fazenda Pública*, 420
6. SENTENÇA E VIA RECURSAL NA AÇÃO MONITÓRIA, 421
7. CUMPRIMENTO DA SENTENÇA, 422
8. LITIGÂNCIA DE MÁ-FÉ NA MONITÓRIA, 423

§ 12. HOMOLOGAÇÃO DO PENHOR LEGAL

1. O PENHOR E SUA NATUREZA JURÍDICA: "QUI S'OBLIGE, OBLIGE LE SIEN", 423
2. PENHOR CONVENCIONAL E PENHOR LEGAL, 425
3. O PENHOR LEGAL: "PREFERÊNCIA" E "SEQUELA", 425
4. O PENHOR LEGAL E A AÇÃO MATERIAL, 426
5. DO PROCEDIMENTO DE HOMOLOGAÇÃO DO PENHOR LEGAL, 428
5.1 *O procedimento pela via extrajudicial*, 428
    5.1.1 *A petição inicial formulada na via extrajudicial*, 429
    5.1.2 *Notificação do devedor: pagamento ou impugnação*, 429
5.2 *O procedimento pela via judicial*, 430
6. A SENTENÇA DE HOMOLOGAÇÃO, 431

§ 13. REGULAÇÃO DE AVARIA GROSSA

1. **OS SINISTROS MARÍTIMOS**, 431
2. **AS AVARIAS NO DIREITO MARÍTIMO**, 432
2.1 *As avarias grossas ou comuns*, 433
   2.1.1 Regra prevalente: Código Comercial ou Convenção de York-Antuérpia?, 435
   2.1.2 Requisitos da avaria grossa, 435
   2.1.3 Avaria grossa e cláusulas CIF e FOB: "average bond" e 'average guarantee", 436
2.2 *A avaria simples: "res perit domino"*, 437
3. **O PROCEDIMENTO DA REGULAÇÃO**, 438
3.1 *Formação do pedido*, 439
3.2 *Competência: nacional ou internacional*, 440
3.3 *Nomeação do regulador ("average adjuster")*, 441
   3.3.1 Nomeação plúrima, 441
   3.3.2 A declaração de avaria grossa, 441
      3.3.2.1 Impugnação das partes interessadas, 442; 3.3.2.2 Cálculo da massa passiva e ativa, 443; 3.3.2.3 A caução e a alienação judicial, 443; 3.3.2.4 Elaboração do regulamento da avaria e liquidação, 444: (a) Decisão de homologação, 445

§ 14. DA RESTAURAÇÃO DE AUTOS

1. **OBJETO DA RESTAURAÇÃO**, 445
2. **DOCUMENTOS JUDICIAIS: CORRENTES, INTERMEDIÁRIOS OU PERMANENTES**, 446
3. **RESTAURAÇÃO PARCIAL E TOTAL**, 447
4. **DISTINÇÃO NECESSÁRIA: DESTRUIÇÃO OU EXTRAVIO, DESFIGURAÇÃO E RETENÇÃO DE AUTOS**, 448
5. **PROCESSO FÍSICO E ELETRÔNICO**, 449
6. **INICIATIVA PARA A RESTAURAÇÃO: PARTES E TERCEIROS**, 450
7. **AUTOS SUPLEMENTARES: PARCIAIS OU TOTAIS**, 451
8. **PROCEDIMENTO DA RESTAURAÇÃO**, 453
8.1 *Repetição de provas*, 454
8.2 *Competência para a restauração de autos*, 455
9. **SANÇÕES PELA PERDA OU EXTRAVIO**, 456

PARTE III – DOS PROCEDIMENTOS ESPECIAIS DE JURISDIÇÃO VOLUNTÁRIA

CAPÍTULO I – NOÇÕES GERAIS

1. **JURISDIÇÃO CONTENCIOSA E JURISDIÇÃO VOLUNTÁRIA. DISTINÇÃO**, 459
2. **ORIGEM E NATUREZA JURÍDICA**, 460

3. *Jurisdição voluntária e atividade notarial: a migração para os procedimentos extrajudiciais*, 462
4. *Normas gerais aplicáveis ao procedimento de jurisdição voluntária*
   4.1 *Tipicidade procedimental*, 464
   4.2 *Legitimidade para o procedimento*, 464
   4.3 *A formação do contraditório e a produção de provas*, 465
   4.4 *Sentença e coisa julgada*, 467
   4.5 *Despesas do processo*, 468
5. *Procedimentos de jurisdição voluntária em espécie*, 469

Capítulo II – **PROCEDIMENTOS DE JURISDIÇÃO VOLUNTÁRIA COM RITO GENÉRICO**, 470

§ 1º. **EMANCIPAÇÃO**, 470

§ 2º. **A SUB-ROGAÇÃO E A SÚMULA 49 DO STF**, 471

§ 3º. **EXTINÇÃO DO USUFRUTO E DO FIDEICOMISSO**, 472

§ 4º. **EXPEDIÇÃO DE ALVARÁ JUDICIAL**, 473

1. *Competência para a expedição do alvará judicial: Súmula 161 do STJ*, 474

§ 5º. **HOMOLOGAÇÃO EXTRAJUDICIAL DE ACORDOS**, 475

Capítulo III – **PROCEDIMENTOS DE JURISDIÇÃO VOLUNTÁRIA COM RITO ESPECIAL**

§ 6º. **NOTIFICAÇÕES, INTERPELAÇÕES E PROTESTOS**, 477

1. *Procedimento*, 479
2. *Contraprotesto ou contranotificação*, 480
3. *Decisão*, 480

§ 7º. **ALIENAÇÕES JUDICIAIS**, 480

1. *Modalidades de alienação judicial*, 481
2. *Hipóteses comuns de alienação judicial*, 482
   2.1 *Extinção da composse e do condomínio*, 482
   2.2 *Divisão cômoda dos bens*, 483
   2.3 *Comunhão hereditária e herança jacente*, 484
   2.4 *Comunhão pela dissolução do casamento ou fim da união estável*, 484
3. *Alienação judicial e o suprimento de consentimento marital*, 485
4. *Alienação judicial conservatória no processo civil e no penal*, 486
5. *Alienação judicial de bens dos incapazes*, 487
6. *Procedimento da alienação*, 488

§ 8º. DO DIVÓRCIO E DA SEPARAÇÃO CONSENSUAL, DO RECONHECIMENTO E DA DISSOLUÇÃO DA UNIÃO ESTÁVEL E DA ALTERAÇÃO DO REGIME DE BENS

1. SIMPLIFICAÇÃO PARA ROMPIMENTO DA SOCIEDADE CONJUGAL, 489
2. SEPARAÇÃO E DIVÓRCIO PELA VIA EXTRAJUDICIAL, 489
3. PROCEDIMENTO PELA VIA JUDICIAL, 490
4. RECONHECIMENTO E DISSOLUÇÃO DA UNIÃO ESTÁVEL, 490
5. DA ALTERAÇÃO DO REGIME DE BENS
5.1 Mutabilidade do regime de bens, 491
5.2 Procedimento necessário, 492
5.3 Publicação do edital, 494
5.4 Sentença e o princípio da concentração, 495
5.5 Alteração do regime de bens em contratos de união estável, 495

§ 9º. DOS TESTAMENTOS E CODICILOS

1. DA ABERTURA JUDICIAL DE TESTAMENTOS, 496
2. O PROVIMENTO CNJ-56/2016, 496
3. REGISTRO E ABERTURA DO TESTAMENTO EM JUÍZO: CERRADO, PÚBLICO E PARTICULAR, 497
4. OS CODICILOS, 498
5. O TESTAMENTEIRO, 499

§ 10. HERANÇA JACENTE

1. DISTINÇÃO PRELIMINAR: HERANÇA JACENTE E HERANÇA VACANTE, 499
2. PRINCÍPIO DA OFICIALIDADE, 500
3. PROCEDIMENTO DE ARRECADAÇÃO, 501
4. IMPUGNAÇÕES E EXPEDIÇÃO DOS EDITAIS, 502
5. ALIENAÇÃO ANTECIPADA DE BENS, 503
6. SENTENÇA DECLARATÓRIA DE VACÂNCIA, 503

§ 11. BENS DOS AUSENTES

1. A READEQUAÇÃO DA LEI MATERIAL, 504
2. COMPETÊNCIA PARA A DECLARAÇÃO DE AUSÊNCIA, 504
3. AUSÊNCIA E MORTE PRESUMIDA, 505
4. AUSÊNCIA E MORTE CIVIL, 505
5. PROCEDIMENTO DA DECLARAÇÃO DE AUSÊNCIA, 506
6. A SUCESSÃO PROVISÓRIA, 508
6.1 Requisitos para a sucessão provisória, 508
6.2 Eficácia da sucessão provisória, 509
7. SUCESSÃO DEFINITIVA, 509
8. DECLARAÇÃO DE AUSÊNCIA E MORTE PRESUMIDA PARA FINS PREVIDENCIÁRIOS, 510

9. *A "RESTITUTIO IN INTEGRUM" NA AUSÊNCIA*, 510

§ 12. COISAS VAGAS

1. *O TRATAMENTO DAS COISAS VAGAS NO CÓDIGO CIVIL BRASILEIRO*, 511
2. *O PROCEDIMENTO PARA A ARRECADAÇÃO DOS BENS PERDIDOS*, 512

§ 13. DA INTERDIÇÃO

1. *A CURATELA DOS INCAPAZES*, 512
2. *A MUTAÇÃO NO REGIME DAS INCAPACIDADES E A RELEITURA CONSTITUCIONAL DA CURATELA*, 515
3. *CURATELA E TOMADA DE DECISÃO APOIADA: QUESTÕES PATRIMONIAIS E EXISTENCIAIS*, 516
4. *PROCEDIMENTO DA INTERDIÇÃO*, 517
   4.1 *Diálogo das fontes: Código de Processo Civil e Estatuto da Pessoa com Deficiência*, 517
   4.2 *Legitimidade ativa para o pedido*, 519
   4.3 *Petição inicial e concessão de tutela de urgência*, 520
   4.4 *A entrevista do interditando*, 521
   4.5 *Equipe multidisciplinar*, 521
   4.6 *A defesa*, 522
   4.7 *Instrução probatória*, 522
5. *NATUREZA JURÍDICA DA SENTENÇA DE INTERDIÇÃO*, 523
6. *LEVANTAMENTO DA CURATELA*, 525
7. *CURATELA COMPARTILHADA*, 525

§ 14. DISPOSIÇÕES COMUNS SOBRE A TUTELA E A CURATELA

1. *REGRAS GERAIS*, 526
2. *NOMEAÇÃO E COMPROMISSO DO TUTOR E DO CURADOR*, 526
3. *ELIMINAÇÃO DA ESPECIALIZAÇÃO DA HIPOTECA LEGAL*, 527
4. *ESCUSA DA TUTELA E DA CURATELA*, 527
5. *REMOÇÃO DO TUTOR OU CURADOR E SUSPENSÃO "EX OFFICIO"*, 528
6. *CESSAÇÃO DA TUTELA E DA CURATELA*, 528

§ 15. FUNDAÇÕES: ORGANIZAÇÃO E FISCALIZAÇÃO

1. *A FUNDAÇÃO: "UNIVERSITAS BONORUM" versus "UNIVERSITAS PERSONARUM"*, 529
2. *NATUREZA JURÍDICA E O DIREITO FUNDAMENTAL DE "FUNDAR" ("GRUNDRECHT AUF STIFTUNG")*, 530
3. *FUNDAÇÕES PÚBLICAS*, 532
4. *PROCEDIMENTO DE CRIAÇÃO E FISCALIZAÇÃO*, 533
5. *MEIOS DE DEFESA: AÇÃO COMINATÓRIA E DESCONSIDERAÇÃO DA PERSONALIDADE JURÍDICA*, 533
6. *SUPRIMENTO JUDICIAL*, 534

7. DIREITO DA MINORIA E O CONTRADITÓRIO SUBSTANCIAL ("SUBSTANTIVE DUE PROCESS OF LAW"), 534
8. EXTINÇÃO DA FUNDAÇÃO, 535

§ 16. RATIFICAÇÃO DOS PROTESTOS MARÍTIMOS E PROCESSOS TESTEMUNHÁVEIS FORMADOS A BORDO

1. A RATIFICAÇÃO PARA A PRESERVAÇÃO DA PROVA, 536
2. OS PROTESTOS MARÍTIMOS E PROCESSOS TESTEMUNHÁVEIS REGISTRADOS NO DIÁRIO DE NAVEGAÇÃO, 536
3. PROCEDIMENTO DE RATIFICAÇÃO DO PROTESTO MARÍTIMO, 537
4. PETIÇÃO INICIAL, 537
5. AUDIÊNCIA PARA RATIFICAÇÃO, 538
6. SENTENÇA, 539

PARTE IV – PROCEDIMENTOS ESPECIAIS EM LEIS EXTRAVAGANTES, 541

CAPÍTULO I – MANDADO DE SEGURANÇA INDIVIDUAL E COLETIVO

§ 1º. MANDADO DE SEGURANÇA

1. O MANDADO DE SEGURANÇA E A PROTEÇÃO DOS DIREITOS FUNDAMENTAIS INDIVIDUAIS E COLETIVOS, 543
2. MODALIDADES DE MANDADO DE SEGURANÇA: PREVENTIVO E REPRESSIVO, 545
3. MANDADO DE SEGURANÇA COLETIVO, 546
4. CONDIÇÕES DA AÇÃO
4.1 Interesse de agir na impetração, 549
4.2 Legitimidade, 551
4.2.1 A legitimidade passiva e a encampação, 552
4.2.2 Legitimidade ativa, 552
4.3 Competência, 553
5. A LIMINAR NO "MANDAMUS" E A TEORIA DO FATO CONSUMADO, 554
6. A PEÇA DE DEFESA: INFORMAÇÕES DA AUTORIDADE COATORA, 555
7. MINISTÉRIO PÚBLICO, 557
8. SENTENÇA NO MANDADO DE SEGURANÇA. EXTINÇÃO PELO FATO CONSUMADO, 557
9. DESISTÊNCIA DO MANDADO DE SEGURANÇA, 558
10. A OPÇÃO PELA VIA ORDINÁRIA E A COISA JULGADA, 560
11. DESPESAS E HONORÁRIOS ADVOCATÍCIOS, 560
12. RECURSOS E SUCEDÂNEOS: AGRAVO E A SUSPENSÃO, 561
13. RECURSO DE APELAÇÃO E REEXAME NECESSÁRIO, 562
14. EXECUÇÃO NO MANDADO DE SEGURANÇA, 562

Capítulo II – *TEORIA GERAL DAS AÇÕES COLETIVAS*

1. **Transformações no sistema jurídico**, 567
2. **O "afloramento" dos interesses coletivos**, 569
3. **A dicotomia entre o direito público e o direito privado**, 571
4. **A tutela jurisdicional coletiva e as diversas classes de interesses**
4.1 *Aspectos gerais*, 573
4.2 *Interesse individual*, 573
4.3 *Interesses individuais plúrimos*, 573
4.4 *Interesses individuais homogêneos*, 576
4.5 *A "Rule 23" e a importância das "class actions" para a tutela das "small and modest claims"*, 576
4.6 *Interesse coletivo*, 578
4.7 *Interesses difusos*, 579
5. **Legitimação nas ações coletivas**
5.1 *Generalidades*, 580
5.2 *Legitimação extraordinária nas ações coletivas*, 581
5.3 *Legitimação extraordinária passiva ("defendant class action")*, 584
6. **Coisa julgada nas ações coletivas**
6.1 *Regime geral da coisa julgada nas ações coletivas*, 585
6.2 *Limitação territorial dos efeitos da sentença coletiva*, 586
6.3 *Litispendência e suspensão (a requerimento ou "ex officio") das ações ajuizadas individualmente, em razão da existência de ação coletiva*, 588

§ 2º. AÇÃO CIVIL PÚBLICA

1. **Objeto da ação civil pública**, 591
2. **A competência para a Lei da Ação Civil Pública**, 592
3. **Tutelas preventiva ("inibitória") e ressarcitória**, 592
4. **Tutela de urgência na ação civil pública**, 594
5. **Legitimidade para ação civil pública**, 595
6. **Sentença**, 597
7. **Eficácia da sentença e coisa julgada**, 599
8. **Cumprimento da sentença**, 599

§ 3º. AÇÃO DE IMPROBIDADE ADMINISTRATIVA

1. **Considerações iniciais**, 601
2. **Improbidade administrativa**, 601
3. **A caracterização do ato de improbidade**, 602
4. **O agente público que comete ato de improbidade**, 603
5. **Improbidade em relação aos agentes políticos**, 604
6. **A improbidade e o princípio da tipicidade**, 605
7. **Procedimento da ação de improbidade**, 608

8. *A TUTELA PROVISÓRIA NA AÇÃO DE IMPROBIDADE*, 608
9. *A FUNGIBILIDADE E A URGÊNCIA*, 610
10. *PROPORCIONALIDADE NA CONCESSÃO DA TUTELA PROVISÓRIA*, 611
11. *PETIÇÃO INICIAL*, 611
12. *CONTRADITÓRIO PRELIMINAR E O JUÍZO DE ADMISSIBILIDADE*, 612
13. *NOTIFICAÇÃO E INTERRUPÇÃO DA PRESCRIÇÃO*, 613
14. *COMPETÊNCIA*, 613
15. *AUSÊNCIA DE PRERROGATIVA DE FORO*, 614
16. *CONDIÇÕES DA AÇÃO DE IMPROBIDADE*
16.1 *Legitimidade "ad causam"*, 615
16.2 *Pessoa jurídica lesada*, 615
16.3 *Litisconsórcio e assistência ao Ministério Público*, 616
16.4 *Ministério Público*, 617
16.5 *Audiência de conciliação e instrução*, 617
17. *SENTENÇA NA AÇÃO DE IMPROBIDADE*, 619
18. *APLICAÇÃO DAS SANÇÕES DO ART. 12 DA LEI 8.429/1992. REGRA DE PONDERAÇÃO*, 620
19. *CUMPRIMENTO DA SENTENÇA: SENTENÇA CONDENATÓRIA E ACÓRDÃO DO TRIBUNAL DE CONTAS*, 621
20. *PRESCRIÇÃO DA PRETENSÃO NA AÇÃO DE IMPROBIDADE*, 622
21. *A IMPRESCRITIBILIDADE DO RESSARCIMENTO: ILÍCITO CIVIL E ILÍCITO POR ATO DE IMPROBIDADE*, 622

§ 4º. AÇÃO POPULAR

1. *INTRODUÇÃO*, 624
2. *OBJETO DA AÇÃO POPULAR*, 625
3. *LESÃO E ILEGALIDADE*, 625
4. *AÇÃO POPULAR E AÇÃO CIVIL PÚBLICA POR IMPROBIDADE*, 626
5. *CONDIÇÕES DA AÇÃO*, 627
5.1 *Legitimidade ativa*, 627
5.2 *Cidadão menor de 18 anos*, 630
5.3 *Legitimação ativa e pessoa jurídica*, 630
5.4 *Legitimação passiva*, 630
5.5 *Legitimação bifronte da pessoa jurídica*, 631
5.6 *A legitimação do Ministério Público*, 632
5.7 *Competência*, 633
6. *A CONCESSÃO DE TUTELA PROVISÓRIA*, 634
7. *RECURSOS CONTRA A LIMINAR*, 635
8. *RELAÇÃO ENTRE O AGRAVO E O PEDIDO DE SUSPENSÃO*, 636
9. *SUSPENSÃO LIMINAR*, 638
10. *PROCEDIMENTO*, 638

11. Petição inicial, 638
12. Requisição preliminar de documentos, 639
13. Citação, 639
14. Resposta do réu: contestação/reconvenção/ revelia, 640
15. Instrução e julgamento, 641
16. Sentença e o regime da coisa julgada, 641
16.1 *Sentença de procedência*, 641
16.2 *Eficácias da sentença de procedência*, 642
16.3 *Sentença improcedência*, 642
16.4 *Sentença processual*, 644
16.4.1 Sentença terminativa e as Súmulas 346 e 473 do STF, 644
17. Recursos, 645
17.1 *Ação popular: reexame e a Súmula 405 do STF*, 645
18. Cumprimento da sentença, 646
19. Liquidação, 648
20. Prescrição na ação popular, 648

Capítulo III – **AÇÕES DE CONTROLE DE CONSTITUCIONALIDADE**
§ 5º. **AÇÃO DIRETA DE INCONSTITUCIONALIDADE**

1. Finalidade da ação direta de inconstitucionalidade (por ação ou omissão), 650
2. Procedimento da ação direta de inconstitucionalidade
2.1 *A Lei 9.868/1999 e as alterações da Lei 12.063/2009*, 652
2.2 *Interesse na propositura da ação direta de inconstitucionalidade*, 652
2.3 *Pertinência temática*, 653
2.4 *Legitimidade*, 653
2.5 *Fase inicial da ação direta de inconstitucionalidade*, 655
2.6 *A participação de terceiros e do "amicus curiae"*, 656
2.7 *Informações e concessão de tutela de urgência no controle concentrado*, 657
2.8 *Eficácia da liminar e julgamento definitivo em regime de urgência*, 658
3. A sentença na ação direta de inconstitucionalidade e seus efeitos, 658

§ 6º. **AÇÃO DECLARATÓRIA DE CONSTITUCIONALIDADE**, 660

§ 7º. **ARGUIÇÃO DE DESCUMPRIMENTO DE PRECEITO FUNDAMENTAL**

1. Noções gerais, 661
2. Legitimidade, 662
3. Procedimento da arguição de descumprimento de preceito fundamental, 662
4. Poderes do relator e princípio da subsidiariedade, 663

5. CONCESSÃO DE LIMINAR NA ARGUIÇÃO DE DESCUMPRIMENTO DE PRECEITO FUN-
DAMENTAL, 664
6. DECISÃO FINAL NA ARGUIÇÃO DE DESCUMPRIMENTO DE PRECEITO FUNDAMENTAL
E MODULAÇÃO DE EFEITOS, 664

CAPÍTULO IV – SISTEMAS DOS JUIZADOS ESPECIAIS
(ESTADUAL, FEDERAL E DAS FAZENDAS PÚBLICAS
ESTADUAIS E MUNICIPAIS)

1. A ORIGEM DOS JUIZADOS ESPECIAIS, 666
2. O JUIZADO E OS PROCEDIMENTOS ESPECIAIS, 667
3. EXPANSÃO E TRANSFORMAÇÕES DOS JUIZADOS ESPECIAIS, 667

§ 8º. JUIZADOS ESPECIAIS CÍVEIS (LEI 9.099/1995)

1. OS JUIZADOS ESPECIAIS CÍVEIS E A LEI 9.099/1995, 668
2. PRINCÍPIOS INFORMATIVOS DOS JUIZADOS, 669
2.1 Os Juizados e o Código de Processo Civil/2015, 670
3. COMPETÊNCIA, 670
3.1 Regra geral
3.2 Foro competente, 673
3.3 Incompetência absoluta, 673
4. PARTES
4.1 Pessoas que podem ser parte, 674
4.2 Capacidade postulatória, 675
4.3 Litisconsórcio e intervenção de terceiros, 675
5. O PROCEDIMENTO NO JUIZADO ESPECIAL E O DESENVOLVIMENTO DOS ATOS
PROCESSUAIS
5.1 Visão geral do procedimento, 676
5.2 A petição inicial, 676
5.2.1 Tutela provisória, 676
5.3 Citação e intimação, 677
5.4 Audiências de conciliação e instrução, 677
5.5 Produção de provas, 678
5.6 Resposta do réu e pedido contraposto, 679
5.7 Sentença, 679
5.8 Recursos, 680
5.9 Execução no Juizado, 680
5.10 Despesas processuais, 681
5.11 Acordo extrajudicial e ação rescisória, 681

§ 9º. JUIZADOS ESPECIAIS CÍVEIS DA JUSTIÇA FEDERAL
(LEI 10.259/2001)

1. INSTITUIÇÃO DOS JUIZADOS ESPECIAIS FEDERAIS, 682

2. *Aplicação subsidiária da Lei 9.099/1995*, 682
3. *Competência do Juizado Federal*, 682
4. *Partes*
4.1 *Legitimação das partes*, 683
4.2 *Capacidade postulatória*, 683
5. *Tutela de urgência*, 684
6. *O procedimento do Juizado Federal*
6.1 *Aspectos gerais*, 684
6.2 *O pedido*, 685
6.3 *Resposta do réu*, 685
6.4 *Audiências de conciliação e instrução*, 686
6.5 *Produção de prova técnica*, 686
6.6 *Sentença*, 686
6.7 *Execução*, 687
6.8 *Recursos*, 687

§ 10. JUIZADOS ESPECIAIS DA FAZENDA PÚBLICA (LEI 12.153/2009)

1. *Surgimento dos Juizados Especiais da Fazenda Pública*, 688
2. *Competência*, 688
3. *Partes*
3.1 *Legitimidade das partes*
3.2 *Litisconsórcio ativo*, 690
4. *Tutela provisória*, 691
5. *Procedimento no Juizado da Fazenda Pública*
5.1 *Princípios gerais*, 691
5.2 *Cumprimento da sentença*, 692
5.3 *Recursos*, 693

BIBLIOGRAFIA, 695

ÍNDICE ALFABÉTICO-REMISSIVO, 721

ÍNDICE DAS SÚMULAS E DA LEGISLAÇÃO, 726

AGRADECIMENTOS

Uma obra literária ou científica encontra em seu autor, o moto principal de criação e impulsão. Embora a solidão seja essencial para a construção do texto, nada pode ser concretizado sozinho. Este Tomo III foi marcado por uma série de percalços no primeiro semestre 2017. Agradeço imensamente, aos meus poucos e verdadeiros amigos, cujo apoio foi essencial para o término do trabalho. Uma menção especial para minha equipe de assessoria junto ao gabinete no período 2016 e primeiro semestre de 2017, sob a supervisão de minha amiga Eloah Homem: Élie Homem, Larissa Vito e Kamila Campos, cujo período foi de intenso trabalho e desgaste. Um agradecimento ao Doutor Fausto Trentini, brilhante advogado e amigo que gentilmente enviou farto material doutrinário e jurisprudencial que auxiliou na composição da obra.

Por fim, uma menção especial ao Dr. Álvaro Malheiros, pela confiança e pelo excelente trabalho de sua equipe editorial. O auxílio na divisão, bem como composição dos capítulos e sumários foi essencial e preciso, o que apenas confirma a excelência da Malheiros Editores.

APRESENTAÇÃO

O leitor poderá observar que houve uma reformulação do plano geral do *Curso de Processo Civil*. No Tomo I a Coleção foi apresentada em 3 Tomos. Com a nova formatação o *Curso de Processo Civil* conterá 4 Tomos: *Parte Geral* (Tomo I), *Procedimento Comum e Cumprimento de Sentença* (Tomo II), *Procedimentos Especiais* (Tomo III) e *Execução e Recursos* (Tomo IV).

A reorganização reflete o caráter dinâmico da obra, pois se trata de material inédito e sem vinculação com o CPC/1973. O enfrentamento de determinados temas, com maior vagar e profundidade, exigiu o desdobramento e criação deste Tomo III para o tratamento específico dos procedimentos especiais no CPC e nas Leis Extravagantes.

A jurisprudência foi meticulosamente pesquisada para oferecer posicionamentos já referendados pelo CPC/2015. Privilegiou-se a inserção dos julgamentos de uniformização do STJ e do STF, em sintonia com o fortalecimento dos precedentes no novo CPC.

O tema dos procedimentos especiais revela uma complexidade peculiar pela necessidade de forte interação entre o direito material e processual. Cada ação especial reflete uma pretensão material diversa. Além disso, a interação entre o procedimento comum e os procedimentos especiais ganha realce renovado, especialmente pela possibilidade da flexibilização procedimental e da celebração dos negócios processuais.

Contamos com o apoio do leitor com suas críticas e sugestões, pois como assinalamos no Tomo I, a construção do trabalho inicia-se pelo autor, mas não termina em suas mãos. Em cada aula, palestra e diálogo com alunos, professores e amigos, novas ideias surgem para o aprimoramento do *Curso de Processo*. A Ciência do Direito está em constante mutação, o que exige o contínuo esforço de aprimoramento do texto jurídico e sua conformação com a realidade. Contaremos com a profícua colaboração dos leitores e suas sugestões que podem ser encaminhadas para o seguinte endereço eletrônico: fabiocaldas@prof.unipar.br.

Curitiba, setembro de 2017.
Fabio Caldas de Araújo

Parte I
A TÉCNICA PROCESSUAL E O DÉFICIT PROCEDIMENTAL

1. Os procedimentos especiais e a tutela jurisdicional diferenciada. 2. Procedimentos comum e especial. 3. Procedimentos especiais: Código de Processo Civil e legislação extravagante. 4. Atualidade e importância dos procedimentos especiais. 5. Procedimentos especiais, flexibilização e atipicidade dos procedimentos. 6. Procedimentos especiais de jurisdição contenciosa e voluntária. 7. Procedimentos especiais excluídos e realocados pela Lei 13.105/2015: 7.1 A usucapião: judicial e administrativa: 7.1.1 A migração da ação de usucapião para o procedimento comum – 7.1.2 Formação do título dominial por meio da usucapião – 7.1.3 Natureza jurídica da ação de usucapião – 7.1.4 A usucapião e a aquisição originária da propriedade – 7.1.5 Petição inicial – 7.1.6 Situações especiais de "legitimatio ad causam": espólio, condômino, compossuidor, pessoas jurídicas (associação e entidade coletiva) – 7.1.7 Formação do contraditório. Citações e intimações – 7.1.8 Citação do proprietário e do possuidor – 7.1.9 Citação e intimação da Fazenda Pública – 7.1.10 O procedimento edital – 7.1.11 Citação dos confinantes – 7.1.12 Audiência de conciliação e mediação e conversão para o procedimento administrativo – 7.1.13 Defesa: contestação e reconvenção – 7.1.14 Audiência de instrução – 7.1.15 Intervenção do Ministério Público – 7.1.16 A sentença e a "usucapio libertatis" – 7.1.17 A usucapião administrativa ou extrajudicial – 7.1.18 Facultatividade e contraditório na via administrativa – 7.1.19 Usucapião administrativa e mediação extrajudicial – 7.2 A ação de depósito e a Súmula Vinculante 25 do STF – 7.3 A ação de nunciação de obra de nova – 7.4 Da ação de anulação e substituição de títulos ao portador: 7.4.1 A boa-fé e os títulos ao portador – 7.4.2 A restrição de circulação dos títulos ao portador – 7.4.3 O procedimento edital em relação aos títulos ao portador – 7.5 A ação de venda a crédito com reserva de domínio: 7.5.1 Da venda com reserva de domínio para a alienação fiduciária de bens móveis – 7.5.2 Da venda com reserva de domínio e o "leasing" (arrendamento mercantil): Súmulas 263 e 293 do STJ – 7.5.3 Venda com reserva e a proteção ao terceiro de boa-fé – 7.5.4 O procedimento comum na venda com reserva de domínio: tutela específica ou equivalente pecuniário.

1. OS PROCEDIMENTOS ESPECIAIS E A TUTELA JURISDICIONAL DIFERENCIADA

O Código de Processo Civil/2015 modificou a topologia dos procedimentos especiais. Anteriormente os procedimentos diferenciados eram tratados em livro autônomo perante o Código de Processo Civil/1973. Pela nova sistemática os procedimentos especiais estão integrados ao Livro I da Parte Especial, no Título III. A opção do legislador foi correta –, o que pode ser visualizado pela advertência do art. 318, parágrafo único, do CPC: "Parágrafo único. O procedimento comum aplica-se subsidiariamente aos demais procedimentos especiais e ao processo de execução".

Nunca houve separação estanque entre o procedimento comum e os procedimentos especiais. O nascimento e o desenvolvimento histórico dos procedimentos especiais foram naturais e pautados no *déficit* do procedimento comum. A necessidade dos procedimentos especiais é explicada pela exigência da tutela jurisdicional diferenciada, que se expressa de diversas formas no ordenamento jurídico. A necessidade da tutela provisória e sumária perante o procedimento comum revela uma de suas expressões, afinal a prestação da tutela jurisdicional adequada exige tratamento temporal e procedimental diferenciado quando a parte demonstrar a urgência ou evidência em seu pedido.[1] É o que fundamenta a concessão da tutela provisória como medida de salvaguarda e, de modo excepcional, a própria satisfação definitiva do direito afirmado (art. 294 do CPC).[2] Outra forma de sua expressão é revelada pela construção de procedimentos diferenciados à luz das especificidades do direito material discutido em juízo, e que justifica o seu tratamento pormenorizado no Código de Processo Civil e na própria legislação extravagante.

O diálogo necessário, em vista da interdependência entre o *direito material* e o *processual,* torna esta visão, no estágio atual, muito mais simples e óbvia.[3] Determinados procedimentos especiais, como as ações possessórias, demonstram com riqueza a simbiose entre os procedimen-

---

1. No Direito Italiano a tutela provisória é disciplinada no Livro IV, relativo aos procedimentos especiais. Sobre o tema: Andrea Proto Pisani, *Lezioni di Diritto Processuale Civile*, p. 28.
2. A tutela de urgência pode assumir natureza satisfativa também nos procedimentos especiais. Um exemplo que será analisado, no momento oportuno, refere-se ao mandado de segurança. A liminar no mandado de segurança poderá assegurar o pedido de modo provisório (cautelar ou antecipada ou de evidência) ou concedê-lo de modo definitivo. Nesta última situação aplica-se a teoria do fato consumado.
3. Por todos: José Roberto dos Santos Bedaque, *Direito e Processo (Influência do Direito Material sobre o Processo)*, 6ª ed., p. 63.

tos especiais e o procedimento comum. A necessidade de tratamento adequado à tutela da posse exigiu, desde a fase do Direito Romano, a construção de um procedimento diverso daquele que era utilizado para a tutela da propriedade. Primeiro porque a propriedade era tutelada apenas para o cidadão romano, excluindo de seu campo de incidência os povos estrangeiros incorporados ao Estado Romano. Segundo porque a tutela da propriedade exigia o exame dos títulos aquisitivos anteriores, provocando o exame regressivo da cadeia dominial, ou seja, uma prova de difícil configuração em juízo, denominada de *probatio diabolica*.[4] A proteção da posse não poderia aguardar a investigação do direito de propriedade. Estes dois motivos foram fundamentais para o nascimento dos interditos possessórios como autêntico procedimento especial pretoriano voltado à proteção específica da posse, e não da propriedade.[5]

No Direito Brasileiro foi marcante a interação entre o procedimento comum e os procedimentos especiais quando Rui Barbosa necessitou encontrar uma forma de reintegrar os professores da Escola Politécnica que haviam sido exonerados pelo Presidente Prudente de Moraes após se posicionarem a favor da Monarquia na recém-República Federativa do Brasil, no ano de 1896.[6] A incapacidade do procedimento comum de

---

4. Não podemos esquecer que a criação dos registros públicos é de origem moderna. Atualmente a demonstração da propriedade é de grande simplicidade, pois depende do registro (art. 1.245 do CC brasileiro). Logo, no estágio atual, a prova de propriedade é mais simples do que a da posse. Sobre a origem do registro de imóveis, no período medieval: Hedemann, *Tratado de Derecho Civil – Derecho de Cosas*, t. II, p. 69. Em sistemas que ainda não adotam o registro de imóveis com força constitutiva do direito de propriedade, como no Direito Francês, o problema da *probatio diabolica* ainda persiste. Sobre o ponto, v. Halük Burcuoglu, *Les Présomptions de Droit Attachées a la Possession en leur Application en Droit Suisse, en Droit Allemand, en Droit Turc*, p. 84.

5. O estudo de maior profundidade sobre os interditos possessórios pertence a Carl Georg Bruns, o qual indaga sobre o tratamento da posse como propriedade provisória: *Provisorische Eigenthumsregulierung*? ("Regulação provisória da propriedade?", in *Die Besitzklagen des römischen und heutigen Rechts*, p. 7). Nesta obra percebe-se o embrião não só do nascimento dos procedimentos especiais, pois, como informa o jurista alemão, o interdito *uti possidetis* não se confundia com o rito das ações prejudiciais ("Daß das Interdict seiner processualischen Form nach nicht zu den praeiudicia oder praeiudiciales actiones gehort hat"). A visão da posse como tratamento provisório da propriedade iria influenciar Ihering. Trata-se de uma visão que hoje se reconhece como equivocada, em vista da autonomia da posse (Súmula 84 do STJ). Mas a discussão pôs em evidência o surgimento de um procedimento especial para tutelar posse, o que justificou a proibição da alegação de domínio no juízo possessório, regra vigente até hoje (art. 557 do CPC).

6. Rui Barbosa, *Posse de Direitos Pessoais*, pp. 1-60.

oferecer a tutela liminar exigiu que o jurista buscasse a tutela na utilização do procedimento especial possessório como meio de preencher a lacuna do sistema processual. O mandado de segurança ainda demoraria 40 anos para nascer em nosso sistema, pois surgiria apenas perante a Constituição de 1934.[7]

Esta breve digressão histórica demonstra o longo período de descompasso entre o direito material e o processual e alerta para a necessidade de constante adaptação do sistema jurídico às novas realidades. A complexidade das relações sociais, o afloramento dos conflitos coletivos e a necessidade de tutela para as causas de menor densidade econômica e social (*small claims*) provocaram uma explosão de procedimentos especiais. O sistema processual reagiu e procurou acompanhar as mutações do direito material, ao ponto de sistematizar diversos procedimentos especiais. Sua previsão não poderia ficar confinada no Código de Processo Civil, mesmo após a unificação da legislação processual de 1939, que trouxe previsão expressa para os processos especiais na primeira codificação processual unificada de nosso País.[8]

Foi o Código de Processo Civil/1939, influenciado pela legislação e pela doutrina portuguesas, que firmou a orientação bipartida de nosso sistema em: *processo ordinário* e *processos especiais*.[9] O Livro IV foi dedicado ao tratamento dos processos especiais destinados a regular litígios que envolveriam discussão sobre o direito material que não permitiriam a utilização da via ordinária.[10] O Código de Processo Civil/1973 manteve

---

7. V. nosso estudo com José Miguel Garcia Medina, *Mandado de Segurança Individual e Coletivo*, p. 20.

8. No Direito anterior ao Código de Processo Civil/1939 pode-se buscar o Regulamento 737/1850, que reconhecia o processo ordinário (Título II), das ações sumárias (Título IV) e as ações especiais (Título IV). A Consolidação Ribas (*Consolidação das Leis do Processo Civil*, 3ª ed., 1915) trouxe previsão: *processo geral* ou *ordinário* e *ações especiais*. As especiais eram: *ações sumárias, sumarií*ssimas e *executivas*. Alguns Códigos Estaduais, como o do Rio Grande do Sul, previam: "processo ordinário", "processo summario geral", "processo summario especial" e "processo summarissimo especial" (*Codigo de Processo Civil e Commercial do Estado do Rio Grande do Sul – Lei 65/1908*, Imprensa Oficial, 1908).

9. Machado Guimarães, *Comentários ao Código de Processo Civil de 1939*, vol. IV, p. 7.

10. Como alertaria José Alberto dos Reis, em 1928, "o legislador criou processos especiais para a defesa de certos e determinados direitos que, por qualquer circunstância, não podiam tornar-se efetivos Segundo a forma ordinária, ou para a realização dos quais o processo ordinário era inadequado" (*Processo Ordinário* e *Sumário*, vol. I, p. 58).

a disciplina dos procedimentos especiais de modo autônomo, relegando o Livro IV para sua disciplina.

O Código de Processo Civil/2015 permitiu nova formatação, a qual deve ser elogiada, pois acabou por sistematizar o procedimento comum, o cumprimento de sentença e os procedimentos especiais dentro do mesmo Livro II, o qual inaugura a Parte Especial. Esta nova formatação permite uma integração sistemática entre o procedimento comum e o especial, a qual é anunciada pelo art. 318, *caput* e parágrafo único.

Os procedimentos especiais, no decorrer da História e na presente fase processual, representam autêntica forma de tutela jurisdicional diferenciada, na medida em que buscam atender às peculiaridades do direito material, otimizando a prestação da tutela jurisdicional ("peculiarità della situazione sostanziale").[11]

2. Procedimentos comum e especial

Havendo previsão, no sistema, de procedimento especial (no Código de Processo Civil ou em lei extravagante), deverá a ação ser ajuizada e tramitar em observância a este procedimento. Não sendo esta a hipótese, admite-se, por exclusão, o ajuizamento da ação pelo *procedimento comum*. Isto não elimina a possibilidade de integração sistemática entre o procedimento comum e o especial, o que é anunciado pelo art. 318, parágrafo único.

A legislação processual atual permite que os procedimentos especiais possam se utilizar da Parte Geral e do procedimento comum como meio de colmatar eventuais lacunas. Em alguns casos, como nas ações de família (arts. 693 *usque* 699) os procedimentos especiais apenas delimitam pontos específicos de alteração do procedimento comum, o que reforça a necessidade desta visão integrada.

3. Procedimentos especiais: Código de Processo Civil e legislação extravagante

Os procedimentos especiais não estão previstos apenas no Código de Processo Civil, mas guardam acomodação em abundante legislação extravagante.[12] Mesmo o Código de Processo Civil/1939, que trazia a

---

11. Andrea Proto Pisani, *Lezioni di Diritto Processuale Civile*, cit., p. 27.
12. Neste *Curso* examinaremos todos os procedimentos especiais do Código de Processo Civil e alguns procedimentos especiais de leis extravagantes, notadamente

previsão de 38 ações especiais, não poderia albergar todas as mutações do direito material, que acabam por exigir a criação de procedimentos fora do diploma codificado.

O Direito Brasileiro possui inúmeras leis processuais extravagantes de grande relevo para a disciplina de matérias relativas a *conflitos individuais*, tais como: (a) alienação fiduciária de bem móvel e seu procedimento de busca e apreensão (Decreto-lei 911/1969); (b) alienação fiduciária de bens imóveis (Lei 9.514/1997); (c) desocupação de imóveis urbanos (Lei 8.245/1991); Juizado Especial Cível (Lei 9.099/1995); Juizado Especial Cível Federal (Lei 10.259/2001); Juizado Especial Cível das Fazendas Públicas Estadual e Municipal (Lei 12.153/2009); mandado de segurança (Lei 12.016/2009); ou para *conflitos coletivos*, dentre outras: Lei da Ação Civil Pública (Lei 7.347/1985), Código de Defesa do Consumidor (Lei 8.078/1990), mandado de segurança (art. 21 e 22 da Lei 12.016/2009); (d) ainda para a proteção da ordem jurídica: ação direta de inconstitucionalidade (Lei 9.868/1999); ação declaratória de constitucionalidade (lei 9868/99); arguição de descumprimento de preceito fundamental (Lei 9.882/1999); ação declaratória por omissão (Lei 12.063/2009) – dentre outras.

Esta relação meramente exemplificativa demonstra a natureza aberta dos procedimentos especiais (*numerus apertus*), pois as necessidades do direito material exigem sua contínua evolução na ordem jurídica como meio de compatibilizar o direito processual com as especificidades do direito material.

4. Atualidade e importância dos procedimentos especiais

Devem as regras processuais "guardar simetria com as regras de direito material", vale dizer, os direitos materiais devem comportar uma dimensão processual adequada a garantir sua eficácia, o que impõe reconhecer a existência de um direito subjetivo ao processo adequado (*due process of law*), ao qual corresponde o dever do Estado de realizar eficazmente os direitos através do processo.

Tem-se, assim, que a existência de um direito material implica automática correlação, no plano do processo, de procedimento adequado. Não sendo assim se estaria diante de situação paradoxal: o direito material seria previsto abstratamente, mas seria irrealizável concretamente.

aqueles que apresentam maior importância, especialmente no âmbito coletivo (ações coletivas e ações constitucionais).

No Direito Brasileiro são previstas múltiplas fórmulas legislativas que procuram ajustar-se a um número igualmente variado de problemas oriundos do direito material. Procedimentos especiais são previstos no Código de Processo Civil e em leis extravagantes para este fim, como já ilustrado.

O ponto de maior indagação, em vista da reforma operada pela Lei 13.105/2015, refere-se ao futuro dos procedimentos especiais. A breve explanação histórica permitiu compreender que o procedimento ordinário, em certa medida, sempre se socorreu dos procedimentos especiais, na tentativa de conferir efetividade ao direito material, especialmente pela previsão da tutela de urgência e soluções que não eram encontradas na rigidez do procedimento comum.

Ocorre que o momento atual demonstra uma inversão de valores, pois o procedimento ordinário, iluminado pela Parte Geral (arts. 139, IV e VI, e 190 do CPC) permite maior flexibilidade e adequação ao caso concreto (art. 327, § 1º, do CPC), o que exige exame sobre o futuro dos procedimentos especiais, objeto do próximo tópico.

5. PROCEDIMENTOS ESPECIAIS, FLEXIBILIZAÇÃO E ATIPICIDADE DOS PROCEDIMENTOS

Como se observou acima, prevê o sistema jurídico-processual várias formas procedimentais típicas, que, segundo o ideal legislativo, deverão ser apropriadas ao direito material. Um dos grandes problemas do procedimento comum era seu engessamento e a impossibilidade de atender de modo adequado às situações de tutela específica.

A riqueza das situações de direito material bem como as intensas variações pelas quais passa a sociedade fazem com que os procedimentos especiais não consigam ser criados e adaptados tempestivamente pelo legislador. Surge, então, o *déficit* procedimental, a ser corrigido pelo juiz, caso a caso, observando-se os princípios constitucionais a que acima nos referimos.

Desde 1994 o legislador procurou ultrapassar os obstáculos desta rigidez e permitiu a criação de instrumentos *atípicos* de tutela, especialmente no que tange à concessão da tutela provisória (art. 294 do CPC) ou à possibilidade de medidas atípicas para o cumprimento das obrigações de fazer, não fazer ou de entregar coisa (arts. 139, IV, e 497-501 do CPC).

Estes mecanismos são importantíssimos e revelam meios para suprir as deficiências do procedimento ordinário, *mas também para corrigir as deficiências dos procedimentos especiais*.

A criação da Parte Geral trouxe uma contribuição importantíssima ao procedimento comum, não só pelo reforço dos meios atípicos de tutela, mas pela possibilidade de *flexibilização* e *adequação procedimental*, conforme os arts. 139, VI, e 190 do CPC.

O sistema *típico* ou *rígido* de procedimentos tende a alcançar resultados satisfatórios na medida em que as situações de direito material e os problemas que emergem da sociedade sejam parecidos, sendo até mesmo conveniente a previsão de um procedimento uniforme para os casos em que problemas similares se reproduzem imensamente, a fim de que se assegure a todos aqueles que se encontrem em uma mesma situação de direito material solução procedimental também igual. No entanto, na medida em que surgem novos pormenores na vida social e, portanto, no direito material, o sistema típico acaba se revelando ineficiente, o que acaba impondo *um ajuste* tendente a *especificar* um procedimento para o problema trazido pelas partes ao órgão jurisdicional. Este ajuste, caso a caso, é facilitado quando o sistema prevê expressa e textualmente um *modelo procedimental atípico*, ou *flexível*. Esta flexibilização poderá decorrer do diálogo entre o procedimento comum e o especial.

Assim, por exemplo, para a concessão de liminar em ação possessória devem ser observados os requisitos previstos nas normas que regulam este procedimento especial (arts. 558 e 561 do CPC). Pode suceder, no entanto, que na hipótese levada ao processo haja a necessidade de concessão de liminar mas os requisitos previstos nas regras procedimentais específicas não viabilizem sua concessão.[13] Neste caso a "falha" deste procedimento é suprida pela possibilidade de concessão de liminar, nos termos dos arts. 300 e 311 do CPC. Similarmente, é o que se pode dizer acerca da incidência do art. 496 do CPC em ações possessórias, ampliando-se os poderes de execução do juiz; ou, ainda, sobre a incidência do art. 497 do CPC no procedimento especial do mandado de segurança, com a possibilidade de concessão de tutela de urgência (art. 300) ou mesmo da tutela da evidência (art. 311, IV).

Além do reforço quantos aos meios atípicos para a tutela adequada,[14] que já existiam perante o Código de Processo Civil/1973, o modelo atual permite que as partes possam colaborar na construção do procedimento

---

13. Por exemplo: o art. 558 do CPC exige a posse nova, violação a menos de ano e dia na posse esbulhada, para a concessão da liminar.
14. Como reforço expresso deve ser destacada a possibilidade de medidas executivas indiretas para as obrigações de pagamento em quantia (art. 139, IV, do CPC). Embora não fosse negada sua possibilidade perante a codificação anterior, havia grande resistência à sua aplicação.

especial, dentro dos limites do art. 190 do CPC, por meio do negócio processual.[15] As partes podem acelerar a marcha processual modificando os prazos e eliminando fases procedimentais. O juiz também poderá colaborar na modulação procedimental, na medida em que poderá, dentro de determinados limites, alterar prazos e fases processuais. A alteração de fases processuais, como a possibilidade de audiência de instrução antes da realização da perícia, revela situações que podem permitir economia processual e maior celeridade ao rito procedimental.

Estas grandes modificações não permitem falar na extinção dos procedimentos especiais. Muitas situações exigem regulação específica, especialmente para o tratamento dos contratos de massa ou para conflitos de âmbito coletivo. Todavia, percebe-se uma salutar oxigenação dos procedimentos especiais pelo intercâmbio com a Parte Geral e a possibilidade de suprimento do déficit procedimental pelos mecanismos atípicos do procedimento comum. A possibilidade de interação é positiva e otimiza a prestação da tutela jurisdicional adequada, nos termos do art. 5º, XXXV, da CF/1988.

Nos itens seguintes serão analisados os procedimentos especiais previstos no Código de Processo Civil e alguns procedimentos especiais dispostos em leis extravagantes (como, por exemplo, o procedimento da ação civil pública e o do mandado de segurança, das ações constitucionais de controle concentrado e Juizados Especiais). A todos estes procedimentos aplicam-se as soluções acima referidas, e por ocasião do tratamento específico das ações especiais voltaremos ao importante tema do intercâmbio entre o procedimento comum e o especial.

6. Procedimentos especiais de jurisdição contenciosa e voluntária

A vigente lei processual ainda prevê a separação entre os procedimentos especiais de jurisdição contenciosa e voluntária.[16]

Os procedimentos de natureza contenciosa são os que atraem a maior atenção, pela necessidade de disciplinar o tratamento específico de deter-

---

15. Sobre o negócio processual, consulte-se o que escrevemos no t. I deste *Curso*, p. 758.

16. No Direito Romano já se conhecia a distinção entre *iurisdictio contenciosa* e *voluntaria*. A jurisdição voluntária era utilizada, como exemplo, para a libertação de escravos ou para a adoção. Sobre a origem da distinção entre a jurisdição voluntária e a contenciosa, v. Hans-Armin Weirich, *Freiwillige Gerichtsbarkeit (Jurisdição Voluntária)*, § 2, I, pp. 35-36. Ainda, sobre a evolução histórica: Walter J. Habscheid, *Freiwillige Gerichtsbarkeit (Jurisdição Voluntária)*, § 3, pp. 10 e ss.

minados procedimentos em vista das peculiaridades do direito material. A disputa entre as partes exige o desenvolvimento da relação processual, que geralmente é marcada pela especialidade em sua primeira fase, até o momento de análise do pedido liminar, convertendo-se em ordinária posteriormente. Encaixam-se nessa previsão as ações possessórias, os embargos de terceiro e a oposição. Em outras situações a especialidade é marca constante durante todo o *iter* procedimental, como na ação para exigir contas, no processo de inventário litigioso ou, mesmo, na ação monitória, em vista da possibilidade de simples conversão do mandado em título executivo.

Nos procedimentos especiais de jurisdição voluntária visualiza-se autêntica administração da justiça sobre interesses que são predominantemente privados.

Há uma nítida marcha de desjudicialização dos procedimentos especiais de jurisdição voluntária, pelo reconhecimento da autonomia das partes e do caráter administrativo das questões que são discutidas em sua esfera. Desde a Lei 11.441/2007 observa-se um processo de desburocratização, quando se permitiu que os procedimentos de inventário e separações judiciais consensuais pudessem ser resolvidos perante o notário, sem a necessidade de homologação judicial. Esta tendência veio reafirmada pela reforma processual, pois a previsão do art. 1.071 do CPC inovou ao inserir na Lei de Registros Públicos/LRP, por meio do art. 216-A, a disciplina genérica da usucapião extrajudicial no Direito Brasileiro.[17]

7. PROCEDIMENTOS ESPECIAIS EXCLUÍDOS E REALOCADOS PELA LEI 13.105/2015

Antes de iniciarmos a exposição sistemática dos procedimentos especiais é preciso lembrar que a Lei 13.105/2015 realizou a eliminação de alguns procedimentos especiais. O caminho mais fácil seria a omissão quanto ao exame destas supressões; contudo, em vista da importância de algumas ações, notadamente a ação de usucapião, passaremos a uma breve incursão em relação a cada uma delas.

---

17. O art. 216-A da Lei 6.015/1973, inserido pelo art. 1.071 do CPC, passa a possibilitar o pedido de usucapião extrajudicial consensual em todas as modalidades, mas a introdução da usucapião extrajudicial ou administrativa já havia sido realizada pela Lei 11.977/2009, conforme o art. 60, que permite a conversão da legitimação da posse quinquenal em usucapião. Sobre o ponto, v. nosso estudo *Usucapião*, 3ª ed., p. 419.

7.1 A usucapião: judicial e administrativa

7.1.1 A migração da ação de usucapião para o procedimento comum

O Código atual rompe com uma tradição inaugurada com o Código de Processo Civil/1939, que tipificava a ação de usucapião para bens imóveis como procedimento especial (arts. 454-456). O Código de Processo Civil/1973 ainda previa a ação de usucapião nos procedimentos especiais (arts. 941-945); contudo, desde a alteração da Lei 8.951/1994, que suprimiu a audiência de justificação da posse como etapa prévia à formação da relação processual, o procedimento deixou de ser especial.

A sobrevivência da ação de usucapião, por tantos anos, após a supressão da audiência de justificação da posse pode ser explicada pela ausência de reformas expressivas no campo dos procedimentos especiais e pela complexidade na formulação correta do pedido de usucapião.

O processamento do pedido de usucapião exige cuidados na sua formulação, pela necessidade de explanação fática dos requisitos essenciais para a hipótese que vier a ser requerida em juízo. A parte que requer a usucapião extraordinária (art. 1.238 do CC) deverá demonstrar os requisitos de posse e tempo; mas se o pedido for de usucapião ordinária (art. 1.242 do CC), além destes dois elementos, deverá comprovar o justo título e a boa-fé. O justo título será a causa para demonstração da boa-fé. Enfim, exige-se a demonstração da causa de pedir específica conforme a modalidade de usucapião requerida em juízo.

A especialidade da ação de usucapião era restrita apenas ao pedido de usucapião para bens imóveis. A usucapião sobre bens móveis poderia ser processada pelo procedimento comum na modalidade ordinária ou sumária, conforme a dualidade prevista pelo Código de Processo Civil/1973. Atualmente a usucapião de bens imóveis e móveis estará sujeita ao procedimento comum, com possibilidade de utilização do Juizado Especial para o processamento da usucapião para bens móveis que não ultrapassem o valor de alçada previsto no art. 3º, I, da Lei 9.099/1995.

7.1.2 Formação do título dominial por meio da usucapião

A ação de usucapião é de extrema importância dentro do nosso sistema processual, uma vez que seu objetivo é promover autêntica transmutação de uma situação fática ao conferir o título dominial ao possuidor. A ação sempre exigirá, no mínimo, a conjugação dois elementos considerados perenes em quaisquer das modalidades de prescrição aquisitiva: *tempo* e *posse*. A leitura atenta dos dispositivos do Código

Civil é essencial, em vista das peculiaridades que recobrem o instituto da usucapião. Esta advertência é válida não só para análise genérica de sua configuração, mas para o exame das diversas hipóteses de sua configuração, especialmente após a promulgação do Código Civil.

7.1.3 Natureza jurídica da ação de usucapião

A ação de usucapião tem natureza *declaratória*. Servindo-nos da lição de Pontes de Miranda, podemos afirmar que a ação e a sentença de usucapião têm eficácia preponderantemente declaratória. Seu objetivo central reside em fornecer certeza ao autor da ação, mediante a constituição de uma nova matrícula, com eventual condenação daqueles que se opuserem ao pedido inicial. Pela breve passagem é possível compreender que a eficácia declaratória não será única. Realmente, há uma pequena carga de constituição, evidenciada pela formação de uma nova matrícula no registro de imóveis, e outra carga de condenação, quando houver resistência por parte daqueles que ocuparam o polo passivo.

Não existindo oposição pelos confinantes e pelo proprietário em nome de quem o bem está matriculado, deve ser aplicado o princípio da causalidade. Embora exista a possibilidade da usucapião extrajudicial, o procedimento é obrigatório, pois sem a ação judicial ou sem o procedimento administrativo a parte não terá como formar a nova matrícula. Logo, para fins de sucumbência, a usucapião ainda pode ser qualificada como processo obrigatório, o que provoca o pagamento das custas pelo usucapiente quando ausente qualquer oposição ao pedido.

7.1.4 A usucapião e a aquisição originária da propriedade

A natureza declaratória da ação de usucapião revela sua projeção como fonte de nascimento originário do direito de propriedade.[18] A usucapião é modo de *aquisição originária* da propriedade. De acordo com

---

18. Brinz (*Lehrbuch der Pandekten*, 2ª ed., vol. I, pp. 506-517) notabilizou-se pela defesa de que a *usucapio* consistiria em meio derivado de aquisição da propriedade. Na usucapião Brinz apoiou-se na lição de Thibaut, que denominava a usucapião de "translativa *usucapio*", deixando clara sua posição: "In der Ersitzung liegt ein Eigenthumsübertragung, kein originärer Erwerb" ("Na usucapião opera-se uma transferência da propriedade, não há aquisição originária" – tradução livre), pois existiu prévia relação jurídica entre a *res* e uma *persona*. Não partem esses autores para a análise da existência de ato volitivo na transmissão, mas tão só da existência de relação jurídica anterior. Não há que se falar em transmissão, mas, sim, em aquisição originária e desvinculada do proprietário anterior.

clássica lição de Pontes de Miranda, "não se adquire de 'alguém' pela usucapião".[19] As consequências desta afirmação são importantíssimas. Em primeiro lugar, como a aquisição é originária, não há que se falar em transmissão de direitos. A posse, como autêntico *fato*, em sua pureza fenomenológica, não é passível de transmissão, o que torna indevida qualquer transposição de institutos que foram construídos para albergar as relações jurídicas do campo obrigacional.

Desta forma, inexistindo transmissão, mas mera aquisição originária, não há que se falar em pagamento de Imposto de Transmissão. Nada se constitui quando se registra uma nova matrícula oriunda de sentença declaratória de usucapião.

7.1.5 Petição inicial

Com a eliminação do procedimento especial poderia surgir dúvida quanto à necessidade do memorial descritivo como elemento essencial da petição inicial (art. 319 do CPC). Afinal, pelo rito anterior o art. 941 do CPC exigia sua juntada. Mesmo perante o Código de Processo Civil/1973 a juntada do memorial como documento indispensável para a propositura da petição inicial era atenuada. O memorial descritivo é peça técnica, mas sua ausência poderá ser suprida pelo croqui ou, mesmo, pela individuação correta da parte, que permita identificar o imóvel e impulsionar o processo para posterior averiguação por perícia.[20]

O que é fundamental na ação de usucapião é a descrição fática, na petição inicial, do imóvel com suas confrontações, limites e lindeiros, pois sem essas informações o pedido não poderá ser processado. No mínimo exige-se a correta descrição, para que a prova pericial possa confirmar os dados e permitir a formação da matrícula em caso de declaração judicial da usucapião. Importante frisar que a descrição do imóvel, ainda que não seja formalizada pelo memorial, não pode ser alterada unilateralmente após a citação (art. 329, I, do CPC).[21]

19. Pontes de Miranda, *Tratado das Ações*, t. II, § 42, p. 211.
20. A necessidade do memorial é revelada pelo art. 216-A, II, da Lei 6.015/1973, que exige "planta e memorial descritivo assinado por profissional legalmente habilitado". A importância do memorial ou do laudo pericial (art. 473 do CPC) reside na necessidade de segurança jurídica quanto ao ato de criação da matrícula.
21. STJ: "Esta Corte Superior possui o entendimento de que eventuais alterações no memorial descritivo do imóvel podem ser feitas unilateralmente, antes da angularização da relação jurídico-processual, ou, após citação, somente com a anuência explícita do réu, ressalvada a hipótese em que não houver a modificação dos elementos objetivos da demanda – Precedentes – Agravo regimental desprovido" (3ª

A descrição da posse exige que o ato originário pautado por ocupação, aquisição ou sucessão seja precisamente identificado, para permitir o cômputo do período necessário para a consumação da prescrição aquisitiva.

7.1.6 Situações especiais de "legitimatio ad causam": espólio, condômino, compossuidor, pessoas jurídicas (associação e entidade coletiva)

Mesmo perante o procedimento comum a ação de usucapião apresenta situações especiais de legitimação. Como a posse deve ser exercida no mundo fático, questiona-se a legitimidade do espólio para ingressar com o pedido de usucapião. Não existe vedação quando o espólio for representado por todos os herdeiros ou mesmo pelo inventariante.[22] A *sucessio in possessionis* autoriza a transmissão da posse aos herdeiros na mesma qualidade que detinha o *de cujus*. Se a usucapião não for requerida nesta fase transitória (inventário), os herdeiros terão que ingressar, posteriormente, em conjunto para requerer a usucapião fundada na composse.

Seria possível a usucapião pelo condômino? A resposta é positiva. A usucapião será possível perante o condomínio quando o possuidor consiga comprovar a existência de posse exclusiva dentro da área coletiva. Não poderá ser deferida a usucapião sobre áreas comuns do condomínio (*e.g.*, área de circulação), sob pena de inviabilizar o exercício da propriedade comum (*e.g.*, *área de entrada de uma garagem coletiva*). Outro ponto interessante é que o vigente Código de Processo Civil trouxe regra diferenciada para a formação do polo passivo, pois nas ações de usucapião de condomínios edilícios será dispensada a citação dos confinantes (art. 246, § 3º).[23]

O pedido também poderá ser realizado por mais de um possuidor, em regime de composse. Os atos possessórios são praticados em conjunto, o que qualifica, inclusive, o pedido de usucapião coletiva (Lei 10.257/2001), cujo fundamento reside num pedido conjunto formulado por todos os possuidores. A tarefa de comprovação da composse não é

Turma, AgR no REsp 1.576.671-DF, rel. Min. Marco Aurélio Bellizze, j. 23.6.2016, *DJe* 1.7.2016).

22. Cf.: STJ, 4ª Turma, REsp 7.482-SP, rel. Ministro Athos Carneiro, j. 25.6.1991, *DJU* 12.8.1991, p. 10.558.

23. CPC, § 3º do art. 246: "§ 3º. Na ação de usucapião de imóvel, os confinantes serão citados pessoalmente, *exceto quando tiver por objeto unidade autônoma de prédio em condomínio*, caso em que tal citação é dispensada".

simples, pois exige a demonstração de atos contínuos por parte de vários possuidores. No âmbito possessório a citação de ambos os cônjuges é essencial, sob pena de nulidade do processo, quando o fato jurídico diga respeito ao casal. Não se deve olvidar que na ação de usucapião familiar do art. 1.240-A do CC a pretensão será exercida contra o ex-cônjuge ou ex-companheiro(a) que abandonou o imóvel.

A pessoa jurídica poderá ingressar com pedido de usucapião. Exemplo claro desta possibilidade está insculpido em relação às associações e entidades coletivas, que podem ingressar com o pedido de usucapião coletivo. Não se trata de modo ortodoxo de legitimação ordinária, mas a previsão não pode ser ignorada, nos termos do art. 12 da Lei 10.257/2001. O dispositivo é claro quanto à consumação da substituição processual dos possuidores. De um modo geral, as pessoas jurídicas podem promover a ação de usucapião. Não há que se realizar qualquer diferenciação entre a pessoa jurídica de direito público ou privado. Estas observações são importantes para fins de aplicação das regras previstas na Parte Geral (art. 75 do CPC).

7.1.7 Formação do contraditório. Citações e intimações

O pedido vestibular visa à formação de novo título dominial, exigindo a integração dos diversos interessados no polo passivo. A ausência do procedimento especial exigirá maior atenção pelos novos operadores, pois o ato citatório é complexo. E mais: os dispositivos agora estão dispersos na Parte Geral, o que não modifica em nada a necessidade de citação e intimação para a formação regular do polo passivo.

Na ação de usucapião a constituição de nova matrícula gera a necessidade de manifestação dos possíveis afetados pela sentença judicial. Isto explica a existência de um litisconsórcio passivo necessário, com a integração de todos os potenciais interessados. Muito embora se trate de um litisconsórcio indispensável quanto à sua formação, a decisão judicial poderá ser diversa para cada um dos envolvidos. Não há uma uniformidade essencial como condição para a validade do provimento jurisdicional. Sendo assim, o litisconsórcio será do tipo *necessário-simples*. A citação deverá ser pessoal, nos termos da Súmula 391 do STF: "O confinante certo deve ser citado, pessoalmente, para a ação de usucapião". A necessidade da citação pessoal veio expressamente reafirmada no art. 246, § 3º, do CPC, com dispensa da citação dos confinantes apenas quando se tratar de condomínio edilício. Como o ato de citação é complexo, exige--se o tratamento separado quanto às partes e terceiros que necessitam de integração no processo de usucapião.

7.1.8 Citação do proprietário e do possuidor

A petição inicial deverá indicar como réu aquele que esteja constando como proprietário do imóvel. A citação deverá ser realizada preferencialmente pela modalidade pessoal, ou seja, através do oficial de justiça. Caso o bem imóvel não possua matrícula, isto não exime a necessidade de citação daquele que esteja exercendo o poder fático sobre o bem. Neste sentido é clara a Súmula 263 do STF: "O possuidor deve ser citado pessoalmente para a ação de usucapião". A efetiva cientificação por parte daquele que não é proprietário é garantida pela citação pessoal. A mesma solução será aplicada quando o imóvel matriculado for objeto de disputa entre dois possuidores. É plenamente possível que ambos disputem o bem e que um deles consiga demonstrar a melhor posse pela configuração de *pretensão publiciana*. O possuidor qualificado tem em seu benefício a *actio publiciana*, que é a ação do possuidor *quase proprietário*. Ela garante a solução favorável numa disputa possessória, e pode ser decisiva na ação de usucapião. O próprio possuidor citado para integrar o polo passivo poderá demonstrar que já completou o período necessário para a usucapião sobre o bem (Súmula 237 do STF).

7.1.9 Citação e intimação da Fazenda Pública

Com a eliminação do procedimento especial seria natural que a ausência de previsão expressa para a integração das Fazendas Públicas pudesse ser dispensada; contudo, a realidade mostra-se diversa. Mesmo sujeita ao procedimento comum, a Fazenda Pública – Federal, Estadual ou Municipal – deverá ser intimada. Não seria correto incluir as Fazendas no procedimento edital, porque a proteção ao interesse público exige a intimação pessoal, para que seja resguardado o interesse coletivo de que a ação de usucapião não recaia sobre *bens públicos*, em atenção ao disposto no art. 183, § 3º – "3º. Os imóveis públicos não serão adquiridos por usucapião" – e à Súmula 340 do STF: "Desde a vigência do Código Civil, os bens dominicais, como os demais bens públicos, não podem ser adquiridos por usucapião".[24]

---

24. STF: "Nos termos da atual Constituição, são insuscetíveis de prescrição aquisitiva, ou até mesmo antes dela, dado o entendimento sufragado por esta Suprema Corte na Súmula n. 340/STF: 'Desde a vigência do Código Civil (1916 – Beviláqua), os bens dominicais, como os demais bens públicos, não podem ser adquiridos por usucapião'" (1ª Turma, AgR no AI 852.804, rel. Min. Luiz Fux, j. 4.12.2012, *DJe* 1.2.2013).

O silêncio demonstrará, tacitamente, o desinteresse sobre o litígio. A contestação pela Fazenda Pública Federal provocará o deslocamento da causa para a Justiça Federal. Este deslocamento tem fulcro na competência absoluta prevista pelo art. 109 da CF/1988. Em todo caso, o juiz federal poderá declinar da competência, porque o incidente é provocado pelo procurador federal ou até pela parte interessada, que procura se prevenir de futura nulidade. Nos termos da Súmula 150 do STJ, o pedido deverá ser analisado pela autoridade judiciária federal. Obviamente, a decisão será passível de dois controles. O primeiro pelo STJ, através da suscitação do conflito negativo ou positivo de competência entre o juiz estadual e o federal. O segundo pelo recurso de agravo, quando o procurador autárquico, ou da República, discorde da decisão do juiz federal. O CPC regula a matéria no art. 45.

O deslocamento de competência só não ocorrerá quando se tratar de usucapião especial. Aplica-se a Súmula 11 do STJ: "A presença da União, ou de qualquer de seus entes, na ação de usucapião especial não afasta a competência do foro da situação do imóvel". Cumpre lembrar que a ausência de matrícula do imóvel não gera qualquer presunção de propriedade em favor da Fazenda Pública. Mesmo as terras devolutas necessitam de registro, e o ônus da prova recai sobre a Fazenda, porque a titularidade da propriedade se comprova por meio do registro, nos termos do art. 1.245 do CC.[25]

7.1.10 O procedimento edital

O procedimento edital será essencial nas ações de usucapião, nos termos do art. 259, I, do CPC: "Serão publicados editais: I – na ação de usucapião de imóvel; (...)". Esta exigência decorre da universalidade e da eficácia expansiva da coisa julgada, que será formada em caráter *erga omnes*, ou seja, contra todos, na ação de usucapião. Sua origem está ligada aos juízos provocatórios do Direito Alemão.[26] Sabe-se que a decisão judicial imunizada pela coisa julgada possui eficácia *erga omnes* reflexa, ou seja, uma sentença de divórcio diz respeito unicamente ao casal, mas deve ser respeitada em todo o território nacional e terá validade perante todas as repartições públicas e perante os particulares. Todavia, o comando judicial atinge apenas as partes envolvidas no processo, e não poderá gerar prejuízo para terceiros.

---

25. Cf.: STJ, 3ª Turma, AgR no REsp 611.577-RS, rel. Min. Ricardo Villas Bôas Cueva, j. 20.11.2012, *DJe* 26.11.2012.
26. Jacy de Assis, *Processos de Procedimento Edital*, pp. 19 e ss.

Na ação de usucapião a formação da coisa julgada opera eficácia direta sobre todos os eventuais interessados, sujeitando-os de modo incondicional à declaração da propriedade. Isto é essencial, porque a propriedade declarada pela decisão judicial forma nova matrícula, que eliminará qualquer pretensão das partes diretamente envolvidas no processo bem como dos eventuais terceiros interessados. Sem essa eficácia expansiva o direito de propriedade nasceria "manco". Logo, não há que se confundir a citação por edital dos confinantes e do proprietário do imóvel com o edital do art. 258, I, do CPC, que se dirige a todos os terceiros interessados. A ausência de sua publicação trará como consequência a ausência de imunização da decisão judicial em relação aos terceiros que não participaram da relação processual.

A realização do procedimento edital impede que eventuais terceiros se manifestem posteriormente, inclusive valendo-se de modos alternativos, como a oposição (art. 682 do CPC).

7.1.11 Citação dos confinantes

Os confinantes são aqueles que estreitam os limites com a área usucapienda. Seu interesse é manifesto e dispensa maiores comentários. O litisconsórcio necessário somente se aperfeiçoa com a citação de todos os confinantes, e a prolação de sentença de procedência sem sua presença impede a formação da coisa julgada e a eficácia do comando judicial em relação à sua pessoa. É o teor da Súmula 391 do STF: "O confinante certo deve ser citado, pessoalmente, para a ação de usucapião". Na usucapião de condomínio horizontal reforça-se o que foi dito em relação ao art. 246, § 3º, do CPC, pois se dispensa a citação de outros condôminos, ainda que residentes no mesmo piso ou andar em que se encontra a unidade autônoma.

7.1.12 Audiência de conciliação e mediação
e conversão para o procedimento administrativo

Um dos pontos de maior dificuldade na transposição da ação de usucapião para o procedimento comum reside na modificação de sua estrutura, com a introdução da audiência de conciliação como etapa prévia e obrigatória. Em trabalho específico sobre a usucapião, publicado logo após a aprovação da Lei 13.105/2015, expressamos nossa opinião restritiva quanto à audiência do art. 334 do CPC para processo de usucapião.[27]

---

27. Nosso *Usucapião*, cit., 3ª ed., p. 492.

Primeiro pelo fato de o legislador impor a conciliação ao exigir o dissenso bilateral obrigatório, ante a redação do art. 334, § 4º, I, do CPC. Na ação de usucapião este dissenso seria bilateral quanto ao polo (ativo e passivo), mas plurilateral em relação aos litisconsortes passivos. A conciliação nunca deve ser forçada, mas oferecida como meio de autocomposição voluntária, porque, conforme já afirmado anteriormente, "as partes estão presentes porque elas querem estar lá, ou ao menos não estão compelidas a estar lá" (tradução nossa).[28] O segundo ponto consiste na dificuldade de implementação da audiência de conciliação na ação de usucapião com a integração processual completa de todos os interessados. Se a audiência de conciliação representa uma tentativa efetiva de autocomposição, sua realização deve propiciar a possibilidade de encerramento do processo com sua consumação. Isto traz dificuldades na ação de usucapião, pois ao lado da citação do réu e dos lindeiros existe a necessidade de publicação do edital (art. 258, I) e intimação das Fazendas para manifestarem interesse na causa. Terceiro, os processos que envolvem a declaração de propriedade não deixam de encobrir uma disputa social e econômica sobre a propriedade, o que torna extremamente difícil a solução consensual.

No entanto, embora nosso posicionamento seja restritivo quanto à efetividade da conciliação na usucapião, cremos que sua realização é compatível e desejável em face da proposta do vigente Código de Processo Civil, desde que realizados ajustes procedimentais pelo magistrado (art. 139, VI, do CPC). Embora a ação de usucapião ainda seja largamente utilizada em nosso sistema, o legislador não apresentou maiores cuidados em sua transposição para o procedimento comum.

O juiz deverá velar para que a audiência de conciliação seja realizada apenas quando implementado o procedimento edital e realizadas todas as intimações das Fazendas.

Deste modo, a audiência de conciliação poderá surtir eficácia e atingir o objetivo preconizado pelo art. 216-A da LRP, ou seja, permitir a usucapião consensual. A usucapião administrativa ou extrajudicial revela exatamente a possibilidade do reconhecimento da prescrição aquisitiva por autocomposição; logo, o sucesso da audiência do art. 334 do CPC geraria a mesma eficácia, mas sua consumação dependerá das cautelas necessárias para que o ato de integração seja realizado *opportuno tempore* (litisconsórcio passivo + intimações das Fazendas + procedimento edital).

---

28. "Parties were present because they wanted to be there, or at least were not compelled" (David Spencer e Michael Brogan, *Mediation Law and Practice*, p. 85).

É possível que o réu e o os confinantes não apresentem resistência mas o procedimento edital e as intimações não tenham sido realizados. Isto não impedirá que o feito seja remetido para a via extrajudicial, com o fim de que o tabelião possa materializar os atos necessários para o registro (art. 216-A da LRP). A mesma solução pode ser utilizada quanto o ato de integração estiver completo mas for necessária a prova pericial para a formação da matrícula. Solução diversa, e que pode ser obtida por negócio processual, na fase do art. 334 do CPC, reside em eliminar os demais atos de instrução para estabelecer calendário processual e para a produção da perícia, imprescindível para formação da matrícula, e para a prolação da sentença judicial.

7.1.13 Defesa: contestação e reconvenção

A contestação poderá ser direta ou indireta e apresentada no prazo do art. 335 do CPC. Como matéria de defesa direta nada impede que o réu alegue a própria usucapião como matéria de defesa, nos termos da Súmula 237 do STF. Esta defesa é comum em ações reivindicatórias. O possuidor poderá demonstrar que a posse publiciana do autor do pedido não prevalece mais em detrimento de sua ocupação mansa e pacífica, inclusive pela demonstração da interversão da posse (*interversio possessionis*).[29] O reconhecimento da usucapião como matéria de defesa não permite a declaração nos mesmos autos, o que exigiria a propositura da reconvenção.

Tratando-se de ação sujeita ao procedimento comum, a vedação à reconvenção na usucapião deverá passar por uma revisão na literatura jurídica. Mesmo perante o Código de Processo Civil/1973 entendíamos que não existia a impossibilidade da reconvenção, ainda que a ampliação do polo passivo pelo reconvinte pudesse representar um obstáculo.

Era plenamente possível a formulação de pedido de usucapião dentro de uma área maior quando a área usucapida estivesse contida integralmente nesta extensão territorial, ou seja, quando o réu se confundisse com os confinantes, o que não provocaria qualquer ampliação subjetiva na demanda originária. Atualmente a ampliação subjetiva consiste em obstáculo superado (art. 343, § 3º, do CPC).

---

29. Sobre a interversão da posse, consulte nosso trabalho *Posse*, Rio de Janeiro, Forense, 2007, p. 333.

7.1.14 Audiência de instrução

A audiência de instrução é de extrema importância na ação de usucapião, pois a declaração judicial exige a demonstração da posse. A prova documental é relevante, mas a posse envolve substrato fático, no qual preponderam a prova testemunhal e a pericial para a definição do tempo de ocupação, da qualidade da ocupação (*clam, vi et precario*) e da extensão da ocupação. A fase de saneamento (art. 357 do CPC) será importante para que o juiz defina, com a cooperação das partes, a necessidade efetiva da instrução. A prova pericial será importantíssima quando a área que é objeto da usucapião não for matriculada. Quando se tratar de pedido de usucapião ordinária, baseada em justo título registrado, ou quando o objeto já possua matrícula criada no CRI, não há necessidade de prova pericial. O registrador, ao cumprir a sentença de usucapião, apenas realizará a mutação subjetiva e abrirá uma nova matrícula, aproveitando o indicador real do imóvel. Mesmo em pedidos de usucapião extraordinária tal solução será possível. É muito comum a formulação de pedidos de usucapião extraordinária em relação a companhias loteadoras, as quais abriram as matrículas dos imóveis mas posteriormente sofreram encerramento sem a outorga da escritura. Quando o último comprador do imóvel não consegue demonstrar a cadeia de transmissão para pedir a adjudicação, a usucapião será essencial para consolidar a posse, com sua transmutação para a propriedade. Também não será necessária a prova pericial, o que não elimina a necessidade da prova testemunhal para a demonstração da *acessio possessionis*, na qual a aquisição da posse anterior deverá esclarecida, para somar com a posse atual do possuidor, caso seu tempo de ocupação seja insuficiente para a consumação da usucapião pretendida.[30]

7.1.15 Intervenção do Ministério Público

Não existe mais a regra de sua intervenção obrigatória como fiscal da ordem jurídica, tal como previa o art. 944 do CPC/1973. Mesmo perante o Código revogado a intervenção do Ministério Público em ações de usucapião relativas a imóveis particulares tornou-se restrita, especialmente após a orientação formulada pela Recomendação CNMP-16, que no inciso XI

---

30. STJ: "Usucapião – *Acessio possessionis* – Possibilidade de operar-se a transferência da posse sem necessidade de observância do disposto no art. 134, II, do CC [*de 1916*]" (3ª Turma, REsp 61.165-RS, rel. Min. Eduardo Ribeiro, j. 23.4.1996, *DJU* 3.6.1996, p. 19.249).

previa que a intervenção seria facultativa na "ação de usucapião de imóvel regularmente registrado, ou de coisa móvel, ressalvadas as hipóteses da Lei n. 10.257, de 10 de julho de 2001".[31] Com a vigência do Código de Processo Civil/2015 a Recomendação 16 foi revogada pela Recomendação 34/2016, que não repete mais o referido inciso. Entendemos que hoje esta intervenção está restrita às ações em que há interesse social e coletivo (art. 178, I), bem como nas causas em que exista a disputa coletiva pela posse ou propriedade (at. 178, III), ou seja, na hipótese de usucapião coletiva, conforme os arts. 10 e 12, § 1º, da Lei 10.257/2001.

A grande finalidade da intervenção do Ministério Público no procedimento ordinário nunca esteve relacionada ao aspecto patrimonial. Sua finalidade era a de velar pela correta formação do registro público, o que interessa a toda a sociedade. A atividade de fiscalização é importante, como na usucapião realizada por estrangeiros ou por pessoas jurídicas.

De qualquer modo, a regra geral que passa a valer com o vigente Código de Processo Civil é a da desnecessidade da intervenção ministerial nas ações de usucapião de bens imóveis. A supressão da ação de usucapião como procedimento especial desobriga a intervenção do Ministério Público como regra, e sua participação passa a ser exceção. Todavia, nada impede que o juiz possa abrir prazo para sua manifestação.

Nas hipóteses de intervenção obrigatória, como na usucapião coletiva, a intimação sempre será pessoal. A não intervenção do Ministério Público poderá provocar a nulidade da relação processual, mas a jurisprudência, corretamente, reconhece o regime diferenciado das nulidades na seara processual, em vista da necessidade de demonstração do prejuízo.[32] Todavia, comprovado o prejuízo, a decretação de nulidade é obrigatória.[33]

---

31. Exemplo da importância da participação do Ministério Público: "Apelação cível interposta pelo Ministério Público – Pedido de nulidade da sentença – Ação de usucapião – Réu conhecido em local incerto e não sabido – Citação por edital – Ausência de contestação – Revelia – Necessidade da nomeação de curador especial – Inteligência do art. 9º, II, do CPC [de 1973] – Inocorrência – Anulação da sentença que se impõe – Apelo conhecido e provido – Apelo interposto pelo Estado do Rio Grande do Norte prejudicado – Retorno dos autos ao Juízo originário – Sentença anulada – Recurso provido" (TJRN, 1ª Câmara Cível, ACi 2011.002563-5, rel. Des. Expedito Ferreira, *DJE* 18.10.2011, p. 114).

32. STJ: "A ausência de intimação do Ministério Público, por si só, não enseja a decretação de nulidade do julgado, a não ser que se demonstre o efetivo prejuízo às partes" (3ª Turma, AI no REsp 1.480.030-PE, rel. Min. Paulo de Tarso Sanseverino, j. 2.2.2017, *DJe* 13.2.2017).

33. STJ: "Contudo, manifestando-se o órgão do Ministério Público pela ocorrência de prejuízo diante da ausência de sua intervenção em primeiro grau, impõe-se a

7.1.16 A sentença e a "usucapio libertatis"

A sentença no processo de usucapião é de natureza declaratória. Não resistem os argumentos contrários, que propugnam pela natureza constitutiva, uma vez que a aquisição é originária. Percebe-se uma correlação natural entre a aquisição originária e a natureza declaratória do comando judicial. Afinal, se a aquisição se dá *ex novo*, o magistrado apenas reconhece uma situação preexistente. Não há nada para ser constituído. Outra consequência fundamental da natureza declaratória do comando judicial é a ausência de pagamento de Imposto de Transmissão e a eliminação dos ônus e gravames sobre o imóvel, o que a doutrina denomina de *usucapio libertatis*. A liberação pela usucapião significa que o usucapiente terá direito a uma nova matrícula, absolutamente desvinculada das obrigações constituídas pelo antigo proprietário por meio da sentença de usucapião.[34]

7.1.17 A usucapião administrativa ou extrajudicial

Ao lado da eliminação da ação de usucapião como procedimento especial, a Lei 13.105/2015 expandiu a usucapião administrativa, cuja origem remonta ao art. 60 da Lei 11.977/2009, que institui o "Programa Minha Casa, Minha Vida"/PMCMV.

A expansão permitiu que o pedido extrajudicial de usucapião possa ser formulado para qualquer uma das modalidades de usucapião previstas no ordenamento jurídico, nos termos do art. 1.017 do CPC, o qual insere o art. 216-A na LRP (Lei. 6015/1973): (a) ordinária (art. 1.242), inclusive em sua modalidade com prazo reduzido (parágrafo único do art. 1.242 do CC); (b) extraordinária (art. 1.238 do CC), inclusive em sua modalidade com prazo reduzido (parágrafo único do art. 1.238 do CC); (c) constitucional (arts. 183 e 191 da Constituição da República, reproduzidos nos arts. 1.239 e 1.240 do CC e nos arts. 9º-12 da Lei 10.257, de 10.7.2001); ou (d) familiar, entre cônjuges, ou por abandono do lar (art. 1.240-A do CC).

---

decretação da nulidade – Embargos de declaração recebidos com agravo regimental a que se nega provimento" (4ª Turma, ED no REsp 1.184.752-PI, rel. Min. Luís Felipe Salomão, j. 16.10.2014, *DJe* 21.10.2014).

34. STJ: "Assegurada ao primitivo credor hipotecário participação na posterior ação de usucapião, não se pode ter como ilegal a decisão que reconhece ser a usucapião modo originário de aquisição da propriedade e, portanto, prevalente sobre os direitos reais de garantia que anteriormente gravavam a coisa – Precedentes. 2. Recurso especial desprovido" (4ª Turma, REsp 620.610-DF, rel. Min. Raul Araújo, j. 3.9.2013, *DJe* 19.2.2014).

A modificação introduzida é importante, e corresponde à tendência de desjudicialização de procedimentos, que podem atingir seu fim sem a necessidade de participação do Poder Judiciário. O problema do art. 216-A e a forma de regulamentação da usucapião extrajudicial residem na redação lacônica do dispositivo. O legislador procurou aperfeiçoar o texto do art. 216-A por meio da recente alteração da Lei 13.465/2017.

Com o fim de orientar os trabalhos dos notários e registradores, o Conselho Nacional de Justiça/CNJ abriu consulta pública para editar provimento que regulamentará o *modus operandi* da usucapião extrajudicial.[35]

7.1.18 Facultatividade e contraditório na via administrativa

O pedido de usucapião extrajudicial é formulado sem prejuízo da via jurisdicional (art. 216-A, *caput*, da LRP), e mesmo a rejeição do processamento administrativo nunca impedirá o ajuizamento do pedido pela via judicial (art. 216-A, § 9º).

Aqui surge ponto importante, e relativo ao contraditório na fase administrativa. O processo judicial e o administrativo exigem o contraditório pleno; logo, o registrador não poderá indeferir o pedido sem possibilidade de manifestação prévia do usucapiente para emenda do pedido e explicações (art. 5º, LV, da CF/1988).

Isto significa que a parte tem o direito de impugnar a decisão de rejeição do registrador, pois o processo registral da usucapião administrativa obedece ao procedimento geral da Lei de Registros Públicos e permite a suscitação de dúvida ao juiz corregedor. A impugnação à rejeição deve ser submetida ao juiz, que poderá decidir sobre o ponto controverso e impedir o deslocamento desnecessário do processo extrajudicial para a via judicial.

Na hipótese de não consentimento dos confinantes e de impugnação do procedimento edital (art. 216-A, § 4º, da LRP), o deslocamento para a via judicial será obrigatório; contudo, a mera discordância dos confinantes ainda permite a mediação extrajudicial.

---

35. Até a publicação deste trabalho o CNJ havia publicado apenas a polêmica minuta que pode ser consultada no seguinte endereço eletrônico: *http://www.cnj. jus.br/poder-judiciario/consultas-publicas/regulamentacao-do-procedimento-de- -usucapiao-extrajudicial*. A Corregedoria do Estado do Paraná editou o Provimento 263, de 7.11.2016, para regulamentar o processamento da usucapião extrajudicial.

7.1.19 Usucapião administrativa e mediação extrajudicial

O art. 216-A, § 10, da LRP determina que a discordância dos titulares dos direitos reais e de outros direitos averbados na matrícula provoca o deslocamento do pedido para a esfera judicial.

Importante observar que o notário deverá ser cauteloso ao elaborar a ata notarial, que representa autêntica escritura pública que embasará a formação da matrícula perante o Registro de Imóveis. A cientificação dos confinantes deve ser ampla, e alcançará os credores com garantia real dos imóveis confinantes (art. 216-A, II, *in fine*). A natureza administrativa do pedido exige a anexação primária do memorial descritivo pela parte interessada (art. 216-A, I), o qual se revela essencial. Sem ele não existe a possibilidade de criação de nova matrícula.

A elaboração da ata notarial não permite atitude passiva pelo notário. Tudo o que é certificado na ata notarial deve ser conferido. O poderoso efeito gerado pela ata notarial exige não apenas a conferência dos documentos apresentados, mas diligências, *in loco*, para verificação do teor das declarações apresentadas pelos confinantes e interessados.

A Lei 13.465/2017 incrementou os poderes do notário, ao mesmo tempo em que aumentou sua responsabilidade. Quando a prova documental for insuficiente o notário poderá realizar justificação administrativa para fundamentar a declaração firmada na ata notarial (art. 216-A, § 15). O notário se utilizará do procedimento de produção antecipada de provas para formar contraditório com o objetivo de formar elementos para integrar a ata notarial.

O dispositivo legal é falho ao não contemplar a possibilidade de mediação extrajudicial prévia, caso as partes concordem em sua celebração. Até o Poder Público poderá participar da mediação (art. 32 da Lei 13.140/2015), o que é salutar na solução de conflitos fundiários, especialmente quando presente situação de ocupação coletiva.

Em pedidos de usucapião individual a impugnação poderá ser relativa a um único confinante, e a solução amigável, com a readequação do pedido e participação do mediador para orientar o caminho de autocomposição, não impediria o processamento do pedido pela via extrajudicial.

Como não há previsão desta suspensão do procedimento administrativo para a realização da mediação extrajudicial, a solução ortodoxa, pela leitura do art. 216-A, § 10, da LRP seria a transposição do pedido para a via judicial, com emenda da petição inicial e realização de mediação, nos termos do art. 334 do CPC, para a solução consensual.

7.2 A ação de depósito e a Súmula Vinculante 25 do STF

A ação de depósito também não encontra mais previsão perante o vigente Código de Processo Civil, e teve seu esvaziamento procedimental após a famosa e polêmica decisão do STF firmada perante o julgamento do RE 466.343, no qual eliminou a possibilidade de prisão civil tanto em relação ao depositário contratual como ao judicial.

O ponto de maior polêmica consistiu em que a decisão do STF tornou ineficaz o art. 666,§ 3º, do CPC/1973, que havia sido reformado pela Lei 11.382/2006. Este dispositivo permitia que o juiz exercesse autêntico *contempt of court*, pela possibilidade de ordenar a prisão do devedor/ depositário infiel. O descumprimento da ordem judicial de devolução do bem afetado ao processo de execução possibilitaria a prisão civil, sem a necessidade de invocação da ação de depósito, com grande eficácia para a satisfação da atividade executiva e garantia de respeito à decisão judicial.

Sob a ótica histórica, a prisão civil por dívidas pode ser analisada sob dupla perspectiva. A primeira perspectiva é de modalidade direta para cumprimento de uma obrigação, e que provoca a extinção do vínculo jurídico pela sub-rogação; a segunda, de modalidade indireta, como meio de compelir e pressionar o devedor, mas sem a possibilidade de sub-rogação. A primeira modalidade não encontra mais aplicação. Era a solução ofertada pelo Direito Romano, pelo procedimento da *manus injectio*. A humanização do processo de execução é um reflexo do *princípio da realidade*, que ganhou reforço com a introdução no Código Napoleônico de 1804 do princípio *nemo potest cogi ad factum*, ou seja, ninguém pode ser compelido a fazer de modo involuntário.

Atualmente a prisão civil constitui meio indireto, ou seja, uma forma de pressão (*moyen de pression*), que visa a compelir o devedor ao cumprimento *sponte propria* da obrigação. A principal conclusão deste raciocínio é no sentido da impossibilidade de obter o adimplemento, e a consequente extinção do vínculo jurídico, pela prisão do devedor. A prisão não elimina o débito (*Schuld*) ou, mesmo, a responsabilidade do devedor (*Haftung*).

De acordo com a previsão do art. 5º, LXVII, da CF/1988, as hipóteses de prisão civil são estabelecidas em caráter de *numerus clausus*. Quanto à prisão civil por dívida alimentar não há grande polêmica. Os alimentos não deixam de ser verba essencial para a subsistência do alimentando, autêntico direito fundamental para sua sobrevivência. O direito à vida justifica a possibilidade de constrição da liberdade individual numa situação como esta, desde que respeitados determinados parâmetros para sua incidência.

Por outro lado, nos casos de prisão civil de depositário, a polêmica era intensa. É necessário frisar que o Pacto de São José da Costa Rica prevê somente a prisão civil por dívida alimentar. Com sua recepção em nosso sistema, como autêntica norma constitucional, uma vez que disciplina garantia de direitos fundamentais individuais, o STJ já considerava inaplicável a prisão civil aos contratos de depósito irregular mesmo após a redação do art. 652 do CC/2002.

Por sua vez, como seria de se esperar, o STF foi obrigado a se manifestar sobre a aplicação do Pacto, após 1992. O STF, inicialmente, posicionou-se pela licitude da prisão civil para as situações de depósito regular e irregular, incluindo os contratos de alienação fiduciária. Em 2006 o Min. Gilmar Ferreira Mendes reabriu a discussão, posicionando-se pela aplicação do Pacto de São José, o que acabou provocando sua aplicação e sua incidência com caráter de norma "supralegal".

Em dezembro/2008 o STF decidiu no sentido da *inconstitucionalidade* da prisão civil do depositário infiel – estendendo tal inconstitucionalidade, inclusive, à hipótese de prisão do depositário *judicial* – orientação que não nos parece ajustar-se, com precisão, ao que dispõe o Pacto de São José da Costa Rica. Editou o STF, assim, a Súmula Vinculante 25, segundo a qual "é ilícita a prisão civil de depositário infiel, qualquer que seja a modalidade do depósito". A orientação firmada pelo STF foi seguida pelo STJ, que editou Súmula 419: "Descabe a prisão civil do depositário judicial infiel".

O vigente Código de Processo Civil não trouxe de modo expresso a possibilidade de manejo da prisão civil como medida executiva indireta, o que realmente demandaria modificação no texto constitucional, muito embora seja possível, em nosso sentir, modular sua aplicação, por interpretação constitucional, para aquelas situações em que o direito à vida é protegido pela pretensão processual. Não vemos motivo plausível para negar a possibilidade de prisão civil, por exemplo, quando há resistência infundada em pedido de entrega de medicamento essencial para a manutenção da vida do requerente quando existir sua disponibilidade perante o Poder Público e a negativa para a entrega for infundada. Protege-se o direito à vida, que consiste na base da autorização expressa do art. 5º, LXVII, da CF/1988.

A impossibilidade da prisão civil na ação de depósito esvaziou a utilidade prática da ação como procedimento especial, mas não impede que o pedido de devolução do bem depositado possa ser formulado pelo procedimento comum, valendo-se do pedido de tutela específica do art. 498 do CPC. O juiz poderá se valer de todas as medidas e providências executivas que visem a assegurar o resultado prático equivalente, com o fim de assegurar a devolução do bem, com exceção da prisão civil.

7.3 A ação de nunciação de obra de nova

Este procedimento especial não resistiu ao vigente Código de Processo Civil, especialmente pela necessidade de soluções ajustadas e bem ponderadas quando se analisa o ato de embargo, e a consequente destruição da obra, em caso de procedência do pedido. O direito de propriedade há muito tempo perdeu a supremacia e a força absoluta como meio de imposição da vontade de seu titular. Logicamente, a propriedade consiste em direito fundamental basilar, mas que depende da compatibilização com o bom uso. Isto envolve uma análise do uso particular, social, ecológico e urbanístico. Este último elemento é essencial sob o ponto de vista do uso particular e sua harmonia com o ambiente coletivo.

A cognição sumária horizontal e a vertical, especialmente por utilizarem o procedimento cautelar para a instrução do feito, tornaram seu uso obsoleto.[36] Além disso, a estrutura da ação de nunciação ainda seguia os passos do processo civil romano (*operis novis nunciatio*), pela possibilidade do embargo liminar por iniciativa do autor, algo absolutamente contraproducente e que incitava o uso da força, colocando em perigo ambas as partes, pela possibilidade de exaltação de ânimos entre elas.[37] Atualmente o pedido de embargo ou o de demolição podem ser realizados pelo procedimento comum e existe a possibilidade de concessão de liminar, sem a necessidade do embargo extrajudicial, que era raramente utilizado.

A ação de nunciação estava ligada historicamente à necessidade de preservar a paz entre os vizinhos, impedindo que o direito de propriedade pudesse ser utilizado de modo a prejudicar o prédio confinante e, ao mesmo tempo, ser motivo de tensão entre proprietários.[38] Esta obrigação de respeitar os limites ao direito de construir exigia a análise das obrigações *propter rem*. A obrigação *propter rem* é conatural aos *iura vicinatis*, ou direitos de vizinhança. O refinamento do direito de vizinhança foi obtido pelo Direito Medieval com a criação dos burgos e o nascimento das

---

36. Rodolfo Sacco, *Possesso, Denuncia di Nuova Opera e di Danno Temuto*, p. 143.
37. No processo civil romano o embargo da obra que estava sendo construída era realizado por ato simbólico, com pedras jogadas pelo embargante, na presença de testemunhas, sobre a obra nova. *Obra nova* poderia significar uma nova edificação, sua alteração ou, mesmo, a demolição de uma antiga. Sobre o tema: Van Wetter, *Pandectes*, t. IV, p. 401.
38. Rita Gianesini, *Ação de Nunciação de Obra Nova*, pp. 45 e ss.

cidades. É deste período o desenvolvimento, por obra dos canonistas, da teoria do ato emulativo. O ato emulativo consiste em fonte de construção para o período moderno da figura do abuso de direito. Atos praticados no exercício do direito de propriedade mas apenas com o fim de prejudicar terceiro.

Pela sistemática atual o pedido será formulado pela via ordinária e poderá conter o pedido de embargo para fins de suspensão, sem prejuízo da demolição; ambos os pedidos podem ser cumulados em caráter eventual (arts. 294 e 326 do CPC). Em muitas situações até o momento do exame da liminar é possível que a obra esteja concluída, o que não justificaria a impossibilidade da cumulação de pedidos.

A tutela da posse e a da propriedade encontram acomodação suficiente no procedimento comum, uma vez que a tutela de urgência poderá ser concedida, sem prejuízo da etapa de conciliação, que deve se reputada importante para conflitos vicinais para os fins do art. 334 do CPC.

7.4 Da ação de anulação e substituição de títulos ao portador

O Código de Processo Civil anterior foi realmente infeliz ao nominar o procedimento do seu art. 907 como meio de obter a anulação e a substituição de títulos ao portador. Inicialmente eram dois os principais objetivos desta ação: proteger a posse e a propriedade dos títulos que foram alvo de desapossamento indevido e obter sua substituição em caso de perda, extravio ou quando o desapossamento não permitisse a recuperação física da cártula. Não havia que se falar em "ação de anulação", pois a perda, o extravio ou o desapossamento não importam qualquer ato de anulação por vício de vontade. As pretensões do art. 907 do CPC/1973 resumem-se na *reivindicação* e/ou *substituição* quando ocorra extravio ou perda irreparável.

7.4.1 A boa-fé e os títulos ao portador

Um dos maiores motivos da decadência quanto à utilidade prática deste procedimento concentra-se na tendência de *imediatização da propriedade dos bens móveis* pela posse (art. 904 do CC/2002). Se assim não fosse o comércio seria inviável, pois as pessoas não teriam condições de examinar a *causa debendi* em todas as possíveis transmissões operadas em uma cadeia negocial.

Neste sentido, o CC/2002 reforçou o princípio da abstração e circulação dos títulos de crédito, como se comprova pela leitura do seu art.

896: "O título de crédito *não pode ser reivindicado do portador* que o adquiriu de boa-fé e na conformidade das normas que disciplinam a sua circulação". Esta regra reforça o princípio da boa-fé objetiva (art. 113 e 422 do CC/2002). A reivindicação de um título de crédito, ou mesmo de qualquer título ao portador, é possível, mas sua efetivação prática será praticamente inviável, pois será necessário comprovar a má-fé da parte beneficiada.

A afirmação *supra* revela os percalços para a pretensão de recuperação, mas não pode ser ignorada a pretensão de substituição do título em posse do seu titular. Esta pretensão não sofre as restrições da reivindicação, e será informada por pedido de tutela específica.

7.4.2 A restrição de circulação dos títulos ao portador

A legislação brasileira disciplinou os títulos ao portador por meio do art. 426 do CComercial de 1850, que equiparou os títulos ao portador às letras de terra.[39] O Código Civil/1916 acabaria assumindo a disciplina geral de emissão e circulação dos títulos ao portador.[40] O Código Civil/2002 foi além, pois ao unificar o regime obrigações civis e comerciais houve por bem disciplinar o regime diferenciado entre os títulos: ao portador (art. 904), à ordem (art. 910) e nominativos (art. 921). Entretanto, a emissão de títulos ao portador encontra, hoje, limitação à circulação desde a vigência da Lei 8.021/1990, que restringiu sua emissão em relação a títulos civis e comerciais, conforme os arts. 2º e 4º. As ações de sociedades anônimas passaram a ser obrigatoriamente nominativas, e os cheques acima de determinado valor obrigatoriamente devem mencionar o beneficiário.[41] A lei tem finalidade essencialmente fiscal. Está autori-

---

39. O problema do abuso na emissão de títulos ao portador é antigo, e fez com que fosse publicada a Lei 1.083, de 22.8.1860, que exigiu autorização legislativa para sua criação. Em sequência, como meio de disciplinar a aceitação de títulos ao portador, a Lei falimentar 917, de 24.10.1890, passou a regular sua apresentação no juízo falimentar, e após vieram a Lei 177-A, de 15.9.1893, e o Decreto-lei 781, de 12.10.1938. Esta legislação seria posteriormente revogada pela Lei das S/A (Lei 6.404/1976) na regulamentação das debêntures, que revelam um dos principais títulos ao portador emitidos pelas sociedades como meio de buscar o financiamento de suas atividades junto ao mercado de capitais. Todavia, com a Lei 8.021/1990 houve uma proibição quanto à emissão de debêntures ao portador, assim como para os demais títulos, exceto para cheques abaixo de determinado valor. A Lei 8.021/1990 não foi revogada pelo art. 904 do CC, pois se trata de lei especial.
40. Waldemar Ferreira, *Tratado de Direito Comercial*, vol. 8, p. 110.
41. Foi concedido o prazo de dois anos pela Lei 8.210/1990 para que as sociedades anônimas regularizassem a conversão das ações ao portador para nominativas.

zada apenas a emissão de cheques abaixo de R$ 100,00 (cem reais – art. 69 da Lei 9.069/1995). Logo, percebe-se a raridade do procedimento, em vista da raridade dos títulos ao portador.

7.4.3 O procedimento edital em relação aos títulos ao portador

A eliminação do procedimento especial não impediu que o legislador reconhecesse a permanência da pretensão de reivindicação e substituição dos títulos ao portador. Em vista da impossibilidade de conhecer quem serão os possíveis afetados pela substituição dos títulos extraviados ou indevidamente apossados, o art. 259, II, do CPC exige a utilização do procedimento edital.

E a construção da redação do dispositivo levou em consideração as críticas quanto ao *nomen juris* previsto pelo art. 907 do CPC/1973, que previa o procedimento de anulação. A redação do art. 259, II, prevê, corretamente, a necessidade do procedimento edital "na ação de recuperação ou substituição de título ao portador".

O procedimento comum, quando utilizado para a finalidade de recuperar ou substituir os títulos, resguardará o titular da ação em relação aos terceiros e eventuais interessados que possam estar na posse dos títulos ao portador, pelo chamamento do edital. Este é o motivo da importância do procedimento, cuja não realização importará a ineficácia da coisa julgada em relação aos terceiros interessados.

7.5 A ação de venda a crédito com reserva de domínio

O procedimento especial anteriormente previsto pelos arts. 1.070 e 1.071 do CPC não resistiu à Lei 13.105/2015; contudo, a venda à crédito continua válida como instituto do direito material, nos termos da previsão dos arts. 521-528 do CC.[42] O procedimento que deverá nortear eventual discussão judicial para fins de reivindicação do bem móvel alienado será o comum (art. 318 do CPC).

7.5.1 Da venda com reserva de domínio
   para a alienação fiduciária de bens móveis

O modelo que atualmente prepondera na operação de financiamento de bens móveis, especialmente veículos, é o da alienação fiduciária

---

42. Sobre o ponto, v. o que escrevemos com José Miguel Garcia Medina, *Código Civil Comentado*, p. 446.

(Decreto-lei 911/1969 e alterações das Leis 10.931/2004 e 13.043/2014), cujo modelo de formação é diverso. Na venda com reserva de domínio o vendedor transfere a posse direta do bem, contudo retém a propriedade até a quitação integral das parcelas (art. 524 do CC).[43] Neste modelo a transferência da propriedade estará subordinada a condição suspensiva, ou seja, a quitação das parcelas. Na alienação fiduciária o procedimento é outro. Com a constituição da relação jurídica transfere-se a propriedade resolúvel do bem ao agente financiador, cuja propriedade temporária valerá até a finalização da operação de financiamento. Opera-se autêntico constituto possessório, com uma diferença fundamental. O financiamento de toda a operação e os riscos da venda são assumidos pelo agente financiador. O vendedor receberá o valor e não terá mais qualquer participação na continuidade da relação jurídica. Esta é a explicação do motivo pelo qual a compra e venda com reserva decaiu. Neste modelo contratual o vendedor retira o capital de giro de sua empresa para financiar uma operação de alto risco e cuja inadimplência compromete suas operações habituais.

7.5.2 Da venda com reserva de domínio e o "leasing" (arrendamento mercantil): Súmulas 263 e 293 do STJ

Outro modelo que veio a substituir a compra e venda com reserva de domínio reside na utilização do *leasing* (Leis 6.099/1974 e 11.649/2008). Sua utilização pressupõe a formação de um contrato de arrendamento sobre o bem com a opção de aquisição após o término da relação contratual.

A grande vantagem do *leasing* opera no campo tributário, o que demorou a ser compreendido pelo STJ, pois o arrendatário pode se utilizar do benefício fiscal de deduzir a locação como uma despesa para diminuir o lucro tributável a ser apurado no Livro de Apuração do Lucro Real/LALUR (art. 260, III, DO Decreto 3.000/2009). O *leasing* traz vantagens fiscais e incentiva a operação, pela desnecessidade de aquisição do bem na fase final. No entanto, caso adquirido, ainda poderá ser computada sua depreciação contábil.

O *leasing* não possui procedimento próprio, mas a jurisprudência acabou sedimentando a utilização das ações possessórias como meio hábil para reaver o bem quando há inadimplemento do contrato. Exigem-se, *pari passu* ao procedimento de busca e apreensão, a notificação e a

---

43. Sobre a origem histórica do *pactum reservati domini*: Glück, *Commentario Alle Pandete*, t. XVIII, p. 599. Ainda: Windscheid, *Lehrbuch des andektenrechts*, t. I, § 172, n. 7 p. 890.

necessidade da venda do bem em leilão, com apuração do saldo devedor, conforme alteração expressa introduzida pelo art. 2º, § 4º, do Decreto-lei 911/1969: "Os procedimentos previstos no *caput* e no seu § 2º aplicam--se às operações de arrendamento mercantil previstas na forma da Lei n. 6.099, de 12 de setembro de 1974" (incluído pela Lei 13.043/2014).

Importante lembrar que não há descaracterização do contrato de *leasing* se a opção pela compra for exercida na fase inicial, o que é usual, com amortização gradual do valor por parcela que é paga junto com a locação do bem. Muito embora esta operação acabe revelando autêntica compra e venda, a única implicação a ser considerada é de natureza fiscal. A empresa que optar por essa modalidade não poderá se beneficiar da dedução no LALUR. A questão é simples, pois, se existe uma operação de compra, há uma aquisição que incorpora ao ativo, e não uma despesa com locação. Eis a redação do art. 10, § 1º: "A aquisição pelo arrendatário de bens arrendados em desacordo com as disposições desta Lei será considerada operação de compra e venda a prestação". A incorreta compreensão deste dispositivo levou à formulação da equivocada Súmula 263 no STJ, que provocou grande prejuízo nas operações e que felizmente foi revogada pela Súmula 293, que fixou o entendimento correto: "A cobrança antecipada do valor residual garantido (VRG) não descaracteriza o contrato de arrendamento mercantil".

7.5.3 *Venda com reserva e a proteção ao terceiro de boa-fé*

Além do problema específico de o vendedor ser o responsável pelo financiamento do bem, o sistema inglês acabou por abandonar a venda com reserva de domínio por outro inconveniente básico. A venda sob condição, em relação aos bens móveis, não impede que o comprador, antes do término do contrato, faça a tradição do bem. O Código Civil brasileiro expressamente determina que na venda com reserva de domínio a transferência da propriedade se consuma quando o preço é integralmente pago.

O problema da consumação do direito de propriedade pelo pagamento reside na forma eleita pelo sistema brasileiro para a transferência da propriedade em relação aos bens móveis, ou seja, pela tradição (art. 1.267 do CC). A validade e o respeito ao art. 524 do CC[44] somente são eficazes quando há garantia de efetiva publicidade sobre a transação. A inexistência de um sistema de cadastro que permitisse um controle com

---

44. CC: "Art. 524. A transferência de propriedade ao comprador dá-se no momento em que o preço esteja integralmente pago. Todavia, pelos riscos da coisa responde o comprador, a partir de quando lhe foi entregue".

ampla publicidade levou os ingleses a preferirem o sistema de *leasing* (*hire-purchase*).[45] No Brasil a publicidade, hoje, pode ser obtida pela inserção do gravame junto Certificado de Registro e Licenciamento de Veículo/CRLV (Resolução CONTRAN-320/2009). As três formas usuais de negociação a crédito dos veículos – alienação fiduciária, *leasing* e venda com reserva de domínio – podem ser anotadas no certificado de propriedade e circulação do veículo.

A adoção da proteção ao terceiro adquirente de boa-fé, em vista do art. 1.268 do CC, apenas confirmou o precedente firmado pelo STJ por meio do verbete 92: "A terceiro de boa-fé não é oponível a alienação fiduciária não anotada no Certificado de Registro do veículo automotor". Embora o precedente sumular aborde a alienação fiduciária, sua validade é indiscutível para qualquer uma das formas de gravames.

7.5.4 *O procedimento comum na venda com reserva de domínio: tutela específica ou equivalente pecuniário*

O proprietário não possui mais o procedimento especial previsto pelos arts. 1.070 e 1.071 do CPC/1973. Uma análise rente dos dispositivos anteriores permite concluir que não houve propriamente prejuízo pela supressão do procedimento especial, o que confirma, mais uma vez, o papel de suprimento do procedimento comum. O sistema anterior previa que o proprietário poderia pedir a execução dos valores pelo procedimento da quantia certa ou a busca e apreensão do bem alienado.

Estes dois pedidos podem ser perfeitamente cumulados de modo alternativo, pois o autor, com base nos arts. 497 e 498 do CPC, poderá realizar o pedido de entrega do bem ou do pagamento da quantia equivalente, o que está expresso no art. 526 do CC.[46]

O pedido formulado no procedimento comum admite a tutela provisória sob a forma de urgência ou mesmo de evidência, pois a prova da propriedade revela documento inconteste, o qual, acompanhado da prova de inadimplemento, permitirá a concessão da tutela da evidência pelo art. 311, IV, do CPC.

Note-se que o art. 1.071 do CPC/1973 elegia o protesto como meio de constituição da mora *ex persona*, no que era acompanhado pela ju-

---

45. Clóvis do Couto e Silva, *Comentários ao Código de Processo Civil*, vol. XI, t. II, p. 533.
46. CC: "Art. 526. Verificada a mora do comprador, poderá o vendedor mover contra ele a competente ação de cobrança das prestações vencidas e vincendas e o mais que lhe for devido; ou poderá recuperar a posse da coisa vendida".

risprudência.[47] A revogação do procedimento torna as duas modalidades aptas, pois apenas se exige que a mora esteja configurada em sua modalidade *ex persona*, a qual poderá ser consumada por meio do protesto ou da notificação pessoal, nos termos do art. 525 do CC. A interpelação prévia atuará como autêntico pressuposto pré-processual.

47. STJ: "Agravo regimental no recurso especial – Compra e venda com reserva de domínio – Comprovação da mora – Protesto de título – Rito do art. 1.071 do CPC [*de 1973*] – Insuficiência da mera notificação extrajudicial – Desprovimento. 1. A ação de busca e apreensão fundada em contrato de compra e venda com reserva de domínio está sob o regime do art. 1.071 do CPC, [*de 1973*] o qual expressamente prevê que a mora do comprador será provada por protesto do título. Assim sendo, tal ação difere da busca e apreensão regida com base no Decreto-lei n. 911/1969, que diz respeito à alienação fiduciária. 2. Desta feita, para o credor fazer uso do rito especial contido no Código de Processo Civil, referente aos contratos de compra e venda com reserva de domínio, não basta a mera notificação extrajudicial para a regular constituição em mora do devedor, mas, ao revés, deverá haver o protesto da cártula. Caso contrário, na ausência da aludida prova, o vendedor terá que valer-se da ação ordinária – Precedentes. 3. Agravo regimental desprovido" (4ª Turma, AgR no AgR no REsp 565.714-SP, rel. Min. Jorge Scartezzini, j. 4.8.2005, *DJU* 22.8.2005, p. 283).

Parte II
AÇÕES ESPECIAIS
NO CÓDIGO DE PROCESSO CIVIL

*Capítulo I – **Ações de Jurisdição Contenciosa***

Capítulo I
AÇÕES DE JURISDIÇÃO CONTENCIOSA

§ 1º. Ação de Consignação em Pagamento. § 2º. Ação de Prestação de Contas. § 3º. Ações Possessórias. § 4º. Ação de Divisão e Demarcação de Terras Particulares. § 5º. Ação de Dissolução Parcial de Sociedade. § 6º. Ação de Inventário e Arrolamento. § 7º. Embargos de Terceiro. § 8º. Da Oposição. § 9º. Da Habilitação. § 10. Ações de Família. § 11. Ação Monitória. § 12. Homologação do Penhor Legal. § 13. Regulação de Avaria Grossa. § 14. Da Restauração de Autos.

§ 1º. Ação de Consignação em Pagamento

1. A CONSIGNAÇÃO E O CÓDIGO DE PROCESSO CIVIL/2015

A ação de consignação em pagamento inaugura o Título III do Livro II da Parte Especial do vigente Código de Processo Civil e introduz a análise dos procedimentos especiais.

Desde a década de 1990 o legislador demonstrou clara tendência no sentido de desburocratizar o acesso à Justiça bem como simplificar determinados procedimentos. Este trabalho de simplificação assumiu contornos marcantes mesmo antes do novo Código de Processo Civil. Alguns procedimentos atinentes exclusivamente ao interesse das partes, e sobre os quais não há necessidade de intervenção judicial obrigatória, passaram para o âmbito extrajudicial.

Neste sentido podemos citar a alteração oriunda da Lei 11.441/2007, a qual relegou os processos consensuais de divórcio, separação e arrolamento de bens para o âmbito extrajudicial. Esta alteração corresponde a uma emancipação dos jurisdicionados, que não dependeriam mais do Judiciário para obter soluções em determinados procedimentos. A sentença judicial é substituída pela escritura pública. Até então estes procedimentos eram exemplos clássicos de "processos necessários", nos quais o interesse de agir era pressuposto, pois as partes não podiam alcançar seu objetivo sem a participação do Estado-juiz.

A desjudicialização tornou mais célere e econômica a solução de situações jurídicas que envolviam a necessidade do processo para o fim de solução de pendências entre as partes. Com a referida lei desafogou-se a pauta judicial para casos de maior importância e relevância social. Não basta apenas aumentar o número de magistrados, ou eliminar os recursos cíveis, como meio de otimizar a prestação da tutela jurisdicional. Um trabalho sério e correto exige reexame de todo o sistema processual, com análise de cada procedimento, dos prazos, modos de constituição da relação processual, da necessidade de sua apreciação pelo juiz togado, de instrumentos técnicos para o processamento dos pedidos judiciais. Uma reforma profunda não nasce de uma análise meramente perfunctória, calcada unicamente no número significativo de processos existentes. Seria o mesmo que dizer que um vazamento pode ser eliminado pelo tapamento da fenda ou rachadura existente, sem analisar a causa do gotejamento ou da superabundância. A solução ideal, ao contrário do mero estancamento, poderá residir em criar meios e caminhos alternativos para a vazão da água. O mesmo pode ser dito na seara processual. Meios alternativos devem ser incentivados, e o vigente Código de Processo Civil fornece este mecanismo, pela possibilidade da conciliação ou mediação na fase inaugural do procedimento comum, sem prejuízo de as partes utilizarem a via extrajudicial para procedimentos em que há convergência de interesses, ou com a utilização da arbitragem como meio paralelo e alternativo à jurisdição tradicional (Lei 9.307/1995, alterada pela Lei 13.129/2015). A mediação também terá cabimento como procedimento extrajudicial e deverá ser incentivada, na medida em que a decisão nasce pela construção das partes, e não por imposição judicial (Lei 13.140/2015).

Os procedimentos especiais, de um modo geral, jamais surgiram da elucubração mental do legislador, de modo pronto e acabado. Sua positivação lenta e gradual demonstra a existência e a necessidade de *tutelas jurisdicionais diferenciadas*. O processo civil não projeta um fim em si mesmo, mas corresponde a um modelo legal de efetivação do direito material, exigindo, em determinados casos, mecanismos específicos para uma tutela adequada do direito material. Procuraremos, dentro do possível, e com brevidade, descrever cada um dos institutos que serão alvo de análise do presente estudo. Desde os bancos da faculdade, onde atuamos como Monitor Concursado de Direito Romano, sempre tivemos clara a seguinte asserção: o conhecimento estável e elementar sobre qualquer ramo da ciência demanda a investigação das causas primeiras. Identificar os elementos básicos dos Direitos Romano, Canônico e Germânico permite resgatar a origem da maioria dos institutos atuais, especialmente em relação aos procedimentos especiais, e mais; conhecer um instituto pela sua origem eterniza sua imagem e faz compreender os inúmeros "porquês", omitidos em grande parte dos manuais e cursos de processo civil. Neste breve estudo as incursões serão mínimas, mas fica a ressalva da sua importância para a consolidação de uma visão larga dos institutos jurídicos. Afinal, o primeiro passo para o aperfeiçoamento de um instituto é conhecer seu funcionamento no passado.

2. DIREITO MATERIAL E DIREITO PROCESSUAL: *CONSIGNAÇÃO EM PAGAMENTO* E A AÇÃO DE CONSIGNAÇÃO EM PAGAMENTO

A necessária aproximação entre o direito material e o processual pode ser visualizada na ação que inaugura o estudo dos procedimentos especiais no Código de Processo Civil. O art. 539 do CPC estabelece: "Nos casos previstos em lei, poderá o devedor ou terceiro requerer, com efeito de pagamento, a consignação da quantia ou da coisa devida".

O modo normal de extinção do vínculo obrigacional estabelecido entre as partes realiza-se pelo pagamento. Todavia, o Código Civil estabelece meios alternativos que também operam o efeito liberatório do vínculo obrigacional. O art. 304 do CC reconhece expressamente o pagamento como primeira forma de extinção do vínculo obrigacional, e em seguida disciplina os modos de pagamento indireto, sendo a *consignação em pagamento* (*Hinterlegung*) a primeira modalidade tipificada no Código Civil.[1]

Antes da Lei 8.951/1994 o pedido de consignação somente poderia ser efetuado pela via judicial. Com o advento da referida lei abriu-se a possibilidade de o depósito ser realizado na modalidade extrajudicial. O CPC/2015 manteve a previsão da modalidade extrajudicial, o que se comprova pela leitura dos §§ 1º-4º do art. 539.

O procedimento sobre o depósito bem como os encargos decorrentes no âmbito bancário (*contrato de depósito*) estão disciplinados pela Resolução BACEN-2.814, de 24.1.2001. Eis a redação do § 1º do art. 539: "§ 1º. Tratando-se de obrigação em dinheiro, poderá o valor ser depositado em estabelecimento bancário oficial, onde houver, situado no lugar do pagamento, cientificando-se o credor por carta com Aviso de

---

1. Fabio Caldas de Araújo e José Miguel Garcia Medina, *Código Civil Comentado*, p. 341.

Recebimento/AR, assinado o prazo de 10 (dez) dias para a manifestação de recusa".

Desde já deve ser fixada a noção elementar de que o procedimento de consignação é uma *faculdade conferida ao devedor*. Quanto à utilização da consignação extrajudicial o raciocínio é o mesmo. Não há *obrigatoriedade* na utilização da via administrativa.[2] A consignação encontra justificativa no sistema jurídico pela aplicação do *princípio fundamental da igualdade*. Se o credor tem o direito de exigir o cumprimento da obrigação, o devedor tem o direito de se liberar do vínculo obrigacional.

A consignação é uma das formas de pagamento indireto previstas pelo direito material para a liberação do devedor. Concomitantemente à disciplina do direito material foi criada uma ação processual para que o credor seja obrigado judicialmente a liberar o devedor. Neste caso, admitido o depósito do bem ou da quantia, a decisão judicial será suficiente para liberar o devedor do vínculo obrigacional. A sentença judicial assume *eficácia preponderantemente declaratória*.[3] Excepcionalmente a eficácia será *condenatória, ex vi* do art. 545, § 2º, do CPC – o que será analisado em momento oportuno. A consignação também contribuiu para eliminar situação de incerteza do devedor quanto ao correto credor, uma vez que a liberação do vínculo obrigacional exige o direcionamento do pagamento para o credor real, e não aparente, conforme o art. 547 do CPC.

O sistema jurídico como um todo passa por inúmeras transformações. Nas searas obrigacional e contratual, o aprimoramento dos institutos é essencial, em vista do aumento da complexidade das teias negociais e da crescente globalização. A garantia do tráfico jurídico (*Rechtsverkehr*) exige um redimensionamento das partes que compõem a relação jurídica. O devedor merece proteção adequada do sistema jurídico para a liberação do vínculo jurídico. Isto é essencial para que possa compor outras relações jurídicas e estimular a cadeia negocial. A ação de consignação é o instrumento ideal para permitir a extinção do vínculo obrigacional e que a relação obrigacional alcance seu ápice com o adimplemento, ainda que forçado.

---

2. Nelson Nery Jr. e Rosa Maria de Andrade Nery, *Código de Processo Civil Comentado*, p. 1.354.

3. "O que a sentença de procedência faz é, precisamente, declarar que o depósito preenche e satisfaz os requisitos legais para substituir o pagamento como forma de liberação do devedor. O ato judicial constata e afirma que a consignação produziu esse efeito" (Adroaldo Furtado Fabrício, *Comentários ao Código de Processo Civil*, p. 48).

3. MODALIDADES DE CONSIGNAÇÃO

A consignação em pagamento até o advento da Lei 8.951/1994 era exclusivamente judicial. A recusa injustificada do credor obrigava a parte contrária a oferecer o depósito judicial. Após a Lei 8.951/1994 abriu-se a possibilidade do depósito extrajudicial, o qual não poderá ser recusado pela instituição financeira (Resolução BACEN-2.814/2001). Todavia, sua utilização é mera faculdade do devedor. O Código Civil brasileiro recepcionou a consignação extrajudicial nos termos do art. 304, pois também prevê a liberação do devedor pelo depósito extrajudicial: "Art. 304. Considera-se pagamento, e extingue a obrigação, o depósito judicial ou em estabelecimento bancário da coisa devida, nos casos e forma legais". Conclui-se que tanto a lei material quanto a processual preveem as vias extrajudicial e judicial para a consignação em pagamento.

4. OBJETO DA CONSIGNAÇÃO

O fim da consignação está em obter a liberação do devedor. Deste modo, o pressuposto essencial para a utilização do procedimento instituído pelo Código de Processo Civil é a mora do credor (*mora creditoris*). Não é possível que ambas as partes estejam em mora. Sendo assim, o devedor deverá demonstrar a recusa injustificada do credor em receber a *quantia* ou o *objeto*.[4]

A consignação corresponde a um modo de adimplemento forçado, pois, quando o juiz reconhece que estão presentes todas as condições essenciais para a extinção do vínculo jurídico, declara a procedência do pedido de consignação em favor do devedor. Daí se percebe que o pagamento não pode ser classificado, quanto à sua natureza jurídica, como um fato jurídico *stricto sensu*, ato-fato, ou ato jurídico *stricto sensu*. Trata-se, em sua essência, de um *negócio jurídico*, pois o efeito liberatório exige a manifestação expressa da parte contrária (bilateralidade). Quando não há a aquiescência o juiz substitui a parte mediante a declaração por sentença. Seria praticamente a mesma solução ofertada pelo art. 501 do CPC quando há infungibilidade jurídica na declaração de vontade, o que obriga o magistrado a tomar a posição jurídica da parte inerte.

Podem ser objeto de consignação bens móveis e imóveis. Dentre os bens móveis incluem-se não só o dinheiro, representativo de dívida de valor, mas objetos que possam ser alvo de qualquer modalidade de

---

4. Enneccerus e Lehmann, *Derecho de Obligaciones*, t. I, vol. II, § 66, p. 328.

negócio jurídico. Estes bens poderão ser fungíveis (simples mercadorias) ou infungíveis (uma obra de arte). O essencial é que a liberação do devedor dependa de uma atividade do credor.[5] No caso da dívida de valor esta atitude é representada pela quitação; na entrega pura e simples da mercadoria, pela aceitação do bem. Nas obrigações negativas não se exige qualquer participação do credor. Cumpre ao devedor a mera abstenção, o que gera a impropriedade e a impossibilidade jurídica da consignação.

4.1 O dever de cooperação do credor

A necessidade da cooperação como atributo bilateral da relação jurídica é exposta na consignação. O princípio da cooperação atinge a relação material e a processual. No âmbito material, a cooperação do devedor e do credor é essencial para a extinção do vínculo obrigacional. Sob a ótica do credor, a ausência de cooperação pode se manifestar de modo direto, quando há recusa no recebimento da prestação, ou de modo indireto, pelo fato de o credor não se encontrar no local devido para o recebimento.[6]

Este é o motivo pelo qual se excluem deste rol as obrigações negativas. Como anota Barassi, a mora do credor advém de sua conduta omissiva, ou seja, da *violação do dever de cooperação* ("il suo dovere di cooperazione").[7] Nas obrigações negativas não há que se falar em qualquer tipo de cooperação por parte do devedor, pois sua conduta deve ser de abstenção (*non facere*).[8]

5. CONSIGNAÇÃO E DISCUSSÃO ACERCA DA "RES DEBITA"

A ação de consignação não é o caminho para a discussão sobre a *causa debendi*. Como ensina Pontes de Miranda,[9] o que realça no procedimento da consignação é a *oblação real* (*offres réelles*).[10] O devedor quer cumprir com a obrigação mediante o depósito integral da quantia ou o depósito da coisa. Não há possibilidade de o devedor discutir a validade de cláusulas, ou depositar as parcelas, com o intuito de rever o

---

5. O que retrata a vocação deste instrumento para os contratos bilaterais sinalagmáticos.
6. Menezes Cordeiro, *Direito das Obrigações*, vol. II, § 5º, p. 215.
7. Barassi, *La Teoria Generale delle Obbligazione*, vol. III, p. 860.
8. Sobre o dever de cooperação do credor, v. amplamente em Zachariae e Crome, *Manuale di Diritto Francese*, t. II, trad. Barassi, p. 330.
9. Pontes de Miranda, *Comentários ao Código de Processo Civil*, t. XIII, p. 16.
10. Karl Salomo Zachariae von Lingenthal/Carlo Crome, *Manuale di Diritto Francese*, t. II, trad. de Ludovico Barassi, p. 332.

valor contratado. Neste caso a ação deverá ser ordinária cumulada com pedido de consignação. O depósito assume caráter nitidamente cautelar e incidental.[11] A pretensão de revisão contratual jamais se exerce pelo rito especial.[12] Pontes de Miranda é preciso sobre a matéria: "Na ação de consignação em pagamento não se pode discutir o que seria objeto de ação constitutiva negativa, exceto inexistência ou nulidade do negócio jurídico".[13] Sem dúvida, somente as questões relacionadas à nulidade ou à inexistência poderão compor o quadro o objeto litigioso. A nulidade e a inexistência afetam a estrutura da relação jurídica do ato/negócio jurídico (existência, validade e eficácia) e podem ser declaradas *ex officio* pelo magistrado. Se a relação jurídica é inexistente em relação ao credor (*e.g.*, relação jurídica firmada com pessoa diversa – venda *a non domino*), o

11. Neste sentido: "O depósito da coisa devida, efetuado na ação de consignação em pagamento, nos casos e formas legais, extingue a obrigação (art. 890 do CPC [*de 1973*]). Por esta razão, não é instrumento adequado para o deferimento dos pedidos de depósito das prestações do mútuo habitacional, no valor que o mutuário entende devido, com a consequente revisão do contrato, porquanto estes pedidos têm cunho eminentemente cautelar, não havendo prejuízo à parte, que poderá apresentar os referidos pedidos na própria ação ordinária. 2. Apelação dos autores a que se nega provimento" (TRF-1ª Região, 6ª Turma, AC 2004.34.00.001896-4-DF, rel. para o acórdão Juiz Federal David Wilson de Abreu Pardo, *DJU* 19.3.2007).
12. V. interessante julgado do STJ: "Ação de consignação proposta pela devedora não com fundamento em eventual discordância a respeito do montante da dívida, mas em dúvida quanto à titularidade do crédito, já que estava sendo cobrada por mais de um pretendente ao pagamento (...). De acordo com a moderna ciência processual, que coloca em evidência o princípio da instrumentalidade e o da ausência de nulidade sem prejuízo (*pas de nullité sans grief*), antes de se anular todo o processo ou determinados atos, atrasando, muitas vezes em anos, a prestação jurisdicional, deve-se perquirir se a alegada nulidade causou efetivo prejuízo às partes. O escopo da cisão dos procedimentos (especial, da consignatória e comum, para identificação do credor) é o de evitar que o devedor consignante tenha de ficar aguardando o término de toda a instrução processual para se ver liberado de uma obrigação que já satisfez, somente porque os credores controvertem sobre o direito de receber. Todavia, não se exclui a possibilidade de o juiz também definir o efetivo credor, no mesmo momento em que prolata a sentença de extinção da obrigação do devedor, se já tem condições de fazê-lo, por reputar desnecessária a produção de novas provas. Não há razão, portanto, para se anular a sentença, que, ademais, analisou detalhadamente todos os aspectos fáticos dos negócios celebrados entre as partes, bem como os argumentos da recorrente no sentido da cessão dos direitos sobre a marca, rejeitando-os, contudo. A finalidade da sentença na consignatória não é apurar eventuais responsabilidades de um alegado credor em relação a outro, em virtude de contratos firmados entre eles, e dos quais não participou o devedor – Recurso especial desprovido" (3ª Turma, REsp 1.331.170-PR, rela. Min. Nancy Andrighi, j. 21.11.2013, *DJe* 28.11.2013).
13. Pontes de Miranda, *Comentários ao Código de Processo Civil* (de 1973), t. XIII, p. 21.

juiz deverá se pronunciar sobre a questão. As demais questões que envolvam o conteúdo da relação obrigacional não estão contempladas pelo art. 544 do CPC.

6. *A CONSIGNAÇÃO NO DIREITO TRIBUTÁRIO*

Além da previsão estatuída pelo CPC nos arts. 539-549, não pode deixar de ser mencionada a consignação no direito fiscal. O CTN prevê modalidade específica de consignação no art. 164.[14]

De acordo com a lição precisa de Clóvis do Couto e Silva, muito embora o Código Tributário Nacional não faça menção quanto à possibilidade de a consignação ser realizada por terceiros, não há qualquer impedimento legal.[15] Além do mais, a autorização é expressa pelo art. 539 do CPC, que confere capacidade processual ao terceiro. A possibilidade de participação do terceiro (interessado ou não) na dissolução do vínculo obrigacional entre o credor e o devedor baseia-se na impessoalidade quanto ao pagamento (*pecunia non olet*). Ao credor interessa o cumprimento da obrigação, pouco importa que ele seja realizado pelo devedor, por seu amigo ou por um parente. Esta solução não se revela ideal apenas naquelas situações em que a obrigação é infungível e celebrada em caráter *intuitu personae*. Em muitas situações a consignação tributária poderá ter acolhimento, o que se explica pela natureza fracionária do sistema tributário brasileiro, que exige a interpretação de complexo mecanismo de adequação do fato gerador, o que pode gerar dúvida sobre o recolhimento regular do tributo no Município ou Estado.[16]

---

14. CTN:
"Art. 164. A importância do crédito tributário pode ser consignada judicialmente pelo sujeito passivo, nos casos: I – de recusa de recebimento, ou subordinação deste ao pagamento de outro tributo ou de penalidade, ou ao cumprimento de obrigação acessória; II – de subordinação do recebimento ao cumprimento de exigências administrativas sem fundamento legal; III – de exigência, por mais de uma pessoa jurídica de direito público, de tributo idêntico sobre um mesmo fato gerador.

"§ 1º. A consignação só pode versar sobre o crédito que o consignante se propõe pagar.

"§ 2º. Julgada procedente a consignação, o pagamento se reputa efetuado e a importância consignada é convertida em renda; julgada improcedente a consignação no todo ou em parte, cobra-se o crédito acrescido de juros de mora, sem prejuízo das penalidades cabíveis."

15. Clóvis do Couto e Silva, *Comentários ao Código de Processo Civil*, vol. XI, t. I, p. 24.

16. Como reconhece o STJ: "Verificada a ocorrência de dúvida quanto ao sujeito ativo para a exigência do ISS, se devido ao Município em que prestados os serviços

6.1 Pressupostos específicos para a consignação

A consignação demonstra sua aplicação pela violação do dever de cooperação do credor. Vejamos, de modo sistemático, as possíveis causas para sua utilização, que basicamente se resumem em duas situações:

6.1.1 "Mora accipiens": a recusa injustificada do credor

O credor poderá recusar-se a receber a quantia ou bem, o que motivará seu acionamento, nos termos dos arts. 539 e ss. do CPC. É mais comum a ocorrência da mora do devedor, mas é possível que o credor também incorra no atraso. A mora não se dá apenas pelo atraso, pois a obrigação deve ser cumprida no prazo, local e modo convencionados. Considera-se em mora qualquer das partes que descumpre estes três elementos.

A recusa pura e simples em receber e dar quitação está prevista pelo art. 335, I, do CC (*tempo*). Quando o credor viola o cumprimento da obrigação por não receber o pagamento no local indicado incide o inciso II do art. 335 do CC. Aqui se torna útil a distinção oriunda do Direito Francês entre dívida *quérable* e dívida *portable*, ou seja, dívidas quesíveis e portáveis.[17] As primeiras são aquelas que devem ser cumpridas no domicílio do devedor. Logo, o credor receberá o pagamento, ou a entrega do bem, no domicílio do devedor. Nas portáveis o oferecimento do pagamento pelo devedor deverá ser realizado no domicílio do credor. Também não se configura a mora quando o pagamento não é realizado no modo convencionado. O pagamento foi acordado para ser realizado à vista, mas o devedor pretende que o credor receba os valores em prestações, pedindo a consignação da primeira parcela. O pedido do autor/devedor viola princípio básico do direito obrigacional pelo qual o credor não é obrigado a receber coisa de modo diverso do que foi convencionado (*aliud pro alio*).[18] Sendo assim, não cumprida a obrigação no modo previsto pelo contrato, incorrerá em mora e não poderá ajuizar a consignação como meio hábil para a liberação do vínculo obrigacional.

ou àquele em que localizado o estabelecimento do prestador, impõe-se a procedência da ação consignatória, com a declaração, na hipótese dos autos, da competência do Município em que se realizou o fato gerador do imposto" (1ª Turma, AgR no AREsp 466.825-MG, rel. Min. Olindo Menezes, Des. convocado do TRF-1ª Região, j. 17.12.2015, *DJe* 4.2.2016).

17. Planiol, *Traité Élémentaire de Droit Civil*, t. I, p. 203. A influência do local de pagamento assume conexão direta com a figura do domicílio.

18. Fabio Caldas de Araújo e José Miguel Garcia Medina, *Código Civil Comentado*, cit., p. 280.

O texto legal também permite a consignação mesmo sem a recusa expressa por parte do credor (art. 335, III, do CC). Obviamente, devem ser lembradas aquelas situações em que o credor está ausente do seu domicílio.[19] A ausência temporária, mas indefinida quanto ao dia de seu retorno, autoriza a consignação. O devedor não pode ficar sujeito ao capricho do credor. A mesma solução aplica-se na hipótese de ausência, que dependerá de decretação judicial, nos termos dos arts. 22 e ss. do CC. Caso exista curador nomeado, o pagamento deverá ser oferecido para sua pessoa, uma vez que ele atuará como representante judicial do ausente. As ações e pretensões do ausente são centralizadas no domicílio do curador. O art. 97 do CPC é expresso quanto ao ponto: "Art. 97. As ações em que o ausente for réu correm no foro de seu último domicílio, que é também o competente para a arrecadação, o inventário, a partilha e o cumprimento de disposições testamentárias".[20]

Embora configure situação mais rara, é possível a consignação quando o credor seja pessoa desconhecida. A cessão de crédito notificada ao devedor com alteração do polo ativo poderá dificultar a localização do novo credor. Isto acontece em situações de incorporação ou venda de uma empresa e se agrava quando a incorporada repassa partes da incorporada para terceiros. Também é possível que a consignação seja o meio adequado para evitar o agravamento da situação do devedor em dívidas portáveis. O cumprimento no domicílio do credor gerará prejuízo ou insegurança ao devedor, principalmente quando o local de acesso é de difícil transposição (art. 335, III, *in fine*, do CC).

6.1.2 *Incognição: dúvida objetiva sobre a identidade do credor*

O devedor também estará autorizado a consignar quando houver dúvida objetiva sobre quem seja o legítimo credor.[21] É possível a consignação quando exista dúvida sobre a pessoa física ou jurídica que deva re-

---

19. Enneccerus e Lehmann, *Derecho de Obligaciones*, t. II, vol. I, § 66, p. 324.
20. Quanto ao procedimento para a decretação da ausência, v. arts. 1.159 e ss.
21. STJ: "Existindo fundada dúvida, no momento do ajuizamento da ação, acerca de quem deve legitimamente receber, há interesse de agir para propor a consignação em pagamento. A consignatória não tem por finalidade apurar eventuais responsabilidades do credor com relação a contrato firmado com terceiro e do qual não participou o devedor. Todavia, o comportamento das partes envolvidas e a existência da disputa judicial podem lançar dúvida sobre quem deve receber os valores; assim, o devedor, para afastar o risco do pagamento indevido, poderá exonerar-se mediante consignação. 5. Recurso especial provido" (3ª Turma, REsp 1.526.494-MG, rel. Min. João Otávio de Noronha, j. 26.5.2015, *DJe* 29.5.2015).

ceber a prestação. O art. 335 e seus incisos IV e V estabelecem hipóteses de dúvida objetiva. Caso clássico está na disputa entre a companheira e a cônjuge supérstite. É possível que o *de cujus* estivesse separado de fato há mais de dois anos e não tivesse formalizado sua separação ou divórcio. O Código Civil/2002 é expresso em reconhecer o cônjuge como sucessor apenas quando o casal não estivesse separado de fato há mais de dois anos (art. 1.830) na ocasião do falecimento. É possível, ainda, disputa sobre o crédito que envolva pessoa jurídica que esteja em processo de fusão, incorporação ou, mesmo, dissolução. A configuração de causa objetiva legitima a consignação por parte do devedor.

A dúvida também poderá existir quando o pagamento envolva valores que são alvo de litígio. Quando o produto do pagamento constituir objeto litigioso, o devedor deverá realizar a oferta judicial, para sua própria segurança. Esta consignação poderá ocorrer sem a necessidade de procedimento especial, como na situação do art. 852, § 2º, do CPC. Esta hipótese ainda revela a possibilidade de consignação realizada por terceiro, o qual não está vinculado diretamente ao liame obrigacional que une o credor e o devedor.

7. O PROCEDIMENTO DA CONSIGNAÇÃO

A interação entre o direito material e o processual é intensa nesta modalidade de ação. Os requisitos para a identificação da *mora creditoris* e da liceidade do depósito são oriundos do direito material. No campo processual disciplina-se exclusivamente o *modus operandi*.

7.1 A via extrajudicial

De acordo com a explanação inicial, o procedimento da ação de consignação em pagamento poderá ser judicial ou extrajudicial. A Lei 8.951/1994 foi responsável por introduzir a modalidade extrajudicial, que hoje está consumada nos quatro parágrafos do *caput* do art. 539 do CPC.

Utilizando-se do procedimento extrajudicial, o devedor obterá a mesma eficácia, qual seja, a extinção do vínculo obrigacional. O *iter* exige que o devedor, ou terceiro, realize o depósito da quantia devida em conta bancária. O § 1º fala em "estabelecimento bancário oficial"; contudo, em determinadas localidades esta exigência há de ser mitigada.[22]

---

22. E quais são os estabelecimentos bancários oficiais? O art. 840, I, do CPC revela os estabelecimentos federais: "I – no Banco do Brasil, na Caixa Econômica Federal, ou em um banco, de que o Estado-membro da União possua mais de metade

Com o fim de disciplinar e normatizar o *modus operandi* dos depósitos judiciais, o Banco Central editou a Resolução 2.814/2001. A resolução determina a necessidade de formação de um cadastro mínimo com as informações sobre o devedor e o credor para deferimento da abertura da conta de depósito. Houve certa confusão e resistência das instituições bancárias, as quais muitas vezes recusavam ou exigiam autorização judicial para a abertura da conta. A Resolução 2.814/2001 preencheu uma lacuna para as instituições bancárias que estavam habituadas a abrir contas para depósito de quantias que compõem o objeto litigioso de ações judiciais.

Feito o depósito e munido de sua comprovação documental, o Código de Processo Civil determina que o devedor realize uma notificação, por carta, ao credor, mediante AR. Nesta carta o devedor deverá assinalar o prazo de 10 dias para sua recusa, sob pena de aceitação tácita do valor depositado, que será avaliado como justo. Este procedimento de notificação atualmente está simplificado, pois com a Resolução 2.814/2001 caberá à instituição financeira, após a formalização do depósito e o recebimento das informações sobre a relação jurídica, realizar a notificação do credor.

Note-se que a interpelação bancária deverá conter a discriminação do objeto da obrigação, o prazo, modo e lugar do pagamento (art. 4º, V e VI, da Resolução BACEN-2.814/2001). A recusa ou aceitação do credor depende da correta identificação da relação jurídica. Determinados credores são titulares de milhares de relações jurídicas, principalmente em função da disseminação dos contratos de adesão. O credor terá 10 dias para manifestar sua recusa. O prazo é decadencial. Caso ele manifeste formalmente a recusa ao estabelecimento bancário, o devedor terá a possibilidade de ingressar com a ação de consignação judicial, após 30 dias. Aproveitar-se-á o depósito já integralizado, o que eliminará a exigência do art. 539, § 1º, do CPC, pois toda petição inicial da ação consignatória obrigatoriamente conterá, antes da citação do réu, pedido de concessão de prazo para a consignação da quantia, ou da *res debita*.

Ultrapassado o decêndio legal (art. 539, § 2º), considerar-se-á liberado o devedor do vínculo obrigacional. Todavia, a declaração judicial para a regularização da situação jurídica do réu poderá ser necessária e urgente (*e.g.*, certidão negativa para participar de uma licitação), o que legitimará a propositura da ação consignatória para a obtenção da declaração judicial de inexistência de relação jurídica com pedido de tutela de urgência, nos moldes do art. 300 do CPC.

do capital social integralizado; ou, em falta desses estabelecimentos, em qualquer instituição de crédito designada pelo juiz".

A quitação pelo procedimento extrajudicial permite que o devedor possa alegar o pagamento como matéria de defesa (exceção material) caso seja réu em qualquer ação de cumprimento proposta pelo credor. Bastará demonstrar na contestação a efetivação do depósito, de acordo com o procedimento do art. 890 do CPC. Caso seja negativado em qualquer órgão de restrição ao crédito, será legítima sua pretensão de indenização por danos materiais e morais.[23]

O depósito extrajudicial elide a possibilidade de mora do devedor. Deste modo, não responderá por juros ou correção do valor. Aos valores depositados na forma do art. 539, § 1º, garante-se a remuneração mínima da poupança (art. 7º da Resolução BACEN-2.184/2001[24]). A instituição financeira poderá cobrar as despesas do depositante concernentes a postagem e elaboração de documentos (art. 8º da Resolução BACEN-2.814/2001). Ponto que merece destaque é que a consignação extrajudicial afasta os efeitos da mora mas não impede o ajuizamento de ação pelo credor.[25]

7.2 A via judicial

A utilização da ação judicial não ficará condicionada à prévia adoção do procedimento extrajudicial (art. 539, §§ 1º-4º, do CPC), que é facultativa. Na modalidade extrajudicial prepondera o depósito como meio de caracterizar a mora do credor. A utilização da ação judicial oferece um espectro mais amplo. Além da declaração judicial com estabilização da

---

23. 1º TACivSP: "Cartão de crédito – Pedido de cancelamento – Consignação do saldo que entendeu devido com amparo no art. 890 e seu § 2º do CPC [*de 1973*] – Ciência do depósito extrajudicial à ré através de carta com Aviso de Recebimento (§ 1º do art. 890 do CPC [*de 1973*]) – Aceitação tácita – Descabimento da inclusão do nome do autor no cadastro de restrição ao crédito do Serviço de Proteção ao Crédito – Dano moral caracterizado, desnecessária qualquer prova – Fixação em 10 vezes o valor apontado no cadastro do Serviço de Proteção ao Crédito – Indenização mantida" (4ª Câmara, ACi 0880959-8 (57692), de Campinas, rel. Juiz José Marcos Marrone, j. 1.12.2004).

24. Resolução BACEN-2.814/2002: "Art. 7º. Os depósitos de consignação em pagamento devem ser atualizados, no mínimo, nas mesmas condições da remuneração básica dos depósitos de poupança, observando-se, após a eventual instauração da ação referida no art. 6º, a legislação em vigor referente aos depósitos judiciais".

25. STJ: "A mera consignação de valores pela via extrajudicial não impede à outra parte o ajuizamento, aliás em época concomitante, de ação de prestação de contas relativa a valores recebidos por advogados em face de processos judiciais findos com êxito para seu cliente. II – Recurso especial não conhecido" (4ª Turma, REsp 533.814-RS, rel. Ministro Aldir Passarinho Jr., j. 19.2.2009, *DJe* 23.3.2009).

coisa julgada, o depósito judicial será o meio adequado de exoneração do devedor quando houver dúvida objetiva sobre a titularidade do crédito. Analisemos as condições da ação para a ação de consignação em pagamento:

7.2.1 Legitimidade "ad causam" para consignar

O art. 539 do CPC, em sintonia com as regras do direito material, determina que a consignação, com efeito de pagamento, poderá ser efetuada pelo *devedor* ou por *terceiro*. Não são todos os sistemas que admitem a consignação pelo terceiro.[26] O Direito Brasileiro admite a postulação por ambos.

A legitimação ordinária para o pedido de consignação caberá ao devedor, pois ele será o principal interessado em se desvincular da relação jurídica. Entrementes, nosso sistema permite que o terceiro também realize o pagamento. O art. 304 do CC é cristalino quanto à expansão da ação material de pagamento: "Art. 304. *Qualquer interessado* na extinção da dívida pode pagá-la, usando, se o credor se opuser, dos meios conducentes à exoneração do devedor". Logo, o terceiro poderá realizar a consignação, uma vez que o depósito é nada mais do que pagamento. O terceiro poderá ser obrigado a realizar a consignação, na hipótese do art. 856, § 2º, quando exista constrição judicial sobre o crédito que é devido pelo terceiro ao devedor que sofre os efeitos da execução.

Em relação ao terceiro, cabe diferenciar o *terceiro interessado* e o *desinteressado*. Situação mais comum é aquela em que a consignação se dá pelo terceiro interessado, em virtude dos efeitos reflexos do pagamento em sua esfera jurídica. O adquirente de um imóvel gravado, por exemplo, poderá consignar o valor devido, para evitar o inadimplemento, ainda que a transmissão da propriedade não tenha sido formalizada, pela existência de um "contrato de gaveta".[27]

O terceiro interessado sub-roga-se quanto à pretensão do credor, em virtude do pagamento. Sendo assim, realizado o depósito, assumirá os direitos, pretensões e ações do credor. Por sua vez, o terceiro não interes-

---

26. Enneccerus e Lehmann, *Derecho das Obligaciones*, cit., t. II, vol. I, p. 324.
27. STJ: "Aquele que adquire o imóvel hipotecado é interessado, para os efeitos do art. 930, *caput*, do CC, no pagamento das prestações de resgate do mútuo, porque a respectiva falta implica a execução do gravame. Ao credor é defeso recusar o recebimento, porque o pagamento não tem o efeito de integrar o comprador do imóvel na relação de financiamento – Recurso especial não conhecido" (3ª Turma, REsp 154.457-SP, rel. Min. Ari Pargendler, *DJU* 24.2.2003, p. 221).

sado – como o pai que paga a dívida do filho – também terá legitimidade para efetuar o depósito, porém sem a possibilidade de sub-rogação, nos termos do art. 305 do CC: "Art. 305. O *terceiro não interessado*, que paga a dívida em seu próprio nome, tem direito a reembolsar-se do que pagar; mas não se sub-roga nos direitos do credor".

O Código Civil/2002 aperfeiçoou a redação do antigo art. 932 do CC/1916, para frisar as consequências para o terceiro não interessado que efetua o pagamento à *revelia do devedor*, ou mediante sua *oposição expressa*. A redação do art. 306 veda o direito de reembolso, nestas duas situações, desde que o devedor comprove que tinha meios para impedir a pretensão do credor: "Art. 306. O pagamento feito por terceiro, com desconhecimento ou oposição do devedor, não obriga a reembolsar aquele que pagou, se o devedor tinha meios para ilidir a ação". E quais são estes meios? O texto não se refere aos meios monetários, mas, sim, a toda e qualquer defesa (exceções materiais/processuais) que, uma vez utilizada, paralisasse a pretensão creditícia. Damos um exemplo: o terceiro não interessado é um amigo do devedor e tem conhecimento de sua dívida. Com a intenção de ajudá-lo, realiza uma consignação judicial, porém com desconhecimento do seu amigo devedor. O terceiro, por sua vez, desconhecia que o devedor somente não realizou o pagamento porque havia uma compensação a ser feita ou porque o débito estaria prescrito. Nestes casos a exceção do devedor eliminaria a pretensão do credor, e ele não seria obrigado a pagá-lo. Comprovada esta situação, o devedor não estará obrigado a reembolsar seu amigo. Na verdade, a atitude altruísta do terceiro não lhe trouxe benefício algum, além de uma satisfação moral.

7.2.2 *Interesse de agir*

O preenchimento do interesse de agir exige que a dívida seja vencida, líquida e certa. Não há interesse em consignar uma dívida já paga. Outrossim, uma dívida inexistente também é causa de arguição de inutilidade jurídica do pedido. O interesse funda-se na configuração da mora ou da dúvida objetiva.[28]

O juiz deverá realizar o controle da petição inicial para verificar se a pretensão do autor está adequada ao rito do art. 539 do CPC. A ação de consignação revela meio de liberação, e não de discussão sobre o

---

28. STJ: "Existindo fundada dúvida, no momento do ajuizamento da ação, acerca de quem deve legitimamente receber, há interesse de agir para propor a consignação em pagamento" (3ª Turma, REsp 1.526.494-MG, rel. Min. João Otávio de Noronha, j. 26.5.2015, *DJe* 29.5.2015).

quantum debeatur. Tratando-se de disputa sobre o valor devido, cai por terra a utilização do procedimento especial. Será caso de ação ordinária. O pedido será juridicamente inviável para fins de consignação quando o devedor pretender depositar apenas parte do valor que reconhece como devido, mesmo que o título indique valor diverso. Para esta via o correto será a propositura de ação revisional pelo procedimento comum.

Isto não se confunde com a hipótese em que o devedor realiza o depósito como integral mas se apura, posteriormente, sua insuficiência, ante a contestação oferecida pelo credor. O reconhecimento do depósito parcial permitirá a quitação parcial e formação de título executivo para cobrança pelo cumprimento de sentença, nos termos do art. 545, § 2º, do CPC.

O interesse que legitima o ingresso da ação de consignação está baseado nas causas elencadas pelo direito material. Os arts. 334 e 335 delimitam as situações centrais, resumidas em: (a) recusa injustificada do credor em aceitar o pagamento; (b) desconhecimento ou incerteza sobre a pessoa do credor; (c) pendência de litígio sobre o pagamento a ser realizado.

8. DA COMPETÊNCIA

A competência para o ingresso da ação de consignação está regida, primeiramente, pelo disposto no art. 540 do CPC. Será competente o foro do local em que a obrigação deva ser satisfeita. Esta mesma regra está esculpida no art. 53, III, "d", do CPC, que constitui a regra geral para o cumprimento das obrigações contratuais.

Existindo foro de eleição, este será o competente para a efetivação do pagamento. As partes têm ampla possibilidade de eleger o local de cumprimento da obrigação. Poderá ser o domicílio do devedor ou o do credor. Não existindo cláusula específica, aplica-se o sistema normativo do Código de Processo Civil. Sem a estipulação expressa, prevalece o domicílio do devedor para o cumprimento da obrigação. A regra geral identifica a dívida como *quérable* (art. 327 do CC). Na impede que tenha sido pactuado o domicílio do credor, o que gerará uma dívida *portable*.

Prevalecerá o foro do local em que se situar o bem (*forum rei sitae*) quando o cumprimento do depósito consistir na entrega de coisa imóvel (art. 328 do CC). Excepcionalmente, entendemos que a autorização poderá ser estendida para os bens móveis quando seu deslocamento seja difícil e oneroso, ainda que inexista regra semelhante ao previsto pelo art. 891, parágrafo único, do CPC/1973.

A propositura da demanda deverá ser realizada no juízo competente para que os efeitos da mora e os riscos de custódia cessem (art. 540 do CPC). Com a propositura da ação e o respectivo depósito da quantia os juros cessarão, pela ausência de *mora debitoris*, bem como os riscos pelo *perecimento*, quando se tratar de coisa certa, e não poderão mais ser imputados ao consignante.

9. A ESPECIALIDADE DO PROCEDIMENTO

9.1 Requisitos da petição inicial

Na petição inicial da ação de consignação em pagamento o autor deverá cumprir com os requisitos parciais elencados pelo art. 319 do CPC. O procedimento exige o preenchimento de dois requisitos específicos, nos termos do art. 542, I e II, do CPC. O procedimento não será aberto pela tentativa de conciliação (art. 334 do CPC), que marca a fase inicial do procedimento comum. Aqui o procedimento é especial. Não há impedimento quanto à realização de futura autocomposição (art. 139, V), mas ela não inaugurará o procedimento de consignação.

O autor deverá requerer o depósito da quantia ou coisa na peça inicial. O devedor necessita da liberação, e o pedido de depósito é essencial (art. 542, I). Após seu deferimento, o autor deverá depositar a quantia, ou oferecer o bem, em até cinco dias da intimação da decisão de deferimento. O prazo não se aplica para a consignação extrajudicial, que é específica para quantia e cujo prazo se sujeita ao disposto no art. 539, § 3º, do CPC.

A comprovação do depósito é pressuposto processual específico da ação de consignação, e sua ausência é causa de resolução do processo, sem análise do mérito, nos termos do art. 485, IV, do CPC (art. 542, parágrafo único). Não há obrigação do autor da ação de disponibilizar a quantia devida com o oferecimento da inicial, sendo vedado ao magistrado extinguir o processo *ab initio* quando verificar que a petição inicial não está acompanhada da guia de depósito. Deverá ser oportunizada a possibilidade de emenda e adequação ao pedido.

Desde a Lei 8.951/1994 foi eliminada a audiência de oblação (oferta de entrega). Antes desta alteração, o juiz, ao receber a inicial, marcaria audiência prévia para o oferecimento, ao credor, da quantia ou bem que seria depositado. Caso o credor não comparecesse, o depósito seria efetivado, iniciando-se o prazo para a contestação. O procedimento atual dispensa a audiência, mas o prazo para depósito deve ser cumprido, sob pena de encerramento prematuro da lide.

Tratando-se de depósito de *res corporea* (móvel ou imóvel), o juiz determinará que o depositário judicial assuma a administração do bem, até a solução do litígio. Isto não impede que o credor, a qualquer momento, realize pedido de levantamento da quantia e encerre o processo.

O art. 542, II, do CPC ainda obriga que o autor realize o pedido de citação do credor para que levante o depósito ou conteste o feito. A regra é diversa da citação *ex officio* no procedimento comum, na qual o juiz determina a citação para audiência de conciliação ou mediação (art. 334 do CPC). A citação deverá ocorrer depois do deferimento e da formalização do depósito. A escrivania deverá certificar sua realização. Não efetuado o depósito, mesmo após a decisão de emenda, o magistrado deverá extinguir a relação processual. Em suma: todas as formas de citação são possíveis para aperfeiçoar a relação processual, e deve ser priorizada a modalidade eletrônica para a prática dos atos de cientificação.

9.1.1 Consignação de prestações periódicas

Tratando-se de quantia que deva ser depositada regularmente (obrigações periódicas) incidirá o art. 541 do CPC, que visa a otimizar o aproveitamento da relação processual, conferindo maior celeridade e razoabilidade quanto à economia processual.[29]

Esta regra tem dispositivo genérico no art. 323 do CPC, o qual acolhe a tese do pedido implícito nas obrigações de caráter periódico.[30] Este mesmo entendimento prevalece para a ação especial de consignação, ou seja: bastará que as prestações vincendas sejam depositadas na data aprazada, ou em até cinco dias após o vencimento. Não há necessidade de pedido expresso na inicial, uma vez que o texto legal autoriza a consignação contínua e não a condiciona a novo deferimento após a efetivação do primeiro. O não recebimento das prestações periódicas pelo credor, nos termos da decisão judicial que as tenha deferido, acabará por provocar o depósito judicial das quantias (art. 543, *in fine*, do CPC).

O prazo de cinco dias é peremptório, mas o juiz poderá prorrogá-lo com base no art. 139, VI, do CPC, desde que a parte demonstre causa

---

29. Pontes de Miranda, *Comentários ao Código de Processo Civil* (de 1973), cit., t. XIII, p. 28.
30. A regra tem base no Direito Alemão, *ex vi* do § 258 da *ZPO*: "Klage auf wiederkehrende Leistungen. Bei wiederkehrende Leistungen kann auch wegen der erst nach des Urteils fällig werdenden Leistungen Klage auf künftige Entrichtung erhoben werden" ("Em caso de prestações periódicas é possível ajuizar ação para satisfação futura para as prestações que vencem após a prolação da sentença" – tradução livre). V.: Baumbach, Lauterbach, Albers e Hartmann, *Zivilprozessordnung*, p. 1.026.

lícita para o atraso no cumprimento da consignação, e com os acréscimos legais devidos. Os prazos devem ser flexibilizados quando a causa de incumprimento pontual não possa ser imputada à parte consignante.

9.2 A formação da relação processual na ação de consignação

Oferecida a petição inicial pelo autor, o procedimento da ação consignatória torna-se peculiar, pela necessidade de manifestação prévia do juiz sobre a liceidade do procedimento e deferimento do depósito. Deferido o depósito, será determinada a abertura da conta judicial ou autorizado o depósito o bem. A citação do réu será realizada para recebimento da quantia ou do bem, bem como para eventual oferecimento de contestação ao pedido de consignação.

O prazo para o oferecimento da resposta será de 15 dias, uma vez que não existe prazo especial, o qual já chegou a ser fixando em 10 dias perante o Código de Processo Civil/1973, até o advento da Lei 8.951/1994.

9.3 O procedimento quando há incognição sobre o credor

A ação de consignação também poderá ser intentada quando existir dúvida fundada sobre quem deva receber a quantia ou a coisa. Nesta configuração o procedimento será informado pelo art. 547 do CPC. Devemos lembrar que são duas as hipóteses para a consignação: mora do credor e incognição do credor.[31] O art. 547 do CPC é exclusivo para a segunda situação e tem conexão direta com o art. 335, IV, do CC. A leitura do art. 335 do CC é essencial, porque abrange as possíveis condutas que justificam a ausência do dever de cooperação do credor.[32]

A incognição refere-se à dúvida sobre quem seja o credor. E um dado necessita ser acrescido, porque a própria qualidade de credor poderá estar sob disputa judicial. Para ilustrar sua incidência daremos um exemplo. Suponha-se que o *de cujus* tenha deixado um seguro de vida, porém sem nominar seus beneficiários. Antes de mais nada, é importante frisar que o contrato de seguro não está sujeito ao inventário ou arrolamento. Não se trata de bem jurídico sujeito à sucessão. O fato jurídico "morte" é o que determina a obrigação de pagamento. Isto é importante, porque o capital

---

31. Pontes de Miranda, *Comentários ao Código de Processo Civil* (de 1973), cit., t. XIII, p. 16.
32. Fabio Caldas de Araújo e José Miguel Garcia Medina, *Código Civil Comentado*, cit., p. 342.

segurado não está atrelado às dívidas do *de cujus*.[33] Não sendo estipulado a quem será pago o capital segurado, prevalecerá, observada a meação do cônjuge supérstite, a ordem de vocação hereditária.[34]

Agora é possível pensar na situação em que o cônjuge sobrevivente realiza o pedido de levantamento de sua parte, contudo a certidão de óbito indica que o falecido vivia em união estável com outra pessoa. Qual a atitude correta da seguradora? Realiza o pagamento para o cônjuge ou para o companheiro? Deverá prevalecer o documento público que comprova o casamento ou a declaração de união estável da certidão de óbito? Poder-se-ia raciocinar com a seguinte valoração: a certidão de óbito é documento público, mas com força relativa (presunção *iuris tantum*), pois é elaborado com base em declaração unilateral. Já, a certidão de casamento é documento público, que faz prova absoluta da relação jurídica. Seria correta esta distinção?

A resposta não é simples. O CC procura resolver a questão por meio do art. 1.830: "Somente é reconhecido direito sucessório ao cônjuge sobrevivente se, ao tempo da morte do outro, não estavam separados judicialmente, nem separados de fato há mais de 2 (dois) anos, salvo prova, neste caso, de que essa convivência se tornara impossível sem culpa do sobrevivente". Este dispositivo, ainda pouco aplicado na jurisprudência, pode gerar interpretações apressadas e errôneas.

Deste modo, percebe-se que seria justa a dúvida da seguradora em realizar o pagamento do capital segurado. Seria absolutamente idônea a pretensão de consignação, com chamamento no polo passivo de ambos os pretensos credores em regime de *litisconsórcio alternativo*, pois ambas as partes estarão no polo passivo ainda que defendam interesses diversos.

O art. 547 do CPC também permite sua utilização na seara tributária. É comum o contribuinte ser surpreendido por duas cobranças de ISS quando Municípios vizinhos se arrogam o direito de cobrar a exação, de acordo com suas respectivas leis municipais de ISS. A única saída do contribuinte está em consignar a quantia.[35]

---

33. CC: "Art. 794. No seguro de vida ou de acidentes pessoais para o caso de morte, o capital estipulado não está sujeito às dívidas do segurado, nem se considera herança para todos os efeitos de direito".
34. De acordo com a redação do art. 792 do CC: "Art. 792. Na falta de indicação da pessoa ou beneficiário, ou se por qualquer motivo não prevalecer a que for feita, o capital segurado será pago por metade ao cônjuge não separado judicialmente, e o restante aos herdeiros do segurado, obedecida a ordem da vocação hereditária".
35. STJ: "A dúvida objetiva derivada da exigência, pelos dois Municípios réus, do recebimento integral do ISS ensejou o ajuizamento de ação de consignação em pagamento pelo contribuinte. II – Decidindo-se ao final que o contribuinte deve re-

9.3.1 O procedimento bifásico quando incerto o credor

O procedimento em face do art. 547 do CPC é bifásico. O autor proporá o pedido de consignação, suscitando a dúvida. Caso seja procedente a arguição, *in status assertionis*, os possíveis credores serão chamados ao polo passivo. Com a integração da relação processual e a comprovação da dúvida, o juiz julgará procedente o pedido, com declaração de extinção do vínculo obrigacional.[36] O CC/2002 estabelece no art. 335, IV e V, as hipóteses de utilização do art. 547 do CPC, nas quais se insere expressamente a existência de litígio sobre o débito a ser satisfeito. Na litigiosidade prevista pelo art. 335, V, também se inserem questões relativas à competência do juízo que podem provocar dúvida legítima.[37]

Em seguida a demanda continuará entre os credores postulantes do bem ou da quantia consignada. Trata-se de situação anômala. Não haverá parte ativa ou passiva, mas um litígio colateral. O devedor excluído terá direito ao pagamento das custas e honorários advocatícios, os quais serão descontados da quantia depositada.

9.4 Princípio da concentração

Quando não se tratar de quantia certa e determinada, mas de coisa indeterminada, será necessária sua concentração. Todavia, a aplicação

partir o pagamento entre os dois Municípios réus, em partes iguais, tem-se escorreita a interpretação do art. 20 do CPC, [*de 1973*] com a repartição da sucumbência entre os Municípios. III – Recurso especial improvido" (1ª Turma, REsp 200602071218 (888.642-ES), rel. Min. Francisco Falcão, *DJU* 24.5.2007, p. 330).

36. TJRJ: "Consignação em pagamento – Dúvida sobre quem deva, legitimamente, receber os alugueres – Comparecimento de mais de um credor pretendente – Caso de extinção da obrigação para o consignante e prosseguimento da discussão entre os alegados credores – Inteligência do art. 898 do CPC [*de 1973*] – Sentença parcialmente correta – Provimento parcial do recurso" (5ª Câmara Cível, AC 20202/2000 (2000.001.20202), rel. Des. Carlos Ferrari, j. 4.12.2001).

37. STJ: "Hipótese em que a causa de pedir da reclamatória trabalhista e a defesa apresentada na ação de consignação em pagamento estão calcadas na existência de vínculo de emprego, a denotar relação de prejudicialidade entre as demandas, que se revelam conexas. A competência para dirimir a controvérsia que constitui o ponto de ligação entre as duas ações – existência ou não de relação de emprego – é da Justiça do Trabalho (art. 114 da CF/1988). De acordo com o disposto no art. 265, IV, 'a', do CPC, [*de 1973*] suspende-se o trâmite da ação quando a decisão a ser proferida dependa da declaração de existência ou inexistência de relação jurídica que constitua o objeto principal de outro processo pendente – Conflito de competência conhecido – Declarada a competência da Justiça do Trabalho para decidir acerca da existência de relação de emprego – Suspensa a ação em trâmite no Juízo Cível" (2ª Seção, CComp 126.697-SP, rela. Min. Nancy Andrighi, j. 13.8.2014, *DJe* 19.8.2014).

do art. 543 do CPC é assaz rara. Isto acontece porque o dispositivo está estruturado para garantir o direito do credor de realizar a especificação do bem a ser entregue como meio de cumprimento da obrigação.

A regra geral estabelecida pelo CC é a estatuída pelo art. 244. Nas obrigações de entrega de coisa indeterminada, caberá ao devedor realizar a concentração, desde que não exista qualquer estipulação em contrário no contrato: "Art. 244. Nas coisas determinadas pelo gênero e pela quantidade, *a escolha pertence ao devedor*, se o contrário não resultar do título da obrigação; mas não poderá dar a coisa pior, nem será obrigado a prestar a melhor". O *ius variandi* exige que o credor receba o bem dentro de um padrão médio, uma vez que gênero e quantidade sempre estarão previamente determinados (art. 243 do CC), de tal modo que a variação somente ocorrerá quanto à qualidade.

Outra possibilidade de incidência do art. 543 do CC insere-se no campo das obrigações alternativas, ou seja, naquelas em que se estipulou o cumprimento da obrigação através de mais de uma prestação lícita e determinada. Nestas obrigações caberá a uma das partes indicar o modo de cumprimento no momento em que a obrigação alcançar seu termo. Caso não exista qualquer regra sobre a concentração, ela caberá ao devedor, nos termos do art. 252 do CC: "Nas obrigações alternativas, a escolha cabe ao devedor, se outra coisa não se estipulou". Sendo assim, a concentração pelo credor dependerá de cláusula especial.

Caso assista ao credor o direito de concentração, o art. 543 do CPC exige sua citação para exercer o direito de especificação no prazo de cinco dias. De acordo com a doutrina alemã, há uma diferença quando se visualiza o direito de concentração nas obrigações de entrega de coisa indeterminada e nas obrigações alternativas.[38]

O ato de especificação das obrigações alternativas tem sutilezas. Nas obrigações alternativas o ato de imputação, ou escolha, faz parte do direito formativo da relação obrigacional. Trata-se de um poder potestativo (do devedor ou do credor, dependendo do que estiver estipulado). Após o exercício preliminar de concretização, a obrigação, de alternativa, transforma-se em obrigação de entregar coisa certa. Já, nas obrigações genéricas o ato de especificação afeta o nascimento e o desenvolvimento da relação obrigacional. Sem ela o devedor não poderá sequer cumprir a obrigação. O ato de concentração determina a qualidade do bem e torna a obrigação líquida e certa.

---

38. Clóvis do Couto e Silva, *Comentários ao Código de Processo Civil*, cit., vol. XI, t. I, p. 37.

9.5 A resposta do réu

O réu deverá oferecer sua resposta no prazo de 15 dias, o qual não está expresso, mas deverá ser a regra, pela ausência de disciplina específica. Ultrapassada a fase inicial, o procedimento será o comum. Com o oferecimento da resposta a demanda assume caráter ordinário quanto ao procedimento. Tratando-se de ação com eficácia preponderantemente declaratória, nada impede que o réu se utilize de outros meios de defesa.

Na contestação caberá ao credor alegar as preliminares e prejudiciais antes de impugnar o mérito. Na ação de consignação temos um típico caso de *cognição parcial*. A ação especial somente poderá ser utilizada com o fim de exoneração do devedor quando o credor esteja em mora ou não seja conhecido. Daí serem excluídas todas as questões referentes à constituição da relação jurídica. Não é lícito procurar revisar ou modificar o negócio jurídico através da ação de consignação.

Por este motivo, a ação de consignação sofre uma limitação quanto à cognição horizontal. A partir desta constatação é possível compreender o porquê de o art. 544 do CPC especificar os limites da defesa do réu. Na verdade, os limites impostos ao réu são simétricos aos limites do pedido do autor. Caso o autor introduza matéria que não seja pertinente ao âmbito da consignatória, o réu deverá apontar na contestação, para que o juiz desconsidere o pedido. Nos termos do art. 544, I, II, III e IV, percebe-se que as matérias de defesa estão relacionadas à demonstração da ausência de mora do credor.

O credor poderá alegar que nunca houve recusa quanto ao recebimento (art. 544, I) ou, ainda, que a recusa existiu, mas por motivos justos (art. 544, II, do CPC). Embora não exista diferenciação legal no Código Civil ou no Código de Processo Civil, o juiz deverá considerar a possibilidade do *adimplemento ruim*, o qual também permite a recusa e pode ser encartado nesta previsão. Fala-se em *adimplemento ruim* quando há cumprimento defeituoso da obrigação, o qual é marcado pela infringência aos deveres laterais da obrigação (*Nebenpflichten*).[39] A mora não se caracteriza apenas pelo pagamento impontual, mas quando o pagamento não é oferecido no local e na forma convencionados (art. 544, III). Logo, o credor poderá demonstrar o descumprimento, pelo devedor, das condições previstas na contratação. O depósito parcial não elide a mora do devedor e torna justa a recusa do credor (art. 544, IV).

---

39. Sobre o *adimplemento ruim* e os deveres laterais ou acessórios: Mario Júlio de Almeida Costa, *Direito das Obrigações*, p. 74.

9.5.1 A revelia do credor

A apresentação da resposta configura ônus processual. Fala-se em ônus, e não obrigação, porque as consequências da revelia pesam unicamente contra o réu. A revelia não gera a procedência automática, pois ainda assim o juiz deverá analisar a conformidade do alegado com o que efetivamente restou demonstrado pelo autor da ação. A revelia não é um "cheque em branco", e mesmo que fosse caberia ao juiz analisar a existência de "fundos para seu desconto". Por este motivo, o Código de Processo Civil/2015 não repetiu a redação do art. 897, *caput*, do CPC/1973, cuja interpretação literal era perniciosa, pois sua leitura induzia em erro ao considerar que a revelia geraria a procedência automática da demanda para o devedor. O juiz, mesmo sem a resposta do réu, poderá reconhecer que o depósito é nitidamente insuficiente, o que provocará a improcedência do pedido. Situação diversa é a prevista pelo art. 546, parágrafo único. Aqui, o credor, comparecendo, realiza o recebimento, dá quitação e efetua o levantamento, o que configura causa de resolução do processo com análise do mérito, em vista do reconhecimento jurídico do pedido (art. 487, III, "a", do CPC).

9.5.2 A "emendatio morae"

A ação de consignação é declaratória, mas admite-se uma eficácia condenatória residual na hipótese de incidência do art. 545, *caput*, do CPC. Este dispositivo permite um autêntico pedido contraposto formulado pelo réu que reclamará a insuficiência do depósito, para fins de complementação.[40]

A ausência de depósito integral seria caso de carência de ação, pela inviabilidade da consignação. Todavia, abriu-se a possibilidade para o credor realizar a impugnação, com o fim de alertar sobre a insuficiência do depósito. O fim do artigo é louvável, pois otimiza a prestação jurisdicional. A natureza essencialmente declaratória da consignação em pagamento não impede que o réu possa formular pedido declaratório e

---

40. STJ: "A ação de consignação em pagamento, não obstante ajuizada no interesse do autor, aproveita imediatamente ao réu, que pode, desde logo, levantar a quantia depositada, ainda que insuficiente, servindo-lhe também de modo mediato porque a sentença proporcionará um título executivo para a cobrança do saldo remanescente (CPC, [*de 1973*] art. 899, §§ 1º e 2º) – Recurso especial conhecido e provido" (3ª Turma, REsp 200602006267 (886823-DF), rel. Min. Ari Pargendler, *DJU* 25.6.2007, p. 236).

condenatório na contestação. Isto permitirá tornar incontroversa a quantia depositada, sem prejuízo da formação de título executivo sobre o valor residual (art. 545 do CPC).

A impugnação oferecida pelo credor por meio da contestação abrirá a possibilidade de purgação da mora, no prazo de 10 dias. A purgação será sempre possível, desde que a suplementação da obrigação seja possível e não acarrete situação de resolução do contrato (art. 545, *in fine*). Deve ser lembrado que o Código de Processo Civil não corrigiu a *atecnia* de manter o termo "rescisão", e não "resolução". Enquanto a parte lesada não ingressar com a ação de resolução, em tese, a obrigação poderá ser adimplida, e a solução fornecida pelo art. 545 corresponde não apenas ao reforço do princípio da economia processual, mas da justiça contratual, ao permitir o aproveitamento de relação jurídica que surtiu eficácia e cuja consumação é benéfica ao tráfico negocial.

10. LEVANTAMENTO DA PARTE INCONTROVERSA E JULGAMENTO PARCIAL

A manifestação do réu-credor poderá abrir ensejo para a suplementação e resolução do processo. A ação de consignação é essencialmente declaratória, mas a impugnação ao pedido de depósito permite a formação de título executivo sobre o montante residual. Isto somente pode ser explicado pela formulação de autêntico pedido por parte do réu, com natureza declaratória e condenatória. A instrumentalidade permite sua materialização como autêntico pedido contraposto. No que tange ao valor introverso, o juiz deverá proferir julgamento antecipado de mérito, nos termos do art. 356, I, do CPC. Em relação ao valor controverso a instrução seguirá, com possibilidade de utilização de todos os meios de prova (art. 545, § 1º, do CPC).

Apresentada a contestação, com impugnação do valor, será aberta a possibilidade, conforme disposto no art. 545, *caput*, para a *emendatio morae*, que deverá ser atendida pelo autor em até 10 dias. Não efetivada a emenda, o réu poderá levantar a parte incontroversa da demanda mediante decisão de resolução parcial do mérito, conforme comentado. É sobre o saldo residual que poderá recair a produção de prova, que a princípio poderá ser apenas documental, mas sem prejuízo da utilização da prova pericial ou, mesmo, testemunhal, se realmente necessárias. Vários fatos podem ser alegados para a demonstração da recusa injustificada da prestação, o que torna a abrangente a produção de provas.

11. SENTENÇA

A eficácia preponderante da sentença de consignação em pagamento é *declaratória*. Não que não existam outras eficácias concorrentes – afinal, nenhuma ação, ou sentença, é pura. O que importa realçar é a eficácia preponderante da ação. Ela é declaratória, porque se pede o reconhecimento da extinção da obrigação pelo depósito. A eficácia é *ex tunc* e retroage à data do depósito. Somente existirá eficácia condenatória residual quando o réu impugnar o valor e o juiz declarar o adimplemento parcial da relação jurídica, com formação do título judicial. A sentença que reconhece a recusa justificada do credor como procedente também será de mérito. Como o réu formula autêntico pedido contraposto que legitima sua recusa e permite a formação de título executivo, a sentença será de mérito, nos termos do art. 487, I, do CPC. Esta solução retira a sentença de consignação do limbo que a enquadrava como sentença de mérito *sui generis*.[41]

12. O RESGATE DO AFORAMENTO

A previsão do art. 549 do CPC possui aplicação e incidência como meio de permitir a extinção da enfiteuse. A enfiteuse não sobreviveu perante o Código Civil/2002 justamente pelo engessamento que provoca no direito de propriedade. Em sua pureza, a enfiteuse revela um direito real perpétuo que alija o direito de propriedade pela transferência do domínio útil, o que engloba todos os poderes, com exceção do domínio. Este foi o motivo de sua abolição perante os Códigos modernos, embora ainda resista perante figuras específicas, como na enfiteuse sobre terrenos de marinha (Decreto-lei 9.760/1946, em seu art. 99).

Uma das formas de extinção da enfiteuse ainda existentes se dá pelo direito de resgate, que é irrenunciável, mas que ainda pode ser exercido, como autoriza a norma de transição do art. 2.038, § 1º, do CC. A resistência ao pagamento do direito de resgate do aforamento, com o preenchimento do suporte fático do art. 693 do CC/1916, tornaria lícita a utilização da consignação. Importante lembrar que está vedada a cobrança de laudêmio ou prestações análogas para transmissão da enfiteuse ou constituição de subenfiteuse, uma vez que o Código Civil extinguiu o referido instituto entre os particulares. O direito de superfície assumiu seu lugar com melhor proveito ao permitir a disposição sobre a parte econômica mais atrativa da propriedade e com estabilidade do registro.

---

41. Antônio Carlos Marcato, *Ação de Consignação em Pagamento*, 6ª ed., p. 109.

Afinal, permite-se que o superficiário possa realizar investimentos de grande porte sobre a superfície com a garantia de que sua posse estará assegurada pelo prazo contratado no negócio jurídico. O direito real confere maior estabilidade em relação ao contrato de locação.[42]

§ 2º. AÇÃO DE PRESTAÇÃO DE CONTAS

1. CONSIDERAÇÕES PRELIMINARES

A ação de prestação de contas contou com significativa alteração perante o Código de Processo Civil/2015, na medida em que o procedimento especial acabou restrito para a pretensão de exigir contas, nos moldes preconizados pelos seus arts. 550 *usque* 553; contudo, referida simplificação leva em conta a natureza dúplice da ação. Seu objetivo central está em eliminar a incerteza reinante entre as partes, que necessitam da confrontação das contas para o acertamento de determinada situação jurídica.[43] Até a efetiva prestação há uma impasse que não permite clara definição sobre a posição ocupada pelas partes na relação jurídica (*e.g.*, credor ou devedor).[44]

Várias são as causas de pedir que ensejam a propositura da ação de prestação de contas. Do direito material e do próprio encargo judicial surgem diversas situações que obrigam à prestação de contas. Como exemplos citamos: o inventariante, que poderá ser compelido à prestação das contas pela administração do espólio (arts. 553 e 618 do CPC); o advogado, em relação às despesas para a condução do processo (art. 34, XXI, do Estatuto da OAB); os próprios pais, em relação aos bens pertencentes aos menores impúberes, bem como os tutores nomeados pelo juiz (art. 1.755 do CC). Outro importante exemplo de pretensão para a exigência das contas se dá com o síndico que administra o condomínio (art. 22, § 1º, "f", da Lei 4.591/1964).

O direito material da prestação de contas não é alvo de apreciação deste trabalho, que envolve matéria de índole processual. Isto não elimina a importância do direito material da prestação de contas, que envolve

---

42. Para uma análise completa sobre o direito de superfície: Rodrigo Mazzei, *Direito de Superfície, passim*.
43. Helder Martins Leitão, *Dos Processos Especiais*, p. 96, Porto, 2007.
44. Como assevera Adroaldo Furtado: "Pode suceder que o administrador de bens ou interesses alheios, ou quem esteja em posição assemelhável a essa, seja credor do titular dos bens ou interesses, por haver despendido mais do que recebeu" (*Comentários ao Código de Processo Civil*, pp. 387-388).

o domínio da técnica contábil, que ganhou grande impulso com a Lei 6.404/1976. A necessidade de demonstração contábil das sociedades anônimas de capital aberto e que negociam suas ações no mercado de capitais exigiu passou a exigir a publicação das demonstrações financeiras. A necessidade de transparência é refletida pelo exame dos balanços, que conferem publicidade sobre a situação real da empresa.

A técnica contábil é fundamental para a segunda fase na ação de prestação de contas. O reconhecimento da liceidade do pedido de exigir contas não permitirá que as contas sejam apresentadas livremente. A existência de um padrão contábil é essencial para que possa ser reconhecido um modelo comum que obedeça a regras e classificações que permitam a leitura universal das demonstrações fornecidas aos interessados.

A integração econômica favoreceu o surgimento, no ano de 1973, do *International Accounting Standards Commitee/IASC*, que representa uma tentativa de uniformizar o padrão de prestação das contas entre as empresas internacionalizadas.[45] O desenvolvimento e a especialização levaram ao remodelamento do IASC, cujas funções de criação de normas internacionais para emissão de balanços financeiros foram atribuídas a outra entidade, a *International Financial Reporting Standards*/IFRS.

A Lei 6.404/1976 sofreu reforma importante pela Lei 11.638/2007, pois passou a adotar o parâmetro da IFRS, que inseriu o padrão internacional para o direito empresarial brasileiro em relação às empresas de capital aberto a partir do ano de 2010.

Os padrões contábeis que informam a prestação de contas são pautados pelos princípios da *fidelidade*, da *inteligibilidade*, da *relevância*, da *fiabilidade* e da *comparabilidade*.[46] O direito material da prestação de contas é importantíssimo, pois inúmeros fatos jurídicos são revelados por dados contábeis, que exigem comprovação real para a subsunção ao tipo normativo. Um exemplo seria o enquadramento da empresa como empresa de pequeno porte/EPP ou microempresa/ME. Outro dado é a necessidade de apuração contábil trimestral para as empresas que apuram pelo lucro real. A matéria está a exigir melhor tratamento e sistematização no Direito Brasileiro.

---

45. António Menezes Cordeiro, *Introdução ao Direito da Prestação de Contas*, p. 29.
46. António Menezes Cordeiro, *Introdução ao Direito da Prestação de Contas*, p. 85.

2. A PRETENSÃO DE "EXIGIR" E "OFERECER" AS CONTAS

Não foi repetida pela lei atual a possibilidade de a parte oferecer as contas com a utilização do procedimento especial. O art. 914 do CPC/1973 realizava a separação expressa entre a *pretensão de exigir as contas* e a *pretensão de apresentar as contas*. Na primeira o autor requer a prestação; na segunda, aquele que está obrigado as apresenta, como meio de liberação do vínculo obrigacional.

O pedido de apresentação de contas era raro sob o viés prático, o que não elimina sua utilidade e sua possibilidade jurídica. Nada impede que a parte exerça a pretensão de prestação das contas, por meio da contestação ao pedido de exigência, em vista da natureza dúplice, o que levaria à improcedência do pedido do autor. A supressão do procedimento especial para o pedido de prestação também não impede que a pretensão seja exercida pelo rito comum, nos moldes dos arts. 318 e ss. do CPC. Um exemplo ilustra a hipótese. O síndico de um prédio necessita renunciar ao cargo, pela mudança de domicílio. Nada impede que ingresse com ação pelo procedimento comum requerendo a aprovação de suas contas quando não consiga a aprovação de suas contas pela via consensual (art. 1.355 do CC).

O exemplo citado pode ser replicado em relação ao inventariante (art. 553 do CPC). O oferecimento será uma forma de encerrar sua obrigação e impedir que seu quinhão possa responder por dívidas e valores que foram alvo de sua administração durante o período da inventariança. O mesmo vale para aquele que vende sua unidade condominial e se retira do prédio em que era síndico. A apresentação é importante para eliminar o vínculo obrigacional. Há uma diferença clara entre *apresentar* e *consignar*. Na consignação o cumprimento da relação obrigacional permite o depósito da quantia ou da *res* de modo imediato. Não existem contas para verificação, e a defesa do réu tem como foco o inadimplemento absoluto, parcial ou defeituoso por parte do autor, que legitima sua recusa.

3. LEGITIMIDADE PARA A PRETENSÃO DE EXIGIR CONTAS

O Código de Processo Civil/2015 reduziu o âmbito de incidência da prestação de contas sob o pálio do procedimento especial.

O exercício da pretensão de exigir esclarecimento sobre a administração de bens recai sobre o patrimônio alheio ou comum. É possível que o síndico seja proprietário e o inventariante seja herdeiro, mas a titularidade da propriedade não está relacionada com o encargo. A legitimidade poderá referir-se ao terceiro que apenas possui envolvimento temporário com o patrimônio alheio, ou mesmo ao coproprietário ou compossuidor que possuem vínculo jurídico estável sobre o patrimônio comum.

No mesmo caminho coloca-se o mandante, que poderá exigir as contas do mandatário, pelo exercício do mandato, ou a parte que celebrou negócio jurídico atrelado à prestação de serviço específico. Daí se conclui que o negócio jurídico unilateral, bilateral ou plurilateral poderá ser fonte da pretensão de exigir contas. O dever também nascerá *ex lege*.

A pretensão de exigir tem natureza cominatória.[47] A parte contrária terá que apresentar as contas, sob pena de aceitar aquelas oferecidas pelo interessado (art. 550, § 6º, do CPC). A natureza jurídica da ação é preponderantemente mandamental quanto ao ato de prestar e condenatória quando forma título executivo pelo saldo pendente em favor do autor ou do réu (art. 552 do CPC), advertindo-se, desde já, que a ação tem caráter dúplice. A indicação do valor devido é fruto da confrontação das contas, e deve ser definido pelo juiz na segunda fase da ação.[48]

4. LEGITIMIDADE PARA A PRETENSÃO DE OFERECER AS CONTAS PELO RITO COMUM

De acordo com o que já foi exposto, não existe mais o procedimento especial antes delimitado pelo art. 914, II, do CPC/1973. Isto não impede que a pretensão seja exercida pela via comum. É importante assinalar que aquele que pretende exercer a prestação formula *pedido declaratório*. Aqui a natureza do pedido não é cominatória, pois o autor busca a declaração de exoneração do vínculo jurídico pelo oferecimento das contas.[49] A peculiaridade da petição inicial para esta hipótese reside na apresentação imediata das contas em sua forma mercantil, pois aquele que tem a obrigação de prestar somente pode obter a liberação do encargo com a efetiva prestação das contas. O procedimento comum exigirá o rito

---

47. Pontes de Miranda, *Comentários ao Código de Processo Civil* (de 1973), t. XIII, p. 119.
48. Neste sentido: "A declaração do saldo devedor deve ser parte integrante da sentença proferida na segunda fase da ação de prestação de contas – Inteligência do art. 918 do CPC [*de 1973*]. 2. Decretação de nulidade da sentença e retorno dos autos à origem para que outra seja proferida" (TRF-4ª Região, 4ª Turma, AC 96.04.53778-4, rela. Desa. Federal Marga Inge Barth Tessler, *DJU* 2.4.2007).
49. Como salienta Adroaldo Furtado Fabrício: "Em verdade, pois, só é cominatória a ação de exigir contas, não a de prestá-las" (*Comentários ao Código de Processo Civil*, cit., p. 392).

escalonado, com a realização da audiência de conciliação preconizada pelo art. 334 do CPC.

Não se elide a possibilidade da eficácia condenatória da sentença, pois a decisão final também poderá apontar a existência de saldo diverso do prestado, ou até em favor do autor da ação (*actio duplex*).

5. CONDIÇÕES DE ADMISSIBILIDADE DA AÇÃO DE PRESTAÇÃO

A legitimidade dual da ação de prestação confere-lhe o caráter dúplice.[50] O que se deve entender por "caráter dúplice"? Significa que ambas as partes podem exercer pretensão. Deste modo, a resposta oferecida por qualquer um dos legitimados autoriza o pedido de proteção, sem a necessidade de oferecimento de reconvenção. A contestação permitirá a formulação de autêntico pedido contraposto. Este é o motivo-base da eliminação do procedimento específico para o pedido de oferecer as contas.

O interesse de agir no pedido configura-se não apenas quando há administração de patrimônio alheio, pois em determinados casos, como na gestão de negócios, a apresentação das contas visa a chancelar as despesas da gestão, para permitir a cobrança do beneficiado. Logo, a prestação de contas terá cabimento muito embora seja proposta por aquele que desembolsou os valores essenciais para a administração do patrimônio alheio. A realização de lançamentos duvidosos em conta-corrente para cobrança de juros e taxas autoriza ao titular da conta o manejo da ação de prestação de contas. A Súmula 259 do STJ cristalizou este entendimento: "A ação de prestação de contas pode ser proposta pelo titular de conta--corrente bancária".

O grande volume de ações repetitivas que começaram a ser manejadas para obrigar os bancos a informar valores contratados a título de mútuo levou o STJ a formular precedente, por meio de repetitivo, no qual diferencia a incidência do verbete 259. O STJ firmou entendimento no sentido de que não cabe a utilização da ação de prestação de contas para revisar contrato, ou para forçar a exibição ou, mesmo, discutir o conteúdo de qualquer financiamento.[51] A Corte entende que nestas situações não há

---

50. Nelson Nery Jr., *Código de Processo Civil Comentado e Legislação em Vigor*, p. 1.163.
51. STJ: "Tese para os efeitos do art. 543-C do CPC/1973 – Impossibilidade de revisão de cláusulas contratuais em ação de prestação de contas. O titular da conta-corrente bancária tem interesse processual para propor ação de prestação de contas, a fim de exigir do banco que esclareça qual o destino do dinheiro que depositou, a natureza e o valor dos créditos e débitos efetivamente ocorridos em sua conta, apurando-se, ao

administração de patrimônio alheio, mas mero fornecimento de empréstimo, o que não se confunde com o contrato de depósito firmado com o correntista, cuja duração é ilimitada e cujos recursos são depositados em mãos da instituição financeira. O STJ ainda se pronunciou sobre o prazo decadencial para a postulação da prestação de contas em relação à Súmula 259, no qual assume que o prazo do art. 26 do CDC não se aplica para fins de fornecimento de informações sobre os lançamentos e para fins de repetição de taxas e lançamentos indevidos. O prazo a ser aplicado é o do

final, o saldo credor ou devedor – Exegese da Súmula n. 259. O rito especial da ação de prestação de contas não comporta a pretensão de alterar ou revisar cláusula contratual, em razão das limitações ao contraditório e à ampla defesa. Essa impossibilidade de se proceder à revisão de cláusulas contratuais diz respeito a todo o procedimento da prestação de contas, ou seja, não pode o autor da ação deduzir pretensões revisionais na petição inicial (primeira fase), conforme a reiterada jurisprudência do STJ, tampouco é admissível tal formulação em impugnação às contas prestadas pelo réu (segunda fase). O contrato de conta-corrente com abertura de limite de crédito automático (cheque especial) é negócio jurídico complexo. Se o cliente não utiliza o limite de crédito, não há dúvida de que o banco está empregando o dinheiro do correntista na compensação dos cheques, ordens de pagamento e transferências por ele autorizadas. Havendo utilização do limite do cheque especial, concretiza-se contrato de empréstimo, cuja possibilidade era apenas prevista no contrato de abertura da conta. A taxa de juros do empréstimo tomado ao banco não diz respeito à administração dos recursos depositados pelo autor da ação. Ela compreende a remuneração do capital emprestado e flutua, conforme as circunstâncias do mercado e as vicissitudes particulares, em cada momento, da instituição financeira e do cliente. A taxa de juros em tal tipo de empréstimo é informada por meios diversos, como extratos, Internet e atendimento telefônico. Não sendo a ação de prestação de contas instrumento processual adequado à revisão de contrato de mútuo (REsp n. 1.293.558-PR, julgado sob o rito do art. 543-C do CPC/1973, rel. Min. Luís Felipe Salomão), da mesma forma não se presta esse rito especial para a revisão de taxas de juros e demais encargos de empréstimos obtidos por meio de abertura de limite de crédito em conta-corrente. O contrato bancário que deve nortear a prestação de contas e o respectivo julgamento – sem que caiba a sua revisão no rito especial – não é o simples formulário assinado no início do relacionamento, mas todo o conjunto de documentos e práticas que alicerçaram a relação das partes ao longo dos anos. Esse feixe de obrigações e direitos não cabe alterar no exame da ação de prestação de contas – Caso concreto: incidência do óbice da Súmula n. 283 do STF, no tocante à alegação de decadência quanto ao direito de impugnar as contas. No mérito, o Tribunal de origem, ao decidir substituir a taxa de juros remuneratórios aplicada ao longo da relação contratual e excluir a capitalização dos juros, ao fundamento de que não houve comprovação da pactuação de tais encargos, efetuou, na realidade, revisão do contrato de abertura de crédito em conta-corrente, o que não é compatível com o rito da prestação de contas – Recurso especial a que se dá parcial provimento para manter os juros remuneratórios e a capitalização nos termos em que praticados no contrato em exame, sem prejuízo da possibilidade de ajuizamento de ação revisional" (2ª Seção, REsp 1.497.831-PR, rel. Min. Paulo de Tarso Sanseverino, rela. para o acórdão Min. Maria Isabel Gallotti, j. 14.9.2016, *DJe* 7.11.2016).

Código Civil, e não o do Código de Defesa do Consumidor.[52] O entendimento foi cristalizado na Súmula 477 do STJ: "A decadência do art. 26 do CDC não é aplicável à prestação de contas para obter esclarecimentos sobre cobrança de taxas, tarifas e encargos bancários".

Muito embora a ação de prestação de contas não seja viável para analisar por via transversa os contratos de mútuo e buscar a revisão contratual, é importante analisar a modalidade contratual. Nos contratos que são garantidos por alienação fiduciária a prestação de contas poderá ser utilizada quando não existe a apresentação analítica da venda extrajudicial do bem. Há interesse legítimo em tomar conhecimento sobre o produto da venda para eventual reivindicação de saldo credor.[53]

A ação de prestação de contas exige análise detida sobre os fatos que embasam sua propositura. Muitas vezes sua utilização é indevida. Não há como exigir a prestação de contas entre pessoas que vivem em união estável enquanto não houver a declaração e a dissolução da sociedade de fato.[54] O mesmo posicionamento é válido em face do casamento.[55] Não cabe ação de prestação de contas para obrigar a parte contrária a devolver quantia repassada a título de empréstimo, mas ação de cobrança.[56] O sócio

---

52. STJ: "Ação de prestação de contas – Prazo decadencial – Art. 26 do CDC – Não incidência – Recurso representativo da controvérsia. 1. O art. 26 do CDC dispõe sobre o prazo decadencial para a reclamação por vícios em produtos ou serviços prestados ao consumidor, não sendo aplicável à ação de prestação de contas ajuizada pelo correntista com o escopo de obter esclarecimentos acerca da cobrança de taxas, tarifas e/ou encargos bancários. 2. Julgamento afetado à 2ª Seção com base no procedimento estabelecido pela Lei n. 11.672/2008 (Lei dos Recursos Repetitivos) e pela Resolução STJ n. 8/2008.3 – Recurso especial provido" (2ª Seção, REsp 1.117.614-PR, rela. Min. Maria Isabel Gallotti, j. 10.8.2011, *DJe* 10.10.2011).

53. O presente precedente não é afetado pelo posicionamento atual do repetitivo sobre os contratos de mútuo: "Alienação fiduciária. Efetuada a venda do bem pelo credor, tem o devedor o direito à prestação de contas" (STJ, 3ª Turma, REsp 67.295-RO, rel. Min. Eduardo Ribeiro, j. 26.8.1996, *DJU* 7.10.1996).

54. Preciso o julgamento do TJPR: "Impossibilidade de prestação de contas antes da dissolução de união estável – Pretendida rediscussão de matéria apreciada na fase de saneamento do processo – Preclusão – Embargos declaratórios não providos. Não se há de confundir acórdão omisso com prestação jurisdicional contrária ao interesse da parte, e, não ocorrendo os vícios apontados, a rejeição dos embargos declaratórios é medida que se impõe. Os embargos de declaração devem observar os ditames impostos no art. 535, incisos I e II, do CPC, [*de 1973*] tornando-se inadequada sua utilização com o propósito de prequestionamento de questão jurídica a ensejar recurso especial" (6ª Câmara Cível, ED 0351869-4/01, de Cornélio Procópio, rel. Juiz convocado Salvatore Antônio Astuti, j. 30.1.2007).

55. Humberto Theodoro Jr., *Curso de Direito Processual Civil*, vol. III, p. 92.

56. V. exemplo fornecido por Ernane Fidélis dos Santos, *Manual de Direito Processual Civil*, t. III, p. 34.

não pode realizar pedido de prestação de contas substituindo a pessoa jurídica, que possui existência autônoma.[57]

Nas administrações de encargos de origem judicial a ação de prestação de contas dependerá de processo prévio que justifique a necessidade de sua apresentação. Daí o motivo de o art. 553 do CPC exigir que:

"Art. 553. As contas do inventariante, do tutor, do curador, do depositário e de outro qualquer administrador serão prestadas em apenso aos autos do processo em que tiver sido nomeado.

"Parágrafo único. Se qualquer dos referidos no *caput* for condenado a pagar o saldo e não o fizer no prazo legal, o juiz poderá destituí-lo, sequestrar os bens sob sua guarda, glosar o prêmio ou a gratificação a que teria direito e determinar as medidas executivas necessárias à recomposição do prejuízo."

O dispositivo legal anterior, representado pelo art. 919 do CPC/1973, trazia uma parte final: "Sendo condenado a pagar o saldo e não o fazendo no prazo legal, o juiz poderá destituí-lo, sequestrar os bens sob sua guarda e glosar o prêmio ou gratificação a que teria direito". O art. 553 do CPC, parágrafo único, reconhece expressamente a necessidade de o juiz tomar medidas executivas que se inserem no poder geral de cautela para fins de resguardar patrimônio para futura execução e recomposição do patrimônio lesado. A medida é bem-vinda, em atenção à efetividade da prestação de contas.

6. PROCEDIMENTO DA AÇÃO DE PRESTAÇÃO DE CONTAS

6.1 Petição inicial

O pedido inicial deverá preencher os requisitos do art. 319 do CPC, com as modificações que são geradas pelo procedimento especial. A indicação das provas será fundamental e não se limitará à prova pericial quando exista a necessidade de comprovar a relação jurídica que justifique a pretensão de exigir as contas, como determina o art. 550, § 1º, do CPC. O valor da causa poderá, em tese, ser genérico quando não seja possível o autor avaliar o montante devido, que reflita o valor econômico perseguido. O pedido poderá ser genérico. Autoriza-o o § 1º do art. 324:

"Art. 324. O pedido deve ser determinado.

---

57. STJ: "Ilegitimidade do sócio-gerente para ajuizar ação de prestação de contas relativas a contrato celebrado pela sociedade – Aplicação do princípio da autonomia da pessoa jurídica – Agravo regimental desprovido" (3ª Turma, AgR no REsp 1.554.658-SP, rel. Min. Paulo de Tarso Sanseverino, j. 8.3.2016, *DJe* 14.3.2016).

"§ 1º. É lícito, porém, formular pedido genérico: (...) III – quando a determinação do objeto ou do valor da condenação depender de ato que deva ser praticado pelo réu."[58]

Em algumas hipóteses, justamente como na pretensão de exigir as contas, o valor poderá não ser mensurado, a princípio, pelo autor, pois não terá acesso aos documentos necessários para que o pedido tenha valor determinado. O pedido de exibição de documentos poderá ser essencial quando o autor necessite deles para o oferecimento das contas na segunda fase do procedimento (art. 550, § 5º, *in fine*).

6.2 O sistema bifásico da ação de exigir contas

A principal característica da pretensão de exigir está no sistema bifásico construído pela leitura dos §§ 1º *usque* 5º do art. 550 do CPC. Na primeira fase (art. 550, § 1º) o autor da ação pede o reconhecimento da obrigação da parte quanto à prestação das contas. Discute-se, nesta primeira fase, a procedência do pedido do autor quanto ao fundamento de exigir as contas, detalhadamente, assim como o dever do réu de apresentá-las.

O autor deverá expor, de modo pormenorizado, a relação jurídica que vincula ambas as partes. A descrição da causa de pedir será essencial, pois a não caracterização do dever de prestação levará à improcedência do pedido formulado pelo autor. A existência e a configuração do sistema bifásico dependerão da atitude tomada pelo réu no momento de oferecimento de sua resposta.

6.3 Possíveis atitudes do réu

6.3.1 Apresentação das contas

O réu será citado para apresentar as contas no prazo de 15 dias. Em caso de apresentação e anuência ao pedido, o réu deverá juntar as contas na forma contábil. É importante que as contas sejam discriminadas ao ponto de permitir a compreensão das receitas e despesas.

Com o atendimento pelo réu do pedido de apresentação, não há que se falar em sistema bifásico. A apresentação tornará o procedimento monofásico, e caberá ao autor manifestar-se, no prazo de 15 dias, sobre as contas ofertadas pelo réu. O procedimento seguirá o Capítulo X do

---

58. Pontes de Miranda, *Comentários ao Código de Processo Civil* (de 1973), t. II, p. 39 (item 7).

Título I do Livro II da Parte Especial, ou seja: apresentadas as contas, obedecer-se-á ao rito do procedimento comum. Caso o autor concorde com as contas, o juiz encerrará o processo com julgamento de mérito, nos termos do art. 487, III, "a", do CPC.

O autor terá o prazo de 15 dias para se manifestar sobre as contas apresentadas. Sua atitude também poderá ser de contrariedade às contas ofertadas, momento em que realizará a impugnação específica (art. 550, § 3º). Não se admite impugnação genérica. O lançamento deverá ser impugnado com a menção ao valor supostamente correto. Esta contraposição entre as contas poderá exigir a produção da prova pericial e com nomeação de perito por negócio processual, como permite o art. 471 do CPC. É cabível também a produção de prova documental (complementar[59]) e testemunhal.[60] Como já afirmado, quando o réu atende ao pedido de apresentação das contas não há que se falar em sistema bifásico, pois a discussão sobre a obrigatoriedade torna-se questão ultrapassada. A sentença julgará as contas e realizará a apuração de haveres.

6.3.1.1 Apresentação e contestação

É importante frisar que se o réu contestar o pedido mas apresentar concomitantemente as referidas contas o juiz também não deverá adotar o procedimento bifásico. Isto não impedirá que realize a instrução do feito e aprofunde as provas, porque poderão existir pontos obscuros que exijam esclarecimento. Seria um *nonsense* o juiz proferir sentença determinando a obrigatoriedade do réu de apresentá-las quando este já as tenha fornecido com a peça de contestação. A sentença será nula, por desobediência do comando expresso do art. 550, § 2º, do CPC.[61]

---

59. Uma vez que já deverá estar ofertada com as respectivas peças, sob pena de inovação.
60. Principalmente em relação a pequenos gastos que não deixam rastro documental (táxi, despesas emergenciais etc.).
61. V. julgado pelo Código de Processo Civil/1973 que continua válido para ilustrar o entendimento: "Na hipótese de a contestação e as contas serem apresentadas concomitantemente, o julgador deve adotar o procedimento previsto no art. 915, § 1º, do CPC, sendo nula, por decorrer de *error in procedendo*, a sentença que se limita a julgar procedente o pedido da primeira fase da ação de prestação de contas. 2. O efeito translativo dos recursos autoriza o tribunal a julgar fora do pedido das razões ou contrarrazões de apelação, a fim de que sejam conhecidas, de ofício, questões de ordem pública. 3. Apelação conhecida e declarada, de ofício, a nulidade da sentença" (TJPR, 15ª Câmara Cível, AC 0361588-7, de Curitiba, rel. Des. Luiz Carlos Gabardo, j. 17.1.2007).

6.3.2 Contestação

O réu também poderá se opor à pretensão de apresentação das contas e oferecer a contestação no prazo de 15 dias (art. 550 CPC). Neste caso, o magistrado deverá analisar se há necessidade de produção de outras provas. Pouco importa que o banco forneça extratos sobre a conta bancária do correntista, ou que as contas tenham sido apresentadas de modo mercantil pelo réu. A prestação pressupõe o detalhamento que permita a correta compreensão dos lançamentos efetuados. Estas hipóteses autorizam o manejo da ação de prestação como meio de exigir a indicação da origem precisa das partidas de débito e crédito, que muitas vezes são indicadas apenas por um código que é desconhecido do usuário. Esta análise passará pelo crivo judicial, que averiguará de modo ponderado a possibilidade de entendimento das contas apresentadas dentro do padrão médio de compreensão (denominado pelos ingleses de *reasonable man* e conhecido pelos romanos como *bonus pater familiae*). A sentença deverá analisar a pretensão do autor quanto à obrigatoriedade da apresentação das contas, e mais uma vez assinalamos que o dever de apresentação não estará configurado quando a instituição financeira celebrar contrato de mútuo.[62] Em caso de procedência, o réu terá o prazo de 48 horas para

---

62. Cf., do STJ, entendimento que corrobora o repetitivo citado na nota 9, *supra*: "O correntista tem interesse para exigir contas da instituição financeira (Súmula n. 259 do STJ). Isso porque a abertura de conta-corrente tem por pressuposto a entrega de recursos financeiros do correntista ao banco (depósito inicial e eventual abertura de limite de crédito), seguindo-se relação duradoura de sucessivos créditos e débitos. Por meio da prestação de contas, o banco deve demonstrar os créditos (depósitos em favor do correntista) e os débitos efetivados em conta-corrente (cheques pagos, débitos de contas, tarifas e encargos, saques etc.) ao longo da relação contratual, para que, ao final, se apure se o saldo é positivo ou negativo, vale dizer, se o correntista tem crédito ou, ao contrário, se está em débito. A entrega de extratos periódicos ao correntista não implica, por si só, falta de interesse de agir para o ajuizamento de ação de prestação de contas, uma vez que podem não ser suficientes para o esclarecimento de todos os lançamentos efetuados na conta-corrente. Na hipótese de contrato de financiamento, ou, como no caso dos autos, de cartão de crédito, não há entrega de recursos financeiros do correntista à instituição financeira ou à administradora (depósitos), para que os administrem ou efetuem pagamentos, mediante débitos em conta-corrente. A instituição financeira ou administradora promove o pagamento aos fornecedores dos produtos ou serviços adquiridos pelo usuário, perdendo a disponibilidade dos valores correspondentes até o limite convencionado, os quais acaso não quitados no prazo estipulado, convertem-se em modalidade de empréstimo, cabendo ao financiado restituir o valor emprestado, com os encargos e na forma pactuados. Não há, portanto, interesse de agir para pedir prestação de contas, de forma mercantil (CPC, art. 917 [*de 1973; no CPC/2015, art. 551: "de forma adequada"*]), a fim de apurar os encargos dos financiamentos necessários à quitação dos débitos

realizar o cumprimento da sentença. Trata-se de sentença mandamental, com preceito nitidamente cominatório (art. 550, § 4º, do CPC).

6.3.3 Contumácia do réu

Não apresentando as contas ou qualquer modalidade de resposta, o réu será reputado revel. Aplicar-se-á, a princípio, o art. 355 do CPC, com a incidência da técnica do julgamento antecipado.

Atualmente a revelia deve ser encarada dentro de uma perspectiva nitidamente instrumental (art. 344 do CPC). O processo não é vocacionado a criar direitos inexistentes. A revelia não é suficiente para projetar uma solução favorável quando o pedido não esteja embasado em suporte probatório suficiente para formar o livre convencimento motivado do magistrado (art. 371 do CPC).

É certo que a hipótese ventilada pelo art. 550, § 4º, do CPC não revela a formação de título executivo *ope legis*, pois o juiz apenas analisará o dever e a necessidade da prestação de contas. Por isso, a revelia, nos termos do art. 344 do CPC, permitirá o julgamento favorável desde que o suporte probatório da inicial indique a existência de relação jurídica que obrigue à prestação. Não incidem os efeitos da revelia quando presentes quaisquer das hipóteses do art. 345 do CPC.

ao longo da relação contratual. Se o usuário não possui os documentos necessários para a compreensão dos encargos contratados, assiste-lhe o direito de ajuizar ação de exibição de documentos. A pretensão deduzida na inicial, voltada, na realidade, a aferir a legalidade dos encargos cobrados (taxas de juros, tarifas etc.), deveria ter sido veiculada por meio de ação ordinária de revisão de contrato, cumulada com repetição de eventual indébito, no curso da qual poderia ser requerida exibição de documentos, caso não postulada esta em medida cautelar preparatória. Na espécie de contrato em exame, não há abusividade na estipulação da cláusula-mandato, porque inerente ao funcionamento do sistema, não incidindo o óbice do Enunciado n. 60 da Súmula do STJ (3ª Turma, AgR no REsp 796.466-RS, rel. Min. Paulo de Tarso Sanseverino, *DJe* 2.2.2011; 4ª Turma, REsp 296.678-RS, rel. para o acórdão Min. Fernando Gonçalves, *DJe* 1.12.2008). Não se alega, no caso presente, o pagamento indevido, pela instituição financeira ou administradora, a fornecedores de produtos ou serviços adquiridos pelo usuário. Não foi alegado, específica e concretamente, pagamento efetuado em nome do usuário e por este contestado, hipótese em que, em tese, caberia a prestação de contas dos valores desembolsados em nome do cliente. A jurisprudência de ambas as Turmas que compõem a 2ª Seção do STJ reconhece a impossibilidade de revisão de cláusulas contratuais em sede de ação de prestação de contas, em razão da diversidade e incompatibilidade de ritos – Agravo regimental a que se nega provimento" (4ª Turma, AgR no AREsp 468.908-MG, rela. Min. Maria Isabel Gallotti, j. 5.6.2014, *DJe* 18.6.2014).

6.4 Sentença na primeira fase. Natureza jurídica

A sentença proferida na primeira fase do procedimento da ação de exigir as contas tem natureza declaratória, mas com eficácia preponderantemente mandamental. Em vista da natureza cominatória do pedido e da ordem de apresentação emitida pelo juiz, fixa-se o prazo de 15 dias para sua apresentação em caso de procedência do pedido (art. 550, § 5º, do CPC). Para aqueles que não aceitam a doutrina quinária a sentença terá natureza condenatória.[63] Interessante observar que Pontes de Miranda, criador da classificação quinária, cataloga a ação, em sua primeira fase, como condenatória, contudo, sem maiores explicações.[64] A obediência ao princípio da congruência exige a correlação natural entre o pedido e a sentença. Caso o réu tenha contestado e apresentado as contas, o juiz julgará a própria prestação, e não apenas o dever jurídico de prestá-las. Aí, sim, surge a eficácia condenatória, mas de modo excepcional, pois não haverá a necessidade das duas fases previstas pelo art. 550 do CPC. O mesmo se diga da sentença proferida na segunda fase, cuja força é suficiente para formar o título executivo judicial indicado pelo art. 552 do CPC: "Art. 552. A sentença apurará o saldo e constituirá título executivo judicial".

Deste modo, s.m.j., a eficácia mandamental prepondera na sentença proferida na primeira fase, pois sobreleva a ordem emitida pelo juiz para a apresentação das contas. Na segunda fase prepondera a eficácia condenatória caso exista a formação do título executivo em virtude da apuração de saldo em haver (lembrando o caráter dúplice da ação). Não podemos esquecer a possibilidade de a sentença ter eficácia preponderantemente declaratória em caso de improcedência da prestação, ou mesmo quando se apure, na segunda fase, a inexistência de qualquer saldo restante. Neste caso, muito embora o réu estivesse obrigado à prestação, pela atividade que exerceu como administrador, não deverá recompor qualquer valor e terá a possibilidade de pedir a declaração de cumprimento do encargo para liberação do vínculo jurídico.

Como a primeira fase se encerra por sentença, o recurso cabível será o de apelação dotado de duplo efeito quando a parte ofereça o recurso de apelação em vista do disposto no art. 1.012 do CPC. O juiz fixará na primeira fase as verbas de sucumbência, bem como determinará o pagamento das custas. É possível que o réu seja condenado nesta primeira

---

63. Como Adroaldo Fabrício Furtado (*Comentários ao Código de Processo Civil*, cit., p. 414).

64. Pontes de Miranda, *Comentários ao Código de Processo Civil* (de 1973), cit., t. XIII, p. 122. Não se discute que a sentença poderá assumir conotação condenatória quando o procedimento for monofásico.

fase (quanto ao dever de prestar) mas seja vitorioso na segunda demanda, inclusive com apuração de haveres em desfavor do autor. Não será possível compensação da verba de sucumbência, ante a vedação expressa do art. 85, § 14, do CPC.

6.4.1 Cumprimento da sentença

A natureza jurídica da sentença da primeira fase não se sujeita à execução, nos moldes dos arts. 513 e ss. Sua natureza mandamental a engloba na execução específica, uma vez que o dispositivo determina a apresentação pelo réu no prazo de 15 dias, impondo a transferência do ônus da apresentação para o autor, ante o silêncio do réu. O prazo de 15 dias assume natureza peremptória, não sendo vedado ao juiz ampliá-lo (art. 139, VI, do CPC), exceto em vista de situação excepcional e fundamentada.

O caráter dúplice da ação permitirá que o saldo restante seja em favor do autor ou do réu, lembrando que a decisão formará título executivo judicial (art. 552 do CPC).

7. SEGUNDA FASE NA AÇÃO DE EXIGIR AS CONTAS

O autor deverá apresentar as contas quando não for cumprida a determinação da sentença, no prazo de 15 dias (art. 550, § 5º, CPC). A inércia do réu impedirá a glosa sobre as contas apresentadas.[65] Neste caso, sendo necessário, o juiz determinará a realização de perícia para verificação das contas apresentadas pelo autor (art. 550, § 6º, CPC). A prova pericial assume papel importante para que o juiz se valha de elemento objetivo para a decisão. Não é vedada a participação do réu na sua produção, uma vez que o contraditório, quanto à produção da prova, deve ser ofertado quando o juiz não se convencer da exatidão dos lançamentos apresentados pelo autor.

Quando o réu cumprir com o mandamento e apresentar as contas no prazo legal, aplicar-se-á o procedimento comum, com abertura de fase para instrução, ou, quando não necessária, o juiz poderá realizar o julgamento antecipado da lide (arts. 550, § 6º, e 355 CPC). A contumácia do réu não representa um passaporte automático para a aprovação das contas do autor e consequente fixação de saldo credor a seu favor. O juiz sempre deverá julgar de modo fundamentado, o que exige a apresentação

---

65. Humberto Theodoro Jr, *Curso de Direito Processual Civil*, cit., vol. III, p. 98.

correta das contas com partidas dobradas em que se reconheça claramente os lançamentos de receitas e despesas (art. 551 do CPC).

8. RESULTADO DO JULGAMENTO – VERBAS DE SUCUMBÊNCIA

A ação de exigir a prestação de contas tem a peculiaridade de ser processada em um sistema bifásico. Tal fato gera a possibilidade de julgamento diverso em cada uma das respectivas fases. A procedência na primeira fase poderá ser seguida pelo julgamento de improcedência na segunda. Não há qualquer vinculação entre a primeira e a segunda fase. A obrigação quanto a *prestar as contas* nada tem a ver com o *julgamento das contas*. A obrigação de prestar poderá estar caracterizada mesmo quando a apresentação não demonstre saldo credor para o requerente. É importante diferenciar o dever de apresentar da formação eventual do título executivo.

A diversidade de resultados em ambas as sentenças não resultará em compensação das verbas de sucumbência em vista do entendimento firmado pelo art. 85, § 14, do CPC.

9. AÇÃO DE PRESTAR CONTAS

Aquele que realize a administração de patrimônio *exclusivo* ou *comum* e que esteja vinculado por *negócio jurídico* ou *obrigação legal* poderá apresentar as contas de acordo, mas sem direito ao rito especial. O pedido será processado pelo rito comum. Temos aqui uma situação afim com a ação de consignação em pagamento. O direito de liberação do vínculo obrigacional e do dever de prestação das contas permite que a parte obrigada tome a iniciativa. O síndico de um prédio que também é proprietário de uma unidade condominial poderá vender seu imóvel, e necessitará desvincular-se da posição jurídica que ocupa. Para tanto poderá conclamar uma assembleia-geral extraordinária (art. 1.355 do CC) para a prestação de contas imediatas, uma vez que não poderá aguardar, na maioria das vezes, o término do período anual para a assembleia-geral ordinária (art. 1.350 do CC). Não sendo possível a convocação, ou sendo rejeitada a prestação, terá legitimidade e interesse de agir para ingressar em juízo.

9.1 Procedimento

De acordo com as considerações já elencadas sobre a petição inicial, o pedido será formulado com espeque no art. 319 do CPC. A causa de pedir deverá demonstrar a existência da relação jurídica e o motivo que justifique a apresentação das contas. O pedido assume natureza declaratória para fins de prestação e extinção do vínculo.

O réu será citado para audiência de conciliação nos termos do art. 334 do CPC. Não sendo frutífera, o(s) réu(s) deverá(ão) apresentar contestação, que seguirá o rito comum. A sentença poderá assumir natureza declaratória quando homologar as contas como boas e declarar a inexistência de saldo em haver, ou mesmo quando julgar improcedente o pedido do autor, quando assumirá eficácia declaratória negativa. Poderá ainda, ser preponderantemente condenatória quando aprovar as contas e formar título executivo favorável a uma das partes.

É necessário frisar que o autor será vencedor da ação ainda quando se apure saldo para o réu, desde que as contas ofertadas tenham previsto referido saldo.

10. PRESTAÇÃO DE CONTAS VINCULADA A PROCESSO JUDICIAL

Em casos especiais a vinculação quanto à obrigação de prestar contas nasce de imposição legal e judicial. Dentre estas hipóteses, praticamente todas estão vinculadas a processos prévios, nos quais surge a necessidade de nomeação de um administrador. Assim revela-se a atuação do depositário processual, do tutor, do curador e até do inventariante (art. 553 do CPC).

Deste modo, nada mais natural do que as contas devidas por estes administradores sejam vinculadas ao processo prévio que originou o respectivo encargo. Ainda que o processo tenha findado (*e.g.*, inventário), a ação de prestação de contas deverá ser ajuizada por prevenção no juízo que conheceu da ação prévia. O processo deve ser apensado, pois facilitará a prova e impedirá conclusões contraditórias que tenham sido alvo de apreciação judicial entre as partes litigantes.

§ 3º. AÇÕES POSSESSÓRIAS

1. DO PROCEDIMENTO DAS AÇÕES POSSESSÓRIAS: BENS MÓVEIS E IMÓVEIS

As ações possessórias constituem um dos mais importantes instrumentos de técnica processual, cujo desenvolvimento teve como causa a necessidade de acomodar situações não previstas pelo regime formal do Direito Romano.⁶⁶ O nascimento das ações possessórias representa um compromisso do Direito com a realidade, pois a função essencial do Direito é acomodar os fatos sociais emergentes ao convívio harmonioso dos jurisdicionados.⁶⁷ A defesa da posse pode ser voltada para a tutela dos bens móveis, semoventes e imóveis. O grande número de monografias dedicadas ao estudo da posse e das ações possessórias pode ser explicado, sob a ótica processual, pela possibilidade de decisões antecipatórias no procedimento possessório, num período em que a tutela de urgência não estava prevista e moldada para o processo ordinário.⁶⁸ Não é a toa que as ações possessórias são examinadas como meio embrionário de concessão de liminares, através da criativa atividade dos pretores romanos, que desenvolveram os *interdicta*.⁶⁹

Nosso estudo estará centrado essencialmente em relação ao procedimento adotado para a tutela processual dos bens imóveis. É fácil observar que o Código de Processo Civil/2015 não alterou esta sistemática, e os dispositivos dos arts. 554 *usque* 568 são destinados à tutela possessória dos bens imóveis.⁷⁰

66. Para uma análise sobre a evolução da posse, v. nosso estudo *Posse*, pp. 9-37.
67. Dentre as diversas modalidades de interditos, interessam-nos apenas os utilizados para a proteção da posse, classificados, segundo Keller, com base numa subdivisão dos *interdicta rei familiaris*, em *recuperandae*, *retinandae* e *adiscipiendae possessionis*, os quais pressupunham a perda da posse, sua perturbação ou, mesmo, a ausência da posse ("... je nachdem sie einen verlorenen oder einen gegenwartigen oder gar keinen Besitz voraussetzen") (*Der Römische Civilprocess und die Aktionen*, § 75, p. 377).
68. Referimo-nos, de modo explícito, à introdução da tutela antecipada em 1994 no procedimento ordinário no Código de Processo Civil/1973 por meio da Lei 8.952/1994. Muito embora a antecipação já estivesse consolidada em outros instrumentos processuais (como no Código de Defesa do Consumidor, na Lei da Ação Civil Pública, na ação popular e no mandado de segurança), o procedimento ordinário ressentia-se da impossibilidade de concessão de medida liminar para acudir a situações em que a parte autora necessitasse da tutela de urgência. Isto obrigava a parte a valer-se de subterfúgios tão conhecidos para aqueles que militaram no foro de outrora. Dentre os meios de escape indicam-se a ação cautelar inominada ou a utilização do mandado de segurança para concessão de efeito suspensivo no agravo de instrumento. Sobre a questão, v. nosso estudo em coautoria com José Miguel Garcia Medina, *Mandado de Segurança Individual e Coletivo*.
69. José Roberto Bedaque dos Santos, *Tutela Cautelar e Tutela Antecipada: Tutelas Sumárias e de Urgência*, 5ª ed., pp. 30-35. Em sua preciosa monografia o ilustre Professor desenvolve a origem embrionária da tutela de urgência (antecipada e cautelar) a partir dos interditos.
70. Para uma análise do direito material, v. Fabio Caldas de Araújo e José Miguel Garcia Medina, *Código Civil Comentado*, pp. 733-735.

A análise legislativa, sob o prisma histórico, revela que o tratamento da posse sobre os bens móveis era relegado ao rito sumário (art. 275, II, "a", do CPC/1973).[71] Com o implemento da Lei 9.245/2005 as ações possessórias sobre bens móveis foram banidas do rito sumário. A surpresa quanto à atitude do legislador justificou-se pelo fato de que a retirada das ações possessórias do rito sumário não podia ser explicada pela maior complexidade da matéria ou, mesmo, pela dificuldade no campo probatório. E mais: sua incidência em juízo sempre havia sido expressiva, em vista de as instituições financeiras utilizarem o arrendamento mercantil (*leasing*) como meio de "financiamento indireto" de veículo.[72] O Código de Processo Civil/2015 encampou este posicionamento e torna exclusivo o rito especial para os bens imóveis. Pela lei processual atual o processamento das demandas referentes a bens móveis e semoventes será realizada pelo procedimento comum (arts. 318 e ss.) ou pelo procedimento sumaríssimo da Lei 9.099/1995 perante o Juizado Especial Cível.[73] A previsão do art. 3º, IV, da Lei 9.099/1995 somente restringe a discussão possessória quando a causa ultrapassar o valor de alçada (40 salários-mínimos).

Deste modo, até o Código de Processo Civil/1973 a pretensão possessória envolvendo a discussão sobre bens móveis poderia ser definida em três caminhos distintos. O primeiro seria a adoção do rito comum. Em segundo lugar, o rito sumário com base no valor da causa, em face da redação do art. 275, I, do CPC/1973, para causas que não ultrapassassem 60 salários-mínimos. Por fim, o rito sumaríssimo com base no disposto no art. 3º, IV, da Lei 9.099/1995, mas limitado, conforme anunciado, ao limite de 40 salários-mínimos.

Pelo Código de Processo Civil/2015, embora o Capítulo III do Título III do Livro I da Parte Especial seja inaugurado sem menção à natureza

---

71. Cláudia Aparecida Cimardi, *Proteção Processual da Posse*, p. 326.
72. Fala-se em "financiamento indireto" porque o *leasing* é uma operação de locação do bem com opção, na fase final do contrato, de aquisição pelo valor residual/VRG. É um contrato interessante para pessoas jurídicas que apuram o Imposto de Renda pelo lucro real. Afinal, a locação é uma despesa; logo, o bem locado diminui o Imposto de Renda da pessoa jurídica. Quando a empresa compra o bem por uma operação normal de financiamento isto não ocorre, porque o bem ingressa como um ativo imobilizado, o que não gera dedução do Imposto de Renda. Com o tempo a operação se tornou comum para as pessoas físicas. E com isso, o VRG, que era apenas exigido na fase final do contrato de locação, passou a ser cobrado juntamente com a parcela de locação, ou seja, desde a primeira prestação. Voltaremos a comentar este ponto à frente, ao tratarmos das Súmulas 263 e 293 do STJ.
73. V. a crítica certeira de Joel Dias Figueira Jr., *Novo Procedimento Sumário*, pp. 123-124.

dos bens tutelados pelas ações possessórias, a tradição de nosso sistema destina-o unicamente para a tutela dos bens imóveis (arts. 554 e ss.). A simplificação operada junto ao processo de conhecimento não faz mais distinção entre o procedimento ordinário e o sumário, que passa a contar doravante apenas com o procedimento comum ao lado dos procedimentos especiais.

2. OBJETO DAS AÇÕES POSSESSÓRIAS: "STRICTO SENSU" E "LATO SENSU"

As ações possessórias típicas têm como fim a proteção de uma situação fática. Não podemos ingressar na discussão sobre a natureza jurídica da posse, pois fugiríamos ao escopo do trabalho.[74] Neste ponto basta sobrelevar que as ações possessórias são dirigidas à proteção de objetos corpóreos e semicorpóreos ("Gegenstand des Besitzes kann nur eine körperlich": "O objeto da posse recai unicamente sobre bens corpóreos"). Exclui-se do seu campo a tutela de bens incorpóreos.[75] Sob o ponto de vista prático a tutela dos bens incorpóreos é refutada pelo STJ por meio do Verbete 228: "É inadmissível o interdito proibitório para a proteção do direito autoral".[76]

A *possessio rei* e a *possessio iuris* voltam-se exclusivamente para bens corpóreos em nosso sistema jurídico. A *possessio rei* equivale à posse efetiva sobre a *res*. A *possessio iuris*, ou *quasi possessio*, nasce do desmembramento dos direitos reais, em virtude do *princípio da elasticidade*.[77]

Como bem explica o Min. Moreira Alves, nosso sistema optou pela proteção dual ao reconhecer o plano horizontal e o vertical para a disciplina possessória. Isto significa que no *plano horizontal* o desdobramento entre o nu-proprietário e o usufrutuário confere a proteção possessória tanto ao possuidor indireto (nu-proprietário) como ao possuidor direto (usufrutuário). Do mesmo modo, a proteção é conferida no *plano vertical*, como nos contratos de natureza reipersecutória: *depósito, comodato*.

74. Para o exame da questão, remetemos o leitor para nosso estudo: *Posse*, cit. V., ainda, nosso trabalho com José Miguel Garcia Medina, *Código Civil Comentado*, cit., p. 734.
75. Com grande justificação teórica e com base no Direito estrangeiro: Arruda Alvim *et alii*, *Comentários ao Código Civil*, vol. XI, Rio de Janeiro, Forense, 2009, p. 23.
76. Sobre o princípio v. o que escrevemos com José Miguel Garcia Medina, *Código Civil Comentado*, cit.
77. Sobre o princípio v. nosso estudo *Posse*, cit., p. 273.

Nestas situações a tutela possessória é concedida ao titular da posse originária (como o depositante – possuidor indireto) como ao possuidor derivado (depositário – possuidor direto). As ações possessórias típicas, ou denominadas *stricto sensu*, submetem-se aos dispositivos concernentes ao procedimento especial estatuído pelo Código de Processo Civil e se desdobram em apenas três mecanismos processuais: o *interdito proibitório*, a ação de manutenção de posse e a *ação de reintegração de posse*.[78]

Existem outras ações *afins*, ou seja, ações em que a posse fará parte do objeto litigioso do pedido formulado pela parte. Neste caminho citamos a ação ordinária em que o autor pede a *rescisão* ou resolução *do compromisso de compra e venda cumulada com a reintegração de posse*. Na mesma classificação devem ser incluídos a ação de imissão de posse ou mesmo os embargos de terceiro. Nestas ações o exame da situação fática não é exclusivo, e não raras vezes assume natureza secundária.[79] Estas pretensões fogem da origem histórica dos *interdicta*. As repercussões práticas desta distinção assumem vital importância. Tomemos em consideração o primeiro exemplo mencionado, pautado pela rescisão do compromisso de compra e venda cumulado com pedido de reintegração de posse. A competência para a análise de uma demanda possessória sobre bens imóveis (interdito, manutenção, reintegração) é definida expressamente pelo art. 47, § 2º, do CPC. Trata-se de competência funcional; portanto, *absoluta*. Caso ocorra a cumulação, o pedido possessório será subsidiário, sendo inaplicável o dispositivo.[80] No caso da ação de imissão de posse, muito embora o pedido envolva a recuperação da posse sobre a *res*, a causa de pedir está fundamentada no domínio (*ius possidendi*), e não na posse (*ius possessionis*). Nos embargos de terceiro o sistema processual permite que o possuidor alheio à contenda judicial que envolva bem que esteja em sua posse mansa e pacífica (Súmula 84 do STJ) possa pedir a eliminação da constrição judicial incidente sobre a *res*. Entrementes, os embargos não são exclusivos do possuidor. Podem ser utilizados pelo titular de um direito real (art. 674, § 1º). O Código de

---

78. Com precisão e erudição: Joel Dias Figueira Jr., *Liminares nas Ações Possessórias*, pp. 66 e ss.
79. Joel Dias Figueira Jr., *Liminares nas Ações Possessórias*, cit., p. 68.
80. STJ: "A ação de resolução de compromisso de compra e venda assenta-se em direito pessoal. A existência do pedido de reintegração de posse, consequência natural que decorre da resolução, não atrai a regra de competência absoluta insculpida na segunda parte do art. 95 do CPC. [*De 1973 – art. 47, § 2º, do CPC/2015*] Prevalece o foro de eleição" (3ª Turma, REsp 967.826-RN, rela. Min. Nancy Andrighi, j. 13.11.2007, *DJU* 22.11.2007, p. 239).

Processo Civil/2015 alargou o campo de incidência dos embargos, para permitir sua utilização por parte do titular do direito real. Por meio dos embargos o credor hipotecário, o qual nunca exerceu posse nenhuma, poderá defender a posse sobre o bem que garante o pagamento do seu crédito. O princípio da fungibilidade, que será examinado em seguida, somente pode ser invocado quando se está perante uma ação possessória típica, o que impede sua incidência para os casos que extrapolam as ações previstas pelos arts. 554 *usque* 569 do CPC.[81] Do mesmo modo, não se admite a fungibilidade entre ação petitória e ação possessória.[82]

3. A POSSE DE DIREITOS PESSOAIS

A utilização das ações possessórias pela sua celeridade e possibilidade de concessão da tutela de urgência sempre a colocou em papel de destaque na salvaguarda de direitos essenciais dos indivíduos. Sua força e sua rapidez no exame do esbulho/turbação atraíram a atenção dos juristas para sua utilização no decorrer dos séculos. Um exemplo desta utilização é percebido no período medieval, quando foi estendida a proteção interdital aos cargos episcopais. Os bispos não poderiam ser processados criminalmente enquanto não fossem reintegrados em seus cargos (*spoliatus ante omnia restituenda*).[83] A "posse do cargo" equivaleria à posse do feudo que acompanhava o bispado. Rui Barbosa procurou se utilizar desta teoria, construída no Direito Medieval, para conceder proteção aos direitos pessoais, os quais são essencialmente incorpóreos. O cargo público é incorpóreo e não se encaixa no conceito de *res*.[84] A necessidade desta engenhosa construção de nosso maior jurista foi fruto da defesa de um grupo de professores que tinham sido afastados da Escola Politécnica da USP pelo então Presidente, Prudente de Moraes. Até o final do século XIX ainda não existia o mandado de segurança, que seria o instrumento hábil para a proteção contra atos ilegais praticados pela Administração Pública e que nasceria apenas na Constituição Federal/1934. A solução

---

81. Nelson Nery Jr. e Rosa Maria de Andrade Nery, *Código de Processo Civil Comentado*, p. 1.170.
82. "Não é aplicado o princípio da fungibilidade entre a ação possessória e a ação petitória" (TJMG, 15ª Câmara Cível, AC 1.0440.07.008339-7/002, rel. Des. Tibúrcio Marques, *DJE* 16.12.2009).
83. Ruffini, *Actio Spolli*, pp. 36-114. Este autor também trouxe grande contribuição para a compreensão da *Gewere* (ob. cit., pp. 115-117).
84. Tal como esclarece o § 90 do *BGB*, que fornece o conceito de "coisa" (*Sache*): "[Begriff] Sachen im Sinne des Gesetzes sind nur körperliche Gegenstände" (em vernáculo, "[Conceito] Coisas no sentido legal são apenas os objetos corpóreos").

engenhosa pensada por Rui Barbosa seria resgatar a teoria medieval.[85] Atualmente a tese está superada, mas ela tem seu valor histórico, pois serviu para demonstrar o descompasso reinante entre o direito material e o processual. O sistema processual atual tem mecanismos específicos para a proteção dos direitos pessoais, principalmente em face da tutela específica nas obrigações de fazer e não fazer. A tutela relativa aos deveres de fazer ou não fazer é apta a conferir a *tutela adequada* ao cidadão, sem a necessidade de invocação dos interditos possessórios, que são consagrados para os objetos corpóreos.

4. "IUS POSSESSIONIS" E "IUS POSSIDENDI"

A utilização das ações possessórias tem como pressuposto a defesa do *ius possessionis*, ou seja, do exercício fático que foi ameaçado ou violado. Em vista do exposto, fica clara a diferenciação entre o direito de possuir pela invocação do título dominial, que corresponde ao *ius possidendi*, e o direito de possuir pela manutenção do *quieta non movere*, ou seja, pelo direito de preservar a situação fática do possuidor (*ius possessionis*). Quando a situação fática do possuidor se prolongar por determinado tempo sem qualquer oposição, ela poderá gerar a própria consolidação do domínio pela usucapião (arts. 1.238 e ss. do CC). Isto nos leva a uma segunda conclusão: apesar de a posse ser instituto autônomo, com visibilidade própria, ela também constitui elementar fundamental de outros institutos. A consolidação do domínio pela posse prolongada é uma das formas de aquisição da propriedade. Em nosso sistema jurídico isto se consuma essencialmente pela figura da usucapião (*além da aquisição através da sucessão, da acessão e pelo registro*).[86] Na usucapião a posse será uma elementar perene em qualquer uma de suas modalidades (*e.g.*: usucapião extraordinária = posse + tempo; usucapião ordinária = posse + tempo + boa-fé + justo título).

5. A CONFLUÊNCIA DO DIREITO MATERIAL E DO PROCESSUAL – A POSSE PERANTE O CÓDIGO CIVIL BRASILEIRO

Muito embora o exame da posse pertença à seara do direito material, sua análise é fundamental no âmbito processual para a correta compreensão e utilização dos interditos possessórios. A aproximação entre o direito

---

85. Esta tese pode ser consultada na obra de Rui Barbosa, *Posse de Direitos Pessoais*, pp. 1-60.
86. Sobre o assunto: Fabio Caldas de Araújo, *Usucapião*, 3ª ed., p. 397.

material e o processual é inevitável, uma vez que a finalidade do processo é realizar o direito material.

Nosso sistema apresenta uma peculiaridade. Assimilamos a teoria das condições da ação, que constitui um dos elementos que compõem o trinômio processual de nosso sistema: *pressupostos processuais, condições da ação* e *mérito*. Esta análise acaba por revelar pontos de tangência entre o direito material e o processual. Não há como examinar, por exemplo, a legitimidade *ad causam* sem investigar a qualidade do sujeito (ativo/passivo) e sua relação com o bem que está inserido no litígio. Desta forma, o exame das ações possessórias não será possível sem que alguns conceitos provenientes do direito material sejam analisados. Os mais importantes, no presente momento, referem-se à diferenciação entre a propriedade, a posse e a detenção.

Nosso Código Civil atual, seguindo a tradição da codificação de Clóvis Beviláqua, não conceitua o direito de propriedade. Apenas determina, no art. 1.228, quais poderes são inerentes ao proprietário: "Art. 1.228. O proprietário tem a faculdade de usar, gozar e dispor da coisa, e o direito de reavê-la do poder de quem quer que injustamente a possua ou detenha". O direito de propriedade não depende propriamente do exercício fático e efetivo do poder de disposição. Sua força está no título dominial, que opera eficácia no mundo jurídico, sem a necessidade da posse sobre o bem. Basta o título. Esta conclusão permite que o proprietário exerça o *ius utendi, fruendi* e *abutendi* ("direito de usar, fruir e alienar") em sua plenitude e possa reivindicar a propriedade de qualquer pessoa que injustamente o prive das faculdades conferidas pelo art. 1.228 do CC.

A posse, por sua vez, não está atrelada à existência de qualquer título documental. De acordo com o ensinamento de Ihering, adotado pelo art. 1.196 do CC, a posse é a visibilidade do domínio.[87] A posse revela o exercício fático dos poderes que estão delimitados pelo art. 1.196 do CC. Nosso Código Civil adotou, com prevalência, o posicionamento da

---

87. Muito embora Ihering diferenciasse a posse da propriedade, o grande civilista sempre relegou a posse para um segundo plano quando confrontada com o direito de propriedade. Segundo Ihering a posse seria um instituto de complementação da propriedade, porque através dela o proprietário realiza a primeira defesa contra uma agressão ao seu patrimônio: "La protection de la possession, comme extériorité de la propriété, est un complément nécessaire de la protection de la propriété, une facilitation de la preuve en faveur du propriétaire, laquelle profite nécessairement aussi au non propriétaire" ("A proteção da posse como a exteriorização da propriedade é um complemento necessário da proteção da propriedade, uma facilitação da prova em benefício do proprietário, o que também beneficia o não proprietário" – tradução livre) (*Du Fondement de la Protection Possessoire*, pp. 43 e ss.).

teoria objetiva, nos moldes preconizados pelo art. 1.196: "Art. 1.196. Considera-se possuidor todo aquele que tem de fato o exercício, pleno ou não, de algum dos poderes inerentes à propriedade". Note-se que o legislador também não conceituou a "posse". Definiu unicamente os contornos essenciais para identificar quem será possuidor – no que andou bem, pois uma definição precisa sobre a natureza jurídica desse instituto milenar ainda não alcançou univocidade entre os maiores juristas que se dedicaram ao tema.

Já, na *detenção* temos uma figura jurídica que não se confunde com a *posse* ou com a *propriedade*. A detenção foi o ponto de maior discordância entre Savigny e Ihering. Ela reflete um ponto de discórdia interessante, pois permite comparar e avaliar a teoria subjetiva (Savigny) e a objetiva (Ihering). Ihering procurou demonstrar a inviabilidade da teoria subjetiva de Savigny por meio da detenção. Segundo Savigny a posse é marcada pela confluência do *corpus* e do *animus*. A inexistência do *animus* e a presença solitária do *corpus* gerariam unicamente a detenção. O detentor, segundo Savigny, é aquele que não tem *animus* de possuir, mas apenas de conservar e guardar a coisa para o possuidor/proprietário.[88]

Ihering combateu arduamente este posicionamento, pois, de acordo com sua visão (correta, diga-se de passagem!), não existiria meio adequado para diferenciar a detenção da posse no mundo físico, utilizando-se da teoria de Savigny. Sob uma ótica prática não há diferença entre a posse e a detenção pois: *a detenção é submetida às mesmas condições que a posse: **corpus** e **animus***.[89] Na verdade, Ihering faz o caminho inverso do de Savigny. Ele parte da posse para definir a detenção. Já, Savigny visualiza a detenção como elemento primário que resulta na posse pela confluência do *animus domini*. A fórmula de Ihering é simples, pois, segundo seu pensamento, sempre haverá posse, exceto quando o ordenamento jurídico (elemento "n") estabelecer uma restrição, criando uma hipótese de detenção.[90] Como afirma Ihering, o problema da posse

---

88. Para aprofundamento, v.: Savigny, *Das Recht des Besitzes – Eine Zivilistische Abhandlung*, § 2, p. 29. Ainda em nosso ensaio *Posse*, cit., pp. 33 e ss. Bekker criou uma expressão peculiar no Direito Alemão para ilustrar esta situação, *Besitzdiener*, ou seja, o detentor seria um "servo da posse", atuando sempre por ordens e instruções superiores. Sobre o neologismo, v.: Schwab, *Sachenrecht*, § 9, p. 35.

89. "(...) la détention est soumise aux mêmes conditions qui la possession: *corpus* et *animus*" (Ihering, *Du Fondement de la Protection Posessoire*, cit., p. 46).

90. A posse seria o elemento "x", o *animus* representado por "a" e o *corpus* por "c". Assim, teríamos posse quando: x = a + c. Quando a lei estabelecesse alguma restrição, seria caso de detenção: "y" (detenção) = a + c - n. Este elemento "n" seria a limitação legal, tal qual estabelecida pelo art. 1.198 do nosso CC. A detenção também

sempre deve ser analisado sob o ponto de vista prático;[91] e, com certeza, sua contribuição alcançou o objetivo de tornar possível a positivação da posse em nosso ordenamento, com critérios que permitam ao juiz decidir os problemas do dia a dia.

6. A CLASSIFICAÇÃO DAS AÇÕES POSSESSÓRIAS POR SUA CARGA DE EFICÁCIA SENTENCIAL

As ações de manutenção, reintegração e de interdito proibitório podem ser classificadas pela eficácia sentencial. A visão tradicional da teoria trinária está absolutamente ultrapassada em nosso sistema processual. Mesmo os juristas mais resistentes a esta classificação hoje são obrigados a reconhecer sua importância e sua praticidade. Seu mérito de desenvolvimento e aplicação é de Pontes de Miranda, um dos mais geniais juristas de todos os tempos.

As ações possessórias permitem que a teoria quinária seja posta em evidência com grande aproveitamento. Segundo Pontes de Miranda, existem duas outras cargas de eficácias sentenciais que seriam ignoradas pela doutrina. Trata-se da eficácia mandamental e da executiva *lato sensu*. A teoria da sentença mandamental não é uma criação propriamente sua. Foi desenvolvida originariamente por um alemão, Georg Küttner, que em 1916 sistematizou a eficácia mandamental.[92] Nesta obra inaugural o ilustre Autor alemão defendeu uma análise diferenciada de eficácia sentencial contra o Poder Público. Küttner procurou distinguir a sentença mandamental (*Anordungsurteile*) das demais formas de sentenças declarativas, constitutivas e condenatórias.[93]

De acordo com esta classificação, podemos encarar o interdito proibitório e a ação de manutenção de posse como ações eminentemente mandamentais. Na ação mandamental prepondera o comando judicial voltado a um *dare, facere* ou *non facere*. E mais: na ação mandamental a utilidade do provimento judicial exige a colaboração específica do réu para a satisfação da tutela. Isto não acontece nas ações condenatórias, em que a execução *stricto sensu* pode seguir mesmo sem a manifestação de vontade do devedor.

está presente no art. 1.208 do CC, gerando a necessidade de classificá-la em detenção interessada e desinteressada.
91. Ihering, *Du Fondement de la Protection Posessoire*, cit., p. 163.
92. Küttner, em sua obra *Die Wirgungen des Urteil ausserhalb die Zivilprozess* (*Die verschiedenen Arten der Urteilwirkungen*), *passim*.
93. Idem, em especial pp. 17-26.

O juiz não declara, como faz na ação de usucapião, nem desconstitui, como na de divórcio. Ele ordena, manda, determina, e sua decisão somente tem sentido quando cumprida de modo imediato. Este é o motivo pelo qual os comandos mandamentais não estão sujeitos ao processo de execução. Não se aplica ao comando mandamental o rito da expropriação por quantia certa, ou mesmo a fase de cumprimento de sentença. O próprio art. 513 do CPC é expresso quanto ao ponto: "Art. 513. O cumprimento da sentença será feito segundo as regras deste Título, observando-se, no que couber e conforme a natureza da obrigação, o disposto no Livro II da Parte Especial deste Código".

Deve ser permitida a aplicação do art. 497 do CPC[94] em simbiose com os dispositivos que informam as ações possessórias em capítulo especial? Sem dúvida. A natureza do provimento é que contará para saber se os meios de execução indireta poderão ser aplicados ou não. Tratando-se de comando mandamental, o juiz poderá se valer dos meios de pressão, especialmente da multa diária. As *astreintes* estão previstas pelo art. 567 do CPC: "Art. 567. O possuidor direto ou indireto, que tenha justo receio de ser molestado na posse, poderá impetrar ao juiz que o segure da turbação ou esbulho iminente, mediante mandado proibitório, em que se *comine ao réu determinada pena pecuniária*, caso transgrida o preceito".

O juiz emitirá uma ordem com o objetivo de que a parte contrária se abstenha (*non facere*) de qualquer ato lesivo que possa perturbar a fruição da posse. O dispositivo vai além, pois concede ao possuidor indireto a possibilidade de ingressar com o pedido mandamental de inibição. O interdito proibitório tem natureza inibitória, uma vez que se insere no campo da tutela de inibição, com o objetivo de evitar a ocorrência do dano.[95]

A ação de manutenção de posse tem caráter nitidamente mandamental. Situa-se numa zona de clara transição entre o interdito proibitório e o de reintegração. Não se trata de uma ameaça, pois atos de perturbação foram praticados em relação ao possuidor. Todavia, ainda não há perda da posse, o que caracterizaria a causa de pedir na ação de reintegração.

Na ação de manutenção de posse pede-se o fim da turbação. Como salienta Pontes de Miranda, uma mirada breve para o Direito Romano permitiria visualizar a função *pax publica* na utilização deste instrumen-

---

94. CPC: "Art. 497. Na ação que tenha por objeto a prestação de fazer ou de não fazer, o juiz, se procedente o pedido, concederá a tutela específica ou determinará providências que assegurem a obtenção de tutela pelo resultado prático equivalente".
95. Como lembrou precisamente Pontes de Miranda: "O interdito proibitório só se refere ao que ainda não se fez (*prohibitorium est et pertinet ad ea, quae nondum facta est*)" (*Tratado das Ações*, t. VI, p. 156).

to.⁹⁶ Hodiernamente as ações possessórias pertencem essencialmente ao campo privado. Na ação de manutenção a ordem e a concessão de medida liminar encontram suporte ideal na fixação das *astreintes*. Não houve ainda modificação efetiva no campo fático; portanto, as medidas executivas são aplicadas ao pedido de manutenção, cujo fim é a cessação dos atos de turbação. Caso ocorra, necessitaremos da invocação da ação de reintegração de posse.

Nesta última modalidade estamos perante ação cuja eficácia principal será *executiva lato sensu*. Na ação de reintegração o possuidor se depara com a maior lesão possível em sua esfera jurídica. Se a posse é caracterizada pelo poder fático de disposição sobre o bem, o esbulho corresponde a eliminar do possuidor o exercício da faculdade conferida pelo art. 1.196 do CC. No deferimento da medida liminar, ou na confirmação da sentença de reintegração, a eficácia preponderante será executiva *lato sensu*. Neste caso, o juiz emitirá uma ordem, mas o comando judicial e a prestação da tutela jurisdicional não se resumem em ordenar. Há necessidade de um passo além, pois o restabelecimento imediato da situação violada exige modificação urgente no campo fático. A tutela executiva *lato sensu* demonstra seu fulgor pela eficácia prática do comando judicial. Uma ordem de reintegração somente se considera cumprida quando o lesado obtém a plena disposição fática sobre o bem jurídico que lhe foi esbulhado. Importante salientar que as medidas previstas pelo art. 497 do CPC podem ser implementadas de modo aberto. Enquanto no processo de execução para obtenção de quantia os meios executivos são fechados e cerrados, na tutela específica a execução é aberta e permite que o juiz adapte no caso concreto a melhor medida que permita o cumprimento do fim almejado. O diálogo entre o procedimento especial da ação possessória e a tutela específica prevista no procedimento comum é fluente.

Muito embora os art. 497 e 498 do CPC tragam a previsão de duas formas de tutela para as obrigações de fazer, não fazer e dar, o pedido possessório coaduna-se com a tutela específica, e não com a tutela pelo equivalente. Somente quando inexistir a possibilidade fática para a reintegração (*e.g.*, desapropriação do bem, perecimento do objeto) a tutela será indenizatória, pois não restará outra opção além da apuração de perdas e danos (art. 952 do CC). É possível a combinação da tutela específica com a ressarcitória, uma vez que a reintegração de posse (específica) não elimina a possibilidade de arbitramento de perdas e danos pelos prejuízos sofridos pelo esbulho (ressarcitória).

---

96. Pontes de Miranda, *Tratado das Ações*, cit., t. VI, pp. 102-103.

7. A FUNGIBILIDADE E AS AÇÕES POSSESSÓRIAS

A dinamicidade da relação possessória permite que a tutela processual da posse seja beneficiada pela incidência do princípio da fungibilidade, nos termos do art. 554 do CPC.[97] Na acepção do dispositivo, a propositura de uma ação não impede que o juiz conceda a proteção correspondente aos fatos evidenciados no momento em que profere a decisão judicial.

A incidência do princípio não deve gerar uma falsa interpretação do dispositivo. A propositura da ação com citação errônea do dispositivo aplicável não configura a aplicação do *princípio da fungibilidade*.[98] Aliás, como o juiz conhece o Direito (*iura novit curia*), o magistrado realizará a adequação do fundamento legal *ex officio*. A jurisprudência tem encartado esta hipótese numa acepção lata de fungibilidade.[99]

Todavia, em algumas situações a dinâmica da relação possessória poderá revelar a evolução e a transformação da situação fática. Ao propor a inicial o autor revela quadro fático que se mostra diverso por ocasião da audiência de justificação, na qual se consuma o esbulho. A prestação da tutela jurisdicional adequada não será obstada pela aplicação do art. 568 do CPC. Aliás, o autor poderá ajuizar medida de atentado para evitar a inovação na situação fática provocada pela parte contrária.[100]

Frisamos que é possível a alteração dos fatos descritos pela causa de pedir fixada pela inicial, em virtude da própria atitude do réu. Isto não impedirá a concessão da tutela possessória adequada.[101] Existia uma ação

---

97. Nelson Nery Jr., *Código de Processo Civil Comentado e Legislação em Vigor*, p. 1.170.
98. Vale lembrar que apenas o CPC/1939 trouxe a previsão positivada da fungibilidade, mediante o art. 810: "Art. 810. Salvo a hipótese de má-fé ou erro grosseiro, a parte não será prejudicada pela interposição de um recurso por outro, devendo os autos ser enviados à Câmara, ou Turma, a que competir o julgamento". Segundo Odilon de Andrade (*Comentários ao Código de Processo Civil*, vol. IX, p. 120), o princípio tinha assento no Código Estadual do Distrito Federal.
99. STJ: "A fungibilidade permite ao juiz que conceda tutela diferente da que foi pedida pelo autor, verificando-se nas ações possessórias (permite-se concessão de tutela possessória diferente da pedida pelo autor) e nas ações cautelares (permite-se a concessão de tutela cautelar diferente da pedida pelo autor) (...)" (1ª Turma, AgR no Ag 1.327.010-RJ, rel. Min. Napoleão Nunes Maia Filho, j. 22.9.2015, *DJe* 29.9.2015).
100. Como salienta José da Silva Pacheco (*O Atentado no Processo Civil*, pp. 210-211), "o ato continuativo por quem está na posse da coisa não constitui atentado".
101. TJDFT: "A propositura de uma ação possessória não obsta à aplicação de proteção legal correspondente a outra, comprovados os requisitos legais (CPC, [*de*

catalogada como cautelar pelo Livro III de nosso Código de Processo Civil que visava a impedir a modificação da situação fática. Tratava-se da ação de atentado (art. 879, I, II e III, do CPC/1973), cuja sanção essencial em caso de sua procedência era a proibição de manifestação nos autos.[102] Atualmente as disposições do atentado estão previstas entre os deveres gerais das partes na condução da relação processual, conforme o art. 77, VI, do CPC, sendo considerado ato atentatório à dignidade da Justiça. Não há mais a medida de proibição de manifestação nos autos, mas apenas a possibilidade de imposição da multa no montante de até 20% sobre o valor da causa (art. 77, § 2º, do CPC).

7.1 A ação possessória e a petitória

A aplicação do princípio da fungibilidade tem como objetivo propiciar o tratamento adequado ao pedido formulado pela parte autora ou ré. A fungibilidade aplica-se ao pedido formulado pelo autor bem como ao pedido contraposto formulado pelo réu. Afinal, o réu também poderá pleitear a tutela possessória quando seja surpreendido pela ação material e processual formulada pelo autor. Outra é a situação quanto à aplicação do princípio da fungibilidade entre a ação possessória e a petitória. Os pedidos são absolutamente diversos. A ação possessória tem sua causa de pedir remota fundada na posse, e não na propriedade. Não há margem para a fungibilidade. O autor até poderá pedir a emenda da petição inicial, sem a anuência do réu, caso ainda não tenha sido formada a relação processual pela citação. Todavia, o juiz não poderá aplicar o art. 554 do CPC para conhecer do pedido possessório que foi fundamentado pela propriedade, e não pela posse.[103] Situação diversa, e que não reflete a aplicação do princípio da fungibilidade, reside na incidência da Súmula 487 do STF, sobre a qual falaremos oportunamente.

1973] art. 920), sendo possível, no curso da demanda, o emprego de meios contra atos de turbação efetivamente caracterizados, não obstante tenha o autor se valido de interdito proibitório, cuja função precípua é a de prevenir violação à posse. 4. Negado provimento ao apelo" (2ª Turma Cível, ACi 20040110884429, rel. Des. J. J. Costa Carvalho, *DJU* 17.10.2006, p. 84).
    102. José da Silva Pacheco, *O Atentado no Processo Civil*, cit., p. 105.
    103. TJSP: "Inadequação do interdito – Inviabilidade da conversão de pretensão possessória em petitória, com base no princípio da fungibilidade – Fundamentos jurídicos distintos, com citação consumada, superveniência de sentença e a necessidade de concordância expressa da parte adversa – Recurso não provido" (38ª Câmara de Direito Privado, ACi 0002492-51.2011.8.26.0075, de Santos, rel. Des. César Peixoto, *DJE* 18.9.2013, p. 1.725).

8. CONDIÇÕES DA AÇÃO POSSESSÓRIA

O exame das condições da ação fornece um panorama interessante e prático sobre o desenrolar do pleito possessório. As condições são tradicionalmente classificadas em: (1) interesse de agir; (2) legitimidade *ad causam*. Remetemos o leitor para os comentários relativos ao vol. I do presente *Curso*, para uma análise crítica das condições da ação pelo prisma da teoria da ação perante o Código de Processo Civil/2015.

8.1 Interesse de agir

A possibilidade jurídica do pedido foi eliminada pelo Código de Processo Civil/2015 como condição da ação, com sua absorção pelo interesse de agir (arts. 17 e 485, VI). O que não é possível revela ausência de interesse quanto à provocação da tutela jurisdicional. Sob o prisma do interesse assume papel relevante a distinção entre o âmbito petitório e o possessório. Muitas vezes o autor do pedido nunca exerceu posse e não obteve qualquer transmissão ou sucessão na posse (*acessio* ou *sucessio possessionis*). O autor poderá ter pretensão petitória, o que o legitima para ingressar com ação de imissão na posse ou ação reivindicatória. Entretanto, não terá pretensão possessória. Seu pedido será juridicamente inviável sob o prisma possessório. Ainda assim poderia surgir a seguinte indagação: não seria possível aplicar o princípio da fungibilidade nesta hipótese? A resposta é negativa, pois a incidência do princípio da fungibilidade está disciplinada no art. 554 do CPC, o qual se refere unicamente à fungibilidade no juízo possessório, conforme comentários já tecidos.

O interesse de agir qualifica-se pela demonstração, por parte do autor, da ação da *necessidade*, *utilidade* e *adequação* do procedimento possessório. Certas situações não revelam interesse de agir ainda que o conflito potencial ou efetivo possa estar caracterizado. Um exemplo clássico do Direito Alemão, e pouco comentado em nosso sistema, refere-se à composse. As relações internas entre os compossuidores pautam-se pela possibilidade do exercício comum dos atos possessórios, e qualquer restrição criada por um compossuidor é passível de proteção possessória por parte daquele que for impedido do uso e gozo da coisa comum. A existência de atos de turbação é plenamente concebível, e a restrição imposta pela lei alemã somente se justifica como uma forma de evitar a guerra coletiva entre os compossuidores (*Kampf aller gegen alle verhütet werden*). Este ensinamento prático e relevante deriva da redação do § 866 do *BGB*.[104] Sendo assim, a indicação de atos de mera turbação não demonstra o interesse de agir no âmbito possessório em situação de composse. Solução diversa ocorrerá se o caso for de esbulho.[105]

O interesse de agir também será pautado pela correspondência entre o pedido de tutela e a descrição dos fatos que embasam o pedido inicial. Todavia, devemos lembrar que na seara possessória o possuidor lesado ou ameaçado em sua posse tem o benefício da fungibilidade possessória. O procedimento postulado deverá ser adequado. O rito previsto pelos arts. 554 e ss. do CPC é exclusivo para a proteção dos bens imóveis.

8.2 Legitimidade "ad causam"

A legitimidade para o pleito possessório é deferida ao proprietário/possuidor e ao possuidor direto ou indireto. Em muitas situações o possuidor e o proprietário correspondem à mesma pessoa. Ihering construiu a teoria objetiva baseado nesta concepção. É o motivo pelo qual afirmava que a propriedade era a visibilidade do domínio. Neste caso, o art. 1.196 do CC manifesta-se em sua plenitude e confere legitimidade *ad causam* para a utilização dos interditos possessórios.

Nosso sistema também permite que a posse seja visualizada independentemente do direito de propriedade. Isto é possível porque a posse é autônoma enquanto instituto jurídico. Não resta dúvida de que a posse é um instituto afim da propriedade, pois constitui sua alma. A prova desta afirmação reside no caráter temporário dos direitos reais menores (direitos de gozo e garantia), os quais são legitimados pelo *princípio da elasticidade*. Entrementes, a posse pode sobreviver sem a propriedade. É autônoma.

O exercício autônomo da posse decorre basicamente de duas hipóteses. A primeira pautada pelo desmembramento do domínio. É o caso do art. 1.197 do CC. O proprietário aluga o bem através de um contrato de locação. O locador será o possuidor indireto, e o locatário o possuidor

---

104. Eis a redação do § 866 do *BGB*: "Besitzen mehrere eine Sache gemeinschaftlich, so findet in ihrem Verhältnisse zueinander ein Besitzschutz insoweit nicht staat, als es sich um die Grenzen des den einzelnen zustehenden Gebrauchs handelt" ("Possuindo várias pessoas a mesma coisa em comum, não é concebível em suas relações recíprocas a proteção possessória, contanto que a mesma se refira aos limites do uso de cada um" – tradução livre).

105. "Schießt ein Mitbesitzer den anderer vom Gebrauch ganz aus, so hat der ausgeschossene Teilhaber die normalen Besitzschutzrechte" ("Quando um compossuidor é excluído por outro, totalmente, do uso, então, o excluído tem os meios normais de defesa da posse" – tradução livre) (Baur e Stürner, *Sachenrecht*, § 7, p. 76).

direto. Ambos têm legitimidade para a invocação dos interditos possessórios em relação a terceiros, para a proteção da posse. A outra hipótese é quando a relação fática nasce de modo autônomo. É o que acontece na ocupação. O possuidor ocupa um bem e exerce a posse direta. Poderá, inclusive, consolidar a *possessio ad usucapionem* e ter direito de invocar a proteção publiciana.

O detentor não tem legitimidade *ad causam*, ativa ou passiva. Somente poderá se valer do desforço pessoal para a proteção da posse. Sua legitimidade é circunscrita ao uso da ação material. Caso seja alvo de uma ação reivindicatória ou possessória, o fâmulo da posse (art. 1.198 do CC) deverá cumprir o disposto no art. 338 do CPC: "Art. 338. Alegando o réu, na contestação, ser parte ilegítima ou não ser o responsável pelo prejuízo invocado, o juiz facultará ao autor, em 15 (quinze dias), a alteração da petição inicial para substituição do réu".

9. A CUMULAÇÃO DE PEDIDOS NO JUÍZO POSSESSÓRIO

O autor tem autorização para realizar a cumulação de pedidos no procedimento ordinário, conforme o art. 327 do CPC. A possibilidade da cumulação de pretensões é decorrência da necessidade de otimização da prestação da tutela jurisdicional. Entrementes, a cumulação obedece a certos requisitos. Os pedidos deverão ser homogêneos e o juiz competente para conhecer de todos os pedidos. No caso de os pedidos estarem subordinados a ritos diversos prevalecerá o rito ordinário, sem prejuízo da possibilidade de compatibilização do procedimento especial com o comum, especialmente em vista do poder conferido ao juiz pelo art. 139, VI, do CPC, o qual deverá ser usado com cautela (art. 327, § 2º, do CPC).

A cumulação no juízo possessório é especial e peculiar. No âmbito possessório esta cumulação não impede a concessão da liminar e permite que o possuidor injusto seja apenado com perdas e danos gerados pelo ato indevido de apossamento. No que tange ao exame do ato de desapossamento, muito embora a doutrina esteja voltada a repudiar a necessidade do exame do *animus spoliandi* para qualificar a existência do esbulho,[106] a questão é complexa, e necessita de ponderação, principalmente em face do pedido cumulado na forma do art. 555 do CPC. Nesta situação a indagação deve ser refeita, pois considerar a irrelevância do *animus* para a tipificação do esbulho é compreensível, porém para a imputação da

---

106. V.: Arruda Alvim *et alii*, *Comentários ao Código Civil*, cit., vol. XI, pp. 94 e ss.

responsabilidade pelas perdas e danos parece ser indispensável. A própria regra do art. 1.212 do CC parece não desmentir esta conclusão, uma vez que fixa a condição subjetiva do agente, boa-fé ou má-fé, como requisito de procedência da ação possessória. Se o possuidor estiver de boa-fé, portanto, preenchendo o suporte da boa-fé subjetiva ética, não restará outra via ao possuidor lesado senão a ação de indenização, por meio da ação de regresso. A análise da boa-fé subjetiva exige o exame da culpa; logo, nosso sistema não ignora a questão.

Não obstante, em outra formulação, o ilícito possessório poderá prescindir da demonstração da culpa ou dolo para confirmar a procedência do pleito possessório. Esta conclusão fica evidenciada na via da *tutela inibitória*, a qual prescinde da valoração da culpa e do dolo, noções vinculadas ao dano, elementos fundamentais para a averiguação da responsabilidade (art. 497, parágrafo único, *in fine*, do CPC).[107] Não há regra específica que determine a responsabilidade objetiva, para fins de ressarcimento, em caso de esbulho ou usurpação. Pontes de Miranda, ao abordar a questão referente à pretensão à indenização, relata que a responsabilidade pelo ilícito, determinada pelo art. 503 do CC/1916, não estava ligada à comprovação de culpa. O ilustre Jurista ensina que a dicção do art. 503 do CC geraria o direito à indenização pela simples constatação do prejuízo causado pelo ato de esbulho ou moléstia.[108] Sem dúvida, esta colocação abre a discussão sobre a responsabilidade do possuidor. Esta posição de Pontes acaba por qualificar a atitude do esbulhador e do turbador como um *ato-fato indenizativo*, ou seja, um "ato" humano cuja relevância estaria voltada para o "fato" produzido, o que sói acontecer em outros dispositivos elencados pelo próprio Código Civil, como o da indenização requerida em virtude de estado de necessidade, quando o agente tenha sua conduta marcada pela *aberratio ictus* (v. arts. 929 e 930 CC). No sistema alemão o § 992 estabelece que o possuidor é responsável pelos atos praticados quando sua posse é ilícita, ou seja, tomada mediante força ou por qualquer ato ilegal. Isto acaba por inserir a questão relacionada à culpa, para fins de gerar o dever de responsabilidade pela

---

107. Não podemos afirmar que a culpa e o dolo sejam elementos indispensáveis para a determinação da responsabilidade, uma vez que em inúmeras situações o dano e a consequente responsabilidade pela reparação independem do exame anímico, tal como na responsabilidade objetiva, ou na culpa presumida, como na responsabilidade pelo fato da coisa (*effusis et dejectus*).
108. "A privação da posse pelo esbulho importa a responsabilidade, ainda que sem culpa, pelo esbulhador, ou pelo sucessor universal, ou pelo sucessor *spolii conscious*. Idem, em se tratando de turbação" (*Tratado de Direito Privado*, t. X, § 1.127, p. 362).

reparação. O Código Civil atual não repete a redação do art. 503 do estatuto anterior. Carvalho Santos, seguindo o ensinamento de Tito Fulgêncio, preconizava que a solução das perdas e danos deveria ser orientada pelos princípios atinentes ao ilícito absoluto (art. 186 do CC).[109] Esta questão é importante, e assume papel relevante, pelas questões de ordem prática que acaba por produzir. Sob o ponto de vista da solução a ser adotada junto ao nosso sistema, a posição de Pontes de Miranda é mais consentânea com a *mens legis*, eis que o pedido cumulado exige apenas a comprovação do esbulho e a sentença possessória. Esta indenização está restrita aos próprios termos do ato de reintegração e manutenção, de tal forma que o terceiro que sofreu a reintegração ou manutenção restará condenado ao ressarcimento como consequência da procedência do pleito possessório. Isto acaba por transferir a eventual discussão sobre o papel do *animus*, como um pressuposto da configuração do esbulho e da manutenção da posse, uma vez que, caracterizados os atos de turbação ou esbulho, o ressarcimento seria inevitável.[110]

Isto não impede o exame de outras situações específicas em que poderão ocorrer causas para o ressarcimento pelos prejuízos mesmo sem a investigação da culpa, como aqueles decorrentes da liminar possessória que posteriormente seja revogada em decisão final, ou da sentença que não é cumprida pelo Estado. E também suscita o exame da ação de indenização de pedido amplo, que não está vinculada aos termos estritos do art. 569 do CPC.[111]

9.1 O art. 555, I, do CPC – Perdas e danos

Perdas e danos correspondem ao pedido de ressarcimento pelos danos materiais provocados pelo esbulho ou turbação e podem ser cumu-

---

109. "Justifica-se a obrigação, por parte do turbador, de indenizar o dano em face do princípio geral estatuído no art. 159: [*do CC/1916*] 'aquele que, por ação ou omissão voluntária, negligente ou imprudência, violar direito, ou causar prejuízo a outrem, fica obrigado a reparar o dano'" (Carvalho Santos, *Código Civil Brasileiro Interpretado*, vol. II, p. 144).
110. Na doutrina italiana abre-se discussão séria sobre a questão, destacando-se Deiana em repelir a investigação de qualquer atitude anímica para configurar a existência de ato de esbulho: "diciamo che *l'animus spoliandi* non rientra tra gli elementi costitutivi dello spoglio" (*apud* Massimo Bianca, *Diritto Civile*, vol. 6 (*La Proprietà*), p. 842, nota 30).
111. "A indenização pela culpa, que não tem a procedência histórica da indenização segundo o art. 503, é pela culpa aquiliana e somente prescreve em 30 anos" (atualmente em 10 anos, pela regra do art. 205 do CC) (Pontes de Miranda, *Tratado de Direito Privado*, cit., t. X, § 1.128, p. 364).

lados com o pedido principal. A cumulação prevista pelo art. 555 do CPC é especial e não desnatura a ação possessória. O juiz não poderá conhecer do pedido de ressarcimento de danos sem o requerimento expresso por parte do autor, ou do próprio réu, em caso de pedido dúplice. Apesar de o art. 555, I, do CPC fazer referência expressa a perdas e danos, com uma nítida restrição ao pedido de danos materiais, nada impede que o autor realize a cumulação com danos morais.

9.2 A cumulação de pedidos e prestações em arrendamento mercantil

As ações possessórias ganharam aplicação dinâmica no meio empresarial como forma de garantia das operações de alienação dos bens móveis e imóveis, seja pela utilização da alienação fiduciária ou pelas operações de arrendamento mercantil. A hipoteca está em desuso como instrumento de garantia, sendo rara sua utilização em operações de venda. No arrendamento mercantil (Lei 6.099/1974) ou residencial (Lei 10.188/2001) a ação possessória poderá ser utilizada como mecanismo de recuperação do bem contratado. Na operação de *leasing* de veículos até o exercício da opção de compra existe unicamente uma operação de aluguel. Sendo assim, uma vez inadimplido o contrato, sem emenda da *mora debitoris*, o credor poderá ingressar com a ação possessória e pedir a cumulação de perdas e danos, em cuja composição são inseridos as parcelas não pagas e os acessórios devidos. O mesmo pode ser dito em relação à operação de arrendamento residencial (Programa de Arrendamento Residencial/PAR) da Lei 10.188/2001, que prevê no art. 9º a necessidade da notificação extrajudicial como pressuposto para o ingresso da ação possessória, nos termos da Súmula 369 do STJ: "No contrato de arrendamento mercantil (*leasing*), ainda que haja cláusula resolutiva expressa, é necessária a notificação prévia do arrendatário para constituí-lo em mora". O mesmo entendimento é aplicado ao *leasing residencial*.[112] O pedido poderá ser formulado com a cumulação de perdas e danos, nos termos do art. 555, I, do CPC, para a inclusão das parcelas e encargos acessórios inadimplidos.

112. STJ: "Aplicando-se ao arrendamento residencial as normas relativas ao arrendamento mercantil (art. 10 da Lei n. 10.188/2001), tem-se que a 2ª Seção desta Corte já pacificou o entendimento de que constitui requisito para a propositura da ação reintegratória a notificação prévia da arrendatária, ainda que o contrato de arrendamento mercantil contenha cláusula resolutiva expressa (Súmula n. 369/STJ) – Recurso especial improvido" (3ª Turma, REsp 1.099.760-RJ, rel. Ministro Massami Uyeda, j. 7.12.2010, *DJe* 3.2.2011).

10. DANOS MORAIS EM AÇÃO POSSESSÓRIA

Os danos morais serão passíveis de comprovação em qualquer um dos pedidos, e com maior ênfase no interdito proibitório, o qual poderá ser caracterizado pela ausência de danos materiais, mas sem excluir o dano moral contra o possuidor lesado. A ameaça gera tensão e desconforto ao postulante, que poderá pleitear danos morais. A postulação de danos exclusivamente morais é viável, mas não deve ser considerada *in re ipsa*. Nada impedirá que seja cumulada a cobrança das *astreintes* que tenham sido alvo de imposição por decisão liminar ou definitiva. Os danos morais podem ser pleiteados em pedido contraposto. Em ação de arrendamento mercantil, se o réu demonstra que os valores pleiteados foram pagos e descabe a reintegração de posse ao autor, incluindo a ilicitude de sua inclusão em cadastro positivo, nada impede que o pedido contraposto aponte a posse mansa, pacífica e legítima do réu e que seja formulado o pedido de danos moral e material, uma vez que tem conexão direta com o juízo possessório. O dano moral, em respeito ao disposto à redação do art. 292, V, do CPC, deveria ser formulado em quantia determinada. No entanto, posicionamo-nos contrários à obrigatoriedade de sua indicação precisa.[113] Este entendimento destoa da razoabilidade, pois não existe tipificação ou quantificação para a formulação precisa do dano moral. Logo, eventual desacolhimento no valor pretendido não provocará sucumbência quando não for acolhido o valor sugerido, valendo o entendimento da Súmula 326 do STJ.

11. O PEDIDO DE COMINAÇÃO DE PENA PARA A CESSAÇÃO DA AMEAÇA, TURBAÇÃO OU ESBULHO

Dentre os pedidos que definem a natureza jurídica da ação possessória como uma ação especial destaca-se o pedido de cessação da ameaça, que fundamenta a ação de interdito proibitório, ou de término da turbação, nas ações de manutenção de posse, ou, ainda, o de reintegração, nos casos de perda da posse.

O fundamento para o ingresso com a ação de interdito e de manutenção gera a pretensão mandamental, pois o comando judicial terá como função compelir a parte contrária mediante a emissão de uma ordem judicial para que cessem os atos de ameaça ou de molestamento da posse.

Além do pedido de cessação, é possível que a parte já tenha sofrido a lesão, pela perda efetiva da posse. Nesta situação, pedirá a reintegração da

---

113. V. posicionamento assumido neste *Curso*, t. I, p. 931.

posse. A ação e o pedido não serão de natureza meramente mandamental. Aqui o juiz determinará a alteração da própria situação fática. Como esta alteração envolve um *plus*, ou seja, algo a mais além da mera emissão de uma ordem, classifica-se a eficácia da decisão judicial como executiva *lato sensu*. Na ação executiva *lato sensu* não há necessidade de processo de execução, pois os atos de execução são praticados dentro da relação de conhecimento.

12. A APLICAÇÃO DE MEDIDAS ESPECÍFICAS

Em todas as formas de manifestação da tutela jurisdicional da posse, que analisaremos com maior vagar à frente, é possível que o juiz venha a se valer das medidas executivas indiretas (art. 139, IV, do CPC). O art. 555, parágrafo único, prevê a possibilidade de aplicação de medida necessária e adequada para evitar nova turbação ou esbulho.

As medidas necessárias podem configurar típicas medidas executivas indiretas, como a fixação de multa para fins de coerção. Nada impede que a medida adequada seja eminentemente executiva quando necessária para assegurar o cumprimento de tutela provisória ou, mesmo, tutela final.

As *astreintes*, com origem no Direito Francês, revelam autêntico *moyen de pression* ("meio de pressão"), cujo uso na esfera civil teve sua pacificação na década de 1970, como informa a doutrina francesa.[114] Sua principal utilidade está em servir como medida de apoio para implementar as medidas judiciais necessárias ao cumprimento da tutela específica.

Em inúmeras lides, não apenas nas possessórias, a tutela específica será essencial para garantir a plena satisfação da parte que invoca a proteção jurisdicional. A principal característica das medidas de apoio revela-se em forçar ou estimular o sujeito processual a cumprir a ordem judicial. Porém, o cumprimento da medida executiva indireta não elimina a necessidade do adimplemento ou cumprimento do comando principal. Sendo assim, ainda que a parte realize o pagamento da multa fixada pelo descumprimento da ordem de reintegração, isto não eliminará a necessidade de cumprimento do pedido principal, ou seja, o dever de se retirar da área (bem imóvel) ou de restituir a posse do bem móvel.

As medidas executivas também assumem caráter atípico e são essenciais na ação de reintegração de posse. A tutela específica para a entrega do bem ao vencedor permite a combinação do art. 555, parágrafo único, II, com art. 497 do CPC.

---

114. Jean Vincent e Serge Guinchard, *Procédure Civile*, p. 412.

13. INDENIZAÇÃO DOS FRUTOS

Houve inovação perante o CPC/2015 com a previsão do art. 555, II. Não existia dispositivo expresso sobre os bens acessórios representados pelos frutos, produtos e rendimentos. Aqui se percebe a importância da boa-fé como elemento balizador da questão, cujos parâmetros são oriundos do Código Civil. O Código brasileiro não adotou a concepção objetiva da litispendência do Direito Alemão. Pelo Direito Brasileiro a indenização dos frutos somente será cabível quando cessada a boa-fé do possuidor. A indenização pela destruição ou deterioração da coisa será devida, e exigirá a demonstração da culpa. Sendo assim, a inclusão da solução preconizada pelo Direito Alemão é inviável em nosso sistema, porque não se adotou entre nós a figura do *possuidor processual*. No Direito Alemão esta figura se justifica ante a dicção do §§ 987-993, especialmente a do § 987, I: "O possuidor entregará ao proprietário as vantagens que receba após a data da litispendência". Esta previsão corresponde a uma figura específica daquele sistema, denominada de "possuidor processual" (*Der Prozeßbesitzer*), que se equipara ao possuidor de má-fé mas que com ele não se confunde. Basta a incidência da litispendência para que o possuidor de boa-fé seja obrigado à restituição posterior, condicionada, obviamente, à procedência do pleito.[115] Além do mais, esta regra aplica-se apenas em relação aos frutos, ou, como preferem os alemães, às vantagens que correspondem aos frutos (*Früchte*), somados ao proveito advindo da utilização do bem (*Nutzungen*). Não se aplica ao ressarcimento da coisa, uma vez que o possuidor de boa-fé não responde pela sua reparação naquele sistema (§ 993, *in fine*).

13.1 Frutos e vantagens. Princípio da separação

Frutos e vantagens são conceitos que precisam de diferenciação. Os frutos são delimitados, em nosso sistema, pelo *princípio da separação*. Este é o motivo pelo qual nosso ordenamento faz a fixação do momento em que nascem, nos termos do art. 1.215 do CC: "Art. 1.215. Os frutos

---

115. Com isso observa-se a objetividade da regra que ultrapassa a discussão sobre a psique do possuidor. Sobre a questão deve ser reforçada a lição de Baur, uma vez que ele será equiparado, quanto aos efeitos, ao possuidor de má-fé, "Prozeßbesitzer ist derjenige, gegen den die Klage auf Herausgabe der Sache erhoben (§ 989). *Er ist dem unredlichen Besitzer gleichgestellt*" (grifos nossos) ("Possuidor processual é aquele contra quem a demanda de restituição da coisa é proposta (§ 989). Ele é equiparado ao possuidor de má-fé – tradução livre) (Baun e Stürner, *Sachenrecht*, § 11, 5, p. 99).

naturais e industriais reputam-se colhidos e percebidos, logo que são separados; os civis reputam-se percebidos dia por dia". A interpretação dos arts. 12.14 *usque* 1.218 do CC revela uma situação confortável e estável do possuidor de boa-fé, que terá direito à percepção irrestrita dos frutos enquanto durar sua boa-fé. Cessada a boa-fé, o possuidor tornar-se-á responsável pelo ressarcimento, o que poderá ser realizado *in natura*, ou mesmo pela invocação do art. 186 do CC. Durante eventual litígio será responsável pelos frutos pendentes e por aqueles colhidos com antecipação. Desta conclusão, a pretensão do reivindicante poderá ser real ao perseguir os frutos *in natura*, ou meramente ressarcitória, caso seja buscada a reparação pelo equivalente.

Wolff explica que o direito costumeiro aplicava o princípio da reivindicação com grande energia e determinava que a devolução da coisa deveria ser realizada *cum omnis causa*. A expressão *omnis causa* englobava os proveitos (*Nutzungen*) auferidos no tempo em que a parte permaneceu na posse da coisa bem como os eventuais prejuízos que tivessem sido provocados pela fruição da *res*.[116]

14. O PEDIDO DE MEDIDA NECESSÁRIA AO CUMPRIMENTO DA TUTELA ANTECIPADA OU FINAL: DEMOLIÇÃO DE CONSTRUÇÃO OU ELIMINAÇÃO DE PLANTAÇÕES

O art. 555, parágrafo único, do CPC foi mais técnico, e incorporou em sua redação a norma aberta da tutela específica. O Código de Processo Civil anterior determinava como medidas executivas de recuperação da posse a demolição da construção ou a eliminação da plantação. Eram medidas naturais em decorrência da reintegração na área, que até então estava ocupada. Todavia, a reintegração poderá ocorrer sem a demolição ou a eliminação de plantação, mas poderá exigir outras medidas executivas.

Isto não afasta a possibilidade de eliminação de uma plantação ou construção. Todavia, estas medidas drásticas somente são possíveis em decorrência da procedência do pedido de reintegração de posse; afinal, a existência de uma construção ou plantação pressupõe estabilidade fática. Não será possível em caso de ameaça ou turbação, pois nestas duas situações o possuidor ameaçado ou lesado não perdeu a posse efetiva sobre o bem.

116. Wolff, *Tratado de Derecho Civil – Derecho de Cosas*, t. III, vol. I, pp. 578-579.

O Código Civil brasileiro protege o possuidor de boa-fé quando o bem lhe tenha sido transmitido sem o conhecimento prévio sobre o esbulho anterior. É a interpretação teleológica do art. 1.212: "Art. 1.212. O possuidor pode intentar a ação de esbulho, ou a de indenização, contra o terceiro, que recebeu a coisa esbulhada sabendo que o era". Logo, se não sabia, a ação possessória não pode ser intentada. Isto não imuniza o terceiro de boa-fé quanto à ação reivindicatória. O art. 1.247 do CC deixou claro que o terceiro, ainda que de boa-fé, deverá devolver o bem quando cancelado o registro. Sendo assim, se o terceiro não tiver a usucapião a seu favor, não poderá manter a posse sobre o bem. Contudo, no âmbito possessório sua situação está garantida.

Outro ponto que merece exame em relação ao pedido cumulado previsto pelo art. 555 do CPC diz respeito à natureza jurídica das construções ou plantações. Seriam *benfeitorias* ou *acessões*? Referida diferenciação teria alguma diferença sob o ponto de vista prático? A resposta exige uma diferenciação entre os institutos, o que será objeto de análise *infra*.

15. *A OCUPAÇÃO DE BENS PÚBLICOS*

Quando o litígio possessório envolve bem público não há possibilidade de manutenção da ocupação ilícita representada pela posse não causal em relação ao Poder Público. O posicionamento do STJ sobre o tema não permite a defesa possessória sob a ótica da ocupação.[117] A invasão de bem público é tratada como detenção em relação ao ocupante, o que impede sua permanência no local. Todavia, nem sempre a ocupação de bem público será ilegal.[118] É possível que a ocupação seja legítima, pela

117. STJ: "De acordo com a jurisprudência do STJ, a ocupação de bem público não gera direitos possessórios, mas mera detenção de natureza precária. 2. Pedido de indenização por benfeitorias que se afasta ante a não caracterização da posse no presente caso" (4ª Turma, AI no REsp 1.448.907-DF, rela. Min. Maria Isabel Gallotti, j. 16.3.2017, *DJe* 21.3.2017).
118. STJ: "Posse de bem público ocupado sem permissão – Inviabilidade – Liminar em ação de reintegração de posse, tendo por objeto área ocupada há mais de ano e dia – Possibilidade. 1. O art. 1.208 do CC dispõe que 'não induzem posse os atos de mera permissão ou tolerância assim como não autorizam a sua aquisição os atos violentos, ou clandestinos, senão depois de cessar a violência ou a clandestinidade'. 2. A jurisprudência, tanto do STJ quanto do STF, é firme em não ser possível a posse de bem público, constituindo a sua ocupação mera detenção de natureza precária. 3. Portanto, no caso vertente descabe invocação de 'posse velha' (art. 924 do CPC [*de 1973*]), para impossibilitar a reintegração liminar em bem imóvel pertencente a órgão público. 4. Recurso especial não provido" (REsp 932.971 (2007/0048907-8), rel. Min. Luís Felipe Salomão, *DJe* 26.5.2011).

existência de concessão da posse em regime de ocupação ou concessão. A Lei 9.636/1998 regulamentou a utilização dos imóveis públicos da União, criando um regime de regularização fundiária para legitimar as posses, por meio de pagamento de laudêmio ao Serviço do Patrimônio da União/SPU. Para as situações em que a ocupação é regular a dissociação entre a posse indireta (União) e a direta (do particular) torna-se legítima e admite a utilização dos interditos.

15.1 A boa-fé na ocupação de bens públicos

Como consequência desta distinção, é possível afirmar que as acessões ou benfeitorias construídas por ocupantes irregulares, meros detentores, não gera a possibilidade de qualquer indenização.[119] Todavia, este ponto é sensível, pois a boa-fé no campo do direito público não pode ser desconsiderada, como em situações em que área havia sido regularizada pelo Município e posteriormente se descobre que pertence ao Estado ou à União Federal. A origem da ocupação, com lastro na boa-fé do ocupante, pode conduzir ao processo de legitimação da posse.

A jurisprudência atual do STJ começa a trabalhar o tema da boa-fé na seara do direito público e reconhece que sua configuração irretorquível permite que o particular possa requerer a indenização. Admite-se uma aplicação diferenciada da boa-fé, em vista da necessidade de compatibilizar o princípio da presunção da boa-fé com o princípio da indisponibilidade do interesse público. Por este motivo, o STJ exige a demonstração inequívoca da boa-fé pelo assentimento do Poder Público na ocupação para que o direito de indenizar reste configurado.[120]

119. STJ: "'Se o direito de retenção ou de indenização pelas acessões realizadas depende da configuração da posse, não se pode, ante a consideração da inexistência desta, admitir o surgimento daqueles direitos, do que resulta a inexistência do dever de se indenizar as benfeitorias úteis e necessárias' (REsp. n. 863.939-RJ, rela. Min. Eliana Calmon, 2ª Turma, *DJU* 24.11.2008). 3. Recurso especial não provido" (2ª Turma, REsp 1.194.487 (2010/0088338-6), rel. Min. Mauro Campbell Marques, *DJe* 25.10.2010).
120. STJ: "'A ocupação, a exploração e o uso de bem público (...) só se admitem se contarem com expresso, inequívoco, válido e atual assentimento do Poder Público, exigência inafastável tanto pelo administrador como pelo juiz, a qual se mantém incólume, independentemente da ancianidade, finalidade (residencial, comercial ou agrícola) ou grau de interferência nos atributos que justificam sua proteção. (...). Na falta de autorização expressa, inequívoca, válida e atual do titular do domínio, a ocupação de área pública é mera detenção ilícita (...) A apropriação, ao arrepio da lei, de terras e imóveis públicos (...), além de acarretar o dever de imediata desocupação da área, dá ensejo à aplicação das sanções administrativas e penais previstas na legislação,

15.2 Ocupação do bem público com disputa entre particulares

Questão diversa diz respeito à possibilidade de utilização dos interditos por particular para a defesa da posse sobre o bem público em relação a outro particular. A utilização dos interditos não deve ser vedada, uma vez que reconhecida a função social da posse na ocupação. A impossibilidade de usucapião dos bens públicos ou, mesmo, a estabilização da posse em relação ao Poder Público não impedem que a disputa entre particulares seja pacificada por meios dos remédios possessórios. Este entendimento, defendido por nós anteriormente em trabalho específico,[121] acabou sendo encampado pelo STJ.

16. AS ACESSÕES E BENFEITORIAS E A INVERSÃO DO PRINCÍPIO "SUPERFICIES SOLO CEDIT"

A acessão é modo de aquisição da propriedade. As acessões podem ser *naturais* ou *industriais*. Apenas estas últimas nos interessam para o presente exame, porque são fruto do trabalho humano. As industriais são classificadas em *construções* e *plantações*.

As acessões não são bens imóveis acessórios, pois definem a utilidade econômica do solo. Uma casa define que o terreno será para uso residencial. Do mesmo modo, um prédio comercial define o uso econômico do bem. As benfeitorias são acréscimos por obra do homem, que visam a melhorar a utilidade do bem ou, mesmo, ao seu aformoseamento.

Ponto que não pode passar despercebido situa-se na disciplina do princípio *superficies solo cedit* pelo Código Civil. A inversão deste prin-

---

bem como à obrigação de reparar eventuais danos causados. Inexiste boa-fé contra expressa determinação legal. Ao revés, entende-se agir de má-fé o particular que sem título expresso, inequívoco, válido e atual ocupa imóvel público, mesmo depois de notificação para abandoná-lo, situação típica de esbulho permanente, em que cabível a imediata reintegração judicial. Na ocupação, uso ou exploração de bem público a boa-fé é impresumível, requisitando prova cabal a cargo de quem a alega. (...). Na gestão e controle dos bens públicos impera o princípio da indisponibilidade, o que significa dizer que eventual inércia ou conivência do servidor público de plantão (...) não tem o condão de, pela porta dos fundos da omissão e do consentimento tácito, autorizar aquilo que, pela porta da frente, seria ilegal (...)" (REsp 808.708-RJ, rel. Ministro Herman Benjamin, 2ª Turma, DJe 4.5.2011) 7. Recurso especial provido para reconhecer o dever dos recorridos de indenizarem ao Município desde a data das notificações para desocupação voluntária até a data da efetiva liberação da área pública, devendo o montante ser apurado com base no valor locativo do imóvel, como se apurar em liquidação" (2ª Turma, REsp 1.370.254-SP, rel. Min. Herman Benjamin, j. 8.11.2016, DJe 29.11.2016).
121. Fabio Caldas Araújo, *Posse*, Rio de Janeiro, Forense, 2007, p. 259.

cípio permite que o construtor possa barrar a pretensão real pelo comprovado exercício da função social. A mesma questão deve ser indagada perante o juízo possessório, especialmente em vista do art. 1.258 do CC. Sendo assim, mesmo quando a posse for julgada procedente, ainda que o ocupante e o construtor estejam de má-fé, a função social da posse poderá prevalecer, como ilustra o paragrafo único do art. 1.258 do CC: "Pagando em décuplo as perdas e danos previstos neste artigo, o construtor de má-fé adquire a propriedade da parte do solo que invadiu, se em proporção à vigésima parte deste e o valor da construção exceder consideravelmente o dessa parte e não se puder demolir a porção invasora sem grave prejuízo para a construção". Deste modo, em tese será possível que o possuidor indenize as perdas e danos em montante global, com possibilidade de adquirir o bem imóvel. Por este motivo, a indenização do art. 555, I, do CPC pode englobar pedido de ressarcimento pelo reconhecimento da impossibilidade de restituição ao *status quo ante*. O pedido também pode ser formulado pelo réu, que demonstrará a impossibilidade fática de procedência do pleito possessório.

17. A VETUSTA *"EXCEPTIO DOMINI"*

A proibição da alegação do domínio em demandas possessórias precisa de releitura no sistema jurídico atual. O art. 557 do CPC impede que no juízo possessório sejam suscitadas questões atinentes ao domínio. Esta proibição advém do Direito Romano. A impossibilidade de discussão do domínio em ações possessórias tinha justificativa na maior dificuldade de comprovação da titularidade dominial. Isto acontecia pela inexistência do regime tabular, ou seja, a inexistência do registro de imóveis, cuja sistemática foi inaugurada pelo Direito Alemão. A comprovação do domínio nos Países que não adotaram o regime de transmissão da propriedade pelo registro ainda sofre este problema, como Itália, França e Portugal. Nestes sistemas a transmissão da propriedade e sua comprovação estão sujeitas à *prova diabolica*. Isto ocorre porque a titularidade da propriedade não está declarada e registrada em um ofício público e depende da verificação da legitimidade das transmissões anteriores, pelo menos até o prazo de consumação da usucapião em favor do transmitente.

Em nosso sistema, atualmente, a situação é inversa. A propriedade se adquire pelo registro (art. 1.245 do CC). Sua comprovação é muito mais simples e célere que a da posse. A posse exige a demonstração de uma *situação fática*. O domínio, de uma *situação jurídica*. Impedir o proprietário de alegar o domínio em face de uma invasão que não está respaldada por qualquer relação jurídica prévia é impedir o exercício de um direito fundamental, assegurado pelo art. 5º, *caput*, da CF/1988.

Pensar de outra forma seria submeter o proprietário a uma duplicação estéril de procedimentos. Isto violaria outro princípio constitucional, o da duração razoável do processo. A duração razoável de um processo não pode ser visualizada apenas no aspecto temporal de uma demanda, mas no tempo de efetiva pacificação do conflito social.

É evidente que esta situação não se aplica aos casos em que ocorre o desmembramento legítimo da propriedade e da posse. Em situações como aquelas exemplificadas pelo art. 1.197 do CC de nada adiantará a alegação do domínio. É o caso do desmembramento da posse (em direta e indireta) quando esteja suportada por relação jurídica prévia. A comprovação e a alegação do domínio em nada beneficiarão o possuidor indireto caso este seja alvo de um interdito proibitório. O importante é realizar a leitura do dispositivo dentro de uma nova concepção, pois sua interpretação ainda está atrelada aos princípios que orientaram seu surgimento há mais de 2.000 anos.

É importante frisar que o CC, através da redação do art. 1.210, § 2º, reafirmou a separação entre o juízo petitório e o possessório: "§ 2º. Não obsta à manutenção ou reintegração na posse a alegação de propriedade, ou de outro direito sobre a coisa". Alguns autores ainda insistem na experiência estrangeira, notadamente na italiana, para reforçar o argumento da separação entre o juízo petitório e o possessório. O que não observam estes doutrinadores é que no Direito Italiano a transmissão da propriedade não se faz pelo registro, mas pelo mero consenso. A transmissão se dá pelo sistema consensualista. De qualquer modo, o art. 557 do CPC continua sendo aplicado e não sofrerá modificação perante o Código de Processo Civil/2015. Por este motivo, a defesa da posse não pode ser efetuada com base no direito de propriedade, exceto na situação que será verificada em seguida.[122]

---

122. Cuja aplicação foi reafirmada pelo STJ: "A rigor, não se encontra dissenso interpretativo nos acórdãos confrontados, pois em ambos admite-se a discussão do domínio, em ação possessória, se com base nele a posse estiver sendo disputada. A propósito, no voto-condutor do acórdão embargado, a eminente Min. Isabel Gallotti expressamente consignou a aplicabilidade da Súmula n. 487/STF: 'Corroborando essa afirmação, a sentença esclarece que ambos os litigantes disputam a posse com base em títulos exarados pela União, passando, então, a examinar a exceção de domínio (fls. 555), a qual resolveu em favor do Estado. (...) Segundo a Súmula n. 487 do STF, 'será deferida a posse a quem, evidentemente, tiver o domínio se com base neste for disputada' (...)'" (Corte Especial, AgR nos EREsp 471.172-SC, rel. Min. Herman Benjamin, j. 4.3.2015, *DJe* 7.5.2015).

18. A SÚMULA 487 DO STF

Ainda que prevaleça em nosso sistema a orientação que veda a "contaminação" do juízo possessório com o petitório, o STF acabou abrindo uma exceção, para permitir o julgamento da ação possessória em favor daquele que detiver o domínio, quando a posse for disputada por dois contendores com base em título dominial. Este entendimento foi cristalizado pela Súmula 487: "Será deferida a posse a quem, evidentemente, tiver o domínio, se com base neste for ela disputada".

Sem dúvida, a posse, atualmente, não pode ser disputada com base no domínio, mas se ambos os contendores não comprovarem a posse e alegarem o domínio a Súmula 487 do STF terá incidência. Muito embora o domínio tenha função *colorandam possessionis*, nesta situação excepcional o título servirá de anteparo ao julgador e permitirá que a tutela jurisdicional seja prestada de modo adequado e útil. Seria formalismo exacerbado exigir que o juiz extinguisse a demanda e obrigasse as partes a ingressar no juízo petitório.[123]

18.1 A ação de usucapião ou de postulação do domínio na pendência de ação possessória

A existência de ação possessória impede a propositura de ação que tenha como objeto o reconhecimento de domínio. Trata-se da aplicação do art. 557 do CPC. Esta interpretação é incorreta, pois o reconhecimento do domínio por meio da ação de usucapião tem objeto diverso, uma vez que o pedido e a decisão judicial não tem eficácia executiva, apenas declaratória. O correto seria que a vedação atingisse apenas as ações com eficácia executiva *lato sensu*.[124]

---

123. STJ: "A posse será concedida com base no domínio quando a disputa estiver nele fundada – Precedentes deste Tribunal e do STF (Súmula n. 487/STF). 4. Encontrando-se o acórdão impugnado no recurso especial em consonância com o entendimento deste Tribunal, incide o enunciado da Súmula n. 83/STJ. 5. Agravo regimental a que se nega provimento" (AgR no AI 1.351.988 (2010/0169188-4), rela. Min. Maria Isabel Gallotti, *DJe* 27.8.2012, p. 1.014).

124. O que não corresponde ao entendimento do STJ: "Esta Corte Superior já decidiu que em sede de ação possessória é inviável a discussão a respeito da titularidade do imóvel, sob pena de se confundir os institutos, ou seja, discutir a propriedade em ação possessória – Precedentes. Na pendência do processo possessório é vedado tanto ao autor como ao réu intentar a ação de reconhecimento de domínio, nesta compreendida a ação de usucapião (art. 923 do CPC [*de 1973*]) – Agravo regimental não provido" (4ª Turma, AgR no REsp 1.389.622-SE, rel. Min. Luís Felipe Salomão, j. 18.2.2014, *DJe* 24.2.2014).

A propositura da ação de domínio é vedada em nosso sistema. Acontece que na ação possessória, muito embora possa ser vedada a declaração da usucapião, o juiz não pode impedir o reconhecimento dela como fundamento de comprovação da melhor posse. A posse *ad usucapionem* configura *posse publiciana*, que é de melhor qualidade e deve ser reconhecida quando se analisa a disputa possessória. Esta análise não se confunde com a declaração do domínio, que não será efetuada no juízo possessório.

19. O PROCEDIMENTO DO JUÍZO POSSESSÓRIO

O que realmente diferencia o procedimento possessório é a primeira fase (arts. 558, parágrafo único, e 566 do CPC). A especialidade do procedimento procura compatibilizar a força do possível comando liminar expedido pelo juiz em caso de procedência do pedido de tutela provisória com os efeitos fáticos provocado pela ordem de desocupação.

O Código de Processo Civil/2015 ainda disciplinou de modo diferenciado os atos de comunicação processual e o procedimento da tutela provisória para os conflitos coletivos, o que representa grande inovação e atualização do texto processual. O conflito coletivo é uma realidade, e a disciplina de cumprimento do comando judicial de desocupação envolve questões que ultrapassam a análise da ilicitude da ocupação. É o que justifica a previsão do art. 554, §§ 1º *usque* 3º, bem como o disposto no art. 565, *caput* e §§ 1º-4º, do CPC.

Independentemente da natureza do litígio (individual ou coletivo), o pedido formulado em cognição sumária deverá apresentar os subsídios necessários para que a tutela provisória possa ser analisada. A impossibilidade de apresentação de todas as provas ou, mesmo, a dúvida judicial fundada abrirão a possibilidade de realização da audiência de justificação da posse, para esclarecer qualquer dado que tenha ficado obscuro na apresentação da causa de pedir. Ultrapassado este *iter*, o procedimento converter-se-á em ordinário. Daí não existir qualquer inconveniente na intervenção de terceiros.[125] A nomeação à autoria foi abolida pelo Código de Processo Civil/2015 como figura autônoma, mas seu uso otimizado está realocado para a figura prevista pelos arts. 338 e 339. Sua utilização no juízo possessório será importante pelas dificuldades práticas em diferenciar, em muitas situações, o detentor da pessoa do possuidor. A base normativa do art. 338 do CPC está fundada na *aparência jurídica*.

---

125. V. nosso estudo *Intervenção de Terceiros*, p. 408.

À utilização de ações concorrentes e incidentais, como a oposição (art. 682 do CPC), poderia ser colocado algum obstáculo caso o opoente suscitasse matéria relacionada ao domínio. Tudo em virtude da regra do art. 557 do CPC, que, em nosso sentir, precisa de uma releitura (v. *infra*).

Para o pedido de tutela possessória relacionada aos bens móveis e semoventes não há procedimento especial, sem prejuízo da aplicação dos dispositivos gerais, como já mencionado, e desde que não tenha sido utilizado o procedimento sumariíssimo da Lei 9.099/1995. A tutela dos bens móveis poderá ser realizada pelo procedimento comum, e para alguns casos específicos assume grande repercussão prática, como nos contratos de arrendamento mercantil de veículos.

19.1 Litígio possessório coletivo e peculiaridades do procedimento

O procedimento possessório coletivo exige medidas diferenciadas para a concessão da tutela provisória (art. 565) e para a formação da relação processual (art. 554, §§ 1º-a 3º).

A posse coletiva exige definição sobre a legitimação processual passiva. A coletividade que estará no polo passivo poderá ou não ter personalidade jurídica, mas sempre terá ao menos *personalidade judiciária*. O movimento social que possua personalidade sedimentada por associação será integrado ao processo por meio do seu representante legal nominado no estatuto social de constituição. Não existindo a constituição formal, o ente coletivo será integrado pelos seus representantes de fato para fins do art. 75, IX, do CPC.

Nas situações de ameaça, turbação ou esbulho a formação da relação processual coletiva dependerá da citação pessoal do ente coletivo na pessoa dos seus representantes. Sob o ponto de vista fático não é possível que o Sr. Oficial de Justiça cumpra em sua literalidade a dicção do art. 554, § 1º, do CPC. Obviamente, se forem poucas pessoas ou famílias, a citação e a intimação poderão ser individualizadas. No entanto, em situações de invasões massivas, com número indeterminado de pessoas, não se permitirá outra solução além da integração por meio de representantes. A comunicação há de ser feita em relação aos representantes legais ou fáticos da coletividade. Os demais ocupantes serão citados por edital.

A citação por edital tem como fim conferir publicidade aos ocupantes. A dinamicidade de uma ocupação coletiva é marcada pelo fluxo contínuo de pessoas. A indeterminação quanto ao número exato de pessoas no local é que faz com que o procedimento edital seja importante para aperfeiçoar o ato de integração processual.

Nas diligências de cientificação muitos expedientes podem ser utilizados pelo juiz para a publicidade da ação (art. 554, § 3º), como a utilização de anúncios em jornal ou rádio local, a afixação de cartazes no local do acampamento ou de retirada e distribuição de cestas básicas comunitárias no Município – enfim, todos os meios hábeis que possam ser úteis para a publicidade ampla. A circulação por jornais e mesmo a inserção digital não devem ser descartadas. Aqueles que ingressarem na área após a citação cometem, em tese, atentado, e sua posição jurídica não pode ser admitida ou legitimada depois que o objeto se tornou litigioso, motivo pelo qual estão subjugados à força da decisão judicial. Para tanto, o art. 554, § 3º, do CPC estabelece a necessidade de ampla publicidade: "§ 3º. O juiz deverá determinar que se dê ampla publicidade sobre a existência da ação prevista no § 1º e dos respectivos prazos processuais e, para tanto, poderá valer-se de anúncios em jornal ou rádio locais, da publicação de cartazes na região do conflito, e de outros meios". A decisão judicial final terá eficácia *erga omnes* e atingirá todos que estiverem sobre a área.

Por este motivo, o edital para fins de cumprimento da finalidade do art. 554, § 1º, deve ser direcionado para os terceiros certos e os incertos, uma vez que as pessoas que eventualmente ingressarem no local serão atingidas pela decisão. Isto aproxima a *citação por edital* do *procedimento edital* previsto pelo art. 259, III, do CPC. Nada impede que ambos os editais sejam expedidos.[126] O procedimento edital visa a imunizar a decisão judicial e operar o efeito estabilizador em relação a todos os potenciais interessados na decisão judicial.

Outro ponto importante é que, com o fim de não procrastinar o andamento do feito, a citação pessoal exige que o Sr. Oficial de Justiça compareça ao local por uma única vez, pois a publicidade adicional será realizada pela publicação do edital (art. 565, § 2º). Isto impede que o oficial tenha que retornar no local quando observe a presença de pertences mas a ausência momentânea de parte dos ocupantes. O conflito possessório não deve ser eternizado, em vista das maiores dificuldades de implementação prática da ordem judicial quando o conflito se prolonga.

O reconhecimento do interesse coletivo faz com que a presença do Ministério Público seja essencial. Mesmo que não existisse a previsão específica do art. 554, § 1º, do CPC para o acompanhamento da relação

---

126. Sobre a importância do procedimento edital: Jacy de Assis, *Processos de Procedimento Edital*, pp. 48-103.

processual que envolva conflito coletivo, sua participação seria exigida pelo art. 178, III. A presença do Ministério Público é importante e traz maior chance de solução consensual, pela sua atividade de colaboração na relação processual.

A Defensoria Pública também será chamada para as situações em que a coletividade seja marcada pela hipossuficiência econômica. Nada impede que parte dos ocupantes seja defendida por advogados constituídos e outra parcela pela Defensoria. Muitos movimentos sociais contam com advogados próprios, o que dispensará a presença, quando assumam a defesa da coletividade. Aqui surge um problema quanto à representação. Como se trata de organização de fato, a lista oferecida pelo próprio movimento, que, via de regra, é organizado, servirá como demonstração para a coesão do movimento e como meio de legitimar a capacidade postulatória para fins do art. 75, IX, do CPC.

Não existindo representação processual, o que também acontece em muitas situações, a presença da Defensoria será essencial para a proteção dos hipossuficientes. A ausência de defensor público exigirá que o juiz realize a nomeação de defensor dativo, uma vez que o contraditório regular exige a defesa técnica. Nesta nomeação deverão ser analisadas a coesão do movimento e a suficiência quanto à nomeação de um único causídico para toda a coletividade.

20. CONCESSÃO DA TUTELA DE URGÊNCIA

O art. 562 do CPC permite a tutela de urgência no campo possessório, porém condiciona sua concessão ao preenchimento dos requisitos específicos, os quais não se confundem com a previsão dos arts. 294, 300 e 311 do CPC. Isto não significa que o regime geral da tutela de urgência e de evidência não dialogue com o procedimento especial. A interação é salutar e necessária. No entanto, a concessão da tutela liminar possessória submete-se a requisitos peculiares.

A liminar possessória não deixa de ser classificada como uma tutela de urgência, posto que antecipa o mérito em favor do autor. Ela é concedida com caráter satisfativo, muito embora seja deferida com base em cognição sumária com demonstração essencial da posse violada ou ameaçada. Seu requisito elementar está fundado na atualidade da posse violada. Ultrapassado o prazo de ano e dia, a posse não será nova; logo, será aplicado o procedimento comum para o processamento do feito (art. 558 do CPC).

21. PETIÇÃO INICIAL E A LIMINAR

A petição inicial no procedimento possessório obedecerá às regras gerais do art. 319 do CPC, sem prejuízo das regras específicas do juízo possessório, como estabelece o art. 555. O autor deverá descrever a qualificação das partes e expor os elementos fundamentais do libelo: causa de pedir e pedido. A causa de pedir é informada pela causa de pedir remota e próxima. Na causa de pedir remota o autor fará a exposição da origem da posse. A *causa possessionis* pode ser demonstrada de modo variado. A ocupação, a aquisição contratual, o registro, podem ser elementos para a origem da posse. Importante frisar que o registro, por si só, demonstra apenas a propriedade. Nada impede que a parte seja proprietária e possuidora. A causa de pedir próxima revela o fundamento jurídico que justifica a proteção possessória, inclusive com a indicação da proteção jurídica a ser requerida (ameaça, turbação, esbulho). O pedido mediato será informado pela proteção ao bem jurídico indicado e o pedido imediato com descrição da tutela jurisdicional requerida (inibição, manutenção ou reintegração). Deve ser lembrado que o juiz poderá aplicar a fungibilidade possessória (art. 554 do CPC).

A petição poderá conter o pedido de liminar possessória que encontra conformação no art. 562 do CPC. No entanto, é no art. 561 que iremos encontrar os requisitos necessários para que a tutela de urgência possa ser concedida, ainda que em grau de cognição sumária com base no procedimento especial.

Para a concessão da liminar a ameaça ou violação à posse consiste em requisito essencial vinculado à causa de pedir remota, pois a posse constitui fato jurídico originário do direito do autor. O autor deverá demonstrar o ato lesivo praticado pela parte contrária (art. 561, II, do CPC). Ele consistirá no apontamento da ameaça, esbulho ou turbação. Será essencial que estes atos tenham sido praticados há menos de ano e dia. Isto configura posse nova que está apta para a proteção possessória. Daí a necessidade de indicação precisa da data do esbulho ou da turbação. A causa de pedir próxima é que conterá a descrição do esbulho ou da turbação, com a descrição da perda da posse e a necessidade da medida de urgência, sob pena do perigo da demora.

A causa de pedir demonstrará a probabilidade do direito afirmado, bem como a urgência da medida, sob pena de ineficácia do provimento final.

Quando o possuidor lesado não tomar qualquer atitude no prazo de ano e dia, a liminar possessória não poderá ser concedida com base no art. 562 do CPC. O pedido deverá ser requerido com base na tutela de urgência genérica do CPC, com fundamento nos arts. 294 e ss. A exigência do prazo de ano e dia, contemplada pelo art. 558 do CPC, encontra suas raízes no Direito Romano. Atualmente, em vista da expansão dos meios de cientificação e da própria transformação operada nos meios de comunicação dos atos processuais, não resta dúvida de que este prazo deveria ser amenizado, ou até eliminado. Não há lógica, dentro de um período que permite a comunicação instantânea por diversos meios eletrônicos, em estabelecer o prazo de inércia de um ano para que o possuidor tome as medidas necessárias para a defesa de sua posse. No entanto, o Código de Processo Civil não modificou este ponto, na medida em que mantém o prazo de ano e dia, nos termos do art. 558: "Art. 558. Regem o procedimento de manutenção e de reintegração de posse as normas da Seção II deste Capítulo quando proposta dentro de ano e dia da turbação ou do esbulho afirmado na petição inicial"; passado esse prazo, "será comum o procedimento, não perdendo, contudo, o caráter possessório" (§ 1º). Por outro lado, o texto reforça o entendimento de que o prazo ânuo não é decadencial quanto ao pleito possessório, como acontece em outros Países.[127] A perda do prazo torna o procedimento ordinário e não modifica o caráter possessório da demanda. Em outras palavras: ainda que o rito seja ordinário, as regras especiais são aplicáveis, como cumulação de pedidos, fungibilidade possessória, proibição da alegação de domínio – dentre outras matérias.

Nada impede que o pedido liminar também possa ser fundamentado na tutela de evidência, uma vez que sua aplicação é perfeitamente possível, como no art. 311, I, do CPC. O abuso de direito de defesa pode ser facilmente configurado na hipótese em que o autor perde o prazo de ano e dia. Isto não significa que sua posse não será de melhor qualidade, mesmo sem o direito de liminar pela urgência. Um exemplo simples é a demonstração de posse publiciana.

21.1 A negativa da liminar e as alternativas do autor

O juiz poderá negar a concessão da liminar quando os requisitos do art. 561 do CPC não estejam demonstrados. O autor poderá confessar que o esbulho ocorreu há dois anos; logo, não será hipótese de concessão de liminar possessória. Tal fato não impede que novo pedido seja realizado, com base no art. 294 do CPC.

127. Sobre o ponto, v. nosso estudo *Posse*, cit., p. 85.

O descumprimento notório dos requisitos essenciais autoriza o indeferimento *in limine*. Todavia, caso o magistrado não se convença ou tenha dúvidas sobre os fatos alegados na inicial, deverá marcar audiência de justificação da posse, nos termos do art. 562.

21.2 A audiência de justificação da posse

No procedimento possessório existe a previsão da realização de audiência de justificação da posse. Este procedimento também existe no procedimento ordinário quando o juiz não se convence dos elementos anexados na petição inicial para a concessão da liminar (*inaudita altera parte*), conforme previsão do art. 300, § 2º, do CPC. No juízo possessório o convencimento do magistrado decorre da demonstração da posse esbulhada, turbada ou ameaçada. A cognição exige a apreciação de elementos fáticos. Por este motivo, quando a petição não está acompanhada dos documentos que gerem os elementos mínimos de convencimento, surge a necessidade de uma audiência para a comprovação deste substrato mínimo.

Na audiência de justificação da posse há um contraditório mitigado, ou seja, o ato de instrução é realizado em benefício do autor. Nesta fase o processo ainda não gerou a formação da relação processual. O ato tem como objetivo instruir a petição inicial, para permitir que o juiz possa deliberar em audiência sobre a concessão ou não da liminar. Por este motivo, sempre quando o juiz estiver em dúvida a audiência deve ser designada. Obviamente, existem situações em que o petitório permite que o juiz indefira de plano a liminar, o que não tornará viável sua realização.

Neste ato de justificação o réu será cientificado, ou seja, intimado. O CPC fala em citação, nos termos do art. 562. Todavia, o réu é literalmente convidado a participar do ato. Ele não poderá arrolar testemunhas, mas poderá contraditar aquelas que forem trazidas pelo autor e participar da oitiva. Somente depois da deliberação sobre a liminar o réu é citado para apresentar a resposta. É desejável que o juiz decida sobre a liminar na audiência, pois o réu será citado neste ato para apresentação de sua defesa, bem como intimado da liminar para fins recursais. Se o processo for concluso para o gabinete, somente depois da decisão o autor deverá providenciar a citação do requerido.

A decisão judicial que delibera sobre a liminar está sujeita ao recurso de agravo de instrumento. Este ato instrutório é preliminar, portanto, antecede a formação do contraditório. O réu será citado (*rectius*, intimado) para acompanhar o ato, pois este ato de instrução tem como objetivo dar uma última chance ao autor para comprovar que tem direito à concessão da liminar. O réu não poderá alegar cerceamento de defesa, pois ainda nem está inserido no processo; portanto, é óbvio que não existe contraditório pleno na audiência de justificação. O réu não poderá produzir nenhuma prova, apenas realizar contraditas e reperguntas às testemunhas colacionadas pelo autor.[128]

Como já afirmado, no final da audiência o juiz poderá conceder ou negar a liminar. Caso conceda, o réu será citado no termo da audiência para oferecer a contestação. O juiz ainda determinará a expedição imediata do mandado liminar quando conceder a tutela provisória.

O termo de audiência contará para fins de fluência da contestação e do prazo para o recurso de agravo por instrumento. O agravo por instrumento caberá em ambas as situações. Em caso de concessão (pelo réu) ou em caso de negativa (pelo autor). Ambas as hipóteses estão fundamentadas em situações de urgência que justificam a utilização desta modalidade de recurso.

O pedido de liminar que envolver pessoa jurídica de direito público não será deferido sem a concessão de prazo prévio de manifestação (art. 562, parágrafo único, do CPC). A desocupação liminar de ente público poderá ser desnecessária e prejudicial ao interesse coletivo. O prazo visa a demonstrar a natureza da ocupação, que poderá revelar a inviabilidade primária do pedido formulado.

21.3 Concessão de liminar em litígio possessório coletivo e a relatividade do prazo de ano e dia

A concessão da liminar em juízo possessório coletivo está modulada pelo art. 565, *caput* e §§ 1º-4º, em vista das repercussões sociais e econômicas que envolvem a desconstituição fática de uma composse diferenciada.

Pela leitura do art. 565, *caput* e seu § 1º, conclui-se que a lei processual torna necessária a audiência de mediação quando há uma sedimentação da ocupação coletiva. A mediação visa a possibilitar uma solução adequada, que não se resume ao simples deslocamento físico dos ocupantes para fora da área invadida. Nossa experiência de mais de duas décadas na Magistratura, com exame de várias situações de invasões coletivas, revela que o esbulho, quando não é alvo de reação imediata por parte do

---

128. Neste sentido: Nelson Nery Jr., *Código de Processo Civil Comentado e Legislação em Vigor*, cit., p. 1.178.

esbulhado, tende a dificultar enormemente a desocupação, em algumas situações tornando-a inviável, pela *primazia da realidade subjacente*.

A audiência de mediação ou de conciliação é necessária como meio de evitar autêntica "guerra" no momento da desocupação, e defendemos que sua utilização facultativa para todas as situações de invasão coletiva deve ser incentivada, independentemente do prazo da posse do invasor.

A audiência de mediação foi expressamente delimitada apenas para duas hipóteses: (a) *deverá ser realizada na hipótese em que a liminar foi concedida mas não foi executada no prazo de ano e dia* (art. 565, § 1º); ou (b) *quando o pedido de desocupação tenha sido serôdio, o que revela que o autor sequer terá direito ao procedimento especial possessório, pois o procedimento correrá pela via ordinária* (arts. 558, parágrafo único, e 565, *caput*).

Na primeira situação a audiência de mediação será realizada antes da análise do pedido liminar e tem como objetivo permitir uma análise concreta de toda a situação possessória. Apesar das dificuldades do magistrado, com sua carga de trabalho, a inspeção judicial nesta modalidade de processo é fundamental. Avaliar a situação pelo comparecimento ao local permite aquilatar a viabilidade e a forma de cumprimento da liminar em caso de concessão. Nada impede a inspeção judicial, que poderá ser realizada em qualquer fase do processo (art. 481 do CPC), inclusive na fase inicial, em complemento à audiência de mediação.

É possível que a área ainda não tenha sido invadida. A medida refere-se a um pedido de interdito proibitório ou de manutenção de posse. Uma análise apurada do feito revela que as famílias estão próximas da área, pela notícia de uma possível desapropriação ou pela notícia de processo administrativo de aquisição para fins de Reforma Agrária.

Por este motivo, o juiz deve realizar a audiência de conciliação e mediação. Não há necessidade de que o ato seja apenas de mediação. O objetivo da audiência é realizar uma autocomposição que permita solução consensual, quando possível. Nada impede que o juiz participe do ato como conciliador, porque terá condições de atuar como colaborador no diálogo com os órgãos responsáveis de política agrária.

A audiência deverá contar com a presença do Ministério Público como fiscal da ordem jurídica, sem prejuízo das partes. A Defensoria será sempre intimada para representar os hipossuficientes quando exista a necessidade de concessão da assistência judiciária.

Além dos sujeitos processuais, terceiros devem ser intimados quando se perceba a notícia de procedimentos administrativos sobre a área invadida ou ameaçada. A intimação dos órgãos da Administração Pública, Federal, Estadual ou Municipal, poderá ser essencial para a tentativa de solução ajustada para o caso concreto. Algumas situações não permitem a alteração fática, o que poderá gerar solução diferenciada. A participação do INCRA e do prefeito ou secretário municipal poderá ser essencial para eventual encaminhamento de proposta de aquisição amigável da área, ou o próprio Município poderá ofertar área alternativa para a regular ocupação das famílias. Muitas soluções nascem dessa confluência e da participação indicada pelo § 4º do art. 565 do CPC. Por este motivo, a audiência será realizada com maior razão quando o pedido liminar seja realizado pela fungibilidade e amparo do art. 300 do CPC. É a situação em que o prazo de ano e dia já foi excedido.

A previsão do art. 565 do CPC revela que a liminar possessória não se prende aos requisitos específicos do procedimento possessório quando determina a realização da audiência de mediação para hipóteses em que a invasão esteja estabilizada há mais de ano e dia. A tutela de evidência também se aplicará ao regime possessório, com especial incidência do art. 311, I, do CPC. O(s) réu(s), antevendo a procedência do pedido possessório, poderá(ão) praticar atos voltados a obstar ao andamento da relação processual. A procrastinação poderá ser a arma utilizada para evitar a devolução da área invadida, o que justifica sua utilização com grande proveito.

21.4 Negócio processual possessório

A audiência prevista pelo art. 565 do CPC não afasta em absoluto a realização de negócio processual possessório que vise a compatibilizar o rito e a solução do litígio possessório.[129] Nada impede que, com a concordância das partes, devidamente representadas, seja reconhecida a impossibilidade de alteração fática na área. O tempo transcorrido pode ter sedimentado situação que envolva bem particular ou, mesmo, público e que não traga a possibilidade de desocupação sem a criação de um problema social. O *princípio da primazia da realidade subjacente* poderá exigir ponderação que vise a uma adequação quanto à solução do conflito possessório e petitório. É importante lembrar que o art. 565, § 5º, também se aplicará às ações petitórias.

Nada impede, por exemplo, que as partes possam acordar por negócio processual para a conversão da ação possessória em ação de inde-

---

129. Especificamente sobre o *negócio processual*, v. comentários no t. I deste *Curso*.

nização, inclusive com readequação do polo passivo. É possível que o pedido seja redirecionado para fins de reconhecer a existência de desapropriação indireta, conforme solução já sufragada pelo STJ.[130] Muitas áreas são invadidas por incentivo da própria Administração Municipal, que fornece acesso e instalação de água e energia. Estas situações, que hoje podem acontecer sobre terrenos próprios, por vezes, acarretam invasões em áreas privadas. Isto não impede que a conversão da ação possessória em indenizatória seja obtida pela via consensual e por meio de negócio jurídico processual que vise a solucionar a mudança do rito e a possibilidade de conciliação do interesse coletivo e do particular, nos termos do art. 190 do CPC.

Esta solução poderá conferir vida ao conteúdo do art. 1.228, §§ 4º e 5º, do CC, que representam dispositivos que anteveem a situação retratada no exemplo supracitado.[131] O Código Civil previu a relativização do

130. STJ: "A ação possessória pode ser convertida em indenizatória em decorrência dos princípios da celeridade e economia processual (precedentes: REsp n. 983.721-RN, rel. Min. Teori Albino Zavascki, *DJU* 4.2.2009; REsp n. 439.062-GO, rel. Min. José Delgado, *DJU* 3.2.2003). O sistema processual é informado pelo princípio da instrumentalidade das formas, de modo que somente a nulidade que sacrifica os fins de justiça do processo deve ser declarada (*pas de nullité sans grief*). *In casu*, o Juízo de primeira instância, aplicando os princípios da economia e celeridade processual, converteu a ação de reintegração de posse em desapropriação indireta ao constatar a impossibilidade da execução da medida liminar de reintegração – em razão da quantidade de famílias assentadas no imóvel –, intimando o réu acerca da medida interlocutória, para apresentar nova contestação. O recurso especial não é servil ao exame de questões que demandam o revolvimento do contexto fático-probatório dos autos, em face do óbice erigido pela Súmula n. 7/STJ. *In casu*, o Tribunal local analisou a questão *sub examine* – esbulho pelo Município na propriedade dos autores – à luz do contexto fático-probatório engendrado nos autos, consoante se infere do voto-condutor do acórdão hostilizado, *litteris*: 'Quanto ao mérito, convém assegurar que a prova dos autos afirma uma invasão do Município de Fortaleza ao terreno em disputa e, por consequência, outra invasão de inúmeras famílias aconteceu, caracterizando a desapropriação indireta, que certamente deve ser indenizada. A perícia de fls. 116 esclarece que o imóvel foi ocupado em toda a sua extensão, o que é confirmado pela certidão dos Oficiais de Justiça de fls. 31-v. Registre-se que o Município de Fortaleza não realizou defesa de mérito, limitando-se a impugnar supostos defeitos processuais'" (1ª Turma, REsp 1.075.856-CE, rel. Min. Luiz Fux, j. 9.6.2009, *DJe* 5.8.2009).

131. CC, art. 1.228:

"§ 4º. O proprietário também pode ser privado da coisa se o imóvel reivindicado consistir em extensa área, na posse ininterrupta e de boa-fé, por mais de 5 (cinco) anos, de considerável número de pessoas, e estas nela houverem realizado, em conjunto ou separadamente, obras e serviços considerados pelo juiz de interesse social e econômico relevante.

direito de propriedade e a possibilidade da indenização para solucionar questões relativas às invasões coletivas.

Não sendo possível o negócio processual possessório, a audiência de conciliação e mediação poderá permitir soluções diferenciadas. É possível que a área sob a qual pende conflito possessório esteja em processo de negociação para aquisição com o INCRA ou em fase final de desapropriação judicial. Nada impede que, enquanto não finalizado o processo, o Município possa conceder ocupação provisória de área pública até a solução final do processo administrativo ou judicial paralelo.

A construção de uma solução conjunta é importante em situações desta natureza. De nada adianta o cumprimento de uma ordem executiva oriunda do mandado de reintegração de posse quando centenas de pessoas serão deslocadas de um local sem um novo paradeiro. A retirada apenas criará um novo problema social e jurídico.

22. A DEFESA DO RÉU E A FORMULAÇÃO DO PEDIDO CONTRAPOSTO

O réu deverá contestar o pedido formulado pelo autor. O prazo para resposta será de 15 dias, e caberá ao autor promover os atos necessários para materializar a citação (preparo de custas) nos 5 dias subsequentes à decisão que deferir ou não o pedido liminar. Quando se realizar a audiência de justificação o prazo será computado da intimação da decisão da audiência. Se o réu compareceu, o prazo correrá a partir do termo. Se o réu não compareceu, o prazo correrá de sua citação e intimação.

O réu poderá ou não contestar o pedido. A contestação é uma das possíveis formas de resposta. Ela não constitui uma obrigação, mas um ônus. Na obrigação há um dever de uma das partes para com a outra. No ônus há uma permissão de conduta, e a omissão gera prejuízos apenas para uma das partes.[132]

"§ 5º. No caso do parágrafo antecedente, o juiz fixará a justa indenização devida ao proprietário; pago o preço, valerá a sentença como título para o registro do imóvel em nome dos possuidores."
132. É muito comum a expressão "ônus da prova". Realmente, cabe à parte que ingressa com o pedido o ônus de provar os fatos alegados em juízo (Teoria Estática). Caso não comprove, recairão sobre si a improcedência do pedido e a impossibilidade de repropositura do pedido (em ações individuais). O Código de Processo Civil/2015 incorpora a Teoria Dinâmica no art. 373, § 1º, que auxiliará sobre a questão, que se acomoda na Teoria Geral do Direito (v. António Menezes Cordeiro, *Tratado de Direito Civil*, t. I, p. 188).

Ao realizar sua defesa, o art. 556 do CPC torna lícito que o réu também realize pedido contraposto. Isto significa que o réu apresentará, num primeiro momento, prejudiciais, preliminares e a defesa de mérito e, num segundo momento, realizará pedido de tutela possessória contra o autor da ação. O réu somente poderá realizar pedidos no processo em caráter de exceção, quando o pedido contraposto está em conexão com o pedido formulado pelo autor. Trata-se de medida de economia processual.

O pedido contraposto não será de cognição horizontal ampla, mas limitada. Isto resulta na impossibilidade de o réu arguir outras matérias que não possuam vinculação com o pedido de proteção possessória (esbulho/turbação). O pedido de indenização, que também poderá ser cumulado, diz respeito unicamente aos danos gerados pelo ato lesivo em relação ao bem possuído. É possível cogitar da cumulação de danos materiais com danos morais.

22.1 A exceção de usucapião e a pretensão publiciana

O réu poderá invocar a usucapião como matéria de defesa quando elaborar a sua contestação. A possibilidade de invocar a prescrição aquisitiva em sede de contestação é consagrada pela Súmula 237 do STF: "O usucapião pode ser arguido em defesa". Não há qualquer violação ao art. 557 do CPC pela utilização desta exceção. Inicialmente, a defesa do réu está centrada em demonstrar que tem melhor posse que o autor. A comprovação da usucapião revela a existência de pretensão publiciana. A *possessio ad usucapionem* confere o direito do possuidor de ingressar com a ação de usucapião. A ação terá eficácia meramente declaratória, uma vez que a aquisição se perfaz independentemente da declaração judicial. Esta defesa é de índole possessória, e não petitória. Caso seja reconhecida, o juiz deverá julgar improcedente a ação intentada pelo autor. Por este motivo, o posicionamento atual do STJ é equivocado, pois a usucapião, quando tenha como objetivo demonstrar a posse qualificada, que revela sua superioridade sobre a posse do esbulhador, não deve ser vedada como matéria de defesa. Não se trata de reconhecer o domínio, mas a existência de *possessio ad usucapionem*.[133]

---

133. STJ: "Na pendência do processo possessório é vedado tanto ao autor como ao réu intentar a ação de reconhecimento de domínio, nesta compreendida a ação de usucapião (art. 923 do CPC [*de 1973*])" (4ª Turma, AgR no REsp 1.389.622-SE, rel. Ministro Luís Felipe Salomão, j. 18.2.2014, *DJe* 24.2.2014).

Nas questões que envolvem o juízo possessório a inspeção judicial é medida importante. Ela sempre será possível, e permite solução firme e adequada pelo juiz que toma contato direto com a situação fática. A medida é incentivada expressamente pelo art. 565, § 3º, do CPC e pode ser utilizada na fase da conciliação e mediação, ou mesmo na fase de instrução. O oferecimento da peça de defesa é importante, e permitirá a contraposição dos pontos fáticos e a visualização dos atos possessórios.

23. AÇÕES POSSESSÓRIAS COM POLO PASSIVO COLETIVO

O Código de Processo Civil/2015 estabelece modificação sensível na fase de postulação do procedimento possessório quando a demanda envolva uma coletividade no polo passivo. É o que dispõe o art. 554, § 1º: "No caso de ação possessória em que figure no polo passivo grande número de pessoas, será feita a citação pessoal dos ocupantes que forem encontrados no local e a citação por edital dos demais, determinando--se, ainda, a intimação do Ministério Público e, se envolver pessoas em situação de hipossuficiência econômica, da Defensoria Pública". Sobre este ponto remetemos o leitor ao que foi comentado sobre o negócio processual possessório.

No Código de Processo Civil anterior a única especialidade quanto ao tema residia na necessidade de intimação e participação do Ministério Público. A previsão quanto à citação dos ocupantes por mandado e por edital dos ausentes procura resolver um problema de extensão dos efeitos da coisa julgada nas ações possessórias. Afinal, como fazer valer a sentença perante os réus que não foram encontrados? Por outro lado, sabe-se que as ocupações acabam aumentando e se modificando durante o transcurso do processo possessório. A única forma de não inviabilizar a pretensão possessória é estabelecer o procedimento por edital daqueles que não foram encontrados. Não é vedada a determinação judicial do procedimento edital para esta modalidade de processo, pois ele deve ser utilizado em decisões judiciais que possuirão eficácia *erga omnes*, e que exigem a participação de terceiros incertos e desconhecidos (art. 259, III, do CPC). Os terceiros no local bem como outros interessados que surgirem durante o transcurso da relação processual serão atingidos pela ordem de desocupação. Os terceiros podem surgir por atos de alienação dos direitos possessórios, e nesse caso se submetem aos efeitos do art. 109, § 3º, do CPC: "§ 3º. Estendem-se os efeitos da sentença proferida entre as partes originárias ao adquirente ou cessionário".

24. SEQUESTRO E CAUÇÃO EM RELAÇÃO AO OBJETO LITIGIOSO

A possibilidade de deterioração do bem imóvel ou a de desaparecimento do bem móvel tornam possível a concessão de medida cautelar de caução ou sequestro, nos termos do art. 559 do CPC. Muito embora a medida seja direcionada ao autor, provisoriamente mantido ou reintegrado na posse do imóvel, a medida poderá ser invocada em relação a ambas as partes. Quando o autor não obtiver a liminar, nada impede que o pedido de caução ou sequestro seja direcionado ao réu. A hipossuficiência do réu que ocupa área ou que possui o bem móvel poderá justificar o pedido de garantia real ou fidejussória ou, ainda, o depósito do bem em mãos de terceiro.

O art. 301 do CPC retrata a prevalência da ação cautelar inominada, uma vez que as medidas cautelares típicas foram eliminadas do sistema. No entanto, conforme já discorrido na "Parte Geral" deste *Curso*, a tipicidade para algumas medidas cautelares é salutar. A lenta maturação histórica de medidas como o arresto, o sequestro e a caução exige que seus pressupostos materiais resistam como meio de fornecer contornos seguros de incidência da medida cautelar, ainda que os pressupostos da urgência sejam os genéricos previstos pelo art. 300 do CPC.

A posse recai sobre objetos corpóreos, e a possibilidade de perecimento e consuntibilidade do bem torna importante a aplicação do art. 559. O juiz deverá ponderar com cautela pela sua concessão, e a hipossuficiência, quando presente ao ponto de impedir a caução, poderá justificar ao menos o depósito do bem em mãos do Estado ou de terceiro depositário, para que a integridade do bem seja garantida até o final da disputa.

25. SENTENÇA POSSESSÓRIA E EXECUÇÃO

A sentença possessória não apresenta qualquer diferencial quanto à sua estrutura formal.

A coisa julgada material recairá apenas sobre o dispositivo, e o juiz deverá tomar cuidado em analisar detidamente a contestação, para observar se não há pedido contraposto, que equivale, *mutatis mutandis*, a uma reconvenção.

A sentença possessória poderá assumir três naturezas distintas, dependendo do pedido realizado pelo autor. Caso o juiz acolha o pedido de proteção formulado pelo autor, o comando sentencial não assumirá caráter essencialmente condenatório, pois, conforme visto, a ação possessória assume eficácia preponderantemente mandamental (interdito proibitório e manutenção de posse) ou executiva *lato sensu* (reintegração de posse). Como não existem ação e sentença pura, o pedido condenatório acessório poderá ser conhecido para fins de determinação das perdas e danos (art. 555, I, do CPC). O pedido poderá assumir natureza principal quando ocorrer a conversão da ação possessória por meio de decisão judicial ou, mesmo, negócio jurídico processual.

A execução destes provimentos jurisdicionais não se desenvolve pelo rito do cumprimento de sentença, exceto se houve cumulação de pedido de indenização por perdas e danos, o que poderá provocar a incidência dos arts. 513 e ss. A fase de cumprimento de sentença é destinada essencialmente aos provimentos de conteúdo condenatório. As sentenças que determinam a exigibilidade de obrigação de fazer, de não fazer ou de entrega de coisa não necessitam de novo módulo para a prática de atos processuais executivos. Eles se desenvolvem por meio de sincretismo absoluto. A sentença determinará o cumprimento imediato da tutela específica. A tutela inibitória para o comando judicial deferido na ação de interdito ou na ação mandamental será suficiente para o cumprimento da sentença. Na ação de reintegração de posse a sentença determinará a expedição do *mandado de evacuando*. O cumprimento não exige novo procedimento para execução.

O recurso cabível contra a sentença possessória é o de apelação. Precisamos diferenciar duas situações possíveis. A primeira quando o pedido foi julgado procedente, com a confirmação da liminar possessória em favor do autor. Neste caso, eventual recurso de apelação por parte do réu não permitirá que o juiz receba o recurso com efeito suspensivo. A liminar concedida é incorporada pela sentença e sua eficácia, via de regra, será mantida até o julgamento definitivo ser proferido pelo tribunal. O réu poderá apelar e pedir o efeito suspensivo no tribunal, perante o relator, o que corresponderia a uma antecipação de tutela, nos termos do art. 932, II, do CPC.

Quando a antecipação de tutela ocorre na fase da sentença, nos termos do art. 1.012, § 1º, V, do CPC, a pretensão recursal se torna complexa. Mesmo assim, o capítulo da sentença que confirma, concede ou revoga a tutela provisória é impugnável na apelação (art. 1.013, § 5º). Ao conceder a tutela antecipada na fase final o recurso de apelação será recebido unicamente no efeito devolutivo; portanto, a decisão judicial será executável de imediato. Para esta finalidade a jurisprudência assentou a utilização da ação cautelar inominada como meio processual possível durante o período de trânsito da decisão judicial, ou seja, do juízo *a quo* para o juízo *ad quem*.[134] Não é possível o ajuizamento de agravo de instrumento, pois este fato violaria o princípio da unicidade recursal. Além disso, não seria viável a utilização do mandado de segurança, que faria papel de sucedâneo recursal de modo indevido. O ideal é que o pedido seja realizado na própria apelação, cujo tempo de tramitação será menor em primeira instância; contudo, situações excepcionais ainda autorizam a cautelar inominada, uma vez que o tempo e o procedimento de subida não podem atrapalhar a necessidade de exame imediato da pretensão de suspensão ou reversão da tutela provisória concedida na sentença que possibilitará a execução provisória.

25.1 Impugnação e embargos de terceiro

A sentença possessória está sujeita à fase de cumprimento de sentença, ainda que de modo diferenciado, como já visto. A natureza executiva *lato sensu* da sentença de reintegração de posse justifica a prática de atos executivos e independe de qualquer ato posterior de postulação judicial. Não há que se falar na possibilidade de insurgência em relação à sentença por meio de impugnação ou embargos. O mesmo entendimento valia perante o Direito anterior, pois não se admitia a oposição de embargos à execução. A sentença congrega cognição e execução simultâneas. Isto não impede que exceções possam ser formuladas ao mandado *de evacuando*, nos mesmos autos, como a suscitação de vício transrescisório, como a nulidade ou inexistência de citação.[135]

Por outro lado, o terceiro que ocupar o bem que está sendo objeto de reintegração poderá se valer dos embargos de terceiro quando não tenha sido parte na relação originária. Existe a possibilidade, inclusive, do mandado de segurança contra ato judicial, nos termos da Súmula 202 do STJ: "A impetração de segurança por terceiro, contra ato judicial, não se condiciona à interposição de recurso".[136]

26. CONVERSÃO DA AÇÃO POSSESSÓRIA E AS PERDAS E DANOS

A jurisprudência tem reconhecido a possibilidade de flexibilização procedimental pela admissão da conversão do pleito possessório em

---

134. STJ, 4ª Turma, AgInterno no TP 255-MG, rel. Min. Marco Buzzi, j. 7.3.2017, *DJe* 16.3.2017.
135. Cf. STJ, 3ª Turma, AgR no REsp 867.856-SC, rel. Min. Sidnei Beneti, j. 17.6.2010, *DJe* 30.6.2010.
136. Especialmente para a proteção do terceiro de boa-fé: STJ, 3ª Turma, REsp 1.458.741-GO, rel. Min. Ricardo Villas Bôas Cueva, j. 14.4.2015, *DJe* 17.4.2015.

indenização por perdas e danos. Não sendo possível o deferimento do pedido de tutela específica, o Estado-juiz não nega resposta ao pedido de tutela jurisdicional e reconhece a possibilidade de transformação do pedido de reintegração de posse em perdas e danos.[137] A tutela ressarcitória poderá ser reconhecida mesmo após a estabilização da demanda. Há uma ampliação temporal quanto à incidência do art. 329, I e II, do CPC. A possibilidade de rompimento da interpretação literal decorre da leitura constitucional dos princípios da primazia da realidade subjacente e da

---

137. STJ: "Recurso especial – Direito civil – Violação ao art. 535 do CPC/1973 – Não ocorrência – Ação de reintegração de posse – Requisitos dos arts. 927 do CPC/1973 e 561 do novo CPC – Realidade fática do imóvel modificada – *Imóvel que se transformou em bairro urbano populoso – Impossibilidade de desconsideração da nova realidade na solução da contenda – Função social da propriedade e da posse – Direito à moradia e mínimo existencial – Dignidade da pessoa humana – Ponderação de valores* – Negativa da reintegração – Possibilidade de conversão da prestação originária em alternativa – Art. 461-A do CPC/1973 – Recurso não provido. 1. 'Havendo no acórdão declaração expressa quanto aos fatos e fundamentos que embasaram suas conclusões, não há como vislumbrar-se ofensa aos arts. 458 e 535 CPC [*de 1973*] por negar-se o Colegiado, em embargos declaratórios, a explicitar as razões pelas quais preferiu apoiar-se em certas provas, em detrimento de outras. O princípio do livre convencimento motivado é um dos postulados do nosso sistema processual' (REsp n. 50.936-SP, *DJU* 19.9.1994). 2. O art. 927 do CPC/1973, reproduzido no art. 561 do novo diploma, previa competir ao autor da ação possessória de reintegração a comprovação dos seguintes requisitos: a posse; a turbação ou esbulho pela parte ré; a data da turbação ou do esbulho e a perda da posse. 3. Ainda que verificados os requisitos dispostos no item antecedente, o julgador, diante do caso concreto, não poderá se furtar da análise de todas as implicações a que estará sujeita a realidade, na subsunção insensível da norma. É que a evolução do Direito não permite mais conceber a proteção do direito à propriedade e posse no interesse exclusivo do particular, uma vez que os princípios da dignidade humana e da função social esperam proteção mais efetiva. 4. O STF orienta que, tendo em vista a impossibilidade de haver antinomia entre normas constitucionais, sem a exclusão de quaisquer dos direitos em causa, deve prevalecer, no caso concreto, o valor que se apresenta consentâneo com uma solução razoável e prudente, expandindo-se o raio de ação do direito prevalente, mantendo-se, contudo, o núcleo essencial do outro. Para esse desiderato, recomenda-se a aplicação de três máximas norteadoras da proporcionalidade: a adequação, a necessidade e a proporcionalidade em sentido estrito. 5. No caso dos autos, o imóvel originalmente reivindicado, na verdade, não existe mais. O bairro hoje, no lugar do terreno antes objeto de comodato, tem vida própria, dotado de infraestrutura urbana, onde serviços são prestados, levando-se à conclusão de que o cumprimento da ordem judicial de reintegração na posse, com satisfação do interesse da empresa de empreendimentos imobiliários, será à custa de graves danos à esfera privada de muitas famílias que há anos construíram suas vidas naquela localidade, fazendo dela uma comunidade, irmanada por idêntica herança cultural e histórica, razão pela qual não é adequada a ordem de reintegração. 6. Recurso especial a que se nega provimento" (4ª Turma, REsp 1.302.736-MG, rel. Min. Luís Felipe Salomão, j. 12.4.2016, *DJe* 23.5.2016).

dignidade da pessoa humana, os quais são fundamentais para a acomodação do conflito possessório. A conversão poderá ser realizada de ofício, ou seja, por iniciativa do juiz, mas com obediência ao contraditório forte (art. 10 do CPC).

§ 4º. AÇÃO DE DIVISÃO E DEMARCAÇÃO DE TERRAS PARTICULARES[138]

1. BREVE VISÃO HISTÓRICA DAS AÇÕES DIVISÓRIAS

O Direito Romano conheceu, no período das *legis actiones*, as ações divisórias, que estavam encartadas dentro do procedimento das *legis actio per iudicis arbitrivi postulationem*.[139] Eram divididas em três modalidades: *communi dividundo, finium regundorum* e *familiae erciscundae*. A peculiaridade desta *actio* residia no fato de que o *iudex* simplesmente não determinava procedente ou improcedente o pedido, uma vez que os interesses em litígio podiam gerar soluções que atendessem ao interesse de ambos os litigantes.[140]

Estas três ações, que possuem em comum a *pretensão à divisão*, continuam íntegras em sua formatação original. A *actio comuni dividundo* representa o meio processual para a divisão do prédio (urbano ou rural) que tenha origem em transmissão (gratuita ou onerosa) *inter vivos*. Temos aqui a ação divisória, que será tratada num segundo momento. A ação divisória (ou de divisão) é o veículo correto para a extinção do condomínio. Seu fim é repartir a *res* e permitir o fim do estado de indivisão que aflige os coproprietários. Para sua utilização será essencial que o bem comporte divisão cômoda. Caso contrário a única solução plausível será a adoção do procedimento de alienação de coisa comum (arts. 725, V, e 730 do CPC). A divisão do condomínio não se confunde com a dissolução total ou parcial da sociedade. Aliás, o CPC/2015 inseriu o procedimento da ação de dissolução parcial de sociedade no art. 599, logo após o tratamento da ação de divisão e demarcação de terras. O condomínio disciplina a relação

---

138. A especificação final "particulares" diferencia o procedimento dos arts. 569 e ss. daquele previsto para as terras públicas sujeitas à ação discriminatória. Esta última ação está regulada pela Lei 6.383/1976.

139. V. o t. I do nosso *Curso de Processo Civil*, p. 222. Como informa Keller, há imensa dificuldade no estudo e na pesquisa sobre as ações divisórias decorrentes da *legis actio per iudicis arbitrivi postulationem*, pois todos os detalhes informados por Gaio em sua descrição foram perdidos (*De la Procédure Civile et des Actions chez les Romains*, § XVII, p. 67).

140. Cf. Maynz, *Cours de Droit Romain*, t. I, p. 493.

entre os coproprietários de uma *res*. A sociedade representa uma união que nasce por laços de afinidade marcados pela *affectio societatis* e com o propósito de atingir um fim comum. Sua natureza pessoal é que justifica a necessidade da dissolução parcial quando há essa quebra de afinidade ou, mesmo, o falecimento de um dos sócios (art. 600 do CPC).[141]

Quando o estado de indivisão tenha origem na sucessão *causa mortis* os herdeiros assumem a posse e a propriedade da herança automaticamente (princípio da *saisine*).[142] Para estas situações aplica-se a *actio familiae erciscundae*, que corresponde à ação de partilha, que se processa através do inventário ou arrolamento. Por fim, temos a ação que será objeto de nossa primeira investigação, a qual era utilizada desde o Direito Romano para aviventar os marcos divisórios entre prédios vizinhos. Trata-se da *finium regundorum*, modernamente conhecida como ação demarcatória. Seu objeto é inconfundível com a ação de divisão, uma vez que seu fim é destinado a delimitar a separação de prédios distintos, e não realizar a separação de uma porção de um bem comum.[143] Logo, são inconfundíveis seus objetos litigiosos. Isto não impede que as duas ações sejam cumuladas – o que, aliás, está previsto pelo art. 570 do nosso CPC.[144]

2. A DIVISÃO E A DEMARCAÇÃO JUDICIAL E EXTRAJUDICIAL

O art. 571 do CPC estabelece de modo claro a previsão do procedimento judicial e extrajudicial para fins de divisão e demarcação: "Art. 571. A demarcação e a divisão poderão ser realizadas por escritura pública, desde que maiores, capazes e concordes todos os interessados, observando-se, no que couber, os dispositivos deste Capítulo".

141. Possível antever na obra de Cujácio os germes desta confusão entre o contrato de sociedade e o condomínio, ao estabelecer a natureza mista da ação de divisão: "Comm. Divid est mixta id es in rem et in personam, pro socio est in personam tantum" (*Recit. Solemn. Ad. Tit.*, III, L. X).
142. Sobre o tema da indivisão: Francisco A. de Almeida Morato, *Da Prescripção nas Acções Divisórias*, 1917; Alfredo de Araújo Lopes da Costa, *Demarcação – Divisão – Tapumes*, 1963; e F. Whitaker, *Terras (Divisões e Demarcações)*, 1920. Consultem-se, ainda: Pontes de Miranda, *Comentários ao Código de Processo Civil* (de 1973), t. XIII, pp. 389-501; Carvalho Santos, *Código de Processo Civil Interpretado*, t. V, pp. 271-376; Tito Lívio Pontes, *Divisões, Demarcações, Tapumes, passim*.
143. Francisco Morato, *Da Prescripção nas Acções Divisórias*, cit., p. 23.
144. CPC: "Art. 570. É lícita a cumulação destas ações, caso em que deverá processar-se primeiramente a demarcação total ou parcial da coisa comum, citando-se os confinantes e condôminos".

O dispositivo apenas explicita uma tendência já anunciada quanto à desjudicialização dos procedimentos de jurisdição voluntária. Não existindo qualquer conflito entre os coproprietários e os confinantes, tanto o procedimento de demarcação como o de divisão podem ser alvo da via extrajudicial. Esta possibilidade já existia perante o Código de Processo Civil anterior, inclusive para fins de demarcação.

O procedimento para a demarcação extrajudicial foi inserido de modo minucioso pela Lei 10.931/2004, e apenas consagrou a práxis já corrente no sistema registral. As retificações de áreas para inclusão de remanescentes ou apuração de medição sempre consistiram em fatos que justificavam pedido judicial de alteração da matrícula. Após a alteração dos arts. 212 e 213 da Lei 6.015/1973 o procedimento administrativo se tornou expresso, de modo que não há necessidade de ajuizamento de ação para homologação de pedido de divisão ou demarcação consensual.

O Sr. Oficial deverá tomar a cautela de observar toda a documentação e realizar a notificação dos confinantes no procedimento de demarcação, pois o contraditório é uma exigência da via judicial e administrativa, especialmente na definição de marcos que podem alterar a configuração da propriedade. As dúvidas e impugnações serão decididas pelo juiz corregedor.

O art. 213, § 9º, da LRP, em harmonia com o art. 571 do CPC, estabelece: "§ 9º. Independentemente de retificação, dois ou mais confrontantes poderão, por meio de escritura pública, alterar ou estabelecer as divisas entre si e, se houver transferência de área, com o recolhimento do devido Imposto de Transmissão e desde que preservadas, se rural o imóvel, a fração mínima de parcelamento e, quando urbano, a legislação urbanística". A possibilidade da *via extrajudicial* também se insere para a solução dos problemas oriundos do estado de indivisão do condomínio horizontal ou vertical, bem como para solução de pendências sobre áreas remanescentes e não especificadas na matrícula, conforme o art. 213, § 10: "§ 10. Entendem-se como confrontantes não só os proprietários dos imóveis contíguos, mas, também, seus eventuais ocupantes; o condomínio geral, de que tratam os arts. 1.314 e ss. do Código Civil, será representado por qualquer dos condôminos e o condomínio edilício, de que tratam os arts. 1.331 e ss. do Código Civil, será representado, conforme o caso, pelo síndico ou pela Comissão de Representantes". Não sendo possível a via consensual, a judicial será inevitável, cujo procedimento será abordado *infra*.

3. A FINALIDADE DA AÇÃO DE DEMARCAÇÃO E DIVISÃO

Sob o ponto de vista lógico, somente é possível *dividir* após *demarcar*.[145] Na ação demarcatória (art. 574 do CPC) o objeto litigioso está centrado em delimitar as linhas de divisão entre propriedades ou aviventar os marcos divisórios já apagados. Na ação de divisão (art. 588 do CPC) a finalidade do procedimento está em desfazer o estado de indivisão entre os comunheiros. A ação demarcatória não é propriamente divisória, como alertou Pontes de Miranda; afinal, quem pede para definir marcos divisórios ou aviventar aqueles apagados supõe divisão certa, ou seja, sabe o que é seu.[146]

A relação de *prejudicialidade* entre a ação de demarcação e a de divisão é topologicamente inferida pelo Código de Processo Civil, que disciplina primeiramente o rito concernente à demarcação, e posteriormente o de divisão. Não há necessidade de cumulação das pretensões, ambas são autônomas. Porém, o art. 570 do CPC prevê a cumulação que faz surgir a *prejudicialidade interna* quanto ao exame das questões em vista da formulação de pedidos sucessivos.[147]

4. CONDIÇÕES DA AÇÃO NA AÇÃO DE DIVISÃO E DEMARCAÇÃO

No juízo divisório é possível analisar o cabimento das ações através do preenchimento das condições da ação. Categoria inconteste, em vista da solução oferecida pelo CPC no art. 485, VI, as condições permitem autêntico juízo de delibação sobre o direito material.

4.1 Cabimento e o interesse de agir

O cabimento do pedido é informado pelo art. 569, I e II, do CPC, que fornece os contornos do procedimento de demarcação e divisão de terras.

A ação demarcatória caberá ao proprietário para individuar os limites da propriedade vizinha. O art. 1.297 do CC fundamenta, no direito material, a utilização do procedimento especial, em regra alocada no

---

145. Whitaker, *Terras (Divisões e Demarcações)*, cit., p. 67.
146. Pontes de Miranda, *Comentários ao Código de Processo Civil* (de 1973), cit., t. XIII, p. 393.
147. Interessante observar que até o início do século XX a cumulação era negada pela doutrina brasileira (Affonso Fraga, *Divisão e Demarcação das Terras Particulares*, pp. 138-145) com base em tratamento processual medieval (Donellus, Hilligero) e na doutrina anterior às codificações (Vöet, Glück, Lauterbach). A doutrina relativa à cumulação e ao concurso de ações ainda não estava amadurecida.

capítulo dos direitos da vizinhança: "Art. 1.297. O proprietário tem direito a cercar, murar, valar ou tapar de qualquer modo o seu prédio, urbano ou rural, e pode constranger o seu confinante a proceder com ele à demarcação entre os dois prédios, a aviventar rumos apagados e a renovar marcos destruídos ou arruinados, repartindo-se proporcionalmente entre os interessados as respectivas despesas". O pedido demarcatório em sua essência é declaratório, pois seu objetivo é aviventar e tornar claros os limites entre os prédios. No entanto, não existem ações puras, e a jurisprudência reconhece que a pretensão reivindicatória esta implicitamente cumulada com a demarcação, especialmente quando verificada a imprecisão do título dominial. Nesta situação é viável, primeiramente, a clarificação dos limites entre os prédios (declaração), para que a reivindicação (execução) recaia sobre a porção exata.[148] A ação assume natureza reipersecutória, pela possibilidade de declaração e retomada da área eventualmente invadida.[149]

A demarcação constitui autêntica obrigação *propter rem*, que alcança todo e qualquer proprietário do prédio confinante. A correta separação dos prédios é condição essencial para fruição e gozo da propriedade dentro dos limites retratados pelo título.

Deste modo, será essencial a existência de confusão e imprecisão entre os limites das propriedades. Caso não exista dúvida sobre o marco divisório o ajuizamento da demarcatória será inviável, por ausência de interesse de agir.[150] O STJ abrandou a solução de carência da ação para

148. STJ: "A ação demarcatória é cabível, mesmo quando definidos os limites divisórios, ainda restando dúvidas sobre sua correção e, principalmente, discordância entre o título de domínio e a realidade. Por isso que, havendo divergência entre a verdadeira linha de confrontação dos imóveis e os correspondentes limites fixados no título dominial, cabível a ação demarcatória para eventual estabelecimento de novos limites (art. 946, I, do CPC, [*de 1973*] c/c art. 1.297 do CC) – Precedentes. Em face da imprecisão da linha divisória, não seria possível intentar a ação reivindicatória, pois, para tanto, é necessária a perfeita individuação da coisa reivindicada, o que não ocorre na espécie. A não realização do necessário cotejo analítico dos acórdãos, com indicação das circunstâncias que identifiquem as semelhanças entre o aresto recorrido e os paradigmas, implica o desatendimento de requisitos indispensáveis à comprovação do dissídio jurisprudencial – Recurso especial conhecido em parte e, na extensão, provido, a fim de cassar o julgado recorrido, determinando o retorno dos autos à instância de origem, para que se prossiga no exame da causa" (4ª Turma, REsp 759.018-MT, rel. Min. Luís Felipe Salomão, j. 5.5.2009, *DJe* 18.5.2009).

149. Pontes de Miranda, *Comentários ao Código de Processo Civil* (de 1973), cit., t. XIII, p. 415.

150. TJSC: "A existência de limites entre os imóveis torna o autor carecedor da ação de demarcação, que tem por fim a fixação de novos limites ou a aviventação

determinadas hipóteses, dentre elas aquela pela qual as propriedades possuem rumos e marcos definidos de separação mas em desacordo com o título.[151]

Condição essencial para o exercício da pretensão é a demonstração do domínio. Entendemos que a comprovação do direito real desmembrado, a princípio, não legitima a utilização da ação demarcatória, como pretende parcela da doutrina.[152] A demarcação atinge o coração do direito de propriedade; logo, seria inviável legitimar o titular de um direito real menor a discuti-lo. O titular de um direito real menor não possui um *ius in re*, mas um *ius ad rem*.[153] Esta distinção de origem medieval é essencial para explicar o princípio da elasticidade e para justificar a prescrição da pretensões de domínio nos direitos reais desmembrados.[154] Deste maneira, em resumo, três são os requisitos que justificam o ajuizamento da ação demarcatória: (a) existência de no mínimo dois prédios; (b) que os prédios sejam confinantes e não distantes; e (c) que ambos pertençam a proprietários diversos.[155]

É forçoso reconhecer que a ação demarcatória necessita de atualização quanto ao seu modo de utilização. A posse, por si só, não geraria a possibilidade de utilização da ação demarcatória (art. 574 do CPC), mas é forçoso reconhecer que excepcionalmente sua aplicação poderá ser útil para sedimentar o fim de disputa de natureza possessória. A existência de posse publiciana (*posse ad usucapionem*) é um exemplo.[156]

Na ação divisória o cabimento e o interesse de agir dependem do estado de copropriedade. A indivisão é essencial para demonstração de interesse e para a possibilidade jurídica do pedido, nos termos do art.

daqueles já apagados" (2ª Câmara de Direito Civil, AC 2002.001952-6, de Içara, rel. Des. Jorge Schaefer Martins, j. 1.12.2005).
151. Alexandre de Paula, *Código de Processo Civil Anotado*, t. IV, p. 3.726.
152. Como Humberto Theodoro Jr., *Curso de Direito Processual Civil*, vol. III, p. 200.
153. Distinção que passou despercebida a Francisco Morato (*Da Prescripção nas Acções Divisórias*, cit., p. 138).
154. Sobre a delicada questão, v. nosso estudo *Usucapião*, 3ª ed., p. 102.
155. Carvalho Santos, *Código de Processo Civil Interpretado*, cit., t. V, p. 286.
156. Cf. acórdão do STJ em que se reconheceu a possibilidade da demarcatória após solução da disputa possessória: "Eventual divergência entre as linhas divisórias do imóvel rural objeto da reintegração de posse e as dos terrenos vizinhos poderá ser objeto de posterior ação demarcatória, não se constituindo o trânsito em julgado da possessória em obstáculo para o ajuizamento da referida ação – Agravo regimental a que se nega provimento" (4ª Turma, AgR no AREsp 262.272-GO, rela. Min. Maria Isabel Gallotti, j. 24.6.2014, *DJe* 4.8.2014).

1.320 do CC: "Art. 1.320. A todo tempo será lícito ao condômino exigir a divisão da coisa comum, respondendo o quinhão de cada um pela sua parte nas despesas da divisão".

O estado de indivisão comprova-se pelo título dominial. A posse, a princípio, não seria suficiente para legitimar a ação divisória. Todavia, a valorização da função social da posse e a necessidade amainar os conflitos oriundos de uma situação fática podem justificar o pleito divisório. A composse qualificada seria um exemplo, quando embasada por *pretensão publiciana*.[157] A posse publiciana possui força semelhante ao domínio, embora não corresponda ao próprio título. Sua aplicação será residual e excepcional.

O argumento contrário de Câmara Leal merece exame. O possuidor ou compossuidor que detiver pretensão publiciana não teria interesse de agir para propor ação de divisão. A posse *ad usucapionem* exige a individualização dos atos possessórios, portanto, será uma posse destacada e delimitada pelos atos materiais que identificam uma área exclusiva em relação à comum. Como afirma o ilustre Jurista, "se sua posse lhe dá direito ao usucapião, o seu quinhão já se acha localizado, e desmembrado da comunhão, tornando-se inútil e imprópria a divisão".[158] Todavia, sob o ponto de vista fático a divisão poderá ser útil, especialmente na composse, como meio de tornar explícita a delimitação da posse que é apenas faticamente reconhecida.

4.2 Condição de procedibilidade específica da ação de divisão: divisão cômoda da "res"

A ação de divisão é utilizada especificamente para o prédio que suporta divisão cômoda. Em determinados casos o imóvel não permite o destacamento das partes ideais constantes da matrícula. Uma casa construída com intuito de revenda por três amigos não pode ser dividida, sob pena de perda da finalidade econômica e social da construção. Nestas situações a solução correta será a adoção do procedimento de alienação de coisa comum, nos termos dos arts. 725, V, e 730 do CPC,[159] inserido no âmbito dos procedimentos especiais de jurisdição voluntária.

---

157. Humberto Theodoro Jr., *Curso de Direito Processual Civil*, cit., vol. III, p. 207.

158. Câmara Leal, *Comentários ao Código de Processo Civil*, p. 311.

159. Os dois artigos preveem a alienação de coisa comum, ou apenas de quinhão referente à coisa comum.

Logo, quando o prédio não admite divisão cômoda não será hipótese de ação de divisão, sendo o pedido juridicamente impossível, para fins de aplicação do procedimento dos arts. 569 e ss. do CPC.[160]

5. ASPECTOS PECULIARES: *"actio duplex"*

Ambas as pretensões (demarcação e divisão) são de natureza dúplice, uma vez que as partes que compõem o polo ativo e o passivo exercem influência recíproca sobre o objeto litigioso. Todos exibem seus títulos e devem comprovar a legitimidade quanto ao domínio. A natureza dúplice já era reconhecida pelo art. 17 do Decreto-lei 720/1890.[161] O estado de incerteza ou indivisão propicia solução que traz fluidez à condição de autor e réu no juízo divisório.[162]

A complexidade do juízo divisório não afasta a possibilidade de concessão de tutela provisória de urgência com o fito de preservação do objeto litigioso enquanto se define a demarcação ou divisão (art. 301 do CPC). É inviável a concessão da tutela de evidência, uma vez que reina a incerteza quanto aos limites do domínio de cada parte.

6. COMPETÊNCIA

Não resta a menor dúvida de que as ações de divisão e demarcação são orientadas pela mesma regra atinente às ações possessórias e reivindicatórias de bens imóveis. A tutela sobre os bens imóveis está vinculada ao *forum rei sitae*, de tal modo que o ajuizamento obedecerá à disciplina do art. 47 do CPC.[163] O juízo divisório exige que a demanda seja decidida e analisada pelo juiz que está próximo ao local. Ele será competente pela função, a qual está atrelada à posição geográfica do imóvel.[164] Por isso parte da doutrina denomina a competência do art. 47 como competência territorial funcional. Na verdade, trata-se de competência funcional, pois o juiz que está no foro da situação do bem tem melhores condições para a avaliação e o julgamento da questão.

---

160. Tito Lívio Pontes, *Demarcação, Divisão, Tapumes*, cit., p. 20.
161. Whitaker, *Terras (Divisões e Demarcações)*, cit., p. 69.
162. Hamilton de Moraes e Barros, *Comentários ao Código de Processo Civil*, vol. IX, p. 54.
163. CPC: "Art. 47. Para as ações fundadas em direito real sobre imóveis é competente o foro da situação da coisa".
164. Hamilton de Moraes e Barros, *Comentários ao Código de Processo Civil*, cit., vol. IX, p. 123.

Como lembrava Alexandre de Paula, é possível que em ações divisórias o imóvel se estenda por diversas províncias, o que poderia gerar um conflito de competência.[165] A ausência de regra específica no Código de Processo Civil/1939 acendeu polêmica. Parte da doutrina se manifestava pela competência exclusiva do foro no qual se situasse a linha divisória entre os imóveis. Este posicionamento foi combatido pela melhor doutrina, que salientava a necessidade de solução pela prevenção.[166] O CPC/1973 trouxe pacificação pela regra do art. 107, que estabelecia solução adequada pela regra da prevenção, independentemente da extensão da área localizada em cada uma das comarcas. A mesma solução foi seguida pelo art. 60 do CPC atual.

Outro ponto que merece atenção reside na descoberta, após a solução da demarcação, de que o imóvel objeto da divisão se encontra integralmente dentro da outra comarca. A regra do art. 60 do CPC teria atraído a competência para o juiz que conheceu por primeiro da demarcação, uma vez que as propriedades vicinais alcançavam limites de dois Municípios. Qual a solução adequada, sob o ponto de vista instrumental?

Pontes de Miranda, seguido por Humberto Theodoro, aponta para a solução técnica.[167] Quando a divisão disser respeito somente a uma das comarcas, porque o imóvel está integralmente dentro de seu perímetro, seria hipótese de cumulação indevida, pois a competência para a divisão seria absoluta por parte do juízo em que o imóvel está localizado.

A solução, segundo os autores citados, seria a de julgamento da demarcação pelo juízo prevento e a remessa dos autos para o juiz competente para a sentença de divisão. Não paira dúvida de que esta solução, sob o ponto de vista acadêmico e legalista, seria a correta; contudo, não a mais adequada para o caso concreto.

A questão fundamental, que não pode ser olvidada pelo juiz, é outra: qual o motivo da regra do art. 570 do CPC? Seria possível o magistrado, como pretende parte da doutrina, adivinhar, *ab initio*, que a cumulação é indevida?

A resposta para a indagação é negativa. O motivo essencial da regra do art. 570 do CPC é instrumental e obedece ao princípio constitucional da necessidade de concessão de tutela adequada (art. 5º, XXXV, da

---

165. Alexandre de Paula, *Código de Processo Civil Anotado*, cit., t. IV, p. 3.733.
166. Pedro Batista Martins, *Comentários ao Código de Processo Civil*, t. II, n. 29, p. 56.
167. Pontes de Miranda, *Comentários ao Código de Processo Civil* (de 1973), cit., t. XIII, pp. 404-405; Humberto Theodoro Jr., *Curso de Direito Processual Civil*, cit., vol. III, p. 197.

CF/1988). Empregaremos, por mais de uma vez neste texto, lição precisa de Jorge Americano sobre os motivos da cumulação: "o condômino quer dividir o imóvel, mas, não estando ele estremado com os vizinhos, precisa saber primeiro qual o perímetro, para evitar a inutilização do trabalho divisório, desde que os extremos da área a dividir sejam aqueles que supõe, por excederem de fato, à força dos títulos, diante dos confrontantes".[168]

Sob o ponto de vista fático e prático, o juiz não tem como saber se a cumulação é devida ou indevida, de plano. A indeterminação quanto à situação fática sobre o perímetro total (externo) e parcial (quinhões) impede esta apreciação. Tal situação justifica que a demanda seja integralmente julgada pelo juiz que se tornou prevento no juízo da demarcação.

A descoberta, na segunda fase, de que o imóvel a ser dividido está situado numa das comarcas não altera a competência. Isto somente traria prejuízos e uma delonga desnecessária para as partes. Os juízos em posições contíguas se servirão da mesma prova pericial para o julgamento da divisão. Além do mais, a determinação sobre a localização do imóvel somente ocorreu no decorrer do processo, após a definição sobre a linha divisória. Trata-se de alteração da situação fática do processo. Aplica-se, neste caso, a regra do art. 43 do CPC, que merece interpretação teleológica: "Art. 43. Determina-se a competência no momento do registro ou da distribuição da petição inicial, sendo irrelevantes as modificações do estado de fato ou de direito ocorridas posteriormente, salvo quando suprimirem o órgão judiciário ou alterarem a competência em razão da matéria ou da hierarquia".

7. POSSIBILIDADE DE CUMULAÇÃO

O pedido poderá ser cumulado, permitindo que o pedido de demarcação e o de divisão sejam realizados conjuntamente. Antes do Código de Processo Civil/1939 havia conflito quanto ao julgamento conjunto de ambas as pretensões. O Código de Processo Civil/1939 pacificou a questão, e possuía redação didática: "Art. 416. É lícito o concurso dessas ações, devendo ser preliminarmente promovida a demarcação total ou parcial do imóvel comum, citados os confrontantes e condôminos. Concluídas as linhas de demarcação, os confrontantes serão havidos como estranhos ao processo".

168. Jorge Americano, *Comentários ao Código de Processo Civil do Brasil*, t. II, p. 296.

Esta definição deixava estampado o caráter de prejudicialidade entre ambas as pretensões bem como a existência de um complexo litisconsórcio necessário passivo pela participação de confinantes e comunheiros. O CPC/1973 repetiu a regra da cumulação no art. 947: "Art. 947. É lícita a cumulação destas ações; caso em que deverá processar-se primeiramente a demarcação total ou parcial da coisa comum, citando-se os confinantes e condôminos". O CPC atual não foge da regra da cumulação, com modificação na redação, por meio do art. 570: "Art. 570. É lícita a cumulação dessas ações, caso em que deverá processar-se primeiramente a demarcação total ou parcial da coisa comum, citando-se os confinantes e os condôminos". A cumulação dos pedidos demarcatório e divisório provoca a realização de um único ato de citação. Serão chamados para contestar confinantes e condôminos, os quais se sujeitarão às regras do art. 572 do CPC/2015.

7.1 Ação demarcatória parcial

Nos termos da redação do art. 570 do CPC a demarcação poderá ser parcial. Nada impede que o pedido de demarcação seja realizado em relação a uma parte do perímetro do imóvel. Sob o ponto de vista de formação do polo passivo a demarcatória parcial exige cuidado. O litisconsórcio somente será necessário em relação ao confinante em conflito, ou seja, em relação à parte do imóvel em que se discute a fixação dos limites. Os demais confinantes podem participar, mas tratar-se-á de litisconsórcio facultativo.[169]

7.2 Posição dos confinantes no juízo divisório após a demarcação

A possibilidade de cumulação do juízo demarcatório com o divisório exige a análise das consequências concernentes à participação de confi-

---

169. STJ: "Não se configura a hipótese de nulidade decorrente da não citação de litisconsorte necessário se o confinante que foi regularmente citado não tem legitimidade para arguir a nulidade por ausência de participação dos proprietários das áreas contíguas àquela objeto da demarcatória, em virtude da ausência de prejuízo que lhe teria sido causado e da não demonstração de qual benefício teria com o reconhecimento do alegado vício. Se, da análise da causa de pedir e pedidos formulados na inicial (questões decididas), verifica-se que se intentou a demarcação de parte da área de propriedade dos autores que teria sido objeto de esbulho possessório pelos demandados especificados na inicial, somente quanto a esses réus indicados na exordial se discutiu o domínio; por essa razão, os efeitos da coisa julgada devem ficar adstritos a eles – Recurso especial parcialmente provido" (3ª Turma, REsp 1.599.403-MT, rel. Min. João Otávio de Noronha, j. 23.6.2016, DJe 1.7.2016).

nantes e condôminos na mesma relação processual. Apesar da cumulação, a citação é única (art. 572, § 1º, do CPC). O processo se desenvolverá em duas fases, assim como em outros procedimentos já estudados (*e.g.*, ação de prestação de contas). Na primeira fase serão resolvidas as questões relativas à necessidade da demarcação e da divisão.

A citação única, em virtude da cumulação dos pedidos de demarcação e de divisão, permite que as posições processuais ativa e passiva das partes se modifiquem com o desenvolvimento da relação processual. O caráter dinâmico e fluido do juízo divisório está em sua essência.

Muito embora os confinantes e os condôminos sejam citados no mesmo procedimento, os objetos litigiosos são diversos. Após a definição quanto aos rumos e linhas divisórias com a propriedade vizinha, os confinantes são considerados terceiros em relação à ação divisória. Isto significa que não podem oferecer resposta quanto a questões oriundas da segunda fase referente à divisão.

Daí o motivo de o art. 572 expressamente disciplinar que: "Art. 572. Fixados os marcos da linha de demarcação, os confinantes considerar-se--ão terceiros quanto ao processo divisório, ficando-lhes, porém, ressalvado o direito de vindicar os terrenos de que se julguem despojados por invasão das linhas limítrofes constitutivas do perímetro ou de reclamar indenização correspondente ao seu valor".

8. PRETENSÃO VINDICATÓRIA OU INDENIZATÓRIA DOS CONFINANTES

Os confinantes têm o direito de defender sua propriedade quando ela é afetada pelos condôminos que promovem o processo de divisão. A ação de divisão poderá ser decorrente da cumulação com pedido de demarcação (art. 570 do CPC) ou autônomo (art. 574 do CPC). Em qualquer uma das hipóteses o confinante tem o direito de defender seu domínio e sua posse ou poderá pedir indenização pela porção que tenha sido invadida. O pedido não pode ser cumulado, e o texto legal é claro, pois fornece uma opção; portanto, o confinante deve requerer *a defesa da área ou uma indenização correspondente ao valor da área invadida.* Aqui vale uma observação importante. O pleito de reintegração de posse ou de reivindicação ou de cessação do esbulho por embargos de terceiro não impede o requerimento de perdas e danos ocasionados pelos atos danosos de usurpação dos limites. Quando não seja possível a devolução, por eventual alteração que impeça a restituição da área, a indenização deverá ser calculada sobre o valor da área perdida e acrescido de eventual desvalorização sobre a área remanescente. É o critério mais justo.

A desvalorização sobre a área remanescente deve integrar o cálculo, especialmente quando se perde acesso diferenciado à sede da propriedade, enfim quando a parcela represente um *plus* na utilização do bem imóvel.

Duas situações ainda precisam ser consideradas.

Se o pedido de divisão é oriundo de cumulação (art. 570 do CPC), deverá ser observado o que foi decidido no trânsito em julgado da primeira fase, relativo ao pedido de demarcação (art. 966 do CPC). O confinante não poderá pleitear nada em desacordo com o que foi decidido na primeira fase.

O segundo ponto reside no trânsito em julgado da ação na primeira fase. Se o confinante ingressar com o pedido de defesa da propriedade ou pedido de indenização mas o processo ainda não tiver transitado, todos os condôminos deverão integrar o polo passivo. Afinal, ainda não existe a divisão certa que estabeleça qual quinhoeiro foi o responsável pela violação. Se a ação for proposta depois do trânsito em julgado participarão do polo passivo apenas os quinhoeiros que tenham afetado o imóvel do confinante (art. 572, § 1º, do CPC). O litisconsórcio será necessário.

Com o término do processo divisório desaparece o condomínio e surge o quinhão individuado de cada interessado. Por este motivo, o art. 572, § 2º, do CPC estabelece uma regra de equidade ao determinar que aqueles que venham a suportar a demanda ressarcitória ou reivindicatória possam obter o regresso contra os condôminos que foram parte na ação de divisão.

9. Cumprimento e liquidação de sentença contra os condôminos

O título executivo formado pelo pagamento permitirá o cumprimento de sentença em relação aos demais condôminos quando se tratar de ressarcimento. Os valores pagos pelos quinhoeiros poderão ser exigidos diretamente dos demais condôminos. A solução é justa, pois a divisão que provocou reflexos em terceiros e com desfecho desfavorável aos quinhoeiros acaba por diminuir a parte ideal de suas respectivas frações.

O problema maior configura-se quando terceiro obtenha procedência em pedido de tutela específica. Referimo-nos ao pleito possessório ou reivindicatório. A diminuição da área também será objeto de indenização. A leitura do art. 572, § 2º, do CPC não deixa dúvida quanto ao fato, e o problema apenas residirá na determinação do *quantum debeatur*, uma vez que o *an debeatur* já terá sido revelado pela procedência da ação do confinante. Os demais condôminos terão que indenizar, mas o cumprimento de sentença deverá ser precedido de liquidação de sentença por *arbitramento* (art. 510 do CPC), uma vez que a fração perdida deverá ser avaliada, para a recomposição dos quinhoeiros.

10. CUMULAÇÃO DE PEDIDOS DEMARCATÓRIO E REIVINDICATÓRIO

No Direito anterior discutia-se sobre a possibilidade de cumulação entre o pedido de demarcação e o de reivindicação. A ausência de contornos definidos sobre a natureza do pedido e suas diversas variantes demonstrava que a técnica processual ainda engatinhava. Lopes da Costa realiza bela síntese da polêmica instaurada na doutrina brasileira.[170] Em sentido contrário à cumulação pronunciava-se Whitaker, segundo o qual a indeterminação quanto aos limites da propriedade geraria a impossibilidade de reivindicação.[171]

Na verdade, a reivindicação está implicitamente contida na demarcação. A demarcatória, por si só, tem natureza essencialmente declaratória, ao atribuir o domínio espelhado pelo título ao proprietário. Entrementes, quando a demarcação romper limites preestabelecidos pelas posses dos confinantes, a reivindicação será uma consequência natural da fixação das linhas divisórias. Pelo Código de Processo Civil atual o pedido reivindicatório nunca seria inviável pela indeterminação do pedido de demarcação. Permite-se a cumulação em caráter eventual ou subsidiário, de tal modo que o pedido de reivindicação só será atendido em caso de procedência da demarcação. Todavia, como lembrou Lopes da Costa, "é uma superfetação cumular a reivindicação e a ação de demarcação".[172]

A sentença de procedência na demarcação, quando constatar o rompimento de limites dominiais, incluirá a ordem de restituição. Nesta configuração, a sentença agregará a eficácia executiva *lato sensu* à eficácia declaratória, que é a eficácia natural do pedido demarcatório, que tem como objetivo principal o estreitamento dos limites do domínio.

O art. 574 do CPC inicia o procedimento da ação demarcatória. Não se repete mais a dicção dos arts. 950 e 951 do CPC/1973. Por meio deles se reconhecia que o pedido de fixação dos limites poderia ser conjugado com queixa de turbação e esbulho, legitimando o pedido de restituição.[173]

---

170. Lopes da Costa, *Demarcação – Divisão – Tapumes*, cit., p. 61.
171. Whitaker, *Terras (Divisões e Demarcações)*, cit., n. 27, p. 92.
172. Lopes da Costa, *Demarcação – Divisão – Tapumes*, cit., p. 63.
173. CPC/1973: "Art. 951. O autor pode requerer a demarcação com queixa de esbulho ou turbação, formulando também o pedido de restituição do terreno invadido com os rendimentos que deu, ou a indenização dos danos pela usurpação verificada".

Mesmo com a supressão do dispositivo nada se altera. A reivindicação é consequência natural, e apenas deverá ser requerida como pedido sucessivo. A fixação dos limites sobre a área que seja ocupada pelo lindeiro exige a ordem de devolução. Isto não impedirá que a usucapião seja suscitada como matéria de defesa (Súmula 237 do STF). Pela importância da questão, o tópico será desenvolvido *infra*.

11. DA PRESCRIÇÃO NAS AÇÕES DIVISÓRIAS

O título deste item foi alvo de prestigioso estudo no Direito Brasileiro, elaborado por Francisco Morato, no qual se discutiu a incidência da prescrição aquisitiva e extintiva nas ações divisórias (*communi dividundo*, *familiae ersciscundae* e *finium regundorum*).[174] Na análise do ponto anterior afirmamos ser dispensável a cumulação da reivindicação, a qual será conatural ao pedido de demarcação. Entrementes, a reivindicação poderá ser obstada quando a parte contrária comprove a existência de posse *ad usucapionem*. A usucapião poderá ser alegada como matéria de defesa, nos termos da Súmula 237 do STF.[175]

No Direito Brasileiro o termo "prescrição" sempre foi utilizado de modo ambíguo. Utiliza-se o termo "prescrição" nas acepções positiva (aquisitiva) e negativa (extintiva). Conforme ressaltamos em outro estudo de nossa autoria, o uso da prescrição para designar a extinção da pretensão (art. 189 do CC) e, ao mesmo tempo, a consolidação da posse pelo tempo (usucapião) está arraigado na tradição de nosso sistema jurídico.[176] Este uso dual do termo *praescriptio* tem origem na tradição do Direito Romano e na codificação napoleônica, uma vez que neste último diploma todo o capítulo da usucapião acabou regulamentado no último livro, referente à prescrição. A prescrição aquisitiva tem cabimento no juízo divisório, seja em relação à demarcação ou à divisão, desde que alegadas na fase da defesa. Na primeira situação, conforme já salientado, o confinante exercerá posse sobre área superior àquela que resulta da demarcação. Constatada a invasão no prédio vizinho, três soluções possíveis se apresentam:

(a) *O confinante invasor reconhece o direito do seu vizinho em recompor a integralidade de sua área, mesmo que tenha posse **ad usucapionem*** – Esta hipótese é marcada pela renúncia à usucapião. Tanto a prescrição aquisitiva como a extintiva podem ser objeto de renúncia.

---

174. Francisco Morato, *Da Prescripção nas Acções Divisórias*, cit., em especial pp. 41 e ss.
175. STF, Súmula 237: "O usucapião pode ser arguido em defesa".
176. V. nosso estudo *Usucapião*, cit., 3ª ed., p. 150, em especial nota 109.

A renúncia poderá ser expressa ou tácita. A renúncia expressa advém do reconhecimento literal do direito do confinante, o que elimina a prescrição como matéria de defesa (art. 191 do CC).[177-178] O reconhecimento também poderá ser tácito. A contestação oferecida em juízo sem qualquer menção à posse *ad usucapionem* constitui renúncia tácita.[179] Não devemos olvidar que o art. 193 do CC somente se aplica à prescrição extintiva.[180] E mesmo a dicção do art. 193 não possui aplicação ilimitada, uma vez que a prescrição extintiva não poderá ser alegada ou conhecida *ex officio* em grau de recurso especial ou recurso extraordinário.

(b) *O confinante suscita a usucapião como matéria de defesa, sem reconvenção* – Nesta configuração, a defesa baseada na usucapião obstará a qualquer reivindicação advinda da demarcação. Havia certa discussão sobre a conexão entre a ação de usucapião e a demarcatória.[181] Entretanto, seu reconhecimento é uma consequência de natureza fática. Após a nova linha divisória entre os terrenos é possível visualizar um avanço da construção. Quando for reconhecida a usucapião, a ação demarcatória será improcedente, uma vez que o domínio dentro dos limites requeridos pelo proprietário não poderá ser reconhecido. A área não será devolvida, porque o reconhecimento da posse publiciana impedirá a eficácia executiva. A princípio não há qualquer impossibilidade de a usucapião ser reconhecida por meio de reconvenção, mesmo que exija a participação de terceiro (art. 343, § 3º, do CPC). A ação de usucapião obedece ao procedimento comum, a ação demarcatória também seguirá o rito comum quando verificada a existência de contestação (art. 578 do CPC). Nada

---

177. CC: "Art. 191. A renúncia da prescrição pode ser expressa ou tácita, e só valerá, sendo feita, sem prejuízo de terceiro, depois que a prescrição se consumar; tácita é a renúncia quando se presume de fatos do interessado, incompatíveis com a prescrição".
178. A permanência deste dispositivo no Código Civil representa um dos motivos pelos quais o conhecimento *ex officio* da prescrição, pelo magistrado, não deve ser precedido da manifestação do beneficiário. Afinal, a prescrição poderá ser renunciada. No CPC atual o art. 10 revela o reforço desta manifestação pela proibição da surpresa. Sobre o ponto, v. nossas considerações no t. I deste *Curso de Processo Civil*, p. 111.
179. STJ: "Ação demarcatória – Usucapião como matéria de defesa – Momento em que pode ser alegada. A prescrição extintiva pode ser arguida em qualquer fase do processo, mas a prescrição aquisitiva somente tem pertinência como matéria de defesa se arguida na contestação, momento próprio para tanto, sob pena de preclusão – Recurso especial não conhecido" (3ª Turma, REsp 761.911-PR, rel. Min. Carlos Alberto Menezes Direito, j. 14.11.2006, *DJU* 12.2.2007, p. 259).
180. CC: "Art. 193. A prescrição pode ser alegada em qualquer grau de jurisdição, pela parte a quem aproveita".
181. Hamilton de Moraes e Barros, *Comentários ao Código de Processo Civil*, vol. XI, p. 67.

impede que a usucapião seja apenas suscitada como prejudicial, o que importará a improcedência do pedido de restituição, mas sem a definição dos novos limites em favor do usucapiente.

(c) *Improcedência da exceção de usucapião arguida pelo confinante e a aquisição por acessão* – Não existindo direito à prescrição aquisitiva pela parte invadida, a reivindicação é inevitável. A ocupação de boa-fé não é suficiente para consolidar a posse se não forem preenchidos os requisitos da usucapião. Entretanto, é possível que a reivindicação e a demolição sejam obstadas se a invasão corresponder a parte do imóvel, o que configuraria *aquisição por acessão*, nos termos dos arts. 1.258 e 1.259 do CC. Privilegia-se a função social da propriedade, sem prejuízo da indenização do proprietário prejudicado.[182]

Na ação de divisão a usucapião também terá cabimento, mas com configuração diversa. Na *actio communi dividundo* o usucapião exigirá que o condômino exerça posse destacada dentro da área comum. Ainda que a área seja indivisa, pois está dividida apenas em cotas-partes, não há impossibilidade de exercício de posse efetiva sobre parte específica do condomínio. Neste caso a divisão ocorrerá quanto à parte ainda indivisa. A parte usucapida é considerada *pro diviso*.[183] Na copropriedade e na compose há situação peculiar. Algumas questões assumem solução particular. Por exemplo, não se admite, como ensina o Direito Alemão, a manutenção de posse entre condôminos. Quem aceita viver em estado de comunhão deve suportar turbações inevitáveis na gerência conjunta da copropriedade.

No âmbito interno, como delimita Fritz Baur, a união estabelecida entre os compossuidores exclui o atributo da exclusividade. A exclusividade é atributo característico da posse, seja para possibilitar sua defesa em juízo (*possessio ad interdicta*) ou mesmo para possibilitar a conversão da situação fática em jurídica (*possessio ad usucapionem*). Por este motivo, o reconhecimento da usucapião entre compossuidores ou coproprietários deve ser cauteloso.

No Direito Alemão a compose está delimitada por um único dispositivo, correspondente ao § 866,[184] o que também trouxe inúmeras

---

182. CC: "Art. 1.258. Se a construção, feita parcialmente em solo próprio, invade solo alheio em proporção não superior à vigésima parte deste, adquire o construtor de boa-fé a propriedade da parte do solo invadido, se o valor da construção exceder o dessa parte, e responde por indenização que represente, também, o valor da área perdida e a desvalorização da área remanescente".
183. Tito Lívio Pontes, *Divisões, Demarcações, Tapumes*, cit., p. 16.
184. O qual não se confunde com o § 865, que estabelece a possibilidade de comunhão *pro diviso*. Existindo posse determinada sobre objeto em compose, nasce

dificuldades de interpretação. Pontes de Miranda chegou a reconhecer a superioridade da definição fornecida pelo art. 488 do nosso CC/1916,[185] tendo-se em vista o enunciado positivo do dispositivo brasileiro, que, ao contrário da definição negativa fornecida pelo § 866 do *BGB*,[186] não eliminava a proteção possessória em caso de esbulho e turbação entre os compossuidores. Daí a necessidade de uma leitura cuidadosa, pois, "caso um compossuidor seja excluído por outro do uso total, então, terá à sua disposição os meios legais de proteção à posse".[187]

Quanto à prescrição extintiva, assinalamos que ela não se aplica às ações divisórias.[188] O primeiro argumento concentra-se na impossibilidade de prescrição extintiva sobre as ações reais. As pretensões referentes ao domínio não prescrevem.[189] Além do mais, a pretensão à divisão e à demarcação é essencialmente declaratória.[190] Somente a prescrição aquisitiva declarada por via transversa elimina a pretensão de divisão ou demarcação.

12. Procedimento das ações divisórias

O CPC exige uma análise quanto ao procedimento das ações divisórias nos termos do art. 569, I e II. O legislador separou o tratamento do procedimento em questões comuns e específicas. Lembramos que a ação

---

a posse exclusiva (Alleinbesitz), daí a indivisibilidade ser uma característica imanente, pois a posse exclusiva não é incompatível com a posse sobre objeto comum (*Alleinbesitz ist auch der Teilbesitz*), desde que posse seja delimitável ("Der Besitz ist nur an einer Sache möglich, freihlich auch an abgrenzbaren Sachteilen (Teilbesitz, § 865)") (Baur e Stürner, *Sachenrecht*, § 7, pp. 59 e 73).

185. Atualmente regulada pelo art. 1.199 do CC e sem alteração de relevância.

186. Eis a redação do § 866: "Besitzen mehrere eine Sache gemeinschaftlich, so findet in ihrem Verhältnisse zueinander ein Besitzschutz insoweit nicht staat, als es sich um die Grenzen des den einzelnen zustehenden Gebrauchs handelt" ("Possuindo várias pessoas a mesma coisa em comum, não é concebível, em suas relações recíprocas, a proteção possessória, contanto que a mesma se refira aos limites do uso de cada um" – tradução livre).

187. "Schießt ein Mitbesitzer den anderer vom Gebrauch ganz aus, so hat der ausgeschossene Teilhaber die normalen Besitzschutzrechte" (Baur e Stürner, *Sachenrecht*, cit., § 7, p. 76).

188. Neste sentido: Humberto Theodoro Jr., *Curso de Direito Processual Civil*, cit., vol. III, p. 217.

189. Esta concepção, que sempre foi dominante no sistema processual, parece rompida pela nova formatação do *BGB* após a reforma de 2002. Como ensina Menezes Cordeiro (*Da Modernização do Direito Civil*, § 5, p. 90), sobre a reforma do BGB: "Cessou a imprescriptibilidade do domínio".

190. Somente a sentença proferida na segunda fase assume configuração executiva *lato sensu*.

de inventário (*familiae erciscundae*) não se enquadra neste estudo, muito embora tenha como causa a indivisão, e será analisada nos comentários aos arts. 610-673 do CPC. A reorganização do patrimônio do *de cujus* é alvo de regramento específico, e poderá provocar o fim da indivisão de modo amigável (arrolamento) ou litigioso (inventário). Tratando-se de bem que não comporte divisão cômoda, o bem herdado poderá ser alvo de alienação judicial em procedimento *a posteriori*.

12.1 Natureza bifásica do procedimento

Da mesma forma que na ação de prestação de contas, as ações divisórias exigem duas fases para o deslinde do procedimento. A ação demarcatória e a de divisão são dúplices, porque admitem o pedido contraposto restrito à primeira fase. O procedimento divide-se em duas etapas, e cada uma delas termina por sentença. A eficácia preponderante na primeira fase é *declaratória*. O juiz apenas reconhece a necessidade de *demarcar ou dividir*, ou mesmo de *demarcar e dividir* (art. 570 do CPC). Poderá até mesmo indeferir a pretensão do autor, e a sentença continuará sendo declaratória, mas com eficácia negativa.

Na segunda fase, onde se realiza a "execução" da sentença, a sentença será declaratória, pela conformação do título dominial ao ato de demarcação ou separação do quinhão, mas prepondera a eficácia executiva *lato sensu*. Afinal, na segunda fase a sentença opera eficácia executiva e delimita materialmente a divisão entre os imóveis.

12.2 Procedimento da ação demarcatória

12.2.1 Petição inicial

O pedido será instruído com a prova material do domínio.[191] Mesmo sendo ação de natureza real, a substanciação exigida pelo art. 319 do CPC dependerá da indicação da causa de pedir próxima e remota.[192] A com-

---

191. Importante frisar que o domínio assume natureza prejudicial ao pedido, conforme clássica lição de Rui Barbosa, em famosa petição de reivindicação do Acre para o Estado do Amazonas: "o domínio não deriva da demarcação, que, na acção *finium regundorum*, cujo objecto consiste justamente em demarcar, o autor, na petição inicial, há de começar provando o domínio e posse" (*O Acre Septentrional – Reivindicação do Estado do Amazonas Contra a União ante o Supremo Tribunal Federal*, p. 72).
192. Sobre o tema é fundamental o exame do estudo do professor Cruz e Tucci (*A Causa Petendi no Processo Civil, passim*). O ilustre Processualista informa a fidelidade de nosso sistema ao princípio da eventualidade, próprio da substanciação,

provação do domínio e da diversidade de titularidade é essencial, do contrário não existirá interesse de agir quanto à apresentação do pedido. A demarcação tem natureza *pro vindicatione*, e não *ad adquisitionem*. Logo, não se adquire através da ação de demarcação, apenas se vindica a propriedade dentro dos limites da posse e do título.[193] O mesmo pode ser afirmado quanto à necessidade de contiguidade dos prédios, conforme descrição que deverá constar na inicial.[194]

O autor deverá indicar em sua causa de pedir os limites, linhas e marcos que deveriam existir ou que estejam apagados ou indefinidos, justificando o pedido nos termos do art. 574 do CPC.

12.2.2 Cumulação com pedido de reintegração ou reivindicação: pedidos implícitos

Sob o ponto de vista da restituição do terreno o pedido de cumulação seria desnecessário, uma vez que a pretensão de reivindicação está embutida, como meio de obter a devolução da área invadida pela indefinição dos marcos divisórios. Não foi repetida a redação do art. 951 do CPC/1973, uma vez que a procedência do pedido inclui ordem de restituição da linha demarcada que tenha sido invadida de modo implícito. Esta conclusão, apesar de óbvia, está reforçada pela leitura do art. 581, parágrafo único, do CPC: "Parágrafo único. A sentença proferida na ação demarcatória determinará a restituição da área invadida, se houver, declarando o domínio ou a posse do prejudicado, ou ambos".

12.2.3 Citação

De acordo com advertência anterior, o CPC estabeleceu procedimento unificado para a citação, nos termos do art. 576, *caput* e seu parágrafo

uma vez que a fixação dos fatos constitutivos e do fundamento jurídico vem a impedir a inovação no decorrer da lide. Contudo, assevera o autor que "a especificação da causa de pedir nas ações reais, particularmente na ação reivindicatória, emerge quase sempre mais tênue (*causa petendi simples*) se cotejada com a complexidade fática que muitas vezes deve exornar a fundamentação das ações pessoais" (ob. cit., p. 247).
  193. Rui Barbosa, *O Acre Septentrional – Reivindicação do Estado do Amazonas Contra a União ante o Supremo Tribunal Federal*, cit., p. 73.
  194. TJPE: "Pressupondo, a ação demarcatória, que as propriedades das partes litigantes se confrontem, é irreparável a sentença que extingue a ação demarcatória sem julgamento do mérito em razão de ilegitimidade passiva *ad causam*, ao se comprovar que o demandado não é confinante com o proprietário do prédio demarcando. Por unanimidade de votos, rejeitou-se a preliminar e negou-se provimento ao apelo" (AC 37.219-6, rel. Des. Santiago Reis, *DJE* 5.12.2003).

único.[195] O CPC/1939 aludia a citação única através do art. 419: "Art. 419. A citação inicial compreenderá todos os atos do processo, inclusive os de execução". A execução corresponderia à segunda fase da ação de demarcação. O Código de Processo Civil atual, apesar de dividir o procedimento em duas fases, não estabelece nova citação na fase de execução dos trabalhos. O pedido inicial delimita o âmbito da controvérsia quanto à demarcação, o que engloba todos os atos necessários à sua implementação, inclusive na fase executiva, quando serão fixados os marcos divisórios, conforme a linha traçada na primeira fase.

No processo divisório a citação adquire contorno diferenciado. A doutrina aponta a finalidade econômica do processo divisório como principal fator para acelerar o procedimento de divisão e, deste modo, prever um modo diferenciado para a citação.[196] Isto não elimina a aplicação do procedimento edital previsto pelo art. 259, III, do CPC, como determina o art. 576, parágrafo único. A eficácia real da pretensão, com formação de matrícula com eficácia *erga omnes*, justifica o procedimento de provocação de terceiros. Eliminou-se a funesta diferenciação no ato citatório baseada no domicílio do confinante, que era prevista pelo Código de Processo Civil/1973. Entre confinantes residentes no mesmo Município a citação seria pessoal. Para aqueles que residissem em Município diversos a citação seria efetuada por edital (art. 953 do CPC/1973). A citação editalícia seria implementada ainda que se conhecesse o endereço correto da parte. Esta previsão, assaz esdrúxula, representava uma violação indevida ao amplo contraditório. A justificativa de celeridade sequer abonaria sua aplicação.

O art. 576 do CPC corrigiu este grave defeito, e determina que a citação será feita pelo correio, observando-se, excepcionalmente, a necessidade de sua efetivação por outra forma, nos moldes do que preconiza o art. 247. A utilização do procedimento edital será realizada nos moldes do art. 259, III, do CPC, com o fim de imunizar a decisão judicial em relação a futuros terceiros interessados.

12.2.4 Resposta do réu

A resposta será oferecida no *prazo comum* de 15 dias. O prazo é especial; portanto, não se aplicam as disposições do processo ordinário, como a regra do art. 229 do CPC. Ainda que a demarcação exija o

---

195. O que também vale para a ação de divisão, *ex vi* do art. 589 do CPC.
196. Tito Lívio Pontes, *Divisões, Demarcações, Tapumes*, cit., p. 42.

chamamento de diversos confinantes e todos estejam representados por procuradores diversos, o prazo será de apenas 15 dias. Isto não elimina a necessidade de contagem do prazo conforme as regras do art. 231 do CPC.

Como a ação demarcatória tem caráter dúplice, não há interesse de agir no oferecimento de reconvenção para fins de formulação de pedido similar. Isto não impede que seja formulado pedido de reconvenção de usucapião, o qual poderá ser pertinente e essencial para a solução definitiva sobre a controvérsia da área a ser demarcada. É possível que o réu ofereça, no prazo da contestação, apenas a reconvenção (art. 343, § 6º, do CPC) com alegação da usucapião, o que não poderá gerar qualquer interpretação de renúncia à prescrição aquisitiva. Nesta situação a revelia é inoperante, porque a matéria principal está ventilada em ação autônoma e conexa que tem por fim solucionar a polêmica sobre o domínio. A mera alegação de usucapião como matéria de defesa não tem o condão de solucionar a pendência de modo definitivo (Súmula 237 do STF).

Assim como a citação, a resposta será oferecida pelo proprietário vizinho. Os prédios devem ser contíguos. O detentor não possui legitimidade para oferecer qualquer tipo de resposta, exceto para pedir a nomeação à autoria, nos termos do que dispõe o atual art. 338 do CPC.[197]

12.2.5 Fase instrutória

Com a oferta da contestação o procedimento seguirá o rito comum (arts. 318 e ss.). Em tese o procedimento já conterá toda a produção da prova técnica necessária para a solução da causa.

A fase instrutória poderá ser abreviada quando for desnecessária a produção da prova pericial (art. 573 – v. *infra*). O julgamento antecipado poderá ocorrer, embora não seja usual nesta modalidade de procedimento. O procedimento cumulado (art. 570 do CPC) ou a formulação de reconvenção (*com alegação de usucapião*) representam exemplos em que dificilmente a instrução não será conveniente para a produção de prova pericial e oitiva de testemunhas.

Isto não exclui, obviamente, a abreviação do procedimento comum, nos termos do art. 355, I e II. Duas são as previsões legais. O inciso I aplica-se quando a causa não depender de instrução, pela suficiência probatória ofertada. O juiz deve ter o cuidado de não abreviar indevidamente

---

197. Sobre o regime da nomeação à autoria no Código de Processo Civil atual, v. nosso estudo *Intervenção de Terceiros*, pp. 400 e ss.

a instrução do pleito, sob pena de nulidade do procedimento. O inciso II refere-se à revelia. A procedência do pedido deverá levar em consideração o art. 344 e, de modo especial, o art. 345, III, do CPC. A comprovação do domínio será essencial para a procedência do pedido de demarcação. Sua ausência impedirá que a contumácia do confinante seja suficiente para a procedência do pedido.

12.2.6 Realização da perícia e o georreferenciamento

Nosso sistema não adota qualquer hierarquia entre os meios probatórios. O juiz deverá analisar de modo imparcial todas as provas produzidas pelas partes, mas não há dúvida de que a prova pericial assume conotação diferenciada neste procedimento. A importância da prova pericial é ressaltada pela dicção do art. 579 do CPC: "Art. 579. Antes de proferir a sentença, o juiz nomeará um ou mais peritos para levantar o traçado da linha demarcanda".

O procedimento de demarcação e divisão tende a se tornar mais simples, menos custoso e com menor tempo de tramitação. A prova pericial poderá ser dispensada quando se tratar de imóvel georreferenciado que já contiver averbação no registro de imóveis.

Atualmente a evolução tecnológica permite que a medição seja realizada por satélite, por meio de georreferenciamento, utilizando-se o Sistema Geodésico Brasileiro, nos termos do art. 176, § 3º, da Lei 6.015/1973, cuja alteração é proveniente da Lei 10.267/2001. Trata-se de uma revolução no sistema registral brasileiro e orientada para as áreas rurais. Os novos atos de transmissão, desmembramento ou qualquer ato que afete a continuidade da matrícula sujeitam-se ao georreferenciamento. O Decreto 4.449/2002, em seu art. 10, estabeleceu prazo para a adaptação das propriedades rurais, em virtude do seu tamanho, às exigências da nova forma de confirmação do cadastro real do imóvel. A grande vantagem do georreferenciamento sobre os demais sistemas de medição é o fato de que o imóvel é mensurado pelos seus polígonos, mas considerando todas as irregularidades do terreno por meio de cálculos matemáticos.

A anexação na petição inicial do georreferenciamento equivalerá à juntada de prova técnica plena, nos termos do art. 472 do CPC. Isto significa que, se a parte não trouxer ponto de impugnação específica quanto à medição já registrada, o juiz poderá indeferir a realização da prova pericial, em vista de sua desnecessidade (art. 464, § 1º, II, do CPC).

Não sendo hipótese de aplicação do art. 573, a nomeação de um ou mais peritos será importante. Aqui deve ser incentivada pelo juiz a celebração de *negócio processual*, nos termos do que dispõe o art. 471 do CPC. A finalidade desta nomeação está em preparar o processo para a segunda fase. O Código de Processo Civil anterior mencionava a necessidade de nomeação de arbitradores[198] e agrimensores. Os arbitradores deveriam realizar um extenso trabalho de campo, fixando, de modo minucioso, os títulos, marcos, rumos, a fama da vizinhança, as informações de antigos moradores do lugar e outros elementos que possam contribuir para o correto estreitamento dos limites. Ao agrimensor[199] caberia o trabalho crucial, representado pelo levantamento topográfico, com elaboração da planta. Este autêntico memorial descritivo será fundamental para a execução dos trabalhos de demarcação na segunda fase do procedimento.

Na verdade, as funções continuam as mesmas para a segunda fase. O ideal é a nomeação de um perito avaliador, para que faça o levantamento de toda a área a ser demarcada e dividida, e de um perito para a execução do trabalho de divisão e materialização da planta.

12.2.7 Sentença

Nesta primeira fase, indubitavelmente, a sentença tem conteúdo declaratório, pois o juiz apenas reconhece e homologa o traçado da linha divisória. Ainda não há qualquer atividade material, apenas se determina a necessidade da demarcação, com base nos levantamentos efetuados pelo autor em sua petição inicial e constatados pela perícia. Existindo acordo, no decorrer do processo, a demarcação poderá assumir caráter consensual, com resolução do processo pelo art. 487, III, "b", do CPC., do CPC. A executividade da sentença de demarcação somente se revela na segunda fase do procedimento.

12.2.8 Segunda fase da ação demarcatória

A segunda fase da ação de demarcação terá seguimento com o trânsito em julgado da sentença proferida na primeira fase (art. 582 do CPC).

---

198. A figura do arbitrador está juridicamente presa à estimação, ou seja, à valoração de bens, benfeitorias, o que contribui decisivamente nas demandas divisórias para verificação de tempo de construção (fato relevante para defesa de usucapião) e valor, para fins de indenização e reparação.
199. O agrimensor, que também era conhecido como o piloto pela função principal nos trabalhos de divisão, é o responsável pelo levantamento topográfico. Seu trabalho é elaborado em planta ou mapa. A perfeição da matrícula depende da exatidão do seu trabalho. A habilitação profissional é essencial, sendo dispensada sua comprovação para o engenheiro diplomado (v.: De Plácido e Silva, *Vocabulário Jurídico*, t. I, p. 119).

Não se aplica o art. 1.012, § 1º, I, do CPC em relação a esta sentença, pois sua natureza essencialmente declaratória exige o trânsito em julgado, motivo pelo qual o art. 582 do CPC exige o trânsito em julgado. Não há que se falar em execução provisória da sentença, até porque a sentença declaratória não servirá de título hábil para o traçado enquanto a discussão não estiver preclusa.

12.2.8.1 *Fixação dos marcos divisórios*

Após a certificação nos autos do trânsito em julgado, o juiz intimará o perito para que execute o plano previamente elaborado na perícia já efetuada.

Ele deverá colocar os marcos divisórios, de acordo com o levantamento topográfico constante de seu memorial descritivo. Os trabalhos poderão ser acompanhados pelos assistentes indicados, uma vez que o contraditório deverá ser garantido em todo o devido processo legal. A diferença essencial é que os assistentes não poderão impugnar o memorial do perito. Com o trânsito em julgado da sentença que o acolheu, caberá às partes a fiscalização quanto ao cumprimento dos limites homologados na sentença da primeira fase.

12.2.8.2 *Trabalhos de campo*

O procedimento dos arts. 583 *usque* 586 do CPC descreve o *iter* procedimental para a execução dos trabalhos de campo. Não resta dúvida de que o perito encarregado deverá executar o trabalho de divisão com a utilização das técnicas de maior precisão. O importante é que todo o procedimento executado permita a verificação da conformidade do título com o marco divisório traçado pela sentença. Os peritos efetuarão a conferência quanto à exatidão dos marcos estabelecidos pelo agrimensor (art. 585 do CPC). O ponto de referência sempre será a planta e o memorial descritivo, oriundo da perícia efetuada na primeira fase.

12.2.8.3 *Sentença final*

Após o final dos trabalhos de demarcação o juiz proferirá a sentença de homologação da demarcação (art. 587 do CPC), a qual estará sujeita a recurso de apelação com efeito meramente devolutivo, nos termos do art. 1.012, § 1º, I, do CPC. A eficácia preponderante desta sentença poderá será executiva *lato sensu*, inclusive para fins de restituição de área invadida, de acordo com o plano estabelecido pela planta.

Caso não exista qualquer dissenso quanto aos trabalhos da segunda fase o juiz apenas certificará a licitude da divisão e homologará a vontade das partes quanto ao traçado divisório.

Por outro lado, em determinadas situações a sentença assumirá eficácia executiva *lato sensu*. As partes poderão se insurgir e impugnar o traçado efetivado. A linha divisória poderá afetar construções realizadas e exigir a devolução de área. Neste caso o juiz julgará a demarcação e conformará o plano jurídico (título e planta) ao plano fático (linha divisória).

Nesta configuração acompanhamos o posicionamento de Pontes de Miranda: "na segunda fase, há mudanças de eficácias: 4 de declaratividade, 2 de constitutividade, 1 de condenatoriedade, 3 de mandamentalidade e 5 de executividade".[200] Não nos interessa o caráter matemático dos pesos, mas o reconhecimento da eficácia executiva como preponderante. Todavia, como alude o insigne Jurista, "entenda-se, porém, que o *acordo* de vontades pode mudar os pesos".[201]

12.3 Procedimento da ação de divisão

A ação de divisão também se funda basicamente no direito de propriedade. O art. 588 do CPC estabelece a necessidade de substanciação da inicial, pois exige a descrição da origem da comunhão, suas características, além dos limites do prédio. Apesar de não existir disposição análoga à do art. 575, aplica-se a mesma solução quanto ao impulso inicial para a ação de divisão. Qualquer condômino poderá ingressar com o pedido de divisão.

O possuidor qualificado, ou seja, com posse *ad usucapionem*, não possui legitimidade para intentar o pedido de divisão. A posse individuada gera pedido de usucapião, mas não de divisão. Sua posse está delimitada e separada. Somente os condôminos titulados terão interesse na divisão. Todavia, o possuidor com pretensão *publiciana* poderá suscitar exceção de usucapião e realizar a defesa da porção individuada pelos seus atos possessórios (Súmula 237 do STF). Importante frisar que o condomínio poderá existir em relação a outros direitos reais, como usufruto, enfiteuse ou superfície. Todos dependem da comprovação pela titulação, ou de procedimento prévio para comprovação da consolidação pela prescrição aquisitiva.

---

200. Pontes de Miranda, *Comentários ao Código de Processo Civil* (de 1973), cit., t. XIII, p. 463.
201. Idem, p. 463.

12.3.1 Divisão cômoda

Não existindo a possibilidade de divisão cômoda, o procedimento deverá ser pautado pela alienação de coisa comum, o qual se processará nos termos do art. 725, V, do CPC. O procedimento será de jurisdição voluntária com venda judicial, que obedecerá ao art. 730 do CPC, cuja finalidade precípua é realizar uma avaliação imparcial para oferecimento público. O condômino terá preferência e deverá ser intimado previamente da alienação, nos termos do art. 889, II, do CPC.

12.3.2 Procedimento bifásico

Assim como na ação de demarcação, a ação divisória possui duas fases. Na primeira fase o juiz decidirá quanto à possibilidade de divisão. Requisito essencial será que a área urbana ou rural possua dimensão legal para a divisão. Não se admite a divisão abaixo dos patamares indicados pela Lei 6.766/1979. Se a área for rural a divisão não poderá ser inferior ao módulo rural, o qual é variável e calculado com elementos próprios de cada região (art. 65 do Estatuto da Terra). A citação obedecerá ao mesmo rito da ação demarcatória, nos termos do art. 589 do CPC. O prazo para resposta será de 15 dias (art. 592 CPC).

A sentença terá natureza essencialmente declaratória na primeira fase, uma vez que o juiz apenas atribuirá os respectivos quinhões comprovados documentalmente. Na segunda fase se estabelece a divisão material das áreas, o que não impedirá a solução amigável.

12.3.3 Terceiros confinantes

O Código Civil reconhece expressamente a decadência quanto ao direito de demolir obras que ofendam a propriedade vizinha. O art. 593 do CPC aplica esta inteligência ao impedir que o traçado na ação de divisão possa exigir a destruição de alguma benfeitoria. O parágrafo único do art. 973 do CPC/1973 não foi repetido, de tal modo que o abandono com prazo superior a mais dois anos não será motivo para impedir a preservação da acessão ou benfeitoria.

Os confinantes ao terreno que será objeto da divisão serão citados quando a questão não tenha sido previamente definida pela cumulação da demarcação com a divisão (art. 570 do CPC). Aplica-se aqui a mesma solução já indicada quanto aos confinantes nos arts. 572 e 573 do CPC (v. *supra*).

12.3.4 Homologação da divisão

A primeira fase da divisão é marcada pelo contraditório que fixe a existência da comunhão bem como a necessidade de sua divisão, nos termos dos trabalhos elaborados pelos peritos. O trabalho pericial será fundamental, uma vez que uma série de situações fáticas necessita de solução para acomodar a divisão dos quinhões (art. 595 do CPC). As partes poderão nomear um ou mais peritos de comum acordo (art. 471 do CPC) ou mediante decisão judicial, para que o plano de partilha seja proposto.

A prova pericial assume importância vital no juízo divisório, e após sua produção as partes poderão se manifestar para confrontar o plano de divisão. É possível que eventuais assistentes técnicos sejam indicados pelas partes (art. 471, § 1º, do CPC), os quais poderão apresentar suas conclusões em apartado ou assinar o laudo em conjunto, corroborando as conclusões ofertadas pelo perito.

A tarefa do perito não é simples, mas ao mesmo tempo a prática informa que esta separação deve obedecer, na medida do possível, a uma situação fática preestabelecida. As residências e construções dos condôminos devem ser acomodadas em suas respectivas frações.

A homologação do plano de partilha é realizada por decisão. O art. 596 do CPC não menciona o termo "sentença", mas a decisão será de mérito e com conteúdo de encerramento da primeira fase da ação divisória. Como não há encerramento do procedimento, a decisão poderá ser enfrentada pelo agravo. O legislador, ao tratar da primeira fase do procedimento de demarcação, deixou expresso que a finalização se daria por sentença, nos termos do art. 581 do CPC. Na ação divisória a utilização do termo "decisão" foi proposital, pois se encerra apenas a fase inicial que marca a homologação do plano de divisão.

12.3.5 Trabalhos de divisão

Os trabalhos de divisão têm como fim conformar o plano documental ao plano fático. O procedimento obedecerá ao disposto nos arts. 584, 585 e 596 do CPC. O perito, em cumprimento à decisão de homologação do plano de partilha, realizará a execução do plano de separação entre os quinhões.

Neste trabalho, nem sempre fácil de ser implementado, muitos incidentes poderão surgir, pela necessidade de compensação dos quinhões. Muito embora a área possa permitir divisão cômoda, as acessões e benfeitorias desequilibram economicamente a forma da divisão. O ideal é que o traçado da divisão acomode, quando possível, a integralidade da benfeitoria ou acessão na fração do quinhoeiro. Quando isto não for possível, o art. 596, parágrafo único, estabelece regras de transição, inclusive com a compensação financeira (art. 596, parágrafo único, IV, do CPC). Apesar do critério legal do art. 596 do CPC, a análise da função social e econômica será fundamental para que injustiças não sejam cometidas.

Com a demarcação de cada um dos quinhões, com o devido acompanhamento das partes, o perito apresentará um memorial descritivo. Com base neste memorial descreverá o quinhão de cada condômino, e o escrivão elaborará autêntico "formal de partilha" nominado de *folha de pagamento* (art. 597, *caput* e § 1º, do CPC). As folhas conterão os dados essenciais para a formação da matrícula individual (art. 597, § 4º, do CPC).

A elaboração de todas as folhas de pagamento comporá o auto de divisão, que será assinado pelo juiz e pelo perito. A lei não estabelece prazo, mas as partes deverão se manifestar sobre o auto, após seu término, no prazo mínimo de cinco dias. Após, solucionadas eventuais pendências, o juiz proferirá sentença de homologação (art. 597, § 2º, do CPC). A sentença estará sujeita a recurso com efeito meramente devolutivo (art. 1.012, § 1º, I, do CPC).

13. AÇÃO DISCRIMINATÓRIA

A necessidade de identificação bem como de fixação de limites e marcos não corresponde a problema atinente apenas às terras particulares. As terras públicas também se inserem nesta problemática, contudo protegidas por legislação especial.

O cumprimento de políticas públicas e a própria destinação de terras para fins de reforma agrária exigem a correta identificação do patrimônio público. A negligência quanto à discriminação das terras poderá provocar consequências funestas, como o pagamento de indenização por desapropriação indireta, ou vice-versa, motivo pelo qual o procedimento é de interesse público e particular.[202]

202. STJ: "*In casu*, bem observou o Ministério Público Federal (fls. 190-191): 'Por sua vez, configurada a existência de ação discriminatória, em que restaram excluídas as terras dos recorridos da área pertencente ao domínio público, é perfeitamente cabível a ação de indenização em desfavor do Estado, possibilitando aos prejudicados serem indenizados do valor correspondente ao imóvel alienado. Com efeito, entendeu o augusto Tribunal goiano, o pedido dos autores encontra amparo no direito material positivo, caracterizado no prejuízo sofrido e o direito à indenização,

13.1 Breve retrospecto sobre as terras devolutas

O tratamento das ações discriminatórias exige análise breve sobre o surgimento das terras devolutas e seu estatuto jurídico.[203] O regime de ocupação das terras brasileiras não foi livre. O Brasil importou toda a legislação ultramarina após o descobrimento.[204] A ocupação das terras era disciplinada pela Lei de Sesmarias desde o reinado de D. Fernando I, e regulava a concessão de terras. Seu cultivo gerava a obrigação do pagamento de um foro ou pensão.[205]

Com o descobrimento do Brasil, as terras virgens de nosso território submetiam-se a um duplo regime legal. As Ordenações Filipinas absorveram a legislação referente às sesmarias e determinavam que ninguém ocupasse os *maninhos*[206] sem autorização. Tecnicamente, nossas terras não poderiam ser objeto das sesmarias, pois "sesmarias são propriamente as dadas de terras, casaes, ou pardieros que foram ou são de alguns senhorios, e que já em outro tempo foram lavradas e aproveitadas, e agora o não são".[207] Como pondera Cândido Mendes: "como se vê, às dadas das terras virgens do Brazil não se poderia chamar sesmarias, mas

motivo por que resta caracterizado o interesse de agir dos recorridos. Inexiste, portanto, a alegada ofensa ao art. 267, inciso VI, do CPC' [*de 1973*] (fls. 191). 4. Recurso especial desprovido" (1ª Turma, REsp 200301884061 (620.512-GO), rel. Min. Luiz Fux, *DJU* 1.3.2007, p. 229).

203. Como fontes de referência indicamos: Oswaldo Opitz e Sílvia Opitz, *Tratado de Direito Agrário Brasileiro*, t. I, pp. 116 e ss.; José Edgard Penna, *Perfis Constitucionais das Terras Devolutas*, pp. 57-58.

204. A disciplina da utilização das terras exigiu a edição de atos legislativos específicos, para regular o regime de ocupação das terras brasileiras, pois não se aplicava o regime das Ordenações às terras brasileiras, como pondera Cândido Mendes (*Ordenações Filipinas*, Livro IV, nota 3 – na mesma nota há uma catalogação, em ordem cronológica, sobre os principais alvarás e cartas régias –, p. 822). Sobre o tema é obrigatória a consulta da obra de Ruy Cirne Lima, *Terras Devolutas*, pp. 45-56. Ainda: Teixeira de Freitas, *Consolidação das Leis Civis*, p. 52-62, com toda a evolução legislativa da matéria, desde o século XVI; Oswaldo Aranha Bandeira de Mello, *Reintegração sem Posse e sem Domínio, passim*; Oswaldo Opitz e Sílvia Opitz, *Tratado de Direito Agrário Brasileiro*, cit., t. I, pp. 25-27; Themístocles Brandão Cavalcanti, *Tratado de Direito Administrativo*, t. III, p. 447; Yussef Said Cahali, *Posse e Propriedade*, p. 517; José Cretella Jr., *Bens Públicos*, p. 292.

205. Ruy Cirne Lima, *Terras Devolutas*, cit., p. 10.

206. Expressão utilizada pelas Ordenações para designar as terras incultas, do Latim *malignus* ("estéril", "inculto") (De Plácido e Silva, *Vocabulário Jurídico*, t. III, p. 149).

207. *Ordenações Filipinas* (com comentários de Cândido Mendes), Livro IV, Título XLIII, p. 822. Mesmo na Europa já era improvável falar em ocupação originária.

como se achavão desaproveitadas, assim forão também denominadas".[208] O regime de sesmarias perduraria até o ano de 1822, e sua abolição se deve ao fracasso da política administrativa da Coroa Portuguesa, que não conseguiu realizar uma distribuição adequada das concessões, com o fim de propiciar uma ocupação coerente. Desta forma, o instituto foi suprimido pela Resolução de 17.7.1822.[209] Além disto, a resolução apenas veio a sacramentar e reconhecer a existência das ocupações, ou seja, a aquisição das posses.[210] A partir de 1822 o processo, antes relativo à concessão de sesmarias, passou a ser utilizado para legitimar as posses. Neste período ainda é possível conceber a ocupação como meio legítimo de aquisição da posse e da propriedade para os bens imóveis em nosso território. A ocupação é fenômeno jurídico cuja titularidade estará referida à pessoa física ou jurídica, e, neste último caso, especificamente às pessoas jurídicas de direito internacional.[211] Embora rara a possibilidade de ocupação no Continente Europeu no século XIX, ela era concebível nos Países coloniais. No Brasil somente com a Lei 601/1850 houve a primeira tentativa de reorganizar e legitimar a ocupação do solo brasileiro, seguido pelo Decreto 1.318, de 30.1.1854.[212] Segundo Teixeira de Freitas, a *mens legis* destes dois dispositivos "foi extremar

208. Idem, ibidem.
209. As sesmarias deveriam ter como finalidade propiciar uma ocupação progressiva e racional, fortalecendo a possessão de Portugal e incentivando a defesa do território. Por sua vez, Gonçalves Chaves ("Memórias Economopoliticas sobre a Administração Publica do Brasil, compostas no Rio Grande do Sul e offerecidas aos Deputados do Brasil do mesmo Brasil, por hum portuguez, residente no Brasil há 16 anos; que professa viver só do seu trabalho e deseja o bem da Nação, ainda com preferência ao seu próprio, Rio de Janeiro, 1822, quarta memória, Capítulo VII, § 62, p. 20, e § 59, p. 19" – *apud* Ruy Cirne Lima, *Terras Devolutas*, cit., p. 44) resumiu os pífios resultados obtidos. Verificava-se a baixa densidade demográfica, em vista da imensidão das terras; mas, em contrapartida, as terras estavam todas repartidas, ao mesmo tempo em que existia um atraso crônico no uso de técnicas e manejo do solo (idem, ibidem).
210. É o que explica Ruy Cirne Lima em sua preciosa monografia: "depois da abolição das sesmarias, então, a posse passou a campear livremente, ampliando-se de zona a zona à proporção que a civilização dilatava a sua expansão geográfica" (*Terras Devolutas*, cit., p. 45).
211. Como referia Lacerda de Almeida (*Direito das Coisas*, p. 124, nota 2), lembrando lição de Puffendorf, pois a ocupação também pode ocorrer pela descoberta de novas terras.
212. Os textos de ambas as normas podem ser consultados junto aos "Additamentos" do Livro IV das *Ordenações Filipinas*, cit., comentados por Cândido Mendes, pp. 1.084-1.104.

as *terras publicas* [*sic*] já não devolutas por estarem na propriedade ou posse particular".[213-214] Era o início de uma tímida tentativa de organizar as terras brasileiras. Este último diploma iniciou a sistemática do registro imobiliário, muito embora ainda longe do sistema tabular germânico, já vigente àquela época.[215] Por outro lado, a iniciativa do registro ia além da mera discrimina-

213. Teixeira de Freitas, *Consolidação das Leis Civis*, cit., nota 28, p. 62.
214. Oswaldo Aranha Bandeira de Mello, em estudo magnífico (elaborado nas célebres razões de apelação da Prefeitura Municipal de São Paulo contra a Imobiliária Irmãos Rudge, in *Reintegração sem Posse e sem Domínio*, cit., pp. 43 e ss.), ensinava que as terras devolutas, pela tradição repassada da época do Brasil-Colônia, não incorporavam os terrenos de marinha e as terras reservadas, formadas pelos terrenos marginais de rios navegáveis, indispensáveis para a segurança nacional. Desta forma, segundo o ilustre Publicista, a propriedade privada no Brasil não nasceu nos moldes do Direito Romano, mas do destacamento da propriedade pública portuguesa, condicionada à concessão de autorização, o que se fazia pela concessão de sesmarias. As sesmarias não englobavam os terrenos de marinha e terrenos reservados. Sobre esta distinção cita caso célebre travado entre o Senado da Câmara da cidade do Rio de Janeiro e a Coroa Real (ob. cit., p. 38). O Senado, entendendo que os terrenos da praia estavam englobados na carta de sesmaria, resolveu instituir aforamentos para propiciar rendas. O Provedor da Fazenda Real levou o conflito ao Governo de Lisboa. A discussão iniciou-se em 1710 e chegou a termo somente em 1790, com decisão clara sobre a exclusão dos terrenos de marinha das sesmarias, de acordo com a Ordem Régia de 3.11.1790 (ob. cit., p. 39).
215. O art. 91 do Decreto 1.318/1854 determinava: "Todos os possuidores de terras, qualquer que seja o título da sua propriedade, ou possessão, são obrigados a fazer registrar as terras, que possuírem, dentro dos prazos marcados pelo presente Regulamento (...)". Sobre o dispositivo, que inspirou o art. 905 da *Consolidação* de Freitas (*Consolidação das Leis Civis*, cit., p. 533, nota 24), o ilustre Autor advertia: "Com esse registro nada se predispõe, como pensão alguns, para o cadastro da propriedade immovel, base do regime hypothecario germanico. Teremos uma simples descripção estatística, mas não uma exacta conta corrente de toda a propriedade immovel do Paiz, demonstrando sua legitimidade e todos os seus encargos. *O systema cadastral é impossível entre nós*" (grifos nossos). Esta afirmação tomava em consideração o caos na organização da época, mas mesmo hoje ainda revela coerência, pois, passados mais de 160 anos, o Brasil ainda apresenta um sistema registrário extremamente ineficiente, principalmente nos Estados com menor desenvolvimento social e econômico. A existência de um grande número de ações de usucapião extraordinária reflete a falta e inexatidão dos registros, já que na Alemanha isto é praticamente impossível, em vista da precisão do cadastro imobiliário. Existe, ainda, a possibilidade da usucapião tabular, mas frente a uma inexatidão do registro (§ 900 do *BGB*). Por sua vez, no Brasil as falhas e a precariedade do sistema permitem apenas a admissão de uma presunção *iuris tantum* em favor do proprietário. Nosso sistema exige esta configuração porque é causal. A propriedade nasce do binômio *titulus* + *modus adquirendi*. Nosso sistema não possui o princípio da abstração, tal como no

ção, pois todas as terras deveriam ser objeto de registro, e sua finalidade era a formação de um cadastro imobiliário.[216] Até essa época não havia um sistema registral, que seria embrionariamente introduzido através da Lei 1.237, de 24.9.1864. O art. 8º exigia o registro das terras hipotecadas, mas ainda não conferia nenhuma prova quanto à titularidade do direito. Sua função era apenas a de conferir publicidade a terceiros, *ex vi* do art. 8º, § 4º: "§ 4º. A transcripção não induz a prova do dominio, que fica salvo a quem fôr". Com a promulgação do Código Civil/1916 (art. 859) o sistema registrário foi efetivamente implantado no Direito Brasileiro. Em vista do exposto, desde o ano de 1850 não é crível falar em ocupação de bens imóveis, ante a presunção de que as terras não ocupadas até esse período foram devolvidas ao domínio público, e, deste modo, insuscetíveis até de usucapião. Interessante observar que a Lei de Terras foi o primeiro diploma que procurou modelar a legitimação da posse pelo trabalho, o que retrata posição fortalecida junto ao Código atual, até pelas novas formas sumárias de usucapião (art. 1.238, parágrafo único, e art. 1.242, parágrafo

sistema alemão. Entre os alemães o princípio da abstração (*Abstraktionsprinzip*) tem por finalidade eliminar o elemento causal do negócio jurídico, que poderia contaminar o registro. Para isto surge a necessidade de separação entre o contrato obrigacional e o real (*Trennungsgrundsatz* [v. *Baur e Prütting, Sachenrecht, § 4, 22-24, pp. 12-13*]). O sistema registral alemão (*Grundbuch*) chegou a ser criticado por alguns juristas como Saleilles (*La Posesión*, pp. 114-115). Na verdade, passados mais de 100 anos, observa-se que o art. 1.138 do Código francês transformou-se em um tormentoso problema, em vista da impossibilidade de invocar a origem de todas as transmissões, uma autêntica *probatio diabolica*. Como atestam Bergel, Bruschi e Cimamonti (*Traité de Droit Civil – sous la Direction de Jacques Ghestin*, pp. 226-227), este sistema "est souvent conteste en doctrine et comporte de nombreux inconvénients, en pratique". A questão é detidamente analisada por Gérard Cornu (*Droit Civil – Les Biens*, p. 608), que qualifica as dificuldades criadas pelo sistema francês como uma c*rux iuris, probatio diabolica*. Segundo o ilustre Jurista, duas são as razões desta dificuldade: (1) "il n'existe en France de preuve préconstituée de la propriété immobilière"; (2) "nemo plus iuris ad allium transfere potest quam ipse habet". Como se aplica o princípio da liberdade contratual, não há prova oficial da propriedade. É a tradição *ficta* levada a seu extremo. Mesmo que o ato de transmissão tenha sido registrado, este registro não confere a presunção de propriedade, pois o título não passa por qualquer exame mais sério quanto à sua constituição (Cornu, ob. cit., p. 608). Da mesma forma, se ninguém pode transferir mais direitos do que os que possui, a prova da transferência acaba ficando limitada ao direito do alienante, que, por sua vez, não tem como legitimar a cadeia anterior: "celui qui produit un acte translatif valable et opposable aux tiers (parce que régulièrment publié) *prouve qu'il tient son droit de son auteur*. [*Grifos no original*] *Mais, pour établir sa propriété, il faudrait qu'il puísse prouver la propriété de celui dont il tient le bien* (...)" (grifos nossos) (Cornu, ob. cit., pp. 608-609).

216. Themístocles Brandão Cavalcanti, *Tratado de Direito Administrativo*, t. IV, p. 449.

único, do CC). Não seria lícito olvidar a nobre tentativa de Rui Barbosa de implantar no Brasil o Sistema Torrens, mediante o Decreto 451-A, de 31.5.1890, cuja função seria depurar a matrícula do imóvel e conferir precisão absoluta ao caderno imobiliário. O Registro Torrens seria um meio de garantir estabilidade absoluta à propriedade pública e propiciar segurança no tráfico negocial, uma vez que o Cadastro Torrens estaria vinculado à responsabilidade do Estado, em virtude da presunção de legalidade do título registrado.[217] Foi a Constituição de 1891 que relegou as terras devolutas aos Estados, reservando para a União somente aquelas áreas consideradas estratégicas para a defesa e a integração do País.[218]

13.2 A discriminação das terras públicas e a Lei 6.383/1976

Ao contrário do que a opinião comum possa erroneamente intuir, a propriedade pública não é presumida quando o particular não realiza sua comprovação pela demonstração do título dominial. A Lei de Terras, apesar de ter fixado prazo para a legitimação das posses de terras, sob pena de devolução das terras ao Estado (daí o termo "terras devolutas"), não permitiu a formação de um cadastro nacional e público.

A importância do registro público, como elemento de garantia e segurança jurídica, ainda não havia despertado na consciência jurídica da segunda metade do século XIX. Todavia, o incremento das relações negociais tornaria seu surgimento inevitável, tal como sucedeu no *BGB* alemão, assim como o Modelo Torrens.

A Lei 6.383/1976 atualmente disciplina o regime de identificação das terras devolutas. A discriminação poderá ocorrer pela via administrativa ou judicial (art. 1º, parágrafo único). Interessa-nos, por questões óbvias, apenas o procedimento judicial.

13.3 Aspectos essenciais da ação discriminatória

Indicaremos apenas os elementos essenciais referentes ao procedimento da ação discriminatória, com referência aos arts. 18 e ss. da Lei 6.383/1976.

---

217. Como assevera Serpa Lopes: "estabelece o seguro do Estado, para os que forem lesados por erros cometidos no registro; reforça a fé pública, restringindo os casos de ação contra os terceiros adquirentes" (*Tratado dos Registros Públicos*, t. I, p. 43). Sobre o tema, v.: Iolanda Moreira Leite, "Registro imobiliário e ação de retificação", in Francisco José Cahali (coord.), *Posse e Propriedade*, p. 517; Almeida Prado, *Transmissão da Propriedade Imóvel*, p. 51.
218. Ernane Fidélis dos Santos, *Manual de Direito Processual Civil*, t. III, p. 192.

13.3.1 Procedimento comum

A ação discriminatória obedecerá ao procedimento sumário, de acordo com a previsão do art. 20 da Lei 6.383/1976. Com a supressão do procedimento sumário, nada obsta à adoção do procedimento comum. A Lei 6.383/1976 ainda se utiliza da denominação "sumariíssimo", a qual foi retificada com a redação da Lei 9.245/1995. Com o Código de Processo Civil/2015 aboliu-se o procedimento sumário. Logo, aplicar-se-á o procedimento comum, com a observação do art. 22, parágrafo único, da Lei 6.383/1976.

13.3.2 Competência

O procedimento discriminatório das terras devolutas pertencentes à União Federal será de competência exclusiva da Justiça Federal (art. 19, parágrafo único, da Lei 6.383/1976). No entanto, as terras dos Estados também poderão ser alvo do processo discriminatório, sendo competente a Justiça Estadual para o conhecimento do pedido de discriminação (art. 27).

13.3.3 Petição inicial

O pedido inicial deverá contar com a indicação da porção da área sobre a qual inexiste marco divisório. Na esfera federal o pedido será de competência do INCRA. A ação de discriminação é informada pelos mesmos princípios que orientam a ação demarcatória. Aliás, o art. 22, parágrafo único, da Lei 6.383/1976 é expresso: "Parágrafo único. Na demarcação observar-se-á, no que couber, o procedimento prescrito nos arts. 959 a 966 do Código de Processo Civil" – os quais equivalem aos atuais arts. 574 a 587 do CPC/2015.

A causa de pedir dependerá da comprovação do domínio. Não há que se falar em "presunção de propriedade". O art. 1.245 do CC é claro em exigir a comprovação do domínio pelo registro, mesmo em face da União, dos Estados, Distrito Federal e Municípios.

Por "terras devolutas" entendem-se todas aquelas que não estiverem inseridas para algum uso específico quando pertencentes ao domínio público; as que não pertencerem a qualquer título aos particulares, nem tenham sido concedidas; as terras que não foram legitimadas de acordo com a Lei 601/1850; as terras que compõem a faixa de fronteira e são consideradas estratégicas para a defesa nacional.[219]

219. Oswaldo Opitz e Sílvia Opitz, *Tratado de Direito Agrário*, cit., t. I, p. 116.

A petição deverá ser instruída com o memorial descritivo, para a localização da área que será objeto da demarcação.

A Lei 6.383/1976 determina que a citação será por edital, porque pressupõe o não atendimento e a não localização na fase administrativa. Todavia, após a Constituição Federal/1988 o procedimento administrativo não pode ser considerado fase obrigatória, uma vez que a via judicial pode ser intentada diretamente. Neste caso, se os réus tiverem endereço certo, a citação pessoal deverá ser obrigatória, em que pese à redação do art. 20, § 2º.

13.3.4 Natureza prejudicial

A ação discriminatória é prejudicial em relação a todos os demais pedidos que envolvam posse ou propriedade (art. 23 da Lei 6.383/1976). A competência deverá ser deslocada para o juízo privativo, o qual deverá resolver primeiro a discriminatória. A intervenção da União gera o deslocamento, com observância da Súmula 150 do STJ.

13.3.5 Sentença e recurso

A sentença tem natureza essencialmente declaratória na primeira fase e estará sujeita a recurso com efeito meramente devolutivo, nos termos do art. 21 da Lei 6.383/1976. Ao contrário do que foi afirmado em relação à ação demarcatória, a sentença servirá como título hábil para iniciar os trabalhos da demarcação (art. 22).

A sentença deverá indicar a linha demarcatória com precisão, o que será fundamental para a segunda fase do procedimento, o qual será regido pelos arts. 582 e ss. do CPC.

13.3.6 Trabalhos de discriminação

Mesmo que a sentença proferida não tenha transitado em julgado na primeira fase, admite-se o início das atividades materiais de discriminação, nos termos do art. 22, parágrafo único, da Lei 6.383/1976. Apesar de a sentença de homologação da discriminatória ter a mesma natureza que aquela proferida na ação demarcatória, ela não se submete ao efeito devolutivo, nos termos do art. 1.012, § 1º, I, do CPC. Somente a sentença proferida na primeira fase será alvo de recurso com efeito meramente devolutivo.

14. DEMARCAÇÃO DE TERRAS INDÍGENAS E QUILOMBADAS

O art. 67 do ADCT reconheceu expressamente o direito à demarcação das terras indígenas: "Art. 67. A União concluirá a demarcação das terras indígenas no prazo de 5 (cinco) anos a partir da promulgação da Constituição". A demarcação das terras indígenas encontra suporte no Estatuto do Índio, com procedimento administrativo, nos termos do art. 20 da Lei 6001/1973. As terras que forem abandonadas pela comunidade indígena serão revertidas ao patrimônio da União Federal.

O art. 68 do ADCT também reconheceu o direito à demarcação às quilombadas: "Art. 68. Aos remanescentes das comunidades dos quilombos que estejam ocupando suas terras é reconhecida a propriedade definitiva, devendo o Estado emitir-lhes os títulos respectivos". O Decreto 4.887/2003 regulamenta o procedimento para identificação, reconhecimento, delimitação, demarcação e titulação das terras ocupadas por remanescentes das comunidades dos quilombos (art. 2º). A identificação dos grupos quilombolas passa por um processo de autoatribuição para a identificação do indivíduo e da coletividade quilombola. A expedição dos títulos de território caberá ao INCRA e ao SPU em ocupações de áreas federais e de particulares, bem como aos Estados e Municípios, em seus respectivos territórios.

§ 5º. AÇÃO DE DISSOLUÇÃO PARCIAL DE SOCIEDADE

1. A SOCIEDADE EMPRESÁRIA NA VISÃO DO ESTADO CONSTITUCIONAL

O direito societário revela ramo jurídico em que a manifestação do gênio criativo é exponencial. A criação da pessoa jurídica e sua sedimentação sistemática no século XIX representam alto ponto de desenvolvimento do Direito, que não podia mais ignorar a necessidade de transformações das corporações em modelos sofisticados, os quais, paulatinamente, passam a regular a atividade negocial organizada por meio de tipos diferenciados que necessitavam atender às necessidades da sociedade industrializada.[220]

---

220. Sobre o desenvolvimento histórico dos tipos societários (*Die verschiedenen Hauptformen der Gesellschaftlichen Unternehmung*), v.: Goldschimdt, *Universalgeschichte des Handelsrechts*, pp. 254 e ss. Sob o ponto de vista econômico, a criação das sociedades com capital limitado representou fator determinante para o crescimento das empresas no século XX e para o fomento comercial. Por obra do

O nascimento da pessoa jurídica em contraposição à pessoa física possui raízes no Direito Romano sob a forma das associações e fundações e da visualização embrionária da pessoa jurídica de direito público, muito embora sem a construção de uma separação jurídica entre o ente individual e o coletivo.[221] O tratamento coletivo era diferenciado sob o ângulo da *universitas rerum* e da *universitas personarum* e assumiu conotação especial no Direito Medieval com a distinção entre homem e pessoa.[222] Esta noção seria fundamental em um período em que a escravidão ainda era admitida, e a partir dela Pufendorf constrói o conceito de "pessoa moral".[223]

Sob a ótica atual não há dúvida de que a pessoa jurídica é fruto de um contrato.[224] A comunhão de esforços para a consecução de um objetivo comum revela a finalidade de nascimento da pessoa jurídica. Ela poderá assumir diversas formas na seara do direito privado e do público. No campo privado destacam-se: as associações, as sociedades (simples e empresárias), as fundações, as organizações religiosas, os partidos políticos e as empresas individuais de responsabilidade limitada (art. 44 do CC).[225]

legislador alemão, ela foi inserida no cenário jurídico em 1892. Até então existiam as pessoas jurídicas de responsabilidade ilimitada e as já conhecidas sociedades anônimas. O problema que surgiria com a sociedade limitada residiria na unipessoalidade (redução a um único sócio e o problema da separação entre a pessoa física e a jurídica) e na fraude contra credores, pela íntima relação entre a pessoa jurídica e a física. Sobre o ponto: Menezes Cordeiro, *O Levantamento da Personalidade Colectiva*, p. 104. O autor cita a histórica decisão judicial do *Reichsgericht* de 1920, que corresponde à certidão de nascimento no direito continental da desconsideração da personalidade: "O juiz deve dar mais valor ao poder dos factos e à realidade da vida do que à construção jurídica".

221. Como informa Gaio (*Institutas*, 8, I) ao firmar regime jurídico diferenciado para os bens pertencentes ao *populus romanus*, "as coisas públicas não são de ninguém" ("quae publicae sunt, nullius in bonis esse creduntur"). Sobre o ponto: Santos Justo, *Breviário de Direito Privado Romano*, p. 70. V., ainda: Karlowa, *Römisches Rechtsgeschichte*, t. II, pp. 3-16.

222. É possível antever no Direito Romano corporações baseadas na união de pessoas que se uniam para um determinado fim (*societas*) e no final do Direito Romano, por influência do Cristianismo, surgem as corporações *piae causae*, as fundações. É a partir deste conceito que se estrutura a Igreja para sua manutenção, uma vez que o patrimônio integralizado será aplicado perpetuamente (*in perpetuo*) para fins de caridade. Sobre o interessante desenvolvimento v.: Ferrara, *Teoría de las Personas Jurídicas*, p. 39.

223. V. a preciosa explanação de Walfrido Jorge Warde Jr. in Modesto Carvalhosa (coord.), *Tratado de Direito Empresarial*, t. I, p. 44, nota 24.

224. Sraffa, *La Liquidazione delle Società Commerciale*, pp. 56 e ss.

225. Fabio Caldas de Araújo e José Miguel Garcia Medina, *Código Civil Comentado*, p. 95.

A proteção constitucional ao regime de funcionamento das sociedades é direta e indireta. O contrato de sociedade depende do acordo de vontades entre os sócios, e ninguém poderá ser compelido a permanecer em uma corporação – o que revela uma manifestação direta do texto constitucional sobre o tema no art. 5º, XX, da CF/1988 (*affectio societatis*).[226] O art. 170 da CF/1988 tutela a sociedade de modo indireto ao tratar da ordem econômica e exalta sua importância ao valorizar a livre iniciativa e o emprego do capital e do trabalho como fatores de fomento econômico e de equilíbrio social.[227]

2. O PRINCÍPIO DA PRESERVAÇÃO DA EMPRESA

A empresa deve ser fortalecida e preservada, como condição de fortalecimento da soberania do Estado e da proteção à dignidade da pessoa humana.

O fortalecimento da empresa nacional não traz qualquer repulsa à empresa estrangeira ou ao capital que aporta em nosso País por meio de fundos de investimento ou empréstimos tomados no Exterior. O art. 170, I, da CF/1988 apenas indica a necessidade de que a livre iniciativa e o trabalho sejam fortalecidos, para o fim do desenvolvimento da indústria e para que o fomento econômico permita proteção da atividade econômica interna. Dentro deste viés, a proteção e o incentivo acabam por incrementar a criação de empregos e a geração de renda, que refletem na busca do pleno emprego (art. 170, VIII) e na proteção da dignidade da pessoa e de sua família.

A preservação da empresa é um princípio implícito no art. 170 da CF, e seu desdobramento infraconstitucional pode ser visualizado na Lei 11.105/2005, que busca a recuperação da empresa que está em dificuldade

---

226. É certo que o art. 5º, XX, da CF/1988 expressa norma aparentemente direcionada para as associações, o que provoca polêmica em sua extensão para o campo societário (v. a crítica de Alfredo de Assis Gonçalves, in Modesto Carvalhosa (coord.), *Tratado de Direito Empresarial*, t. II, p. 614). No entanto, a interpretação do dispositivo está voltada à proteção da liberdade de coligação e exclusão em acepção lata. Não há incompatibilidade em visualizar a fonte constitucional para o direito de retirada ou recesso no art. 5º, XX, da CF/1988 desde que observadas as disposições da legislação infraconstitucional que regulam o *modus operandi* da saída. Neste sentido, a leitura do art. 5º, XX, da CF/1988 deve ser ponderada com a exegese do art. 170 da CF/1988, especialmente com a necessidade de coordenar o direito de retirada com o interesse de preservação da empresa e seu papel de fomento na ordem social e econômica, que justificam as limitações impostas pelo ordenamento legal, como o art. 1.029 do CC.

227. José Miguel Garcia Medina, *Constituição Federal Comentada*, p. 669.

financeira, e no próprio procedimento especial dos arts. 599-609 do CPC, que visa a permitir a sobrevivência da sociedade, ainda que seja necessária sua dissolução parcial. As normas que restringem o direito de recesso ao sócio nos termos dos arts. 1.077 e 137 e ss. da Lei 6.404/1976 também atendem ao princípio da preservação, uma vez que saída da sociedade, em uma sociedade anônima, por exemplo, não pode ser absolutamente imotivada, uma vez que o direito de retirada implica diminuição do patrimônio social da empresa.[228] A continuidade da empresa e seu papel institucional determinam que a retirada ou o recesso somente podem ser opções viáveis ao sócio em situações específicas, dependendo da previsão do modelo contratual de vigência da sociedade com prazo determinado ou indeterminado. Na sociedade com vigência por prazo indeterminado a solução ofertada pelo art. 1.029 do CC exige a notificação dos demais sócios e reflete declaração unilateral não receptícia. No entanto, tratando-se de sociedade com prazo determinado o exercício do direito de retirada ou recesso há de ser excepcional, motivo pelo qual a declaração unilateral deve ser receptícia, o que justifica a utilização da via judicial para o exame da *justa causa*.[229]

Para os demais modelos societários a retirada por alienação das quotas também poderá ser dificultada, especialmente na sociedade limitada, em que aflora o elemento pessoal (sociedade de pessoas). Isto tudo demonstra como é difícil englobar o tratamento processual de diversas sociedades dentro de um modelo processual uno.

3. A DISSOLUÇÃO PARCIAL E TOTAL

O escopo do Código de Processo Civil/2015 ao regulamentar o procedimento da dissolução parcial residiu em reconhecer uma situação fática e atender ao princípio da preservação da sociedade. Isto não elimina as críticas necessárias ao disposto nos arts. 599-609 do CPC. Aqui se percebe a clara necessidade de compasso entre o direito processual e o direito material, pois o procedimento é falho quando regula unicamente o procedimento de encerramento parcial para determinar a situação jurídica do sócio falecido, excluído ou que exerce o direito de retirada ou recesso.

---

228. Sobre as diversas causas de retirada ou recesso: Fabio Ulhoa Coelho, *Curso de Direito Comercial*, t. III, p. 328. Os termos "recesso" e "retirada" podem ser diferenciados. O *recesso* representa a saída motivada do quadro societário, enquanto a *retirada* representa uma declaração de vontade não receptícia, ou seja, expressão do poder potestativo do sócio de se desligar da sociedade.

229. Luciano Campos de Albuquerque, *Dissolução de Sociedades*, p. 153.

A sobrevivência por largo tempo dos dispositivos do Código de Processo Civil/1939 reclamava uma atualização e a criação de procedimento especial para albergar as hipóteses de dissolução parcial da sociedade dentro de suas especificidades. A iniciativa do Código de Processo Civil/2015 foi válida, mas com um único problema: uma redução procedimental inadequada.

Não é correto afirmar que o CPC/1939 albergava uma previsão do procedimento de dissolução parcial, mas apenas o de dissolução total, conforme seu art. 655.[230] A jurisprudência havia evoluído ao ponto de permitir a utilização do procedimento de dissolução total para as hipóteses de dissolução parcial.[231] Havia a necessidade de disciplinar situações que albergavam hipóteses de resolução parcial motivadas pelo falecimento de um sócio, pela sua manifestação de contrariedade à permanência no quadro societário ou, mesmo, pela necessidade de sua exclusão quando cometesse falta grave. O que causou surpresa foi o fato de o Código de Processo Civil/2015 criar um procedimento para a dissolução parcial e nada prever em relação à dissolução total, que consiste em questão de grande repercussão, uma vez que a resolução total do contrato de sociedade envolve uma multiplicidade de interesses. A vigente disciplina regula unicamente o procedimento de dissolução parcial e de apuração de haveres com a continuidade da sociedade por meio dos arts. 599-603. A doutrina especializada não deixa de criticar a expressão "dissolução parcial"; contudo, trata-se de expressão que acabou consagrada pelo uso e com a qual temos que conviver em face do Código de Processo Civil/2015.[232]

A ausência de rito especial para o pedido de dissolução total permite que o pedido seja processado de modo cumulado ou isolado (resolução e/ou liquidação) pelo procedimento comum, nos termos do art. 1.046, §

---

230. V.: Odilon de Andrade, *Comentários ao Código de Processo Civil*, vol. VII, pp. 396-449.

231. Cf. STJ, em sua primeva jurisprudência: "Comercial – Dissolução de sociedade. Tratando-se de dissolução parcial de sociedade por quotas, não se aplica o critério estabelecido no § 1º do art. 45 da Lei n. 6.404/1976, que é para a determinação do valor de reembolso das ações ao acionista dissidente. Impõe-se, em tal hipótese, determinar o valor real das ações de sociedade anônima que integram o patrimônio da sociedade por quotas parcialmente dissolvida, na medida em que *a apuração de haveres deve ser procedida como se de dissolução total se tratasse* – Recurso não conhecido" (grifos nossos) (3ª Turma, REsp 60.513-SP, rel. Min. Costa Leite, j. 6.6.1995, *DJU* 4.9.1995, p. 27.830).

232. Para uma consulta sobre a crítica, v. o clássico estudo de Hernani Estrella, *Apuração de Haveres*, p. 70. Ainda: Priscila M. P. Corrêa da Fonseca, *Dissolução Parcial, Retirada e Exclusão de Sócio*, p. 67.

3º, do CPC. Como informa a melhor doutrina, o próprio art. 603, § 2º, do CPC estabelece que a existência de controvérsia quanto ao pedido de dissolução parcial obrigará à adoção o procedimento comum.[233] Logo, se o próprio pedido de dissolução parcial se converte em comum após a contestação, nada mais lógico que o pedido de dissolução total adote o procedimento de cognição plena para a resolução total do contrato de sociedade.

4. DISSOLUÇÃO JUDICIAL E EXTRAJUDICIAL E A VIA ARBITRAL

A dissolução parcial de sociedade engloba dupla pretensão, que justifica a diferenciação entre a modalidade judicial e a extrajudicial. Nada impede que os sócios, de comum acordo, resolvam o contrato de sociedade e realizem a apuração dos haveres, com o pagamento das dívidas e a partilha do ativo. A via consensual é desejável, mas nem sempre factível. Isto não impede que a pretensão judicial possa ser parcial, o que se infere da leitura do art. 599, I, II e III, do CPC, que demonstra que os pedidos de dissolução e apuração de haveres poderão ser realizados de modo autônomo. É possível que o pedido tenha sido formulado apenas para a dissolução (art. 599, III, primeira parte), e após a sentença a apuração dos haveres seja realizada de modo consensual. É possível, ainda, que os sócios tenham acordado quanto à dissolução parcial, com elaboração de acordo extrajudicial, o que não impedirá o pedido judicial exclusivo para a apuração dos haveres do sócio falecido, excluído ou que exerceu o direito de retirada (art. 599, III, segunda parte). Da mesma forma, será possível a cumulação para a dissolução e a apuração, que consiste na hipótese mais comum no foro judicial (art. 599, I e II).

A via arbitral deve ser incentivada e corresponde a um importante instrumento para a solução de questões intrincadas e que são subjacentes ao pedido de dissolução.[234]

5. DO OBJETO DA DISSOLUÇÃO PARCIAL DE SOCIEDADE

A dissolução judicial e parcial do contrato societário terá como causa: (a) morte do sócio; (b) exclusão do sócio; ou c) exercício do direito de retirada ou recesso (art. 599, I, do CPC). Na verdade, a morte, por si só, não é causa para a dissolução, mas sim para a apuração, uma vez

---

233. Luciano Campos de Albuquerque, *Dissolução de Sociedades*, cit., p. 192.
234. Sobre a arbitragem e sua aplicação societária, v. o belo estudo de Thiago Rodovalho, *Cláusula Arbitral nos Contratos de Adesão*, pp. 23 e ss.

que o vínculo do sócio com a pessoa jurídica dissolve-se de modo *pleno iure* com o falecimento. Trata-se de modo involuntário de dissolução do vínculo societário. Com a morte há de ser observado o que dispõem o contrato social e as disposições de última vontade do falecido. Não há que se falar em pretensão de apuração de haveres quando em testamento algum herdeiro seja beneficiado com as quotas, desde que não exista qualquer restrição no contrato social. A segunda causa de pedir para a dissolução seria a exclusão do sócio que comete uma falta grave, ou mesmo quando a sociedade venha a negar o ingresso dos sucessores, o que provocará a exclusão do quadro e a apuração de haveres. Trata-se de causa involuntária em relação ao sócio. Por fim, o sócio poderá exercer o direito de recesso ou retirada para sua exclusão do quadro societário, hipótese em que a causa será voluntária, uma vez que o pedido de sentença constitutiva negativa é uma decorrência do pedido de saída.

6. AS SOCIEDADES E O REGIME DE DISSOLUÇÃO DO CÓDIGO DE PROCESSO CIVIL

O procedimento regulado pelo CPC perante os arts. 599-609 está vocacionado ao tratamento das sociedades empresárias contratuais ou simples.

As sociedades perante o Código Civil são equacionadas basicamente em duas modalidades: *simples* e *empresárias*. O Código Civil optou pelo tratamento unificado das sociedades civis e comerciais dentro de uma nova nomenclatura, que operacionalizou a unificação do regime obrigacional e contratual, civil e comercial. O art. 982.estabelece que a sociedade empresária é aquela que tem como objeto o exercício da atividade empresarial (art. 966 do CC). As sociedades simples nascem por exclusão, nos termos do art. 982, *in fine*. Não há vedação do regime de dissolução parcial em relação a ambos os modelos, ainda que na prática o pedido seja predominantemente formulado em relação às sociedades empresárias de responsabilidade limitada, que predominam no ambiente empresarial brasileiro. Mesmo na sociedade em comum (art. 986 do CC) o pedido deve ser admitido, uma vez que a sociedade de fato ou irregular não pode ser ignorada quanto aos efeitos jurídicos, ainda que o procedimento de liquidação possa assumir contornos diferenciados, ante a ausência de personificação.[235] Perante o Código de Processo Civil/2015,

---

235. Com precisão, neste sentido: Erasmo Valladão Azevedo e Novaes França e Marcelo Vieira von Adamek, *Da Ação de Dissolução Parcial de Sociedade*, São Paulo, Malheiros Editores, 2016, p. 19, nota 9, *in fine*.

especialmente perante as causas que não envolvam direitos indisponíveis e assumam natureza patrimonial, como a demanda de dissolução societária parcial, o juiz poderá flexibilizar o procedimento (art. 139, VI), para adequar a segunda fase de liquidação, sem prejuízo da formulação do negócio processual pelas partes (art. 190), com o fim de permitir modo adequado para a apuração de haveres.

A natureza ontológica da sociedade é presa ao regime contratual plurilateral. O art. 981 do CC determina: "Art. 981. Celebram contrato de sociedade as pessoas que reciprocamente se obrigam a contribuir, com bens ou serviços, para o exercício de atividade econômica e a partilha, entre si, dos resultados".[236] O procedimento de dissolução parcial está vocacionado à continuidade das sociedades de pessoas. Este modelo não é indicado para as sociedades de capital, em que o exercício do direito de retirada possui mecanismo de incidência diferenciado. É o caso das sociedades anônimas. Todavia, algumas sociedades anônimas assumem caráter essencialmente pessoal, de cunho familiar e fechado, o que autoriza o pedido de dissolução parcial.[237]

Esta é a razão para o legislador ter disciplinado de modo expresso o cabimento da dissolução parcial em relação às sociedades anônimas de capital fechado, conforme previsão expressa do art. 599, § 2º, do CPC: "§ 2º. A ação de dissolução parcial de sociedade pode ter também por objeto a sociedade anônima de capital fechado quando demonstrado, por acionista ou acionistas que representem 5% (cinco por cento) ou mais do capital social, que não pode preencher o seu fim".[238]

236. Neste sentido: Erasmo Valladão Azevedo e Novaes França e Marcelo Vieira von Adamek, *Da Ação de Dissolução Parcial de Sociedade*, cit., p. 15.
237. Priscila M. P. Corrêa da Fonseca, *Dissolução Parcial, Retirada e Exclusão de Sócio*, cit., p. 82.
238. STJ: "Não é *extra petita* a sentença que decreta a dissolução parcial da sociedade anônima quando o autor pede sua dissolução integral – Participação societária do autor – Controvérsia – Definição postergada à fase de liquidação da sentença – Impossibilidade de exame da alegada ilegitimidade ativa. A Lei n. 6.404/1976 exige que o pedido de dissolução da sociedade parta de quem detém pelo menos 5% do capital social. Se o percentual da participação societária do autor é controvertido nos autos e sua definição foi remetida para a fase de liquidação da sentença, é impossível, em recurso especial, apreciar a alegação de ilegitimidade ativa – Sociedade anônima – Dissolução parcial – Possibilidade jurídica – Requisitos. Normalmente não se decreta dissolução parcial de sociedade anônima: a Lei das S/A prevê formas específicas de retirada – voluntária ou não – do acionista dissidente. Essa possibilidade é manifesta quando a sociedade, embora formalmente anônima, funciona de fato como entidade familiar, em tudo semelhante à sociedade por cotas de responsabilidade limitada – Apuração de haveres do acionista dissidente – Simples reembolso rejeitado no acór-

7. PROCEDIMENTO PARA A DISSOLUÇÃO PARCIAL

7.1 Legitimidade para a postulação

O pedido de dissolução parcial poderá ser feito pelos legitimados pelo art. 600 do CPC. A petição inicial deverá ser ofertada obedecendo-se aos requisitos genéricos do art. 319 do CPC, sem prejuízo do requisito específico do art. 599, § 1º, que exige a juntada do contrato social consolidado. Como alerta a doutrina especializada, a ausência de contrato consolidado, ou seja, com todas as alterações societárias, não impede a propositura do pedido desde que o contrato seja acompanhado de todas as alterações promovidas e ainda não consolidadas.

O espólio (art. 600, I) assumirá legitimação ativa para o pedido de apuração de haveres quando não nenhum sucessor integrar o quadro societário. Sob o ponto de vista lógico, a morte do sócio representa motivação de pleno direito para a dissolução do vínculo societário. O interesse do espólio residirá essencialmente na apuração dos haveres, para que os valores venham a compor o ativo que será utilizado para pagamento das dívidas e distribuição do quinhão hereditário. O inventariante, como representante do espólio, poderá pedir a apuração para fins de regularização da atividade societária do *de cujus* na empresa. Como se trata de procedimento especial, a apuração (art. 599, III) não deve ser conhecida pelo juízo da sucessão, em vista da limitação de cognição, nos termos do art. 612 do CPC.[239] O prazo para o exercício da pretensão de apuração e indenização não é regulamentada pelo prazo especial do art. 206, § 1ª,

dão recorrido – Fundamento não atacado – Súmula n. 283/STF. Não merece exame a questão decidida pelo acórdão recorrido com base em mais de um fundamento suficiente se todos eles não foram atacados especificamente no recurso especial" (3ª Turma, REsp 507.490-RJ, rel. Ministro Humberto Gomes de Barros, j. 19.9.2006, *DJU* 13.11.2006, p. 241).

239. STJ (ainda com referência ao art. 984 do CPC/1973): "É no juízo cível que haverá lugar para a dissolução parcial das sociedades limitadas e consequente apuração de haveres do *de cujus*, visto que, nessa via ordinária, deve ser esmiuçado, caso a caso, o alcance dos direitos e obrigações das partes interessadas – os quotistas e as próprias sociedades limitadas, indiferentes ao desate do processo de inventário. Cabe ao juízo do inventário a atribuição jurisdicional de descrever o saldo advindo com a liquidação das sociedades comerciais e dar à herança a devida partilha, não comportando seu limitado procedimento questões mais complexas que não aquelas voltadas para o levantamento, descrição e liquidação do espólio – Recurso especial provido" (3ª Turma, REsp 1.459.192-CE, rel. Min. Ricardo Villas Bôas Cueva, rel. para o acórdão Min. João Otávio de Noronha, j. 23.6.2015, *DJe* 12.8.2015). No mesmo sentido: Erasmo Valladão Azevedo e Novaes França e Marcelo Vieira von Adamek, *Da Ação de Dissolução Parcial de Sociedade*, cit., p. 34.

VI, mas, sim, pelo prazo geral do art. 205 do CC. O prazo especial atinge apenas a pretensão da dissolução total.[240] A legitimidade também é conferida aos sucessores (art. 600, II, do CPC). Se o processo de inventário estiver aberto, o correto é que o pedido de dissolução e apuração seja formulado pelo inventariante. Os sucessores também detêm legitimidade para ingressar em litisconsórcio quando o processo de inventário não tenha iniciado ou quando eventualmente tenha sido finalizado sem a partilha da parcela do patrimônio representado pelas quotas que serão objeto da apuração. É certo que nesta hipótese, assim como na previsão do art. 600, I, o objetivo do pedido é meramente a apuração, e o pedido de dissolução cinge-se ao reconhecimento da qualidade dos herdeiros e do direito de obter a apuração pela sucessão (princípio da *saisine*). O art. 1.028 do CC estabelece o direito de apuração da quota, a qual deverá ser valorada com base em balanço intermediário, para permitir o pagamento dos sucessores (art. 1.031 do CC).[241]

O pedido de dissolução e apuração ainda poderá ser formulado pela sociedade (art. 600, III, do CPC). A sociedade poderá opor objeção ao ingresso dos sucessores do falecido na sociedade. Não se trata de mero pedido de apuração, a nosso ver, pois o pedido de dissolução deverá ser fundamentado, para demonstrar a impossibilidade de que o sucessor possa assumir a posição do *de cujus* no quadro societário. Isto poderá decorrer de expressa vedação estatutária ou de fato objetivo ou subjetivo que impeça esta assunção e que não estava previsto no contrato social. A sociedade pedirá a exclusão e realizará o pagamento do valor da quota do sócio falecido.

O desligamento voluntário do sócio da sociedade reflete um direito potestativo, o qual provoca unicamente uma ultratividade no que tange à

240. STJ: "O art. 206, § 1º, V, do CC fixa o prazo prescricional da pretensão dos credores não pagos contra os sócios ou acionistas e os liquidantes da sociedade integralmente extinta, não se aplicando à extinção parcial do vínculo societário, sobretudo na hipótese de dissolução parcial de sociedade de advogados por morte de um dos sócios, que se dá pela simples averbação desse fato no órgão que representa a categoria. Afastada a incidência da norma especial e não estando a hipótese disciplinada em nenhum outro preceito contido no art. 206 do CC, aplica-se a prescrição decenal prevista no art. 205 do mesmo diploma legal – Recurso especial não provido" (3ª Turma, REsp 1.505.428-RS, rel. Ministro Ricardo Villas Bôas Cueva, rel. para o acórdão Min. João Otávio de Noronha, j. 21.6.2016, *DJe* 27.6.2016).
241. Priscila M. P. Corrêa da Fonseca, *Dissolução Parcial, Retirada e Exclusão de Sócio*, cit., p. 61.

sua responsabilidade de gestão e participação (art. 1.032 do CC).[242] Ninguém poderá ser obrigado a permanecer no quadro societário, uma vez que o vínculo depende da permanência da *affectio societatis*. A resistência da sociedade em realizar a liquidação dos valores devidos ao sócio retirante permite que o sócio peça judicialmente a apuração de haveres. Como esclarece a doutrina, não há necessidade, a princípio da cumulação do pedido de dissolução e de apuração, pois o direito de retirada ou recesso decorre de poder potestativo.[243] É possível que a sociedade se oponha ao pedido de apuração sustentando pedido contraposto de indenização e negando a existência de valores para pagamento ao sócio que pede a retirada (art. 602 do CPC). Vale a distinção supramencionada quanto ao tratamento diferenciado entre as sociedades por prazo determinando e indeterminado. Além disso, existem causas especiais de recesso que não necessitam de análise de justa causa. É o caso do acionista de uma sociedade anônima, que a princípio pode se desfazer da posição acionária pela venda de suas ações na Bolsa de Valores, ou mesmo da sociedade limitada que passa por processo de fusão, aquisição ou incorporação, momento em que o sócio poderá exercer seu direito de retirada, nos termos do art. 1.077 do CC.

A sociedade também possuirá a pretensão dissolutória quando inviável a exclusão pela via extrajudicial, que é tradicionalmente deliberada pela maioria dos sócios, nos termos do art. 1.085 do CC. Na decisão tomada em assembleia deverá ser garantido o contraditório para o sócio a ser excluído. Não sendo possível a exclusão extrajudicial, ela deverá ser promovida judicialmente, com a pretensão cumulada para o fim de excluir e apurar. Não existindo previsão legal ou no contrato social para a exclusão do sócio (arts. 1.004 e 1.030 do CC), o pedido há de ser formulado judicialmente pela sociedade. Basicamente, são causas de exclusão do sócio: (a) por sua falência, conforme previsão expressa do art. 1.030, parágrafo único, do CC, a qual se opera extrajudicialmente; (b) quando o sócio for remisso, ou seja, não cumprir com sua obrigação de integralização do capital social, o que autoriza sua exclusão extrajudicial; (c) quando cometer falta grave ou for detectada sua incapacidade superveniente, hipóteses que exigem sua exclusão pela via judicial.[244]

242. Fabio Caldas de Araújo e José Miguel Garcia Medina, *Código Civil Comentado*, cit., p. 670.
243. Erasmo Valladão Azevedo e Novaes e Marcelo Vieira von Adamek, *Da Ação de Dissolução Parcial de Sociedade*, p. 37.
244. Luciano de Campos Albuquerque, *Dissolução de Sociedades*, cit., p. 159.

O sócio excluído (art. 600, VI, do CPC) que não tenha recebido seus haveres poderá realizar o pedido de pagamento, e sua pretensão para fins do art. 599 será apenas a de apuração.

7.2 A legitimidade do cônjuge ou companheiro e desconsideração da personalidade jurídica

Hipótese interessante, e que foi positivada pelo Código de Processo Civil/2015, diz respeito à possibilidade do pedido da apuração de haveres em relação às cotas devidas ao cônjuge pela dissolução da sociedade conjugal com rompimento do casamento, união estável ou período de convivência que tenha gerado a necessidade de partilha das quotas sociais. O pedido de sobrepartilha quando exista sonegação da existência de ações em sociedade anônima de capital aberto não gera a possibilidade de dissolução parcial, mas apenas o ingresso como acionista. O direito de recesso deverá ser realizado pelos meios ordinários previstos pela Lei das S/A (arts. 137 e ss.). Nas sociedades pessoais o pedido de apuração assume maior significado e com repercussão prática. Em muitas situações a participação nas quotas ainda poderá legitimar que no procedimento especial seja necessário o cônjuge suscitar o incidente de desconsideração (art. 133 do CPC) quando antevir a fuga de capital da empresa que tenha como objetivo diminuir o valor das quotas para fins de apuração e pagamento do valor correto.[245]

7.3 Formação da relação processual e o litisconsórcio necessário

Sob a ótica processual a opção do legislador quanto à formação do litisconsórcio necessário entre a sociedade e os sócios não foi adequada. Esperava-se, no estágio atual da doutrina, um amadurecimento quanto ao direcionamento da ação contra a sociedade. É um erro exigir a formação do litisconsórcio, nos termos do art. 601 do CPC: "Art. 601. Os sócios e a sociedade serão citados para, no prazo de 15 (quinze) dias, concordar com o pedido ou apresentar contestação". Toda a evolução quanto ao fortalecimento e à distinção da pessoa física e da jurídica é colocada por terra.[246] A sociedade, em qualquer uma de suas modalidades, não

---

245. Sobre o ponto, v. nosso estudo *Intervenção de Terceiros*, p. 322.
246. Arruda Alvim, "A posição dos sócios e associados em relação a ações movidas contra as sociedades e associações de que façam parte", in *Aspectos Polêmicos e Atuais sobre os Terceiros no Processo Civil*, pp. 33-57.

se confunde com a pessoa dos sócios, o que justificaria a citação unicamente em relação ao ente coletivo. Permitir esta modalidade de citação é realizar uma desconsideração da personalidade jurídica às avessas. Os efeitos patrimoniais sequer refletem de modo direto contra os sócios, mas apenas de modo indireto e reflexo, especialmente na sociedade limitada, em que a responsabilidade tem seu alcance no montante integralizado na pessoa jurídica.

A construção da redação do art. 601 do CPC deverá ser observada e está de acordo com jurisprudência equivocada formada no STJ, o qual, por vezes se penitencia e reconhece a inexistência de prejuízo quando presente apenas a sociedade no polo passivo da dissolução.[247] Como se o dispositivo não pudesse ainda ser pior, existe seu parágrafo único, que, perante uma interpretação literal, dispensaria a citação da sociedade se todos os sócios integrarem o polo passivo. Como bem apontou a doutrina especializada, o dispositivo procura apenas assinalar que a ausência de citação válida não tornará nula a participação da sociedade no processo. Não há como dispensar sua participação, pois a demanda é direcionada contra a pessoa jurídica. O dispositivo é sofrível.[248]

247. STJ: "A jurisprudência do STJ entende que, em regra, o polo passivo da ação de dissolução parcial da sociedade deve ser integrado pelos sócios remanescentes e pela pessoa jurídica correspondente – Precedentes. Na linha dos precedentes desta Corte Superior, não deve ser declarada nulidade processual sem comprovação do efetivo prejuízo (*pas de nullité sans grief*) – Precedentes. Na hipótese em exame, não obstante a ausência de citação dos demais sócios, o processo não deve ser anulado, em virtude das peculiaridades do caso, pois não houve demonstração de prejuízo e o litisconsorte ausente 'jamais chegaria a sustentar o que quer que seja em contrário, de modo que, a rigor, desnecessário anular o processo para inclusão de litisconsorte necessário e retorno à mesma situação que já se tem agora' (REsp n. 788.886-SP, rel. Min. Sidnei Beneti, 3ª Turma, j. 15.12.2009, *DJe* 18.12.2009). Em virtude da preclusão consumativa e por caracterizar indevida inovação recursal, são insuscetíveis de conhecimento as teses que poderiam ter sido deduzidas em momento anterior, mas somente foram apresentadas nas razões do regimental. O recurso especial não comporta o exame de questões que impliquem revisão de cláusula contratual e revolvimento do contexto fático dos autos (Súmulas ns. 5 e 7 do STJ). No caso concreto, o Tribunal de origem analisou as cláusulas contratuais e os demais elementos de prova contidos no processo para concluir que os critérios de apuração de haveres previstos no contrato social da empresa eram válidos. Alterar esse entendimento demandaria a interpretação das disposições contratuais e o reexame do conjunto probatório do feito, o que é vedado em recurso especial – Agravo regimental desprovido" (4ª Turma, AgR no REsp 1.295.141-SP, rel. Min. Antônio Carlos Ferreira, j. 7.4.2016, *DJe* 12.4.2016).

248. Erasmo Valladão Azevedo e Novaes França e Marcelo Vieira von Adamek, *Da Ação de Dissolução Parcial de Sociedade*, cit., p. 51.

7.4 Resposta e ausência de oposição

É possível que os réus contestem o pedido de dissolução formulado e apresentem até pedido contraposto para fins de indenização em relação sócio que pede sua retirada (art. 602 do CPC). Na hipótese do art. 600, III, do CPC o pedido será formulado pela sociedade, e nada impede que o sócio que figure no polo passivo venha a formular pedido contraposto de indenização.

Abre-se ainda a possibilidade de concordância com o pedido de retirada, hipótese em que o procedimento será finalizado por sentença homologatória, nos termos do art. 487, III, "a", do CPC. A anuência submete o procedimento total à regra de repartição global das despesas do processo. Não será fixada verba de honorários advocatícios, e as custas serão rateadas entre as partes, conforme sua participação no capital social da sociedade.

A ausência de resposta também corresponde a um modo de manifestação tácita de vontade, e a revelia terá cabimento pela aplicação do art. 344 do CPC. A revelia não se confunde com a hipótese do art. 603, § 1º, do CPC. Não sendo apresentada contestação, o juiz deverá julgar o pedido de dissolução e fixar as verbas de sucumbência.

7.5 A apuração de haveres

A apuração de haveres para fins de liquidação da parte relativa ao sócio que se retira da sociedade permite que seja nomeado *expert* para a realização de balanço (art. 604, III, do CPC). Não se confunde a dissolução total com a parcial.[249] Isto é importante: na dissolução parcial o procedimento de apuração é simplificado e não necessita da nomeação de um liquidante, mas de um perito contábil.[250] É fundamental que o contrato

---

249. Alfredo de Assis Gonçalves, "Empresa Individual de Responsabilidade Limitada", in Modesto Carvalhosa (coord.), *Tratado de Direito Empresarial*, t. II, p. 319.

250. STJ: "A nomeação de liquidante somente se faz necessária nos casos de dissolução total da sociedade, porquanto suas atribuições estão relacionadas com a gestão do patrimônio social de modo a regularizar a sociedade que se pretende dissolver. Na dissolução parcial, em que se pretende apurar exclusivamente os haveres do sócio falecido ou retirante, com a preservação da atividade da sociedade, é adequada simplesmente a nomeação de perito técnico habilitado a realizar perícia contábil a fim de determinar o valor da quota-parte devida ao ex-sócio ou aos seus herdeiros – Recurso especial de Alexandre Augusto Ramos Magalhães Ferreira não conhecido – Recurso especial de A. A. R. M. F. não conhecido – Recurso especial de M. H. R. M. F. conhecido em parte e, na parte conhecida, não provido – Recurso especial de D. F. A. A. e D. F. G. T. F. parcialmente provido, a fim de afastar a figura

social disponha a forma de apuração dos valores relativos à quota social do sócio falecido, retirante ou excluído; e o juiz deverá fixar a data da resolução parcial do contrato (art. 604, I, CPC). A quota, uma vez liquidada, deverá ser paga em até 90 dias quando o contrato social não dispuser em sentido contrário (arts. 609 do CPC e 1.031, § 2º, do CC).

Na dissolução total é necessária a nomeação de um liquidante, um administrador. Na dissolução parcial é possível que o juiz nomeie um perito que tenha condições de elaborar balanço intermediário para apurar o valor real da quota. É possível, como já afirmado, que o *modus operandi* já esteja definido pelo contrato social.

A ausência de critério pelo contrato social permite a aplicação do art. 606 do CPC, que determina apenas o caminho lógico para a apuração dos haveres. O perito nomeado pelo juízo, com especialidade em avaliação de sociedades (art. 606, parágrafo único, do CPC), deverá elaborar um balanço intermediário para a apuração do ativo e do passivo. A data de elaboração do balanço será a data da resolução, que tomará como parâmetro o termo *a quo* fixado pelo art. 605 do CPC.

A data da resolução é fundamental, porque consiste no divisor de águas para a elaboração do valor devido aos sucessores, ao sócio que exerceu o direito de retirada ou ao excluído, conforme o art. 1.031 do CC.[251] Após a data da resolução, o ex-sócio, o espólio e os sucessores têm direito apenas à correção monetária e aos juros em relação ao valor apurado conforme balanço intermediário a ser realizado pelo perito. Ponto polêmico diz respeito ao disposto no art. 607 do CPC quanto à possibilidade de modificação, a qualquer tempo, da data da resolução e dos critérios que norteiam a apuração de haveres, por parte do juiz, até antes do início da perícia. A regra deve ser interpretada *cum grano salis*. A data da resolução que tiver sido fixada por sentença não deve ser alterada, especialmente por compor tema essencial da fase da dissolução. Sua definição deve tomar como base o disposto no Código de Processo Civil (art. 605) e no Código Civil (art. 1.031). Não há dúvida de que erros material e de adequação ao correto período que deverá ser computado para fins de correção monetária e juros devem ser corrigidos até antes da elaboração do laudo, pois refletem diretamente no cálculo do valor a ser apurado. Todavia, isto não permite a reabertura sobre pontos já decididos e cobertos pela coisa julgada.

do liquidante" (3ª Turma, REsp 1.557.989-MG, rel. Min. Ricardo Villas Bôas Cueva, j. 17.3.2016, *DJe* 31.3.2016).
    251. STJ, 4ª Turma, REsp 1.444.790-SP, rel. Min. Luís Felipe Salomão, j. 26.8.2014, *DJe* 25.9.2014.

§ 6º. AÇÃO DE INVENTÁRIO E ARROLAMENTO

1. Distinção entre as ações divisórias: inventário, demarcação e divisão

A indivisão do patrimônio gera uma situação jurídica denominada de composse e/ou compropriedade. A compropriedade ou composse é desejável em casos particulares, como na regulação do direito do sócio, em que existe todo um regime específico para regular a propriedade por quotas ou por ações.[252] Outra hipótese é aquela em que várias pessoas são possuidoras ou proprietárias de um prédio comum mas com áreas previamente delimitadas. Nesta situação existe um condomínio *pro diviso*.[253] Estas situações revelam a propriedade coletiva no campo empresarial e nos direitos reais e são frutos do amadurecimento do direito de propriedade moderno. São formas de acomodar a propriedade coletiva em uma sociedade de massas, uma vez nem sempre será possível sua fruição com exclusividade.

A propriedade coletiva indesejável é aquela que origina o condomínio *pro indiviso*. Nela várias pessoas exercem os mesmos poderes sobre todo o patrimônio, o que é indesejável. Ela é fonte de disputas internas (entre os compossuidores) e dificulta a defesa externa (em relação a terceiros) pela possibilidade de conflito de interesses.[254]

Não há possibilidade de confusão entre a ação de inventário e a ação de divisão. A ação de inventário distingue-se pela *causa de pedir remota*. O fato jurídico que a origina é a *morte* (art. 6º do CC). Na ação de divisão a causa é o estado de indivisão entre os proprietários, sem a possibilidade de acordo, o que justifica a exigência do procedimento especial (art.

---

252. Corresponde ao fenômeno de atomização do direito de propriedade (v. Fábio Konder Comparato, *Novos Ensaios e Pareceres de Direito Empresarial*, pp. 16-25).
253. É a situação do condomínio horizontal de apartamento (v. Lei 4.591/1964, art. 19), ou mesmo do condomínio vertical marcado por um terreno comum mas com posses divididas internamente (*Teilbesitz*).
254. V. as considerações de Fritz Baur e Rolf Stürner (*Sachenrecht*, § 7, p. 59) sobre as relações internas (*Innenverhältnis*) e externas (*Außverhältnis*) entre compossuidores. A união estabelecida entre os compossuidores exclui o atributo da exclusividade Como exemplo citamos a impossibilidade de ação possessória para manutenção de posse entre compossuidores, pois o estado de indivisão obriga que cada compossuidor suporte a turbação do outro, o que é decorrente do estado natural de mancomunhão entre os compossuidores. O ajuizamento de ação possessória para manutenção seria exemplo de inadequação do pedido (art. 485, VI, do CPC).

569, II, do CPC[255].[256] A ação de divisão ainda permite uma segunda diferenciação. O estado de indivisão da propriedade em vida permite a utilização do procedimento do art. 569, II, quando o bem admite a divisão cômoda. Quando se tratar de bem que não comporte divisão pela natureza do objeto, a única solução será a alienação de coisa comum prevista pelo art. 725, V, do CPC.

A ação de inventário também não se confunde com a ação de demarcação (art. 569, I, do CPC – *finium regundorum*). Seu fim é destinado a delimitar a separação de prédios distintos, e não a realizar a separação de uma porção de bem comum.[257] A ação demarcatória poderá ser cumulada com a ação divisória (art. 570 do CPC), quando assumirá caráter prejudicial – o que é natural, afinal, para dividir o bem entre os coproprietários é fundamental saber quais a extensão e o limite do prédio ocupado por todos.

2. INVENTÁRIO JUDICIAL E EXTRAJUDICIAL: DE PROCESSO NECESSÁRIO A PROCESSO FACULTATIVO

O art. 610 do CPC introduz o tratamento da ação de inventário e de arrolamento e revela a tendência de desjudicialização dos procedimentos até então considerados necessários. A expressão "processo necessário" revela uma realidade jurídica em decréscimo e marcada por situações em que o interesse processual é considerado *in re ipsa*, ou seja, presumido. Assim eram os exemplos da doutrina em relação aos processos de separação e divórcio, bem como as ações de inventário e arrolamento. A ruptura da sociedade conjugal ou a reorganização do patrimônio jurídico não poderiam alcançar solução sem a intervenção do Poder Judiciário. A diferença básica entre o inventário e o arrolamento sempre residiu na litigiosidade do inventário em relação ao arrolamento. No arrolamento as partes maiores e capazes apresentam o plano de partilha, de comum acor-

---

255. Existem obras clássicas sobre a ação de divisão, que são de consulta obrigatória. Dentre elas, citamos: Francisco A. de Almeida Morato, *Da Prescripção nas Acções Divisórias*, 1917; Alfredo de Araújo Lopes da Costa, *Demarcação – Divisão – Tapumes*, 1963; e F. Whitaker, *Terras (Divisões e Demarcações)*, 1920. Consultem-se, ainda: Pontes de Miranda, *Comentários ao Código de Processo Civil* (de 1973), t. XIII, pp. 389-501; Carvalho Santos, *Código de Processo Civil Interpretado*, t. V, pp. 271-376; Tito Lívio Pontes, *Divisões, Demarcações, Tapumes*, passim.
256. Previsto pelo CPC/2015 no art. 569, II, sem alterações significativas. O art. 571 traz a previsão da modalidade extrajudicial, a qual não é vedada atualmente pelo Código Civil ou pela Lei de Registros Públicos.
257. Francisco Morato, *Da Prescripção nas Acções Divisórias*, cit., p. 23.

do, para a homologação imediata pelo juiz (art. 659 do CPC).[258] Somente quando existia discordância entre os herdeiros tornava-se necessária a via do inventário, marcada pela amplitude do contraditório. No entanto, a principal nota que marcava o procedimento era sua qualificação como processo necessário. O processo necessário é aquele marcado pela *inevitabilidade da prestação jurisdicional*. As reformas processuais implementadas desde 1994 são marcadas pela simplificação do procedimento processual e pelo incremento e fortalecimento das vias alternativas como a *mediação*, a *conciliação* e a *arbitragem*. A ação de inventário e a ação de divórcio representavam exemplos clássicos de processos necessários, ainda que consensuais. A homologação da partilha e a dissolução da sociedade conjugal dependeriam inexoravelmente da sentença judicial. A Lei 11.441/2007 rompeu esse paradigma e acompanhou a tendência atual de *desjudicialização dos conflitos*.

Antes mesmo da promulgação do Código de Processo Civil/2015 a Lei 11.441/2007 havia modificado a redação dos arts. 982 e ss. do CPC/1973. Pela alteração, as partes maiores e capazes poderiam apresentar o pedido de inventário dos bens na forma de arrolamento perante o tabelião. O processo, antes necessário, se tornou *facultativo*. O Código de Processo Civil/2015 manteve esta significativa evolução que desburocratiza a Justiça e permite que as partes possam alcançar de modo célere e ágil a solução de seus problemas.

O texto do art. 610 do CPC revela a simplificação do processamento do inventário quando todos os herdeiros (maiores e capazes) não demonstrarem qualquer discordância quanto aos termos da partilha. Neste caso a via judicial não será necessária, pois o inventário poderá ser realizado pela via extrajudicial. Mesmo tratando-se de procedimento relativamente simples, ainda mais com a possibilidade do processamento extrajudicial, o rito dos arts. 610 e ss. do CPC exige exame detalhado e minucioso em sua aplicação. É imperioso frisar que o art. 610 revela a primeira restrição relativa à via consensual. Ela não será aplicada quando presentes incapazes ou quando existir testamento, em qualquer de suas modalidades ordinárias ou especiais.

A elaboração errônea da petição inicial e do plano de partilha traz consequências funestas para os herdeiros e terceiros. Em relação aos terceiros, sua participação no processo decorrerá de negócios e atos jurídicos formulados em vida pelo *de cujus*, os quais necessitam de regularização.

---

258. CPC: "Art. 659. A partilha amigável, celebrada entre partes capazes, nos termos da lei, será homologada de plano pelo juiz, com observância dos arts. 660 a 663".

Em relação aos herdeiros, há uma natural reordenação do patrimônio, que é formalizada pela partilha amigável ou judicial. O elemento temporal é fundamental, porque elimina o processamento de atos indevidos. Aos iniciados é comum a prática de erros básicos como a descrição do seguro de vida no plano de partilha, o que acarreta o pagamento indevido de Imposto de Transmissão, ou mesmo a inclusão de negócios jurídicos de alienação do quinhão hereditário no plano de partilha, com o fim de evitar o pagamento do Imposto de Transmissão *Causa Mortis*.

3. AÇÃO DE INVENTÁRIO E SUA NATUREZA DECLARATÓRIA: O PRINCÍPIO DA "SAISINE"

É importante desfazer uma falsa noção gerada pela *opinio communis*, segundo a qual a sucessão somente se materializa com a formalização da ação de inventário, bem como pela necessidade de aceitação da herança por parte do herdeiro para consumar a transmissão do patrimônio. Estas são questões oriundas do direito material, mas que precisam ser enfrentadas, uma vez que são essenciais para evitar problemas e dúvidas comuns, como a relativa ao lançamento tributário, à defesa processual do espólio, à possibilidade de usucapião – dentre outras.

3.1 O princípio da "saisine" e o art. 1.784 do CC

A origem histórica deste princípio é secular e ligada às injustiças do regime sucessório adotado no Direito Romano. Naquele período concedia-se a usucapião ao testamenteiro em caso de inércia dos herdeiros que não reclamassem seu quinhão através da *aditio*, o que corresponderia, *grosso modo*, ao ato de *aceitação de herança*. Admitia-se, no prazo de um ano, uma usucapião especial denominada de *pro herede*. Isto acontecia pela inexistência da sucessão automática (*ope legis*). Com a evolução do sistema jurídico criou-se o princípio da *saisine*, derivado da fórmula *le mort saisit le vif*. Desta maneira, com a configuração do fato jurídico ordinário "morte" não há necessidade de nenhum ato material para configurar a continuidade da posse (*aprehensio*).[259]

---

[259]. O Código Civil espanhol tem redação sintética e procurou unir o princípio da *saisine* com o da transmissão da posse – no que andou bem, por facilitar a compreensão da matéria, sem a necessidade de remissão a outros artigos. O art. 440 estabelece: "Art. 440. La posesión de los bienes hereditarios se entiende transmitida al heredero sin interrupción y desde el momento de la muerte del causante, en el caso de que llegue a adirse la herencia" (sobre o assunto: Diez-Picazo, *Sistema de Derecho Civil*, t. III, p. 119). O Código Civil português também possui redação semelhante

A sucessão automática, estampada pelo art. 1.784 do atual CC, representa verdadeira ficção, e sua única explicação plausível reside na injustiça praticada contra os herdeiros, pois o recebimento da herança exigia um ato material de apreensão representado pela *aditio*. Cornil, analisando o problema no Direito Romano, asseverou que "a cessação da posse com a morte do possuidor é um fenômeno extremamente difícil de ser explicado. Isto porque, com a morte do possuidor, não ocorria nenhuma modificação na situação de fato da coisa possuída: os móveis e os imóveis quedavam no mesmo estado, tal como antes do falecimento".[260]

Ante a incorporação deste princípio ao nosso sistema, a ação de inventário e arrolamento assume caráter declaratório, uma vez que a arrecadação dos bens pelo inventariante/testamenteiro, com posterior homologação ou julgamento da partilha, constitui atividade eminentemente declarativa. A transmissão da posse e da propriedade aperfeiçoa-se pelo evento "morte", e o procedimento judicial terá como único objetivo propiciar a reorganização do patrimônio em relação aos herdeiros e terceiros.

4. MODALIDADES DE INVENTÁRIO

O inventário possui utilidade indiscutível e necessária como meio de reorganização do patrimônio perante os sucessores (*mors omnia solvit*).[261] Entretanto, mesmo quando inexistente patrimônio a ser transmitido, o inventário poderá ser essencial como prova da ausência de patrimônio. Por este motivo admite-se a classificação do inventário em *positivo* ou *negativo*.

4.1 Inventário positivo (A›P): único herdeiro e partilha em vida

A ação de inventário visa a reconfigurar o patrimônio que é transmitido aos herdeiros. Em suma: o interesse de agir se configura pela existência de ativos que pertenciam ao *de cujus* e que foram automaticamente transmitidos aos herdeiros, nos termos do art. 1.784 do CC. Mesmo e de boa técnica, *ex vi* do art. 1.255º: "Art. 1.255º. Por morte do possuidor, a posse continua nos seus sucessores desde o momento da morte, independentemente da apreensão material da coisa".

260. Cornil: "La cessation de la possession à la mort du possesseur est un phénoméne assez difficilment explicable. Car la mort du possesseur ne change rien à la situation de fait de la chose possédée: les meubles et les immeubles restant dans le meme état qu'avant le décès" (*Traité de la Possession dans le Droit Romain*, § 9, p. 122).

261. Itabaiana de Oliveira, *Tratado de Direito das Sucessões*, vol. 3, p. 735.

assim existem algumas situações especiais nas quais o inventário não será necessário, apesar da existência de patrimônio. A primeira configura-se quando a sucessão disser respeito a uma única pessoa, nos termos do art. 659, § 1º, do CPC. Na verdade, o procedimento deverá ser aberto com a descrição dos bens e com pedido de adjudicação. Na hipótese de um único herdeiro não existe a necessidade de partilha, apenas a homologação da adjudicação dos bens.

Numa segunda hipótese, a ação de inventário não será necessária quando o autor da herança tiver realizado a partilha dos bens em vida.[262] Esta situação não se confunde com a proibição de disposição sobre herança ainda não recebida, denominado de *pacta corvina*. A partilha em vida é comum quando o autor institui usufruto sobre os bens em benefício dos herdeiros. Com a morte do usufrutuário extingue-se o usufruto, provocando a consolidação do direito de propriedade em benefício do nu-proprietário. Se porventura houve transmissão em vida de patrimônio, com violação à legítima, é possível que o bem seja chamado à colação, para a correção da desigualdade.

4.2 Inventário negativo (A‹P)

Apesar de refletir situação incomum, é possível o processamento de pedido de inventário negativo. A Resolução CNJ-35, emitida como meio de orientar a aplicação da Lei 11.441/2007, prevê a possibilidade de sua elaboração pela via extrajudicial.[263]

O inventário negativo tem como finalidade comprovar a inexistência de patrimônio transmitido pelo *de cujus*. O inventário negativo não decorre exclusivamente da ausência de patrimônio, mas da sua insuficiência para fins de partilha. Antes da distribuição do quinhão são apurados os créditos e débitos do *de cujus*, cuja diferença será distribuída entre os herdeiros. Caso não exista patrimônio a ser distribuído, o inventário será negativo, e o juiz atestará a inexistência através de sentença homologatória.

O inventário negativo também constituiria um meio de prova para o fato jurídico negativo. Casos especiais exigirão a declaração judicial como condição de exercício de direitos determinados pelos herdeiros ou mesmo pelo cônjuge supérstite. Caso o cônjuge pleiteie a usucapião especial rural ou urbana, necessitará comprovar a inexistência de qualquer

---

262. Nelson Nery Jr., *Código de Processo Civil Comentado e Legislação em Vigor*, p. 1.196.
263. V. art. 28 da Resolução CNJ-35: "Art. 28. É admissível inventário negativo por escritura pública".

outro bem. O inventário negativo será essencial para dissipar qualquer dúvida quanto à existência de monte-mor partível.

O art. 1.523, I, do CC estabelece causa específica para suspensão do novo casamento em relação ao cônjuge sobrevivente enquanto não for realizados o inventário e a partilha quando existir filho oriundo do casamento. A causa suspensiva valerá para "o viúvo ou a viúva que tiver filho do cônjuge falecido, enquanto não fizer inventário dos bens do casal e der partilha aos herdeiros". Não existindo bens para fins de partilha, o inventário negativo eliminará qualquer impedimento em relação ao novo casamento. A concessão de determinados benefícios assistenciais poderá depender da comprovação da condição econômica da família, motivo que justifica a formalização do inventário negativo. Estas situações retratam sua importância e sua utilidade prática.

5. AÇÃO DE SOBREPARTILHA E AÇÃO DE SONEGADOS

Existem outras duas ações derivadas da ação de inventário. A primeira é a ação de sobrepartilha, que observará as regras de partilha do inventário (art. 670 do CPC) e que será utilizada pelos herdeiros quando for descoberta a existência de outros bens pertencentes ao *de cujus* e que não acabaram sendo alvo de partilha entre os herdeiros. A sobrepartilha correrá nos autos em que o processo de inventário já tiver sido processado (art. 670, parágrafo único).

Há uma sutil diferença entre a ação de sobrepartilha e a de sonegados. Nesta os bens são de conhecimento do inventariante, ou de algum herdeiro, contudo há sonegação proposital do(s) bem(ns) com o intuito de obter enriquecimento ilícito pela omissão do bem nas declarações e no plano de partilha. É possível que um dos herdeiros tenha obtido uma antecipação da legítima, ou que esteja usufruindo bem que deva ser colacionado, para fins de integralizar o monte-mor partível. Em todo caso, mesmo com a procedência da ação de sonegados, os bens que foram reconhecidos como ocultados serão obrigatoriamente sobrepartilhados (art. 669, I).[264]

[264]. Obrigatoriamente serão sobrepartilhados: os bens que foram sonegados; aqueles descobertos após a partilha da herança, em função das dificuldades de acesso a todo o acervo do *de cujus*; os bens litigiosos, porque ainda incertas sua atribuição ao espólio bem como sua distribuição aos herdeiros, o que autoriza a não inclusão no plano de partilha até decisão final; os bens situados em local incerto e distantes da sede do juízo quando o fato dificultar a avaliação e prejudicar a solução da divisão (art. 669, I, II, III e IV). Os bens conhecidos mas cuja divisão ainda é inapropriada e inviável devem ficar sob a administração do inventariante. Deste modo, ainda que

O inventariante deverá realizar a descrição de todos os bens, após sua nomeação, na fase das declarações preliminares, quando fará a indicação de todos os herdeiros, assim como dos bens que compõem o monte-mor. Após a descrição com omissão proposital nasce o interesse de agir para a ação de sonegados. O herdeiro será considerado sonegador quando for intimado a apresentar ou indicar a localização do bem e negar dolosamente sua posse (art. 1.996 do CC). Note-se que na ação de sobrepartilha não há conhecimento por parte do inventariante e dos demais herdeiros sobre a existência do bem. A ação de sobrepartilha é muito comum, porque o jurisdicionado brasileiro não está acostumado a realizar a preparação de sua sucessão.

5.1 Sonegados e colação

Os herdeiros que foram beneficiados em vida com algum bem ou quantia necessitam indicar os valores e os bens antecipados para fins de igualar as legítimas. Esta regra é salutar, e sua desobediência acarreta a pena de sonegados: "Os descendentes que concorrerem à sucessão do ascendente comum são obrigados, para igualar as legítimas, a conferir o valor das doações que dele em vida receberam, *sob pena de sonegação*" (art. 2.002 do CC).

A colação é uma forma de garantir o direito de igualdade em relação à legítima, ou seja, a parte considerada indisponível do patrimônio do *de cujus*. A legítima somente se configura em relação aos herdeiros necessários, ou seja, em relação aos ascendentes e descendentes. Não serão computados para fins de colação os gastos realizados pelo ascendente com o descendente em sua educação, estudos, sustento, vestuário, tratamento nas enfermidades, enxoval, assim como as despesas de casamento ou as feitas no interesse de sua defesa em processo-crime (art. 2.010 do CC). Da mesma forma, serviços prestados pelo filho ao pai que tenham sido remunerados ou, mesmo, valores que o ascendente tenha reposto ao descendente, por empréstimo daquele, não estão sujeitos à colação (art. 2.011 do CC). Voltaremos ao assunto, com abordagem específica sobre o direito de colação.

A Lei 13.532, de 7.12.2017, trouxe importante alteração no controle sobre a sucessão, ao incorporar solução já prevista pela doutrina, ao conferir legitimidade ao Ministério Público para propor ação de exclusão do herdeiro ou legatário em situação de indignidade (art. 1.815, § 2º do CCB).

realizados a expedição parcial do formal de partilha e o pagamento parcial do imposto, sua função ainda não cessará até o final do litígio (art. 669, III) ou a divisão do bem situado em lugar remoto (art. 669, IV).

Esta ação suspenderá o trâmite do processo de inventário, quando a questão surgir no decorrer do seu processamento, por força do art. 612 do CPC.

6. O ARROLAMENTO EXTRAJUDICIAL POR ESCRITURA PÚBLICA

O art. 610 do CPC abre a possibilidade de os herdeiros se valerem da via extrajudicial para a regularização da transmissão da herança. Aplica-se ao arrolamento, muito embora a previsão esteja na parte inicial do Capítulo VI do Título III do Livro I da Parte Especial do Código. Sabe-se que a diferença essencial entre o rito do inventário e o do arrolamento se concentra na homologação imediata do arrolamento pelo juiz, desde que o plano de partilha seja apresentado com toda a documentação necessária, o que inclui a quitação dos impostos (municipais, estaduais e federais). Desta forma, a redação do art. 659 do CPC deve ser lida em consonância com o art. 610, pois somente será possível a via extrajudicial quando todos forem maiores e capazes e existir consenso quanto à partilha.[265] Em caso de discordância, o rito a ser seguido será o judicial pela via do inventário, nos termos do art. 2.106 do CC: "Art. 2.016. Será sempre judicial a partilha, se os herdeiros divergirem, assim como se algum deles for incapaz".

Dado importante e essencial para os inventários extrajudiciais é a consulta obrigatória do tabelião ao Registro Central de Testamentos On-Line/RCTO, para que não sejam realizados arrolamentos ou inventários sem o respeito à última vontade do *de cujus*. A obrigatoriedade adveio do Provimento CNJ-56, de 14.7.2016. Uma vez constatada a existência do testamento, cessa a possibilidade de inventário extrajudicial. O testamento deverá ser registrado em juízo para a abertura do processo judicial.[266]

6.1 Competência para a elaboração da escritura pública

A responsabilidade pela elaboração da escritura será do notário. Contudo, a participação do advogado será essencial para a conferência e a elaboração do esboço do plano de partilha. A competência para a

---

265. Aliás, o que está previsto pelo art. 2.015 do CC: "Art. 2.015. Se os herdeiros forem capazes, poderão fazer partilha amigável, por escritura pública, termo nos autos do inventário, ou escrito particular, homologado pelo juiz".

266. A obrigatoriedade também recai sobre os inventários judiciais (art. 1º do Provimento CNJ-56/2016. O juiz deverá exigir a juntada da certidão, pois o inventário poderá ser processado sem conhecimento de um testamento, que mudará o plano de partilha. O juiz poderá acessar o sistema, delegar esta função, sem qualquer prejuízo a que o terceiro interessado ou qualquer das partes solicite esta certidão, demonstrando seu interesse na emissão.

elaboração da escritura deverá obedecer aos termos do art. 48 do CPC, sob o ponto de vista lógico e de praticidade para a elaboração da escritura. O art. 48 regula a competência territorial para o ajuizamento da ação de inventário, com três regras para a definição do foro competente. Na prática, a regra do art. 48 nunca foi observada, e as partes sempre escolheram foros alternativos com o objetivo de agilizar o procedimento sucessório. Nada mais natural; afinal, a circulação econômica do patrimônio exige a regularização da titularidade.[267] Entretanto, tratando-se de competência relativa, a parte que demonstrar prejuízo poderá arguir a incompetência na peça de defesa. A celeridade na homologação sempre acabou preponderando quanto à definição do juízo competente. Pesa em favor desta constatação o posicionamento firme do STJ quanto à impossibilidade de o juiz declarar *ex officio* a incompetência relativa, nos termos da Súmula 33. Em todo caso, a Resolução CNJ-35 acabou prevendo, no seu art. 1º: "Art. 1º. Para a lavratura dos atos notariais de que trata a Lei n. 11.441/2007, é livre a escolha do tabelião de notas, não se aplicando as regras de competência do Código de Processo Civil". Esta regra é supérflua, em vista do exposto, e seria duvidosa a possibilidade de o CNJ legislar sobre norma processual, ainda mais relativa à competência, uma vez que a prerrogativa é exclusiva da União Federal. A Resolução CNJ-35 tem função de explicitar o procedimento administrativo da atividade notarial.

6.2 Facultatividade e extinção da via judicial

O art. 2º da Resolução CNJ-35/2007 frisa o caráter facultativo do procedimento, o que já está descrito pelo art. 610, § 1º, do CPC, no qual o texto expressamente frisa a facultatividade na escolha da via extrajudicial: "§ 1º. Se todos forem capazes e concordes, o inventário e a partilha poderão ser feitos por escritura pública, a qual constituirá documento hábil para qualquer ato de registro, bem como para levantamento de importância depositada em instituições financeiras".

A possibilidade de formalizar o pedido pela via extrajudicial abre nova interpretação em relação ao pedido de desistência do processo de inventário e arrolamento. A ação de inventário sempre se caracterizou por ser um processo de "curso forçado", uma vez que integra o ambiente dos chamados *processos necessários*. Alguns tipos de tutela somente podem ser alcançados com a interferência do poder jurisdicional, ainda

---

267. Sobre a competência e a pluralidade de domicílios: Itabaiana de Oliveira, *Tratado de Direito das Sucessões*, vol. 3, p. 783.

que não exista divergência entre as partes. Isto ocorre na ação de usucapião, na ação de separação e divórcio e, por fim, na ação de inventário.

A importância quanto à reorganização do patrimônio pertencente ao *de cujus* permite que o juiz possa, *ex officio*, impulsionar a ação de inventário, numa autêntica exceção ao princípio dispositivo, unicamente quanto à impulsão para fins de nascimento do procedimento. Este fato era classicamente previsto pelo art. 989 do CPC/1973, que acabou não sendo repetido.[268-269] Sendo assim, os casos de abandono da causa, nos termos do art. 267, III, do CPC/1973, não geravam a extinção da relação processual. Deparando-se com a inércia do inventariante, o magistrado deveria destituí-lo e nomear outro herdeiro para cumprir o encargo. Com a modificação operada pela Lei 11.441/2007 o pedido de extinção do procedimento poderia ser acatado quando seu fundamento residisse na maior agilidade do processamento do feito pela via extrajudicial.

O CPC/2015 reconhece expressamente a possibilidade de extinção do processo com ou sem análise do mérito, nos termos do art. 668, II, quando prevê a cessação da tutela provisória no âmbito do inventário ou do arrolamento. O mesmo entendimento deverá prevalecer para a extinção por opção da via extrajudicial.

Isto poderá acontecer através de petição comum atravessada pelos herdeiros que antes litigavam pela disputa do monte-mor, ou mesmo quando todos estejam representados pelo inventariante, sem discordância quanto aos termos da partilha. A Resolução CNJ-35/2007 estabelece expressamente: "Art. 2º. É facultada aos interessados a opção pela via judicial ou extrajudicial; *podendo ser solicitada, a qualquer momento, a suspensão, pelo prazo de 30 (trinta) dias, ou a desistência da via judicial*, para promoção da via extrajudicial" (grifamos).

A leitura do art. 2º da resolução pode obter melhor rendimento e atender à finalidade de sua redação desde que o magistrado condicione a extinção do procedimento pela via judicial à comprovação da formalização do pedido na via administrativa. Isto evitará qualquer manobra ardilosa que procure prejudicar algum dos herdeiros. Daí a viabilidade de suspensão do processo, com prazo máximo de 30 dias, para que as providências necessárias para o ingresso com o pedido administrativo sejam

---

268. Rezava o dispositivo: "Art. 989. O juiz determinará, de ofício, que se inicie o inventário, se nenhuma das pessoas mencionadas nos artigos antecedentes o requerer no prazo legal".
269. Este dispositivo representava clara exceção ao art. 2º do CPC/1973: "Art. 2º. Nenhum juiz prestará a tutela jurisdicional senão quando a parte ou o interessado a requerer, nos casos e forma legais".

tomadas, com o fim de possibilitar a decisão de resolução do processo sem análise do mérito.

6.3 As despesas e emolumentos da escritura: a Lei 1.060/1950 e o art. 98 do CPC

Os emolumentos cobrados para fins de elaboração da escritura pública não poderão tomar em consideração o valor dos imóveis. É vedada a cobrança de percentual sobre o valor dos bens ou dos negócios jurídicos que compõem o teor da escritura. A Resolução CNJ-35/2007 é expressa quanto ao tema ao inviabilizar referida pretensão: "Art. 5º. É vedada a fixação de emolumentos em percentual incidente sobre o valor do negócio jurídico objeto dos serviços notariais e de registro (Lei n. 10.169, de 2000, art. 3º, inciso II)".

Quanto ao benefício da gratuidade, ainda que as partes estejam acompanhadas por advogado constituído, a declaração de insuficiência de recursos para o pagamento dos emolumentos obrigará, a princípio, à gratuidade da elaboração da escritura pública. Importante frisar que a presunção de pobreza não elimina a necessidade de comprovação sumária dessa condição, seja para a via extrajudicial ou a judicial. O notário poderá suscitar dúvida e estabelecer procedimento incidental para esta verificação.

A Resolução CNJ-35/2007 necessita ser conjugada com a Lei 1.060/1950, que se aplica integralmente ao caso analisado. O art. 3º, III, da Lei 1.060/1950, agora revogado pelo art. 1.072, III, do CPC, incluía expressamente dentre os atos de assistência os "*emolumentos* e custas devidos aos juízes, órgãos do Ministério Público e serventuários da Justiça".[270] O dispositivo é agora regulado pelo art. 98, § 1º, IX, do CPC: "§ 1º. A gratuidade da justiça compreende: (...); IX – os emolumentos devidos a notários ou registradores em decorrência da prática de registro, averbação ou qualquer outro ato notarial necessário à efetivação de decisão judicial ou à continuidade de processo judicial no qual o benefício tenha sido concedido". Muito embora a gratuidade seja expressamente direcionada para os atos judiciais, o art. 98 abrange os atos extrajudiciais quando a via judicial não seja necessária. Além disso, a cláusula constitucional não pode jamais ser olvidada, nos termos do art. 5º, LXXIV: "o

---

270. O dispositivo encontrava-se defasado ao prever o recebimento de custas por parte dos juízes e promotores. Atualmente não existe qualquer remuneração indireta ou direta por parte destes agentes políticos com relação a custas ou emolumentos. Estes agentes recebem unicamente subsídio em única parcela, nos termos do art. 37, XI, da CF/1988.

Estado prestará assistência jurídica integral e gratuita *aos que comprovarem insuficiência de recursos*" (grifos nossos).

7. O INVENTÁRIO PELA VIA JUDICIAL

Analisados os elementos essenciais referentes ao processamento do inventário e do arrolamento pela via extrajudicial, passaremos a examinar o procedimento judicial, assinalando, mais uma vez, o caráter facultativo da via administrativa.

7.1 Abertura da sucessão

Com o falecimento do *autor da herança* opera-se a sucessão automática (*princípio da saisine* – art. 1.784 do CC). O art. 611 do CPC estabelece que os interessados deverão requerer a abertura do processo de arrolamento ou inventário em até dois meses e que será ultimado no prazo de 12 meses.[271] Esta exigência visa a proteger o interesse fazendário quanto ao recolhimento do Imposto *Causa Mortis*. Houve grande celeuma quanto à licitude de os Estados-membros instituírem multa pela não obediência deste prazo. O STF manifestou-se quanto ao tema através da emissão da Súmula 542: "Não é inconstitucional a multa instituída pelo Estado-membro como sanção pelo retardamento do início ou da ultimação do inventário".[272] A multa funciona como elemento de pressão para coibir os herdeiros a regularizarem a situação jurídica. Sabemos que a posse e a propriedade são transmitidas pelo evento "morte", mas somente com o inventário e o arrolamento se obtém a regularização da situação patrimonial entre os herdeiros, assim como em relação aos terceiros. Sob o ponto de vista do tráfico negocial (*Rechtsverkehr*), o processo de inventário e arrolamento revela-se fundamental para a segurança jurídica das relações sociais.

7.2 Âmbito de cognição no inventário e no arrolamento

Apesar de sua simplicidade aparente, o processo de inventário ou de arrolamento pode suscitar inúmeras questões incidentais, que assumirão a

---

271. O prazo originário pelo Código de Processo Civil/1973 era de 30 dias e 6 meses, respectivamente. Ainda no Código de Processo Civil/1973 o prazo havia sido dobrado, 60 dias e 12 meses, por meio da Lei 11.441/2007.

272. Alguns Estados-membros, como o do Paraná, instituem a multa apenas para o recolhimento do imposto após 30 dias, contados da sentença que julga (contencioso) ou homologa (consensual) a partilha.

natureza de autênticas prejudiciais. A filiação de um dos herdeiros poderá ser contestada por outro herdeiro, provocando a necessidade de definição prévia sobre a questão. Afinal, a prova da filiação é essencial para atestar a condição de herdeiro.

O ponto nodal está em definir qual o grau de cognição que o juiz poderá exercer no processo de inventário. Tratando-se de procedimento vocacionado à simplificação e à rapidez, seria lícito admitir a prova da paternidade no processo de inventário com realização do exame pericial (DNA), oitiva de testemunhas e exibição de documentos? O art. 612 do CPC não deixa margem de dúvida quanto à solução a ser adotada pelo juiz. Todas as questões que possam ser comprovadas de plano mediante prova documental estão no âmbito de cognição do juiz do inventário. As questões de fato ou de direito de alta indagação ou que exijam a produção de prova diversa da documental são deslocadas para o juízo competente. É possível que a questão prejudicial já esteja sendo discutida. Destarte, após abertura do inventário, com nomeação do inventariante, o processo deverá ser suspenso até a decisão final sobre a questão prejudicial (art. 313, V, "a" e "b", do CPC). Quando a questão surgir de modo incidental a solução será idêntica.

7.3 Reconhecimento de união estável e de paternidade pelo juízo do inventário

É muito comum no juízo de inventário surgirem questões relativas à convivência *more uxorio* e à filiação. Existindo prova documental e anuência dos demais herdeiros, nada impede que a partilha seja homologada, reconhecendo-se o direito à meação da companheira ou mesmo admitida a paternidade sobre filho que até então não reconhecido. A decisão que reconhece o direito à meação não fará coisa julgada sobre a questão prejudicial (convivência *more uxorio*), uma vez que sua cognição foi incidental. O mesmo pode ser dito em relação à filiação, quando os demais herdeiros reconhecem por termo nos autos, ou na própria petição de inventário, o direito relativo ao irmão que não foi reconhecido em vida pelo *de cujus*. A questão da filiação poderá ser conhecida pelo juiz ante a inexistência de divergência, mas a princípio não restará coberta pela coisa julgada.

7.4 Legitimidade para requerer a abertura do inventário

O início do processo de inventário poderá ser determinado pelo próprio magistrado, ainda que não repetida a redação do art. 989 do

CPC/1973.[273] A iniciativa de determinação de abertura não fere o princípio dispositivo porque o processo de inventário será essencial para a solução de processos paralelos. A morte da parte em um processo em andamento exige a suspensão, para a regularização do polo, o que depende, no mínimo, da abertura do processo de inventário, para que o inventariante possa assumir a responsabilidade pelo andamento do processo. Trata-se de quebra relativa do princípio dispositivo. Há um nítido interesse público na regularização da situação fática oriunda do falecimento do autor da herança. O juiz tomará conhecimento por decorrência de relações processuais marginais que exigirão a regularização do inventário, além da habilitação dos herdeiros no processo. É importante ressaltar que a desídia e a ausência de impulso não consistem em causas lícitas para a resolução do processo pelo art. 485, III, do CPC. O juiz deverá remover o inventariante, com nomeação de outro legitimado (arts. 622 e 625 do CPC).

7.4.1 Legitimidade concorrente

O inventário e o arrolamento estão presos a um regime especial de legitimidade. Ela é ampla, uma vez que todos os indicados pelo art. 616 do CPC possuem autorização para instaurá-lo. Apesar da legitimidade concorrente, ela não é sucessiva.[274] A legitimidade ordinária caberá àquele que esteja na administração provisória da herança (art. 614 do CPC). Na inércia do administrador provisório, nada impede que um colegitimado requeira a abertura do inventário. Os legitimados concorrentes são elencados pelo art. 616 do CPC. Além do cônjuge, assiste legitimidade ao companheiro que tenha constituído relação duradoura em regime de união estável (art. 616, I, do CPC; art. 1.723 do CC).

A abertura do inventário deverá ser acompanhada com prova documental essencial para a demonstração do interesse de agir no inventário, qual seja, a certidão de óbito (art. 615, parágrafo único, do CPC). Não existindo a comprovação da morte, a abertura do inventário é impossível. Existem procedimentos diversos que podem ser tomados pelos herdeiros em situações especiais e que não se confundem com a abertura de inventário. Referimo-nos à declaração de ausência (art. 22 do CC) ou mesmo à declaração de morte presumida (art. 7º do CC).

---

273. Dispunha o artigo: "Art. 989. O juiz determinará, de ofício, que se inicie o inventário, se nenhuma das pessoas mencionadas nos artigos antecedentes o requerer no prazo legal".
274. Vicente Greco Filho, *Direito Processual Civil*, vol. III, p. 255.

7.5 Nomeação do inventariante

Não há coincidência necessária quanto à nomeação do inventariante na pessoa que requereu a abertura do inventário. O texto legal prevê uma legitimidade ampla, como meio de incentivar a regularização da situação patrimonial dos herdeiros e terceiros. A ordem do art. 990 coincide parcialmente com a do art. 988, especialmente quanto à manutenção do cônjuge (e companheiro[a]) e herdeiros necessários como partes preferenciais ao encargo. A ordem do art. 617 do CPC deverá ser preferencialmente obedecida, mas poderá ser modificada pelo magistrado, motivadamente. Afinal, a nomeação do inventariante deverá recair sobre a pessoa que reúna as melhores condições de promover a descrição dos bens, sua arrecadação e partilha, e muitas vezes a reunião destas qualidades poderá recair em pessoa situada em ordem diversa daquela estabelecida pelo art. 617 do CPC.

7.5.1 Inventariante e administrador provisório

Ambas as figuras não se confundem, ainda que a nomeação do inventariante possa recair sobre a pessoa que exerceu a administração provisória. O falecimento atribui o dever imediato de administração dos bens a quem esteja em condições de assumir a posse direta dos bens deixados pelo *de cujus*. Daí a necessidade de que a casa, os bens móveis e o patrimônio do espólio, em sua globalidade, sejam resguardados, dentro do possível, até a nomeação do inventariante (art. 613 do CPC[275]).[276] A administração provisória recairá naturalmente sobre o cônjuge e herdeiros necessários, cujos laços de união estreitam a proximidade espacial.[277] No que diz respeito ao cônjuge, é importante avaliar o art. 1.830 do CC,[278]

---

275. CPC: "Art. 613. Até que o inventariante preste o compromisso, continuará o espólio na posse do administrador provisório".
276. TJPR: "Administração dos bens do espólio pela meeira-inventariante e dois herdeiros – Acordo de vontades, no sentido de que as decisões societárias sejam tomadas em conjunto por pelo menos dois deles – Algumas dificuldades na prática – Preservação dos bens – Circunstâncias que indicam a necessidade de intervenção judicial – Nomeação de administrador provisório – Decisão correta – Recurso não provido" (11ª Câmara Cível, AI 0392202-5, rel. Des. Mendonça de Anunciação, *DJE* 29.6.2007).
277. Pontes de Miranda, *Comentários ao Código de Processo Civil* (de 1973), t. XIV, p. 28.
278. CC: "Art. 1.830. Somente é reconhecido direito sucessório ao cônjuge sobrevivente se, ao tempo da morte do outro, não estavam separados judicialmente, nem separados de fato há mais de 2 (dois) anos, salvo prova, neste caso, de que essa convivência se tornara impossível sem culpa do sobrevivente".

que traz solução interessante quanto à participação na sucessão (art. 1.829, I, do CC) – regra, esta, que também servirá de norte para resolver eventual disputa sobre a nomeação do inventariante.

7.5.2 Funções do inventariante

As funções do inventariante são importantíssimas, uma vez que o processo de inventário é escalonado. Na modalidade de arrolamento sua atuação será simplificada, mas não menos importante.

7.5.2.1 Representação ativa e passiva do espólio

O espólio é uma universalidade de fato e de direito que não possui personalidade jurídica, apenas processual. Sua representação ativa e passiva em atos e negócios jurídicos bem como em ações processuais será realizada pelo inventariante. A representação ativa e passiva está disciplinada pelo art. 618, I, do CPC, o qual deve ser lido em conjunto com o art. 75, VII e § 1º. Com isso, tratando-se de inventariante dativo, formar-se-á, obrigatoriamente, litisconsórcio necessário no polo ativo ou passivo.

A necessidade do inventariante dativo pode ocorrer, em vista do tumulto gerado no processo, pela colidência dos interesses dos herdeiros.[279] Na circunstância de ocorrer a remoção da inventariante, deverá ser observada a regra do art. 623, sob pena de se ferir o contraditório, pois a remoção sempre deverá ser fundamentada. O inventariante, após o término do processo de inventário, não se exime de eventual ação de prestação de contas a ser promovida pelos herdeiros (art. 618, VII), quando negligencie seu dever. Por fim, ressalve-se que determinadas pretensões voltadas contra o *de cujus* não serão representadas pelo inventariante. É o que acontece na ação de investigação de paternidade, cuja legitimidade pertence aos herdeiros, que serão citados em litisconsórcio necessário.

7.5.2.2 Arrecadação dos bens

Cabe ao inventariante arrecadar os bens do espólio com o fim de administrá-los até a homologação da partilha e a expedição dos formais

---

279. TJMG: "Embora o juiz, ao nomear o inventariante, deva ater-se à ordem estabelecida no art. 990 do estatuto instrumentário civil, [*de 1973*] nada o impede de nomear pessoa estranha para exercer a inventariança, desde que constatada sua oportunidade ou necessidade, mormente se ocorre tumulto processual motivado por desentendimentos ou colidência de interesses entre as partes" (4ª Câmara Cível, Ag 000.215.810-3/00, rel. Des. Hyparco Immesi, j. 21.3.2002).

(art. 618, II, do CPC). A arrecadação será essencial para que o inventariante possa prestar as primeiras declarações, descrevendo minuciosamente os bens existentes. A pena de sonegados somente poderá ser aplicada e reconhecida após a descrição, motivo pelo qual o inventariante deverá promover as diligências necessárias para o cumprimento do encargo.

7.5.2.3 Conservação dos bens

A conservação dos bens móveis e imóveis recai sobre a pessoa do inventariante, que deverá dar continuidade às relações jurídicas do autor da herança. É comum que determinadas relações jurídicas – tais como empréstimos, gestão de atividade empresarial do estabelecimento, guarda de bens móveis, enfim, a gerência do patrimônio deixado – exijam intensa atividade do inventariante. O inventariante ainda responderá por todos os atos praticados na gestão processual do espólio.

7.5.2.4 Prestação de contas

O inventariante, no decorrer de sua atividade, e mais comumente no final do processo, dela prestará contas (art. 618, VII, do CPC), com a demonstração do cumprimento do plano de partilha e do balanço de créditos e débitos referentes à administração do espólio. Existindo herdeiro menor, o Ministério Público velará por todos os pedidos de alienações antecipadas, com o intuito de fazer frente a despesas do processo requeridas pelo inventariante.

7.5.2.5 Atos de disposição

A administração do monte-mor, até a ultimação do processo de inventário, poderá exigir a prática de atos de disposição sobre o patrimônio. Muitas vezes será necessário levantar depósitos ou, mesmo, requerer a venda de algum bem, como meio de quitar obrigações pendentes do espólio. É possível que o pedido de alienação não dependa sequer da existência de obrigações incumpridas, mas, sim, da necessidade de preservação do patrimônio. Exemplo comum é o da colheita que está depositada em armazém-geral e precisa ser comercializada, para evitar seu perecimento. Situações como esta, que envolvem ato de disposição, necessitam de autorização judicial e oitiva dos demais interessados, nos termos do art. 619 do CPC. O poder conferido para a inventariança não abarca os atos de alienação, transação e pagamento de modo autônomo. O inventariante deverá formular pedido fundamentado, que poderá ser deferido por meio de alvará judicial, quando essencial para a administração do espólio.

As alienações realizadas sem autorização judicial são ineficazes. Contudo, em determinados casos a posição jurídica do terceiro de boa-fé há de ser preservada.[280] Em bens imóveis não existirá a possibilidade de venda sem autorização, pois o registro do bem e a elaboração da escritura pelo tabelião não são passíveis de materialização sem autorização judicial.[281] Mas em bens móveis (como carros, joias e semoventes) a transmissão ocorrerá por simples tradição. Quando a venda tenha sido realizada para o interesse manifesto do espólio ela poderá ser ratificada pelo juiz, e o terceiro de boa-fé não poderá ser prejudicado.[282]

As despesas com a contratação do advogado e com pagamento de custas e emolumentos são arcadas pelo espólio. Presume-se a anuência dos herdeiros na contratação *intuitu personae*, com a apresentação das procurações judiciais no processo. O espólio não poderá ser responsabilizado pela despesa relativa à contratação de advogado por um dos herdeiros que se insurgiu e apenas acompanhou o procedimento. Somente em caso de sucesso de eventual impugnação sua despesa poderá ser atribuída ao espólio, mas por consequência do princípio da sucumbência. Como regra geral, cada herdeiro arcará com o pagamento dos seus honorários. Atividades que extrapolam a atribuição do advogado contratado (como a contratação de parecer de jurista renomado) exigem a aprovação dos demais herdeiros para o pagamento, com levantamento da quantia pelo rito do art. 619, III e IV, do CPC.

7.5.3 *As primeiras declarações do inventariante*

Com a nomeação e a assunção do encargo, o inventariante deverá desenvolver a primeira parte do processo de inventário, que visa à reu-

---

280. "Embora não autorizada pelo juiz, tem-se por eficaz a alienação de bem da herança, a título oneroso e de sorte a não sujeitar o adquirente de boa-fé a restituí--lo, ficando ressalvado o ressarcimento de eventual prejuízo ao monte hereditário por aquele que lhe deu causa (*RSTJ* 19/539)" (*apud* Theotônio Negrão, *Código de Processo Civil e Legislação Processual em Vigor*, p. 1.031).

281. Este ponto suscita interessante indagação sobre o inventário extrajudicial. Seria necessário autorização judicial para a alienação de bens? Pensamos que não. Se a necessidade da autorização decorre da presença de menor ou incapaz, a via eleita é inadequada, pois o inventário deverá ser judicial (art. 610 do CPC). Logo, a via extrajudicial dependerá apenas de que o tabelião elabore procuração por instrumento público para que os atos de alienação e administração possam ser materializados pelo inventariante extrajudicial, nos termos da autorização conferida. Esta autorização decorrerá da via consensual e da nomeação do inventariante, de comum acordo. Isso não eliminará a possibilidade de futura ação de prestação de contas.

282. O STJ adotou a proteção clara do terceiro de boa-fé, pela inteligência da Súmula 92.

nião dos elementos essenciais que antecedem a realização da partilha. Primeiramente, o magistrado deverá saber quem são os herdeiros. Esta informação, em termos gerais, é prestada através das primeiras declarações, nos termos do art. 620 do CPC. Após a nominação daqueles que serão afetados pela partilha, o inventariante deverá relacionar todos os bens móveis, semoventes e imóveis. Em resumo: as primeiras declarações envolvem uma descrição dos titulares da herança e uma minuciosa relação dos bens, com a designação de sua quantidade, qualidade e sinais característicos. Examinemos, inicialmente, alguns detalhes quanto ao elemento subjetivo das primeiras declarações.

7.5.3.1 A petição inicial e o elemento subjetivo das primeiras declarações

(a) Relativas ao *de cujus*

As primeiras declarações conterão a indicação do autor da herança. Os dados sobre o falecido são obrigatórios e exigidos pelo art. 620, I, do CPC em caráter enumerativo: nome, estado, idade e domicílio do autor, dia e lugar do falecimento, bem como se foi elaborado testamento. Em virtude do Provimento CNJ-56, de 14.7.2016, as partes e o próprio juízo deverão diligenciar quanto à juntada de certidão para consulta sobre a existência de testamento junto ao Registro Central de Testamentos *On--Line*/ RCTO. Quando positiva, o testamento deverá ser encaminhado ao juízo, para o seu registro e abertura.

A correta identificação é essencial para o encadeamento do elo de sucessão. A certidão de óbito é suficiente para ingressar com o pedido inicial e requerer a abertura, mas a certidão de óbito é prestada por declaração unilateral, motivo pelo qual os documentos pessoais do *de cujus* deverão ser anexados na inicial. A informação quanto ao domicílio é importante para a definição da competência, pois o último domicílio do *de cujus* será o competente pela regra do art. 48, *caput*, do CPC. Sendo desconhecido o domicílio do falecido e tendo possuído bens em locais diversos, o local do óbito também poderá ser determinante na fixação da competência, nos termos do art. 48, parágrafo único, II, do CPC.

A existência de erro na certidão de óbito poderá exigir sua retificação prévia ao ingresso do pedido de abertura de inventário. A correção poderá ser realizada de ofício pelo registrador civil, quando se tratar de mero erro material, ou poderá exigir o processamento administrativo, quando envolver questão de maior indagação.

(b) Relativas ao cônjuge ou companheiro(a) supérstite

O cônjuge e o(a) companheiro(a) necessitam de clara menção nas primeiras declarações quanto ao nome, idade e regime de bens. Caso o casamento tenha sido realizado após os 60 anos de idade, o regime de bens será de separação absoluta, muito embora a Súmula 377 do STF tenha amenizado o rigor da interpretação deste regime. A alusão ao regime de bens será essencial para definir a existência, ou não, da meação bem como o direito de participação do cônjuge na partilha, em vista da linha de sucessão inaugurada pelo art. 1.829 do CC. Somente o cônjuge ou companheiro supérstite tem direito de participar da sucessão, e sempre com base no regime de bens que orientou a união do casal. O art. 1.830 do CC também será importante, uma vez que estabelece a perda do direito de sucessão quando a sociedade conjugal já tenha sido encerrada há mais de dois anos. Isto poderá levar a uma discussão apartada entre o direito à meação e o direito à sucessão, nos termos do art. 1.829, I, do CC.

(c) O regime de sucessão do art. 1.829, I, do CC

(c.1) A situação do cônjuge – O Código Civil/2002 inclui o cônjuge na linha de sucessão com os herdeiros necessários, sem retirar sua posição natural quando não existirem descendentes ou ascendentes (art. 1.829, III). Todavia, a principal alteração quanto à ordem de sucessão restou estabelecida pelo art. 1.829, I, cuja redação se consumou nos seguintes termos: "I – aos descendentes, em concorrência com o cônjuge sobrevivente, salvo se casado este com o falecido no regime da comunhão universal, ou no da separação obrigatória de bens (art. 1.640, parágrafo único); ou se, no regime da comunhão parcial, o autor da herança não houver deixado bens particulares".

Como se observa da redação *supra*, a indicação do regime de bens e sua comprovação definirão a participação, ou não, do cônjuge na linha sucessória em concorrência com os descendentes. O cônjuge não participará da sucessão em concorrência quando seu regime de casamento for de comunhão universal ou de separação obrigatória. O motivo é óbvio. Na comunhão universal tudo o que foi adquirido antes e na constância da sociedade conjugal será dividido pela metade. Logo, a meação englobará o patrimônio de ambos, pois a divisão será realizada sobre 100% do monte-mor descrito na inicial. Já, no regime de separação absoluta é necessário realizar uma distinção entre o regime convencional e o obrigatório. A separação absoluta legal tem suas hipóteses centradas nas previsões do art. 1.641 do CC. Para estes casos aplicar-se-á a Súmula 377 do STF. Para as situações de separação convencional o que foi estipulado deverá prevalecer para todos os fins. Sendo assim, o art. 1.829, I, do CC deverá ter aplicação mitigada para os casos de separação absoluta legal.

No regime de comunhão parcial (art. 1.658 do CC), que constitui a hipótese usual e rotineira, o cônjuge concorrerá sobre os bens particulares que tenham sido trazidos pelo *de cujus* ao casamento, sem sua participação e seu esforço. Estes bens constituem a parcela de bens particulares ou próprios, os quais constam, *in fine*, da redação do art. 1.829, I, do CC. Obviamente, se não existirem bens particulares não há que se falar em concorrência na sucessão com os herdeiros necessários, mas apenas na separação de sua meação.

Ponto mais delicado diz respeito ao companheiro(a). O Código Civil estabeleceu um regime diferenciado para a sucessão na união estável, conforme se lê no art. 1.790. Nosso posicionamento já firmado é pela inconstitucionalidade do dispositivo, que fere regra basilar do sistema constitucional. A união estável no Brasil reflete questão cultural e já arraigada na essência do sistema social. Não há motivo plausível para que o direito sucessório sofra diferenciação.[283] O julgamento no STJ ainda não foi concluído sobre a questão, conforme o REsp 1.135.354-PB.

(c.2) Em relação aos herdeiros – A descrição dos herdeiros será essencial, com qualificação e atribuição do grau de parentesco, para a elaboração do futuro plano de partilha. Sem conflito de interesses entre os herdeiros será possível que numa única petição a descrição dos herdeiros e dos bens seja apresentada com o plano de partilha para fins de arrolamento sumário. Nesta hipótese não teríamos a necessidade da separação entre as primeiras e as últimas declarações, bem como da apresentação do plano de partilha que seria integrado à petição inicial.

(c.3) Proteção e prova da filiação – A filiação corresponde a um dos elementos essenciais atinentes ao estado civil da pessoa. O termo não é utilizado em sentido unívoco, uma vez que a palavra "filiação" é frequentemente empregada pelo texto legal para designar a origem e a vinculação da pessoa física a determinada agremiação (*e.g.*, filiação partidária).[284] Como dado essencial (art. 12 da Lei de Registros Públicos), que qualifica

---

283. Fabio Caldas de Araújo e José Miguel Garcia Medina, *Código Civil Comentado*, pp. 1.062-1.063.
284. V. Lei 9.096/1995, que regulamenta, no art. 4º, o direito de igualdade entre os filiados de um mesmo partido político. Condição essencial para obter o direito de filiação a um partido é a regular condição de eleitor perante a Justiça Eleitoral.

o ser humano quanto à sua origem, o direito à filiação é encartado como autêntico direito fundamental. Conhecer seus ascendentes e se posicionar perante o meio social constitui importante elemento de informação. Ainda que não seja o local e o momento adequado para a questão, basta lembrar que a tormentosa questão acerca da relativização da coisa julgada encontra supedâneo em posicionamentos do STJ pelo respeito ao direito de filiação, o que tem motivado, em situações excepcionais, a possibilidade de revisitação da coisa julgada mesmo após o prazo de dois anos – o que restou pacificado pelo STF.[285] Não se trata de uma válvula aberta, pois apenas quando o exame não for possível por insuficiência técnica ou econômica a relativização deverá ser conhecida.[286]

285. Como reconheceu o STF em Repercussão Geral no RE 363.889-DF, Min. Dias Toffoli: "É dotada de repercussão geral a matéria atinente à possibilidade da repropositura de ação de investigação de paternidade quando anterior demanda idêntica, entre as mesmas partes, foi julgada improcedente por falta de provas, em razão de a parte interessada não dispor de condições econômicas para realizar o exame de DNA e o Estado não ter custeado a produção dessa prova. 2. Deve ser relativizada a coisa julgada estabelecida em ações de investigação de paternidade em que não foi possível determinar-se a efetiva existência de vínculo genético a unir as partes, em decorrência da não realização do exame de DNA, meio de prova que pode fornecer segurança quase absoluta quanto à existência de tal vínculo. 3. Não devem ser impostos óbices de natureza processual ao exercício do direito fundamental à busca da identidade genética, como natural emanação do direito de personalidade de um ser, de forma a tornar-se igualmente efetivo o direito à igualdade entre os filhos, inclusive de qualificações, bem assim o princípio da paternidade responsável. 4. Hipótese em que não há disputa de paternidade de cunho biológico, em confronto com outra, de cunho afetivo. Busca-se o reconhecimento de paternidade com relação a pessoa identificada. 5. Recursos extraordinários conhecidos e providos".

286. O que ficou bem esclarecido no voto do STJ: "O STF permitiu, em situação excepcional, a relativização da coisa julgada, com fundamento no art. 27 do ECA, bem como no art. 226, § 7º, da CF, esclarecendo o Relator que, no tocante ao investigante, trata-se 'de corolário lógico de seu direito de personalidade, em discussão quando do ajuizamento de um tal tipo de demanda, de ver reconhecida a verdade sobre sua origem genética, emanação natural do estado da pessoa'. 2. Na espécie, a primeira ação de investigação de paternidade foi julgada procedente com base na prova testemunhal, sendo que o exame genético não fora realizado em razão da inércia do recorrente, que, intimado por quatro vezes com a finalidade de realizar o exame de DNA, não compareceu, apesar de advertido dos riscos e consequências de sua omissão. Nesse contexto, evidente que a situação retratada não se enquadra àquelas que deram origem à orientação jurisprudencial desta Casa e do STF. 3. A competência desta Corte restringe-se à interpretação e uniformização do direito infraconstitucional federal, ficando obstado o exame de eventual violação a dispositivos e princípios constitucionais, sob pena de usurpação da competência atribuída ao STF. 4. A alegação de que o recorrido teria alcançado a maioridade e, portanto, seria agora seu ônus comprovar a sua necessidade para seguir recebendo alimentos é estranha às razões do recurso

A proteção ao direito de filiação exigiu um longo tempo de maturação para alcançar a feição atualmente estampada pelo art. 227, § 6º, da CF, a qual expressa: "§ 6º. Os filhos, havidos ou não da relação do casamento, ou por adoção, terão os mesmos direitos e qualificações, proibidas quaisquer designações discriminatórias relativas à filiação". Basta recordar que o Código Civil/1916 foi extremamente severo quanto ao reconhecimento de filhos. Os filhos havidos sem casamento eram considerados ilegítimos. A legitimação seria consequência natural do casamento (CC/1916, art. 353[287]). No tocante aos filhos classificados como incestuosos ou adulterinos a restrição era ainda mais drástica, o que se demonstra pela leitura do art. 358: "Art. 358. Os filhos incestuosos e os adulterinos não podem ser reconhecidos".[288] O Código Civil/1916 chegou a ser mais rigoroso que o Direito anterior, o qual, iluminado pelas *Ordenações*, permitia o reconhecimento dos filhos "espúrios", sendo vedada a participação no produto da herança mas permitido o direito aos alimentos.[289-290]

Atualmente a prova da filiação é realizada pelo documento público oriundo do registro civil. O art. 1.603 do CC é claro quanto à questão: "Art. 1.603. A filiação prova-se pela certidão do termo de nascimento registrada no registro civil". Interessante observar que o dispositivo originário do CC/1916, representado pelo art. 347, fazia menção à "filiação legítima". A Lei 8.560/1992, que regulamentou o reconhecimento de paternidade em relação aos filhos havidos fora do casamento, revogou o citado dispositivo. Adequou-se a linguagem do Código Civil vigente à época ao texto constitucional de 1988, o qual veda expressamente qualquer diferenciação entre filhos legítimos e ilegítimos (CF/1988, art. 227, § 6º).[291]

especial e não pode ser apreciada, pois vedada a inovação de fundamento. 5. Agravo interno a que se nega provimento" (3ª Turma, AgInterno no REsp 1.526.936-RS, rel. Min. Marco Aurélio Bellizze, j. 7.6.2016, *DJe* 10.6.2016).
287. CC/1916: "Art. 353. A legitimação resulta do casamento dos pais, estando concebido, ou depois de havido o filho (art. 229)".
288. Dispositivo que foi revogado muito antes do Código Civil/2002, mediante a edição da Lei 7.841/1989. A título de curiosidade, a Lei 883, de 21.10.1949, chegava a limitar o direito à herança do filho ilegítimo.
289. João Luiz Alves, *Código Civil da República dos Estados Unidos do Brasil*, t. II, p. 181.
290. Lei 883/1949: "Art. 2º. O filho reconhecido na forma desta lei, para efeitos econômicos, terá o direito, a título de amparo social, à metade da herança que vier a receber o filho legítimo ou legitimado".
291. Nos termos do art. 227, § 6º, da CF: "§ 6º. Os filhos, havidos ou não da relação do casamento, ou por adoção, terão os mesmos direitos e qualificações, *proibidas quaisquer designações discriminatórias relativas à filiação*" (grifos nossos).

(c.3.1) *Inexistência de prova da filiação. Reconhecimento nos autos* – Outro ponto que merece exame corresponde à possibilidade de apresentação de pessoa como herdeira sem a existência de prova da filiação. De acordo com a exposição retro, a filiação se comprova por documento público, uma vez que se trata de dado relativo ao estado civil da pessoa. Os atos relativos ao estado civil (nascimento, casamento, morte) exigem o documento público como elemento essencial, e não pode ser substituído por documento particular. Aplica-se a regra do art. 406 do CPC: "Art. 406. Quando a lei exigir, como da substância do ato, o instrumento público, nenhuma outra prova, por mais especial que seja, pode suprir-lhe a falta".

Todavia, ainda que não exista o reconhecimento prévio da paternidade em relação a uma das partes, entendemos que a declaração conjunta dos demais herdeiros pode ser prestada no processo de inventário e arrolamento para fins de regularização da questão prejudicial, o que está de acordo com a finalidade do art. 1º da Lei 8.560/1992.

Inexistindo dúvida e oposição pelos demais herdeiros necessários, nada impede que a sentença de homologação do inventário possa conter o reconhecimento de um dos irmãos. O art. 612 do CPC não exclui esta possibilidade, pois a questão prejudicial somente será remetida para decisão em processo autônomo quando necessária a declaração por oposição dos demais interessados. O art. 515, II e § 2º, do CPC aplicam-se à sentença de homologação do inventário. De tal modo que o reconhecimento espontâneo dos demais herdeiros poderá ser efetuado no processo mesmo quando a questão não tenha sido alvo da petição inicial, a solução amigável permite a inclusão de objeto estranho ao pedido principal. Por outro lado, existindo resistência por parte de um ou mais herdeiros, o processo de inventário deverá ser paralisado, aguardando-se a solução final sobre a questão da filiação para o término do processo de inventário.

7.5.3.2 *Elemento objetivo das primeiras declarações: descrição dos bens*

A comprovação da propriedade obedecerá às regras atinentes ao direito material, prevalecendo o documento público para os bens imóveis (arts. 1.245 do CC e 406 do CPC) e o documento público ou particular para os bens móveis, os quais dependerão apenas da tradição.

É comum surgirem dúvidas sobre a possibilidade de inventariar direitos quando a propriedade ainda não esteja constituída, sob o ponto de vista formal, muito embora seja identificável pela ótica material. Nesta hipótese encaixam-se algumas situações que não impedem o reconhecimento e a transmissão dos direitos. O compromisso de compra e venda quitado ou ainda pendente de pagamento (Súmulas 84 e 308 do STJ) deverá ser inventariado.[292] Direitos possessórios também podem ser alvo do processo de inventário, até mesmo porque o espólio é parte legítima para requerer o pedido de usucapião.

A propriedade sobre os bens móveis poderá ser presumida pela comprovação documental. Contudo, quando esteja comprovado que a tradição ocorreu antes do falecimento, o bem deverá ser excluído das declarações preliminares e da partilha. Deste modo, a Fazenda Pública não poderá condicionar sua anuência na expedição do formal de partilha pela existência de veículo em nome do falecido mas que comprovadamente tenha sido alvo de tradição em vida.

(a) Descrição dos bens imóveis

A descrição dos bens imóveis não poderá fugir ao contido na matrícula, exceto quando se refira à transmissão de área não titulada. É possível que os direitos possessórios sejam catalogados no monte-mor. Em qualquer uma das hipóteses, a descrição completa dos bens, com sua individuação, é essencial, da qual constarão os confrontantes, os limites e a extensão da área. Além disso, é necessária a menção à existência de benfeitorias e acessões. O texto do art. 620, IV, "a", do CPC refere-se apenas a benfeitorias. As acessões também deverão ser mencionadas, sob pena de sonegação. A ausência de menção a uma casa construída sobre o terreno (acessão) trará prejuízo para o próprio herdeiro no momento de negociar o referido imóvel com terceiro. Ainda é comum a matrícula referir-se apenas à terra nua, mesmo existindo construções e plantações sobre o local, em virtude da sonegação quanto ao pagamento dos encargos sociais devidos pela construção (art. 47, II, da Lei 8.212/1991).

(b) Individuação dos bens móveis e semoventes

Os bens móveis e semoventes necessitam de ampla individuação. Os animais destinados ao corte são comumente sonegados das partilhas;

---

292. De tal forma que não poderá a Fazenda Pública procurar cobrar Imposto de Transmissão sobre veículos que ainda se encontrem com o registro no DETRAN em nome do *de cujus* muito embora tenham sido alienados antes do falecimento. Não será caso de sobrepartilha. O mesmo se diga em relação aos bens imóveis, pois, se o compromisso de compra e venda foi quitado com pagamento, não há sucessão em relação ao bem. Somente se o compromisso de compra e venda estiver parcialmente quitado incidirá o imposto sobre a parcela de crédito a receber. Inteligência da Súmula 590 do STF: "Calcula-se o Imposto de Transmissão *Causa Mortis* sobre o saldo credor da promessa de compra e venda de imóvel, no momento da abertura da sucessão do promitente vendedor".

contudo, o requerimento, na repartição administrativa, do certificado de vacinação (Guias de Trânsito Animal/GTAs) poderá determinar o número efetivo de cabeças pertencentes ao falecido. Os bens móveis (como joias, livros raros, moeda estrangeira depositada na residência, assim como coleções de obras de arte e todo e qualquer bem móvel com valor econômico) devem ser mencionados nas primeiras declarações, com indicação de sua descrição e apontamento de sinais particulares.

A existência de joias (art. 620, IV, "d", do CPC) em cautela, em virtude de penhor, não pode ser objeto de simples alvará judicial, ainda que constitua o único bem para sucessão. A descrição e a avaliação, para fins de tributação, não correspondem à avaliação realizada pela instituição financeira responsável pela cautela.

Os valores mobiliários, tais como debêntures e ações de sociedades anônimas de capital aberto, deverão conter descrição de sua natureza (ON e PN) bem como a empresa a que se referem. Como os títulos são de cotação diária, o valor de transmissão deverá ser apurado pelo custo médio de aquisição do ativo. Caso contrário o valor atual eliminaria a possibilidade de cobrança sobre o ganho de capital, com a transferência pura e simples do ativo para o herdeiro ou legatário.

Quando o *de cujus* for titular de cotas de uma sociedade de responsabilidade limitada ou de sociedade individual, o valor da participação, para fins de inventário e arrolamento, não poderá ser mensurado exclusivamente no valor das cotas. Sabe-se perfeitamente que o valor patrimonial de uma sociedade empresarial não poderá ser avaliado apenas pelas cotas de constituição. Por este motivo, o art. 620, § 1º, do CPC determina a apuração do balanço para firmas individuais (art. 620, § 1º, I) ou a dissolução parcial com apuração de haveres do sócio falecido que participasse do capital de sociedade não anônima (art. 620, § 1º, II). Quando a firma ou sociedade esteja inativa, será essencial que o inventariante regularize a situação, para fins de encerramento ou mesmo para a dissolução parcial.

7.5.3.3 *Primeiras declarações e sonegados*

Somente após o cumprimento do que dispõe o art. 620 do CPC o inventariante poderá ser acusado de sonegação. É necessário que fique evidente a intenção de ocultação para que a sonegação possa ser declarada. Por este motivo, o escoamento do prazo para a completa descrição de bens é essencial, com a afirmação de não existirem outros para inclusão no inventário (art. 1.996 do CC).

A regra do art. 621 do CPC deve ser observada *cum grano salis*. Na prática, é comum que os próprios herdeiros não tenham conhecimento de todo o patrimônio que compõe o efetivo da herança. É curial analisar se a ocultação é oriunda de dolo ou de ignorância. Nesta última situação bastará a sobrepartilha para a regularização.

O herdeiro também poderá estar na posse de bens que devem integrar o plano de partilha. No inventário judicial litigioso caberá ao herdeiro se manifestar na primeira oportunidade, ou seja, após sua citação. Quando o pedido se processar de modo consensual, com nomeação e representação dos demais por um dos herdeiros, os bens devem ser indicados até momento em que a procuração é constituída; do contrário o inventariante não realizará a descrição correta e prejudicará diretamente os demais herdeiros.

(a) Consequência da sonegação: pena de perdimento

Verificada a conduta dolosa do inventariante em ocultar bens para benefício próprio ou de terceiro, ele deverá ser removido, nos termos do art. 622, VI, do CPC. Além da remoção do cargo, o inventariante, quando herdeiro, perderá o direito sobre o quinhão relativo ao bem sonegado. O herdeiro ficará sujeito à pena de sonegados (art. 1.992 do CC).

A pena de perdimento do bem, com impossibilidade de participação na partilha, não poderá ser aplicada diretamente no inventário, seja em relação ao herdeiro ou em relação ao inventariante. O art. 1.994 do CC é expresso: "Art. 1.994. A pena de sonegados só se pode requerer e impor em ação movida pelos herdeiros ou pelos credores da herança". Na esfera processual a única atitude imediata se revela pela remoção do inventariante (art. 1.993 do CC e 622, VI, do CPC).

7.5.4 Incidente de remoção do inventariante

O inventariante, antes de ser removido, deverá manifestar-se sobre a imputação de sonegação. Poderá demonstrar, por exemplo, que o bem foi transferido em vida, ainda que formalmente conste em nome do falecido. Por isso, o art. 623 do CPC determina que o requerimento de remoção deverá ser precedido de contraditório, para possibilitar a ampla defesa.

O incidente gerará a formação de autos em apenso (art. 623, parágrafo único). A decisão judicial de remoção estará sujeita ao recurso de agravo de instrumento, mesmo em vista do rol taxativo do art. 1.015, parágrafo único, do CPC, pois se trata de matéria que engloba o processo de inventário.[293] Não deve ser admitida a remoção *ex officio*. A surpresa

---

293. O tratamento já era reconhecido pela jurisprudência anterior: "O incidente de remoção de inventariante, apesar de tramitar em autos apartados, a decisão

processual é vedada. Nada impede que o juiz suspensa cautelarmente as atribuições do inventariante, mas sua destituição dependerá da formação do incidente, ou seja, da plenitude do princípio do contraditório. *Ad cautelam*, o magistrado deverá abrir prazo para manifestação do inventariante em 15 dias (art. 623, *caput*, do CPC), com possibilidade de produção de provas.[294]

É preciso frisar que, além da sonegação, o art. 622 do CPC estabelece outras causas para a remoção do inventariante. Todas elas estão ligadas à *mala gesti processus*. A falta de prestação de contas, de defesa do espólio, de promoção do andamento regular do inventário, enfim, de qualquer atitude que comprometa o interesse dos herdeiros e da correta condução do processo corresponde a causas para o pedido de remoção. O rol do art. 622 do CPC é *numerus apertus*.

7.5.5 Substituição do inventariante

Após a destituição do inventariante, a decisão deverá ser cumprida imediatamente, inclusive com expedição de mandado de entrega, ou de imissão, na hipótese de o inventariante removido se negar a cumprir a decisão espontaneamente. Nada impede que o cumprimento da decisão seja obstado pela concessão do efeito suspensivo no agravo de instrumento perante o tribunal (art. 1.015, parágrafo único, CPC). A nova nomeação deverá obedecer à ordem estabelecida pelo art. 617 do CPC.

nele proferida desafia agravo de instrumento, pois não extingue o processo, soluciona exclusivamente a questão incidental" (TJMS, 3ª Turma Cível, AC-ProcEsp 2007.005800-2/0000-00, de Campo Grande, rel. Des. Paulo Alfeu Puccinelli, j. 7.5.2007). Pelo Código de Processo Civil/2015, STJ: "A Corte bandeirante, soberana na análise do acervo fático-probatório dos autos, reconheceu inexistir descumprimento do art. 995 do CPC, razão por que manteve D. Q. na função de inventariante do Espólio de R. G. A reforma de tal entendimento atrai o óbice contido na Súmula n. 7 do STJ. 4. Não se mostra configurado o dissídio interpretativo, pois o recorrente limitou--se a transcrever trechos das ementas dos julgados apontados como paradigmas, sem, contudo, realizar o cotejo analítico e demonstrar a similitude fática no escopo de comprovar a divergência apontada – Descumprimento do disposto no art. 255, § 2º, do Regimento Interno do STJ. 5. Agravo regimental não provido" (3ª Turma, AgR no AREsp 610.788-SP, rel. Min. Moura Ribeiro, j. 4.8.2016, *DJe* 9.8.2016).
294. TJBA: "Necessidade de instauração do incidente, com a intimação da parte para oferecimento de defesa e produção de provas – Inteligência do art. 996 do CPC [*de 1973*] – Observância do princípio do contraditório e da ampla defesa, inexistência de prova da má administração do espólio – Cassação da decisão – Restabelecimento do *status quo* – Recurso provido" (AI 47.805-7/07, rel. Des. Antônio Pessoa Cardoso, j. 10.10.2007).

7.6 A formação do contraditório: citações, intimações e impugnações dos interessados

Com a formalização das primeiras declarações pelo inventariante, o juiz deverá determinar a citação dos herdeiros para se manifestarem sobre a descrição dos bens, assim como para acompanharem os demais atos do processo que culminarão com o julgamento da partilha (art. 627 do CPC). A citação dirigir-se-á aos herdeiros necessários, legatários e ao testamenteiro para esta última hipótese.[295] Existindo herdeiro menor ou incapaz (arts. 3º e 4º do CC), o Ministério Público será intimado pessoalmente para todos os atos. Por fim, a Fazenda Pública Estadual deverá ser intimada, para resguardar o interesse público quanto à avaliação e ao recolhimento do Imposto de Transmissão *Causa Mortis* e Doação/ITCMD (art. 629 do CPC).

As citações e as intimações serão acompanhas de uma cópia das primeiras declarações, para permitir que o herdeiro ou interessado possa impugnar a declaração do inventariante (art. 626, § 3º, do CPC). A ausência da cópia invalida a citação, pois impossibilita o direito de ampla defesa. As cópias deverão acompanhar não só o mandado do oficial de justiça, mas as intimações da Fazenda e do Ministério Público.

7.6.1 Modalidades de citação e o procedimento edital

Nos termos do art. 999, § 1º, do CPC/1973 somente eram citadas pessoalmente as partes que residissem na mesma comarca. Aqueles que residissem fora eram citados por edital, com prazo variando entre 20 e 60 dias. A norma estabelecia uma restrição odiosa ao contraditório. Sabe-se que a forma mais eficaz de se manter um segredo é publicá-lo num edital. O domicílio em local diverso mas conhecido não justifica a citação editalícia. Além de abusiva e violadora do contraditório efetivo, a citação editalícia atenta contra o princípio da celeridade processual, que atualmente tem *status* constitucional (art. 5º, LXXVIII).

A regra foi, felizmente, modificada. O art. 626, § 1º, do CPC estabelece a citação dos herdeiros e legatários pelo correio (art. 247 do CPC) e

---

295. STJ: "Tendo o falecido deixado testamento, é necessária a citação do testamenteiro no processo de inventário para que fiscalize o efetivo cumprimento das disposições testamentárias. Entretanto, tendo o testamenteiro tomado ciência da tramitação do inventário, prescindível sua citação, não havendo nulidade, pois a finalidade da norma já teria sido atingida. A falta de impugnação às primeiras declarações pelo testamenteiro implica em sua concordância tácita – Recurso especial não conhecido" (3ª Turma, REsp 200000941840 (277932 RJ), rela. Min. Nancy Andrighi, *DJU* 17.12.2004, p. 514).

cria a necessidade do procedimento edital (art. 259, III), por se tratar de ação universal. Como o edital poderá ser publicado pela via eletrônica, o custo e a burocracia serão menores e atendido o fim de amplitude da propositura exigido pelo texto legal.

7.7 Impugnação das primeiras declarações

Após completado o ciclo de todas as citações e intimações, as partes interessadas terão o prazo comum de 15 dias para se manifestarem nos autos. Neste prazo deverão arguir incorreções na descrição dos bens e na qualificação de herdeiros ou, mesmo, eventual sonegação do inventariante. Neste prazo o herdeiro também poderá indicar que possui bem a ser colacionado ao inventário, para fins de partilha.

O julgamento da impugnação poderá resultar na remoção do inventariante ou apenas no suprimento de omissões ou correção de erros de descrição (art. 627, § 2º, do CPC). Qualquer questão de alta indagação que demande juízo aprofundado (prova pericial e testemunhal) provocará o sobrestamento do feito e a remessa da questão para as vias ordinárias (art. 612 do CPC). Isto poderá acontecer quando for contestada a condição de herdeiro de alguma das partes que dependa de outra prova, além da documental. A dúvida sobre a existência de união estável poderá ser objeto de ação declaratória autônoma, como meio de garantir a meação da companheira, o que sobrestaria os autos de inventário até a solução final da questão (art. 627, § 3º, do CPC).

A regra do art. 627, § 3º, deve ser conjugada com a do art. 612 do CPC. A questão complexa que dependa unicamente de prova documental poderá ser decidida pelo juízo do inventário. Cremos que a regra do art. 612 do CPC deve ser corretamente interpretada, pois o dispositivo procura evitar o desdobramento desnecessário do processo cognitivo. Da mesma forma que o Juizado Especial poderá conhecer de questões complexas que não dependam de aprofundamento na cognição vertical (e.g., prova pericial), o juízo do inventário conhecerá de questões de fato e de direito que permitam solução sem a necessidade instrução complexa (prova testemunhal, incidente de falsidade, inspeção judicial). Não importa que a matéria de direito seja controvertida e complexa; tal fato não gera a aplicação automática do art. 612 do CPC.[296]

[296]. V. precisa decisão do STJ proferida na vigência do Código de Processo Civil/1973: "Na linha da doutrina e da jurisprudência desta Corte, questões de direito, *mesmo intrincadas*, e questões de fato documentadas resolvem-se no juízo do inventário e não na via ordinária. II – Eventual prejuízo da legítima em face de

7.8 Fiscalização sobre a avaliação dos bens

Por ocasião das primeiras declarações, o inventariante deverá indicar o valor de cada um dos bens que compõem o acervo do inventário (art. 620, IV, "h", do CPC). Esta indicação é obrigatória por dois motivos, sob a ótica fazendária. O primeiro relaciona-se com a preservação do valor efetivo, para fins de apuração do ITCMD. O valor de referência será o constante em seu cadastro. Como o recolhimento do ITCMD é devido ao Estado, e não ao Município, não há coincidência necessária entre o valor indicado no IPTU e aquele atribuído pela Fazenda Estadual ao ITCMD.[297] O prazo para a manifestação da Fazenda será de 15 dias (art. 629 do CPC), contados após o prazo comum de 15 dias previsto pelo art. 627 do CPC. Trata-se de autêntico prazo especial conferido para a proteção do interesse fiscal. O segundo motivo que torna obrigatória a correta avaliação de todos os bens descritos deve-se ao fato de evitar a doação entre os herdeiros. Em determinadas situações apenas um ou alguns dos bens descritos estão subavaliados, com o fim de permitir a equiparação dos quinhões. Quando há disparidade entre os quinhões, o imposto devido pela reposição da quantia doada será devido.

7.8.1 Diligências do juízo quanto à avaliação.
Novo papel do oficial de justiça

A descrição dos bens acompanhada da avaliação efetuada pelo inventariante não é suficiente para apurar o valor devido para fins de tributação. Todavia, a divergência entre o valor fornecido pelo inventariante e aquele indicado pela Fazenda Pública (art. 629 do CPC) será dirimida pelo avaliador judicial, nos termos do art. 630 do CPC.

A nomeação do avaliador não é obrigatória quando a Fazenda preste sua aquiescência com a avaliação fornecida pela parte (art. 633 do CPC). A inexistência de divergência será assaz rara, o que motiva a presença do avaliador, para a conferência dos valores. Quando entre os herdeiros houver algum incapaz a avaliação será obrigatória e fiscalizada pelo Ministério Público, o qual também atuará nos pedidos de alvará para venda antecipada do bem. Da mesma forma, quando os herdeiros concordarem

---

doação feita pelo pai aos filhos, ainda em vida (art. 1.776 do CC/1916), sem haver fatos a provar, prescinde dos 'meios ordinários', podendo ser discutido no próprio inventário" (4ª Turma, REsp 114.524-RJ, rel. Min. Sálvio de Figueiredo Teixeira, *DJU* 23.6.2003, p. 371).

297. Em sentido contrário: Nelson Nery Jr. e Rosa Maria Nery, *Código de Processo Civil Comentado*, p. 1.208.

com o valor atribuído pela Fazenda, ainda que sobre parcela dos bens, a avaliação será necessária apenas sobre os valores controversos (art. 634 do CPC).

O laudo será elaborado com observância das regras dos arts. 872 e 873 do CPC. Somente em caso de dúvida ou necessidade de conhecimento especializado o juiz nomeará avaliador. Nas comarcas do Interior não há cargo específico de avaliador, sendo muito útil a regra estabelecida pelo art. 870 e parágrafo único do CPC.

Os bens situados em comarca distinta daquela em que se processa o inventário exigirão a expedição de deprecata para avaliação, exceto quando forem de pequeno valor ou puderem ser avaliados com exatidão por meios indiretos pelo perito. Atualmente, com a expansão da base de dados e de conhecimento pela *Internet*, a efetivação de avaliações permite a visita ao local sem a necessidade sequer de deslocamento físico. Uma vistoria poderá ser realizada em ambiente virtual.

Após a formalização do auto de avaliação pelo Sr. Oficial ou do laudo em caso de nomeação do perito, o juiz abrirá o prazo comum de 15 dias para a manifestação dos interessados (art. 635 do CPC). A impugnação à avaliação judicial deverá ser motivada, e o juiz poderá manter ou determinar a retificação da avaliação.

Inexistindo perito oficial e sendo impugnada a avaliação elaborada pelo Sr. Oficial, nada impede que o juiz nomeie outro serventuário como avaliador, como, por exemplo o distribuidor ou o contador judicial. Não há restrição específica desta atividade para uma categoria profissional determinada.[298]

7.8.2 Possibilidade de nova avaliação ou mera atualização do cálculo

A realização de nova avaliação não se confunde com a mera atualização monetária do valor identificado pelo laudo. A atualização é consequência natural e necessária para a preservação das partes quanto aos efeitos corrosivos da inflação.[299] Não nos parece correto o entendimento de que sempre a mera atualização monetária suprirá a necessidade de

---

298. Theotônio Negrão, *Código de Processo Civil e Legislação Processual em Vigor*, cit., p. 277.

299. "A avaliação para efeito de partilha deve ser renovada se, pelo decurso de longo tempo, tiver ocorrido grande alteração dos valores atribuídos inicialmente aos bens" (*RTJ* 110/416) (*apud* Theotônio Negrão, *Código de Processo Civil e Legislação Processual em Vigor*, cit., p. 1.040).

nova avaliação. Determinadas circunstâncias exigem que novo laudo seja elaborado quando os bens sofram exagerada depreciação ou valorização. O mundo globalizado afeta diuturnamente as cotações dos bens móveis e imóveis, inclusive de modo abrupto. O valor para fins de recolhimento do tributo deverá ser atual, para evitar prejuízo não apenas do Fisco mas, em determinados casos, dos próprios herdeiros. O juiz, ao julgar a impugnação, determinará que ela seja retificada nos termos da sua decisão (art. 635 do CPC).

Também será possível a realização de nova avaliação quando for constatado erro ou dolo por parte do perito avaliador. Em caso de erro escusável bastará a realização de novo laudo. Tratando-se de erro inescusável, no qual se inclui a culpa grave, o perito deverá ser afastado. O mesmo se aplica em relação ao dolo, uma vez que a culpa grave e o dolo se equiparam quanto ao prejuízo provocado para as partes.[300]

7.9 Últimas declarações e cálculo do imposto

Após a decisão sobre a avaliação, com decisão sobre eventuais incidentes, abre-se o prazo comum de 15 dias para as últimas declarações das partes e interessados (art. 637 do CPC). Neste prazo o inventariante poderá retificar e emendar as primeiras declarações. O texto do art. 637 do CPC é um modo de isentar o inventariante e o herdeiro da pena de sonegados, uma vez que o aditamento das primeiras declarações será consequência natural quando o inventariante tomar conhecimento da existência de outros bens através da indicação dos herdeiros ou mesmo de terceiros interessados.

Com o término da avaliação e a fixação do valor tributável, bastará a aplicação do percentual devido para o cálculo do imposto e seu respectivo recolhimento. O valor encontrado pelo laudo deverá ser corrigido até o efetivo pagamento. Muito embora deva ser observada a Súmula 113 do STF ("O Imposto de Transmissão *Causa Mortis* é calculado sobre o valor dos bens na data da avaliação"), o montante devido deverá ser corrigido monetariamente, para fins de recomposição, e, assim, evitar o prejuízo em detrimento do Erário Público. Sobre o valor calculado, e que deverá ser recolhido, as partes poderão se manifestar no prazo de cinco dias.

A alíquota que deverá incidir, assim como a própria legislação aplicável para fins de sucessão, é a do tempo do falecimento do *de cujus*. A questão foi pacificada pela Súmula 112 do STJ: "O Imposto de

---

300. Sobre o tema: Menezes Cordeiro, *Tratado de Direito Civil – Parte Geral*, t. I, p. 624.

Transmissão *Causa Mortis* é devido pela alíquota vigente ao tempo da abertura da sucessão".

Por outro lado, o imposto e os acréscimos legais somente poderão ser exigidos após a homologação do cálculo. No inventário a homologação do cálculo e o julgamento da partilha ocorrem em momentos distintos. No arrolamento o pedido inicial será pautado pela apresentação imediata das declarações e do plano de partilha, o qual é homologado, de plano, pelo juiz desde que todos os requisitos legais estejam preenchidos (art. 659 do CPC). Sendo assim, no processo de arrolamento o imposto se torna devido por ocasião do próprio julgamento e da homologação da partilha. No processo de inventário ele poderá ser exigido após a homologação do cálculo, quando o fato gerador estará definido e apto a gerar a incidência. Outra não é a interpretação da Súmula 114 do STF: "O Imposto de Transmissão *Causa Mortis* não é exigível antes da homologação do cálculo".

O cálculo, observadas as diretrizes supradelineadas, será realizado pelo próprio contador judicial. Após, as partes serão ouvidas no prazo comum de cinco dias, o qual correrá em cartório. Em seguida abre-se idêntico prazo para a Fazenda Pública.

Existindo alguma impugnação sobre o cálculo, o juiz decidirá o incidente e, julgando procedente, determinará a retificação, mediante retorno dos autos ao contador judicial. A decisão que homologa o cálculo é interlocutória e alvo de agravo de instrumento, muito embora a redação do art. 638, § 2º, do CPC se refira à prolação de despacho. O art. 1.015, parágrafo único, permitirá o recurso de agravo, em vista da taxatividade e da importância da matéria para fins fiscais.

7.10 Da preparação da partilha: colação e pagamento das dívidas

A opção pelo inventário judicial obriga ao desenvolvimento da relação processual em duas fases. Antes da partilha elabora-se o inventário, para identificar os herdeiros, legatários e terceiros, além de definir o valor do monte-mor e o imposto devido pela transmissão. Numa segunda fase elabora-se a partilha, com a atribuição do quinhão ou bem para cada um dos herdeiros e legatários.

Todavia, em determinados casos a partilha é antecedida por ajustes necessários, sem os quais o plano de partilha não poderá ser elaborado de modo justo e dentro dos ditames legais. Duas são as situações de ajuste previstas pelo Código de Processo Civil: a colação e o pagamento das dívidas. Iniciaremos pela colação.

7.10.1 Colação

De acordo com explanação já realizada, a colação objetiva igualar as legítimas dos herdeiros quando, em vida, o *de cujus* tenha realizado doação para favorecer algum dos herdeiros em detrimento dos demais.[301] A obrigação de apresentar a relação dos bens que foram doados persiste mesmo que o herdeiro tenha renunciado ou tenha sido excluído da sucessão (art. 1.015 do CPC).[302] Sendo assim, o herdeiro, ainda que pretenda compensar o que recebeu em vida, como adiantamento da legítima, não poderá omitir a doação recebida, e deverá torná-la pública na primeira oportunidade em que lhe couber manifestar-se nos autos (art. 627 do CPC), sob pena de sonegação.

O herdeiro apenas não será obrigado a trazer o bem para colação quando tenha sido expressamente exonerado deste encargo pelo próprio donatário, o que acontecerá quando o bem doado tenha sido retirado da parte disponível de seu patrimônio e não ultrapasse o valor da legítima (art. 2.005 do CC[303]). E como saber se a doação foi feita da parte disponível ou indisponível (legítima)? Para ficar caracterizada a doação da parte disponível deve haver menção expressa por parte do doador (ascendente). A ausência de menção presumirá que o ato foi praticado como adiantamento da legítima.[304]

---

301. Como ensina Eduardo Oliveira Leite (*Comentários ao Novo Código Civil*, t. XXI, p. 749), o termo "colação" provém da palavra latina *collatio*, a qual significa, em Português, "conferir", "ajuntar", "reunir", "trazer juntamente".
302. Sobre a renúncia translativa e abdicativa, v. *infra*. Na renúncia visualiza-se um ato voluntário do herdeiro; na exclusão por indignidade o ato é involuntário, sendo necessária a declaração por sentença que atingirá apenas o herdeiro afetado, não prejudicando seus descendentes (art. 1.816 do CC), pois o texto estabelece uma ficção de morte para permitir a sucessão por estirpe. Esta regra também foi conhecida pelos romanos para permitir que a família dos soldados pudesse suceder quando estes eram aprisionados. A perda da liberdade gerava a perda da cidadania e dos direitos civis. Para evitar esta situação, considerava-se que o soldado havia sido morto em batalha, para permitir a sucessão.
303. CC: "Art. 2.005. São dispensadas da colação as doações que o doador determinar saiam da parte disponível, contanto que não a excedam, computado o seu valor ao tempo da doação".
304. Neste sentido, do STJ: "Todo ato de liberalidade, inclusive doação, feito a descendente e/ou herdeiro necessário nada mais é que adiantamento de legítima, impondo, portanto, o dever de trazer à colação, sendo irrelevante a condição dos demais herdeiros: se supervenientes ao ato de liberalidade, se irmãos germanos ou unilaterais. É necessária a expressa aceitação de todos os herdeiros, e a consideração de quinhão de herdeira necessária, de modo que a inexistência da formalidade que o negócio jurídico exige não o caracteriza como partilha em vida. A dispensa do dever de colação só se opera por expressa e formal manifestação do doador, determinando

7.10.1.1 Restrição da colação e despesas ordinárias

Não é correto afirmar que o direito de colação é irrestrito em relação aos herdeiros necessários. O art. 2.002 do CC restringe sua eficácia apenas em relação aos descendentes. Portanto, sua aplicação será incisiva em relação aos sucessores necessários, abarcando o filho, o neto[305] e os bisnetos.[306] Deste modo, os ascendentes, muito embora sejam herdeiros necessários, não estão abarcados pela obrigatoriedade da colação.

O art. 2.003 do CC também inclui na colação o cônjuge sobrevivente e os donatários. O cônjuge sobrevivente demonstra seu interesse na conferência dos bens doados aos herdeiros não apenas para o resguardo de sua meação, mas como participante da sucessão, em virtude do regime adotado pelo art. 1.829, I, do CC.[307] Entretanto, o cônjuge também terá a obrigação de trazer bens que tenha recebido por doação do *de cujus*, em virtude do disposto no art. 544 do CC.[308]

Além de direcionadas aos descendentes, algumas despesas não podem ser consideradas como doação, tais como: *despesas com sustento, educação, tratamento de saúde, enxoval*.

Da mesma forma, as doações realizadas com caráter remuneratório (art. 2.011 do CC) não podem ser colacionadas ao inventário. Entre ascendente e descendente dificilmente se convenciona alguma forma de remuneração regular pela efetiva prestação de serviços. Todavia, nem por isso seus esforços não são dignos de remuneração; afinal, o dispêndio de tempo e energia necessita de contraprestação quando o serviço assuma caráter duradouro e rotineiro. Nesta situação, a doação remuneratória não pode ser alvo de colação. Ela não nasce de um ato de liberalidade, mas de uma contraprestação por serviços prestados.

que a doação ou ato de liberalidade recaia sobre a parcela disponível de seu patrimônio – Recurso especial não conhecido" (3ª Turma, REsp 730.483-MG, rela. Min. Nancy Andrighi, *DJU* 20.6.2005, p. 287).
  305. V. art. 2.009 do CC: "Art. 2.009. Quando os netos, representando os seus pais, sucederem aos avós, serão obrigados a trazer à colação, ainda que não o hajam herdado, o que os pais teriam de conferir".
  306. Conforme precisa observação de Eduardo Oliveira Leite, *Comentários ao Novo Código Civil*, cit., t. XXI, p. 753.
  307. Precisa a lição de Bianca (*Diritto Civile*, vol. II, p. 647): "La collazione è l'atto col quale i discendenti e il coniuge che accettano l'ereredità conferiscono nell'asse ereditario (in natura o per imputazione) quanto hanno ricevuto dal defunto in donazione".
  308. CC: "Art. 544. A doação de ascendentes a descendentes, ou de um cônjuge a outro, importa adiantamento do que lhes cabe por herança".

7.10.1.2 Venda de ascendente a descendente e simulação

A lei civil não permite a discriminação entre os herdeiros necessários (sucessores) quanto ao recebimento da legítima.[309] O Código Civil, por sua vez, não considera válida a compra e venda entre ascendente e descendente, exceto quando exista a anuência expressa dos demais herdeiros. Desta forma, a compra e venda é catalogada como negócio jurídico anulável (art. 496 do CC[310]).

Tratando-se de negócio jurídico anulável, admite-se sua convalidação pelo tempo. Ultrapassado o prazo prescricional, a compra e venda não poderá ser atacada por anuência tácita dos demais herdeiros.

O bem objeto da compra e venda entre ascendente e descendente não se sujeita à colação, pois não houve ato gracioso por parte do descendente. Porém, em determinadas hipóteses o bem poderá voltar ao patrimônio do ascendente e se sujeitar à colação. Uma das hipóteses refere-se ao contrato de compra e venda viciado pela simulação. Projeta-se uma compra e venda que encobre uma doação. Tratando-se de *simulação relativa*, o ato será nulo, submetendo-se a disciplina diversa da anulação (art. 167 do CC). Esta operação é realizada na maioria das vezes com a participação de um terceiro, que recebe o bem do ascendente e depois o repassa ao descendente. A declaração de nulidade sobre a compra e venda acaba afetando a cadeia dominial, forçando o retorno do bem ao acervo do ascendente, pela eficácia *ex tunc* do comando sentencial.

Entrementes, é possível que o ascendente formalize uma compra e venda sem a presença do terceiro. A venda é realizada diretamente ao herdeiro, sem a anuência dos demais sucessores necessários. Nestes casos, além da possibilidade de anulação (art. 496 do CC), é possível sustentar nulidade quanto à simulação do contrato principal. A distinção é importante sob o ponto de vista prático. Enquanto a anulação se sujeitará ao prazo prescricional de 10 anos,[311] a declaração sobre a nulidade (simulação) é imprescritível. Apenas os terceiros de boa-fé ficam imunes

---

309. Apenas em situações excepcionais, como na deserdação por indignidade. Mesmo assim será necessária ação declaratória para a exclusão.
310. CC: "Art. 496. É anulável a venda de ascendente a descendente, salvo se os outros descendentes e o cônjuge do alienante expressamente houverem consentido".
311. De acordo com a Súmula 494 do STF, a prescrição da pretensão seria de 20 anos, acompanhando o prazo máximo fixado pelo Código Civil/1916: "A ação para anular venda de ascendente a descendente, sem consentimento dos demais, prescreve em 20 anos, contados da data do ato, revogada a Súmula n. 152". Atualmente, em virtude do art. 205 do CC, este prazo será de 10 anos.

à declaração de nulidade quando o negócio jurídico simulado tenha provocado eficácia pela circulação do bem móvel ou imóvel.

7.10.1.3 A colação e a doação dissimulada

A descoberta da existência de simulação quanto à compra e venda é fundamental para possibilitar a visualização da doação dissimulada. Com a declaração de nulidade sobre a compra e venda subsistiria a doação? Seria ela contaminada pela nulidade do negócio simulado? O Código Civil determina expressamente que o negócio jurídico simulado será considerado válido conquanto presentes os requisitos de fundo e forma.[312] Em casos de simulação inocente não há motivo para infirmar o negócio jurídico simulado.

A doação entre ascendentes e descendentes não é vedada pelo ordenamento jurídico, nos termos do art. 544 do CC: "Art. 544. A doação de ascendentes a descendentes, ou de um cônjuge a outro, importa adiantamento do que lhes cabe por herança".

Consequentemente, verificada a realização de doação, e não de compra e venda, o bem deverá voltar ao acervo hereditário, para igualar as legítimas. Perceba-se que, se a simulação não for identificada, o bem não estará sujeito à colação, pois o negócio jurídico oneroso não constitui hipótese de incidência para colação. Nada impede que uma transação de compra e venda possa realmente ser efetivada entre o ascendente e o descendente.

7.10.1.4 Dispensa da colação

O doador poderá tornar expressa sua vontade de doar a parte disponível de seu patrimônio no próprio documento em que formaliza o ato de liberalidade. Obviamente que a doação não obedece a forma predeterminada para bens móveis, permitindo a simples tradição ou formalização por documento particular. Para os bens imóveis a doação válida obedecerá à regra do art. 108 do CC, devendo ser reduzida a instrumento público. A dispensa de colação também poderá nascer de manifestação expressa no testamento (art. 2.006 do CC). O princípio que informa o art. 2.006 é o da igualdade entre os herdeiros na sucessão.

---

312. CC: "Art. 167. É nulo o negócio jurídico simulado, mas subsistirá o que se dissimulou, se válido for na substância e na forma".

7.10.1.5 Direito do cônjuge à colação

O direito de pedir a colação não é afeto apenas aos descendentes. O interesse também abrange o cônjuge sobrevivente. O cônjuge tem direito à meação; contudo, o Código Civil modificou a ordem de vocação sucessória e estabeleceu que o cônjuge também participará da legítima, em concorrência com os herdeiros necessários (descendentes e ascendentes).

Deste modo, afigura-se possível o pedido de colação por parte do cônjuge, podendo, inclusive, valer-se de ação condenatória para a reposição do bem ou do valor em caso de impossibilidade de sequela. Como está obrigado à colação (art. 544, c/c art. 2.003, do CC), obviamente, poderá exigi-la.

7.10.1.6 A situação do(a) companheiro(a)

O(a) companheiro(a) também estará sujeito à colação? Esta questão não foi resolvida de maneira expressa pelo Código Civil, que se refere apenas ao cônjuge sobrevivente.

No campo sucessório o legislador não se pautou pela melhor técnica ao separar o tratamento da união estável no art. 1.790, I *usque* IV, do art. 1.829 do CC. Topologicamente, a disciplina do regime sucessório do(a) companheiro(a) deveria estar inserida no capítulo que regula a ordem da vocação hereditária (arts. 1.829 e ss.). Não há justificativa plausível, na fase atual, para tratamento diferenciado entre o cônjuge e o(a) companheiro(a) para fins de sucessão.

O art. 1.790 do CC não criou um sistema de identidade absoluta entre o regime sucessório oriundo do casamento com o da união estável. Inicialmente o cônjuge é considerado herdeiro necessário pela nova redação do art. 1.829, I, do CC. O(a) companheiro(a) será herdeiro facultativo, pois o art. 1.790 é claro: "Art. 1.790. *A companheira* ou *o companheiro* participará da sucessão do outro, *quanto aos bens adquiridos onerosamente* na vigência da união estável (...)" (grifos nossos).

Exigem-se a participação onerosa e a comprovação do esforço comum. No casamento presume-se o direito à meação pela convivência comum durante o período do enlace. Somente quando há opção expressa pelo regime de separação absoluta não existirá meação. Mesmo no regime de separação absoluta legal a meação é garantida pela Súmula 377 do STF. Para a união estável ainda prevalece a interpretação da Súmula 380 do STF.

Mesmo em face das diferenças, há uma tendência de equiparação entre a situação patrimonial do cônjuge e do(a) companheiro(a). Esta afirmação pode ser conferida pelo recente julgamento proferido pelo STF no RE 646.721, que teve como objeto a análise da sucessão na união homoafetiva e que afastou a constitucionalidade do art. 1.790 do CC. O Plenário do STF, apreciando o Tema 498 da Repercussão Geral, por maioria, e nos termos do voto do Min. Roberto Barroso, reconheceu de forma incidental a inconstitucionalidade do art. 1.790 do CC/2002 e declarou o direito do recorrente de participar da herança de seu companheiro em conformidade com o regime jurídico estabelecido no art. 1.829 do CC/2002.[313]

Isto também deve se refletir quanto ao direito de colação. Não há motivo para que doações realizadas à companheira pelo companheiro, em vida, não sejam denunciadas ao processo. O prejuízo aos herdeiros necessários será o mesmo, comuns (art. 1.790, I, do CC) ou não (art. 1.790, II, do CC). Sendo assim, o que foi dito em relação ao cônjuge também se aplicará ao(à) companheiro(a).

7.10.1.7 A colação e o terceiro de boa-fé

A opção irretratável de nosso sistema em fortalecer a boa-fé como princípio vetor das condutas negociais permite sua incidência como meio de interpretação e de correção das relações contratuais (arts. 113 e 422 do CC).[314] O terceiro que tenha adquirido o bem doado não fica sujeito ao direito de sequela. Tutela-se a confiança, desde que a relação seja pautada pela boa-fé. A confiança é essencial para o funcionamento do tráfico jurídico (*Rechtsverkher*), de tal modo que o herdeiro sujeito à colação deverá recompor o valor, quando impossível a colação do bem (art. 2.003, parágrafo único, *in fine*, do CC).

7.10.1.8 Cálculo do valor dos bens:
ponderação na interpretação do art. 2.004 do CC

Problema que necessita de solução justa refere-se ao valor do bem sujeito à colação. A solução é indicada pelo art. 2.004 do CC: "Art. 2.004.

---

313. STF, Plenário, RE 646.721, presidiu o julgamento a Min. Carmen Lúcia, 10.5.2017. O Tribunal, por maioria, fixou a seguinte tese: "É inconstitucional a distinção de regimes sucessórios entre cônjuges e companheiros prevista no art. 1.790 do CC/2002, devendo ser aplicado, tanto nas hipóteses de casamento quanto nas de união estável, o regime do art. 1.829 do CC/2002".
314. Esta opção do sistema brasileiro por fortalecer a boa-fé do terceiro em detrimento do proprietário está afirmada expressamente na hipótese do art. 54, parágrafo único, da Lei 13.097/2015, que altera substancialmente o estado da arte quanto à interpretação dos arts. 1.245 e 1.247, parágrafo único, do CC.

O valor de colação dos bens doados será aquele, certo ou estimativo, que lhes atribuir o ato de liberalidade".

Nem sempre a resposta é imediata. Em determinados casos o instrumento de doação poderá ser omisso quanto ao valor do bem. O CC estabelece, no § 1º do art. 2004, critério que merece obtemperação: "§ 1º. Se do ato de doação não constar valor certo, nem houver estimação feita naquela época, os bens serão conferidos na partilha pelo que então se calcular valessem ao tempo da liberalidade".

Não nos parece que este critério seja absolutamente correto, uma vez que gerará distorções para casos específicos. A doação de uma casa pode ter sido realizada com valor inferior ao devido, ou mesmo sem a indicação do seu valor. Não seria justo calcular o valor do bem imóvel, que não se enquadra como bem consuntível, ao tempo do ato de liberalidade. O prejuízo em relação aos demais herdeiros seria manifesto, pois estes estariam partilhando bens com o herdeiro privilegiado mediante avaliação atual do acervo restante, ao mesmo tempo em que receberiam o bem doado pela colação com avaliação defasada.[315]

Deste modo, a fonte para a solução equânime da questão não deverá ser buscada na interpretação literal do art. 2.004, o que corresponde a mera transcrição do art. 1.792 do CC, a qual foi objeto de severas críticas pela doutrina. A fonte será o art. 1.014, parágrafo único, do CPC: "Parágrafo único. Os bens que devem ser conferidos na partilha, assim como as acessões e benfeitorias que o donatário fez, calcular-se-ão pelo valor que tiverem ao tempo da abertura da sucessão".

7.10.1.9 *A renúncia translativa e a abdicativa*

O Fisco exercerá controle sobre a *renúncia translativa*, uma vez que, nesta hipótese, o imposto de doação será obrigatório. Via de regra, a renúncia ao quinhão não pode ser tributada, pois configura ato de rejeição ao recebimento da herança. A regra da *saisine* (art. 1.784 do CC) não é infirmada pela renúncia; contudo, o sistema admite a eficácia *ex tunc* da renúncia, uma vez que o imposto deve incidir sobre o *proveito econômico auferido*. Aquele que renunciou nada obteve; logo, inviável a incidência de qualquer imposto pelo simples ato de renúncia. Estamos

---

315. Outra não é a lição de Eduardo Oliveira Leite (*Comentários ao Novo Código Civil*, cit., t. XXI, p. 765): "Mas o preço ao tempo da doação pode não ser justo ao tempo da abertura da sucessão. Especialmente em País de tradição inflacionária, como é o caso do Brasil".

nos referindo à *renúncia abdicativa*.[316] Com a sua consumação, o quinhão renunciado retorna ao monte-mor, para nova distribuição equitativa entre os demais herdeiros, nos termos do art. 1.810 do CC.[317] Por sua vez, quando a renúncia é translativa, uma vez que é direcionada para um herdeiro específico, ocorre a hipótese de incidência do Imposto de Doação, sendo legítima a cobrança por parte da Fazenda Pública.[318] Todo ato de renúncia de herança exige instrumento público ou, no mínimo, termo nos autos com a assinatura do renunciante. É possível a renúncia por procurador, desde que este esteja munido de poderes por meio de procuração por instrumento público.[319] Não sendo formalizada nos autos de inventário ou arrolamento, a cessão depende escritura pública para sua validade.[320]

7.10.1.10 Renúncia e doação inoficiosa

O ato de renúncia não compensa a eventual doação inoficiosa recebida em vida pelo herdeiro renunciante. A renúncia pode ser motivada pelo interesse de equalizar bens recebidos em vida. Entretanto, detectado que o adiantamento da legítima por doação ou partilha em vida (art. 2.018 do CC) excedeu a legítima dos demais herdeiros, é imperativa a reposição

316. STJ: "Em sede de inventário, é possível identificar dois tipos de renúncia, a denominada renúncia translativa, pela qual o herdeiro transfere bem a determinada pessoa, a quem normalmente indica, e a renúncia abdicativa propriamente dita, pela qual renuncia à herança em benefício de todos os coerdeiros da mesma classe ou, na falta destes, da classe subsequente, sendo somente essa última espécie considerada a verdadeira renúncia" (4ª Turma, REsp 685.465-PR, rel. Min. Raul Araújo, j. 27.10.2015, *DJe* 25.11.2015).
317. CC: "Art. 1.810. Na sucessão legítima, a parte do renunciante acresce à dos outros herdeiros da mesma classe e, sendo ele o único desta, devolve-se aos da subsequente".
318. STJ, em aresto antigo: "Herança – Renúncia translativa – Inocorrência face à ausência de menção ao destinatário da herança renunciada. Para haver a renúncia *in favorem*, é mister que haja aceitação tácita da herança pelos herdeiros, que, em ato subsequente, transferem os direitos hereditários a beneficiário certo, configurando verdadeira doação – Recurso não conhecido" (3ª Turma, REsp 33.698-MG, rel. Min. Cláudio Santos, j. 29.3.1994, *DJU* 16.5.1994, p. 11.759).
319. TJSC: "É possível a cessão de direitos hereditários mediante termo nos autos. Todavia, a subscrição deverá ser feita pelo próprio cedente ou por procurador com poderes especiais constituídos mediante instrumento público" (3ª Câmara Cível, AI 2003.007812-6, rel. Des. Marcus Túlio Sartorato, *DJE* 13.9.2004, p. 16).
320. STJ: "A cessão de direitos hereditários deve ser formalizada por escritura pública, consoante determina o art. 1.793 do CC de 2002 (REsp n. 1.027.884-SC, rel. Min. Fernando Gonçalves, 4ª Turma, *DJe* 24.8.2009)" (3ª Turma, AgRg no REsp 14.16.041-RS, rel. Min. Sidnei Beneti, j. 22.5.2014, *DJe* 9.6.2014).

do excedente, que será qualificado como doação inoficiosa (art. 1.015 do CPC, c/c art. 2.007 do CC).[321]

7.10.1.11 Tributação sobre o adiantamento de legítima e meação

Em caso de adiantamento de legítima praticado pelo *de cujus* em vida, com a anuência dos demais herdeiros, não será devida a incidência de ITCMD.[322] Somente quando os bens estão sujeitos à colação, e, portanto, são reunidos ao acervo do monte-mor, será devido o ITCMD (art. 2.002 do CC). O mesmo raciocínio aplica-se à regularização das atividades negociais do falecido. Os bens vendidos e com posse transmitida em vida, inclusive com pagamento do ITBI, não podem ser submetidos ao inventário para fins de partilha e pagamento do ITCMD, ou se teria hipótese de bitributação.

Não incide imposto ou mesmo a taxa judiciária sobre a meação do cônjuge ou companheiro(a), ainda que o patrimônio esteja mencionado na descrição do inventário, uma vez que não há transmissão para ser tributada.[323]

---

321. STJ: "A doação dos pais aos filhos importa adiantamento da legitima. Doação anterior, feita a herdeiros legítimos, deve ser computada como efetivo patrimônio do doador para efeitos de aferição de possível invasão da legítima, em nova doação, sob pena de se beneficiarem, os primeiros donatários, para além da primazia que já tiveram. Raciocínio diverso obrigaria o doador a praticar todos os atos de liberalidade que quisesse praticar em vida, ao mesmo tempo, ou ao revés, contemplar os herdeiros legítimos apenas ao final, sob risco de, pela diminuição patrimonial própria da doação, incorrer em doação inoficiosa" (3ª Turma, REsp 1.642.059-RJ, rela. Min. Nancy Andrighi, j. 15.12.2016, *DJe* 10.2.2017).

322. TJSP: "ITCMD – Adiantamento de legítima – Doação – Incidência do imposto – Morte do ascendente – Bitributação – Inadmissibilidade – Inventário – Herdeiros que informam as doações que o pai fez em vida (adiantamentos de legítimas) para, a partir de seus efeitos, apresentarem plano de partilha proporcional sobre os bens que remanescem – Hipótese de partilha justa ou equânime que se fez em vida (art. 1.776 do CC), inviabilizando a tese de que caberá recolher Imposto *Causa Mortis* também sobre o valor dos bens doados – Bitributação inadmissível – Provimento" (3ª Câmara de Direito Privado, Ag 272.495/2, rel. Des. Ênio Santarelli Zuliani, *DJE* 28.1.2003, p. 36).

323. STJ: "Agravo regimental no agravo – Inadmissão de recurso especial – Conhecimento do apelo excepcional – Inventário – Base de cálculo da taxa judiciária – Exclusão da meação do cônjuge supérstite – Agravo regimental desprovido" (3ª Turma, AgR no AREsp 79.384-SP, rel. Min. Paulo de Tarso Sanseverino, j. 16.2.2012, *DJe* 29.2.2012).

7.10.1.12 Renúncia e proteção do terceiro

O próprio Fisco, ou mesmo um particular, poderá se insurgir contra o ato de renúncia do herdeiro ao seu quinhão quando o ato unilateral prejudicar a solvabilidade do renunciante e comprometer o adimplemento da relação jurídica firmada com o terceiro.

O Código Civil é expresso em facultar que o terceiro possa aceitar o quinhão hereditário em nome do herdeiro (art. 1.813).[324] Trata-se de uma sucessão processual forçada (art. 42 do CPC), porque o terceiro tomará o lugar do herdeiro para o fim de receber a herança até o limite da dívida. O pagamento do débito não infirma o ato de renúncia sobre o valor excedente (art. 1.813, § 2º, do CC), que será devolvido ao monte-mor, para redistribuição entre os herdeiros.

7.10.2 Pagamento de dívidas

Com a apresentação das primeiras declarações, o inventariante deverá apresentar a relação de bens e direitos, assim como as dívidas vencidas e vincendas devidas pelo espólio (art. 620, IV, "f", do CPC). Todavia, antes da partilha, que conferirá uma parcela do quinhão para cada herdeiro, os credores poderão pedir o pagamento das dívidas.

O art. 642 do CPC prevê um procedimento com formação de autos em apenso para que credores não mencionados nas declarações possam provar a existência do crédito líquido e certo para fins de partilha. Entretanto, quando o pedido seja formulado nos autos, nada impede seu conhecimento e seu processamento mediante o traslado. A oitiva dos demais herdeiros e legatários será obrigatória. Existindo anuência quanto ao pagamento, o juiz poderá determinar o levantamento de quantia para quitação ou a separação de bens para alienação judicial (art. 642, § 3º,

---

324. Como reconhece o STJ: "Os credores de prestações alimentícias podem aceitar a herança deixada ao devedor de alimentos e à qual ele renunciou (art. 1.813 do CC). A aceitação de herança pelos credores não importa em alteração de rito da ação de execução, sendo cabível apenas que o valor recebido seja subtraído do valor cobrado. Não carece de liquidez a dívida de alimentos quantificável por simples cálculos matemáticos. É cabível o decreto de prisão civil em razão do inadimplemento de dívida atual, assim consideradas as parcelas alimentares vencidas nos três meses antecedentes ao ajuizamento da execução, bem como aquelas que se vencerem no curso da lide – Súmula n. 309/STJ – Recurso em *habeas corpus* desprovido – Ordem concedida de ofício para que o decreto de prisão se adeque à Súmula n. 309/STJ" (3ª Turma, RHC 31.942-SP, rel. Min. João Otávio de Noronha, j. 28.5.2013, *DJe* 13.6.2013).

do CPC). É possível o pedido de adjudicação quando esteja comprovado que o próprio bem foi objeto de negócio jurídico em vida com o falecido. O leilão obedecerá às regras da execução da expropriação por arrematação quanto ao ato de alienação judicial.

7.10.2.1 Reserva de bens no inventário

Inexistindo acordo quanto ao pagamento, o credor deverá buscar as vias ordinárias, e o juiz poderá determinar a medida cautelar incidental de *reserva de bens* prevista pelo art. 643, parágrafo único, do CPC.

Importante ressaltar que a medida cautelar *ex officio* exigirá a demonstração de prova literal da dívida sobre a qual recairá o *fumus boni iuris*, para fins de concessão da medida cautelar. A reserva do art. 643, parágrafo único, não se confunde com aquela prevista pelo art. 628 do CPC, que nasce da formação e admissão no contraditório do processo de inventário. Nesta, a motivação é oriunda da não admissão da pessoa como herdeiro ou legatário. É uma situação comum em ações de reconhecimento de sociedade de fato, quando os herdeiros não admitem a participação da companheira como meeira e herdeira (art. 1.790, *caput* e incisos I *usque* IV do CC). A concessão da reserva de bens não se prende à prova literal de dívida, mas à análise das circunstâncias fáticas que deverão formar o convencimento do magistrado quanto à necessidade de separar parte dos bens para evitar prejuízo futuro.[325]

Como já decidiu o STJ, a reserva de bens assume feição de arresto, uma vez que sua finalidade é garantir o pagamento futuro da dívida representada pelo documento inserido pelo credor nos autos do inventário.[326]

---

325. STJ: "O simples ajuizamento da ação declaratória de união estável não basta para autorizar a reserva de bens em favor da companheira. Tratando-se de providência cautelar, necessário que estejam presentes a fumaça do bom direito e o perigo da demora. E para tanto necessário é o exame das circunstâncias concretas do caso, na soberana avaliação dos elementos de prova apresentados nos autos. 2. Recurso especial não conhecido" (3ª Turma, REsp 200400672230-SP (660897), rel. Min. Carlos Alberto Menezes Direito, *DJU* 5.11.2007, p. 264).

326. STJ: "A reserva de bens na habilitação tem feição de arresto. Reservam-se os bens do espólio para que possa haver patrimônio suficiente a garantir a satisfação coercitiva do crédito. O credor não tem interesse em buscar a anulação da partilha para alcançar garantia cautelar quando a solução da dívida já se encontra suficientemente assegurada, nas vias ordinárias, pela penhora – Precedentes – Recurso especial não conhecido" (3ª Turma, REsp 200401557010-SC (703884), rela. Min. Nancy Andrighi, *DJU* 8.11.2007, p. 225).

7.11 Partilha: amigável e contenciosa

A segunda fase do processo de inventário judicial é marcada pela partilha. Após a homologação sobre o cálculo do imposto e tendo o inventariante realizado o pagamento do tributo, mediante comprovação nos autos, o juiz deverá homologar a partilha.

Resolvido o eventual incidente sobre reserva de bens (art. 642 do CPC), o juiz poderá, de plano, adjudicar a integralidade do patrimônio ao único herdeiro. Quando existir um único descendente não haverá partilha, somente adjudicação direta.

Existindo mais de um herdeiro, os interessados deverão se manifestar no prazo comum de 10 dias sobre a divisão do quinhão. Nada impede que os herdeiros apresentem, nesta fase, uma proposta de partilha amigável, mediante a juntada aos autos de petição de acordo ou mesmo de escritura pública com a manifestação de todos os interessados. Nesta configuração, comprovada a regularização documental, com pagamento do Imposto de Transmissão, o juiz apenas homologará a partilha. Trata-se de partilha amigável.

Não existindo acordo na segunda fase, o juiz deverá colher as manifestações sobre os pedidos de quinhão e proferir decisão no prazo de 10 dias, fixando as diretrizes para o partidor judicial (art. 651 do CPC).

7.11.1 Critérios para a partilha judicial: o princípio da igualdade

Um dos maiores problemas a serem enfrentados pelo juiz está na árdua tarefa de realizar a separação dos quinhões. O art. 2.017 do CC estabelece parâmetro para orientação do juiz quanto à elaboração do plano de partilha: "Art. 2.017. No partilhar os bens, observar-se-á, quanto ao seu valor, natureza e qualidade, a maior igualdade possível".

O *princípio da igualdade* deverá nortear o trabalho do juiz quanto à divisão do monte-mor, com o fim de atender, dentro do possível, às expectativas dos herdeiros e legatários.

Em determinadas situações a impossibilidade de divisão cômoda dos bens poderá inviabilizar uma repartição idêntica dos quinhões. Abrem-se duas soluções ao magistrado. A primeira concentra-se na determinação da venda judicial, com a apuração líquida do valor encontrado e sua divisão igualitária entre os herdeiros. A segunda solução será a adjudicação do bem a todos os herdeiros, o que dependerá de anuência coletiva (art. 2.019 do CC).

O magistrado deverá orientar-se também pelo *princípio da essencialidade*. Este princípio é importante quando os bens herdados não estão representados unicamente por depósitos à vista. Um herdeiro que esteja ocupando um imóvel residencial ou comercial deverá ter preferência quanto à sua adjudicação, pela essencialidade do bem na sua vida ou profissão. Realizada a devida atualização dos valores, nada impede que os demais herdeiros recebam a cota-parte correspondente em dinheiro.

A alienação judicial do bem poderá ser evitada quando um dos herdeiros manifestar interesse individual e suplementar o valor da diferença de sua cota-parte em juízo. Havendo interesse de mais de um herdeiro na aquisição do bem, será obrigatória a licitação (art. 2.019, § 2º, do CC).

7.11.2 Esboço da partilha. O papel do partidor

A decisão proferida pelo juiz, nos termos do art. 651 do CPC, é interlocutória e alvo do recurso de agravo de instrumento (art. 1.015, parágrafo único, do CPC). Decididas as divergências, com a atribuição dos bens a cada herdeiro, o partidor realizará o esboço da partilha com base na decisão proferida pelo juiz. Ali constará um espelho com as seguintes indicações: "I – dívidas atendidas; II – meação do cônjuge; III – meação disponível; IV – quinhões hereditários, a começar pelo coerdeiro mais velho" (art. 651, I a IV, do CPC).

Sobre a exatidão do plano de partilha, as partes terão o prazo de 15 dias para manifestação sobre sua correção (art. 652 do CPC). Existindo incapaz, será obrigatória a participação do Ministério Público.

Inexistindo qualquer reclamação ou sendo ela decidida, o plano será lançado de modo definitivo nos autos, com a elaboração adicional de duas peças: o *auto de orçamento* e a *folha de pagamento*.

7.11.3 Auto de orçamento

Nesta primeira peça serão lançadas as qualificações do autor da herança, do inventariante, do cônjuge sobrevivente, do(a) companheiro(a), dos herdeiros, legatários e credores admitidos. Ainda constarão do auto o total do ativo e o do passivo, bem como a diferença partível, com as especificações dos bens. Por fim, constará o valor de cada quinhão, com seu respectivo beneficiário.

7.11.4 Folha de pagamento

Neste documento será discriminada uma folha para cada parte, dando ciência do seu quinhão, com a descrição de todas as características do bem, assim como dos ônus que eventualmente gravem a cota-parte.

7.11.5 Julgamento da partilha

Realizado o lançamento da partilha, caberá ao inventariante comprovar o pagamento do Imposto *Causa Mortis*/ITCMD, bem como comprovar a regularização fiscal dos bens que estão descritos no inventário. Importante salientar que é ilegal a Fazenda Pública condicionar a expedição do formal à regularização da situação do herdeiro ou do seu cônjuge. A regularidade é analisada em relação ao autor da herança.

Importante lembrar que no inventário existe fase específica para abertura de contraditório em relação à Fazenda Pública, o que legitima o juiz a conhecer de eventual pedido de isenção, sendo desnecessária a via administrativa. Este raciocínio não é válido quando se tratar de arrolamento, em vista da sua sumariedade.[327]

Com a quitação fiscal, o juiz homologará a partilha. Contudo, o trâmite descrito para chegar até este ponto revela o grau de complexidade do processo de inventário, impedindo que esta sentença seja considerada como ato gracioso, nos moldes do art. 487, III, "b", do CPC. A sentença tem natureza contenciosa com caráter constitutivo, uma vez que nasce novo título de propriedade para cada um dos herdeiros. A sentença que julga a partilha e homologa a divisão e a atribuição dos quinhões é *apelável*, sujeitando-se aos efeitos *devolutivo* e *suspensivo*.

7.11.6 As despesas processuais e fiscais:
o benefício da assistência judiciária
e a isenção do Imposto de Transmissão

Questão pouca enfrentada pela doutrina cinge-se à extensão do benefício da assistência judiciária nos processos de inventário e arrolamento.

---

[327]. O STJ fixou precedente sobre este ponto; contudo, ele está parcialmente superado no que tange à necessidade de comprovação de pagamento integral dos tributos para a expedição do formal de partilha. A leitura do art. 192 do CTN deve ser obtemperada pela expressa redação do art. 659, § 2º, do CPC, em relação ao procedimento de arrolamento, pois o juiz não pode fazer o papel de coletor fiscal. V., *infra*, item 7.11.6.

Requerida a isenção pelo inventariante e concedida pelo magistrado, a gratuidade abarcaria o pagamento do Imposto *Causa Mortis*?

O ordenamento tributário permite o pedido de isenção na esfera administrativa. Contudo, trata-se de procedimento burocrático e lento, o qual não se coaduna com o rito do inventário extrajudicial ou mesmo do arrolamento, nos termos dos arts. 659 e ss. do CPC. A isenção judicial pelo reconhecimento do benefício da assistência judiciária aos herdeiros que estejam em situação de necessidade exige a isenção incondicional. O STJ, em respeito ao princípio da dignidade, tem permitido esta solução como medida de equidade. Afinal, se as taxas judiciárias, custas e os emolumentos não serão pagos pela impossibilidade financeira, não há sentido em condicionar a regularização da transmissão ao pagamento do Imposto *Causa Mortis*.[328] A sentença de homologação sem menção à isenção representaria a entrega da prestação jurisdicional pela metade, pois não basta a expedição do formal para a entrega da prestação jurisdicional. A parte não conseguirá efetuar o registro sem a comprovação de quitação dos impostos. Não há formação de coisa julgada contra a Fazenda Pública quando o juiz concede esta isenção, mesmo com a abertura de contraditório para manifestação. No processo de inventário estas questões são analisadas em juízo de delibação, o que permite que *a posteriori* o recolhimento seja exigido, com acréscimo de novos elementos que não são pertinentes no juízo de inventário, como se depreende da interpretação dos arts. 617 e 662 do CPC. Na verdade, o juiz apenas deve conceder esta isenção em situações de evidência de miserabilidade e quando a exigência formal do recolhimento impeça o herdeiro de regularizar sua situação jurídica.

A questão do recolhimento merece diferenciação quanto ao rito do inventário e ao do arrolamento. O STJ, em sede de repetitivo, sedimentou posicionamento quanto à impossibilidade de o juiz conceder esta isenção em procedimento sumário de arrolamento.[329] Este repetitivo do STJ está

---

328. STJ: "Cabe ao juiz do inventário, à vista da situação patrimonial dos herdeiros miseráveis na forma da lei, por isto ao apanágio da justiça gratuita, declará-los isentos do Imposto de Transmissão *Causa Mortis*" (2ª Turma, rel. Min. Castro Meira, j. 8.3.2005, v.u., *DJU* 13.6.2005).

329. STJ: "Processo civil – Recurso especial representativo de controvérsia – Art. 543-C do CPC [*de 1973*] – Arrolamento sumário *post mortem* – Reconhecimento judicial da isenção do ITCMD – Impossibilidade – Art. 179 do CTN. 1. O juízo do inventário, na modalidade de arrolamento sumário, não detém competência para apreciar pedido de reconhecimento da isenção do ITCMD (Imposto sobre Transmissão *Causa Mortis* e Doação de Quaisquer Bens ou Direitos), à luz do disposto no *caput* do art. 179 do CTN, *verbis*: 'Art. 179. A isenção, quando não concedida em

parcialmente superado, pois não há que se falar em leitura literal do art. 192 do CTN, que proíbe a expedição do formal, enquanto não estiverem caráter geral, é efetivada, em cada caso, por despacho da autoridade administrativa, em requerimento com o qual o interessado faça prova do preenchimento das condições e do cumprimento dos requisitos previstos em lei ou contrato para concessão'. (...). 2. Como cediço, a abertura da sucessão (morte do autor da herança) reclama a observância do procedimento especial de jurisdição contenciosa denominado 'inventário e partilha', o qual apresenta dois ritos distintos: 'um completo, que é o inventário propriamente dito (arts. 982 a 1.030 [*do CPC/1973*]), e outro sumário ou simplificado, que é o arrolamento (arts. 1.031 a 1.038 [*do CPC/1973*])' (Humberto Theodoro Jr., in *Curso de Direito Processual Civil: Procedimentos Especiais*, vol. III, 36ª ed., Ed. Forense, p. 240). 3. O art. 1.013 do CPC [*de 1973*] rege o procedimento para avaliação e cálculo do Imposto de Transmissão *Causa Mortis* no âmbito do inventário propriamente dito, assim dispondo: 'Art. 1.013. Feito o cálculo, sobre ele serão ouvidas todas as partes no prazo comum de 5 (cinco) dias, que correrá em cartório, e, em seguida, a Fazenda Pública. § 1º. Se houver impugnação julgada procedente, ordenará o juiz novamente a remessa dos autos ao contador, determinando as alterações que devam ser feitas no cálculo. § 2º. Cumprido o despacho, o juiz julgará o cálculo do imposto'. 4. Consequentemente, em sede de inventário propriamente dito (procedimento mais complexo que o destinado ao arrolamento) compete ao juiz apreciar o pedido de isenção do Imposto sobre Transmissão *Causa Mortis*, a despeito da competência administrativa atribuída à autoridade fiscal pelo art. 179 do CTN (precedentes do STJ: REsp n. 138.843-RJ, rel. Min. Castro Meira, 2ª Turma, j. 8.3.2005, *DJU* 13.6.2005; REsp n. 173.505-RJ, rel. Min. Franciulli Netto, 2ª Turma, j. 19.3.2002, *DJU* 23.9.2002; REsp n. 143.542-RJ, rel. Min. Milton Luiz Pereira, 1ª Turma, j. 15.2.2001, *DJU* 28.5.2001; REsp n. 238.161-SP, rela. Min. Eliana Calmon, 2ª Turma, j. 12.9.2000, *DJU* 9.10.2000; e REsp n. 114.461-RJ, rel. Min. Ruy Rosado de Aguiar, 4ª Turma, j. 9.6.1997, *DJU* 18.8.1997). 5. É que a prévia oitiva da Fazenda Pública, no inventário propriamente dito, torna despiciendo o procedimento administrativo, máxime tendo em vista o teor do art. 984 do CPC, [*de 1973*] *verbis*: 'Art. 984. O juiz decidirá todas as questões de direito e também as questões de fato, quando este se achar provado por documento, só remetendo para os meios ordinários as que demandarem alta indagação ou dependerem de outras provas'. 6. Por seu turno, os arts. 1.031 e ss. do CPC [*de 1973*] estabelecem o procedimento a ser observado no âmbito do arrolamento sumário, cujo rito é mais simplificado que o do arrolamento comum previsto no art. 1.038 [*do CPC/1973*] e o do inventário propriamente dito, não abrangendo o cálculo judicial do Imposto de Transmissão *Causa Mortis*. 7. Deveras, o *caput* (com a redação dada pela Lei n. 7.019/1982) e o § 1º (renumerado pela Lei n. 9.280/1996) do art. 1.031 do CPC [*de 1973*] preceituam que a partilha amigável (celebrada entre partes capazes) e o pedido de adjudicação (formulado por herdeiro único) serão homologados de plano pelo juiz, mediante a prova da quitação dos tributos relativos aos bens do espólio e às suas rendas. 8. Entrementes, o art. 1.034 do CPC [*de 1973*] (com a redação dada pela Lei n. 7.019/1982) determina que, 'no arrolamento, não serão conhecidas ou apreciadas questões relativas ao lançamento, ao pagamento ou à quitação de taxas judiciárias e de tributos incidentes sobre a transmissão da propriedade dos bens do espólio' (*caput*), bem como que 'o Imposto de Transmissão será objeto de lançamento administrativo, conforme dispuser a legislação quitados os impostos. A discussão sobre eventual diferença deve ser deslocada para a esfera administrativa. O art. 659, § 2º, não permite outra interpretação, ao menos em relação ao procedimento de arrolamento.

O art. 5º, XXX, da CF reconhece o direito de herança *como direito fundamental de propriedade* e o inciso LXXIV do mesmo dispositivo prevê: "LXXIV – o Estado prestará assistência jurídica integral e gratuita aos que comprovarem insuficiência de recursos". Destarte, aos reconhecidamente pobres a manutenção do mínimo indispensável para sua sobrevivência permite que o juiz determine o imediato registro do bem, para possibilitar a regularização de sua condição social. A restrição do STJ não impede que o juiz concretize o comando constitucional, desde que fundamente adequadamente sua decisão, com base em elementos documentais que permitam esta aferição *prima facie* da miserabilidade. A Fazenda Pública poderá provocar a revisão deste entendimento na esfera adequada

tributária, não ficando as autoridades fazendárias adstritas aos valores dos bens do espólio atribuídos pelos herdeiros' (§ 2º). 9. Outrossim, é certo que antes do trânsito em julgado da sentença de homologação da partilha ou adjudicação (proferida no procedimento de arrolamento sumário) inexiste intervenção da Fazenda Pública, a qual, contudo, condiciona a expedição dos respectivos formais, à luz do disposto no § 2º do art. 1.031 do CPC, [*de 1973*] *verbis*: 'Art. 1.031. (...). § 2º. Transitada em julgado a sentença de homologação de partilha ou adjudicação, o respectivo formal, bem como os alvarás referentes aos bens por ele abrangidos, só serão expedidos e entregues às partes após a comprovação, verificada pela Fazenda Pública, do pagamento de todos os tributos' (incluído pela Lei n. 9.280, de 30.5.1996). 8. Consectariamente, nos inventários processados sob a modalidade de arrolamento sumário (nos quais não cabe o conhecimento ou a apreciação de questões relativas ao lançamento, pagamento ou quitação do tributo de transmissão *causa mortis*, bem como tendo em vista a ausência de intervenção da Fazenda até a prolação da sentença de homologação da partilha ou da adjudicação) revela-se incompetente o juízo do inventário para reconhecer a isenção do ITCMD, por força do disposto no art. 179 do CTN, que confere à autoridade administrativa a atribuição para aferir o direito do contribuinte à isenção não concedida em caráter geral. 9. Ademais, prevalece o comando inserto no art. 192 do CTN, segundo o qual 'nenhuma sentença de julgamento de partilha ou adjudicação será proferida sem prova da quitação de todos os tributos relativos aos bens do espólio, ou às suas rendas', impondo-se o sobrestamento do feito de arrolamento sumário até a prolação do despacho administrativo reconhecendo a isenção do ITCMD. 10. Assim, falecendo competência ao juízo do inventário (na modalidade de arrolamento sumário) para apreciar pedido de reconhecimento de isenção do ITCMD, impõe-se o sobrestamento do feito até a resolução da *quaestio* na seara administrativa, o que viabilizará à adjudicatária a futura juntada da certidão de isenção aos autos. 12. Recurso especial fazendário provido, anulando-se a decisão proferida pelo Juízo do inventário que reconheceu a isenção do ITCMD – Acórdão submetido ao regime do art. 543-C do CPC [*de 1973*] e da Resolução STJ n. 08/2008" (1ª Seção, REsp 1.150.356-SP, rel. Min. Luiz Fux, j. 9.8.2010, *DJe* 25.8.2010).

(art. 662, § 2º, do CPC), até mesmo porque a homologação ocorre de modo imediato e não há contraditório adequado em relação à questão.

7.11.7 Expedição do formal e da certidão (alvará judicial)

Com o trânsito em julgado da sentença de partilha, o juiz determinará a expedição dos formais de partilha para os herdeiros. Tecnicamente, o formal corresponde à escritura pública, pois será o documento que permitirá o registro dos bens imóveis adjudicados aos herdeiros. Tratando-se de bens móveis ou, mesmo, de monte partível com valor inferior a cinco salários, o formal poderá ser substituído por uma *certidão de pagamento*, na qual será transcrita a sentença de partilha. Na prática, o cartório poderá expedir um alvará para determinadas situações, especialmente quando exista apenas a necessidade de levantamento de quantia ou transferência de bens móveis (art. 655, parágrafo único, do CPC).

O formal de partilha conterá obrigatoriamente as peças elencadas pelo art. 655 do CPC, motivo pelo qual sua elaboração é mais trabalhosa – o que se justifica, uma vez que será o documento que permitirá a circulação econômica dos bens imóveis.

O formal e a certidão de partilha também estão elencados como títulos executivos judiciais, nos termos do art. 515, IV, do CPC. Estes documentos de origem judicial servirão como títulos executivos exclusivamente em relação ao inventariante, que até a sentença de homologação era responsável pela administração dos bens do espólio. Tanto os sucessores universais (herdeiros necessários) quanto os singulares (legatários) poderão executar o formal ou a certidão para entrega do bem ou da quantia devida. Os terceiros também poderão executar os herdeiros para receber a quantia ou bem que tenha sido adjudicado no formal de partilha para a quitação ou regularização de bem já negociado em vida pelo autor da herança.

7.11.8 Modificação da partilha: emenda e retificação

O art. 656 do CPC possibilita que as partes, de comum acordo, mesmo após o trânsito em julgado da sentença que julgou a partilha, peçam a correção de inexatidão material na descrição dos bens. O juiz poderá verificar o erro e determinar esta emenda *ex officio*.

O conteúdo do dispositivo não é inovador. O art. 494 do CPC, referindo-se ao processo de conhecimento, estabelece que, "publicada a sentença, o juiz só poderá alterá-la: I – para corrigir-lhe, de ofício ou a requerimento da parte, inexatidões materiais, ou lhe retificar erros de cálculo; II – por meio de embargos de declaração".

Conclui-se que a redação do art. 656 seria desnecessária, pois o art. 494, I, do CPC engloba a possibilidade de correção de toda e qualquer sentença em vista de inexatidões materiais, as quais são fruto de erro de digitação ou de transcrição.

7.11.8.1 Limites da emenda e da retificação

A emenda será determinada pelo juiz *ex officio* ou a pedido dos herdeiros. O inventariante não possui legitimidade para o pedido de emenda, uma vez que a publicação da sentença encerra sua participação no processo. Além disso, não existe mais o espólio para ser representado. Por isso, o texto do art. 656 do CPC é cristalino quanto ao requerimento das partes, desde que conveniente para todos os envolvidos. Obviamente que, se o erro na transcrição do formal atingiu apenas o imóvel de um dos herdeiros, ele terá legitimidade para requerer a correção.

A emenda ou retificação não permite nova redistribuição do quinhão, ainda mais quando o formal de partilha já surtiu sua eficácia jurídica, pelo registro no ofício de imóveis.

O arrependimento quanto à aceitação de um bem não permite a retificação para modificação por outro. Tendo sido efetuado o registro, não restará outra opção ao herdeiro senão efetuar uma permuta, com pagamento de Imposto *Inter Vivos*.

Por outro lado, a mera retificação de dados que não comprometem o plano de partilha não pode ser obstada por discussão tributária envolvendo o herdeiro e o Fisco.

7.11.9 Anulação e rescisão da partilha judicial e extrajudicial

Os arts. 657 e 658 do CPC instituem um regime diferenciado para a impugnação da sentença que julga a partilha. Não resta qualquer dúvida de que a partilha judicial ou extrajudicial, quando amigável, não se sujeitará à ação rescisória. Em virtude do acordo de vontades, o legislador estabeleceu um prazo menor para a invalidação da partilha amigável. O prazo será de um ano, nos termos do art. 657, parágrafo único, do CPC, e terá cunho decadencial. Ultrapassado seu termo *ad quem*, a partilha consensual não poderá ser alterada. O art. 657 remete ao art. 966, § 4º, do

CPC, que prevê que nos juízos homologatórios e sem decisão contenciosa a sentença estará submetida à anulação.

E quais são as hipóteses de partilha amigável? A partilha amigável nascerá sempre que as partes estabeleçam um acordo sobre a forma de divisão do quinhão, sem a necessidade de o juiz deliberar, nos termos do art. 647 do CPC.

O Código Civil determina que ela poderá ser realizada por meio de escritura pública, ou através de termo nos autos ou por documento particular, o qual será homologado pelo juiz (art. 2.015).

A partilha por escritura pública amigável poderá ser judicial ou extrajudicial. Os arts. 610 e seu § 1º e 659 do CPC trazem respectivamente a possibilidade do inventário e do arrolamento extrajudicial. Sendo assim, a escritura pública poderá conter os termos do acordo de vontades quanto à divisão dos bens. O ato independerá da homologação do juiz.

Será judicial e amigável quando os herdeiros optarem pela fiscalização do juiz quanto aos termos do inventário e do arrolamento.[330] É importante frisar que o processo de inventário poderá ter iniciado de modo litigioso, mas as partes poderão estabelecer um acordo na fase de partilha e resolver a divisão por escritura pública ou mesmo através de um documento particular onde conste a anuência dos herdeiros. Somente nesta última hipótese o juiz deverá homologará a vontade das partes. Percebe-se, assim, que a partilha pela via judicial poderá ser *consensual*. É comum no foro o pedido de homologação da escritura pública, após o encerramento do inventário. Apesar de desnecessário, não há qualquer irregularidade quanto ao ato.

Nas hipóteses de partilha, extrajudicial ou judicial, na modalidade consensual o prazo para a invalidação será sempre de um ano, nos termos do art. 657, parágrafo único, do CPC. Todavia, a causa de pedir para a anulação deverá se encaixar num dos três incisos do dispositivo.

A partilha consensual poderá ser invalidada pela comprovação de coação quanto à aceitação de seus termos. Incluem-se na mesma situação o erro, ou dolo ou a nulidade proveniente da participação de incapaz. Quanto à contagem, o prazo de um ano não será contado a partir da sentença homologatória. Importou-se do Código Civil o termo *a quo* para

---

330. Adotamos aqui a mesma diferença realizada no Direito Português, após a Lei 11.441/2007, que alterou o Código de Processo Civil/1973, entre a partilha judicial e a extrajudicial. A primeira poderá ser consensual ou contenciosa. A segunda, apenas consensual. Sobre a questão no foro português: Carlos Ricardo Soares, *Heranças e Partilhas*, pp. 50-62.

contagem do prazo decadencial, muito embora ele seja de quatro anos pela lei civil (art. 178, *caput*). Na hipótese de coação o prazo começará a correr a partir do momento em que cessar o ato coator, pois até a cessação a parte lesada não tem condições de exercer a pretensão de invalidação. Para as situações de erro e dolo o prazo será computado a partir da prática do ato, alertando que nosso sistema admite o erro de direito quando sua manifestação não afaste a aplicação de norma de ordem pública (art. 139, III, do CC). No que toca à incapacidade, o art. 657, parágrafo único, III, do CPC e o art. 178, III, do CC referem-se à incapacidade relativa. Cessando esta, pela maioridade ou emancipação, o prazo decadencial será iniciado.

A partilha judicial contenciosa estará relegada ao art. 658 do CPC. Aqui a hipótese é absolutamente diversa. Este dispositivo confirma que a ação rescisória não estará restrita aos limites do art. 966 do CPC. Na partilha contenciosa o juiz não homologa um acordo, mas julga a partilha. Ele atribuirá o quinhão a cada um dos herdeiros mediante decisão própria e devidamente motivada (art. 489, § 2º, do CPC).

A ação rescisória estará sujeita ao prazo decadencial de dois anos, e a causa de pedir para a rescisão da sentença proferida sobre a partilha judicial deverá estar alicerçada nas hipóteses do art. 966 do CPC, o qual se refere às sentenças de mérito em geral, ou ainda em algum dos incisos do art. 658 do CPC. Este dispositivo prevê no inciso I a rescisão para as mesmas hipóteses do art. 657 do CPC. O inciso II alude à "preterição de formalidades legais", as quais podem assumir um amplo leque que provoque ofensa ao contraditório e à ampla defesa. Por fim, o inciso III do art. 658 possibilita a rescisória quando algum herdeiro tenha sido preterido ou incluído de modo indevido.

Ao herdeiro que não participou do processo por exclusão dolosa ou porque ainda não era reconhecido o caminho adequado será a ação de petição de herança, que veio expressamente disciplinada pelo CC junto ao art. 1.824: "Art. 1.824. O herdeiro pode, em ação de petição de herança, demandar o reconhecimento de seu direito sucessório, para obter a restituição da herança, ou de parte dela, contra quem, na qualidade de herdeiro, ou mesmo sem título, a possua". A ação rescisória será hábil apenas para desconstituir a partilha a partir de vícios internos; portanto, em relação àqueles que participaram do processo de inventário ou arrolamento.[331]

Entretanto, não seria ilegal a participação do herdeiro preterido para fins recursais (art. 996, *caput* e parágrafo único, do CPC) ou mesmo para

---

331. Mesmo em caso de arrolamento a partilha poderá ser rescindida quando a opção pelo rito ocorra pelo valor dos bens, e não pelo consenso das partes.

o ajuizamento da ação rescisória (art. 967, II, do CPC), como terceiro prejudicado. O fato de a sentença de partilha não lhe produzir efeitos, porque não será afetado pela *res judicata*, não o isenta de prejuízos patrimoniais consideráveis que possam exigir medidas imediatas, como terceiro prejudicado.

As duas vias devem estar abertas ao herdeiro preterido. A diferença essencial é que ele não estará sujeito ao prazo decadencial da rescisória, que somente afetará os que foram partes no processo. Para ele a impugnação estará atrelada ao limite máximo de prescrição do art. 205 do CC, ou seja, 10 anos.

O grande problema na demora em tomar as medidas cabíveis centra-se na possibilidade de circulação do patrimônio, com a consequente proteção ao terceiro de boa-fé, nos ditames do art. 1.827, parágrafo único, do CC: "Parágrafo único. São eficazes as alienações feitas, a título oneroso, pelo herdeiro aparente a terceiro de boa-fé". Temos aqui a valorização da boa-fé objetiva no campo sucessório.

7.11.10 O arrolamento sumário

O arrolamento sumário tende a diminuir, uma vez que os requisitos exigidos para seu processamento permitem que as partes celebrem a partilha extrajudicial diretamente no cartório, sem a necessidade burocrática da chancela judicial (art. 2.015 do CC). Como ressaltado anteriormente, o procedimento extrajudicial será sempre facultativo.

O arrolamento corresponde a um procedimento simplificado e terá cabimento em duas situações básicas. A primeira, quando as partes forem maiores e capazes e não existir qualquer divergência quanto aos termos da partilha. É a situação narrada pelo art. 659, *caput*, do CPC. A segunda hipótese decorre da previsão do art. 664 do CPC. Nesta configuração, o arrolamento toma como base não o do acordo de vontades, propriamente dito, mas a simplificação do rito para casos em que o valor dos bens seja de no máximo 1.000 salários-mínimos. O rito simplificado terá cabimento em função do valor dos bens apresentados para partilha, e mesmo que exista impugnação quanto ao valor, bem como a presença excepcional de incapazes, como prevê o art. 665. Examinaremos as duas configurações a seguir.

7.11.10.1 O arrolamento pelo art. 659 do CPC

Desde que os herdeiros sejam maiores, capazes e apresentem plano de partilha consensual, o juiz poderá imprimir o rito sumário do art. 660 do CPC para fins de homologação da partilha.

O arrolamento na forma dos arts. 659 e 660 do CPC exibe diferenças gritantes com o procedimento do inventário. A petição inicial apresentada de comum acordo será recebida para nomeação do inventariante, a qual conterá a individuação dos herdeiros e a descrição dos bens (ativos) e das dívidas (passivo), nos moldes do art. 620 do CPC. Os bens serão avaliados pelo inventariante.

Portanto, todos os demais atos examinados anteriormente em relação ao processo de inventário são dispensados. Não há diferenciação entre primeiras e últimas declarações, avaliação como fase específica ou divisão binária do processo entre inventário e partilha. O procedimento é sumário.

A avaliação somente poderá ser obrigatória, contudo, sem a desnaturação da sumariedade do procedimento, quando existirem credores do espólio e houver impugnação sobre o valor dos bens que foram reservados para pagamento das dívidas. Existindo discussão judicial pendente, o juiz determinará reserva de bens para garantir a solução do eventual débito, até a pacificação da questão. Esta situação é comum quando há penhora no rosto dos autos. A reserva de bens assume, nitidamente, a natureza de uma medida cautelar.

Inexistindo qualquer divergência quanto à avaliação por parte dos credores, ou sendo esta solucionada por reserva de bens, o juiz observará a regularidade documental do pedido e a apresentação das certidões de quitação fiscal (federal, estadual e municipal – art. 192 do CTN). Inexistindo qualquer pendência, homologará a partilha. O texto do art. 659, *caput*, do CPC permite que esta homologação ocorra de plano quando a descrição dos bens e todas as informações estejam corretamente prestadas. A celeridade e a sumariedade são as marcas do procedimento de arrolamento.

7.11.10.2 Expedição do formal no arrolamento.
O art. 659, § 2º, do CPC

Após o trânsito em julgado da sentença, o juiz deverá realizar a expedição do formal ou certidão de partilha. É importante ressaltar que a Fazenda Pública não se manifesta no procedimento antes da homologação. Sendo assim, ela não possui meios para impugnar a avaliação dos bens que foram objeto de transmissão.

Com o fim de resguardar o interesse fazendário, sem eliminar a sumariedade e a praticidade do arrolamento, foi acrescido, no ano de 1996, o § 2º ao art. 1.031 do CPC/1973. Através deste dispositivo a expedição do formal de partilha seria sempre precedida da verificação quanto à regularidade e ao recolhimento de todos os tributos. E mais: houve a fixação de um entendimento equivocado no sentido de que a expedição do formal somente poderia ser realizada após a concordância da Fazenda Pública.

A aplicação deste dispositivo rendeu polêmica, pois muitos juízes faziam a interpretação literal, a qual não se mostrava adequada. A interpretação sistemática era essencial como meio de conjugar as disposições do art. 1.034 do CPC/1973, atual art. 662, § 2º, do CPC/2015.

Logo, não existe mais a possibilidade de retenção do formal de partilha, mesmo com discordância da Fazenda, quando não concorde com os valores atribuídos pelo inventariante e sobre o qual tenha sido recolhido o Imposto de Transmissão. A cientificação da Fazenda, conforme determina o art. 659, § 2º, do CPC, terá como função informar sobre a expedição e permitir que as medidas complementares possam ser tomadas para fins de recolhimento, nos termos do art. 662, § 2º, do CPC.

Obviamente, a *mens legis* do art. 659, § 2º, do CPC nunca permitiria a paralisação da expedição do formal por discussão sobre o montante do tributo a ser recolhido, pois do contrário o tráfico negocial seria paralisado (*Rechtsverkehr*). Referido posicionamento não leva em consideração a dicção do art. 662 do CPC, que é claro quanto ao tratamento da obrigação tributária no arrolamento, *ex vi legis*: "Art. 662. No arrolamento, não serão conhecidas ou apreciadas questões relativas ao lançamento, ao pagamento ou à quitação de taxas judiciárias e de tributos incidentes sobre a transmissão da propriedade dos bens do espólio".

É evidente que o juiz é o maior fiscal quanto à regularidade do procedimento. Isto significa que o magistrado não expedirá o formal sem a comprovação da quitação dos impostos anteriores à homologação, bem como sem a verificação do recolhimento do ITCMD. Mas a eventual impugnação da Fazenda quanto ao valor correto, em virtude de divergência sobre a avaliação, regime de bens ou reconhecimento de sociedade de fato, é questão estranha e inoportuna.

O formal deverá ser expedido, e a diferença apurada pela Fazenda Pública em procedimento administrativo com amplo contraditório sobre a questão. Apurada diferença, ela deverá ser lançada e inscrita para execução fiscal.

A função do art. 659, § 2º, do CPC é de cientificação. Paralisar a circulação de bens dentro de um procedimento sumário constitui *nonsense*. O procedimento do inventário acabaria se tornando menos burocrático que o do arrolamento, invertendo a natureza dos institutos. A circulação econômica não poderá ser obstada pela insurgência da Fazenda, que será devidamente cientificada para recorrer aos meios adequados para a apuração da diferença que entenda cabível.

7.11.10.3 *Adjudicação ao único herdeiro*

É possível o pedido de adjudicação direta quando restar comprovada a existência de um único herdeiro, nos termos do art. 659, § 1º, do CPC. Na hipótese de mais de um herdeiro cremos que também será possível o pedido de adjudicação direta quando os herdeiros estabeleçam um regime de condomínio. Cada herdeiro terá direito a uma fração ideal do quinhão. Esta solução regulariza a situação fática e jurídica provocada pelo princípio da *saisine*. O art. 1.784 do CC determina a sucessão automática, porém a comunhão nasce *causa mortis*.

Com o pedido de adjudicação global a comunhão continua, mas *inter vivos*. Nada impede que futuramente os herdeiros realizem uma escritura de divisão amigável ou, mesmo, peçam a dissolução pela alienação judicial (comunhão *pro indiviso*) ou por ação demarcatória e divisória (comunhão *pro diviso*).

7.11.10.4 *O arrolamento sumário pelo valor dos bens (art. 664 do CPC)*

Quando os bens não assumirem valor econômico expressivo, ainda que não exista o acordo formal entre os herdeiros, o procedimento a ser observado será o do arrolamento sumário.

Obedecida a ordem legal de preferência, o inventariante apresentará, de plano, as declarações e o plano de partilha, sem a necessidade de prestar compromisso (art. 664, *in fine*).

Como não há comprovação do prévio acordo entre os herdeiros, o juiz determinará a citação dos herdeiros e do Ministério Público quando existam menores e incapazes no processo. A Fazenda Pública não será citada ou intimada, pois o art. 664, § 4º, do CPC remete as discussões sobre o recolhimento do Imposto de Transmissão para as vias administrativas, após a notificação sobre a expedição do formal (art. 659, § 2º, do CPC).

Existindo impugnação sobre a avaliação, o juiz determinará a elaboração de laudo pelo avaliador ou pelo próprio oficial de justiça, ainda mais quando os bens sejam de fácil valoração. O laudo será apresentado em 10 dias.

O juiz poderá designar audiência, na qual resolverá as questões pendentes relativas à avaliação, dívidas com terceiros, inclusão indevida de herdeiro, tudo conforme o art. 664, § 2º, do CPC. Esta audiência, apesar de pouca utilizada, propicia momento adequado para a conciliação, e deve ser incentivada para o fim consensual do procedimento que envolve não apenas aspectos econômicos, mas pessoais, em virtude de a causa estar ligada ao falecimento do autor da herança.

Dirimidas as questões pendentes pelo acordo ou não sendo possível sua celebração, o juiz decidirá de plano as controvérsias na própria audiência. Desde que presentes os comprovantes de quitação dos impostos relativos aos bens do espólio, o juiz estará habilitado a julgar a partilha no mesmo ato. Caso ainda não tenham sido oferecidos os comprovantes, até pela própria pendência das questões controversas, o juiz determinará sua apresentação em prazo oportuno, não superior a 10 dias, para o julgamento da partilha. Observar-se-á o art. 659, § 2º, do CPC, com as ressalvas já sublinhadas.

7.11.11 O alvará judicial

Nosso sistema jurídico, seguindo a tradição reinícola, incorporou a sistemática de concessão de alvarás por meio da dispensa do inventário e do arrolamento para determinadas situações, *ex vi* do art. 666 do CPC. Nas *Ordenações* os alvarás correspondiam a atos normativos que especificavam a legislação das *Ordenações*. No campo do direito sucessório destacou-se o Alvará de 9.11.1754, responsável pela admissão da sucessão automática e, por via de consequência, da aquisição da posse, independentemente da existência de senhoria fática sobre o bem.[332] Em sua utilização e configuração atual o alvará assume o significado de "autorização judicial"; contudo, uma autorização para a prática de um ato específico no decorrer do processo. A concessão de alvará judicial no processo de inventário é comum para determinadas situações, principalmente pela limitação de poderes do inventariante, o qual necessita

---

332. Eis a redação do alvará (pela importância histórica, faz-se a transcrição no original): "Eu El-Rey faço saber aos que este Alvará com força de lei virem, que querendo evitar inconvenientes que resultão de se tomarem posses dos bens das pessoas que fallecem, por outras ordinariamente estranhas, e a que não pertence a propriedade delles: Sou servido ordenar, que a posse Civil, que os defunctos em sua vida houverem tido passe logo nos bens livres aos herdeiros escritos, ou legitimos; nos vinculados ao filho mais velho, ou neto, filho primogenito, e faltando este, ao irmão ou sobrinho; e sendo Morgado, ou Prazo de nomeação, á posse que for nomeada pelo defuncto, ou pela lei. A dita posse Civil terá todos os effeitos de posse natural, sem que seja necessário, que esta se tome; e havendo quem pretenda ter acção aos sobreditos bens, a poderá deduzir sobre a propriedade somente, e pelos meios competentes; e para este effeito revogo qualquer Lei, Ordem, Regimento ou disposição de direito em contrario. Pelo que mando, etc. Dado em Lisboa, aos 9 de novembro de 1754 – Com a assignatura de El-Rey e a do Márquez Mordomo Mor, Presidente" (*Ordenações Filipinas*, Apêndice aos Livros IV e V, p. 1.042).

de autorização judicial para realizar atos de disposição do patrimônio do espólio.

Entretanto, a concessão de alvará para fins de sucessão poderá assumir configuração especial, em virtude da Lei 6.858/1980, que substitui o processo de inventário e arrolamento quando o bem sucedido seja representado exclusivamente por dinheiro. O art. 666 do CPC determina: "Independerá de inventário ou arrolamento o pagamento dos valores previstos na Lei n. 6.858, de 24 de novembro de 1980".

Deste modo, podemos visualizar a aplicação do alvará para duas situações específicas. Uma incidental e decorrente do processo de inventário em andamento. Outra autônoma, na qual o alvará substitui a ação de inventário e arrolamento. Examinaremos o emprego do alvará em ambos os casos.

7.11.11.1 Legitimidade para a requisição do alvará judicial

A legitimidade para o pedido de alvará judicial incidental junto ao processo de inventário caberá ao inventariante ou testamenteiro quando for necessária a prática de atos de *disposição* e *conservação* do patrimônio. Encaixam-se nestas condições as alienações de bens móveis para evitar depreciação bem como o pedido de levantamento de quantia para pagamento de despesas de conservação dos bens.

Quanto ao pedido de alvará autônomo, pautado pelas previsões da Lei 6.858/80, o pedido deverá ser formulado por todos os herdeiros. Todavia, nada impede que um dos herdeiros peça o levantamento de sua cota-parte, uma vez que não existirá qualquer prejuízo em relação aos demais coerdeiros.[333]

7.11.11.2 O alvará judicial incidental

O pedido de alvará judicial será essencial para a prática de determinados atos nos quais o ato jurídico ou mesmo o negócio jurídico não surtirá eficácia sem a integração da *autorização judicial*. Em várias situações o ordenamento legal exige a concessão de alvará para a proteção de interesses de incapazes ou, mesmo, para salvaguardar o interesse público.

333. TJAP: "O pedido de alvará judicial para levantamento de verbas devidas e não recebidas em vida pelo titular independe de inventário ou partilha. Pode ser pleiteado pelos dependentes, em conjunto ou separadamente, haja vista que cada um receberá apenas sua quota-parte (art. 1º da Lei n. 6.858/1980). 2. Agravo provido, em parte" (Câmara Única, Ag 177.306 (775), rel. Des. Edinardo Souza, *DJE* 9.8.2006, p. 13).

O Código Civil permite que o incapaz (art. 974), por meio de representante ou devidamente assistido, continue a empresa antes exercida por ele enquanto capaz, por seus pais ou pelo autor de herança. Para tanto, o CC estabelece, no § 2º do art. 974: "Não ficam sujeitos ao resultado da empresa os bens que o incapaz já possuía, ao tempo da sucessão ou da interdição, desde que estranhos ao acervo daquela, *devendo tais fatos constar do alvará que conceder a autorização*".

Percebe-se que o alvará tem função protetiva dupla, pois, ao mesmo tempo em que delimita uma restrição à responsabilidade patrimonial do incapaz, cria a necessidade de autorização para terceiros que vierem a contratar com a empresa.

Pedidos de levantamentos de depósitos judiciais dependem da concessão de alvarás, uma vez que a autorização judicial será fundamentada e vinculada ao processo a que se refere, tornando público o levantamento e permitindo à instituição financeira oficial individuar o depósito a ser levantado.

7.11.11.3 *O alvará autônomo*

(a) Depósitos à vista

Determinados resíduos podem ser levantados através de alvará judicial sem a necessidade da formalidade do inventário ou arrolamento. Estes levantamentos também poderão se realizados através de escritura pública, desde que presentes os requisitos do art. 610, § 1º, do CPC.

O pedido pela via judicial é muito simples e célere para os depósitos de resíduos referentes ao PIS/PASEP e ao FGTS, bem como quando o falecido tenha deixado apenas depósito à vista, para fins de sucessão. O texto da Lei 6.858/80 chega a limitar o levantamento exclusivamente ao PIS/PASEP e ao FGTS; contudo, não há qualquer motivo para indeferir o pedido de levantamento quando o único bem a ser inventariado for a quantia depositada em instituição financeira. Realizado o pedido de levantamento pelo inventariante na forma de alvará, com o recolhimento do imposto, o pedido não pode ser indeferido.

(b) O pagamento do seguro de vida

O levantamento dos valores previstos pelas apólices de seguros não ingressa no campo do inventário ou do arrolamento e não depende sequer de alvará judicial, mas apenas da comprovação da condição de beneficiário da apólice contratada. Somente deverá integrar o monte-mor o conjunto de bens e direitos relativos ao período que antecede a morte do *de cujus*. O seguro é autêntica estipulação em favor de terceiro, cujo fato gerador é a morte. Logo, não se trata de patrimônio oriundo de sucessão, pois ele se torna devido com a incidência do fato jurídico *stricto sensu* ordinário (falecimento). O pagamento será feito, ante a inexistência de menção do beneficiário, de acordo com os ditames do art. 792 do CC. Será reservada metade para o cônjuge que não estiver separado judicialmente, o que se coaduna com a regra do art. 1.840 do CC.

O Código Civil não deixa dúvida quanto à questão, pela leitura do art. 794: "Art. 794. No seguro de vida ou de acidentes pessoais para o caso de morte, o capital estipulado não está sujeito às dívidas do segurado, nem *se considera herança para todos os efeitos de direito*". Além de não ser considerado herança, o valor previsto pela apólice não poderá ser alvo de penhora. A execução de dívidas do autor da herança contra o espólio e herdeiros cinge-se ao patrimônio herdado. Como o valor do seguro não engloba o monte-mor partível, as dívidas do *de cujus* não alcançam o segurado.

(c) O recebimento do Seguro DPVAT

O Seguro de Danos Pessoais Causados por Veículos Automotores de Vias Terrestres/Seguro DPVAT foi instituído por lei como meio de repartir a responsabilidade social pelos danos oriundos de acidentes automobilísticos. O Seguro está disciplinado pela Lei 6.194/1974, que originalmente previa o pagamento de 40 salários-mínimos para os casos de morte e invalidez permanente. Com o aumento do número de acidentes, as vítimas descobriram que recebiam um valor inferior àquele fixado. Normas de caráter infralegal determinavam valores aquém do estabelecido pelo texto da Lei 6.194/1974. Com a enxurrada de ações promovidas para reclamar o pagamento da diferença, o texto do art. 3º foi modificado, para alterar o valor máximo para R$ 13.500,00 e com possibilidade de pagamento menor para situações de incapacidade parcial ou para o custeio apenas de despesas médicas. O pagamento segue as mesmas diretrizes do art. 792 do CC, nos termos do que dispõe o art. 4º da Lei 6.194/1974.

A seguradora exigirá alvará judicial para o levantamento do valor, inclusive para evitar o pagamento em duplicidade ou para pessoa que não tenha direito. Isto poderá provocar dúvida quanto à legitimidade do pedido de levantamento do Seguro DPVAT. É comum a seguradora deparar-se com pedidos em duplicidade, oriundos de conflitos entre a situação fática e o direito. Isto acontece quando a companheira realiza o pedido mas o falecido ainda estava formalmente casado com sua ex--esposa. Mesmo sendo clara a incidência do art. 1.840 do CC, o alvará será o meio adequado de resguardar a seguradora, que ainda poderá até se utilizar do procedimento de consignação judicial pela dúvida subjetiva quanto ao titular legítimo.

(d) A restituição de tributos e contribuições.

A Instrução Normativa RFB-1.300/2012

A Lei 6.858/1980 dispõe, em seu art. 2º: "O disposto nesta Lei se aplica às restituições relativas ao Imposto de Renda e outros tributos, recolhidos por pessoa física, e, não existindo outros bens sujeitos a inventário, aos saldos bancários e de contas de cadernetas de poupança e fundos de investimento de valor até 500 (quinhentas) Obrigações do Tesouro Nacional".

A norma autoriza o levantamento de tributos e contribuições equiparadas. Todavia, há de ser observada a regra imperativa quanto à inexistência de outros bens, do contrário o procedimento correto será o inventário judicial ou administrativo. Este ponto inicialmente não era diferenciado pela Receita Federal para fins de restituição. A questão foi percebida e disciplinada no regime atual. Inicialmente a Instrução SRP-3/2007 (da Secretaria da Receita Previdenciária), alterada sucessivamente pelas Instruções Normativas RFB-900/2008 (que não realizava de modo claro esta distinção), RFB-1.300/2012 (que disciplinou a questão de modo minucioso) e RFB-1.425/2013 (que aperfeiçoou a disciplina no art. 3º), e que foi revogada pela recente Instrução Normativa RFB-1.717 de 17.7.2017, a qual disciplina expressamente no art. 15 a possibilidade de restituição por meio da via judicial ou extrajudicial: "Art. 15. Na hipótese de óbito da pessoa física, inclusive da pessoa física equiparada a empresa, a restituição será efetuada: I – havendo outros bens e direitos sujeitos a inventário ou arrolamento: a) mediante alvará judicial expedido pela autoridade judicial; ou b) mediante escritura pública expedida no processo extrajudicial de inventário; II – não havendo bens ou direitos sujeitos a inventário ou arrolamento, ao cônjuge, companheiro, filho e demais dependentes do contribuinte falecido, nos termos do art. 13 do Decreto-lei n. 2.292, de 21 de novembro de 1986, e do art. 34 da Lei n. 7.713, de 22 de dezembro de 1988; ou III – não havendo bens ou direitos sujeitos a inventário ou arrolamento e não sendo aplicável o disposto no inciso II do *caput*: a) mediante alvará judicial expedido pela autoridade judicial; ou b) mediante escritura pública expedida no processo extrajudicial de inventário".

(e) O alvará para o FGTS. A Súmula 161 do STJ

A responsabilidade pelos depósitos do FGTS é da Caixa Econômica Federal. A Lei 11.491/2007 conferiu primazia à Caixa Econômica Federal, como empresa pública responsável pela gestão do FGTS, ao criar o Fundo de Investimento do FGTS, como meio de aplicar os recursos deste Fundo em obras selecionadas pelo Programa de Aceleração do Crescimento/PAC. Esta primazia sempre deslocou a competência para o tratamento das questões relacionadas à movimentação da conta do FGTS para a Justiça Federal. Das várias hipóteses previstas para o levantamento do FGTS, uma delas é a morte do titular da conta. Neste caso específico a competência para o levantamento do saldo será da Justiça Estadual, nos termos do Súmula 161 do STJ.[334] A jurisprudência é pacífica quanto à questão, muito embora ainda existam pedidos intentados na esfera incompetente. Não se trata de causa para a extinção do pedido, apenas de deslocamento dos autos.[335]

7.11.11.4 Levantamento de precatórios.
Exigência de certidão negativa (ADI 3.453-7)

Em virtude do longo tempo de espera para o recebimento dos valores devidos pela Fazenda Pública,[336] muitas vezes apenas os herdeiros usufruem do pagamento do precatório. O levantamento do valor será realizado unicamente por alvará quando não existirem outros bens para fins de inventário. Obviamente, os requisitos necessários para a expedição da ordem de levantamento devem ser satisfeitos, dentre eles a certidão negativa de quitação das obrigações fiscais em relação ao falecido.

No tratamento específico dos precatórios, duas situações necessitam ser diferenciadas. Se o levantamento estivesse sendo realizado em vida,

---

334. STJ, Súmula 161: "É da competência da Justiça Estadual autorizar o levantamento dos valores relativos ao PIS/PASEP e FGTS, em decorrência do falecimento do titular da conta".
335. TRF-4ª Região: "Segundo firme jurisprudência do STJ, a Justiça Estadual é competente para apreciar e julgar o pedido de alvará judicial visando ao levantamento de valores oriundos de benefício previdenciário não recebido em vida por segurado falecido" (Turma Suplementar, QO na AC 2007.72.99.003946-9, rel. Des. Federal Ricardo Teixeira do Valle Pereira, DJU 10.1.2008).
336. O ar. 33 do ADCT havia delimitado o prazo de oito anos para o pagamento dos débitos oriundos de ações ajuizadas e pendentes de pagamento até a promulgação da Constituição. Posteriormente foi aprovada nova Emenda Constitucional, a de n. 30/2000. Através dela os valores pendentes até sua data de promulgação, incluindo juros e correção monetária, poderiam ser parcelados em 10 anos.

a exigência de quitação das obrigações fiscais seria ilegítima, na forma estabelecida pelo art. 19 da Lei 11.033/2004.[337] Esta exigência seria ilegal e configuraria um meio ilegítimo de exação. Não se pode exigir o pagamento indireto pela via da compensação quando a decisão judicial que autoriza o levantamento do precatório não condiciona o recebimento à quitação. Seria uma situação absurda, pois o Estado, além de contar com o prazo de 10 anos para parcelar o precatório, poderia compensar, de modo arbitrário, débitos que estivessem inscritos e que não foram alvo de efetivo contraditório na via judicial. Felizmente a jurisprudência manifestou-se contrária a esta exigência, exigindo apenas o trânsito em julgado da decisão definitiva bem como o respeito à ordem de pagamento, nos termos do art. 100 da CF/1988.[338] O próprio art. 19, I e II, da Lei 11.033/2004 excepciona sua incidência para precatórios alimentares, incluindo os honorários advocatícios. A questão felizmente foi alvo da ADI 3.453-7, proposta pelo Conselho Federal da Ordem dos Advogados e de relatoria da Min. Carmen Lúcia, na qual foi julgada inconstitucional a exigência do art. 19, o que representava exigência absolutamente desproporcional e indevida.[339]

337. Lei 11.033/2004: "Art. 19. O levantamento ou a autorização para depósito em conta bancária de valores decorrentes de precatório judicial somente poderá ocorrer mediante a apresentação ao juízo de certidão negativa de tributos federais, estaduais, municipais, bem como certidão de regularidade para com a Seguridade Social, o Fundo de Garantia do Tempo de Serviço – FGTS e a Dívida Ativa da União, depois de ouvida a Fazenda Pública".
338. STJ: "Tributário – Processo civil – Apresentação de certidão negativa para levantamento de valores decorrentes de precatório judicial – Exigência do art. 19 da Lei n. 11.033/2004 – Acórdão com duplo fundamento: constitucional e infraconstitucional – ADI n. 3.454-DF – Eficácia vinculante – Inconstitucionalidade – Art. 28 da Lei n. 9.868/1999. Conhecido o recurso, compete ao relator no julgamento da irresignação aplicar o Direito à espécie, nos termos do art. 257 do Regimento Interno do STJ. Declarada a inconstitucionalidade do art. 19 da Lei n. 11.033/2004 pelo Pleno do STF na ADI n. 3.454-DF, compete ao relator afastar a aplicação da norma inconstitucional, nos termos do art. 28 da Lei n. 9.868/1999, conferindo racionalidade ao sistema normativo, além de atribuir eficácia concreta à decisão da Suprema Corte e prestigiar os postulados da celeridade, economicidade e acesso à Justiça – Recurso especial provido" (2ª Turma, REsp 892.663-DF, rela. Min. Eliana Calmon, j. 26.8.2008, *DJe* 18.9.2008).
339. STF: "Ação direta de inconstitucionalidade – Precatórios – Art. 19 da Lei nacional n. 11.033, de 21 de dezembro de 2004 – Afronta aos arts. 5º, inciso XXXVI, e 100 da Constituição da República. 1. O art. 19 da Lei n. 11.033/2004 impõe condições para o levantamento dos valores do precatório devido pela Fazenda Pública. 2. A norma infraconstitucional estatuiu condição para a satisfação do direito do jurisdicionado – constitucionalmente garantido – que não se contém na Norma Fundamental da República. 3. A matéria relativa a precatórios não chama a atuação do legislador

Por outro lado, quando o precatório for levantado pelos herdeiros a exigência do art. 19 não será descabida. A quitação dos tributos nas esferas municipal, estadual e federal será condição essencial para a expedição do alvará de levantamento da quantia. Muda-se a perspectiva de análise da norma, uma vez que a transmissão do patrimônio exige a regularização da situação deixada pelo *de cujus*.

8. DISPOSITIVOS COMUNS AO INVENTÁRIO E AO ARROLAMENTO

A disciplina relativa a algumas matérias comuns aos processos de inventário e de arrolamento foi deslocada para os arts. 668 *usque* 673 do CPC, compondo a Seção X do Capítulo VI do Título III do Livro I da Parte Especial.

8.1 A eficácia das medidas cautelares no inventário e no arrolamento

Durante a explanação dos procedimentos do inventário e do arrolamento foi assinalada a possibilidade de medidas cautelares conservativas e incidentais, cujo cabimento visa à segurança para futura execução.

infraconstitucional, menos ainda para impor restrições que não se coadunam com o direito à efetividade da jurisdição e o respeito à coisa julgada. 4. O condicionamento do levantamento do que é devido por força de decisão judicial ou de autorização para o depósito em conta bancária de valores decorrentes de precatório judicial, estabelecido pela norma questionada, agrava o que vem estatuído como dever da Fazenda Pública em face de obrigação que se tenha reconhecido judicialmente em razão e nas condições estabelecidas pelo Poder Judiciário, não se mesclando, confundindo ou, menos ainda, frustrando pela existência paralela de débitos de outra fonte e natureza que, eventualmente, o jurisdicionado tenha com a Fazenda Pública. 5. Entendimento contrário avilta o princípio da separação de Poderes e, a um só tempo, restringe o vigor e a eficácia das decisões judiciais ou da satisfação a elas devida. 6. Os requisitos definidos para a satisfação dos precatórios somente podem ser fixados pela Constituição, a saber: a requisição do pagamento pelo presidente do tribunal que tenha proferido a decisão; a inclusão, no orçamento das entidades políticas, das verbas necessárias ao pagamento de precatórios apresentados até 1º de julho de cada ano; o pagamento atualizado até o final do exercício seguinte ao da apresentação dos precatórios, observada a ordem cronológica de sua apresentação. 7. A determinação de condicionantes e requisitos para o levantamento ou a autorização para depósito em conta bancária de valores decorrentes de precatórios judiciais, que não aqueles constantes de norma constitucional, ofende os princípios da garantia da jurisdição efetiva (art. 5º, inciso XXXVI) e o art. 100 e seus incisos, não podendo ser tida como válida a norma que, ao fixar novos requisitos, embaraça o levantamento dos precatórios. 8. Ação direta de inconstitucionalidade julgada procedente" (Tribunal Pleno, ADI 3.453-7-DF, rela. Min Carmen Lúcia, *DJU* 16.3.2007).

Dentre elas, citem-se as previstas pelos arts. 628, 629, 630, 642, § 2º, e 643 do CPC.

A reserva de bens para entrega do quinhão ao herdeiro que foi impugnado ou para o pagamento do débito colacionado pelo credor reflete medida cautelar de garantia. No caso do herdeiro para o cumprimento da obrigação de dar e para o credor da obrigação de pagamento.

O art. 668 do CPC estabelece o regramento para a cessação da eficácia da tutela provisória, na forma cautelar, e firma a obrigatoriedade quanto ao ajuizamento da ação principal no prazo de 30 dias. Não realizado o ajuizamento no prazo legal, ocorrerá a cessação da eficácia da medida cautelar, sem a necessidade de declaração judicial.

A cessação da eficácia da medida cautelar também desaparece quando o processo de inventário ou arrolamento termina sem resolução do mérito. Esta hipótese, prevista pelo art. 668, II, do CPC, deve ser lida *cum grano salis*. Sabe-se que o processo de inventário não se sujeita à extinção por ausência de impulso, nos termos do art. 485, II e III, do CPC. A princípio caberá ao juiz nomear outro inventariante para solucionar a paralisação, mas em algumas situações o juiz poderá realmente extinguir o procedimento quando verificar o desinteresse pela ausência de bens, ou mesmo quando o pedido tenha sido solucionado pela via extrajudicial.

Entretanto, em determinadas hipóteses a extinção poderá ocorrer por motivo diverso. Como exemplo visualiza-se o inventário aberto após a declaração de morte presumida mas com posterior comprovação de que o autor da herança está vivo.

8.2 A sobrepartilha

De acordo com a explanação retro, a sobrepartilha não se confunde com a sonegação, mas mesmo os bens sonegados serão alvo de sobrepartilha. A sobrepartilha será necessária sempre que existirem bens que ficaram fora da descrição realizada pelo inventariante por ocasião das primeiras declarações e não foram incluídos até a fase das últimas declarações.

O inventariante assim como os herdeiros poderão não conhecer a totalidade do patrimônio do autor da herança, o que motiva pedido de sobrepartilha quando for apurada a existência de acervo hereditário que ainda não foi partilhado (art. 669, II, do CPC). Mas quando a ocultação for dolosa, seja por parte do inventariante ou do herdeiro que não colacionou o bem no prazo legal, aplicar-se-á a pena de sonegação.

Uma vez sonegados os bens, os herdeiros prejudicados deverão propor ação própria para a aplicação da pena (art. 1.994 do CC).[340] Os bens necessitarão de regularização, e, portanto, serão alvo de sobrepartilha para redistribuição aos herdeiros (art. 669, I, do CPC).

As hipóteses do art. 669, III e IV, do CPC têm previsão na própria lei material, *ex vi* do art. 2.021 do CC: "Art. 2.021. Quando parte da herança consistir em bens remotos do lugar do inventário, litigiosos, ou de liquidação morosa ou difícil, poderá proceder-se, no prazo legal, à partilha dos outros, reservando-se aqueles para uma ou mais sobrepartilhas, sob a guarda e a administração do mesmo ou diverso inventariante, e consentimento da maioria dos herdeiros".

A morosidade ou a litigiosidade sobre o bem autorizam que o patrimônio seja reservado para futura sobrepartilha. A sobrepartilha (art. 669, II, do CPC) correrá nos próprios autos do inventário e dependerá de nova postulação. Somente na hipótese do art. 669, III e IV, pelo fato de os bens terem sido descritos anteriormente, não existirá a necessidade de nova nomeação de inventariante. A procuração original será válida para a sobrepartilha sobre os bens pendentes.

8.3 Curador "ad litem"

O curador será nomeado ao herdeiro ausente e ao incapaz, quando necessário o procedimento especial de sua declaração de desaparecimento para a abertura do processo de sucessão provisória e definitiva de seus bens. Outra situação, indicada pelo art. 671, II, do CPC, refere-se ao incapaz que tenha representação regular no processo, contudo existe conflito de interesses entre o representante e o incapaz, pois ambos são herdeiros e com direito à partilha.

8.4 Cumulação de ações de inventário

É possível que, ocorrendo o falecimento do cônjuge sobrevivente no decorrer do inventário, assim como de um dos herdeiros, desde que o único patrimônio a ser partilhado seja seu quinhão, os pedidos possam ser cumulados. É o que dispõem os arts. 672 e 673 do CPC.

O pedido de cumulação confere celeridade e simplifica o processo de divisão dos bens entre os herdeiros. Ele poderá ser realizado sempre que

---

340. CC: "Art. 1.994. A pena de sonegados só se pode requerer e impor em ação movida pelos herdeiros ou pelos credores da herança".

as partilhas sejam homogêneas, ou seja, deixadas por cônjuges ou companheiros que justifiquem a cumulação. Nada impede que seja realizada cumulação entre ascendente e descendente, desde que não exista confusão ou prejuízo quanto à celeridade. O art. 672, parágrafo único, do CPC prevê justamente esta situação, quando a cumulação poderá ser evitada, seja pela existência de partilha comum parcial, ou quando possa trazer prejuízo quanto à simplificação do processo sucessório. Tratando-se de partilha sobre pedidos de sucessão cumulados, as primeiras declarações e as avaliações poderão ser aproveitadas (art. 673 do CPC), o que revela medida de economia processual.

§ 7º. EMBARGOS DE TERCEIRO

1. NATUREZA JURÍDICA DOS EMBARGOS DE TERCEIRO

O estudo dos embargos de terceiro é deslocado para os procedimentos especiais pelo fato de não estar caracterizada uma figura de intervenção de terceiros.[341] Nos embargos o terceiro não se insere na relação processual de modo adesivo ou apenas para realizar a eliminação de uma das partes da relação processual pendente. Por este motivo, à semelhança do que ocorre no próprio Direito Alemão (§ 771 – *Drittwidersrpruchklage*),[342] os embargos de terceiro acomodam-se como procedimento especial por meio do qual o terceiro exerce duas funções importantes: (a) *protege sua posição jurídica (posse ou propriedade)*; (b) *impede a formação defeituosa e ineficaz da relação processual pela*

---

341. Sobre a classificação da ação de embargos de terceiro ainda continua insuperável a apreciação histórica e evolutiva realizada por Clóvis do Couto e Silva com base na doutrina alemã, in *Comentários ao Código de Processo Civil*, vol. XI, t. II, pp. 438-442.

342. O que configura uma demanda de terceiro (*Drittewiderklage*) na qual aquele que possua ou seja proprietário poderá exercer a pretensão de impedir a alienação (*Die Veräußerung hinderndes Recht*) no processo de execução. Esta medida, que se assemelha aos nossos embargos de terceiro, pode ser utilizada também pelos titulares de direitos reais e como meio de proteção ao condomínio.
Como asseveram Baur e Stürner (*Zwangsvollstreckungsrecht*, § 46, pp. 565-575), por meio desta modalidade de intervenção no processo de execução (*Interventionsklage*) o terceiro obtém uma proteção contra medidas executivas voltadas ao seu patrimônio ("Abwehr einer Vollstreckungsmaßnahme in das Vermögen des Dritten"). Ela poderá ser utilizada para a proteção da propriedade (*Eigentum*) e da posse (*Besitz*) e para situações específicas, como a do herdeiro, ou de direitos especiais (*Sondervermögen*), tais como situações de inalienabilidade. V. a extensa lista de situações autorizadas pela jurisprudência in Baumbach, Lauterbach, Albers e Hartmann, *Zivilprozessordnung*, p. 2.135.

afetação de bem indevido ao processo de conhecimento ou de execução.[343] De certa forma, esta última função é protetiva para uma das partes da relação processual, pois não será desenvolvida atividade processual inócua com possibilidade de correção oportuna. Isto é muito importante nas situações de proteção aos bens móveis, em que a dinamicidade do tráfico negocial é intensa. Trata-se da expansão da força da boa-fé na consolidação de relações jurídicas, que hoje assume visão diferenciada em nosso sistema civil, especialmente pela leitura do art. 1.268 do CC e pela redação do art. 54, parágrafo único, da Lei 13.097/2015, que confere nova proteção ao terceiro de boa-fé quanto à tutela dos bens imóveis em situações de evicção.

A natureza jurídica dos embargos de terceiro é revelada pela análise do seu cabimento, ou seja, como *procedimento especial para proteção contra a constrição judicial sobre bens que estejam na posse ou propriedade do terceiro*. Perante o CPC/1973 os embargos assumiam natureza preponderantemente possessória, o que decorria da previsão do art. 1.046, *caput* e § 1º:

"Art. 1.046. Quem, não sendo parte no processo, sofrer turbação ou esbulho na posse de seus bens por ato de apreensão judicial, em casos como o de penhora, depósito, arresto, sequestro, alienação judicial, arrecadação, arrolamento, inventário, partilha, poderá requerer lhe sejam manutenidos ou restituídos por meio de embargos.

"§ 1º. Os embargos podem ser de terceiro senhor e possuidor, ou apenas possuidor."[344]

A vocação natural da ação de embargos era voltada à proteção do terceiro contra ameaça ou lesão à posse. Ela poderia ser desafiada pelo proprietário, mas desde que fosse possuidor. Como exceção, o Código/1973 ainda previa a possibilidade da defesa de direito real desvinculado da posse, por meio do art. 1.047, II, para os credores com garantia real. Este posicionamento do Código anterior acompanhou de certo modo uma separação que também ocorreu no Direito Português, na transição do século XIX para o século XX. Inexplicavelmente, as ações possessórias acabaram sendo relegadas para o combate ao ato do particular e os embargos de terceiro para as situações relativas à constrição judicial.[345]

---

343. Sobre o Direito Alemão, v. a análise de Donaldo Armelin, *Embargos de Terceiros*, pp. 97-102.
344. Fabio Caldas de Araújo, Fernando da Fonseca Gajardoni e José Miguel Garcia Medina, *Procedimentos Cautelares e Especiais*, vol. 4, pp. 334 e ss.
345. José Alberto dos Reis, *Processos Especiais*, vol. I, pp. 400 e ss.

Na mesma toada, os embargos passaram a ter utilização voltada à defesa da posse, e não do domínio.

Aquele que pretendesse a defesa apenas do seu direito de propriedade deveria se utilizar de instrumentos específicos, como ação reivindicatória, ação negatória – enfim, ações de natureza petitória. Os embargos de terceiro caracterizavam-se por serem medida de caráter preponderantemente possessório, voltada à eliminação de um ato judicial de constrição sobre o patrimônio jurídico do lesado. O Código de Processo Civil/2015 não impede mais a utilização dos embargos pelo senhor ou possuidor. O proprietário, ainda que fiduciário, está plenamente autorizado a manejar os embargos de terceiro. A redação do art. 674 do CPC/2015 não deixa margem para dúvida, e expressamente determina, no seu *caput*: "Art. 674. Quem, não sendo parte no processo, sofrer constrição ou ameaça de constrição sobre bens que possua ou sobre os quais tenha direito incompatível com o ato constritivo, poderá requerer seu desfazimento ou sua inibição por meio de embargos de terceiro". Esta redação já seria suficiente para a compreensão da mudança. Mas o § 1º do art. 674 foi enfático: "§ 1º. Os embargos podem ser *de terceiro proprietário*, inclusive *fiduciário*, ou *possuidor*" (grifos nossos). Na relação fiduciária, ainda que reconhecida a dissociação entre a posse direta e a indireta, sabe-se que a posse indireta é atenuada em grau máximo (*fingierten Besitz*).

No conceito do art. 674 do CPC são realçadas duas características essenciais. A primeira é o conteúdo quanto à defesa da posse ou propriedade. A segunda, a natureza do ato que será combatido, e que estará voltado à eliminação de uma ordem de constrição judicial. Este é um elemento que separa os *embargos de terceiro* da *oposição*. A redação atual restabelece a aplicação das disposições do Direito Luso-Brasileiro, pois a tradição de nosso sistema sempre permitiu a utilização dos embargos pelo possuidor ou proprietário (*Ordenações Filipinas*, Livro III, Título 86, § 17), sem a necessidade de o proprietário exercer a posse. Vale a crítica de Pontes de Miranda quando comentou o art. 707 do CPC/1939. Nosso maior processualista criticou duramente a eliminação indevida, por parte do Regulamento 737/1850 e pelo Decreto 763/1890, da tutela da propriedade por meio dos embargos que acompanharam as modificações ocorridas no Direito Português.[346] O Código/1973 não eliminou o direito real de sua previsão; contudo, manteve-o de modo limitado e secundário para fins de tutela. O sistema atual não prevê mais essa limitação. Se a prova do domínio ou de outros direitos reais (de garantia ou de gozo) é

---

346. Pontes de Miranda, *Comentários ao Código de Processo Civil* (de 1939), t. IX, pp. 41-44.

mais simples do que a posse, qual a lógica em limitar sua utilização em juízo? Nenhuma.[347] A adesão do Brasil ao sistema tabular trouxe grande revolução na tutela da propriedade, e não foi acompanhada na evolução da técnica processual para sua defesa. Ao se adotar o sistema de registro e o princípio da matrícula, com a concentração dos gravames e ônus (Lei 13.097/2015), permitem-se publicidade e proteção ao terceiro de boa-fé. Isto confere caráter simples e objetivo à demonstração da ofensa ao direito de propriedade e confere maior agilidade mesmo em relação à tutela da posse. A mudança do art. 674 do CPC reconhece dado simples e já detectado pela doutrina nacional quanto ao fato de não reconhecer que o proprietário exerce a posse indireta em inúmeras relações jurídicas negociais, as quais não deveriam ficar à margem defesa no processo, mesmo naquelas situações em que a posse indireta é atenuada ao extremo, como na propriedade fiduciária (*fingierten Besitz*), ou ainda na reconhecida situação do credor com garantia real, o qual também não exerce posse.[348] A propriedade fiduciária reflete autêntica situação de constituto possessório.[349]

O art. 674 do CPC não repete mais o elenco de atos constritivos, ainda que pelo sistema de 1973 fosse óbvia a natureza aberta e exemplificativa do dispositivo (*numerus apertus*).

É fundamental frisar que o cabimento dos embargos de terceiro, ao contrário do que se poderia supor, recai em qualquer uma das formas de prestação da tutela jurisdicional (*cognitiva, executiva* ou *cautelar*), o que se depreende da redação do art. 675 do CPC. Ainda que inexista critério estatístico oficial, é forçoso reconhecer a maior incidência da medida no processo de execução, o que se revela pela própria previsão de ordenamentos estrangeiros, como o alemão, que prevê a oposição de terceiro no processo executivo (*Gegenstand der Zwangsvollstreckung*) como meio de impedir a alienação do bem penhorado.[350] Nada impede sua utilização

---

347. Sobre a questão, v. nossa crítica quanto à manutenção da exceção de domínio no Direito Brasileiro, em trabalho específico (*Posse*, pp. 199 e ss.). Neste *Curso*, v. os comentários ao art. 557 do CPC sobre as ações possessórias (item 2.1, abaixo).
348. Como detectou há muito tempo José Paulo Cavalcanti, em estudo clássico (*A Falsa Posse Indireta*, p. 9): "Em estudo anterior dissemos que a chamada alienação fiduciária é na verdade um penhor, nela não existindo alienação alguma, porque nem antes nem depois do vencimento da dívida o credor pode adquirir a coisa dada em garantia". Em suma: a propriedade fiduciária faz valer os embargos pelo direito real de propriedade e pelo princípio da tipicidade, e não pelo desdobramento fictício da posse em direta e indireta. Na alienação fiduciária a própria relação de desdobramento nasce de autêntico constituto possessório antecipado (*antezipiertes Besitzkonstitut*).
349. Orlando Gomes, *Alienação Fiduciária em Garantia*, p. 72.
350. Os §§ 771 a 774 do ordenamento alemão estabelecem causas diversas para a oposição do terceiro, inclusive a do cônjuge que pode se opor à alienação de bens que

no processo de conhecimento, como no caso do deferimento de tutela provisória (art. 294 do CPC), ou mesmo no processo cautelar, em vista da concessão de uma medida de arresto ou sequestro que atinja patrimônio de terceiro (art. 301 do CPC).

É fundamental a análise dos elementos que compõem a definição legal para a compreensão do mecanismo de funcionamento dos embargos.[351] A ação de embargos de terceiro está em conexão íntima com a boa-fé processual. Como assinala a doutrina, o Poder Judiciário realiza uma verificação aparente sobre a propriedade dos bens que são oferecidos como garantia. Mesmo em relação aos bens imóveis a proteção ao terceiro de boa-fé poderá fundamentar o afastamento da constrição judicial (Súmula 84 do STJ),[352] sem eliminar a necessidade de reconhecimento da boa-fé do credor para fins de fixação das verbas de sucumbência (Súmula 303 do STJ).[353]

2. EMBARGOS DE TERCEIRO E AÇÕES AFINS

2.1 A ação possessória

Aproveitando a distinção quanto ao ato de constrição, algumas distinções podem ser traçadas entre a ação de embargos de terceiro e a

---

componham a sociedade conjugal (*Drittwiderspruchsklage des Ehegatten*). Parte da doutrina, como Araken de Assis ("Reação dos terceiros contra a execução", in *Manual da Execução*, 18ª ed., p. 1.690), insere o estudo dos embargos de terceiro na execução.

351. Para consulta sobre a matéria indicam-se as seguintes obras: Pontes de Miranda, *Comentários ao Código de Processo Civil* (de 1973), t. XV, pp. 1-120; Clóvis do Couto e Silva, *Comentários ao Código de Processo Civil*, cit., vol. XI, t. II, pp. 449-479; Nelson Nery Jr. e Rosa Maria de Andrade Nery, *Código de Processo Civil Comentado*, pp. 1487-1504; Luiz Ambra, *Dos Embargos de Terceiro* (consulta obrigatória, conta com excelente síntese); Araken de Assis, *Manual da Execução*, 18ª ed., pp. 1.689-1.731; José Horácio Cintra G. Pereira, *Dos Embargos de Terceiro*; Ricardo Rodrigues Gama, *Limitação Cognitiva nos Embargos de Terceiro*.

No Direito estrangeiro: Jorge Duarte Pinheiro, *Fase Introdutória dos Embargos de Terceiro*, 1992; Miguel Mesquita, *Apreensão de Bens em Processo Executivo e Oposição de Terceiros*, 1998; Fernando Amâncio Ferreira, *Curso de Processo de Execução*; Chiovenda, *Principii di Diritto Processuale Civile*, 1923; James Goldschmidt, *Derecho Procesal Civil*; Baumbach, Lauterbach, Albers e Hartmann, *Zivilprozessordnung*, cit., 2007; Prütting e Gehrlein, *Zivilprozessrecht*, pp. 1.803-1.814.

352. Súmula 84 do STJ: "É admissível a oposição de embargos de terceiro fundados em alegação de posse advinda do compromisso de compra e venda de imóvel, ainda que desprovido de registro".

353. Súmula 303 do STJ: "Em embargos de terceiro, quem deu causa à constrição indevida deve arcar com os honorários advocatícios".

ação possessória. O sistema atual ampliou o cabimento dos embargos permitindo que o proprietário ou o possuidor possam utilizar o mecanismo especial. Aqui surge a primeira distinção, na medida em que as ações possessórias não permitem discussão baseada em domínio. É possível que o domínio seja suscitado *ad colorandam possessionis*, ou seja, como elemento que venha a colorir a posse, demonstrando que o possuidor é também titular da propriedade.[354] Isto não significa que seja permitido obter a tutela possessória com base exclusiva no domínio, em vista do que dispõe o art. 557 do CPC, que veda expressamente a alegação do domínio no juízo possessório.[355]

O Código de Processo Civil/1973 seguiu orientação peculiar ao direcionar os embargos para a defesa da posse. O proprietário, denominado de "senhor" pela redação do seu art. 1.046, § 1º, deveria ser também possuidor para ter direito ao uso dos embargos. Isto não o impedia de defender a posse na qualidade de possuidor indireto, cuja configuração exige uma relação de desdobramento da posse (*Besitzrechtableitung*).[356]

As diferenças entre os embargos e a ação possessória são claras sob o ponto de vista procedimental. A ação possessória é direcionada a conter o ato particular (pessoa física/jurídica).[357] Os embargos de terceiro voltam-se contra o ato estatal. De comum aponte-se a proteção à posse ameaçada, turbada ou ofendida. A diferença fundamental dos embargos

354. Roberto Beghini, *L'Azione di Reintegrazione del Possesso*, p. 31.
355. Existe a exceção prevista pela Súmula 487 do STF: "Será deferida a posse a quem, evidentemente, tiver o domínio, se com base neste for ela disputada". A Súmula é reconhecida como precedente válido pelo STF: "O atual Código Civil e a redação atribuída ao art. 923 do CPC [*de 1973*] impedem a apreciação de questões envolvendo o *jus petitorium* em juízo possessório. No entanto, a doutrina de Pontes de Miranda esclarece ser possível a *exceptio dominii* nos casos em que duas pessoas disputam a posse a título de proprietários ou quando é duvidosa a posse de ambos os litigantes. Dessa forma, 'a exceção do domínio somente é aplicável quando houver dúvida acerca da posse do autor e do réu ou quando ambas as partes arrimarem suas respectivas posses no domínio, caso em que a posse deverá ser deferida àquela que tiver o melhor título, ou seja, ao verdadeiro titular, sem, contudo, fazer coisa julgada no juízo petitório'. 10. Por fim, a questão debatida nos autos encontra respaldo na Súmula STF n. 487, *in verbis*: (...). Sílvio de Salvo Venosa adverte que 'somente se traz à baila a súmula se ambos os contendores discutirem a posse com base no domínio, ou se a prova do fato da posse for de tal modo confusa que, levadas as partes a discutir o domínio, se decide a posse em favor de quem evidentemente tem o domínio. Todavia, a ação não deixa de ser possessória, não ocorrendo coisa julgada acerca do domínio'" (Tribunal Pleno, ACO 685, rela. Min. Ellen Gracie, j. 11.12.2014, *DJe* 12.2.2015).
356. José Paulo Cavalcanti, *A Falsa Posse Indireta*, cit., p. 9.
357. Pontes de Miranda, *Comentários ao Código de Processo Civil* (de 1973), cit., t. XV, p. 77.

de terceiro com as ações possessórias reside no alvo do comando mandamental. Outros pontos merecem realce para a distinção, dentre eles o procedimento, o modo de concessão da liminar e a fungibilidade.

Nos embargos de terceiro o procedimento é diferenciado em sua fase inicial, pois exige causa de pedir que engloba a possibilidade de pedido fundado na posse ou propriedade. Nas ações possessórias a causa de pedir é eminentemente possessória.[358] Ambos os procedimentos tornam-se comuns após a formação do contraditório, conforme se antevê na redação do art. 679 do CPC, o que também provocará alterações substanciais no processamento dos embargos.

Nos embargos de terceiro o procedimento assume restrição à cognição horizontal e vertical, mas após a contestação o procedimento se converte em comum. Pelo regime anterior adotava-se o rito cautelar. A jurisprudência do STJ deverá ponderar quanto à sobrevivência da Súmula 195: "Em embargos de terceiro não se anula ato jurídico, por fraude contra credores". Um dos grandes argumentos para o não cabimento seria a impossibilidade de ampliação subjetiva da relação processual, a qual não possui mais vedação. A natureza de procedimento especial sempre foi o grande empecilho para permitir que outras questões pudessem ser examinadas nos embargos. Os procedimentos especiais sempre foram informados pela rigidez e pela impossibilidade de aplicação do princípio da fungibilidade, como decorrência de sua excepcionalidade. Um ponto de reflexão quanto aos embargos residiria na mesma barreira existente para o exame do domínio nas ações possessórias, ante a cláusula de vedação do art. 557 do CPC.

Entretanto, o Código de Processo Civil/2015 opera com visão diferenciada, que flexibiliza o rigor do procedimento especial, relegando-o, na maioria das vezes, para a primeira fase do procedimento. É o que se observa nos embargos de terceiro, o que nos leva a crer na necessidade de mudança quanto à possibilidade de inclusão de questões substanciais na fase de defesa do embargado.

2.2 A oposição

A oposição constitui modalidade de intervenção de terceiro vocacionada ao processo de cognição ampla, o que impede sua utilização no processo executivo. Antes de mais nada, seu cabimento está limitado temporalmente, pelo Código de Processo Civil, ao encerramento do

---

358. Exceção admitida apenas quanto à Súmula 487 do STF, suprarreferida.

processo por sentença. Não há preclusão pela não utilização da oposição; afinal, trata-se de modalidade de intervenção voluntária e facultativa.[359]

A oposição representa a insurgência de um terceiro contra as pretensões deduzidas por ambas as partes. A pretensão do opoente não está voltada exclusivamente à proteção da posse ou da propriedade, como nos embargos de terceiro.[360] Pela oposição apresenta-se pedido de tutela jurisdicional que permite cognição ampla. Como assevera Arruda Alvim: "A oposição não deve ser confundida com os embargos de terceiro, porquanto através destes, e tendo em vista as qualidades de senhor e/ou possuidor, colima-se excluir de ato judicial constritivo incidente sobre um determinado bem, a respeito do qual se alega a inviabilidade de submissão àquele ato. Já, na oposição o que pretende o opoente é afastar as posições do autor e do réu sobre a coisa ou o direito disputado ou controvertido, em função de entender que a titularidade cabe a ele, opoente".[361]

Na oposição a lei processual permite cognição ampla, com possibilidade de análise de inúmeras questões de fato. O mesmo não acontece em sede de embargos de terceiro, cuja restrição não atinge apenas a legitimidade ativa, mas o campo de debate, o qual fica restrito à matéria elencada pelo art. 674 do CPC.[362]

Ponto crucial que separa a seara da *oposição* e *dos embargos* reside no fato de os embargos objetivarem a exclusão da constrição judicial, motivo que gera a eficácia mandamental como efeito preponderante do comando judicial.[363] Na oposição o terceiro não se volta contra a ordem estatal, mas contra ambas as partes entre as quais pende relação jurídico-processual (*Rechtshängigkeit*) e na qual se situa o bem jurídico circunscrito ao interesse do opoente.[364]

---

359. "Per il terzo, l'intervento principale costituisce un *mezzo di tutela facoltativo*" (Carpi, Colesanti e Taruffo, *Commentario Breve al Codice di Procedura Civile*, p. 318).

360. Nas *Ordenações*, Livro III, Título XX, § 31, restringia-se a oposição à tutela dos direitos reais, fato que não se coaduna com a disciplina atual.

361. Arruda Alvim, *Manual de Direito Processual Civil*, vol. II, p. 141.

362. Luiz Ambra, *Dos Embargos de Terceiro*, cit., p. 64. O autor ainda alude ao CPC/1939, com referência aos arts. 707 e 708.

363. Jamais declaratória, como pretende parcela da doutrina brasileira atrelada à primeira fase do pensamento italiano, que já superou esta concepção e classifica a ação e a sentença como constitutivas negativas.

364. Pontes de Miranda, *Comentários ao Código de Processo Civil* (de 1973), cit., t. XV, p. 4.

3. EMBARGOS CONTRA ATO DE CONSTRIÇÃO JUDICIAL

O cabimento dos embargos de terceiro pressupõe a existência de um ato judicial que provoque ameaça ou lesão sobre o patrimônio do terceiro, conforme leitura do art. 674 do CPC. É possível que a constrição atinja o direito sem afetar a posse. Uma medida cautelar de indisponibilidade sobre o bem é suficiente para que o direito de propriedade seja alijado.

O ato de ameaça ou lesão deve ter natureza judicial, e a leitura constitucional do art. 674 do CPC é clara ao proteger as situações de ameaça em que o pedido de tutela assume natureza inibitória bem como aquelas pautadas pela lesão, quando for necessário o desfazimento do ato de constrição.

Os atos abusivos praticados pela Administração Pública desafiam o mandado de segurança ou, mesmo, a tutela específica para a obrigação de não fazer. O mandado de segurança tem cabimento específico em virtude do ato abusivo praticado pela autoridade coatora quando não existe motivação para apreensão ou restrição ao direito do impetrante.[365]

Atualmente determinadas medidas constritivas nascem por atividade exclusiva da parte, mas por autorização legal, como os atos de averbação premonitória do art. 799, IX, do CPC. Não temos dúvida quanto ao cabimento dos embargos de terceiro como medida lícita para a eliminação da constrição, ainda que não tenha sido originada por ato judicial, pois o prejuízo será evidente para fins de circulação e garantia do tráfico negocial, o qual nasce por autorização estatal e pelo interesse do credor que estará no polo passivo dos embargos de terceiro.

4. A FIGURA DO TERCEIRO

Os embargos são voltados a eliminar a constrição judicial, o que exige identificação da pessoa em relação à qual a medida será direcionada. Atento à questão, Pontes de Miranda procurou eliminar qualquer confusão entre os embargos do devedor e os embargos de terceiro. Como alerta o insigne Jurista, "se a pessoa figura na sentença como parte, e não no

---

365. É até possível que o ato judicial também seja alvo de impetração de mandado de segurança, mas será sempre excepcional, uma vez que o mandado de segurança não substitui o recurso cabível, conforme redação do art. 5º, II, da Lei 12.016/2009. Sua utilização será sempre excepcional contra ato judicial. Sobre a questão, v.: Fabio Caldas de Araújo e José Miguel Garcia Medina, *Mandado de Segurança Individual e Coletivo*, p. 69.

foi, embora o pudesse ter sido, se tivesse sido citada, então, os embargos são do devedor, e não de terceiro". A citação ilustrativa demonstra que aquele que participou ou cuja participação foi indevidamente provocada (nulidade de citação) deve ser considerado como parte para fins de embargos ou de rescisão do julgado. Para fins de embargos de terceiro a parte autora deve ser completamente alheia ao processo que origina a constrição judicial.[366-367]

O terceiro não pode ser atingido por ato de constrição sem sua cientificação, pois mesmo em situação de declaração de fraude exige-se sua ciência, para possibilidade de integração (art. 792, § 4º, do CPC). Mesmo quando autorizada a responsabilidade patrimonial secundária (como a do sócio em relação à sociedade) exige-se sua citação e sua participação na relação executiva (art. 792, § 3º, do CPC). A necessidade do contraditório é reforçada pelo estatuto processual de 2015 (art. 10).

Embora possa parecer afirmação tautológica, os embargos de terceiro são destinados ao *terceiro*. É a resposta para a pergunta "quem?". O preenchimento do art. 674 do CPC também exige uma análise da posição processual do terceiro com base na sua responsabilidade primária ou secundária na relação de direito material.

4.1 O terceiro e sua legitimidade "ad causam"

Quanto à legitimidade para agir, é essencial a investigação do conceito de *parte*, principalmente pelo estrangulamento entre a legitimidade *ad causam* e a *ad processum*. Em sistemas que não adotam as condições da ação a questão é simplificada, como no Direito Alemão. É essencial que o terceiro não tenha participado do juízo e tenha afetada sua posição jurídica de modo indevido.[368] Sua pretensão não pode estar voltada à

---

366. Pontes de Miranda, *Comentários ao Código de Processo Civil* (de 1973), cit., t. XV, p. 25.

367. Neste sentido, do TRF-2ª Região: "Tem legitimidade ativa para opor a ação o terceiro que não participa ou não participou da relação jurídica processual, ou seja, quem não foi parte no processo. 2. Tendo o sócio sido devidamente citado para integrar o polo passivo da execução fiscal, deve promover sua defesa pela via adequada, e não por meio de embargos de terceiro, eis que esta ação é instrumento a ser utilizado apenas por aquele estranho à relação jurídica processual. 3. Precedentes do STJ" (4ª Turma Especial, AC 98.02.45200-9, rel. Des. Federal Luiz Antônio Soares, *DJU* 1.11.2006, p. 145).

368. STJ: "O filho, integrante da entidade familiar, é parte legítima para opor embargos de terceiro a fim de discutir a característica de bem de família do imóvel onde reside com os pais – Precedentes. 2. Agravo regimental não provido" (3ª Turma,

impugnação do título executivo (judicial ou extrajudicial). Não há ataque direto ao julgado, mas ao ato judicial de constrição que se mostra abusivo, por atingir esfera jurídica alheia.

O conceito de *terceiro* nasce por exclusão, pois se consideram partes (autor e réu) todos aqueles que fazem o pedido bem como aqueles contra quem o pedido é direcionado. Todos os demais são terceiros. A distinção oferecida é eminentemente processual.[369] Em suma: terceiro é aquele que não participa da relação processual.[370] A distinção fornecida por Dinamarco assume extrema importância quanto à delimitação das partes na demanda (autor[es] e réu[s]) e partes na relação processual. As partes na demanda estão ligadas inexoravelmente pelo objeto do processo (*Der Streitgegenstand*),[371] e poderão ter a contribuição de outros interessados na relação processual, como no caso da assistência.[372]

Esta última colocação suscita outra questão. Aqueles que realizarem algum tipo de intervenção de terceiros (assistência, denunciação) podem manejar os embargos de terceiro? A resposta exige a análise da posição jurídica do terceiro interveniente e sua conexão com o objeto litigioso do processo. O assistente simples (*Nebenpartei*) não pode ser considerado parte, pois não tem qualquer conexão direta com o objeto litigioso – fato que o legitima a utilizar os embargos de terceiro. A mesma solução não pode ser preconizada para o assistente litisconsorcial, que tem relação direta com o objeto litigioso. Exemplo clássico reside na figura do art. 109 do CPC. O adquirente ou cessionário, quando atue como assistente litisconsorcial, não poderá ajuizar embargos de terceiro.

AgR no REsp 1.349.180-SP, rel. Min. Ricardo Villas Bôas Cueva, j. 1.3.2016, *DJe* 7.3.2016).
369. O que pode ser evidenciado pela explicação de Baur e Grunsky (*Zivilprozessrecht*, 12ª ed., § 6º, 73, p. 72): "Quem é parte no processo é determinado pela demanda; autor é quem propõe a demanda; réu, contra quem a demanda é dirigida" (tradução livre) ("Wer Partei in einem Prozess ist, wird durch die Klage bestimmt: Kläger ist, wer die Klage erhebt; Beklagtet ist, gegen wen sich die Klage richtet").
370. Referindo-se ao conceito por exclusão, ensina Dinamarco: "Esse conceito extremamente simples e de legítima conotação puramente processualística é o *preciso contraponto do conceito puro de parte*, no sentido de que se consideram terceiros no processo todos os que não são autores da demanda deduzida, não foram citados e não intervieram voluntariamente: todo sujeito permanece *terceiro* em relação a dado processo enquanto não ocorrer, em relação a ele, um dos modos pelos quais se adquire a qualidade de parte (...)" (*Litisconsórcio*, 8ª ed., p. 30).
371. Sobre a diferenciação entre o *objeto do processo* e o *objeto litigioso*, v., de Dinamarco, *Fundamentos do Processo Civil Moderno*, 6ª ed., vol. II, pp. 1.164-1.166.
372. Dinamarco, *Litisconsórcio*, cit., 8ª ed., p. 26.

4.2 O terceiro vinculado e o desvinculado: o devedor "ultra titulum"

A tutela executiva exige a prática de atos enérgicos que são direcionados ao cumprimento da obrigação constante do título. Estes atos são direcionados ao devedor constante do título executivo. A relação processual é marcada por uma natural simetria com a relação material. Os embargos oferecidos junto ao processo de excussão de bens encontram sua legitimidade primária perante o devedor do título, o qual está vinculado ao processo de execução.

Todavia, desde a genial formulação de Brinz descobriu-se que a execução pode ultrapassar a figura do devedor originário.[373] Coube a Brinz[374] a delimitação dual do conteúdo obrigacional.[375] Os alemães foram os responsáveis pela dissecação do conteúdo obrigacional em duas partes claras e distintas: o *débito* e a *responsabilidade*.

A elaboração da teoria binária por Brinz permitiu estabelecer a separação da relação jurídica obrigacional composta pelos elementos dívida (*Schuld*) e responsabilidade (*Haftung*). Estes dois elementos caracterizariam a relação obrigacional, e somente em situações excepcionais não estariam concomitantemente presentes. Exemplo clássico seria o das obrigações naturais nas quais se faz presente o elemento dívida mas ausente a responsabilidade pelo pagamento, como em uma dívida de jogo. Outro exemplo seriam as dívidas prescritas. O inverso também é possível, como no caso de certos direitos potestativos. O fiador que se obriga ao pagamento do afiançado não é o titular da dívida, mas atua como responsável voluntário pelo pagamento.

A transposição desta situação para o processo de execução acaba por diferenciar a figura do *devedor* e a do *terceiro*.[376] O devedor será, em regra, determinado pela materialidade do título. O título prevê em sua

---

373. Aloys Brinz, *Lehrbuch der Pandekten*, vol. II, § 274, p. 302.
374. Brinz, *Der Begriff Obligatio* (*O Conceito de Obrigação*), 1874, apud Ruggiero, *Instituições de Direito Civil*, vol. III, p. 14.
375. Não se deve confundir o elemento dual com a classificação do próprio negócio jurídico subjacente, que também é base para a definição do negócio em unilateral, quando gera obrigação para apenas uma das partes, ou bilateral, quando há reciprocidade. Certo é que no campo obrigacional a relação jurídica é preponderantemente recíproca: "Es gibt Rechtsverhältnis, an denen nur einige individuell bestimmte Personen, meist nur zwei, beteiligt sind; *so vor allem die Schuldverhältnisse*" (Karl Larenz, *Allgemeiner Teil des Bürgerlichen Rechts*, § 13, 12, p. 256).
376. Sobre as diversas teorias que procuram explicar a natureza da relação obrigacional, Menezes Cordeiro, *Direito das Obrigações*, vol. I, pp. 173-242.

configuração quem deva ser executado, uma vez que a obrigação é certa e determinada, o que inclui a identificação do devedor. Por outro lado, não só o devedor que conste do título poderá ser obrigado a suportar os efeitos da constrição. Surge neste caso o devedor *ultra titulum*.[377]

No sistema brasileiro, além dos casos em que ocorre a previsão legal da sucessão da execução (art. 778, § 1º, II, do CPC), há previsão expressa da responsabilidade secundária do terceiro, nos termos do art. 790 do CPC. Este terceiro é *vinculado* ao processo de execução. A lei estabelece sua responsabilidade, ainda que sua vontade seja contrária. Trata-se da constituição de uma sujeição *ope legis*. O elenco do art. 790 do CPC revela as hipóteses de atribuição da responsabilidade patrimonial secundária com tipos taxativos, em vista da gravidade e da excepcionalidade desta sujeição.

A responsabilidade secundária prevista pelo art. 790 do CPC está voltada naturalmente para as situações de responsabilidade ilimitada. A afetação dos bens do sócio em sociedades de responsabilidade limitada pressupõe decisão judicial prévia que reconheça a desconsideração. O art. 792, § 3º, estabelece a necessidade de formação do contraditório para fins de desconsideração quanto à pessoa (física ou jurídica). A citação será necessária para que o processo de execução permita a incidência da figura prevista pelo art. 138 do CPC.

O incidente poderá nascer em qualquer fase do processo de conhecimento ou de execução (art. 134 do CPC). O sócio que foi vencido no incidente não tem mais legitimidade para opor os embargos de terceiro. Com a decisão declaratória seu patrimônio estará naturalmente afetado pela responsabilidade patrimonial, mas poderá ajuizar os embargos à execução (art. 915 do CPC) ou oferecer a impugnação (art. 525 do CPC), bem como a exceção de pré-executividade (art. 518 do CPC).

Devemos lembrar que o sócio poderá ou não ter alienado seu patrimônio. Quando não tenha ocorrido a circulação patrimonial (*Rechtsverkehr*) não existirá, em tese, terceiro afetado, pois sua posição estará assegurada pela boa-fé. Por outro lado, quando a desconsideração afetar terceiro, sua intimação é obrigatória, para fins de possibilitar sua defesa e a apresentação dos embargos, nos termos do art. 792, § 4º, do CPC.

Mesmo em dívidas tributárias a aplicação da teoria da desconsideração exigirá, doravante, a comprovação de fatos jurídicos concretos relativos à fraude à execução, por meio do incidente de desconsideração

---

377. Miguel Mesquita, *Apreensão de Bens no Processo Executivo e Oposição de Terceiros*, cit., p. 37.

da personalidade jurídica. Não há qualquer motivação plausível para a violação ao direito de contraditório mínimo para que o patrimônio possa ser afetado nas situações em que a desconsideração se revelar necessária. Do contrário, caberá ao sócio o oferecimento dos embargos de terceiro.[378] Na última situação temos a incidência natural dos embargos de terceiro, pois o afetado pela constrição é absolutamente desvinculado da relação processual.

5. A LEGITIMAÇÃO NOS EMBARGOS

5.1 O possuidor indireto e o direto

O *caput* e o § 1º do art. art. 674 do CPC clamam pela análise da figura do possuidor. A posse sempre esteve intimamente ligada aos embargos de terceiro, pela sua previsão como causa de pedir remota para o ajuizamento dos embargos. Pela análise do dispositivo, estão legitimados a ajuizar os embargos de terceiro tanto o *possuidor direto* como o *indireto*. A posse configura instituto-base quanto aos efeitos provocados pelo ato de constrição judicial. Sofrem-na o possuidor e o proprietário-possuidor. Deste modo, a ameaça à posse ou, mesmo, a turbação e o esbulho permitem o ajuizamento dos embargos de terceiro quando provenientes de decisão judicial. O detentor foge desta configuração, uma vez que não possui legitimação para a defesa do interesse possessório.

O detentor não expressa em seus atos a senhoria (*Herrschaft*) que caracteriza o poder fático de disposição do possuidor (*tatsächlichen Gewalt*). A lei civil lhe confere apenas possibilidade da autodefesa (art. 1.210, § 1º, do CC). É até possível que o detentor possa mudar sua causa *detentionis* em *possessionis*. Trata-se da *interversão da posse*, que também se opera em relação ao detentor, e não apenas em relação ao *possuidor direto*.[379]

A pretensão quanto ao afastamento da ameaça, turbação ou esbulho caberá naturalmente ao possuidor imediato (direto), mas isto não afasta a pretensão possessória do possuidor mediato (indireto). Com o desdobramento da posse, é possível afirmar que tanto o possuidor indireto como

---

378. STJ: "Embargos de terceiro à execução fiscal – Violação ao art. 535 do CPC [*de 1973*] – Omissão não configurada – Sócio não citado na demanda executiva – Legitimidade ativa reconhecida – Precedentes – Agravo regimental a que se nega provimento" (1ª Turma, REsp/ED/AgR 996.106-AM, rel. Min. Teori Albino Zavascki, j. 2.2.2012, *DJe* 10.2.2012).

379. V. nosso estudo *Posse*, cit., p. 333.

o direto estão em posição de exercer a pretensão de proteção da posse (*Besitzschutzanspruch*).[380] O possuidor "real", enquanto vigente a relação jurídica que fundamenta o desdobramento, será o possuidor direto. Afinal, ele utilizará efetivamente o bem, estabelecendo uma relação de senhoria mediante a exteriorização dos atos possessórios, tal qual o proprietário.[381] Esta diferenciação entre possuidor real e possuidor fictício ganhou muita força no Direito Alemão, pois se considerava o possuidor indireto um possuidor "fingido" (*fingierter Besitz*), eis que a posse indireta seria uma posse sem senhoria fática (*ein Besitz ohne Sachherrschaft*).[382] De acordo com o ensinamento de Joost, este posicionamento foi superado na doutrina, e atualmente o possuidor indireto é classificado não como um possuidor fictício, mas, sim, "espiritualizado" (*vergeistigt*). Ele também detém o poder de disposição, mas de forma atenuada, na medida em que a posse mediata somente existe quando a posse imediata é exercida por meio de outrem.[383] Desta forma, tornam-se compreensíveis e claras as definições de possuidor imediato e possuidor mediato oferecidas por Baur: "Possuidor imediato é, então, quem exerce o poder de disposição fático sobre a coisa; possuidor mediato é aquele cuja posse é exercida por meio da intermediação de outrem, o possuidor imediato".[384] Embora não tenha poderes de ingerência direta sobre a *res*, o possuidor indireto poderá se valer das ações possessórias; e isto impossibilita que seja classificado como possuidor "fingido", porque a base da ficção é a projeção de uma

380. O que decorre da leitura do art. 1.197 do CC. V.: Fabio Caldas de Araújo e José Miguel Garcia Medina, *Mandado de Segurança Individual e Coletivo*, cit., p. 736.

381. Desta forma é possível compreender a afirmação severa de Gondim Neto, em sua preciosa monografia, sobre a real importância da posse indireta: "A posse indireta não é, na realidade, aquilo que as palavras parecem indicar, não é posse como a dos outros possuidores, constitui unicamente uma ficção, que se reduz ao direito de exercer, subsidiariamente, as ações possessórias, para reprimir atos ilegais praticados contra o verdadeiro possuidor. Não vai além a importância da posse indireta" (*Posse Indireta*, p. 16).

382. Joost, *Münchener Kommentar zum Bürgerlichen Gesetzbuch*, vol. VI, "Sachenrecht", p. 90.

383. Neste sentido Joost: "Nach heute h. M. ist mittelbarer Besitz dagegen tatsächliche Sachherrschaft und daher begrifflich nicht wesensverschieden vom unmittelbaren Besitz" ("Atualmente a posição doutrinária majoritária reconhece a senhoria fática ao possuidor mediato, e, por isso, não o diferencia conceitualmente do possuidor imediato" – tradução livre) (*Münchener Kommentar zum Bürgerlichen Gesetzbuch*, cit., vol. VI, *Sachenrecht*, p. 90).

384. "Unmittelbarer Besitzer ist also, wer die tätsachliche Gewalt über die Sache ausübt, mittelbarer Bestizer ist, wer den Besitz durch Vermittlung eines anderen – des unmittelbaren Besitzers – ausüben kann" (Baur e Stürner, *Sachenrecht*, p. 58).

situação inexistente, o que não caracteriza as faculdades inerentes ao possuidor indireto.[385]

O possuidor direto é quem será o principal legitimado a utilizar os embargos de terceiro. O fortalecimento da posse de boa-fé no sistema brasileiro foi espantoso após a Constituição Federal/1988, o que se comprova pelo surgimento da Súmula 84 do STJ: "É admissível a oposição de embargos de terceiro fundados em alegação de posse advinda do compromisso de compra e venda de imóvel, ainda que desprovido de registro". O posicionamento do sistema brasileiro é peculiar quando comparado com o de outros Países, como Portugal, no qual a proteção ao terceiro de boa-fé não é garantida sequer em relação aos bens móveis.[386]

5.2 Terceiro possuidor e as Súmulas 84, 303 e 308 do STJ

A Súmula 84 do STJ representa uma evolução da jurisprudência brasileira, pela valorização da função social da posse. Antes desta construção o STF emitiu, na década de 1980, a Súmula 621, em sentido diametralmente oposto: "Não enseja embargos de terceiro à penhora a promessa de compra e venda não inscrita no registro de imóveis".

A posição atual do STJ reflete a valorização da função social da posse, uma vez que a publicidade registral, muito embora seja essencial para o sistema jurídico, necessita de interpretação coerente com a situação econômica e social de nosso País.[387] Aquele que exerce a posse mansa e pacífica sobre bem adquirido, de modo irretratável, não pode ser prejudicado pela inexistência do registro do seu compromisso de compra e venda.

O manejo dos embargos de terceiro será lícito e viável ao possuidor.[388]

385. Sobre a questão, Pontes é enfático: "A posse mediata é poder fáctico, porque o fáctico não é só o corporal; razão, essa, assaz para que se tenha por falsa qualquer teoria que aluda à ficção" (*Tratado de Direito Privado*, t. XXXVIII, § 1.071, p. 101). Na verdade, o sistema, ao reconhecer a possibilidade do desmembramento, não alija o possuidor indireto de todos os poderes de disposição sobre a coisa. No *BGB* isto resta claro quanto à possibilidade de defesa da posse perante terceiros, ante a redação do § 868.
386. Menezes Cordeiro, *Direitos Reais*, pp. 263 e ss.
387. A posição do terceiro agora é reforçada pelo art. 54, parágrafo único, da Lei 13.097/2015.
388. STJ: "'É admissível a oposição de embargos de terceiro fundados em alegação de posse advinda do compromisso de compra e venda de imóvel, ainda que desprovido do registro' (Súmula n. 84/STJ). 'O reconhecimento da fraude de

Mesmo protegendo o terceiro possuidor de boa-fé, o STJ foi coerente em reconhecer que existe outro "terceiro" que não tem condições, na maioria das vezes, de saber sobre a existência deste compromisso. Trata-se do credor-exequente que busca a satisfação do valor reconhecido pelo título judicial ou extrajudicial. A ausência de publicidade por falta do registro do compromisso ou mesmo da regularização da situação do imóvel, pela elaboração da escritura pública e do registro, não pode ser imputada ao que busca a satisfação do seu crédito. O STJ procurou equalizar a necessidade de distribuir a responsabilidade pela sucumbência nos embargos. Se é lícito ao possuidor defender a posse sobre o bem, não é justo imputar a responsabilidade pela sucumbência ao credor. Ele não teria condições de saber sobre a existência do negócio jurídico de caráter pessoal entre o devedor e o terceiro. Daí a importância da Súmula 303 do STJ: "Em embargos de terceiro, quem deu causa à constrição indevida deve arcar com os honorários advocatícios".[389] O devedor-executado que não informou sobre a existência da venda bem como o próprio terceiro que não regularizou sua situação jurídica serão responsáveis pelas despesas, uma vez que incidirá o princípio da causalidade, e não o da sucumbência. A mesma solução aplica-se para a defesa da posse perante a Súmula 308 do STJ. Esta situação também deverá prevalecer quando o terceiro seja embargado pela companheira, nos termos do art. 674, § 2º, I, do CPC. A união estável não fornece mecanismos idôneos de publicidade, o que justifica a aplicação da Súmula para contenção da sucumbência em relação ao credor-exequente.

Com os grandes prejuízos provocados pela falência de incorporadoras e os reflexos gerados aos compromissários compradores de boa-fé, o STJ editou a Súmula 308: "A hipoteca firmada entre a construtora e o agente financeiro, anterior ou posterior à celebração da promessa de compra e venda, não tem eficácia perante os adquirentes do imóvel".

Poucas são as incorporadoras que atuam com recursos próprios, o que provoca uma situação de desvantagem para o comprador leigo e de

execução depende do registro da penhora do bem alienado ou da prova de má-fé do terceiro adquirente' (Súmula n. 375/STJ) – Agravo interno a que se nega provimento" (4ª Turma, AgInterno no AREsp 639.438-MT, rela. Min. Maria Isabel Gallotti, j. 12.4.2016, *DJe* 22.4.2016).

389. STJ: "Honorários advocatícios – Ônus de quem deu causa à constrição – Súmula n. 303 do STJ – Reexame de pressuposto fático – Súmula n. 7 do STJ (...). A Súmula n. 303 desta Corte assenta orientação pacífica de que, 'em embargos de terceiro, quem deu causa à constrição indevida deve arcar com os honorários advocatícios' – Agravo regimental desprovido" (1ª Turma, AgR no AREsp 471.784-SP, rel. Min. Gurgel de Faria, j. 24.5.2016, *DJe* 8.6.2016).

boa-fé. Ao realizar a compra de um imóvel na planta, aproveitando-se de um melhor preço, em vista da antecipação do pagamento, o comprador desconhece que a matrícula está gravada com direitos reais de garantia (hipoteca) em favor do agente financeiro que emprestou determinada quantia para o início da obra. Com a quebra do incorporador, não resta dúvida de que o compromisso de compra e venda asseguraria tão só um direito pessoal. Logo, a hipoteca como direito real teria preferência na liquidação geral. O direito real tem preferência, e somente cede em casos especiais (créditos trabalhistas e tributários). O STJ, em posicionamento inédito, rompeu com o sistema legal e alterou a ordem de preferência ao eliminar a prevalência da hipoteca. Não importa se a constituição do compromisso tenha sido anterior ou posterior à hipoteca.[390] Esta proteção eliminou a hipoteca como instituto prático do sistema brasileiro, e as instituições financeiras passaram a utilizar a alienação fiduciária como meio de fortalecer a possibilidade de tomada do imóvel em situações de inadimplência. A tentativa de resgatar a hipoteca pela criação da matrícula afetada (patrimônio de afetação) não parece ter surtido a eficácia desejada.[391]

5.3 Embargos pelo proprietário

O art. 674, *caput*, do CPC, ao se referir ao embargante como titular de "direito incompatível com o ato constritivo", já englobaria a propriedade em qualquer de suas modalidades. O art. 674 do CPC parece ter leitura mais ampla do que o próprio direito de propriedade. Ao se referir a "direito incompatível", pode-se pensar em situações que transitam entre os direitos reais e pessoais, como o direito de retenção ou a sucessão

---

390. STJ: "Embargos de terceiro – Adquirente de unidade habitacional – Imóvel gravado como hipoteca. 'É admissível a oposição de embargos de terceiro fundados em alegação de posse advinda do compromisso de compra e venda de imóvel, ainda que desprovido do registro' (Súmula n. 84/STJ). 'A hipoteca firmada entre a construtora e o agente financeiro, anterior ou posterior à celebração da promessa de compra e venda, não tem eficácia perante os adquirentes do imóvel' (Súmula n. 308/STJ) – Recurso especial não conhecido" (4ª Turma, REsp 587.835-PE, rel. Min. Barros Monteiro, j. 20.10.2005, *DJU* 19.12.2005, p. 417).

391. V. Lei 10.931/2004, que modifica a Lei 4.591/1964, pela inserção do art. 31-A: "Art. 31-A. A critério do incorporador, a incorporação poderá ser submetida ao regime da afetação, pelo qual o terreno e as acessões objeto de incorporação imobiliária, bem como os demais bens e direitos a ela vinculados, manter-se-ão apartados do patrimônio do incorporador e constituirão patrimônio de afetação, destinado à consecução da incorporação correspondente e à entrega das unidades imobiliárias aos respectivos adquirentes".

aberta (art. 80, II, do CC).³⁹² Aliás, a defesa da posse pelo herdeiro ou inventariante é autêntica ficção jurídica, somente compreendida pelas razões históricas de filiação de nosso sistema ao princípio da *saisine*, nos termos do art. 1.784 do CC.³⁹³

O art. 674, § 1º, do CPC reforçou e tornou explícita a previsão dos embargos de terceiro pelo proprietário. A propriedade como título jurídico que confere direito pleno ou parcelar legitimará o proprietário a ingressar com os embargos como meio de defesa hábil para eliminar constrição judicial que recaia sobre o bem imóvel ou móvel. O direito de propriedade constitui causa de pedir para o ajuizamento dos embargos, e no conceito de propriedade devem ser englobados os direitos reais parcelares, ou seja, os direitos reais de gozo e garantia, bem como a propriedade fiduciária (art. 1.361 do CC) e o compromisso de compra e venda devidamente registrado (art. 1.417 do CC). A comprovação da titularidade exige a demonstração do domínio por meio do registro. O rigor aqui é maior, uma vez que a condição de proprietário se subsome aos ditames dos art. 1.245 do CC.

5.4 Terceiro proprietário e a alienação "*a non domino*"

No Direito Brasileiro o terceiro de boa-fé não contava com proteção efetiva para as situações de aquisição *a non domino* de bens móveis e imóveis. O Código Civil/1916 não era apenas omisso, mas, ao contrário, fortalecia a posição do proprietário. Na aquisição de bens móveis o terceiro receberia proteção eventual, desde que a tradição fosse confirmada pelo legítimo proprietário.³⁹⁴ No que diz respeito aos bens imóveis a

---

392. No mesmo sentido: Nelson Nery Jr. e Rosa Maria de Andrade Nery, *Código de Processo Civil Comentado*, p. 1.488.

393. O herdeiro não terá legitimidade ativa quando responda à execução pelos bens herdados: "O herdeiro é parte passiva legítima na execução no tocante aos bens que recebeu por herança, não podendo ingressar com embargos de terceiro – Precedentes. A configuração do bem de família envolve o revolvimento do conteúdo fático-probatório, o que não se admite em sede de recurso especial – Súmula n. 7/ STJ. Ademais, o acórdão recorrido não se manifestou expressamente sobre tal ponto – Súmulas ns. 282 e 356/STF – Recurso especial não conhecido, com recomendação" (STJ, 3ª Turma, REsp 1.039.182-RJ, rela. Min. Nancy Andrighi, j. 16.9.2008, *DJe* 26.9.2008).

394. *Ex vi* do art. 622 do CC/1916:
"Art. 622. Feita por quem não seja proprietário, a tradição não alheia a propriedade. Mas, se o adquirente, estiver de boa fé, e o alienante adquirir depois o domínio, considera-se revalidada a transferência e operado o efeito da tradição, desde o momento do seu ato.

situação era mais radical, pois somente a usucapião ordinária poderia socorrer o terceiro de boa-fé.

O período atual trouxe mudança progressiva e radical. Com o advento do Código Civil/2002 a aquisição *a non domino* dos bens móveis passou a ser expressamente reconhecida para a hipótese de aquisição em regime de publicidade, conforme o art. 1.268. Na alienação fiduciária de veículos exige-se que a restrição à propriedade esteja anotada junto ao Certificado de Registro, e o STJ passou a incorporar a Regra de Bourjon ao reconhecer a formação da propriedade *a non domino* por meio da Súmula 92: "A terceiro de boa-fé não é oponível a alienação fiduciária não anotada no Certificado de Registro do veículo automotor". A utilização dos embargos será importante para a defesa do terceiro, e revela uma aproximação do Direito Brasileiro com a solução conferida por Países como França e Alemanha.[395]

A propriedade imóvel representa ponto de proteção máxima e irrestrita ao titular, que não pode ser afetado pela aquisição *a non domino*, conforme dicção expressa do art. 1.247, parágrafo único, do CC. A única concessão de proteção advém da figura do art. 1.242, parágrafo único, do CC, com a previsão de prazo menor para a consumação da usucapião ordinária. Com o advento da Lei 13.097/2015, o art. 54, parágrafo único, trouxe previsão explícita de proteção ao terceiro quanto aos gravames não anotados, inclusive quanto à evicção. A proteção conferida à evicção revela uma aproximação do Direito Brasileiro ao modelo alemão, embora sem a admissão da abstração prevista pelo § 892 do *BGB*, e demonstra alteração radical na conformação do Direito Brasileiro, nos termos da dicção do art. 1.245 do CC.

5.5 A parte equiparada ao terceiro. O art. 674, § 2º, do CPC

O sistema processual atribuiu legitimidade ativa diferenciada para terceiros, mediante hipóteses tipificadas pelo art. 674, § 2º, do CPC. A névoa que paira entre o executado e o terceiro justifica o ajuizamento dos embargos de terceiro, que permitirão comprovar a impossibilidade de constrição sobre bem que não integra o patrimônio do devedor, mas, sim, do terceiro embargante. A *causa petendi* poderá ser fundada na posse ou na propriedade.

"Parágrafo único. Também não transfere o domínio a tradição, quando tiver por título um ato nulo."
395. Para o aprofundamento sobre a questão, v. nosso estudo *Intervenção de Terceiros*, pp. 377 e ss.

5.5.1 Os embargos do cônjuge e do companheiro: a Súmula 134 do STJ

O cônjuge ou companheiro poderá se utilizar dos embargos para a defesa da meação ou bens próprios que não devam responder por dívidas exclusivas de um dos cônjuges ou dos companheiros. A mulher casada, em especial, utiliza um sistema de dupla proteção: poderá apresentar embargos do devedor quando intimada da penhora (art. 842 do CPC), porém poderá apresentar embargos de terceiro para a defesa da posse e propriedade dos bens reservados e que compõem sua meação. Esta situação é mais simples nos casos de separação absoluta de bens. Todavia, nada impede que possam ser manejados os embargos para a defesa no regime de separação parcial ou de comunhão, desde que os bens sejam particulares ou não sujeitos a divisão. O STJ apenas ressalva, independentemente do regime, as dívidas contraídas em benefício da família, nos termos do art. 1.644 do CC, e reconhece, de modo pacífico, que o aval prestado pelo marido em firma da qual é sócio transfere o ônus da prova para o cônjuge quanto ao não aproveitamento da dívida para o seio familiar.[396]

A separação de fato do casal também opera efeitos sobre a impossibilidade de comunicação de dívidas. O exame do caso concreto é fundamental, mas mesmo no direito sucessório a separação de fato por mais de dois anos provoca reflexos patrimoniais severos (art. 1.830 do CC). A separação fática, mesmo sem registro da partilha, permite a defesa pelos embargos de terceiro, mas a boa-fé e a confiança no registro deverão ser cotejadas no caso concreto, para análise da manutenção do ato constritivo.[397]

A polêmica que reinava sobre a possibilidade da dupla legitimidade do cônjuge, e atualmente em relação ao(à) companheiro(a), foi solucionada pela Súmula 134 do STJ, que dissipou qualquer controvérsia sobre o assunto: "Embora intimado da penhora em imóvel do casal, o cônjuge do executado pode opor embargos de terceiro para defesa de sua meação".

---

396. STJ: "'Se o aval foi prestado pelo marido em garantia de dívida da sociedade de que faz parte, cabe à mulher que opõe embargos de terceiro o ônus da prova de que disso não resultou benefício para a família' (REsp 148.719-SP, rel. Ministro Ari Pargendler, 3ª Turma, j. 27.3.2001, *DJU* 30.4.2001, p. 130) 3. Agravo regimental a que se nega provimento" (3ª Turma, AgR no Ag 702.569-RS, rel. Min. Vasco Della Giustina (Desembargador Convocado do TJRS), j. 25.8.2009, *DJe* 9.9.2009).

397. STJ: "O entendimento do Tribunal de origem de que a falta de registro da separação não possui o condão de afetar o direito de propriedade da ex-cônjuge em decorrência de dívida contraída por ex-marido está em conformidade com precedentes desta Corte Superior – Agravo regimental não provido" (4ª Turma, AREsp/ED/AgR 336.404-RS, rel. Min. Luís Felipe Salomão, j. 14.10.2014, *DJe* 21.10.2014).

O direito de utilização dos embargos também se estende à união estável (art. 1.723 do CC e art. 226, § 3º, da CF).[398] A união estável deve levar em conta o teor da ADPF 132-RJ, pois engloba a união estável de pessoas do mesmo sexo. A união estável exige um olhar diferenciado quanto à sucumbência, pois, não existindo a averbação da união estável no registro civil ou sua conversão em casamento, o exequente não terá como pedir a reserva de meação ou de porção do patrimônio para penhora (Súmula 303 do STJ).

O cônjuge ou companheiro não poderá separar faticamente sua porção patrimonial quando o bem penhorado for indivisível. Nesta situação peculiar aplica-se a solução do art. 843 do CPC, por meio da qual o bem será alienado e o fruto da venda será repartido e destinado ao embargante. Nesta situação, o embargante terá legítimo interesse em atuar como assistente no processo de execução, para resguardar a alienação do bem pelo valor de mercado, sem prejuízo de eventual adjudicação pelo credor, quando necessitará depositar o preço.

5.5.2 Terceiro adquirente e a fraude à execução

O terceiro adquirente do bem afetado por constrição judicial, mediante declaração de fraude à execução, tem legitimidade para opor os embargos de terceiro. A previsão do art. 674 § 2º, II, do CPC reflete, antes de mais nada, a necessidade de amplo contraditório para que, posição jurídica de terceiro possa ser afetada por decisão judicial.

A fraude à execução e a fraude contra credores consistem em institutos que combatem a má-fé. A responsabilidade patrimonial do devedor existe desde o momento de criação do vínculo obrigacional, sendo lícito ao credor cobrar antecipadamente a dívida quando o devedor se mostre insolvente ou sem garantia suficiente para o cumprimento de suas obri-

---

398. STJ: "Embargos de terceiro – Execução de título extrajudicial – Penhora de bem considerado como de família – Hipoteca constituída pelo companheiro da embargante como garantia de dívida da pessoa jurídica da qual compõe o quadro societário – Impenhorabilidade – Não incidência da exceção prevista no art. 3º, V, da Lei n. 8.009/1990 – Ônus da prova do exequente. 1. Segundo o entendimento dominante da 2ª Seção, é impenhorável o bem de família dado em hipoteca como garantia de dívida contraída por terceiro. 2. A exceção à garantia do direito à habitação, corporificada na Lei n. 8.009/1990, prevista no inciso V do art. 3º da Lei n. 8.009/1990, incide quando o bem é dado em garantia de dívida da própria entidade familiar. 3. As razões articuladas no agravo não infirmam as conclusões expendidas na decisão agravada" (3ª Turma, AgR no REsp 1.292.098-SP, rel. Min. Paulo de Tarso Sanseverino, j. 14.10.2014, *DJe* 20.10.2014).

gações vincendas (art. 333 do CC). Seu patrimônio é a garantia para a solução das dívidas presentes e futuras (art. 789 do CPC). A fraude à execução pode ser discutida em sede de embargos de terceiro, uma vez que toma como pressuposto fato objetivo e que pode ser averiguado pelo elemento temporal no qual a alienação ou oneração do bem ocorreu, de acordo com a previsão do art. 792 do CPC.

5.5.3 A fraude e a proibição da surpresa ("Verbot der Überraschungsntscheidung")

A decretação da fraude por meio de provocação do exequente deve permitir a intimação prévia do terceiro. Não é lícito que sua posição seja afetada sem no mínimo ser concedida a possibilidade de defesa. O art. 10 do CPC veda qualquer tipo de decisão-surpresa que envolva fundamento sobre o qual as partes não tenham tido oportunidade de se manifestar. O termo "parte" deve ser ampliado, para englobar terceiros. A declaração de ineficácia da relação de alienação entre o executado e o terceiro exige o direito de defesa. A redação do art. 792, § 4º, do CPC atende a este objetivo quando determina que o terceiro seja intimado para, se quiser, opor embargos no prazo de 15 dias. O termo "intimação" revela que não existe integração do terceiro ao processo. A finalidade do ato é propiciar a formação de relação jurídica autônoma, conexa e acessória, para discussão sobre a liceidade do ato de afetação do bem ao processo pendente.

5.5.3.1 A fraude à execução e a penhora.
A Súmula 375 do STJ. O princípio da concentração

A inexistência de registro anterior da ação permite que a fraude seja detectada de modo objetivo pela construção da Súmula 375 do STJ: "O reconhecimento da fraude à execução depende do registro do bem alienado ou da prova de má-fé do terceiro adquirente". Por meio dela se institui o registro da penhora como fato objetivo para tornar indevida a transmissão do bem ao terceiro, nos termos do art. 792, III, do CPC, após a penhora, muito embora o ato de constrição não gere intransmissibilidade, apenas a indisponibilidade relativa sobre o bem. O registro da penhora sempre foi ponto que rendeu polêmica, e com a sedimentação da obrigação de seu registro pela parte interessada, por meio do art. 844 do CPC, facilita-se o controle da fraude: "Art. 844. Para presunção absoluta de conhecimento por terceiros, cabe ao exequente providenciar a averbação do arresto ou da penhora no registro competente, mediante apresentação de cópia do auto ou do termo, independentemente de mandado judicial". O interesse do exequente é manifesto, o que o obriga ao registro. Trata-se de ônus, o qual, descumprido, acarretará a manutenção do bem na posse e propriedade do terceiro, exceto se comprovadas sua absoluta ciência e má-fé quanto ao ato de transmissão.

O mesmo raciocínio aplica-se ao registro de outros atos, como a hipoteca judiciária (art. 495 do CPC), que também é mencionada pelo art. 792, III, do CPC. No entanto, como aduz Cruz e Tucci, em que pese à atipicidade quanto ao procedimento para a inscrição, torna-se mister a necessidade do contraditório. A penhora, que é o ato executivo mais drástico, não se opera sem o devido processo legal, o que torna obrigatória a bilateralidade sobre qualquer outra forma de ônus real que caiba contra uma das partes: "Conclui-se que qualquer afronta, no procedimento de constituição da hipoteca judiciária, aos regramentos do contraditório e à publicidade dos atos processuais, bem como à Lei de Registros Públicos, implica, sem dúvida, vício insanável, cognoscível até mesmo *ex officio*, em virtude de macular preceitos de ordem pública".[399] A hipoteca nasce como decorrência da sentença condenatória, e consiste em expediente pouco utilizado, mas de grande eficácia, embora sujeite o interessado aos riscos de reversão da sentença e à responsabilidade objetiva (art. 495, § 5º, do CPC). Todavia, por meio da hipoteca judiciária o credor e futuro exequente torna o ato público, e qualquer alienação posterior será considerada em fraude.

De um modo genérico, a detecção da fraude assumiu conotação simplificada e transparente com a redação do art. 54, I a IV, da Lei 13.097/2015, por meio do princípio da concentração. O titular da ação de conhecimento ou execução terá o ônus de concentrar na matrícula as ações e os gravames que possam afetar sua pretensão, com o fim de impedir futura execução. A existência de ações distribuídas não se revela mais como critério idôneo para justificar a comprovação de fraude. Cabe ao interessado prenotar e averbar na matrícula as pretensões e direitos reais, para conhecimento de terceiros. O princípio da concentração está em harmonia com o princípio da boa-fé objetiva, ao tornar clara a regra que identifica a presunção de fraude na transmissão e oneração dos bens afetados ao processo de execução.

---

399. Cruz e Tucci, "Hipoteca judiciária e devido processo legal", in *Questões Práticas de Processo Civil*, pp. 91-99, Atlas, 2000.

5.5.4 Terceiro adquirente e a desconsideração da personalidade jurídica

Quando a alienação do bem atinja transmissão que tenha sido realizada para terceiro, surge o interesse em opor os embargos. É possível a integração do sócio na relação executiva, momento em que as alienações e transmissões gratuitas serão analisadas para fins de declaração de fraude. O art. 792, § 3º, do CPC estabelece que estas alienações serão tomadas como em fraude quando ocorrerem após a "citação da parte cuja personalidade se pretenda desconsiderar". Na desconsideração própria conta-se da citação do sócio a presunção de fraude, momento a partir do qual o terceiro não poderá, em tese, adquirir os bens, sob pena de se submeter ao regime da fraude. O marco da citação é expressamente delineado pelo referido art. 792, § 3º, do CPC: "§ 3º. Nos casos de desconsideração da personalidade jurídica, a fraude à execução verifica-se a partir da citação da parte cuja personalidade se pretende desconsiderar". Na desconsideração imprópria, ou inversa (art. 133, § 2º, do CPC), busca-se a penetração (*Durchgriff*) na pessoa jurídica para afetar os bens que foram transmitidos pelo sócio, com o fim de eliminar a possibilidade de responsabilidade pessoal.

O terceiro poderá oferecer os embargos de modo preventivo, os quais assumirão caráter prejudicial. A solução negativa dos embargos será seguida da desconsideração e da declaração de fraude, o que justifica a redação final do art. 792, § 4º: "§ 4º. Antes de declarar a fraude à execução, o juiz deverá intimar o terceiro adquirente, que, se quiser, poderá opor embargos de terceiro, no prazo de 15 (quinze) dias".

5.6 Terceiro credor com garantia real

No que toca ao credor com garantia real, a Súmula 308 do STJ representa um fator de limitação em sua utilização, em vista da relativização da eficácia *erga omnes* da hipoteca em nosso sistema, fato que justifica o declínio de seu emprego e a sobreposição natural da propriedade fiduciária como meio de garantia e lastro das operações financeiras.

6. A LEGITIMAÇÃO PASSIVA NOS EMBARGOS

Além da análise do polo ativo, merece destaque o exame do polo passivo na relação processual dos embargos. A resposta tradicional para o polo passivo reside na alocação do credor ou responsável pela prática dos atos executivos constritivos que atingem o terceiro. A formação do ato constritivo, como regra, decorre de iniciativa do autor na tutela de urgência, e no processo executivo da atividade do exequente.

No processo executivo a indicação do bem é formulada com preferência pelo credor (arts. 524, VII, e 798, II, "c", do CPC). Quando é o devedor que realiza a indicação e o oferecimento altera-se o foco, especialmente pela necessidade de observar a lealdade e a boa-fé na relação processual. O devedor integrará o polo passivo como litisconsorte necessário,[400] pois deverá assumir a responsabilidade pelo nascimento da ação de embargos.[401] Neste sentido aplica-se a leitura da Súmula 303 do STJ, que deve ser direcionada não só ao embargante negligente, mas ao executado que litiga de má-fé: "Em embargos de terceiro, quem deu causa à constrição indevida deve arcar com os honorários advocatícios".

Parcela da doutrina manifesta-se pela formação incondicional do litisconsórcio passivo, pois o ato de constrição judicial diz respeito ao autor e ao réu, ou exequente e executado.[402] Este posicionamento não nos parece correto. O litisconsórcio necessário não nasce de determinação *ex lege* nesta hipótese. Logo, depende da verificação, por parte do magistrado, da existência de relação jurídica que justifique sua incidência. Caso a nomeação seja exclusiva do credor, sem ciência ou participação do devedor, não há que se falar na obrigatoriedade de participação do executado como réu no polo passivo dos embargos. Seu interesse na causa justificaria sua intervenção como assistente, mas não como litisconsorte.

7. Prazo para a interposição dos embargos

O ponto crucial para a viabilidade dos embargos de terceiro diz respeito ao prazo para sua interposição. O art. 675 do CPC especifica dois momentos para o manejo dos embargos de terceiro.

---

400. Pontes de Miranda, *Comentários ao Código de Processo Civil* (de 1973), cit., t. XV, p. 111; Edson Prata, *Embargos de Terceiro*, p. 28. Contra: Luís Ambra, *Dos Embargos de Terceiro*, cit., p. 77. O argumento exposto pelo último monografista, além de não considerar a boa-fé e a lealdade, ínsitas à atividade processual, desconsidera que o oferecimento de bens não recai apenas sobre bens imóveis, mas sobre bens móveis. Nesta última situação o credor não pode verificar com certeza a propriedade efetiva do devedor, pois a alienação se efetiva pela tradição – o que acabou sendo reconhecido pelo próprio STJ mediante a Súmula 92.

401. Neste sentido vale a leitura do excelente acórdão relatado pelo Min. Delgado no REsp 2003/0082838-1 (*RT* 827/218).

402. Clóvis do Couto e Silva, *Comentários ao Código de Processo Civil*, cit., vol. XI, t. II, p. 469.

O primeiro, no processo de conhecimento, quando poderão ser ajuizados a qualquer tempo, desde que ainda não tenha transitado em julgado a sentença, o que possibilita seu manejo na esfera recursal. Antes de mais nada, o art. 675 do CPC *dixit minus quam voluit*. A leitura do dispositivo gera a impressão de que os embargos de terceiro seriam inviáveis na fase cautelar. Ledo engano. Como ensinou Pontes de Miranda, os embargos dirigem-se contra o mandado, alvará ou qualquer ordem judicial. O processo cautelar, sob o signo de um *tertium genus*, abriga eficácia executiva que justifica a manifestação do art. 674 do CPC. Mesmo em situações referentes ao processo cautelar – no qual, em tese, não existe formação de coisa julgada – o prazo deve ser computado. Afinal, é indiscutível que o ato de constrição poderá ocorrer justamente em virtude da concessão desta medida (art. 301 do CPC), mediante processo que agora assume natureza integrada ao processo de conhecimento (art. 308 CPC). Ele nascerá autônomo, com transmudação prevista pela lei processual, mas com possibilidade de alteração da causa de pedir, para o aditamento do pedido principal (art. 308, §§ 1º e 2º).

O segundo momento refere-se ao processo de execução, cujo prazo hábil será de até cinco dias após a arrematação ou adjudicação, alienação por iniativa particular ou remição, mas sempre antes da assinatura da respectiva carta. A Lei 11.382/2006 já havia uniformizado o prazo de cinco dias perante o art. 746 do CPC/1973, cuja sistemática foi mantida pelo Código vigente.

Apesar da simplicidade da redação do art. 675 do CPC, inúmeras questões merecem abordagem específica, principalmente pela necessidade de resolver questões essencialmente práticas. Por exemplo: como submeter o terceiro alheio ao processo executivo ao prazo de cinco dias do art. 675 do CPC? A fixação de um prazo para o exercício de ação ou exceção exige a obrigatória cientificação do interessado. Quando se tratar de terceiro alheio ao processo *in executivis* o prazo de cinco dias somente poderá ser contado a partir da data da imissão na posse?[403] Estas considerações obrigam ao exame do mecanismo dos embargos nas duas formas de prestação de tutela.

---

403. Nesta linha decide o STJ: "Agravo regimental no agravo em recurso especial – Embargos de terceiro – Duplicata – Embargante que não participou da lide executiva – Prazo para oposição de embargos contado a partir da data da turbação, a qual se caracterizou no momento em que a instituição financeira foi intimada para promover a devolução dos valores liberados anteriormente – Pretensão que demanda o reexame do conjunto probatório – Súmula n. 7/STJ – Decisão mantida" (4ª Turma, AgR no AREsp 346.436-PR, rel. Min. Luís Felipe Salomão, j. 17.12.2013, *DJe* 3.2.2014).

7.1 Prazo para os embargos nos processos de conhecimento e cautelar

Embora mais comum o ajuizamento dos embargos no processo de execução, nada impedirá que o terceiro prejudicado realize a defesa do *ius possessionis* (possuidor) ou do *ius possidendi* (proprietário) no processo de conhecimento. Medidas constritivas que afetem a posse e a propriedade poderão suscitar a invocação dos embargos de terceiro. O termo *ad quem* é a cessação da litispendência, ou seja: enquanto não existir trânsito em julgado será possível o ajuizamento. Tratando-se de demanda em fase recursal, os embargos serão ajuizados em primeira instância.[404]

7.2 Prazo para os embargos no processo de execução

O Código de Processo Civil não deixa dúvida quanto ao prazo preclusivo para o ajuizamento dos embargos de terceiro. Será de cinco dias após a prática do ato executivo máximo, ou seja, do auto de adjudicação, alienação ou arrematação.[405] Outros atos não foram incluídos, como a instituição do usufruto. De qualquer forma, ultrapassado o prazo fixado no art. 674 do CPC, o princípio *quieta non movere* será resguardado pelas medidas petitórias e possessórias ou ações de conhecimento (declaratória/constitutiva negativa).

Nos atos de expropriação que dependem da expedição da carta para permitir a transferência o prazo de cinco dias deverá ser contado a partir do ato de expropriação. Ultrapassados os cinco dias, o escrivão entregará a carta para registro. O registro da carta elimina a possibilidade de utilização dos embargos, pois a partir deste momento surge a necessidade de invalidá-lo, nos termos do art. 1.245 do CC. A ação será de reivindicação cumulada com anulação/nulidade do registro.

O art. 675 do CPC necessita de leitura *cum grano salis*; afinal, nem sempre o terceiro terá ciência do ato de constrição, o que poderá ocorrer

---

404. Nelson Nery Jr. e Rosa Maria de Andrade Nery, *Código de Processo Civil Comentado*, cit., p. 1.223.
405. TRF-5ª Região: "Os embargos de terceiro podem ser opostos, no processo de execução, 'até cinco dias depois da arrematação, adjudicação ou remição, mas sempre antes da assinatura da respectiva carta' – Inteligência do art. 1.048 do CPC [*de 1973*]. 2. *In casu*, ocorrida a arrematação em 26.6.2003, apresentam-se serôdios os embargos de terceiro somente opostos em 7.7.2003. 3. Apelação desprovida" (1ª Turma, AC 2003.83.00.014901-0-PE, rel. Des. Federal Francisco Wildo Lacerda Dantas, *DJU* 29.9.2005, p. 701).

somente com o ato de imissão, justificando o elastério dos cinco dias.[406] O CPC/2015 determina que o terceiro alheio ao processo possa ser identificado e intimado para fins de propor os embargos nos termos do art. 675, parágrafo único. Trata-se de inovação salutar e que visa ao amplo contraditório e à adequação do procedimento ao modelo constitucional de processo civil.

8. OBJETO DOS EMBARGOS DE TERCEIRO

A análise do objeto dos embargos de terceiro diz respeito ao bem juridicamente tutelado, pela leitura do art. 674, *caput* e § 1º, do CPC. A interpretação do dispositivo não deixa dúvida quanto à necessidade de o pedido formulado pelo autor (*Antrag*) se referir a *ameaça* ou *lesão* ao titular da posse ou propriedade, ou titular de posição jurídica incompatível com o ato de constrição. Os embargos de terceiro refletem tutela destinada a afastar todo ato ilícito que venha a causar obstáculo ao poder de disposição fático e jurídico sobre o bem. Desta forma, a causa de pedir que embasará o oferecimento da petição inicial poderá ter conteúdo exclusivamente possessório, petitório, possessório e petitório, ou ser fundada em situação jurídica incompatível, conforme o art. 674, *caput* e § 1º, do CPC. O art. 677, § 2º, demonstra a possibilidade de que o possuidor direto defenda seu interesse por meio do direito de propriedade do possuidor indireto. Trata-se de autêntica legitimação extraordinária, que permite ao possuidor direito suscitar matéria petitória no interesse alheio. Aqui, pode-se pensar na defesa da propriedade fiduciária pelo possuidor direto que demonstra por meio dos embargos a impossibilidade de constrição sobre o direito de propriedade que não lhe pertence.

No Direito estrangeiro a oposição do terceiro poderá derivar da mera contraposição da situação de posicionamento, independentemente da vinculação da pretensão do embargante com a posse ou propriedade. Ele necessita apenas demonstrar a contraposição de sua situação jurídica. No Direito Alemão há uma situação interessante e dual. Segundo Baumbach, o terceiro poderá se utilizar de medida específica quando sua posse for violada no processo executivo. Trata-se da *Erinnerung*, prevista

---

406. STJ: "Sob a égide do Código de Processo Civil/1973 firmou-se o entendimento jurisprudencial de que, tratando-se de processo autônomo de execução ou de demanda que esteja em fase de execução, do qual o terceiro não tinha conhecimento, o prazo para a oposição de embargos de terceiro é de cinco dias, iniciando a partir da data em que configurada a efetiva turbação da posse" (4ª Turma, AgInterno no REsp 1.421.057-SC, rel. Min. Marco Buzzi, j. 2.5.2017, *DJe* 11.5.2017).

pelo § 766 da *ZPO*, medida incidental e vinculada ao processo principal. Por outro lado, caso o direito de propriedade sobre o bem esteja ameaçado, então, surge a pretensão para uma demanda autônoma do terceiro (*Drittwiderspruchsklage*). Neste último caso trata-se de ação fundada em direito real, nos termos do § 771 da *ZPO*.[407]

No Direito Italiano a *opposizione del terzo* pertence ao terceiro alheio à demanda principal.[408] O art. 619 do CPC italiano[409] não estabelece qualquer restrição quanto ao tipo de pretensão. Esta parece ter sido a orientação adotada pelo modelo português após a reforma de 1995, como aponta Fernando Amâncio Ferreira.[410] Os embargos estão encartados como subespécie da ação de oposição. Não há restrição quanto à pretensão que poderá ser deduzida pelo terceiro.

No Direito Brasileiro determinadas situações indicam um elastério quanto ao cabimento dos embargos, ainda que fora do padrão usual do seu cabimento. Um exemplo seria a possibilidade de utilizar os embargos quando o bem esteja descrito na declaração inicial do inventário. Tutela-se, segunda parte da doutrina, uma "ameaça" de violação da posse.[411] O art. 674 do CPC é expresso quanto à função inibitória dos embargos de terceiro.

Quando o objeto dos embargos recair sobre a posse é fundamental frisar que a medida incidirá apenas sobre objetos corpóreos e tangíveis. Todavia, mesmo os bens intangíveis e incorpóreos podem se transformar em corpóreos. O gás é um bem intangível; contudo, nada impede sua alocação em tubos ou dispositivos para armazenagem. O mesmo se diga em relação à energia ou à água. Esta é a interpretação atual do § 90, que define o conceito de coisas para fins possessórios no CC alemão (*BGB*).[412]

407. Baumbach, Lauterbach, Albers e Hartmann, *Zivilprozessordung*, cit., p. 2.107.
408. Salvatore Satta, *Diritto Processuale Civile*, atualizado por Carmini Punzi, p. 796.
409. CPC italiano: "Art. 619. Il terzo che pretende avere la proprietà o altro diritto reale sui beni pignorate può proporre oppozione (...)".
410. Fernando Amâncio Ferreira, *Curso de Processo de Execução*, cit., p. 206.
411. Assim já decidiu o STF: "São cabíveis embargos de terceiro em inventário, desde que o inventariante descreva os bens sobre os quais incida, e por aqueles a quem possa prejudicar a descrição, face ao elenco dos efeitos dela emergentes" (2ª Turma, RE 81.413-MG, rel. Min. Thompson Flores, j. 19.8.1975, *apud* Alexandre de Paula, *Código de Processo Civil Anotado*, t. IV, p. 3.966).
412. A doutrina alemã sempre foi firme no sentido de que a posse somente poderia recair sobre bens corpóreos, tomando-se em consideração o legado romano bem como as necessidades do tráfico: "Gegenstand des Besitzes kann nur eine körperliche, verkehrsfähige Sache sein" (Bernhard Mathias, *Lehrbuch des Bürgerliches Rechtes*,

9. PROCEDIMENTO

A ação de embargos de terceiro possui procedimento diferenciado, mas com modificação substancial perante o Código de Processo Civil/2015. O Livro IV do Código de Processo Civil/1973 foi eliminado, e os procedimentos especiais foram realinhados na Parte Especial como subdivisão do processo de conhecimento.

A especialidade dos embargos reside na cognição horizontal específica, que assume contorno diferenciado na fase inicial do procedimento. Não há mais alusão ao rito cautelar, em vista da disposição expressa do art. 679 do CPC, segundo o qual o prazo do embargado para contestar será de 15 dias, com posterior desenvolvimento do processo pelo rito comum.

Mesmo com a adoção do procedimento comum, isto não significa que estamos perante cognição plena. Entretanto, é discutível se a alegação de fraude contra credores poderá ser suscitada, com rompimento da Súmula 195 do STJ. Entendemos que seria interessante esta possibilidade, pela economia processual, mas desde que o juiz possa averiguar na resposta do embargado indícios veementes para o conhecimento da matéria, sob pena de inviabilizar o cabimento da ação especial. Do contrário não existiria mais sentido na manutenção dos embargos como procedimento especial. Há uma restrição nítida quanto à cognição horizontal, uma vez que a matéria que informará a causa de pedir na ação de embargos é restrita ao art. 674, *caput*, do CPC. Observação madura e precisa de Araken de Assis, ainda que perante o Código de Processo Civil/1973, revela que a limitação quanto ao objeto de cognição nos embargos de terceiro possibilitará a utilização da via ordinária em momento oportuno: "isto se justifica na medida em que, reduzida a cognição dos embargos, haverá matéria sem julgamento e, portanto, a descoberto da autoridade de coisa julgada".[413]

A adoção do rito comum torna ilimitada a cognição vertical quanto à demonstração da ilegalidade do ato constritivo, o que provocará o debate quanto à possibilidade de reconvenção perante o atual Código de Processo Civil. A impossibilidade de reconvenção foi o mote de surgimento da Súmula 195 do STJ. Admitir a reconvenção exigiria que o embargado oferecesse reconvenção e formasse litisconsórcio passivo necessário--unitário para trazer ao processo o terceiro e o devedor, uma vez que a demonstração do *consilium fraudis* exige a participação de ambos.

§ 3º, p. 8). Entretanto, com as inovações e avanços tecnológicos, a interpretação do § 90 do *BGB* foi amenizada.
413. Araken de Assis, *Manual da Execução*, 2007, p. 1.218.

9.1 Petição inicial

A petição inicial obedecerá aos requisitos do art. 319 do CPC, sem obediência ao procedimento conciliatório prévio, o qual se revela incompatível com a celeridade e a especialidade. Isto não significa que as partes não possam pedir a conciliação, ou que dentro de uma análise peculiar o juiz não possa determiná-la. A causa de pedir remota deverá ser informada pelo objeto específico dos embargos com a demonstração da posse, propriedade ou direito incompatível com o ato constritivo. A qualidade de terceiro deverá ser demonstrada pela ausência de vínculo com o processo originário, pelo menos em relação ao objeto dos embargos. Existem situações em que se admite a posição dupla, como a do cônjuge, a do herdeiro, do sócio; logo, posições que admitem o combate por meio de embargos à execução e embargos de terceiro. Mais uma vez lembramos que o possuidor direto, como substituto processual do possuidor indireto, estará autorizado a realizar a defesa petitória, ainda que seja apenas possuidor.

O pedido deverá ser dirigido contra quem deu causa à constrição, e poderá envolver a formação de litisconsórcio passivo necessário. A formação do polo passivo deverá obedecer ao disposto no art. 677, § 4º, do CPC. Este dado revela importante reflexo sucumbencial, nos termos da Súmula 303 do STJ. A participação do executado no polo passivo é justa quando a causa da constrição decorre de sua indicação. Mesmo que o exequente seja diligente, algumas situações fogem do seu controle, como na demonstração da propriedade dos bens móveis.

A ação de embargos será distribuída por dependência. Apesar de a ação ser proposta de modo acessório, nos termos dos arts. 61 e 676 do CPC/2015, a ação de embargos consiste em ação autônoma. A necessidade de outorga ou consentimento dos cônjuges será essencial para os casos de demandas relacionadas a direito de propriedade (art. 73, § 1º, I, do CPC) ou quando a defesa da posse estiver atrelada a ato praticado por ambos (art. 73, § 1º, II, do CPC).

Fato de extrema relevância reside na necessidade de citação pessoal do embargado. Tratando-se de ação autônoma, embora acessória, não se justifica a "intimação" do advogado para o oferecimento da resposta nos embargos. Mesmo assim, o art. 677, § 3º, do CPC permite que a citação recaia sobre o procurador quando a parte esteja sendo representada no processo principal; do contrário será realizada na modalidade pessoal.

O embargante deverá informar as provas que irá produzir, não existindo limitação quanto à produção da prova testemunhal e da documental.

A prova pericial não está mencionada no art. 677 do CPC, mas não deve ser suprimida, desde que realizada de modo célere ou convencionada por negócio processual (art. 190 do CPC).

A petição inicial ainda deverá conter o valor da causa (art. 319, V, do CPC), com a descrição do proveito econômico que o embargante procura obter. Ele poderá ser parcial ou total em relação ao bem constrito, e deverá ter suporte no art. 291 do CPC.

9.2 A concessão da liminar e justificação prévia

A petição inicial, quando acompanhada da prova necessária à demonstração da ilegalidade do ato constritivo, poderá gerar a concessão de liminar para a suspensão dos atos de constrição sobre os bens afetados ao processo principal. A liminar poderá determinar a manutenção ou reintegração provisória da posse do bem, quando requerida pelo embargante. Aplicam-se de modo subsidiário as disposições concernentes à concessão da tutela provisória (art. 294 do CPC). O juiz poderá determinar a prestação de caução idônea para que a medida de reintegração possa ser concedida. A caução também poderá ser oferecida como medida de contracautela. Não observamos nenhum obstáculo a esse requerimento. A caução configura medida de garantia contra o *periculum in mora ex adverso*.

Caso o juiz não se convença sobre a existência da posse e de sua turbação ou esbulho, deverá marcar audiência de justificação, nos termos do art. 677 § 1º, do CPC. Não há necessidade da audiência quando a matéria é petitória. A audiência de justificação tem como função a concessão da liminar, e configura autêntica decisão interlocutória, que sujeitará o *decisum* ao recurso de agravo de instrumento.

9.3 Suspensão do processo principal

A suspensão do processo não possui qualquer relação com o deferimento da liminar. A suspensão corresponde a um juízo legal de cautela quanto aos prejuízos potenciais caso a demanda principal continue sem levar em consideração a propositura dos embargos.

Neste diapasão, o art. 678 do CPC não titubeia. Oferecidos os embargos de terceiro, o juiz não terá outra alternativa senão suspender o processo principal, uma vez que a suspensão das medidas constritivas afeta a relação processual, que estará paralisada. A suspensão poderá ser *total* ou *parcial*. Dependerá, em última análise, do conteúdo da peça inicial. O terceiro poderá se insurgir apenas contra parte do objeto litigioso da ação principal. Neste caso os embargos serão de suspensão parcial, como na defesa pelo cônjuge de sua meação. O oferecimento de medida de contracautela ou de substituição junto ao processo principal poderá permitir que a relação processual não seja paralisada.

9.4 Competência

As disposições relativas aos embargos de terceiro são extremamente lacônicas, em vista do grande número de questões que se abrem após a utilização desse poderoso instrumento processual. Não há qualquer menção quanto ao juízo competente para o processamento dos embargos.

A ação de embargos será sempre ação autônoma, uma vez que possui objeto processual próprio, centrado no ato judicial, *ex vi* do art. 674 do CPC. Todavia, seu caráter acessório é indiscutível, nos termos dos arts. 61 e 676 do CPC/2015. Sendo assim, o juízo competente será o da ação principal.

Esta solução não escapa de percalços específicos. Dentre eles, situamos três: a execução por *carta precatória*, o cumprimento de *carta de ordem* e a apresentação dos embargos em regime de *execução provisória*.

No que tange ao cumprimento da carta precatória a polêmica perdurou por bom tempo, não só em relação aos embargos de terceiro, mas em vista dos próprios embargos do devedor. Discutia-se quem seria o juiz competente para sua apreciação. Nos embargos do devedor a questão acabou sendo pacificada pela Súmula 46 do STJ: "Na execução por carta, os embargos do devedor serão decididos no juízo deprecante, salvo se versarem unicamente vícios ou defeitos da penhora, avaliação ou alienação dos bens". Esta solução foi incorporada ao art. 914, § 2º, do CPC. Trata-se de solução lógica. O juiz deprecado tem melhores condições para decidir conflitos atinentes aos atos executivos de constrição e defeitos inerentes à sua consecução.

Quanto aos embargos de terceiro o raciocínio deverá ser idêntico. A competência será funcional do juiz que materializar o ato de constrição. Caso seja de responsabilidade do juízo deprecado, ele deverá analisar os embargos de terceiro. Este posicionamento foi adotado em parte pela Súmula 33 do TFR: "O juízo deprecado, na execução por carta, é o competente para julgar os embargos de terceiro, salvo se o bem apreendido foi indicado pelo juízo deprecante".

A parte final desse posicionamento ("salvo se o bem apreendido foi indicado pelo juízo deprecante") acabou sendo acatada pelo STJ, mas não possui qualquer justificativa lógica. O juízo competente deverá ser o deprecado. Pouco importa se o credor fez a indicação do bem no juízo deprecante; o que se revela essencial é a proximidade do juízo executor do ato constritivo, para melhor apreciação do conteúdo dos embargos. Este foi o norte que gerou a formulação do art. 914, § 2º, do CPC. Por que deveria ser diverso em relação aos embargos de terceiro? A Súmula 33 do TFR apenas se justifica em situações excepcionais. Quando o ato nasça de atividade do juízo federal e seja materializado pela Justiça Estadual. Mas nada tem a ver a incompetência com o fato da indicação, mas, sim, com a incompetência absoluta do juízo deprecado para decidir a causa acessória, que está atrelada à ação principal, que é de competência absoluta da Justiça Federal.[414]

Nos embargos de terceiro oferecidos em segunda instância, quando pendente execução provisória, a competência será do juiz de primeira instância – o que se justifica pelos mesmos fundamentos expostos. Somente quando se tratar de cumprimento de carta de ordem a competência absoluta será do juízo deprecante, que exerce competência originária.[415]

9.5 Defesa do embargado

Há uma limitação cognitiva quanto à defesa oferecida pelo embargado, uma vez que deverá estar circunscrita às matérias suscitadas pelo art. 674 do CPC.

Muito embora tenha sido admitido o rito comum, após a fase preliminar, na qual se analisa a concessão da tutela provisória, não existe, a princípio, a possibilidade de ser oferecido todo tipo de resposta pelo embargado. Discutível seria o cabimento de reconvenção, mas a opção do legislador procurou limitar a resposta, o que se comprova pela dicção

---

414. STJ: "O pedido de retenção por benfeitorias contém discussão ampla, envolvendo a própria ordem, do juízo deprecante, de apreensão do bem, ao final, adjudicado. Embora o Juízo deprecado tenha praticado atos decisórios, a determinação quanto à constrição do bem, sobre o qual se pretende a retenção por benfeitorias, partiu do Juízo deprecante, suscitante. Nessa hipótese, a análise de questões relativas à retenção de benfeitorias no imóvel adjudicado compete ao Juízo deprecante, mormente porque o juiz estadual, ao cumprir carta precatória expedida por juiz federal, não age investido de jurisdição federal. 2. Conflito conhecido para declarar competente o Juízo Federal da 1ª Vara de Criciúma – TJSC" (2ª Seção, CComp 54.682-SC (2005/0148443-1), rel. Min. Carlos Alberto Menezes Direito, DJU 1.2.2007, p. 390).

415. Nelson Nery Jr. e Rosa Maria de Andrade Nery, Código de Processo Civil Comentado, cit., p. 1.225.

do art. 680 do CPC.[416] Nos embargos fundados em direito real de garantia a matéria de defesa esta circunscrita aos incisos I a III do art. 680. Do contrário os embargos perderiam sentido como procedimento especial. Há uma limitação quanto aos termos da postulação do embargante. Questões complexas, e que exigem cognição vertical aprofundada, como a fraude contra credores, não poderão ser objeto de pedido reconvencional do embargado: "Em embargos de terceiro não se anula ato jurídico, por fraude contra credores" (Súmula 195 do STJ).

Quando os embargos forem oferecidos por credor com garantia real, especialmente quanto ao credor hipotecário, a defesa não residirá na inexistência de ofensa à posse, pois o credor hipotecário não a tem. Somente os credores pignoratícios e o anticrético a exercem.[417]

9.6 Sentença e coisa julgada

A sentença proferida nos embargos de terceiro tem natureza mandamental. Para os que não admitem a posição quinária de Pontes de Miranda a natureza da sentença seria constitutiva negativa, pois o pedido visa a desfazer o ato judicial constritivo (art. 681 do CPC).[418] Por outro lado, não há como admitir que a ação e a sentença de embargos tenham natureza declaratória.[419] Este posicionamento corresponde à primeira fase do pensamento italiano sobre a *opposizione*, e não corresponde à eficácia desejada, pois a sentença declaratória somente declara, nada mais. Com a precisão habitual, Pontes revela que a sentença proferida nos embargos vai além da declaração, tanto que o ato judicial impugnado cede, com eficácia demasiadamente forte para uma sentença declarativa.[420] A sentença que julga os embargos restringe-se ao objeto litigioso do processo, e sua eventual improcedência não impede que o terceiro busque a via ordinária, desde que seja necessária a demonstração de fatos que não podem

---

416. O que exigirá uma reflexão dos tribunais, uma vez que o cabimento da execução de ações declaratórias nasceu da visão operacional e da necessidade de efetividade do comando judicial. Nada impede que a mesma solução venha a ser empregada ao revés da ortodoxia processual.
417. Affonso Dionysio Gama, *Da Antichrese*, p. 13.
418. Como se visualiza no posicionamento de Nelson Nery Jr. e Rosa Maria de Andrade Nery, *Código de Processo Civil Comentado*, cit., p. 1.219.
419. Chiovenda, *Principii di Diritto Processuale Civile*, cit., p. 1.019. No Brasil: Ernane Fidélis dos Santos, *Manual de Direito Processual Civil*, t. III, p. 128.
420. Pontes de Miranda, *Comentários ao Código de Processo Civil* (de 1973), cit., t. XV, p. 9.

ser discutidos nos embargos.[421] A sentença estará limitada ao horizonte projetado pela petição inicial.

A sucumbência deverá levar em consideração a Súmula 303 do STJ: "Em embargos de terceiro, quem deu causa à constrição indevida deve arcar com os honorários advocatícios". Como regra, é o exequente quem dá causa, o que torna natural a imposição dos honorários mesmo quando o ato seja praticado diretamente pelo Sr. Oficial. A execução estabelece-se para benefício do exequente, que tem a gestão dos atos executivos. Por outro viés, quando a constrição tenha causa na indicação do executado, em vista de seu apontamento, nada mais justo do que o rateio da verba sucumbencial, uma vez que o bem foi indicado pelo devedor e aceito pelo credor, o que justificou a formação do litisconsórcio passivo nos embargos de terceiro.

§ 8º. DA OPOSIÇÃO

1. INTRODUÇÃO

A oposição reflete modalidade interventiva na qual o terceiro promove uma demanda bifronte e autônoma buscando obter para si o bem jurídico que constitui o objeto litigioso do processo instaurado entre as partes originárias.[422] Sua mudança para os procedimentos especiais é justificável, na medida em que a demanda proposta pelo terceiro se amolda mais a um procedimento especial do que propriamente a uma forma de intervenção de terceiro. O oponente não adere à relação processual originária, mas a combate por meio de ação própria.[423]

Como sugere Blomeyer, a oposição (*Hauptintervention*) constitui solução processual (*prozessuale Lösung*) que resguarda, em segundo plano, o direito material (*materiell-rechtlichen*), cujo objetivo é possibilitar ao terceiro intervir quando a posição jurídica das partes principais o

---

421. José Horácio Cintra G. Pereira, *Dos Embargos de Terceiro*, cit., p. 69.
422. Com ampla referência doutrinária e histórica e com análise do Direito Comparado: Arruda Alvim, *Comentários ao Código de Processo Civil*, vol. III, pp. 105 e ss. Na literatura estrangeira: Baur e Grunsky, *Zivilprozessrecht*, 12ª ed., § 9º, p. 118. Com maior profundidade: Rosenberg, Schwab e Gottwald, *Zivilprozessrecht*, § 51, pp. 295-300; Blomeyer, *Zivilprozessrecht*, § 110, pp. 636-638; Schönke, *Derecho Procesal Civil*, § 28, pp. 103-104.
423. Sobre o ponto: Thiago Rodovalho, "A oposição no novo Código de Processo Civil: de modalidade de intervenção de terceiros à condição de ação verdadeiramente autônoma", *RePro* 266/206, São Paulo, Ed. RT, 2017.

prejudicar.[424] A oposição tem sua origem vinculada aos juízos universais, autêntica manifestação da aplicação do direito coletivo entre os germânicos.[425] No Direito Luso sua previsão era estampada pelas *Ordenações* no seu Livro III, o qual modelava a oposição como meio de intervenção *ad excludendum*.[426] O Regulamento 737/1850 (posteriormente estendido às causas cíveis pelo Decreto 848/1890) disciplinou sinteticamente a oposição como ação de terceiro que intervém no processo para excluir autor e réu. O CPC/1939 previa o instituto no art. 102. A redação dos arts. 56 a 61 do CPC/1973 sofreu forte influência da *ZPO* alemã, pois a redação anterior não delimitava o prazo para o terceiro deduzir sua pretensão, o que restou tipificado pelo referido art. 56, que fixou a prolação da sentença como termo *ad quem*.[427]

O Código de Processo Civil/2015 realizou a mudança topológica da oposição, alocando-a para os procedimentos especiais, junto ao Capítulo VIII do Título III do Livro I da Parte Especial, arts. 682 a 686, com previsão colateral dos embargos de terceiro nos termos dos arts. 674 a 681. Não houve mudança quanto ao tratamento substancial da oposição. O legislador incentivou o julgamento conjunto por meio da possibilidade de suspensão do processo principal mesmo quando oferecida após a audiência de instrução (parágrafo único do art. 685 do CPC). A atitude é louvável, pois o julgamento conjunto é desejável, ante o caráter de prejudicialidade da oposição.

Na figura regulada pelo art. 682 do CPC o opoente visa essencialmente a um provimento declaratório-negativo contra o autor e condenatório contra o réu.[428] Isto obriga à formação de um autêntico litiscon-

---

424. "Diese 'prozessuale Lösung' hat einen materiell-rechtlichen Hintergrund. Der Dritte kann intervenieren, weil der Prozess der Parteien seine eigene Rechtslage beeinträchtigt" (Blomeyer, *Zivilprozessrecht*, cit., § 110, p. 637).

425. Para uma abordagem histórica completa e instigante sobre o instituto é fundamental a consulta ao trabalho do professor Arruda Alvim, que tece um panorama da evolução do instituto, deitando suas raízes no período medieval e demonstrando a situação atual do instituto na Itália e na Alemanha, que inusitadamente acabaram por trilhar caminhos diversos, com troca de influências (*Comentários ao Código de Processo Civil*, cit., vol. III, pp. 135-141).

426. Cf. texto do Livro III, Título 20, § 31.

427. A oposição é regulada pelo § 64 da lei processual alemã.

428. Rosenberg, Schwab e Gottwald, *Zivilprozessrecht*, cit., § 51, p. 297. O opoente valer-se-ia do disposto no § 256 da *ZPO*, que traz a previsão da ação declaratória (*Feststellungsklage*). É válida a advertência de Dinamarco quanto ao fato de a generalização de que a oposição sempre gera um comando condenatório em relação ao réu e declaratório negativo contra o autor não é correta. Tudo dependerá da natureza da demanda principal. Se for de cunho declaratório, realmente será possível que o

sórcio passivo, que será necessário quanto à formação e simples quanto à decisão.[429] Dinamarco posiciona-se contrariamente, pois alude a que o litisconsórcio passivo ulterior será necessário e unitário.[430] Sua argumentação está pautada na necessidade de homogeneidade da decisão que analisa a oposição. Esta uniformidade não está presente na sentença que analisa a oposição, uma vez que os litisconsortes estão unidos por razões e fundamentos diversos no polo passivo. Duas são as pretensões do oponente; logo, há uma cumulação objetiva que gera a existência de dois pronunciamentos. Outra não é a lição de Arruda Alvim: "Não se colocam, todavia, em litisconsórcio unitário, pois o juiz não há de decidir a lide de modo necessariamente uniforme em relação aos opostos".[431]

A oposição diferencia-se das demais formas de intervenção de terceiro porque não reflete o ingresso de terceiro com o fim de auxiliar ou substituir uma das partes. Schönke, ao procurar diferenciar a oposição

pedido do oponente seja declaratório em relação ao réu também. Por outro lado, além do comando condenatório, o réu poderá ser alvo de pedido de natureza executiva *lato sensu*, o que gera a necessidade de invocação da teoria quinária para acrescentar a tutela mandamental e executiva *lato sensu* à tradicional divisão tripartite das ações e sentenças. Em todo caso, a análise da eficácia das ações (*rectius*: pretensões) a serem intentadas pelo oponente dependerá da situação fática enfrentada. Em determinados casos o autor da ação principal poderá intentar uma ação declaratória negativa contra o réu, o que poderá gerar a oposição com pretensão declaratória positiva contra o autor e negativa contra o réu. Neste exemplo se encaixa a oposição a uma ação negatória de servidão.
429. É da essência da oposição a formação do litisconsórcio. Contudo, nada impede que a decisão a ser proferida em relação a cada uma das partes seja diversa. O exemplo fornecido por Arruda Alvim (*Comentários ao Código de Processo Civil*, cit., vol. III, p. 108) ilustra perfeitamente a questão: "Suponha-se a hipótese de uma ação reivindicatória entre 'A' e 'B', em que 'B' tenha contestado, alegando que é o proprietário. Na hipótese de 'C' ingressar, como oponente, e o juiz entender, afinal, que os títulos de 'C' são melhores que os de 'A', *ipso facto*, a pretensão de 'A' está *prejudicada*. Nesse caso, portanto, a pretensão de 'C' exerce uma influência negativa absoluta sobre a pretensão de 'A'. Apesar disto, abrindo-se caminho ao confronto do direito de 'C' e 'B', é possível que os títulos de 'B' sejam melhores que os de 'C'; então, a oposição será julgada improcedente, tendo-se em vista o réu, 'B'. Disto podemos concluir que os opostos colocam-se como *litisconsortes* em relação ao oponente". Este litisconsórcio necessário-simples demonstra a existência de cumulação objetiva de pretensões, que serão analisadas em conjunto pela sentença caso a intervenção seja oportuna, permitindo o julgamento *simultaneus processus*. Neste sentido, v., ainda: Cássio Scarpinella Bueno, *Partes e Terceiros no Processo Civil Brasileiro*, p. 183; e Luiz Edson Fachin, *Intervenção de Terceiros*, p. 15.
430. Dinamarco, *Intervenção de Terceiros*, 5ª ed., pp. 102-103.
431. Arruda Alvim, *Manual de Direito Processual Civil*, vol. II, p. 149. Ainda: *Comentários ao Código de Processo Civil*, cit., vol. III, p. 164, com apoio na dogmática germânica.

(*Hauptintervention*) da assistência (*Nebenintervention*), reforça que na oposição não há participação em litígio alheio, mas demanda independente em face da demanda originária.[432] Ainda que no sistema alemão exista somente a previsão da oposição autônoma, a afirmação é válida perante o Direito Brasileiro. Há verdadeiro cúmulo objetivo, que deverá ser descortinado pelo juiz ao final do processo com o julgamento de duas demandas.

Condição essencial para seu cabimento é a pendência da lide principal (*Rechtshängigkeit*) entre o autor e o réu,[433] bem como a inexistência de preclusão temporal do terceiro para realizar o oferecimento de sua pretensão – ou seja: até a prolação da sentença (art. 682 do CPC). Pelo Código de Processo Civil/1973 era possível visualizar duas formas claras de oposição, conforme o marco temporal de sua concretização. Esta dicotomia ainda é possível, uma vez que a suspensão da ação principal por período extremamente longo poderá ser extremamente prejudicial para as partes da ação ordinária. No entanto, como já afirmamos, o legislador procurou vincular o julgamento conjunto, pela leitura do art. 685, parágrafo único, do CPC.[434] Este dispositivo não repete mais a limitação da suspensão de 90 dias que constava no art. 60 do CPC/1973. Mesmo assim o processo principal não poderá ultrapassar a suspensão máxima prevista pelo art. 313, V, "a", e § 4º, do CPC, de um ano.

Como assevera Arruda Alvim, a marca característica desta modalidade de intervenção reside na colisão da esfera jurídica do terceiro contra o autor e o réu, e não somente um deles.[435] Como observa a doutrina alemã, o objetivo do instituto centra-se na diminuição do número de processos, assim como no intuito de evitar a prolação de decisões contraditórias.[436]

Em vista da previsão do sistema anterior (arts. 59 e 60 do CPC/1973), podiam ser descortinadas as formas de oposição interventiva e autônoma junto ao sistema brasileiro. Pelo sistema atual, a redação do art. 685, parágrafo único, revela a intenção do legislador de não limitar a figura do

---

432. Schönke, *Derecho Procesal Civil*, cit., § 28, p. 103.
433. Assim como no Direito Alemão, nos termos do § 64 da *ZPO*.
434. Importante diferenciar o cabimento da oposição dos embargos de terceiro, pois a pendência da lide deverá refletir litigiosidade que exija cognição plena para a oposição.
435. Arruda Alvim, *Comentários ao Código de Processo Civil*, cit., vol. III, pp. 107-108.
436. "Auf diese Weise kann die Anzahl der Prozesse vermindert werden; widersprüchliche Entscheidungen werden vermieden" (Rosenberg, Schwab e Gottwald, *Zivilprozessrecht*, cit., § 51, p. 296).

art. 60 do CPC/1973, sem, contudo, descartá-la. A primeira figura está prevista pelo art. 683, *caput* e parágrafo único, do atual CPC. Na primeira figura a conexão dos processos é obrigatória. A pretensão do opoente não perde sua autonomia, mas sua análise fica dependente do desenvolvimento conjunto da relação processual instaurada previamente entre os opostos (autor e réu). A produção conjunta de provas visa a propiciar economia processual. Na fase decisória a oposição interventiva assumirá caráter de prejudicialidade (art. 686 do CPC – v. *infra*). [437]

Na oposição autônoma (art. 685 do CPC) a demanda seguirá procedimento próprio e não ficará presa ao procedimento da ação originária. O julgamento conjunto é desejável; por isso mesmo, o legislador estabelece duas situações possíveis. Quando a oposição for processada após o início da audiência de instrução, o juiz: (a) poderá suspender o processo principal após a colheita das provas iniciais, para aguardar a instrução e o andamento da oposição; (b) poderá suspender o processo após a colheita de todas as provas, em razão do princípio da unidade da instrução e da duração razoável do processo. Nesta última hipótese a duração razoável e a unidade não permitiriam o cancelamento de todos os atos já designados para colheita da prova no juízo e fora dele. Nada impede que, após, o processo fique suspenso, para julgamento conjunto. O Código de Processo Civil/1973 limitava essa suspensão a 90 dias, conforme afirmado. Atualmente aplicar-se-á o regime do art. 313, V, "a", do CPC.

O Código de Processo Civil/1973 determinava que a oposição oferecida após o início da audiência de instrução seguiria o procedimento ordinário. Arruda Alvim havia captado com maestria o erro cometido pelo legislador, pois a expressão "ordinário" deve ser lida como "autônomo". [438]

Pela atual redação o legislador não traz mais a previsão da oposição autônoma nos moldes do Código/1973, motivo pelo qual o juiz deverá envidar esforços para realizar o julgamento com o aproveitamento dos atos processuais conjuntos. Mas a possibilidade da desconexão não deve ser eliminada quando o tempo excessivo provocar prejuízos severos à demanda originária. A questão deverá passar pela análise do juiz perante o caso concreto.

437. Sobre a distinção: Luiz Fux, *Intervenção de Terceiros*, p. 16.
438. Arruda Alvim, *Comentários ao Código de Processo Civil*, cit., vol. III, p. 171.

2. CABIMENTO DA OPOSIÇÃO

A oposição é forma de intervenção vocacionada para o processo de conhecimento. O art. 682 do CPC é claro ao determinar a possibilidade de sua utilização até a prolação da sentença. Ao pontuar a sentença como marco final para sua utilização, certamente faz referência à sentença de mérito do processo de conhecimento. O processo de execução, muito embora seja encerrado formalmente por sentença, nos termos do art. 925 do CPC, não expressa comando judicial de mérito, nos termos do art. 487. Aquela sentença é meramente processual. Ao possibilitar que o terceiro seja inserido na relação processual litigiosa instaurada entre as partes, o legislador se refere ao processo de conhecimento, momento em que o litígio encontra a solução de todas as controvérsias suscitadas entre as partes.[439]

Em vista do exposto se poderia indagar da possibilidade de utilização da oposição no procedimento de embargos (judicial e extrajudicial), uma vez que referida ação tem natureza cognitiva. Entretanto, o objetivo visado pelos embargos, restrito à eficácia declaratória e constitutiva-negativa, exclui a viabilidade da oposição. O fim colimado na impugnação (art. 525, § 1º, do CPC) ou nos embargos (art. 917 do CPC) é o ataque ao título executivo, e a utilização do instituto se revela inadequada, pois o terceiro tem meios específicos para sua tutela nessa seara. No processo executivo, em vista da existência de constrição, o meio usual de defesa do terceiro é o manejo dos embargos de terceiro.[440]

Especificamente nos casos da execução por título extrajudicial, em que não há fase de cognição prévia, poder-se-ia alegar a possibilidade de utilização ampla do art. 771, parágrafo único, do CPC. A possibilidade de cognição vertical ampla não abre as portas para a utilização indiscriminada de todos os institutos do processo de conhecimento. O acertamento prévio do direito estampado junto ao título e com reconhecimento *ope legis* (art. 784 do CPC) não dá margem à utilização da oposição. A defesa ofertada ficará presa ao fim a que se destinam os embargos. Admitir-se a oposição seria comprometer ainda mais a celeridade da execução e

---

439. Nesse sentido é a lição de Fachin: "Descabe no processo de execução, seja fundado em título judicial, seja em extrajudicial" (*Intervenção de Terceiros*, cit., p. 15).
440. Como esclarece Araken de Assis: "Haverá, relativamente ao terceiro, constrição judicial. Nesta contingência, ele há de ajuizar os embargos do art. 1.046 [*ainda referindo-se ao CPC/1973*] para desfazê-la, ficando-lhe vedada a via da oposição" (*Manual da Execução*, 2007, p. 1.282).

introduzir discussão que não foi almejada pelo legislador na disciplina da execução por título executivo extrajudicial.[441]

Não há obstáculo para a utilização da oposição nos procedimentos especiais, sendo certo que a grande maioria dos procedimentos tem sua conversão para o procedimento ordinário após a fase inicial da citação. É o que acontece na ação possessória, que, após a fase preliminar para a justificação da posse, assume a via do procedimento ordinário. No que tange ao processo monitório a posição de Cândido Dinamarco deve ser acatada com moderação.[442] Não há dúvida de que o processo monitório é uma forma de tutela diferenciada, mas com o oferecimento dos embargos (art. 700 do CPC) o procedimento passa a ser o ordinário, admitindo a possibilidade da oposição.

Outro ponto de interessante indagação suscitado pelo processualista das Arcadas diz respeito à possibilidade da oposição nos chamados juízos universais. Destaca-se, com particular relevância, o processo de usucapião. A ação de usucapião não está mais topologicamente inserida junto aos procedimentos especiais.[443] O Código de Processo Civil/2015 eliminou a ação de usucapião como procedimento especial. Desde a alteração provocada pela Lei 8.951/1994, com a exclusão da audiência de justificação da posse, a ação de usucapião não podia mais ser catalogada como procedimento especial. O procedimento adotado é o ordinário desde então. Além disso, o CPC/2015 inseriu, pelo art. 1.071, que acrescentou o art. 216-A à Lei 6.015/1973 (Lei de Registros Públicos), a usucapião administrativa, que deverá oferecer grande rendimento ao instituto.

A questão relacionada à necessidade do juízo universal não teria o condão de conferir natureza especial à ação de usucapião. Por outro lado, cabe indagar se na ação de usucapião é possível que o terceiro se utilize da oposição como forma de demonstrar a existência de pretensão contraditória àquela formulada pelo autor. Posicionamo-nos pela negativa, justamente pela universalidade do juízo da usucapião. A citação nesse procedimento revela um ato complexo, e a manifestação de qualquer terceiro interessado revelará autêntica contestação, com a concretização do procedimento edital (art. 259 do CPC), que não se confunde com a

---

441. Arruda Alvim, *Comentários ao Código de Processo Civil*, cit., vol. III, p. 112. Ainda: Luiz Edson Fachin, *Intervenção de Terceiros*, cit., p. 15. Em sentido contrário, admitindo a oposição, porém sem qualquer justificativa ou, mesmo, diferenciação entre os embargos dos arts. 741 e 745 do CPC/1973 para fins de cabimento: William Couto Gonçalves, *Intervenção de Terceiros*, p. 194.
442. Dinamarco, *Intervenção de Terceiros*, cit., 5ª ed., pp. 71-72.
443. Sobre o tema, v. nosso estudo sobre *Usucapião*, 3ª ed., Capítulo VI.

citação por edital.[444] Desta forma, a intervenção do terceiro nasce por força do ato citatório de caráter universal. Sendo ultrapassada a fase para a impugnação, não poderá o terceiro valer-se da oposição.

A utilização da oposição no processo cautelar não apresenta suporte, com base na própria redação do art. 682 do CPC. As partes não controvertem na esfera cautelar sobre o direito material, que seria alvo de requerimento do opositor interveniente. O processo cautelar, embora autônomo, é acessório e voltado a garantir a utilidade e a conveniência da lide principal.

3. O PROCEDIMENTO DA OPOSIÇÃO

Para que a oposição mereça o julgamento de mérito, em caráter prejudicial à demanda já instaurada e pendente, ela deverá obedecer aos requisitos essenciais para qualquer ação, incluindo o preenchimento dos pressupostos processuais de existência e validade, denominados pela melhor doutrina de "positivos", assim como não incidir nos pressupostos negativos. A oposição, além de ser instituto voltado ao processo de conhecimento, somente é viável no procedimento ordinário, com as observações referentes aos procedimentos especiais após a sua ordinarização. Inviável também a oposição junto ao procedimento sumaríssimo, nos termos do art. 10 da Lei dos Juizados Especiais/LJE (Lei 9.099/1995).[445] Sem dúvida, a utilização da intervenção de terceiros nestas situações acarretaria maior complexidade na relação jurídico-processual e, consequentemente, uma dilação do procedimento. Por outro lado, a participação do terceiro na relação processual oferece outros benefícios, como a economia processual e a prolação de decisões harmônicas. Em todo caso, a opção legislativa voltou-se para a restrição da atividade do terceiro, o que inviabiliza a oposição fora do procedimento ordinário – conclusão, esta, que vincula, conforme salientado, sua utilização junto aos procedimentos especiais. Deve-se lembrar que a sentença analisará as pretensões em capítulos sentenciais distintos, em vista da cumulação de demandas em caráter de prejudicialidade. Embora a sentença seja una, ela terá natureza complexa, pois decidirá a oposição em caráter prejudicial e a ação originária em segundo plano. Tratando-se de oposição autônoma,

---

444. A redação do art. 259 do CPC não deixa dúvida quanto à necessidade do procedimento edital para a consumação da eficácia *erga omnes*: "Art. 259. Serão publicados editais: I – na ação de usucapião de imóvel; (...)".

445. LJE: "Art. 10. Não se admitirá, no processo, qualquer forma de intervenção de terceiro nem de assistência. Admitir-se-á o litisconsórcio".

que constitui autêntica ação desvinculada do julgamento, não resta dúvida de que a natureza do procedimento será indiferente.[446] No entanto, o art. 685, parágrafo único, do CPC demonstra que mesmo com o oferecimento de oposição autônoma ela deverá ser julgada *simultaneus processus*. Se a ação está sendo intentada após a audiência de instrução, a causa estaria naturalmente desvinculada do julgamento conjunto, mas a eliminação do prazo máximo de suspensão de 90 dias do sistema anterior revela a preferência do legislador pela suspensão e pelo julgamento conjunto, com o fim de evitar sentenças contraditórias.

A admissão da oposição exige um exame, ainda que breve, dos requisitos essenciais para seu desenvolvimento regular em juízo, pautado pelo exame da petição inicial, da competência e da citação.

3.1 A petição inicial. Requisitos

A petição inicial consiste em requisito essencial, como *conditio sine qua non* para o nascimento da demanda. A peça escrita deverá preencher todas as condições inerentes ao art. 319 do CPC.[447] Trata-se de autêntica petição inicial, com descrição da causa de pedir e do pedido, indicação das partes, das provas e do valor da causa. O pedido, nos termos do art. 319, VII, será de citação, e não de audiência de conciliação, ante o rito diferenciado para o processamento da oposição. Isto não significa que a conciliação não possa ser requerida pelas partes e determinada pelo juiz (art. 139, V, do CPC).

O pedido deverá realçar a existência de pretensões inconciliáveis, pois o objeto mediato é comum ao pedido do opoente e ao do autor da ação principal. Quando sejam harmônicas e independentes não há possibilidade jurídica de utilização da oposição. A inicial e os documentos que a acompanham serão distribuídos por dependência (art. 683, parágrafo único, do CPC).

Por meio da petição inicial identificam-se as partes do pedido. O autor da oposição deverá ser terceiro. Nesta locução deve ser englobado aquele que tem pretensão contrária e não derivada de alguma das partes. Se existir interesse, mas não colidente e com o objetivo de beneficiar uma

---

446. Neste sentido: Dinamarco, *Intervenção de Terceiros*, cit., 5ª ed., p. 116.
447. Como ensina Arruda Alvim: "Não nos esqueçamos de que, em sendo o opoente um verdadeiro autor, deverá sua pretensão ser deduzida como uma ação, ou seja, devem ser preenchidos os pressupostos processuais e condições da ação, sem o quê deverá ser a oposição indeferida" (*Comentários ao Código de Processo Civil*, cit., vol. III, p. 114).

das partes, a hipótese será de assistência. O terceiro qualifica-se como parte somente quando ingressa na relação processual; até então apresenta-se como pessoa estranha ao litígio, o qual pende sem sua participação (*Rechtshängigkeit des Dritten*).

3.1.1 Causa de pedir e pedido

A oposição é uma contraposição. Isto significa que o opoente atua *ad excludendum*, e não *ad coadjuvandum*. Esta característica torna essencial que a petição inicial do opoente demonstre, *ab initio*, a incompatibilidade da pretensão do autor. A causa de pedir da oposição não terá, necessariamente, identidade com a causa de pedir que embasa o pedido do autor na ação principal. Certamente apresentarão pontos comuns, mas esta identidade não é necessária. Autor e opoente formulam pretensões próprias. Isto é o que gera a cumulação de pretensões, constituindo o objeto do processo que será alvo da sentença judicial. Por outro lado, o pedido mediato formulado por ambos é contraditório, pois visam ao mesmo objeto material.[448] Se os pedidos formulados não forem contraditórios, passíveis de harmonização, a hipótese não revelará cabimento de oposição.[449]

O art. 682 do CPC é claro em delimitar que o opoente poderá realizar o pedido de forma *global* ou *parcial* sobre a coisa ou direito que é objeto do processo principal. O dispositivo revela que a contrariedade das pretensões do opoente e do autor, quanto ao objeto mediato do processo, poderá ser parcial. Neste caso, o dispositivo sentencial que reconhecer a oposição não gerará a improcedência do pedido autor e sua exclusão do processo, uma vez que o pedido da oposição será referente a parte do objeto ou quota do direito. O reconhecimento da oposição geraria procedência parcial da ação principal.

O pedido deve ser formulado contra o autor e o réu ("Die Hauptintervention wird erhoben durch schriftlich Klage gegen die beiden Parteien").[450] Desta forma, restará clara a cumulação de pretensões, motivo pelo qual o pedido formulado não poderá ser homogêneo em relação

---

448. Esta distinção foi captada com maestria por Arruda Alvim: "Há, portanto, dois objetos litigiosos, ou seja, o do autor contra o réu e o do opoente, contra ambos. O que há unitariamente, isto, sim, é o objeto do processo" (*Comentários ao Código de Processo Civil*, cit., vol. III, p. 117).
449. Neste sentido, Hermann Homem de Carvalho Roenick: "Essa 'incompatibilidade' ou 'não coerência' é que caracteriza a pretensão exclusivista do opoente, pois o seu direito colide com o direito alegado pelo autor e o deduzido pelo réu" (*Intervenção de Terceiros – A Oposição*, p. 50).
450. Rosenberg, Schwab e Gottwald, *Zivilprozessrecht*, cit., § 51, p. 299.

às partes que compõem o polo passivo ("Die Klageantrage gegen beide Streitgenossen können verschieden sein"[451]).

3.2 Momento para a oposição

Como regra, a oposição poderá ser oferecida até a sentença. A interpretação do art. 682 do CPC não abre a possibilidade de estender a norma para as decisões de segunda instância. Proferida a sentença, qualquer pretensão do terceiro deverá ser exercida pela via própria e autônoma. Quando anulada a sentença, em virtude do sucesso no recurso de apelação, abre-se, em tese, nova possibilidade de utilização da oposição. A sentença refere-se ao prazo final; contudo, nunca impedirá que o terceiro possa ajuizar sua demanda autônoma com o fim de pleitear o direito afirmado, que não é imunizado pela coisa julgada formada entre o autor e o réu da ação originária. Por este motivo, o procedimento não deve ser permitido em grau recursal.[452] Na verdade, após a sentença, o pedido do terceiro, além de não provocar qualquer vinculação procedimental, assumirá o caráter de ação autônoma.

3.3 A tutela provisória na oposição

A tutela provisória na modalidade de urgência (art. 300 do CPC) ou de evidência (art. 311 do CPC) é plenamente cogitável em ambas as modalidades. Existirão situações em que o objeto material disputado entre as partes originárias poderá suscitar não só o pedido de oposição, como o requerimento da antecipação da tutela. Tudo dependerá do quadro fático e do preenchimento dos requisitos legais. A hipótese de tutela de evidência pelo abuso no direito de defesa (art. 311, I, do CPC) é plausível, e pode gerar pedido de antecipação após o oferecimento da oposição, quando uma ou ambas as partes pratiquem atos de postergação na realização da defesa. Caso inusitado poderá acontecer em face de pedidos sucessivos de antecipação da tutela. O autor poderá ter realizado pedido com base no art. 300 do CPC, obtendo decisão interlocutória favorável. Isto não impede que o oponente realize outro pedido, demonstrando ao juiz novo quadro probatório. É da essência da antecipação a possibilidade de sua modificação e/ou revogação até o final da relação processual (art. 304, § 3º, do CPC).

451. Blomeyer, *Zivilprozessrecht*, cit., § 111, p. 638.
452. Arruda Alvim posiciona-se pela possibilidade da oposição ainda que o processo principal esteja em segundo grau de jurisdição, apoiando-se em Frederico Marques e Pedro Palmeira (*Comentários ao Código de Processo Civil*, cit., vol. III, p. 169).

Na oposição interventiva resta clara a confluência das pretensões, que obriga o juiz a realizar o julgamento simultâneo, momento em que o pedido de antecipação gera natural interferência na relação processual originariamente instaurada.

3.4 Formação da relação processual da oposição

A oposição, uma vez oferecida e distribuída por conexão (art. 61 do CPC), exigirá a citação válida para a formação da relação processual. A citação será realizada na pessoa dos procuradores dos opostos (art. 683, parágrafo único, do CPC).[453] Muito embora o processo seja conexo, a citação deverá ser realizada nos moldes dos arts. 246 e ss. do CPC.[454] Obviamente, os patronos não poderiam ser alvo de mera intimação, uma vez que se constitui uma nova relação processual, em que autor e réu são litisconsortes. Frise-se, mais uma vez, que a hipótese será de litisconsórcio necessário, mas simples, porque a decisão não é uma para ambas as partes.[455]

O art. 229 do CPC estabelece a benesse do prazo em dobro para a prática dos atos processuais dos litisconsortes; porém, o art. 683, parágrafo único, estabeleceu, de forma clara, o *prazo comum* de 15 dias. Não há que se falar em prazo em dobro para contestar. Contudo, a dicção do art. 683, parágrafo único, não abrange os atos subsequentes, como o ato de recorrer. A Súmula 641 do STF,[456] em harmonia com o art. 1.005 do CPC, determina que o prazo não deve ser contado em dobro quando somente um dos litisconsortes tenha sucumbido. Contudo, esta hipótese não se aplica em caso de procedência da oposição, pois autor e réu serão obrigatoriamente sucumbentes, ainda que sob ângulos diversos.

Eventual revelia do réu junto ao processo não exime o opoente de promover o ato citatório de forma regular. A possibilidade de oposição em caso de revelia demonstra que a relação processual instaurada entre o autor e o réu não necessitará ser controvertida – o que demonstra a in-

---

453. Luiz Fux, *Intervenção de Terceiros*, cit., p. 19.
454. Conforme anota Theotônio Negrão: "A citação, embora na pessoa dos advogados, não pode ser feita mediante simples publicação na Imprensa Oficial, mas obedecerá ao disposto nos arts. 213 e 233 (*RJTJSP* 107/247, 155/158)" (*Código de Processo Civil e Legislação Processual em Vigor*, p. 168).
455. Hermann Homem de Carvalho Roenick, *Intervenção de Terceiros – A Oposição*, cit., pp. 33-34.
456. STF, Súmula 641: "Não se conta em dobro o prazo para recorrer, quando só um dos litisconsortes haja sucumbido".

conveniência da redação do art. 682 do CPC.[457] Exige-se a litispendência, mas não a controvérsia como aspecto essencial.

3.5 Fase instrutória

Salientou-se a necessidade da pendência do processo para que a oposição possa ser intentada. O Código de Processo Civil/2015 aproximou a oposição interventiva e a autônoma justamente pela atividade instrutória, como disciplina o art. 685, parágrafo único. Ainda que a oposição seja deduzida após o início da audiência de instrução, o juiz poderá suspender o processo depois da colheita das provas, sem prejuízo de concluir toda a instrução, em respeito aos princípios da unidade e da duração razoável. Deste modo, uma vez concluída, o juiz poderá suspender o processo, para realizar o julgamento simultâneo. Percebe-se o comprometimento do sistema com a prolação de decisões uniformes e harmônicas para o julgamento conjunto das demandas principal e secundária, como prevê o art. 686 do CPC. Esta suspensão não tem o limite previsto pelo art. 60 do CPC/1973. Ela deverá obedecer ao regime previsto pelo art. 313 do CPC/2015, que estabelece o teto de um ano como máximo para a suspensão (§ 4º). Tudo deverá ser analisado pelo juiz em face das circunstâncias fáticas.

3.6 Fase decisória: a natureza prejudicial da oposição

O art. 686 do CPC retrata a natureza prejudicial da oposição. Mais uma vez é preciso diferenciar as hipóteses elencadas pelo art. 683 (oposição interventiva) e pelo art. 685 (oposição autônoma). Na oposição interventiva, que se comporta como verdadeiro incidente na relação processual instaurada entre autor e réu, a relação de prejudicialidade é inevitável. Caberá ao juiz decidir primeiramente a procedência da oposição, o que exige solução sobre as duas pretensões trazidas pelo opoente, sendo uma contra o autor e outra contra o réu. Sendo julgada procedente, a demanda originária obrigatoriamente será improcedente, uma vez que são incompatíveis os pedidos formulados pelo opoente e pelo oposto (autor). Na verdade, a análise da oposição não impede o julgamento da demanda principal, apenas a condiciona, prejudica-a.

Outra hipótese é o não acolhimento da oposição. Para esta situação o juiz poderá julgar pela improcedência ou procedência da demanda

---

[457] Arruda Alvim, *Comentários ao Código de Processo Civil*, cit., vol. III, p. 109.

principal, nos termos do art. 487 do CPC. Obviamente, como não há preclusão *pro judicato* para a manifestação sobre as condições da ação e os pressupostos processuais, nada impede que o juiz determine a resolução do processo com base no art. 485 do CPC. Isto não impede a formação de coisa julgada material quanto à oposição e de coisa julgada formal em relação à demanda principal.

O art. 684 do CPC também prevê a possibilidade de reconhecimento do pedido por um dos opostos. O reconhecimento jurídico do pedido é causa de extinção da demanda com análise do mérito (art. 487, III, "a", do CPC). Quando o autor-oposto reconheça o direito do opoente, a demanda prosseguirá normalmente contra o réu. A situação do réu não sofrerá qualquer prejuízo, até porque é vedada a disposição de direitos alheios no regime litisconsorcial. O réu poderá ter oferecido reconvenção, o que lhe confere autonomia, inclusive para aumentar o objeto litigioso da demanda. A princípio o reconhecimento da pretensão do opoente por parte do autor provocará renúncia automática à pretensão dirigida contra o réu.[458]

O reconhecimento jurídico do pedido pelo réu desloca a decisão judicial para o exame do pedido realizado pelo opoente contra o autor. Cabe analisar o efeito do reconhecimento. O juiz deverá analisar a viabilidade da pretensão do opoente contra o autor da ação. Julgando-a procedente, a demanda principal será logicamente improcedente. A hipótese inversa também é possível. A oposição poderá ser julgada improcedente, e, neste caso, o reconhecimento jurídico da pretensão do réu em relação ao opoente não gera o julgamento favorável, nos termos do art. 487, I, do CPC, em favor do autor. As três pretensões são autônomas, e merecem exame distinto.

A imputação da sucumbência dependerá da relação prejudicial entre os dispositivos sentenciais da oposição e da ação principal. Inicialmente em relação à oposição, e posteriormente em face da demanda originária. A procedência da oposição gerará a improcedência da ação originária, obrigando à determinação das verbas sucumbenciais. A diferença está na necessidade de rateio entre os opostos em caso de procedência da oposição (art. 87, § 1º, do CPC). Na ação principal o encargo será do autor, em vista da improcedência do pedido. É curial lembrar que o reconhecimento do pedido não isentará do pagamento das custas, mas poderá provocar a redução da verba honorária pela metade (art. 90, § 4º, do CPC).

A sentença poderá ser impugnada pelo recurso de apelação. A via recursal será aberta aos sucumbentes; contudo, cada qual obedecendo

---

458. Dinamarco, *Intervenção de Terceiros*, cit., 5ª ed., pp. 124-125.

ao interesse e à legitimidade recursal relativos à matéria que poderá ser devolvida ao tribunal. Autor e réu, indiscutivelmente, terão maior espectro para a devolução das matérias, pois estão ligados à oposição e à demanda originária. O opoente somente poderá rediscutir a pretensão relativa ao pedido formulado nos termos do art. 682 do CPC.

Na oposição oferecida na modalidade interventiva, quando o juiz a rejeite *in limine* tem-se a mesma situação da reconvenção, o que provocará o recurso de agravo (art. 1.015, IX, do CPC). Como autêntico processo incidental, sua rejeição não provoca o término da relação processual originária. Logo, desafiará o recurso de agravo, cabível contra decisão interlocutória.

3.7 Oposições sucessivas

Questão que acabou não sendo regulada pelo Código atual refere-se à possibilidade de oposições sucessivas, que também pode ser identificada na denunciação da lide, nos termos do art. 125, § 2º, do CPC. [459] A doutrina manifesta-se positivamente pela aplicação do instituto na forma sucessiva. Dentro desta hipótese, o terceiro manifestaria uma oposição a outra já inicialmente intentada na mesma relação processual. Dificuldades de ordem procedimental poderiam conturbar o procedimento, principalmente se a primeira oposição tiver sido manifestada antes da audiência de instrução e a segunda em momento posterior ao término da instrução. O pedido realizado pelo último opoente revelará um litisconsórcio necessário, que contará com as partes originárias da relação processual, além do primeiro opoente. Não resta a menor dúvida de que o último opoente manifesta pretensão incompatível e excludente em relação ao autor e primeiro opoente, bem como contrária ao réu. Pensar de forma diversa seria desnaturar o instituto da oposição. A denominada "oposição convergente", citada por Dinamarco, não apresenta ares de viabilidade senão quando o pedido realizado pelos opoentes for parcial – como, aliás, permite a própria dicção do art. 682 do CPC.[460] Se a oposição for total é inviável visualizar uma oposição convergente, mas, sim, a adesão pelo litisconsórcio ou assistência litisconsorcial. No Direito Italiano diferencia-

---

459. José Raimundo Gomes da Cruz, *Pluralidade de Partes e Intervenção de Terceiros*, p. 77; Hermann Homem de Carvalho Roenick, *Intervenção de Terceiros – A Oposição*, cit., pp. 51 e ss. Este último jurista indica que somente os Códigos de São Paulo (art. 87) e de Pernambuco (art. 409) regularam a oposição sucessiva na fase das codificações estaduais.
460. Dinamarco, *Intervenção de Terceiros*, cit., 5ª ed., pp. 97-98.

-se a intervenção principal (nossa oposição) da *intervenção litisconsorcial* quando "il terzo proponga nei confronti di una sola parti una domanda connessa con quella originaria per *identità di titolo* o di oggetto, facendo valere un diritto *compatibile* e *paralelo*".[461] A existência de oposições sucessivas também gera efeitos quanto à relação de prejudicialidade indicada pelo art. 686 do CPC. Isto implica a conclusão de que as eventuais oposições deverão se solucionadas em cadeia de prejudicialidade, para que o mérito da demanda principal possa ser objeto de decisão.[462]

§ 9º. DA HABILITAÇÃO

1. O PROBLEMA DA SUCESSÃO: DIMENSÃO MATERIAL E PROCESSUAL

Um dos pontos mais importantes atinentes ao estudo da relação processual diz respeito à sucessão. A habilitação, como procedimento especial, tem função prática e simples: *conferir legitimidade processual àquele que sucede a relação processual*. A questão principal reside na necessidade de criar um procedimento sumário que legitime esta sucessão, permitindo a demonstração (a) *da sua necessidade e possibilidade*, (b) *da legitimidade do sucessor*.

A necessidade da habilitação para o fim do procedimento descrito pelo art. 687 do CPC revela-se pela comprovação da morte. A possibilidade está atrelada à transmissibilidade da pretensão discutida em juízo. Nem todos os direitos e pretensões são transmissíveis. Uma ação de natureza personalíssima, como para a mudança do nome, para o pedido de alimentos ou mesmo para o pedido de benefício previdenciário, assume natureza intransmissível.[463]

Outro ponto a ser ponderado diz respeito à legitimidade para a sucessão no polo processual. A impugnação poderá decorrer inclusive de herdeiro ainda não reconhecido, o que poderá gerar a suspensão do processo, enquanto pendente a ação de reconhecimento. Excepcionalmente a legitimidade também pode estar ligada à intransmissibilidade.

461. Carpi, Colesanti e Taruffo, *Commentario Breve al Codice di Procedura Civile*, p. 318.
462. Arruda Alvim, *Comentários ao Código de Processo Civil*, cit., vol. III, pp. 173-178.
463. As ações previdenciárias para fins de concessão de benefício assistencial também são ações de natureza alimentar e intransmissíveis, o que não impede que os valores devidos ao falecido possam ser pleiteados pelos sucessores, durante o período em que fazia jus ao benefício. Neste sentido: STJ, 5ª Turma, REsp 442.383-SP, rel. Min. José Arnaldo da Fonseca, j. 11.3.2003, *DJU* 7.4.2003, p. 320.

Determinadas ações de natureza constitucional e relacionadas à proteção das liberdades públicas, como *habeas corpus*, *habeas data* ou, mesmo, mandado de segurança, não admitem sucessão, pois a ação tem caráter pessoal.[464]

A habilitação revela a distinção necessária entre a relação de direito material e a processual. Sob a ótica do direito material, o evento "morte" é suficiente para transferir automaticamente os bens e direitos do falecido, em vista do princípio da *saisine* (art. 1.784 do CC). Muito embora a relação material já conte com sucessores automáticos, a relação processual necessita de regularização, inclusive porque os sucessores assumirão o polo processual e serão responsáveis pelo destino do processo. A importância da questão é indiscutível, e os próprios documentos que visam a permitir a sucessão podem ser alvo de impugnação (*e.g.*, falsidade, incompletude – art. 691 do CPC).

O Código de Processo Civil poderia ter regulado a habilitação de modo amplo, tratando da sucessão *inter vivos* e da sucessão *causa mortis*. Contudo, a opção continua sendo restritiva e consolida o posicionamento das codificações de 1939 e 1973. A habilitação está direcionada apenas para a sucessão *causa mortis*.

2. A SUCESSÃO VOLUNTÁRIA E A INVOLUNTÁRIA

Os arts. 687 a 692 do CPC regulam unicamente a sucessão processual *causa mortis*, que assume natureza involuntária. A sucessão poderá ser voluntária quando assumir natureza *inter vivos*. Esta é referenciada no art. 108 do CPC.[465] Na sucessão voluntária o regime é diferenciado e a proteção à boa-fé processual impede que a alteração da titularidade da

---

464. O STJ reconhece que no mandado de segurança apenas será possível a sucessão se o processo estiver em fase de execução, ou seja, a verba condenatória decorrente do comando mandamental seria apta a gerar a sucessão processual: "O STJ tem se posicionado no sentido de que, ante o caráter mandamental e a natureza personalíssima do mandado de segurança, não é cabível a sucessão de partes, ficando ressalvada aos herdeiros a possibilidade de acesso às vias ordinárias. 2. Admite-se, contudo, a habilitação caso o processo esteja na fase de execução, e o 'momento que demarca o limite a partir do qual não mais seria possível a habilitação de herdeiros em mandado de segurança é o trânsito em julgado da fase de conhecimento' (AgR no ExeMS 115-DF, rel. Min. Humberto Martins, 1ª Seção, *DJe* 15.4.2015). Esse, porém, não é o caso dos autos, sendo inadmissível a habilitação dos herdeiros – Embargos de declaração acolhidos com efeitos infringentes" (Corte Especial, ED no AgR no RE nos ED no MS 16.597-DF, rel. Min. Humberto Martins, j. 7.12.2016, *DJe* 16.12.2016).
465. V. nosso *Curso de Processo Civil*, t. I, p. 539.

relação de direito material possa provocar o efeito surpresa na relação jurídica processual. Exige-se sempre a anuência da parte adversa, conforme prevê o art. 109, § 1º, do CPC.[466]

O Código de Processo Civil/2015 não trouxe redação operacional aos dispositivos da habilitação. Isto se comprova pela supressão do art. 1.061 do CPC/1973, que trazia alto rendimento ao prever a combinação da sucessão *inter vivos* com a *causa mortis*. O dispositivo permitia que na hipótese de falecimento do alienante ou do cedente não seria necessário habilitar os herdeiros, pois o adquirente e o cessionário, desde que provado o título de legitimação, poderiam ingressar no processo como sucessores na relação processual. Apesar da não repetição do dispositivo, não existe óbice para que o mesmo entendimento seja aplicado, inclusive porque o adquirente e o cessionário podem estar participando do processo na qualidade de assistentes litisconsorciais. A morte do assistido apenas consumaria a situação jurídica de parte principal, desde que nenhum dos herdeiros manifeste oposição. Será fundamental, em obediência ao princípio da não surpresa (art. 10 do CPC), que os herdeiros sejam previamente intimados, pois podem impugnar o pedido formulado, demonstrando que a alienação ou cessão prejudica sua posição jurídica, ou que a alienação ou cessão não é válida ou ocorreu de modo parcial.

3. A HABILITAÇÃO "OPE IUDICIS"

É vedada a habilitação *ex officio*, mesmo que o juiz tenha conhecimento da morte de alguma das partes. O dever de velar pela duração razoável do processo (art. 139, II) ou, mesmo, promover medidas indutivas (art. 139, IV) não permite que o magistrado determine a sucessão *ope iudicis*. Havia um dispositivo no Código de Processo Civil/1973, consistente no art. 989, junto ao processo de inventário, que provocava dúvidas e, vez por outra, erro em sua aplicação: "Art. 989. O juiz determinará, de ofício, que se inicie o inventário, se nenhuma das pessoas mencionadas nos artigos antecedentes o requerer no prazo legal".

Ao juiz não cabe o poder dispositivo para dar início a qualquer pedido na esfera judicial. Desde a sedimentação do princípio dispositivo este poder recai sobre a iniciativa das partes interessadas. Este é o motivo

---

466. A importância da boa-fé na seara processual foi antevista com propriedade por Clóvis Couto e Silva, in *Comentários ao Código de Processo Civil*, v. XI, t. II, p. 485. A noção de totalidade da relação processual revela a importância da boa-fé processual na apreciação do fim colimado pelo processo, o que justifica o desenvolvimento idôneo e leal dos atos processuais.

pelo qual o próprio art. 989 não foi repetido no Código de Processo Civil/2015. O mesmo serve para a habilitação no processo. Ao juiz caberá intimar os sucessores para que regularizem o polo (ativo ou passivo) da relação processual. Nada mais. Não sendo tomada qualquer providência no prazo assinalado, o processo será extinto sem resolução do mérito, nos termos do art. 485, III e IV, do CPC.[467] A habilitação é sempre requerida pelas partes interessadas, que poderão ingressar diretamente na relação processual ou por meio de representação do espólio pelo inventariante.[468]

4. DO PROCEDIMENTO DA HABILITAÇÃO

4.1 Litispendência

O procedimento para a habilitação nos autos não sofreu alteração radical, mas a supressão dos dispositivos poderia ter sido evitada, em vista do caráter didático do Código de Processo Civil anterior. De qualquer modo, a estrutura do procedimento da habilitação não sofre alteração. Permite-se que ela seja realizada de forma *direta* ou *incidental*.

467. Neste sentido, do STJ: "Compete à parte interessada o ônus de regularizar o polo ativo da demanda para fins de habilitação, sob pena de extinção sem julgamento do mérito, em decorrência da inviabilidade de seu regular desenvolvimento, nos termos do art. 267, IV, do CPC [*de 1973*]. 2. No caso dos autos, com a morte do segurado, não houve interesse por parte dos herdeiros em providenciarem a devida habitação. Como consignado no acórdão recorrido, a viúva do autor não se desincumbiu de regularizar o polo ativo da demanda com a necessária habilitação dos sucessores, mesmo sendo intimada pessoalmente para fazê-lo. 4. Consignou, ainda, a Corte de origem que o advogado, que representava o segurado nos autos, peticionou informando a recusa e a falta de interesse da viúva em lhe fornecer a documentação necessária para a regularização da habilitação. 5. Por fim, o argumento apresentado pelo ora agravante nas razões do apelo especial de que a procuração da filha do *de cujus*, nascida fora do casamento, não foi juntada aos autos por razões de foro íntimo não é suficiente para desconstituir o acórdão recorrido. 6. Agravo regimental desprovido" (1ª Turma, AgR no AREsp 179.848-SP, rel. Min. Napoleão Nunes Maia Filho, j. 23.2.2016, *DJe* 3.3.2016).

468. STJ: "Agravo regimental no recurso especial – Processual civil – Ação de execução de título extrajudicial – Falecimento da executada – Sucessão processual – Herdeiros – Possibilidade – Inexistência da abertura de inventário no momento do pedido – Súmula n. 83/STJ – Agravo desprovido. 1. Esta Corte Superior entende ser regular a representação do espólio quando todos os herdeiros se habilitam pessoalmente em juízo, independentemente de nomeação de inventariante, quando o inventário não exista no momento do pedido de habilitação – Acórdão recorrido em harmonia com a jurisprudência desta Corte Superior – Incidência da Súmula n. 83/STJ. 2. Agravo regimental desprovido" (3ª Turma, AgR no REsp 1.541.952-SP, rel. Min. Marco Aurélio Bellizze, j. 16.6.2016, *DJe* 23.6.2016).

A habilitação exige a litispendência, uma vez que sua utilização estará tipificada quando a morte acontecer no decorrer do processo (art. 687, *in fine*, do CPC). Com precisão, o diploma português: "A habilitação dos sucessores da parte falecida na *pendência da causa* (...)". Afinal, se a morte é anterior ao ingresso da ação, a hipótese aplicável não será a de habilitação, mas de correção do polo passivo, pois caberá ao autor da ação diligenciar, antes do ingresso do processo, para oferecer a demanda contra a parte correta. O juiz deverá se utilizar do art. 321 do CPC para que o autor emende a petição inicial e regularize o polo, sob pena de indeferimento do pedido, nos termos do art. 485, I e IV, do CPC.

4.2 A habilitação direta

A hipótese corrente em juízo é a da habilitação direta. Muito embora ambas as formas atuais sejam oferecidas nos autos principais (art. 689 do CPC), a modalidade direta pressupõe a desnecessidade de formação de ação conexa e acessória.

Esta forma prepondera pela sua simplicidade, e evoluiu ao ponto de permitir a habilitação direta dos herdeiros, sem a necessidade de comprovação da abertura de processo de inventário para formalização da habilitação por meio do inventariante como representante do espólio. A desnecessidade do inventário e da habilitação do inventariante é corrente nas hipóteses em que não existe bem a inventariar.[469]

A habilitação direta está prevista como meio principal de regularização do polo processual, conforme o art. 689 do CPC. Ela poderá ser realizada por todos os herdeiros em conjunto ou pelo espólio. A participação do espólio é importante quando o processo envolver questão patrimonial, o que exigirá a habilitação com a demonstração de abertura do processo de inventário, uma vez que o inventariante será legitimado para conduzir o processo até sua fase final, com posterior transporte dos valores para o processo de inventário. Cabem ao inventariante os poderes de administração do espólio e de condução da representação judicial, a ele conferidos pelo art. 618, I, do CPC. Importante frisar que não haverá irregularidade processual na habilitação direta dos herdeiros, sem a ne-

---

469. STJ: "Esta Corte Superior entende ser regular a representação do espólio quando todos os herdeiros se habilitam pessoalmente em juízo, independentemente de nomeação de inventariante, quando o inventário não exista no momento do pedido de habilitação – Acórdão recorrido em harmonia com a jurisprudência desta Corte Superior – Incidência da Súmula n. 83/STJ. 2. Agravo regimental desprovido" (3ª Turma, AgR no REsp 1.541.952-SP, rel. Min. Marco Aurélio Bellizze, j. 16.6.2016, *DJe* 23.6.2016).

cessidade do inventário, quando inexistir valor patrimonial no conflito judicial.[470] O rigor tem sido atenuado mesmo nas hipóteses de processo de execução, pois a jurisprudência tem permitido a habilitação direta, sem a necessidade de inventário, quando todos os interessados (cônjuge/ companheiro supérstite e herdeiros) estão presentes.[471]

A habilitação, a princípio, sempre será direta e deverá ser requerida por meio de petição que preencha os requisitos do art. 319 do CPC, sendo apresentada diretamente nos autos, munida de documento idôneo a comprovar a qualidade de sucessor. A diferença em relação ao Código de Processo Civil/1973 reside no fato de que o pedido devidamente documentado deverá ser direcionado para manifestação obrigatória da parte contrária. Neste ponto o procedimento atual é correto, pois não permite que a decisão de habilitação seja proferida *ex officio* pelo juiz. O contraditório será obrigatório, e reflete a proteção contra a surpresa processual (art. 10 do CPC).

A parte contrária é citada pessoalmente ou por meio do seu procurador já habilitado no processo, para manifestação em cinco dias. Não existindo impugnação, ou na hipótese de contumácia, não há que se falar em habilitação tácita. O juiz deve examinar a qualidade do documento e aferir a regularidade do ingresso.[472]

470. STJ: "Interpretando o art. 43 do CPC/1973, firmou o STJ o entendimento segundo o qual, sobrevindo a morte de qualquer uma das partes no processo, deverá ela ser substituída, ordinariamente, pelo espólio, exceto se houver motivo devidamente justificado a determinar a habilitação dos herdeiros, como no caso dos autos, em que as habilitadas são as únicas herdeiras e a falecida não deixou bens a inventariar – Precedentes – Incidência do Enunciado n. 83 da Súmula desta Casa. 2. Ademais, tendo as instâncias ordinárias concluído, com base nas provas dos autos, que as filhas habilitadas eram as únicas herdeiras e que a falecida não deixou bens, infirmar a compreensão alcançada encontra óbice no Enunciado n. 7 da Súmula desta Corte. 3. Agravo interno a que se nega provimento" (3ª Turma, AgInterno no REsp 1.432.619- RS, rel. Min. Marco Aurélio Bellizze, j. 27.9.2016, *DJe* 14.10.2016).
471. Solução prática sufragada pelo STJ; contudo, importante salientar que o juízo deverá velar pelo recolhimento do Imposto de Transmissão: "A jurisprudência desta Corte assentou-se no sentido de que a abertura de inventário é desnecessária para o levantamento de valores decorrentes de ação executiva, desde que a viúva e todos os herdeiros se habilitem pessoalmente em juízo. 2. Agravo regimental improvido" (6ª Turma, AgR nos ED no REsp 1.018.236-PR, rel. Min. Nefi Cordeiro, j. 15.10.2015, *DJe* 5.11.2015).
472. Existe advertência expressa quanto à revelia no pedido de habilitação *ex vi* do art. 353º, 3, do CPC português: "3. Na falta de contestação, verifica-se se o documento prova a qualidade de que depende a habilitação, decidindo-se em conformidade; se algum dos chamados contestar, segue-se a produção da prova oferecida e depois decide-se".

Mesmo com o oferecimento de impugnação, nos termos do art. 691 do CPC, será possível que o juiz analise de plano o pedido, o que também não exigirá a formação de autos apartados. A decisão da habilitação direta não gera uma sentença, mas apenas uma decisão interlocutória proferida nos mesmos autos.

O documento básico que legitima a habilitação direta é a certidão de óbito, que menciona o evento "morte" bem como os herdeiros necessários do falecido. Nada impede, ainda, que seja apresentado testamento com reconhecimento de paternidade, escritura pública ou, mesmo, certidão de outro processo com traslado de decisão que já tenha reconhecido a legitimidade dos sucessores. Todos são documentos para fins de legitimar a sucessão processual. A prova documental permitirá agilidade ao procedimento quando for evidente o direito à sucessão processual, o que justifica a habilitação direta como categoria autônoma.[473]

4.3 Habilitação incidental

A segunda forma de habilitação é a incidental. Ela decorre como consequência da irresignação quanto ao pedido de habilitação direta formulado nos autos principais (art. 689 do CPC) pela parte contrária. A modificação em relação ao Código de Processo Civil/1973 é grande, pois não há mais o oferecimento autônomo da peça. Ela será oferecida de modo direto nos autos, e apenas em caso de impugnação abre-se a oportunidade para a formação da ação de cognição sumária incidental.

Logo, a petição inicial, devidamente instruída, é ofertada para contestação, pelo prazo de cinco dias, seguindo o mesmo procedimento da habilitação direta. A impugnação oferecida, a princípio, abre caminho para a aplicação da segunda parte do art. 691 do CPC, ou seja, para o desentranhamento da peça e formação da habilitação incidental. A petição será autuada e distribuída em apartado. Esta formação incidental poderá não acontecer, mesmo com a insurgência da parte contrária, quando o juiz puder decidir o ponto controvertido de plano. Sendo necessária a cognição vertical, a formação dos autos apartados será essencial.

A habilitação incidental se encerra por meio de sentença, e não por decisão interlocutória, como acontece na habilitação direta. O art. 692 do

---

[473] Esta situação é muito bem retratada pelo diploma processual português que serve de referência, conforme art. 353º, 1: "1. Se a qualidade de herdeiro ou aquela que legitimar o habilitando para substituir a parte falecida já estiver declarada noutro processo, por decisão transitada em julgado ou reconhecida em habilitação notarial, a habilitação tem por base certidão da sentença ou da escritura, sendo requerida e processada nos próprios autos da causa principal".

CPC não deixa dúvida ao dispor que: "Art. 692. Transitada em julgado a sentença de habilitação, o processo principal retomará o seu curso, e cópia da sentença será juntada aos autos respectivos".

4.4 A legitimidade para o pedido de habilitação

O pedido de habilitação assume natureza dúplice. Esta é a leitura correta e lógica perante o art. 688 do CPC. Tanto a parte que permanece ativa na relação processual (art. 688, I) como os sucessores que pleiteiam o ingresso na demanda (art. 688, II) têm legitimação para dar início ao procedimento.[474]

O requerimento formulado pela parte acaba por provocar o ingresso dos sucessores na relação processual. Não se deve olvidar que a legitimidade será o objeto do processo de habilitação, e a práxis revela que a habilitação direta é suficiente para encerrar o procedimento, uma vez que a legitimidade é comumente demonstrada por documento inconteste (certidão de óbito, certidão notarial ou judicial de inventário).

4.4.1 A habilitação por terceiros interessados

A habilitação alcança não somente as partes originárias da demanda, respectivamente autor(es) e réu(s), mas também os terceiros intervenientes. Aqueles que realizam a intervenção em relação processual pendente com o fim de defender interesse próprio também se sujeitam ao regime da habilitação. As figuras de intervenção de terceiros também se aproveitam da habilitação para permitir a continuidade regular da relação processual. Mesmo em relação ao assistente simples não existe qualquer limitação, como pretende parte da doutrina.[475] Como ilustra Pontes de Miranda, existindo interesse legítimo, o assistente tem direito à habilitação, ainda que de modo direto. Isto significa que poderá provar de modo direto a necessidade da sucessão e a continuidade do interesse na assistência.[476]

---

474. Precisa a redação do CPC português, *ex vi* do art. 351º, 1: "1. A habilitação dos sucessores da parte falecida na pendência da causa, para com eles prosseguirem os termos da demanda, pode ser promovida tanto por qualquer das partes que sobreviverem como por qualquer dos sucessores e deve ser promovida contra as partes sobrevivas e contra os sucessores do falecido que não forem requerentes".
475. Pela contrariedade: Hamilton de Moraes e Barros, *Comentários ao Código de Processo Civil*, vol. IX, p. 404; Humberto Theodoro Jr., *Curso de Direito Processual Civil*, vol. III, p. 296.
476. Pontes de Miranda, *Comentários ao Código de Processo Civil* (de 1973), t. XV, p. 122.

Um simples exemplo ilustra a importância e o interesse na habilitação direta para o *assistente simples*: em demanda de despejo, o falecimento do genitor que era sublocatário não elimina o interesse dos sucessores que residem no imóvel na manutenção do contrato de locação.

4.5 A suspensão do processo na habilitação e a prescrição

Independentemente da natureza do pedido, habilitação direta ou incidental, o oferecimento do pedido provoca a suspensão *ope legis* da ação principal. Até ser regularizado o polo processual, nada mais coerente que a relação processual seja suspensa. Não é supérfluo reforçar que a morte da parte, por si só, é causa de suspensão automática do processo, nos termos do art. 313, I, do CPC. A previsão seria até desnecessária, mas reforça a impossibilidade de prática dos atos processuais. O art. 313, § 1º, realiza a conexão com o art. 689 do CPC. Os atos porventura praticados após a morte são nulos e sem qualquer efeito, ressalvando-se aqueles que são praticados para a salvaguarda de direitos e pretensões, como permite o art. 314 do CPC.

Outro ponto importante e tormentoso diz respeito à possibilidade de prescrição intercorrente pela não habilitação. O STJ pronunciou-se modo negativo – o que parece coerente, em vista de prazo para a suspensão, na hipótese do art. 313, I, do CPC.[477] É conveniente e razoável que o juiz fixe prazo para que a habilitação seja materializada, sob pena de extinção do feito. A ausência de localização dos sucessores não é obstáculo intransponível, na medida em que é permitida a citação por edital. Os sucessores certos mas em local desconhecido assim como os incertos serão integrados pela via editalícia.[478]

É possível que incida outra causa de suspensão cumulada com a do art. 313, I do CPC. Nada impede que a habilitação e seu exame possam depender de questão prejudicial que esteja sendo analisada em ação própria, como a invalidade do casamento. Em determinadas situações, desde que possível, o juiz poderá examinar a questão prejudicial sem formar

---

477. STJ: "O óbito de uma das partes do processo implica sua suspensão, de modo que, na ausência de previsão legal impondo prazo para a habilitação dos respectivos sucessores, não há falar em prescrição intercorrente – Precedentes. É vedada a aplicação analógica de regra de prescrição, porquanto implica restrição de direitos – Recurso especial improvido" (1ª Turma, REsp 1.481.077-CE, rela. Min. Regina Helena Costa, j. 3.5.2016, *DJe* 13.5.2016).
478. Aliás, esta última modalidade é expressamente regulada pelo CPC português, *ex vi* do art. 355º: "Art. 355º. Se forem incertos, são citados editalmente os sucessores da parte falecida".

coisa julgada, em virtude da limitação horizontal da cognição (art. 503, § 2º, do CPC).

4.6 Sentença de habilitação

O processo de habilitação, quando formado em autos apartados, terminará por sentença. A habilitação incidental exige a sentença em vista da formação dos autos em apartado. Mesmo tratando-se de ação conexa e acessória, a relação processual pendente necessita de encerramento por sentença para finalizar a relação processual.

Trata-se de sentença de mérito, sujeita ao recurso de apelação, e nada impede que novo pedido de habilitação possa ser produzido, desde que fundado em elemento diverso. A sentença tem natureza preponderantemente declaratória. Para as situações em que a habilitação é direta não há que se falar na prolação de sentença, mas de decisão interlocutória, que, a nosso ver, desafiaria o recurso de agravo, na medida em que resolve matéria de mérito do processo relacionada à pertinência subjetiva da parte com o direito material discutido no processo. Todavia, nosso sistema ainda insiste em tratar a legitimidade *ad causam* como condição da ação, o que a torna uma decisão interlocutória processual e fora do rol do art. 1.015 do CPC. Isto não impede que a questão seja suscitada por ocasião do recurso de apelação.

4.7 Habilitação nos tribunais

A habilitação também poderá ser requerida nas instâncias superiores, e obedecerá ao regimento interno dos tribunais (Regimento Interno do STJ, arts. 283 e ss.; e Regimento Interno do STF, arts. 288 e ss.). O ponto de maior dificuldade para a análise do pedido na esfera dos tribunais decorre de eventual necessidade de instrução probatória para o conhecimento da habilitação. Quando a habilitação é direta e sem impugnação a decisão não dependerá de carta de ordem para que a instrução seja realizada no juízo de origem.

§ 10. AÇÕES DE FAMÍLIA

1. AS TRANSFORMAÇÕES NO DIREITO DE FAMÍLIA E O REFLEXO PROCESSUAL

O Código de Processo Civil/2015 inovou ao criar um capítulo próprio para o contencioso familiar, com regras procedimentais específicas para as demandas desta natureza, sem prejuízo da incidência das normas já acomodadas em legislação extravagante, como a da ação de alimentos.[479] Uma leitura atenta permite concluir o legislador procurou estabelecer diretrizes essenciais voltadas para o incentivo na solução amigável do conflito familiar. Como a gama de questões que envolvem o contencioso familiar não está focada diretamente no fator econômico, busca-se a valorização dos meios de autocomposição na seara destas ações.

Sem dúvida, a iniciativa é louvável, pois permite uma flexibilização na fase inicial do procedimento ordinário, o qual não é adequado para o tratamento de questões sensíveis relacionadas a divórcio, separação, reconhecimento e extinção dos vínculos de união estável, reconhecimento da paternidade ou da maternidade, bem como de questões conflituosas parcelares como a guarda, o direito de visita e a alienação parental.

A família reflete fato jurídico cuja importância social transcende as questões ordinárias. A estabilidade e o desenvolvimento social dependem da estruturação e segurança concedida ao núcleo familiar, o que justifica a visão diferenciada sob a ótica processual.[480] Como afirmou com toda propriedade Lehmann: "O Estado, ao proteger a família, trata, em primeiro lugar, de velar pelo desenvolvimento adequado e complementar do indivíduo".[481] É no seio familiar que se forma o cidadão – portanto, a base de toda a estrutura social.

O tratamento das questões familiares nunca seguiu – e nem poderia seguir – um caminho ortodoxo. Esta afirmação pode ser facilmente visualizada no âmbito do processo cautelar. Em uma ação ordinária, a concessão da liminar impõe ao beneficiado com a tutela provisória a obrigatoriedade de ajuizar a ação principal no prazo de 30 dias, sob pena de decadência (art. 309, I, do CPC).[482] Na seara familiar esta exigência

---

479. O art. 1º da Lei 5.478/1968 torna explícita a excepcionalidade do rito: "Art. 1º. A ação de alimentos é de rito especial, independente de prévia distribuição e de anterior concessão do benefício de gratuidade".

480. Adolfo Gelsi Bidart, *Enfoque Procesal de la Familia*, p. 3, Montevideo, 1958.

481 . Heinrich Lehmann, *Derecho de Família*, p. 13.

482. Como reconhece a firme jurisprudência do STJ para a generalidade das pretensões: "O prazo para a propositura da ação principal, previsto no art. 806 do CPC/1973, é de natureza decadencial, não se suspendendo durante o recesso forense. 2. A agravante não trouxe no presente agravo interno razões suficientes para a reconsideração da decisão monocrática que conheceu parcialmente do seu recurso especial para negar-lhe provimento. 3. Agravo interno desprovido" (3ª Turma, AgInterno no REsp 1.444.419-MG, rel. Min. Marco Aurélio Bellizze, j. 25.10.2016, *DJe* 10.11.2016).

sempre foi mitigada, em vista da necessidade de proteção integral e pelo fato de o bem jurídico estar voltado para a proteção da incolumidade física e moral das partes envolvidas.[483]

Sob o âmbito material, especificamente dentro do direito privado, o direito de família e os direitos da personalidade correspondem aos ramos que experimentaram as maiores transformações desde o final do século XX. Nos direitos da personalidade o desenvolvimento acelerado seria natural, pois corresponde a um dos ramos mais novos, cuja sistematização iniciou-se apenas no século XIX e aflorou no século XX, com a revolução operada pelos direitos fundamentais. Entre os direitos fundamentais e os direitos da personalidade há uma relação de destacamento, pois, enquanto os primeiros se referem aos valores fundamentais atrelados a todas as pessoas, os direitos da personalidade podem ser direcionados ao estatuto pessoal de cada componente, vislumbrado em sua concretude, gerando sua *distinção* e sua *individuação* dentro do todo.

No campo do direito de família as soluções processuais preconizadas pelo Código de Processo Civil/1973 e mesmo perante as leis especiais não conseguiram acompanhar a revolução operada no direito material. Se é certo que o direito material sofre o reflexo dos fatos e valores sociais, nada mais correto que o processo também sofra este influxo, como meio de concreção e efetivação destas transformações. Desde a Constituição Federal/1988 o fortalecimento da interpretação constitucional abriu caminho para que os tribunais avançassem em questões importantes, como o reconhecimento da união estável.

2. *A FLEXIBILIZAÇÃO PROCEDIMENTAL PARA AS AÇÕES DE FAMÍLIA*

As regras dos arts. 694 a 699 do CPC indicam o tratamento especial conferido pelo diploma para o contencioso familiar. Esta opção visa a permitir que o enfrentamento das ações que envolvam disputa sobre matéria atinente ao direito de família possa ter tratamento diferenciado e sem as amarras preclusivas do procedimento comum. Neste sentido, é louvável a previsão do art. 694, parágrafo único, o qual prevê a possibilidade de o juiz suspender o processo para que as partes, independentemente da fase em que se encontre, se submetam a mediação ou conciliação.

Nestas matérias sensíveis, que estão relacionadas ao estado de pessoa, mesmo perante o procedimento comum, o juiz deve se utilizar

---

483. Como reconheceu o TJRS por meio de sua Súmula 10: "O deferimento do pedido de separação de corpos não tem sua eficácia submetida ao prazo do art. 806 do CPC [*de 1973*]" (atuais arts. 308 e 309 do CPC/2015).

dos poderes conferidos pelo art. 139, VI, para modular o procedimento, sempre que possível. Podemos afirmar que em demandas desta natureza a tutela jurisdicional não é concedida ao vencedor, pois o objetivo real reside na pacificação do conflito por meio de solução ajustada.

Os conflitos familiares não são pontuais e estanques, pois a relação jurídico-familiar, ainda que desconstituída por decisão judicial, não elimina os vínculos emocionais e jurídicos, que perduram por toda a vida. A manutenção dos vínculos mesmo com o rompimento da sociedade conjugal perdura pelo elo com os filhos comuns. A prole em comum exige a divisão das responsabilidades, que envolvem não apenas questões econômicas, mas de educação e formação – enfim, com situações jurídicas que não se encerram com a sentença de mérito proferida na lide de família.[484] O efeito conformador para o juiz com a prolação de uma sentença de mérito não reflete a solução efetiva do conflito, na maior parte das vezes, quando o conflito é familiar. Seria até possível argumentar que a decisão judicial nunca contentará ambas as partes e que uma delas sairá descontente com o julgamento. No entanto, a questão é outra. Na seara familiar a sentença não entrega a tutela jurisdicional para o vencedor. Nas relações familiares o juiz deve acomodar situações sensíveis que não estão presas ao comando mecânico de (im)procedência.

O rompimento da sociedade conjugal acaba por gerar um campo de batalhas em que o ressentimento e a frustração acabam cegando ambas as partes e provocando prejuízo no relacionamento com os filhos. Este é um sintoma clássico para a alienação parental, que deve ser evitada a todo custo. As dificuldades criadas para o direito de visita, a discordância com o valor da pensão alimentícia, a insurgência em relação ao pedido de guarda compartilhada, representam pontos controvertidos construídos com o objetivo de atingir a parte contrária, e não para pacificar e harmonizar convívio. O juiz que atua em conflitos de família deve ser um homem que compreenda todo esse conjunto que antecede o momento da sentença.

Essas premissas justificam que o art. 693 do CPC permita a flexibilização procedimental, com a possibilidade de construção do processo fora das amarras do procedimento comum. Isto não envolve apenas o incentivo para a autocomposição ou a propositura da petição inicial sem o rigor do art. 319 do CPC (art. 695).

A especialidade das ações de família pode levar à reunião de processos que corram em Varas distintas mesmo fora das regras clássicas de

---

[484] Com precisão, Maria Berenice Dias (*Manual de Direito das Famílias*, p. 85): "A sentença raramente produz o efeito apaziguador desejado pela Justiça".

conexão e continência, quando a decisão conjunta seja ideal para a pacificação do problema familiar.[485] É muito comum, na prática, os advogados realizarem pedidos de desarquivamento do processo para formular novos pedidos, os quais não estariam sujeitos mais à prevenção. Esta opção elimina a necessidade de instaurar uma nova ação.

Para o juiz esta poderá não ser uma boa medida; afinal, elimina a distribuição e aumenta seu trabalho. Contudo, o pedido será decidido por quem já teve contato com a questão e tem melhores condições de decidir a causa.

3. A DURAÇÃO RAZOÁVEL DO PROCESSO EM CONFLITOS FAMILIARES

Nas ações de família, em que o objeto litigioso não está centrado na relação patrimonial e econômica, o elemento temporal assume outra dimensão. Nas ações em que preponderam interesses patrimoniais o tempo é crucial para minimizar os danos gerados pelo prolongamento do processo. Nos conflitos familiares o prolongamento da relação processual poderá ser benéfico, pela maturação e internalização dos conflitos. A realização de duas ou mais sessões de conciliação com a participação de equipe multidisciplinar é benéfica e auxilia na solução amigável. Neste sentido deve ser compreendida a redação do art. 696 do CPC quando incentiva a realização de quantas sessões de conciliação forem necessárias para que a disputa possa terminar pela autocomposição. A interpretação do art. 5º, LXXVIII, da CF/1988 deve levar em consideração a natureza das pretensões que são postas em juízo, e nem sempre o processo finalizado em menor tempo corresponde ao que atende ao escopo de pacificação e restauração entre as partes. É por isso que a duração razoável do processo necessita de extrema ponderação quanto ao sentido constitucional, pois nuanças devem ser tratadas entre ações cíveis e penais, e dentro das ações cíveis o elemento temporal deve ser dimensionado em face da natureza do objeto da relação jurídica.[486]

4. A OPÇÃO PREFERENCIAL PELA VIA DA AUTOCOMPOSIÇÃO: A MEDIAÇÃO

A via da autocomposição deve ser incentivada pelo juiz, inclusive está dentro de suas atribuições principais, nos moldes do art. 139, V, do

---

485. Como sugere Maria Berenice Dias, *Manual de Direito das Famílias*, cit., p. 88.
486. Sobre o tema: André Nicolitt, *A Duração Razoável do Processo*, pp. 65-82.

CPC. Na esfera da família muitas questões fáticas não possuem regramento legal específico e podem esbarrar em óbices expressos pelo texto legal, como o concubinato, nos termos do art. 1.727 do CC. Embora esta expressão não seja a melhor, ela é utilizada pelo legislador nacional e estrangeiro.[487] Parte da doutrina prefere a expressão "família paralela".[488] Independentemente da nomenclatura, os problemas derivados das transformações oriundas do conceito de família não permitem, na maioria das vezes, uma solução cartesiana de procedência ou improcedência (art. 487, I, do CPC). Nesta seara não há solução *prêt-à-porter*. Além disso, nas demandas familiares a gama de questões examinadas, quando a opção é pela via contenciosa, abrange um universo que exige a participação de equipe multidisciplinar. As relações pessoais e econômicas devem ser apoiadas por órgãos e profissionais especializados como: (a) Serviço de Auxílio à Infância e ao Adolescente/SAI; (b) Conselho Tutelar; (c) assistentes sociais; (d) psicólogos; (e) terapeutas – dentre outros. O SAI e o Conselho Tutelar, muito embora pertençam à Vara da Infância e da Juventude, atuam obrigatoriamente em processos da Vara de Família, pois uma ação de separação ou divórcio poderá conter pedidos cumulados para a definição da guarda e do direito de visita, em consequência do fim da sociedade conjugal.

A mediação consiste em meio alternativo de solução do conflito, e poderá ser extrajudicial ou judicial (arts. 9º e 10 da Lei 13.140/2015). O Código de Processo Civil vigente incentiva expressamente a mediação no art. 3º, § 3º, como forma de otimização para o fim do litígio, e nas ações da família reforça sua aplicação como técnica processual diferenciada nos arts. 694, parágrafo único, e 696. A mediação consiste em técnica diferenciada da conciliação. Em primeiro lugar, a mediação exige a capacitação específica do mediador para o conflito em que irá atuar. A função do mediador é de autêntico facilitador, ou seja, alguém que procura demonstrar para as partes os elementos essenciais envolvidos na disputa, e que ultrapassam o interesse próprio, como a necessidade de bem-estar dos filhos. O mediador é um profissional e necessita de capacitação comprovada, pois sua atuação não deve causar maior des-

---

487. V. art. 515-8 do CC francês: "Le concubinage est une union de fait, caractérisée par une vie commune présentant un caractere de stabilité et de continuité, entre deux personnes, de sexe différent ou de même sexe, qui vivente en couple". O reconhecimento dos efeitos patrimoniais para o concubinato ganhou fôlego no Direito Francês com a descriminalização do adultério em 1975, mas o Código Civil não confere tratamento específico. Para a visão da jurisprudência: Laurent Leveneur, *Code Civil*, p. 349.

488. Maria Berenice Dias, *Manual de Direito das Famílias*, cit., p. 179.

gaste aos envolvidos na disputa. A mediação, como o próprio art. 165, § 3º, do CPC dispõe, pressupõe vínculo anterior entre as partes, o qual provavelmente ainda persistirá após o fim do litígio.

4.1 Mediação extrajudicial e judicial: restauração das partes

Como técnica processual diferenciada, a mediação poderá ser extrajudicial e judicial. Mesmo após o ingresso da demanda, nada impede que as partes peçam a suspensão do processo. O art. 694, parágrafo único, do CPC prevê expressamente a possibilidade desta suspensão (art. 313, VIII) como meio de incentivar que as partes possam alcançar solução construída e ajustada sem a necessidade de participação do Estado-juiz. A vantagem da mediação extrajudicial é sua não vinculação com o órgão judicial, pois não estará o mediador necessariamente dentro do cadastro do tribunal e poderá ser pessoa de confiança das partes (art. 9º da Lei 13.140/2015).

A mediação também poderá ser judicial. Ela se revela adequada e extremamente útil, pela maior facilidade de o mediador trabalhar com a equipe multidisciplinar. Nada impede que mais de um mediador atue na demanda, especialmente quando várias questões estiverem em jogo, ou seja, divisão de patrimônio, regulação da guarda e visita. Os interesses econômicos e afetivos podem exigir a comediação.

No Direito Austríaco as causas de família possuem regulação específica para a mediação (*Konflikte im familiären Bereich*).[489] Os resultados visados pelos mediadores são pluridirecionais e visam, ao máximo, a uma solução restaurativa. Um dos grandes benefícios da mediação está na confidencialidade, que retira a exposição do casal e assegura a preservação da intimidade. Isto assegura um ambiente isento de influências externas, que com o auxílio de um profissional vocacionado permitira o restabelecimento do diálogo e da comunicação.

O objetivo da mediação e da restauração não é o de influenciar as partes e reverter a quebra da sociedade conjugal ou evitar a separação judicial ou o divórcio. Jamais deve ser realizada confusão do fim almejado pela participação do mediador. O objetivo é permitir o restabelecimento das relações de diálogo franco e cordial, para que posições jurídicas não sejam utilizadas como meio de dificultar a solução do litígio.

---

489. Rechberger e Simotta, *Zivilprozessrecht. Erkenntnisverfahren*, t. I, p. 24.

5. REGRAS PROCEDIMENTAIS COMUNS

5.1 A petição inicial

Nos procedimentos especiais o rigor do art. 319 do CPC é atenuado, em vista das particularidades oriundas do direito material. No direito de família o art. 695 do CPC não estabelece regras diferenciadas para a elaboração da petição inicial; contudo, a substanciação deve ser atenuada, em vista da natureza especial e sensível da matéria. A substanciação está diretamente relacionada com a eventualidade. A descrição dos fatos e fundamentos em um momento único, com o fim de propiciar a preclusão, não deve ser tomada com rigor nesta modalidade de demanda, uma vez que a procedência ou a improcedência do pedido cedem ao efeito restaurativo que se almeja com o fim do conflito familiar. Nas ações de investigação de paternidade existe a possibilidade de o juiz conhecer de pedido implícito relativo aos alimentos (art. 7º da Lei 8.560/1992), o que demonstra a preocupação voltada para a proteção de direitos fundamentais no âmbito familiar.

A petição inicial em demandas como a de declaração negativa de paternidade ou mesmo perante a contestação oferecida em ações de declaração positiva é permeada de fatos que são potencialmente ofensivos. Exemplo clássico reside na alegação da incerteza da paternidade, pela pluralidade de parceiros da pretensa mãe (*exceptio plurium concubentium*).

O processo de investigação atualmente é objetivo, pela necessidade da prova pericial para a realização do exame de DNA. A ausência expressa de prova tarifada em nosso sistema não elimina o direito fundamental de conhecimento exato da filiação, que somente pode ser alcançado com a produção da prova genética. Por este motivo, argumentos ofensivos e que atingem a moral da parte contrária devem ser evitados, porque não contribuem para a solução da demanda. Além disso, a verdade biológica atualmente cede para a filiação "de fato", também denominada de "verdade afetiva", que independe do vínculo biológico (paternidade ou maternidade afetiva).

Em outras demandas, como a de alimentos, guarda ou, mesmo, regulação do direito de visitas, expressões ofensivas não devem ser utilizadas. O juiz possui o poder-dever de mandar suprimi-las, nos termos do art. 78, *caput* e § 1º, do CPC. Isto não significa que fatos desonrosos não possam ser expostos, inclusive para fins de reparação de danos morais em ações de divórcio ou de rompimento de união estável.[490]

---

490. STJ: "O dever de fidelidade recíproca dos cônjuges é atributo básico do casamento e não se estende ao cúmplice de traição a quem não pode ser imputado

5.2 A tutela provisória nas ações de família

A petição inicial poderá conter pedido de tutela de urgência ou de evidência no âmbito familiar. Ela pode assumir diversas aplicações ligadas ao patrimônio que será objeto de eventual partilha, ou mesmo para a proteção da(s) pessoa(s) envolvida(s) na relação jurídica.[491] Na Parte Geral deste *Curso* (t. I) tecemos comentários sobre a nova disciplina das tutelas antecipada, cautelar e de evidência no processo civil brasileiro, que agora estão sistematizadas sob a denominação de "tutela provisória". A tutela provisória poderá ser de urgência ou de evidência (art. 294 do CPC).[492] Já, a tutela provisória de urgência poderá ser cautelar ou antecipada (art. 294, parágrafo único, do CPC).

Neste período de transição a maior dificuldade será a adaptação dos operadores em relação aos pedidos de tutela cautelar, em vista da eliminação completa das cautelares nominadas no Livro III do Código de Processo Civil/1973. Isto não impede que o pedido seja realizado com base na proteção material que as medidas anteriormente previstas garantiam. Interessante notar que o próprio legislador anteviu essa possibilidade, que decorre do art. 5º, XXXV, da CF/1988, ao determinar, no art. 301 do CPC/2015, que: "Art. 301. A tutela de urgência de natureza cautelar pode ser efetivada mediante arresto, sequestro, arrolamento de bens, registro de protesto contra alienação de bens e qualquer outra medida idônea para a asseguração do direito". Logo, nada impede a concessão de medida cautelar antecedente ou incidental com a causa de pedir próxima vinculada às medidas cautelares reconhecidas pela lei processual pretérita e pela jurisprudência. A diferença é a submissão aos contornos genéricos definidos pelos arts. 300 a 310 do CPC.

o fracasso da sociedade conjugal por falta de previsão legal. O cônjuge que deliberadamente omite a verdadeira paternidade biológica do filho gerado na constância do casamento viola o dever de boa-fé, ferindo a dignidade do companheiro (honra subjetiva) induzido a erro acerca de relevantíssimo aspecto da vida, que é o exercício da paternidade, verdadeiro projeto de vida. A família é o centro de preservação da pessoa e base-mestra da sociedade (art. 226 da CF/1988), devendo-se preservar no seu âmago a intimidade, a reputação e a autoestima dos seus membros. Impõe-se a redução do valor fixado a título de danos morais, por representar solução coerente com o sistema – Recurso especial do autor desprovido; recurso especial da primeira corré parcialmente provido e do segundo corréu provido para julgar improcedente o pedido de sua condenação, arcando o autor, neste caso, com as despesas processuais e honorários advocatícios" (3ª Turma, REsp 922.462-SP, rel. Min. Ricardo Villas Bôas Cueva, j. 4.4.2013, *DJe* 13.5.2013).

491. Carlos Alberto Alvaro de Oliveira, *A Tutela de Urgência e o Direito de Família*, p. 2.
492. V. nosso *Curso de Processo Civil*, t. I, pp. 951 a 1.015.

5.2.1 A tutela antecipada no juízo de família

A tutela antecipada pode ser utilizada com proveito no direito de família. Contudo, em ações de natureza declaratória e constitutiva a concessão de tutela antecipada deve ser analisada com critério, pois na maioria das vezes não se antecipa o provimento jurisdicional requerido como mérito do processo, mas apenas suas eficácias indiretas. Exemplo pode ser visualizado no comando judicial que retira o nome do pretenso devedor do cadastro positivo de crédito. O juiz, até decisão, parcial ou final, de mérito, não pode afirmar que a relação jurídica que justificou a inclusão do autor não existe. Pode, contudo, afastar os efeitos da inclusão até a discussão final.

Neste sentido, observa-se erro cometido perante o Código de Processo Civil anterior quando se defendia a possibilidade de o juiz, em ação de divórcio, antecipar a tutela para a dissolução do casamento. Na verdade, nunca se tratou de antecipação de tutela, mas de julgamento antecipado parcial do mérito (art. 356, I e II, do CPC/2015). Quando residir em fato incontroverso, nada impede a dissolução por meio da técnica de julgamento parcial. No entanto, a questão não é tão simples quando existem bens para partilha. Isto porque o divórcio deve ser averbado na matrícula dos imóveis e na Junta Comercial. Deste modo, a decisão deve ser expressa em relação à manutenção do condomínio até a decisão final, sob pena de lesão a terceiros de boa-fé.

A tutela antecipada é muito importante quando formulados pedidos cumulados, como na ação de divórcio ou de rompimento de união estável quando se formula pedido para a fixação provisória de alimentos para o cônjuge e/ou para os filhos. O pedido ainda poderá ser realizado de modo antecedente, concomitante ou incidental. Na seara familiar a importância das matérias que estão envolvidas no litígio permite a aplicação ampla da fungibilidade entre a tutela cautelar e a antecipada. O pedido de tutela provisória poderá acomodar, temporariamente, uma gama de importantes questões, até a realização da audiência de conciliação, tais como: deferimento de alimentos provisórios, deferimento de guarda unilateral, regulação do direito de visita.

São importantes a experiência e a sensibilidade do juiz na análise de pedidos como o de guarda, pois nem sempre existem elementos comprobatórios suficientes para uma medida deste porte no momento de oferecimento da petição inicial. O juiz deverá determinar a realização de estudo social em caráter de urgência. Em casos excepcionais, e que revelam até o cabimento da tutela da evidência (art. 313 do CPC), será possível a concessão imediata. É o que acontece quando comprovadas de plano situações de suspensão (art. 1.637, parágrafo único, do CC e arts. 155 a 163 do ECA) ou extinção (art. 1.635, I, do CC) do poder familiar.

A tutela antecipada possui inúmeros casos de aplicação, desde o deferimento da tutela provisória para fins de alimentos (art. 4º da Lei 5.478/1968) até para a concessão de busca e apreensão para fins de atendimento ao pedido de guarda ou de sua reversão.

Existem situações que mascaram a concessão de tutela provisória antecipada, mas são importantes e devem conhecidas pelo juiz. A tutela jurisdicional diferenciada poderá exigir a concessão de medidas sumárias que não assumem caráter provisório, mas definitivo. A busca e apreensão ajuizada como ação autônoma para restabelecer comando judicial já estabilizado é um exemplo de ação sumária satisfativa. A concessão de autorização para o casamento de menor ou a concessão de autorização para a realização de uma cirurgia quando há conflito entre os pais ou dos pais com terceiros revelarão hipóteses de tutela sumária e satisfativa.

5.2.2 Tutela da evidência no juízo de família

A tutela da evidência encontra sistematização específica perante o vigente diploma no art. 311, e sua utilização será importante para aquelas situações em que a tutela provisória puder ser concedida com base em prova exclusivamente documental, com ou sem a necessidade de prévio contraditório, quando configurados o abuso no direito de defesa, o prolongamento desnecessário da relação processual, ou, mesmo, quando a matéria a ser decidida esteja pacificada por julgamentos repetitivos ou súmula vinculante. Nem sempre será possível visualizar a concessão da tutela provisória pela aplicação de precedentes, uma vez que os conflitos familiares são específicos. Contudo, as hipóteses do art. 313, I e IV, encontram plena acomodação para a configuração da tutela da evidência.

Não há que se confundir tutela da evidência com julgamento antecipado parcial de mérito (art. 356, I e II). A incontrovérsia sobre pedido formulado ou parcela dele permite que o juiz realize o *julgamento antecipado parcial*. É o que justifica em uma ação de divórcio a concessão imediata do pedido de dissolução pelo art. 356, I e II, do CPC, sem prejuízo de que outros pedidos, como o de partilha, sejam analisados apenas na fase de sentença.

5.2.3 Tutela cautelar no juízo de família

Ainda que as medidas cautelares nominadas tenham sido extintas pela revogação do Livro III do Código de Processo Civil/1973, o pedido de tutela cautelar pode ser formulado com o auxílio das medidas anteriormente existentes. O próprio legislador processual indica esta aplicação no art. 301 do CPC, ao exemplificar as possíveis medidas cautelares. Como já alertamos, Países desenvolvidos, como Alemanha e Itália, mesmo após profundas reformas no campo da tutela de urgência mantiveram medidas cautelares típicas, em vista de sua importância e pelo fato de refletirem maturação do sistema processual.[493]

As ações de família são campo fértil para a utilização das medidas cautelares, independentemente de o objeto litigioso estar ligado à proteção da pessoa ou do patrimônio. Dentre as possíveis aplicações da tutela cautelar na proteção da pessoa destacamos os pedidos de *separação de corpos* ou de *alimentos gravídicos* (Lei 11.804/2008), sem prejuízo da aplicação do princípio da fungibilidade com a tutela antecipada.[494] No direito sucessório as questões familiares assumem repercussão peculiar como questão prejudicial.[495]

5.3 Citação e intimação

A angularização da relação processual possui regra diferenciada nas ações de estado, como preconizam os arts. 247, I, e 695, § 3º, do CPC.

---

493. V. nosso *Curso de Processo Civil*, cit., t. I, p. 988.

494. Os alimentos gravídicos representam pedido de tutela alimentar para a mulher grávida, e não propriamente para o nascituro. Deste modo, mais importante é a demonstração do vínculo de relacionamento, e não propriamente de eventuais indícios de paternidade. A jurisprudência ainda não trata a questão com o acerto desejado: "Agravo de instrumento – Alimentos gravídicos – Indeferimento da tutela antecipada – Insurgência – Desacolhimento – Ausência de elementos suficientes que demonstrem a existência de indício de paternidade – Indeferimento mantido – Recurso desprovido" (TJSP, AI 2.093.228 (39.2016.8.26.0000), 9ª Câmara de Direito Privado, de São Paulo, rel. Des. Costa Netto, j. 25.10.2016; data de registro: 1.11.2016). Sobre o ponto, com precisão: Fernanda Tartuce, *Processo Civil Aplicado ao Direito de Família*, pp. 172 e ss.

495. O STJ julgou interessante caso de tutela ao nascituro voltada para o recebimento de Seguro DPVAT: "Portanto, é procedente o pedido de indenização referente ao Seguro DPVAT, com base no que dispõe o art. 3º da Lei n. 6.194/1974. Se o preceito legal garante indenização por morte, o aborto causado pelo acidente subsome-se à perfeição ao comando normativo, haja vista que outra coisa não ocorreu senão a morte do nascituro, ou o perecimento de uma vida intrauterina – Recurso especial provido" (4ª Turma, REsp 1.415.727-SC, rel. Min. Luís Felipe Salomão, j. 4.9.2014, *DJe* 29.9.2014).

O sistema processual exige a citação real, mas por meio do oficial de justiça. Protegem-se as denominadas ações de estado, que inserem pretensões de ordem pública. Nestas ações inserem-se as ações de família.[496] A presença do oficial de justiça não só confere presunção legal de cientificação, mas humaniza o ato de integração processual. O oficial de justiça tem condições de explicar para a parte a importância do ato e as reais consequências em caso de desatendimento ao comando judicial.

Não deve ser esquecida a possibilidade de intimação eletrônica em relação aos demais atos de movimentação, em vista da implantação do processo eletrônico (art. 270 do CPC). Contudo, a regra será a intimação pessoal para a prática dos atos personalíssimos, como o depoimento pessoal (art. 385, § 1º, do CPC). Para os demais atos postulatórios o patrono será intimado por *e-mail* cadastrado ou pelo *Diário da Justiça eletrônico* (art. 272 do CPC).

Não deve ser descartada a inovador regra – mas de resultados práticos duvidosos – que autoriza a intimação entre os patronos, conforme o art. 269, § 1º, do CPC, e que poderá ser utilizada para impulsionar o processo.

5.4 Competência

Há muito tempo a doutrina reconhecia a necessidade de especialização das ações de família.[497] O Código de Processo Civil/2015 não mudou a configuração básica ao alocar a regra geral de competência que determina o domicílio do réu como foro natural para o ajuizamento das ações (art. 46). Entretanto, quanto à definição dos foros especiais o vigente diploma processual operou radical transformação no que tange à competência do juízo familiar.

A antiga regra do art. 100, I, do CPC/1973 ainda previa o domicílio da mulher como preferencial para o ajuizamento das ações de rompi-

---

496. O estado civil e as respectivas ações de estado ligam-se aos direitos fundamentais de identificação do indivíduo no meio social e sua publicidade conferida pelos registros públicos, especialmente pelo registro civil (arts. 29 a 126 da Lei 6.015/1973). A identidade é fator fundamental para conferir os laços de parentesco e de impedimento para o casamento, para o exercício do voto, para possibilitar o casamento ou a união estável e para permitir a abertura da sucessão. O estado civil liga-se indissociavelmente à personalidade e a três momentos essenciais do ser humano: (a) seu nascimento; (b) desenvolvimento e interação social; e (c) morte. Sobre o desenvolvimento histórico do estado civil: Fabio Caldas de Araújo, in Arruda Alvim (coord.), *Registros Públicos*, pp. 27 e ss.

497. Adolfo Gelsi Bidart, *Enfoque Procesal de la Familia*, cit., p. 22.

mento da sociedade conjugal. O diploma vigente rompe com essa linha e estabelece a igualdade formal entre o casal ao determinar, no art. 53, I: "Art. 53. É competente o foro: I – para a ação de divórcio, separação, anulação de casamento e reconhecimento ou dissolução de união estável: a) de domicílio do guardião de filho incapaz; b) do último domicílio do casal; c) do domicílio do réu, se nenhuma das partes residir no antigo domicílio do casal; (...)".

Primeiramente, o diploma vigente reconhece o casamento e a união estável como entidades familiares homogêneas e que estão sob a mesma regra processual.[498] A igualdade para fins de postulação e sujeição processual entre o homem e a mulher representa evolução natural do ordenamento. É certo que na práxis ainda se observam situações de hipossuficiência da mulher, em função do modelo social oriundo do século XX. Contudo, problemas pontuais podem ser resolvidos pelo magistrado. Uma das formas de relativizar o art. 53, I, "c", está na aplicação conjunta do art. 53, II, do CPC, pois como regra, as demandas que envolvem pedido de divórcio ou rompimento de união estável são cumuladas com alimentos ou pedidos de guarda em relação aos filhos. O STJ já havia emitido a Súmula 1 reafirmando a prevalência do domicílio do menor mesmo quando o pedido principal é a investigação de paternidade: "O foro do domicílio ou da residência do alimentando é o competente para a ação de investigação de paternidade, cumulada com a de alimentos". Esta orientação veio a ser reforçada pela Súmula 383: "A competência para processar e julgar as ações conexas de interesse de menor é, em princípio, do foro do domicílio do detentor de sua guarda".

A universalidade do juízo familiar pode ser invocada em situação de potencial conflito com a Vara da Infância e Juventude. Na verdade, a interação entre os juízos é essencial para que os trabalhos multidisciplinares possam ser utilizados pelo juízo da família, uma vez que a equipe técnica da Vara da Infância auxilia de modo eficaz em processos de divórcio e rompimento de união estável. O estudo social e a oitiva da criança e do adolescente são pontos delicados nestes processos contenciosos.

5.5 A participação do Ministério Público

A norma do art. 698 do CPC representa tendência natural de minimização da atividade do Ministério Público no processo individual.

---

498. O que também se aplica para a união estável nas relações homoafetivas (cf.: STF, ADI 4.277 e ADPF 132, rel. Min Ayres Britto, j. 5.5.2011). V.: Fabio Caldas de Araújo e José Miguel Garcia Medina, *Código Civil Comentado*, p. 1.028.

Este posicionamento é reafirmado pela Resolução CNPM-34/2016, que orienta a atividade ministerial para as causas de relevante interesse público e social. Destacam-se no art. 5º: "VIII – os direitos dos menores, dos incapazes e dos idosos em situação de vulnerabilidade; IX – ações relativas ao estado de filiação ainda que as partes envolvidas sejam maiores e capazes; (...)".

Por este motivo, a leitura do art. 698 do CPC deve ser realizada *cum grano salis*. As questões referentes à filiação envolvem a mudança do estado da pessoa e refletem diretamente no registro público. O interesse na preservação, completude ou correção quanto ao estado da pessoa pode decorrer de uma ação de investigação de paternidade, da alteração do nome, do nome social, do sexo, por razão da adoção, ainda que de pessoa maior. A participação do Ministério Público será fundamental.

5.6 Em tempo: a Advocacia Pública e a Defensoria Pública

Apesar da ausência de menção, não podemos esquecer que o procurador público poderá ser chamado a se manifestar nas ações de Estado quando o processo de divórcio envolver partilha de bens. Não existe ação pura; logo, mesmo uma ação de natureza constitutiva-negativa como a ação de divórcio possuirá eficácias secundárias eventuais, como a condenatória e declaratória em relação aos alimentos e à partilha de bens.

Quando a partilha é requerida na ação de divórcio ou mesmo na ação de extinção da união estável é necessária a participação da Fazenda Pública, por meio da Procuradoria, para a análise do recolhimento dos impostos. Existindo desproporção na partilha, após a análise do regime de bens ou da escritura pública de união estável, será devido o Imposto de Reposição, em vista da doação consumada. Ainda é válida a incidência da Súmula 116 do STF, aplicada para a separação judicial, divórcio e união estável: "Em desquite ou inventário, é legítima a cobrança do chamado Imposto de Reposição, quando houver desigualdade nos valores partilhados".

A Defensoria Pública também exercerá papel importantíssimo na seara da família, pela assistência conferida aos hipossuficientes no tratamento de questões familiares que trazem reflexo pessoal e patrimonial. Um exemplo desta situação é revelado pela usucapião familiar. A atividade consultiva e contenciosa é essencial, e consiste em atividade de grande relevância desempenhada pela Defensoria em convênio com as instituições de ensino por meio dos núcleos de prática jurídica.

5.7 Audiência de conciliação

A previsão do art. 696 do CPC não é supérflua, e revela que a audiência de conciliação consiste em etapa específica dos procedimentos familiares. Mesmo existindo resistência de uma das partes, ela deve ser incentivada. Embora seja discutível sua obrigatoriedade nas questões patrimoniais (art. 334, § 4º, I, do CPC), na seara familiar ela deve ser obrigatória. E mais: a audiência não será realizada obrigatoriamente em uma única etapa, o que é importante, uma vez que a gama de questões postas em uma ação de família permite que em um primeiro momento as partes decidam optar pelo caminho da autocomposição e posteriormente resolvam as demais questões pendentes com o auxílio de equipe multidisciplinar e com a participação de um mediador judicial. Será possível que as partes, após optarem pela composição amigável, peçam a suspensão do processo, para a tentativa da mediação extrajudicial (art. 694, parágrafo único).

5.8 Instrução probatória

O insucesso da composição obrigará o curso do procedimento comum, com o oferecimento da contestação (art. 335 do CPC). A atenuação quanto à substanciação que vale para a petição inicial também se aplica à contestação. A análise do juiz quanto aos fatos e a formação de sua convicção para a decisão do caso concreto devem levar em consideração os efeitos que a decisão irá gerar no núcleo familiar.

É por este motivo que ações de estado e que envolvam discussões relacionadas à modificação das relações jurídicas familiares não se submetem à revelia (art. 345, II, do CPC). O juiz tem poderes inquisitórios para produzir a prova adequada ao caso concreto. Por "prova adequada" entende-se a descoberta de fato que esclareça e permita decidir os pedidos formulados na petição inicial. A decisão deverá ser pautada por fundamentação que busque a restauração entre as partes litigantes.

A atividade instrutória marcada pela produção da prova testemunhal assume contornos próprios no âmbito familiar. O tempo que separa a audiência de conciliação da audiência de instrução poderá ser suficiente para o arrefecimento dos ânimos entre as partes. Este é o motivo pelo qual o art. 359 do CPC insiste quanto a uma nova tentativa de conciliação antes de iniciar a coleta da prova testemunhal. Não há dúvida que o Código de Processo Civil vigente não estabelece o marco temporal da instrução como obrigatório para esta tentativa de autocomposição, na medida em que o juiz poderá incentivar a via consensual, a qualquer momento (art. 139, V, do CPC). Todavia, a experiência indica que em conflitos desta natureza a maturação poderá ser essencial para uma solução ajustada. A leitura quanto ao prazo razoável de duração de um processo no âmbito familiar há de ser diferenciada, e as decisões de julgamento antecipado proferidas com muita cautela. As regras de instrução, especialmente quanto à oitiva das testemunhas, sofrem relativização quando se trata de ação de estado (art. 447, § 2º, I, do CPC).

Ponto que merece especial destaque é a necessidade de que o depoimento dos incapazes seja acompanhado por especialista da equipe multidisciplinar quando existir investigação sobre fato relacionado a abuso ou alienação parental (art. 699 do CPC).[499] A alienação parental ganhou disciplina específica por meio da Lei 12.318/2010, e deve ser combatida com veemência, pois representa forma qualificada de abuso que abala a saúde física, emocional e psíquica da criança e do adolescente.[500] E, pior: a alienação poderá ser dupla, ou seja, praticada por ambos os genitores. A presença do especialista é fundamental para que seu depoimento possa ser colhido posteriormente como auxiliar do juízo e contribuir para a compreensão e assimilação dos fatos.

5.9 Sentença e coisa julgada: pluriparentalidade e a superação da coisa julgada

A sentença proferida nas ações de família possui eficácia preponderantemente declaratória (investigação de paternidade, declaração de união estável) ou constitutiva negativa (divórcio, separação) ou positiva (adoção). Como regra, as ações de estado provocam modificações apenas no mundo jurídico. Isto não elimina pedidos cumulados que tornam a sentença complexa. O pedido cumulado de alimentos insere a eficácia condenatória e permite o cumprimento de sentença, nos moldes do art. 528 do CPC.

O CPC/2015 não reproduz a regra do art. 472, segunda parte, do CPC/1973, e em boa técnica elimina a confusão que era realizada de sua leitura, conforme a redação dos arts. 503 e 506 do estatuto vigente. Não há regra especial no que diz respeito à formação da coisa julgada em

---

499. Maria Berenice Dias (coord.), *Incesto e Alienação Parental*, p. 41.
500. Rodrigo da Cunha Pereira, "Alienação parental. Uma inversão da relação sujeito e objeto", in Maria Berenice Dias (coord.), *Incesto e Alienação Parental*, cit., p. 39.

ações de estado.[501] Em um período de sedimentação e aperfeiçoamento dos registros públicos, no século XX, seria natural a preocupação com a eficácia *erga omnes* nas ações de estado.

A eficácia declaratória é estabilizada pelo trânsito em julgado, e os efeitos internos e externos da coisa julgada atingem as partes litigantes (eficácia interna) e os terceiros, que respeitarão a eficácia da coisa julgada (eficácia externa). Deste modo, o divórcio decretado atinge apenas o casal, mas a autoridade da coisa julgada imunizará o julgado perante toda e qualquer pessoa no território nacional. Em qualquer repartição, órgão público ou estabelecimento privado a sentença de divórcio produzirá seus efeitos para as novas relações jurídicas travadas pelas partes (aquisição de bens, novo casamento). Todavia, aquele que teria interesse legítimo e não participou do processo nunca será atingido pela coisa julgada. É até possível que a eficácia da sentença o atinja de modo indevido, mas para isso o sistema proporciona meios jurídicos específicos de impugnação, como os embargos de terceiro e até o mandado de segurança. Não há um regime diferenciado da coisa julgada para as ações de estado.

Atualmente, como se reconhecem a verdade biológica e a verdade afetiva para fins de filiação, surgem questões de maior complexidade, como a possibilidade de coexistência da paternidade biológica e da afetiva. O STF em 2016 reconheceu a possibilidade de dupla filiação, biológica e socioafetiva, e determinou que o pai biológico pode não "amar" seu filho, mas isto não o exime da obrigação alimentar ou, mesmo, da vocação sucessória.[502] O julgamento proferido pelo STF representa um avanço em reconhecer a possibilidade de concomitância das paternidades

---

501. José Rogério Cruz e Tucci, *Limites Subjetivos da Eficácia da Sentença e da Coisa Julgada Civil*, pp. 290-296.
502. STF, RE 898.060/2016, rel. Min. Luiz Fux: "Repercussão geral reconhecida – Direito civil e constitucional – Conflito entre paternidades socioafetiva e biológica – Paradigma do casamento – Superação pela Constituição de 1988 – Eixo central do direito de família: deslocamento para o plano constitucional. Sobreprincípio da dignidade humana (art. 1º, III, da CRFB) – Superação de óbices legais ao pleno desenvolvimento das famílias – Direito à busca da felicidade – Princípio constitucional implícito – Indivíduo como centro do ordenamento jurídico-político – Impossibilidade de redução das realidades familiares a modelos preconcebidos – Atipicidade constitucional do conceito de entidades familiares – União estável (art. 226, § 3º, da CRFB) e família monoparental (art. 226, § 4º, da CRFB) – Vedação à discriminação e hierarquização entre espécies de filiação (art. 227, § 6º, da CRFB) – Parentalidade presuntiva, biológica ou afetiva – Necessidade de tutela jurídica ampla – Multiplicidade de vínculos parentais – Reconhecimento concomitante – Possibilidade – Pluriparentalidade – Princípio da paternidade responsável (art. 226, § 7º, da CRFB) – Recurso a que se nega provimento – Fixação de tese para aplicação a casos semelhantes".

socioafetiva e biológica. Não prevalece mais a tese de exclusão do genitor que foi responsável pela criação. Entretanto, esta decisão não supera todos os problemas advindos desse novo regime familiar. A formação de tese para fins de precedentes na seara familiar não é tarefa fácil. Em primeiro lugar, a paternidade socioafetiva não pode ser banalizada. Os laços da paternidade ou maternidade devem refletir uma "relação biológica de fato", ou, como prefere a melhor doutrina, a demonstração da "posse de estado de filho".[503] Afinal, com as novas formações familiares, especialmente pela união de casais que já possuem filhos, a mera convivência não é suficiente para formar a paternidade socioafetiva. Sem esta compreensão o início de um novo relacionamento poderá estar comprometido por um complexo arranjo patrimonial prévio.

Outro ponto de intenso debate doutrinário, e que acabou acomodado pelo STF, reside na possibilidade de relativização da coisa julgada para permitir a salvaguarda do reconhecimento do direito fundamental de filiação. O que foi afirmado em relação à pluriparentalidade vale para a coisa julgada. É necessário compreender o campo de aplicação da relativização.

O conhecimento da filiação é um direito fundamental. Todos têm direito de saber sua origem, sua ascendência, ainda que não possuam laços afetivos. Este é o motivo pelo qual a ação para o reconhecimento da filiação é imprescritível, como prescreve o art. 27 do ECA.[504] No mesmo sentido é a leitura do art. 1.601 do CC. O grande problema é que muitas destas ações foram ajuizadas em um período em que o exame genético pelo DNA não existia ou era inacessível, pelo seu custo. Tal fato gerou inúmeras decisões que, embora legítimas, uma vez que obedeceram às provas produzidas e às regras processuais (ônus da prova), não permitiram a real investigação da filiação.

Neste sentido, a jurisprudência passou a considerar possível uma nova ação de investigação quando ausente o exame genético por DNA.[505]

503. Como adverte Luiz Edson Fachin: "A verdade socioafetiva da filiação se revela na posse do estado de filho, que oferece os necessários parâmetros para o reconhecimento da relação de filiação" (*Comentários ao Novo Código Civil*, vol. XVIII, p. 29).
504. ECA: "Art. 27. O reconhecimento do estado de filiação é direito personalíssimo, indisponível e imprescritível, podendo ser exercitado contra os pais ou seus herdeiros, sem qualquer restrição, observado o segredo de justiça".
505. V. decisão do STJ de 2003: "Na primitiva ação de investigação de paternidade proposta, a improcedência do pedido decorreu de confissão ficta pelo não comparecimento da mãe do investigando à audiência de instrução designada. Considerando, assim, que a paternidade do investigado não foi expressamente excluída por real decisão de mérito, precedida por produção de provas, impossível se mostra

A sentença poderá ser de improcedência por dois motivos: (a) fundamentação baseada em provas documentais, testemunhais e periciais (tipagem sanguínea ou HLA) mas sem o exame de DNA, considerando a inexistência de filiação;[506] (b) improcedência decretada pela insuficiência de provas. Esta segunda modalidade reflete uma evolução da jurisprudência, que, de certa forma, transportou o regime da coisa julgada *secundum eventum probationis* do processo coletivo para o processo individual com o fim de proteger um direito fundamental. Em suma: a insuficiência probatória não permite a formação de coisa julgada sobre a filiação e possibilita nova ação para a realização do exame de DNA.

O STF em 2011 reconheceu a relativização da coisa julga em ações de reconhecimento da filiação após a análise do RE 363.889/2011.[507] Importa notar que a decisão do STF não foi unânime e não representa um passe livre para revisitar a coisa julgada em toda e qualquer situação. Em ações em que o exame de DNA já foi realizado e a sentença julgou procedente ou improcedente o pedido não cabe a reabertura da ação ante a existência de um exame com maior precisão.[508] O mesmo entendimento

cristalizar como coisa julgada material a inexistência do estado de filiação, ficando franqueado ao autor, por conseguinte, o ajuizamento de nova ação. É a flexibilização da coisa julgada. II – Em se tratando de direito de família, acertadamente, doutrina e jurisprudência têm entendido que a ciência jurídica deve acompanhar o desenvolvimento social, sob pena de ver-se estagnada em modelos formais que não respondem aos anseios da sociedade – Recurso especial conhecido e provido" (3ª Turma, REsp 427.117-MS, rel. Min. Castro Filho, j. 4.11.2003, *DJU* 16.2.2004, p. 241).

506. STJ: "Ação de investigação de paternidade – Ausência de exame de DNA – Coisa julgada – Mitigação – Possibilidade – Decisão monocrática que deu parcial provimento ao reclamo – Insurgência do demandado. 1. Configura inovação recursal a matéria que não foi objeto de análise anteriormente e é suscitada apenas no agravo regimental/interno – Inviabilidade de exame diretamente por esta Corte, mesmo em se tratando de tema de ordem pública – Precedentes. 2. Nas ações de estado, como as de filiação, deve-se dar prevalência ao princípio da verdade real, admitindo-se a relativização ou flexibilização da coisa julgada. 3. Agravo interno desprovido" (4ª Turma, AgInterno no REsp 1.155.302-PB, rel. Min. Marco Buzzi, j. 25.10.2016, *DJe* 3.11.2016).

507. Eis a base da ementa: "Recurso extraordinário – Direito processual civil e constitucional – Repercussão geral reconhecida – Ação de investigação de paternidade declarada extinta, com fundamento em coisa julgada, em razão da existência de anterior demanda em que não foi possível a realização de exame de DNA, por ser o autor beneficiário da justiça gratuita e por não ter o Estado providenciado a sua realização – Repropositura da ação – Possibilidade, em respeito à prevalência do direito fundamental à busca da identidade genética do ser, como emanação de seu direito de personalidade" (STF, RE 363.889-DF, rel. Min. Dias Toffoli).

508. Com precisão, do STJ: "Ademais, por um lado, a leitura do RE n. 363.889-DF, relator o Min. Dias Toffoli, permite concluir que, dentre outros fundamentos, o

deve prevalecer em ações negatórias quando patente a ausência do dever de cooperação e boa-fé da parte que se furta reiteradamente ao exame de DNA, provocando decisão por presunção (Súmula 301 do STJ).[509] Não podemos esquecer que a coisa julgada também é um direito fundamental processual (art. 5º, XXXVI, da CF/1988). Não é lícito quebrar sua garantia, senão em situação residual e excepcional.

6. DAS AÇÕES DE FAMÍLIA

6.1 A ação de divórcio

A ação contenciosa de divórcio ainda assume importância pelo número significativo de conflitos em juízo e pelos seus desdobramentos relacionados à guarda dos filhos, ao direito de visita e à partilha de bens. Desde a Lei 11.441/2007 o processo de separação e divórcio não pode mais ser classificado como um *processo necessário*. A ausência de conflito entre as partes permite que estas optem pela elaboração de uma escritura pública, que ficará a encargo do tabelião e cuja elaboração será acompanhada por profissional qualificado: advogado ou defensor público para os hipossuficientes (art. 733, § 2º, do CPC). Esta opção somente é possível quando não existir interesse indisponível, ou seja, filhos incapazes (art. 733 do CPC). O divórcio consensual com a presença de filhos incapazes ainda permite a homologação consensual com petição redigida nos moldes preconizados pelo art. 731 do CPC e com a participação do Ministério Público.

STF admitiu, em caráter excepcionalíssimo, a relativização da coisa julgada, com base no art. 27 do ECA – que estabelece que o reconhecimento do estado de filiação é imprescritível –, assim também com arrimo no direito fundamental à filiação e no art. 226, § 7º, da CF, que impõe a paternidade responsável. Por outro lado, ficou consignado no voto-condutor que, no que tange ao investigante, trata-se de 'corolário lógico de seu direito de personalidade, em discussão quando do ajuizamento de um tal tipo de demanda, de ver reconhecida a verdade sobre sua origem genética, emanação natural do estado da pessoa' (REsp n. 1.188.280-SC, rel. Min. Luís Felipe Salomão, 4ª Turma, j. 20.6.2013, *DJe* 16.9.2013). 3. No caso, a ação de investigação de paternidade foi julgada procedente, inclusive com a realização de exame de DNA. Nesse contexto, evidente que a situação retratada não se enquadra àquelas que deram origem à orientação jurisprudencial desta Casa e do STF (AgInterno no REsp n. 1.526.936-RS, rel. Min. Marco Aurélio Bellizze, 3ª Turma, j. 7.6.2016, *DJe* 10.6.2016). 4. Agravo interno não provido" (4ª Turma, AgInterno no REsp 1.406.384-RS, rel. Min. Luís Felipe Salomão, j. 11.10.2016, *DJe* 18.10.2016).
     509. Neste sentido: STJ, 3ª Turma, AgInterno no REsp 1.526.936-RS, rel. Min. Marco Aurélio Bellizze, j. 7.6.2016, *DJe* 10.6.2016.

Em vista dos efeitos danosos gerados para o convívio familiar com o prolongamento de uma ação de divórcio litigioso, o juiz deve se comprometer em aplicar o art. 694 do CPC com o máximo de empenho. A flexibilização procedimental deve ser utilizada para permitir, ao máximo, uma solução consensual. Por isso, o emprego da mediação deve ser incentivado, para que o casal possa ser auxiliado na condução do processo de divórcio. A conciliação também poderá ser utilizada como técnica de autocomposição, e nada impede que ambas sejam cumuladas. A ação de divórcio sujeita-se ao procedimento comum após a fase inicial, que será regulada pelos arts. 694 e 695 do CPC.

Após a Emenda Constitucional 66/2010 não há mais a necessidade de aguardar o prazo mínimo para ingressar com a ação de divórcio. Até a promulgação da Emenda para a propositura da ação de divórcio o casal sujeitava-se a elemento temporal mínimo, que atuava como autêntico pressuposto processual negativo. O divórcio poderia ser obtido por conversão após decorrido um ano do trânsito em julgado da sentença que houvesse decretado a separação judicial (art. 1.580, § 1º, do CC) ou da concessão da medida cautelar de separação de corpos. A segunda modalidade seria o divórcio direto, que poderia ser ajuizado após a comprovação do lapso de dois anos da separação de fato do casal (art. 1.580, § 2º, do CC e art. 40 da Lei do Divórcio). Atualmente entendemos que a separação judicial ainda permanece como opção válida e não sujeita mais o casal a qualquer prazo para o pedido de conversão.

A ação contenciosa de divórcio com alegação de descumprimento dos deveres conjugais tramitará pelo procedimento comum (art. 34, *caput*, da Lei do Divórcio), com observância dos arts. 694 e ss. do CPC, que flexibilizam a fase inicial do procedimento (v. *supra*). A petição inicial na ação de divórcio possui atenuação em sua causa de pedir, notadamente quanto aos fundamentos jurídicos que justificam o rompimento da sociedade conjugal. Isto significa que, uma vez descrito pelo autor o pedido de rompimento da sociedade conjugal, o juiz não necessitará investigar a motivação do pedido, inclusive porque estará dispensado de explicitá-lo em sua decisão (art. 1.580, § 1º, do CC).[510]

A atenuação da *causa petendi* e a desnecessidade de sua explicitação na sentença não significam que a narrativa da inicial estará desacompa-

---

510. Ainda que o dispositivo se refira apenas ao pedido de conversão, a desnecessidade da "causa" deve ter interpretação ampla.

nhada dos motivos que justificaram o pedido de divórcio.⁵¹¹ O conceito de *culpa* merece revisitação, mas não pode ser absolutamente eliminado.⁵¹² A supressão retiraria a possibilidade de o cônjuge motivar o divórcio por infidelidade e cumular pedido de danos morais ou, ainda, justificar o pedido de guarda unilateral por infração grave do cônjuge. O próprio juiz, deparando-se com fato jurídico que transborda para a esfera penal, terá o dever de extrair cópia física ou digital para remessa ao Ministério Público. A descrição da causa poderá refletir diretamente em questões patrimoniais, em vista da comprovação do momento de rompimento da sociedade fática do casal.

Um exemplo é a descrição do abandono voluntário do lar conjugal (art. 1.573 do CC), cuja caracterização revelará prova crucial para sustentar a exceção de usucapião familiar e impossibilidade de partilha sobre o imóvel (art. 1.240-A do CC).⁵¹³ É certo que o processo de divórcio sempre deve ser orientado para uma solução amistosa e consensual; contudo, isso nem sempre será possível – o que motiva as ponderações sobre a modulação no conceito de culpa e a descrição da causa de pedir.

A sentença na ação de divórcio assume eficácia preponderantemente constitutiva negativa e se submete ao que a doutrina denomina de "execução imprópria".⁵¹⁴ A execução é representada pela averbação da sentença no cartório de registro civil (art. 29, § 1º, da Lei de Registros Públicos), no registro de imóveis (art. 167, II, n. 14, da Lei de Registros Públicos) e mesmo na Junta Comercial (art. 980 do CC). A desnecessidade de menção à culpa pelo rompimento não permite a imputação da falência da sociedade conjugal a um dos cônjuges. No entanto, como já comentado, isto não eliminará a necessidade de fundamentação sobre fatos que demonstrem eventual infringência aos deveres conjugais (art. 1.573 do CC) quando necessária para a solução de questões paralelas, como na hipótese de fixação de danos morais. Os alimentos representam eficácia condenatória agregada ao pedido de divórcio por cumulação própria, e o juiz deverá fixá-los com cautela, atendendo à condição social do casal e

---

511. Em sentido contrário: Maria Berenice Dias, *Manual de Direito das Famílias*, cit., p. 322.
512. Nelson Nery Jr. e Rosa Maria Andrade Nery, *Código Civil Comentado*, p. 1.366. Ainda: Fabio Caldas de Araújo e José Miguel Garcia Medina, *Código Civil Comentado*, cit., p. 960.
513. Sobre a usucapião familiar, v. nosso estudo, *Usucapião*, 3ª ed., p. 401.
514. Cândido Rangel Dinamarco, *Execução Civil*, 8ª ed., p. 107.

à capacidade do cônjuge alimentante. Os alimentos fixados para os filhos e para o cônjuge necessitam de fundamentação diversa, especialmente pela tendência inexorável de a fixação para o cônjuge ser realizada por tempo determinado.[515]

A partilha de bens não é condição necessária para a decretação do divórcio judicial (art. 1.581 do CC). A prática judicante nos informa que o juiz deve incentivar as partes o quanto possível a realizar a partilha, pois a existência de patrimônio comum, em regime de condomínio, é fruto de prolongamento de conflitos. A partilha decretada em conjunto exige a participação da Fazenda Pública, para a verificação quanto à necessidade de recolhimento de Imposto de Transmissão. Neste ponto será essencial a análise do regime de bens do casal, para identificar a existência de eventual doação e a necessidade de recolhimento do ITCMD.[516]

No que tange à partilha surge problema relacionado à eficácia retroativa. As sentenças constitutivas negativas ou positivas são vocacionadas

515. STJ: "Os alimentos devidos entre ex-cônjuges devem ser fixados por prazo certo, suficiente para, levando-se em conta as condições próprias do alimentado, permitir-lhe uma potencial inserção no mercado de trabalho em igualdade de condições com o alimentante. Particularmente, impõe-se a exoneração da obrigação alimentar tendo em vista que a alimentada tem condições de exercer sua profissão, tem uma fonte de renda e recebeu pensão alimentícia por nove anos, tempo, esse, suficiente e além do razoável para que ela pudesse se restabelecer e seguir a vida sem o apoio financeiro do ex-cônjuge – Recurso especial conhecido e provido" (3ª Turma, REsp 1.616.889-RJ, rela. Min. Nancy Andrighi, j. 13.12.2016, DJe 1.2.2017).

516. Inclusive, quando a partilha não for realizada, o pagamento de aluguel sobre a o ocupação de patrimônio comum: "A jurisprudência desta Corte admite o arbitramento de aluguel, bem como o ressarcimento pelo uso exclusivo de bem integrante do patrimônio comum do casal apenas nas hipóteses em que, decretada a separação ou o divórcio, e efetuada a partilha, um dos cônjuges permaneça residindo no imóvel. III – Nos termos do art. 1.571, III, do CC, a sociedade conjugal apenas termina pela separação judicial, razão pela qual não há que se falar em ato ilícito gerador do dever de indenizar durante a constância do casamento, sendo o uso exclusivo do imóvel decorrente de cumprimento de ordem judicial que determinou a separação de corpos. IV – O agravo não trouxe nenhum argumento novo capaz de modificar a conclusão alvitrada, a qual se mantém por seus próprios fundamentos – Agravo regimental improvido" (STJ, 3ª Turma, AgR no Ag 1.212.247-SP, rel. Min. Sidnei Beneti, j. 27.4.2010, DJe 12.5.2010).

Este posicionamento veio reafirmado recentemente pelo STJ, mas com a cautela de que o pretenso enriquecimento ilícito gerado a favor do cônjuge que desfruta do bem comum durante o trâmite processual deve ser sopesado quando há indefinição sobre o percentual cabível em relação a cada uma das partes (4ª Turma, AgR no REsp 1.456.716-DF, rel. Min. Raul Araújo, j. 18.4.2017, DJe 10.5.2017).

a operar eficácia *ex nunc*. Entretanto, esta visão somente é válida para sentenças puramente constitutivas negativas ou positivas. A cumulação de pedidos e a necessidade de disciplina sobre a repartição exigirão que o juiz delibere sobre os bens que devem ser partilhados, o que provocará efeito retroativo eventual (*ex tunc*). A demonstração do rompimento da convivência e da coabitação será ponto que marcará o fim da comunhão de esforços para fins de divisão.

A sentença de divórcio também provocará efeitos imediatos em relação às partes, pela possibilidade de novo casamento e com possibilidade de alteração do nome (art. 1.578 do CC).

6.2 Ação de separação judicial

Ponto polêmico reside na manutenção da ação de separação judicial perante o sistema jurídico após a Emenda Constitucional 66/2010.[517] Não compartilhamos do entendimento de sua supressão do sistema jurídico em vista da desnecessidade de prazo mínimo de separação do casal para o pedido de divórcio.[518]

A Emenda Constitucional 66/2010 apenas suprimiu o prazo mínimo, de tal modo que o divórcio não se condiciona mais ao pedido prévio de separação judicial. Na prática, a dispensa do próprio pedido de separação judicial era proporcionada pela concessão da medida cautelar de separação de corpos. Todavia, nosso sistema privilegia o princípio da dignidade da pessoa humana e a busca da felicidade, nos termos do art. 3º, I e IV, da CF/1988. A valorização da família em suas diversas formas, como meio de estabilidade e desenvolvimento social, deve ser incentivada. A separação judicial, como *etapa preliminar* e que possa levar a uma melhor reflexão do casal, não pode ser negada sob o argumento da impossibilidade jurídica do pedido.

O contexto histórico e social do Direito Brasileiro não autoriza, em qualquer momento, a interpretação teratológica de supressão da separação

---

517. No Direito Romano a simplificação do divórcio no período clássico levou à possibilidade de repúdio (*repudium*), sem maiores formalidades, como informam Kaser e Knütel: "Ein Formgebot besteht für die Scheidungserklärung (*repudium*) auch in klassischer Zeit noch nicht" (*Römisches Privatrecht*, § 58, p. 316). Sobre as diferenças entre o *divortium* e o *repudium*: A. Santos Justo, *Breviário de Direito Privado Romano*, p. 413.

518. Entendimento que já firmamos alhures com José Miguel Garcia Medina, *Código Civil Comentado*, cit., p. 962.

judicial.[519] O que merece reflexão e obtemperação é o conceito de culpa na separação judicial e no divórcio. E mais: a supressão da separação judicial não pode ser fundamentada por interpretação constitucional histórica ou teleológica, pois o resultado seria contrário.[520]

A ausência do modelo de separação judicial em outros Países, como na França, que conhece apenas o divórcio e a separação de corpos como medidas de rompimento da sociedade conjugal, não serve de inspiração para o modelo brasileiro, que é próprio.

A opção pela permanência da separação judicial no CPC é clara pela redação do art. 731, que prevê não apenas a modalidade de divórcio consensual, mas também a de separação judicial. A via prévia da separação permitirá que o casal possa regulamentar juridicamente a ruptura da convivência, inclusive com melhor reflexão sobre a decisão de dissolução efetiva da sociedade conjugal. E mais: a separação regulariza juridicamente a autonomia do casal, permitindo que ambos os cônjuges possam viver e desenvolver suas atividades sem prejuízo aos terceiros de boa-fé. A mera alegação de inviabilidade econômica pela duplicação de procedimentos é inaceitável e reduz a relação familiar a uma equação econômica.

É indiscutível – e não se coloca em questão – a maior facilidade pela opção do divórcio direto. No entanto, os argumentos em prol da extinção da separação partem de uma perspectiva unívoca: a de que o casal sempre ingressa em juízo para dissolver a sociedade conjugal. A experiência como magistrado revela que nas audiências de ratificação muitos casais optavam pelo divórcio por desconhecer a possibilidade "de dar um tempo" por meio da separação.

O procedimento da separação deve ser mantido, pois não há interpretação constitucional razoável que possa infirmar a tentativa de manutenção do elo familiar pela utilização da separação judicial como etapa prévia ao divórcio, seja na modalidade consensual ou contenciosa.[521]

---

519. Como atesta Yussef Said Cahali (*Separações Conjugais e Divórcio*, p. 72): "A disposição constitucional, em sua nova versão, [*Emenda Constitucional 66/2010*] continua não tendo nenhuma pertinência com a separação legal, à qual agora nem ao menos faz referência, prevista àquela, como sempre esteve, a respectiva disciplina, de forma autônoma e exclusiva, regulada na legislação ordinária".
520. Em sentido contrário ao exposto: Paulo Lôbo, *Direito Civil – Famílias*, vol. 4, p. 153.
521. Em sentido contrário, mas com exposição de ambos os posicionamentos: Fernanda Tartuce, *Processo Civil Aplicado ao Direito de Família*, cit., p. 230.

6.3 A ação para declaração e extinção de união estável[522]

A união estável somente veio a ser regulamentada como fato jurídico após a Constituição Federal/1988.[523] Embora o art. 226, § 3º, já permitisse uma interpretação teleológica e criativa (*Rechtsforbildung*) para englobar a união de fato no conceito de entidade familiar, foi necessária a criação de texto legislativo posterior e específico para reconhecer sua juridicidade, por meio da Lei 8.971/1994. Este texto ainda era precário, porque não havia sido construído para valorizar a dignidade do casal e seu reconhecimento social, mas para regular exclusivamente efeitos patrimoniais desta sociedade de fato. A Lei 8.971/1994 regulamentava o direito a alimentos e os direitos sucessórios.[524]

O segundo passo veio com a previsão da Lei 9.278/1996, que representou significativo avanço. O prazo mínimo de convivência de cinco anos foi eliminado, com a percepção correta de que a união estável deve ser analisada no caso concreto (art. 1º) e de que não existe apenas uma sociedade de fato com fim econômico, motivo pelo qual foi reconhecida a competência da Vara da Família para o exame dos litígios (art. 9º). A lei ainda aproximou o regime de bens da união estável ao da comunhão parcial (art. 5º), prevendo a divisão em comum daqueles adquiridos na

---

522. STJ: "O desconhecimento do fato de não ser o pai biológico dos filhos gerados durante o casamento atinge a honra subjetiva do cônjuge, justificando a reparação pelos danos morais suportados. A procedência do pedido de indenização por danos materiais exige a demonstração efetiva de prejuízos suportados, o que não ficou evidenciado no acórdão recorrido, sendo certo que os fatos e provas apresentados no processo escapam da apreciação nesta via especial. Para materialização da solidariedade prevista no art. 1.518 do CC/1916 [*art. 942 do CC/2002*] exige-se que a conduta do 'cúmplice' seja ilícita, o que não se caracteriza no processo examinado. A modificação do valor compulsório a título de danos morais mostra-se necessária tão somente quando o valor revela-se irrisório ou exagerado, o que não ocorre na hipótese examinada – Recursos especiais não conhecidos" (3ª Turma, REsp 742.137-RJ, rela. Min. Nancy Andrighi, j. 21.8.2007, *DJU* 29.10.2007, p. 218).
523. Antes da Constituição Federal/1988 a evolução sobre o tema foi tímida. Um olhar para o Direito Comparado permite antever que esta situação não foi exclusiva de nosso País. A França, sempre conhecida pela posição de vanguarda na legislação civil, também demorou para assimilar a união de fato, em duas classificações básicas conhecidas como formas secundárias da vida em casal (*formes secondaires de vie en couple*): (a) o concubinato (*le concubinage*) e (b) os pactos de união estável (*les pactes*). A preocupação em regulamentar o concubinato nasceu após 1968, ano da revolução que marcou a liberação sexual (Yvaine Buffelan-Lanore, *Droit Civil*, p. 700), cujas primeiras decisões da década de 1970 reconheceram os efeitos patrimoniais destas uniões de fato.
524. Cláudia Grieco Tabosa Pessoa, *Efeitos Patrimoniais do Concubinato*, pp. 3 e ss.; Maria Berenice Dias, *Manual de Direito das Famílias*, cit., p. 176.

constância da convivência e com presunção absoluta de esforço comum na aquisição (art. 1.725 do CC/2002).[525]

6.3.1 A prova da união estável

O elemento probatório de maior relevância é o contrato de união estável, que servirá de instrumento-base para disciplinar a dissolução. O contrato de convivência pode ser elaborado por contrato particular ou escritura pública prevista pelo art. 5º da Lei 9.278/1996 e pelo art. 1.725 do CC. É conveniente seu registro no cartório de títulos e documentos e no registro de imóveis, uma vez que o princípio da concentração exige o registro para que possa valer perante terceiros.

A ausência de pacto sujeitará a dissolução da união estável, quanto ao regime de bens, à comunhão parcial (art. 1.725 do CC). É importante que o pacto seja celebrado, porque confere segurança jurídica ao casal, especialmente em relação às mutações patrimoniais.

A união estável não se prova apenas pelo contrato. Ele revela um instrumento importantíssimo, mas a demonstração da convivência exige outras provas quando há contestação da união. Seria o mesmo que provar o exercício da posse (art. 1.196 do CC) por mero contrato. Os laços de convivências são externados por provas documentais de simples apreciação, como redes sociais, em que os rastros da convivência dificilmente são apagados.

As provas documentais e testemunhais serão importantes para delimitar o início e o fim da união do casal com o objetivo de resolver pontos

525. STJ: "A jurisprudência desta egrégia Corte Superior já proclamou que, após a edição da Lei n. 9.278/1996, vigente o regime da comunhão parcial na união estável, há presunção absoluta de que os bens adquiridos onerosamente na constância da convivência são resultado do esforço comum dos conviventes – Precedentes. 3. O STJ também tem orientação de que a existência de casamento válido não constitui impedimento ao reconhecimento da união estável quando haja separação de fato dos cônjuges, hipótese, no caso, configurada. 4. Prevalece nessa Corte o entendimento de que o apelo nobre não constitui via adequada para a análise de eventual ofensa a enunciado sumular, por não estar este compreendido na expressão 'lei federal', constante da alínea 'a' do inciso III do art. 105 da CF. 5. Inaplicabilidade do novo Código de Processo Civil a este julgamento, ante os termos do Enunciado n. 1 aprovado pelo Plenário do STJ na sessão de 9.3.2016: 'Aos recursos interpostos com fundamento no Código de Processo Civil/1973 (relativos a decisões publicadas até 17.3.2016) devem ser exigidos os requisitos de admissibilidade na forma nele prevista, com as interpretações dadas até então pela jurisprudência do STJ'. 6. Agravo regimental não provido" (3ª Turma, AgR no REsp 1.475.560-MA, rel. Min. Moura Ribeiro, j. 24.5.2016, DJe 1.6.2016).

cruciais como a divisão dos bens, a fixação de alimentos e a guarda dos filhos. A união estável representa um dos possíveis modelos de entidade familiar no Direito Brasileiro e que também fornece respaldo para a união homoafetiva.[526]

6.3.2 Sentença para reconhecimento e dissolução

A união estável é marcada por cumulação sucessiva de pedidos.[527] As ações comumente são ajuizadas para o reconhecimento do vínculo e para sua extinção, com a necessidade de regular a divisão de bens. Logo, percebem-se as eficácias declaratória e constitutiva negativa como principais, sem prejuízo da eficácia secundária condenatória quando for necessário fixar alimentos. Tratando-se de entidade familiar, e não mais de mera sociedade de fato, não existe mais suporte jurídico ao pedido de indenização por serviços prestados.[528] Em vista da atenuação da substanciação nas ações de família, nada impede que o juiz conheça do pedido, mas como verba alimentar.

A eficácia mandamental também estará presente quando o contrato de união estável tenha sido registrado (cartório de títulos e documentos) ou averbado (cartório de registro ou Junta Comercial). O princípio da concentração exige o controle efetivo dos registros e averbações nos registros públicos, para a proteção de terceiros de boa-fé. O efeito recursal quanto ao recebimento da apelação não oferece maiores dificuldades. Como regra, a apelação será recebida em duplo efeito.

6.4 Ações para investigação da filiação

As pretensões para o reconhecimento da paternidade e da maternidade assumem importância invulgar, pelo direito fundamental ao reconhecimento do estado de filiação.[529] Não existe procedimento especial para a investigação de filiação. Destaca-se apenas que a pretensão declaratória está protegida pela *imprescritibilidade*. A ação poderá ser

---

526. Para um panorama dos diversos modelos de família: Paulo Lôbo, *Direito Civil – Famílias*, cit., vol. 4, p. 78.
527. Alexandre Alves Lazzarini, *A **Causa Petendi** nas Ações de Separação Judicial e de Dissolução de União Estável*, p. 84.
528. Paulo Lôbo, *Direito Civil – Famílias*, cit., vol. 4, p. 185.
529. Não são usuais as ações de investigação de maternidade, em vista da presunção de maternidade pelo parto. Contudo, o pedido é possível, seja pelo abandono que a criança sofreu após o nascimento, ou mesmo pelo erro cometido no hospital pela troca de crianças ou, ainda, pela adoção "à brasileira".

declaratória positiva ou negativa. Isto significa que a pretensão poderá se voltar não apenas ao reconhecimento da filiação, bem como para sua negação. A comprovação do estado familiar, positivo ou negativo, é um direito fundamental.[530]

A pretensão de reconhecimento da filiação revela direito personalíssimo e atualmente apresenta nuanças que a tornam um dos temas mais complexos dentro do direito de família. Esta afirmação decorre da evolução quanto ao conceito de filiação, pois os laços que unem pais e filhos não decorrem mais de um vínculo unicamente genético, mas também afetivo. O STJ atualmente reconhece a filiação biológica bem como aquela que nasce pela convivência e se consolida pela formação do vínculo afetivo. Não há discriminação a ser feita quanto à filiação socioafetiva, pois ela poderá se referir à formação do vínculo com o pai ou com a mãe.[531] O vínculo socioafetivo pode ser identificado basicamente por três elementos essenciais: a *nominatio*, ou seja, possuir o apelido do genitor; a *tractatus*, o que exige a demonstração da relação pai-filho; a *reputatio*, que é o reconhecimento social da filiação.[532]

A investigação da paternidade biológica reflete direito fundamental e fundado em pretensão imprescritível (art. 189 do CC). Isto não impede que pretensões acessórias possam ser fulminadas pela prescrição. É a hipótese de cumulação do pedido de investigação de paternidade com petição de herança. A eficácia condenatória da petição de herança subsome-se ao prazo delineado pelo art. 205 do CC. A prescrição será de 10 anos.[533]

---

530. Fabio Caldas de Araújo e José Miguel Garcia Medina, *Código Civil Comentado*, cit., p. 976.

531. STJ: "Não há óbice legal ao pedido de reconhecimento de maternidade com base na socioafetividade. O ordenamento jurídico brasileiro tem reconhecido as relações socioafetivas quando se trata de estado de filiação. 2.1 A discussão relacionada à admissibilidade da maternidade socioafetiva por diversas vezes chegou à apreciação desta Corte, oportunidade em que restou demonstrado ser o pedido juridicamente possível e, portanto, passível de análise pelo Poder Judiciário, quando proposto o debate pelos litigantes. 3. *In casu*, procede a alegada ofensa ao disposto no inciso VI do art. 267 do CPC [*de 1973*] e ao art. 1.593 do CC, visto que o Tribunal de origem considerou ausente uma das condições da ação (possibilidade jurídica do pedido), quando, na verdade, o pedido constante da inicial é plenamente possível, impondo-se a determinação de prosseguimento da demanda" (4ª Turma, REsp 1.291.357-SP, rel. Min. Marco Buzzi, j. 20.10.2015, *DJe* 26.10.2015).

532. Luiz Edson Fachin, *Elementos Críticos do Direito de Família*, p. 202.

533. Sobre o tema já se pronunciara o STF por meio da Súmula 149: "É imprescritível a ação de investigação de paternidade, mas não o é a de petição de herança".

6.4.1 Ação de investigação de paternidade: fase administrativa e judicial

A ação para o reconhecimento da paternidade representa o procedimento de maior expressão na esfera judicial, sendo promovida pelo representante do filho menor ou pelo próprio filho maior que ainda não possui o registro da filiação paterna. A Lei 8.560/1992 prevê a existência de um procedimento prévio de averiguação administrativa *ex officio* (art. 2º) que se inicia em função do registro da criança. O registro pode ser realizado pelo pai ou pela mãe, inclusive por procurador com poderes especiais (art. 59 da Lei de Registros Públicos). Usualmente é o pai quem realiza o registro em nome do casal, apresentando a certidão de casamento ou contrato de convivência juntamente com a Declaração de Nascido Vivo/DNV. Quando o registro for realizado pela mãe, inexistindo a comprovação do casamento ou da união, caberá a ela declinar o nome do suposto pai, o qual será intimado para comparecimento e esclarecimento em audiência de averiguação oficiosa da paternidade. A negativa do suposto pai fará com que o ajuizamento da ação seja o caminho inevitável para o reconhecimento da filiação (art. 2º, § 4º, da Lei 8.560/1992). A mãe não é obrigada a declinar o nome, mas o Ministério Público poderá tomar providências para diligenciar, uma vez que o registro da filiação é direito fundamental do menor, sob o aspecto material e emocional. Não há necessidade de anuência da mãe, apenas da ausência do nome do genitor, para que o procedimento oficioso seja iniciado.[534] Em determinadas situações a investigação oficiosa será infrutífera, como nas situações de inseminação heteróloga, quando a ausência, a princípio, não poderá ser suprida.

---

534. STJ: "Registro civil – Art. 2º da Lei n. 8.560/1992 – Averiguação oficiosa de paternidade – Procedimento administrativo – Jurisdição voluntária – Anuência da genitora – Ausência – Extinção – Possibilidade – Via judicial. 1. O procedimento de averiguação oficiosa de paternidade previsto na Lei n. 8.560/1992 não constitui condição para a propositura de ação judicial de investigação de paternidade por versar procedimento administrativo de jurisdição voluntária. 2. A lei prevê categoricamente, em seu art. 2º, que o oficial deve remeter ao juízo de registros públicos a certidão de nascimento de menor na qual constem apenas informações acerca da sua maternidade. 3. A averiguação oficiosa não está condicionada a informações da genitora, podendo o juízo extinguir o rito previsto no art. 2º, § 1º, da Lei n. 8.560/1992 por ausência de provas, remanescendo incólume a via judicial da investigação de paternidade. 4. Recurso especial não provido" (3ª Turma, REsp 1.376.753-SC, rel. Ministro Ricardo Villas Bôas Cueva, j. 1.12.2016, *DJe* 19.12.2016).

6.4.1.1 Ação judicial de reconhecimento da paternidade

A ausência do procedimento administrativo de averiguação não é condição para o exercício da ação de investigação de paternidade. A pretensão de declaração revela direito absoluto e imprescritível do(a) filho(a), que não pode ser paralisado sequer pelo prazo decadencial previsto pelo art. 1.614 do CC. Este dispositivo estabelece o prazo decadencial de quatro anos para a impugnação do reconhecimento voluntário da filiação, mas jamais impedirá a via judicial para o exame da paternidade biológica.[535]

O filho poderá ingressar com a ação para a investigação de paternidade mesmo que possua pai registral. Em muitas situações a adoção "à brasileira" ou, mesmo, o induzimento em erro do pretenso genitor, no momento do registro, provocam a situação que legitima o futuro pedido de investigação de paternidade.

A propositura do pedido, quando verificada a existência de pai registral, exigirá a formação de litisconsórcio necessário simples ou unitário, uma vez que a participação do pai registral e a do investigado provocarão consequências diversas pelo dispositivo sentencial. É possível que seja demonstrada a inexistência de qualquer vínculo afetivo com o pai registral. A declaração positiva em relação ao investigado eliminará o primeiro registro, com substituição pelo segundo (necessário simples). Por outro lado, quando comprovada a relação de afeto com o pai registral, ainda que não seja o pai biológico, o reconhecimento da paternidade em relação ao investigado permitirá a formação de um duplo registro, que submeterá ambos os pais (necessário-unitário). O STF reconheceu a possibilidade da *pluriparentalidade* e a convivência de ambos os pais no registro (RE 898.060/2016) para fins alimentares e sucessórios.

(a) Competência

A ação para a declaração da paternidade deve ser proposta no domicílio do menor púbere ou impúbere (Súmula 1 do STJ).[536] Tratando-se

---

535. STJ: "O prazo decadencial de quatro anos estabelecido nos arts. 178, § 9º, VI, e 362 do CC/1916 [*art. 1.614 do CC/2002*] aplica-se apenas aos casos em que se pretende, exclusivamente, desconstituir o reconhecimento de filiação, não tendo incidência nas investigações de paternidade, hipótese dos autos, nas quais a anulação do registro civil constitui mera consequência lógica da procedência do pedido – Precedentes da 2ª Seção. 2. Agravo regimental a que se nega provimento" (4ª Turma, AgR no REsp 1.259.703-MS, rela. Min. Maria Isabel Gallotti, j. 24.2.2015, *DJe* 27.2.2015).

536. Lembrando que nas demandas relativas a crianças ou adolescentes, mesmo sem o pedido de alimentos, o juiz deverá fixá-los de ofício, como exceção ao princípio dispositivo (art. 7º da Lei 8.560/1992).

de ação proposta por filho maior, deverá ser observada a regra do art. 46 do CPC.

(b) Provas: DNA, "exceptio plurium concubentium" e "fornicatio simplex"

Todas as provas juridicamente admissíveis têm o condão de influenciar o julgamento da demanda (art. 369 do CPC). Contudo, mesmo inexistindo hierarquia entre os meios probatórios, é indiscutível a superioridade da prova pericial para a comprovação do estado positivo ou negativo da filiação. Sua força é tamanha, que a recusa do réu à realização do exame permite a declaração da paternidade por presunção, nos termos da Súmula 301 do STJ. Este precedente apenas concretiza o art. 232 do CC para os processos de reconhecimento da filiação. A importância do exame de DNA também exsurge, pela relativização da coisa julgada.[537]

Em outros Países a coleta de material genético pode ser obtida compulsoriamente, como na Alemanha. No Brasil considera-se inadmissível a produção de prova compulsória, com a violação da integridade corporal, pela prevalência do princípio da dignidade humana. Esta visão merece revisão, porque não existem princípios absolutos, e a proteção ao direito fundamental de conhecimento da filiação e de sua origem deve preponderar no caso concreto.[538]

Nas ações em que se busca o reconhecimento da paternidade a realização do exame de DNA elimina uma série de argumentos que são costumeiramente utilizados nas defesas apresentadas e que devem ser evitados. O primeiro é a alegação de que a genitora possui vários relacionamentos amorosos no período da concepção, com evidente má conduta (*exceptio plurium concubentium*).[539] A realização da prova pericial elimina a necessidade deste tipo de argumentação. E mais: quando existir dúvida quanto ao pretenso pai, nada impede que a demanda seja

537. STJ: "Nos termos da jurisprudência consolidada deste STJ, é possível a relativização da coisa julgada nos casos em que a ação de reconhecimento de paternidade foi julgada improcedente por insuficiência de provas, em virtude da não realização do exame de DNA, tendo em vista os interesses e direitos envolvidos, visto que nas ações de estado, como as de filiação, deve-se dar prevalência ao princípio da verdade real. 3. Agravo interno a que se nega provimento" (4ª Turma, AgInterno no REsp 1.284.190-SP, rela. Min. Maria Isabel Gallotti, j. 29.9.2016, DJe 5.10.2016).
538. Belmiro Pedro Welter, *Coisa Julgada na Investigação de Paternidade*, p. 110.
539. Arnoldo Medeiros da Fonseca, *Investigação de Paternidade*, pp. 273 e 383.

ajuizada em litisconsórcio passivo alternativo.[540] Outro argumento ainda utilizado é a inexistência de relacionamento estável com a genitora e a prática de relações sexuais por uma única vez (*fornicatio simplex*). Todos estes argumentos, além de ofensivos e desnecessários, são inúteis em face da prova pericial, que deve ser realizada para dissipar dúvidas.

(c) Revelia e sentença

Não há dúvida de que em situações excepcionais – como na ausência do requerido, pela sua revelia – outras provas podem ser utilizadas para o deslinde do feito. O art. 232 do CC e a Súmula 301 do STJ não se aplicam de modo efetivo na hipótese de revelia, mas apenas quando há recusa imotivada. Nas ações de estado é inviável decidir pela procedência do pedido em face da inércia do réu (art. 345, II, CPC).

Todavia, mesmo que o réu tenha sido citado e se tornado revel, ele deve ser expressamente intimado para a realização do exame de DNA. A falta de sua cooperação imotivada (art. 6º do CPC) não impedirá a aplicação da presunção. Isto não será possível quando a revelia for decorrente da ausência do réu, o qual se encontra em local incerto e desconhecido (art. 256, II, do CPC). O processo poderá ser analisado com base nas demais provas produzidas, e uma eventual sentença de improcedência não impedirá a relativização da coisa julgada em caso de localização posterior do requerido.

6.4.1.2 *A ação negatória de paternidade*

Com menor incidência, visualiza-se o ajuizamento de ações que visam a excluir a paternidade. Elas podem ser ajuizadas pelo filho ou pelo pai registral. Ambos possuem pretensão legítima para a declaração negativa. O pai possui o direito personalíssimo de contestar, a qualquer tempo, a paternidade dos filhos havidos na constância do casamento e que motivaram o registro em seu nome.[541] A pretensão negatória é imprescritível (art. 1.601 do CC).

---

540. Sobre o litisconsórcio alternativo, v. nosso estudo *Intervenção de Terceiros*, p. 116.

541. STJ: "Ação negatória de paternidade cumulada com anulação de registro, na qual a viúva autora postula a declaração de inexistência de paternidade biológica da requerida, nascida durante o primeiro casamento do falecido marido – Extinção do processo, sem resolução de mérito, por ilegitimidade ativa mantida pelo acórdão recorrido. A impugnação da paternidade de filhos havidos no casamento cabe apenas ao marido – Precedentes. Diante do quadro fático delineado nos autos: o nascimento da promovida se deu na constância do primeiro casamento; o falecido marido procedeu

O art. 1.606 do CC prevê a legitimação ordinária do filho para a prova de filiação e, apesar da natureza personalíssima da pretensão (art. 27 do ECA), ela é transmissível aos herdeiros em face de ação já ajuizada ou quando era incapaz no momento do falecimento (art. 1.606, parágrafo único). Por sua vez, nada impede que a pretensão seja dirigida contra o pretenso pai ou seus herdeiros.

A ação negatória do pai registral não pode ser ajuizada por herdeiros, nos termos do art. 1.601 do CC, e apenas será permitido que os sucessores continuem a ação anteriormente ajuizada (art. 1.601, parágrafo único).

Na ação promovida pelo filho é possível o pedido de exclusão sem a indicação do verdadeiro pai. Não deve ser eliminado o direito do filho de ter excluído do seu registro o pai registral não biológico e com o qual não tenha laços afetivos. No entanto, a comprovação dos laços socioafetivos não permitirá a exclusão do pai, ainda que inexistente qualquer vínculo biológico. As provas deverão ser ponderadas no decorrer da instrução. A decisão proferida pelo STF no RE 898.060/2016 reconhece e equipara a filiação socioafetiva e a biológica para fins patrimoniais e extrapatrimoniais; logo, quando caracterizado o elo afetivo, a ausência do vínculo genético não tem o condão de excluir o pai afetivo do registro.[542]

O pai tem legitimidade para obter a exclusão da paternidade que lhe foi atribuída. Ninguém pode ser obrigado a ser pai. A relação socioafetiva não se configura quando há rompimento dos laços após a descoberta da verdade biológica. A petição inicial é geralmente instruída com cópia

voluntariamente ao registro da criança; não há informação sobre erro ou coação aptos a viciar o ato de registro; mesmo tendo dúvida sobre sua fertilidade, após o segundo casamento, o genitor manteve sua condição de pai até o seu falecimento. Não tendo o genitor negado o vínculo parental em vida, apesar da suposta ciência de sua infertilidade, não pode a segunda esposa pretender, após o falecimento do marido, desconstituir paternidade voluntariamente assumida no primeiro casamento, notadamente quando o questionamento da viúva tem embasamento em interesses unicamente patrimoniais. 6. Agravo interno não provido" (4ª Turma, AgInterno no REsp 1.484.905-MG, rel. Ministro Raul Araújo, j. 6.12.2016, DJe 19.12.2016).
542. STJ: "O STJ sedimentou o entendimento de que, 'em conformidade com os princípios do Código Civil/2002 e da Constituição Federal/1988, o êxito em ação negatória de paternidade depende da demonstração, a um só tempo, da inexistência de origem biológica e também de que não tenha sido constituído o estado de filiação, fortemente marcado pelas relações socioafetivas e edificado na convivência familiar. Vale dizer que a pretensão voltada à impugnação da paternidade não pode prosperar quando fundada apenas na origem genética, mas em aberto conflito com a paternidade socioafetiva' (REsp 1.059.214-RS, rel. Min. Luís Felipe Salomão, 4ª Turma, j. 16.2.2012, DJe 12.3.2012). (...) – Agravo interno não provido" (4ª Turma, AgInterno no AREsp 697.848-SC, rel. Min. Luís Felipe Salomão, j. 6.9.2016, DJe 13.9.2016).

do exame de DNA, e a sentença de procedência levará à retificação do registro, com exclusão do autor.[543]

6.4.2 Ação de alimentos

Uma das ações mais frequentes na seara de família refere-se ao pedido de alimentos. Os alimentos referem-se a uma necessidade básica e elementar do ser humano, ligada à preservação da vida. A verba alimentar é essencial para os atributos básicos do ser humano: vestuário, alimentação, moradia, medicação – enfim, necessidades elementares, que refletem a garantia do direito fundamental à existência digna. A importância da verba alimentar foi percebida inclusive pelos romanos, pela formação da relação de patronato, e demonstra que a origem da verba alimentar não esta propriamente ligada ao vínculo de parentesco.[544]

543. STJ: "É possível a desconstituição do registro quando a paternidade registral, em desacordo com a verdade biológica, foi efetuada e declarada por indivíduo que, na fluência da união estável estabelecida com a genitora da criança, acredita, verdadeiramente, ser o pai biológico desta (incidindo, portanto, em erro), sem estabelecer vínculo de afetividade com a infante. Não se pode obrigar o pai registral, induzido a erro substancial, a manter uma relação de afeto, igualmente calcada no vício de consentimento originário, impondo-lhe os deveres daí advindos, sem que, voluntária e conscientemente, o queira. A filiação socioafetiva pressupõe a vontade e a voluntariedade do apontado pai de ser assim reconhecido juridicamente, circunstância, inequivocamente, ausente na hipótese dos autos. A socioafetividade se consolidaria caso o demandante, mesmo após ter obtido ciência da verdade dos fatos, ou seja, de que não é pai biológico da requerida, mantivesse com esta, voluntariamente, o vínculo de afetividade, sem o vício que o inquinava. Nas situações em que a genitora é quem se recusa a realizar o exame de DNA na filha não é aplicável o Enunciado n. 301 da Súmula de Jurisprudência do STJ – Controvérsia que deve ser solucionada a partir da ponderação dos melhores interesses da descendente, levando-se em consideração a eficácia probatória da negativa da mãe, de acordo com as demais provas dos autos, já que inadmissível a produção compulsória do exame. Diante das peculiaridades do caso, notadamente em face da comprovação da inexistência da afetividade paterno-filial e da ausência de interesse em construí--la, impositiva a desconstituição do registro. 4. Recurso especial desprovido" (3ª Turma, REsp 1.508.671-MG, rel. Min. Marco Aurélio Bellizze, j. 25.10.2016, *DJe* 9.11.2016).

544. O patronato deriva da relação jurídica formada após a libertação do escravo pela manumissão. Para gozar da personalidade e ser portador de direitos a liberdade era essencial, sob pena de uma *capitis deminutio maxima*. A obrigação recíproca de prestar alimentos é um dever (*bona*) que se origina do ato de libertação, dentre outros (*reverentia, operae*). O próprio vínculo familiar por consanguinidade (família cognatícia) somente será aflorado no período final de Roma, por influência cristã (v.: A. Santos Justo, *Breviário de Direito Privado Romano*, cit., pp. 48-49).

Atualmente a verba alimentar é requerida essencialmente em função do *vínculo familiar* (direito parental ou matrimonial),[545] ou seja, em função da *filiação*, do *casamento* ou da *união estável*, sem prejuízo de sua fixação voluntária (*ex voluntate*) ou em função do cometimento de ato ilícito.

O vínculo familiar, a fixação voluntária e o ato ilícito geram classificações da verba alimentar, respectivamente, em: *legítima*, *voluntária* e *indenizatória*.[546]

6.4.2.1 Classificação dos alimentos

As verbas alimentares permitem classificação quanto à origem e à finalidade, e sua adoção somente se justifica quando alguma repercussão prática seja viável. A identificação quanto à origem é fundamental. A verba alimentar oriunda de filiação, por exemplo, como deriva de prova pré-constituída, permite o pedido de *alimentos provisórios* pelo rito especial, conforme o art. 4º, *caput*, da Lei 5.478/1968. Por sua vez, os alimentos gravídicos (Lei 11.804/2008), quando requeridos em nome do nascituro, não admitem o rito especial da Lei 5.478/1968, ante a inexistência de prova pré-constituída da paternidade justificando o pedido de alimentos provisionais pela tutela cautelar ou pela antecipação de tutela em ação investigatória de paternidade (arts. 300, 303 ou 305 do CPC).[547]

(a) Alimentos naturais ou civis

A regra é que toda pessoa seja obrigada a prover o próprio sustento após alcançar a maioridade. A subsistência própria depende de gastos elementares que visam a fornecer vestimentas (*vestitus*), moradia (*habitatio*), alimentação (*cibaria*) e medicação e tratamento para sua saúde (*valetudinis impendia*).[548] Na impossibilidade de a pessoa arcar com esses gastos torna-se lícito o pedido de alimentos, que podem ser classificados em *naturais* ou *civis*.

---

545. Pontes de Miranda, *Tratado de Direito Privado*, t. IX, § 1.000, p. 208.
546. Araken de Assis, *Manual da Execução*, p. 1300; Fernanda Tartuce, *Processo Civil Aplicado ao Direito de Família*, p. 164.
547. Importante lembrar que a gestante pode realizar o pedido de alimentos gravídicos em seu nome e pode apresentar prova pré-constituída pela certidão de casamento ou união estável, o que justifica o rito especial como prevê o art. 11 da Lei 11.804/08.
548. Pontes de Miranda, *Tratado de Direito Privado*, cit., t. IX, § 1.001, p. 211.

Os *alimentos naturais* são aqueles prestados sob a ótica da essencialidade. É o mínimo existencial que permite a sobrevida do ser humano. A regra é que toda pessoa seja obrigada a prover o próprio sustento após alcançar a maioridade.

Seu parâmetro é tomado pela leitura do art. 1.920 do CC, que prevê as verbas essenciais que devem ser instituídas por meio do legado.[549] Os *alimentos civis* ou *côngruos* tomam como base o parâmetro social do alimentando. A verba alimentar é fornecida não apenas para a manutenção e a subsistência orgânica do alimentando, mas para a manutenção do seu *status social*, o que engloba também as necessidades intelectuais, de lazer – enfim, a manutenção de seu bem-estar.[550]

A doutrina aponta para uma eventual inutilidade nesta distinção, porque a classificação era utilizada para punir o cônjuge culpado pelo rompimento do vínculo conjugal, que teria direito apenas aos alimentos naturais.[551] Embora a culpa tenha sua função reavaliada no processo de separação ou divórcio, a distinção entre alimentos naturais e civis mostra-se importante, pois representa parâmetro justo para outras formas de ponderação na fixação.[552] A fixação de alimentos para os filhos menores e em fase de educação deverá ser civil, para fins de seu desenvolvimento intelectual e moral. No entanto, ao filho maior que já recebeu toda educação e verba alimentar durante o ensino fundamental e superior não parece lícito pleitear dos pais alimentos civis, mas apenas naturais, e desde que comprovada a incapacidade momentânea para o sustento. O mesmo exemplo serve para outras situações em que parentes venham a pedir alimentos, momento em que a distinção assume grande relevo prático.

(b) Alimentos provisórios e provisionais:
   a fungibilidade na tutela

A distinção teórica entre alimentos provisórios e definitivos perdeu muito sua importância prática, especialmente com a eliminação da ação cautelar nominada, anteriormente prevista pelo art. 852 do CPC/1973. Os alimentos provisionais eram os de natureza cautelar requeridos em caráter preparatório ou incidental para o custeio das despesas pessoais e processuais (*in litem*). O custeio das despesas processuais, por si só, não

---

549. CC: "Art. 1.920. O legado de alimentos abrange o sustento, a cura, o vestuário e a casa, enquanto o legatário viver, além da educação, se ele for menor".
550. Maria Berenice Dias, *Alimentos aos Bocados*, p. 23.
551. Idem, p. 24.
552. Com razão: Araken de Assis, *Manual da Execução*, p. 1.301.

se legitima como fonte de diferenciação. O pedido de verba alimentar é notadamente processado em juízo com a benesse da gratuidade da justiça (art. 98 do CPC).

A diferença usual sempre foi pautada no fato de os alimentos provisórios representarem autêntico pedido de tutela antecipada, e até de evidência, posto que fundamentados em prova documental irrefutável (certidão de nascimento, certidão de casamento, contrato de união). Os alimentos provisionais, de origem cautelar, seriam fundados em plausibilidade do direito invocado, como nos alimentos gravídicos pedidos em nome do nascituro. Esta distinção perde sua importância, na medida em que a nomenclatura não define obrigatoriamente a concessão de tutela provisória cautelar, antecipada ou de evidência. O juiz aplicará a fungibilidade na tutela provisória para a proteção de um direito fundamental.

6.4.2.2 A natureza satisfativa da verba alimentar

A ausência de maior importância entre os alimentos provisórios e provisionais revela-se no fato de ambas as verbas não serem *temporárias* ou *provisórias*, mas *satisfativas*. A verba alimentar paga não pode ser repetida, o que deriva do seu significado mais importante: *a verba alimentar representa uma proteção à vida, e aquilo que contribuiu para sua manutenção não pode ser devolvido.*

6.4.2.3 A irrepetibilidade da verba alimentar: boa-fé e enriquecimento ilícito

Os alimentos provisórios ou definitivos são irrepetíveis. A irrepetibilidade restou consagrada em nosso ordenamento, mas atualmente permite um novo enfoque, pela necessidade de ponderação entre a boa-fé do alimentando e a vedação ao enriquecimento ilícito.

Primeiramente, *irrepetibilidade* não se confunde com *inalterabilidade*. A verba alimentar pode ser modificada, a qualquer tempo, por pedido revisional. Também é natural, e salutar, que cesse depois de determinado tempo, com a maioridade e a maturação profissional dos filhos, com a alocação do ex-cônjuge no mercado de trabalho, com o restabelecimento da saúde do alimentando.

Todavia, a verba alimentar, a princípio, não pode ser devolvida ou compensada. Trata-se de proteção especial conferida ao alimentando e essencial dentro do ordenamento jurídico. Como alerta a doutrina, se outro fosse o entendimento, o genitor, após ingressar com a ação revisional, já poderia cessar o pagamento da verba alimentar, acreditando na sua possível exoneração ou alteração do valor a ser pago.[553] Isto não significa que o sistema seja insensível quanto a injustiças que podem acometer o alimentante. A antiga e sempre atual boa-fé deve pautar as relações jurídicas, independentemente de sua natureza (negocial, familiar, sucessória) e deve ser visualizada em relação ao alimentando e ao alimentante. Existe um erro em focar a boa-fé exclusivamente na pessoa do alimentando.

O alimentante que descobre não ser o genitor não poderá pedir ressarcimento ao alimentando, mas nada impede que possa reaver a verba do legítimo pai e da própria genitora, quando comprovar que esta tinha ciência da real paternidade. A comprovação da ausência da boa-fé pela *scientia* configura motivo legítimo para o pedido de repetição em relação ao legítimo genitor. A jurisprudência tem mitigado a regra da irrepetibilidade e da compensação da verba alimentar quando patentes o erro ou a má-fé que gerem o enriquecimento ilícito do alimentando.[554]

O STJ reconhece a boa-fé como elemento de estabilização das relações jurídicas, e sua ausência justifica o combate ao enriquecimento ilícito, inclusive quando a verba alimentar é paga pelos cofres públicos e assume caráter manifestamente indevido, como no pagamento de auxílio-creche para pessoa que não tenha filhos.[555]

553. Maria Berenice Dias, *Alimentos aos Bocados*, cit., p. 33.
554. STJ: "Todavia, em situações excepcionalíssimas essa regra deve ser flexibilizada, mormente em casos de flagrante enriquecimento sem causa dos alimentandos, como na espécie – Recurso especial não conhecido" (3ª Turma, REsp 982.857-RJ, rel. Min. Massami Uyeda, j. 18.9.2008, *DJe* 3.10.2008). No mesmo sentido: "O desconto indevido realizado nos proventos do alimentante, por erro de terceiro, é passível de compensação nas prestações vincendas relativas à pensão alimentícia, evitando-se o enriquecimento sem causa da parte beneficiária em detrimento da obrigada, autorizando, assim, a mitigação do princípio da incompensabilidade da verba de natureza alimentar. 2. Trata-se de exceção ao princípio da não compensação da verba alimentar, porquanto o desconto atinge rendimento de igual natureza, do alimentante. 3. Recurso especial improvido" (STJ, 4ª Turma, REsp 1.287.950-RJ, rel. Min. Raul Araújo, j. 6.5.2014, *DJe* 19.5.2014).
555. STJ: "Sobre a alegação da irrepetibilidade da verba alimentar, está sedimentado no STJ o entendimento de que a aplicação dessa compreensão pressupõe a boa-fé objetiva, concernente à constatação de que o receptor da verba alimentar compreendeu como legal e definitivo o pagamento. A propósito: MS n. 19.260-DF, rel. Min. Herman Benjamin, Corte Especial, *DJe* 11.12.2014. 7. Conforme fixado no precedente precitado, 'descabe ao receptor da verba alegar que presumiu o caráter legal do pagamento em hipótese de patente cunho indevido, como, por exemplo, no recebimento de auxílio-natalidade (art. 196 da Lei n. 8.112/1990) por servidor público que não tenha filhos'. Tal entendimento aplica-se perfeitamente ao presente

Outro ponto examinado pelo STJ quanto à verba alimentar refere-se aos honorários advocatícios. Ainda que a verba tenha natureza alimentar, a rescisão do julgado permite a repetição do valor, sob pena de gerar enriquecimento ilícito.[556]

caso, pois não há como presumir, nem pelo mais leigo dos segurados, a legalidade do recebimento de aposentadoria por invalidez com a volta ao trabalho, não só pela expressa disposição legal, mas também pelo raciocínio básico de que o benefício por incapacidade é indevido se o segurado se torna novamente capaz para o trabalho. 9. No mesmo sentido do que aqui decidido: 'Em exame, os efeitos para o segurado do não cumprimento do dever de comunicação ao INSS de seu retorno ao trabalho, quando em gozo de aposentadoria por invalidez. 2. Em procedimento de revisão do benefício, a Autarquia previdenciária apurou que o segurado trabalhou junto à Assembleia Legislativa do Estado do Rio de Janeiro, no período de 4.4.2001 a 30.9.2007 (fls. 379 e fls. 463), concomitante ao recebimento da aposentadoria por invalidez no período de 26.5.2000 a 27.3.2007, o que denota clara irregularidade 3. A Lei n. 8.213/1991 autoriza expressamente em seu art. 115, II, que valores recebidos indevidamente pelo segurado do INSS sejam descontados da folha de pagamento do benefício em manutenção. 4. Pretensão de ressarcimento da Autarquia plenamente amparada em lei' (REsp n. 1.454.163-RJ, rel. Ministro Mauro Campbell Marques, 2ª Turma, *DJe* 18.12.2015). 10. Recurso especial provido" (2ª Turma, REsp 1.554.318-SP, rel. Min. Herman Benjamin, j. 2.6.2016, *DJe* 2.9.2016).

556. STJ: "Inicialmente, destaca-se que os honorários de sucumbência são verbas de natureza alimentar, de modo que a questão envolve aparente conflito entre os princípios da irrepetibilidade dos alimentos e da vedação ao enriquecimento sem causa. De regra, a jurisprudência tem se firmado no sentido de que a verba alimentar é irrepetível, com exceção das hipóteses em que tenha sido recebida de má-fé ou em decorrência de decisão precária posteriormente reformada. Entretanto, nas hipóteses em que isso foi afirmado evidenciam-se situações excepcionais, que não podem ser transportadas para o âmbito do direito privado, notadamente nas relações contratuais, sem as ressalvas e distinções necessárias. De fato, não se trata de questionar a atribuição da natureza alimentar aos honorários, mas, sim, de verificar o alcance dessa qualificação para dirimir o suposto conflito entre os princípios da irrepetibilidade dos alimentos e da vedação ao enriquecimento sem causa. É fato que uma decisão transitada em julgado gera legítima confiança. Contudo, não se pode deixar de consignar que, se é possível o ajuizamento de uma ação rescisória, sua procedência deve ter reflexos práticos, inclusive na esfera patrimonial, sob pena de absoluta ineficácia do provimento judicial. Como cediço, não há preceitos absolutos no ordenamento jurídico. Não obstante ser assente na jurisprudência a tese acerca da irrepetibilidade dos alimentos, também esse postulado merece temperamentos, sobretudo quando a verba de natureza alimentar – e não os alimentos propriamente ditos – for flagrantemente indevida, em razão da superveniência da rescisão do julgado que fixou os honorários de sucumbência. E assim o é porque a decisão em que o causídico se amparou para receber a referida verba não mais existe no mundo jurídico. Ora, não se pode obstruir a pretensão da parte que obteve êxito em ação rescisória de buscar a restituição dos valores pagos indevidamente a título de honorários de sucumbência, ainda que a essa verba tenha sido atribuído caráter alimentar. Independentemente da boa-fé do causídico, que acreditava, no momento em que levantou o numerário relativo à verba

6.4.2.4 Quanto à origem da verba alimentar: alimentos legítimos, convencionais e indenizatórios

A doutrina comumente realiza a classificação tripartite para definir a origem do vínculo alimentar. Ele pode derivar da lei, da vontade ou de um delito.[557]

Os alimentos legítimos são derivados do vínculo familiar, seja em função da relação de parentesco ou pela relação de afinidade (vínculo matrimonial).[558] A lei expressamente determina a obrigação dos alimentos aos filhos e, reciprocamente, dos filhos em relação aos pais, assim como a possibilidade de alimentos entre os cônjuges ou companheiros. A reciprocidade dos alimentos está fundada no *princípio da solidariedade*.[559] É importante salientar que a solidariedade é fundante da obrigação alimentar derivada do parentesco mas não serve de fundamento para os laços de afinidade. A relação de parentesco expressa uma *obrigação alimentar*; já, a relação de afinidade expressa um *dever alimentar* e não está fundada na solidariedade que justifica o elo sanguíneo.[560] A noção de parentesco precisa ser renovada. Isto significa que, além da vetusta classificação

de sucumbência de forma autônoma, que aquele valor lhe era devido, o certo é que, com a alteração proveniente da procedência da ação rescisória, aquele montante não encontrava respaldo em nenhuma decisão judicial. Trata-se de aplicação dos princípios da razoabilidade e da vedação ao enriquecimento sem causa, isso sem falar na necessidade de se dar máxima efetividade às decisões judiciais. Qual o sentido de, em situações excepcionais, o ordenamento jurídico admitir o afastamento da preclusão e da própria coisa julgada para desconstituir sentença eivada de vício e, por construção pretoriana, impedir que, em determinadas situações, o novo julgado produza plenos efeitos? A única resposta é que não há sentido algum. Nessa perspectiva, a consequência do enriquecimento sem causa é a restituição, ainda que a falta de justa causa seja superveniente à liquidação da obrigação. A propósito, prescrevem os arts. 884 e 885 do CC, *in verbis*: 'Art. 884. Aquele que, sem justa causa, se enriquecer à custa de outrem será obrigado a restituir o indevidamente auferido, feita a atualização dos valores monetários'; e 'Art. 885. A restituição é devida, não só quando não tenha havido causa que justifique o enriquecimento, mas também se esta deixou de existir'. Por fim, sendo a restituição devida, a boa-fé daquele que recebe pagamento indevido é relevante para a análise e apuração do *quantum* a ser devolvido" (REsp 1.549.836-RS, rel. Min. Ricardo Villas Bôas Cueva, rel. para o acórdão Min. João Otávio de Noronha, j. 17.5.2016, m.v., *DJe* 6.9.2016).
557. Yussef Said Cahali, *Dos Alimentos*, p. 22.
558. Pontes de Miranda, *Tratado de Direito Privado*, t. IX, § 1.000, p. 208.
559. Fabio Caldas de Araújo e José Miguel Garcia Medina, *Código Civil Comentado*, cit., p. 1.015.
560. Cristiano Chaves de Faria, "Alimentos decorrentes do parentesco", in Francisco José Cahali e Rodrigo da Cunha Pereira (coords.), *Alimentos no Código Civil: Aspectos Civil, Constitucional, Processual e Penal*, São Paulo, Saraiva, 2005, p. 29.

do art. 1.593 do CC, que estabelece que o parentesco poderá ser natural (consanguíneo) ou civil (adoção), deve ser inserida a *filiação socioafetiva*, que representa uma modalidade de parentesco civil.[561] O mesmo valerá para a modalidade de reprodução assistida heteróloga.[562]

Os alimentos convencionais nascem de negócio jurídico bilateral ou unilateral. A forma usual para garantir a subsistência futura é a instituição voluntária do legado de alimentos, nos moldes do art. 1.920 do CC.

Os alimentos ainda podem ser provenientes da prática de um *ilícito absoluto* (art. 186 do CC) ou *relativo* (art. 927 do CC), e neste ponto ainda reacende-se polêmica sobre a possibilidade da coerção pessoal (prisão civil) em caso de não pagamento. A resistência em aplicar a prisão civil quanto à verba alimentar indenizatória (*ex delicto*) nunca se revelou coerente. A urgência e a necessidade são as mesmas. A única justificativa para a desnecessidade de prisão seria a existência de capital constituído para o pagamento da obrigação, que tornaria desnecessária a coerção pessoal (art. 533 do CPC). Todavia, qualquer pessoa que tenha mínima atuação prática, e não meramente acadêmica, sabe que a aplicação do art. 533 do CPC é rara e inviável. Trata-se de instituto que fornece solução ideal mas destoada da realidade. É a mesma situação enfrentada pelo magistrado quando o ordenamento exige a especialização da hipoteca legal de bens do tutor ou curador (arts. 1.497 e 1.745 do CC). Deste modo, a prisão civil deve incidir como meio executório na obrigação alimentar proveniente de ato ilícito, com submissão ao regime da Súmula 309 do STJ.[563]

6.4.2.5 *O procedimento especial da ação de alimentos*

A princípio nada impede que o pedido de alimentos seja cumulado com outras pretensões, como a de rompimento da sociedade conjugal pelo divórcio ou dissolução da união estável. Nestas situações o procedimento comum será adotado, com a observância dos arts. 693 a 699 do

---

561. Enunciado CJF-256: "A posse do estado de filho (parentalidade socioafetiva) constitui modalidade de parentesco civil".
562. Enunciado CJF-103: "O Código Civil reconhece, no art. 1.593, outras espécies de parentesco civil além daquele decorrente da adoção, acolhendo, assim, a noção de que há também parentesco civil no vínculo parental proveniente quer das técnicas de reprodução assistida heteróloga relativamente ao pai (ou mãe) que não contribuiu com seu material fecundante, quer da paternidade socioafetiva, fundada na posse do estado de filho".
563. STJ, Súmula 309: "O débito alimentar que autoriza a prisão civil do alimentante é o que compreende as três últimas prestações anteriores ao ajuizamento da execução e as que se vencerem no curso do processo".

CPC. Optando-se pela via comum, o pedido de alimentos ainda poderá ser formulado por meio de tutela provisória antecedente (tutela antecipada ou cautelar – arts. 303 ou 305 do CPC).

Outra possibilidade é a utilização do procedimento especial da Lei 5.478/1968. Como já abordado, a utilização do rito especial é usual e muito proveitosa em juízo, em vista da sumariedade e da obtenção de alto índice de solução consensual para o conflito. Ela depende apenas da prova pré-constituída do parentesco natural, civil ou por afinidade. Por este motivo, a juntada da certidão de nascimento, certidão de casamento ou do contrato de união estável (art. 7º da Lei 9.278/1996) é essencial para a viabilidade do procedimento especial.

(a) Petição inicial

(a.1) A atenuação do princípio dispositivo – A especialidade e a importância da verba alimentar permitem que o pedido de alimentos seja apresentado sem o rigor formal exigido para a apresentação de uma petição inicial pelo procedimento comum.

Admite-se, pela urgência e necessidade, que o pedido possa ser apresentado em juízo independentemente de registro e distribuição. Nem mesmo a obrigatoriedade do processo eletrônico pode impedir a apresentação do pedido de modo físico, diretamente ao juiz, que poderá analisar a petição de modo imediato e determinar sua posterior digitalização, distribuição e seu registro (art. 1º, § 1º, da Lei de Alimentos).

É importante que o pedido seja elaborado por advogado, mas isto não impede que a parte formule o pedido de tutela de urgência diretamente, que será examinado de modo liminar, com nomeação posterior de causídico para regularizar o processamento do feito (art. 2º, § 3º, da Lei de Alimentos). Esta atenuação do *princípio dispositivo* estará refletida na concessão da liminar, que não dependerá de requerimento expresso da parte (art. 4º da Lei de Alimentos).

(b) Litisconsórcio eventual e chamamento ao processo

A legitimação ativa e a passiva da petição inicial são informadas pelo princípio da reciprocidade, nos termos do art. 1.694 do CC, e têm caráter amplo, uma vez que a prova da legitimação é suportada pelo parentesco consanguíneo ou por afinidade.

Aspecto de grande relevo prático diz respeito à possibilidade de cumular o pedido de alimentos entre parentes próximos e remotos, o que deriva da *reciprocidade* e da *proximidade*. O alimentando poderá propor o pedido contra o genitor, sem prejuízo de formar litisconsórcio facultativo simples e sucessivo em relação aos avós.[564] Esta medida é importante, porque o pedido sucessivo de pagamento de alimentos aos avós somente será analisado quando o genitor não puder arcar com a verba. A necessidade e a urgência são favoráveis ao cúmulo subjetivo que protege o alimentando. Da mesma forma, a obrigação alimentar entre os ascendentes não é unilateral. Os avós paternos podem realizar o chamamento ao processo dos avós maternos, como medida de justiça e distribuição da verba alimentar.[565]

A formação do litisconsórcio passivo não altera sua natureza simples, na medida em que responsabilidade dos parentes remotos é apenas subsidiária em relação ao obrigado principal.

(c) A competência para o oferecimento do pedido

A competência para o pedido é do foro do domicílio ou residência do alimentando, nos termos do art. 53, II, do CPC, e seu domicílio assume preferência mesmo em situação de cumulação de pedidos (Súmula 1 do STJ).[566] Quando se tratar de demandas posteriores para fins de revisão ou, mesmo, exoneração, as ações devem ser analisadas com prevenção do juízo que já decidiu pela fixação dos alimentos definitivos na primeira ação. No entanto, a competência é estabelecida em favor do alimentando; logo, se houve mudança de domicílio, nada impede que o processo seja ajuizado em foro diverso.[567]

(d) Capacidade processual e postulatória
 e a legitimidade especial do Ministério Público

Nas demandas alimentares a capacidade processual será do alimentando quando maior ou do seu responsável quando menor. Os representantes naturais dos filhos menores são os pais; contudo, a capacidade processual dependerá da regularidade da guarda para fins de postulação dos alimentos.

564. Fabio Caldas de Araújo, *Intervenção de Terceiros*, cit., p. 116.
565. Idem, p. 313.
566. STJ, Súmula 1: "O foro do domicilio ou da residência do alimentando é o competente para a ação de investigação de paternidade, quando cumulada com a de alimentos".
567. Fernanda Tartuce, *Processo Civil Aplicado ao Direito de Família*, cit., p. 175.

Os menores impúberes são representados, mas os menores púberes, relativamente incapazes, terão sua capacidade apenas integrada pela assistência.

A capacidade postulatória dependerá da atuação de causídico contratado pelo alimentando ou seu representante legal. Todavia, na maioria das vezes a situação de hipossuficiência econômica exige que o pedido seja formulado por defensor público ou até por defensor dativo indicado pelo juízo, quando ausente a Defensoria Pública. Apesar de sua previsão constitucional, a Defensoria, Estadual e Federal, ainda não está estruturada ou, mesmo, presente em grande parte do território nacional.

Excepcionalmente, em situações de urgência, o próprio Ministério Público poderá atuar como autêntico *substituto processual*, uma vez que a tutela de alimentos representa a salvaguarda de um *direito fundamental*. Mesmo que o menor conte com representante legal, sua hipossuficiência econômica e cultural autoriza que o Ministério Público proponha diretamente o pedido de alimentos em favor do alimentando. Este entendimento esta estabilizado por repetitivo do STJ que encerra discussão antiga sobre o tema e representa a proteção processual e material de direito fundamental.[568]

(e) Concentração dos atos processuais: conciliação e instrução

Após a análise do pedido e sua devida formalização (arts. 3º e 4º da Lei 5.478/1968), o juiz designará audiência para a conciliação, instrução e julgamento, momento em que também será oferecida a resposta do réu. Por este motivo, o réu deverá ter um prazo para a formulação de sua defesa, e que deverá ser de no mínimo 20 dias, pela aplicação analógica do art. 334, *in fine*, do CPC. Exige-se a duplicação da petição inicial para envio ao requerido com cópia da decisão liminar que fixou alimentos provisórios (art. 5º da Lei de Alimentos). Na ação de alimentos a regra especial permite a citação postal com Aviso de Recebimento, ao invés da pessoal (art. 5º, § 2º, da Lei de Alimentos). Logo, excepciona-se a previsão dos arts. 247, I, e 695, § 3º, do CPC. A citação pessoal poderá

---

568. STJ: "Para efeitos do art. 543-C do CPC, [*de 1973*] aprovam-se as seguintes teses: 1.1 O Ministério Público tem legitimidade ativa para ajuizar ação de alimentos em proveito de criança ou adolescente. 1.2 A legitimidade do Ministério Público independe do exercício do poder familiar dos pais, ou de o menor se encontrar nas situações de risco descritas no art. 98 do ECA, ou de quaisquer outros questionamentos acerca da existência ou eficiência da Defensoria Pública na comarca. 2. Recurso especial não provido" (2ª Seção, REsp 1.327.471-MT, rel. Min. Luís Felipe Salomão, j. 14.5.2014, *DJe* 4.9.2014).

ser utilizada desde que expressamente requerida pela parte ou quando frustrada a citação por carta.

Na audiência de conciliação, instrução e julgamento é comum o requerido comparecer sem a presença de um advogado. Nada impede que o acordo seja formulado diretamente pelo alimentante e pelo alimentado e homologado diretamente, independentemente da presença dos advogados ou da Defensoria Pública. É lógico que a presença do advogado ou defensor público representa exigência constitucional de fortalecimento ao acesso à Justiça (art. 133 da CF/1988). Por outro lado, quem tem fome não pode esperar. A realidade e a práxis revelam a inexistência da Defensoria Pública em grande parte do território brasileiro. A nomeação de defensor dativo, embora designada, nem sempre é atendida. As audiências sem a presença de causídico são excepcionais, mas a validade do acordo formulado diretamente pelas partes, nos termos do art. 6º da Lei de Alimentos, deve ser prestigiada. O STJ reconhece essa possibilidade, pela preponderância do direito fundamental à vida e pela necessidade de proteção da subsistência do alimentado.[569] É importante frisar fato corriqueiro em juízo, que corresponde à divergência de posicionamento entre o advogado e seu cliente para fins de transação. Ao advogado cabe a tarefa de orientar e auxiliar seu cliente, explicando os motivos favoráveis e desfavoráveis na elaboração da transação judicial; contudo, jamais pode impedir a homologação quando as partes assim o requeiram. A discordância do causídico poderá estar vinculada aos honorários sucumbenciais, e tal questão não pode ser impeditiva, como já reconhece a jurisprudência.[570]

569. Neste sentido, do STJ: "Acordo de alimentos celebrado na presença do magistrado e do Ministério Público, mas sem a participação do advogado do alimentante – Regularidade da transação judicial, haja vista ser a parte capaz, a transação versar sobre direitos patrimoniais e a inexistência de provas de que houve vício de vontade. A obrigação alimentar não cessa automaticamente em virtude da maioridade do filho, subsistindo o dever de assistência do pai fundado no parentesco consanguíneo. O pedido de cancelamento da obrigação está sujeito a decisão judicial, mediante contraditório, ainda que nos próprios autos, nos termos da Súmula n. 358/STJ. 3. Recurso especial não provido" (3ª Turma, REsp 1.584.503-SP, rel. Ministro Ricardo Villas Bôas Cueva, j. 19.4.2016, DJe 26.4.2016).

570. STJ: "Celebrado o acordo, assiste a qualquer das partes interessadas a faculdade de requerer a sua homologação judicial, independentemente da concordância da outra parte ou de seu advogado. Exigir que os advogados de ambas as partes requeiram e concordem com essa homologação é o mesmo que exigir que concordem com a própria transação. Se a lei dispensa a presença do advogado para o mais (que é a própria transação, com todos os efeitos dela decorrentes no âmbito da relação de direito material), não faz sentido algum exigi-la para o menos (que é o requerimento de homologação do ato, no âmbito da relação processual). 3. Recurso

(f) Resposta do réu e instrução

É fundamental o incentivo à conciliação e à mediação como meio alternativo de solução do conflito. Não sendo possível a autocomposição, o réu deverá oferecer a resposta (art. 9º da Lei de Alimentos), que poderá ser apresentada na própria audiência de conciliação. Não há previsão legal para que o prazo de contestação comece a fluir apenas após a audiência de conciliação perante o rito especial. Todavia, se o rito comum foi adotado, sem qualquer adaptação pelo juízo, no momento de recepção da petição inicial, não existirá qualquer problema na adoção dos arts. 334 e 335, I, do CPC para fins de fluência do prazo da resposta.

Pelo rito especial, o juiz deverá receber a contestação e seguirá com a instrução do feito, com a oitiva das testemunhas trazidas por ambas as partes. É comum que a resposta do réu seja oferecida até a audiência de conciliação, inclusive no momento de sua abertura. O ideal é o juiz fixar o prazo de apresentação, ou seja, 15 dias, com a apresentação do rol, o qual fluirá de acordo com os termos do art. 231, I e II, do CPC. Por este motivo, a audiência deve ser marcada com prazo mínimo, para permitir a materialização dos atos de cientificação e formulação da defesa. A Lei de Alimentos oferece dificuldade similar ao procedimento do Juizado Especial (Lei 9.099/1995), que também não fixa o momento de oferecimento da resposta, motivo pelo qual prevalece o entendimento firmado pelo Enunciado FONAJE/Fórum Nacional dos Juizados Especiais-10: "A contestação poderá ser apresentada até a audiência de instrução e julgamento".

A revelia não permite a incidência automática do art. 344 ou do art. 345, II, do CPC. O juiz deve estar comprometido com a solução justa. A revelia não permite que o juiz fixe o valor da pensão no valor requerido pelo alimentante apenas pelo efeito do art. 344 do CPC. O binômio necessidade/capacidade não permite que o juiz se afaste do juízo de proporcionalidade que deve pautar sua decisão. A sentença devidamente fundamentada (art. 489 do CPC) exige o cotejo e não pode se alicerçar na inércia. O juiz pode determinar, com base no art. 370 do CPC, a expedição de ofícios bem como o acesso aos sistemas eletrônicos da Receita, DETRAN e demais órgãos para aquilatar a renda efetiva do alimentante. Da mesma forma, o art. 345, II, do CPC não pode ser aplicado de modo cego nas ações de alimentos. Embora classificadas como ações de estado, o que está em jogo na ação de alimentos não é o estado de filiação. A petição especial provido" (1ª Turma, REsp 1.135.955-SP, rel. Min. Teori Albino Zavascki, j. 12.4.2011, DJe 19.4.2011).

inicial nasce com prova pré-constituída, e o que acaba sendo discutido na maioria esmagadora das vezes é a capacidade financeira do alimentante. O problema é que na maioria das vezes a experiência revela que as iniciais não são devidamente instruídas. Isto é o que motiva a impossibilidade de revelia para fins do art. 344 do CPC, e não a proteção conferida pelo art. 345, II. Se a petição inicial vier com prova robusta de rendimentos e o requerido for revel, o juiz poderá dispensar a utilização do art. 370 do CPC. Entretanto, nossos anos de judicatura informam que esta não é a realidade do dia a dia nas demandas de alimentos.

6.4.2.6 *Sentença de alimentos e a eficácia "ex tunc"*

A produção das provas pertinentes para o deslinde da causa alimentar permite a prolação da sentença. Os alimentos, até então *provisórios*, tornam-se *definitivos*. Há uma tendência do juiz de fixar alimentos provisórios em patamar inferior ao dos definitivos, em vista da cognição sumária da fase inicial. A eficácia retroativa permitirá a cobrança da diferença desde a citação do requerido. Se porventura os alimentos definitivos forem menores do que aqueles fixados na fase provisória, a diferença paga a maior pelo alimentante não poderá ser *compensada* com parcelas futuras ou, mesmo, exigida do alimentado, em vista da *irrepetibilidade* da verba alimentar. Permite-se a compensação em uma única hipótese: quando a decisão interlocutória que fixou os alimentos provisórios não tenha sido executada. O cálculo do valor devido das pensões em atraso, desde a fase da citação, levará em conta a fixação dos alimentos definitivos na sentença, permitindo o ajuste na formação do título executivo judicial.[571]

6.4.2.7 *Os alimentos e sua revisão:*
   minoração, majoração e exoneração

Os alimentos podem ser objeto de alteração após sua fixação por decisão judicial condenatória ou por transação entre as partes. O rito

---

[571]. STJ: "Agravo regimental nos embargos de divergência em agravo – Alimentos provisórios – Execução – Improcedência do pedido de alimentos – Efeitos – Data da citação – Retroatividade – Súmula n. 168/STJ. 1. O acórdão embargado encontra-se em consonância com a jurisprudência atual, atraindo a incidência da Súmula n. 168/STJ. 2. O STJ consagrou o entendimento de que os efeitos da sentença que reduz ou majora a prestação alimentícia ou até mesmo exonera o alimentante do seu pagamento retroagem à data da citação, devendo-se respeitar apenas a irrepetibilidade dos valores adimplidos e a impossibilidade de compensação do excesso pago com prestações vincendas. 3. Agravo regimental não provido" (2ª Seção, AgR nos EAg 1.152.842-SP, rel. Min. Ricardo Villas Bôas Cueva, j. 28.10.2015, *DJe* 4.11.2015).

comum deverá ser adotado, pois, como os alimentos estão fixados, a urgência inerente ao pedido de alimentos não justifica a pretensa sumariedade estampada pelo art. 13 da Lei de Alimentos. A interpretação literal do dispositivo levaria a que todas as ações ali mencionadas seguissem o rito sumário, o que se revela despropositado.[572] A urgência na revisão permite o pedido de antecipação de tutela, o que justifica a adoção do rito comum, em que é possível investigar com maior cautela o binômio *necessidade/possibilidade*.

A exoneração quanto ao pagamento da verba alimentar não se opera *ope legis* pela maioridade.[573] Este posicionamento já encontrou eco no próprio STJ, mas está superado.[574]

6.4.3 Ações para guarda e direito de visitas: a prevalência da proteção integral à criança e ao adolescente

As pretensões relativas à guarda e ao direito de visitas podem estar cumuladas com outros pedidos, como em ações de divórcio e de separação judicial ou de reconhecimento e/ou dissolução da união estável. O pedido de rompimento da vida conjugal exige a regulação da guarda e do direito de visitas.

É possível, ainda, que a ação para regular a guarda e o direito de visitas seja ajuizada de modo autônomo, inclusive para buscar a modificação e a alteração do regime anteriormente reconhecido por acordo ou por decisão judicial. A alteração nas circunstâncias fáticas permite que a matéria possa ser examinada pela mudança do quadro, que deverá ser exposto na

---

572. Sérgio Gischkow, *Ação de Alimentos*, p. 78.
573. STJ: "O STJ possui entendimento pacífico: 'A maioridade civil, em que pese faça cessar o poder familiar, não extingue, de modo automático, o direito à percepção de alimentos, que subjaz na relação de parentesco e na necessidade do alimentando, especialmente estando matriculado em curso superior (RHC n. 28.566-GO, rel. Min. Paulo de Tarso Sanseverino, 3ª Turma, j. 21.9.2010, *DJe* 30.9.2010). 4. Na hipótese, o Tribunal de origem entendeu que o alimentando demonstrou que permanece tendo necessidade de receber os alimentos, cumprindo o seu ônus, na condição de filho maior. Desfarte, chegar à conclusão diversa da do Tribunal de origem, no sentido de afastar a pretensão de exoneração de alimentos em razão de estarem preenchidos os requisitos relativos à necessidade do alimentando e à possibilidade do alimentante demandaria o necessário reexame do conjunto fático-probatório dos autos, o que encontra óbice na Súmula n. 7/STJ. 5. Agravo interno não provido" (4ª Turma, AgInterno no AREsp 904.010-SP, rel. Min. Luís Felipe Salomão, j. 18.8.2016, *DJe* 23.8.2016).
574. V.: STJ, 4ª Turma, REsp 347.010-SP, rel. Min. Ruy Rosado de Aguiar, j. 25.11.2002, *DJU* 10.2.2003, p. 215.

causa de pedir. A guarda está regulada pelo art. 1.583 do CC e pelos arts. 33 a 35 do ECA. O direito de visitas está albergado no art. 1.589 do CC e atualmente contempla os avós, em reconhecimento ao papel fundamental que desenvolvem junto aos netos e aos laços afetivos, que impedem que sejam tolhidos da convivência (art. 1.589, parágrafo único, do CC).

A guarda e o direito de visita são institutos afins, pois quem detém a guarda não pode negar a possibilidade de acesso e convivência ao pai, mãe, avô ou avó que não exerça a guarda. A construção do modelo ideal de convivência deve privilegiar o diálogo e a solução consensual quando surja impasse sobre o exercício do poder familiar.

O Código Civil prevê a possibilidade da guarda unilateral ou compartilhada. A guarda unilateral exige que o direito de convivência do pai, mãe ou avós que não estejam com a guarda seja garantido. Somente em situações excepcionais o direito de visita poderá ser negado, e sempre com o objetivo de proteger a integridade moral e psíquica da criança e do adolescente. Neste exemplo encaixa-se situação examinada com certa frequência pela jurisprudência, quando se nega o direito de visita ao filho do genitor ou genitora que se encontre preso em estabelecimento penal de alta periculosidade.[575]

A criança e o adolescente têm direito a este convívio, que representa um direito fundamental.[576] A guarda compartilhada deve ser a via preferencial, pois representa um modelo de distribuição e acompanhamento conjunto dos pais em relação às decisões sobre a educação dos filhos. Isto não elimina a necessidade de regulação do direito de visita, pois a guarda compartilhada não se confunde com a guarda alternada, a qual deve ser evitada. A guarda alternada, ao menos para a criança, não se revela adequada, pela ausência de estabilidade e centralidade em seu ambiente de convivência.

O procedimento adotado para as pretensões de guarda e fixação do direito de visita seguirão o rito ordinário, mas com possibilidade de con-

---

575. STJ: "Segundo reiterada jurisprudência desta Corte, o direito de visita, disposto no art. 41, X, da Lei de Execução Penal, embora seja relevante para o processo de reinserção do preso à sociedade e imprescindível para a manutenção dos seus laços familiares, não ostenta natureza absoluta e deve ser concedido após a análise das circunstâncias do caso concreto. 3. Não há ilegalidade na decisão impugnada que negou ao paciente o direito à visitação, diante da necessidade de se assegurar a integridade física e psíquica de seu neto, com fulcro na doutrina da proteção integral e no art. 227 da CF (precedentes). 4. *Writ* não conhecido" (5ª Turma, HC 333.115-RS, rel. Min. Ribeiro Dantas, j. 21.6.2016, *DJe* 28.6.2016).

576. Fabio Caldas de Araújo e José Miguel Garcia Medina, *Código Civil Comentado*, cit., p. 970.

cessão da tutela provisória e com preferência cronológica na prática dos atos processuais e na prolação do julgamento. A participação da equipe multidisciplinar nesta seara é fundamental para a aplicação do *princípio da prevalência do interesse da criança e do adolescente*.

O art. 694 do CPC incentiva as partes para o caminho da autocomposição. A mediação é adequada e oferece bons resultados, com pessoa habilitada e com experiência em conflitos familiares.

Nesta seara, a sensibilidade do juiz e do promotor deve ser intensa. Em muitas situações a solução consensual poderá envolver a necessidade de visitas que sejam inicialmente monitoradas pelo Conselho Tutelar ou por assistentes sociais. O ato de entrega e tomada da criança revela um ponto de tensão que muitas vezes esconde o conflito existente entre os pais.

Em algumas situações o direito de visita poderá ser regulado e monitorado em relação a ambos os genitores. Muitas vezes é possível que a equipe multidisciplinar aponte a impossibilidade de que qualquer um dos pais estar com a guarda da criança. Neste situação o Ministério Público poderá ingressar com medida protetiva para acolhimento institucional (art. 101, VII, do ECA) ou, mesmo, colocação em família substituta (art. 101, IX, do ECA) durante eventual período de suspensão do poder familiar.

§ 11. AÇÃO MONITÓRIA

1. A ESTRUTURA DO PROCEDIMENTO MONITÓRIO

A ação monitória revela um procedimento especial de cognição sumária, que permite a formação de título executivo judicial com base em prova documental escrita. O sistema processual pátrio não adotou o sistema monitório puro que informa a base do processo civil alemão (*Mahnverfahren* – § 688). Entretanto, mesmo no sistema alemão não é mais correto falar em sistema monitório puro após a alteração do § 703ª, que prevê a possibilidade do sistema monitório documental para o processamento de cheques, documentos e títulos cambiários (*Scheck, Urkunden, Wechsel*).

O art. 700 do CPC pátrio revela que nosso sistema optou por reconhecer a possibilidade de formação sumária do título executivo, mas desde que apresentada a *prova escrita*. Nosso sistema filiou-se, a princípio, ao modelo italiano, o qual se vale do sistema monitório documental como predominante, contudo sem eliminar a possibilidade do procedimento injuncional pela mera afirmação do autor.[577] De todo modo, o rigor da prova documental foi atenuado perante o diploma processual de 2015, ao ponto de ser permitida a formação da prova escrita *pela produção antecipada da prova oral*, como medida preparatória ao ingresso do processo injuncional (art. 700, § 1º, do CPC). O objetivo do processo monitório é um só: *fornecer um meio célere e com menor custo para o credor obter a formação de um título executivo (Vollstreckungstitel)*.[578]

Em nosso sistema exige-se a comprovação documental quanto à existência de obrigação para *pagamento de quantia certa, entrega de coisa fungível ou infungível, entrega de bem móvel ou imóvel* e para o *adimplemento de obrigação de fazer ou de não fazer* (art. 700, I, II e III, do CPC). E mais: o Código de Processo Civil/2015 passou a exigir um exame rigoroso quanto ao controle de admissibilidade do pleito monitório, permitindo a rejeição liminar do pedido quando não configurada a existência de prova documental idônea (art. 700, § 4º). Ao mesmo tempo em que houve uma flexibilização na construção da prova idônea para desencadear o procedimento, o legislador preocupou-se com sua solidez, em vista dos efeitos provocados após a expedição do mandado monitório.

A inserção da ação monitória no capítulo dos procedimentos especiais é adequada e acompanha o modelo seguido pela codificação anterior. A dificuldade de sua acomodação entre a tutela de conhecimento e a executiva exsurge do seu caráter misto, pois, ao mesmo tempo em que permite o debate sobre a causa de formação do título executivo (cognição), inicia a prática dos atos executivos ordenados para a atividade satisfativa do credor (execução). Atento a esta dificuldade, Calamandrei afirmou que, embora seja possível visualizar no procedimento monitório tanto a atividade de conhecimento como a de execução, a função executiva é predominante sobre a função declarativa, pois a cognição não assumiria função *imediata* de declaração, mas *mediata* para a preparação do título executivo e dos atos executivos voltados à satisfação da pretensão.[579] Em nosso sistema o procedimento monitório atua claramente como técnica processual diferenciada que permite a formação do elo entre o processo de conhecimento e o processo de execução, permitindo a efetividade do sincretismo processual e justificando sua topologia como um procedimento especial. Como técnica diferenciada, em busca da efetividade da atividade jurisdicional, o processo monitório permite a formação do título executivo sem a obrigatoriedade do contraditório, ou seja: a técnica monitória auto-

---

577. Proto Pisani, *Lezioni di Diritto Processuale Civile*, p. 552.
578. Thomas Putzo, *ZPO – Kommentar*, p. 941.
579. Calamandrei, *El Procedimiento Monitorio*, p. 22.

riza a emissão de provimento jurisdicional que é apto a produzir eficácia imediata para a constituição de título executivo, cuja eficácia poderá ser suspensa em caso de oferecimento de defesa por parte do réu.[580]

2. CARACTERÍSTICAS DO PROCEDIMENTO MONITÓRIO

Podem ser traçados alguns elementos básicos que demonstram a natureza peculiar do procedimento monitório e sua renovação perante o vigente sistema processual.

2.1 Facultatividade do procedimento

A técnica monitória representa poderoso instrumento de aceleração da prestação jurisdicional, pela concessão de um procedimento sumário que permite a formação do título executivo apto a desencadear o cumprimento de sentença.

A utilização da via monitória é facultativa, e jamais será obrigatória. Ela representa um meio de otimizar a análise do pedido formulado exclusivamente por prova documental escrita, ou seja, prova literal. Deste modo, embora represente uma alternativa, a ação monitória somente poderá ser utilizada quando presente o documento literal que não possua eficácia como título executivo. Além disso, o documento não poderá ser unilateral, sob pena de permissão de construção da prova documental pelo autor.

2.2 A ação monitória em face de título executivo extrajudicial

Ponto interessante, e que merece especial atenção, é revelado pela discussão sobre a possibilidade de utilizar o procedimento monitório quando a causa de pedir seja informada por um título executivo extrajudicial. A primeira conclusão seria pela óbvia repulsa em sua utilização, inclusive pela análise da redação do art. 700 do CPC: "A ação monitória pode ser proposta por aquele que afirmar, com base em prova escrita *sem eficácia de título executivo*, ter direito de exigir do devedor capaz: (...)" (grifos nossos).

E existência de título executivo hígido seria hipótese clara de ausência de interesse de agir para fins de propositura da ação monitória, provocando o indeferimento da petição inicial, nos moldes do art. 330, II, do CPC.

---

580. Marcato, *O Processo Monitório Brasileiro*, 2ª ed., pp. 27 e ss.

No entanto, a jurisprudência brasileira construiu solução diferenciada, e que revela a fraqueza dos títulos extrajudiciais em nosso sistema.[581] Esta visão é reforçada pelo art. 785 do CPC, que não possui qualquer paralelo com o sistema anterior: "Art. 785. A existência de título executivo extrajudicial não impede a parte de optar pelo processo de conhecimento, a fim de obter título executivo judicial".

Esta solução não é original, uma vez que no sistema português já se reconhecia a possibilidade de ingresso de ação de conhecimento, mesmo com a posse do título executivo extrajudicial. Corretamente, aquele sistema determina que o devedor, submetido ao caminho mais longo, quando poderia ser cobrado pela via mais célere, não deverá arcar com as custas do processo.[582] Aplica-se o princípio da causalidade, e não o princípio da sucumbência.

O modelo brasileiro ainda conta expressamente com a redação do art. 785 do CPC, que constata a perda de eficácia do título executivo extrajudicial. A explicação para o manejo da ação de conhecimento tem como argumento a larga utilização de ações heterotópicas em nosso sistema.[583] A busca pelo manto protetor da coisa julgada sobre o título executivo extrajudicial tem como fim impedir que ações de conhecimento promovidas na fase de satisfação da execução paralisem os atos executivos por questões que já deveriam estar preclusas. O assunto será tratado em momento oportuno.[584]

Como conclusão, a ação monitória consistirá em meio hábil para converter o título executivo extrajudicial em judicial, o que agregará

---

581. STJ: "Agravo regimental – Embargos de declaração – Agravo em recurso especial – Contrato de compra e venda com pacto adjeto de reserva de domínio – Título executivo extrajudicial – Interesse para propor ação monitória ao invés da ação de execução. 1. A jurisprudência desta Corte entende que é possível a propositura de ação monitória pelo detentor de título executivo para perseguir seus créditos, uma vez que o referido procedimento não traz maiores prejuízos ao réu. 2. Agravo regimental a que se nega provimento" (4ª Turma, AgR nos ED no AREsp 118.562-RS, rela. Ministra Maria Isabel Gallotti, j. 2.6.2015, *DJe* 9.6.2015).
582. Esta regra já era conhecida pelo Código de Processo Civil português anterior – Decreto-lei 329-A/1995, junto ao art. 449º, e veio repetida, *ipsis litteris*, no art. 535º da Lei 41, de 26.6.2003: "Art. 535º. **Responsabilidade do autor pelas custas.** (...); c) quando o autor, munido de um título com manifesta força executiva, recorra ao processo de declaração".
583. No Direito Brasileiro, sobre o tema, v. o excelente estudo de Sandro Gilbert Martins, *A Defesa do Executado por Meio de Ações Autônomas – Defesa Heterotópica, passim*. No Direito estrangeiro: Francesco Menestrina, *La Pregiudiciale nel Processo Civile, passim*.
584. O art. 785 do CPC será detalhado no t. IV.

a eficácia da coisa julgada sobre a relação jurídica espelhada no título executivo extrajudicial.

2.3 Celeridade dos atos processuais

Como técnica diferenciada, a ação monitória permite a aceleração da marcha processual. O oferecimento de documento hábil permite a formação imediata do título executivo judicial, com a deflagração do cumprimento de sentença. Este benefício é vocacionado para os títulos executivos que perderam sua eficácia, especialmente em vista dos prazos mais curtos de prescrição que atingem os títulos cambiais e cambiariformes (cheques, duplicatas, letras câmbio). Todavia, todo e qualquer documento literal que demonstre a existência de obrigação de pagamento, ou para a entrega de coisa fungível ou infungível, ou bem móvel ou imóvel, ou ainda que estampe obrigação de fazer ou não fazer, permitirá a via especial da ação monitória.

A reforma operada pelos arts. 700 e 701 do CPC permite concluir que o procedimento monitório tem sua base de incidência sensivelmente ampliada quando comparada com a redação do art. 1.102a do CPC/1973. O título oriundo do processo monitório não está mais voltado unicamente ao cumprimento de sentença. Ele poderá assumir eficácia executiva *lato sensu* e mandamental, na medida em que a entrega de bem móvel ou a entrega de bem imóvel representam situações de tutela específica (arts. 497 e 498 CPC).

2.4 Contraditório por iniciativa do demandado

A aceleração é propiciada pelo fato de o contraditório decorrer da iniciativa do demandado, que possui o ônus de deflagrar o procedimento de oposição pelo oferecimento dos embargos. O silêncio importará sua aquiescência e a possibilidade de formação imediata do título executivo, após escoado o prazo para cumprimento do mandado (art. 701, § 2º, do CPC). A formação do título executivo somente é suspensa pelo oferecimento dos embargos, os quais atuam com força resolutiva em relação ao mandado expedido com base no art. 701 do CPC.

Isto revela que o juiz deverá realizar controle rigoroso sobre o documento apto a deflagrar o procedimento monitório, o qual autoriza o contraditório diferido nos termos do art. 9º, III, do CPC. O documento deverá revelar fato jurídico evidente, ou seja, suficiente para instruir o mandado monitório e sem a necessidade de prova suplementar. Este é o motivo pelo qual se revela lícita a aproximação entre a prova literal exigida no mandado de segurança e aquela que é idônea a justificar a expedição do mandado monitório (art. 701 do CPC). Equipara-se à prova oral que venha a ser documentada, produzida antecipadamente, mas em amplo contraditório, nos termos do art. 381 do CPC (art. 700, § 1º, do CPC).

3. NATUREZA DO DOCUMENTO NO PROCEDIMENTO INJUNCIONAL

O conceito de documento comumente utilizado no Código de Processo Civil é mais amplo do que o conferido pelo seu art. 700. O documento qualifica-se como toda representação material que possa retratar atos ou fatos jurídicos essenciais para o julgamento da demanda. Neste conceito se inserem: papéis, fitas, CDs, DVDs, periódicos, livros, cartas. Enfim, uma série de elementos materiais que podem comprovar os fatos suscitados no processo.[585]

O art. 700 do CPC não reflete esta amplitude, pois somente a prova documental escrita poderá ser utilizada para instruir a petição inicial da ação monitória. A princípio o documento não deverá ter eficácia executiva, do contrário não existiria interesse de agir para ingressar com a ação monitória. Contudo, como assinalado *supra*, a jurisprudência e a especificidade do sistema brasileiro tornaram facultativa a utilização da via monitória para os títulos executivos extrajudiciais, ainda que aptos para deflagrar o procedimento de execução.

O art. 700, § 1º, introduz alteração importante na forma de produção da prova documental literal, o que de certa forma revela uma faceta do sistema monitório puro, ao permitir a prova exclusivamente testemunhal como meio hábil para deflagrar o início do procedimento. Para tanto deverão ser observados os arts. 381 e ss. do CPC para a produção da prova oral.

3.1 Peculiaridades da prova documental

3.1.1 Forma escrita: física ou eletrônica

O documento deverá ser escrito. Contudo, cabe definir os contornos que identificam o documento escrito como prova hábil a legitimar

---

[585] "Exige a prova escrita em sentido estrito para que se admita a ação monitória. A prova escrita em sentido amplo (fita cassete, VHS, sistema audiovisual, início de prova de que fala o CPC-444 etc.) não é hábil para aparelhar a ação monitória" (Nelson Nery Jr. e Rosa Maria Andrade Nery, *Código de Processo Civil Comentado*, p. 1.520).

o uso da ação monitória. Por motivos óbvios, o documento não poderá ser elaborado exclusivamente pelo credor. Daí a advertência quanto à inadmissibilidade do documento constituído de modo unilateral pelo pretenso credor. Desta forma, uma declaração assinada pelo credor com a discriminação do valor devido não permite a utilização do procedimento monitório. A prova oral do art. 700, § 1º, do CPC não pode ser considerada unilateral, uma vez que é produzida em contraditório (art. 382, §§ 1º e 3º).

O documento hábil, como prova escrita, poderá ser físico ou eletrônico.[586] A inexistência de prova literal que permita a expedição do mandado monitório torna inviável a utilização do procedimento especial e exige o caminho do procedimento comum.

3.2 Os contratos de abertura de crédito

A impossibilidade de constituição unilateral representa ponto importante e que atinge a própria formação do título executivo. Basta relembrar as discussões acirradas na doutrina e na jurisprudência perante o sistema anterior em face do contrato de abertura de crédito em conta-corrente. Este documento havia sido alvo de grande polêmica, principalmente por ter sido utilizado como principal título executivo para a cobrança de débitos de clientes com limites de crédito rompidos. A execução era realizada com base na juntada do saldo devedor rubricado pelo gerente do banco, com base no art. 585, II, do CPC/1973, atual art. 784, III, até que o STJ impediu a via executiva por meio da Súmula 233: "O contrato de abertura de crédito, ainda que acompanhado de extrato da conta-corrente, não é título executivo". Com a proibição da Súmula, os contratos de abertura perderam eficácia executiva.

A solução natural seria a propositura da ação monitória. Todavia, houve resistência inicial por parte da jurisprudência pelo fato de o valor devido nascer de modo unilateral, ou seja, a partir dos extratos anexados pelo banco no processo. Porém, o STJ eliminou qualquer dúvida quanto ao cabimento da ação monitória pela emissão da Súmula 247: "O contrato

---

586. STJ: "O correio eletrônico (*e-mail*) pode fundamentar a pretensão monitória, desde que o juízo se convença da verossimilhança das alegações e da idoneidade das declarações, possibilitando ao réu impugnar-lhe pela via processual adequada. O exame sobre a validade, ou não, da correspondência eletrônica (*e-mail*) deverá ser aferida no caso concreto, juntamente com os demais elementos de prova trazidos pela parte autora – Recurso especial não provido" (4ª Turma, REsp 1.381.603-MS, rel. Min. Luís Felipe Salomão, j. 6.10.2016, *DJe* 11.11.2016).

de abertura de crédito em conta-corrente, acompanhado do demonstrativo de débito, constitui documento hábil para o ajuizamento da ação monitória". O posicionamento da Súmula é correto, uma vez que o documento não nasce de modo unilateral, apenas a determinação do *quantum* era momentaneamente definida pelo credor, e o valor poderia ser impugnado por ocasião dos embargos. Além disso, o contrato teria origem bilateral, e não unilateral, o que viabilizaria o caminho da via monitória.[587]

O exemplo da Súmula 247 do STJ permite concluir que o documento hábil para instruir o pedido monitório não necessita ser único. A prova escrita permite formação complexa, ou seja, pela reunião de documentos que permitam inferir o descumprimento da obrigação do devedor de pagar, entregar, fazer ou não fazer determinada prestação.

3.3 Notas de empenho e subempenho: a monitória contra a Fazenda Pública

As notas de empenho e subempenho podem ser utilizadas para fins monitórios? A resposta é afirmativa. O empenho, que corresponde a despesa já aprovada, ou mesmo as notas e despesas que ainda não tenham sido formalmente empenhadas mas que revelem despesas da Administração Pública podem ser cobrados como subempenho pelo procedimento monitório.

Neste caso duas observações são necessárias. Primeiro, rompeu-se toda e qualquer resistência à execução por título extrajudicial contra a Fazenda Pública, posicionamento que defendíamos desde a inclusão da ação monitória no Código de Processo Civil/1973.[588] A Súmula 279 do STJ eliminou o primeiro obstáculo ao permitir a submissão da Fazenda ao processo de execução por título extrajudicial, sem a existência do reexame necessário: "É cabível execução por título extrajudicial contra a Fazenda Pública". Em segundo plano, não há qualquer empecilho sob o ponto de vista procedimental de submeter a Fazenda Pública ao procedimento monitório, até porque o art. 700 do CPC visa à formação de título executivo judicial com possibilidade de amplo contraditório,

---

587. STJ: "O contrato de abertura de crédito em conta-corrente, acompanhado do demonstrativo de débito, constitui documento hábil para o ajuizamento da ação monitória (Súmula n. 247 do STJ) – Precedentes" (3ª Turma, AgR no REsp 1.498.927-RS, rel. Min. Moura Ribeiro, j. 23.6.2016, *DJe* 1.7.2016).

588. O posicionamento inicial do STJ foi refratário à possibilidade de monitória contra a Fazenda Pública (v.: 1ª Turma, REsp 197.605-MG, rel. Min. José Delgado, rel. para o acórdão Min. Milton Luiz Pereira, j. 14.11.2000, *DJU* 18.6.2001, p. 114).

ainda que eventual. Após a constituição do título a execução seguirá o procedimento especial do rito de cumprimento de sentença, mas desde que garantido o reexame necessário. Isto protegerá a Fazenda Pública de modo duplo, pois o título executivo judicial estará sujeito a revisão nos moldes dos arts. 701, § 4º, e 496, sem prejuízo do posterior procedimento especial para os atos de excussão (art. 534). Para eliminar qualquer dúvida sobre o cabimento o STJ emitiu a Súmula 339: "É cabível ação monitória contra a Fazenda Pública". O CPC/2015 trouxe previsão expressa desta autorização no art. 700, § 6º: "É admissível ação monitória em face da Fazenda Pública".

O pagamento ou não do título executivo formado refere-se a outra indagação, uma vez que a ordem de pagamento dos débitos fazendários deve obedecer aos princípios da legalidade, impessoalidade e igualdade. São esses princípios que justificam a necessidade de inscrição do precatório (art. 100 da CF/1988). No entanto, a princípio o pagamento voluntário não pode ser negado, mesmo que oriundo de sentença judicial, pois é possível que inexista precatório em atraso e que o orçamento aprovado preveja a existência de provisão específica para a despesa reconhecida como devida.

3.4 Títulos cambiais e cambiariformes

3.4.1 Cheque prescrito

Embora o rol do art. 700 do CPC tenha aumentado o espectro de utilização da ação monitória, a cobrança de títulos cambiais e cambiariformes ainda consiste no motor propulsor do procedimento especial, com prevalência da cobrança de cheques prescritos. O cheque ainda representa título com grande volume de circulação e que justificou a emissão da Súmula 299 pelo STJ: "É admissível a ação monitória fundada em cheque prescrito".

Outro ponto que restou pacificado pelo STJ reside na desnecessidade de exposição da *causa debendi* quando se discute a cobrança da cártula contra o emitente.[589] Este ponto é polêmico, mas a decisão do STJ é coe-

---

589. STJ: "Ação monitória – Cheque prescrito – *Causa debendi* – Desnecessidade – Entendimento firmado sob o regime do art. 543-C do CPC/1973 – REsp n. 1.094.571-SP, rel. Min. Luís Felipe Salomão, 2ª Seção, j. 4.2.2013, *DJe* 14.2.2013 – Súmula n. 83 do STJ – Entendimento da Corte local quanto à validade do título – Reexame – Súmula n. 7/STJ. 1. 'Para fins do art. 543-C do CPC: em ação monitória

rente enquanto o cheque não perca sua natureza cambial. A consumação do prazo de prescrição do cheque (art. 59 da Lei do Cheque) não elimina os privilégios do regime cambial senão após dois anos de sua emissão (art. 61 da Lei do Cheque). Depois deste período o cheque deveria ser tratado como mero pedaço de papel (*stück Papier*) e a *causa debendi* deveria ser investigada. Vale lembrar que o STJ definiu o prazo de prescrição do cheque para fins de propositura da ação monitória nos termos da Súmula 503: "O prazo para ajuizamento de ação monitória em face do emitente de cheque sem força executiva é quinquenal, a contar do dia seguinte à data de emissão estampada na cártula".

Outro ponto de suma importância diz respeito ao modo de recomposição do valores. Havia grande dissenso sobre o modo de cômputo dos juros moratórios, ou seja: devidos a partir da citação no procedimento monitório ou da data de apresentação junto ao banco? O STJ fixou por meio de repetitivo que a correção monetária será devida a partir da data da emissão e os juros a partir da apresentação na instituição financeira para pagamento.[590]

3.4.2 Duplicatas e triplicatas

Em outras situações, ainda que o documento seja oriundo de formação unilateral, deverá ser analisada a possibilidade de utilização da ação monitória. Algumas relações jurídicas constituídas por compra

fundada em cheque prescrito, ajuizada em face do emitente, é dispensável menção ao negócio jurídico subjacente à emissão da cártula'. 2. A convicção a que chegou o Tribunal *a quo* quanto à exigibilidade do título decorreu da análise do conjunto probatório. O acolhimento da pretensão recursal demandaria o reexame do mencionado suporte. Incide nesse ponto a Súmula n. 7/STJ. 3. Agravo interno não provido" (3ª Turma, AgInterno no AREsp 703.885-SE, rel. Min. Paulo de Tarso Sanseverino, j. 16.2.2017, *DJe* 1.3.2017).

590. STJ: "Recurso especial representativo de controvérsia – Cheque – Inexistência de quitação regular do débito representado pela cártula – Tese de que os juros de mora devem fluir a contar da citação, por se tratar de ação monitória – Descabimento – Correção monetária e juros moratórios – Temas de direito material, disciplinados pelo art. 52, incisos, da Lei n. 7.357/1985. 1. A tese a ser firmada, para efeito do art. 1.036 do CPC/2015 (art. 543-C do CPC/1973), é a seguinte: 'Em qualquer ação utilizada pelo portador para cobrança de cheque, a correção monetária incide a partir da data de emissão estampada na cártula, e os juros de mora a contar da primeira apresentação à instituição financeira sacada ou câmara de compensação'. 2. No caso concreto, recurso especial não provido" (2ª Seção, REsp 1.556.834-SP, rel. Min. Luís Felipe Salomão, j. 22.6.2016, *DJe* 10.8.2016).

e venda mercantil dependerão, na maior parte das vezes, do saque de duplicata. Caso o devedor extravie a duplicata por ocasião do aceite e extravie o comprovante de entrega de mercadoria, a triplicata emitida em substituição poderá ser utilizada para fins monitórios e sua emissão será unilateral.[591] Na verdade, a triplicata sequer é necessária para a ação monitória, pois sua emissão somente é obrigatória quando as duplicatas são extraviadas e o devedor pretenda se valer da via executiva. Se o devedor estiver de posse de cópias das duplicatas extraviadas, o fato é suficiente para preencher o conceito de "prova escrita" para fins do art. 700 do CPC.[592]

3.4.3 Nota promissória

A nota promissória representa documento cambial com grande utilização em juízo, pois é extremamente usual no comércio como instrumento de garantia de pagamento. A nota promissória é nada mais do que uma promessa de pagamento emitida pelo devedor. O STJ também reconhece a desnecessidade de discutir a *causa debendi* em relação à sua emissão.[593] O prazo prescricional, assim como o do cheque, será quinquenal, nos termos da Súmula 504: "O prazo para ajuizamento de ação monitória em face do emitente de nota promissória sem força executiva é quinquenal, a contar do dia seguinte ao vencimento do título".

591. STJ: "Existência de precedente, neste Tribunal, que entende ser válida a utilização de triplicata sem assinatura do devedor para instruir ação monitória (REsp n. 203.811-MG). A manutenção da data do vencimento da dívida como sendo o termo inicial da correção monetária decorre da aplicação da jurisprudência do STJ sobre o assunto – Precedentes. 4. Agravo regimental a que se nega provimento" (4ª Turma, AgR no Ag 1.267.208-SP, rel. Min. Raul Araújo, j. 21.5.2013, *DJe* 24.6.2013).
592. STJ: "A emissão de triplicata (art. 23 da Lei n. 5.474/1968) só é necessária quando o vendedor-credor pretender cobrar executivamente o crédito materializado nas duplicatas extraviadas. Tal necessidade desaparece quando o credor, renunciando à cobrança executiva, manejar ação monitória. Cópias de duplicatas são documentos hábeis para instruir ação monitória. Não há que se falar em impropriedade do procedimento apenas porque, em tese, a lei obrigaria o credor a emitir triplicatas. O réu em ação monitória não tem interesse em arguir a impropriedade do procedimento, sob a alegação de que credor pode se valer desde logo do procedimento executivo. A ninguém é dado pleitear em prejuízo próprio" (3ª Turma, REsp 819.329-RJ, rel. Min. Humberto Gomes de Barros, j. 16.11.2006, *DJU* 18.12.2006, p. 391).
593. STJ: "Na ação monitória instruída com título de crédito que perdeu a eficácia executiva é desnecessária a demonstração da *causa debendi*" (3ª Turma, AgInterno no AgR no AREsp 791.310-MS, rel. Min. Ricardo Villas Bôas Cueva, j. 4.10.2016, *DJe* 18.10.2016).

3.4.4 Outros documentos representativos de obrigação de fazer ou de entrega

3.4.4.1 Compromisso de compra e venda

O art. 700, III, do CPC engloba a tutela específica relativa às obrigações de fazer e de não fazer como possível objeto do processo monitório. Neste campo também deve ser incluída a obrigação de emitir declaração de vontade (art. 501 do CPC) para que o mandado monitório determine o cumprimento da prestação. Nos contratos bilaterais, quando o vendedor se negar a a cumprir a obrigação de outorga do *titulus adquirendi* da propriedade, o pedido poderá ser exigido pela via monitória. Embora nosso sistema tenha fortalecido a posse de modo incomum (Súmulas 84 e 308 do STJ), a regra para a aquisição das propriedades móvel e imóvel exige a conjugação do título + modo de aquisição (*titulus + modus adquirendi*). Nosso sistema exige o binômio, e por este motivo o registro exige a existência de um título que espelhe a alienação do domínio (art. 1.245 do CC). A negativa quanto à outorga da escritura pública é decorrente de inúmeros fatores, inclusive o desaparecimento do compromitente-vendedor. Isto é muito comum em Estados que foram alvo de companhias loteadoras, as quais desbravaram o interior do País a partir do ano de 1950. Muitas destas companhias de loteamento firmaram compromissos de compra e venda, e a cadeia de transmissão, ainda que íntegra, não permite mais a localização do proprietário. Abrem-se vários caminhos possíveis. A ação de usucapião é uma possibilidade, em vista do justo título e do tempo de ocupação. Outra possibilidade é o pedido de adjudicação, que pode ser formulado pelo procedimento comum ou pela via monitória, com base no art. 501 do CPC.

3.4.4.2 Notas fiscais de compra de bem móvel

A entrega de bem móvel poderá ser exigida como prestação de entrega (obrigação de dar) pela anexação das notas fiscais de aquisição.[594] A entrega do bem móvel com natureza fungível é exigível pela via monitória, sendo possível a formulação de cumulação eventual. Na impossibilidade de entrega do bem móvel pode ser pleiteada sucessivamente a devolução da quantia (obrigação de restituir – pagamento).

594. STJ: "A documentação consistente em notas fiscais serve para o ajuizamento da ação monitória, não se exigindo que contenha a assinatura do devedor – Precedentes" (4ª Turma, AgR no AREsp 763.885-RS, rel. Min. Luís Felipe Salomão, j. 27.10.2015, *DJe* 5.11.2015).

3.5 Identificação precisa da "res" e do "quantum debeatur"

Além da forma escrita, que permite a intelecção imediata da obrigação, o documento deverá conter a delimitação exata do valor ou do bem móvel ou imóvel. Este dado torna-se essencial pela natureza especial do procedimento monitório (art. 700, § 2º, do CPC). A inexistência de oposição por parte do devedor constituirá, *ex lege* (art. 701, § 2º), novo título judicial; portanto, exsurgem como dados essenciais a *liquidez* quanto ao valor e a *determinação* quanto ao objeto. Documentos que não permitem a averiguação de plano do *quantum* ou da *res debita* não servem como fundamento para embasar o procedimento monitório.[595]

3.6 Documento unilateral e documento bilateral

O documento deverá ser escrito e conferir liquidez ao pedido. Todavia, outro dado ainda necessita ser analisado quanto ao documento, e diz respeito à sua origem. Quanto ao ato volitivo que determina a materialização do documento escrito, podemos classificar o documento em bilateral e unilateral. Os documentos bilaterais não apresentam maiores problemas em sua utilização pela via monitória, desde que obedecidos os requisitos anteriormente examinados. Um contrato particular firmado sem a presença de testemunhas instrumentárias não será título hábil para fins de execução, nos moldes do art. 784, III, do CPC, mas nada impede sua utilização como documento hábil para o ajuizamento de uma ação monitória. Nesta situação, tanto o credor quanto o devedor da obrigação participam da formação do título.

Por outro lado, em determinadas situações o documento será unilateral. Ate aí não há qualquer problema, desde que o devedor seja responsável pela sua criação. Neste exemplo citamos o caso do *cheque prescrito*. A cártula nasce pela emissão do devedor, que se compromete a cumprir uma ordem de pagamento à vista. Se o credor não realiza sua execução no prazo legal (6 meses + 30/60 dias para apresentação), a cártula perderá sua eficácia executiva e será exigível pela via monitória (*Súmula 299 do STJ*).

E o que dizer quando o nascimento do documento escrito seja obra exclusiva do credor? A criação unilateral do documento pela parte que dele se aproveita poderia ensejar a utilização da via monitória? O maior

---

[595] Neste sentido continua válida a advertência da doutrina:: "Não se pode olvidar que o decreto judicial transformar-se-á em título executivo, caso não haja oposição de vulto, e ínsito ao título executivo é a sua liquidez" (Elaine Harzheim Macedo, *Do Procedimento Monitório*, p. 136).

problema quanto à admissão da formação unilateral de um documento escrito para fins de ação injuncional reside na eficácia propiciada pelo mandado. Caso não exista oposição de embargos o título forma-se *ope legis*. Daí a necessidade de maior rigor quanto ao exame do preenchimento dos requisitos de admissibilidade da inicial neste procedimento.[596] Dentre estes requisitos, exige-se a formação bilateral do documento, admitindo-se a constituição unilateral apenas quando proveniente do próprio devedor ou, máxime, de terceiro.[597]

Entrementes, no Direito toda valoração que procure definir um vetor seguro para a aplicação de um instituto está sujeita a desvios. A formação unilateral do documento escrito pelo credor deve ser vedada como regra geral, mas admite exceção. A duplicata, assim como a letra de câmbio, nasce por atitude exclusiva do credor. O saque representa o ato de criação do título. Como a criação é obra do credor, o aceite será essencial para legitimar seu nascimento e atestar a legitimidade do saque. Na letra de câmbio o tomador precisa apresentá-la para aceite, com o fim de completar o nascimento da cártula. Nestes casos não resta dúvida de que os títulos que perderam a eficácia executiva poderão embasar a ação monitória. A duplicata na qual houve recusa de aceite pode ser protestada. O protesto preenche várias finalidades, dentre elas a interpelação para fins de mora (*ex persona*), além de realizar a interrupção da prescrição (art. 202, III, do CC). Sabe-se que a duplicata não aceita deverá ser protestada, bem como instruída com os comprovantes de entrega de mercadoria. Neste situação existirá um título executivo. Contudo, caso o comprovante tenha sido extraviado ou indevidamente retido pelo devedor, a duplicata protestada poderá embasar ação monitória, nos termos do art. 700, I, do CPC. A jurisprudência tem flexibilizado o entendimento exposto e até admitido a monitória em situações em que a duplicata esteja desacompanhada de aceite e comprovante de entrega de mercadorias. Modificamos nosso posicionamento para a admissão da duplicata sem aceite ou comprovante de entrega como documento hábil desde que valorado perante o conjunto probatório oferecido.

A redação do art. 701 do CPC/2015 oferece essa leitura flexível, na medida em que exige decisão interlocutória do juiz, com análise dos documentos anexados na petição inicial. Somente será expedido o mandado monitório quando o direito for evidente, ou seja, a decisão judicial, apoiada em prova irrefutável (art. 311, IV), deverá nascer do livre

---

596. Elaine Harzheim Macedo, *Do Procedimento Monitório*, p. 135.
597. Nelson Nery Jr. e Rosa Maria Andrade Nery, *Código de Processo Civil Comentado*, cit., p. 1.242.

convencimento motivado do magistrado com base nas provas coligidas ao processo.[598]

4. O PROCEDIMENTO MONITÓRIO

4.1 Petição inicial

A petição inicial obedecerá aos requisitos dos arts. 319 e 320 do CPC, uma vez que a demanda exige a descrição da causa de pedir e a formulação do pedido condenatório (art. 700, I), executivo *lato sensu* (art. 700, II) ou mandamental (art. 700, III). A princípio os requisitos revelam os mesmos elementos exigidos para a inicial do procedimento ordinário.[599]

A identificação das partes exige o preenchimento da qualificação indicada pelo art. 319, II, do CPC. Como já salientado, a ação monitória poderá ser proposta contra a Fazenda Pública (art. 700, § 6º, do CPC), e neste caso o cadastramento obrigatório do ente público facilitará o ato de integração processual eletrônico (art. 246, § 2º, do CPC).

A importância e o realce na descrição da causa de pedir são explicitados pelo art. 700, § 2º, do CPC, no qual o legislador frisa a necessidade de especificação correta dos fatos que geram a propositura da ação monitória em face dos possíveis pedidos que podem ser formulados, o que realça a especialidade do procedimento.

O pedido de pagamento de quantia (art. 700, I), que assume natureza condenatória, exigirá a descrição da origem do vínculo jurídico entre o credor e o devedor, bem como a formulação de pedido certo com memória discriminada do débito (art. 700, § 2º, I). Admite-se a possibilidade de emenda da petição para fins de complementação da evolução da dívida.[600]

---

598. STJ: "A ação monitória não necessita ser instruída com prova robusta, estreme de dúvida, podendo ser embasada em documento idôneo, mesmo que emitido pelo próprio credor, desde que se possa constatar segura probabilidade acerca do direito afirmado pelo autor. Assim, possível sua instrução com a nota fiscal do negócio de compra e venda de mercadorias, seguida do comprovante de entrega assinado e mais o protesto das duplicatas, que ficaram inadimplidas – Precedentes – Acórdão recorrido em harmonia com a jurisprudência desta Corte" (3ª Turma, AgR no AREsp 643.786-SP, rel. Min. Marco Aurélio Bellizze, j. 27.10.2015, *DJe* 16.11.2015).

599. Em sentido contrário: Ernane Fidélis dos Santos, *Ação Monitória*, p. 38.

600. Cf. Repetitivo do STJ: "A tese a ser firmada, para efeito do art. 1.036 do CPC/2015 (art. 543-C do CPC/1973), é a seguinte: 'Em qualquer ação utilizada pelo portador para cobrança de cheque, a correção monetária incide a partir da data de emissão estampada na cártula, e os juros de mora a contar da primeira apresentação à

Também será possível a formulação de pedido para a entrega da *res* (móvel ou imóvel), o que exigirá descrição do bem e do seu valor para fins de indicação do proveito econômico perseguido no processo (art. 700, § 2º, II). Também será necessária a descrição do conteúdo patrimonial perseguido em obrigações de natureza mandamental, para fins de precisar o pedido formulado na demanda mandamental.

Como se trata de procedimento especial, não há cabimento para a audiência prévia de conciliação, como ato inaugural (art. 334 do CPC), o que não impede futura conciliação em caso de oposição dos embargos.

4.1.1 A inicial e a "causa debendi"

É importante lembrar que o título executivo que perdeu eficácia executiva a princípio não deveria se beneficiar da abstração e autonomia, uma vez que representa documento idôneo mas sem natureza cambial. Sendo assim, o ajuizamento da ação monitória não poderia prescindir da descrição da causa de pedir remota e da próxima. Reconhecemos que esta afirmação é passível de temperamento. Quando a ação monitória for embasada por título de crédito que perdeu eficácia executiva deve-se ponderar sobre a prescrição da pretensão cambial. A Lei Uniforme prevê a possibilidade do ajuizamento da ação cambiária com prazo de três anos, desde que não exista prazo específico, como no caso do cheque, em que a pretensão cambial prescreverá em dois anos (arts. 61 e 62 da Lei do Cheque). A grande vantagem da ação cambiária em relação à ação ordinária de cobrança está na autonomia da *causa debendi*, pois o autor da ação não precisará decliná-la, desde que a ação seja proposta no prazo do art. 61 da Lei do Cheque.

O STJ acabou tomando posicionamento não ortodoxo. As Súmulas 503 e 504 espelham essa noção. Ao fixar o prazo de cinco anos para a utilização da ação monitória houve uma uniformização quanto ao tema para o fim de permitir que o cheque bem como a nota promissória e outros títulos cambiais possam instruir o procedimento monitório, sem a necessidade de menção da *causa debendi*. O posicionamento acabou sendo reforçado pela Súmula 531: "Em ação monitória fundada em cheque prescrito ajuizada contra o emitente, é dispensável a menção ao negócio jurídico subjacente à emissão da cártula".

instituição financeira sacada ou câmara de compensação'. No caso concreto, recurso especial não provido" (2ª Seção, REsp 1.556.834-SP, rel. Min. Luís Felipe Salomão, j. 22.6.2016, *DJe* 10.8.2016).

O raciocínio, esposado por muitos julgados, de que o ônus de comprovar a inexistência da dívida é transferido para o réu com o oferecimento dos embargos não seria totalmente correto, pois seria aceitável apenas quando desnecessária a demonstração da *causa debendi*, em vista da eficácia cambial. Tal entendimento confere ao documento escrito a presunção *iuris tantum* de certeza, liquidez e exigibilidade que é ínsita aos títulos executivos. Ora, o documento escrito juntado na petição inicial perdeu justamente sua executividade; portanto, inexistem a certeza e a exigibilidade. Sendo assim, posicionamo-nos pela desnecessidade de indicação da *causa debendi* em relação aos títulos de crédito somente enquanto não prescrita a pretensão cambiária. Após a prescrição a opção pelo rito ordinário ou monitório sempre exigirá descrição da *causa debendi*, uma vez que nosso sistema não afasta a substanciação para estas hipóteses. É forçoso reconhecer que o STJ admitira a desnecessidade da menção da *causa debendi* para o cheque e demais títulos cambiais enquanto não ultrapassado o período de cinco anos.[601]

O problema referente à desnecessidade de substanciação atinge justamente títulos que têm formação unilateral, como a duplicata sem aceite ou mesmo a fatura comercial. A duplicata, que constitui título de criação genuinamente brasileira, sequer está sujeita à abstração quando configure título executivo extrajudicial, pois se trata de título causal. Logo, instruindo uma ação monitória, o autor deverá indicar a causa de sua existência.

4.1.2 A substanciação da petição inicial

O ponto nodal que justifica o argumento da desnecessidade de indicação da *causa debendi*, segundo parcela da doutrina, reside no fato de que a defesa será alvo de contraditório eventual por meio do oferecimento dos embargos. Portanto, deslocar-se-ia para a defesa incidental a discussão sobre a *causa debendi*.[602] Todavia, este argumento não procede totalmente. A decisão judicial que defere a expedição do mandado monitório possui carga decisória, uma vez que o juiz deverá analisar os elementos fornecidos pelo autor e retratar situação jurídica de evidência, ante a prova documental literal oferecida, anexada na petição inicial. Quando o documento é protegido pela abstração, pela natureza cambiária, esta presunção decorre de autorização legal; mas fora desta hipótese o

---

601. STJ: "É desnecessária a demonstração da *causa debendi* de emissão da nota promissória para o ajuizamento da ação monitória" (3ª Turma, AgInterno no AREsp 368.484-PR, rel. Min. João Otávio de Noronha, j. 23.6.2016, *DJe* 30.6.2016).
602. Ernane Fidélis dos Santos, *Ação Monitória*, cit., p. 70.

autor deverá descrever a *causa debendi* para que o juiz possa analisar a idoneidade do documento e sua aptidão para formar o título executivo judicial. A leitura do art. 701, primeira parte, do CPC parece não permitir outra interpretação: "Sendo evidente o direito do autor, (...)". A evidência que propicia a segurança para a expedição do mandado de pagamento, entrega de coisa ou para o cumprimento de prestação, de obrigação de fazer ou de não fazer exige a *substanciação*. Este entendimento acabou sendo espelhado em importante repetitivo do STJ que exige a demonstração analítica do débito na petição inicial que busca cobrança de soma em dinheiro, cuja falta deverá ser suprida pelo autor, no prazo de 15 dias, nos termos do art. 321 do CPC.[603] A impossibilidade de suprimento da prova complementar ainda facultará ao autor o pedido de conversão para o procedimento comum (art. 700, § 5º, do CPC).

O juiz profere decisão interlocutória de mérito ao deferir a expedição do mandado monitório, o qual poderá se converter em título judicial quando afastados os embargos opostos pelo réu, os quais suspendem a eficácia do mandado, até a decisão final, no primeiro grau de jurisdição (art. 702, §§ 4º e 8º, CPC) ou quando silente (art. 701, § 2º, CPC).

4.1.3 Valor da causa

A petição inicial deverá descrever o valor da causa, que corresponderá ao proveito econômico a ser obtido pelo autor e dependerá do pedido formulado, nos termos dos arts. 291 e 700, § 3º, do CPC. Tratando-se de pagamento de quantia, o autor deverá informar o valor da causa com base no pedido atualizado e discriminado em sua memória de cálculo (arts. 292, I, e 700, § 2º, I). Tratando-se de bem móvel ou imóvel, o valor da causa deve refletir o valor atual do bem a ser perseguido (arts. 292, IV, e 700, § 2º, II), e tratando-se de obrigação de fazer o valor da causa expressa o benefício econômico a ser obtido ou conteúdo patrimonial subjacente à obrigação da fazer (arts. 292, II, e 700, § 2º, III).

603. Entendimento que não sofre modificação em face do Código de Processo Civil/2015: "Processual civil – Recurso repetitivo – Art. 543-C do CPC [*de 1973*] – Ação monitória – Demonstrativo da evolução da dívida – Ausência ou insuficiência – Suprimento – Art. 284 do CPC [*de 1973*]. "1. Para fins do art. 543-C, §§ 7º e 8º, do CPC, [*de 1973*] firma-se a seguinte tese: a petição inicial da ação monitória para cobrança de soma em dinheiro deve ser instruída com demonstrativo de débito atualizado até a data do ajuizamento, assegurando-se, na sua ausência ou insuficiência, o direito da parte de supri-la, nos termos do art. 284 do CPC" [*de 1973*] (2ª Seção, REsp 1.154.730-PE, rel. Min. João Otávio de Noronha, j. 8.4.2015, *DJe* 15.4.2015).

4.1.4 Emenda da inicial e conversão do procedimento

Ao contrário do procedimento monitório anterior, o at. 700 do CPC/2015 exige a substanciação do pedido inicial, pois sem ela não haverá a expedição do mandado. Pelo Código de Processo Civil/1973 a prova documental deveria ser indiciária, o que se mostrava suficiente para deflagrar o procedimento de injunção. A opção do legislador atual foi diversa, e a leitura do art. 700, § 2º, revela a necessidade da substanciação para permitir a prolação de decisão interlocutória em que se reconhece um direito evidente (art. 702 do CPC).

A sumariedade do procedimento não prevê a possibilidade de emenda para fins monitórios, mas apenas para que o autor realize a conversão do procedimento especial em procedimento comum (art. 700, § 5º, do CPC). Em que pese à dicção legal, não há qualquer obstáculo para que o juiz também determine a emenda da inicial para esclarecimento ou complementação da prova documental ofertada, nos moldes do art. 321 do CPC.[604] Não sendo possível, abrir-se-á a opção pelo procedimento comum, nos moldes do art. 700, § 5º.

4.1.5 Indeferimento da inicial

Não sendo atendida a determinação judicial de emenda pelo art. 321, e muito menos exercida a faculdade de conversão do procedimento, o juiz poderá indeferir a petição inicial, nos termos do art. 330 do CPC (art. 700, § 4º, do CPC). A petição inicial monitória exige o cumprimento dos requisitos do art. 700, § 2º, o que corresponde à substanciação do pedido. O desatendimento poderá provocar a extinção prematura do procedimento. Todavia, deve ser oportunizada a possibilidade de emenda, o que torna importante a aplicação do art. 321, que corresponde a dispositivo que privilegia a instrumentalidade do processo.

4.2 Expedição do mandado e juízo de admissibilidade do pedido monitório

A expedição do mandado depende de uma análise prévia por parte do juiz do cumprimento dos requisitos exigidos pelo art. 700 do CPC, uma vez que o mandado há de ser expedido em face da evidência da pro-

---

604. Situação expressamente reconhecida para a complementação de valores, conforme Repetitivo do STJ (2ª Seção, REsp 1.556.834-SP, rel. Min. Luís Felipe Salomão, j. 22.6.2016, *DJe* 10.8.2016, supracitado, na nota 24).

va documental ofertada. A inicial deverá preencher os requisitos do art. 700, conforme já analisado. Caso o juiz realize juízo de admissibilidade negativo, poderá determinar a emenda, para fins do art. 321 do CPC. Entretanto, é possível que o defeito seja genético e ligado ao próprio documento que informa o pedido, o que permitirá a conversão do procedimento em ordinário. O cumprimento do mandado permitirá a benesse de redução dos honorários advocatícios, bem como a isenção das custas (art. 701, *caput* e § 1º, do CPC).

Inaugurado o juízo monitório, pela expedição do mandado, abre-se o caminho para a intervenção de terceiros, em suas diversas modalidades, especialmente a assistência, na qual se visa à contribuição de uma das partes para o sucesso na demanda.[605]

4.2.1 Juízo positivo e a natureza do pronunciamento judicial

Um dos pontos mais polêmicos no tratamento da ação monitória reside na classificação da natureza jurídica do pronunciamento judicial que defere a expedição do mandado monitório. Já deixamos consignado na exposição inicial nosso posicionamento, ao considerarmos o pronunciamento judicial do art. 701 do CPC uma decisão interlocutória (art. 203, § 2º, do CPC). O STJ, ainda que analisando situações referentes ao Código de Processo Civil/1973, reconhecia, até então, que o pronunciamento judicial inicial configuraria mero despacho.[606] É difícil crer na manutenção desta posição em vista da nova formatação do procedimento monitório, mas será necessário aguardarmos nova decisão da Corte Federal enfrentando o art. 701 do CPC. O dispositivo é claro ao autorizar

---

605. Sobre o cabimento: Talamini, *Tutela Monitória*, p. 128. Em relação às figuras de intervenção de terceiros de acordo com o Código de Processo Civil/2015, v. nosso estudo *Intervenção de Terceiros*, passim.
606. STJ: "Recurso especial – Ação monitória – Embargos monitórios – Intempestivos – Conversão em mandado executivo – O*pe legis* – Ausência de conteúdo decisório – Oposição de embargos declaratórios – Inviabilidade – Recurso provido (...). 3. O despacho proferido em procedimento monitório que converte o mandado inicial em mandado executivo não detém natureza jurídica de sentença, tampouco é dotado de conteúdo decisório, não sendo passível de oposição de embargos de declaração. 4. A análise de matérias de mérito, ainda que conhecíveis de ofício, é obstada nas hipóteses de inércia do devedor no procedimento monitório. Isso porque a ausência de abertura do processo de conhecimento impossibilita a produção de contraprovas pelo autor monitório, essenciais ao exercício do direito fundamental de defesa, inviabilizando o aprofundamento do conhecimento da causa pelo Poder Judiciário. 5. Recurso especial provido" (3ª Turma, REsp 1.432.982-ES, rel. Min. Marco Aurélio Bellizze, j. 17.11.2015, *DJe* 26.11.2015).

a expedição do mandado apenas quando o autor for portador de situação jurídica evidente, o que exige a cognição sumária do juiz e a emissão de juízo de valor.

A concepção de um mero "despacho" mesmo perante o sistema do Código de Processo Civil/1973 era de difícil aceitação e tomava como base a interpretação literal dos arts. 1.102-B e 1.102-C daquele diploma. Caberia ao juiz apenas expedir o mandado monitório quando a petição inicial viesse acompanhada da prova documental. O procedimento lacônico do Código de Processo Civil/1973 contribuía para esta opção cômoda que antevia na expedição do mandado um mero despacho, o qual se transformaria em título judicial por força da lei (*ope legis*), e não por força da decisão judicial (*ope judicis*). As matérias oficiosas não poderiam ser analisadas pelo juiz, pois não existiria fase para o contraditório caso o réu não oferecesse os embargos. Afinal, expedido o mandado e constatada a inércia do réu, estaria configurado o título executivo judicial (*mandatum de solvendo sine causae cognitione*). Como consequência final, ao se classificar o pronunciamento como despacho, veda-se qualquer recurso contra a conversão do documento escrito em título executivo, postergando-se a defesa do devedor inerte para a fase de cumprimento de sentença.[607]

Parcela da doutrina compreende que a decisão positiva do art. 701 do CPC assume a natureza de sentença.[608] Este entendimento é coerente com a redação do art. 701, § 3º, do CPC, que prevê a possibilidade de rescisão em relação ao pronunciamento judicial que se consolidada em

---

[607]. STJ: "Processo civil – Recurso especial – Ação monitória – Conversão do mandado de pagamento em mandado executivo – Natureza jurídica do ato judicial – Despacho – Irrecorribilidade. 1. Ação monitória ajuizada em 16.4.2013, da qual foi extraído o presente recurso especial, interposto em 21.5.2015 e concluso ao Gabinete em 25.8.2016 – Julgamento pelo Código de Processo Civil/1973. 2. Cinge-se a controvérsia a decidir sobre a natureza jurídica do ato judicial que, na ação monitória, determina a conversão do mandado de pagamento em mandado executivo. 3. No procedimento monitório, segundo prevê o art. 1.102-C do CPC/1973, a ausência de defesa (embargos) implica, por si só, a conversão do mandado de pagamento em mandado executivo, independentemente de qualquer pronunciamento do juiz. 4. *O ato judicial que determina a conversão do mandado de pagamento em executivo é mero despacho, desprovido de qualquer conteúdo decisório, cabendo ao devedor, depois de constituído, **ope legis**, o título executivo judicial, impugná-lo, eventualmente, no cumprimento de sentença.* 5. No particular, a alegada nulidade de citação poder ser analisada em outro momento, porque não se sujeita a preclusão. 6. Recurso especial desprovido" (3ª Turma, REsp 1.642.320-SP, rela. Min. Nancy Andrighi, j. 21.3.2017, *DJe* 30.3.2017 – grifos nossos).

[608]. Nelson Nery Jr. e Rosa Maria Andrade Nery, *Código de Processo Civil Comentado*, cit., p. 1.525.

face da inércia do réu, ou seja, quando não realizado o pagamento e não apresentados os embargos pelo réu (art. 702, § 2º, do do CPC). Este posicionamento elimina uma série de problemas e considera que há formação de coisa julgada com conversão do mandado em título executivo judicial, mesmo em face da inércia do réu. Esta concepção acaba por fortalecer o papel da cognição em face do binômio *cognição/ execução* que marca o procedimento monitório. No entanto, a formação de coisa julgada sem o oferecimento de embargos no processo monitório esbarra em dois obstáculos intransponíveis: (a) ausência de contraditório e (b) sumariedade da cognição.[609]

A formação da coisa julgada será possível no procedimento monitório, mas quando houver o oferecimento de embargos, o que converterá o procedimento especial em comum. Nesta hipótese existe a prolação de sentença por parte do juiz e possibilidade de formação da coisa julgada. Sem isso torna-se inviável falar em coisa julgada, pois sua materialização exige a possibilidade de cognição exauriente, em amplo contraditório, em vista do efeito estabilizador provocado na relação jurídica de direito material.

Em nosso entendimento, a decisão do art. 701 do CPC acomoda-se como autêntica decisão interlocutória, em vista da cognição sumária que gera a expedição do mandado monitório. A dicção do art. 701 considera a necessidade de configuração da evidência, o que aproxima a decisão liminar monitória à tutela sumária prevista pelos arts. 300, 303 e 311 do CPC. A cognição sumária não permite a formação da coisa julgada, e observa-se grande similaridade desta decisão com aquela formada pela incidência do art. 304 do CPC. Não há propriamente formação de coisa julgada, mas preclusão, pelo exaurimento do procedimento, e o art. 966, § 2º, do CPC permite que a decisão interlocutória também se submeta ao efeito rescisório. A inexistência de formação de coisa julgada não impedirá o réu de rediscutir a questão por meio de ação autônoma; contudo, limitada ao prazo de dois anos. Na hipótese de cumprimento de sentença a impugnação ficará limitada às matérias do art. 525, § 1º, do CPC. O executado não poderá formular defesa ampla, com base no art. 917 do CPC, a despeito da não formação de coisa julgada no momento de constituição do título executivo. Isto decorre, propriamente, da preclusão, pois, sendo o cumprimento de sentença uma fase do processo de conhecimento, a preclusão temporal e consumativa deve ser reconhecida como corolário do princípio da eventualidade.[610]

609. Talamini, *Tutela Monitória*, cit., p. 89.
610. Em sentido contrário Nelson Nery Jr. e Rosa Maria Andrade Nery (*Código de Processo Civil Comentado*, cit., pp. 1.525 e 1.530; admitindo que a decisão liminar

Ao exigir que o magistrado analise a evidência do direito estampado na inicial monitória, denota-se uma mudança substancial em relação ao tratamento conferido pelo sistema anterior, o qual se conformava com elementos indiciários e refletidos em documento literal. A cognição sumária é inevitável para a formação do juízo de evidência, o que impede o tratamento deste pronunciamento como mero despacho. Da mesma forma, não existe a formação de um pronunciamento de mérito por meio de uma sentença com base no art. 487 do CPC, o que justifica sua classificação como decisão interlocutória.

4.3 Competência

A competência para o ajuizamento da ação monitória não obedece a qualquer regra especial e se sujeita ao art. 46 do CPC, que disciplina o foro geral para a propositura de qualquer ação. O art. 700 do CPC revela que a pretensão deduzida na inicial poderá se voltar para o pagamento de quantia, entrega de bem ou adimplemento de obrigação que deve ser exigida no domicílio do réu.[611]

A pretensão de entrega de bem móvel tem natureza real, mas o art. 46 do CPC também engloba a competência para os litígios referentes a bens móveis. É preciso recordar que o bem móvel acompanha seu titular, conforme princípio oriundo do direito medieval, *mobilia non habet sequelam*. Esta formulação indica a inexistência de direito de sequela em relação aos bens móveis, justamente pela circulação intensa a que estão sujeitos, exigindo, por via de consequência, competência relativa. Somente em relação aos bens imóveis se aplicaria o art. 47, e cuja incidência não pode ser ignorada, nos termos do art. 700, II, *in fine*, do CPC.

O pedido também deverá ser admitido no Juizado Especial Cível, muito embora a especialidade do procedimento aparentemente exclua a via da Lei 9.099/1995 do Código de Processo Civil. Os juízes são refratários à sua admissão no Juizado; contudo, o pedido somente deverá ser

mesmo sem o oferecimento de embargos terá eficácia de sentença, com formação da coisa julgada, contudo admitindo que a defesa no cumprimento de sentença deverá ser ampla, com base no art. 917 do CPC.
611. STJ: "Ação monitória – Competência – Domicílio do réu. Quando o título executivo perde a exigibilidade, a ação monitória para constituir novo título executivo deve ser proposta no domicílio do réu. 2. Agravo interno a que se nega provimento" (4ª Turma, AgInterno no AREsp 953.628-SP, rela. Min. Maria Isabel Gallotti, j. 15.12.2016, *DJe* 2.2.2017).

vedado quando o valor da quantia devida, bem a ser entregue ou obrigação a ser satisfeita seja superior a 40 salários-mínimos.[612]

4.4 A integração processual e a citação: Súmula 282 do STJ

A leitura do art. 700, § 7º, do CPC veio a suprir a deficiência do procedimento monitório perante o sistema processual anterior. A ausência de maior detalhamento quanto ao procedimento da ação monitória exigiu intenso labor doutrinário e jurisprudencial em relação ao instituto. O Código de Processo Civil/1973 não disciplinava sobre os meios de integração, o que não dispensava a necessidade da citação como meio legítimo para cientificar o réu sobre o processo, nos termos do art. 5º, LV, da CF/1988.

A Parte Geral do Código de Processo Civil disciplina os possíveis meios de citação: será realizada pelo correio (art. 246, I), por oficial (art. 246, II), pelo escrivão ou chefe de secretaria fictamente (art. 246, III), por edital (art. 246, IV) ou, ainda, por meio eletrônico (art. 246, V), nos termos da Lei 11.419/2006. Não há qualquer problema em ser a citação materializada por qualquer uma das formas anteriormente nominadas.

Em relação à citação ficta havia polêmica quanto à sua utilização, em vista de sua contraposição à celeridade do procedimento. Mesmo perante o sistema anterior o STJ eliminou a discussão sobre seu cabimento por meio da Súmula 282: "Cabe a citação por edital em ação monitória".

Outro aspecto importante é que a integração do devedor ao processo exige sua capacidade jurídica e de fato. O devedor incapaz não pode ser réu de processo monitório, em vista do perigo que o procedimento representa à defesa do seu interesse (art. 700, *in fine*). Se o oficial de justiça relatar a situação no mandado, a hipótese será de encerramento do procedimento, por inadequação da via eleita (arts. 700, § 4º, e 485, I, do CPC).

5. A DEFESA DO RÉU POR MEIO DE EMBARGOS: "AÇÃO" OU "DEFESA"

Sob o ponto de vista da técnica processual, os embargos monitórios não se acomodam como "ação", e sim como "defesa", em nosso sistema.[613] Até seria possível conferir tratamento idêntico ao dos embargos à

---

612. Neste sentido: Nelson Nery Jr., *Código de Processo Civil Comentado e Legislação em Vigor*, p. 1.246.
613. Polêmica também discutida na doutrina italiana: Edoardo Garbagnati, *I Procedimenti d'Ingiunzione e per Convalida di Sfratto*, p. 150.

execução, mas não foi a opção do legislador. Não há como cogitar de que se trata de erro de interpretação dos juízes na sua aplicação.[614] Grande parcela da doutrina nacional e internacional posiciona-se pela natureza dos embargos como meio de defesa, e não como ajuizamento de ação autônoma.[615]

Por meio dos embargos o réu oferece, de modo diferido e eventual, oposição ao mandado expedido pelo juízo, cuja peça tem o condão de suspender a eficácia do mandado monitório, até o julgamento em primeiro grau de jurisdição (art. 702, § 4º, do CPC).

O STJ analisou ambos os posicionamentos e tomou partido, ante a instrumentalidade e a funcionalidade sistêmica, pelo tratamento dos embargos como meio de defesa, e não como ação.[616] O Código de Processo Civil/2015 não discrepa deste entendimento ao prever expressamente a possibilidade de reconvenção por parte do réu, vedando apenas a possibilidade de *reconvenção da reconvenção* (art. 702, § 6º). O réu poderá apresentar os embargos e a reconvenção, mas o autor da ação monitória não poderá reconvir da reconvenção. O Código vigente apenas confirma o teor da Súmula 292 do STJ: "A reconvenção é cabível na ação monitória, após a conversão do procedimento em ordinário". A opção do legislador e do STJ está em reconhecer que os embargos oferecidos pelo réu se acomodam como meio de defesa. Se a resposta do réu representasse ação autônoma, a reconvenção seria impensável. Além disso, o art. 702, § 1º, conforma os embargos monitórios como peça processual de defesa: "§ 1º. Os embargos podem se fundar em matéria passível de alegação como defesa no procedimento comum".

614. Daniel Amorim Assumpção Neves, *Manual de Direito Processual Civil*, p. 941. Para uma visão sobre a divisão da doutrina, ainda perante o sistema anterior: Marcato, *O Processo Monitório Brasileiro*, cit., 2ª ed., p. 94, nota 94. Manifestando-se ainda pela natureza de ação, com ampla visão da doutrina italiana: Elaine Harzheim Macedo, *Do Procedimento Monitório*, cit., p. 146.
615. José Miguel Garcia Medina, *Novo Código de Processo Civil Comentado*, cit., p. 1010; Nelson Nery Jr. e Rosa Maria de Andrade Nery, *Código de Processo Civil Comentado*, cit., p. 1.528; Willis Santiago Guerra Filho, in *RePro* 50/81 e ss. Na doutrina estrangeira: Proto Pisani, *Lezioni di Diritto Processuale Civile*, cit., p. 558.
616. Entendimento sufragado pelo próprio STJ: "Processo civil – Ação monitória – Embargos – Conversão do procedimento para ordinário – Reconvenção – Cabimento – Precedentes do Tribunal – Doutrina – Recurso provido. É admissível a reconvenção no procedimento monitório, desde que ocorra a conversão do procedimento para o ordinário, com a oposição dos embargos previstos no art. 1.102c do CPC" [*de 1973*] (4ª Turma, REsp 401.575-RJ, rel. Min. Sálvio de Figueiredo Teixeira, j. 6.8.2002, *DJU* 2.9.2002, p. 197).

5.1 Forma e prazo para os embargos

A apresentação dos embargos monitórios não depende de segurança do juízo. Não será necessário caucionar ou oferecer bens com base no valor da causa para o processamento da defesa (art. 702 do CPC). Como os embargos assumem natureza de contestação, e não de ação, o oferecimento da peça não se sujeita a qualquer preparo.[617]

Os embargos são oferecidos no processo monitório, o que simplifica a conversão do feito para o procedimento comum. Excepcionalmente, e a critério do juiz como gestor, quando os embargos forem parciais é possível que possam ser processados em apartado, o que poderá evitar confusão quanto à prática dos atos simultâneos de cognição e execução. A parte incontroversa poderá ser executada imediatamente, em vista da formação do título executivo judicial.[618]

O prazo para o oferecimento dos embargos será de 15 dias (art. 702, caput, do CPC) e o autor será intimado para sua defesa no mesmo prazo (art. 702, § 5º, do CPC). Como os embargos assumem a conotação de autêntica contestação, o prazo de resposta poderá ser contado em dobro para hipóteses excepcionais. Dentre elas destaca-se a formação do litisconsórcio passivo quando os réus sejam defendidos por patronos diversos e que não atuem no mesmo escritório de Advocacia (art. 229 do CPC). Tratando-se de ação monitória promovida contra a Fazenda Pública (art. 700, § 6º, do CPC) o prazo também deverá ser duplicado (art. 183 do CPC).

Toda e qualquer defesa pode ser suscitada nos embargos (art. 702, § 1º, do CPC), de modo que a conversão do procedimento, de especial para comum, propiciará cognição ampla e exauriente, com produção ampla de provas, cuja sentença final terá aptidão para formar a coisa julgada material.

5.2 A "exceptio declinatoria quanti"

O Código de Processo Civil/2015 passou a exigir a impugnação específica quando os embargos monitórios façam objeção aos valores discri-

---

617. STJ: "Processual civil – Embargos à monitória – Natureza jurídica – Contestação – Recolhimento de custas – Exigência descabida. 1. Os embargos à monitória têm natureza jurídica de defesa, motivo pelo qual a exigência do recolhimento de custas iniciais é descabida" (3ª Turma, REsp 1.265.509-SP, rel. Min. João Otávio de Noronha, j. 19.3.2015, DJe 27.3.2015).

618. Solução semelhante já era empregada no processamento da impugnação ao cumprimento de sentença pelo CPC/1973 junto ao art. 475-M, § 2º, pois a concessão do efeito suspensivo gerava o processamento nos próprios autos.

minados e exigidos pelo autor. Situação idêntica é verificada no processo de execução, seja em relação ao cumprimento de sentença (art. 525, § 4º, do CPC) ou na execução de título extrajudicial (art. 917, § 3º, do CPC). A medida é salutar e reflete os princípio da isonomia e da cooperação processual. Se o autor da monitória (art. 700, § 2º, I, do CPC) é obrigado a instruir a inicial com a memória de cálculo discriminada, apontando a evolução da dívida e os índices utilizados para correção, nada mais justo que a defesa também seja analítica e obrigue o réu a realizar a impugnação específica. Sem ela os embargos não podem ser conhecidos quanto ao excesso e não existirá justificativa plausível para produção de prova pericial.

É muito comum observar o ajuizamento de embargos com fins meramente protelatórios em juízo, seja em relação aos embargos monitórias, ou quando oferecidos no processo de execução. Isto explica o rigor do art. 702, § 3º, que determina a rejeição liminar da peça defensiva quando ausente a impugnação específica e o excesso consistir no único argumento. O art. 702, § 3º, fala em "valor correto" e "demonstrativo" utilizando a conjunção alternativa "ou". A leitura merece atenção, pois a demonstração do valor correto sempre exigirá a demonstração analítica do excesso por meio dos cálculos que evidenciem a evolução do saldo. Sem a memória discriminada o valor apontado como "correto" deve ser rechaçado de plano.

O descumprimento do comando do art. 702, § 3º, somente não gerará o indeferimento de plano quando a peça defensiva estiver fundamentada em outros argumentos. Contudo, será vedado ao juiz conhecer do excesso. Neste particular o juiz não deve lançar mão da produção de prova oficiosa (art. 370 do CPC).

O atendimento ao mandado de pagamento conta com dois incentivos, como se depreende da leitura do art. 701, *caput* e § 1º, do CPC. O cumprimento do mandado fará com que os honorários advocatícios sejam fixados em apenas 5% sobre o valor atribuído à causa. Basta lembrar que um dos motivos de não utilização da ação monitória no sistema anterior era a isenção quanto ao pagamento dos honorários advocatícios, nos termos do art. 1.102-C, § 1º, do CPC/1973. O segundo ponto refere-se à isenção das custas, e que já constava da previsão anterior.

5.3 Possibilidade de parcelamento: negócio processual e renúncia aos embargos

Em autêntico reconhecimento do seu caráter misto (binômio: cognição/execução), o legislador inseriu a possibilidade de aplicação do art.

916 do CPC no procedimento monitório. Trata-se de benefício conferido ao devedor que deseja adimplir a prestação de pagamento e que pode aproveitar o parcelamento do débito. Mesmo tratando-se de uma benesse, exige-se a oitiva do exequente (art. 916, § 1º, do CPC), o que também se aplica ao autor da ação monitória, em respeito ao contraditório. Mesmo assim, a recusa, em nosso sentir, deve ser motivada, pois a mera negativa não pode ser acolhida como motivo justo para a não incidência do parcelamento. Afinal, o pagamento corresponde a uma forma preferencial de liquidação do débito, e o parcelamento é realizado com correção monetária e juros de mora de 1% ao mês.

O procedimento é realizado com o depósito de 30% do valor do débito acrescido dos honorários advocatícios, os quais devem ser computados no montante de 5% sobre o valor da causa, conforme prevê o art. 701 do CPC. As custas não devem ser acrescidas, em vista de que o atendimento ao mandado de pagamento, ainda que de modo parcelado, isenta o réu do seu pagamento, nos moldes do art. 701, § 1º, do CPC.

O saldo restante será pago em até seis parcelas mensais e consecutivas. Isto não impede que o réu realize o depósito em menor número de parcelas. Entendemos que por meio de negócio processual (art. 190 do CPC) as partes poderão ajustar o pagamento em prazo maior e com vencimentos diferenciados. Nada impede o ajuste entre as partes, especialmente na seara de satisfação patrimonial.

A encampação do parcelamento acarreta a renúncia da defesa. Por este motivo, o pedido de parcelamento corresponde a formação *ope legis* do título executivo judicial. Em caso de inadimplemento das parcelas não há que se falar em reabertura do prazo para o oferecimento dos embargos. Como consequência, ocorrerá o cumprimento de sentença pelo saldo devedor não pago.

5.4 Não oferecimento dos embargos

O não oferecimento de defesa é uma modalidade de resposta, contudo sem os efeitos da revelia. A leitura do art. 701, § 2º, do CPC não permite interpretação diversa, tornando preclusa a decisão interlocutória proferida por ocasião do juízo de admissibilidade.

A apresentação da defesa é um ônus, cujo descumprimento acarreta prejuízo para seu titular. A ausência dos embargos revela a instrumentalidade do procedimento injuncional. Silente o réu, constituir-se-á de pleno direito o título executivo judicial, em face da evidência do direito do autor.

O título executivo nasce *ope legis*, mas em procedimento escalonado, pois a expedição do mandado pressupõe análise judicial prévia, fundada em cognição sumária, conforme já salientado *supra*.

A ausência de embargos no procedimento monitório gera polêmica quanto à natureza da defesa que poderá ser oferecida por ocasião da fase de cumprimento de sentença. Como se trata de uma execução por título judicial, a defesa estaria limitada pelas matérias enumeradas pelo art. 525, § 1º, do CPC. Reconhece-se a preclusão quanto às matérias que poderiam ser arguidas na primeira fase, representada pelo procedimento monitório. Este posicionamento é válido tanto para aqueles que consideram a formação do título executivo acobertado pela eficácia da coisa julgada como pela preclusão.

Com a modificação operada pelo art. 700 do CPC, muito embora a ausência de defesa pelo réu não produza uma sentença de mérito e não possa ser equiparada a mero despacho, torna-se possível reconhecer a formação de uma decisão interlocutória que é apta a provocar a preclusão das matérias que poderiam ser alegadas nos embargos. Por este motivo, ainda que silente o réu, não há razão em sustentar que o executado terá direito de oferecer defesa ampla na fase executiva, pela aplicação do art. 917 do CPC, uma vez que o cumprimento de sentença consiste em fase do processo de cognição.

5.5 Embargos pela Fazenda Pública

O art. 700, § 6º, do CPC tornou expresso o cabimento da ação monitória contra a Fazenda Pública. Como já foi salientado anteriormente, mesmo perante o Código de Processo Civil/1973 a resistência quanto ao cabimento da ação monitória contra a Fazenda Pública havia sido quebrada. O STJ consolidou este entendimento por meio da Súmula 339: "É cabível ação monitória contra a Fazenda Pública". A tese de que o procedimento seria incabível, pela inexistência de título executivo judicial, foi superada, em vista do reconhecimento de que a expedição do mandado contém um título em "potência", o qual se manifestará em "ato" por ocasião da sentença que afastar os embargos, ou por meio da decisão que for convertida em título ante a inércia da Fazenda Pública.

A possibilidade de sujeição ao procedimento especial veio acompanhada de adaptação. Inicialmente vale consignar que a natureza de defesa permite que o prazo para o oferecimento dos embargos seja contado em dobro.[619]

O reexame necessário previsto pelo art. 496 do CPC será aplicado não apenas em face da sentença que rejeitar os embargos oferecidos pela Fazenda Pública, mas também quando não for apresentada defesa e ocorrer a conversão do mandado em título executivo judicial (art. 702, § 4º, do CPC). Além do reexame, a Fazenda sujeitar-se-á a um regime diferenciado para o cumprimento de sentença, nos termos dos arts. 534 e 535 do CPC.

6. SENTENÇA E VIA RECURSAL NA AÇÃO MONITÓRIA

A sentença corresponde a um ato processual eventual no procedimento monitório e dependerá do oferecimento dos embargos por parte do réu. Logo, será um pronunciamento facultativo, pois a inexistência de oposição ao cumprimento imediato do mandado torna desnecessária sua prolação.

Na hipótese de serem oferecidos embargos, o juiz deverá proferir sentença devidamente fundamentada para acolher ou afastar os embargos (art. 489 do CPC), e caberá apelação como recurso hábil para modificar a decisão judicial (art. 702, § 9º, do CPC). O juiz deverá fixar a verba sucumbencial, conforme orientação do art. 85 do CPC, e deverá levar em consideração a fixação diferenciada em relação à Fazenda Pública (art. 85, § 3º, do CPC).

A sentença poderá ser proferida com análise do mérito (art. 487, I, do CPC), momento em que o magistrado poderá afastar ou confirmar os embargos. O julgamento poderá ser de (im)procedência total ou parcial e formará coisa julgada material.[620]

Ponto sensível diz respeito aos efeitos em que o recurso de apelação é recebido. O efeito devolutivo é indiscutível, em vista da necessidade de apreciação da matéria pelo tribunal. O âmbito da devolução poderá ser parcial ou total. No que tange ao efeito suspensivo, tudo dependerá

---

619. Entendimento encampado pelo STJ perante o Código de Processo Civil/1973 quando o prazo ainda se contava em quádruplo: "Processual civil – Ação monitória – Embargos – Fazenda Pública – Prazo – Art. 188 do CPC [*de 1973*] – Incidência. 1. Computa-se em quádruplo o prazo para a Fazenda Pública oferecer embargos à ação monitória, nos termos do art. 188 do CPC [*de 1973*]. 2. Recurso especial provido" (1ª Turma, REsp 845.545-RS, rel. Min. Teori Albino Zavascki, j. 2.9.2010, *DJe* 10.9.2010).
620. Ugo Rocco, *Trattato di Diritto Processuale Civile*, t. VI, p. 178.

da natureza da sentença proferida. Como a decisão liminar é dotada de eficácia imediata para a constituição do título executivo, caso a sentença afaste os embargos restabelece-se a eficácia, e o recurso de apelação será recebido apenas no efeito devolutivo. Em caso de acolhimento dos embargos a eficácia suspensiva dos embargos é confirmada, o que torna obrigatório o recebimento do recurso de apelação, no efeito devolutivo e suspensivo.[621]

Seria possível perquirir sobre eventual recurso contra a decisão de conversão do mandado monitório em título executivo. Assumindo a natureza de decisão interlocutória, o recurso cabível seria o de agravo de instrumento. Apesar da inexistência de previsão expressa no art. 1.015, parágrafo único, a possibilidade do agravo decorre do art. 1.015, I, do CPC, pois a decisão liminar não deixa de configurar uma forma de concessão de tutela sumária e provisória fundamentada na evidência (art. 311 do CPC).

7. Cumprimento da sentença

A constituição do título executivo por sentença ou por decisão interlocutória, em virtude da ausência de manifestação do réu no processo, permitirá que o exequente inicie o procedimento de cumprimento de sentença. O executado terá o prazo de 15 dias para o cumprimento espontâneo da prestação (*tempus iudicati*).

Duas são as hipóteses de discussão que se abrem em vista do grau de cognição a ser oferecido pela peça de defesa. Quando o título é oriundo de ampla discussão, retratada pela oposição dos embargos, não há dúvida de que a impugnação será oferecida com as limitações do art. 525, § 1º, do CPC. Somente as matérias ali disciplinadas podem ser suscitadas na peça defensiva. No que tange ao título executivo formado sem a existência de contraditório a defesa também há de ser limitada. Muito embora não exista revelia na primeira fase, mas mera preclusão, não há dúvida de que foi ofertada ao réu a possibilidade de controverter. Logo, a preclusão também o atinge na fase de cumprimento de sentença, e sua defesa será igualmente limitada.[622]

---

621. No mesmo sentido: José Miguel Garcia Medina, *Novo Código de Processo Civil Comentado*, cit., p. 1.015. Contra: Nelson Nery Jr. e Rosa Maria de Andrade Nery, *Código de Processo Civil Comentado*, p. 1.530.
622. Contra: Nelson Nery Jr. e Rosa Maria de Andrade Nery, *Código de Processo Civil Comentado*, p. 1.530.

8. LITIGÂNCIA DE MÁ-FÉ NA MONITÓRIA

Assume relevância a identificação da conduta maliciosa e dolosa das partes no processo monitório, especialmente em relação ao autor do pedido, em vista da possibilidade de construção de prova documental falsa em relação ao réu. A litigância é vedada e combatida na Parte Geral do Código de Processo Civil (arts. 79 e 80, este último com especial relevo aos incisos I, III, IV, VI e VII). A sumariedade do procedimento, com possibilidade de formação imediata de título executivo judicial, fez com que o legislador realçasse a vedação tanto em relação ao autor como ao réu, os quais poderão ser condenados ao pagamento de multa de até 10% sobre o valor da causa, sem prejuízo da apuração do dano processual (art. 702, §§ 10 e 11).

A demonstração do dolo deve ser inequívoca, e sua configuração pode afetar a solução de questões paralelas como a devolução em dobro da quantia indevidamente reclamada (art. 940 do CC).

§ 12. HOMOLOGAÇÃO DO PENHOR LEGAL

1. O PENHOR E SUA NATUREZA JURÍDICA: *"QUI S'OBLIGE, OBLIGE LE SIEN"*

O penhor consiste em instituto jurídico que compõe o quadro dos direito reais, conforme o art. 1.225, VIII, do CC.[623] O Código Civil realiza uma disciplina harmônica do penhor, da hipoteca e da anticrese. Todas estas formas de direitos reais são voltadas, em sua essência, à garantia da circulação do crédito. Por esta razão, o diploma civil realiza uma disciplina comum sobre a celebração do contrato real para todas estas figuras, conforme os arts. 1.419 a 1.430.

A evolução do penhor como das demais formas de direito real de garantia representa uma evolução do Direito Romano e da regra que ligava a execução à pessoa do devedor. A proibição da execução pessoal por dívidas representou uma evolução e trouxe a máxima de que o patrimônio do devedor corresponde a uma garantia natural para a satisfação do credor. Aquele que se obriga obriga todo o seu patrimônio, *qui s'oblige, oblige le sien*.[624] Esta regra atualmente informa o regime geral de respon-

---

623. Fabio Caldas de Araújo e José Miguel Garcia Medina, *Código Civil Comentado*, p. 799.
624. Baudry-Lacantinerie e Loynes, *Trattato Teorico-Pratico di Diritto Civile. Del Pegno, dei Privilegi, delle Ipoteche e della Espropriazione Forzata*, p. 348.

sabilidade patrimonial do devedor tanto para o direito material como para o processual (art. 789 do CPC). Alguns sistemas, como o francês, não trazem a previsão do penhor legal, mas apenas a figura de privilégio especial (art. 2.332 do CC francês). Nosso sistema foi além, e desde o Código de Processo Civil/1939 incorporou a figura do penhor legal como meio de permitir garantia especial de satisfação para determinados créditos.

Enquanto a hipoteca apenas poderá recair sobre bens imóveis, o penhor consiste em modalidade que atinge apenas os bens *móveis* e *semoventes*. A concessão do crédito exige a transmissão efetiva da posse direta, condição de nascimento do contrato real (art. 1.431 do CC). A consuntibilidade do bem móvel torna muito difícil para o credor aceitar o contrato de penhor sem ter em mãos o bem que servirá como garantia da operação de crédito. Importante ressaltar que a transferência efetiva da posse para o credor pignoratício transfere também a responsabilidade pela sua guarda e conservação, sob pena de responsabilidade por perdas e danos.[625]

Em contratos específicos de penhor admite-se, excepcionalmente, sua constituição com a conservação do bem empenhado em mãos do devedor. Em contratos de penhor rural, industrial, mercantil e de veículos os bens empenhados continuam na posse do devedor, que será o responsável por sua guarda e conservação (art. 1.431, parágrafo único, do CC). Nesta modalidade a operação contratual é geralmente complexa, pois um contrato de seguro é formalizado de modo conexo como meio de reforço da garantia para o credor.

O contrato de penhor é de extrema relevância econômica para o financiamento da atividade agrícola e pecuária e pode ser firmado para abranger os subprodutos gerados pelas safras e frutos da operação.[626]

625. STJ: "Recurso especial – Contrato de penhor – Joias – Roubo – Cláusula contratual – Limitação do valor indenizatório – Abusividade – Reconhecimento – Código de Defesa do Consumidor – Violação. A orientação pacífica do STJ reconhece a submissão das instituições financeiras aos princípios e às regras do Código de Defesa do Consumidor. Tendo ocorrido o roubo das joias empenhadas, a Caixa Econômica Federal deve indenizar a recorrente por danos materiais. A cláusula contratual que restringiu a responsabilidade da CEF a 1,5 (um inteiro e cinco décimos) vez o valor de avaliação das joias empenhadas deve ser considerada abusiva, por força do art. 51, I, da Lei n. 8.078/1990 – Precedentes do STJ. Não há como conhecer da insurgência quanto à indenização por danos morais, haja vista a ausência de demonstração do dissídio jurisprudencial nos moldes legais – Recurso especial parcialmente provido" (3ª Turma, REsp 1.227.909-PR, rel. Min. Ricardo Villas Bôas Cueva, j. 15.9.2015, *DJe* 23.9.2015).

626. STJ: "Direito civil – Recurso especial – Execução – Arresto – Penhora – Subproduto da cana-de-açúcar empenhada – Possibilidade de transferência – Excessiva onerosidade não verificada na hipótese – Artigos Analisados: arts. 620 e 655, § 1º,

2. PENHOR CONVENCIONAL E PENHOR LEGAL

O contrato real para a constituição do penhor nasce por liberalidade das partes, quando assumirá natureza convencional. Os penhores convencionais têm como função primordial a garantia das operações de crédito cujo lastro é vinculado ao penhor oferecido pelo devedor. Este penhor poderá recair sobre bens móveis e semoventes que tenham expressão econômica relevante para embasar a operação de crédito que garantirá.

O penhor legal nasce por disposição expressa da lei. Ele faz parte da tradição de nosso sistema e está disciplinado pelo art. 1.467 do CC.[627] A finalidade do penhor legal está em munir o credor de garantia real que auxiliará na cobrança do débito, especialmente pela configuração do direito de preferência na fase executiva (v. *infra*).

O Código Civil estabelece duas hipóteses para fins de constituição do penhor legal, que procuram proteger os credores de serviços. A primeira está disciplinada pelo art. 1.467, I. Os hóspedes de hotéis, estalagens, pensões, albergues, enfim, aqueles que se utilizam do serviço de hospedagem para fins de ocupação provisória, com ou sem fornecimento de alimentos, sujeitam-se ao penhor legal. Como consequência, os pertences e valores que acompanham o devedor são tomados em penhor. Nesta hipótese aplicar-se-á o art. 1.431, *caput*, pois a tomada da posse será essencial para a constituição do penhor legal. A segunda hipótese de penhor legal está relacionada ao poder dos proprietários dos prédios rústicos ou urbanos de realizar o penhor sobre os bens móveis e semoventes que guarnecem a propriedade como meio de garantir o pagamento dos aluguéis ou rendas. A falta de pagamento e a própria guarda dos bens, após o despejo, autorizam o procedimento como meio de recuperação dos débitos e despesas.

3. O PENHOR LEGAL: "PREFERÊNCIA" E "SEQUELA"

O penhor oferece como garantia creditícia os atributos que são inerentes aos direitos reais, notadamente o direito de sequela e o de

---

do CPC [*de 1973*] e art. 1.443 do CC – Discussão relativa à penhora dos subprodutos da lavoura de cana-de-açúcar empenhada para garantia da execução. Inexiste ofensa ao art. 535 do CPC [*de 1973*] quando o tribunal de origem pronuncia-se de forma clara e precisa sobre a questão posta nos autos. Se o próprio contrato de penhor agrícola prevê a transferência do encargo ao subproduto da safra, não se pode argumentar com a impossibilidade dessa transferência" (3ª Turma, REsp 1.417.531-SP, rela. Min. Nancy Andrighi, j. 10.6.2014, *DJe* 18.6.2014).

627. Fabio Caldas de Araújo e José Miguel Garcia Medina, *Código Civil Comentado*, p. 908.

preferência. Na seara processual o direito de sequela permite a defesa da posse durante o período em que o bem esteja empenhado, uma vez que o contrato depende da transferência efetiva da posse. Isto assegura ao credor pignoratício o manejo dos interditos possessórios para a proteção dos bens móveis. Para as situações em que o bem gravado pelo penhor não acarreta a transferência imediata da posse o direito de preferência assegurará a satisfação do crédito no momento de liquidação e apuração dos valores na fase da execução. O art. 799, I, do CPC é expresso: "Art. 799. Incumbe ainda ao exequente: I – requerer a intimação do credor pignoratício, hipotecário, anticrético ou fiduciário quando a penhora recair sobre bens gravados por penhor, hipoteca, anticrese ou alienação fiduciária; (...)".

A constituição do penhor legal por meio de sentença ou escritura pública confere privilégio no momento de análise do concurso de credores (art. 908 do CPC). Tratando-se de direito real, o penhor devidamente formalizado assume posição preferencial na ordem de satisfação dos créditos, nos termos do art. 958 do CC: "Art. 958. Os títulos legais de preferência são os privilégios e os direitos reais". Sem a constituição do penhor o credor poderia suscitar a existência de privilégio, mas por fundamento diverso, conforme o art. 964, VI, do CC.[628]

O procedimento para homologação do penhor legal estava anteriormente previsto como medida cautelar. Sua readequação para os procedimentos especiais foi correta. O objetivo do procedimento é simples e objetivo. Em determinadas relações jurídicas permite-se que por meio de procedimento documental sumário a parte lesada pelo não pagamento de uma dívida possa pedir a homologação de um penhor sobre os bens deixados pelo devedor. A benesse gerada pela constituição do penhor (sequela, preferência) representa um estímulo para a utilização do procedimento e para que o credor não se torne um gestor de negócios do devedor. Pela homologação forma-se título executivo por meio de cognição sumária, em vista da natureza constitutiva da sentença de homologação.[629]

4. O PENHOR LEGAL E A AÇÃO MATERIAL

O penhor legal deve ser homologado pela via *judicial* ou *extrajudicial*, nos termos do art. 703, §§ 1º e 2º, do CPC. Isto não elimina um exemplo claro de manutenção de ação material no sistema jurídico.

---

628. Ainda com referência ao art. 1.566, V, do CC/1916: Pontes de Miranda, *Tratado de Direito Privado*, t. XX, § 2.572, p. 427. Ainda: Hugo Simas, *Comentários ao Código de Processo Civil*, vol. III, p. 103.

629. Pontes de Miranda, *Tratado de Direito Privado*, cit., t. XX, § 2.572, p. 428.

Geralmente a ação material é lembrada unicamente por meio do clássico exemplo do desforço pessoal, previsto pelo art. 1.210, § 1º, do CC. O art. 1.470 do CC permite expressamente que os credores tomem as medidas necessárias, em grau progressivo, para tornar efetivo o penhor quando o perigo da demora colocar em risco a execução da medida.

Na verdade, como o penhor exige a tomada da posse direta do bem, a autorização do dispositivo revela a permissão de uma ação material para a efetivação do penhor legal, ainda que sujeito a ratificação posterior quando formalizado pela via extrajudicial ou judicial. O art. 703 do CPC não discrepa deste entendimento: "Art. 703. Tomado o penhor legal nos casos previstos em lei, (...)". Sem a posse efetiva sobre o bem não há interesse de agir para o procedimento especial.

O art. 1.469 do CC possibilita a tomada da posse como medida preparatória e de retenção dos bens móveis e semoventes nos casos do art. 1.467, I e II. A tomada de posse autoriza a deflagração do procedimento determinado pelo art. 703 do CPC. O art. 1.470 do CC autoriza procedimento por mão própria, o qual deve ser formalizado com a entrega do recibo dos bens de que se apossaram os credores.

A diferença entre a previsão do art. 1.469 e a do art. 1.470 do CC é relevante. A tomada de posse provisória subentende uma situação de tensão que não é adequada. O art. 1.470 determina a própria formalização *sponte propria* do penhor quando existente o *periculum in mora*, o que exigiria duas atitudes básicas do credor: (a) documentação sobre os bens apreendidos e com estado de conservação; (b) recibo que será passado ao pretenso devedor sobre os bens apreendidos. A apreensão fora desta formalidade consiste em esbulho, o que permite a reprimenda por medidas cíveis e penais. O juiz não deverá homologar o penhor irregular tomado por mão própria.

É possível afirmar que o *periculum in mora* é presumido. Sob o viés prático, a retenção de bagagens ou de móveis abandonados no imóvel locado é essencial para que o próprio credor possa desocupar o local e viabilizar seu uso. A não tomada de posse provocaria a depreciação. Deste modo, a apreensão é essencial para que possa conservá-los e guardá-los até o pagamento consensual ou até a alienação judicial mediante cumprimento de sentença ou execução extrajudicial (art. 703, § 4º, do CPC). No entanto, nada impede que o devedor ofereça garantia efetiva por meio de terceiro ou entrega de objeto de valor. A impossibilidade momentânea de pagamento, sem sinais de insolvabilidade e de má-fé, não deve gerar a incidência do art. 1.470 do CC. Um exemplo seria a recusa da operadora do cartão de crédito no momento do fechamento da conta de um hotel.

Deve o estabelecimento permitir que o hóspede possa saldar a dívida por modo alternativo. A existência de uma relação de consumo é clara, e o hospedeiro não pode gerar constrangimento ou, mesmo, atitude abusiva. Diversa é a situação do cliente que abandona o hotel deixando suas bagagens com o propósito deliberado de não retornar e não saldar suas dívidas.

Não há prazo determinado pelo Código de Processo Civil para que o pedido de autotutela seja referendado em juízo; e por aplicação analógica ao pedido para ajuizamento da ação principal, em face do processo cautelar, o prazo de 30 dias parece ser o mais adequado.[630]

5. DO PROCEDIMENTO DE HOMOLOGAÇÃO DO PENHOR LEGAL

Após o credor ter tomado a posse, como autoriza o art. 1.469 do CC, ou formalizado o próprio penhor pelo art. 1.470, abrem as vias para a homologação judicial. O art. 703 do CPC permite que o procedimento seja deflagrado pela via judicial ou extrajudicial.

O credor que já tenha materializado o procedimento do art. 1.470 do CC também poderá optar pela homologação pela via extrajudicial, conforme o art. 703, § 2º, do CPC. O Código de Processo Civil/2015 incorpora a via extrajudicial como solução paralela e interessante, na medida em que acompanha a tendência de desjudicialização de determinados procedimentos, que passaremos a analisar.

5.1 O procedimento pela via extrajudicial

A homologação pela via extrajudicial dependerá da formalização do pedido por meio de petição que conterá os requisitos do art. 703, § 1º, do CPC. Exige-se que o pedido seja formalizado por advogado, ainda que direcionado ao tabelião. Esta exigência acompanha o que já sucede perante os demais *procedimentos extrajudiciais*, como no inventário ou no divórcio e separação extrajudiciais, motivo pelo qual a ausência da previsão não impede a aplicação analógica do art. 733, § 2º, do CPC. A presença do advogado mostra-se indispensável, porque no procedimento de homologação pela via extrajudicial, uma vez impugnado o pedido, a petição será remetida para o juiz competente para decisão (art. 703, § 3º). Esta decisão, ainda que em caráter excepcional, poderá provocar a extinção da pretensão (art. 706, § 1º) quando o juiz reconhecer a prescrição ou a decadência da dívida que seria cobrada com a garantia do penhor legal.

---

630. Neste sentido: Daniel Amorim Assumpção Neves, *Manual de Direito Processual Civil*, p. 952.

5.1.1 A petição inicial formulada na via extrajudicial

A petição inicial, ainda que seja direcionada para o tabelião, deverá obedecer aos requisitos do art. 703, § 1º, do CPC. O pedido deverá conter os requisitos parciais do art. 319 do CPC. Os elementos fundamentais do libelo são imprescindíveis (art. 319, III e IV, do CPC). A descrição da causa de pedir fundada em alguma das previsões do art. 1.467, I ou II, do CC é fundamental. Para as situações que retratem despesas de locação (prédios urbanos) ou arrendamento (prédios rústicos) será essencial a juntada do contrato de locação. Para a cobrança das despesas de acomodação, a juntada da tabela de preços para o serviço cobrado é fundamental (art. 703, § 1º, do CPC), sob pena de inépcia da inicial. A legitimidade ativa e a passiva bem como os demais dados identificadores são elementos indispensáveis para formalizar o pedido.

5.1.2 Notificação do devedor: pagamento ou impugnação

Após cumprida a exigência do art. 703, §§ 1º e 2º, do CPC, cumpre ao interessado promover a notificação do pretenso devedor para que no prazo de cinco dias realize o pagamento ou ofereça impugnação. Mesmo tratando-se de via extrajudicial o devedor poderá oferecer autêntica defesa, e com base no art. 704 do CPC.

A contrariedade será suficiente para que a via extrajudicial se transforme em judicial, com o envio da petição inicial e da contestação para decisão judicial. Não se trata propriamente de sentença, mas de decisão saneadora, inclusive para eventual adaptação do procedimento extrajudicial ao judicial. Ainda que o art. 703 e §§ 2º e 3º do CPC exijam os requisitos formais da inicial e contestação para o pedido extrajudicial, eventual emenda será adequada para que o juiz possa marcar a audiência preliminar.

Importante salientar que o notário que será responsável pela elaboração da escritura e da notificação deve ser preferencialmente localizado no domicílio do devedor, mas o STJ analisou a questão sob o prisma de julgamento repetitivo e considera como válida a notificação mesmo que o notário seja titular em comarca diversa da do domicílio do devedor.[631]

---

631. STJ: "A notificação extrajudicial realizada e entregue no endereço do devedor, por via postal e com Aviso de Recebimento, é válida quando realizada por cartório de títulos e documentos de outra comarca, mesmo que não seja aquele do domicílio do devedor – Precedentes. 2. Julgamento afetado à 2ª Seção com base no procedimento estabelecido pela Lei n. 11.672/2008 (Lei dos Recursos Repetitivos) e pela Resolução STJ n. 8/2008. 3. Recurso especial conhecido e parcialmente pro-

O silêncio do devedor após sua notificação fará com o que o notário elabore a escritura pública contendo a homologação do penhor legal. Será importante que o CNJ e as Corregedorias façam a emissão de provimentos administrativos para orientar quanto aos requisitos de elaboração da escritura pública, em vista da sua especificidade e importância, uma vez que constituirá título executivo.

5.2 O procedimento pela via judicial

O procedimento pela via judicial dependerá da formalização da petição inicial, com a substanciação específica exigida pelo art. 703, § 1º, do CPC. Trata-se do reflexo previsto pela lei material, pois a causa de pedir para a homologação do penhor legal está fundada no art. 1.467, I e II, do CC. Este é o motivo pelo qual a petição deverá conter o contrato de locação do bem imóvel ou conta pormenorizada das despesas do hotel, estalagem ou estabelecimento de hospedagem, bem como sua tabela de preço, o que permitirá a análise do valor efetivamente devido. Além disso, é essencial a indicação de quais bens foram alvo de retenção, para possibilitar o cotejo entre as despesas e aquilo que se pretende como penhor legal.

O réu será citado em relação ao pedido para se manifestar no prazo de cinco dias. O mandado deverá conter cópia dos documentos anexados na inicial, para permitir sua resposta fundamentada, em relação às matérias elencadas pelo art. 704 do CPC.

As matérias de defesa são limitadas, em vista da natureza e da especialidade do procedimento. Poderá ser arguida a nulidade do procedimento, inclusive a ausência de perigo, para a autotutela do art. 1.470 do CC. O réu poderá demonstrar a prescrição da pretensão de cobrança, como na hipótese do art. 206, § 1º, I, do CC.

A ausência de tipicidade quanto à utilização do penhor legal também consiste em importante defesa, uma vez que o art. 1.467 do CC traz hipóteses fechadas (*numerus clausus*).

O rol não trata apenas de defesas de mérito. O réu poderá suscitar preliminares e mesmo matéria atinente às condições da ação. Aliás, o art. 704, IV, do CPC representa hipótese de ausência de interesse de agir, uma vez que a existência de caução idônea ofertada pelo réu faz desaparecer a necessidade do penhor legal.

vido" (2ª Seção, REsp 1.184.570-MG, rela. Min. Maria Isabel Gallotti, j. 9.5.2012, *DJe* 15.5.2012).

6. A SENTENÇA DE HOMOLOGAÇÃO

Apesar de a sentença se referir a homologação, sua eficácia preponderante é indiscutivelmente constitutiva, mesmo com exercício prévio da autotutela, caso de procedência do pedido.[632] Sob a ótica atual e instrumental, cremos que não existe mais qualquer obstáculo para reconhecer que a sentença de homologação do penhor, quando procedente, possa surtir eficácia para fins da atividade executiva. O art. 515, I, do CPC não constitui mais obstáculo, mesmo para as sentenças declaratórias, quanto ao cumprimento de sentença. É essencial o reconhecimento da pretensão quanto à prestação a ser cumprida (art. 515, I, do CPC). Deste modo, a rejeição das matérias suscitadas pelo réu na fase de defesa (art. 704 do CPC) podem refletir na construção do título executivo a ser satisfeito.[633]

Como alerta a doutrina, a rejeição do pedido de homologação reflete uma sentença declaratória negativa, mas se o autor dispuser de título executivo extrajudicial a improcedência não surtirá qualquer prejuízo quanto ao exercício da ação de execução, muito embora o art. 706, § 1º, do CPC (assim como o art. 876 do CPC/1973) faça menção apenas ao exercício da ação de cognição pelo procedimento comum.[634] A eventual rejeição do pedido de homologação tem como consequência imediata a devolução do bem. Neste ponto, a dicção expressa do art. 706, § 1º, do CPC é clara e visa a eliminar qualquer dúvida sobre a manutenção do autor na posse, ainda que recorra contra a decisão de rejeição da homologação.

Contra a sentença caberá o recurso de apelação, que será recebida em duplo efeito. O procedimento não está no rol do art. 1.012, § 1º, do CPC; deste modo, o efeito suspensivo é obrigatório. A parte final do art. 706, § 2º, do CPC, ao conferir poderes ao relator, deve ser interpretada como pedido de tutela provisória a ser formulado pela parte, em sede recursal.

§ 13. REGULAÇÃO DE AVARIA GROSSA

1. OS SINISTROS MARÍTIMOS

Não é estranha perante o Código de Processo Civil a regulação do procedimento para o arbitramento de sinistros marítimos.[635] O CPC/73

---

632. Pontes de Miranda, *Comentários ao Código de Processo Civil* (de 1973), t. XII, p. 353.
633. Adotando esta visão instrumental: Nelson Nery Jr. e Rosa Maria de Andrade Nery, *Código de Processo Civil Comentado*, p. 1534.
634. Pontes de Miranda, *Comentários ao Código de Processo Civil* (de 1973), cit., t. XII, p. 354.
635. João Vicente Campos, *Dos Sinistros Marítimos*, p. 7.

não trazia previsão específica, mas manteve os procedimentos especiais anteriormente regulados pelo Código/1939, conforme previsão do art. 1.218, XIII (avarias a cargo do segurador), XIV (avarias) e XVI (arribadas forçadas).

O tema dos sinistros marítimos é vasto e conta com variada previsão legal (achados e arrojos do mar, naufrágios e salvados, socorro marítimo, assistência e salvamento, reboque, recuperação de cascos, arribadas, colisão, encalhe, água aberta, alijamento, explosão, incêndio, varação – dentre outros).[636]

O Código de Processo Civil/2015 dedicou-se ao tema da avaria grossa para a nomeação do regulador ou ajustador e fixação do regulamento da avaria com sua homologação judicial. A via judicial torna-se viável quando não há consenso quanto à nomeação do regulador de avarias, o que torna lícito as partes socorrerem-se do Poder Judiciário para sua indicação, forçando a abertura do procedimento (arts. 707 do CPC e 783 do CComercial).

Muitas das regras relativas a sinistros marítimos que prevaleceram até a primeira metade do século XX ainda tinham seus fundamentos na grande Ordenação de 1681, conhecida como Ordenação de Luís XIV, cujos princípios de navegação eram relativos a embarcações a vela e em relação às quais não existia possibilidade de comunicação.[637]

A evolução tecnológica e a globalização do comércio marítimo exigiram a criação de tratados que pudessem dinamizar a solução de questões importantes, como a imputação da responsabilidade no caso de avarias.[638] Neste ponto destacam-se as Regras de York e Antuérpia, que fixam as diretrizes de solução para as situações de avaria grossa.[639]

2. AS AVARIAS NO DIREITO MARÍTIMO

A disciplina sobre as avarias encontra respaldo no Código Comercial, uma vez que o tratamento do direito marítimo não foi revogado pelo Código Civil (arts. 456 e ss.). Os arts. 761 a 769 regulam o tratamento

---

636. Julien Bonnecase, *Traité de Droit Commercial Maritime*, pp. 635 e ss.
637. João Vicente Campos, *Dos Sinistros Marítimos*, cit., p. 8.
638 . Interessantes exemplos de relatórios sobre avarias podem ser consultados na obra de Raffi (*Avarias Marítimas*, pp. 26-69), em que se percebe a complexidade na determinação da causa e a importância dos registros de bordo e da utilização dos termos técnicos corretos para identificar a causa do sinistro.
639. Rucemah Leonardo Gomes Pereira, *Avaria Grossa e Perigo (Regras de York e Antuérpia)*, passim.

das avarias. Em sua natureza etimológica e histórica, a avaria refere-se tanto ao dano provocado no navio como na carga por ele transportada.[640]

O art. 761 do CComercial inicia o tratamento sobre o tema: "Todas as despesas extraordinárias feitas a bem do navio ou da carga, conjunta ou separadamente, e todos os danos àquele, ou a esta, desde o embarque e partida, até sua volta e desembarque, *são reputadas avarias*" (grifos nossos).[641]

A exteriorização da avaria materializa-se pelo dano provocado no navio ou na carga durante a viagem marítima. Apesar dos grandes avanços da navegação, sua ocorrência ainda é muito frequente, exigindo disciplina quanto à repartição dos prejuízos. Os usos e costumes aliados ao trabalho da doutrina acabaram por influenciar as codificações, de modo universal, ao subdividir as avarias em duas espécies: as *avarias simples* e as *avarias grossas*.[642] Nosso Código não discrepou deste entendimento e, seguindo a orientação francesa, disciplinou a questão no art. 763: "As avarias são de duas espécies: *avarias grossas ou comuns*, e *avarias simples ou particulares*. A importância das primeiras é repartida proporcionalmente entre o navio, seu frete e a carga; e a das segundas é suportada ou só pelo navio, ou só pela coisa que sofreu o dano ou deu causa à despesa" (grifos nossos).

2.1 As avarias grossas ou comuns

O Direito Brasileiro acabou por enumerar, em 21 hipóteses, no art. 764 do CComercial, os atos considerados como causa para o surgimento da avaria grossa (*große Haverei*), cuja leitura não pode deixar de ser conjugada com as Regras de York e Antuérpia (*The York-Antwerp Rules*), uma vez que o Brasil é signatário da Convenção.[643] No comércio marítimo internacional há uma predominância na utilização das Regras de York e Antuérpia que estabelecem mecanismos sedimentados pelos usos e costumes da navegação mercantil, e sua utilização exclui qualquer outro tratado ou lei nacional.[644] A vantagem dela está em não estabelecer tipos

---

640. Waldemar Ferreira, *Tratado de Direito Comercial*, t. XIII, p. 300.
641. Hugo Simas, *Comentários ao Código de Processo Civil*, vol. VIII, p. 432.
642. Olavo Caetano Corrêa Filho, *Avaria Grossa de Navio*, p. 18.
643. A Convenção é originária da cidade de York em 1864, cuja revisão foi realizada na cidade de Antuérpia em 1867. Seu texto pode ser consultado, com as alterações de 2016, em *http://www.comitemaritime.org*.
644. Como estabelece a parte introdutória que rege a forma de interpretação: "**Rule of Interpretation:** In the adjustment of general average the following Rules shall apply to the exclusion of any law and practice inconsistent therewith".

fechados para as hipóteses de avarias grossas, embora sua leitura permita compreender que as situações elencadas pelo art. 764 estão ali retratadas em grande parte. As reformas recentes das codificações apontam para uma tendência de harmonização com os tipos abertos. Um exemplo desta afirmação reside na alteração do Código Comercial alemão (*HGB*), conforme nova sistematização oferecida para o tratamento da avaria grossa (*große Haverei*) e da avaria simples (*kleine Haverei*) que oferecem os dispositivos que disciplinam a atitude de salvamento quando há perigo comum (*Erretung aus gemeinsamer Gefahr*).[645]

As Regras de York-Antuérpia despontam com maior força desde sua adoção pelo Código Marítimo Internacional (*Code Maritime International*), a partir de 1950, e passam a ser o norte seguro para a solução das avarias comuns no comércio marítimo internacional. Sua última alteração é relativamente recente, referente a maio/2016, conforme aprovação do Comitê Marítimo Internacional, cuja reforma foi marcada por modernizações que aguardavam 12 anos, desde a última alteração no ano de 2004.[646]

O diploma é estruturado em normas que são representadas por letras e números. As regras representadas por letras (*Rule A*, *Rule B*, *Rule C*) procuram delimitar a compreensão do conceito da avaria grossa. Como exemplo citamos a primeira regra (*Rule A*), que preceitua: "Configura-se uma avaria grossa quando, e somente, intencional e razoavelmente, se faz um sacrifício extraordinário para a salvação comum a fim de preservar de perigo as propriedades sujeitas a aventura marítima comum".[647]

A natureza extraordinária do sacrifício revela a existência de um evento imprevisto, ou seja, oriundo de caso fortuito ou de força maior.[648] Ele não pode decorrer de ato previsível e com natureza culposa do armador, capitão ou da tripulação.[649]

---

645. Os §§ 700 e ss. foram revogados do HGB (*Handelgeseztbuch*) e a matéria foi reordenada para os §§ 588 a 595. Consultar: *https://www.gesetze-im-internet.de/hgb*.

646. V.: *https://bdmlawllp.com/york-antwerp-rules-2016-changes* (acesso em 4.5.2017, às 00:18h).

647. *In verbis*: "Rule A. There is a general average act when, and only when, any extraordinary sacrifice or expenditure is intentionally and reasonably made or incurred for the common safety for the purpose of preserving from peril the property involved in a common maritime adventure" (*YAR Rules* 2016).

648. Raffi, *Avarias Marítimas*, cit., p. 69.

649. V. interessante relatório apresentado na obra de Raffi (*Avarias Marítimas*, cit., p. 18) envolvendo a culpa do capitão e da tripulação.

2.1.1 Regra prevalente: Código Comercial ou Convenção de York-Antuérpia?

Como já salientado, há uma predominância na utilização das Regras de York-Antuérpia, em vista da sua universal aceitação para o comércio marítimo internacional. A determinação do diploma a ser aplicado decorre do ajuste formulado entre as partes no momento de celebração do contrato de fretamento para o transporte da carga. Toda carga depende, para seu embarque, da comprovação escrita de tudo o que será embarcado. O capitão receberá a carta-partida (art. 567 do CComercial), também denominada carta de fretamento, e ela conterá a opção pela utilização, ou não, da convenção especial. Não existindo esta opção, aplicar-se-ão os dispositivos do CComercial, conforme previsão do art. 762: "Não havendo entre as partes convenção especial exarada na carta-partida ou no conhecimento, as avarias hão de qualificar-se, e regular-se pelas disposições deste Código".

2.1.2 Requisitos da avaria grossa

A solidariedade quanto ao evento danoso é a marca essencial da avaria grossa ou comum, pois ela decorre de um ato consciente do capitão do navio que provoca o dano como meio de minimizar os riscos para todos os interessados. Sem a possibilidade da avaria grossa o capitão do navio seria naturalmente direcionado para proteger a embarcação e o interesse do armador. Para fins do procedimento especial de regulação interessam apenas as avarias grossas ou comuns, pois apenas estas merecem solução quanto à repartição das despesas entre o navio e a carga.

Podem ser elencados em três os requisitos essenciais que regem as avarias grossas ou comuns: (a) voluntariedade; (b) segurança comum; e (c) situação de perigo.[650]

A avaria grossa decorre de um ato voluntário, ou seja, a despesa é intencionalmente provocada pelo capitão do navio quando presente uma situação de perigo que justifique a manobra danosa. O evento que provoca a avaria geralmente assume natureza fortuita e externa, mas a manobra deve ser voluntária e não deve derivar de defeito do navio, ato culposo do capitão ou de falha da tripulação.[651]

---

650. Waldemar Ferreira, *Tratado de Direito Comercial*, cit., t. XIII, p. 317; Olavo Caetano Corrêa Filho, *Avaria Grossa de Navio*, cit., p. 19; Wambier/Conceição/Ribeiro/Mello, *Primeiros Comentários ao Novo Código de Processo Civil*, p. 1.046.

651. Conforme *Rule C*, 1 (*YAR RULES*, 2016): "Only such losses, damages or expenses which are the direct consequence of the general average act shall be allowed

Percebe-se que o ato deverá ser voluntário e deverá ter como foco o bem comum, pois se busca a segurança do navio e da carga por ele transportada. A segurança comum é ponto essencial, pois a manobra pode ser realizada apenas para proteger o navio e o armador. Por isso o Código Comercial reforça a necessidade de que o ato seja praticado no interesse comum e que não possa decorrer de falha unilateral do navegador ou da sua tripulação. São consideradas despesas glosadas para fins de avaria grossa.

O ponto crucial para a caracterização do regime da avaria grossa ou comum será a constatação da *situação de perigo e de benefício comuns* (*gemeinsamen Gefahr*). O perigo deve ser real e efetivo e recair simultaneamente sobre o navio e a carga.[652] Este quadro será analisado pelo regulador de avarias com base na documentação que será entregue pelas partes, após sua nomeação. Neste ponto deve ser comentada a alteração de 2016 na Convenção de York-Antuérpia, ao estabelecer o prazo máximo de 12 meses para as partes envolvidas apresentarem a documentação de comprovação dos prejuízos, após o fim do transporte marítimo, sob pena de aceitação da estimativa a ser realizada pelo regulador de avaria (*Rule E*, 2 e 3).[653]

A situação de perigo envolve, como já afirmado, evento extraordinário e imprevisível, o qual assume natureza irresistível e iminente.[654]

2.1.3 Avaria grossa e cláusulas CIF e FOB: "average bond" e "average guarantee"

É importante nas situações de avaria grossa que a carga sempre esteja protegida por seguro integral; afinal, em caso de avaria os prejuízos

---

as general average" ("Apenas as perdas, prejuízos e despesas que estão diretamente relacionados com o ato de avaria comum serão considerados como de avaria comum" – tradução livre). No mesmo sentido o art. 765 do CComercial: "Não serão reputadas avarias grossas, posto que feitas voluntariamente e por deliberações motivadas para o bem do navio e carga, as despesas causadas por vício interno do navio, ou por falta ou negligência do capitão ou da gente da tripulação. Todas estas despesas são a cargo do capitão ou do navio (art. 565)".
652. Waldemar Ferreira, *Tratado de Direito Comercial*, cit., t. XIII, p. 317.
653. V. *Rule E*, 3, parte inicial: "Failing notification, or if any party does not supply particulars in support of a notified claim, within 12 months of the termination of the common maritime adventure or payment of the expense, the average adjuster shall be at liberty to estimate the extent of the allowance on the basis of the information available to the adjuster".
654. Numa P. do Valle, *Avarias Marítimas*, p. 13.

causadas são rateados por todos os envolvidos. O transporte internacional, apesar da gama variada de coberturas existentes, basicamente pode ser operado com cláusula CIF ou FOB. Na opção CIF (*Cost, Freight and Insurance*), que corresponde à melhor opção para o comprador, o transporte marítimo é assegurado integralmente quanto ao custo do transporte, seguro e frete até o domicílio do comprador. Outra forma de operação de transporte ocorre com a cláusula FOB (*Free On Board*), na qual o vendedor se compromete com o transporte e seguro até o embarque da mercadoria junto ao navio. Após, correrão pelo comprador as despesas de frete e seguro até o seu domicílio. Em vista do valor envolvido no transporte global das cargas de um navio, torna-se fundamental a contratação de um seguro, em vista do valor ínfimo a ser pago quando comparado com os prejuízos que podem ser arcados por eventual responsabilidade solidária quando configurada a avaria grossa.

A inexistência de seguro simplesmente obrigará que o importador seja obrigado a depositar o valor do seu rateio nas despesas, em conta a ser indicada pelo armador, para fins de liberação da carga, após o procedimento da regulação.

Quando ocorre o sinistro e apurados os danos da avaria grossa, após o regulador oferecer os cálculos para a recomposição da embarcação, o armador irá informar cada um dos titulares das cargas embarcadas, denominados de consignatários, com o envio do rateio por meio de dois documentos: o *average bond* e o *average guarantee*. Inexistindo qualquer seguro por parte do consignatário, ele deverá formalizar o *average bond* como promessa de pagamento pela cota do rateio. Existindo o seguro contratado, a companhia de seguro se responsabilizará pelo preenchimento e envio do *average guarantee*. Sem estes documentos não há possibilidade de liberação das mercadorias.

2.2 A avaria simples: "res perit domino"

As avarias simples ou particulares representam as hipóteses mais frequentes de sinistros marítimos.[655] Na avaria grossa vigem o princípio da solidariedade e o ato voluntário na sua concretização, como meio de salvaguardar o interesse de todos. Na avaria simples quebra-se o princípio da solidariedade, pois os prejuízos que abalem a carga ou o navio serão suportados pelos respectivos interessados, ou seja, "ou só pelo navio, ou

---

655. João Vicente Campos, *Da Avaria Particular no Direito Nacional e Internacional*, p. 17.

só pela coisa que sofreu o dano ou deu causa à despesa" (art. 763, *in fine*, do CComercial). Aplica-se com clareza o princípio *res perit domino*, pois o prejuízo é suportado pelo proprietário do bem.

Os eventos extraordinários que atingem apenas o navio ou a carga podem ser oriundos de caso fortuito ou de força maior, imperícia ou negligência do capitão ou, mesmo, de sua tripulação. A avaria simples poderá ocorrer em todo o período de duração do afretamento.[656] O CComercial estabelece a previsão das avarias particulares no art. 766, que basicamente prevê: (a) borrasca, (b) presa, (c) naufrágio e (d) encalhe.

A borrasca corresponde ao acidente provocado por tempestade, tornado ou furacão. Não se considera borrasca o mau tempo.[657] A presa representa o arrebatamento da carga ou do navio por piratas; embora atualmente não tenha grande frequência, ainda é visualizada com maior preocupação no Oceano Índico e com incursões esparsas nos demais Oceanos. O naufrágio representa, na designação alemã, a quebra do navio (*Schiffbruch*). O naufrágio pressupõe o afundamento da embarcação; logo, não se confunde com a submersão, na qual o navio, embora alagado, continua à tona d'água. Para fins de pagamento do seguro a diferença é importante. O encalhe (*Strandung*) representa o encontro de obstáculo submerso que impede a navegação, como banco de areia, rocha ou algum objeto submerso. A colisão com objetos na superfície não caracteriza o encalhe, e quando o choque provoca a submersão da embarcação será hipótese de naufrágio.[658]

3. O PROCEDIMENTO DA REGULAÇÃO

O art. 707 do CPC procura disciplinar o procedimento judicial da regulação da avaria grossa quando não exista consenso entre as partes. O procedimento judicial assume conotação excepcional e facultativa, uma vez que não se trata de *processo necessário*. Todavia, não existindo consenso quanto à nomeação do regulador, cabível o pedido judicial para sua nomeação. O art. 783 do CComercial também oferece a nomeação judicial como caminho viável quando inexistente acordo entre as partes. A ação não dispensa o oferecimento da petição inicial, nos termos do art. 319 do CPC, com suas devidas adaptações.

---

656. Waldemar Ferreira, *Tratado de Direito Comercial*, cit., t. XIII, p. 347.
657. João Vicente Campos, *Da Avaria Particular no Direito Nacional e Internacional*, cit., p. 19.
658. Idem, p. 25.

3.1 Formação do pedido

A petição deverá indicar a qualificação do requerente e dos requeridos que tenham interesse no deslinde da regulação. Como descreve o art. 707 do CPC, qualquer das partes interessadas tem legitimidade para requerer o início do procedimento. Deste modo, o armador, o(s) proprietário(s) da(s) carga(s) embarcada(s), o segurador, têm legitimidade para iniciar o procedimento.[659] Há uma clara formação de litisconsórcio passivo, o qual pode ser classificado como necessário quanto à formação e simples quanto à decisão, na medida em que o rateio poderá ser diferenciado em relação a cada um dos envolvidos.

A inicial deve descrever a causa de pedir, com a instrução dos documentos que permitam ao juiz reconhecer a licitude do pedido de regulação da avaria grossa. O documento que evidencia a ocorrência da avaria como grossa ou comum é protesto marítimo lavrado pelo capitão a bordo da embarcação e que deve ser lavrado para documentar o ato, com as circunstâncias detalhadas de todo o ocorrido (art. 766 do CPC). O protesto deve ser ratificado junto ao primeiro porto para fins de confirmação das testemunhas quanto ao fato ocorrido. Dentre os documentos que devem ser anexados destacam-se o contrato de fretamento (art. 566 do CComercial) e o recibo de entrega da mercadoria (art. 1º do Decreto-lei 116/1967).

A avaria poderá ocorrer no embarque, durante o transporte e no desembarque, ou seja, durante o contrato de fretamento, o que exige sua juntada, bem com da carta-partida ou carta de embarque. A carta-partida ou de fretamento é o documento de embarque quando o navio é locado por inteiro para o transporte da mercadoria. Quando a locação é parcial o capitão da embarcação recebe a carta de embarque. Posteriormente, com a instauração do procedimento, outros documentos poderão ser complementados, com a integração de todos os interessados no procedimento de regulação.

A nomeação do regulador passa por esse juízo prévio, pois se existir a constatação de que se trata de avaria simples o procedimento é inadequado, e deverá ser extinto, nos termos do art. 330 do CPC. A decisão do juiz quanto à admissibilidade do procedimento é baseada em cognição sumária e sem prejuízo de sua revisão posterior, especialmente com a opinião do *expert*.

O pedido deve ser formulado em caráter condenatório, com o valor da causa fundado no conjunto das avarias. A citação das partes inte-

---

659. STF, 1ª Turma, RE 57.591-SP, rel. Min. Amaral Santos, *DJU* 9.5.1969.

ressadas é obrigatória, com o objetivo de integrar e permitir o amplo contraditório. Como se trata de litisconsórcio, será essencial observar a regra do art. 229 do CPC.

3.2 Competência: nacional ou internacional

O art. 707 do CPC estabelece que a competência para o juízo de nomeação do regulador de avarias será do local do juiz de direito relativo ao primeiro porto onde o navio atracar. Não prevalece mais a inteligência da Súmula da 504 do STF: "Competem à Justiça Federal, em ambas as instâncias, o processo e o julgamento das causas fundadas em contrato de seguro marítimo". Desde a Emenda Constitucional 7/1977 aboliu-se a competência da Justiça Federal para o tratamento das questões relativas a direito marítimo e navegação, inclusive a aérea (art. 125, IX, da CF/1969).[660] Por este motivo, a competência do art. 707 do CPC refere-se à Justiça Estadual.

No que tange à competência internacional, nada impede que as partes tenham convencionado cláusula específica para a eleição do foro internacional, nos termos do art. 25, *caput*, do CPC. A eleição do foro dependerá do que foi ajustado na carta-partida, uma vez que o documento marítimo permite a estipulação da lei estrangeira, bem como tratados e convenções e cláusulas para o foro de eleição (art. 567, 8, do CComercial). A competência internacional não poderá prevalecer apenas nas situações de exclusividade da jurisdição brasileira (art. 23 do CPC). Existindo a cláusula de eleição pra o foro estrangeiro, nada impede que o juiz brasileiro tome medidas de urgência com posterior *translatio iudicis*, em vista da necessidade de atos que não podem esperar o deslocamento do navio. A eventual abusividade da cláusula poderá ser reconhecida, em vista da aplicação do art. 25, § 2º, c/c o art. 63, 3º, do CPC. Da mesma forma, sendo hipótese de competência internacional concorrente (arts. 21 e 22 do CPC), a parte deverá arguir, no prazo da contestação, a existência da cláusula com eleição do foro, sob pena de preclusão. Interessante observar que o art. 25, *caput*, do CPC está alinhado com os precedentes do STJ no sentido de que a cláusula deve conter a reserva de exclusividade; do contrário, existindo a previsão de foro concorrente, a competência será estabelecida por autêntica prevenção do juízo.[661]

---

660. Pontes de Miranda, *Comentários à Constituição de 1967 com a Emenda Constitucional n. 1 de 1969*, 2ª ed., 2ª tir., t. IV, p. 222.

661. Neste sentido: STJ, 4ª Turma, REsp 1.090.720-RJ, rel. Min. Antônio Carlos Ferreira, j. 14.6.2016, *DJe* 23.8.2016.

3.3 Nomeação do regulador ("average adjuster")

O pedido apto provoca a nomeação do regulador, cuja origem remonta ao Direito Inglês.[662] Nesta primeira etapa, e com base na documentação ofertada, o regulador deverá declarar se os documentos anexados na petição inicial permitem a abertura do procedimento para o arbitramento da avaria grossa (art. 708 do CPC).

O regulador de avarias é considerado auxiliar da Justiça, nos termos do art. 149, *in fine*, do CPC. Em vista de sua atividade eminentemente técnica, tal como a que é exercida pelo perito, o art. 711 estendeu as disposições que disciplinam a atividade pericial para o regulador de avarias, concernentes aos arts. 156 a 158 do CPC.

O regulador atuará com autêntico perito e necessita de notório conhecimento sobre a regulação de disputas envolvendo sinistros marítimos. Não existindo cadastro junto ao respectivo tribunal em que atua (art. 156, § 1º, do CPC), nada impedirá que o juiz nomeie perito que atue junto ao tribunal marítimo.

As normas referentes à suspeição e ao impedimento também se aplicam ao regulador de avarias, na medida em que é considerado um auxiliar da Justiça (art. 148, II, do CPC).

3.3.1 Nomeação plúrima

A crescente complexidade e o incremento do comércio marítimo nacional e internacional não impedem que o procedimento judicial possa contar com mais de um regulador. Na apuração da massa ativa e passiva, a complexidade para apurar os danos incidentes sobre o navio, sua carga e o fretamento utilizado para o salvamento pode exigir a composição, em vista das especificidades do caso concreto. Vale lembrar que o Direito estrangeiro prevê a possibilidade de divisão de trabalhos, como na França, em que se divide a perícia sobre a embarcação (*l'expert estimateur*) da perícia sobre a carga (*l'expert sapiteur*). Quando não há necessidade de divisão nomeia-se apenas um regulador (*dispacheurs*).[663]

3.3.2 A declaração de avaria grossa

Uma vez realizada a nomeação, o regulador deverá analisar os documentos fornecidos e declarará, de modo motivado, se os danos comprovados permitem a liquidação por meio de avaria grossa.

---

662. Waldemar Ferreira, *Tratado de Direito Comercial*, cit., t. XIII, p. 362.
663. Ripert, *Précis de Droit Maritime*, vol. III, p. 319.

O pedido formulado pela parte interessada, assim como os demais envolvidos, é a celeridade quanto ao reparo do navio, a liberação da carga e a solução de pagamento quanto ao frete. Na verdade, o navio, a carga e o frete são os três elementos que irão compor a avaliação e o rateio da avaria grossa. Todos os envolvidos necessitam de celeridade na solução do impasse.

Após a análise preliminar do regulador, com a formulação da declaração de avaria, será fixado valor mínimo de garantia, por meio de caução, para que as mercadorias embarcadas possam ser liberadas aos consignatários, inclusive como meio de evitar maior prejuízo ou até o perecimento da carga.

3.3.2.1 Impugnação das partes interessadas

As partes interessadas, em respeito ao amplo contraditório, poderão impugnar (art. 10 do CPC), de modo fundamentado, a declaração de avaria do regulador, no prazo de cinco dias, uma vez que não há menção do lapso temporal mínimo para a manifestação (art. 218, § 3º, do CPC). O prazo em dobro poderá ser aplicado, mas desde que observada a regra do art. 229 do CPC.

O juiz deverá decidir no prazo de 10 dias e, apesar da ausência de previsão, a atividade probatória oficiosa será importante para dirimir pontos controvertidos em relação aos quais seja essencial a definição, uma vez que a decisão do art. 708, § 1º, do CPC poderá levar ao encerramento do procedimento.

É possível que as partes interessadas, inclusive aquela que iniciou o procedimento, façam impugnação quanto à escolha do regulador; ou que os interessados discordem da avaliação preliminar realizada sobre a massa passiva e ativa para fins de cálculo do rateio e caução provisória necessária para a liberação das mercadorias aos consignatários (art. 708, *in fine*, do CPC).

Dentre os motivos da impugnação destacam-se a classificação realizada pelo regulador entre avaria grossa e simples. É possível que algumas despesas sejam glosadas e retiradas do cálculo global. Neste ponto, em especial, será necessário observar qual a legislação aplicável. Inexistindo qualquer menção na carta-partida, a classificação será regulada pelo Código Comercial; contudo, no transporte internacional, como já assinalado, prepondera a utilização das Regras de York-Antuérpia.

3.3.2.2 Cálculo da massa passiva e ativa

O rateio apresentado pelo regulador na fase de declaração da avaria é preliminar. Isto significa que o regulamento final poderá ser diverso, uma vez que os documentos e estudos a serem implementados até a fase final permitirão formular com maior precisão o cálculo para a adequada compensação.

A *expertise* do regulador é revelada justamente em sua atividade de *classificação das avarias*. Nesta tarefa, inçada de dificuldades, o regulador poderá se deparar com avarias mistas e avarias sucessivas, o que revela a necessidade de um exame acurado sobre o conjunto probatório oferecido.

A massa ativa e a massa passiva consistem nos dados elementares a serem apurados para que o cálculo do rateio possa ser realizado. Sua formação é simples e básica.

Há de se tomar cuidado, uma vez que é frequente a confusão na utilização dos termos. A massa ativa é o conjunto de prejuízos representados pelos danos provocados e despesas necessárias ao salvamento. A massa passiva é representada pelo total dos valores envolvidos no transporte: (a) o navio, (b) a carga, (c) o frete e (d) despesas extraordinárias.[664]

Em suma: a massa ativa é formada pelo conjunto de danos que provocam o surgimento e necessidade da avaria grossa; e a passiva, pelo valor total da operação, com a inclusão da embarcação, sua carga e o valor do frete. A massa passiva é expressa pelo art. 787 do CComercial.[665]

O cálculo, após a classificação e a depuração da massa passiva e da ativa, é relativamente simples, pois parte de uma noção básica, uma autêntica regra de três, em que se calcula a proporção entre o prejuízo gerado e o benefício apurado com o salvamento, dividido na proporção de cada um dos interessados.

3.3.2.3 A caução e a alienação judicial

A caução ou depósito judicial será exigido como condição para que os consignatários possam liberar as cargas. Trata-se de exigência

---

664. Existem despesas extraordinárias para o salvamento da carga ou do navio que podem ser incluídas no cômputo como uma arribada forçada para reparo do navio.
665. Como adverte Sampaio Lacerda (*Curso de Direito Comercial Marítimo e Aeronáutico*, p. 301): "É comum inverterem as noções acima dadas, [*massa ativa e passiva*] chamando de massa ativa a massa passiva e de massa passiva a massa ativa... Daí alguns autores preferirem massa credora (para a ativa) e massa devedora ou contribuinte (para a passiva).

natural, em vista da ampla circulação dos bens móveis. Sua circulação e a depreciação são levados em consideração pelo art. 708, *caput* e §§ 2º e 3º, do CPC.

A garantia deve ser oferecida na inicial, e neste primeiro momento deve levar em consideração os elementos documentais disponíveis, como o protesto marítimo realizado a bordo da embarcação ou, ainda, o diário de navegação.

O regulador, ao declarar a existência de avaria, fará a conferência das garantias oferecidas pelos interessados e poderá considerá-las adequadas para permitir a liberação das cargas ou exigir seu reforço. A análise da idoneidade da caução passará pelo crivo judicial.

Não sendo prestada a caução ou realizado o depósito judicial, o regulador deverá requerer com urgência a alienação da carga, para fins de evitar sua depreciação e reforçar a garantia de pagamento da avaria grossa.

Será permitido que valores inicialmente oferecidos como garantia possam ser levantados para o fim de permitir as medidas judiciais para a alienação judicial, nos termos do art. 708, § 4º, do CPC. A iniciativa caberá ao regulador, cujo procedimento é disciplinado pelos arts. 879 a 903 do CPC.

3.3.2.4 *Elaboração do regulamento da avaria e liquidação*

Após a declaração preliminar da avaria, com o oferecimento das garantias e solução das eventuais impugnações, o regulador terá o prazo de 12 meses (art. 710 do CPC), contado da entrega dos documentos solicitados, para a apresentação do regulamento da avaria grossa, com a declaração da avaria (art. 708 CPC).

Ao reconhecer a existência da avaria, os trabalhos do regulador exigem o fornecimento dos documentos necessários para que o quadro de liquidação possa ser produzido, com a apuração da massa ativa e da passiva. As partes têm o dever de cooperar e devem fornecer os documentos requeridos (art. 709 do CPC), sem prejuízo da exibição incidental forçada por ordem judicial (arts. 396 e 399, I, do CPC).

Pela modificação ocorrida em 2016 nas Regras de York-Antuérpia (Regra E, 3) a parte interessada que negligenciar no fornecimento de informações estará sujeita à estimativa do regulador, o que revela a importância da cooperação e a impossibilidade de paralisação do procedimento pela negligência em atender a ele.

O regulador terá o prazo de 12 meses, contado da juntada de todos os documentos requeridos, sem os quais o prazo não passar a correr. Não há mais a penalidade prevista pelo Código de Processo Civil/1939, de dedução de 10% por mês de atraso sobre a remuneração fixada. Entretanto, o juiz deverá diligenciar para o cumprimento dos trabalhos dentro do período acordado. As dificuldades motivadas poderão propiciar a dilação do prazo (art. 710, caput, *in fine*, do CPC).

(a) Decisão de homologação

Oferecido o regulamento, as partes terão o prazo comum de 15 dias para eventual impugnação. O juiz deverá abrir prazo para manifestação do regulador, e após os esclarecimentos prestados decidirá por meio de sentença na qual homologará ou não o regulamento.

A sentença estará sujeita ao recurso de apelação em duplo efeito.[666] Importante salientar que a eficácia sentencial assume carga constitutiva e condenatória como eficácias principais. A formação do título executivo condenatório é comum, ou seja, constitui-se o elo obrigacional entre todos os contribuintes da avaria grossa, para fins de satisfação da obrigação de indenizar.

§ 14. DA RESTAURAÇÃO DE AUTOS

1. OBJETO DA RESTAURAÇÃO

As transformações tecnológicas que afetam diretamente a prestação da tutela jurisdicional promovem a adaptação de inúmeros institutos e procedimentos que foram construídos dentro de outra realidade social. A restauração de autos é um exemplo, especialmente em face do avanço inevitável do processo eletrônico.[667]

O procedimento instituído pelo art. 712 do CPC ainda apresenta grande relevância, em vista do período de transição pelo qual passamos, ou seja, do processo físico para o processo eletrônico.

A restauração tem como objetivo disciplinar o *modus operandi* para a recuperação histórica do processo. Ela tem cabimento não apenas na pendência da relação processual, mas mesmo após sua consumação.

---

666. O CPC/1939 oferecia solução diversa, pois o recurso assumia efeito meramente devolutivo, nos termos do seu art. 768. V.: Hugo Simas, *Comentários ao Código de Processo Civil*, cit., vol. VIII, p. 480.
667. V. Lei 11.419/2006, que institui a informatização do processo judicial.

Isto se justifica pela natureza pública do processo e pela necessidade de preservação e gestão dos documentos públicos. Embora seja possível a eliminação dos autos, atualmente a destruição dos documentos públicos passa por análise criteriosa. Os documentos judiciais devem permanecer por um tempo mínimo em arquivo, mesmo após o trânsito em julgado, e alguns processos, quando assumem importância histórica, são destinados ao arquivo da memória nacional.[668] Considera-se crime a destruição ou desfiguração de documentos públicos de valor permanente para o interesse público (art. 25 da Lei 8.159/1991). Logo, denota-se que o interesse em restaurar atinge os documentos correntes, intermediários ou, mesmo, permanentes. Caberá ao Poder Judiciário, no âmbito de sua esfera de competência de gestão administrativa (tribunal superior, Tribunal de segunda instância, juízo de primeira instância: federal ou estadual), realizar a gestão documental, conforme tabelas unificadas do CNJ (art. 20 da Lei 8.159/1991 e Recomendação 37/2011, I, II e III).

Na restauração de autos não é possível trazer à baila as questões atinentes ao mérito do processo desaparecido.[669] A parte contrária é citada para responder aos termos do pedido inicial, mas o objeto litigioso do processo cinge-se à restauração. O réu poderá objetar quanto ao pedido demonstrando a malícia e o dolo da parte contrária em desaparecer com os autos, pedindo, inclusive, a busca e apreensão. Entretanto, o mérito a ser decidido no processo perdido ou extraviado não é objeto de cognição nesta ação.

2. Documentos judiciais: correntes, intermediários ou permanentes

Os documentos judiciais quanto ao regime temporal podem ser classificados em correntes, intermediários ou permanentes. Esta classificação é útil e toma como base o item IX da Recomendação CNJ-37/2011: "IX) Os documentos do Poder Judiciário são classificados como correntes, intermediários ou permanentes: a) *correntes*: aqueles que estiverem em

---

668. O art. 20 da Lei 8.159/1991 está vinculado ao *PRONAME* (Programa Nacional de Gestão Documental e Memória do Poder Judiciário), conforme Recomendação CNJ-37/2011, alterada pela Recomendação CNJ-46/2013.

669. "O mérito da causa decidido no procedimento de restauração apenas envolve a declaração de que os autos se encontram restaurados e o prosseguimento do processo fica restabelecido. Nele não cabe discussão sobre qualquer ponto de direito ou de fato da causa principal" (TJPR, 18ª Câmara Cível, AC 0459703-5, de Pinhais, rela. Desa. Lídia Maejima, *DJPR* 7.3.2008).

tramitação ou que, mesmo sem movimentação, constituírem objeto de consultas frequentes; b) *intermediários*: aqueles que, por conservarem ainda algum interesse jurisdicional ou administrativo, mesmo não sendo de uso corrente pelas áreas emitentes, estiverem aguardando eliminação ou recolhimento para guarda permanente; c) *permanentes*: aqueles de valor histórico, probatório e informativo, que devam ser definitivamente preservados no suporte em que foram criados".

A restauração tem como alvo principal os documentos correntes, que englobam os processos pendentes, nos quais devem ser incluídos os processos que estão em curso, os processos suspensos (arts. 313, 315 e 921 do CPC) bem como os processos que aguardam o cumprimento de sentença.

Existem processos que contam com sentença transitada mas que não podem ser objeto de eliminação e devem estar classificados como intermediários, pois mesmo após a decisão judicial ainda são de grande relevância. Um exemplo típico é o processo de interdição. Nada impede que a sentença de interdição tenha sido proferida há alguns anos, pois nada impedirá que possa ser levantada a restrição em caso de alteração da situação física ou psíquica do interditado, o que exigirá a extinção parcial ou total da curatela (art. 756, §§ 1º e 4º, do CPC). Mesmo a morte ou mudança do curador exigem que novo termo seja assinado nos autos, o que impede a eliminação dos autos. Em um processo de inventário o formal de partilha expedido pelo juízo tem a mesma função da escritura pública. Por este motivo, os autos não podem ser eliminados, pela natureza pública e probatória do documento para fins de registro público. A segunda via poderá ser exigida, a qualquer tempo, para que o herdeiro ou credor possa regularizar a transmissão dos bens. Em todos estes processos o interesse na restauração é manifesto em caso de destruição ou extravio.[670]

3. RESTAURAÇÃO PARCIAL E TOTAL

A restauração poderá ser total ou parcial quando algum documento ou parte dos documentos sejam destruídos ou extraviados. É possível que a parte, dolosamente ou não, rasure, desfigure ou elimine documento essencial para o deslinde do processo. Nesta hipótese a restauração deve ser parcial. A hipótese não é prevista expressamente pelo art. 713 do

670. Para uma visão histórica da reforma e restauração de autos com base nas *Ordenações Filipinas*: J. Gonçalves do Couto, *Vista, Cobrança e Restauração de Autos Cíveis*, pp. 26-30.

CPC e não se trata de mera substituição do original por cópia, ato perfeitamente legítimo e previsto pelo art. 425, III. No processo executivo que ainda corre pela forma física a juntada do título é exigida para a prova da dívida e para evitar a circulação da cártula. E o dever de guarda, mesmo em relação ao processo eletrônico, deverá ser da serventia (art. 425, § 2º, do CPC). O desaparecimento do título permite sua recomposição, inclusive por meio de prova emprestada, quando existem, por exemplo, autos de inquérito com cópia da cártula para exame da conduta de estelionato.

Este era o motivo pelo qual a formação dos autos suplementares assumia importância perante a codificação anterior (art. 159 do CPC/1973), na medida em que o escrivão deveria formar os autos suplementares de modo concomitante ao processo principal, o que evitaria a necessidade de restauração parcial ou total. O Código atual ainda prevê esta solução pela leitura do art. 712, parágrafo único.

Atualmente, para os processos eletrônicos, os autos suplementares são automáticos, pois o sistema de autuação virtual realiza a gravação de segurança e disponibiliza, em tempo real, todas as fases do processo. Isto torna muito simples o procedimento de restauração.

Ainda é comum o processo eletrônico ser impresso e remetido aos tribunais de segunda instância, em vista da diversidade de plataformas. Trata-se de fato ainda não resolvido em nosso sistema e que foi solucionado na Alemanha cinco anos após a introdução do processo eletrônico no ano de 2000 pela Lei de Uniformização de Plataformas (*Justizkommunicationsgesetz* de 22.5.2005).[671]

4. Distinção necessária: destruição ou extravio, desfiguração e retenção de autos

Até a completa implantação do processo eletrônico há necessidade de que o procedimento seja direcionado tanto para os autos físicos como para os autos virtuais. Os problemas relacionados à destruição ou ao extravio atingem de modo direto os processos físicos. A destruição representa a eliminação notória e indiscutível dos autos. É a situação do processo que é queimado na colisão do veículo, após carga regular do processo. O extravio poderá decorrer de evento fortuito, mas que poderá permitir a recuperação dos autos. É a situação do advogado que perde os documentos ou tem seu escritório furtado, ou quando inexiste culpa de

---

671. Consulte-se o texto em *https://www.bgbl.de*.

qualquer das partes, ou mesmo do juízo, como na hipótese de furto do veículo do Correio no qual se realizava a remessa recursal.

A notícia do desaparecimento geralmente é informada pelo escrivão e dirigida ao juiz competente. Isto ocorre porque cabe ao escrivão realizar a conclusão dos autos com a informação da parte quanto ao desaparecimento ou extravio e o pedido de restauração, ou mesmo certificar o desaparecimento dos autos dentro da serventia. É possível que o próprio juiz informe o desaparecimento dos autos em gabinete, o que também motivará o início do procedimento.

O juiz deverá diligenciar sobre a existência de *desaparecimento* ou *retenção* dos autos. Tratando-se de autos físicos é possível que o processo tenha sido entregue para uma das partes sem a devida carga, ou seja, sem a anotação no livro destinado à movimentação de saída do processo do cartório. Quem realiza o controle da movimentação dos processos é o cartório judicial, por isso sua responsabilidade é maior no caso de desaparecimento dos autos.

Existindo a retenção indevida dos autos pelo advogado, há norma específica que disciplina a medida processual cabível (art. 234 do CPC). Em caso de retenção do processo com excesso de prazo, o juiz deva apurar o motivo, o que poderá evitar a comunicação e a aplicação da sanção. Existindo descumprimento injustificável e não sendo cumprida a ordem de restituição dos autos, será possível até a emissão de mandado de busca e apreensão para o cumprimento da ordem mandamental. Os autos do processo são documentos públicos, e não podem permanecer indefinidamente na posse das partes, mas apenas temporariamente, para o fim de leitura e elaboração de manifestação técnica.

A retenção dos autos jamais poderá ser utilizada como manobra ou ardil para inviabilizar a prática de atos processuais urgentes para a parte contrária ou que provoquem perecimento do direito.

5. PROCESSO FÍSICO E ELETRÔNICO

As hipóteses supramencionadas são basicamente aplicáveis ao processo físico. Com o processo eletrônico a gestão documental passa a ser dividida, mas a responsabilidade principal pelo armazenamento de dados é do tribunal, por meio do órgão competente para a implantação e o gerenciamento do processo eletrônico.

Quando todos os processos forem eletrônicos a restauração configurará situação possível, mas que dependerá do acesso ao *backup* do sistema. Hoje, em relação aos processos pendentes, a inexistência de plataforma universal para o processo digital no Direito Brasileiro exige, em muitas situações, a conversão do arquivo digital para a forma física para o processamento de atos processuais no juízo de destino (juízo deprecado, tribunal de segunda instância). Nem todos os juízos processam os atos por malote digital,[672] e mesmo quando utilizado tornam-se necessárias a impressão e nova digitalização de dados. Neste processo é possível que ocorra o extravio ou o desaparecimento; contudo, a restauração é automática. A impressão de novo formulário do processo fará as vezes dos autos suplementares, com certificação automática derivada da assinatura digital, permitindo a aplicação do art. 712, parágrafo único, do CPC.

6. INICIATIVA PARA A RESTAURAÇÃO: PARTES E TERCEIROS

O art. 712 do CPC aumentou a legitimidade para o início do procedimento da restauração. Permite-se agora que até o juiz possa iniciá-lo *ex officio* quando tome conhecimento do desaparecimento dos autos. Esta modificação é de suma importância, pois nas inspeções judiciais anuais e nas correições ordinárias existe a rotina de verificação das conclusões em aberto. Neste momento abre-se a diligência para a cobrança de autos não devolvidos, momento em que se descobre, em grande parte das situações, que os autos não estão em situação de retenção, mas de extravio. No momento em que o juiz sinaliza a busca e apreensão por descumprimento do comando mandamental, a notícia de perdimento e extravio é formalizada, o que torna importantíssima a participação do juiz na iniciativa de instauração do procedimento.

A iniciativa dada ao magistrado não é para que se torne parte ativa, mas, à semelhança do que ocorre no processo de inventário, para que tome a iniciativa da instauração do procedimento. O mesmo deve ser dito em relação ao Ministério Público, que está expressamente legitimado pelo art. 712 do CPC.[673] O agente ministerial poderá atuar como parte ou como fiscal da ordem jurídica. Como parte já teria legitimação mesmo perante o Código de Processo Civil/1973 (art. 1.063), mas agora poderá provocar o procedimento na qualidade de fiscal.

A modificação operada no art. 712 do CPC, incluindo expressamente o juiz e o Ministério Público, demonstra a natureza peculiar da

---

672. Resolução CNJ-100/2009. A função do malote é justamente permitir o intercâmbio de atos processuais digitais entre todos os juízos e instâncias de modo célere, o que não dispensa a impressão e a digitalização.
673. O que já era reconhecido pelo STJ (cf.: 2ª Turma, AgInterno no AgR no AREsp 742.307-RS, rel. Min. Herman Benjamin, j. 7.2.2017, *DJe* 6.3.2017).

restauração. Primeiro, a perda ou extravio poderá ter ocorrido por culpa do próprio juiz, e especialmente dos serventuários que movimentam os processos e têm o dever de guarda documental, como o escrivão, o analista, empregados juramentados ou técnicos auxiliares (art. 206 do CPC). As *Ordenações Filipinas* reforçavam este dever de guarda para fins de movimentação do processo ao ponto de impedir qualquer imputação de responsabilidade para as partes quando o escrivão não comprovasse a retirada regular dos autos mediante termo no livro de carga.[674] Logo, o extravio ou desaparecimento pode ser causado: (a) pelas partes, quando o processo está em carga, incluindo o Ministério Público e advogados públicos; (b) pelo escrivão ou analista e seus auxiliares, quando o processo estiver na serventia; ou (c) pelo juiz, quando o processo estiver concluso. Na expressão "juiz" incluem-se desembargadores e ministros, uma vez que o processo pode desaparecer na instância superior, o que já era previsto pelas *Ordenações Filipinas*.[675]

A possibilidade de a ação ser ajuizada por ambas as partes e pelos próprios sujeitos do processo confere-lhe natureza dúplice (*actio duplex*).[676] A leitura do art. 712 do CPC não confere possibilidade ao assistente simples de ingressar com o pedido, uma vez que será parte acessória (*Nebenpartei*). O assistente litisconsorcial, o oponente, assim como todo terceiro que ingresse como parte no processo, poderão realizar o pedido de restauração.

7. AUTOS SUPLEMENTARES: PARCIAIS OU TOTAIS

Nos processos eletrônicos os autos suplementares são desnecessários, como atividade específica do escrivão, uma vez que os atos processuais são extraídos automaticamente do sistema.

---

674. *Ordenações Filipinas*, Livro I, Título 24, § 25. "Não se admite o escrivão a provar que os entregou a alguém sem mostrar assento assignado por esse, a quem diz entregues" (J. Gonçalves do Couto, *Vista, Cobrança e Restauração de Autos Cíveis*, cit., p. 27).

675. "E perdendo-se o feito em poder de algum dos Desembargadores, tendo-o recebido, e assinado no feito, como dito he, pagará à parte, ou partes, as despesas, que no tal feito tinha de sua pessoa e processo, e assi da dilação e perda de sua justiça: e haverá mais qualquer outra pena crime, ou no Officio, se parecer que pelo tal caso a merece; o que tudo determinará o Regedor com alguns Desembargadores, que lhe bem parecer" (Cândido Mendes de Almeida (org.), *Ordenações Filipinas*, Livro I, Título 24, § 24, p. 264).

676. Clóvis Couto e Silva, *Comentários ao Código de Processo Civil*, vol. XI, t. II, p. 515.

Como ainda não existe um sistema unificado, mesmo com a implantação do processo eletrônico, é possível que parte dos atos processuais dependa da formação de autos suplementares parciais para a segurança de alguns atos praticados no processo. Um exemplo reside nos sistemas eletrônicos que não permitem a gravação das audiências dentro do sistema, o que acaba exigindo a gravação por CD ou outra mídia digital. A existência de cópia de segurança será essencial, sob pena de repetição do ato. A gravação de depoimentos deverá estar disponível para acesso no juízo de destino (juízo deprecante, no tribunal). Enfim, qualquer corrupção do material exigirá a replicação da cópia de segurança mantida no juízo originário em que o ato foi produzido.[677]

Os autos suplementares encontram efetiva aplicação nos processos físicos. Mesmo sem a previsão do art. 159, § 1º, do CPC/1973,[678] seria importante que o escrivão tomasse a diligência de formação dos autos suplementares com os duplicados que são fornecidos pelas próprias partes. Existindo autos suplementares não existirá a necessidade de restauração (art. 712, parágrafo único, do CPC).

Os autos suplementares devem ser utilizados quando há notícia de extravio e destruição. O perdimento dos autos ainda permitirá atitudes de busca, mas não é possível a espera indefinida, na tentativa de encontrá-los.

A situação de perda torna possível que os autos suplementares cumpram sua função até o momento em que os autos principais forem encontrados.

E qual a atitude do juiz caso os autos originais apareçam no decorrer do prosseguimento do processo nos autos suplementares?

A solução é dada pelo art. 716, parágrafo único, do CPC. A demanda deverá prosseguir nos autos principais. Os suplementares serão apensados aos autos principais. Apesar do texto legal, o correto será que o juiz apenas extraia peças autenticadas dos atos que foram praticados nos autos suplementares e faça o translado para os autos principais. Não há nenhuma razão lógica para que ambos sejam processados em conjunto. Inclusive, se ocorrer novo extravio, desaparecerão ambos: os autos principais e os suplementares. Logo, extraídas as peças e complementados os

---

677. Tratando-se de juízos do mesmo tribunal é possível o uso de pastas compartilhadas, mas com o inconveniente de uso excessivo do espaço de memória do sistema.
678. CPC/1973, § 1º do art. 159, *in verbis*: "§ 1º. Depois de conferir a cópia, o escrivão ou chefe da secretaria irá formando autos suplementares, dos quais constará a reprodução de todos os atos e termos do processo original".

autos principais, após seu reaparecimento, os autos suplementares devem ser arquivados, como medida de segurança.

8. PROCEDIMENTO DA RESTAURAÇÃO

É possível que o desaparecimento dos autos tenha como causa inúmeros fatores, incluindo fatos extraordinários como furto e roubo do veículo do advogado, incêndio – dentre outros. O procedimento deve ser iniciado com a notícia do extravio. Na hipótese de retenção indevida o procedimento será diverso, e os autos serão devolvidos, sob pena de busca e apreensão.

A parte legítima para o pedido de restauração (art. 712 do CPC) poderá ser a responsável pelo desaparecimento dos autos. Importante salientar que o procedimento de restauração é autônomo em relação às medidas de punição administrativa que sejam cabíveis ao responsável pelo desaparecimento.[679]

O procedimento tem início pelo oferecimento da petição inicial, que deverá ser instruída com a notícia e a comprovação do desaparecimento. Mesmo constituindo fato negativo, poderá ser demonstrada em juízo, uma vez que o convencimento será formado pelo conjunto probatório a ser produzido na instrução dos autos.

A parte deverá instruir seu pedido com os documentos que possuir, nos quais se incluem as cópias das petições, requerimentos, termos de audiência, cópias de mandados de intimação e citação (art. 713, I, II e III, do CPC).

679. "Ação de restauração de autos – Requisitos – Arts. 1.063 a 1.069 do CPC/1973 (correspondência nos arts. 712 A 718 do CPC/2015) – Comunicação do fato à OAB – Prescindibilidade. A comunicação do advogado, supostamente responsável pelo desaparecimento dos autos, à OAB local não se mostra imprescindível para o deferimento de sua restauração, nos termos do disposto nos arts. 1.063 a 1.069 do CPC/1973, com correspondência nos arts. 712 a 718 do CPC/2015, que regem a matéria. Em face do princípio da instrumentalidade das formas, não há que se aplicar rigor excessivo que obste ao objetivo do procedimento, especialmente diante da falta de comprovação de prejuízo às partes. No procedimento de restauração de autos todos os interessados devem cooperar, exibindo as cópias dos documentos que estiverem em seu poder e quaisquer outros documentos que possam facilitar a sua reconstituição, visando a recolocar o processo no estado em que se encontrava antes de os autos terem sido extraviados – Precedentes – Recurso especial parcialmente conhecido e, nessa extensão, provido, para devolver os autos à origem e determinar que o Tribunal local, afastado o óbice anteriormente colocado, prossiga na instrução e no julgamento da ação de restauração como entender de direito" (STJ, 2ª Turma, REsp 1.411.713-SE, rel. Min. Og Fernandes, j. 21.3.2017, DJe 28.3.2017).

A parte contrária será citada no prazo de cinco dias para oferecer sua resposta. Sua peça tem como objetivo agregar todos os documentos que tenha em sua posse com o fim de recompor a situação fática do processo. A cooperação processual será fundamental. A experiência demonstra que o próprio juízo deverá cooperar, determinando buscas nos arquivos da Secretaria. A experiência na judicatura já revelou situações em que a restauração foi iniciada em virtude de arquivamento errôneo do processo, com posterior descoberta dos autos em fase avançada na restauração. Este é um fato ainda possível nos processos físicos.

Apresentada a documentação e concordando com os termos da inicial quanto à delimitação sobre o objeto litigioso, estado da causa e provas produzidas, será lavrado o auto de restauração, o qual será homologado pelo juiz. A partir da homologação o processo seguirá novamente seu curso. Até então o processo estava suspenso, uma vez que era impossível a prática de qualquer ato processual (art. 313, VIII, do CPC).

Não existindo contestação, ou sendo parcial (art. 714, § 2º, do CPC), o juiz imprimirá o rito do procedimento comum. É válida a advertência quanto à necessidade de o juiz averiguar de modo ponderado os efeitos da revelia na restauração de autos.

O processo civil não cria realidades infundadas. Sendo assim, ausente qualquer manifestação da parte contrária ou existindo controvérsia parcial, o juiz deverá analisar de modo cauteloso a aplicação da revelia, pois, em caso de dúvida, basta determinar a repetição do ato processual.

Existindo pedido de restauração formulado pelo Ministério Público na qualidade de *custos legis* (*e.g.*, interesse de menor) o autor e o réu serão citados na forma de *litisconsórcio alternativo*, pois terão autonomia para exercer defesas díspares e independentes quanto aos atos de prova e documentos pertinentes ao processo.

8.1 Repetição de provas

Tratando-se de demanda atinente a matéria de direito, que seria decidida nos termos do art. 355, I, do CPC, a restauração poderá ser essencial como meio alternativo de recomposição dos autos. Em suma, aquilo que estava provado por documento, evitando a necessidade de instrução do processo (art. 443, I, do CPC), poderá justificar a oitiva de testemunhas ou mesmo a ordem de exibição de documentos em relação a terceiros. Isto acontecerá quando nenhuma das partes deter cópia do documento. Neste caso a comprovação do fato jurídico será realizada pelos meios ordinários (art. 715, § 3º, do CPC).

AÇÕES DE JURISDIÇÃO CONTENCIOSA

O art. 715 do CPC ainda determina que o desaparecimento do processo após a audiência de instrução facultará a repetição das provas. O dispositivo em comento bem como seus parágrafos devem ser lidos com temperamento. A repetição da prova dependerá de análise do juiz. Caso o perito tenha guardado a cópia do laudo e dos quesitos bem como as partes detenham cópias do termo de audiência e das assentadas, a repetição poderá ser desnecessária. Aqui a restauração é parcial.

As testemunhas que foram ouvidas, caso tenham falecido ou estejam impossibilitadas de depor, poderão ser substituídas (art. 715, § 1º, do CPC). Os serventuários poderão depor (art. 715, § 4º, do CPC) quando tenham participado dos atos processuais probatórios e possam contribuir para resgatar tudo o que foi produzido através de depoimento.

Quando o processo possuir sentença proferida, o juiz ou escrivão anexará cópia nos autos. A cópia terá a mesma eficácia que a sentença original. O resgate da sentença é facilitado pela extração do Livro de Registro de Sentenças.

8.2 Competência para a restauração de autos

Lamentavelmente têm se mostrado comuns o extravio e a perda dos autos, quando ocorre o deslocamento de competência. Independentemente do motivo do deslocamento, a competência originária para a restauração é do local onde se verificou o extravio ou perda. Não importa que a competência tenha sido modificada para a apreciação da causa principal pela instalação de Vara Federal, o que provoca o fim da competência delegada para a Justiça Estadual.[680]

É possível que o desaparecimento dos autos ocorra em segunda instância ou, mesmo, perante o STJ ou o STF.[681] A competência para a restauração estará preventa ao local do extravio ou perda. Deste modo, se o fato ocorreu no tribunal, o pedido de restauração será distribuído, por

---

680. "Ainda que a competência para apreciação do processo principal tenha passado para a Justiça Federal em razão da instalação das Varas Federais naquela localidade, a competência para o julgamento da ação de restauração é da Vara de origem. 2. Após a restauração dos autos na Justiça Comum Estadual, o processo deverá ser remetido para a Justiça Federal para apreciação e julgamento do feito. 3. 'Na restauração de autos, não cabe discussão sobre qualquer ponto de direito ou de fato da causa principal' (STF, *RT* 606/220). 4. Recurso provido" (TRF-2ª Região, 3ª Turma Especializada, AC 2001.50.02.000811-9, rel. Des. Federal Paulo Barata, *DJU* 21.2.2008, p. 905).

681. V.: Regimento Interno do STF, arts. 298 a 303; Regimento Interno do CNJ, art. 43, XV.

prevenção, ao relator da causa (art. 717 do CPC). Os atos praticados em primeira instância serão objeto de carta de ordem para restauração *in loco*. Em seguida serão remetidos ao tribunal para a finalização da restauração (art. 717, § 2º, do CPC).

9. SANÇÕES PELA PERDA OU EXTRAVIO

A responsabilidade pela perda do processo será imputada a quem lhe deu causa. Sua configuração se perfaz em face de atos comissivos ou omissivos das partes, terceiros e serventuários e do próprio juiz. O ajuizamento da ação de restauração não é causa excludente da culpabilidade para fins civis (art. 186 do CC) ou penais (art. 356 do CP).

A responsabilidade civil engloba a indenização pelos danos causados, incluindo custas, emolumentos e honorários advocatícios (art. 718 do CPC). É possível até a fixação de danos morais.[682]

Não sendo possível determinar a culpa pelo desaparecimento, ou quando proveniente de caso fortuito ou força maior (incêndio, furto, roubo), não haverá possibilidade de imputar a responsabilidade civil, administrativa ou penal.

---

682. "Restauração de autos – Danos morais – *Quantum* indenizatório – Observância dos princípios da proporcionalidade e da razoabilidade – Inviável sua redução – Necessidade de reexame de provas – Súmula n. 7/STJ – Agravo desprovido. 1. O valor da indenização fixado pela Corte *a quo* levou em consideração as peculiaridades do caso concreto, pautando-se pelos princípios da proporcionalidade e da razoabilidade, sendo que para infirmar as conclusões do aresto combatido seria necessário reexame de provas – Súmula n. 7/STJ. 2. Agravo interno desprovido" (STJ, 3ª Turma, AgInterno no AREsp 828.829-MA, rel. Min. Marco Aurélio Bellizze, j. 28.3.2017, *DJe* 6.4.2017).

Parte III
DOS PROCEDIMENTOS ESPECIAIS DE JURISDIÇÃO VOLUNTÁRIA

*Capítulo I – **Noções Gerais***
*Capítulo II – **Procedimentos de Jurisdição Voluntária com Rito Genérico***
*Capítulo III – **Procedimentos de Jurisdição Voluntária com Rito Especial***

Capítulo I
NOÇÕES GERAIS

1. Jurisdição contenciosa e jurisdição voluntária. Distinção. 2. Origem e natureza jurídica. 3. Jurisdição voluntária e atividade notarial: a migração para os procedimentos extrajudiciais. 4. Normas gerais aplicáveis ao procedimento de jurisdição voluntária: 4.1 Tipicidade procedimental – 4.2 Legitimidade para o procedimento – 4.3 A formação do contraditório e a produção de provas – 4.4 Sentença e coisa julgada – 4.5 Despesas do processo. 5. Procedimentos de jurisdição voluntária em espécie.

1. JURISDIÇÃO CONTENCIOSA E JURISDIÇÃO VOLUNTÁRIA. DISTINÇÃO

O Capítulo XV do Título III do Livro I da Parte Especial do CPC é destinado ao exame dos procedimentos de jurisdição voluntária. Na Parte Geral deste *Curso* acabou sendo definida a importante noção de que a concepção moderna do processo civil ultrapassa a antiga dicotomia entre *jurisdição contenciosa e voluntária*, na medida em que o escopo do processo está atrelado à tutela integral da ordem jurídica. A existência de meios paralelos para a solução de conflitos bem como para o ajuste da convergência de interesses sem a necessidade de interferência do poder estatal (processos desjudicializados de divórcio, separação, usucapião, arbitragem, mediação e conciliação extrajudicial) exige um repensar sobre o papel da jurisdição voluntária no modelo atual.

O papel da jurisdição voluntária sempre foi importante – o fato é inegável, uma vez que muitos processos classificados como necessários eram previstos em sua tipificação. A evolução do sistema jurídico permitiu a desvinculação de parcela destes processos – o que deve ser elogiado, pela otimização da tutela judicial para os casos de maior relevância e impacto e que exijam a participação do Estado-Juiz.

2. ORIGEM E NATUREZA JURÍDICA

A expressão "jurisdição voluntária" revela a importância do estudo do processo romano. Sua origem é atribuída a uma passagem de Marciano (*D.* 1, 16, 2, 1).[1] Por meio desta passagem é possível intuir que os romanos já compreendiam que a atividade de pacificação de conflitos não seria a única atividade importante, pois os cidadãos também necessitavam da chancela estatal para determinados atos de extrema importância, como a emancipação.[2]

Nesta atividade peculiar do Estado-Juiz pode-se firmar o entendimento de que a jurisdição voluntária assume caráter preponderantemente administrativo, ou seja, o Poder Judiciário assume uma atividade de integração na formação de atos e negócios jurídicos que são de exclusivo interesse das partes.[3] Não há um interesse prático na tentativa de tipificar essa atividade como administrativa ou jurisdicional, porque a permissão para o juiz decidir questões de natureza eminentemente administrativa revela a complexidade da atividade estatal e a interpenetração entre os Poderes. Não há pureza na prestação da atividade estatal em relação aos Poderes Legislativo, Executivo e Judiciário.[4]

Isto não impede que sejam apontadas algumas características peculiares da jurisdição voluntária que auxiliam na sua diferenciação em relação à jurisdição contenciosa. Na jurisdição voluntária as partes atuam de modo *convergente*, enquanto na jurisdição contenciosa assumem posição *divergente*. Atualmente não é mais correto fixar a incidência dos procedimentos de jurisdição voluntária exclusivamente sobre os interesses individuais, pois nada impede que situações de interesse coletivo possam ser tuteladas por iniciativa do Ministério Público ou da Defensoria Pública. Até a atividade notarial esta autorizada a intervir em procedimentos administrativos que regulam de modo direto o interesse social, como

---

1. "Omnes proconsules statim quam urbem egressi fuerint, habent jurisdictionem: sed non contentiosam, sed voluntariam: ut ecce, manumitti apud eos possunt tam liberi, quam servi; et adoptiones fieri" (em vernáculo: "Todos os procônsules após saírem da cidade possuem uma jurisdição não contenciosa, mas voluntária, por exemplo, eles podem realizar emancipações, alforrias e adoções – tradução livre). V.: Henri Lulot *et alii, Corps de Droit Roman en Latin et en Français*, t. I, p. 93.
2. Hans-Armin Weirich, *Freiwillige Gerichtsbarkeit (Jurisdição Voluntária)*, § 2º, I e II, p. 36.
3. Sobre as diversas teorias, consulte-se o excelente trabalho de Leonardo Greco, *Jurisdição Voluntária Moderna*, pp. 15-16.
4. Carmine Punzi, *Il Processo Civile – Sistema e Problematiche: I Procedimenti Speciali*, vol. III, p. 99.

na usucapião administrativa coletiva[5] ou, ainda, no complexo e importante processo de regularização fundiária urbano reformulado pela Lei 13.645, de 11.7.2017, que prevê a modalidade extrajudicial como via de otimização para a concessão dos títulos de ocupação para o registro da propriedade ou concessão da legitimação da posse sem a necessidade do Poder Judiciário.[6] A atividade notarial e a registral destacam-se como importantes meios de sedimentação da posse e da propriedade. Cabe destacar que a Lei 13.645/2017, no art. 55, ainda incluiu no Código Civil o direito real de laje, que fortalece a autonomia da posse e sua concretização social por meio do registro.[7]

Somente os processos de natureza contenciosa têm acesso aos apelos extremos (STJ e STF), os quais possuem como pressuposto "causa decidida". Nos processos de jurisdição voluntária é possível que o juiz se afaste da estrita legalidade como critério de solução judicial (art. 723, parágrafo único, do CPC), o que não se admite nos processos de jurisdição contenciosa. Importante frisar que o afastamento da estrita legalidade não significa que o juiz poderá decidir "livremente".

Outro ponto passível de distinção diz respeito à formação da coisa julgada, pois sua constituição pressupõe amplo contraditório sobre o objeto litigioso. Nos procedimentos de jurisdição voluntária a mera chancela judicial não possui o condão de formar a coisa julgada material, apenas a coisa julgada formal, cuja marca essencial é a preclusão interna quanto à prática de atos processuais. Entendemos que a coisa julgada formal é uma necessidade em relação a estes procedimentos que são importantes e necessitam de estabilidade. Em outra toada, sua característica peculiar voltada para o atendimento do interesse individual ou coletivo, com a inexistência de conflito, permite que o comando judicial possa ser revisado, desde que as partes se utilizem de nova postulação, com amplo contraditório.

5. Lembrando que o art. 216-A da Lei 6.015/1973 permite o pedido em relação a qualquer modalidade de usucapião.
6. V. o art. 10, relativo ao processo de regularização fundiária urbana: "Constituem objetivos da Reurb, a serem observados pela União, Estados, Distrito Federal e Municípios: (...); V – estimular a *resolução extrajudicial de conflitos*, em reforço à consensualidade e à cooperação entre Estado e sociedade; (...)" (grifos nossos).
7. Um reflexo das situações de moradia coletiva, na qual a parte superior do imóvel poderá ser alvo de direito real autônomo, sem comprometer a fração ideal do todo ou da própria unidade que suporta a laje (arts. 1.225, XIII, e 1.510-A do CC).

3. JURISDIÇÃO VOLUNTÁRIA E ATIVIDADE NOTARIAL: A MIGRAÇÃO PARA OS PROCEDIMENTOS EXTRAJUDICIAIS

Esta relação entre a jurisdição voluntária e a atividade notarial não é recente, mas muito antiga. No período medieval existia a figura do notário, que era responsável pela documentação de questões de caráter não contencioso, que assumia função próxima à do notário.[8] Chiovenda, profundo conhecedor da história do Direito, afirma que os atos praticados pelas partes, em vista da tradição do Direito Romano, eram produzidos oralmente e perante testemunhas, mas sem a prova documental. O Direito Medieval Italiano passou a documentar estes atos quando praticados no interesse de uma única pessoa ou de mais pessoas quando inexistente qualquer conflito (*inter volentes*). Esta atividade notarial voltada para a construção de um instrumento com função de garantia era atividade tipicamente documental atribuída aos notários, que eram denominados de *iudices chartulari*.[9] Por meio da atividade desenvolvida pelos *iudices chartulari* o comércio ganhou grande impulso, pois até então toda execução sempre deveria ser acompanhada de um título judicial que dependeria de prévio processo de cognição (*cognitio + executio*), que consistia no modelo romano. Com a equiparação da confissão das partes, perante o notário, a um título hábil para a execução (*executio parata*) visualiza-se uma aproximação entre a confissão reconhecida pelo juiz por sentença e aquela tomada por termo pelo tabelião.[10]

No período moderno, marcado pela consolidação do Estado Moderno com sua função tripartite, aliada à codificação dos procedimentos, observou-se o papel inverso, com a judicialização dos procedimentos de caráter administrativo. O Estado passa a intervir como guardião dos interesses privados. Outro fator de fortalecimento dos procedimentos de jurisdição voluntária pode ser atribuído ao nascimento dos registros públicos como forma de tutela jurídica sobre o estado da pessoa (nascimento, casamento, morte, aquisição de direitos).

O processo civil moderno passa por radical transformação, pelo crescimento do número de litígios e pelo compromisso constitucional pela efetividade e celeridade da prestação da tutela jurisdicional (art. 5º, LXXVIII, da CF/1988).

---

8. Carmine Punzi, *Il Processo Civile – Sistema e Problematiche*: *I Procedimenti Speciali*, cit., vol. III, pp. 99-100.
9. Giuseppe Chiovenda, *Istituzioni di Diritto Processuale Civile*, 3ª ed., vol. II, p. 14.
10. José Frederico Marques, *Ensaio sobre a Jurisdição Voluntária*, 2ª ed., p. 118.

Há uma tendência de desburocratização da máquina judiciária, cujo exemplo ainda pode ser citado na vigência do Código de Processo Civil/1973, momento em que foi publicada a Lei 11.441/2007, que permitiu a realização de inventários, partilhas, separações e divórcios de forma extrajudicial. Estes procedimentos, ainda que consensuais, eram classificados como "obrigatórios" (ou "necessários"), ou seja, a parte não podia desconstituir seu estado civil ou reorganizar o patrimônio hereditário sem a participação do Poder Judiciário.

Estes procedimentos acabaram migrando para a esfera extrajudicial. Não se desconhecem a importância e a relevância destes interesses, mas apenas a desnecessidade de participação do juiz na sua materialização. Os notários e registradores atuam na delegação de função pública e são portadores da fé pública para legitimar os atos e fatos administrativos de interesse dos particulares.[11] Satta, ao analisar a necessidade e a utilidade dos procedimentos de jurisdição voluntária, captou com maestria que a tutela estatal quanto a determinados atos ou fatos jurídicos é justificada pela insuficiência da declaração de vontade para algumas relações jurídicas, o que caracteriza uma intervenção anômala.[12]

O Código de Processo Civil/2015 ainda desjudicializou o tratamento da usucapião (art. 1.071), pela inserção do art. 216-A na Lei de Registros Públicos (Lei 6.015/1973).[13] A alteração revela a necessidade de uma readequação da função do notário e do registrador, para que possam enfrentar esta nova realidade, que parece exigir algo a mais que a mera certificação, na medida em que participam ativamente da construção substancial das situações jurídicas de interesse particular e coletivo.

A possibilidade de atuação extrajudicial no interesse coletivo pode ser verificada nos procedimentos de regularização fundiária, já citados anteriormente (Lei 13.645/2017), em que há participação do Poder Público no procedimento de regularização e no qual o interesse coletivo é manifesto – o que demonstra um rompimento de paradigma e a necessidade de repensar o futuro dos procedimentos de jurisdição voluntária.[14]

11. "A importância do notariado, no tocante à jurisdição voluntária, deriva das funções que exerce, bastando dizer que alguns sustentam a existência de um poder certificante do Estado, de que os tabeliães seriam órgãos" (José Frederico Marques, *Ensaio sobre a Jurisdição Voluntária*, cit., 2ª ed., p. 118).
12. Satta, *Diritto Processuale Civile*, atualizado por Carmini Punzi, p. 834.
13. Sobre a usucapião administrativa, v. nosso estudo *Usucapião*, 3ª ed., p. 419.
14. No Direito Alemão (Rosenberg/Schwab/Gottwald, *Zivilprozessrecht*, 16ª ed., § 11, p. 70) a função da jurisdição voluntária (*freiwilligen Gerichtsbarkeit*) de tutela dos interesses privados e públicos (*teilweise handelt es sich um private, teiweise um öffentliche-rechtliche Streitfragen*) é reconhecida há longo tempo, em vista da

4. NORMAS GERAIS APLICÁVEIS AO PROCEDIMENTO DE JURISDIÇÃO VOLUNTÁRIA

4.1 Tipicidade procedimental

Os procedimentos de jurisdição voluntária têm regramento peculiar, vinculado aos arts. 719 a 724 do CPC, o qual será aplicado obrigatoriamente aos pedidos previstos pelo art. 725 e de modo supletivo aos procedimentos previstos pelos arts. 726 *usque* 770 do CPC.

O regime próprio a que se submetem os procedimentos disciplinados neste capítulo justifica a incidência do *princípio da tipicidade*.[15] Afinal, o abandono da estrita legalidade (art. 723, parágrafo único, do CPC), como exemplo, considera-se regra de exceção, e que somente se justifica em vista da ausência de lesão potencial para as partes na hipótese de o juiz deixar de aplicar a lei como fonte primária de adequação do interesse das partes.

Este ponto exige uma ponderação quanto à possibilidade do negócio processual (art. 190 do CPC). A tipicidade procedimental – ou seja, a previsão *numerus clausus* dos procedimentos que se submetem às regras específicas da jurisdição voluntária – não impede que as partes possam celebrar a convenção no decorrer do procedimento. O que não se permite pelo acordo de vontades é a criação de novas formas de jurisdição voluntária, uma vez que a cláusula de fechamento, que incide sobre os arts. 725 e 726 a 770 do CPC, é de ordem pública e não admite ampliação.

O art. 725, parágrafo único, revela o caráter genérico e suplementar do procedimento previsto pelos arts. 719 a 724, pois os demais procedimentos típicos dos arts. 726 a 770 possuem, a princípio, disciplina própria, o que não impedirá que as lacunas sejam eventualmente supridas.

4.2 Legitimidade para o procedimento

Caberá ao interessado, ao Ministério Público ou, mesmo, à Defensoria Pública iniciar o procedimento (art. 720 do CPC), o qual deverá atender aos requisitos formais de uma petição inicial, contudo sem a necessidade de todos os elementos previstos pelo art. 319 do CPC. Afinal, o procedimento não conterá propriamente partes conflitantes, mas, sim, interessadas, que procuram demonstrar a liceidade do pedido realizado.

---

variedade de assuntos que lhe são submetidos (família, direito marítimo, societário, registral – dentre outros).
15. Leonardo Greco, *Jurisdição Voluntária Moderna*, cit., p. 42.

O Ministério Público poderá ingressar com o pedido nas hipóteses previstas pelo art. 178 do CPC, e quando atuar como fiscal deverá sempre ser intimado pessoalmente (art. 179, I, do CPC) A atuação da Defensoria Pública não era expressamente prevista pelo Código de Processo Civil/1973, mas agora ganha realce, em vista de sua função magna de proteção aos hipossuficientes.

Somente em casos excepcionais o juiz poderá iniciar o procedimento *ex officio* (*e.g.*, arts. 730 e 738 do CPC). A exceção ao princípio dispositivo apenas quanto à iniciativa de instauração do procedimento é ressaltada pelo art. 2º do CPC, *in fine*, e atende à excepcionalidade de algumas medidas, em vista de a atuação judicial favorecer a proteção do interesse das partes e do próprio interesse público. O princípio da oficiosidade manifesta-se em vários procedimentos de jurisdição voluntária, como na arrecadação de bens e coisas vagas, na remoção de tutor ou curador ou na possibilidade de iniciativa do arrolamento de ofício para evitar situação de dilapidação do patrimônio do falecido.[16]

4.3 A formação do contraditório e a produção de provas

Todos os interessados deverão ser citados, sob pena de nulidade do procedimento. O Ministério Público será intimado para os fins do art. 178 do CPC. Deve ser frisado que a não participação do Ministério Público em alguns procedimentos não poderá ensejar nulidade, pois o art. 721 é automaticamente ponderado pela incidência do art. 178, conforme interpretação do STJ.[17]

O prazo para manifestação será de 15 dias (art. 721 do CPC), sendo possível a aplicação excepcional dos efeitos da revelia, desde que o

---

16. Lopes da Costa, *Dos Processos Especiais*, p. 99.
17. V. interessante intervenção do Ministério Público em processo registral de suscitação de dúvida:
"(...). O Ministério Público Estadual é legitimado, diante da impossibilidade de interpor recurso especial, à impetração de mandado de segurança, em legitimação extraordinária, para defesa, no interesse da sociedade e da preservação da regularidade registral imobiliária, impetração, essa, perante o Órgão Especial do Tribunal de Justiça competente, diante do deferimento de matrícula, em caráter qualificado como teratológico, de área de grandes dimensões, em região ocupada há tempos, matrícula, essa, derivada de formal de partilha que remonta a adjudicação em processo hereditário do ano de 1850 e jamais transcrito.
"Indeterminação da área, de modo a adequar-se ao terreno, pondo em risco os princípios da continuidade e da identidade, essenciais ao sistema registrário" (STJ, 3ª Turma, REsp 1.418.189-RJ, rel. Min. Sidnei Beneti, j. 10.6.2014, *DJe* 1.7.2014).

pedido esteja fundamentado, seja lícito e não incida qualquer restrição legal (art. 345 do CPC). É certo que, como regra, não há que se falar em revelia nos procedimentos de jurisdição voluntária, pois seu escopo é diferenciado.[18] Não há, a princípio, contraposição, mas convergência de interesses, o que elimina a possibilidade da revelia, pela ausência de contradição ao pedido formulado.

No entanto, em alguns procedimentos a nomeação do curador ou a eventual decretação da revelia são possíveis e necessárias, como na alienação judicial. O desfazimento do condomínio exige a alienação judicial quando um dos interessados esteja ausente. A disponibilidade sobre objeto (interesse patrimonial) e a necessidade de estabilidade e preclusão sobre a avaliação do bem permitem a aplicação da revelia bem como a nomeação do curador em caso de ausência dos demais coproprietários.

Já em outros procedimentos, como aqueles atrelados a interdição, registros públicos, emancipações, não há dúvida de que não há que se falar em revelia, em vista do interesse público que permite o poder inquisitório do magistrado para possibilitar a investigação dos fatos e proferir decisão que melhor atenda ao interesse tutelado para a pessoa (emancipação), terceiros de boa-fé (interdição) e em respeito à ordem pública (registros públicos).

O art. 721 do CPC estabelece a citação dos interessados para a composição da relação processual. A inexistência de autêntica contraposição de interesses não torna equivocado o ato de citação. A formação da relação processual (*in ius vocatio*) depende de ato de cientificação com prazo adequado para o comparecimento e manifestação, independentemente de ser necessária, ou não, a apresentação da contestação. A citação permite que o réu apresente resposta ao pedido, inclusive sua anuência, o que é comum perante os procedimentos de jurisdição voluntária.

O Ministério Público será apenas intimado quando atuar como fiscal da ordem jurídica. De qualquer forma, o prazo para a manifestação de todos os interessados e do Ministério será de 15 dias, não se aplicando a benesse da manifestação em dobro, em vista da especialidade da regra do art. 721 do CPC.

As partes podem produzir livremente suas provas (documental, testemunhal e pericial), e o juiz não ficará limitado quanto à investigação dos fatos, pois sua atividade inquisitória é permitida (art. 723, parágrafo único, do CPC). Isto não significa que não prevaleça o princípio dispositivo

---

18. Nelson Nery Jr. e Rosa Maria de Andrade Nery, *Comentários ao Código de Processo Civil – Novo CPC – Lei 13.105/2015*, p. 1.556.

na jurisdição voluntária, mas o princípio inquisitório é importante, pela possibilidade de o juiz resguardar a liceidade do procedimento, e permite ao juiz aprofundar as provas, na busca do melhor interesse a ser tutelado para os interessados, especialmente quando presentes incapazes.[19] A Fazenda Pública será ouvida nos casos em que tiver interesse, especialmente em separação ou divórcio consensuais, para análise do imposto de reposição, devido pelo excesso na partilha, a qual será tributada como doação (art. 731 do CPC), ou em ações de justificação, quando se pretenda realizar a comprovação de tempo de serviço para fins de averbação ou da situação de segurado junto ao INSS (Súmula 32 do STJ).[20]

4.4 Sentença e coisa julgada

O juiz decidirá em 10 dias e poderá se afastar da legalidade estrita, o que permite que sua decisão esteja apoiada em outros critérios, como a equidade e os costumes. Nem sempre a observância da legalidade constitui sinônimo de decisão justa (*non omni quod licet honestum est*); contudo, a decisão deverá ser fundamentada, para permitir seu controle e sua impugnação (art. 489, II, do CPC). O recurso cabível será a apelação, e a sentença não ficará imunizada pela coisa julgada material, motivo pelo qual não se sujeitará à ação rescisória.

Não houve a repetição perante o Código de Processo Civil/2015 da regra do art. art. 1.111 do CPC/1973, que expressamente admitia a possibilidade de modificação da sentença – o que abria caminho para a interpretação de que a coisa julgada seria meramente formal. Apesar da inexistência de regra similar, não há modificação de entendimento, pois na jurisdição voluntária não há formação de coisa julgada material.[21]

Apesar de polêmica a questão da coisa julgada, não há sentido em não conferir estabilidade às decisões proferidas nos feitos submetidos à jurisdição voluntária. A estabilidade é essencial, mas não impede a revisão da decisão, desde que se utilize o meio próprio, com obediência

---

19. Lopes da Costa, *Dos Processos Especiais*, cit., p. 99.
20. O que poderá influir na competência para o julgamento, conforme enunciado da Súmula 32 do STJ: "Compete à Justiça Federal processar justificações judiciais destinadas a instruir pedidos perante entidades que nela têm exclusividade de foro, ressalvada a aplicação do art. 15, II, da Lei n. 5.010/1966".
21. "(...). A sentença prolatada em procedimento de jurisdição voluntária produz coisa julgada meramente formal, tornando descabida a ação rescisória (art. 485 do CPC [*de 1973 – art. 966 do CPC/2015*]) para alterá-la – Recurso especial desprovido" (STJ, 3ª Turma, REsp 1.269.544-MG, rel. Min. João Otávio de Noronha, j. 26.5.2015, DJe 29.5.2015).

ao amplo contraditório.²² Em questões sensíveis e atreladas ao exercício de direito fundamental, como a do registro de nascimento ou retificação do nome mesmo após a sentença de separação ou divórcio consensual, novo exame sobre a matéria sempre será possível, desde que alterados o quadro fático probatório ou o interesse das partes.²³

O recurso cabível contra a sentença proferida nos procedimentos de jurisdição voluntária será a apelação, conforme expressa dicção do art. 724 do CPC. Cabe lembrar que o interesse recursal do Ministério Público é considerado *in re ipsa* quando sua função for a de *custos legis*. Entendemos que a Defensoria Pública também poderá apresentar o recurso como terceira interessada, na qualidade de *custos vulnerabilis*, quando visível a ofensa ao interesse de parte hipossuficiente.

4.5 Despesas do processo

Não existindo lide, mas apenas interessados, as despesas do processo não incluem a fixação de honorários advocatícios. No entanto, custas, perícias e emolumentos que forem necessários para a movimentação do processo obedecem ao princípio da causalidade, na medida em que são suportados por aqueles que dão causa ao procedimento e dele se aproveitam, nos termos do art. 88 do CPC: "Nos procedimentos de jurisdição voluntária, as despesas serão adiantadas pelo requerente e rateadas entre os interessados". Deve ser lembrado que o procedimento poderá assumir a forma inicial de jurisdição voluntária, mas poderá se transformar em jurisdição contenciosa pela resistência de algum interessado, o que fará com que a fixação de verba honorária seja obrigatória, com base no art. 85, §§ 2º e 8º, do CPC.

---

22. "Jurisdição voluntária – Pedido de alvará – Alienação de bem imóvel – Concordância do Ministério Público – Sentença não recorrida – Nulidade – Declaração nos próprios autos – Via eleita inadequada – Não cabimento – Recurso não conhecido. 1. Incabível a declaração de nulidade nos próprios autos após concordância do Ministério Público e sentença não recorrida. 2. Via eleita inadequada. Necessária a ação própria, com a participação de todos os interessados, inclusive dos terceiros adquirentes do bem mediante alvará judicial. 3. Recurso não conhecido" (STJ, 4ª Turma, REsp 538.384-DF, rel. Min. Massami Uyeda, j. 20.9.2007, *DJU* 26.11.2007, p. 195).

23. V.: STJ, REsp 1.522.328-SP (2011/0195285-0), j. 11.11.2016, decisão monocrática, Min. Raul Araújo: "Quanto à coisa julgada, ressalta-se que a separação e o divórcio consensuais são manifestações de jurisdição voluntária, que não se submetem à imutabilidade absoluta da coisa julgada em sentido material. Assim, não há impossibilidade de que certas cláusulas do acordo sejam revistas em face de circunstâncias fáticas supervenientes".

Na jurisdição voluntária as regras sobre a gratuidade da justiça incidem de igual modo,[24] mas deve ser analisada a situação de todos os interessados, mas se permite que as custas sejam suportadas de modo *pro rata* em relação aos que tiverem condição econômica, sem prejuízo da aplicação do art. 98, § 3º, do CPC em relação aos demais.

5. PROCEDIMENTOS DE JURISDIÇÃO VOLUNTÁRIA EM ESPÉCIE

Há uma separação nítida entre os procedimentos tipificados pelo art. 725, I a VIII, e aqueles previstos pelos arts. 726 a 770 do CPC. A intenção do legislador foi subordinar os procedimentos do art. 725 ao regime procedimental previsto pelos arts. 719 a 724, muito embora não se trate de separação estanque (*e.g.*, art. 730 do CPC). Os demais apresentam procedimento próprio, em vista de sua evolução peculiar, o que permite classificá-los como procedimentos especiais de jurisdição voluntária. Estes procedimentos permitem a combinação de suas regras específicas com as regras gerais, em autêntica função supletória, conforme prevê o art. 725, parágrafo único, do CPC.

Na aplicação dos institutos da jurisdição voluntária a Parte Geral há de exercer influência marcante, pela natureza metajurídica dos seus institutos (*e.g.*, art. 738, § 2º, do CPC). Contudo, mesmo as normas da Parte Especial contribuem para o procedimento da jurisdição voluntária, como na aplicação das regras da execução previstas pelos arts. 879 a 903 para o regime geral da alienação judicial do art. 730 CPC.

---

24. Lopes da Costa, *Dos Processos Especiais*, cit., p. 122.

Capítulo II
PROCEDIMENTOS DE JURISDIÇÃO VOLUNTÁRIA COM RITO GENÉRICO

§ 1º. Emancipação. § 2º. A sub-rogação e a Súmula 49 do STF. § 3º. Extinção do usufruto e do fideicomisso. § 4º. Expedição de alvará judicial. § 5º. Homologação extrajudicial de acordos.

O diploma atual segue a trilha do Código de Processo Civil/1973 (art. 1.112) ao enumerar os procedimentos de jurisdição voluntária que não possuem rito especial. Apenas o Código de Processo Civil/1939 foi marcado pela disciplina exaustiva de inúmeros procedimentos especiais que hoje seguem o rito comum dos arts. 719 *usque* 724 do CPC vigente.

É possível afirmar que dentro dos processos especiais existem processos "especialíssimos", na feliz expressão de José Alberto dos Reis.[1]

§ 1º. EMANCIPAÇÃO

A maioridade representa fato jurídico ordinário que alcança sua consumação com a idade de 18 anos da pessoa física.[2] Com a maioridade assume o sujeito de direito a plenitude de sua capacidade de fato e pode praticar todos os atos da vida civil sem a necessidade de representação ou assistência (art. 5º do CC). Desde o Direito Romano é possível a

1. "Sucede, por vezes, que para a declaração judicial de certa categoria de direitos a lei criou mais do que um processo especial e que, postas em confronto essas várias formas especiais, uma delas oferece, em comparação com as outras, uma generalidade relativa. Pode-se então dizer que um dos processos especiais tem carácter *geral*, e que outros são *especialíssimos*" (José Alberto dos Reis, *Processos Especiais*, vol. I, p. 3).
2. Como informa Menezes Cordeiro (*Tratado de Direito Civil Português – Parte Geral*, t. III, p. 407), este prazo assume conotação quase que universal na maioria dos Códigos ocidentais.

emancipação, que consiste em uma das causas da cessação antecipada da menoridade.³ Com a diminuição da idade para a consumação da maioridade de 21 anos (Código Civil/1916) para 18 anos (Código Civil/2002) a emancipação perde sua relevância prática.

Nos termos do art. 5º, I, do CC, a emancipação poderá ser extrajudicial ou judicial. A forma usual é a modalidade extrajudicial, na qual ambos os pais, ou apenas um deles, concedem a emancipação, por escritura pública e independentemente de qualquer homologação judicial.

Na hipótese de o adolescente estar sob tutela será necessária a intervenção judicial, mediante o procedimento genérico do art. 719 do CPC. Ouvidos o Ministério Público e o tutor, o juiz proferirá sentença observando a causa e a vantagem da emancipação para o emancipado, o que consistirá em ponto essencial da fundamentação da ação constitutiva positiva.⁴ A emancipação irradia sua poderosa eficácia, inclusive consiste em matéria de prova para fins de determinação correta do polo passivo em ações em que se discute pretensão de natureza real ou pessoal.⁵

§ 2º. A SUB-ROGAÇÃO E A SÚMULA 49 DO STF

Nada impede que determinados bens sejam gravados com cláusulas de limitação ao poder de dispor. Alguns bens, como aqueles que m natureza pública, são dotados de *impenhorabilidade, imprescritibilidade* e *inalienabilidade ex lege.*

É muito comum o *testador* ou *doador* estabelecer a cláusula de inalienabilidade, que automaticamente protegerá o bem quanto à incomunicabilidade, nos termos da Súmula 49 do STF.⁶ O art. 1.911, parágrafo único, do CC permite a relativização da cláusula de inalienabilidade, uma vez que a flexibilização da regra poderá ser necessária para a tutela do melhor interesse do donatário ou do herdeiro.

A piora na condição econômica ou mesmo o pedido de substituição do bem podem ser requeridos pela via judicial. Apesar de o art. 725 do

3. Max Kaser e Rolf Knütel, *Römische Privatrecht*, pp. 275 e ss.
4. Pontes de Miranda, *Tratado das Ações*, t. III, p. 29.
5. "Não configura violação ao art. 1.521, inciso I, do antigo CC a exclusão do polo passivo na ação de indenização por responsabilidade civil dos pais de menor emancipada cerca de dois anos antes da data do acidente – Recurso especial conhecido e desprovido" (STJ, 4ª Turma, REsp 764.488-MT, rel. Min. Honildo Amaral de Mello Castro, Desembargador convocado do TJAP, j. 18.5.2010, *DJe* 5.8.2010)."
6. STF: "Súmula 49. A cláusula de inalienabilidade inclui a incomunicabilidade dos bens".

CPC mencionar apenas a sub-rogação, o procedimento de extinção da cláusula de inalienabilidade também poderá ser requerido pela via da jurisdição voluntária (art. 719 do CPC). Em ambas as situações será necessária a demonstração da necessidade e do benefício para o titular do bem.

Em vista da dinâmica negocial vigente e da sujeição das pessoas a uma economia cada vez mais globalizada e interligada, é importante a sub-rogação como medida de proteção. O art. 1.911, parágrafo único, do CC é expresso no sentido da *sub-rogação automática* (*ex lege*) quando os bens gravados com a restrição sejam alienados no interesse econômico do beneficiado. Este procedimento é muito importante para a proteção de crianças e adolescentes contemplados com herança. A sub-rogação também alcançará os bens que sejam objeto de desapropriação, pois o produto da venda (preço) deverá ser aplicado em outro bem equivalente.[7]

§ 3º. EXTINÇÃO DO USUFRUTO E DO FIDEICOMISSO

O princípio da elasticidade permite o desmembramento dos direitos reais em nosso sistema, basicamente, sob duas formas: direitos reais de garantia e direitos reais de gozo.[8] Da mesma forma que o condomínio e a composse tendem à unificação, o mesmo pode ser afirmado em relação aos direitos reais desmembrados, cuja titularidade tende a ser consolidada com o passar do tempo. A enfiteuse, que representava direito real perpétuo, foi abolida pelo Código Civil/2002, dando lugar ao direito de superfície.

A extinção do usufruto é natural quando o direito real de gozo é instituído por tempo determinando, ou pela morte do usufrutuário ou, ainda, pela confusão decorrente de alienação ou sucessão. Estas duas

---

7. "Conquanto admissível temperar-se o disposto no art. 1.676 do CC anterior, de modo a ser eventualmente possível, em circunstâncias excepcionais, atenuar as cláusulas de impenhorabilidade e inalienabilidade impostas pelo doador, para evitar prejuízo aos donatários, é necessário que as justificativas apresentadas convençam as instâncias ordinárias, o que, no caso, não ocorreu, porquanto, se o imóvel é velho e necessita de reparos, impedindo a auferição de lucro, a solução aberta pelo Tribunal *a quo*, de autorização de venda vinculada à aquisição de outro, com sub-rogação da cláusula, se afigurou mais harmônica com a necessidade dos requerentes e a vontade do doador, mas aqueles por ela não se interessaram, resultando no indeferimento do pleito (...) – Recurso especial não conhecido" (STJ, 4ª Turma, REsp 327.156-MG, rel. Min. Aldir Passarinho Jr., j. 7.10.2004, *DJU* 9.2.2005, p. 194).

8. Arruda Alvim, *Comentários ao Código Civil – Teoria Geral dos Direitos Reais*, pp. 78 e ss.

causas de extinção do usufruto não dependem de procedimento judicial para o acompanhamento e o cancelamento do direito real na matrícula do bem, conforme dicção do art. 725, VI, do CPC. Sendo assim, as demais causas de extinção previstas pelo CC no art. 1.410, III, IV, V, VII e VIII, dependerão do procedimento para a verificação do fato jurídico extintivo que permitirá a averbação na matrícula do imóvel.

O fideicomisso também esta regulado pelos arts. 725, VI, do CPC e 1.951 do CC.[9] Nesta figura o testador institui propriedade temporária e sujeita a condição resolutória, como a morte, renúncia ou preenchimento da condição resolutória estabelecida para sua instituição. A lei estabelece que o procedimento judicial será necessário quando ocorrer a renúncia ou implementada a condição resolutória antes do evento previsto em sua instituição. Na verdade, o fim do fideicomisso, quando o fideicomissário for incapaz, sempre exigirá o procedimento judicial, para a verificação das condições em que o encargo foi encerrado, com a participação do Ministério Público. O agente ministerial, atuando na proteção e na fiscalização dos interesses do incapaz, tem legitimidade para pedir a extinção ou o afastamento do fiduciário.

Em um primeiro momento há transmissão da herança para o fiduciário, e posteriormente do fiduciário para o fideicomissário. Esta declaração judicial não revela transmissão hábil para fins de incidência do Imposto *Causa Mortis* ou *Inter Vivos*.[10]

§ 4º. EXPEDIÇÃO DE ALVARÁ JUDICIAL

O art. 725, VII, do CPC prevê a figura do alvará judicial, cuja previsão autônoma seria desnecessária, pois o alvará complementa as demais formas de prestação da tutela jurisdicional. O que torna possível a utilização do alvará judicial é a simplicidade e a ausência de litigiosidade quanto ao pedido.

A figura do alvará judicial representa modalidade autônoma ou incidental para a prestação da tutela jurisdicional na jurisdição voluntária. Nos processos de inventário o pedido de alienação de bens por parte do

---

9. Para uma comparação entre o usufruto e o fideicomisso, v. nosso trabalho com José Miguel Garcia Medina, *Código Civil Comentado*, p. 1.151.
10. "(...). Não é devido o Imposto de Doação sobre extinção de fideicomisso, sob pena de ocorrência de bitributação, uma vez que, ao ser extinto o fideicomisso, não há transmissão de propriedade – Inexistência de previsão legal para a imposição do tributo – Princípio da legalidade – V – Recurso especial conhecido e não provido" (STJ, 1ª Turma, REsp 1.004.707-RJ, rel. Min. José Delgado, j. 27.5.2008, *DJe* 23.6.2008).

inventariante, para fazer frente às despesas do processo, exige a expedição do alvará judicial com as condições de venda. É possível que o alvará constitua modalidade autônoma de solução para os interessados, como na hipótese da Lei 6.858/1980, que prevê a autorização para levantamento de saldos remanescentes sem a necessidade de inventário ou arrolamento, mas por simples emissão de alvará.

Em pedidos administrativos a solução para o levantamento de seguros obrigatórios (DPVAT) ou, mesmo, seguros facultativos poderá exigir o levantamento por alvará, especialmente quando existam incapazes, como meio de salvaguardar o interesse. É importante lembrar que a existência de litígio impede a expedição de simples alvará, uma vez que o litígio transformará o pedido para a forma contenciosa, o que exigirá a abertura de contraditório e a necessidade de exame sobre o direito material envolvido. Embora o ato final possa ser nominado como alvará, a decisão assumirá o conteúdo de uma sentença de mérito na hipótese de litígio.[11]

1. COMPETÊNCIA PARA A EXPEDIÇÃO DO ALVARÁ JUDICIAL: SÚMULA 161 DO STJ

Uma gama variada de pedidos de alvará é formulada perante a Justiça Estadual, mas a Justiça Federal assumirá a competência para pagamentos de verbas federais como FGTS, PASEP ou PIS. Mesmo assim, a Justiça Estadual é competente para o levantamento destas verbas na hipótese de morte; nas demais situações a competência é da Justiça Federal, como preconiza a Súmula 161 do STJ: "É da competência da

---

11. "Valores bloqueados que não se caracterizam como crédito alimentar – Ordem judicial que se limitou ao resgate de quantias levantadas pela cliente da banca de profissionais peticionante, posteriormente transferidas a esta última, cuja liberação restou suspensa por decisão liminar em instância superior – Liberação da quantia depositada mediante alvará judicial em nome da cliente – Irrefutável conhecimento, pela representante judicial, da ampla controvérsia envolvendo os valores, porquanto depositados pela parte adversa, por ordem do Juízo, a título de garantia destinada à satisfação de sentença judicial alusiva à apuração de haveres, cujo levantamento, autorizado pelo Tribunal de Justiça, deu-se sem trânsito em julgado, prévia liquidação ou, mesmo, execução provisória e exigência da competente caução (art. 475-O do CPC [de 1973 – art. 520 do CPC/2015]) – Legalidade do sistema BACENJUD, que, por sua própria natureza e pela forma de atuação do Banco Central do Brasil quando do cumprimento das ordens judiciais de bloqueio, não culmina em quebra da sigilosidade das contas bancárias daqueles a ele submetidos – Petição não conhecida" (STJ, 4ª Turma, Pet 9.085-SP, rel. Min. Marco Buzzi, j. 26.6.2012, DJe 21.8.2012).

Justiça Estadual autorizar o levantamento dos valores relativos ao PIS/ PASEP e FGTS, em decorrência do falecimento do titular da conta".[12]

§ 5º. HOMOLOGAÇÃO EXTRAJUDICIAL DE ACORDOS

Os acordos extrajudiciais, independentemente do valor ou de sua natureza, obedecem ao procedimento genérico da jurisdição voluntária, e após a homologação se transformam em títulos executivos judiciais, nos termos do art. 515, III, do CPC. Era muito utilizado o dispositivo do art. 57 da Lei 9.099/1995, em vista da inexistência de dispositivo no Código de Processo Civil que autorizasse a homologação extrajudicial:

"Art. 57. O acordo extrajudicial, de qualquer natureza ou valor, poderá ser homologado, no juízo competente, independentemente de termo, valendo a sentença como título executivo judicial.

"Parágrafo único. Valerá como título extrajudicial o acordo celebrado pelas partes, por instrumento escrito, referendado pelo órgão competente do Ministério Público."

O dispositivo de natureza metajurídica permitia sua aplicação não apenas no Juizado Especial, mas no juízo comum. A previsão do art. 725, VIII, do CPC elimina qualquer discussão quanto ao cabimento da homologação, que abrange inúmeras matérias, como o reconhecimento da paternidade.

A consensualidade é suficiente para eliminar barreiras sobre o valor da causa e sobre a matéria. No entanto, há de ser verificado se a matéria comporta autocomposição para fins de homologação. Por exemplo, em hipótese de processo necessário não há possibilidade de autocomposição

12. "A jurisprudência da 1ª Seção do STJ firmou-se no sentido de que sendo, em regra, de jurisdição voluntária a natureza dos feitos que visam à obtenção de alvarás judiciais para levantamento de importâncias relativas a FGTS, PIS/PASEP, seguro-desemprego e benefícios previdenciários, a competência para julgá-los é da Justiça Estadual. Por outro lado, havendo resistência da Caixa Econômica Federal/ CEF, competente para processar e julgar a causa é a Justiça Federal, tendo em vista o disposto no art. 109, I, da CF/1988. *In casu*, verifico que houve obstáculo por parte da CEF quanto ao levantamento do FGTS requerido pelo autor, o que evidencia a competência da Justiça Federal para o julgamento da demanda, nos termos do art. 109, I, da Constituição da República. Constatada a competência de um terceiro juízo, estranho aos autos, admite-se-lhe a remessa do feito – Conflito conhecido para declarar competente a Justiça Federal de Santos/SP, apesar de não integrar o presente conflito" (STJ, 1ª Seção, CComp 105.206-SP, rel. Min. Herman Benjamin, j. 26.8.2009, *DJe* 28.8.2009).

extrajudicial, como na adoção, em que não se admite a forma extrajudicial de consenso.

Deste modo, o juiz exerce controle sobre a matéria posta para fins de homologação. Determinados pedidos não dependem de homologação judicial para surtir eficácia executiva. É a situação dos acordos firmados perante o Ministério Público para o pagamento de alimentos (arts. 57, parágrafo único, da Lei 9.099/1995 e 784, IV, do CPC).

Nos acordos extrajudiciais firmados pelo Ministério Público o STJ tem dado interpretação extensiva para o art. 19 da Lei 5.478/1968 – Lei de Alimentos –, motivo pelo qual tem admitido o pedido de prisão civil na execução dos acordos, ainda que sob a forma de títulos executivos extrajudiciais e sem a homologação judicial.[13]

---

13. "Execução de alimentos lastrada em título executivo extrajudicial, consubstanciado em acordo firmado perante órgão do Ministério Público (art. 585, II, do CPC [de 1973 – art. 783, II, III e IV, do CPC/2015]), derivado de obrigação alimentar em sentido estrito – dever de sustento dos pais a bem dos filhos. 2. Documento hábil a permitir a cominação de prisão civil ao devedor inadimplente, mediante interpretação sistêmica dos arts. 19 da Lei n. 5.478/1968 e 733 do estatuto processual civil. [De 1973 – art. 911 do CPC/2015] A expressão 'acordo' contida no art. 19 da Lei n. 5.478/1968 compreende não só os acordos firmados perante a autoridade judicial, alcançando também aqueles estabelecidos nos moldes do art. 585, II, do estatuto processual civil, conforme dispõe o art. 733 do CPC. Nesse sentido: REsp n. 1.117.639-MG, rel. Min. Massami Uyeda, 3ª Turma, j. 20.5.2010, DJe 21.2.2011. 3. Recurso especial provido, a fim de afastar a impossibilidade apresentada pelo Tribunal de origem e garantir que a execução alimentar seja processada com cominação de prisão civil, devendo ser observada a previsão constante da Súmula n. 309 desta Corte de Justiça" (STJ, 4ª Turma, REsp 1.285.254-DF, rel. Min. Marco Buzzi, j. 4.12.2012, DJe 1.8.2013).

Capítulo III
PROCEDIMENTOS DE JURISDIÇÃO VOLUNTÁRIA COM RITO ESPECIAL

§ 6º. Notificações, Interpelações e Protestos. § 7º. Alienações judiciais.

§ 6º. NOTIFICAÇÕES, INTERPELAÇÕES E PROTESTOS

A notificação, a interpelação e o protesto sofreram readequação topológica no Código de Processo Civil/2015 frente ao antigo Código de Processo Civil. A previsão como medidas cautelares era equivocada, pois não representam forma de concessão de tutela provisória, mas de cientificação, seja para fins de complementação da relação jurídica, ou para a eficácia de ato jurídico *stricto sensu*, ou para fins de mera conservação de direito.

O art. 726 do CPC regula genericamente a *notificação*, que seria marcada pelo interesse de uma das partes da relação jurídica em dar ciência sobre assunto juridicamente relevante para as demais partes, antecipando sua intenção.

Nem sempre o termo "notificação" é utilizado de modo devido no ordenamento jurídico. O art. 7º, I, da Lei do Mandado de Segurança (Lei 12.016/2009) fala em notificar a autoridade coatora, quando o correto seria "citar". A notificação é ato de cientificação de propósito, com natureza premonitória, e que pode evitar o ajuizamento de uma ação judicial. A existência de uma ameaça ou lesão ao direito subjetivo individual ou público faz nascer o interesse de agir. No entanto, a notificação poderá assumir interessante função inibitória. O STJ exige que em ações de exibição de documento o autor realize a demonstração da notificação (extrajudicial ou judicial) prévia como condição para ingressar com a ação judicial, concedendo prazo razoável para que a questão possa ser solucionada na esfera administrativa.[1] Neste sentido, a notificação revela a "cientificação de um preceito para a prática ou não prática de um ato".[2]

A *interpelação* revela ato jurídico *stricto sensu* para fins de constituição em mora quando a obrigação não esteja sujeita a mora *ex re* (*dies interpellat pro homine*).[3] A interpelação revela autêntico ato de cientificação pelo qual o credor comunica ao devedor para que cumpra com sua obrigação, sob pena de ser constituído em mora, assim como para conferir autenticidade e efeitos jurídicos decorrentes do ato ou fato jurídico consumado.[4] A interpelação ganhou espaço próprio no art. 727 do CPC como ato prévio de cientificação para o ingresso da ação judicial e constituição em mora. A inexistência de interpelação extrajudicial ou judicial poderá gerar a ausência de pressuposto essencial para o desenvolvimento regular relação processual.[5]

O art. 726, §§ 1º e 2º, do CPC estende a aplicação do regime geral da cientificação ao *protesto judicial*. O protesto, como instituto genérico, assume particular importância em sua modalidade extrajudicial no direito cambiário, como meio de demonstrar a mora perante o devedor que se recusa ao aceite.[6]

O protesto judicial revela procedimento de jurisdição voluntária e pode ser direcionado para a publicidade frente ao *devedor* ou a terceiro(s) para a conservação de direitos. Aquele que desejar prevenir terceiros e evitar a alegação de boa-fé deverá se utilizar do protesto judicial, demonstrando a existência de pretensão que se mostra incompatível com a posição jurídica de terceiros.

---

1. "Para efeitos do art. 543-C do CPC, [*de 1973 – art. 1.036 do CPC/2015*] firma-se a seguinte tese: a propositura de ação cautelar de exibição de documentos bancários (cópias e 2ª via de documentos) é cabível como medida preparatória a fim de instruir a ação principal, bastando a demonstração da existência de relação jurídica entre as partes, a comprovação de prévio pedido à instituição financeira não atendido em prazo razoável e o pagamento do custo do serviço, conforme previsão contratual e normatização da autoridade monetária. No caso concreto, recurso especial provido" (STJ, 2ª Seção, REsp 1.349.453-MS, rel. Min. Luís Felipe Salomão, j. 10.12.2014, *DJe* 2.2.2015).
2. Gusmão, *Processo Civil e Comercial*, vol. I, p. 360.
3. Agostinho Alvim, *Da Inexecução das Obrigações e suas Consequências*, p. 116.
4. Hugo Simas, *Comentários ao Código de Processo Civil*, vol. VIII, p. 239.
5. Como em ações de rescisão de compra e venda: "Para a rescisão de contrato de compra e venda de imóvel é imprescindível a prévia interpelação do devedor para constituí-lo em mora – Agravo interno provido" (STJ, 3ª Turma, AgInterno no AREsp 917.744-MG, rel. Min. João Otávio de Noronha, j. 9.8.2016, *DJe* 19.8.2016).
6. Mario Battaglini, *Il Protesto*, p. 17.

PROCEDIMENTOS DE JURISDIÇÃO VOLUNTÁRIA COM RITO ESPECIAL 479

A publicação de editais para fins de protesto judicial contra a alienação de bens é medida comum, e atualmente a possibilidade de sua publicidade no registro de imóveis não deve ser impedida, em vista do princípio da concentração, nos termos do art. 54 da Lei 13.097/2015. A proteção ao terceiro de boa-fé deve ser integral (arts. 5º do CPC e 113 do CC), e o registro confere esta proteção pela concentração junto à matrícula.[7] O registro do protesto conta com maior proteção pela exigência do art. 728, II, do CPC, como será examinado *infra*.

1. PROCEDIMENTO

O procedimento para a formalização da notificação, da interpelação ou do protesto judicial seguirá as regras gerais do art. 719 do CPC, com as adaptações necessárias. A parte deverá expor por meio de petição inicial a descrição da relação jurídica que justifique a notificação, a interpelação ou o protesto judicial.

Não há julgamento sobre o pedido de notificação, interpelação ou protesto, ou mesmo a citação das partes interessadas para oferecimento de resposta. Os atos elencados nos arts. 726 e 727 do CPC são para fins de cientificação, conservação ou preparação para o exercício de direitos. O juiz deverá averiguar se o pedido se encaixa em alguma das modalidades. Não é possível, por exemplo, interpelar quem não esteja em mora. O pedido defeituoso deverá ser emendado, sem prejuízo de extinção, quando não for possível a sanação do defeito (arts. 321, parágrafo único, e 485, I, do CPC).

O interesse de agir exige o exame integrado da boa-fé (art. 5º do CPC) e da cooperação (art. 6º do CPC). Por este motivo, o art. 728 do CPC abre a oportunidade do contraditório para evitar fim ilícito com o deferimento da notificação ou com a realização do protesto por edital, especialmente se houver pedido de averbação em registro público (art.

7. Note-se que o registro autorizado pelo poder geral de cautela decorria da previsão topológica da medida dentro da seara cautelar. Todavia, tratando-se de interesse patrimonial, deverá decorrer de pedido da parte interessada: "'A averbação, no cartório de registro de imóveis, de protesto contra alienação de bem está dentro do poder geral de cautela do juiz (art. 798 do CPC [*de 1973 – art. 297 do CPC/2015*]) e se justifica pela necessidade de dar conhecimento do protesto a terceiros, prevenindo litígios e prejuízos para eventuais adquirentes' (REsp n. 146.942-SP) – Embargos de divergência conhecidos e rejeitados" (STJ, Corte Especial, EREsp 440.837-RS, rela. Min. Eliana Calmon, rel. para o acórdão Min. Barros Monteiro, j. 16.8.2006, *DJU* 28.5.2007, p. 260). Mais recente: STJ, 3ª Turma, AgR no RMS 33.772-MS, rel. Min. Ricardo Villas Bôas Cueva, j. 20.5.2014, *DJe* 30.5.2014.

728, II, do CPC). Além da utilidade e da necessidade da medida para aquele que a requer em juízo, o juiz deverá analisar os efeitos provocados em relação a terceiros e se não há abuso na utilização da medida conservatória, especialmente em relação ao protesto. A abertura do contraditório previsto pelo art. 728 do CPC revela inovação interessante e que visa a minimizar potenciais prejuízos que possam ser gerados por atitude maliciosa da parte que vise a provocar influência indevida na esfera jurídica alheia.

2. CONTRAPROTESTO OU CONTRANOTIFICAÇÃO

É possível que a parte contrária realize procedimento similar e contrário marcado pela contranotificação ou pelo contraprotesto.

3. DECISÃO

Não há sentença de encerramento do procedimento de notificação, interpelação ou protesto. Não há pedido para ser deferido ou indeferido, exceto a análise inicial quanto ao próprio cabimento do procedimento. Na fase de consumação do procedimento, aperfeiçoado o ato de cientificação, os autos estarão à disposição da parte requerente para os fins de direito (art. 729 do CPC).

§ 7º. ALIENAÇÕES JUDICIAIS

O Código de Processo Civil estabelece que o procedimento de alienação judicial terá cabimento toda vez que não houver acordo, entre os interessados, sobre a forma em que um bem deva ser alienado. Será lícito ao juiz, mesmo de ofício, ou a requerimento de algum interessado, ou do depositário, determinar sua alienação forçada. A matéria, antes regulada em seis artigos (arts. 1.114 a 1.119 do CPC/1973), passou a ser disciplinada unicamente pelo art. 730 do CPC/2015.

A alteração deve ser elogiada, e entendemos que o próprio art. 730 poderia ter sido eliminado. Afinal, a alienação judicial também está expressamente disciplinada no art. 725, III a V, do CPC. Bastaria uma remissão no próprio dispositivo para incluir a aplicação das regras do processo de execução para a venda do bem por leilão judicial físico ou eletrônico ou, ainda, por iniciativa particular (art. 879, I e II, do CPC).

1. MODALIDADES DE ALIENAÇÃO JUDICIAL

Parte da doutrina se esforça para tentar uma classificação que possa iluminar a separação entre os procedimentos do art. 725, III a V, e do art. 730 do CPC. Os procedimentos do art. 725, III a V, seriam autônomos, enquanto os regidos pelo art. 730 seriam relativos a procedimentos em curso, o que lhes traria feição incidental.[8] Há quem também classifique os procedimentos de alienação judicial em *incidentes* ou *consequentes*.[9] Desta forma, seriam *incidentes* as alienações vinculadas a processos pendentes, nos quais a consumação da alienação não esgotaria o procedimento, visto sua acessoriedade. Como *consequentes* restariam os procedimentos em que as alienações são desenvolvidas com autonomia e sem vinculação necessária a outro processo. Estas classificações são insuficientes e desnecessárias, porque a diversidade e a variedade das alienações judiciais decorrem do regime de tratamento do direito material. Não há como classificar, por exemplo, o bem comum derivado da separação ou divórcio do casal como incidental.[10] A experiência na judicatura já revelou inúmeras situações em que o casal preserva a copropriedade sobre bens mesmo após o processo de divórcio, formando uma comunhão, como em relação a bens alugados comercialmente. Quando surge a necessidade de alienação futura abre-se procedimento autônomo, com relação aos bens sobre os quais se deseja o fim da copropriedade e sem a necessidade de que o procedimento seja realizado no processo de divórcio, porque a sentença já foi averbada na matrícula do imóvel (art. 731, parágrafo único, do CPC). Isto demonstra a necessidade de conjugação do direito material com o processual. A simplificação operada pelo legislador foi correta, uma vez que todos os procedimentos de alienação obedecerão ao rito geral do art. 719 e com a aplicação suplementar das regras da alienação judicial do art. 879 do CPC, orientadas sempre pelo art. 723, parágrafo único.[11] É muito importante nunca perder o foco de que o procedimento pode, e deve, ser flexibilizado pelo juiz, atendendo-se às peculiaridades do caso concreto, uma vez que o juiz não está preso à estrita legalidade.

---

8. Nelson Nery Jr. e Rosa Maria Andrade Nery, *Comentários ao Código de Processo Civil – Novo CPC – Lei 13.105/2015*, p. 1.564.
9. Leonardo Greco, *Jurisdição Voluntária Moderna*, p. 137. Esta classificação ainda toma como base o Código de Processo Civil/1973.
10. Leonardo Greco, *Jurisdição Voluntária Moderna*, cit., p. 136.
11. Reconhecendo o caráter de conexão procedimental entre as formas de alienação judicial, ainda que perante o Código de Processo Civil/1973: Pontes de Miranda, *Comentários ao Código de Processo Civil*, t. XVI, p. 104.

A possibilidade de decisão por equidade bem como a aplicação suplementar das regras do processo de execução permitem soluções específicas e ajustadas. A alienação forçada do art. 879 do CPC não exige, obrigatoriamente, a opção pela hasta pública em duas praças, ou mesmo a garantia de exercício do direito de remição por parentesco.[12] Embora exista a possibilidade de flexibilização do processo de expropriação, torna-se obrigatória a observância das regras de proteção ao interesse de incapazes, como a do art. 896 do CPC, que limita a alienação judicial a no máximo 80% do valor da avaliação.

2. Hipóteses comuns de alienação judicial

As situações retromencionadas elencam a necessidade de tratamento diferenciado em relação às alienações judiciais, porque o regime jurídico é definido em função do direito material. Podemos examinar no tópico das alienações as hipóteses mais frequentes de pedidos para a venda judicial de bens. A necessidade da alienação decorre, basicamente, da inexistência de consenso quanto à alienação de bem comum ou pela situação particular do proprietário, como na hipótese do incapaz, que exige o procedimento de jurisdição voluntária.

2.1 Extinção da composse e do condomínio

Estas duas situações jurídicas materiais estão reguladas pelos arts. 1.199 e 1.314 do CC. Ninguém pode ser compelido à comunhão indesejada sobre direitos (*in communione nemo compellitur in vitus detineri*). No âmbito societário é possível o direito de retirada ou de recesso; na sociedade conjugal, a separação ou o divórcio; e no direito de propriedade, a extinção da composse ou do condomínio.

A posse representa o exercício fático do direito de propriedade (art. 1.196 do CC), e poderá ser individual ou coletiva. Na modalidade coletiva a composse encontra previsão perante o art. 1.199 do CC.

O fim da composse também é possível, pois a área comum pode ser fonte indesejável de continuidade de um condomínio de fato. A posse poderá estar reconhecida pela usucapião, inclusive por ter sido legitimada

---

12. Embora prevista para a adjudicação (art. 876, § 6º, do CPC), na venda de coisa comum não há espaço para este autêntico direito de preferência concedido para a proteção familiar, pois o interesse em jogo é diverso, ou seja, eliminar um estado incômodo de comunhão. Neste sentido: Luís Filipe Pires de Sousa, *Processos Especiais de Divisão de Coisa Comum e de Prestação de Contas*, p. 110. Aliás, o art. 1.322 do CC estabelece o procedimento de concorrência entre condôminos.

por meio de defesa (Súmula 237 do STF), ainda que não conte com a efetiva regularização da área, por ausência da usucapião administrativa ou judicial. Os compossuidores podem pedir a dissolução da composse, com a avaliação da área e a venda forçada dos direitos possessórios. O condomínio vertical (art. 1.314 do CC) também será passível de divisão quando a propriedade comum se tornar indesejável entre os proprietários. O *caput* e o parágrafo único do art. 1.322 do CC estabelecem que a ausência de acordo entre os consortes levará à necessidade de venda forçada do bem, com a preferência do condômino sobre o estranho para fins de adjudicação.

2.2 Divisão cômoda dos bens

O procedimento da alienação, nos termos do art. 730 do CPC, será essencial para a dissolução do vínculo que une os compossuidores e coproprietários em conflito. A princípio a alienação forçada sob a supervisão judicial se torna essencial quando os bens não admitem divisão cômoda. A indivisibilidade e a ausência de consenso não permitem outra solução senão o procedimento judicial, com avaliação e venda forçada, como meio de dissolver o vínculo jurídico.

Para os bens que admitem divisão cômoda a princípio não há necessidade da alienação judicial quando o interesse residir no destacamento da área comum.

A separação do vínculo permite duas alternativas. A primeira é a utilização da divisão amigável, nos termos dos art. 571 do CPC. A segunda, por meio da divisão judicial, nos termos do art. 569, II, do CPC.

A divisão apenas pressupõe a prévia demarcação, como já visto alhures.[13] Só é possível dividir aquilo que está devidamente demarcado (*relação de prejudicialidade*). A divisão permitirá o destacamento do bem da área comum.

A terceira alternativa é a alienação judicial, ainda que o bem admita divisão cômoda. No entanto, esta hipótese há de ser excepcional. Se um dos compossuidores ou condôminos pede o destacamento de sua parte ideal, ela deve preferir à alienação judicial forçada. Entretanto, em algumas situações as áreas, quando destacadas, podem perder sua potencialidade de fruição e uso, o que poderá justificar a necessidade de consolidação da posse ou domínio em relação a um dos possuidores ou proprietários.

13. Sobre o procedimento, consultar, neste *Curso*, Capítulo II, Parte I, "§ 6º. Ação de Inventário e Arrolamento".

2.3 Comunhão hereditária e herança jacente

A sucessão cria uma universalidade imóvel entre os herdeiros após o falecimento do autor da herança, como decorrência de nosso sistema incorporar o *princípio da saisine* (art. 1.784 do CC).[14]

Os bens que integrarem o acervo hereditário e que não suportarem divisão cômoda, para fins de homologação do plano de partilha do inventário, poderão ser objeto de venda judicial forçada, nos termos dos arts. 725, V, e 730 do CPC. É possível que o acervo ou apenas parte dele fique em regime de condomínio.

O art. 2.019, § 1º, do CC estabelece o direito de preferência em relação ao herdeiro para evitar a venda judicial forçada quando não exista acordo. É possível que seja exercido o direito de preferência, mas com o pagamento da cota-parte indivisa em dinheiro, o que pressupõe nova avaliação. Nada impede que os herdeiros aceitem o pagamento por meio dos bens móveis e imóveis do acervo partilhado, obedecendo-se à eventual reposição do imposto, com o fim de evitar uma doação disfarçada.[15]

Na herança jacente também existe a necessidade da alienação judicial, inclusive com procedimento que se inicia *ex officio* pelo juiz, nos termos do art. 738 do CPC. De modo similar ao que determina o art. 852 do CPC, a medida de alienação tem fim nitidamente conservatório e é realizada para minorar os prejuízos provocados pelo abandono dos bens móveis e imóveis. A venda deve ser realizada após a arrecadação, com a descrição de todos os bens móveis e imóveis, bem como realizada a nomeação do curador, que será o responsável pelos atos de impulsão e pela organização da hasta pública.[16] Nada impede que os bens arrecadados sejam locados ou administrados para fins de permitir a produção de frutos, como prevê o art. 725, IV, do CPC.

2.4 Comunhão pela dissolução do casamento ou fim da união estável

O fim da sociedade conjugal pela separação judicial (art. 1.576 do CC) ou pelo divórcio (arts. 40 da Lei do Divórcio, n. 6.515/1977, e 226,

---

14. V. o art. 80, II, do CC: "Consideram-se imóveis para efeitos legais: (...); II – o direito à sucessão aberta".

15. Continua válida e atual a Súmula 116 do STF: "Em desquite ou inventário, é legítima a cobrança do chamado Imposto de Reposição, quando houver desigualdade nos valores partilhados".

16. Sebastião de Souza, *Da Herança Jacente*, p. 137.

§ 6º, da CF/1988) põe termo aos deveres do casamento e torna desejável que sejam partilhados os bens, de acordo com o regime de bens adotado para o casamento.

O art. 1.581 do CC não exige a partilha como condição para o divórcio na via judicial ou extrajudicial. Este fato decorre não só do fato de o casal não possuir bens, mas também quando a partilha não for desejável. Muitos casais mantêm o condomínio sobre os bens e não realizam a partilha. Futuramente, caso desejem eliminar o estado de comunhão, será necessária a venda em conjunto, ou a aquisição consensual de uma fração pelo outro condômino ou a própria venda judicial, quando o bem não admitir divisão cômoda e não existir acordo sobre a venda. Se o bem admite divisão cômoda também será possível a ação divisória para estremar os limites e destacar a cota-parte.

Mutatis mutandis, a mesma solução é aplicada na dissolução da união estável, sendo essencial verificar se houve contrato para disciplinar a formação do património comum. A inexistência sujeitará os companheiros ao regime de comunhão parcial de bens (art. 1.725 do CC).

A venda de bens a terceiros sem a notificação para o exercício do direito de preferência torna nulo o negócio jurídico. Por isso, na venda judicial a cientificação é essencial (art. 721 do CPC), e qualquer alienação será considerada nula por ausência de manifestação de vontade do condômino. O negócio jurídico existe mas não será válido, pois a transmissão da posse e propriedade somente se aperfeiçoa com a integração do condômino.[17]

3. ALIENAÇÃO JUDICIAL E O SUPRIMENTO DE CONSENTIMENTO MARITAL

É muito comum em juízo a parte realizar o requerimento de suprimento do consentimento do cônjuge em lugar de pedir a alienação judicial do bem comum. O suprimento judicial de consentimento opera quando um dos cônjuges busca a autorização do juiz para realizar alienação onerosa (venda) ou gratuita (doação) de bens comuns, para prestar alguma garantia (fiança ou aval), ingressar com ação fundada em pretensão de natureza real ou pessoal (ação reivindicatória, ação possessória) – enfim,

---

17. "(...) impõe-se a declaração de nulidade de registro imobiliário que padece de irregularidade por ausência de outorga uxória ou de consenso entre os condôminos quanto à alienação prometida a terceiro, com o devido cancelamento" (STJ, 4ª Turma, REsp 1.125.616-BA, rel. Min. Antônio Carlos Ferreira, rel. para o acórdão Min. Raul Araújo, j. 16.6.2015, *DJe* 3.8.2015).

para a prática de atos de gestão e administração do patrimônio do casal. A necessidade da autorização decorre da contrariedade expressa ou tácita do consorte. O art. 1.648 do CC revela o caminho para o cônjuge contrariado, o qual deverá pedir o suprimento judicial, demonstrando que a recusa é infundada.

O suprimento não possui mais procedimento especial, como previsto pelo Código de Processo Civil/1939 (arts. 625 a 628).[18] Os pedidos atuais serão processados pelo rito geral do art. 719 do CPC.

A necessidade da autorização deriva da proteção patrimonial conferida à unidade familiar, nos termos do art. 1.647 do CC, o qual somente excepciona a vênia conjugal para aqueles que são casados no regime de separação absoluta de bens.[19]

O suprimento não deve ser autorizado quando o casal já esteja separado de fato ou haja declaração de ausência para fins do art. 744 do CPC, o que representa o fim da vida comum e a impossibilidade de considerar eventual alienação um ato de administração para o bem comum do casal. A separação de fato por período maior que o previsto pelo art. 1.830 do CC permite que a venda judicial forçada seja analisada como pedido de alienação judicial. Com mais razão, quando declarada judicialmente a separação judicial ou desconstituída a sociedade conjugal pelo divórcio não há que se falar em suprimento; afinal, não é possível suprir o que não existe mais. O condomínio ou a composse formados pela separação exigem o procedimento de alienação judicial (art. 730 do CPC).

4. ALIENAÇÃO JUDICIAL CONSERVATÓRIA NO PROCESSO CIVIL E NO PENAL

A alienação judicial forçada e antecipada de bens na pendência da relação processual civil e penal é desejável quando os bens penhorados ou apreendidos no processo possam sofrer depreciação acelerada ou correr perigo em sua conservação e exijam altos custos para sua manutenção e guarda.

---

18. No Direito anterior, v. Odilon de Andrade, *Comentários ao Código de Processo Civil*, vol. II, p. 282.

19. Houve um período em que a autorização abarcava atos de "reserva moral", como a necessidade de autorização para estudar ou exercer determinada profissão do comércio. V.: Huc, *Commentaire Théorique & Pratique du Code Civil*, t. II, p. 282, n. 264. No Brasil merece menção a histórica Lei 4.121/1962, que, a pretexto de atualizar o Código Civil e melhorar a situação da mulher, refletia um diploma iníquo e discriminador.

Na esfera civil, o art. 852, I e II, do CPC prevê a possibilidade da venda de bens móveis penhorados. Como será estudado oportunamente, a penhora ainda não representa a expropriação final do devedor, mas provoca uma indisponibilidade relativa sobre o patrimônio do devedor. A perda do poder fático de disposição transfere para o credor e para o próprio Estado (depositário público) o dever de guarda. Isto permite que o juiz possa valorar sobre a conveniência da alienação judicial dos bens móveis e imóveis, com o fim de resguardar seu valor. A aplicação do art. 852 do CPC pode ser estendida para procedimentos especiais, como a ação de inventário, quando o litígio não vislumbre rápida solução, ou para as ações possessórias, quando o sequestro do bem imóvel seja acompanhado de bens móveis (*e.g.*, bovinos e safra a ser colhida).

Na esfera penal a medida de alienação antecipada é fundamental, especialmente em relação a veículos e bens de fácil deterioração, nos termos do art. 144-A do CPP.[20] A inexistência de local adequado para a guarda de grande quantidade de veículos que são apreendidos em determinados delitos (tráfico de drogas, contrabando e descaminho) exige a alienação antecipada como medida de salvaguarda do próprio interesse público, pois esses bens em grande parte serão revertidos pela aplicação da pena de perdimento da sentença penal condenatória (art. 91, II, do CP), respeitando-se sempre o terceiro de boa-fé.

5. ALIENAÇÃO JUDICIAL DE BENS DOS INCAPAZES

O art. 725, III, do CPC estabelece a possibilidade de alienação dos bens de crianças e adolescentes, dos órfãos e dos interditos – ou seja, de pessoas consideradas hipossuficientes e que necessitam de proteção especial para a curatela do seu patrimônio. Este é o motivo pelo qual a alienação dos seus bens somente será possível com autorização judicial e participação do Ministério Público. As crianças e os adolescentes que não estejam sujeitos ao poder familiar necessitam da autorização do juiz. É possível situação de suspensão ou, mesmo, extinção do poder familiar. As pessoas sujeitas à curatela pela interdição também são protegidas pela necessidade de autorização judicial.

O procedimento visa a resguardar o melhor interesse do hipossuficiente. A autorização judicial também poderá ser concedida para

---

20. CPP: "Art. 144-A. O juiz determinará a alienação antecipada para preservação do valor dos bens sempre que estiverem sujeitos a qualquer grau de deterioração ou depreciação, ou quando houver dificuldade para sua manutenção".

a sub-rogação de bens quando a alienação e a aquisição de outro bem possam se mostrar vantajosas. O mesmo se aplica para a locação ou o arrendamento de bens móveis e imóveis.

Na hipótese de alienação de bens de incapazes, ainda que o procedimento do art. 730 do CPC possa ser simplificado, com a realização de uma única hasta pública, a proteção do art. 896, já assinalada *supra*, não pode ser dispensada. A alienação há de garantir pelo menos 80% do valor do bem praceado. Não sendo obtido sucesso na venda do bem, nada impede que o juiz possa autorizar sua locação até nova praça, o que permitirá a geração de frutos em benefício do incapaz (art. 896, § 3º, CPC).

6. PROCEDIMENTO DA ALIENAÇÃO

Independentemente da causa da alienação, ela será processada com a observância das regras gerais sobre o procedimentos de jurisdição voluntária e com a aplicação das regras da alienação particular e judicial, conforme dispõem os arts. 879 a 903 do CPC (art. 730). Na alienação judicial não há necessidade de realização de duas hastas, pois não se aplica o procedimento executivo de modo integral.

A arrematação do bem será deferida ao maior lanço, o qual poderá ser inferior ao valor da avaliação e deverá ser ponderado pelo juiz e pela impugnação das demais partes. O juiz deverá avaliar, caso a caso, o lanço efetuado; contudo, poderá se utilizar da aplicação analógica do processo executivo e restringir o valor ao mínimo de 50 ou 60% do valor da avaliação, para evitar a alienação por preço vil. Como não está sujeito ao critério da legalidade estrita, poderá determinar nova avaliação e a repetição do ato, especialmente quando a alienação disser respeito ao patrimônio de menores. O leilão deverá ser preferencialmente realizado pela via eletrônica ou mista. A combinação de ambas as modalidades apresenta bons frutos pela possibilidade de maior dispersão e comparecimento ao local para visita em relação ao bem.

Tratando-se de alienação judicial de bem imóvel a competência é absoluta (art. 47 do CPC), mesmo que exista incapaz entre os interessados na venda judicial com domicílio diverso. O processamento da causa no foro do bem atenderá melhor ao interesse do incapaz, para a avaliação do bem e decisão dos incidentes (*forum rei sitae*).

§ 8º. DO DIVÓRCIO E DA SEPARAÇÃO CONSENSUAL, DO RECONHECIMENTO E DA DISSOLUÇÃO DA UNIÃO ESTÁVEL E DA ALTERAÇÃO DO REGIME DE BENS

1. SIMPLIFICAÇÃO PARA ROMPIMENTO DA SOCIEDADE CONJUGAL

Há uma tendência de abandono da esfera judicial para a solução de questões meramente consensuais, principalmente as relativas ao estado civil (art. 733 do CPC). A despeito da Emenda Constitucional 66, de 13.7.2010, não há que se falar em revogação da separação judicial, conforme comentários tecidos no tratamento das ações de família.

Conforme o art. 733 do CPC: "O divórcio consensual, a separação consensual e a extinção consensual de união estável, não havendo nascituro ou filhos incapazes e observados os requisitos legais, poderão ser realizados por escritura pública, da qual constarão as disposições de que trata o art. 731".

A importância da separação e do divórcio ganha relevo no Direito pátrio e no Direito alienígena.[21]

A Emenda Constitucional 66/2010 apenas retirou a separação judicial como pressuposto para o divórcio, mas não provocou a revogação expressa ou tácita da separação. Este estágio intermediário pode ser buscado pelo casal inclusive para reflexão e para formalizar a separação de fato, sem a dissolução do vínculo conjugal. Todavia, é certo que a Emenda Constitucional 66/2010 atenuou a importância e a discussão sobre a culpa na separação. Tal fato poderá assumir alguma relevância unicamente para fins de determinação de outras questões, como eventual pedido de danos morais.

2. SEPARAÇÃO E DIVÓRCIO PELA VIA EXTRAJUDICIAL

A opção pela via administrativa é rápida e célere (art. 733 do CPC). Ela terá cabimento quando o casal estiver de comum acordo quanto à partilha e não existirem incapazes ou filhos menores, pois neste caso a participação do Ministério Público inviabiliza o procedimento extrajudicial.

A via extrajudicial revela tendência inexorável pela simplicidade e pela agilidade. A escritura não depende de homologação judicial, e a

---

21. Nicola Picardi: "Lo stato matrimoniale è modificabile in due modi: per divorzi o per separazione dei coniugi" (*Manuale del Processo Civile*, 3ª ed., p. 570).

escritura devidamente lavrada consistirá título hábil para o registro civil, o de imóveis, bem como para levantamento de quantias – enfim, como autêntico formal de partilha. O notário deverá zelar, na hipótese de partilha, pela expedição e pelo recolhimento das guias de imposto, especialmente para fins de reposição (Súmula 116 do STF).

É obrigatória a participação do advogado no ato de lavratura e assinatura, ou ainda do defensor público, quando as partes forem hipossuficientes (art. 733, § 2º, do CPC).

3. PROCEDIMENTO PELA VIA JUDICIAL

No procedimento judicial ambas as partes assinam a petição, de acordo com os requisitos elencados pelos incisos I a IV do art. 731 do CPC, o qual determina os requisitos legais para a homologação do pedido de separação ou divórcio. Não existe mais a necessidade de oitiva do casal, em separado e em conjunto. O procedimento de homologação da separação ou do divórcio aplica-se, *mutatis mutandis*, ao reconhecimento e à extinção da união estável (art. 732 do CPC – v. *infra*).

A homologação da separação ou do divórcio exigirá que a sentença seja averbada no registro civil de pessoas físicas (em caso de mudança do patronímico), no cartório de registro de imóveis, no registro de pessoas jurídicas, em caso de existência de sociedade simples, ou na junta comercial, tratando-se de sociedade empresária (art. 980 do CC).

A partilha não é condição obrigatória para a homologação do divórcio (art. 731, parágrafo único, do CPC). Se não existir acordo o divórcio será homologado e os cônjuges exercerão a composse e a copropriedade sobre os bens não partilhados até a partilha, nos moldes do art. 647 a 658 do CPC. É possível que o bem não admita divisão cômoda, e a dissolução do condomínio poderá exigir a alienação judicial de bem comum.

4. RECONHECIMENTO E DISSOLUÇÃO DA UNIÃO ESTÁVEL

O direito de família consiste em ramo do direito civil que passou por intensa transformação na última década. O STF e o próprio STJ construíram uma jurisprudência de proteção para a união estável, seja pela equiparação dos seus efeitos aos do casamento ou ainda pela aplicação das regras comuns da sucessão, com afastamento do regime próprio conferido pelo art. 1.790 do CC.

O procedimento de jurisdição voluntária poderá ser utilizado tanto para o *reconhecimento* como para a *extinção* consensual da união estável, inclusive entre pessoas do mesmo sexo. O pedido também pode ser realizado pela via extrajudicial, nos termos do art. 733 do CPC, e não dependerá de homologação judicial para sua validade.

O reconhecimento judicial por meio da homologação confere a mesma eficácia da escritura pública. O pedido deve conter, basicamente, os mesmos requisitos do art. 731 do CPC. É necessário que o pedido de reconhecimento e dissolução de união estável disponha sobre a regulação de eventual guarda, pensão e direito de visita quando do rompimento da sociedade de fato.

5. DA ALTERAÇÃO DO REGIME DE BENS

5.1 Mutabilidade do regime de bens

A introdução do art. 734 do CPC é positiva e tardia, em vista da alteração introduzida pelo art. 1.639 do CC. Perante o sistema civil anterior o regime de bens era imutável durante a constância do casamento. O art. 230 do CC/1916 era rígido quanto ao tema: "O regime dos bens entre cônjuges começa a vigorar desde a data do casamento, e é irrevogável".

O art. 1.639, § 2º, trouxe nova formatação ao assunto, permitindo a alteração do regime de bens de modo motivado: "É admissível alteração do regime de bens, mediante autorização judicial em pedido motivado de ambos os cônjuges, apurada a procedência das razões invocadas e ressalvados os direitos de terceiros".

O Direito moderno, como informam Aubry e Rau, orientou-se pela influência do Direito Romano e Costumeiro quanto à matéria.[22] No Direito Romano prevalecia o regime dotal de bens, o que determinava que o marido teria a responsabilidade pela administração dos bens da esposa, que, com o casamento, se desligava da família do pai. Se ocorresse o divórcio, que se consumava pelo simples *repudium*, a mulher sobreviveria com o patrimônio dotal. O Direito Costumeiro influenciou o nascimento do regime de comunhão da propriedade (*Gewere*), pelo qual visualizava autêntica sociedade entre o marido e a mulher. Percebe-se que duas foram as vertentes que orientaram a modulação dos regimes de bens. O Direito Brasileiro adotou posição mista, e incorporou ambas as tendências, no que tange à constituição do regime de bens. A imutabilidade tinha como foco a proteção da mulher, especialmente no regime dotal.

No período atual não existia mais qualquer sentido na permanência da imutabilidade. A necessidade de compatibilizar a vida pessoal com a

22. Aubry e Rau, *Cours de Droit Français*, t. 5, § 497, p. 213.

empresarial ou mesmo o desejo do casal de alterar o regime de bens que informa sua união não podem ser negados.[23] É óbvio que a modificação do regime de bens não pode ter como objetivo lesar terceiros. Este é o motivo pelo qual o art. 734 do CPC cria o procedimento judicial para operacionalizar o comando do art. 1.639, § 2º, do CC.

Logo após a introdução do art. 1.639, § 2º, do CC discutiu-se se sua incidência também abrangeria os casamentos celebrados sob a égide do Código Civil/1916. Esta discussão decorria da leitura do art. 2.039, o qual, inserindo norma de transição, disciplinava: "O regime de bens nos casamentos celebrados na vigência do Código Civil anterior, Lei n. 3.071, de 1º de janeiro de 1916, é o por ele estabelecido".

Nosso posicionamento sempre foi pela aplicação indistinta da modificação do regime tanto para os casamentos anteriores como para os posteriores ao Código Civil/2002.[24] A criação desta distinção não tem base, e viola a igualdade material entre casais, sem qualquer fundamentação plausível ou lógica.[25]

5.2 Procedimento necessário

O regime de bens revela a opção quanto ao modelo patrimonial que informará a união do casal. O regime de bens, em um primeiro momento, atende ao interesse dos nubentes e consiste em decisão importantíssima, pois a decisão entre o regime de comunhão universal ou de separação absoluta de bens, por exemplo, provoca consequências absolutas di-

---

23. "A divergência conjugal quanto à condução da vida financeira da família é justificativa, em tese, plausível à alteração do regime de bens, divergência, essa, que, em não raras vezes, se manifesta ou se intensifica quando um dos cônjuges ambiciona enveredar-se por uma nova carreira empresarial, fundando, como no caso em apreço, sociedade com terceiros na qual algum aporte patrimonial haverá de ser feito, e do qual pode resultar impacto ao patrimônio comum do casal" (STJ, 4ª Turma, REsp 1.119.462-MG, rel. Min. Luís Felipe Salomão, j. 26.2.2013).
24. Fabio Caldas de Araújo e José Miguel Garcia Medina, *Código Civil Comentado*, p. 1.199. V., ainda, o Enunciado CJF-260: "A alteração do regime de bens prevista no § 2º do art. 1.639 do Código Civil também é permitida nos casamentos realizados na vigência da legislação anterior".
25. Interpretação que prevalece no STJ: "Direito civil – Família – Casamento celebrado sob a égide do Código Civil/1916 – Alteração do regime de bens – Possibilidade. A interpretação conjugada dos arts. 1.639, § 2º, 2.035 e 2.039 do CC/2002 admite a alteração do regime de bens adotado por ocasião do matrimônio, desde que ressalvados os direitos de terceiros e apuradas as razões invocadas pelos cônjuges para tal pedido" (3ª Turma, REsp 821.807-PR, rela. Min. Nancy Andrighi, j. 19.10.2006, *DJU* 13.11.2006, p. 261).

versas nas esferas jurídica e patrimonial do casal. Sob o ponto de vista jurídico, os casais que optam pelo regime de separação absoluta possuem independência ampla na prática de atos e negócios jurídicos, inclusive na seara processual. O art. 1.647, *caput*, do CC revela que no regime de separação absoluta não há necessidade de autorização para a prática de atos de alienação e oneração de patrimônio próprio. Este reflexo atinge o processo, pois para ações petitórias não será necessário citar o cônjuge casado pelo regime de separação absoluta (art. 73 do CPC). Em um segundo momento, o regime de bens influenciará os terceiros que poderão contratar com o casal. A formação de uma sociedade empresarial, o oferecimento de uma garantia (caução), a alienação de bens, o desenvolvimento de relação processual executiva revelam exemplos em que o regime de bens afetará os atos materiais e processuais a serem praticados pelos terceiros.

É por esta razão que a lei material não permite que o regime de bens possa ser alterado apenas pela vontade do casal. O procedimento de alteração do regime de bens revela um exemplo de *processo necessário*. O procedimento judicial de jurisdição voluntária é simples e marcado pela ampla publicidade em relação aos terceiros interessados. Existindo impugnação, será possível que o procedimento assuma natureza contenciosa.

A petição inicial do casal deverá ser assinada em conjunto, o que revela o consenso. A petição explicitará a motivação da mudança, ou seja, as razões que justificam a alteração do regime de bens inicialmente fixado. Não se trata de invasão no campo da privacidade do casal, mas de controle necessário, na medida em que o juiz deve velar pela segurança do tráfico negocial e estabilidade das relações jurídicas. A alteração não pode ter como objetivo a prática de fraude ou ato que vise a lesar credores. Em algumas situações o pedido é inevitável, como na hipótese de casal que pretenda constituir sociedade empresarial, mas está unido sob o regime de comunhão universal ou de separação obrigatória, os quais consistem em fato impeditivo para a formação do contrato de sociedade (art. 977 do CC).[26]

No auxílio deste controle o juiz contará com a presença do Ministério Público, o qual será obrigatoriamente intimado para acompanhar o procedimento (art. 734, § 1º, do CPC). Não se trata de interesse meramente patrimonial que possa afastar sua participação, pois a proteção é voltada para o registro público e a segurança das relações jurídicas.

26. Fabio Caldas de Araújo e José Miguel Garcia Medina, *Código Civil Comentado*, cit., p. 630; Maria Berenice Dias, *Manual de Direito das Famílias*, 9ª ed., p. 263.

O Ministério Público poderá identificar a existência de regime legal que não permite alteração, como o regime de separação absoluta de bens *ope legis* (art. 1.641 do CC). As hipóteses do art. 1.641, I e III, do CC podem ser superadas, o que exigirá o exame do caso concreto.[27] No regime de separação legal de bens, quando superada a causa de impossibilidade de alteração, não deve ser esquecida a aplicação da Súmula 377 do STF para fins de fixação da meação. Mesmo em face do art. 1.641, II, quando apenas um dos nubentes ou ambos já se encontravam em união estável antes de completar 70 anos, a alteração do regime de bens não deve ser vedada.[28]

Atualmente a regra que limita a escolha do regime de bens para pessoas acima de 70 anos deve ser ponderada pelo juiz no caso concreto, uma vez que limita de modo genérico e abusivo a autodeterminação da pessoa e fere frontalmente o *princípio da dignidade da pessoa*.

5.3 Publicação do edital

O art. 734, § 1º, do CPC prevê expressamente a publicação do edital, nos moldes do art. 259, III: "Serão publicados editais: (...); III – em qualquer ação em que seja necessária, por determinação legal, a provocação, para participação no processo, de interessados incertos ou desconhecidos". Trata-se da aplicação do procedimento edital, que é marca essencial dos juízos provocatórios.[29] O procedimento edital visa a conferir ampla publicidade em relação a terceiros, ainda que não conhecidos, mas que podem ser potencialmente atingidos pela decisão judicial.[30]

Nada impede que o casal proponha meio alternativo para atingir a eficácia de salvaguarda de terceiros, contudo sem dispensa do procedi-

---

27. V. Enunciado CJF-262: "A obrigatoriedade da separação de bens, nas hipóteses previstas nos incisos I e III do art. 1.641 do Código Civil, não impede a alteração do regime, desde que superada a causa que o impôs".
28. V. Enunciado CJF-261: "A obrigatoriedade do regime da separação de bens não se aplica a pessoa maior de 60 (sessenta) anos, [*atualmente, 70 anos, cf. atual redação do art. 1.641, II, em decorrência da Lei 12.344/2010*] quando o casamento for precedido de união estável iniciada antes dessa idade".
29. Jacy de Assis, *Processos de Procedimento Edital*, pp. 18 e ss.
30. Como ensinou Pontes de Miranda (*Comentários ao Código de Processo Civil* (de 1939), t. VI, p. 372): "(...) é próprio para todas as ações em que os demandados sejam todos interessados, ou não se sabe quem seja, dentre todos. Não se confunde, portanto, com o ato processual citatório, notificatório, interpelatório, ou outro, em que se tem de lançar mão do edital por não se saber quem seja a pessoa nomeada, ou em que lugar se acha, ou se ela se encontra em lugar inacessível".

mento edital, o qual, a nosso ver, é indispensável para fins de imunização da decisão judicial (art. 734, § 2º, do CPC).

5.4 Sentença e o princípio da concentração

A decisão judicial de alteração do regime de bens exige publicidade específica, como se depreende do art. 734, § 3º, do CPC. Após o trânsito em julgado da decisão, os terceiros de boa-fé ganham proteção específica e adequada pela averbação da alteração nos registros públicos.

A alteração do regime de bens implicará, na maioria das situações, nova partilha e divisão dos bens para fins de reorganização patrimonial do casal. Na hipótese de modificação para o regime de separação de bens há necessidade de delimitação do patrimônio de cada um dos cônjuges, com o devido registro no cartório de imóveis. Poderá ser necessário, como condição da expedição deste autêntico formal de partilha, o pagamento do Imposto de Reposição, nos termos da Súmula 116 do STF. Também será necessária a averbação da alteração do regime de bens na junta comercial ou no registro público de pessoas jurídicas (art. 980 do CC).

A eficácia da alteração do regime de bens opera *inter partes* com a prolação da sentença, e nada impede que o conteúdo da sentença opere efeito retroativo, o qual poderá ou não depender de nova partilha, conforme supra-assinalado. Todavia, perante terceiros o novo regime de bens somente operará sua eficácia após o registro da averbação da sentença. Os terceiros de boa-fé jamais serão afetados por atos de que não tiveram ciência e por confiarem nas informações depositadas no registro, pela necessidade da concentração dos atos que importem ônus, gravame ou informações sobre a titularidade do bem.

5.5 Alteração do regime de bens em contratos de união estável

A união estável não depende do procedimento do art. 745 do CPC. Basta que as partes modifiquem o regime de bens por meio de manifestação de vontade, com alteração do contrato particular ou mesmo rerratificação da escritura pública, dependendo do instrumento (particular ou público) utilizado para sua concretização. No entanto, a incidência da publicidade e da concentração também atinge os contratos de união estável. Nenhum terceiro de boa-fé poderá ser prejudicado por contratos de união estável que não contenham publicidade. Embora ainda não exista previsão legal para a averbação dos contratos de união estável, não há impedimento a que o juiz autorize sua averbação, em aplicação analógica ao art. 167, II, n. I, da Lei 6015/1973.[31]

§ 9º. DOS TESTAMENTOS E CODICILOS

1. DA ABERTURA JUDICIAL DE TESTAMENTOS

O procedimento de abertura, registro e cumprimento de testamentos corresponde a uma fase necessária e prévia que antecede o cumprimento dos testamentos. O Código de Processo Civil estabelece disciplina específica para a apresentação e a verificação da regularidade formal dos testamentos cerrados, públicos e particulares e especiais, cuja execução dependerá das providências de publicidade estabelecidas pelos arts. 735 a 737.

A intervenção judicial neste procedimento não visa a tutelar os direitos dos herdeiros e legatários, mas, sim, a eficácia testamentária, ou seja, o respeito ao ato de vontade manifestado em vida pelo *de cujus*. Cumpre ao testamenteiro apresentar o testamento em juízo para registro, cujo objetivo é permitir a verificação da sua idoneidade e da sua legalidade, ao mesmo tempo em que permite o impulso oficial quanto à sucessão.

É certo que o procedimento previsto pelo art. 735 do CPC não se confunde com a abertura do juízo sucessório, mas na prática nada impede que o procedimento de apresentação e averiguação seja realizado de modo prévio e sucessivo.

2. O PROVIMENTO CNJ-56/2016

A exibição e a pesquisa sobre a existência de testamento são obrigatórias, e, caso o juiz tenha notícia de sua existência, determinará sua exibição compulsória, sob pena de busca e apreensão. O Provimento CNJ-56/2016 obriga a que o juiz, *ex officio*, realize diligência para verificar junto ao Registro Central de Testamentos *Online*/RCTO, na abertura de processos de arrolamento ou inventário, a existência de testamentos. Isto eliminará a possibilidade de que as disposições de última vontade sejam omitidas propositadamente. Quando seja verificada a existência de testamento, mesmo após a abertura do processo de arrolamento ou inventário,

---

31. O Provimento CNJ-37/2014 apenas autoriza a averbação do contrato de união estável no Livro "E" do registro civil, mas é omisso quanto à proteção patrimonial do registro de imóveis.

o processo deverá ser suspenso para as providências de verificação quanto à idoneidade do testamento.

3. REGISTRO E ABERTURA DO TESTAMENTO EM JUÍZO: CERRADO, PÚBLICO E PARTICULAR

O *testamento cerrado*, de rara utilização, obedece ao procedimento do art. 735 do CPC para sua abertura e seu registro. O procedimento visa a analisar o cumprimento dos requisitos formais, o que se comprova pela leitura do art. 735, § 2º, o qual determina o registro e o cumprimento do testamento caso não seja constatado qualquer vício de nulidade formal.

Os requisitos do testamento cerrado são informados pelo direito material (art. 1.868 do CC) e deve ele ser apresentado pelo testador ou por outra pessoa a seu rogo para que seja aprovado pelo tabelião e lacrado quanto ao seu conteúdo. Na apresentação do testamento para abertura e registro em juízo existe a possibilidade de atenuação dos elementos formais, mas há necessidade que tenha sido elaborado com a formalidade do art. 1.869 do CC, que fala em "coser" o instrumento aprovado, ou seja, necessita estar lacrado.[32]

O termo de abertura e apresentação deverá conter o nome do apresentante e os dados do óbito, bem como qualquer documento importante para o cumprimento do ato de última vontade. O Ministério Público é ouvido e, inexistindo qualquer defeito formal, a sentença se limitará a determinar o registro e o cumprimento do testamento, com seu arquivamento em juízo.

Sob a ótica instrumental, nada impede que o pedido seja realizado de modo incidental no processo de inventário ou de arrolamento, na medida em que o juízo de abertura do testamento não é informado por competência absoluta e o processamento em conjunto, com a suspensão dos autos do arrolamento ou inventário, otimiza a prestação da tutela jurisdicional.

O *testamento público*, ao contrário do cerrado, goza de publicidade antecipada, pois foi elaborado através de uma escritura pública. Este o motivo pelo qual o art. 736 do CPC permite que seu registro possa ser realizado por qualquer interessado, mediante traslado ou certidão.

No *testamento particular* e nos *testamentos especiais* (art. 737 do CPC) exige-se a confirmação do seu conteúdo em juízo. O testamento particular é escrito (holografia) e assinado (autografia) pelo próprio testador.

---

32. STJ, 4ª Turma, REsp 228, rel. Min. Athos Carneiro, j. 14.8.1989.

O Código Civil simplificou a estrutura do testamento particular, pois sua confirmação para fins de registro e abertura do inventário dependerá de apenas três testemunhas (e não mais cinco, como ocorria à luz do Código Civil/1916). Sua veracidade quanto ao conteúdo poderá ser confirmada por uma única testemunha, em caso de ausência das demais (art. 1.878, parágrafo único, do CC).

De qualquer forma, no testamento particular há necessidade de citação e formação de litisconsórcio necessário para validar o testamento, com a presença dos herdeiros legítimos (arts. 1.877 do CC e 737, § 1º, do CPC).

Inexistindo impugnação, caberá ao Ministério Público manifestar-se sobre seu conteúdo, e em seguida o juiz confirmará a idoneidade do testamento. O mesmo procedimento será aplicado aos testamentos especiais (marítimo, aeronáutico, militar e nuncupativo), bem como aos codicilos.

4. OS CODICILOS

O titular de um codicilo também se sujeita ao regime sucessório e ao processo de inventário ou arrolamento. Os bens, apesar da pequena monta, não são excluídos do pagamento do ITCMD, exceto se existir previsão na lei estadual de cada Estado-membro. O codicilo é nada mais que um documento escrito, o qual é datado e assinado pelo falecido e que possibilita que bens de pequena monta sejam legados para as situações previstas pelo art. 1.881 do CC: "Toda pessoa capaz de testar poderá, mediante escrito particular seu, datado e assinado, fazer disposições especiais sobre o seu enterro, sobre esmolas de pouca monta a certas e determinadas pessoas, ou, indeterminadamente, aos pobres de certo lugar, assim como legar móveis, roupas ou joias, de pouco valor, de seu uso pessoal". Entendemos que a expressão "pequena monta" merece interpretação teleológica. As joias, por exemplo, podem ser de grande monta, mas o que revela o caráter especial do codicilo é a intenção do *de cujus* de legar bem de estimativa pessoal relevante.

Se tal ato não foi possível no testamento, porque este foi elaborado em outra fase de sua vida, nada impede que seja legado pelo *codicilo*. O que parece fundamental é que as disposições relativas ao codicilo sejam atreladas a bens personalíssimos do *de cujus*, bens que carregam alta carga emotiva e com reflexo da personalidade do *de cujus*, e que, por este motivo, somente são legados na fase final de sua vida, quando o testamento não é mais possível, inclusive por limitações físicas do próprio *de cujus*. Trata-se de expressão clara do princípio da dignidade da pessoa na tutela *post mortem*.[33]

5. O TESTAMENTEIRO

O responsável pelo cumprimento do testamento é o testamenteiro, que será legitimado após o registro do testamento, para que dê cumprimento integral aos últimos atos de declaração de vontade do falecido (art. 735, § 3º, do CPC). Não existindo testamenteiro nomeado, será nomeado um testamenteiro dativo.

O testamenteiro possui legitimidade concorrente e disjuntiva com o inventariante e herdeiros para fazer valer o testamento (art. 1.981 do CC). A figura do testamenteiro e a do inventariante não se confundem. É possível que o autor da herança nomeie testamenteiro como inventariante, mas apenas quando inexistir o cônjuge/companheiro(a) ou herdeiro necessário (art. 1.977 do CC). Também é possível, embora não usual, que o testador nomeie mais de um testamenteiro para fazer cumprir todo ou parte do testamento (art. 1.976 do CC). Pelo trabalho desenvolvido, exceto quando cônjuge ou herdeiro, o testamenteiro terá direito a remuneração pela sua atividade. Não fixada no testamento, será de no mínimo 1% e no máximo 5% sobre o valor líquido e incidirá apenas sobre a parte disponível quando existir herdeiro necessário (art. 1.987, *caput* e parágrafo único, do CC).

§ 10. HERANÇA JACENTE

1. DISTINÇÃO PRELIMINAR: HERANÇA JACENTE E HERANÇA VACANTE

É possível que não exista herdeiro para suceder, o que configura suporte fático para a incidência da herança jacente (*hereditas vacans, bona vacantia*). Sua origem prende-se à tentativa de impedir que o patrimônio seja simplesmente abandonado e fique sem destinação. Atualmente o instituto tem pouca aplicação, mas não deixa de ter relevância, especialmente pelo fato notório de diminuição do núcleo familiar. Sua aplicação perdeu força com a introdução do *princípio da saisine* nos sistemas modernos, que protege os herdeiros pela transmissão automática da herança, sem

---

33. Fabio Caldas de Araújo e José Miguel Garcia Medina, *Código Civil Comentado*, p. 1.123.

necessidade de sua aceitação. Sua origem está vinculada à proteção da família contra a *usucapio pro herede*.[34]

A herança jacente não se confunde com a herança vacante. Aliás, o procedimento descrito para declaração de jacência, nos termos dos arts. 738 a 743 do CPC, tem como função estabelecer um marco entre ambas as figuras. A herança jaz enquanto aguarda a vindicação dos herdeiros, que podem se habilitar até a sentença declaratória de vacância. Somente quando a herança se torna vacante, ou seja, patrimônio sem titularidade, os bens são incorporados ao patrimônio estatal.[35]

O art. 1.829 do CC regula as situações de sucessão legítima no sistema brasileiro e corrigiu um erro crasso do sistema anterior (art. 1.603, IV, do CC/1916), que incluía o Estado como sucessor automático nas situações de herança jacente.[36] Somente herdeiros necessários e facultativos são protegidos pelo *princípio da saisine*.[37] Esta correção provoca efeitos práticos importantes, pois até a sentença declaratória de vacância (art. 743, § 2º, do CPC) o bem ainda não estará integrado ao patrimônio público, sendo possível a usucapião.[38]

2. Princípio da oficialidade

Admite-se que o procedimento tenha início pela atividade oficiosa do juiz. A peculiaridade da herança jacente reside exatamente na inexis-

---

34. A *usucapio pro herede* representou um período embrionário e de desconhecimento no Direito Romano de conceitos jurídicos elementares como os da transmissão, conservação e extinção de direitos. Esta afirmação pode ser visualizada na passagem de Gaio, "nem res hereditariae antequem aliquis heres existat, nullius in boni sunt" ("as coisas hereditárias, antes de pertencerem a qualquer herdeiro, considera-se que estão no patrimônio de ninguém"). Ao considerar *res nullius* a herança, permitia-se que terceiro pudesse usucapir o patrimônio, pois até a vindicação pelo herdeiro a herança seria considerada sem titular (*sine domino*). Sobre o ponto, v. o primoroso trabalho lusitano de A. Santos Justo, *Breviário de Direito Privado Romano*, pp. 504-505.
35. Distinção já reconhecida no Direito Romano: "Não devemos confundir a herança jacente com a herança vacante: aquela está jacente até que um herdeiro a aceite, e durante esse tempo há um estado de suspensão durante o qual o futuro herdeiro não deixa de ser tutelado; nesta, o herdeiro é proibido de herdar pelas *Leges Julia et Papia Poppaea*, que atribuem os bens ao Fisco, que não os adquire na qualidade de herdeiro" (A. Santos Justo, *Breviário de Direito Privado Romano*, cit., p. 504).
36. Em sentido contrário: Pontes de Miranda, *Tratado de Direito Privado*, t. LV, p. 111.
37. Fabio Caldas de Araújo e José Miguel Garcia Medina, *Código Civil Comentado*, p. 1.081.
38. Cf.: STJ, 3ª Turma, AgR no Ag 1.212.745-RJ, rel. Min. Sidnei Beneti, j. 19.10.2010, *DJe* 3.11.2010.

tência de interessados que possam impulsionar o processo sucessório do falecido. O interesse público é manifesto para impedir a incerteza quanto às relações jurídicas titularizadas pelo falecido. A reorganização material e jurídica da sucessão atende aos anseios de segurança jurídica e proteção ao tráfico negocial.

A atividade do juiz é similar ao papel protagonizado no processo de inventário. O juiz não será titular do pedido, mas apenas responsável pela iniciativa de deflagração do procedimento (arts. 738 e 740 do CPC e 1.819 do CC).

3. PROCEDIMENTO DE ARRECADAÇÃO

Após a ciência da vacância quanto aos bens, o juiz tomará as providências necessárias para a garantia de conservação do patrimônio abandonado. O primeiro passo consistirá na nomeação de um curador (art. 739 do CPC), que assumirá os deveres de guarda e conservação dos bens (art. 739, §§ 1º e 2º, CPC).

A arrecadação exigirá a concessão de medida cautelar *ex officio* de arrolamento de bens (arts. 301 e 740 do CPC). Destaca-se o poder geral de cautela do juiz na concessão de medida conservatória e que vise a impedir a dilapidação dos bens. A medida é de suma importância, e o próprio magistrado poderá comparecer ao local, em autêntica medida de inspeção judicial combinada com o arrolamento, quando ainda não tenha sido nomeado um curador. A documentação do ato é realizada pelo escrivão ou chefe da secretaria, que fará a descrição em auto circunstanciado.

É mais comum que o ato seja realizado após a nomeação do curador, mas a medida de conservação assume natureza urgente, e caso o juiz não possa comparecer ao local o ato de inspeção dos trabalhos de arrecadação também poderá ser realizado pela autoridade policial. As duas testemunhas exigidas pelo art. 740, § 1º, do CPC podem ser dispensadas quando o ato seja realizado na presença do escrivão ou chefe de secretaria acompanhado de outro serventuário da Justiça, como o oficial de justiça. O auto de arrecadação deverá mencionar a presença de todos perante o ato.

O arrolamento de bens móveis exige a descrição dos bens e sua guarda perante o depositário público ou perante o curador, caso já tenha sido nomeado (art. 739, § 1º, II, do CPC). O arrolamento de bens imóveis também deverá ser realizado obedecendo-se ao princípio da concentração por averbação, mediante ofício, na matrícula do imóvel (art. 54 Lei 13.097/2015). Protege-se o terceiro de boa-fé contra investidas daqueles que sabem do abandono e que podem tentar realizar a transferência *a non domino* dos bens arrecadados.

A multiplicidade de bens imóveis provocará a afetação da competência do juízo em que foi aberto o procedimento de arrecadação (art. 48, parágrafo único, I, do CPC).

4. IMPUGNAÇÕES E EXPEDIÇÃO DOS EDITAIS

Ultimado o procedimento de arrecadação dos bens móveis e imóveis, torna-se necessária a expedição dos editais. O procedimento de arrecadação tem como pressuposto lógico a inexistência de comparecimento de qualquer herdeiro (necessário ou facultativo) que vindique a herança ou do próprio cônjuge ou companheiro. Algumas situações específicas podem exigir solução de maior complexidade para o juiz, como na hipótese do art. 1.830 do CC. O cônjuge comparece mas o curador demonstra que a sociedade conjugal já estaria rompida há mais de dois anos. Eventual meação não poderia ser negada, mas a participação do cônjuge como sucessor seria indevida.

A arrecadação pode ser impugnada antes ou durante sua execução. A arrecadação poderá incidir sobre bens que estejam na propriedade do falecido mas ocupados por terceiros. Eventual conflito poderá justificar a necessidade de decisão em embargos de terceiro, com defesa a ser realizada pelo curador, como na hipótese do terceiro que suscite a posse publiciana por meio do art. 674 do CPC. O art. 740, § 6º, do CPC prevê expressamente que a impugnação de terceiros interessados impedirá a arrecadação, pelo menos até a decisão sobre o incidente. A insurgência também poderá ser apresentada pela Fazenda Pública, pelo Ministério Público e, apesar da ausência de menção expressa, pela própria Defensoria Pública, em defesa dos hipossuficientes.

A efetivação da arrecadação dos bens do falecido exige a publicação de editais para fins de chamamento de todos os eventuais interessados e cumpre a mesma finalidade do art. 259 do CPC. Os editais visam a permitir o conhecimento dos potenciais herdeiros e terceiros interessados. O primeiro edital será publicado concomitantemente de modo eletrônico: (a) na rede mundial de computadores; (b) no sítio do tribunal a que estiver vinculado o juízo; e (c) na plataforma de editais do Conselho Nacional de Justiça/CNJ pelo prazo de três meses. Não existindo sítio eletrônico no órgão oficial e na imprensa da comarca, o edital será publicado por três vezes, com intervalo de um mês entre cada publicação, o que completará o prazo total de seis meses. A publicação dos editais na modalidade eletrônica permite alcançar maior eficácia do que a simples publicação em versão impressa, como ocorria perante o Código de Processo Civil/1973.

Atestada a existência de herdeiro ou testamenteiro após a arrecadação, sem prejuízo da publicação dos editais, deverá ser realizada a citação real, no local de seus respectivos domicílios. Tratando-se de falecido estrangeiro, a comunicação ao consulado também será essencial para que eventual procedimento de chamamento possa ser realizado no País de origem.

O comparecimento ao chamamento dos editais exige que o juiz faça um exame da qualidade do sucessor. Sendo deferida sua habilitação, o procedimento será convertido em inventário, cessando a necessidade do curador, cuja função será exercida pelo inventariante ou testamenteiro (art. 741, § 3º, do CPC).

Os credores do falecido também podem exercer o direito de habilitação, como terceiros interessados. O credor tem legitimidade para pedir a abertura do inventário (art. 616, VI, do CPC), o que o legitima ao pedido de habilitação. O juízo positivo sobre a habilitação não exigirá a conversão do procedimento para o de inventário.

O art. 741, § 4º, do CPC permite que o curador atue como autêntico inventariante dativo, realizando o pagamento dos débitos reconhecidos por decisão judicial em favor do terceiro. O pedido poderá ser incidental ou por meio de ação própria.

5. ALIENAÇÃO ANTECIPADA DE BENS

A alienação antecipada é prevista em vários procedimentos judiciais e tem como objetivo resguardar o valor dos bens móveis e imóveis, evitando sua depreciação acelerada. O art. 742 está em harmonia com o art. 852 do CPC. A alienação antecipada terá cabimento quando existir manifesta vantagem para a parte interessada e quando for necessário evitar a perda de valor, ruína ou desaparecimento dos bens (art. 742, I a V). A medida aplica-se tanto aos bens móveis como aos imóveis. Não se realizará a venda quando o habilitando adiantar as despesas para a conservação eliminando o perigo de ruína ou depreciação (art. 742, § 1º, do CPC). Os bens móveis com valor de afeição somente podem ser alienados após a sentença de vacância (art. 742, § 2º).

6. SENTENÇA DECLARATÓRIA DE VACÂNCIA

O procedimento se encerrará com a declaração da vacância por meio de sentença (art. 743, § 2º, do CPC), e a transferência do bem para a Fazenda Pública ainda dependerá do julgamento de improcedência dos eventuais pedidos de habilitação. Há uma clara relação de prejudicialidade entre o pedido de habilitação e o de declaração da vacância (art. 743, § 1º, do CPC). Enquanto pendente a análise do pedido de pretenso herdeiro ou credor interessado a sentença declaratória de procedência não pode ser proferida, pela incompatibilidade entre as posições jurídicas. Não existindo qualquer pedido de habilitação, a sentença de procedência da vacância será inevitável e poderá ser proferida após um ano da publicação do primeiro edital.

Com a prolação da decisão de vacância ainda não há transferência do patrimônio para o Município. Serão necessários cinco anos, contados da declaração de vacância, para que o patrimônio possa ser definitivamente repassado para a Fazenda Pública. Após a declaração de vacância não é mais possível a habilitação, e o herdeiro deverá buscar sua pretensão por meio da ação de petição de herança, regulada pelo art. 1.824 do CC. A declaração de vacância somente consistirá em prazo fatal para o requerimento da herança em relação aos colaterais, que deverão se habilitar até a declaração de vacância.

§ 11. BENS DOS AUSENTES

1. *A READEQUAÇÃO DA LEI MATERIAL*

O Código Civil//2002 corrigiu erro crasso existente no Código/1916 ao eliminar a ausência dentre as causas de incapacidade absoluta. O Código Civil modificou o tratamento e a topologia do instituto. Sua tipificação legal encontra acomodação nos arts. 22 *usque* 39. A matéria era antes regulada no livro relativo ao direito de família, e sua errônea conceituação como causa de incapacidade acabava por encobrir a real finalidade do instituto, ligada à curadoria dos bens.

Nosso sistema não considera a ausência como situação que legitime a declaração de morte (*Todeserklärung*). O procedimento tem início com a notícia de desaparecimento da pessoa do seu domicílio (*scomparsa* dos italianos) sem deixar representante, ou quando o responsável pela administração abdique do seu encargo ou esteja impossibilitado de continuar a gestão e a administração.

2. *COMPETÊNCIA PARA A DECLARAÇÃO DE AUSÊNCIA*

O procedimento para a declaração de ausência tem foro regulado pelo art. 49 do CPC. A ação deverá ser ajuizado no local do seu último domicílio, que também será o competente para a arrecadação, o inventário, a partilha e o cumprimento de disposições testamentárias. O interesse na abertura do procedimento está vinculado à curadoria dos bens do ausente. Sendo incerto seu ultimo domicílio, nada impede que a abertura seja processada no local em que estão seus bens.

3. AUSÊNCIA E MORTE PRESUMIDA

Nosso sistema não permite que o reconhecimento da ausência possibilite a declaração de morte presumida (art. 7º do CC). A morte representa o fim da personalidade jurídica das pessoas físicas, e o fato jurídico necessita de documento oficial, representado pelo atestado de óbito. Em determinadas situações há altíssima probabilidade do evento morte (altissima probabilità della morte),[39] mas sem a possibilidade de comprovação da materialidade. Isto impede a emissão da certidão de óbito.

Na morte presumida a alta probabilidade possibilita a emissão de provimento declaratório que permite ao juiz atestar o óbito. Há um suprimento do atestado de óbito pela sentença judicial que examinar os elementos colhidos na instrução, e que devem espelhar as hipóteses retratadas pelo art. 7º, I e II, do CC. A morte presumida também exige o desaparecimento como causa de sua declaração e, sob o ponto de vista prático, permite a abertura da sucessão. Em sistemas como o italiano a comprovação do desaparecimento por mais de 10 anos permite a declaração pelo simples decurso de tempo.[40]

4. AUSÊNCIA E MORTE CIVIL

A declaração de ausência não se confunde com a morte civil. A morte civil representa a decretação da morte em vida.[41] A ausência representa apenas o desaparecimento prolongado, que exige o procedimento de curadoria e sucessão quanto aos bens do ausente.[42] A morte civil tem origem no Direito Medieval, mas foi abolida, encontrando aplicação até o século XIX. No Direito Brasileiro nunca houve a previsão expressa da morte civil. Teixeira de Freitas, em sua *Consolidação*, ensina que, apesar da previsão do Livro IV das *Ordenações*, a Constituição Imperial, no art. 179, § 5º, não permitia a morte civil.

39. Paolo Zatti, *Corso di Diritto Civile*, p. 133.
40. Trabucchi, *Istituzione di Diritto Civile*, p. 74.
41. Gérard Cornu, *Droit Civil – Les Personnes*, p. 21.
42. Planiol, *Traité Élémentaire de Droit Civil*, t. I, p. 59.

Sua previsão funesta foi atestada no Brasil para os escravos em virtude do Alvará 16, de 13.2.1850, que proibia até o direito de testar, mas tal regra desaparece após a abolição da escravatura. Embora a morte civil não possa ser considerada existente no ordenamento pátrio, há uma sombra de sua projeção perante o art. 1.816 do CC: "São pessoais os efeitos da exclusão; os descendentes do herdeiro excluído sucedem, como se ele morto fosse antes da abertura da sucessão".[43] Este dispositivo regula a exclusão do herdeiro ou legatário do direito de sucessão quando há declaração de indignidade. A regra é clara ao estipular a morte civil daquele que foi alvo da declaração de indignidade, o qual será considerado morto para fins de sucessão.

5. Procedimento da declaração de ausência

A abertura do procedimento da ausência pressupõe: (a) desaparecimento prolongado; (b) existência de bens e relações jurídicas pendentes; (c) inexistência de representante legal ou voluntário.

O desaparecimento já foi examinado como pressuposto essencial para fins da abertura do procedimento do art. 744 do CPC. Exige-se ainda o abandono prejudicial do patrimônio e a ausência de pessoa apta para a gestão patrimonial dos bens que compõe o acervo do desaparecido. A inexistência de bens ou de relações jurídicas de conteúdo econômico esvazia a utilidade do procedimento.

Não basta a notícia do desaparecimento para que o juiz inicie o procedimento do art. 744 do CPC. O ausente poderá ter deixado seu domicílio sem qualquer informação sobre seu paradeiro ou poderá ter se afastado com nomeação de um mandatário. Mesmo tendo deixado um mandatário, a decretação da ausência será um imperativo quando se esgotar o termo do mandato ou quando o instrumento tenha limitação e impeça a tutela jurídica do patrimônio global do ausente.

Na *primeira fase do procedimento* nomeia-se o curador para realizar a arrecadação dos bens (art. 744 do CPC) e se elabora o procedimento edital para convocar o ausente pelo período de um ano no sítio da rede mundial de computadores (*Internet*) e na plataforma do CNJ (art. 745 do CPC). Não existindo sítio eletrônico para a publicação a divulgação será feita no órgão oficial e na imprensa atrelada à comarca, com periodicidade bimestral até completar um ano.

---

43. Fabio Caldas de Araújo e José Miguel Garcia Medina, *Código Civil Comentado*, p. 76.

A nomeação do curador provisório (arts. 744 do CPC e 24 do CC) ainda não determina o início da sucessão provisória, pois no período de um ano de sua nomeação será grande a probabilidade de retorno do desaparecido, o que justifica esse prazo mínimo de espera. Quando a pessoa não retorna, nasce o interesse na declaração da ausência. Após o escoamento do prazo os interessados (arts. 745, § 1º, do CPC e 27 do CC) poderão se habilitar para a sucessão provisória. Até esta fase ainda não há sentença para fins de registro.

O ausente poderá comparecer após a publicação dos editais, o que provocaria o fim do procedimento. Neste interregno pode-se descobrir que o ausente faleceu, e o procedimento também se encerrará, uma vez que será aberta a sucessão definitiva (CC, art. 1.784). Não ocorrendo nenhuma das hipóteses nominadas, sucederá o período de habilitação, por meio do requerimento, por parte dos interessados, da citação dos herdeiros presentes e do curador, bem como dos herdeiros ausentes por edital (art. 745, § 2º, CPC). A habilitação seguirá o procedimento especial previsto pelos arts. 689 a 692 do CPC. O art. 27 do CC determina a legitimação dos possíveis habilitados: "I — o cônjuge não separado judicialmente; II – os herdeiros presumidos, legítimos ou testamentários; III – os que tiverem sobre os bens do ausente direito dependente de sua morte; IV – os credores de obrigações vencidas e não pagas".

O cônjuge deverá observar as regras do art. 1.830 do CC para fins de sucessão, bem como o regime de bens para fins de pleitear a meação e eventual sucessão (art. 1.829, I, do CC). Os herdeiros necessários ou facultativos deverão comprovar sua legitimidade por prova documental. Os herdeiros necessários, por prova da filiação; os facultativos por testamento ou codicilo. É possível que terceiro também demonstre interesse na sucessão provisória quando o exercício do direito dependa da demonstração da morte do ausente, como no cumprimento de um contrato de seguro de vida. Por fim, os credores são interessados, desde que demonstrem a existência de pretensões contra o ausente.

A primeira fase finda por sentença que apreciará as habilitações conforme os títulos e documentos oferecidos para a demonstração da legitimação conferida pelo art. 27 do CC.

Observa-se que a eficácia da sentença é propositadamente postergada para 180 dias após o trânsito em julgado, conforme o art. 28 do CC. A postergação de eficácia da sucessão provisória tem como objetivo impedir a imissão provisória imediata dos herdeiros no patrimônio do ausente, conferindo prazo para que ele retorne e assuma o controle dos bens.

Esta sentença deverá ser objeto de registro nos termos do art. 94 da Lei de Registros Públicos: "O registro das sentenças declaratórias de ausência, que nomearem curador, será feito no cartório do domicílio anterior do ausente, com as mesmas cautelas e efeitos do registro de interdição". A redação do dispositivo não é das melhores. A curadoria será uma constante perante o procedimento. Além do mais, a decretação da ausência é de suma importância, ainda que não existam bens para sucessão.

6. A SUCESSÃO PROVISÓRIA

Esgotado o prazo do art. 28 do CC, inicia-se a segunda fase pela sucessão provisória. Não existindo sucessor habilitado, será possível a conversão do procedimento para o de herança jacente (art. 28, § 2º, do CC). É possível que exista sucessor incapaz, o que exigirá a abertura do procedimento pelo Ministério Público (art. 28, § 1º, do CC). Não deve ser descartada a notícia de falecimento do ausente, o que provocaria a conversão do procedimento em sucessão definitiva.

6.1 Requisitos para a sucessão provisória

Com o trânsito em julgado da sentença de declaração de ausência somado ao transcurso de 180 dias, abre-se a sucessão provisória, que deverá ser requerida pelos habilitados.

O procedimento da sucessão obedecerá ao rito do inventário ou do arrolamento. Tratando-se de herdeiros maiores e capazes e credores concordes, e assegurando-se a participação do Ministério Público, não há motivo para não permitir o processamento da sucessão pelo rito simplificado.

A diferença pontual quanto à habilitação na sucessão reside na qualidade do herdeiro. O art. 30 do CC expressamente determina a necessidade de garantia idônea para que o herdeiro ou interessado possa ter direito ao quinhão ou bem pertencente ao acervo do ausente. Esta garantia somente não será exigida dos ascendentes, descendentes e do cônjuge (art. 30, § 2º, do CC).

Importante que o juiz tome atenção quanto aos bens que podem sofrer depreciação, pois, não sendo possível a imissão, por ausência de garantia idônea, os móveis poderão ser alienados para conversão em imóveis ou em dinheiro por meio de aplicação em títulos da união (art. 29 do CC).

Realizada a partilha na sucessão provisória, com a imissão provisória nos bens, a representação ativa e a passiva do ausente correrão por conta dos herdeiros (art. 32 do CC), o que formará autêntico litisconsórcio necessário.

6.2 Eficácia da sucessão provisória

Dentre os benefícios diretos gerados aos herdeiros provisórios do ausente visualiza-se a percepção dos frutos e rendimentos. O curador que atuou na fase anterior não tem direito à percepção, mas a uma remuneração que deverá ser fixada pelo juiz. Aqui, os sucessores não fazem jus à remuneração; contudo, terão direito a fruir do patrimônio dentro dos limites legais. O Código realiza tratamento diferenciado em relação aos sucessores, uma vez os herdeiros necessários são dispensados de caução e capitalização de parte dos frutos e rendimentos, uma vez que podem usufruir desde já de sua integralidade. Nosso sistema não faz alusão específica, como no Direito Português, aos alimentos como cota específica. Trata-se da figura do ausente casado nos termos do art. 108º do CC português.[44] Esta diferenciação é fundamental, pois antes de realizar a separação entre os herdeiros o monte partível sempre deve resguardar quantia suficiente para o pagamento das dívidas. Ora, a obrigação alimentar do ausente corresponde a uma dívida mensal e prioritária. Não deve ser imputado o pagamento sobre os frutos e rendimentos da sucessão, mas, sim, o patrimônio comum deverá suportar este ônus, com reserva de bens suficientes; afinal, somente se sucede quanto ao excesso, ou seja, quanto ao montante que supera o valor das dívidas.[45]

Em relação aos demais herdeiros facultativos será essencial a capitalização de metade dos frutos e rendimentos, sendo imprescindível a prestação de contas. No sistema português a regra é semelhante e representada pelo art. 111º do CC português, sendo necessária a reserva de um terço dos rendimentos líquidos. Os herdeiros excluídos da sucessão provisória por impossibilidade de prestar caução idônea poderão requerer metade dos frutos e rendimentos que lhes tocariam em relação ao quinhão não recebido.

7. SUCESSÃO DEFINITIVA

A última fase do procedimento é a sucessão definitiva, que se opera após 10 anos do trânsito em julgado da sentença de sucessão provisória

---

44. Menezes Cordeiro, *Tratado de Direito Civil Português – Parte Geral*, t. III, p. 381.
45. Fabio Caldas de Araújo e José Miguel Garcia Medina, *Código Civil Comentado*, cit., p. 83.

(art. 37 do CC). Existe a possibilidade de sucessão definitiva direta quando se comprovar que o ausente contava com mais de 80 anos no momento do desaparecimento e já esta fora do seu domicílio há mais de 5 anos. Obviamente, em qualquer fase a notícia da morte converterá o procedimento para o de sucessão definitiva.

8. DECLARAÇÃO DE AUSÊNCIA E MORTE PRESUMIDA PARA FINS PREVIDENCIÁRIOS

É muito frequente a confusão em juízo, especialmente frente aos juízos estaduais que possuem competência delegada da Justiça Federal, em relação a pedidos de declaração ausência com fundamento nos arts. 22 do CC e 744 do CPC, para fazer prova do desaparecimento do segurado para fins de pensão por morte.

A lei previdenciária não exige a utilização do art. 744 do CPC para permitir que o cônjuge e demais dependentes possam pleitear a pensão provisória. O art. 78 da Lei 8.213/1991 reconhece a possibilidade de concessão, muito embora baralhe os conceitos de ausência e morte presumida. O dispositivo determina a possibilidade de concessão da pensão provisória pela declaração judicial de morte presumida em duas situações: (a) quando comprovada a ausência do segurado por mais de seis meses sem notícia do seu paradeiro (art. 78, *caput*) ou (b) comprovação do envolvimento do segurado em acidente, desastre ou catástrofe, independentemente de qualquer prazo (art. 78, § 1º).

A análise de ambas as hipóteses demonstra que a primeira situação configura a demonstração da ausência do segurado, com prazo simplificado, em vista da urgência da verba alimentar. A segunda representa uma transposição do art. 7º do CC, o que elimina a necessidade de prazo mínimo e justifica a denominação de "morte presumida". O reaparecimento do segurado faz cessar o pagamento da pensão provisória e não obriga à devolução, exceto quando comprovada a má-fé (art. 78, § 3º, Lei 8.213/1991).

9. A "RESTITUTIO IN INTEGRUM" NA AUSÊNCIA

O ausente ou algum de seus ascendentes e descendentes possuem legitimidade para vindicar os bens que tenham sido transmitidos por ocasião da sucessão provisória ou definitiva, como prevê o art. 745, § 4º, do CPC.

Os ascendentes e os descendentes exercem suas pretensões por meio de autêntica petição de herança, uma vez que agem na qualidade de herdeiros. O ausente, na qualidade de autêntico proprietário. O pedido formulado após a sucessão provisória ou definitiva exige a formação de litisconsórcio passivo necessário (art. 745, § 4º, do CPC). Apesar da menção da necessidade de citação do Ministério Público e da Fazenda Pública, a necessidade de participação deverá ser avaliada no caso concreto. As regras de solução quanto ao conflito e à devolução dos bens sucedidos, de modo provisório ou definitivo, obedecem às disposições da lei material (art. 39, *caput* e parágrafo único, do CC).

§ 12. COISAS VAGAS

1. O TRATAMENTO DAS COISAS VAGAS NO CÓDIGO CIVIL BRASILEIRO

A expressão "coisas vagas" não é de maior precisão técnica. O procedimento do art. 746 do CPC regula o modo de recuperação dos bens móveis perdidos. A distinção entre a *descoberta* de um bem perdido (*res derelicta*) e a ocupação de um objeto que não pertence a ninguém (*res nullius*) é de grande relevância, em virtude da diferença quanto ao estatuto jurídico aplicável.[46]

O art. 746 do CPC refere-se ao instituto da descoberta, regulado pelo art. 1.233 do CC. Pelo Código Civil/1916 a descoberta era denominada "invenção". A invenção era classificada impropriamente como uma modalidade de ocupação. Pontes de Miranda, com sua precisão insuperável, não considerava a invenção como categoria da ocupação, exceto se fosse de tesouro.

A configuração adotada pelo atual Código Civil é correta, pois na descoberta não existe a aquisição originária da propriedade, como na ocupação. As coisas perdidas são devolvidas, e nunca adquiridas de modo imediato. O objeto perdido caracteriza um desmembramento entre a posse indireta e a posse direta. O proprietário tem o direito de reaver a posse direta perdida. A doutrina alemã é precisa quanto ao ponto, pois na descoberta o objeto encontra-se destituído de possuidor, mas não destituído de senhoria (*besitzlos, aber nicht herrenlos gewordene Sachen*).[47]

Na ocupação, ao contrário, trata-se de *res nullius* – portanto, coisas inapropriadas que permitem a aquisição da propriedade pela posse. Na

---

46. José Maria Rosa Tesheiner, *Jurisdição Voluntária*, p. 74.
47. Schwab/Prütting, *Sachenrechts*, 29ª ed., p. 235.

descoberta apenas se perdeu a posse, mas o bem possui um proprietário certo. No sistema brasileiro a descoberta não gera a propriedade, mesmo com o transcurso de longo prazo sem reclamação do proprietário. O descobridor terá direito a uma indenização nunca inferior a 5% do valor do bem, sendo obrigatório que notifique a autoridade pública, a quem caberá o encargo de vender o bem em hasta pública (art. 1.234 do CC).

2. O PROCEDIMENTO PARA A ARRECADAÇÃO DOS BENS PERDIDOS

Como regra, os objetos perdidos são identificados pela autoridade policial, que os recepciona pela entrega do descobridor. O procedimento judicial acaba sendo raro, pois nem sempre o descobridor realiza a comunicação para a autoridade policial ou para o juízo. Como adverte ilustre processualista, muitas vezes prevalece a regra "encontrei, é meu".[48] *O juízo competente obedecerá à regra do art. 46 do CPC.*

Tratando-se de objeto de valor, e desde que realizada a entrega para a autoridade policial ou judicial, o art. 746, § 2º, do CPC apenas regula o procedimento edital. Deverá ser realizada a publicação no sítio da rede mundial de computadores, na plataforma digital do CNJ e junto ao tribunal a que estiver vinculado. Não existindo plataforma digital hábil, a publicação será realizada no órgão oficial e na imprensa local. Tratando-se de bem de pequena monta e não sendo possível a publicação no sítio do tribunal, permite-se a afixação do edital no átrio do fórum.

§ 13. DA INTERDIÇÃO

1. A CURATELA DOS INCAPAZES

O procedimento de curatela dos interditos visa a proteger o direito fundamental de autodeterminação do ser humano. A restrição quanto à capacidade de fato de qualquer ser humano é excepcional, motivo pelo qual toda e qualquer restrição deverá ser acompanhada pelo juiz, o que transforma o processo de interdição em *processo necessário*.

O procedimento de interdição é necessário para o nascimento da curatela. Embora possam ser catalogados como institutos afins, curatela e tutela são institutos diversos. Ambos visam à proteção do sujeito de direito incapaz, mas a tutela está voltada à proteção do sujeito enquanto perdurar a *menoridade*, e a curatela protege os sujeitos de direito que estão na *maioridade*. A tutela (art. 1.728 do CC) reflete o *princípio da*

---

48. José Maria Rosa Tesheiner, *Jurisdição Voluntária*, cit., p. 74.

proteção integral à criança e ao adolescente para situações em que o poder familiar sofre interrupção temporária (suspensão do poder familiar – arts. 1.728, II, do CC e 36, parágrafo único, do ECA) ou definitiva (decretação de perda do poder familiar ou morte dos pais – arts. 1.728, I, do CC e 36, parágrafo único, do ECA).

A concessão da curatela pressupõe a configuração de alguma deficiência psíquica ou intelectual que impeça a gestão patrimonial da pessoa maior. Na verdade, nossa legislação atual procura combinar dois critérios diversos: (a) *discernimento* e (b) *autonomia*.[49] O primeiro revela a opção do CC, conforme leitura dos arts 3º e 4º em suas redações originais. O segundo é moldado pelo Convenção Internacional de 2007, ratificada pelo Brasil e que serviu de fonte (*Leitmotiv*) para a promulgação da Lei 13.146/2015.

É importante observar a releitura da função da curatela após a aprovação do Estatuto da Pessoa Portadora de Deficiência (v. *infra* – Lei 13.146/2015), uma vez que desde a incorporação da Convenção Internacional é garantido o direito de inclusão da pessoa com deficiência, com o reconhecimento e a promoção de sua autodeterminação, que abrange as esferas pessoal, social, cultural. Neste sentido deve ser lido o art. 85 do Estatuto: "A curatela afetará tão somente os atos relacionados aos direitos de natureza patrimonial e negocial".

Uma análise histórica e do Direito Comparado permite concluir que a Lei 13.146/2015 apenas confirma o papel que foi reservado para a curatela no Direito moderno, a partir do século XX. Mesmo os alemães, que foram os responsáveis pela reconstrução e pela releitura do Direito Romano, tomaram o cuidado de construir a figura da curatela para as pessoas enfermas, e, ainda, apenas para aquelas que voluntariamente a requeressem, sem que lhes fosse diminuída a capacidade civil.[50] A necessidade do consentimento revela expressão do direito de livre manifestação da vontade e do direito à dignidade, ou seja, projeções da proteção integral do direito à vida e da tutela da dignidade (art. 10 da Lei 13.146/2015).[51]

O direito de viver, em plenitude, é inerente ao ser humano, seja ele portador ou não de alguma deficiência. A solução adotada por grande parte dos sistemas modernos sempre esteve atrelada à solução romana,

---

49. Célia Barbosa Abreu, *Primeiras Linhas sobre a Interdição após o Novo Código de Processo Civil*, p. 54.
50. V. o brilhante trabalho de Francisco Pereira de Bulhões Carvalho, *Incapacidade Civil e Restrições de Direito*, t. I, n. 243, p. 299.
51. Conforme expressa previsão do art. 10 da Lei 13.146/2015: "Compete ao Poder Público garantir a dignidade da pessoa com deficiência ao longo de toda a vida".

que consolidou uma solução prática pela formação de tipos cerrados e excepcionais para limitar a capacidade.[52]

A praticidade da solução romana, especialmente quanto à noção de miserabilidade, exerceu grande influência, e seu efeito prático era importante em relação aos atos jurídicos praticados com incapazes, cujo prejuízo provocava o benefício da restituição integral (*restitutio in integrum*). Nossas ordenações acompanharam a solução romana, como preconizou Lobão: "*id est o Romano*, ["*o que é romano*"] pois se outorgava o benefício da restituição aos menores, Fisco, às casas religiosas, pias, aos furiosos, aos presos, viúvas".[53]

No estágio atual há clara tendência de minimização do papel da curatela para que abranja a tutela na esfera patrimonial. Contudo, em muitas situações a limitação do interditando poderá não estar restrita apenas à esfera patrimonial. Somente quem nunca atuou em processos desta natureza poderia limitar a curatela para fins patrimoniais. É certo que a concessão de poderes para questões atreladas a situações existenciais deve ser extraordinária, mas em alguns casos será essencial. Isto se verificará especialmente em casos de autointerdição ou quando exista situação transitória.

É possível que a pessoa tome conhecimento de ser portadora de doença degenerativa e progressiva como o *Alzheimer*, que é incurável.[54] Nesta situação o pedido de autointerdição ou mesmo a interdição a pedido da família não poderão ficar limitados a questões patrimoniais. O que se mostra importante é o controle desta curatela, que terá como fim garantir a tutela da intimidade e da dignidade desta pessoa, inclusive para o respeito da personalidade do enfermo que tenha firmado testamento vital, no qual tenha estabelecido a forma de seu tratamento no período em que não contar mais com a capacidade de discernimento.[55]

---

52. As tipificações para fins de proteção do incapaz nascem no Direito Romano, mas em função de uma situação histórica peculiar que justificou o nascimento da restituição integral, mesmo para as pessoas maiores de 25 anos e posteriormente para o Fisco, como aponta Glück, *Ausführliche Erläuterung der Pandecten nach Hellfeld*, vol. VI – Primeira Parte, § 465, p. 23.

53. Lobão, *Notas de Uso Pratico e Críticas (Notas a Mello)*, 4ª ed., Parte II, Título XIII, pp. 503 e ss.

54. V. http://abraz.org.br/sobre-alzheimer/o-que-e-alzheimer (acesso em 22.6.2017).

55. Sobre a possibilidade de o testamento ser cumprido em vida, ou seja, o *testamento vital*, v.: Fabio Caldas de Araújo e José Miguel Garcia Medina, *Código Civil Comentado*, p. 59.

2. A MUTAÇÃO NO REGIME DAS INCAPACIDADES E A RELEITURA CONSTITUCIONAL DA CURATELA

A interdição, atualmente, consiste em procedimento de alta complexidade, em vista das mutações sofridas no direito material, especialmente no que tange à alteração do regime das incapacidades reguladas pelos arts. 3º e 4º do CC, ante a necessidade de releitura constitucional do papel da curatela.[56]

Neste ponto, dois diplomas exerceram influência decisiva na mudança do regime das incapacidades.

Primeiramente, a *Convenção sobre os Direitos das Pessoas com Deficiência* (2007), a qual foi ratificada pelo Brasil (2008).[57]

A Convenção representa uma revolução quanto ao regime da curatela ao promover a inclusão da pessoa com deficiência na sociedade civil permitindo sua igualdade e estabelecendo a necessidade de adaptação da legislação material e da processual para criação de mecanismos de salvaguarda aos portadores de deficiência.[58]

O segundo diploma é representado pelo Estatuto da Pessoa com Deficiência, promulgado pela Lei 13.146/2015, cujo texto materializa, internamente, a recepção da Convenção e muda o cenário secular de tratamento das pessoas com deficiência. O Estatuto enaltece o *princípio da proteção integral ao deficiente*, assegurando os direitos à vida, à igualdade, à propriedade, e especialmente em relação ao poder de decisão sobre questões concernentes à reserva da intimidade (casamento, direito de testar, tratamento médico, adotar, procriar dentre outras – em especial, arts. 6º e 8º da Lei 13.146/2015) –, o qual poderá ser auxiliado na tomada de decisão (art. 84, § 2º, da Lei 13.146/2015).

---

56. Alteração promovida pelo art. 114 da Lei 13.146/2015 (Estatuto da Pessoa com Deficiência).
57. Ratificada pelo Decreto Legislativo 186, de 9.7.2008, e promulgada pelo Decreto 6.949, de 25.8.2009.
58. V. art. 12, 4, da Convenção: "Os Estados-Partes assegurarão que todas as medidas relativas ao exercício da capacidade legal incluam salvaguardas apropriadas e efetivas para prevenir abusos, em conformidade com o direito internacional dos direitos humanos. Essas salvaguardas assegurarão que as medidas relativas ao exercício da capacidade legal respeitem os direitos, a vontade e as preferências da pessoa, sejam isentas de conflito de interesses e de influência indevida, sejam proporcionais e apropriadas às circunstâncias da pessoa, se apliquem pelo período mais curto possível e sejam submetidas à revisão regular por uma autoridade ou órgão judiciário competente, independente e imparcial. As salvaguardas serão proporcionais ao grau em que tais medidas afetarem os direitos e interesses da pessoa".

Importante salientar que a tutela integral da pessoa deficiente promoveu alteração em diversos dispositivos do Código Civil, conforme leitura do art. 114 da Lei 13.146/2015, que reformulou as causas de incapacidade absoluta e relativa e promoveu o direito de igualdade quanto ao tratamento nas relações jurídicas, independentemente de sua natureza.

3. CURATELA E TOMADA DE DECISÃO APOIADA: QUESTÕES PATRIMONIAIS E EXISTENCIAIS

A natureza estritamente patrimonial e negocial da curatela para fins de interdição é reafirmada pela dicção do art. 85, § 1º, do Estatuto: "A definição da curatela não alcança o direito ao próprio corpo, à sexualidade, ao matrimônio, à privacidade, à educação, à saúde, ao trabalho e ao voto". A interdição, quando necessária, deve ser preferencialmente parcial, temporária e excepcional (art. 84, § 3º, Lei 13.146/2015), o que justifica a obrigatoriedade de motivação explícita quanto aos limites da curatela, conforme dicção do art. 755, § 3º, do CPC.

No entanto, como alerta a doutrina, a opção de limitação expressa da curadoria ao fim meramente patrimonial deve ser interpretada com cuidado, inclusive para não prejudicar a pessoa hipossuficiente. Não parece correto "engessar" a interdição, restringindo-a de modo incondicionado, para fins unicamente patrimoniais e não existenciais. Afinal, em determinados casos a situação poderá ser absolutamente inversa.[59]

A avaliação quanto à necessidade da interdição e seus limites deverá ser averiguada na relação processual. É claro que a curatela sempre deverá ser orientada pela intervenção mínima, mas em situações avaliadas pela equipe multidisciplinar, pelo perito e pelo juiz a medida poderá abarcar um regime de proteção integral. Nem sempre a tomada de decisão apoiada (art. 84, § 2º, da Lei 13.146/2015) poderá ser utilizada para questões existenciais, o que deverá ser analisado em amplo contraditório.

A leitura da Lei 13.146/2015 procurou separar nitidamente as *questões patrimoniais* para fins de curatela e as *questões existenciais* para o regime da tomada de decisão apoiada (art. 84, § 2º, da Lei 13.146/2015) A inserção da medida de tomada de decisão apoiada junto ao art. 1.783-A do CC foi importante como meio de permitir que questões existenciais

---

59. Como alerta Célia Barbosa Abreu: "De fato, nada impede que, na interdição parcial, as restrições recaiam sobre as situações existenciais e não sobre as patrimoniais. Um indivíduo pode não estar apto a cuidar de seus assuntos pessoais existenciais, podendo, no entanto, estar apto a cuidar de seus assuntos patrimoniais" (*Primeiras Linhas sobre a Interdição Após o Novo Código de Processo Civil*, p. 53).

relacionadas a saúde, relacionamento pessoal, trabalho e mesmo questões patrimoniais possam ser decididas com o apoio de pessoas de confiança, sem qualquer interferência na capacidade do apoiado. O art. 1.783-A determina que a medida nasce por requerimento da própria pessoa com deficiência, que elege duas pessoas de sua confiança para auxiliá-la na tomada de decisão. A tomada de decisão apoiada acaba sendo importante instrumento para auxiliar a pessoa com deficiência nas situações existenciais, especialmente pelo elo de confiança e respeito que a une aos apoiadores. Em todo caso, nem sempre a tomada de decisão poderá suprir a necessidade de curatela, o que deverá ser avaliado no caso concreto.

4. PROCEDIMENTO DA INTERDIÇÃO

Em virtude da releitura quanto ao papel da curatela, deve-se analisar o *modus operandi* do procedimento de interdição em vista da redação do art. 85, *caput* e §§ 1º e 2º, do Estatuto da Pessoa com Deficiência (Lei 13.146/2015). A competência para a propositura do pedido obedece ao foro geral, conforme o art. 46 do CPC.[60] Após a interdição as ações propostas contra o interdito obedecem ao foro do art. 50 do CPC.

4.1 Diálogo das fontes: Código de Processo Civil e Estatuto da Pessoa com Deficiência

A aplicação do procedimento da interdição para fins da fixação da curatela em benefício da pessoa deficiente exige a leitura integrada entre o Código de Processo Civil e o Estatuto (Lei 13.146/2015), ambos iluminados pelo texto constitucional. O diálogo entre os diplomas é essencial para que não exista ofensa ao princípio constitucional de proteção integral à vida da pessoa deficiente.[61] Deve ser frisado que o art. 121 da Lei 13.146/2015 franqueia abertamente a aplicação do diálogo das fontes.[62]

---

60. Pontes de Miranda, *Comentários ao Código de Processo Civil*, t. XVI, p. 369.

61. Sobre a aplicação do diálogo das fontes no direito material e no processual, v.: Cláudia Lima Marques, "O 'diálogo das fontes' como método da nova Teoria Geral do Direito: um tributo a Erik Jayme", in Cláudia Lima Marques (coord.), *Diálogo das Fontes – Do Conflito à Coordenação de Normas do Direito Brasileiro*, pp. 17-66.

62. Lei 13.146/2015:

"Art. 121. Os direitos, os prazos e as obrigações previstos nesta Lei não excluem os já estabelecidos em outras legislações, inclusive em pactos, tratados, convenções e declarações internacionais aprovados e promulgados pelo Congresso Nacional, e devem ser aplicados em conformidade com as demais normas internas e acordos internacionais vinculantes sobre a matéria.

A ausência de interação entre os legisladores reformadores da lei material e da lei processual provocou uma situação paradoxal no ordenamento jurídico. O Estatuto da Pessoa com Deficiência foi promulgado em período que o Código de Processo Civil já tinha sido publicado e havia revogado expressamente os arts. 1.768 a 1.773 do CC, conforme redação do art. 1.072, II, do CPC, atinente às disposições finais e transitórias. Logo, as alterações promovidas pelo Estatuto da Pessoa com Deficiência seriam inócuas, pois os dispositivos estariam revogadas por ocasião da entrada em vigência do vigente Código de Processo Civil.

Os arts. 747 a 758 do CPC passaram a regular integralmente o procedimento de interdição, centralizando a matéria de índole processual e eliminando-a do Código Civil. No entanto, o Estatuto trouxe alteração importante, como a inserção da possibilidade da autointerdição. Esta criação veio adicionada como um novo inciso do art. 1.768 do CC: "O processo que define os termos da curatela deve ser promovido: (...); IV – pela própria pessoa" – com revogação do art. 1.780 do CC.

Percebe-se claramente a opção de expressa integração e direito à autodeterminação da pessoa deficiente, inclusive ao permitir que possa ser a responsável por deflagrar o processo de sua curatela. Logo, denota-se que não há possibilidade resolver o impasse entre os diplomas legais pelas regras tradicionais de direito intertemporal. O diálogo entre as fontes legais (*Der Dialog der Quellen*), com a integração dos diplomas, é a única solução de harmonização apta a visualizar o transporte do inciso IV do art. 1.768 do CC como novo inciso V do art. 747 do CPC.[63]

Pelo CPC /2015 o Ministério Público seria legitimado para propor ação de modo excepcional, o que se denota da separação promovida pelos seus arts. 747 e 748. O agente ministerial atuaria apenas quando configurada doença mental grave, nos termos do art. 748, em face das hipóteses nominadas nos incisos I e II.

O Estatuto alterou o art. 1.769 do CC, que tratava da legitimidade ativa do Ministério Público, e otimizou sua participação na relação processual, para que ela tenha cabimento não apenas em situação de doença mental grave, mas quando configurada *deficiência mental ou intelectual* (art. 1.769, I, do CC). Logo, ainda que o art. 1.769 do CC tenha sido revogado pelo CPC, a integração do diploma ao art. 748 do CPC não poderá ser negada. Afinal, ao se reconhecer a legitimidade para a curatela

"Parágrafo único. *Prevalecerá a norma mais benéfica à pessoa com deficiência*" (grifos nossos).
63. Sobre o diálogo das fontes como meio de interpretação e integração v. o que escrevemos na Parte Geral deste *Curso*, no t. I, p. 264.

não apenas em face de deficiência mental, mas também de deficiência intelectual, obedece-se ao *princípio da proteção integral*. As situações de interação entre os diplomas merecem análise cuidadosa. A exigência inserida pelo Estatuto junto ao art. 1.771 do CC, da participação obrigatória de equipe multidisciplinar, parece descabida. A experiência na judicatura revela que a presença da equipe na fase da entrevista (antigo interrogatório) deve ser facultativa e somente em casos excepcionais deve ser solicitada, como em situações em que a petição inicial alegar deficiência intelectual, cuja constatação é mais difícil e exige análise meticulosa na entrevista. Todavia, entre o confronto do art. 1.771 do CC e do art. 751 do CPC, deverá prevalecer a regra processual, que atende ao melhor interesse do interditando, propiciando a realização do ato somente com a participação facultativa.

4.2 Legitimidade ativa para o pedido

O procedimento para a instituição da curatela está disciplinado pelos arts. 748 e 749 do CPC. Como já afirmado, os dispositivos do Código Civil foram expressamente revogados pelo art. 1.072, II, do CPC. Contudo, a leitura dos dispositivos do Código de Processo Civil merece análise integrada com as modificações oriundas da Lei 13.146/2015.

O art. 748 do CPC estabelece a primazia da legitimidade quanto ao pedido de curatela pelo elo pessoal e parental do interditando. A possibilidade de o pedido ser formulado pelo cônjuge ou companheiro presume a manutenção da sociedade conjugal ou da união estável mesmo após o surgimento da causa de incapacidade (art. 748, I). Os parentes ou tutores também são legitimados naturais para o pedido de interdição (art. 748, II). Houve significativa inovação na previsão de o pedido de interdição ser formulado pelo representante da entidade em que a pessoa está abrigada (art. 747, III). É muito comum em juízo os pais serem encaminhados para instituições de acolhimento pelos filhos, sendo necessária a curatela pelo representante como meio de proteção ao idoso acolhido.

A autointerdição, inserida pelo art. 114 da Lei 13.146/2015, deve ser respeitada, ainda que revogado o art. 1.768, IV, do CC (v. *supra*). É plenamente possível que pessoas com doenças progressivas e degenerativas pleiteiem a instituição da curatela e que redijam *testamento vital* para fins de cumprimento pelo curador.

O Ministério Público, quando não atuar como parte (art. 748, I e II, do CPC), sempre atuará como fiscal da ordem jurídica (art. 752, § 1º, do

CPC). Sua função será supletiva para as situações de *deficiência mental* ou *intelectual*, conforme o art. 114 da Lei 13.146/2015. A releitura do art. 748, *caput*, do CPC é essencial, pois não se mostra legítima a restrição de sua atuação para os casos de doença mental grave.

4.3 Petição inicial e concessão de tutela de urgência

A petição inicial deverá preencher os requisitos essenciais do art. 319 do CPC para possibilitar o desenvolvimento da relação processual. Como regra, a causa de pedir é fundamentada por documentos médicos que atestam a existência de anomalia sugestiva quanto à necessidade da curatela.

O requerente deve estabelecer a causa do pedido de curatela (deficiência psíquica, intelectual), inclusive expondo sua necessidade temporária ou permanente, em vista da situação pessoal do interditando.

São comuns pedidos instruídos com laudos oficiais do INSS, o que facilita o exame quanto à concessão da curadoria provisória (art. 749, parágrafo único, do CPC). O oferecimento de quadro probatório documental é essencial para a concessão da tutela de urgência. A medida restritiva quanto à capacidade é sempre excepcional, o que exige que a decisão provisória sempre estipule os limites precisos da curadoria liminar (art. 749, parágrafo único, do CPC).

A inexistência de laudo ou documentos médicos não impede o desenvolvimento do pedido, mas a petição deverá descrever de modo preciso os motivos que justifiquem a necessidade da curatela (art. 321 do CPC). Embora as provas técnicas sejam realizadas no decorrer da instrução, o ajuizamento do pedido é excepcional e não pode revelar objetivo escuso ou lide temerária. A parte deve justificar a ausência do laudo ou dos documentos médicos (art. 750 do CPC). Os documentos anexados não provam a incapacidade, pois apenas a sentença de interdição revela a existência de restrição quanto à capacidade. Contudo, laudo preliminar, atestados médicos, receitas e prontuários são documentos importantes para auxiliar o juízo na concessão da tutela provisória e para orientar a elaboração do laudo judicial.[64]

---

64. "O atestado médico não faz prova da incapacidade e deve ser analisado pelo julgador para identificar se há condições da prática de atos da vida civil por aquele que está com a saúde fragilizada (...) – Agravo regimental a que se nega provimento" (STJ, 4ª Turma, AgR no AREsp 23.336-GO, rela. Min. Maria Isabel Gallotti, j. 15.12.2015, *DJe* 18.12.2015).

4.4 A entrevista do interditando

A formação regular do procedimento exige a citação válida do interditando, que deverá comparecer em juízo para ser entrevistado. A entrevista refere-se a ato processual de maior amplitude e densidade quando comparado com o interrogatório previsto pelo art. 751 do CPC/2015. A importância do ato de entrevista reveste-o de prova obrigatória. Aqui não há faculdade do juiz em produzi-la ou não. A entrevista exige autêntica inspeção judicial, o que revela o contato direto do julgador com a pessoa que poderá sofrer os reflexos da decisão de curatela. A imediação é essencial para que o juiz tome contato e possa realizar perguntas sobre ao interditando, com o objetivo de avaliar sua capacidade de resposta e interação.

A impossibilidade de comparecimento da parte para a entrevista, devidamente motivada, especialmente por questões de saúde, torna obrigatória a inspeção judicial no local de residência do interditando (art. 751, § 1º, do CPC).[65] Esta medida é custosa e demanda maior tempo, mas os resultados da presença do juiz no local são imensos, pois pode realizar a oitiva de parentes e pessoas próximas, observando a situação real vivenciada pela pessoa.

A figura do intérprete assim como a existência de recursos disponíveis para a comunicação adequada deverão ser disponibilizados com antecedência para que o ato de comunicação não seja prejudicado (art. 751, § 3º, do CPC).

4.5 Equipe multidisciplinar

O auxílio de equipe multidisciplinar já é reconhecido por todos que atuam em áreas específicas e sensíveis como nos juízos da infância e da adolescência. As audiências concentradas realizadas para a averiguação da situação das crianças e adolescentes abrigados ou alocados em famílias substitutas seriam impossíveis sem o auxílio da equipe multidisciplinar.

No processo de interdição sua participação será muito importante, especialmente para aqueles casos limítrofes, nos quais mesmo o juiz e o promotor experientes tenham dificuldade de formar um quadro exato da situação. Como exemplo citamos as situações de deficiência intelectual, ou seja, pessoas que tenham dificuldade de compreensão ou de aprendi-

---

65. Para o regime geral de produção de prova oral a inspeção também tem cabimento, conforme o art. 449, parágrafo único, do CPC.

zado. Muitas vezes a entrevista isolada não produzirá o efeito desejado, mas a participação da equipe técnica poderá ser essencial para permitir uma correta avaliação e auxiliar o perito na elaboração do laudo.

Nem toda comarca conta com esta equipe. O juiz poderá requisitar a presença de *amicus curiae* para auxiliar na entrevista, inclusive funcionários especializados do Município, do Estado ou da União. A presença poderá ser dispensada pelo juiz, especialmente perante situação notória (art. 374, I, do CPC).

4.6 A defesa

A apresentação de defesa é essencial para a regularidade do processo de instituição da curatela. Jamais alguém poderá ter sua capacidade restringida sem a possibilidade de defesa. O rigor quanto ao procedimento da interdição pode ser visualizado pela obrigatoriedade da inspeção do juiz e pela necessidade da prova pericial.

Após a entrevista o interditando poderá ofertar defesa no prazo de 15 dias, por meio de advogado. Aqui denota-se que o procedimento de interdição está alocado erroneamente como procedimento de jurisdição voluntária, pois a controvérsia revela sua natureza contenciosa.[66]

A ausência de defesa exigirá que o juiz realize a nomeação de curador especial para que formule a defesa em juízo. Não existindo a nomeação de advogado pelo próprio interditando, o sistema permite que o cônjuge, o companheiro ou parente em linha de sucessão possam intervir como assistentes. A assistência simples tem como objetivo evitar possíveis efeitos reflexos na esfera patrimonial e na prática de atos civis em caso de interdição.

4.7 Instrução probatória

Após a formulação da defesa e o saneamento do processo, o juiz deverá determinar a produção da prova pericial (art. 753 do CPC). A complexidade do caso poderá exigir que a perícia seja realizada por mais de um perito, com formação multidisciplinar.

A perícia pressupõe a formação dos quesitos. É salutar que o juízo conceda prazo para seu oferecimento para o autor e para o Ministério

---

66. A dificuldade quanto ao enquadramento também foi apontada na doutrina alemã por Pontes de Miranda, *Comentários ao Código de Processo Civil*, cit., t. XVI, p. 369.

Público e que também formule quesitos, pois a sentença em caso de interdição precisará estabelecer os limites da curatela.

O laudo pericial deverá ser fundamentado e especificar quais atos da vida civil devem sofrer limitação em relação ao examinado. As partes devem se manifestar sobre o laudo, no prazo de cinco dias (art. 218, § 3º, do CPC) e podem pedir sua complementação ou esclarecimentos sobre ponto obscuro, omisso ou contraditório.

Se, por um lado, o laudo é obrigatório, ele não vinculará o magistrado (*perito peritorum*), que poderá determinar a produção de nova prova ou até mesmo julgar improcedente o pedido. A não produção do laudo provoca a nulidade do procedimento.

5. Natureza jurídica da sentença de interdição

A sentença de interdição sempre assumiu caráter polêmico quanto à sua natureza declaratória ou constitutiva. Já defendemos em outro trabalho sua natureza constitutiva e sua eficácia *ex nunc*.[67] Quanto à natureza do provimento judicial não há maiores problemas para a classificação da sentença, adotando-se a teoria quinária. O efeito principal é a constituição negativa, gerada pela modificação operada na situação jurídica do interdito. Há efeito secundário declaratório, pois a sentença não cria mas reconhece uma patologia ou doença congênita ao curatelado. Quanto aos atos praticados pelo interdito antes da sentença, eles poderão ser desconstituídos, pois, como se ressaltou, a sentença modifica a situação jurídica *ex nunc* mas não cria o estado fático, apenas o reconhece.

Não há dúvida de que a sentença de interdição reconhece fato jurídico relativo à causa que gera a incapacidade e que constitui o motivo para a prolação de comando sentencial de restrição ao estado de capacidade. Note-se que o elemento finalístico da interdição é alcançado apenas com a sentença; logo, a eficácia constitutiva-negativa é preponderante, com exigência de publicidade da sentença para que opere eficácia *ex nunc*.

Nada impede a desconstituição de atos jurídicos anteriores, por via própria, respeitando-se sempre os terceiros que agiram de boa-fé.[68] Nesta discussão a pretensão declaratória assume força preponderante com a demonstração da nulidade da relação jurídica no momento em

---

67. Em coautoria com José Miguel Garcia Medina, *Código Civil Comentado*, cit., p. 1.048.
68. Neste sentido: Pontes de Miranda, *Comentários ao Código de Processo Civil*, cit., t. XVI, p. 390.

que o ato/negócio jurídico havia sido celebrado. A boa-fé exercerá papel fundamental e modulador.

A eficácia declaratória, ainda que não preponderante, opera efeitos imediatos e com natureza *ex tunc* por meio da sentença. Um exemplo reside no reconhecimento imediato de não fluência dos prazos de prescrição contra o incapaz. A proteção ao interesse do incapaz pode ser garantida por meio da sentença, e a determinação do termo *a quo* da incapacidade revela-se fundamental.[69]

A sentença de interdição deverá determinar expressamente a causa e a finalidade da curatela (art. 755 do CPC). O juiz deverá nomear o curador e fixar os poderes da curatela, resguardando ao máximo a capacidade do interdito. É possível que o interditado tivesse pessoa incapaz sob sua guarda e responsabilidade. Nesta situação especial o juiz deverá ter a cautela de nomear curador que possa atender ao interesse de ambos, quando possível (art. 755, § 2º, do CPC).

Exigem-se o procedimento editalício e a averbação da interdição, em respeito aos terceiros de boa-fé e à necessidade de publicidade sobre o estado civil da pessoa (art. 755, § 3º, do CPC). Sem a publicidade a sentença não opera eficácia em relação a terceiros de boa-fé. A averbação da sentença de interdição (art. 92 da Lei de Registros Públicos) deve ser realizada no junto ao registro de nascimento e de casamento. Além disso, a sentença deverá ser publicada imediatamente no sítio da rede mundial de computadores bem como endereço virtual do tribunal ao qual o juízo sentenciante estiver vinculado. Exige-se, ainda, a inserção na plataforma digital do CNJ, onde permanecerá por 6 meses. Também deverá ser publicada no órgão oficial por 3 vezes, com intervalo de 10 dias e com todos os dados essenciais: (a) nome do interdito; (b) nome do curador; (c) causa da interdição e limites do curatela; (d) especificação da interdição parcial com menção aos atos que o interdito poderá praticar autonomamente (art. 755, § 3º, *in fine*, do CPC).

---

69. "(...). É firme a orientação jurisprudencial desta Corte de que a suspensão do prazo de prescrição para os indivíduos absolutamente incapazes ocorre no momento em que se manifesta a sua incapacidade, sendo a sentença de interdição, para esse fim específico, meramente declaratória. 'A interdição judicial declara ou reconhece a incapacidade de uma pessoa para a prática de atos da vida civil, com a geração de efeitos *ex nunc* perante terceiros (art. 1.773 do CC), partindo de um 'estado de fato' anterior, que, na espécie, é a doença mental de que padece o interditado' (REsp n. 1.469.518-PE, rel. Min. Og Fernandes, 2ª Turma, j. 4.9.2014, *DJe* 22.9.2014). 3. Agravo interno da União desprovido" (STJ, 6ª Turma, AgInterno nos ED no REsp 1.171.108-RS, rel. Min. Antônio Saldanha, j. 27.9.2016, *DJe* 13.10.2016).

6. LEVANTAMENTO DA CURATELA

A interdição pode ser levantada a qualquer tempo quando a causa de sua instituição cessar. A princípio a restrição à legitimidade ativa do pedido de levantamento mostra-se indevida, pois o art. 756, § 1º, do CPC restringe-o à figura do curador, do Ministério Público ou do próprio interdito. A ausência de simetria com a legitimidade ativa para o pedido de interdição pode ser suprida pelo juiz.[70]

A petição inicial deverá conter a descrição da cessação da causa que gerou a interdição total ou parcial do curatelado. O art. 756, § 2º, do CPC estabelece que juiz providenciará a prova pericial, com produção do laudo para posterior designação de audiência de instrução, se necessário. No entanto, nada impede que o juiz faça a entrevista com o interditado para obter maior segurança quanto ao pedido de levantamento. O princípio inquisitivo permite a produção de provas de ofício, para a proteção do interditado. A sentença poderá reconhecer o levantamento parcial ou total, e sua publicidade obedece às mesmas regras do art. 756, § 3º, do CPC.

Para que o levantamento da interdição obtenha sucesso é muito importante a atividade do curador, que deve se empenhar na promoção de tratamento adequado e de apoio ao interdito para que possa obter o restabelecimento de sua condição de saúde, ainda que de modo parcial (art. 758 do CPC). É muito importante o convívio em ambiente familiar, sendo excepcional a decisão do curador de alocar o interdito em estabelecimento que o afaste da família ou da convivência de sua comunidade (art. 1.777 do CC).

7. CURATELA COMPARTILHADA

A princípio toda a responsabilidade sobre o patrimônio e sobre a pessoa do interdito ficará ao cargo do curador durante o período em que perdurar a curatela (art. 757 do CPC). Nada impede que o juiz, a pedido do curador ou visualizando solução diversa, inclusive nomeie mais de um curador, o que qualifica a curatela como compartilhada (art. 1.775-A do CC).

---

70. Neste sentido: Pontes de Miranda, *Comentários ao Código de Processo Civil*, cit., t. XVI, p. 404.

§ 14. DISPOSIÇÕES COMUNS SOBRE A TUTELA E A CURATELA

1. REGRAS GERAIS

A última Seção do Capítulo XV do Título III do Livro I da Parte Especial do Código de Processo Civil, que trata dos procedimentos de jurisdição voluntária, é dedicada a regular disposições comuns que se aplicam aos tutores e curadores. A tutela e a curatela são institutos afins, mas diversos.

A tutela é voltada à proteção dos sujeitos de direito que estão na menoridade e sujeitos ao poder familiar (*potestad*).[71] Os tutores nascem por decisão judicial em caso de suspensão ou extinção do poder familiar (arts. 1.637 e 1.638 do CC) ou por eleição testamentária.

A curatela revela instituto de magna função, em vista do altruísmo desempenhado por terceiro que protege e rege a vida de pessoa maior e incapaz. É possível a nomeação de curador para situações especiais, como para o nascituro (art. 1.779 do CC).

O Código de Processo Civil congrega regras gerais e procedimentais para instituição da tutela e da curatela (arts. 759 a 763). As normas comuns de natureza material são previstas pelo Código Civil (art. 1.781), o que revela que o encargo de ambas assume plena equivalência.

2. NOMEAÇÃO E COMPROMISSO DO TUTOR E DO CURADOR

É possível que a nomeação do tutor tenha sido decorrente de testamento ou de instrumento público, sem interferência prévia do juiz (art. 1.729, parágrafo único, do CC). Na curatela a interferência é obrigatória quanto à instituição, que exige sentença de interdição (art. 754 do CPC). Mesmo que a escolha possa nascer sem interferência judicial prévia, a assunção do encargo somente é formalizada com o procedimento judicial do art. 759 do CPC. Há autêntica delibação judicial que deflagra o procedimento.

O tutor e o curador nomeados devem prestar compromisso no prazo de cinco dias, contados da intimação da determinação judicial (despacho, decisão interlocutória ou sentença – art. 759, I e II, do CPC).

O juiz verificará o testamento ou documento público (art. 759, II, do CPC) que institui o tutor, proferindo despacho para intimar quanto

---

71. Francisco Rivero Hernández, *El Interés del Menor*, p. 214.

ao compromisso. É possível, ainda, que a nomeação decorra de decisão interlocutória, como na concessão de tutela de urgência para a nomeação de curador provisório (art. 749, parágrafo único, do CPC). A curatela e a tutela ainda podem nascer de sentença judicial, que determinará prazo para prestar o compromisso legal (arts. 754 do CPC e 1.635, V, e 1.638 do CC).

3. ELIMINAÇÃO DA ESPECIALIZAÇÃO DA HIPOTECA LEGAL

Não há mais previsão de especialização da hipoteca legal como condição para que o tutor e o curador assumam seus respectivos encargos. A hipoteca legal (art. 1.489 do CC) persiste como instrumento do direito material, mas sua especialização para fins de tutela e curatela não pode mais ser exigida como requisito legal.

Sua utilização era rara e desprovida de sentido prático, pois ao menos quanto aos bens imóveis qualquer alienação somente poderia ser realizada com autorização judicial (art. 1.750 do CC). A necessidade de prestação de contas também oferece mecanismo de controle sobre os gastos ordinários (arts. 1.747 e 1.748 do CC). Além disso, a inexistência de patrimônio por parte do tutor ou curador inviabiliza sua nomeação e o atendimento do interesse do incapaz.

4. ESCUSA DA TUTELA E DA CURATELA

A assinatura do termo investe formalmente o tutor e o curador. Sua responsabilidade é extrema sob a ótica pessoal e patrimonial (arts. 1.746 a 1.752 do CC). O juiz e o Ministério Público também realizam o controle prévio desta nomeação. É possível que o compromisso seja negado para todos aqueles que não tenham condição legal de assumir a tutela ou a curatela (art. 1.735 do CC).

A escusa quanto à tutela e à curatela está submetida a prazo peremptório, nos termos do art. 760, § 1º, do CPC, o que torna obrigatória a escusa expressa, sob pena de preclusão. O Código de Processo Civil diminuiu o prazo previsto pelo art. 1.738 do CC de 10 para 5 dias. Quando a causa para a escusa seja preexistente à nomeação (arts. 1.736 e 1.737 do CC) deverá ser alegada nos 5 dias em que é intimado para firmar o compromisso (art. 760, I, do CPC). O pedido de exclusão da tutela e da curatela também poderá ser superveniente, desde que motivado (art. 760, II, do CPC), e obedecerá ao mesmo prazo de 5 dias.

A inadmissão da escusa não afastará o tutor ou curador do encargo enquanto não sobrevier decisão com trânsito em julgado que o dispense.

Neste período o nomeado não poderá se afastar da tutela ou curatela e responderá pelos eventuais prejuízos gerados contra o tutelado ou curatelado (arts. 760, § 2º, do CPC e 1.739 do CC).

5. REMOÇÃO DO TUTOR OU CURADOR E SUSPENSÃO "EX OFFICIO"

O tutor e o curador prestam o compromisso de gestão e administração patrimonial e de condução dos atos da vida civil, conforme os limites estabelecidos na instituição, e são obrigados à prestação periódica de contas, em vista da necessidade de autorização judicial para a prática de determinados atos (arts. 1.748, 1.753, 1.754 e 1.755 do CC).

A fiscalização deve ser exercida com rigor sendo cabível a formulação de ação constitutiva-negativa pelo Ministério Público ou terceiro com legítimo interesse para sua remoção (art. 761 do CPC).

O tutor ou curador terá direito ao contraditório e será citado para defesa, no prazo de cinco dias (art. 761, parágrafo único, do CPC). É possível a concessão de tutela provisória para a remoção imediata, em vista da gravidade do fato e de sua demonstração sumária (art. 762 do CPC). Poderá ser determinada a suspensão de suas atividades até decisão final, sem prejuízo de nomeação provisória.

O poder inquisitivo do magistrado neste importante procedimento permite o poder geral de cautela para determinar a suspensão *ex officio*, com a comunicação imediata ao Ministério Público, para as providências cabíveis.

A sentença deverá nomear novo curador ou tutor, sem prejuízo de que o fato demonstrado possa ser transportado para a abertura de procedimento próprio para a averiguação da responsabilidade penal.

6. CESSAÇÃO DA TUTELA E DA CURATELA

A função de curador ou tutor poderá estar sujeito a termo determinado (art. 763 do CPC). Não é usual esta delimitação temporal. Todavia, sua configuração permite que o tutor ou curador possua causa legítima para o pedido de exoneração do encargo.

O silêncio também possui eficácia de recondução automática ao encargo (art. 763, § 1º, do CPC). Nos 10 dias seguintes ao término da função a ausência de pedido expresso de exoneração provoca a recondução do tutor ou curador. A disposição legal tem natureza protetiva.

O juiz pode dispensar, mesmo após ultrapassado o prazo, especialmente por entender que o tutor e o curador já cumpriram com sua obrigação, o que torna lícita a escolha de nova pessoa para a distribuição do encargo e da responsabilidade.

A exoneração sempre exigirá a prestação de contas para fins de liberação da responsabilidade patrimonial sobre a administração dos bens, e sua aprovação judicial é essencial para a finalização do encargo (art. 1.755 do CC).[72]

§ 15. FUNDAÇÕES: ORGANIZAÇÃO E FISCALIZAÇÃO

1. A FUNDAÇÃO: "UNIVERSITAS BONORUM" VERSUS "UNIVERSITAS PERSONARUM"

As fundações são marcadas pela afetação de um conjunto de bens para a realização de determinado fim.[73] Sua marca distintiva é a existência de um patrimônio afetado, o que motivou grande polêmica nas discussões travadas nos séculos XIX e XX. Foi Brinz, com sua genial elaboração sobre a possibilidade de *direitos sem sujeitos* (*Zweckvermögen*), que trouxe novas luzes sobre o tema.[74] A fundação distingue-se nitidamente

---

72. Fabio Caldas de Araújo e José Miguel Garcia Medina, *Código Civil Comentado*, p. 1.042.
73. As fundações são mais recentes que as associações no Direito Romano, sendo conhecidas como instituições *piae causae*. Savigny revela que as fundações somente surgiram após o Cristianismo ter demonstrado sua força, principalmente com o apoio dos imperadores cristãos (*Sistema del Derecho Romano Actual*, em especial t. II, § 86, p. 76). Na visão de Savigny a separação de um patrimônio para a satisfação de um fim surgiu como incentivo à caridade, e tal conquista foi possível pela unidade da fé e principalmente pelo monoteísmo. Como entidade impessoal e representante de Deus na Terra, a Igreja assumia a titularidade do patrimônio destinado às causas pias, o que permitiu o desenvolvimento do conceito de fundação: "Mas la Iglesia Cristiana, por el contrario, descansa sobre la fe en un solo Dios, y sobre la misma y su revelación está fundada la unidad de la Iglesia, no habiendo que dar sino un paso para aplicar a la propiedad de los bienes el principio de unidad, idea que encontramos también en épocas muy diferentes, y lo mismo en la doctrina de los autores que en el espíritu y en los términos de las actas de fundación" (ob. cit., p. 78). No mesmo sentido é a lição de Bonfante: "Le fondazioni sono un portato genuino del Cristianesimo, una emanazione della carità, idea essenzialmente nuova, e in quelle prime origini non ebbero altro scopi che di beneficenza e di pietà, donde il nome di *piae causae*: erano ricoveri, ospedali, orfanotrofi, brefo trofi, lasciti per chiesi e funzioni ec. (*Istituzioni di Diritto Romano*, 9ª ed., p. 53).
74. Brinz textualmente defende que determinados bens não devem ser examinandos sob a perspectiva da titularidade do sujeito, pois não pertencem especifica-

das sociedades e associações, uma vez que estas se caracterizam pela *universitas personarum*, enquanto aquela pela congregação de um patrimônio para atingir um fim predeterminado pelo instituidor, ou seja, uma *universitas bonorum*.[75] É justamente este o objetivo do procedimento instituído pelo CPC nos arts. 764 e 765, ou seja, permitir a fiscalização quanto ao cumprimento dos objetivos para os quais o patrimônio foi afetado, bem como a readequação administrativa com a atualização do seu estatuto, sempre que necessário.

2. Natureza jurídica e o direito fundamental de "fundar" ("Grundrecht auf Stiftung")

A fundação não nasce pelo acordo de diversas vontades quanto a um fim comum. Sua natureza jurídica não é informada por manifestação volitiva plurilateral que determina o nascimento das sociedades e associações. E qual seria a natureza de seu ato de constituição? Seria um ato jurídico *stricto sensu*, ou um negócio jurídico?

A solução da presente questão suscitou intensa disputa e encontrou na doutrina alemã resposta adequada e lógica. Segundo o correto posicionamento de Crome, a fundação caracteriza-se pela existência de um negócio jurídico (*Stiftungsgeschäft*).[76] Teríamos um negócio jurídico unilateral não receptício (*einseitige Willenserklärungen*).[77] Foi o posicionamento adotado pelo Direito Brasileiro (art. 64 do CC).[78] Este ato poderá

---

mente a alguém, mas a uma finalidade, o que denomina de *Zweckvermögen*: "Der Beweis hierfür liegt mehr als in allem anderen in logischer Nothwendigkeit. Da keine Person zu nennen ist, der sie gehört haben, muss etwas gewesen sein, wofür sie gehört haben. Um eben deswillen haben sir für einen Zweck gehört; denn in dem wofür liegt unausweichlich der Zweckgedanke. Folgweise nannten wir derlei Vermögen, Zweckvermögen" (*Lehrbuch der Pandekten*, 2ª ed., vol. I, § 61, pp. 201-202).
75. Trata-se de classificação resgatada por Heise no Direito moderno. Este jurista contribuiu imensamente na organicidade do sistema jurídico atual, pois a sistematização do Direito Alemão é fruto do trabalho de Heise e Savigny. Sobre a questão, v.: Menezes Cordeiro, *Tratado de Direito Civil Português – Parte Geral*, t. I, pp. 89-91.
76. Crome, *System des Deutschen Bürgerlichen Rechts*, t. I, § 56, p. 266.
77. No mesmo sentido Enneccerus: "El negocio de fundación entre vivos es una declaración de voluntad unilateral no receptícia, incluso cuando exteriormente se presente como parte de un contrato" (in Enneccerus, Kipp e Wolff, *Tratado de Derecho Civil – Parte General*, t. I, vol. I, § 110, p. 508).
78. "A fundação (art. 24) é negócio jurídico unilateral. Não é bilateralizável, nem há espécie bilateral (sem razão O. Fischer-W. Henle, *Bürgerlichen Gesetzbuch*, 4ª ed., p. 35), nem é negócio jurídico bilateral (L. Nägelsbach, *Die einseitigen Wil-*

ter eficácia imediata quando praticado *inter vivos*, exigindo o instrumento público para sua constituição lícita (art. 62 do CC). A destinação de parte do patrimônio para a constituição em vida de uma fundação não deixa de representar uma alienação de patrimônio, a qual se aperfeiçoa, em nosso sistema, pela tradição e pelo registro quanto aos bens imóveis.[79] Menezes Cordeiro, com base no Direito Português, apregoa a mesma solução doutrinária para a explicação da natureza jurídica do ato de instituição da fundação: "a instituição é um negócio jurídico unilateral, entre vivos ou *mortis causa*".[80] A conclusão não poderia ser diversa; afinal, o instituidor realiza um ato negocial mediante uma transferência de patrimônio que independe de aceitação.

Sob a perspectiva do direito constitucional atual o "direito de fundar" também revela a expressão de tutela da personalidade e da livre disposição do patrimônio. O Direito Alemão realiza interessante incursão sobre o tema com reflexo em sua jurisprudência constitucional aduzindo ao direito fundamental de "fundar", ou seja, destinar um patrimônio para um fim social (*Grundrecht auf Stiftung*).[81] O papel e a importância da fundação sob a ótica constitucional ainda são inexplorados, pois o papel da fundação não se limita apenas à exteriorização e à proteção da personalidade do instituidor, mas ao relevante papel social e cultural desempenhado pela fundação, no auxílio e no suprimento de atividades em que o Estado é omisso ou desempenha função pública precária.

A instituição da fundação poderá estar subordinada a termo. Assim, o ato jurídico de instituição dependerá da configuração de outro fato jurídico, como a morte. O art. 62 do CC prevê que a fundação poderá nascer pela disposição contida num testamento.[82]

---

lenserklärungen, pp. 73 e ss., que introduzia o elemento fictício da aceitação pelos administradores ou pela pessoa jurídica, porque, dizia, ninguém pode receber bens sem aceitar). O fundador somente funda. Nem os atos para a transmissão à pessoa jurídica, nem a formulação dos estatutos, nem a aprovação do art. 27, *in fine*, bilateralizam. Se se introduziu em contrato a fundação, a fundação rege-se por seus princípios e o contrato pelos seus" (Pontes de Miranda, *Tratado de Direito Privado*, t. III, § 279, p. 151).

79. O art. 108 do CC obtempera esta afirmação para as alienações de até 30 salários-mínimos.
80. Menezes Cordeiro, *Tratado de Direito Civil Português – Parte Geral*, t. III, § 56, p. 713.
81. V. a excelente resenha em Andrea Zoppini, *Le Fondazioni*, p. 137.
82. O nascimento poderá ocorrer por atos *inter vivos* ou *causa mortis*. Eis a lição de Spota: "El acto fundacional puede surgir de un acto jurídico por causa de muerte (*mortis causa*) o de un acto jurídico entre vivos (*inter vivos*) (...). Pero en uno y otro supuesto se trata de actos jurídicos unilaterales en cuanto a que el negocio fundacio-

A fiscalização quanto ao cumprimento das diretrizes fixadas para a instituição da fundação caberá ao Ministério Público, que velará pelo cumprimento das disposições do estatuto, inclusive em sua elaboração, quando não for respeitado o termo fixado determinado. Sendo inexistente, será de 180 dias (art. 65, parágrafo único, do CC).

3. FUNDAÇÕES PÚBLICAS

As fundações públicas também se submetem ao regime de fiscalização, mas sem a incidência do procedimento estabelecido pelo Código de Processo Civil. As fundações públicas assumem a natureza de autênticas autarquias, o que traz grandes reflexos na atividade processual. Elas estão sob a tutela do Ministério Público Federal. No que tange ao Distrito Federal e Territórios, a ADI 2.794 declarou inconstitucional a limitação do art. 66, § 1º, do CC estabelecendo que caberão a fiscalização e o controle ao Ministério Público atuante na Capital e nos Territórios, conforme correção da Lei 13.151/2015:[83] "Se funcionarem no Distrito Federal ou em Território, caberá o encargo ao Ministério Público do Distrito Federal e Territórios".

O regime que informa as fundações públicas não toma como base o estatuto criado pelo instituidor, mas a lei ou ato administrativo responsável pelo seu nascimento.[84] O diploma-base que regula o nascimento das fundações públicas ainda é o vetusto Decreto-lei 200/1967, alterado pela Lei 7.596/1987.[85] Há um dificuldade longeva na identificação e na distinção entre a fundação pública de direito privado e a fundação pública.[86]

---

nal es vinculatorio por la voluntad del fundador" (*Tratado de Derecho Civil – Parte General*, t. VI, § 1º, p. 798).

83. Eis a tese fixada no julgamento da ADI 2.794: "Declarada a inconstitucionalidade do § 1º do art. 66 do CC, sem prejuízo da atribuição ao Ministério Público Federal da veladura pelas fundações federais de direito público, funcionem, ou não, no Distrito Federal ou nos eventuais Territórios".

84. Pontes de Miranda, *Tratado de Direito Privado*, t. I, p. 468.

85. Disciplina o art. 5º, IV: "a entidade dotada de personalidade jurídica de direito privado, sem fins lucrativos, criada em virtude de autorização legislativa, para desenvolvimento de atividades que não exijam execução por órgãos ou entidades de direito público, com autonomia administrativa, patrimônio próprio gerido pelos respectivos órgãos de direção, e funcionamento custeado por recursos da União e de outras fontes".

86. Cretella Jr., *Fundações Públicas*, p. 30. Em seu clássico trabalho o ilustre administrativista aponta o exemplo da criação da Fundação Universidade de Brasília pela Lei 3.998/1961.

Em ambas as situações o controle pelo Ministério Público não é afastado, contudo é exercido em conjunto pelo Tribunal de Contas, sendo inaplicável o regime estabelecido pelo CPC nos arts. 764 e 765.[87]

4. PROCEDIMENTO DE CRIAÇÃO E FISCALIZAÇÃO

É visível a simplificação quanto ao procedimento de fiscalização e organização das fundações perante o Código de Processo Civil/2015.

A necessidade de intervenção judicial é excepcional, o que decorre da leitura dos dispositivos da lei material que regulamentam o nascimento, a alteração e a extinção das fundações.

Cabe ao Ministério Público a supervisão direta sobre o nascimento e o cumprimento da finalidade da fundação. A interferência judicial somente tem cabimento perante as hipóteses nominadas pelo art. 764 do CPC.

O estatuto será elaborado pelo próprio instituidor, por meio de escritura pública, ou ainda poderá ser delegada sua instituição por testamento a um terceiro (art. 62 do CC). A comprovação do ato de instituição não é suficiente para criar a obrigatoriedade de nascimento da fundação. É necessário que o estatuto esteja adequado aos fins determinados pelo art. 62, parágrafo único. A fundação deve estar afetada a fins religiosos, morais, culturais ou de assistência. Note-se que os fins revelam conceitos indeterminados, e sua concreção pode exigir adaptação em seu estatuto.

O registro da fundação exige parecer do Ministério Público, que poderá denegar a aprovação, pela ilicitude do seu objeto, insuficiência do seu patrimônio ou ausência de incorporação do patrimônio no instrumento constitutivo para o cumprimento da finalidade da fundação. Sem a aprovação o registro não é possível (art. 119, parágrafo único, da Lei 6.015/1973).

5. MEIOS DE DEFESA: AÇÃO COMINATÓRIA E DESCONSIDERAÇÃO DA PERSONALIDADE JURÍDICA

O instituidor que se negar a realizar a transferência do patrimônio para fins de constituição da fundação poderá ser compelido por meio de ação cominatória proposta pelo Ministério Público (art. 64 do CC).

---

87. Sem eliminar o dever ínsito de fiscalização do Ministério Público, ainda que não tenha que averiguar o ato formal de constituição e aprovação, pois decorrem *ex lege*, como adverte Alcides de Mendonça Lima (*Comentários ao Código de Processo Civil*, vol. XII, p. 515).

A urgência da medida permite iniciativa de prenotação (art. 54 da Lei 13.097/2015) com o fim de proteger terceiros de boa-fé. Sem a transferência de patrimônio a fundação não estará constituída de modo regular. Da mesma forma, o Ministério Público poderá perseguir o patrimônio desviado para fins de recomposição do acervo destinado a criar a fundação, além de requerer todos os meios de defesa, inclusive a desconsideração da personalidade jurídica (art. 133 do CPC).

6. Suprimento judicial

O suprimento judicial para fins de nascimento, alteração ou para a extinção da fundação é regulado pelos arts. 764 e 765 do CPC. A competência para o juízo processar o pedido de suprimento é a da sede da fundação.

O art. 764 regula o suprimento judicial para fins de nascimento e possíveis alterações do estatuto quando o Ministério Público houver negado sua aprovação ou concedido sob ressalva de alteração que não tenha sido aceita pelo interessado (art. 764, I e II).

A necessidade de participação compulsória do Ministério Público está prevista pelo art. 67, III, do CC. A atividade de suprimento é excepcional, pois o interessado deverá demonstrar a ilegalidade ou abusividade, total ou parcial, na manifestação do Ministério Público. Apesar de silente, não há dúvida de que o contraditório é essencial para que o agente ministerial possa esclarecer os motivos da recusa, inclusive facultando a produção de provas. O procedimento do art. 721 do CPC é essencial.

É possível que o juiz ratifique a desaprovação do Ministério Público, ou reconheça a legitimidade do suprimento para a aprovação do estatuto ou ainda, determine, *ex officio*, modificações no estatuto. Estas modificações podem ser determinadas em acréscimo ou substituição ao que foi requerido pelo agente ministerial (art. 764, § 2º, do CPC).[88]

7. Direito da minoria e o contraditório substancial ("*substantive due process of law*")

O contraditório, em sua visão integral, deve ser respeitado no direito processual e no material. O art. 68 do CC revela a necessidade do contraditório substancial no plano material. O estatuto que não tenha sido

---

88. Pontes de Miranda, *Comentários ao Código de Processo Civil*, t. XVI, p. 432.

aprovado por unanimidade poderá ser aprovado. O art. 67, I, do CC exige quórum qualificado, e não quórum unânime. No entanto, o art. 68 procura proteger ao máximo os bens e o fim a que se destina. O dispositivo exige que a minoria vencida seja cientificada, por ocasião do oferecimento do estatuto ao Ministério Público, no prazo de 10 dias, para impugnação. O contraditório será desenvolvido no âmbito administrativo (*interna corporis*).

A minoria poderá não se conformar com a aprovação do estatuto pelo Ministério Público, o que motiva uma interpretação ampla do art. 764, II, do CPC, para abranger não só a hipótese literal do art. 65, parágrafo único, do CC (estatuto elaborado pelo Ministério Público pela inércia do instituidor ou responsável), mas para permitir que a minoria possa impugnar, judicialmente, o estatuto encampado pelo Ministério Público, em face de quórum qualificado, mas não unânime.

O juiz decidirá por sentença, e caberá apelação contra a decisão (art. 724 do CPC).

8. EXTINÇÃO DA FUNDAÇÃO

A utilização da via judicial será obrigatória para a extinção da fundação. O interesse público é manifesto na interferência judicial para averiguar as possíveis causas de desaparecimento da pessoa jurídica (art. 765 do CPC). O Direito Brasileiro prevê a extinção da fundação, que poderá se tornar inviável pelos motivos declinados nos arts. 69 do CC ou 765 do CPC. A modalidade natural de extinção se dá pelo exaurimento do patrimônio, o que não impede possível pedido do Ministério Público para sua desconstituição em vista da comprovação de sua *ilicitude, inutilidade* ou *impossibilidade de cumprimento da finalidade*.[89] Nesse ponto a atividade de fiscalização é fundamental para descortinar objetivos espúrios que possam ser encobertos pela instituição de uma fundação. Nas fundações públicas ainda pesam a ação de ressarcimento aos cofres públicos e a imprescritibilidade da pretensão pecuniária de restituição (CF, art. 37, § 5º). Não há procedimento específico para a desconstituição, que deverá seguir, por analogia, o da liquidação das sociedades (cf. arts. 1.033 e ss. do CC e 599 do CPC). No *BGB* aplica-se o regime da insolvência civil (*Insolvensverfahren*).[90]

---

89. Fabio Caldas de Araújo e José Miguel Garcia Medina, *Código Civil Comentado*, p. 116.
90. Medicus, *Allgemeiner Teil des BGB* (*Parte Geral do Código Civil Alemão*), p. 272.

Como consequência da extinção, o patrimônio apurado como solvável não pode ser distribuído ou apropriado por qualquer dirigente da fundação. É necessário que o valor ou os bens apurados sejam destinados para fundação com finalidade idêntica ou semelhante (art. 69 do CC). É possível que o estatuto tenha previsão para a destinação específica; contudo, não pode existir a previsão de favorecimento pessoal dos dirigentes, até mesmo porque o estatuto não poderia ter sido aprovado com esse conteúdo.

§ 16. RATIFICAÇÃO DOS PROTESTOS MARÍTIMOS E PROCESSOS TESTEMUNHÁVEIS FORMADOS A BORDO

1. A RATIFICAÇÃO PARA A PRESERVAÇÃO DA PROVA

O procedimento previsto nos arts. 766 a 770 do CPC tem natureza semelhante à medida de produção antecipada de prova; contudo, dentro da seara do direito marítimo.[91]

A previsão do protesto, embora de índole processual, na medida em que visa à formação de prova útil para futura utilização administrativa ou judicial, encontra previsão no art. 505 do CComercial.[92]

O registro de sinistros marítimos deve ser realizado no Diário de Navegação, com a descrição do evento e todas as circunstâncias que cercaram sua consumação, o que poderá ser essencial para futura decisão judicial, inclusive sobre matéria já analisada neste *Curso*, como na definição da qualidade da avaria, ou seja, se *grossa* ou *particular* (art. 708 do CPC).

2. OS PROTESTOS MARÍTIMOS E PROCESSOS TESTEMUNHÁVEIS REGISTRADOS NO DIÁRIO DE NAVEGAÇÃO

O capitão tem o dever de manter devidamente escriturado o Diário de Navegação, que consiste em livro obrigatório da embarcação. O art.

---

91. Mônica Pimenta Júdice, *O Direito Marítimo no Código de Processo Civil*, p. 64.
92. CComercial: "Art. 505. Todos os processos testemunháveis e protestos formados a bordo, tendentes a comprovar sinistros, avarias, ou quaisquer perdas, devem ser ratificados com juramento do capitão perante a autoridade competente do primeiro lugar onde chegar; a qual deverá interrogar o mesmo capitão, oficiais, gente da equipagem (art. 545, n. 7) e passageiros sobre a veracidade dos fatos e suas circunstâncias, tendo presente o Diário da Navegação, se houver sido salvo".

501 do CComercial estabelece três livros básicos que devem estar sob a guarda do capitão e devidamente rubricados pelas autoridades responsáveis pela matrícula do navio: (a) Livro de Carga; (b) Livro de Receitas e Despesas do Navio; e (c) o Diário de Navegação.[93]

É exatamente o conteúdo do Diário de Navegação que instruirá a causa de pedir da petição inicial anunciada pelo art. 767 do CPC. Toda a derrota da viagem, os acontecimentos extraordinários, danos com a carga, acidentes com a tripulação e passageiros, observações sobre o mar, data e hora de incêndios, colisões, hora e local de chegada e saída dos portos, bem como os competentes protestos (art. 504 do CComercial).

O protesto há de ser elaborado pelo capitão ou oficial do navio, preferencialmente, com a presença de testemunhas que possam posteriormente confirmar os fatos relatados e registrados, os quais venham a justificar atos praticados na embarcação e que estejam ligados a algum sinistro marítimo. Todavia, este protesto é mero registro, e somente terá eficácia se for ratificado, oportunamente, em juízo.[94]

3. Procedimento de ratificação do protesto marítimo

A ratificação do protesto marítimo é obrigatória para que as informações lançadas no Diário de Navegação possam ser aproveitadas como elemento de prova em futura ação judicial. O prazo é exíguo e preclusivo. O capitão deverá apresentar ao juiz de direito o protesto lavrado no Diário de Navegação em até 24 horas após a chegada da embarcação, com as testemunhas que possam comprovar o fato noticiado.

4. Petição inicial

O art. 767 do CPC determina que a petição inicial será instruída com a cópia do Diário de Navegação, com as páginas que contêm a descrição dos fatos jurídicos que foram objeto do protesto. A inicial deverá conter os documentos de identificação do comandante e do registro da embarcação. O rol de testemunhas e a menção da tripulação são obrigatórios para permitir a produção da prova oral (art. 768 do CPC). Existindo carga extraviada, não há dúvida de que cópia do Livro de Carga (art. 501 do CComercial), com a nominação dos consignatários, também será obriga-

---

93. Waldemar Ferreira, *Tratado de Direito Comercial*, t. XII, p. 498.
94. Mônica Pimenta Júdice, *O Direito Marítimo no Código de Processo Civil*, cit., p. 64.

tória na inicial, permitindo-se a tradução livre para o Português quando existam documentos em língua estrangeira.

Embora o Código Comercial não estabeleça a forma de redação do protesto, não há dúvida de que a utilidade da ratificação exige do capitão ao menos dois elementos básicos na escrituração do Diário de Navegação: (a) descrição detalhada do ato ou fato acontecido a bordo e que tenha causado o sinistro com danos ao navio, à carga ou, mesmo, à tripulação; (b) os motivos que tenham justificado o ato ou decisão tomada pelo capitão.[95] O relatório de sinistro já era exigido pelo Regulamento 737/1850, conforme o art. 360, § 1º.[96]

O interesse do armador e do capitão reside em produzir prova que possa isentá-los de qualquer responsabilidade e confirmar, ainda no calor dos acontecimentos, o acerto de todas as decisões tomadas a bordo do navio.[97]

5. AUDIÊNCIA PARA RATIFICAÇÃO

A petição inicial apta e que preencha o requisito temporal (art. 766 do CPC) deverá ser distribuída com urgência ao juiz, que verificará os requisitos essenciais do art. 767 do CPC. Sendo possível, deverá realizar oitiva no mesmo dia ou em data próxima, com o fim de preservar a prova e permitir a ratificação do que foi protestado no Diário de Navegação.

O ato de instrução deverá ser realizado com a oitiva obrigatória do comandante ou do oficial responsável pelo protesto marítimo, com a presença de no mínimo duas e no máximo quatro testemunhas, que comparecerão independentemente de intimação.

Terceiros interessados podem acompanhar o ato, como os consignatários que dele tiverem ciência (art. 769 do CPC). Não poderão anexar testemunhas, mas nada impede que façam reperguntas, uma vez que a prova produzida é de interesse para eventual ação de indenização. Todos os que demonstrem interesse na produção da prova podem participar do

---

95. Mônica Pimenta Júdice, *O Direito Marítimo no Código de Processo Civil*, cit., p. 66.
96. Regulamento 737/1850:
"Art. 360. O protesto, ou processo testemunhavel formado a bordo (art. 505 do Código), consistirá:
"§ 1º. No relatorio circumstanciado do sinistro, devendo referir-se em resumo á derrota até o ponto do mesmo sinistro, e altura em que elle succedeu."
97. Pontes de Miranda, *Comentários ao Código de Processo Civil* (de 1939), 2ª ed., t. IX, p. 182.

ato. A garantia do contraditório é essencial, pois a sentença de ratificação não pode imunizar a prova produzida contra quem não teve oportunidade de se manifestar sobre ela no processo.

Na audiência de ratificação o autor do pedido deverá ser acompanhado de tradutor caso ele ou alguma testemunha não domine a língua portuguesa. Nada impedirá a nomeação judicial em sua falta; contudo, o fato gerará maior atraso na coleta do prova. O juiz, mesmo que domine o idioma, não poderá realizar a oitiva direta.

6. SENTENÇA

Após a inquirição do comandante e das testemunhas, o juiz poderá ratificar ou não o protesto. Tudo dependerá da conjugação da prova documental com a prova testemunhal. Formado o convencimento quanto ao ato ou fato declarado como ocorrido a bordo, o juiz julgará ratificado o protesto, com entrega dos autos ao autor do pedido, independentemente do trânsito em julgado, mediante simples traslado. A sentença dispensará o relatório, mas não a fundamentação, sob pena de nulidade.

É possível o recurso por terceiro interessado? Cremos que a resposta é positiva. Embora não exista a formação de coisa julgada material e a prova possa ser elidida por outros elementos,[98] nada impede que o terceiro procure corrigir *error in judicando* na avaliação das provas e que poderá influir negativamente em sua esfera jurídica, em ação futura.

---

98. Pontes de Miranda, *Comentários ao Código de Processo Civil* (de 1939), cit., 2ª ed., t. IX, p. 186.

Parte IV
PROCEDIMENTOS ESPECIAIS EM LEIS EXTRAVAGANTES

Capítulo I – *MANDADO DE SEGURANÇA INDIVIDUAL E COLETIVO:* § 1º. Mandado de Segurança. *Capítulo II – TEORIA GERAL DAS AÇÕES COLETIVAS:* § 2º. Ação Civil Pública. § 3º. Ação de Improbidade Administrativa. § 4º. Ação popular. *Capítulo III – AÇÕES DE CONTROLE DE CONSTITUCIONALIDADE:* § 5º. Ação Direta de Inconstitucionalidade. § 6º. Ação Declaratória de Constitucionalidade. § 7º. Arguição de Descumprimento de Preceito Fundamental. *Capítulo IV – Sistemas dos juizados especiais (estadual, federal e das fazendas públicas estaduais e municipais).* § 8º. Juizados Especiais Cíveis (Lei 9.099/1995). § 9º. Juizados Especiais Cíveis da Justiça Federal (Lei 10.259/2001). § 10. Juizados Especiais da Fazenda P541ública (Lei 12.153/2009).

Nas Partes II e III foram examinados os procedimentos especiais do Código de Processo Civil, os quais foram separados em (a) procedimentos especiais de natureza contenciosa e (b) procedimentos especiais de jurisdição voluntária. Nesta última parte do tomo III serão examinadas algumas ações especiais que encontram acomodação em legislação especial. A opção pelo tratamento deu-se em função do relevo constitucional e da importância para o acesso à Justiça. Deste modo, examinaremos: (a) mandado de segurança, (b) ações coletivas e sua teoria geral (ação civil pública, ação popular e ação de improbidade); (c) ações de controle de constitucionalidade (ação direta de inconstitucionalidade, ação declaratória de constitucionalidade e arguição de descumprimento de preceito fundamental) e os sistemas do Juizado Especial (Estadual, Federal e das Fazendas Públicas Estaduais e Municipais).

Capítulo I
MANDADO DE SEGURANÇA INDIVIDUAL E COLETIVO

§ 1º. MANDADO DE SEGURANÇA

1. O MANDADO DE SEGURANÇA E A PROTEÇÃO DOS DIREITOS FUNDAMENTAIS INDIVIDUAIS E COLETIVOS

É possível afirmar que a criação e a sistematização do mandado de segurança foram inevitáveis e naturais em face do alargamento do aparato estatal e do desenvolvimento do direito público em resposta ao insucesso da política liberal que marcou o período pós-Revolução Francesa (*laissez-faire*).

O nascimento de uma política intervencionista reflete, antes de tudo, o fracasso dos ideais liberais bem como a necessidade de criar uma forma de diminuir as disfunções criadas pela ausência do Estado, o qual assumiu por largo tempo a função de um vigilante noturno.[1] Como novo protagonista do cenário social (*Leistungsstaat*), o Estado auxilia o menos favorecido, já que, isoladamente, este jamais conseguiria atingir as condições mínimas de bem-estar. Sua atividade volta-se para a prestação de serviços públicos junto à comunidade e interferência na distribuição de bens.

O fortalecimento dos direitos fundamentais especialmente após o período pós-guerra exigiu um repensar do Estado Positivista.[2] O choque

---

1. Sobre o embate entre o *Estado Liberal* e o *Estado Social*: Roseline Letteton, *Libertés Publiques*, p. 35.
2. Como informa Neuner ("A influência dos direitos fundamentais no direito privado alemão", in António Pinto Monteiro, Jörg Neuner e Ingo Wolfgang Sarlet, *Direitos Fundamentais e Direito Privado. Uma Perspectiva de Direito Comparado*, p. 216), não havia qualquer previsão ou vinculação do legislador do século XIX aos direitos fundamentais como meio de limitação e proteção dos direitos subjetivos frente ao Estado, o que refletia a ausência de uma jurisdição constitucional efetiva. Sobre a

provocado pela conclusão quanto à ineficiência de um sistema normativo estéril e insípido e que não previa a proteção de um estatuto mínimo de garantia à incolumidade do ser humano provocou a reafirmação dos direitos universais pela Carta de 1948.[3] A Constituição de Weimar de 1919 já havia inaugurado modelo de proteção específico aos direitos fundamentais privados representados pela *propriedade*, pelo *direito à herança* e pela *liberdade contratual*, e inaugurou uma nova fase, pela previsão dos direitos fundamentais sociais (*Grundrechtekatalog*).[4]

Em um primeiro momento os direitos fundamentais são visualizados como garantia de proteção (*Abwehrrecht*) à atuação do Estado contra o indivíduo. O Estado é encarado como inimigo (*Gegner*) do cidadão. Em um segundo momento desenvolve-se a aplicação dos direitos fundamentais como instrumentos de prestação estatal (*Leistungsstaat*), no qual o Estado passa à posição de colaborador e garante da efetivação e proteção do indivíduo e da coletividade.[5] A definição sobre o conteúdo e a extensão dos direitos fundamentais dependerá da valoração de cada sistema jurídico.[6]

dificuldades nas implicações da unidade (*Die Einheit*) e da ordenação (*Die Ordnung*) na formulação de um sistema jurídico, v.: Claus-Wilhelm Canaris, *Systemdenken und Systembegriff in der Jurisprudenz*, pp. 12 e ss.
3. Como bem distingue José Miguel Garcia Medina (*Comentários à Constituição Federal*, art. 5º, São Paulo, Ed. RT, 2012, p. 47), "direitos fundamentais" e "direitos humanos" são expressões que não se confundem, pois os direitos humanos são direitos fundamentais, mas positivados no Direito Internacional, enquanto os direitos fundamentais são internos e reconhecidos pela opção valorativa de cada sistema jurídico.
4. A Constituição de Weimar refletiu um processo de evolução dos direitos fundamentais com inspiração liberal derivada da Revolução Liberal de 1848 na Alemanha e da *Paulskirchenverfassung*, cujo texto foi aprovado em Frankfurt, na Igreja de São Paulo. Sobre o tema: Schlaich/Korioth, *Das Bundesverfassungsgericht. Stellung. Verfahren, Entscheidungen*, 7ª ed., pp. 2-3. V., ainda, Kloepfer, com comentários sobre a Constituição do *Reich* (*Reichverfassung*) de 1871 (*Verfassungsrecht*, vol. I, p. 53).
5. Gilmar Ferreira Mendes, *Direitos Fundamentais e Controle de Constitucionalidade*, p. 151.
6. Há de se evitar uma confusão corriqueira consistente em identificar direitos humanos e direitos fundamentais como direitos naturais. A teoria do direito natural parte da noção de um *Direito pressuposto*, ao contrário da noção de um *Direito posto*. Como bem sintetizam Francis Ramon e Michel Troper (*Droit Constitutionnel*, 30ª ed., pp. 26-27): "Em todo caso, o jurista que adere a esta concepção [*a de direito natural*] não se contenta em descrever o Direito tal como vigente. Ele se julga no dever de realizar a sua descrição de como o Direito deveria ser" ("En tout cas, le juriste qui adhéré à cette conception ne se contente pas de décrire le Droit tel qu'il est. Il pense qu'il lui appartient aussi de parler du Droit tel qu'il devrait être" – tradução livre).

No Brasil o mandado de segurança refletiu exatamente esta tensão entre a transformação do Estado Liberal para o Estado Social, na medida em que o indivíduo não contava, no início do século XX, com qualquer instrumento específico de proteção contra atos ilegais ou abusivos. Vale lembrar a histórica e genial utilização dos interditos possessórios para a defesa de direitos pessoais formulada por Ruy Barbosa, na tentativa de reintegrar os professores da Escola Politécnica da USP, em 1896. A manifestação pró-Monarquia rendeu-lhes a exoneração de seus cargos pelo então Presidente, Prudente de Morais. A inexistência do mandado de segurança levou Ruy Barbosa a buscar a evolução das ações possessórias no Direito Medieval (*spoliatus ante omnia restituenda*) para justificar a utilização dos interditos na defesa de direitos pessoais e não apenas voltada para os direitos reais.[7]

A necessidade de adaptar os interditos romanos para a tutela das liberdades públicas representava claro sinal de hipossuficiência dos instrumentos processuais. O descompasso entre o direito material e o processual revela um déficit de interação. A utilização das ações possessórias foi acompanhada pelo uso concomitante do *habeas corpus*. O problema somente seria resolvido com a inserção do mandado de segurança no texto constitucional de 1934.[8] Somente com o texto constitucional de 1988 o mandado de segurança alcançaria a tutela dos interesses coletivos. Contudo, sua regulamentação infraconstitucional ficou muito aquém do desejado, por meio da Lei 12.016/2009.

2. MODALIDADES DE MANDADO DE SEGURANÇA: PREVENTIVO E REPRESSIVO

O mandado de segurança caracteriza-se por ser ação com dupla garantia, pois assume relevo constitucional e legal (art. 5º, LXIX e LXX, da CF e Lei 12.016/2009), ocupando papel de destaque na defesa dos direitos individuais e coletivos.[9] Seu desenho e seu papel estão indissociavelmente ligados ao *status activus processualis*, como autêntica evolução

7. No período medieval a ação de reintegração de posse foi redescoberta como *actio spolli* e foi utilizada para a proteção dos cargos episcopais. Sobre o tema, v. o genial trabalho de Ruffini, *L'Actio Spolli*, pp. 32 e ss. Segundo Savigny (*Das Recht des Besitzes*, § 49, p. 506), a extensão dos interditos para os direitos pessoais representaria uma evolução natural do instituto.
8. O *habeas corpus* sofreu restrição material em sua utilização no ano de 1926, conforme modificação operada no art. 72, § 22, da CF.
9. Sobre o ponto: Fabio Caldas de Araújo e José Miguel Garcia Medina, *Mandado de Segurança Individual e Coletivo*, 2ª ed., p. 21.

da proteção do cidadão contra os atos ilegais e abusivos praticados pela autoridade estatal.[10]

O mandado de segurança pode ser utilizado na modalidade preventiva ou repressiva. Como esclarece Hely Lopes: "o mandado de segurança normalmente é repressivo de uma ilegalidade já cometida".[11] Outrossim, o texto legal também permite sua utilização (menos usual) na modalidade preventiva. Sabe-se que o mandado de segurança não pode ser utilizado contra violação de lei em tese (cf. Súmula 266 do STF); logo, quando o impetrante se utiliza da modalidade preventiva deverá indicar, de modo pontual, o ato lesivo a que *potencialmente* se refere.[12] O mandado de segurança preventivo tem caráter nitidamente inibitório. Nada impede que o mandado de segurança preventivo se convole em repressivo durante o trâmite processual (art. 493 do CPC).[13] Importante salientar que a Lei 12.016/2009 procurou trazer sistematização e harmonização ao incorporar num único diploma o conteúdo das Leis 1.533/1951, 4.348/1964 e 5.021/1966, muito embora não tenha proporcionado avanços relevantes e significativos para o cidadão, na medida em que confirmou a jurisprudência protetiva firmada desde a década de 1960 em favor da Fazenda Pública.

3. MANDADO DE SEGURANÇA COLETIVO

O mandado de segurança não tutela apenas a esfera individual, pois engloba a proteção coletiva. A tutela dos interesses difusos e coletivos pela via estreita do mandado de segurança possui previsão expressa na Lei 12.016/2009, sem ignorar a previsão do art. 5º, LXX, da CF/1988. Não foi estabelecido rito específico pela lei vigente, aplicando-se, por analogia, o previsto para a esfera individual (arts. 21 e 22 da Lei 12.016/2009).

10. Jean Morange, *Manuel des Droits de l'Homme et Libertés Publiques*, pp. 140 e ss.
11. Hely Lopes Meirelles, Arnoldo Wald e Gilmar Ferreira Mendes, *Mandado de Segurança e Ações Constitucionais*, 37ª ed., p. 31.
12. "O mandado de segurança preventivo pressupõe temor concreto e não a abstrata possibilidade de lesão ao patrimônio da devedora – Recurso ordinário não provido" (STJ, 2ª Turma, RMS 31.524-PR, rela. Min. Eliana Calmon, j. 2.9.2010, *DJe* 22.9.2010).
13. O que pressupõe ato coator praticado na pendência da relação processual perante o órgão judicial em que ocorreu a impetração. É vedada a supressão de instância, conforme decidiu STF: "Ato concreto praticado pela autoridade coatora somente após a prolação do acórdão do STJ e comunicado pelo impetrante ao STF apenas em sede de agravo regimental – Supressão de instância – Impossibilidade da pretendida conversão" (2ª Turma, AgR no RMS 34.034, rel. Min. Dias Toffoli, j. 9.12.2016, Processo Eletrônico, *DJe*-030, divulg. 14.2.2017, publ. 15.2.2017).

O mandado de segurança coletivo não constitui uma nova ação, mas uma forma diferenciada de tutela coletiva contra a prática de atos ilegais ou abusivos oriundos da autoridade coatora.

Houve grande discussão sobre a necessidade de autorização expressa por parte de associados e sindicalizados para o ajuizamento do mandado de segurança coletivo. Sempre defendemos a desnecessidade de autorização expressa para o sindicato, entidades de classe e associações impetrarem o mandado de segurança coletivo.[14]

Em vista do recente posicionamento do STF torna-se mais uma vez essencial a distinção que já realizávamos quanto à leitura do art. 5º, XXI, da CF/1988 para fins de delimitar a existência de *representação* ou *substituição processual* na atuação processual das associações. O STF, ao analisar com repercussão geral o RE 612.043, definiu a limitação da eficácia subjetiva da coisa julgada ao território em que o órgão julgador exerce sua competência e declarou constitucional o art. 2º-A da Lei 9.494/1997. Este polêmico dispositivo limitava a eficácia dos julgados aos associados integrantes do quadro associativo até o momento do ajuizamento da ação. Infelizmente este posicionamento acabou prevalecendo e fortaleceu o texto da famigerada Lei 9.494/1997, que representa diploma legal nefasto para o cidadão. Nunca um texto legal, com poucos artigos, foi tão prejudicial ao cidadão na tutela da sua esfera individual e coletiva.

Um dos motivos da polêmica referia-se à interpretação e à extensão dos poderes conferidos pelo inciso XXI do art. 5º da CF/1988. Referido inciso exige a autorização dos associados para defesa dos interesses individuais dos associados, o que acabou prevalecendo por esta nova interpretação, muito embora o STF não tenha abordado especificamente a distinção entre a representação e a substituição processual.[15] Destarte, o entendimento até então prevalente, e correto, de que as associações, sindicatos e partidos não necessitariam de autorização, pois a legitimação seria extraordinária.

O entendimento consolidado do STF para o mandado de segurança coletivo era representado pela Súmula 629: "A impetração de mandado

---

14. Fabio Caldas de Araújo e José Miguel Garcia Medina, *Mandado de Segurança Individual e Coletivo*, cit., 2ª ed., p. 201.
15. O RE 612.043 fixou a seguinte tese: "A eficácia subjetiva da coisa julgada formada a partir de ação coletiva, de rito ordinário, ajuizada por associação civil na defesa de interesses dos associados somente alcança os filiados, residentes no âmbito da jurisdição do órgão julgador, que o sejam em momento anterior ou até a data da propositura da demanda, constantes de relação juntada à inicial do processo de conhecimento".

de segurança coletivo por entidade de classe em favor dos associados independe da autorização destes". Esta legitimação extraordinária também era prevalente para a defesa dos associados ainda que o interesse tutelado dissesse respeito a parcela da categoria, nos termos da orientação traçada pela Súmula 630: "A entidade de classe tem legitimação para o mandado de segurança ainda quando a pretensão veiculada interesse apenas a uma parte da respectiva categoria".

O STF se posicionou pela modulação quanto à aplicação do julgamento do RE 573.232 para afastar sua incidência em relação ao mandado de segurança coletivo.[16]

A Lei 12.016/2009 repudiou expressamente a necessidade de autorização, de acordo com a redação do art. 21, que disciplina a impetração do mandado de segurança coletivo. Este entendimento não deverá ser revisto para as entidades associativas, em vista da necessidade de autorização por assembleia para o ajuizamento da demanda, com a demonstração da lista dos associados, o que demonstra a aplicação da dicção do art. 5º, XXI, da CF/1988.

Sendo assim, o novo entendimento do STF reconhece a constitucionalidade do art. 2º-A da Lei 9.494/1997 e limita a eficácia expansiva da coisa julgada ao território do órgão prolator (art. 16 da Lei 7.347/1985). Logo, somente o associado integrante do quadro no momento do ajuizamento da ação pode ser tutelado por legitimação ordinária, uma vez que há exigência de aprovação coletiva do ingresso na demanda (art. 2º-A, parágrafo único), conforme aplicação do art. 5º, XXI, da CF/1988. Em

---

16. STF: "(...). A CF, em seu art. 5º, LXX, 'b', prevê a legitimidade da organização sindical, entidade de classe ou associação para impetrar mandado de segurança. 5. O TCU sustenta que há necessidade de autorização expressa dos associados para o ajuizamento da ação mandamental pela associação. Ocorre que o dispositivo constitucional supracitado não prevê esse requisito como exigência para a impetração coletiva, seja pelo sindicato, entidade de classe ou associação. Em complemento, anoto que o art. 21 da Lei n. 12.016/2009 dispensa expressamente a autorização especial na hipótese. Esse, aliás, também é o entendimento consolidado na Súmula n. 629 do STF (...). 6. Ressalto que a orientação resultante do julgamento do RE n. 573.232, submetido à sistemática da repercussão geral, abrangeu apenas as ações coletivas ordinárias, para as quais a exigência de autorização expressa dos associados decorre do art. 5º, XXI, e não as mandamentais, pautadas no art. 5º, LXX, 'b', da CRFB/1988. Tanto é assim que, posteriormente, no julgamento do MS n. 25.561, proposto pela Associação dos Delegados de Polícia Federal, o Min. Marco Aurélio (Redator do acórdão da repercussão geral) confirmou que tal exigência é descabida em se tratando de mandado de segurança" (MS 31.299, rel. Min. Roberto Barroso, decisão monocrática, j. 30.8.2016, *DJe* 1.9.2016).

relação aos sindicatos prevalecerá a legitimação extraordinária (art. 8º, III, da CF/1988).

4. CONDIÇÕES DA AÇÃO

4.1 Interesse de agir na impetração

Em vista da configuração do Código de Processo Civil/2015, a possibilidade jurídica está absorvida pelo interesse de agir. O ajuizamento do mandado de segurança sujeita-se ao prazo decadencial de 120 dias. Esta limitação quanto ao uso do instrumento processual está calcada na previsão do art. 23 da Lei 12.016/2009. Parte da doutrina sustenta a inconstitucionalidade deste dispositivo, sob o argumento que o legislador infraconstitucional não poderia limitar o que não foi limitado pelo próprio constituinte originário. Destarte, a questão, atualmente, não comporta maiores discussões práticas. A previsão expressa da Lei 12.016/2009 encontra amparo no posicionamento pacífico do STF sintetizado pela Súmula 632: "É constitucional lei que fixa o prazo de decadência para a impetração de mandado de segurança".[17]

Como qualquer ação, o mandado de segurança sujeita-se aos requisitos essenciais mínimos para permitir o processamento do pedido em juízo. O mandado de segurança não substitui a ação de cobrança, o que torna inviável sua utilização para o recebimento de verbas pecuniárias. A vedação à produção de efeitos condenatórios pretéritos tinha sua base delineada pelo texto das Leis 4.348/1964 e 5.021/1966, e acabou sendo recepcionada pelo texto da Lei 12.016/2009, conforme redação conferida ao art. 14, § 4º. O primeiro diploma estabelecia normas processuais sobre o mandado de segurança, prevendo a limitação da eficácia da liminar, além da previsão de caducidade para casos de contumácia do impetrante (art. 2º da Lei 4.348/1964, correspondente ao art. 8º da Lei 12.016/2009). No mesmo sentido, a Lei 4.348/1964 introduziu a possibilidade de suspensão da liminar (art. 4º), uma vez que a Lei 1.533/1951 se referia unicamente à suspensão da segurança na sentença (art. 13). Atualmente as previsões da suspensão da liminar e da sentença estão sedimentadas no art. 15 da Lei 12.016/2009, sendo importante lembrar que o pedido de suspensão não prejudica a análise do recurso de agravo (liminar) ou da apelação (sentença).

Importante frisar que, embora somente possam ser requeridas as verbas pretéritas devidas desde o ajuizamento do *mandamus*, o prazo

17. Cf.: STF, AgR no MS 33.668-DF, rel. Min. Luiz Fux, j. 19.6.2017.

prescricional das verbas pretéritas considera-se interrompido com a impetração e somente fluirá novamente com o fim do mandado de segurança.[18] Há uma tendência de flexibilizar a aplicação das Súmulas 269 e 271,[19] pois o momento em que foram sedimentadas exige obtemperação na sua incidência atual. Um exemplo claro reside nas situações em que se discute o repasse de verbas públicas entre entes estatais ou mesmo o repasse de duodécimos do Município para a Câmara de Vereadores. Tratar as verbas pretéritas como "pagamento" e exigir a "ação de cobrança" seria eliminar a independência entre os Poderes e inviabilizar o funcionamento de um poder autônomo.[20]

Não será juridicamente possível propor o mandado de segurança quando o ato coator já tenha sido analisado por sentença que transitou em julgado. Não existirá direito líquido e certo, uma vez que a ilegalidade ou abusividade terá sido examinada por decisão judicial estabilizada. Neste sentido firmou-se precedente, quando o STF ainda exercia a competência federal, pela Súmula 268: "Não cabe mandado de segurança contra decisão judicial com trânsito em julgado". Obviamente, deverá ser examinada a extensão da decisão quanto aos limites objetivos e subjetivos, pois pontos que não tenham sido atingidos pelos arts. 502 e 503 do CPC podem ser impugnados pelo *mandamus*. O mandado de segurança poderá se comportar como sucedâneo recursal, mas não substitui recurso taxativamente previsto pelo sistema (art. 994 do CPC). O STF também sintetizou referido posicionamento pela Súmula 267: "Não cabe mandado de segurança contra ato judicial passível de recurso ou correição". Em situações excepcionais, como alerta a melhor doutrina, o mandado de segurança assumirá a condição de sucedâneo recursal quando o recurso

18. "O acórdão recorrido está em sintonia com a orientação jurisprudencial do STJ, segundo a qual a impetração do mandado de segurança interrompe a fluência do prazo prescricional, de modo que tão somente após o trânsito em julgado da decisão nele proferida é que voltará a fluir a prescrição da ação ordinária para cobrança das parcelas referentes ao quinquênio que antecedeu a propositura do *writ* (AgR no AREsp n. 122.727-MG, rel. Min. Herman Benjamin, *DJe* 11.9.2012) 2. Agravo interno a que se nega provimento" (STJ, 1ª Turma, AgInterno no AREsp 1.047.834-SP, rel. Min. Sérgio Kukina, j. 13.6.2017, *DJe* 23.6.2017).

19. Súmula 269: "O mandado de segurança não é substitutivo de ação de cobrança". Súmula 271: "Concessão de mandado de segurança não produz efeitos patrimoniais em relação a período pretérito, os quais devem ser reclamados administrativamente ou pela via judicial própria".

20. O STJ tem flexibilizado a aplicação das Súmulas 269 e 271, como para as impetrações realizadas logo após o ato coator ou mesmo para situações omissivas como no pagamento de verbas devidas aos anistiados (1ª Seção, MS 21.347-DF, rela. Min. Assusete Magalhães, j. 10.5.2017, *DJe* 17.5.2017).

típico se mostre inoperante para a adequada tutela do interesse da parte, ou destituído de efeito suspensivo, ou quando inexistente recurso para a situação de urgência.[21] Haverá interesse na impetração do *mandamus* quando ocorrer ofensa a *direito líquido e certo*. A expressão "direito líquido e certo" necessita de interpretação sistemática e finalista. O ato considerado ilegal ou abusivo é aquele que pode ser demonstrado de plano, mediante prova meramente documental. Tutela-se de direito evidente (art. 311 do CPC). Caso exista necessidade de cognição vertical profunda para averiguar a ilegalidade ou prática do abuso, a situação não permitirá o uso da via estreita do mandado de segurança. Por outro lado, a complexidade da matéria de direito não compromete a impetração da ação, nos termos da Súmula 625 do STF: "Controvérsia sobre matéria de direito não impede concessão de mandado de segurança". O mandado de segurança não deve ser utilizado enquanto a questão esteja sendo discutida na esfera administrativa com recurso dotado de efeito suspensivo (art. 5º, I, da Lei 12.016/2009).

O art. 5º, II, Lei 12.016/2009 prevê que também não caberá o mandado de segurança da decisão judicial da qual caiba recurso com efeito suspensivo. A redação do dispositivo deve ser corretamente interpretada; afinal, a interpretação *a contrario sensu* levaria ao cabimento do *mandamus* quando o recurso não tiver efeito suspensivo. Sabe-se que a *mens legis* é outra, pois o que o dispositivo quer afirmar é que a via excepcional do mandado de segurança não permite sua utilização indiscriminada como substituto de recurso judicial. Esta é a inteligência da Súmula 267 do STF: "Não cabe mandado de segurança contra ato judicial passível de recurso ou correição".

4.2 Legitimidade

Como legitimado ativo encontra-se a pessoa física ou jurídica lesada pela prática de ato ilegal ou com abuso de poder (art. 1º da Lei 12.016/2009). Como legitimado passivo, *prima facie*, apresenta-se a autoridade pública, denominada de *autoridade coatora*. O conceito de autoridade coatora é importante não só para identificar o polo passivo no *mandamus*, mas para fixar a competência quanto ao ajuizamento da ação.

21. É o que acontece, por exemplo, no Juizado Especial (Lei 9.099/1995), em que a concessão de tutela provisória (art. 294 do CPC) não conta com recurso de agravo. V. o que escrevemos com José Miguel Garcia Medina, *Mandado de Segurança Individual e Coletivo*, cit., 2ª ed., p. 74.

No conceito de autoridade coatora (arts. 1º, § 1º, e 2º da Lei 12.016/2009) encaixam-se todos aqueles que exercem o *munus* público. Nesta acepção podemos englobar os ocupantes de cargos, empregos públicos, os particulares em colaboração e os agentes políticos. Dentre os particulares que exercem função delegada destacam-se os dirigentes de instituição de ensino, bem como titulares de serviços públicos em regime de concessão. A autoridade coatora será aquela que tem competência para desfazer o ato impugnado.

4.2.1 A legitimidade passiva e a encampação

Em situações nas quais a autoridade coatora encampe o ato atribuído ao seu subordinado não existirá vício de nulidade na relação processual. Aplicar-se-á a teoria da encampação. Através dela permite-se que a autoridade coatora superior encampe a prática atribuída a seu subordinado. Com a apresentação das informações e com a defesa do ato impugnado ocorrerá a convalidação da ilegitimidade passiva.[22] É importante que a autoridade encampadora, ao assumir o ato reputado como ilegal ou abusivo, não provoque a modificação da competência. A encampação é muito útil em situações em que a impetração é erroneamente direcionada para a autoridade que cumpre a ordem ilegal mas não possui poderes para desfazer o ato impugnado. Logo, a autoridade hierarquicamente subordinada remete o ato à autoridade superior, que encampa a condição de parte e apresenta defesa processual.

4.2.2 Legitimidade ativa

O mandado de segurança poderá ser utilizado pela pessoa física ou jurídica (pública ou privada). Admite-se também que o pedido seja realizado em litisconsórcio; contudo, não existe possibilidade de litisconsórcio ulterior, uma vez que o procedimento célere não admite ingresso posterior, sob pena de violação do princípio do juiz natural. Aliás, dentre as últimas reformas do Código de Processo Civil deve ser destacada a alteração do art. 253, II, do CPC/1973 pela Lei 11.280/2006, que já visava a combater a violação do princípio do juiz natural. Este entendimento foi

---

22. "A jurisprudência do STJ é pacífica no sentido de que, se a autoridade apontada como coatora, nas suas informações, não se limita a arguir sua ilegitimidade passiva, defendendo o ato impugnado, aplica-se a teoria da encampação" (STJ, 2ª Turma, AgR no AREsp 273.205-MG, rel. Min. Herman Benjamin, j. 4.6.2013, *DJe* 12.6.2013).

incorporado pelo atual CPC no art. 286, II. A Lei do Mandado de Segurança (Lei 12.016/2009) trouxe vedação expressa pelo § 2º do art. 10. O art. 3º da Lei 12.016/2009 também confere legitimidade extraordinária concorrente quando o ato lesivo provoque dano envolvendo o interesse de mais de um colegitimado. Aplica-se a inteligência da Súmula 628: "Integrante de lista de candidatos a determinada vaga da composição de tribunal é parte legítima para impugnar a validade da nomeação de concorrente". O terceiro prejudicado poderá se utilizar do mandado de segurança para obstar à produção de efeitos concretos da sentença em sua esfera jurídica, ainda mais quando privado do contraditório e da oportunidade oferecer suas razões, nos termos da Súmula 202 do STJ: "A impetração de segurança por terceiro, contra ato judicial, não se condiciona à interposição de recurso". A redação da Lei 12.016/2009 estabelece modificação interessante ao prever que o terceiro prejudicado somente poderá se utilizar da faculdade de agir quando o titular permanecer inerte por mais de 30 dias. Não obstante possua a legitimidade de agir, o terceiro também se submeterá ao prazo decadencial previsto pelo art. 23 (art. 3º, *caput* e parágrafo único).

4.3 Competência

As regras relativas aos arts. 46 e ss. do CPC não se aplicam ao mandado de segurança, pois a competência é definida essencialmente *ratione auctoritatis*. A fixação da competência exigirá a identificação da autoridade coatora e, consequentemente, da pessoa jurídica de direito público a que esteja vinculada. No mandado de segurança a análise da competência exige o exame do plexo de competência atribuída à autoridade coatora, de tal forma que a primeira investigação deverá levar em consideração a esfera à qual está vinculada. Sendo federal, a competência será da Justiça Federal; sendo Estadual ou Municipal, será da Justiça Estadual (art. 2º da Lei 12.016/2009). Todavia, em vista da hierarquia que informa a estrutura do Poder Público, bem como da existência de foros privilegiados para o processamento dos agentes públicos, torna-se necessário examinar a competência no âmbito vertical.

Em diversas situações os tribunais superiores são responsáveis pelo julgamento do mandado de segurança em competência originária, o que também se estende para outras ações constitucionais, como *habeas data* e mandado de injunção. No entanto, a competência em sua análise horizontal ou vertical não leva em consideração a matéria propriamente dita, mas a alocação da autoridade coatora e sua atuação funcional.

Os tribunais podem estabelecer juízos privativos de acordo com as regras de organização judiciária que atendam ao melhor interesse. Sem prejuízo da competência da comarca local para os atos praticados por autoridades sediadas no Município da circunscrição, a autoridade de âmbito estadual poderá possuir Vara privativa na Capital para o conhecimento do mandado de segurança, desde que não fira competência territorial estabelecida pelo Código de Processo Civil, como a criação de Varas da Fazenda Pública, em respeito à Súmula 206 do STJ.[23]

Importante lembrar que o ato da autoridade coatora pode ser cometido em diversas searas, como a criminal ou a trabalhista. Caberá apenas enquadrar o ato como ilegal e abusivo para fins de aplicação da Lei 12.016/2009. É muito comum na seara criminal a impetração para a liberação de bens que pertençam a terceiros de boa-fé mas que acabam sendo atingidos pela pena de perdimento de modo indevido, como em processos de tráfico de entorpecentes (Lei 11.343/2006). O terceiro terá legitimidade para impetrar o *mandamus* para a liberação do bem.[24]

5. A LIMINAR NO "MANDAMUS" E A TEORIA DO FATO CONSUMADO

O cabimento da tutela provisória tem apoio na redação do art. 7º, III, da Lei 12.016/2009. O texto legal aproxima os requisitos da liminar no mandado de segurança daqueles previstos para a concessão da tutela antecipada, inclusive com possibilidade de tutela satisfativa pela consumação do objeto da segurança, após a concessão da liminar.

A Lei 12.016/2009 permite que o juiz possa exigir do impetrante caução, fiança ou depósito. Sem dúvida, esta exigência deve ser lida *cum grano salis*, sob pena de provocar injustiças.

A liminar admite fungibilidade em sua concessão, mas sua conformação prática pode assumir natureza cautelar, antecipada ou, mesmo, de tutela de evidência. Não há dúvida de que a reintegração liminar ao cargo assume natureza antecipatória. Por outro lado, a liminar pleiteada com a demonstração de direito líquido e certo pode assumir configuração de

---

23. STJ: "Súmula 206. A existência de Vara privativa, instituída por lei estadual, não altera a competência territorial resultante das leis de processo".
24. "Pode o terceiro interessado impetrar mandado de segurança conta ato judicial em feito no qual não era parte, mas que atinja os seus interesses – Súmula n. 202 desta Corte. 2. Incontroversa a condição de credor fiduciário como terceiro de boa-fé, não poderá sentença criminal afetar seu patrimônio. 3. A pena de perdimento limita-se ao patrimônio do acusado. 4. Recurso ordinário em mandado de segurança provido" (STJ, 6ª Turma, RMS 15.938-MG, rel. Min. Nefi Cordeiro, j. 4.12.2014, *DJe* 17.12.2014).

direito evidente, em face de prova documental irrefutável. Em determinadas situações a concessão revela função cautelar, com o fim de evitar o perecimento do objeto do litígio. Mesmo o esgotamento do objeto do processo é possível quando a concessão ou denegação da liminar representem o exaurimento do objeto litigioso.[25]

A eventual revogação da liminar, por ocasião da sentença, gera a insubsistência dos atos até então praticados. A sentença operará autêntico efeito substitutivo para manter ou revogar a liminar concedida. Em caso de revogação opera-se a eficácia *ex tunc*, pois os atos praticados sob o império da decisão provisória sofrem inevitável reversão (Súmula 405 do STF). A conclusão não poderia ser diversa, pois se outro fosse o entendimento a liminar continuaria a produzir efeitos. Uma decisão concedida em grau de *cognição sumária* (liminar) teria mais força que aquela concedida em grau de *cognição exauriente* (sentença).

6. *A PEÇA DE DEFESA: INFORMAÇÕES DA AUTORIDADE COATORA*

A autoridade coatora prestará as informações no prazo de 10 dias; contudo, não assumirá a qualidade de parte. Todavia, parte efetiva no processo será a pessoa jurídica de direito público (*federal, estadual* ou *municipal*). O argumento de que ela não pode *presentar* ou *representar*, porque, deste modo, também poderia confessar, não se revela lícito. A autoridade coatora não pode dispor sobre direito indisponível. Sua vinculação funcional e o respeito ao princípio da legalidade e supremacia do interesse público impedem que possa sequer desistir ou transacionar em juízo sem a existência de autorização legal. Aliás, é intensa a discussão sobre a possibilidade de a autoridade administrativa, em face de julgamento administrativo, realizar o próprio controle *incidenter tantum* da constitucionalidade das leis. Logo, este argumento não convence.

Além do mais, a Lei 12.016/2009 não deixa mais dúvida de que a prestação das informações deverá ser realizada pela autoridade coatora (art. 7º, I) através do representante judicial da pessoa jurídica de direito público, que detém a capacidade postulatória, nos termos do art. 7º, II, da Lei 12.016/2009. O pedido de suspensão da liminar será formulado,

---

25. A teoria do fato consumado tem sido invocada equivocadamente, pois situações consolidadas *ex ope temporis* muitas vezes admitem reversão e não revelam consumação, mas aplicação de outros princípios, como segurança jurídica e boa-fé dentre outros. O fato consumado não admite reversão, por impossibilidade fática. É o caso da liminar para transfusão de sangue, ou a liminar que autoriza pessoa a participar de competição. Trata-se de fatos que não possuem reversão fática e esgotam o objeto do processo tanto quando há concessão como denegação.

por dever funcional, pelo Procurador da União, do Estado ou Município, e a apresentação das informações será complementada pela atividade integradora da autoridade coatora, que subscreverá a peça de defesa com o procurador público.

A peça defensiva necessita da participação da autoridade coatora, pois somente ela poderá fornecer os subsídios materiais para a produção da defesa eficiente. A autoridade poderá atuar em nome próprio, como assistente simples, ou recorrer como terceiro prejudicado, em vista da possibilidade de posterior ação regressiva (art. 14, § 2º, da Lei 12.016/2009). A não apresentação das informações no prazo de 10 dias não permite que sejam aplicadas as penas da revelia, nos termos do art. 344 c/c o art. 355, II, ambos do CPC. Inviável falar em presunção relativa ou confissão ficta contra a Fazenda Pública na ação de mandado de segurança.

A responsabilidade da autoridade coatora é intensa, e o descumprimento da liminar concedida para correção do ato impugnado poderá gerar a incidência de medida executivas indiretas. Dentre elas destacam-se as *astreintes*, que devem fixadas contra a autoridade coatora e não mais em relação à pessoa jurídica. É certo que a multa deve ser direcionada à parte, e a autoridade coatora não é parte, mas presentante da pessoa jurídica. No entanto, o ato é materialmente cumprido pela autoridade coatora. Ninguém pode se negar ao cumprimento de ordem judicial, inclusive o terceiro. Sendo assim, nada impede que as *astreintes* sejam direcionadas à autoridade, o que poupará posterior pedido de regresso. Esta visão atual ultrapassa pensamento anterior que somente permitia a fixação da multa diária contra a pessoa jurídica.[26] A imputação das *astreintes* à autoridade coatora revela evolução saudável e natural da jurisprudência do STJ perante o Código de Processo Civil/1973, que confere eficácia ao mecanismo de execução indireta.[27]

---

26. "Conforme jurisprudência firmada no âmbito desta Corte, a previsão de multa cominatória ao devedor na execução imediata destina-se, de igual modo, à Fazenda Pública – Precedentes. 2. A extensão ao agente político de sanção coercitiva aplicada à Fazenda Pública, ainda que revestida do motivado escopo de dar efetivo cumprimento à ordem mandamental, está despida de juridicidade. 3. As autoridades coatoras que atuaram no mandado de segurança como substitutos processuais não são partes na execução, a qual dirige-se à pessoa jurídica de direito público interno. 4. A norma que prevê a adoção da multa como medida necessária à efetividade do título judicial restringe-se ao réu, como se observa do § 4º do art. 461 do *Codex* instrumental [*de 1973*]. 5. Recurso especial provido" (STJ, 5ª Turma, REsp 747.371-DF, rel. Min. Jorge Mussi, j. 6.4.2010, *DJe* 26.4.2010).

27. "É pacífica, no STJ, a possibilidade de aplicação, em mandado de segurança, da multa diária ou por tempo de atraso prevista no art. 461, §§ 4º e 5º, do CPC [*de*

7. MINISTÉRIO PÚBLICO

A participação do Ministério Público é determinada não só pelo art. 12 da Lei 12.016/2009, mas pela redação do art. 178, I, do CPC. Muito embora existam vozes que defendam a desnecessidade da participação da Instituição nos mandados de segurança individuais, não resta dúvida de que sua presença é fundamental para a preservação do interesse público primário.

Todavia, em mandados de segurança nos quais a repercussão do ato ilegal seja meramente econômica seria viável a extensão do entendimento consubstanciado pela Súmula 189 do STJ: "É desnecessária a intervenção do Ministério Público nas execuções fiscais". O STJ firmou entendimento no sentido de que a participação do Ministério Público é obrigatória; contudo, a decretação da nulidade do processo dependerá da ponderação do efetivo prejuízo (*pas de nullité sans grief*). O prazo para manifestação do Ministério Público será de 10 dias.

O Conselho Nacional do Ministério Público/CNMP emitiu a Recomendação 34/2016, que disciplina a intervenção ministerial em face do Código de Processo Civil/2015 e revogou a Recomendação 16/2010. Pela atual recomendação não há obrigatoriedade expressa de intervenção na ação de mandado de segurança, mas de atuação em todas as causas de relevância social e pública, que deverá ser analisada no caso concreto (art. 2º da Recomendação 34/2016).

8. SENTENÇA NO MANDADO DE SEGURANÇA. EXTINÇÃO PELO FATO CONSUMADO

A sentença proferida no mandado de segurança seguirá, inevitavelmente, dois caminhos. No primeiro examinará o mérito da pretensão posta pelo autor (ilegalidade/abusividade do ato perpetrado pela autoridade coatora). Nesta configuração, a sentença de procedência ou improcedência terá como fundamento o art. 487 do CPC e o processo será *resolvido* com análise do mérito. A sentença será fundamentada preferencialmente pelo inciso I do art. 487, ou seja, o juiz acolherá ou rejeitará o pedido formulado pelo autor na impetração.

1973 – v. art. 536, § 1º, do CPC/2015]. Precedentes. Inexiste óbice, por outro lado, a que as *astreintes* possam também recair sobre a autoridade coatora recalcitrante que, sem justo motivo, cause embaraço ou deixe de dar cumprimento a decisão judicial proferida no curso da ação mandamental" (STJ, 1ª Turma, REsp 1.399.842-ES, rel. Min. Sérgio Kukina, j. 25.11.2014, *DJe* 3.2.2015).

Não há caminho viável para sentenças de procedência pautadas pelo art. 487, III, "b", do CPC, pela indisponibilidade do patrimônio público. O conteúdo patrimonial no *mandamus* é acidental, como frisou o STF ao emitir as Súmulas 269 e 271. O objeto litigioso está centrado no reconhecimento da ilegalidade ou no abuso de poder da autoridade coatora. Por outro lado, o juiz poderá reconhecer a decadência ou a prescrição, nos termos do art. 487, II, assim como o impetrante poderá renunciar ao direito sobre o qual se funda sua pretensão. Quanto ao reconhecimento jurídico do pedido do autor, nos termos do art. 487, III, "a", do CPC, há tendência de restrição a esta modalidade de pronunciamento, uma vez que a Fazenda Pública tem interesse na demonstração da legalidade do ato, mas a tutela dos direitos fundamentais não impede o reconhecimento do erro ou ilegalidade do ato, como permite a própria Súmula 473 do STF. Se a Administração pode revogar seus atos *ex officio*, poderá reconhecer o pedido, para evitar a consumação de lesão às liberdades públicas. A visão constitucional deve imperar na proteção máxima ao jurisdicionado. O reconhecimento é objeto de controle pelo juiz, pelo reexame e pelo Ministério Público como fiscal da ordem jurídica.

Outra possibilidade é a de que a decisão proferida no mandado de segurança esteja embasada no art. 485 do CPC, o qual fundamenta a decisão de resolução sem resolução do mérito. É muito comum o juiz se deparar com decisões pautadas pelo art. 485, VI, do CPC amparadas pela *teoria do fato consumado*, o que poderá provocar a ausência do interesse de agir. Esta hipótese revela a incidência do art. 493 do CPC, que beneficia o impetrante, uma vez que a modificação da situação jurídica no decorrer do processo pode não mais justificar a manutenção do pedido mandamental.[28]

9. DESISTÊNCIA DO MANDADO DE SEGURANÇA

Sempre houve grande discussão sobre a possibilidade de desistência do mandado de segurança. Nas ações em geral a desistência unilateral somente é possível até o momento que antecede a citação, sem a anuência da parte contrária. Após a constituição da relação processual o pedido de desistência sempre é possível até a prolação da sentença, mas desde que exista a manifestação da anuência da parte contrária.

A manifestação expressa da parte ré é essencial após a angularização, porque existe o interesse em obter uma decisão de mérito para impedir

---

28. STJ, 2ª Turma, REsp 1.244.991-MG, rel. Min. Mauro Campbell Marques, j. 22.11.2011, *DJe* 1.12.2011.

a repropositura do pedido. No mandado de segurança a questão é ainda mais delicada, porque a existência de um ato ilegal ou abusivo praticado por autoridade pública revela questão de interesse público. No entanto, o entendimento que prevaleceu perante o STF foi o de tratar o *mandamus* de modo diferenciado, uma vez que a presunção de legitimidade e legalidade dos atos praticados pela autoridade pública permitiria a desistência da ação a qualquer tempo, aplicando-se um regime diferenciado do que está sedimentado no art. 485, § 5º, do CPC (art. 267, § 4º, do CPC/1973).[29]

No mandado de segurança a natureza especial da pretensão posta em julgamento permitiria que o impetrante, ainda que possuísse sentença favorável, viesse a desistir da impetração. O ponto nodal e polêmico analisado pelo STF residiu em saber se essa "desistência" poderia atuar como força "rescindente" sobre eventual decisão de mérito já proferida em primeira instância, ou em instância superior, quando a impetração fosse originária. Embora a questão não tenha sido enfrentada diretamente, a resposta foi positiva, ante a leitura dos debates do RE 669.367/2014, pois vingou a tese que permite a desistência ampla do mandado de segurança, independentemente da aquiescência da autoridade coatora, ainda que a parte impetrante tenha decisão favorável.[30] O voto do Min. Luiz Fux quedou-se vencido, pois entendia ser incabível a desistência da ação após o julgamento de mérito. Sob a ótica processual clássica, o entendimento do Min. Fux seria correto, pois somente seria possível a desistência ou renúncia do recurso, nunca da ação, que já contou com julgamento de mérito.

29. Neste sentido retratam Hely Lopes Meirelles *et alii*, com jurisprudência do STF, anteriormente à definição do tema em sede de repercussão geral, in *Mandado de Segurança e Ações Constitucionais*, cit., 37ª ed., p. 156. Em especial, v.: STF, AgR no RE 167.224-2, rel. Min Néri da Silveira, *DJU* 7.4.2000. Mas este posicionamento nunca foi unânime, inclusive no STJ, conforme o AgR no REsp 889.975-PE, 1ª Seção, rel. Min. Mauro Campbell Marques, j. 27.5.2009, *DJe* 8.6.2009.
30. "'É lícito ao impetrante desistir da ação de mandado de segurança, independentemente de aquiescência da autoridade apontada como coatora ou da entidade estatal interessada ou, ainda, quando for o caso, dos litisconsortes passivos necessários' (MS n. 26.890-AgR-DF, Pleno, Min. Celso de Mello, *DJe* 23.10.2009), 'a qualquer momento antes do término do julgamento' (MS n. 24.584-AgR-DF, Pleno, Min. Ricardo Lewandowski, *DJe* 20.6.2008), 'mesmo após eventual sentença concessiva do *writ* constitucional, (...) não se aplicando, em tal hipótese, a norma inscrita no art. 267, § 4º, do CPC' (RE n. 255.837-AgR-PR, 2ª Turma, Min. Celso de Mello, *DJe* 27.11.2009) – Jurisprudência desta Suprema Corte reiterada em repercussão geral (Tema n. 530 – Desistência em mandado de segurança, sem aquiescência da parte contrária, após prolação de sentença de mérito, ainda que favorável ao impetrante) – Recurso extraordinário provido" (STF, Tribunal Pleno, RE 669.367, rel. Min. Luiz Fux, rela. para o acórdão Min. Rosa Weber, j. 2.5.2013, Acórdão Eletrônico Repercussão Geral – Mérito, *DJe*-213, divulg. 29.10.2014, publ. 30.10.2014).

O direito constitucional de impetração pode ser extinto a qualquer tempo, mesmo em face de sentença de mérito já produzida. Esta visão certamente fortalece o papel do cidadão no exercício do *writ*, mas provoca um sinal de alerta. Nas últimas décadas o mandado de segurança tem sido utilizado com viés nitidamente patrimonial, e a aplicação do art. 19 da Lei 12.016/209 pode esconder o real interesse da desistência ou, ainda, eventual concessão de liminar que já tenha esgotado o objeto da impetração.[31]

10. A OPÇÃO PELA VIA ORDINÁRIA E A COISA JULGADA

O mandado de segurança, ainda que reflita uma forma de prestação de tutela jurisdicional diferenciada, não impede que o mesmo pedido seja veiculado através de uma ação ordinária, quando a decisão judicial reconheça que a via estreita e sumária não é adequada para a comprovação dos fatos sustentados pelo impetrante. Neste sentido deve ser interpretado o art. 19 da Lei 12.016/2009: "A sentença ou o acórdão que denegar mandado de segurança, sem decidir o mérito, não impedirá que o requerente, por ação própria, pleiteie os seus direitos e os respectivos efeitos patrimoniais". É importante frisar que a aplicação deste dispositivo não é automática. A limitação quanto à cognição vertical não impede que a decisão seja exauriente, mormente quando necessária apenas a prova documental para o esclarecimento da situação fática. Por isso, a Súmula 304 do STF deve ser interpretada *cum grano salis*: "Decisão denegatória de mandado de segurança, não fazendo coisa julgada contra o impetrante, não impede o uso da ação própria".

A opção pela via ordinária permite que a mesma pretensão seja requerida com pedido de tutela da evidência (art. 311, IV, do CPC). Nas situações de decadência, por exemplo, ante o esgotamento do prazo de 120 dias, seria impensável crer que o direito líquido e certo pudesse desaparecer pela inércia do impetrante. Nada impedirá que o pedido venha a ser repetido pela via ordinária, com pedido de tutela de urgência.

11. DESPESAS E HONORÁRIOS ADVOCATÍCIOS

A posição unânime do STJ e do STF é pelo descabimento dos honorários advocatícios, cuja principal argumentação reside em afastar barreiras econômicas para a utilização do *mandamus*. Este entendimento, que estava sufragado pela Súmula 512 do STF ("Não cabe condenação

---

31. Importante a leitura dos votos dos Mins. Luiz Fux e Marco Aurélio, que exploram as nuanças na uniformização da questão perante o RE 669.367.

em honorários de advogado na ação de mandado de segurança") e pela Súmula 105 do STJ ("Na ação de mandado de segurança não se admite condenação em honorários advocatícios"), agora conta com o respaldo do art. 25 da Lei 12.016/2009, que expressamente veda a fixação da verba de sucumbência.

12. RECURSOS E SUCEDÂNEOS: *AGRAVO E A SUSPENSÃO*

Na temática recursal deverão ser analisadas duas questões essenciais em relação ao *mandamus*: o recurso cabível contra a liminar e contra a sentença.

A liminar, de acordo com a exposição *retro*, será alvo de agravo de instrumento. Muito embora a Lei do Mandado de Segurança revele uma *lex specialis*, não há qualquer impedimento para a utilização do agravo. A decisão liminar também poderá ser alvo de um sucedâneo recursal, nos termos do art. 15 da Lei 12.016/2009. O pedido de suspensão constitui *tertium genus*, autêntica medida de exceção, que visa a eliminar a eficácia mandamental da decisão judicial. Os pressupostos ensejadores do pedido de suspensão não se confundem com aqueles previstos para a concessão do efeito ativo/negativo no agravo de instrumento (art. 932, II, do CPC). O pedido de suspensão se justifica pela proteção do interesse público.

O pedido de suspensão não interfere no processamento do recurso de agravo ou de apelação. São figuras distintas. O deferimento do pedido de suspensão, em face da medida liminar ou da sentença, vigorará até o trânsito em julgado da decisão concessiva da segurança, em virtude da ultra-atividade conferida pela Súmula 626 do STF. Em caso de interposição de recurso a suspensão acompanhará a decisão final proferida pelo STJ (art. 25, § 3º, da Lei 8.038/1990) ou pelo STF (art. 297, § 3º, do Regimento Interno do STF).[32]

A sentença estará sujeita ao recurso de apelação, nos termos do art. 14 da Lei 12.016/2009. A sentença de procedência possui eficácia imediata, ainda que sujeita ao reexame necessário (art. 14, § 1º). Na hipótese de sentença de improcedência, a eventual liminar concedida será cassada, de tal forma que o recurso, ainda que recebido em efeitos suspensivo e devolutivo, não impedirá a revogação da liminar, nos termos da Súmula 405 do STF. Importante lembrar que, pela Lei 12.016/2009, o direito de recorrer foi expressamente mencionado para a *autoridade coatora*,

---

32. Redação idêntica em ambos os dispositivos: "A suspensão de segurança vigorará enquanto pender o recurso, ficando sem efeito, se a decisão concessiva for mantida pelo Superior Tribunal de Justiça ou transitar em julgado".

em vista da possibilidade de exercício do direito de regresso por parte da pessoa jurídica contra seu agente. A possibilidade de recurso pela autoridade coatora reforça a noção de que não é parte no processo e seu recurso revela claro interesse de assistência, na medida em que sofrerá efeitos reflexos em caso de procedência da impetração.

13. RECURSO DE APELAÇÃO E REEXAME NECESSÁRIO

O recurso natural contra a sentença concessiva ou denegatória da segurança será a apelação (art. 14 da Lei 12.016/2009). Não há menção na lei especial quanto aos efeitos conferidos ao recurso. Todavia, a doutrina construída sobre o tema, especialmente em face da Súmula 405 do STF confere interpretação no sentido de que o efeito é exclusivamente devolutivo.[33] Isto não impede a concessão pelo relator de efeito suspensivo, excepcional (art. 1.012, § 3º, do CPC).

Nas sentenças concessivas da segurança, independentemente da interposição do recurso de apelação, o reexame necessário será obrigatório, nos termos do art. 14, § 1º, da Lei 12.016/2009. O reexame não confere efeito suspensivo, mas apenas o efeito devolutivo e translativo. Embora anacrônico, o reexame faz parte da história do mandado de segurança em nosso sistema, e já contava com previsão na Lei 1.533/1951.

14. EXECUÇÃO NO MANDADO DE SEGURANÇA

Ponto que merece destaque diz respeito à possibilidade de execução ou, melhor, da aplicação do regime de cumprimento da sentença no mandado de segurança. A vocação natural desta ação não está na obtenção de um provimento condenatório, mas mandamental. Isto não elimina a possibilidade de combinação das eficácias sentenciais, o que permite a execução da ordem (obrigação de fazer, não fazer) e da condenação (obrigação de dar ou pagamento).[34]

Por outro lado, a eficácia condenatória não pode ser descartada. As verbas devidas desde o período do ajuizamento do mandado pode-

---

33. Neste sentido: "'Esta Corte Superior pacificou o entendimento de que a apelação em mandado de segurança possui efeito devolutivo, sendo concedido, apenas excepcionalmente, eventual efeito suspensivo, na hipótese de risco de dano irreparável ou de difícil reparação' (AgR no Ag n. 1.316.482-SP, rel. Min. César Asfor Rocha, *DJe* 18.5.2012)" (STJ, 2ª Turma, AgR no AREsp 808.384-SP, rel. Min. Humberto Martins, j. 15.12.2015, *DJe* 2.2.2016).

34. Jorge Salomão, *Execução de Sentença em Mandado de Segurança*, pp. 10 e ss.

rão ser alvo de cumprimento de sentença, nos termos dos arts. 523 e ss. do CPC. Apenas as verbas pretéritas dependerão de ação de cobrança (Súmulas 269 e 271 do STF). Lembrando que o STJ tem flexibilizado, corretamente, a incidência das Súmulas 269 e 271, mas tanto o STJ como o STF ainda aplicam a literalidade do art. 14, § 4º, da Lei 12.016/2009, como regra.[35] Trata-se, com todo respeito, de uma incoerência. O STJ sempre se destacou pela aplicação principiológica como meio de corrigir a defasagem temporal e axiológica dos textos normativos. Estas duas Súmulas são anacrônicas e violam questões basilares, especialmente quando se tutela a verba alimentar pelo caminho do *mandamus*. Não se pode aplicar a interpretação literal, que trouxe tantos malefícios ao direito Francês no período napoleônico, como meio essencial de interpretação da Lei 12.016/2009.[36] Deve ser aplaudida nova orientação que se firma no

35. "O art. 14, § 4º, da Lei n. 12.016/2009 dispõe que o pagamento de vencimentos e vantagens pecuniárias assegurados em sentença concessiva de mandado de segurança somente será efetuado relativamente às prestações que se vencerem a contar da data do ajuizamento da inicial do *writ*. II – Dessa forma, restabelecidos os proventos da embargante, pois considerado ilegal o ato da Corte de Contas, o termo inicial para o pagamento é o ajuizamento do mandado de segurança. III – Embargos acolhidos" (STF, Tribunal Pleno, ED no MS 26.053, rel. Min. Ricardo Lewandowski, j. 14.4.2011, *DJe*-096, divulg. 20.5.2011, publ. 23.5.2011, Ement. VOL-02527-01 PP-00001).
36. V. o bem fundamentado mas incorreto acórdão do STJ no qual se reconhece a interpretação literal em detrimento da eficácia vertical imediata dos princípios constitucionais: "Processual civil – Mandado de segurança – Servidor público – Vantagens remuneratórias – Efeitos patrimoniais – Termo inicial – Ajuizamento do *mandamus* – Súmulas ns. 269 e 271/STF – Opção do legislador – Art. 14, § 4º, da Lei n. 12.016/2009 – Jurisprudência dominante. 1. Cinge-se a controvérsia a definir o termo inicial de produção de efeitos financeiros de sentença concessiva de segurança. 2. Configurada está a divergência: enquanto o acórdão embargado admite a retroação dos efeitos da concessão da segurança para momento anterior ao ajuizamento da ação, os paradigmas rechaçam essa possibilidade. 3. O entendimento de que os efeitos patrimoniais da sentença concessiva de segurança devem alcançar prestações anteriores ao ajuizamento do *mandamus*, embora possa aparentar alguma lógica jurídico--processual, carece manifestamente de respaldo legal, haja vista a vedação contida no art. 14, § 4º, da Lei n. 12.016/2009, *in verbis*: 'O pagamento de vencimentos e vantagens pecuniárias assegurados em sentença concessiva de mandado de segurança a servidor público da Administração direta ou autárquica federal, estadual e municipal somente será efetuado relativamente às prestações que se vencerem a contar da data do ajuizamento da inicial'. 4. O legislador fez clara opção por manter a sistemática consolidada nas Súmulas ns. 269/STF ('O mandado de segurança não é substitutivo de ação de cobrança') e 271/STF ('Concessão de mandado de segurança não produz efeitos patrimoniais em relação a período pretérito, os quais devem ser reclamados administrativamente ou pela via judicial própria'). 5. Em que pese à existência de corrente contrária, merece prevalecer a jurisprudência amplamente dominante, em

STJ, na qual se protegem direitos fundamentais, ainda que o ponto seja enfrentado de modo implícito e não explícito.[37] consonância com as Súmulas ns. 269/STF e 271/STF, por se tratar da única forma de preservar a vigência do art. 14, § 4º, da Lei n. 12.016/2009 – Precedentes do STF e do STJ: MS n. 26.053, ED, rel. Min. Ricardo Lewandowski, Tribunal Pleno, DJe-096, 23.5.2011; MS n. 26.740, ED, rel. Min. Ayres Britto, 2ª Turma, DJe-036, 22.2.2012; AgR no RMS n. 47.257-RS, rel. Min. Sérgio Kukina, 1ª Turma, DJe 23.6.2016; AgR no RMS n. 47.646-RS, rel. Min. Og Fernandes, 2ª Turma, DJe 2.6.2015; AgR no AREsp n. 600.368-RS, rel. Min. Humberto Martins, 2ª Turma, DJe 15.12.2014; MS n. 19.369-DF, rela. Min. Eliana Calmon, rel. para o acórdão Min. Mauro Campbell Marques, 1ª Seção, DJe 3.9.2015; MS n. 19.246-DF, rel. Min. Benedito Gonçalves, 1ª Seção, DJe 20.5.2014; AgR no REsp n. 782.495-AM, rel. Min. Nefi Cordeiro, 6ª Turma, DJe 3.8.2015; AgR no RMS n. 24.373-ES, rel. Min. Rogério Schietti Cruz, 6ª Turma, DJe 26.8.2014; ED no MS n. 13.356-DF, rel. Min. Sebastião Reis Jr., 3ª Seção, DJe 19.12.2013). 6. Com a devida vênia, a circunstância de os efeitos financeiros consistirem em mera consequência da anulação do ato impugnado, tal como fundamentado nos EREsp n. 1.164.514-AM, rel. Min. Napoleão Nunes Maia Filho, Corte Especial, DJe 25.2.2016, em nada abala a regra prevista no art. 14, § 4º, da Lei n. 12.016/2009, que não faz distinção sobre a causa da consequência patrimonial. 7. A propósito, o referido julgado afirma que as Súmulas ns. 269 e 271/STF atentam 'contra os princípios da justiça, da efetividade processual, da celeridade e da razoável duração do processo', mas deixou de examinar a vigência do sempre mencionado art. 14, § 4º, da Lei do Mandado de Segurança, tampouco declarou sua inconstitucionalidade, único meio de afastar a incidência, sob pena de ofensa à Súmula Vinculante n. 10. 8. Anote-se que o restabelecimento de vencimentos ou de proventos, por força da anulação de ato coator, é o resultado natural observado na grande maioria dos mandados de segurança concedidos, a exemplo do citado MS n. 26.053, no qual o Plenário do STF confirmou a regra do art. 14, § 4º, da Lei n. 12.016/2009, ao consignar: 'I – O art. 14, § 4º, da Lei n. 12.016/2009 dispõe que o pagamento de vencimentos e vantagens pecuniárias assegurados em sentença concessiva de mandado de segurança somente será efetuado relativamente às prestações que se vencerem a contar da data do ajuizamento da inicial do *writ*. II – Dessa forma, restabelecidos os proventos da embargante, pois considerado ilegal o ato da Corte de Contas, o termo inicial para o pagamento é o ajuizamento do mandado de segurança'. 9. Embargos de divergência providos" (STJ, Corte Especial, EREsp 1.087.232-ES, rel. Min. Herman Benjamin, j. 7.12.2016, DJe 19.4.2017).

37. V. o novo, e correto, posicionamento do STJ: "Administrativo – Embargos de divergência – Servidor público – Mandado de segurança impetrado para impugnar ato que reduziu a pensão da impetrante com a justificativa de adequá-la ao subteto fixado pelo Decreto n. 24.022/2004, do Estado do Amazonas – Relação de trato sucessivo. O prazo decadencial para a impetração do *mandamus* se renova mês a mês – Efeitos patrimoniais do mandado de segurança – Retroação à data do ato impugnado – Confronto do REsp n. 1.164.514-AM, rel. Min. Jorge Mussi, 5ª Turma, DJe 24.10.2011, com o REsp n. 1.195.628-ES, rel. Min. Castro Meira, 2ª Turma, DJe 1.12.2010, REsp n. 1.263.145-BA, rel. Min. Mauro Campbell Marques, 2ª Turma, DJe 21.9.2011; Pet 2.604-DF, rela. Min. Eliana Calmon, 1ª Seção, DJU 30.8.2004, p. 196; REsp n. 473.813-RS, rel. Min. Luiz Fux, 1ª Turma, DJU 19.5.2003, p.

As obrigações de trato sucessivo não dependem de nova impetração (art. 323 do CPC) e estão incorporadas na sentença de procedência. O cumprimento poderá ser exigido sempre, ou seja, enquanto perdurar a obrigação reconhecida no título executivo judicial.

Outro ponto que não pode ser olvidado é que as decisões proferidas em fase de cumprimento de sentença estão excluídas do regime do art. 25 da Lei 12.016/2009. Deste modo, são devidos honorários advocatícios no cumprimento do mandado de segurança, pois a isenção não atinge a fase de cumprimento da ordem judicial, quanto à eficácia condenatória do julgado.

A execução provisória é possível no mandado de segurança, observando-se eventuais limitações, como as de caráter pecuniário, nos termos do art. 2º-B da Lei 9.494/1997. Mesmo assim, a vedação apenas atinge ao pagamento imediato que caracteriza obrigação de dar, mas não a obriga-

140; AgR no AgR no AgR no REsp n. 1.047.436-DF, rel. Min. Humberto Martins, 2ª Turma, DJe 21.10.2010; RMS n. 28.432-RJ, rel. Min. Benedito Gonçalves, 1ª Turma, DJe 30.3.2009; e RMS n. 23.950-MA, rela. Min. Eliana Calmon, 2ª Turma, DJe 16.5.2008 – Embargos de divergência do Estado do Amazonas desprovidos. 1. A redução do valor de vantagem nos proventos ou remuneração do servidor, ao revés da supressão desta, configura relação de trato sucessivo, pois não equivale à negação do próprio fundo de direito, motivo pelo qual o prazo decadencial para se impetrar a ação mandamental renova-se mês a mês, não havendo que se falar, portanto, em decadência do mandado de segurança, em caso assim. 2. Quanto aos efeitos patrimoniais da tutela mandamental, sabe-se que, nos termos das Súmulas ns. 269 e 271 do STF, caberia à parte impetrante, após o trânsito em julgado da sentença concessiva da segurança, ajuizar nova demanda de natureza condenatória para reivindicar os valores vencidos em data anterior à impetração do pedido de *writ*; essa exigência, contudo, não apresenta nenhuma utilidade prática e atenta contra os princípios da justiça, da efetividade processual, da celeridade e da razoável duração do processo, além de estimular demandas desnecessárias e que movimentam a máquina judiciária, consumindo tempo e recursos públicos, de forma completamente inútil, inclusive honorários sucumbenciais, em ação que já se sabe destinada à procedência. 3. Esta Corte Superior, em julgado emblemático proferido pelo douto Min. Arnaldo Esteves Lima, firmou a orientação de que, nas hipóteses em que o servidor público deixa de auferir seus vencimentos, ou parte deles, em face de ato ilegal ou abusivo do Poder Público, os efeitos financeiros da concessão de ordem mandamental devem retroagir à data do ato impugnado, violador do direito líquido e certo do impetrante, isso porque os efeitos patrimoniais do *decisum* são mera consequência da anulação do ato impugnado que reduziu a pensão da Impetrante, com a justificativa de adequá-la ao subteto fixado pelo Decreto n. 24.022/2004, daquela unidade federativa. 4. Embargos de divergência do Estado do Amazonas desprovidos" (STJ, Corte Especial, EREsp 1.164.514-AM, rel. Min. Napoleão Nunes Maia Filho, j. 16.12.2015, *DJe* 25.2.2016).

ção de implantar eventual verba ou restabelecer o valor adequado, o que configura obrigação de fazer.[38]

---

[38]. Neste sentido: "Agravo interno contra decisão de provimento do recurso especial – Mandado de segurança – Execução provisória contra a Fazenda Pública – Restabelecimento de parcela remuneratória ilegalmente suprimida – Viabilidade – Art. 2º-B da Lei n. 9.494/1997 – Precedentes do STJ. 1. É possível, em regra, o cumprimento imediato da sentença concessiva de mandado segurança, ressalvados, todavia, os casos de concessão de aumento ou extensão de vantagens, que deverão ser executados somente após o trânsito em julgado do *decisum*, nos termos do disposto no art. 5º, parágrafo único, da Lei n. 4.348/1964 c/c o art. 2º-B da Lei n. 9.494/1997. 2. O STJ consagra orientação segundo a qual a vedação à execução provisória contra a Fazenda Pública, prevista no art. 2º-B da Lei n. 9.494/1997, deve se limitar às hipóteses expressamente elencadas, não se aplicando nos casos de restabelecimento de parcela remuneratória ilegalmente suprimida, como na espécie – Precedentes do STJ (AgR no Ag n. 1.292.836-PI, rel. Min. Herman Benjamin, *DJe* 14.9.2010). 3. Agravo interno a que se nega provimento" (STJ, 1ª Turma, AgInterno no AREsp 894.495-SP, rel. Min. Sérgio Kukina, j. 21.3.2017, *DJe* 29.3.2017).

Capítulo II
TEORIA GERAL
DAS AÇÕES COLETIVAS

1. Transformações no sistema jurídico. 2. O "afloramento" dos interesses coletivos. 3. A dicotomia entre o direito público e o direito privado. 4. A tutela jurisdicional coletiva e as diversas classes de interesses: 4.1 Aspectos gerais – 4.2 Interesse individual – 4.3 Interesses individuais plúrimos – 4.4 Interesses individuais homogêneos – 4.5 A "Rule 23" e a importância das "class actions" para a tutela das "small and modest claims" – 4.6 Interesse coletivo – 4.7 Interesses difusos. 5. Legitimação nas ações coletivas: 5.1 Generalidades – 5.2 Legitimação extraordinária nas ações coletivas – 5.3 Legitimação extraordinária passiva ("defendant class action"). 6. Coisa julgada nas ações coletivas: 6.1 Regime geral da coisa julgada nas ações coletivas – 6.2 Limitação territorial dos efeitos da sentença coletiva – 6.3 Litispendência e suspensão (a requerimento ou "ex officio") das ações ajuizadas individualmente, em razão da existência de ação coletiva. § 2º. AÇÃO CIVIL PÚBLICA. § 3º. AÇÃO DE IMPROBIDADE ADMINISTRATIVA. § 4º. AÇÃO POPULAR.

1. TRANSFORMAÇÕES NO SISTEMA JURÍDICO

No Direito atual vivemos um período de grandes transformações, que alcançam não só o direito processual, mas o próprio direito material. A par das modificações ocorridas com a promulgação do vigente Código Civil assistiu-se em 2002 a uma reestruturação do direito privado em escala mundial. O próprio *BGB* alemão, diploma conhecido por sua excelência e sua solidez dogmática e até então intocado em seu modelo estrutural, não resistiu ao fenômeno da globalização. No mesmo ano de promulgação do nosso Código Civil operou-se o que a doutrina denominou de "uma grande reforma" (*grosse Lösung*),[1] especialmente na

1. Para um panorama geral sobre a integração do direito comunitário: Menezes Cordeiro, *Da Modernização do Direito Civil*, vol. I, p. 72. No Direito Alemão, para

Parte Geral e no direito das obrigações.² No direito processual a situação não é diversa. Observa-se um *realinhamento* entre o direito material e o processual, antes inimigos de espadas. O Código de Processo Civil/2015 trouxe em sua parte inicial o tratamento principiológico que revela a necessidade de fortalecimento dos direitos fundamentais e a orientação das partes em sua conduta processual, que deve ser pautada pela boa-fé (art. 5º) e pela cooperação multilateral (art. 6º). Esta comunidade de trabalho (*Arbeitsgemeinschaft*) entre as partes e o juiz tem como objetivo permitir a aplicação e a realização do direito material por meio do processo civil.

A dimensão constitucional do direito processual ganhou extremo relevo, em virtude do seu compromisso irrestrito quanto à garantia e à efetividade dos direitos fundamentais, os quais compreendem os interesses coletivos.³

Nesta busca incessante pela prestação da tutela jurisdicional adequada, houve grande esforço da moderna doutrina processual na construção de novos institutos bem como na implementação de reformas progressivas, no Direito interno e externo, as quais modificaram nosso arcabouço legislativo.⁴ Por outro lado, a alocação de mecanismos modernos e eficientes exige preparação técnica e formação humanista por parte do aplicador do Direito, aliadas a um refinado bom-senso, capaz de captar as necessidades do seu tempo. Há uma tendência, já preconizada por Larenz, de que os textos legais sejam permeados por conceitos abertos que impeçam sua atrofia e confiram meio eficaz de modulação da decisão judicial, sem a necessidade de alteração do texto legislativo.⁵ Por sua vez, a abertura conceitual traz a possibilidade do arbítrio judicial, o que torna correta a exigência moderna e retratada pelo atual Código de Processo Civil de que as decisões judicial sejam explicitamente motivadas (art. 489, § 1º), sob pena de nulidade. Os conceitos indeterminados podem conviver

uma visão das modificações na Parte Geral em função da unificação da Comunidade Europeia: Helmut Köhler, *BGB – Allgemeiner Teil*, 32ª ed., pp. 9-23.
2. Este diploma optou por uma larga reforma, o que se comprova pela absorção da legislação consumerista na Parte Geral. Para uma visão da reforma: Jauernig, *Kommentar – Bürgerliches Gesetzbuch mit Allgemeinem Gleichhandlungsgesetz*, 2007.
3. A respeito, cf., mais amplamente, o que se escreveu no t. I desta coleção (*Parte Geral*).
4. Como exemplo, v. o sistema francês, que recepcionou, por meio da *Loi Hamon* de 17.3.2014, as ações de classe (*actions de groupe*), que representa o reconhecimento dos interesses individuais homogêneos tutelados pela associação de consumidores (v.: *Dalloz – Code de Procédure Civile*, p. 87).
5. Neuner/Wolf, *Allgemeneir Teil des Bürgerlichen Rechts*, § 14, p. 272.

em harmonia desde que a fundamentação seja expressa, especialmente quando o juiz aplique princípios na solução da causa. Não basta a menção genérica do princípio (dignidade, acesso à Justiça, proteção à vida), pois a motivação e a publicidade exigem sua concreção. Isto significa identificar, no caso concreto, a ausência de lacuna normativa ou axiológica que justifique a subsunção do princípio ao caso analisado.

2. O "AFLORAMENTO" DOS INTERESSES COLETIVOS

O tema relacionado às ações coletivas assume importância vital numa sociedade de massas. As transformações econômicas e sociais dos séculos XIX e XX provocaram alterações substanciais no modelo privatístico herdado do Direito Romano. Até o século XIX a própria seara processual ainda era incipiente, o que pode ser visualizado pela clássica definição de Celso sobre o direito de ação: "Nihil aliud est actio quam ius quod sibi debeatur iudicio persequendi".[6]

Não seria lícito fixar uma data para determinar o nascimento dos interesses coletivos. Os interesses relacionados à coletividade sempre estiveram latentes, porém sua proteção efetiva exigiu um processo de lenta transformação cultural e social, cuja fonte mais próxima pode ser visualizada na Revolução Francesa, momento em que se buscou consolidar a proteção aos *interesses individuais*.[7] A preocupação com o indivíduo e a proteção à personalidade (*Persönlichkeitsschutz*) permearam os diplomas do século XIX. Neste período houve preocupação marcante em centrar o desenvolvimento legislativo na proteção do sujeito de direito, o que inclui a proteção à vida, ao corpo, à saúde e a liberdade (*einzelner Güter wie Leben, Körper, Gesundheit und Freiheit*).[8] Neste período há uma preocupação essencialmente voltada para o *interesse individual*, o que marca o nascimento dos direitos fundamentais de primeira geração.[9] Nesta fase há uma preocupação com a consolidação de proteção do indivíduo contra o Estado (*Abwehrrechte gewährend*). Nesta concepção

---

6. *In verbis*: "A ação é nada mais do que o direito de perseguir em juízo aquilo que nos é devido".
7. Como aponta a doutrina alemã, esta noção sob a ótica dos direitos fundamentais ainda pode ser antecedida, nos Estados Unidos da América, pelo desenvolvimento da doutrina de Locke, pela noção de proteção natural do indivíduo frente ao Estado, especialmente em face da necessidade do movimento de independência das Colônias (*Unabhängigkeitsbewegung der nordamerikanischen Kolonien*) (v.: Zippelius/Würtenberger, *Deutsches Staatsrecht*, § 16, p. 164).
8. Neuner/Wolf, *Allgemeineir Teil des Bürgerlichen Rechts*, cit., § 2º, p. 24.
9. Paulo Bonavides, *Curso de Direito Constitucional*, 32ª ed., p. 576.

visualiza-se a construção de uma proteção ao indivíduo com limitação da atuação estatal (*status negativus*).[10]

A proclamada igualdade entre os homens trouxe reflexos importantes na esfera judicial. É importante ressaltar que na França o Código Napoleônico era tido como um livro da revelação, sendo intocável e imodificável, pois conteria todo o direito consagrado ao homem livre do período moderno. Seria a representação da vontade geral, na doutrina de Rousseau.[11] Isto foi suficiente para o surgimento da primeira grande Escola daquele século, denominada de Exegética. Esta corrente, da qual participaram ilustres juristas franceses, como Duranton e Demolombe, foi marcada pelo apego à literalidade do texto legal. Temia-se que a interpretação judicial pudesse ser causa de arbítrios e desvios quanto à *voluntas legislatoris*. O juiz deveria ser, nas palavras de Montesquieu, *la bouche de la loi* ("a boca da lei"). Eis o período do auge do *Legalismo*, onde o apego irrestrito ao texto legal marcou a fase inicial das grandes codificações do século XIX.[12]

Os estatutos que nasceram nestes períodos foram marcados pela proteção ao indivíduo e pelo respeito máximo às declarações de vontade, ou seja, ao *pacta sunt servanda*. A proteção judicial aos interesses individuais não era alvo de tutelas de urgência, que poderiam ser causas de desvio da igualdade processual. Não poderia o juiz simplesmente antecipar a tutela, de modo a favorecer uma das partes, sem romper o inquebrantável princípio da igualdade.

O final do século XIX e o início do século XX, especialmente após a I Guerra Mundial, representaram período em que o Estado procurou resgatar seu papel dentro do contexto social. A política do *Welfare State* significou um meio de suplantar a política do Liberalismo, que apregoava a intervenção mínima do Estado e que foi responsável pelas grandes distorções que causaram as crises de cunho social, político e econômico. Destacou-se, neste contexto, a Constituição de Weimar. Neste período chega-se a uma nova fase, pautada pelos *direitos de segunda geração*, marcados pela proteção ao "social". Neste período, interesses relativos a

10. Grabenwarter/Holoubek, *Verfassungsrecht – Allgemeines Verwaltungsrecht*, p. 164.
11. Zippelius/Würtenberger, *Deutsches Staatsrecht*, cit., § 16, p. 165.
12. A noção de liberdade como direito fundamental é desenvolvida por Kant, como princípio de autodeterminação; afinal, "é o único direito original pertencente a todos os homens em virtude da humanidade destes" (*A Metafísica dos Costumes*, p. 83). Sobre a influência de Kant na codificação privada do século XIX, v.: Neuner/Wolf, *Allgemeneir Teil des Bürgerlichen Rechts*, cit., § 2, p. 22.

categorias definidas começam a ganhar proteção, principalmente na esfera trabalhista. O sindicalismo marcou o ressurgimento das novas corporações de ofício do século XX, com o fim de proteger o interesse das classes trabalhadoras, as quais eram submetidas a condições insalubres. A partir da segunda metade do século XX outros interesses começam a desafiar o emprego da tutela jurisdicional. Os interesses coletivos são marcados pela sua identificação junto a uma classe específica, ou seja, um grupo, uma categoria. No entanto, o avanço tecnológico e o aumento do consumo levaram a questionamentos sobre o fim de nossas reservas de água, petróleo, gás natural ou, ainda mesmo, a contaminação e a destruição do próprio ecossistema. Não há dúvida de que a proteção da biosfera não revela um interesse individual ou próprio de uma única categoria, mas de todos, pois é essencial para a preservação da vida. Esta nova visão gerou a necessidade de proteção de interesses *metaindividuais* e indivisíveis, provocando uma readequação dos meios de tutela jurisdicional. Esta classe de interesses, denominados de difusos, acabou sendo detectada e marcada pela indeterminação, uma vez que não há um sujeito de direito determinado, além da própria coletividade. Esta noção é importante, pois não podemos considerar os interesses difusos como a soma de interesses e direitos individuais, o que lhes confere autonomia e distinção.[13] Os direitos difusos corresponderiam aos *direitos fundamentais de terceira geração* (*troisième génération*).[14]

3. A DICOTOMIA ENTRE O DIREITO PÚBLICO E O DIREITO PRIVADO

Há uma tendência a equiparar o *interesse difuso* com o *interesse público*. Esta aproximação não se mostra legítima e tem como pano de fundo a dissociação entre o interesse privado e o público. O primeiro seria regrado pelo direito privado, no qual prepondera uma relação de coordenação entre as partes (*pacta sunt servanda*). Já, no direito público existiria uma relação de subordinação, em virtude da supremacia do interesse público sobre o particular. Na Alemanha, Larenz assinalou a crise desta separação entre o público e o privado, especialmente pelo

---

13. Pedro Lenza, *Teoria Geral da Ação Civil Pública*, p. 49.
14. A terceira geração é atribuída à doutrina internacionalista de Karel Vasak. Também se cogita de direitos de transformação do espaço de comunicação virtual como de quarta geração ou dimensão ("droits relatifs aux communcations transfrontières dans le cyberespace") (v.: Roseline Letteron, *Libertés Publiques*, p. 43; ainda, Paulo Bonavides, *Curso de Direito Constitucional*, cit., 32ª ed., pp. 574-593).

surgimento dos interesses coletivos (*kollektive Interessen*), os quais não se acomodam em nenhuma das duas categorias.[15]

Esta separação entre interesse público e interesse privado, como categorias estanques, não atende à realidade atual.[16] Como salienta Thiere: "O Estado não é o portador, mas guardião e servidor dos interesses públicos"[17] (tradução livre). Mesmo no campo do direito administrativo a noção de interesse público como argumento de supremacia da posição da Fazenda em relação ao indivíduo é ultrapassada, na medida em que toda a atividade administrativa deverá se centrar na proteção e na garantia dos direitos fundamentais. A noção de interesse público é fluida e abstrata, o que contrasta com o caráter vinculado. O público não engloba necessariamente o coletivo; afinal, o interesse público não coincidirá sempre com o interesse do Estado. É clássica a lição de Alessi quanto à divisão entre interesses primários e secundários. O Estado poderá ser titular de um interesse secundário e egoístico, como o de resistir ao pagamento de uma desapropriação indireta.[18] O Estado, em seu novo papel pós-guerra, possui papel central na promoção e na observância dos direitos fundamentais. A teoria dos direitos fundamentais ganhou franco impulso após a II Guerra Mundial, como vetor de orientação do Estado de Direito Democrático. Esta conclusão encerra uma nova visão, permeada pela ideia de que "a atividade administrativa do Estado Democrático de Direito subordina-se, então, a um critério fundamental que é anterior à supremacia do interesse público. Trata-se da *supremacia e indisponibilidade dos direitos fundamentais*".[19]

---

15. O que gerou a tentativa de explicar as novas realidades através de outras construções, como a de Pawloski, que procurou criar uma terceira via para a acomodação dos direitos coletivos (*Allgemeneir Teil des Bürgerlichen Rechts*, § 1º, n. 37, p. 10).

16. Como adverte Cappelletti: "Un punto preliminare che mi sembra emergere chiaramente dalle prime relazione e interventi ha portato (o, meglio, riportato) alla luce la chiara insufficienza della tradizionale dicotomia *pubblico-privato*. È una dicotomia superata, superata dalla realtà (anche se, purtroppo, non ancora superata da tutta la dottrina e la giurisprudenza italiane). La realtà nella quale viviamo è quella di una società di produzione di massa, di consumo di massa, di scambi, di turismo di massa, di conflitti o conflittualità di massa" (*Appunti sulla Tutela Giurisdizionale di Interessi Collettivi o Diffusi*, p. 191).

17. "Der Staat ist also nicht Träger, allenfalls Walter und Diener des öffentlichen Interesses" (**apud** Lorenzo Bujosa Vadell, *La Protección Jurisdiccional de los Intereses de Grupo*, nota 78, p. 48).

18. Renato Alessi, *Principi di Diritto Amministrativo*, t. I, pp. 544 e ss.

19. Marçal Justen Filho, *Curso de Direito Administrativo*, 9ª ed., p. 46.

4. A TUTELA JURISDICIONAL COLETIVA E AS DIVERSAS CLASSES DE INTERESSES

4.1 Aspectos gerais

A correta diferenciação e a caracterização das classes de interesse, antes de preocupação meramente dogmática, consistem em importante fator para determinar a legitimidade de agir.[20] Deste modo, a identificação do interesse tutelado é fundamental para determinar a legitimidade para o exercício da ação coletiva. A palavra "interesse" não é unívoca, sendo utilizada em diversos significados. Passaremos a indicar os mais comuns.

4.2 Interesse individual

O interesse individual corresponde à noção mais depurada e conhecida pelos juristas. Historicamente, consistiu na base do Liberalismo, o qual apregoava a autonomia das partes e onde se desenvolveu a teoria do direito subjetivo (*Primärfunktion*).[21] O interesse individual circunscreve-se ao âmbito pessoal, ou seja, não transcende o indivíduo, de modo que não há lesão a uma categoria, classe ou coletividade. Pelo esforço da Dogmática quanto à construção da categoria jurídica do direito subjetivo, é fácil compreender a dificuldade enfrentada pelos juristas em conceber a possibilidade de tutelar posições plurissubjetivas. A marca essencial em relação ao interesse individual é a impossibilidade de transcendência da ameaça ou lesão do sujeito de direito. Incluem-se nesta categoria a pessoa física e a jurídica; afinal os entes coletivos também são titulares de interesses individuais.[22]

4.3 Interesses individuais plúrimos

Os interesses individuais podem assumir conotação coletiva, o que permite a configuração de sua agregação em plúrimos. Nos interesses

---

20. Não podemos esquecer a advertência realizada por Carnelutti: "L'interesse, come ho già accenato, riguarda non l'appartenenza ma l'esercizio dell'azione; così si distingue l'uno dall'altra, chiarendo che la legitimazione come capacità riguarda il modo di essigere soggetivo (causale) dell'atto" (*Diritto e Processo*, p. 131).
21. O direito subjetivo permite identificar o indivíduo como condição primária de sua proteção frente ao Estado (*Abwehrcharakter als Zentrale Dimension*) (v.: Alfred Katz, *Staatsrecht – Grundkurs im Öffentlichen Recht*, 18ª ed., § 24, p. 275).
22. Luís Filipe Colaço Antunes, *A Tutela dos Interesses Difusos em Direito Administrativo*, p. 29.

plúrimos configura-se a defesa do direito ou interesse individual mediante a coligação das partes através do litisconsórcio ou mesmo pela participação ativa de um ente coletivo. Esta última situação é prevista pelo art. 5º, XXI, da CF/1988: "as entidades associativas, quando expressamente autorizadas, têm legitimidade para *representar* seus filiados judicial ou extrajudicialmente" (grifo nosso). Este dispositivo gerou muita perplexidade, o que provocou discussão, especialmente em vista da impetração do mandado de segurança coletivo em face da redação do art. 5º, XXI, da CF/1988. O posicionamento atual do STF reflete nítida separação entre os institutos da representação e da substituição processual. As associações somente poderão ingressar com demandas em favor dos associados que autorizarem expressamente e com agremiação comprovada no momento de ajuizamento da demanda.[23] Esta previsão não se confunde com aquela em que sindicatos atuam em regime de substituição processual (ou legitimação extraordinária).[24] É possível que os entes intermediários atuem na defesa de interesses coletivos *lato sensu* (individuais homogêneos, coletivos e difusos). Para estes casos é indubitável a figura da substituição processual como meio de legitimação.[25] É o que está consubstanciado pela Súmula 629 do STF em relação ao mandado de segurança coletivo.[26] Todavia, existem situações em que a associação exercerá a defesa coletiva de um interesse individual, desde que de acordo com a pertinência temática. Isto será necessário pela individuação da situação do representado bem como pela exigência de autorização expressa para a tutela do direito. É o caso do ingresso da ação de usucapião coletivo, conforme prevê o art. 12 da Lei 10.257/2001.[27] Ainda que o mandado

23. O novo posicionamento do STF exige a autorização dos associados, em virtude do reconhecimento da constitucionalidade do art. 2º-A da Lei 9.494/1997 (v.: RE 573.232-SC, de 2014, e RE 6.120.143, de 2017). O STJ também passou a adotar este posicionamento em 2016.
24. É interessante observar, a propósito, que, de acordo com a Orientação Jurisprudencial 359 da SDI-1 do TST, "a ação movida por sindicato, na qualidade de substituto processual, interrompe a prescrição, ainda que tenha sido considerado parte ilegítima *ad causam*".
25. STF, 1ª Turma, AgInterno no AgR 566.805, rel. Min. Ricardo Lewandowski, j. 20.11.2007.
26. Diz a referida Súmula 629 do STF: "A impetração de mandado de segurança coletivo por entidade de classe em favor dos associados independe da autorização destes".
27. O dispositivo comete uma impropriedade, porque fala em substituição processual e exige a representação dos associados: "São partes legítimas para a propositura da ação de usucapião especial urbana: (...); III – como substituto processual, a associação de moradores da comunidade, regularmente constituída, com personalidade jurídica, desde que explicitamente autorizada pelos representados".

de segurança coletivo esteja fora do novo posicionamento do STF, as demais ações coletivas estarão sujeitas ao regime do RE 573.232, que foi decidido com repercussão geral.[28] Outro exemplo pode ser buscado no Direito Francês através do *Code du Travail* (art. 31), que permite ao sindicato a sub-rogação na legitimação do trabalhador para ingressar com ação individual com o objetivo de discutir a violação do contrato de trabalho.[29] No Brasil a Constituição traz previsão similar em relação aos sindicatos, os quais estão autorizados, por força do art. 8º, III, à "defesa dos direitos e interesses coletivos ou *individuais* da categoria, inclusive em questões judiciais ou administrativas" (grifo nosso). A alteração proposta pelo art. 2º-A, parágrafo único, da Lei 9.494/1997, fruto da Medida Provisória 2.180-35/2001, muito embora tenha sido reconhecida pelo STF, representa um erro, ao confundir os casos de representação e substituição processual da associação. Eis o teor do dispositivo: "Nas ações coletivas propostas contra a União, os Estados, o Distrito Federal, os Municípios e suas autarquias e fundações, a petição inicial deverá obrigatoriamente estar instruída com a ata da assembleia da entidade associativa que a autorizou, acompanhada da relação nominal

Como a posse nasce de uma situação fática, o pedido de usucapião coletivo deve nascer com autorização do associado, ainda que em estado de compose. Neste sentido: Fabio Caldas de Araújo, *Usucapião*, 3ª ed., p. 387; José Carlos de Moraes Salles, *Usucapião de Bens Imóveis e Móveis*, p. 336.
28. STF: "(...). Realmente, a legitimidade das entidades associativas para promover demandas em favor de seus associados tem assento no art. 5º, XXI, da CF e a das entidades sindicais está disciplinada no art. 8º, III, da CF. Todavia, em se tratando de entidades associativas, a Constituição subordina a propositura da ação a um requisito específico, que não existe em relação aos sindicatos, qual seja, o de estarem essas associações 'expressamente autorizadas' a demandar. É diferente, também, da legitimação para impetrar mandado de segurança coletivo, prevista no art. 5º, LXX, da Constituição, que prescinde da autorização especial (individual ou coletiva) dos substituídos (Súmula n. 629 do STF), ainda que veicule pretensão que interesse a apenas parte de seus membros e associados (Súmula n. 630 do STF e art. 21 da Lei n. 12.016/2009). 4. Pois bem, se é indispensável, para propor ação coletiva, autorização expressa, a questão que se põe é a que diz com o modo de autorizar 'expressamente': se por ato individual, ou por decisão da assembleia de associados, ou por disposição genérica do próprio estatuto. Quanto a essa questão, a resposta que tem sido dada pela jurisprudência deste STF é no sentido de que não basta a autorização estatutária genérica da entidade associativa, sendo indispensável que a declaração expressa exigida pela Constituição (art. 5º, XXI) seja manifestada ou por ato individual do associado ou por deliberação tomada em assembleia da entidade" (Tribunal Pleno, RE 573.232, rel. Min. Ricardo Lewandowski, voto do Min. Teori Zavascki, j. 14.5.2014, DJe 19.9.2014, com repercussão geral – Tema 82).
29. Luís Filipe Colaço Antunes, *A Tutela dos Interesses Difusos em Direito Administrativo*, cit., p. 32.

dos seus associados e indicação dos respectivos endereços". Quando a associação estiver agindo na defesa de interesses difusos, coletivos ou individuais homogêneos não há que se exigir a aplicação do regime do art. 5º, XXI da CF/1988. Será sempre hipótese de substituição processual, observando-se, unicamente, a existência de pertinência temática. Infelizmente, como já indicado *supra*, o STF reconheceu a constitucionalidade do art. 2º-A da Lei 9.494/1997.

4.4 Interesses individuais homogêneos

Os interesses individuais homogêneos, apesar do tratamento coletivo conferido pelo sistema, são, em sua essência, interesses individuais. Contudo, o fato jurídico-base que conecta todos os interessados permite que sejam tutelados de modo coletivo. Não são meramente interesses plúrimos, porque a figura do litisconsórcio seria insuficiente para agrupá-los numa mesma relação processual. O próprio Código de Processo Civil limita o litisconsórcio multitudinário quando o número de litigantes torne inviável o desenvolvimento da relação processual ou dificulte o direito de defesa (art. 113, § 1º). A origem dos interesses individuais homogêneos reside nas ações de classe norte-americanas, denominadas de *class actions*, sobre as quais faremos breve referência, em função da importância e da força do Direito Comparado. Vale lembrar que a positivação dos interesses individuais homogêneos está consagrada no art. 81, parágrafo único, III, do CDC – "assim entendidos os decorrentes de origem comum".

4.5 A "Rule 23" e a importância das "class actions" para a tutela das "small and modest claims"

Nos Estados Unidos da América, em 1966, houve uma modificação importante com o fim de propiciar acesso integral a um grupo homogêneo de pessoas que estivessem dentro de uma mesma situação fática que, pela sua extensão, geraria interesse específico para o manuseio de uma *class action*. Sem dúvida, o instituto jurídico de maior repercussão neste campo é representado pela *class action*.[30] Criada a partir de uma emenda de 1966, a famosa *Rule 23* transformou-se no meio de defesa dos ambientalistas, consumidores e associações para a proteção dos interesses coletivos.[31]

---

30. Sobre o conceito e a aplicação das *class actions*, v.: Jack H. Friedenthal, Mary Kay Kane e Arthur R. Miller, *Civil Procedure*, p. 721.
31. A *Rule 23* passou por diversas alterações, em 1987, 1998, 2003 e 2007. Sobre o tema, v.: Aluísio Gonçalves de Castro Mendes, *Ações Coletivas no Direito Comparado e Nacional*, p. 68.

Contudo, muitos autores apontam que seu uso indiscriminado a tem transformado em verdadeiro *Frankstein Monster*, devido à sua utilização como meio de "chantagem legalizada".[32]

Especificamente no campo do direito processual, os fatos jurídicos ligados ao consumo em massa exigiram transformações orientadas a propiciar o acesso à Justiça. O sistema norte-americano detectou três principais fatores que seriam causa para a utilização de uma ação de classe: (1) os litigantes podem ignorar o direito à tutela jurisdicional, porque não conhecem seus direitos, ou são vítimas de alguma lesão; (2) os custos do litígio podem desanimar o litigante individual; (3) a Corte pode estabelecer um valor de alçada para o ingresso da ação.[33]

A *class action* consiste numa ação onde o autor (representante ou membro de uma categoria) procura, em juízo, obter sentença favorável que possa beneficiar a todos os membros pertencentes a uma mesma categoria (*ideological plaintiff*). Trata-se de poderoso remédio processual para a tutela de pequenas e moderadas reclamações (*small and modest claims*),[34] que sugere a economia de juízos e a uniformidade de solução. Assim, situações que individualmente analisadas não possuam relevância (*v.g.*, a cobrança de uma taxa com valor majorado em centavos) podem assumir grandes proporções quando analisadas em conjunto, o que representa instrumento de avanço social, pois tais situações não poderiam ser resolvidas com categorias jurídicas estruturadas para a solução de conflitos individuais. O ingresso de uma *class action* exige a obediência a certos requisitos ou condições, os quais são denominados de *Federal Class Action Prerequisites*.[35] Os pré-requisitos estão ligados à necessidade

---

32. Jack H. Friedenthal, Mary Kay Kane e Arthur R. Miller, *Civil Procedure*, pp. 722-723.

33. "There are at least three principal reasons why persons with small and modest claims may fail to seek judicial relief. First may be ignorant of their rights, and the harms they have suffered may be too small to justify investigation of their entitlements. Second, the costs of litigation may be too large to justify suit. Third, certain Courts may require that a minimum amount of money be stake before they will assume jurisdiction. The class action can potentially help overcome all three of these obstacles" (E. Johnson Jr., "Access to Justice in the United States: the economic barriers and some promising solutions", in Mauro Cappelletti e Bryant Garth (eds.), *Acess to Justice – A World Survey*, vol. I, pp. 993-994).

34. "On the other hand, the procedure may represent the only viable method for people with small claims to vindicate their rights or for important social issues to be litigated" (E. Johnson Jr., "Access to Justice in the United States: the economic barriers and some promising solutions", cit., in Mauro Cappelletti e Bryant Garth (eds.), *Acess to Justice – A World Survey*, vol. I, pp. 993-994).

35. As condições genéricas também podem ser expressas através das seguintes indagações, as quais devem ser respondidas afirmativamente: "Is there an identifiable

de junção de todos os membros em juízo, em função do grande número de pessoas que compõem o grupo. Deve-se assegurar que as questões postas em juízo sejam de natureza comum e estejam ligadas a uma das espécies previstas em lei, o que denota uma tipicidade ínsita a este sistema. Por fim, a representação do grupo deverá ser realizada de modo leal e adequado.[36] Não há dúvida de que nosso sistema de ações coletivas tem inspiração no modelo norte-americano, sendo a Lei da Ação Civil Pública (Lei 7.347/1985) o diploma inaugural.[37]

4.6 Interesse coletivo

O interesse coletivo nasce da ideia de corporação, na medida em que é determinável quanto a um grupo ou categoria. Entretanto, diz respeito a direitos metaindividuais, por não serem atribuídos aos membros de modo isolado, mas de forma coletiva, os quais estão unidos por uma mesma relação jurídica-base. Cappelletti ensina que a chamada *società intermedie* constitui a origem das corporações, as quais nasceram da impossibilidade de autoproteção, pois um único homem é incapaz de se proteger de certos males (*no man is an island*).[38] Atualmente visualizamos entes intermediários agrupados sob a forma de associações, sociedades, categorias profissionais e sindicatos, os quais, unidos, têm maior força de influência, além de representar uma economia processual, pois a pretensão coletiva irradiará seus efeitos em relação a todos os componentes da classe. Isto explica o aumento do número de associações de defesa bem como de sindicatos de categorias.

Existe um vínculo jurídico que os une, o que demonstra a necessidade de organização e coesão.[39] A identificação destes elementos – ou seja: mínimo de organização, afetação a um grupo determinado e vínculo

---

class? Are those purporting to represent that class members of it? Is the class so large that joinder is impracticable? Are there questions of law or fact common to all the class members? Are the claims or defenses of the representatives of the class typical of those of other class members? Will the representatives adequately represent and protect the interests of the absent class members?".

36. Luís Filipe Colaço Antunes, *A Tutela dos Interesses Difusos em Direito Administrativo*, cit., p. 151.

37. O sistema italiano introduziu em 24.12.2007 a previsão de uma ação ressarcitória coletiva a ser utilizada por associação de consumidores (*associazioni dei consumatori*), através da alteração do art. 140 do *Codice del Consumo*, que corresponde, *mutatis mutandis*, à *class action* do Direito Norte-Americano, com algumas pequenas diferenças. Sobre o assunto: Paolo Zatti, *Corso di Diritto Civile*, pp. 29-30.

38. Vigoriti, *Le Azioni a Tutela di Interessi Collettivi*, p. 192.

39. Rodolfo de Camargo Mancuso, *Interesses Difusos*, p. 28.

jurídico – impede a confusão estabelecida com os interesses difusos. Embora a doutrina tenha se esforçado para diferenciar os conceitos de interesse coletivo e interesse difuso, observa-se uma concepção nebulosa e imprecisa. Vigoriti[40] ressalta os elementos *solidariedade* e *participação uti cives* e *non uti singuli* como meio de caracterizar o interesse coletivo. Contudo, o mesmo autor reconhece que a maioria da jurisprudência estava inclinada a conceber como sinônimos os termos "coletivo" e "difuso".

Os interesses difusos não determináveis, ao contrário, são fluidos, gerais, insuscetíveis de apropriação, pois pertencem a todos.[41]

Para nossa realidade as classificações realizadas se têm mostrado satisfatórias. Aliás, a inclusão dos interesses individuais homogêneos como classe autônoma simboliza inovação de nosso sistema. Os critérios quantitativo e qualitativo demonstram, com clareza, o campo de aplicação de cada um dos conceitos. No aspecto *quantitativo*, os interesses difusos abrangem um universo maior do que o coletivo, ante os possíveis sujeitos indeterminados. No *qualitativo* denota-se quanto aos interesses coletivos a proteção a um grupo específico e determinado, enquanto nos difusos se tutela bem jurídico marcado pela indivisibilidade e pela dispersão.

4.7 Interesses difusos

Assim como os interesses coletivos, os difusos possuem características próprias, as quais precisam ser externadas, para melhor compreensão. Inicialmente reportamo-nos à indeterminação dos sujeitos. Os interesses difusos não possuem titular específico, o que impede a visualização de uma relação jurídica que vincule todos os afetados, uma vez que não estão reunidos em uma classe ou categoria. Referem-se a todos os que podem ser titulares *potenciais* da posição jurídica de ameaça ou dano (*v.g.*, todos os que consomem água de uma represa poluída por despejo de detritos

---

40. Vigoriti, *Le Azione a Tutela di Interessi Collettivi*, cit., p. 329. V., ainda, do mesmo autor, *Interessi Collettivi e Processo: la Legitimazione ad Agire*, pp. 24-25.
41. Vadell, ao analisar as diversas correntes que procuram identificar os elementos essenciais, conclui: "La distinción entre intereses difusos e intereses colectivos es relativa, no siempre está claro qué caracteres debe tener este grupo y qué notas su organización, o por lo menos su determinación, para que el interés no sea difuso sino colectivo" (*La Protección Jurisdiccional de los Intereses de Grupo*, cit., p. 102). O autor realiza um apanhado de várias correntes sobre a distinção entre as classes de interesses, onde identifica uma classe de interesses denominada de "interesses de categoria", dos quais fazem parte grupos de pessoas aparentemente indeterminadas mas facilmente identificáveis. São os médicos, advogados, empresários e industriais. Embora inovadora, confunde-se com a concepção de interesse coletivo.

químicos). Isto não significa que não exista um vínculo jurídico; afinal, sem ele o interesse não seria difuso. O que deve ser ressaltado é o aspecto dinâmico e conflituoso que envolverá pessoas de diversas cidades ou classes sociais.[42]

Em termos processuais, como veremos adiante, a noção de indeterminação quanto à legitimidade permitiu o surgimento de teorias que procuravam ultrapassar a concepção de substituição processual, a qual se refere sempre a sujeitos definidos na relação processual. Referimo-nos à legitimação autônoma para a condução do processo, com origem no Direito Alemão.[43]

Outro ponto que identifica esta classe de interesses está na indivisibilidade do seu objeto, o qual não diz respeito a um indivíduo ou classe. Esta fluidez do seu objeto leva a outra característica, ou seja, a intensa litigiosidade entre grupos, devido ao círculo de interesses abarcado pelos interesses difusos (*v.g.*, a extração de madeira pode provocar um conflito envolvendo os grupos que se dedicam à extração, o Ministério Público, associações de defesa e o próprio órgão federal que fiscalize a exploração em área de reflorestamento). Na fluidez do objeto se encerra a possibilidade de mutação e adequação a novas realidades, o que provoca desafios sob a ótica normativa, em vista da carência substancial e processual frente às novas realidades. Daí a necessidade de focar a tutela do interesse coletivo sob o prisma constitucional, único modo de permitir a adequada interpretação dos valores que informam nosso sistema, especialmente pelo papel ativo que o STF tem demonstrado ao abandonar a ultrapassada figura do legislador negativo, de inspiração kelseniana.

5. LEGITIMAÇÃO NAS AÇÕES COLETIVAS

5.1 Generalidades

A incorporação das ações coletivas no sistema jurídico global provocou a necessidade de redimensionar institutos tradicionais até então intocados. A possibilidade de defesa de interesses coletivos que ultra-

---

42. Como salienta Guasp, os interesses difusos "son aquellos que non están fundados en vínculos jurídicos, sino en situaciones muy variables, como pueden ser la vida en un determinado lugar o en ciertas circunstancias socioeconómicas" (*Derecho Procesal Civil*, t. I, p. 179).

43. No Direito Alemão: Rosenberg/Schwab/Gottwald, *Zivilprozessrecht*, 16ª ed., § 46, p. 271. No Direito Brasileiro: Nelson Nery Jr. e Rosa Maria de Andrade Nery, *Código de Processo Civil e Legislação Processual Civil Extravagante em Vigor*, p. 222, nota 14).

passem a esfera individual exigiu o rompimento com a clássica noção de substituição processual prevista pelo art. 18 do CPC, além de exigir nova compreensão quanto ao fenômeno da coisa julgada, antes só regulado pelo art. 506 do CPC, quanto à definição dos limites subjetivos e objetivos da eficácia da decisão judicial. Analisaremos, de modo sucinto, estes dois institutos, iniciando pela legitimidade extraordinária.

5.2 Legitimação extraordinária nas ações coletivas

A legitimidade processual *ordinária* ou *extraordinária* diz respeito à capacidade processual e não se confunde com a legitimidade *material* ou *ad causam*, pois nesta se perquire a viabilidade da afirmação do direito em face do titular da pretensão. Tomemos como exemplo a ação de alimentos. O menor impúbere, sem dúvida, é o titular da pretensão material, ou seja, é o detentor do direito de receber os alimentos; mas, ao mesmo tempo, não tem legitimidade para atuar no processo, pois necessita ser representado por seu genitor, tutor ou curador.[44] O exercício da capacidade processual se dará mediante representação, onde um *terceiro defende interesse alheio em nome alheio*.[45] Esta situação não se confunde com a substituição processual ou legitimação extraordinária, em que terceiro, expressamente autorizado por lei (art. 18 do CPC), atua em nome próprio defendendo interesse alheio.[46] Nesta última situação o substituto somente poderá atuar com previsão legal expressa; afinal, estará ingressando em juízo independentemente da vontade do titular da relação jurídica de direito material. A construção do instituto da legitimação extraordinária não foi simples, e exigiu grande esforço por parte da doutrina.

O desenvolvimento da doutrina sobre a legitimação extraordinária é atribuído aos estudos pioneiros de Köhler[47] sobre o usufruto (*Die Dispositioniessbrauch*). No entanto, foi Wach quem diferenciou os conceitos de parte material e parte formal, isolando este último (*Prozessualische Parteibegriffe*), o que abriu as portas para a compreensão deste instituto.

---

44. CPC/2015: "Art. 71. O incapaz será representado ou assistido por seus pais, por tutor ou por curador, na forma da lei". A representação pode ser legal ou convencional. Nesta situação teríamos uma representação legal (*Die gesetzliche Stellvertretung*), como assinalam Baur/Grunsky (*Zivilprozeßrecht*, 9ª ed., vol. 9, § 6, p. 70).
45. Como ensina Jauernig (*Zivilprozessrecht*, 26ª ed., p. 62): "Der Vertreter handelt in fremdem Namen" ("O representante age em nome alheio" – tradução livre).
46. Rosenberg/Schwab/Gottwald, *Zivilprozessrecht*, cit., 16ª ed., § 46, p. 272.
47. Arruda Alvim, *Tratado de Direito Processual Civil*, t. 1, p. 515.

Köhler transpôs o conceito de substituição do direito material para o direito processual, criando-se a figura do *Prozessführungsrecht*,[48] ou seja, "ist das Recht, einen Prozeß als die richtige Partei im eigenen Namen zu führen" ("é o direito de condução do processo por quem não seja o titular da pretensão ali deduzida").[49] Quando o direito de condução do processo for realizado por terceiro em nome próprio, surge, então, a substituição processual, a qual é chamada de *Prozeßstandchaft*. O substituto não é titular do direito deduzido em juízo; portanto, não tem a legitimação originária (*Sachlegitimation*).[50] Ainda que, no estágio atual, o conceito de parte esteja restrito a quem se insere na relação processual – "Kläger ist, wer die Klage erhebt; Beklagter ist, gegen wen sich die Klage richtet"[51] ("Autor é quem propõe a ação; réu é contra quem a ação é proposta") –, na substituição processual *parte* será o substituto (*Partei ist der Prozeßstandschaft*), embora os efeitos da sentença atinjam o titular da pretensão de direito material deduzida em juízo (*Die Wirkungen des Urteils treffen den Rechtsträger*).[52]

A legitimação extraordinária decorre da dessemelhança entre o titular da pretensão deduzida e aquele que ingressa como autor da ação. O fundamento legal está no art. 18 de nosso CPC, o qual determina que: "Ninguém poderá pleitear direito alheio em nome próprio, salvo quando autorizado pelo ordenamento jurídico". Este dispositivo enfoca o instituto apenas sob o ponto de vista da *tutela jurisdicional individual*. Hodiernamente sua aplicação estendeu-se para interesses coletivos, permitindo a defesa de interesses homogêneos, de grupos e categorias e, por fim, a defesa dos interesses difusos. Alguns diplomas alienígenas recepcionaram a legitimação extraordinária coletiva dentro do próprio estatuto processual, traduzindo uma modificação nos meios de acesso à Justiça, como reflexo da ascensão da sociedade de massas. O vigente Código Processual

---

48. A legitimação tem relevo no que toca ao poder de condução do processo. Não importa a titularidade do direito material, e sim quem terá capacidade de conduzir o processo, quem será o titular ativo ou passivo do objeto litigioso (*Streitgegeständ*).
49. Baur/Grunsky, *Zivilprozeßrecht*, 9ª ed., vol. 9, § 6º, p. 71.
50. Precisa a lição de Rosenberg/Schwab/Gottwald, *Zivilprozessrecht*, cit., 16ª ed., § 46, p. 272: "Der Prozessführungsbeugte führt den Rechtsstreit als Kläger oder Beklagter im eigenen Namen. Er muss daher grundsätzlich klarstellen, dass er nicht ein eigenes Recht geltend macht. Lediglich der Sicherungszedent braucht die stille Zession nicht aufzudecken".
51. Baur/Grunsky, *Zivilprozeßrecht*, 9ª ed., vol. 9, § 6º, p. 72.
52. Idem, p. 81. Para uma visão completa da transformação do conceito de parte material para parte formal, com análise da doutrina alemã, consulte-se a monumental obra de Arruda Alvim, *Tratado de Direito Processual*, 2ª ed., vol. II, especialmente pp. 30-39.

português[53] não trouxe modificação quanto ao instituto da substituição, conforme previsão do art. 30º, 3: "Na falta de indicação da lei em contrário, são considerados titulares do interesse relevante para o efeito da legitimidade os sujeitos da relação controvertida tal como é configurada pelo autor". Destarte, no art. 31º prevê "ações para a tutela de interesses difusos". Tal dispositivo concede legitimidade ampla ao próprio cidadão quanto à defesa dos interesses *metaindividuais*, na medida em que o cidadão, no gozo de seus direitos políticos e civis, é legitimado para a tutela de interesses difusos.[54]

No sistema brasileiro a legitimação para a tutela dos interesses coletivos está prevista na legislação extravagante, com especial relevo para a ação popular, a ação civil pública, as ações coletivas do Código de Defesa do Consumidor e para o mandado de segurança coletivo. Parte da doutrina defende que a sedimentação dos interesses coletivos como categoria jurídica autônoma não permitiria mais uma abordagem da legitimação processual sob a perspectiva extraordinária, em face dos interesses difusos e coletivos. De acordo com este pensamento, a tutela coletiva destes interesses representaria uma hipótese de legitimação ordinária.[55] Este posicionamento traz a dificuldade de considerar os legitimados coletivos autênticos portadores do direito material envolvido em juízo, quando na verdade defendem o interesse de toda uma coletividade.[56]

A questão revela-se ainda mais complexa em face dos interesses individuais homogêneos, os quais são, em sua essência, interesses individuais. Tem-se sustentado que as ações coletivas são informadas por um regime especial, pois, enquanto na substituição processual, sob a ótica individual, existe clara determinação quanto a quem é substituto e substituído, nas ações coletivas os substituídos são indefinidos, pela natureza transindividual dos interesses difusos. Esta indeterminação gera a necessidade de um modelo próprio de legitimação, ao qual parte da doutrina brasileira,

---

53. Conforme a Lei 41, de 26.6.2013.
54. Em nosso sistema o cidadão pode atuar mediante a ação popular, contudo com um espectro menor de atuação do que aquele conferido pelo art. 31º do CPC português: "Tem legitimidade para propor e intervir nas ações e procedimentos cautelares destinados, designadamente, à defesa da saúde pública, do ambiente, da qualidade de vida, do patrimônio cultural e do domínio público, bem como à proteção do consumo de bens e serviços, qualquer cidadão no gozo de seus direitos civis e políticos, as associações e fundações defensoras dos interesses em causa, as autarquias locais e o Ministério Público, nos termos previstos na lei".
55. Neste sentido Mancuso, admitindo a mudança do seu entendimento (*Ação Civil Pública*, 13ª ed., p. 160).
56. Didier Jr. e Zaneti Jr., *Curso de Direito Processual Civil*, p. 193.

com apoio na dogmática alemã, denomina de *legitimação autônoma para a condução do processo* (*Prozessführungbefugnis*).[57]

Na verdade, o instituto da substituição processual foi erigido para permitir a condução do processo entre partes definidas; logo, existindo uma coletividade, como substituída, e entidades autorizadas a litigar, como substitutos. A autorização seria conferida pela norma legal. O único problema desta concepção esbarra em considerar a legitimação como ordinária, e não extraordinária. A existência de diversos legitimados para as ações coletivas bem como a exigência de pertinência temática para parte destes não se coadunam com o instituto da legitimação ordinária.

A par das divergências, é forçoso reconhecer que o sistema atual confere plena legitimidade a determinados entes quanto à defesa dos interesses individuais homogêneos, coletivos e difusos. Dentre os legitimados, em escala, encontramos: o cidadão, o qual atua através da ação popular e, como será exposto em seguida, exercerá papel fundamental na defesa do patrimônio público; as entidades intermediárias, através de suas associações e sindicatos; as entidades públicas da Administração direta e indireta; a Defensoria Pública; e, por fim, o Ministério Público.[58]

5.3 Legitimação extraordinária passiva ("defendant class action")

Ponto interessante, e alvo de grande debate, consiste na possibilidade de coletividades comporem o polo passivo em ações coletivas.[59]

A complexidade das teias sociais e negociais torna imperiosa uma discussão sobre o regramento das coletividades no polo passivo, em vista da sociedade de massa em que vivemos. Há uma tendência natural de fortalecimento dos entes intermediários, anteriormente denominados de ligas ou corporações de ofício. Criadas para a defesa de uma classe, elas ressuscitaram no século XX, através das associações e sindicatos.

A necessidade de otimização da prestação da tutela jurisdicional exigirá uma solução quanto à disciplina legal da ação coletiva passiva, cujo maior problema reside nos limites subjetivos da coisa julgada. Sob

---

57. Nelson Nery Jr. e Rosa Maria de Andrade Nery, *Código de Processo Civil Comentado*, 10ª ed., p. 178.

58. Cf., a respeito, *infra*, o § 2º, item 5, em que se examina a legitimidade do Ministério Público para o ajuizamento de ação civil pública.

59. Sobre o tema: Jordão Violin, *Ação Coletiva Passiva: Fundamentos e Perfis*, pp. 93 e ss.; Diogo Campos Medina Maia, *Ação Coletiva Passiva*, pp. 107 e ss.

o ponto de vista doutrinário há uma resistência quanto à legitimidade passiva dos entes coletivos, em virtude da própria disciplina legal na qual se estrutura o modelo brasileiro. Contudo, há uma tendência natural de harmonização com a fonte embrionária que reside no Direito Norte--Americano.[60]

6. COISA JULGADA NAS AÇÕES COLETIVAS

6.1 Regime geral da coisa julgada nas ações coletivas

Pelo que se expôs nos itens precedentes é fácil perceber que os conceitos básicos do processo civil clássico não se amoldam aos institutos processuais de âmbito coletivo. Tomando em consideração as disposições dos arts. 103 e 104 do CDC, conclui-se pela vocação das ações coletivas para a formação da coisa julgada com eficácia *erga omnes* no que tange à defesa dos interesses difusos. A natureza metaindividual dos interesses difusos e coletivos propicia um efeito expansivo natural da coisa julgada. Este regime diferenciado também engloba a tutela dos direitos individuais homogêneos. O regime estabelecido pelo CDC abarca a disciplina referente a estas três formas de interesses coletivos *lato sensu*, conforme previsão do seu art. art. 103, I, II e III.

O regime da coisa julgada no âmbito coletivo é extremamente importante, pelos reflexos provocados, especialmente quanto à imunização da decisão judicial quanto às partes litigantes (limites subjetivos da *res judicata*). Há uma afirmação corrente e equivocada de que o regime da coisa julgada nas ações coletivas obedece ao regime *secundum eventum litis* ou *secundum eventum probationis*. São necessárias atenta leitura e interpretação correta do dispositivo para não incidir em erro. A leitura atenta dos arts. 472 e 103 do CDC não comporta esta afirmação. A coisa julgada no processo individual, em caso de procedência ou improcedência do pedido (art. 487, I, do CPC) estabelece a formação da coisa julgada *pro et contra*.[61] Haverá imunização em relação aos partícipes da relação processual. Na demanda coletiva os entes coletivos legitimados a propor as pretensões coletivas, nos termos do art. 81, parágrafo único, I, II e III, do CDC também se submetem ao regime *pro et contra* da coisa julgada. A demanda julgada improcedente não poderá ser repetida. A previsão da coisa julga *secundum eventum probationis* somente prevalecerá quando

60. Pedro Lenza, *Teoria Geral da Ação Civil Pública*, cit., p. 192.
61. Cf. a excelente sistematização de Fredie Didier Jr., *Recurso de Terceiro Prejudicado*, pp. 86-93.

a improcedência tenha sido fruto da insuficiência probatória (*mala gesti processus*). Será essencial analisar a fundamentação da sentença. Quando o juiz proferir sentença de improcedência por ausência de provas estará consignando que a demanda não propiciou cognição exauriente, nos termos do art. 103, I e II, do CDC. Note-se que numa demanda individual esta solução não é aplicável. Quando o juiz julga improcedente uma lide individual por ausência de prova forma-se a coisa julgada *pro et contra*.

Atualmente, em vista do fortalecimento dos direitos fundamentais, a doutrina e a jurisprudência transportaram o regime da coisa julgada *secundum eventum probationis* para relativizá-la, notadamente em ações de investigação de paternidade[62] ou sentenças proferidas contra o Poder Público.[63] Nas demandas coletivas, para a proteção dos interesses individuais homogêneos, a formação da coisa julgada se dará *pro et contra*. Não se trata propriamente de julgamento *secundum eventum litis*, pois, julgado improcedente o pedido, o ente coletivo também não poderá repetir o feito. Nestas ações (art. 103, III, do CDC) a coisa julgada será *erga omnes*, com transporte *in utilibus* para a esfera individual (plano executivo) somente em caso de procedência do pedido. Julgado improcedente o pedido, caberá ao litigante prejudicado propor a ação individual, observando duas restrições, conforme os arts. 103, § 2º, e 104 do CDC.

O regime de formação da coisa julgada *secundum eventum probationis* alcança um ponto fundamental do Direito Brasileiro, consistente na ausência de controle efetivo sobre o legitimado adequado (*adequacy of representation*). Em nosso sistema há inclusão natural e automática dos possíveis atingidos pela defesa do interesse coletivo (sistema *opt in*), o que justifica a não formação de coisa julgada em face da insuficiência de provas. A sentença que reconheça a improcedência pela insuficiência de provas impede que a coletividade seja prejudicada pela *mala gesti processus* do legitimado coletivo (art. 103, I e II, do CDC).

6.2 Limitação territorial dos efeitos da sentença coletiva

O art. 16 da Lei da Ação Civil Pública, na redação da Lei 9.494/1997, dispõe: "A sentença civil fará coisa julgada *erga omnes*, nos limites da

---

62. V.: STF, RE 363.889-DF, no qual se firmou posicionamento pela relativização da coisa julgada em face de direito personalíssimo.
63. Sobre a questão devem ser consultados os seguintes trabalhos: Teresa Arruda Alvim Wambier e José Miguel Garcia Medina, *O Dogma da Coisa Julgada*, especialmente pp. 170 e ss.; Carlos Valder do Nascimento, *Coisa Julgada Inconstitucional*, *passim*; e Eduardo Talamini, *Coisa Julgada e sua Revisão*, *passim*.

competência territorial do órgão prolator, exceto se o pedido for julgado improcedente por insuficiência de provas, hipótese em que qualquer legitimado poderá intentar outra ação com idêntico fundamento, valendo-se de nova prova".

A redação legal limita a eficácia da decisão à circunscrição territorial do órgão que prolatou a decisão, o que não atende sequer aos reclames da eficácia da coisa julgada para as sentenças individuais. Trata-se, no entanto, de dispositivo legal de aplicação controvertida.

O STJ, corretamente, já chegou a decidir que, a despeito do que estabelece o art. 16 da Lei da Ação Civil Pública, a eficácia da coisa julgada não dependerá da competência do juiz, mas, sim, da extensão do pedido, e que os efeitos da sentença de procedência da ação coletiva que julgue interesses coletivos ou difusos não poderão ficar limitados, quando o dano assumir proporção transindividual, uma vez que a decisão deverá disciplinar a questão de modo uniforme. O próprio art. 46 do CPC já disciplinou a competência para as ações coletivas de modo adequado, o que torna inócua a alteração efetuada na redação do art. 16 da Lei da Ação Civil Pública.[64] Trata-se, no entanto, de posição atualmente superada pelo entendimento firmado no STF e no STJ quanto à aplicação literal do art. 16 da Lei da Ação Civil Pública. Em outro julgado, oriundo da Corte Especial do STJ, muito antes do atual pronunciamento do STF, decidiu-se que tal dissenso jurisprudencial está superado e que "a sentença na ação civil pública faz coisa julgada *erga omnes* nos limites da competência territorial do órgão prolator".[65] Esta orientação foi alvo de polêmica. Contudo, o STJ firmou em sede de repetitivo, no ano de 2011, sobre a impossibilidade de restringir a eficácia do julgado coletivo à competência territorial do órgão prolator da decisão.[66] As decisões re-

64. STJ, 3ª Turma, REsp 411.529, rela. Min. Nancy Andrighi, j. 24.6.2008, m.v., *DJU* 5.8.2008.
65. STJ, Corte Especial, AgR nos EREsp 253.589-SP, rel. Min. Luiz Fux, j. 4.6.2008, *DJe* 1.7.2008. Com esta decisão a Corte Especial reiterou entendimento que já manifestara em julgamento realizado em 2006 (Corte Especial, EREsp 293.407-SP, rel. Min. João Otávio de Noronha, j. 7.6.2006, *DJU* 1.8.2006, p. 327).
66. "A sentença genérica proferida na ação civil coletiva ajuizada pela APADECO, que condenou o BANESTADO ao pagamento dos chamados expurgos inflacionários sobre cadernetas de poupança, dispôs que seus efeitos alcançariam todos os poupadores da instituição financeira do Estado do Paraná. Por isso descabe a alteração do seu alcance em sede de liquidação/execução individual, sob pena de vulneração da coisa julgada. Assim, não se aplica ao caso a limitação contida no art. 2º-A, *caput*, da Lei n. 9.494/1997" (STJ, Corte Especial, REsp 1.243.887-PR, rel. Min. Luís Felipe Salomão, j. 19.10.2011, *DJe* 12.12.2011).

centes do STJ parecem modificar o regime do repetitivo.[67] Todavia, em vista do posicionamento do STF, certamente haverá mudança radical na jurisprudência do STJ.[68]

A solução da questão tem repercussão, por exemplo, em relação à questão atinente à necessidade, ou não, de reunião de ações coletivas para julgamento conjunto. Como decidiu o STJ, "a verificação da existência de litispendência enseja indagação antecedente e que diz respeito ao alcance da coisa julgada. (...). As ações que têm objeto idêntico devem ser reunidas, inclusive quando houver uma demanda coletiva e diversas ações individuais, mas a reunião deve observar o limite da competência territorial da jurisdição do magistrado que proferiu a sentença".[69] Assim, entende-se que os efeitos da decisão proferida alcançarão apenas determinada comarca e não devem ser reunidas as causas que tramitem em comarcas diversas.[70]

Em vista do posicionamento firmado pelo STF, no caso de sentença proferida em ação coletiva ajuizada por associação se tem aplicado o art. 2º-A da Lei 9.494/1997, segundo o qual a sentença "abrangerá apenas os substituídos que tenham, na data da propositura da ação, domicílio no âmbito da competência territorial do órgão prolator".

6.3 Litispendência e suspensão (a requerimento ou "ex officio") das ações ajuizadas individualmente, em razão da existência de ação coletiva

O art. 94 do CDC determina que, proposta a ação coletiva, seja dada publicidade, para permitir a cientificação de todos aqueles que tenham

---

67. "É firme o posicionamento desta Corte no sentido de ser possível atribuir efeito *erga omnes* à decisão proferida em ação civil pública que busca tutelar direitos individuais homogêneos dentro do limite da competência territorial do órgão judiciário prolator mediante a demonstração da titularidade do direito transindividual reconhecido quando da liquidação e execução individual autônoma" (STJ, 1ª Turma, AgInterno no REsp 1.560.253-SC, rela. Min. Regina Helena Costa, j. 21.3.2017, *DJe* 30.3.2017).

68. "A eficácia subjetiva da coisa julgada formada a partir de ação coletiva, de rito ordinário, ajuizada por associação civil na defesa de interesses dos associados, somente alcança os filiados, residentes no âmbito da jurisdição do órgão julgador, que o sejam em momento anterior ou até a data da propositura da demanda, constantes de relação juntada à inicial do processo de conhecimento" (STF, RE, 612.043-PR, rel. Min. Marco Aurélio, j. 10.5.2017).

69. STJ, 2ª Turma, REsp 642.462-PR, rela. Min. Eliana Calmon, j. 8.3.2005, *DJU* 18.4.2005, p. 263.

70. Nesse sentido, o julgado citado na nota precedente assim decidiu: "Hipótese em que se nega a litispendência porque a primeira ação está limitada ao Município de Londrina e a segunda ao Município de Cascavel, ambos no Estado do Paraná".

interesse direto na causa.[71] O legitimado individual não sofrerá qualquer prejuízo caso sua pretensão já esteja pendente.

Nesta situação abre-se dupla possibilidade ao titular do direito individual. A primeira é continuar com a ação individual e se sujeitar ao resultado da demanda. Eventual improcedência estará acobertada pela eficácia preclusiva do art. 506 do CPC. Mesmo que a ação coletiva seja julgada procedente não existirá a possibilidade de aproveitamento da coisa julgada (transporte *in utilibus*). A questão estará encerrada pela ação individual. A segunda opção, mais benéfica, consiste em pedir a suspensão do processo, tal como autoriza o art. 104 do CDC.

Decidiu o STJ em sede de repetitivo, no caso de existência de ação civil pública instaurada antecipadamente, que todos os processos individuais referentes ao mesmo caso devem ser suspensos.[72] Segundo este entendimento, a suspensão do processo individual pode perfeitamente dar-se já ao início, assim que ajuizado, porque, diante do julgamento da tese central na ação civil pública, o processo individual poderá ser julgado logo, por sentença liminar de mérito, para a extinção do processo, ou, no caso de sucesso da tese, poderá ocorrer a conversão da ação individual em cumprimento de sentença da ação coletiva. Decidiu-se, no entanto, que o direito ao ajuizamento da ação individual deve também ser assegurado no caso de processos multitudinários repetitivos, porque se não o fosse o autor poderia sofrer consequências nocivas ao seu direito decorrentes de acidentalidades que levassem à frustração circunstancial, por motivo secundário, do processo principal; mas esse ajuizamento não impede a suspensão da ação individual.

Nota-se que esta orientação se funda também na tendência inaugurada com a técnica dos recursos relativos a recursos extraordinário e especial que tenham fundamento em idêntica questão de direito do Código

71. De acordo com o citado dispositivo legal, "proposta a ação, será publicado edital no órgão oficial, a fim de que os interessados possam intervir no processo como litisconsortes, sem prejuízo de ampla divulgação pelos meios de comunicação social por parte dos órgãos de defesa do consumidor".

72. "Ajuizada ação coletiva atinente a macrolide geradora de processos multitudinários, suspendem-se as ações individuais, no aguardo do julgamento da ação coletiva – Entendimento que não nega vigência aos arts. 51, IV e § 1º, 103 e 104 do CDC; 122 e 166 do CC; e 2º e 6º do CPC, [*de 1973 – arts. 2º e 18 do CPC/2015*] com os quais se harmoniza, atualizando-lhes a interpretação extraída da potencialidade desses dispositivos legais ante a diretriz legal resultante do disposto no art. 543-C do CPC, [*de 1973 – art. 1.036 do CPC/2015*] com a redação dada pela Lei dos Recursos Repetitivos (Lei n. 11.672, de 8.5.2008) – Recurso especial improvido" (STJ, 2ª Seção, REsp 1.110.549-RS, rel. Min. Sidnei Beneti, j. 28.10.2009, *DJe* 14.12.2009).

de Processo Civil/1973 e que foram incorporadas ao Código/2015 (art. 1.036). A preocupação central, no caso, está em resolver a "macrolide" relativa a controvérsias individuais idênticas.[73]

Assim, tem-se que a suspensão pode ser requerida pelo autor da ação individual ou, em atenção ao precedente citado, a suspensão poderá ser ordenada *ex officio* pelo juiz.[74] Ainda em consonância com esta mesma orientação, no entanto, não se autoriza a extinção da ação individual em

73. Extraem-se do voto-condutor do julgado citado acima (REsp 1.110.549-RS) os seguintes trechos: "A suspensão do processo individual pode perfeitamente dar-se, já ao início, assim que ajuizado, porque, diante do julgamento da tese central na ação civil pública, o processo individual poderá ser julgado de plano, por sentença liminar de mérito (CPC, art. 285-A [*de 1973 – art. 332 do CPC/2015*]), para a extinção do processo, no caso de insucesso da tese na ação civil pública, ou, no caso de sucesso da tese em aludida ação, poderá ocorrer a conversão da ação individual em cumprimento de sentença da ação coletiva. (...). O direito ao *ajuizamento* individual deve também ser assegurado no caso de processos multitudinários repetitivos, porque, se não o fosse, o autor poderia sofrer consequências nocivas ao seu direito, decorrentes de acidentalidades que levassem à frustração circunstancial, por motivo secundário, do processo principal, mas esse ajuizamento não impede a suspensão. A interpretação presente preserva a faculdade de o autor individual acionar ('poderá', diz o art. 81 do CDC) e observa precedentes deste Tribunal, não fulminando o processo individual pela litispendência (REsp n. 14.473, 3ª Turma, rel. Min. Eduardo Ribeiro, *DJU* 16.3.1998, e REsp n. 160.288, 4ª Turma, rel. Min. Barros Monteiro, *DJU* 13.8.2001), precedentes, esses, que ainda recentemente levaram a julgamento nesse sentido pela 3ª Turma, inclusive com o voto concordante do subscritor do presente (REsp n. 1.037.314, rel. Min. Massami Uyeda, *DJU* 20.6.2008). Mas a faculdade de suspensão nos casos multitudinários abre-se ao juízo, em atenção ao interesse público de preservação da efetividade da justiça, que se frustra se estrangulada por processos individuais multitudinários contendo a mesma e única lide, de modo que válida a determinação de suspensão do processo individual, no aguardo do julgamento da macrolide trazida no processo de ação coletiva. A interpretação não se antagoniza, antes se harmoniza, à luz da Lei dos Processos Repetitivos, com os precedentes desta Corte antes assinalados".

74. Posicionamento reiterado pelo STJ: "1. Cinge-se a controvérsia em verificar a necessidade ou não de suspensão das ações individuais em que se pleiteia indenização por dano moral, em razão de suposta exposição à contaminação ambiental, decorrente da exploração de jazida de chumbo no Estado do Paraná, até o julgamento de ações civis públicas relativas ao mesmo objeto. 2. 'Ajuizada ação coletiva atinente a macrolide geradora de processos multitudinários, suspendem-se as ações individuais, no aguardo do julgamento da ação coletiva' (REsp n. 1.353.801-RS, rel. Min. Mauro Campbell Marques, 1ª Seção, submetido ao rito do art. 543-C do CPC, [*de 1973 – v. art. 1.036, § 1º, do CPC/2015*] *DJe* 23.8.2013). Na mesma linha: AgR nos EAREsp 585.756-PR, rel. Min. Og Fernandes, Corte Especial, *DJe* 31.8.2015 – Incidência da Súmula n. 168/STJ. 3. Agravo regimental não provido" (Corte Especial, AgR nos EAREsp 714.202-PR, rel. Min. Benedito Gonçalves, j. 6.4.2016, *DJe* 6.5.2016).

razão da existência de ação coletiva referente ao interesse individual homogêneo correspondente.

De todo modo, como não há litispendência entre a ação individual e a ação coletiva, o legitimado individual deverá aguardar o julgamento da ação coletiva. Sendo improcedente, dará prosseguimento à ação individual, com possibilidade de sucesso. O art. 104 do CDC relega sua aplicação para as hipóteses do art. 103, I e II (interesses difusos e coletivos), mas incide, por via transversa, ao art. 103, III, pois este mesmo dispositivo determina, no § 2º, que a improcedência somente prejudicará os legitimados individuais que tenham participado do processo como litisconsortes.[75] Desta forma, duas situações essenciais prejudicariam o legitimado individual: a improcedência de sua demanda caso não tenha requerido a suspensão, ou sua participação como litisconsorte (*rectius*: assistente litisconsorcial) na demanda coletiva. Nestes dois casos ele estaria impossibilitado de rever sua pretensão individual.

§ 2º. AÇÃO CIVIL PÚBLICA

1. OBJETO DA AÇÃO CIVIL PÚBLICA

A Lei da Ação Civil Pública (Lei 7.347/1985) foi precedida apenas pela Lei da Ação Popular (Lei 4.717/1965) quanto à tutela dos direitos coletivos. Seu objeto central reside na proteção dos interesses difusos e coletivos, mediante a previsão de um mecanismo processual peculiar para a prestação da *tutela jurisdicional adequada*.

A utilização da Lei da Ação Civil Pública não exclui a tutela mediante outras ações coletivas (art. 1º, *caput*) e poderá ser manejada de forma preventiva ("inibitória") ou ressarcitória (art. 5º, XXXV, da CF/1988).

O pedido a ser formulado na petição inicial poderá estar centrado na proteção: ao meio ambiente; ao consumidor; à ordem urbanística; aos bens e direitos de valor artístico, estético, histórico, turístico e paisagístico; por infração da ordem econômica e urbanística e da economia popular; à honra e à dignidade de grupos raciais, étnicos ou religiosos; ao patrimônio público e social e qualquer outro interesse difuso ou coletivo. Já se admitiu o ajuizamento de ação civil pública com o intuito de viabilizar o controle judicial de políticas públicas.

---

75. "Na hipótese prevista no inciso III, em caso de improcedência do pedido, os interessados que não tiverem intervindo no processo como litisconsortes poderão propor ação de indenização a título individual." Como observou Arruda Alvim, não se trata propriamente de litisconsórcio, mas de assistência litisconsorcial (*Tratado de Direito Processual Civil*, cit., 2ª ed., vol. II, p. 142).

Os princípios e as normas que regulam cada um dos direitos tutelados exigirão exame apurado do direito material. A Lei da Ação Civil Pública não limita o pedido aos danos materiais, como se observa da redação do *caput* do art. 1º: "Regem-se pelas disposições desta Lei, sem prejuízo da ação popular, as ações de responsabilidade por *danos morais e patrimoniais causados*: (...)".

Quanto à aplicação da ação civil pública nas lides que envolvam o Poder Público, o parágrafo único do art. 1º da Lei 7.347/1985 trouxe proibição expressa quanto à utilização da ação civil pública para veicular questões fiscais ou parafiscais: "Não será cabível ação civil pública para veicular pretensões que envolvam tributos, contribuições previdenciárias, o Fundo de Garantia do Tempo de Serviço – FGTS ou outros fundos de natureza institucional cujos beneficiários podem ser individualmente determinados".

2. A COMPETÊNCIA PARA A LEI DA AÇÃO CIVIL PÚBLICA

A competência para a apreciação da ação civil pública é regulada pelo local do dano, a qual será exclusiva; portanto, absoluta. Trata-se de competência funcional estabelecida pelo *caput* do art. 2º da Lei da Ação Civil Pública, o que impede a *perpetuatio jurisdictionis*, e cuja desobediência constitui causa para o ajuizamento de futura ação rescisória.

O presente dispositivo necessita ser conjugado com a redação do art. 93 do CDC (Lei 8.078/1990), que é lei posterior e tem natureza integradora (art. 21 da Lei 7.347/1985). Aliás, esta complementaridade entre a Lei da Ação Civil Pública e o Código de Defesa do Consumidor motivou o cancelamento da Súmula 183 do STJ. A Medida Provisória 2.180-35/2001 também acrescentou um parágrafo único ao art. 2º da Lei 7.347/1985 com o objetivo de estabelecer a prevenção e impedir a proliferação de ações coletivas.

3. TUTELAS PREVENTIVA ("INIBITÓRIA") E RESSARCITÓRIA

A ação civil pública poderá ser utilizada como tutela preventiva, quanto ao cometimento de um ato ilícito, ou como tutela de ressarcimento, quando o dano já tiver ocorrido. A tutela preventiva, com embasamento constitucional (art. 5º, XXXV, da CF), visa a compelir o obrigado a um fazer ou não fazer, ou seja, a uma prestação positiva ou negativa, como meio de evitar qualquer lesão aos bens jurídicos tutelados (art. 1º da Lei da Ação Civil Pública). Nesta modalidade de tutela procura-se a solução ideal para a proteção dos interesses difusos, mediante o adimplemento específico do comando judicial, que evitará a configuração do dano. A Lei 12.529/2011 redefiniu o cabimento da ação civil pública, com a eliminação das infrações contra a economia popular do inciso V do art. 1º, com fim de direcioná-la para a defesa da ordem econômica, que tem o CADE como autarquia específica para a fiscalização. Esta mesma lei concentra os poderes do CADE para o controle das fusões, incorporações e cisões que possam ter impacto na ordem econômica nacional.

Sabe-se que o Código Napoleônico universalizou a regra *nemo potest cogi ad factum*. Através dela conferia-se tutela plena à intangibilidade corporal, com enfoque especial para as obrigações infungíveis. O respeito à liberdade e à intangibilidade do ser humano não permitia qualquer medida executiva sobre a pessoa. Isto reforçou, na seara executiva, a incidência do princípio da realidade, inerente ao processo *in executivis*. Neste período a prevalência do *individualismo*, aliado à noção de *ação* como resposta à lesão de um direito, levou à formulação de uma teoria jurisdicional que só possibilitava a intervenção estatal quando fosse necessário recompor uma situação lesiva ao interesse individual. A função do processo civil como instrumento de prevenção de um ato ilícito era desconhecida, pois a ação deveria ser o mecanismo de reação a um dano devidamente configurado. A atividade jurisdicional deveria garantir a máxima proteção social com o mínimo de sacrifício da liberdade individual.

Atualmente a tutela preventiva está inserida no sistema não só como tutela jurisdicional diferenciada (previsão típica), mas como tutela genérica, apta a ser aplicada nas mais variadas situações (previsão atípica), de acordo com a necessidade do caso concreto, *ex vi* dos arts. 497 a 501 do CPC. A concessão da tutela preventiva (ou "inibitória") encontra supedâneo no art. 11 da Lei da Ação Civil Pública: "Na ação que tenha por objeto o cumprimento de obrigação de fazer ou não fazer, o juiz determinará o cumprimento da prestação da atividade devida ou a cessação da atividade nociva, sob pena de execução específica, ou de cominação de multa diária, se esta for suficiente ou compatível, independentemente de requerimento do autor". O dispositivo revela a forma embrionária do atual art. 497 do CPC, contudo com redação inferior. Percebe-se que a incidência da multa diária é confundida com a execução específica, o que pode baralhar a diferença entre os conceitos de execução direta e execução indireta. Todavia, o texto é claro quanto à possibilidade de o juiz conceder a tutela específica para cessar a prática de ato ilícito ou impedir seu início. Caso o ato ilícito seja praticado de modo continuado, será necessário cumular a tutela ressarcitória, pois os danos já produzidos deverão ser ressarcidos, sem prejuízo da concessão da tutela específica para a cessação do ato ilícito em andamento.

No campo da tutela ressarcitória, a doutrina divide-a, basicamente, em: tutela pelo equivalente (*risarcimento per equivalente*) e tutela específica (*risarcimento in forma specifica*). A tutela pelo equivalente consiste na reparação pecuniária pela transferência de um valor equivalente ao prejuízo que foi causado. Na esfera dos direitos coletivos, esta forma de reparação não é a ideal, uma vez que os bens jurídicos tutelados primam pela tutela específica.

A tutela específica pode ser dividida em tutela reintegratória (*reintegrazione in forma specifica*) e tutela de ressarcimento na forma específica (*riparazione in forma specifica*). A tutela reintegratória consiste na repristinação material, ou seja, no retorno ao estado anterior, como se o dano não tivesse sido praticado. Sua forma essencial de cumprimento será *in natura*. Em alguns casos a tutela reintegratória exigirá, concomitantemente, a recomposição pecuniária, principalmente quando o dano já tiver sido causado e a reintegração for insuficiente para a completa reparação. Por outro lado, a moderna doutrina também prevê a tutela reparatória pecuniária, na forma específica, a qual não se confunde com a tutela pelo equivalente.

Em determinadas situações a mera reparação do dano não será o meio ideal para o ressarcimento. Uma obra ou trabalho efetuado por um terceiro poderia ser restaurada mediante sua condenação quanto à obrigação de reparar (*facere*). Entretanto, a desconfiança gerada pelo mau serviço realizado não impede que o réu seja condenado a ressarcir o valor para que outro profissional execute o mesmo trabalho, principalmente quando a relação obrigacional tiver caráter *intuitu personae*. Para o cumprimento da obrigação de fazer ou não fazer o juiz poderá se valer de medida executiva indireta (*astreintes*) ou, mesmo, das tutelas executivas atípicas previstas pelos arts. 497, 536, § 1º, e 537 do CPC.

4. TUTELA DE URGÊNCIA NA AÇÃO CIVIL PÚBLICA

A ação civil pública comporta a concessão de tutela de urgência em qualquer de suas modalidades (cf. art. 83 da Lei 8.078/1990). A redação do art. 4º da Lei 7.347/1985 ainda se referia unicamente à concessão da tutela cautelar, em vista da incipiência da doutrina sobre a concessão da tutela antecipada no momento da elaboração dessa lei.

Os requisitos para a concessão da tutela cautelar estão pautados pelo *periculum in mora* e pelo *fumus boni iuris*. Em relação à antecipação de tutela, cujo deferimento da liminar poderá gerar o esgotamento do objeto da causa, o legislador estabeleceu a necessidade de juízo de probabilidade sobre os fatos deduzidos, aliado ao perigo da demora (art. 300 CPC). Aplica-se ao caso o que antes se disse acerca das variadas modalidades de tutela provisória.

É importante salientar que no ambiente coletivo a concessão de medida liminar deverá observar a necessidade de contraditório prévio, nos termos do art. 2º da Lei 8.437/1992, quando a ação civil pública for ajuizada contra o Poder Público. A decisão concessiva da liminar ficará sujeita ao recurso de agravo de instrumento, nos termos do art. 1.015, I, do CPC.

A pessoa jurídica de direito público quando for alvo da concessão da liminar também poderá se valer do instituto da suspensão, cujo uso originário se concentra na figura do mandado de segurança. O regime da suspensão está disciplinado pela Lei 8.437/1992, o qual se aplica à ação civil pública (art. 4º, § 1º, da Lei 8.437/1992). Dentre os benefícios da suspensão para o Poder Público reside a manutenção dos efeitos até o trânsito em julgado definitivo da questão (art. 4º, § 9º, da Lei 8.437/1992), o que já era preconizado para o mandado de segurança através da Súmula 626 do STF.

5. LEGITIMIDADE PARA AÇÃO CIVIL PÚBLICA

O art. 5º da Lei da Ação Civil Pública prevê a legitimidade extraordinária concorrente e disjuntiva do Ministério Público, da União, dos Estados e Municípios, além das autarquias, empresas públicas, sociedades de economia mista. Por fim, a legitimidade também foi conferida às associações e à Defensoria Pública (cf. Lei 11.448/2007).[76]

76. Em relação às entidades associativas prevalece o novo entendimento do STF, conforme já explanado no tratamento do mandado de segurança, quanto à necessidade de autorização expressa para o ajuizamento de ações no interesse do associado: "Pois bem, se é indispensável, para propor ação coletiva, autorização expressa, a questão que se põe é a que diz com o modo de autorizar 'expressamente': se por ato individual, ou por decisão da assembleia de associados, ou por disposição genérica do próprio estatuto. Quanto a essa questão, a resposta que tem sido dada pela jurisprudência deste STF é no sentido de que não basta a autorização estatutária genérica da entidade associativa, sendo indispensável que a declaração expressa exigida pela Constituição (art. 5º, XXI) seja manifestada ou por ato individual do associado ou por deliberação tomada em assembleia da entidade" (Tribunal Pleno, RE 573.232, rel. Min. Ricardo Lewandowski, voto do Min. Teori Zavascki, j. 14.5.2014, DJe 19.9.2014, com repercussão geral – Tema 82).

O Ministério Público não detém a legitimidade exclusiva, sendo curial lembrar que a exclusividade atinge tão só a ação penal pública. Na ação civil pública a prerrogativa do Ministério Público reside na abertura do inquérito civil (art. 8º, § 1º, da Lei 7.347/1985), cuja finalidade residirá em obter material probatório adequado para a análise sobre a viabilidade do ajuizamento da ação civil pública.[77] Esta atitude é essencial para que sejam evitadas ações temerárias. Quando a lei impuser o dever de sigilo, o Ministério Público deverá requerer a quebra através de ordem judicial (art. 8º, § 2º, da Lei 7.347/1985). Vale lembrar que a quebra do sigilo por requisição da autoridade fiscal é reconhecida como legítima pelo STF, desde que realizada dentro dos padrões, com o fim de avaliar a capacidade contributiva, nos termos da Lei Complementar 105/2001.[78]

O inquérito civil é peça exclusiva do Ministério Público, que presidirá sua condução. A conclusão final pela inexistência de fundamento para a ação civil pública obriga o promotor a remeter o inquérito civil, no prazo de três dias, para o Conselho Superior competente, o qual deverá homologar o pedido de arquivamento (art. 9º, § 1º, da Lei 7.347/1985). O inquérito civil pode embasar a propositura de ação penal. A identificação do ilícito comum (civil e penal) autoriza que a peça assuma dupla finalidade. É possível que os dados sigilosos colhidos com autorização possam ser utilizados na ação penal.[79]

Existe intensa discussão sobre a possibilidade de o Ministério Público mover ação para a tutela de interesses individuais homogêneos através da ação civil pública. Cremos que falece ao agente ministerial a capacidade processual para a tutela de interesses individuais homogêneos, os quais, em sua essência, são individuais. Não se há de conferir legitimidade para estas situações. Apenas em casos excepcionais a legitimidade tem sido conferida, quando se reconhecer o caráter de relevância social, o que justificaria sua legitimidade em face do art. 127, *caput*, da CF/1988.[80]

---

77. Paulo Márcio da Silva, *Inquérito Civil e Ação Civil Pública*, pp. 108 e ss.
78. STF: "O art. 6º da Lei Complementar n. 105/2001 não ofende o direito ao sigilo bancário, pois realiza a igualdade em relação aos cidadãos, por meio do princípio da capacidade contributiva, bem como estabelece requisitos objetivos e o translado do dever de sigilo da esfera bancária para a fiscal" (Tribunal Pleno, RE 601.314, rel. Min. Edson Fachin, j. 24.2.2016).
79. STJ, 6ª Turma, RHC 70.338-RN, rel. Min. Nefi Cordeiro, j. 18.10.2016, *DJe* 7.11.2016.
80. "Legitimidade ativa do Ministério Público – Direitos individuais homogêneos – Relevância social evidenciada – Legitimidade configurada – Adequação da via eleita. Não há falar em negativa de prestação jurisdicional se o tribunal de origem motiva adequadamente sua decisão, solucionando a controvérsia com a aplicação

O Ministério Público sempre atuará como fiscal quando não for parte, e a contumácia de qualquer dos legitimados obrigará ao Ministério Público a assumir o polo ativo da ação (art. 5º, §§ 1º e 3º, da Lei 7.347/1985). Todavia, nada impede que formule pedido de desistência quando observar a ausência de interesse no prosseguimento da demanda, especialmente pela ocorrência de algum fato modificativo (art. 493 do CPC).

Não há vedação ao litisconsórcio entre os colegitimados, sendo discutível, contudo, a possibilidade de litisconsórcio entre o Ministério Público Estadual e o Federal, em virtude dos princípios da *unidade* e da *indivisibilidade* que informam o Ministério Público enquanto Instituição. O litisconsórcio pressupõe, em sua essência, pessoas diversas, o que não ocorre na espécie.

No que tange às associações, o ato constitutivo deverá conter, de modo expresso, a finalidade voltada para a defesa dos interesses tutelados, como requisito essencial para a demonstração da pertinência temática. O requisito da pré-constituição de um ano poderá ser dispensado em virtude da urgência, o que será analisado pelo juiz no caso concreto (art. 5º, V, e § 4º, da Lei 7.347/1985).[81]

6. SENTENÇA

A sentença proferida na ação civil pública não ficará restrita ao pedido cominatório ou ressarcitório, conforme leitura do art. 3º da Lei da Ação Civil Pública. A evolução da doutrina e da jurisprudência permite que a ação civil pública assuma outras eficácias, como a *constitutiva-negativa*, a *mandamental* e a *executiva*. A importância dos bens jurídicos assegurados pelo art. 1º da Lei da Ação Civil Pública e a prevalência da tutela específica reforçam a importância da tutela mandamental e executiva no

do Direito que entendeu cabível à hipótese. O Ministério Público tem legitimidade processual para a propositura de ação civil pública objetivando a defesa de direitos individuais homogêneos, mormente se evidenciada a relevância social na sua proteção. No caso em apreço, a discussão transcende a esfera de interesses individuais dos efetivos contratantes, tendo reflexos em uma universalidade de potenciais consumidores que podem ser afetados pela prática apontada como abusiva" (STJ, 3ª Turma, AgInterno no AREsp 961.976-MG, rel. Min. Ricardo Villas Bôas Cueva, j. 13.12.2016, *DJe* 3.2.2017).
  81. "A jurisprudência deste Superior Tribunal dispensa o requisito de um ano de pré-constituição da associação nos casos de interesse social evidenciado pela dimensão do dano e pela relevância do bem jurídico a ser protegido" (STJ, 4ª Turma, REsp 865.493-PR, rel. Min. Raul Araújo, rela. para o acórdão Min. Maria Isabel Gallotti, j. 8.11.2016, *DJe* 7.12.2016).

cumprimento da sentença prolatada na ação civil pública. As *astreintes* (multas diárias) fixadas no dispositivo, de acordo com o art. 12 da Lei da Ação Civil Pública, somente serão exigíveis após o trânsito em julgado; contudo, devidas desde sua fixação (eficácia *ex tunc*).[82] É possível o juiz modular a aplicação da multa, realizando seu aumento ou diminuição no decorrer do processo; contudo, após o encerramento da relação processual, segundo nosso entendimento, torna-se indiscutível o valor agregado ao dispositivo de encerramento, seja no processo de conhecimento ou no de execução. O art. 537, § 1º, do CPC necessita de ponderação em sua aplicação.

Tendo em vista as peculiaridades dos bens jurídicos em torno dos quais giram as ações civis públicas, não raro será o caso de aplicar a teoria dinâmica do ônus da prova. Admitiu-se, sob este prisma, a inversão do ônus da prova para o réu em ação civil pública ambiental a fim de que este demonstrasse a segurança do empreendimento.

Tem-se decidido, corretamente, que o demandado não tem obrigação de adiantar recursos necessários à produção de provas requeridas pelo autor da ação civil pública.

Dispõe o art. 18 da Lei da Ação Civil Pública que em caso de improcedência do pedido formulado na ação civil pública não existirá condenação do autor em custas ou sucumbência, exceto em caso de patente má-fé, o que exigirá fundamentação expressa no *decisum*, quanto à demonstração de dolo na propositura de ação manifestamente improcedente, *ab initio*.

A verificação de que a ação é infundada no decorrer do procedimento permite o pedido de desistência e não gera, em princípio, a condenação na sucumbência, aplicando-se o art. 18 da Lei da Ação Civil Pública. Na hipótese de má-fé os responsáveis pela associação que tenha ajuizado de modo temerário a ação civil pública serão considerados coobrigados solidários pelas custas, despesas processuais e eventuais perdas e danos provocados pela lide temerária.

Quanto aos honorários de sucumbência, o Ministério Público, quando autor de ação civil pública, só pode ser condenado ao pagamento de honorários advocatícios em caso de demonstração de má-fé, não pode o réu na referida ação ser condenado a pagar honorários em favor do Ministério Público quando este for vencedor na referida ação, em absoluta simetria de tratamento.

A sentença estará sujeita ao recurso de apelação, o qual será recebido sem efeito suspensivo em caso de concessão de tutela de urgência. O pe-

---

82. Solução que também preponderou para o CPC, conforme o art. 537, § 3º.

dido de agregação do efeito suspensivo poderá ser decorrente da tutela provisória concedida na sentença, o que não impede sua concessão pelo juízo *ad quem* (arts. 14 da Lei 7.347/1985 e 1.012, §§ 1º-4º, do CPC). O efeito suspensivo também poderá ser obtido em sede de recurso especial e recurso extraordinário.

7. EFICÁCIA DA SENTENÇA E COISA JULGADA

A sentença proferida no âmbito coletivo não fica ungida ao art. 506 do CPC em sua acepção tradicional, segundo o qual a eficácia da coisa julgada atinge apenas as partes que litigaram em amplo contraditório. O mecanismo que informa a sentença coletiva é diverso, ao permitir a expansão da eficácia em caráter *erga omnes* ou *ultra partes*.

A sentença que julgar conflitos envolvendo análise de interesses difusos terá aptidão para formar coisa julgada com eficácia *erga omnes* (art. 103, I, do CDC). O pedido ficará imunizado *pro et contra* quando a sentença julgar procedente ou improcedente a pretensão formulada. Entrementes, quando o dispositivo explicitar a improcedência do pedido devido à insuficiência probatória a demanda poderá ser alvo de nova propositura (*secundum eventum probationis*). Trata-se de solução legislativa, que procura resolver o problema provocado por uma representação inadequada que geraria prejuízo injustificado para a coletividade. A sentença ainda poderá expandir sua autoridade apenas para um grupo ou categoria quando a eficácia da coisa julgada for *ultra partes* (art. 103, II, do CDC). No julgamento de ação civil pública promovida para a defesa de interesses individuais homogêneos a eficácia da coisa julgada afetará todos os atingidos, assumindo configuração *erga omnes* (art. 103, III, do CDC).

As ações individuais não são prejudicadas pela improcedência da ação coletiva, sendo inviável falar em litispendência ou coisa julgada como fator de preclusão.

8. CUMPRIMENTO DA SENTENÇA

A sentença proferida na ação civil pública poderá conter mais de um capítulo. Isto permite a incidência de um regime diferenciado quanto ao cumprimento do comando judicial.

O comando judicial executivo e mandamental não dependerá de fase posterior para o exaurimento da tutela jurisdicional (*e.g.*, cessação da atividade nociva pela lacração e fechamento de uma empresa). Todavia, as eventuais verbas fixadas a título de reparação exigirão a execução nos moldes preconizados pelo art. 513 do CPC, os quais poderão depender de liquidação.

A execução deverá ser ajuizada até 60 dias após o trânsito em julgado pelo legitimado que propôs a ação coletiva. Na hipótese de omissão, o Ministério Público possui o dever de ingressar com o pedido de cumprimento (cf. art. 15 da Lei da Ação Civil Pública). Em virtude do prazo estipulado pelo *caput* do art. 523 do CPC, que confere o *tempus iudicati* de 15 dias, o prazo deverá ser contado após o esgotamento da possibilidade de cumprimento espontâneo.

Os valores serão revertidos para o fundo federal ou estadual de defesa dos direitos difusos, o que dependerá da natureza do órgão prolator da decisão judicial (federal ou estadual). A reversão para o fundo estadual ainda dependerá da iniciativa do Estado em implementar sua criação por lei específica e nos moldes determinados pelo art. 13 da Lei da Ação Civil Pública.

No cumprimento de sentença condenatória relativa a direitos individuais homogêneos (*fluid recovery*) a execução caberá aos eventuais titulares, os quais dependerão, em muitas situações, de procedimento prévio de liquidação. Não sendo realizada a execução no prazo de um ano, os legitimados dos arts. 5º, *caput*, da Lei 7.347/1985 e 82 do CDC poderão realizar o cumprimento da decisão. Todavia, as verbas serão revertidas para o fundo gestor competente (art. 100, parágrafo único, do CDC).

O prazo de prescrição para a execução individual das ações relativas a interesses individuais será de cinco anos, conforme pacificação sobre o tema junto ao STJ.[83] O prazo prescricional obedece ao previsto na ação popular, o que reforça a noção de interação e diálogo entre as ações que formam o processo coletivo brasileiro.[84]

---

83. "Na falta de dispositivo legal específico para a ação civil pública, aplica-se, por analogia, o prazo de prescrição da ação popular, que é o quinquenal (art. 21 da Lei n. 4.717/1965), adotando-se também tal lapso na respectiva execução, a teor da Súmula n. 150/STF. A lacuna da Lei n. 7.347/1985 é melhor suprida com a aplicação de outra legislação também integrante do microssistema de proteção dos interesses transindividuais, como os coletivos e difusos, a afastar os prazos do Código Civil, mesmo na tutela de direitos individuais homogêneos (pretensão de reembolso dos usuários de plano de saúde que foram obrigados a custear lentes intraoculares para a realização de cirurgias de catarata) – Precedentes" (STJ, 3ª Turma, REsp 1.473.846-SP, rel. Min. Ricardo Villas Bôas Cueva, j. 21.2.2017, DJe 24.2.2017).
84. O prazo quinquenal também foi defendido com base no Código de Defesa do Consumidor em face de ações coletivas consumeristas (cf.: Leandro Katscha-

§ 3º. AÇÃO DE IMPROBIDADE ADMINISTRATIVA

1. Considerações iniciais

A ação processual regrada pela Lei 8.429/1992 é nada mais que uma ação civil pública, contudo com causa de pedir específica. Este poderoso instrumento visa a combater os atos de improbidade administrativa. A expressão "improbidade administrativa" merece exame disjuntivo. O termo "improbidade" é relativamente recente em nosso ordenamento se levarmos em consideração que sua inserção decorreu do texto constitucional de 1988. A Constituição Federal/1988 realiza a menção ao termo "improbidade" em duas oportunidades. A primeira é relativa à previsão dos direitos políticos, conforme o art. 15, V. A segunda está alocada na disciplina referente à Administração Pública, conforme o art. 37, § 4º. O combate aos atos de improbidade constitui o fundamento para a utilização deste importante instrumento processual, que tutela autêntico interesse difuso e cuja proteção conta com a integração de outros mecanismos de proteção ao interesse coletivo.[85]

2. Improbidade administrativa

Os atos praticados por todo administrador público, em qualquer uma das esferas do Poder Público (Executivo, Legislativo e Judiciário), devem ser pautados pelo respeito aos princípios da *legalidade, impessoalidade, publicidade, moralidade, eficiência* e *razoabilidade*. Este núcleo essencial, do qual derivam outros subprincípios, constitui a garantia do Estado Democrático de Direito. A passagem do Absolutismo para o Estado de Direito tomou em consideração o fim do dogma *The king can do no wrong*, com o surgimento do Estado Constitucional e da atividade administrativa (*Entwicklung des Verwaltungsrechts*).[86]

A responsabilidade dos agentes públicos, os quais assumem plexos de competência com o fim de desempenhar funções públicas, exige o respeito à legalidade estrita, uma vez que toda atividade administrativa se desenvolve *secundum legem*. A Lei 8.429/1992 (Lei de Improbidade

---

rowski Aguiar, *Tutela Coletiva de Direitos Individuais Homogêneos e sua Execução*, p. 72).

85. Luiz Otávio Sequeira de Cerqueira, in Fernando da Fonseca Gajardoni *et alii*, *Comentários à Lei de Improbidade Administrativa*, 3ª ed., p. 40.

86. Hartmut Maurer, *Allgemeines Verwaltungsrecht*, 17ª ed,, § 2º, p. 17.

Administrativa) reforçou esta noção ao disciplinar a natureza jurídica dos atos considerados ímprobos. A redação do art. 11 não permite outra interpretação: "Constitui ato de improbidade administrativa que atenta contra os princípios da Administração Pública qualquer ação ou omissão que viole os deveres de honestidade, imparcialidade, legalidade e lealdade às instituições, e notadamente: (...)" O legislador constituinte procurou ressaltar a gravidade da conduta ímproba, pois sua caracterização provoca a suspensão de direitos políticos, a perda de função pública, a indisponibilidade de bens e o ressarcimento ao Erário. Importante salientar que a propositura da ação civil pública para ressarcimento do Erário não elimina o ajuizamento da ação penal cabível (art. 12 da Lei 8.429/1992 e art. 37, § 4º, da CF/1988).

3. A CARACTERIZAÇÃO DO ATO DE IMPROBIDADE

A improbidade caracteriza-se pela conduta *desonesta e ilegal* do agente público, o qual se prevalece da investidura pública com o fim de obter benefício próprio, com prejuízo direto ou indireto aos cofres públicos. Sua conduta poderá ser comissiva ou omissiva, embora a improbidade culposa seja polêmica. Como o ato de improbidade deriva de uma conduta, é essencial que o ato produza efeitos concretos, o que não se confunde com o fato de o agente público obter a vantagem indevida. Em determinadas circunstâncias esta vantagem poderá não beneficiá-lo diretamente, como em situações de nepotismo, o que não elimina a existência do ato de improbidade.

A caracterização do ato de improbidade não decorre de simples subsunção normativa. A gravidade quanto à tipificação da conduta exige a análise do caso concreto, bem como a leitura principiológica. É possível afirmar que o princípio da proporcionalidade é essencial na leitura e aplicação dos tipos bem como das sanções estabelecidas pelo art. 12 da Lei 8.429/1992. Desde a edição da lei até o presente momento é possível visualizar clara evolução da jurisprudência do STJ quanto à aplicação da lei em nosso sistema.

A interpretação da lei e de sua finalidade consiste em ponto fundamental de nosso sistema republicano, que guarda peculiaridades, como a divisão política e administrativa em três esferas: União, Estados e Municípios, além do Distrito Federal. A existência de Municípios com estrutura executiva e legislativa trouxe a necessidade de interpretar a aplicação do texto da Lei de Improbidade ao político e ao administrador desonestos, e não incapazes e inábeis. A realidade que nos cerca demonstra que muitos dos prefeitos e vereadores não possuem a capacitação necessária para fazer frente aos grandes problemas enfrentados pelos Municípios, pela complexidade do direito público municipal.[87]

4. O AGENTE PÚBLICO QUE COMETE ATO DE IMPROBIDADE

A Lei de Improbidade descreve os sujeitos passivo e ativo. Examinaremos primeiramente os sujeitos ativos, os quais se enquadram no conceito de *agente público*. Trata-se de concepção *lata*, semelhante àquela fornecida pelo art. 327 do CP. O art. 2º da Lei de Improbidade dispõe: "Reputa-se agente público, para os efeitos desta Lei, todo aquele que exerce, ainda que transitoriamente ou sem remuneração, por eleição, nomeação, designação, contratação ou qualquer outra forma de investidura ou vínculo, mandato, cargo, emprego ou função nas entidades mencionadas no artigo anterior". Percebe-se que o tipo procura enquadrar toda pessoa que tenha exercido plexo de competências através do qual tenha cometido algum ato de improbidade, prevalecendo-se da função pública na qual estava investida de modo transitório ou permanente. Conclui-se que a ausência de remuneração não é empecilho ao enquadramento na Lei de Improbidade. Aliás, em muitas situações o feixe de poderes exercidos junto ao cargo transforma a remuneração em mero detalhe. O poder exercido junto ao cargo, emprego, função ou mandato é que atrai o agente e constitui a fonte dos desvios e ilegalidades que provocam imenso prejuízo ao Erário. No tipo do art. 2º enquadram-se agentes políticos, os servidores públicos (*detentores de cargos, empregos públicos, ainda que temporários*) e particulares em colaboração (*permissionários, concessionários, parceiros público-privados*).

No conceito de agentes políticos, embora exista polêmica quanto ao enquadramento dos membros do Poder Judiciário, o certo é que estes agentes se submetem a regime especial, o que não retira seu enquadramento do art. 2º da Lei de Improbidade. O mesmo pode ser dito em relação aos membros do Ministério Público (Estadual e Federal) e aos conselheiros dos Tribunais de Contas. Não há possibilidade de que o juiz seja alvo de uma ação de improbidade por ato de julgamento, ou seja, no exercício de função jurisdicional.[88] Isto não se confunde com eventuais

---

87. Sobre o tema, v. o excelente trabalho de Gilmar Ferreira Mendes e Rafael Araripe Carneiro (orgs.), *Gestão Pública e Direito Municipal – Tendências e Desafios*, *passim*.
88. Marcelo Harger, *Improbidade Administrativa*, p. 83.

erros de julgamento (*error in procedendo* ou *in judicando*) que possam gerar ações indenizatórias.

É óbvio que no exercício de atividade administrativa, inclusive na atuação como gestor de verbas públicas perante o fórum ou tribunal, poderá restar caracterizado ato de improbidade. Todavia, é essencial separar atos jurisdicionais de atos administrativos, sob pena de invasão na autonomia da decisão, o que se revela inadmissível. Este entendimento, embora nos pareça simples e translúcido para magistrados e membros do Ministério Público, esbarra na concepção sobre o enquadramento dos membros do Poder Judiciário e do Ministério Público como *agentes políticos*.[89] Esta discussão atualmente está afetada ao Tema 576 do STF, no qual será analisada a submissão, ou não, dos agentes políticos à Lei 8.429/1992.

Em relação aos particulares em colaboração, citamos os concessionários e permissionários como os principais exemplos de aplicação da lei, pois estas modalidades de participação dos particulares na Administração Pública provocam as principais situações de incidência do texto normativo. Geralmente os valores envolvidos em concessões públicas são altíssimos, e a possibilidade de fraude na licitação da concessão é fato notório. Entretanto, nas demais relações de colaboração do particular com o Poder Público a Lei de Improbidade aplicar-se-á normalmente.

5. IMPROBIDADE EM RELAÇÃO AOS AGENTES POLÍTICOS

Há polêmica e grande discussão no sentido de que não se aplica a Lei de Improbidade Administrativa a *agentes políticos*, em razão de estes se sujeitarem a legislação específica: Lei 1.079/1950, aplicável ao presidente, aos governadores, aos senadores, deputados federais e estaduais, ministros e secretários de Estado; a Lei 7.106/1983, dirigida ao governador e aos secretários do Distrito Federal; e o Decreto-lei 201/1967, relativo aos prefeitos e os vereadores. A conjugação destes diplomas com a Lei 8.429/1992 revelaria dupla normatividade.[90]

---

89. STF, 2ª Turma, RE 579.799-08, rel. Min Eros Grau, j. 19.12.2008.
90. No STJ o posicionamento atual permite a aplicação simultânea da Lei de Improbidade e das leis que definem as condutas de infração político-administrativa: "(...). A jurisprudência de ambas as Turmas que integram a 1ª Seção do STJ firmou-se no sentido de que os agentes políticos municipais se submetem aos ditames da Lei n. 8.429/1992, sem prejuízo da responsabilização política e criminal estabelecida no Decreto-lei n. 201/1967. A sanção da perda do cargo público prevista entre aquelas do art. 12 da Lei n. 8.429/1992 não está relacionada ao cargo ocupado pelo agente ímprobo ao tempo do trânsito em julgado da sentença condenatória, mas sim àquele (cargo) que serviu de instrumento para a prática da conduta ilícita. 5. Agravos regi-

Outra questão principal reside em definir quem são os agentes políticos para fins de incidência da Lei de Improbidade. A inclusão dos membros da Magistratura e do Ministério Público no conceito de agentes políticos não pode ser considerada um pecadilho, pois a atuação institucional dos membros destas categorias está regulada e assegurada pela Constituição Federal, e sua atividade representa o fundamento de separação e garantia de harmonia entre os Poderes.

Caberá ao STF definir se o regime da Lei 8.429/1992 pode ser aplicado aos agentes políticos bem como se há, ou não, dupla normatividade na conjugação dos diplomas legais, o que está afeto ao exame do Tema 576, em relação ao qual foi reconhecida a repercussão geral.[91]

6. A IMPROBIDADE E O PRINCÍPIO DA TIPICIDADE

Tratando-se de norma punitiva, ainda que no âmbito civil, a Lei 8.429/1992 não permite interpretação extensiva. Os atos de improbidade devem estar subsumidos a um dos tipos previstos pelos arts. 9º, 10 e 11. De acordo com a observação anterior, é importante frisar que as condutas descritas pela Lei de Improbidade encontraram eco na esfera penal, especialmente em relação ao Decreto-lei 201/1967, quanto aos crimes cometidos por prefeitos e vereadores.

A leitura dos três dispositivos permite examinar a configuração dos atos de improbidade em três classes autônomas.

O art. 9º prevê a hipótese ordinária de vedação ao enriquecimento ilícito.

---

mentais desprovidos" (STJ, 1ª Turma, AgR no AREsp 369.518-SP, rel. Min. Gurgel de Faria, j. 13.12.2016, *DJe* 28.3.2017).

91. O STF tem admitido embargos com caráter infringente para anular acórdãos proferidos com desobediência ao sobrestamento. V.: "Embargos de declaração no agravo regimental no agravo de instrumento – Matéria com repercussão geral reconhecida – Tema n. 576 – Anulação do acórdão no ponto discutido e devolução dos autos à origem, na forma dos arts. 543-B do antigo CPC e 328 do Regimento Interno do STF. Precedentes. 1. O tema é objeto do RE n. 976.566-PA – Repercussão Geral –, relator o Min. Teori Zavascki, cuja repercussão geral foi reconhecida, e trata do processamento e do julgamento de prefeitos, por atos de improbidade administrativa, com base na Lei n. 8.429/1992 – Paradigma que se aplica aos demais agentes políticos – Precedentes. 2. Ambas as Turmas da Corte decidiram adotar, para os embargos de declaração em que se impugnam acórdãos proferidos em processos com repercussão geral já reconhecida, o procedimento de anular os acórdãos embargados e devolver os autos à origem. 3. Anulação do acórdão apenas no ponto em que versa sobre a aplicação da Lei de Improbidade Administrativa a agentes políticos. 4. Embargos de declaração acolhidos, com efeitos infringentes" (1ª Turma, AgR/ED no AI 809.338, rel. Min. Dias Toffoli, j. 24.2.2017, Processo Eletrônico, *DJe*-052, divulg. 16.3.2017, publ. 17.3.2017).

As condutas, basicamente, estão centradas na proibição de enriquecimento ilícito em razão do exercício de cargo, mandato, função, emprego ou atividade com percepção de vantagens indevidas. O funcionário público deve recusar qualquer tipo de oferecimento de vantagem ou gratificação, que corresponde à porta de entrada para a propina ou suborno. Não resta dúvida deque existem situações rotineiras e costumeiras em que grandes empresas fornecem brindes e presentes, como as cestas natalícias, muitas vezes entregues a toda uma repartição pública. Mesmo que a aplicação dos princípios da proporcionalidade e da insignificância não gere a incidência do art. 9º da Lei de Improbidade, a postura correta do funcionário público está em recusar este tipo de oferta ou aceitá-la para fins de doação comprovada a instituições de caridade ou de promoção de ação social.[92]

As condutas do art. 9º revelam natureza estritamente dolosa em sua consumação. A percepção de vantagem econômica, a incorporação de verbas públicas ao patrimônio pessoal, o uso do patrimônio público em benefício próprio, revelam atitudes que merecem juízo de reprovação amplo e nem sempre de fácil constatação. O art. 9º, VII, traz dispositivo que procura inverter a comprovação da probidade, ao inverter o ônus de demonstrar a evolução patrimonial lícita pelo ocupante do cargo público. Este fato torna obrigatório que todo ocupante de função pública forneça prova documental do seu patrimônio antes de ingressar na seara pública. A evolução do seu patrimônio de modo desproporcional poderá exigir a comprovação de sua origem, sob pena de caracterização de *ato de improbidade presumido*. O art. 13 da Lei de Improbidade determina a obrigatoriedade de apresentação da Declaração de Bens com o fito de permitir a fiscalização objetiva do agente público. A apresentação não é facultativa, mas obrigatória, e sua recusa poderá provocar a aplicação da pena de demissão.

O art. 10 da Lei de Improbidade tipifica os atos que geram prejuízo ao Erário Público. O dispositivo procura isolar a configuração do ato de improbidade de qualquer vantagem obtida pelo agente público. Em sua previsão, bastará que o ato praticado pelo agente provoque prejuízo ao Erário. Como informa a melhor doutrina, na averiguação das condutas descritas pelo art. 10 será essencial apurar o efetivo prejuízo gerado pela

92. Como assevera Fábio Medina Osório (*Teoria da Improbidade Administrativa*, p. 369): "A mera aceitação de um presente, por si só, sem uma valoração concreta em torno do que está em jogo, não desencadeia, automaticamente, a incidência da LGIA, mas pode gerar suporte para um amplo processo investigatório".

conduta capitulada em qualquer um dos incisos (I a XV). Não há que se falar na possibilidade de tipo culposo, em que pese à redação expressa do *caput* do art. 10. O ato de improbidade exige o dolo como elemento primário de conformação do tipo, aliado ao prejuízo.[93] Isto permite afirmar que as condutas descritas pelo art. 10 exigem a conjunção de ilegalidade e prejuízo. Não existe presunção ou ficção de ato de improbidade sem a demonstração do prejuízo efetivo.[94] É importante frisar que o ato poderá ter beneficiado o Poder Público, muito embora não tenha sido praticado com a observância de alguma formalidade legal. Aproveita-se o ato em respeito ao princípio *pas de nullité sans grief*. A Lei Complementar 157/2016 inseriu o art. 10-A, que considera ímproba toda ação ou omissão que provoque prejuízo ao Erário pela concessão, manutenção ou aplicação de benefício tributário ou financeiro indevido, inclusive em relação aos tributos específicos (art. 8º, § 1º, da Lei Complementar 116/2003).

No art. 11 são disciplinados os atos que violam os princípios da Administração Pública. O art. 11 está topologicamente mal colocado na Lei 8.429/1992. O dispositivo deveria iniciar o Capítulo II da Lei de Improbidade. O tratamento das condutas vedadas em relação aos agentes públicos, pela violação de princípios norteadores da Administração Pública, precede a especificação das demais condutas. Mesmo para a ofensa aos princípios da Administração Pública exige-se a demonstração do dolo específico. A mera interpretação ou aplicação errônea do Direito – como o pagamento realizado sem a obediência à da ordem do precatório, elaboração de um parecer jurídico que posteriormente induz uma contratação irregular –, por si só, não consiste em atitude violadora para fins de improbidade. São necessários o dolo e o prejuízo para o Poder Público e o particular, sem isso existe irregularidade administrativa, que poderá justificar um Procedimento Administrativo Disciplinar/PAD, mas não a instauração de ação civil pública por ato de improbidade.[95]

---

93. Marcelo Harger, *Improbidade Administrativa*, cit., p. 116.
94. Marçal Justen Filho, *Curso de Direito Administrativo*, 9ª ed., p. 1.086.
95. Neste sentido: "De outro giro, a interpretação conferida pelo Tribunal *a quo* ao art. 11 da Lei n. 8.429/1992 está em conformidade com a firme jurisprudência do STJ, no sentido de que a configuração dos atos de improbidade administrativa que atentam contra os princípios da Administração Pública pressupõe a presença do dolo, no mínimo genérico, na conduta do agente, o que foi admitido expressamente pelas instâncias ordinárias (...)" (STJ, 1ª Turma, AgInterno no REsp 1.278.009-MG, rel. Min. Sérgio Kukina, j. 23.5.2017, *DJe* 30.5.2017).

7. PROCEDIMENTO DA AÇÃO DE IMPROBIDADE

A ação civil pública está atrelada ao princípio da dualidade da cognição, porém de modo facultativo. Apesar de a ação de improbidade estar sujeita ao rito ordinário (art. 17), seu cabimento poderá ser precedido por um procedimento administrativo prévio. O art. 14 da Lei 8.429/1992 estabelece que a via administrativa nascerá por iniciativa de qualquer pessoa, o que constitui autêntico exercício do direito de representação (art. 5º, XXXIV, "a", da CF/1988). Não existe qualquer empecilho quanto ao ajuizamento imediato da ação civil pública por ato de improbidade, embora não seja usual. A inexistência de inquérito civil, processo administrativo prévio ou qualquer procedimento preliminar não impede o ajuizamento do pedido condenatório. É comum que muitas ações civis tomem como base as provas já produzidas na esfera penal, o que elimina a necessidade do inquérito civil.

A doutrina discute a natureza jurídica da ação, o que não constitui mais questão de alta indagação, uma vez que os elementos necessários para a propositura do pedido estão precisamente definidos pelo art. 17 da Lei 8.429/1992. A doutrina majoritária classifica-a como ação civil pública, a qual encampamos neste estudo. Sem dúvida, existem diferenças quanto aos contornos delineados pela Lei 7.347/1985 (Lei da Ação Civil Pública). Entretanto, o diálogo entre os diplomas que tutelam o interesse coletivo é indiscutível (*Dialog der Quellen*).[96]

As semelhanças entre o procedimento da Lei 8.429/1992 com o da Lei da Ação Civil Pública e mesmo com o da Lei 4.717/1965 são grandes e permitem a interpenetração e a complementação. Não comete qualquer impropriedade aquele que nomina a ação de improbidade como ação civil pública, até mesmo porque a ação civil pública também engloba a proteção ao patrimônio público.[97]

8. A TUTELA PROVISÓRIA NA AÇÃO DE IMPROBIDADE

A Lei de Improbidade prevê a concessão de tutela de urgência como meio de resguardar o interesse público quanto à possível atitude de dila-

---

96. O diálogo das fontes deve ser aplicado especialmente no ambiente coletivo. Parte da doutrina assevera, em plena harmonia com a teoria do diálogo, que a ação de improbidade integra o "Sistema Único das Ações Coletivas" (Luís Otávio Sequeira de Cerqueira, in Fernando da Fonseca Gajardoni *et alii*, *Comentários à Lei de Improbidade Administrativa*, 3ª ed., p. 40).
97. Em sentido contrário: Marcelo Harger, *Improbidade Administrativa*, cit., p. 175.

pidação e alienação dos bens pelo investigado, bem como para a cessação de atividade, por parte do investigado, que possa prejudicar o transcurso do procedimento. As medidas indicadas pelos arts. 7º, *caput*, 16, *caput*, e 20, parágrafo único, estão em conexão e assumem feição nitidamente cautelar (arts. 300 e 305 do CPC).

O primeiro dispositivo dispõe: "Art. 7º. Quando o ato de improbidade causar lesão ao patrimônio público ou ensejar enriquecimento ilícito, caberá à autoridade administrativa responsável pelo inquérito representar ao Ministério Público, para a indisponibilidade dos bens do indiciado". Por sua vez, o art. 16, *caput*, reza: "Havendo fundados indícios de responsabilidade, a comissão representará ao Ministério Público ou à procuradoria do órgão para que requeira ao juízo competente a decretação do sequestro dos bens do agente ou terceiro que tenha enriquecido ilicitamente ou causado dano ao patrimônio público". Ambos os dispositivos atribuem à comissão investigante a responsabilidade pela representação quanto ao pedido de tutela cautelar para o congelamento e a apreensão de bens suficientes a resguardar o ressarcimento dos cofres públicos (art. 7º, parágrafo único). A tutela provisória assume natureza cautelar, e não antecipatória.

O juiz poderá conceder medida adequada para a proteção cautelar que visa a resguardar a tutela da coletividade, uma vez que a devolução dos valores indevidamente desviados resulta em prejuízo social que atinge toda a sociedade, e não apenas a pessoa jurídica lesada.

A medida do art. 20, parágrafo único, também assume feição cautelar. Esta definição é importante, porque não há possibilidade de afastar o agente público, como medida de autêntica tutela antecipada. Não existe possibilidade de antecipação da pena de demissão por meio do art. 20, parágrafo único. Sua finalidade é apenas impedir que o agente possa corromper as provas materiais que seriam produzidas ou exercer pressão indevida sobre pessoas que seriam ouvidas, é resguardar a instrução da ação, e necessita estar fundamentada para permitir a concessão de medida tão drástica contra o agente público. Exatamente por estar limitada à garantia da coleta das provas, o pedido não pode ser deferido após o término da instrução.[98]

---

[98] "A espécie comporta aludida exceção, pois a jurisprudência deste Superior Tribunal é taxativa no sentido de admitir o afastamento cautelar do agente público somente quando este, no exercício de suas funções, puser em risco a instrução processual, não sendo lícito invocar a relevância ou posição do cargo para a imposição da medida. Na espécie, a instrução processual já se encontra encerrada, não subsistindo razão para se cogitar de afastamento cautelar, nem tal providência está contida no rol

9. A FUNGIBILIDADE E A URGÊNCIA

As medidas previstas pelos arts. 7º e 16 da Lei de Improbidade são medidas de garantia para futura execução e satisfação; logo, não assumem a característica de tutela antecipada. Entretanto, caso sejam requeridas como tal, não deve o magistrado recusar a concessão, pela impropriedade do pedido. O art. 305, parágrafo único, do CPC prevê a aplicação do princípio da fungibilidade, o qual deve ser aplicado em mão dupla.

Na aplicação da fungibilidade prevalece a máxima de que a *forma* não deve prevalecer sobre o *fundo*, especialmente nesta situação, em que a tutela é voltada para a proteção do patrimônio público. O sistema atual está longe do formalismo romano, no qual a obediência à tipicidade das formas era condição de exercício do direito (*forma dat esse rei*). A Lei de Improbidade permite a concessão de medidas cautelares atípicas, na forma prevista pelo art. 301 do CPC. Afinal, com o fim das medidas típicas, o juiz pode adequar a concessão ao meio mais eficaz de resguardar o objeto litigioso do processo.

No mundo globalizado e digital a apropriação de capital e as formas de encobrimento da atividade ilícita (pulverização de capital – "lavagem de dinheiro" – Lei 9.613/1998) exigem que o poder de cautela seja mais amplo, a ponto de o juiz moldar a medida ideal para a proteção do interesse público. Neste sentido, percebe-se que a tímida medida de sequestro prevista pelo art. 16, § 1º, da Lei de Improbidade e regulada pelos arts. 301 e 305 do CPC, quanto à sua hipótese de incidência, não se coaduna com o objeto da ação de improbidade. A ação de sequestro visa, em sua essência, à proteção do objeto litigioso até o final da disputa entre as partes, seja em relação a uma ação real ou pessoal.

Quando o objetivo da medida estiver focado na separação de patrimônio para futuro ressarcimento por reintegração ou pagamento, o próprio arresto se mostraria medida mais salutar, ou a indisponibilidade de ativos no sistema BACEN e CVM, bem como a requisição de valores depositados no Exterior (art. 16, § 1º). Os requisitos para a concessão da medida inominada de indisponibilidade e bloqueio exigem que os pressupostos essenciais sejam devidamente preenchidos. Não é válida a medida apoiada em fatos prováveis que não guardem correlação com a situação concreta. Ilações genéricas, as quais são rotineiras para fundamentar a existência do *fumus boni iuris* e do *periculum in mora*, não preenchem o suporte

das penas pelo cometimento de ato de improbidade (art. 12 da Lei de Improbidade Administrativa)" (STJ, 2ª Turma, AgR na MC 23.380-MT, rel. Min. Og Fernandes, j. 20.11.2014, *DJe* 5.12.2014).

fático para justificar a imobilização do patrimônio do requerido. Caso o processo também tenha seguimento na esfera penal, a mesma advertência será válida para fundamentar o decreto de prisão preventiva. Alegações pautadas pela necessidade de assegurar a escorreita instrução criminal ou existência de comoção social e necessidade de garantia da ordem pública não são argumentos que autorizam a decretação da custódia cautelar.

10. PROPORCIONALIDADE NA CONCESSÃO DA TUTELA PROVISÓRIA

A concessão da medida cautelar que vise à indisponibilidade do patrimônio do requerido não pode ocorrer sem uma análise criteriosa. A medida é de grande impacto, e a modulação da sua eficácia é atribuição do magistrado. O Ministério Público, cumprindo seu papel postulatório, requer, costumeiramente, o bloqueio de todo o patrimônio do réu. A averiguação do montante alegado no pedido inicial como devido aos cofres públicos deverá ser sopesada pelo magistrado. A concessão da liminar deverá ser adequada, o que exige sua extensão apenas àquela parcela do patrimônio que seja suficiente para garantir o ressarcimento do Erário em caso de procedência do pedido. A concessão da cautelar poderá alcançar bens que tenham sido adquiridos na constância do desvio continuado da verba pública, mas não deve atingir bem de família anterior à própria investidura na função pública.

Note-se que o STJ firmou posicionamento pela desnecessidade de que a pessoa jurídica lesada ou o Ministério Público façam a individualização dos bens que serão objeto de constrição cautelar, mas não eximiu a demonstração da pertinência dos valores requeridos, o que exige fundamentação quanto à extensão do pedido.[99]

11. PETIÇÃO INICIAL

Caso tenha sido oferecido pedido cautelar nos termos dos arts. 7º e 16 e 20 da Lei de Improbidade, o pedido principal será proposto no prazo

---

[99]. "A jurisprudência do STJ é firme no sentido de que, nas demandas por improbidade administrativa, a decretação de indisponibilidade prevista no art. 7º, parágrafo único, da Lei de Improbidade Administrativa não depende da individualização dos bens pelo *Parquet*. A medida constritiva em questão deve recair sobre o patrimônio dos réus em ação de improbidade administrativa de modo suficiente a garantir o integral ressarcimento de eventual prejuízo ao Erário, levando-se em consideração, ainda, o valor de possível multa civil como sanção autônoma – Precedentes do STJ" (STJ, 2ª Turma, AgR no AgR no REsp 1.328.769-BA, rela. Min. Eliana Calmon, j. 13.8.2013, *DJe* 20.8.2013).

de 30 dias, nos termos do art. 17 da Lei 8.429/1992. A inicial obedecerá aos requisitos do art. 319 do CPC, sendo necessárias a indicação e a qualificação das partes, a descrição da causa de pedir (ato de improbidade) e a formulação do pedido, que será preponderantemente condenatório. Ainda que se admita que o juízo de admissibilidade é marcado pelo princípio *in dubio pro societate*, a inicial deverá conter prova documental idônea para permitir que o juiz possa fundamentar a decisão de abertura do procedimento de improbidade.

Não se descartam outras eficácias a serem produzidas pela petição inicial, como a declaratória, a mandamental e a constitutiva negativa, em vista do que dispõe o art. 12 da Lei 8.429/1992. Dependendo do tipo aplicável ao requerido, várias sanções poderão ser cumuladas na sentença que julgar procedente o pedido. Não há restrição ao ressarcimento ao Erário (condenação), pois o agente público também poderá perder sua função, ter seus direitos políticos suspensos (constituição negativa), além da proibição de contratar ou receber incentivos fiscais do Poder Público (mandamento) e sofrer a incidência de multa civil (condenação).

A inicial conterá, ainda, o pedido de citação, com a delimitação precisa dos réus que serão atingidos pelos pedidos formulados, e anexos com as provas documentais que embasaram o pedido, mediante a produção do inquérito civil ou procedimento administrativo preliminar. A prova pericial produzida na fase administrativa é recebida como prova documental e não elimina a necessidade de sua repetição em juízo.

12. CONTRADITÓRIO PRELIMINAR E O JUÍZO DE ADMISSIBILIDADE

Antes mesmo de iniciada a relação processual, o rito estabelecido pelo art. 17 da Lei 8.429/1992 prevê a necessidade da notificação prévia do requerido, nos moldes do que é realizado na esfera penal, antes do recebimento da denúncia-crime, em relação aos servidores públicos. Nesse sentido, já se decidiu que a citação que salta a notificação prévia é nula quando se tratar de julgamento antecipado da lide, em vista da sumariedade da instrução.[100] Apesar da regra expressa, já se decidiu que a inobservância do procedimento prévio não tem o condão de nulificar a sentença condenatória por ato de improbidade sem a demonstração de efetivo prejuízo para o réu – posicionamento que hoje prepondera no STJ.[101]

---

100. Neste sentido: STJ, 1ª Seção, EREsp 1.008.632-RS, rel. Min. Mauro Campbell Marques, j. 11.2.2015, *DJe* 9.3.2015.
101. "A ausência de notificação do réu para a defesa prévia, prevista no art. 17, § 7º, da Lei n. 8.429/1992, só enseja nulidade processual se houver comprovado

13. NOTIFICAÇÃO E INTERRUPÇÃO DA PRESCRIÇÃO

A introdução da regra do art. 17, § 7º, da Lei 8.429/1992 não alterou a sistemática da interrupção da prescrição. Ela dependerá da citação válida com eficácia retroativa à propositura da ação.[102]

O maior problema concentra-se em reconhecer eventual nulidade na ausência do procedimento prévio, o que comprometeria o próprio ato interruptivo. A notificação prévia exige a obediência ao prazo de 15 dias, no qual o requerido poderá se manifestar por escrito, com a juntada de documentos, com o objetivo de demonstrar a impropriedade do pedido inicial. Em determinadas situações esta fase preparatória poderá fornecer elementos para que o juiz rejeite a peça preliminar. Em todo caso, a rejeição pressupõe fundamentação densa, uma vez que a paralisação da ação em sua fase inicial exige prova inequívoca da inexistência de cometimento de ato de improbidade. Nesta fase inicial prepondera o princípio de proteção social na ação de improbidade (*in dubio pro societate*).

A decisão judicial sobre o cabimento da ação deverá ser formulada em até 30 dias após a resposta preliminar do requerido (art. 17, § 8º). A rejeição da ação corresponde ao indeferimento *in limine*, previsto pelos arts. 330 ou 332 do CPC. É possível que o ato impugnado seja rejeitado com análise do mérito em virtude de precedente firmado pelos tribunais superiores. Deste modo, o recurso cabível contra a decisão de indeferimento será o de apelação, com possibilidade de exercício do juízo de retratação (arts. 331 e 332, § 2º, do CPC).

14. COMPETÊNCIA

As regras relativas à competência disciplinadas pelo Código de Processo Civil aplicam-se no campo da ação da improbidade, com exceção da competência funcional, quando analisada sob a perspectiva da prerrogativa de foro – aliás, questão que gerou intenso debate, e será analisada em seguida.

A ação de improbidade reflete uma expansão da ação popular, ao permitir que o Ministério Público, ou a pessoa jurídica lesada, possa

---

prejuízo, hipótese inocorrente no caso concreto" (STJ, 1ª Turma, AgR no AREsp 369.518-SP, rel. Min. Gurgel de Faria, j. 13.12.2016, *DJe* 28.3.2017). No mesmo sentido: STJ, 2ª Turma, AgR no AREsp 520.113-MS, rel. Min. Herman Benjamin, j. 17.12.2015, *DJe* 18.5.2016.
   102. Questão já debatida no STJ (cf. 1ª Turma, REsp 696.223-RS, rel. Min. Teori Albino Zavascki, j. 19.2.2008, *DJe* 3.3.2008).

ingressar com a ação competente. Tratando-se de ofensa a pessoa jurídica de direito público federal, definida pelo art. 109, I, da CF/1988, a competência será da Justiça Federal. Também será de competência da Justiça Federal o conhecimento das ações de improbidade nas quais a prestação de contas pelo Município ocorra perante órgão público federal (Súmula 208 do STJ). É comum que muitos projetos de execução junto ao Município dependam da liberação de verbas federais, em virtude da celebração de convênios (Programa de Aceleração do Crescimento/ PAC). As ações de improbidade serão de competência da Justiça Estadual quando as pessoas jurídicas afetadas pelo desvio da verba estiverem na sua alçada de competência. O primeiro caminho desta definição é pela exclusão daquelas que estão na mira do art. 109, I, da CF/1988, c/c o art. 1º da Lei de Improbidade. A Justiça Estadual será competente para apurar desvios de finalidade quanto à utilização de verbas federais que tenham sido incorporadas ao patrimônio municipal (Súmula 209 do STJ).

Em vista também de sua estrutura e sua matriz derivarem da ação civil pública, a competência para o ingresso da ação civil por ato de improbidade não poderá ignorar a aplicação dos dispositivos da Lei da Ação Civil Pública. Deste modo, o local em que ocorreu o efetivo prejuízo ao Erário acabará prevalecendo sobre a regra do art. 46 do CPC. Trata-se da aplicação do art. 2º da Lei da Ação Civil Pública.[103]

15. AUSÊNCIA DE PRERROGATIVA DE FORO

O deslocamento da ação de improbidade para foro privilegiado, com fundamento na função ocupada pelo agente público, não foi acolhido no Direito Brasileiro. A tentativa de estender o foro privilegiado, existente para as ações penais, para as ações de improbidade foi concretizada pela inserção dos §§ 1º e 2º no art. 84 do CPP pela Lei 10.628/2002. Os dispositivos foram declarados inconstitucionais (ADI 2.860-0 e 2.797-2), muito

---

103. "É firme a jurisprudência do STJ quanto ao cabimento de propositura de ação civil pública para apuração de improbidade administrativa, aplicando-se, para apuração da competência territorial, a regra prevista no art. 2º da Lei n. 7.347/1985, que dispõe que a ação deverá ser proposta no foro do local onde ocorrer o dano (AgR no AgR no REsp n. 1.334.872-RJ, rel. Min. Arnaldo Esteves Lima, DJe 14.8.2013). Trata-se de uma regra de competência territorial funcional, estabelecida pelo legislador, a par da excepcionalidade do direito tutelado, no intuito de facilitar o exercício da função jurisdicional, dado que é mais eficaz a avaliação das provas no juízo em que se deram os fatos. Destarte, tem-se que a competência do local do dano é funcional e, portanto, de natureza absoluta" (STJ, REsp 1.068.539-BA, rel. Min. Napoleão Nunes Maia Filho, j. 3.9.2013, DJe 3.10.2013).

embora sem votação unânime. O conteúdo do julgamento foi pautado pela declaração de impossibilidade de uma lei ordinária modificar competência estabelecida no próprio texto constitucional. Deste modo, a Lei 10.628/2002 foi afastada, por vício de origem quanto à sua produção legislativa. Em vista desta conclusão, a ação de improbidade, em princípio, estará sujeita às regras do foro comum. A única especialidade centra-se na propositura da ação perante o local do dano, e não no domicílio do réu. De acordo com firme posicionamento do STF, mesmo um ministro de Estado poderá ser processado pelo juízo de primeira instância, uma vez que não existe foro privilegiado para a ação de improbidade.[104]

16. CONDIÇÕES DA AÇÃO DE IMPROBIDADE

16.1 Legitimidade "ad causam"

Há grande semelhança de propósitos entre a ação popular e a ação de improbidade. Contudo, ambas divergem quanto à legitimação de agir. A ação popular é destinada ao cidadão, inclusive menor de 18 anos, uma vez que a condição de postulação está atrelada, constitucionalmente, à plenitude do exercício dos direitos políticos. Na ação de improbidade são legitimados a ingressar com a ação prevista pelo art. 17: (a) a pessoa jurídica prejudicada pelo ato de improbidade; (b) o Ministério Público. A Lei de Improbidade prevê uma legitimidade extraordinária concorrente e disjuntiva. Na verdade, ambos os legitimados atuam na defesa do interesse coletivo; contudo, podem ingressar autonomamente em juízo para a defesa do patrimônio público.

16.2 Pessoa jurídica lesada

Sem dúvida, a pessoa jurídica lesada pelo ato de improbidade possui acesso substancial aos dados necessários para promover a ação civil com o objetivo de desfazer o ato ilícito e reaver as quantias indevidamente apropriadas. Ao contrário do que acontece na ação civil pública regida pela Lei 7.347/1985, o ressarcimento não é destinado a fundo federal ou

---

104. "Sedimentou-se, nesta Corte Suprema, o entendimento de que competente o primeiro grau de jurisdição para julgamento das ações de improbidade administrativa contra agentes políticos, ocupantes de cargos públicos ou detentores de mandato eletivo, independentemente de estarem, ou não, em atividade – Precedentes – Agravo regimental conhecido e não provido" (STF, 1ª Turma, AgR na Rcl 14.954, rela. Min. Rosa Weber, j. 15.3.2016, Processo Eletrônico, *DJe*-070, divulg. 14.4.2016, publ. 15.4.2016).

estadual (art. 13), uma vez que os valores serão revertidos para a pessoa jurídica lesada, nos termos do art. 18 da Lei de Improbidade. As pessoas jurídicas nominadas pelo art. 1º da Lei 8.429/1992 possuem legitimidade *ad causam* para pleitear a devolução dos valores indevidamente subtraídos.

16.3 Litisconsórcio e assistência ao Ministério Público

A redação anterior do art. 17, § 3º, da Lei de Improbidade previa a necessidade de participação da Fazenda Pública como litisconsorte necessária na ação de improbidade. Com a alteração do dispositivo, introduziu-se a mesma solução ofertada na ação popular. Abrem-se as seguintes alternativas: (a) participação como litisconsorte facultativo; (b) como assistente; (c) omissão quanto à participação; (d) contestar a ação. Nada impede que o Ministério Público notifique a pessoa jurídica sobre a propositura da demanda, o que possibilita seu ingresso como litisconsorte, no momento do oferecimento da inicial. Quando atue como litisconsorte anuindo ao pedido inicial, com a citação para o processo, a pessoa jurídica atuará numa posição processual em que poderá exercer auxiliar e exercer as faculdades processuais como parte. O pedido, já formulado pelo Ministério Público, não poderá ser modificado.

Nada impede o ingresso posterior da pessoa jurídica como assistente litisconsorcial. Afinal, o objeto litigioso diz respeito à pratica de atos ilícitos contra sua esfera jurídica. O pedido de ingresso na qualidade de assistente deverá ser deferido pelo magistrado, pois seu interesse jurídico é presumido pelo texto legal. É possível que a pessoa jurídica não se manifeste, o que não implica necessariamente o dever de defender o ato impugnado. Poderá, por fim, contestar a ação de improbidade, posicionando-se pela inexistência de qualquer ato de improbidade. Há autêntica legitimidade bifronte na ação de improbidade.

A ausência de cientificação da pessoa jurídica sobre o processo de improbidade não gera qualquer nulidade. Caso não tenha sido formalizada no momento da citação, a intimação posterior poderá ser realizada e permitirá que a pessoa jurídica participe como assistente.[105]

---

105. Neste sentido: "A pessoa jurídica em tese lesada deve ser intimada da existência de ação de improbidade proposta pelo Ministério Público, pelo quê ela deve ser incluída no polo passivo da lide, aplicando-se, por analogia, o *caput* do art. 6º da Lei da Ação Popular. Citado o ente público, porém, ele poderá se abster de contestar ou requerer seu ingresso no polo ativo, aderindo à pretensão ministerial (art. 6º, § 6º, da Lei n. 4.717/1965 c/c art. 17, § 3º, da Lei n. 8.429/1992). Os precedentes do STJ

16.4 Ministério Público

Dentre as funções institucionais do Ministério Público destaca-se aquela prevista pelo art. 129, III, da CF/1988: "III – promover o inquérito civil e a ação civil pública, para a proteção do patrimônio público e social, do meio ambiente e de outros interesses difusos e coletivos".

O mesmo art. 129 regula a legitimidade concorrente do Ministério Público no § 1º: "A legitimação do Ministério Público para as ações civis previstas neste artigo não impede a de terceiros, nas mesmas hipóteses, segundo o disposto nesta Constituição e na lei".

O agente ministerial atua preponderantemente como parte nas ações de improbidade; contudo, naquelas ações que tenham sido propostas pela pessoa jurídica lesada nada impede sua participação como litisconsorte. Não atuando como parte, sua função será importantíssima como *custos legis*. É importante frisar que sua atuação é obrigatória no processo (art. 17, § 4º, da Lei de Improbidade Administrativa), o que torna desnecessária sua participação, na posição de assistente, após a angularização da relação processual. Sua intervenção não é facultativa, mas obrigatória, pois a Lei de Improbidade estabelece sanção expressa de nulidade.

16.5 Audiência de conciliação e instrução

A ação de improbidade obedecerá ao rito ordinário (art. 17, *caput*, da Lei 8.429/1992), o que suscita a questão relativa à necessidade da audiência do art. 334 do CPC. Uma primeira leitura do art. 17, § 1º, da Lei 8.429/1992 pende pela rejeição de sua realização: "§ 1º. É vedada a transação, acordo ou conciliação nas ações de que trata o *caput*". A impossibilidade de transação ou conciliação deve ser devidamente interpretada. Sabemos que a interpretação literal nunca oferece a melhor solução para o caso concreto. O ato de conciliar é amplo, pois envolve a possibilidade do reconhecimento jurídico total ou parcial da demanda. Outro ponto

que apontam não haver nulidade pelo fato de a pessoa jurídica não ter participado do processo como litisconsorte devem ser entendidos à luz do espírito da Lei de Improbidade e do interesse público protegido. Não há nulidade porque inexiste prejuízo para o ente público quando ato de improbidade praticado em seu detrimento vem a ser punido sem a sua participação. Prejuízo, aliás, haveria na hipótese contrária, ou seja, se condenação por improbidade fosse anulada por a pessoa jurídica lesada não ter participado do processo. Se a pessoa jurídica não foi intimada da existência do processo desde o seu início, nada impede que se permita sua intervenção em momento posterior, recebendo ela o processo no estado em que se encontra (...)" (STJ, 2ª Turma, REsp 1.283.253-SE, rel. Min. Herman Benjamin, j. 9.8.2016, *DJe* 10.10.2016).

sensível que influencia a ação de improbidade é determinado pelo poder do Ministério Público de realizar acordo de leniência que impactará diretamente no ressarcimento da pessoa jurídica lesada pelos atos ilegais confessados (Leis 12.529/2011 e 12.846/2013). O acordo de leniência representa autêntico negócio processual de direito público (*leniency program*) que tem como objetivo eliminar ou diminuir sanções aplicadas às pessoas jurídicas com envolvimento na prática de atos ilícitos. O acordo é formulado em vista de abertura de processo administrativo ou judicial para a apuração de responsabilidade da pessoa jurídica e serve como estímulo para a identificação de condutas lesivas sistêmicas em relação ao Poder Público.

O acordo de leniência não pode ser formulado exclusivamente pelo Ministério Público, pois exige a participação da pessoa jurídica lesada por meio da Controladoria-Geral da União/CGU, no âmbito federal ou dos órgãos responsáveis nas demais esferas. O dever de reparação deverá ser integral, o que torna complexa sua formulação sem o aprofundamento das investigações. Apesar do sigilo, o acordo pode ser consultado pela autoridade judicial, uma vez que os termos de sua elaboração influenciarão diretamente a ação de improbidade.[106]

É possível que o juiz verifique a existência de prescrição, nos termos do art. 23, I, da Lei 8.429/1992; contudo, tal fato não impossibilita que o agente faça proposta para o ressarcimento integral do Erário Público, inclusive de modo parcelado. Neste caso visualiza-se a possibilidade de conciliação pelo reconhecimento jurídico, por parte do agente, quanto ao dever de indenizar.

A concessão de prazo para o recolhimento não atenta contra qualquer orientação da Lei 8.429/1992. Aliás, representa solução mais vantajosa, que torna desnecessários o cumprimento da sentença e a prática de atos executivos.

A apresentação da contestação e da defesa obedecerá aos prazos do art. 335 do CPC e dependerá da realização, ou não, da audiência de conciliação. O saneamento do processo deverá atentar para a necessidade de produção de prova pericial, bem como o atendimento ao pedido de cooperação internacional quando necessário apurar desvio de recursos com depósitos realizados no Exterior (art. 16, § 1º, da Lei de Improbidade). O objeto da instrução está atrelado à comprovação de alguma(s) da(s) hipótese(s) dos arts. 9º, 10 e 11 da Lei 8.429/1992.

---

106. Cf.: STJ, 3ª Turma, REsp 1.554.986-SP, rel. Min. Marco Aurélio Bellizze, j. 8.3.2016, *DJe* 5.4.2016.

Não há qualquer restrição quanto à produção de provas documental, testemunhal e pericial. Quanto a esta última, como frisado, ela será de grande valia, exigindo-se rigor na investigação de repasse de recursos das contas do ente público para pagamento de terceiros ou para contas de agentes públicos. A prova pericial deverá ser realizada e finalizada antes da oitiva das testemunhas. A produção da prova testemunhal poderá exigir o respeito ao disposto pelo art. 454 do CPC quanto às pessoas que podem exigir sua inquirição na residência ou no local em que exercem sua função, caso alguma das autoridades preste depoimento ou forneça testemunho. Este dispositivo assume relevância na ação de improbidade em face da inexistência de foro privilegiado para que as autoridades sejam processadas.[107]

Importante ressaltar que o conjunto probatório deve formar juízo inequívoco para a reprovação da conduta do réu e para possibilitar sua condenação. As sanções da Lei de Improbidade possuem natureza complexa, com caráter civil e penal. Se para o recebimento da peça inaugural prevalece o *princípio in dubio pro societate*, na fase de prolação da sentença deve imperar o *princípio in dubio pro reo*, desenhado no art. 5º, LVII, da CF/1988, que se estende às sanções administrativas no geral.

17. SENTENÇA NA AÇÃO DE IMPROBIDADE

A sentença proferida na ação civil por ato de improbidade tem eficácia preponderantemente condenatória. O ressarcimento das verbas indevidamente apropriadas ou desviadas para terceiros será revertido para a pessoa jurídica lesada, nos termos do art. 18 da Lei 8.429/1992. Dependendo da tipificação, poderão incidir, de modo autônomo ou cumulado, as sanções previstas pelo art. 12, I, II e III, da Lei 8.429/1992. Mesmo tratando-se de uma ação civil, a sentença de improbidade assume natureza complexa, pois as sanções a serem aplicadas pelo magistrado extrapolam a competência civil. A leitura do art. 12 prevê sanções penais, administrativas e políticas.

107. "Ação civil pública – Improbidade administrativa – Foro por prerrogativa de função. 1. A ação civil pública por ato de improbidade administrativa que tenha por réu parlamentar deve ser julgada em primeira instância. 2. Declaração de inconstitucionalidade do art. 84, § 2º, do CPP no julgamento da ADI n. 2.797. 3. Mantida a decisão monocrática que declinou da competência. 4. Agravo regimental a que se nega provimento" (STF, Tribunal Pleno, AgR na Pet 3.067, rel. Min. Roberto Barroso, j. 19.11.2014, Acórdão Eletrônico, *DJe*-032, divulg. 18.2.2015, publ. 19.2.2015).

18. APLICAÇÃO DAS SANÇÕES DO ART. 12 DA LEI 8.429/1992.
REGRA DE PONDERAÇÃO

Como se aplicam as sanções previstas pelo art. 12, I, II ou III, da Lei 8.429/1992? Há uma tendência a pedir a cumulação das sanções previstas por cada um dos incisos bem como a cumulação dos próprios incisos. A incidência merece exame cauteloso. Antes de mais nada, é essencial apontar para a previsão do art. 12, parágrafo único, que deverá servir de norte para o magistrado na elaboração do dispositivo sentencial: "Na fixação das penas previstas nesta Lei o juiz levará em conta a extensão do dano causado, assim como o proveito patrimonial obtido pelo agente". O parágrafo único do art. 12 estabelece a necessidade de ponderação do magistrado ao aplicar as sanções previstas pelos seus respectivos incisos, o qual deverá balizar a incidência normativa em vista da lesão provocada ao Erário e do proveito obtido pelo agente. A aplicação das sanções exige *motivação expressa do magistrado quanto a cada uma das imposições*. Esta advertência ganha reforço com a vigente legislação processual, em vista da necessidade de motivação analítica em face do art. 489, § 1º, do CPC. A aplicação do princípio da proporcionalidade exige sua concreção, com a exposição dos motivos que justificam a aplicação de todas ou apenas algumas das sanções, sob pena de nulidade da fundamentação.[108]

Todo aquele que é sentenciado tem o direito de saber a razão de sua condenação (fundamentação), bem como os motivos da exasperação da sua pena, seja ela civil, administrativa ou penal (dosimetria da pena).

Nesta análise, a ser realizada pelo juiz, o dispositivo poderá fixar todas ou apenas algumas das sanções estabelecidas nos tipos do art. 12, I, II ou III, da Lei de Improbidade. A aplicação das sanções deve guardar proporcionalidade com a gravidade da conduta.[109] O STJ tem

---

108. Na aguçada percepção de Paulo Bonavides (*Curso de Direito Constitucional*, 32ª ed., p. 401), em referência à doutrina francesa, "há princípios mais fáceis de compreender do que definir. A proporcionalidade entra na categoria desses princípios".

109. "Esta Corte Superior admite a cumulatividade das sanções previstas no art. 12 da Lei de Improbidade Administrativa. Entretanto, tal cumulatividade não é obrigatória, devendo o magistrado na aplicação das sanções observar a dosimetria necessária, de acordo com os princípios da razoabilidade e da proporcionalidade, nos termos do que prescreve o parágrafo único do art. 12 da Lei n. 8.429/1992 – Precedentes: REsp n. 1.325.491-BA, 2ª Turma, rel. Min. Og Fernandes, *DJe* 25.6.2014. ED no AREsp n. 360-7-PR, rel. Min. Humberto Martins, 2ª Turma, *DJe* 16.12.2013; REsp n. 980.706-RS, rel. Min. Luiz Fux, 1ª Turma, *DJe* 23.2.2011" (STJ, 1ª Turma, AgR no AREsp 390.129-SC, rel. Min. Benedito Gonçalves, j. 5.11.2015, *DJe* 17.11.2015).

se manifestado pela necessidade de que o ressarcimento ao Erário seja acompanhado de pelo menos uma das sanções, pois a devolução do patrimônio desviado não pode ser enquadrada como sanção.[110] Cremos que este posicionamento é correto; contudo, é possível que na fase final de julgamento o juiz reconheça a prescrição das sanções, o que tornaria o ressarcimento a única medida aplicável, em vista da sua imprescritibilidade.

19. CUMPRIMENTO DA SENTENÇA: SENTENÇA CONDENATÓRIA E ACÓRDÃO DO TRIBUNAL DE CONTAS

A sentença materializa-se pelo cumprimento do *decisum*. As verbas desviadas serão executadas pelo rito do art. 513 do CPC, o que não elimina a necessidade de prévia liquidação, caso necessário. Além da sentença judicial, é possível que o cumprimento seja materializado por decisão do Tribunal de Contas, o qual tem legitimidade para formar título executivo condenatório (art. 71, § 3º, da CF/1988).[111] É possível a coexistência de ambos os títulos, sendo apenas necessária a reunião das execuções, caso pendentes. No entanto, nada impede que o título executivo seja utilizado como meio de prova para o ressarcimento dentro de ação de improbidade que tenha configuração maior. Em vista da redação atual do art. 785 do CPC, a opção pela via ordinária tornou-se expressamente autorizada, mesmo com a existência de título executivo extrajudicial.[112]

As demais eficácias sentenciais são cumpridas em virtude da mandamentalidade da sentença, uma vez que a perda da função, a suspensão de direitos políticos e a proibição de contratação são "executadas" (execução

---

110. "Conforme tem decidido o STJ, o ressarcimento não constitui sanção propriamente dita, mas sim consequência necessária do prejuízo causado. Caracterizada a improbidade administrativa por dano ao Erário, a devolução dos valores é imperiosa e deve vir acompanhada de pelo menos uma das sanções legais que, efetivamente, visam a reprimir a conduta ímproba e a evitar o cometimento de novas infrações – Precedentes" (STJ, 2ª Turma, REsp 1.302.405-RR, rel. Min. Herman Benjamin, j. 28.3.2017, *DJe* 2.5.2017).
111. CF/1988, art. 71, § 3º: "§ 3º. As decisões do tribunal de que resulte imputação de débito ou multa terão eficácia de título executivo".
112. "Não configura *bis in idem* a coexistência de acórdão condenatório do Tribunal de Contas ao ressarcimento ao Erário e de sentença condenatória em ação civil pública por improbidade administrativa – Precedentes. Eventual repercussão patrimonial deverá ser discutida por ocasião do cumprimento da sentença" (STJ, 1ª Turma, AgInterno no REsp 1.381.907-AM, rela. Min. Regina Helena Costa, j. 14.3.2017, *DJe* 22.3.2017).

imprópria) pela expedição do mandado judicial aos órgãos competentes. A multa civil também será executada conjuntamente com o valor a ser ressarcido, pois ambas as verbas serão devidas à pessoa jurídica lesada (art. 18 da Lei de Improbidade).

20. PRESCRIÇÃO DA PRETENSÃO NA AÇÃO DE IMPROBIDADE

A prescrição corresponde à perda do exercício da pretensão, conforme precisa dicção do art. 189 do CC/2002.

A Lei de Improbidade estabelece dois prazos de prescrição diferenciados.

O primeiro é de cinco anos e determina o lapso temporal em que os agentes que exercem mandato, cargo em comissão ou função exonerável *ad nutum* podem ser processados e responsabilizados com as sanções do art. 12 da Lei 8.429/1992. O art. 23, I, determina que o termo *a quo* para a contagem do quinquênio será o primeiro dia seguinte ao término do exercício do mandato, cargo ou função. Para os servidores em regime de contratação efetiva por concurso público que ocupem cargos ou empregos públicos o prazo prescricional obedecerá ao que dispuser o estatuto funcional (federal, estadual ou municipal) sobre a falta cometida.

21. A IMPRESCRITIBILIDADE DO RESSARCIMENTO: ILÍCITO CIVIL E ILÍCITO POR ATO DE IMPROBIDADE

A interrupção do prazo prescricional dependerá da citação válida, nos termos do art. 202, I, do CC/2002. Importante lembrar que a notificação prévia da Lei de Improbidade não se encarta em nenhuma das hipóteses específicas do art. 202 do CC/2002, pois não pode ser encartada como ato prévio de interpelação. A interrupção da prescrição somente poderá ocorrer uma única vez (art. 202, *caput*), e com sua implementação o juiz poderá decretá-la *ex officio*. Com a decretação da prescrição as sanções acessórias não podem mais ser aplicadas ao infrator. Entretanto, a pretensão de ressarcimento poderá ser requerida pela via ordinária. A interpretação que deve prevalecer em relação à lesão ao Erário Público é pela imprescritibilidade do ressarcimento.

O art. 37, § 5º, da CF/1988 determina: "A lei estabelecerá os prazos de prescrição para ilícitos praticados por qualquer agente, servidor ou não, que causem prejuízos ao Erário, ressalvadas as respectivas ações de ressarcimento". O texto previu expressamente que os prazos devem ser disciplinados quanto à prática de ilícitos. Para o ressarcimento não há que se falar em fixação de prazo, um autêntico silêncio eloquente em relação ao prazo, com o fim de impedir a restrição temporal pelo legislador infraconstitucional.

Não deve ser confundido o ilícito civil com o ilícito oriundo de ato de improbidade. O RE 669.069, de relatoria do saudoso Min. Teori Zavascki, analisou apenas a possibilidade de prescrição dos ilícitos civis cometidos contra a Administração Pública e fixou o prazo quinquenal para fins de ação de ressarcimento. Neste julgado não se examinou a prescritibilidade das ações de lesão ao Erário por ato de improbidade. A matéria foi alvo de afetação em novo extraordinário, o RE 852.475, no qual o STF irá se pronunciar, de modo específico, sobre a possibilidade de prescrição das ações de ressarcimento contra o Erário.

Não há possibilidade de transferir a doutrina da prescrição e da decadência do direito privado para o direito público no âmbito das ações de ressarcimento.[113] Sob os vieses social, econômico e ideológico, a endemia da corrupção no setor público de nosso País não autoriza a fixação de prazo para o ressarcimento ao Erário Público. Se esta for a opção do STF, o prazo deve ser imemorial. Para todo agente público honesto e probo o prazo de prescrição será inoperante. Ainda que a imprescritibilidade possa soar como teratológica para pretensões condenatórias, ela não é estranha ao sistema jurídico, uma vez que prepondera sobre pretensões declaratórias. O ponto nodal reside apenas em delimitar a opção axiológica em face da interpretação do art. 37, § 5º, da CF/188. Caberá ao STF a definição sobre este importante tema.[114]

---

113. Pela imprescritibilidade: José Afonso da Silva, *Comentário Contextual à Constituição Federal*, 9ª ed., p. 354; Cretella Jr., *Comentários à Constituição Federal de 1988*, t. IV, p. 2.284; José Miguel Garcia Medina, *Constituição Federal Comentada*, 2ª ed., p. 310. Em sentido contrário: Fernando da Fonseca Gajardoni, in Fernando da Fonseca Gajardoni *et alii*, *Comentários à Lei de Improbidade Administrativa*, 3ª ed., pp. 408-411.

114. No STJ, ao qual cabe pacificar o entendimento da lei federal, prepondera a tese de imprescritibilidade: "Nos termos da jurisprudência existente nesta Corte, as ações de ressarcimento ao Erário são imprescritíveis, consoante expressamente disposto no art. 37, § 5º, da CF, ainda que as punições atinentes à prática de improbidade estejam prescritas... (REsp n. 1.374.355-RJ, rel. Min. Olindo Menezes (Desembargados convocado do TRF-1ª Região), 1ª Turma, *DJe* 28.10.2015). Afastam-se as alegações de litispendência, ante a ausência da necessária tríplice identidade, e de violação do art. 618 do CC, que não pode se sobrepor à imprescritibilidade prevista no art. 37, § 5º, da CF" (1ª Turma, REsp 1.314.597-SP, rel. Min. Napoleão Nunes Maia Filho, rel. para o acórdão Min. Benedito Gonçalves, j. 4.10.2016, *DJe* 9.11.2016).

§ 4º. AÇÃO POPULAR

1. INTRODUÇÃO

Dentre os instrumentos processuais que refletem nitidamente o exercício da cidadania destaca-se a ação popular. Todo cidadão tem a possibilidade de defender o patrimônio público contra atos ilegais e lesivos ao patrimônio público. A ação popular foi inserida em nosso texto constitucional em 1934 (art. 113, XXXVIII), o que a assemelha, quanto ao nascimento, ao mandado de segurança. Todavia, ambas as ações não se confundem. No mandado de segurança tutela-se o interesse individual ou da categoria contra atos ilegais praticados pela autoridade coatora. Não há pedido vinculado à desconstituição, pois o *mandamus* assumirá, por vezes, até natureza condenatória, ainda que sofra a limitação legal (art. 2º-B da Lei 9.494/1997) e a jurisprudencial (Súmulas 269 e 271 do STF). Na ação popular tutela-se autêntico interesse transindividual, pois o cidadão exercerá pretensão constitutiva negativa para invalidar todo ato lesivo praticado em desfavor do patrimônio público. Esta diferença impede que se aplique a fungibilidade entre a ação popular e o mandado de segurança, nos termos da Súmula 101 do STF: "O mandado de segurança não substitui a ação popular".

Sua dupla previsão, pautada pelas disciplinas constitucional (art. 5º, LXXIII) e legal (Lei 4.747/1965), revela a importância da ação, que está indissociavelmente ligada ao exercício das prerrogativas da cidadania e das liberdades públicas. O *nomen iuris* delata, *prima facie*, a impossibilidade da tutela de interesses meramente individuais, uma vez que a ação popular é voltada para a defesa do interesse da coletividade. Não se trata propriamente do interesse público, ainda que ele possa estar resguardado pela iniciativa do cidadão. A expressão "interesse público" é equívoca. A defesa da Administração Pública nem sempre revela a proteção de interesses primários, já que muitas vezes representa a tutela de interesses secundários. Nos interesses secundários não há interesse público, propriamente dito, mas um interesse econômico da Fazenda Pública que não justifica sequer a posição de superioridade na relação processual, conforme clássica lição de Renato Alessi, entre interesse público *primário* e interesse público *secundário*.[115]

Primários são os interesses da coletividade como um todo, e secundários, aqueles em que o Estado atua na defesa de pretensões como um

---

115. Renato Alessi, *Principi di Diritto Amministrativo*, t. I, pp. 531 e ss.

particular. Quando atua na defesa de interesses meramente patrimoniais a Fazenda não defende interesse público, mas do próprio ente.

2. OBJETO DA AÇÃO POPULAR

A utilização da ação popular muitas vezes é deturpada, pois se transforma em instrumento de embate político entre partidos da *Situação* e da *Oposição*. Em mais de uma década de Magistratura tivemos a oportunidade de vivenciar inúmeras situações em que o ajuizamento da ação popular não tinha como pano de fundo a proteção do interesse coletivo, mas a tentativa de sobrelevar interesses políticos, principalmente quando a Oposição não possui representação relevante no Poder Legislativo. Este dado exige uma análise sobre o objeto da ação popular bem como de seus requisitos, pois o juiz deverá exercer uma análise depuradora no recebimento da petição inicial da ação popular.

O objeto litigioso da ação popular está voltado para a invalidação (nulidade/anulabilidade) do ato lesivo ao patrimônio público em sua concepção *lato sensu*. Os atos considerados lesivos são nulos, em virtude da infringência dos requisitos determinados pelo art. 2º da Lei da Ação Popular. Este dispositivo reflete autêntico conceito de *ato administrativo*, pois enumera seus elementos constitutivos: *competência, forma, objeto, motivo* e *finalidade*. Qualquer vício que atinja um destes elementos provocará a nulidade do ato. Os arts. 3º e 4º complementam o regime de invalidação.

3. LESÃO E ILEGALIDADE

O cabimento da ação popular tinha seu âmbito restrito à proteção dos entes estatais representantes da Administração direta: União, Estados e Municípios.[116] Não só foi aumentado o espectro dos legitimados passivos, como inserida a proteção a interesses difusos na ação popular. Com as sucessivas alterações constitucionais e legais alcançou-se a redação conferida pela Lei 6.513/1977, que alterou a Lei da Ação Popular no § 1º do art. 1º. Por esta definição entende-se o patrimônio público como o conjunto de "bens e direitos de valor econômico, artístico, estético, histórico ou turístico".[117] O texto constitucional consagrou fórmula ain-

---

116. Teori Albino Zavascki, *Processo Coletivo*, p. 83.
117. Hely Lopes Meirelles, Arnoldo Wald e Gilmar Ferreira Mendes, *Mandado de Segurança e Ações Constitucionais*, 37ª ed., pp. 190-191.

da mais ampla ao incluir a proteção à moralidade, conforme o art. 5º, LXXIII: "qualquer cidadão é parte legítima para propor ação popular que vise a anular ato lesivo ao patrimônio público ou de entidade de que o Estado participe, à moralidade administrativa, ao meio ambiente e ao patrimônio histórico e cultural, ficando o autor, salvo comprovada má-fé, isento de custas judiciais e do ônus da sucumbência".

O art. 5º, LXXIII, da CF/1988 completou esta definição quando trouxe a previsão de tutela da moralidade e do meio ambiente por meio da ação popular. O cidadão ganhou maior poder no controle dos atos de gestão dos agentes políticos em prol da *res publica*.

4. AÇÃO POPULAR E AÇÃO CIVIL PÚBLICA POR IMPROBIDADE

A ação popular não se confunde com a ação civil pública por cometimento de ato de improbidade. Ambas se sujeitam a disciplina legal diversa. A Lei 4.717/1965 regula o processamento da ação popular, cuja legitimidade *ad causam* é conferida ao cidadão, e não ao Ministério Público. O agente ministerial detém apenas legitimação extraordinária superveniente em caso de desistência do autor (art. 9º da Lei da Ação Popular). O objeto da ação popular é a proteção ao patrimônio público, o que se obtém por meio da invalidação do ato e do ressarcimento aos cofres públicos.

A ação de improbidade é regida pela Lei 8.429/1992 e visa a combater a prática de atos de improbidade praticados pelos agentes públicos e terceiros em colaboração com o Poder Público, invalidando os atos que provoquem prejuízo ao Erário. Determinados efeitos (como o ressarcitório) são comuns às duas ações, contudo os fins que colimam são diversos.[118] A Lei da Ação Popular não fiscaliza ou pune diretamente o

118. Neste sentido: "Embora o mesmo fato possa ensejar o ajuizamento simultâneo de ação popular e ação civil pública por improbidade administrativa, as finalidades de ambas as demandas não se confundem, de tal sorte que uma ação não se presta para substituir a outra, pois, enquanto a primeira é predominantemente desconstitutiva, e subsidiariamente condenatória em perdas e danos, a segunda é precipuamente condenatória, em dinheiro ou em obrigação de fazer ou não fazer, nos termos da doutrina e normas de regência. Não havendo lesividade ao Erário, no aspecto puramente material, considerando-se que o pedido da ação popular cinge--se ao ressarcimento de dano material aos cofres municipais, uma vez comprovada, nos autos, a conclusão das obras objeto da licitação, somada à existência de outras realizadas pela mesma Construtora e não pagas pelo Município, mediante constatação de perícia, não há falar em procedência da ação, posto que, para tanto, exige-se a ocorrência concomitante de ilegalidade e lesividade ao ente público. Sem os três

agente público. O próprio art. 15 determina que, se o fato jurídico apurado na ação popular também provocar outras incidências normativas, o juiz deverá tomar as providências para apuração ou encaminhamento à autoridade responsável.[119] Entretanto, ambas as ações estão informadas por princípios comuns, como a defesa de interesses difusos, o que gera a isenção de custas para a propositura do pedido, exceto quando comprovada a má-fé do litigante.[120] Todavia, tal fato não autoriza o uso indiscriminado de uma por outra, muito menos o reconhecimento da fungibilidade.

5. CONDIÇÕES DA AÇÃO

Como categorias eleitas pelo sistema processual civil brasileiro, as condições da ação permitem o exame dos requisitos de admissibilidade da ação popular. Os aspectos peculiares que cercam este instituto determinam a necessidade do exame pormenorizado.[121]

5.1 Legitimidade ativa

Aspecto peculiar da ação popular diz respeito à sua utilização exclusiva pelo cidadão. Note-se que os conceitos de "pessoa física" e "cidadão" não se confundem. Não bastam a personalidade e a capacidade civil para a aquisição do direito de exercer a pretensão de defesa do patrimônio público. Exige-se a condição de que o titular seja cidadão, ou seja, detenha

requisitos essenciais, traduzidos na condição de eleitor, na ilegalidade e lesividade, que constituem os pressupostos da demanda, não se viabiliza a ação popular" (TJMG, ACi 1.0000.00.324156-9/000, rel. Des. Dorival Guimarães Pereira, *DJE* 20.5.2008).
119. Lei 4.717/1965: "Art. 15. Se, no curso da ação, ficar provada a infringência da lei penal ou a prática de falta disciplinar que a lei comine a pena de demissão, ou a de rescisão de contrato de trabalho, o juiz, *ex officio*, determinará a remessa de cópia autenticada das peças necessárias às autoridades ou aos administradores a quem competir aplicar a sanção".
120. "(...). Em nosso sistema normativo, incluída a Constituição, está consagrado o princípio de que, em ações que visam a tutelar os interesses sociais dos cidadãos, os demandantes, salvo em caso de comprovada má-fé, não ficam sujeitos a ônus sucumbenciais. Espelham esse princípio, entre outros dispositivos, o art. 5º, incisos LXXIII e LXXVII, da Constituição e o art. 18 da Lei n. 7.347/1985. Assim, ainda que não haja regra específica a respeito, justifica-se, em nome do referido princípio, que também em relação à ação de improbidade o Ministério Público fique dispensado de ônus sucumbenciais, a não ser quando comprovada a abusividade de sua atuação. 3. Recurso especial provido" (STJ, 1ª Turma, REsp 577.804-RS (2003/0130778-6), rel. Min. Teori Albino Zavascki, *DJU* 14.12.2006, p. 250).
121. José Afonso da Silva, *Ação Popular Constitucional*, 2ª ed., 2ª tir., p. 148.

o pleno gozo de seus direitos políticos (capacidade eleitoral ativa). O cidadão participa ativamente na construção do Estado Democrático pelo exercício do sufrágio. A prova da condição de eleitor se fará, *prima facie*, pela anexação do título de eleitor. Contudo, há de ser oferecida certidão negativa do cartório eleitoral, para a confirmação da inexistência de qualquer restrição.[122] Bastará a suspensão dos direitos políticos, em virtude de condenação criminal, para que não tenha legitimidade (temporária – até o restabelecimento) para propor a demanda (art. 15, III, da CF/188).

A legitimidade ativa não será restrita ao local em que o eleitor vote. O título de eleitor apenas vincula o cidadão ao seu domicílio eleitoral no momento da votação, mas jamais ao ajuizamento da ação popular em local diverso ao de sua zona eleitoral.[123]

122. Os direitos políticos podem ser visualizados numa dimensão ativa (capacidade para votar) e passiva (capacidade para ser votado).
123. Transcrevemos, pela importância do esclarecimento: "(...). Nas razões recursais, sustenta a parte recorrente ter havido violação aos arts. 1º, *caput* e § 3º, da Lei n. 4.717/1965 e 42, parágrafo único, do Código Eleitoral, ao argumento de que a ação popular foi movida por eleitor de Município outro que não aquele onde se processaram as alegadas ilegalidades. A Constituição da República vigente, em seu art. 5º, inciso LXXIII, inserindo no âmbito de uma democracia de cunho representativo eminentemente indireto um instituto próprio de democracias representativas diretas, prevê que 'qualquer cidadão é parte legítima para propor ação popular que vise a anular ato lesivo ao patrimônio público ou de entidade de que o Estado participe, à moralidade administrativa, ao meio ambiente e ao patrimônio histórico e cultural, ficando o autor, salvo comprovada má-fé, isento de custas judiciais e do ônus da sucumbência'. Note-se que a legitimidade ativa é deferida a cidadão. A afirmativa é importante, porque, ao contrário do que pretende o recorrente, a legitimidade ativa não é do eleitor, mas do cidadão. O que ocorre é que a Lei n. 4.717/1965, por seu art. 1º, § 3º, define que a cidadania será provada por título de eleitor. Vê-se, portanto, que a condição de eleitor não é condição de legitimidade ativa, mas apenas e tão só meio de prova documental da cidadania, daí por que pouco importa qual o domicílio eleitoral do autor da ação popular. Aliás, trata-se de uma exceção à regra da liberdade probatória (sob a lógica tanto da atipicidade como da não taxatividade dos meios de provas) previsto no art. 332 do CPC [*de 1973 – art. 369 do CPC/2015*]. O art. 42, parágrafo único, do Código Eleitoral estipula um requisito para o exercício da cidadania ativa em determinada circunscrição eleitoral, nada tendo a ver com prova da cidadania. Aliás, a redação é clara no sentido de que aquela disposição é apenas para efeitos de inscrição eleitoral, de alistamento eleitoral, e nada mais. 8. Aquele que não é eleitor em certa circunscrição eleitoral não necessariamente deixa de ser eleitor, podendo apenas exercer sua cidadania em outra circunscrição. Se for eleitor, é cidadão para fins de ajuizamento de ação popular. 9. O indivíduo não é cidadão de tal ou qual Município, é 'apenas' cidadão, bastando, para tanto, ser eleitor. 10. Não custa mesmo asseverar que o instituto do 'domicílio eleitoral' não guarda tanta sintonia com o exercício da cidadania, e sim com a necessidade de organização e fiscalização eleitorais. 11. É que é entendimento pacífico em doutrina e jurisprudência que a

O cidadão acaba exercendo autêntica legitimação extraordinária, uma vez que tutela o interesse transindividual. Por outro lado, a Lei da Ação Popular faculta a habilitação de outros cidadãos, como litisconsortes ou assistentes, nos termos do art. 6º, § 5º: "É facultado a qualquer cidadão habilitar-se como litisconsorte ou assistente do autor da ação popular".[124] A possibilidade de litisconsórcio parece, à primeira vista, um obstáculo intransponível ao tratamento da legitimidade exercida pelo cidadão como extraordinária.[125] Entretanto, esta incompatibilidade é aparente. A possibilidade de litisconsórcio entre legitimados extraordinários não é vedada. Na ação civil pública há previsão expressa de legitimação extraordinária

fixação inicial do domicílio eleitoral não exige qualquer vínculo especialmente qualificado do indivíduo com a circunscrição eleitoral em que pretende se alistar (o art. 42, parágrafo único, da Lei n. 4.737/1965, exige tão só ou o domicílio ou a simples residência, mas a jurisprudência eleitoral é mais abrangente na interpretação desta cláusula legal, conforme abaixo demonstrado) – aqui, portanto, dando-se ênfase à organização eleitoral. 12. Ainda de acordo com lições doutrinárias e jurisprudenciais, somente no que tange a eventuais transferências de domicílio é que a lei eleitoral exige algum tipo de procedimento mais pormenorizado, com demonstração de algum tipo de vínculo qualificado do eleitor que pretende a transferência com o novo local de alistamento (v. art. 55 da Lei n. 4.737/1965) – aqui, portanto, dando-se ênfase à fiscalização para evitação de fraude eleitoral. 13. Conjugando estas premissas, nota--se que, mesmo que determinado indivíduo mude de domicílio/residência, pode ele manter seu alistamento eleitoral no local de seu domicílio/residência original. 14. Neste sentido é esclarecedor o REsp 15.241-GO, rel. Min. Eduardo Alckmin, *DJU* 11.6.1999. 15. Se é assim – vale dizer, se não é possível obrigar que à transferência de domicílio/residência siga a transferência de domicílio eleitoral –, é fácil concluir que, inclusive para fins eleitorais, o domicílio/residência de um indivíduo não é critério suficiente para determinar sua condição de eleitor de certa circunscrição. 16. Então, se até para fins eleitorais esta relação domicílio-alistamento é tênue, quanto mais para fins processuais de prova da cidadania, pois onde o constituinte e o legislador não distinguiram não cabe ao Judiciário fazê-lo – mormente para restringir legitimidade ativa de ação popular, instituto dos mais caros à participação social e ao controle efetivos dos indivíduos no controle da Administração Pública – Recurso especial não provido" (STJ, 2ª Turma, REsp 1.242.800-MS, rel. Min. Mauro Campbell Marques, j. 7.6.2011, *DJe* 14.6.2011).
124. "É possível o ingresso dos assistentes litisconsorciais na ação popular a qualquer tempo, desde que comprovado o requisito da cidadania, mediante cópia dos títulos de eleitor, exigida pelo art. 1º, § 3º, da mencionada lei, o que, *in casu*, ocorreu. Na hipótese dos autos, a assistência é qualificada ou litisconsorcial, porquanto o assistente atua com poderes equivalentes aos do litisconsorte, uma vez que a *quaestio iuris* em litígio também é do assistente, o que lhe confere a legitimidade para discuti--la individualmente ou em litisconsórcio com o assistido (...) – Agravo regimental improvido" (STJ, 2ª Turma, AgR no REsp 916.010-SP, rel. Min. Humberto Martins, j. 19.8.2010, *DJe* 3.9.2010).
125. Como pensa Rodolfo de Camargo Mancuso em seu excelente estudo *Ação Popular*, p. 134.

concorrente no art. 5º da Lei 7.347/1985. O cidadão não exerce uma pretensão individual quando ingressa com a ação popular, mas uma pretensão coletiva, na qual defende um interesse coletivo. Não resta dúvida de que a ação popular constitui um modelo embrionário para a tutela de interesses difusos. A legitimação extraordinária na ação popular reside na autorização concedida a um único cidadão para tutelar o patrimônio público que pertence a todas as pessoas, inclusive *de não cidadãos*, sob o ponto de vista do exercício de direitos políticos.

5.2 Cidadão menor de 18 anos

O conceito de cidadão para fins de plenitude quanto ao exercício dos direitos políticos não coincide com a capacidade oriunda do direito civil para a prática dos atos da vida civil. Esta se consuma com a maioridade ou mediante alguma das situações elencadas pelo art. 5º do CC. Quanto à capacidade para ajuizar a ação popular, o art. 1º, § 3º, da Lei 4.717/1965 exige a condição de cidadão eleitor. Como se sabe, esta capacidade é deferida a toda pessoa maior de 16 anos, nos termos do art. 14, § 1º, II, "c", da CF/1988.

Isto significa que a Lei 4.717/1965, conjugada com a Constituição Federal/1988, abre uma exceção, pois o adolescente eleitor terá plena capacidade para ajuizar ação popular, inclusive constituindo advogado. Como já ensinava Pontes de Miranda, em determinadas hipóteses há de ser conferida a capacidade ao menor púbere/impúbere para sua defesa contra o curador ou tutor.[126]

5.3 Legitimação ativa e pessoa jurídica

A ação popular não poderá ser ajuizada por pessoa jurídica, ainda que por partido político ou associação da qual façam parte cidadãos que possuam capacidade jurídica e eleitoral. O STF pronunciou-se sobre a questão, vedando o acesso das pessoas coletivas mediante a Súmula 365: "Pessoa jurídica não tem legitimidade para propor ação popular".

5.4 Legitimação passiva

A legitimidade passiva está voltada para a pessoa jurídica ou a pessoa física que tenha provocado o ato lesivo e ilegal. Ao contrário do mandado

---

126. Pontes de Miranda, *Tratado de Direito Privado – Parte Geral*, t. I, § 58, p. 200.

de segurança, a pessoa física que ocupa (ou ocupou) o cargo, emprego ou função deverá ser integrada ao processo, como litisconsorte. É a única interpretação possível, uma vez que todos aqueles que participaram do ato devem ser integrados ao processo, como condição de invalidação do ato. Além do mais, as consequências advindas desta anulação, quanto à esfera patrimonial, funcional e criminal, impõem a citação das pessoas físicas que atuaram como *presentantes* das pessoas jurídicas, bem como particulares envolvidos no ato impugnado, que seriam os beneficiados diretos do ato lesivo perpetrado (*e.g.*, licitação).[127] A ausência da integração não é mera irregularidade, mas ausência de pressuposto processual de existência e validade da relação jurídica regular, o que autoriza a decretação de nulidade e o retorno do processo à fase de citação.[128] Esta interpretação deverá prevalecer em face da dicção do art. 6º, *caput*, da Lei 4.717/1965: "A ação será proposta contra as pessoas públicas ou privadas e as entidades referidas no art. 1º, contra as autoridades, funcionários ou administradores que houverem autorizado, aprovado, ratificado ou praticado o ato impugnado, ou que, por omissão, tiverem dado oportunidade à lesão, e contra os beneficiários diretos do mesmo".

5.5 Legitimação bifronte da pessoa jurídica

A pessoa jurídica que tenha sido utilizada como veículo para a prática do ato lesivo e ilegal defronta-se com uma situação peculiar. Há um poder-dever de realizar a defesa dos atos administrativos que são praticados, o que se infere pela presunção de legitimidade dos atos administrativos. Todavia, na ação popular a pessoa jurídica poderá ocupar o polo ativo ou o passivo. Ela terá legitimidade para defender a

127. "A ação popular reclama cúmulo subjetivo no polo passivo, cujo escopo é o de alcançar e convocar para o âmbito da ação não apenas os responsáveis diretos pela lesão, mas todos aqueles que, de forma direta ou indireta, tenham concorrido para sua ocorrência, bem assim os que dela se beneficiaram ou se prejudicaram" (STJ, 1ª Turma, REsp 762.070-SP, rel. Min. Luiz Fux, j. 17.12.2009, *DJe* 10.2.2010).
128. "A ação popular que tem como objetivo a nulidade da prorrogação do contrato de concessão de uso de imóvel urbano, celebrado entre autarquia e particular, em razão da ausência de nova licitação, interfere com eventuais direitos dos locatários, que devem ser chamados ao feito na condição de litisconsortes passivos necessários. II – Não viola o art. 267, IV, do CPC [*de 1973 – art. 485, IV, do CPC/2015*] o aresto recorrido em razão de, acolhendo pedido constante da apelação, ter determinado o retorno do feito à origem, decretando a nulidade do feito a partir do momento em que a autora deveria ter sido intimada a promover a citação dos referidos litisconsortes. III – Recurso improvido" (STJ, 1ª Turma, REsp 678.620-MG (2004/0090467-5), rel. Min. Francisco Falcão, *DJU* 18.12.2006, p. 314).

integridade do ato administrativo praticado e referendar sua legitimidade e sua legalidade. Por outro lado, em vista da possibilidade de revisão, faculdade ínsita ao bom administrador (Súmula 476 do STF), reconhece--se a possibilidade de não contestar e, mais, faculta-se à pessoa jurídica de direito público atuar em litisconsórcio facultativo com o cidadão. Observe-se que nesta hipótese excepcional a pessoa jurídica poderá atuar como litisconsorte ativo facultativo, ou mesmo assistente, quando sua integração seja posterior à formação do contraditório (art. 6º, § 3º, da Lei da Ação Popular).[129]

Note-se que a legitimidade ativa da pessoa jurídica lesada não é irrestrita e se submete a regime semelhante ao do autor de um recurso adesivo. Fazemos esta alusão devido ao fato de que o autor da ação popular poderá desistir do pedido quando se convencer de que não houve ato lesivo. O Ministério Público, a quem incumbirá assumir o polo ativo, também poderá anuir quanto ao pedido de desistência, o que impede que a ação tenha prosseguimento pela iniciativa da pessoa jurídica. Por isso fizemos alusão a que sua participação na condição de assistente se amolda à modalidade simples, e não litisconsorcial, pois seus poderes serão limitados na relação processual. Aplica-se, por via reflexa, a Súmula 365.[130]

5.6 A legitimação do Ministério Público

O papel do Ministério Público é multifário, de acordo com abalizada doutrina.[131] Ele atuará como *custos legis*, mas poderá assumir o polo ativo da demanda quando o autor da ação realizar pedido de desistência, nos termos do art. 9º: "Se o autor desistir da ação ou der motivo à absolvição da instância, serão publicados editais nos prazos e condições previstos no art. 7º, II, ficando assegurado a qualquer cidadão bem como ao representante do Ministério Público, dentro do prazo de 90 (noventa) dias da última publicação feita, promover o prosseguimento da ação".

Ultimadas as providências determinadas pelo art. 9º da Lei da Ação Popular, e não existindo a habilitação de qualquer cidadão como

---

129. Lei da Ação Popular, art. 6º, § 3º: "§ 3º. A pessoa jurídica de direito público ou de direito privado, cujo ato seja objeto de impugnação, poderá abster-se de contestar o pedido, ou poderá atuar ao lado do autor, desde que isso se afigure útil ao interesse público, a juízo do respectivo representante legal ou dirigente".
130. No mesmo sentido: Hely Lopes Meirelles, Arnoldo Wald e Gilmar Ferreira Mendes, *Mandado de Segurança e Ações Constitucionais*, cit., 37ª ed., p. 208 (nota de rodapé 48).
131. José Afonso da Silva, *Ação Popular Constitucional*, cit., 2ª ed., 2ª tir., p. 190.

sucessor da ação, caberá ao Ministério Público assumir o polo ativo da relação processual. Esta assunção torna mais rigoroso o controle sobre a utilização da ação popular.

5.7 Competência

A competência para anular o ato lesivo e ilegal terá como referência a pessoa jurídica que estiver no polo passivo. Em determinadas situações o próprio STF será competente para analisar a ação popular, muito embora esta hipótese seja excepcional.[132] A competência do STF para a ação popular é sujeita a interpretação restritiva, uma vez que se vincula a hipóteses restritas oriundas do art. 102, I, da CF, da qual promana sua competência originária. Em julgados anteriores o STF apenas admitiu processar ações populares em virtude de causas relativas a interesses da Magistratura com âmbito nacional e quando presente conflito entre União e Estado-membro. Mesmo em situações em que o Presidente da República está no polo passivo não se retira a competência do juízo monocrático de primeiro grau.[133]

132. "Caso em que resta evidenciada a existência de litígio federativo em gravidade suficiente para atrair a competência desta Corte de Justiça (alínea 'f' do inciso I do art. 102 da Lei Maior). Cabe ao STF processar e julgar ação popular em que os respectivos autores, com pretensão de resguardar o patrimônio público roraimense, postulam a declaração da invalidade da Portaria n. 534/2005 do Ministério da Justiça. Também incumbe a esta Casa de Justiça apreciar todos os feitos processuais intimamente relacionados com a demarcação da referida Reserva Indígena – Reclamação procedente" (STF, Tribunal Pleno, Rcl 3.813-RR, rel. Min. Carlos Britto, *DJU* 17.11.2006).

133. Posicionamento reafirmado pelo STF: "Tratando-se de ação popular, o STF – com as únicas ressalvas da incidência da alínea 'n' do art. 102, I, da Constituição ou de a lide substantivar conflito entre a União e Estado-membro – jamais admitiu a própria competência originária. Ao contrário, a incompetência do Tribunal para processar e julgar a ação popular tem sido invariavelmente reafirmada, ainda quando se irrogue a responsabilidade pelo ato questionado a dignitário individual – a exemplo do Presidente da República – ou a membro ou membros de órgão colegiado de qualquer dos Poderes do Estado cujos atos, na esfera cível – como sucede no mandado de segurança – ou na esfera penal – como ocorre na ação penal originária ou no *habeas corpus* –, estejam sujeitos diretamente à sua jurisdição. 2. Essa não é a hipótese dos integrantes do Conselho Nacional de Justiça ou do Conselho Nacional do Ministério Público. O que a Constituição, com a Emenda Constitucional n. 45/2004, inseriu na competência originária do Supremo Tribunal foram as ações contra os respectivos colegiado, e não aquelas em que se questione a responsabilidade pessoal de um ou mais dos conselheiros, como seria de dar-se na ação popular" (Tribunal Pleno, Pet/ QO 3.674-DF, rel. Min. Sepúlveda Pertence, *DJU* 19.12.2006, p. 37).

Deste modo, caso a pessoa jurídica pertença à União Federal, não restará dúvida quanto à competência da Justiça Federal. Quando o ato lesivo e objeto de anulação diga respeito a Município ou Estado, assim como em relação a pessoas jurídicas vinculadas a estes entes estatais, a competência será da Justiça Estadual. Esta regra é esclarecida pelo art. 5º da Lei da Ação Popular: "Conforme a origem do ato impugnado, é competente para conhecer da ação, processá-la e julgá-la, o juiz que, de acordo com a organização judiciária de cada Estado, o for para as causas que interessem à União, ao Distrito Federal, ao Estado ou ao Município".

A ação popular previne a jurisdição em relação aos demais feitos que tenham os mesmos objeto e partes, nos termos do art. 5º, § 3º, da Lei da Ação Popular, o que confere a *vis attractiva* do juízo competente para a análise da ação popular sobre demais pretensões afins, inclusive provenientes de ações civis públicas.

6. A CONCESSÃO DE TUTELA PROVISÓRIA

A previsão da medida liminar para a concessão da suspensão do ato lesivo restou relegada à previsão do § 4º do art. 5º da Lei 4.717/1965: "Na defesa do patrimônio público caberá a suspensão liminar do ato lesivo impugnado". A medida tem feição antecipatória, pois a suspensão do ato revela uma eficácia natural da sentença de procedência, ou seja: com a desconstituição do ato, seria natural que o ato lesivo não produzisse qualquer efeito.[134-135]

A topologia da liminar demonstra o tratamento assistemático conferido pelo legislador, o que é fruto do período em que a ação popular foi criada. Afinal, a possibilidade de suspensão do ato que é atacado pela ação popular restou relegada a um parágrafo do capítulo destinado à competência. Independentemente destas conclusões, a ação popular tem feição ordinária, e o sistema atual permite que a antecipação de tutela possa ser requerida com base nos arts. 294 e 300 do CPC.[136] Além disso, é possível a fungibilidade entre as tutelas cautelar, antecipada e de evidência. A concessão de medidas cautelares ainda encontra previsão no § 4º do art. 14 da Lei da Ação Popular.

A ação popular enfrentou, *mutatis mutandis*, problemas similares aos do mandado de segurança no que tange ao controle da decisão judicial

---

134. Previsão inserida com o advento da Lei 6.513/1977.
135. Neste sentido: Teori Albino Zavascki, *Processo Coletivo*, cit., p. 99.
136. STJ, Corte Especial, AgInterno no AgInterno na SLS 2.240-SP, rela. Min. Laurita Vaz, j. 7.6.2017, *DJe* 20.6.2017.

intermediária. Não há dúvida de que houve uma tendência natural de extensão à ação popular das restrições impostas à concessão das liminares no *mandamus*. A previsão da liminar na ação popular foi inserida somente em 1977, período em que o mandado de segurança já havia sido alvo de inúmeras investidas por textos legais (Leis 4.348/1964 e 5.021/1966) ou pela jurisprudência restritiva do STF (*e.g.*, Súmulas 269 e 271).

7. RECURSOS CONTRA A LIMINAR

Atualmente, tanto o recurso de agravo como o pedido de suspensão da liminar são cabíveis da decisão interlocutória proferida pelo magistrado.

Somente o agravo pode ser visualizado como autêntico recurso (art. 1.015, I, do CPC). O pedido de suspensão é um sucedâneo recursal, com função nitidamente cautelar, na medida em que não reforma, anula ou integra a decisão objurgada, apenas impede a produção de efeitos.

O recurso de agravo é cabível de toda decisão interlocutória que possa trazer prejuízo para a parte. Quando este prejuízo não é potencial, mas iminente, como na concessão de uma liminar, a parte afetada pela decisão poderá interpor o recurso de agravo por instrumento (art. 1.015 do CPC). No entanto, nem sempre a solução foi tão simples. Até a promulgação da Lei 9.139/1995 a interposição do agravo se materializava em primeira instância, tornando o procedimento moroso e inviável.[137] Este mesmo problema enfrentado no mandado de segurança fomentou a criação do instituto da suspensão. No mandado de segurança a suspensão inicialmente era prevista contra a sentença e restou agregada à liminar em virtude do art. 4º da Lei 4.348/1964. Pelo sistema atual o agravo é interposto diretamente no tribunal e permite o controle da decisão concessiva ou denegatória da liminar, nos termos do art. 932, II, c/c o art. 1.019, I, do CPC.

No que tange à ação popular o regime da suspensão foi inserido pela Lei 8.437/1992, a qual tentou restringir a concessão de cautelares inominadas contra o Poder Público. Na previsão do art. 4º foi inserida a medida de suspensão aplicável às liminares concedidas contra o Poder público, incluindo a hipótese do § 4º do art. 5º da Lei 4.717/1965.[138]

---

137. Sobre o agravo, v. nosso estudo "Breves considerações sobre o agravo (instrumento e retido)", in José Miguel Garcia Medina *et alii, Os Poderes do Juiz e o Controle das Decisões Judiciais: Estudos em Homenagem à Professora Teresa Arruda Alvim Wambier*, p. 664.
138. Lei 8.437/1992: "Art. 4º. Compete ao presidente do tribunal, ao qual couber o conhecimento do respectivo recurso, suspender, em despacho fundamentado,

O pedido de suspensão terá cabimento na ação popular enquanto não ocorrer o trânsito em julgado (§ 1º do art. 4º da Lei 8.437/1992).[139] O presidente do tribunal será competente para suspender o ato impugnado em caso de concessão da liminar. Ao contrário da previsão da suspensão no mandado de segurança, a Lei 8.437/1992 trouxe a previsão de oitiva prévia do autor e do Ministério Público, no prazo de 72 horas, o que permite um contraditório prévio, ainda que pautado em cognição sumária.[140]

Da decisão que concede ou denega a suspensão caberá o recurso de agravo, o qual assume forma inominada. Seu prazo será de 15 dias, e não mais de 5 dias, em vista do art. 1.070 do CPC/2015, e seu julgamento deverá ocorrer na sessão seguinte à sua interposição. Percebe-se que a redação introduzida no § 4º do art. 4º da Lei 8.437/1992 foi mais feliz do que aquela elaborada para o § 1º do art. 4º da Lei 4.348/1964, principalmente quando se observa que a *mens legis* foi a mesma. Sendo assim, restabelecida pelo agravo regimental a decisão que tenha motivado o pedido de suspensão, caberá novo pedido de suspensão no STJ ou STF. Eis a redação do § 4º do art. 4º da Lei 8.437/1992: "§ 4º. Se do julgamento do agravo de que trata o § 3º resultar a manutenção ou o restabelecimento da decisão que se pretende suspender, caberá novo pedido de suspensão ao presidente do tribunal competente para conhecer de eventual recurso especial ou extraordinário". A suspensão no STJ e no STF exigirá o esgotamento das vias ordinárias, o que pressupõe o manejo do agravo regimental.

8. RELAÇÃO ENTRE O AGRAVO E O PEDIDO DE SUSPENSÃO

O pedido de suspensão poderá ser realizado mesmo quando o relator do agravo de instrumento não conceda o efeito suspensivo, nos termos do art. 1.019, I, do CPC. O pedido de suspensão possui uma característica singular, pois somente poderá ser formulado pelo Poder Público.

a execução da liminar nas ações movidas contra o Poder Público ou seus agentes, a requerimento do Ministério Público ou da pessoa jurídica de direito público interessada, em caso de manifesto interesse público ou de flagrante ilegitimidade, e para evitar grave lesão à ordem, à saúde, à segurança e à economia públicas".
139. Lei 8.437/1992, art. 4º, § 1º: "Aplica-se o disposto neste artigo à sentença proferida em processo de ação cautelar inominada, no processo de ação popular e na ação civil pública, enquanto não transitada em julgado".
140. O prazo anterior era de cinco dias, e foi modificado pela Medida Provisória 2.180-35, de 24.8.2001 (*DOU* 27.8.2001), em vigor, conforme o art. 2º da Emenda Constitucional 32/2001.

O cidadão terá direito ao agravo de instrumento caso o juiz não conceda a liminar. Mas o Poder Público contará com instrumentos bifrontes e poderá utilizar-se do agravo e da suspensão, que conviverão em regime de harmonia.[141]

Ocorre, todavia, que algumas situações poderiam gerar conflito entre a decisão proferida pelo desembargador que não concede o efeito suspensivo no agravo com a decisão do presidente que determina a suspensão. Qual deverá prevalecer? Pensando justamente nesta hipótese, o legislador deixou claro que não existirá este conflito entre a decisão da liminar ou da sentença. Prevalecerá a decisão proferida pelo presidente do tribunal. O legislador foi mais cauteloso na Lei 8.437/1992, e disciplinou a questão, nos termos dos §§ 5º e 6º do art. 4º. O primeiro dispõe: "§ 5º. É cabível também o pedido de suspensão a que se refere o § 4º, quando negado provimento a agravo de instrumento interposto contra a liminar a que se refere este artigo". Mesmo que o agravo de instrumento não obtenha sucesso, nada impedirá a formulação do pedido de suspensão, que prevalecerá, para fins de obstar à liminar concedida. Pela mesma interpretação, caso o relator não tenha concedido o efeito suspensivo ao receber o agravo de instrumento (art. 1.019, I, do CPC), nada impedirá o pedido de suspensão. Além do pedido de reconsideração junto ao relator do agravo, será possível, concomitantemente, o pedido de suspensão perante o presidente do tribunal. A dicção do § 6º é cristalina: "A interposição do agravo de instrumento contra liminar concedida nas ações movidas contra o Poder Público e seus agentes não prejudica nem condiciona o julgamento do pedido de suspensão a que se refere este artigo".

E a suspensão determinada pelo presidente do tribunal ou pelo provimento do agravo, deverá perdurar até quando? Esta resposta poderia ser dessumida da leitura da Súmula 626 do STF, ainda que voltada exclusivamente para o mandado de segurança.[142] Entretanto, foi acrescido o § 9º ao art. 4º da Lei 8.437/1992, eliminando qualquer dúvida sobre o prazo: "A suspensão deferida pelo presidente do tribunal vigorará até o trânsito em julgado da decisão de mérito na ação principal".

141. Sobre a distinção entre o agravo e a suspensão: José Lázaro Alfredo Guimarães, *As Ações Coletivas e as Liminares contra Atos do Poder Público*, p. 54.
142. STF: "Súmula 626. A suspensão da liminar em mandado de segurança, salvo determinação em contrário da decisão que a deferir, vigorará até o trânsito em julgado da decisão definitiva de concessão da segurança ou, havendo recurso, até a sua manutenção pelo Supremo Tribunal Federal, desde que o objeto da liminar deferida coincida, total ou parcialmente, com o da impetração".

9. SUSPENSÃO LIMINAR

A suspensão criada pela Lei 8.437/1992 estabelece um contraditório prévio, ainda que breve, nos termos do § 2º do art. 4º. Porém, o pedido de suspensão poderá ser acatado liminarmente quando a situação de perigo e risco exigir. Esta interpretação seria possível da mera leitura do § 2º do art. 4º, o qual menciona que "o presidente poderá ouvir". Mesmo assim, quis o legislador tornar explícita esta possibilidade, pois há uma tendência a realizar a interpretação do verbo "poder" como "dever", transmutando uma *faculdade* em *obrigação*. Por isso, o § 7º do mesmo dispositivo foi expresso ao disciplinar: "O presidente do tribunal poderá conferir ao pedido efeito suspensivo liminar, se constatar, em juízo prévio, a plausibilidade do direito invocado e a urgência na concessão da medida".

10. PROCEDIMENTO

O procedimento na ação popular segue o rito ordinário, com as adaptações exigidas pela Lei 4.717/1965. Em sua fase inicial destaca-se a necessidade de formação do litisconsórcio passivo, o qual será necessário e simples. A integração da pessoa jurídica, da autoridade, do funcionário e do beneficiário do ato será obrigatória, sob pena de nulidade do ato citatório.[143]

11. PETIÇÃO INICIAL

A petição inicial obedecerá aos requisitos do art. 319 do CPC. A indicação e a qualificação das partes são fundamentais, em virtude da peculiaridade do procedimento. O autor deverá fornecer a comprovação documental de sua condição de eleitor, lembrando que o eleitor de 16 anos terá legitimidade para a propositura do pedido. Os réus deverão constar de modo expresso na inicial, para possibilitar a integração do polo passivo. Inexistindo beneficiário direto em relação ao ato impugnado, somente a pessoa jurídica envolvida e seus representantes serão citados para responder aos termos do pedido (art. 6º, § 1º, da Lei 4.717/1965). O pedido formulado pelo autor é eminentemente constitutivo negativo quanto à eficácia principal. Como pedido eventual, é possível a cumulação do pedido de ressarcimento de perdas e danos com o de anulação do ato impugnado.

---

143. STJ, 1ª Turma, REsp 678.620-MG (2004/0090467-5), rel. Min. Francisco Falcão, *DJU* 18.12.2006, p. 314.

O Ministério Público será intimado na fase inicial, em virtude de sua atuação especial na ação popular. Afinal, a atividade de *custos legis* terá seu marco inicial com a fiscalização do pedido de exibição de documentos, quando requerido pelo autor (art. 7º, I, "a", e § 1º, da Lei 4.717/1965).

12. REQUISIÇÃO PRELIMINAR DE DOCUMENTOS

É possível que o cidadão tenha sua atividade dificultada pela autoridade ou funcionário, o qual antevê as consequências de produção antecipada de prova contra sua pessoa. Apesar da previsão expressa do direito de petição aos órgãos públicos (autêntico direito fundamental previsto pelo art. 5º, XXXIV, "a", da CF/1988), é possível que ocorra a retenção indevida de documentos essenciais. O autor deverá requerer, na inicial, a exibição destes documentos, nos termos do art. 7º, I, "b", da Lei da Ação Popular. Na inicial deverão ser indicados todos os documentos, bem como as entidades e autoridades que sejam responsáveis pela guarda e exibição. Obviamente, o magistrado fixará prazo razoável para a juntada. A lei estabelece prazo de 15 a 30 dias para o atendimento da requisição; contudo, nada impede que ele seja prorrogado, desde que necessário, segundo prudente avaliação judicial (art. 7º, § 2º, da Lei da Ação Popular).

13. CITAÇÃO

Os réus nominados na petição inicial como responsáveis pelo ato lesivo e ilegal serão citados pessoalmente. Em virtude da gravidade, deve ser evitada a citação por Aviso de Recebimento/AR, a qual será afastada quando a citação seja meio de cientificar a própria concessão da medida liminar. A pessoa jurídica será citada na pessoa do seu procurador público (federal, estadual ou municipal). As autoridades e funcionários públicos serão citados pessoalmente e deverão constituir defensor próprio, pois a defesa assumirá caráter pessoal. O mesmo se diga em relação aos administradores e eventuais particulares que tenham sido beneficiados com o ato lesivo. Quanto aos terceiros que foram beneficiários do ato impugnado a citação poderá ser editalícia, quando desconhecidos. Embora exista autorização desta modalidade no art. 7º, § 2º, II, da Lei 4.717/1965, ela somente deverá ser levada a cabo pelo autor quando o beneficiário seja desconhecido ou quando se encontre em local incerto. Do contrário haverá flagrante desrespeito ao contraditório.

A citação editalícia será gratuita, o que representa a eliminação de barreira econômica no processo. A publicação dos editais inviabiliza, pelo seu custo, a prática do ato processual. O edital será publicado por 3 vezes em jornal oficial, com prazo de 30 dias.

A necessidade de comprovação efetiva sobre o cometimento de ilegalidade, o que configura interesse da própria Administração Pública, em vista de sua atividade vinculada (*secundum legem*), explica a redação do art. 7º, § 2º, III, da Lei da Ação Popular. O dispositivo é excepcional, pois permite a integração do responsável, ou beneficiário, quando se obtenham posteriormente sua identidade e seu paradeiro. Sem dúvida, o fim e o bem jurídico tutelados justificam esta integração extemporânea. O réu integrado responderá pessoalmente pelos atos praticados e poderá esclarecer sobre os motivos e a finalidade do ato praticado. A nomeação de curador *ad litem* será obrigatória para a regularidade do processo quando a integração dependa da citação editalícia, e sua atividade se ultimará com o término da relação processual, o que engloba a fase de cumprimento de sentença.

14. RESPOSTA DO RÉU: CONTESTAÇÃO/RECONVENÇÃO/ REVELIA

Apesar de ser adotado o rito comum, a audiência de conciliação deve ser dispensada e não se aplica ao procedimento da ação popular (art. 334 do CPC). O prazo para apresentação da resposta é especial. Os réus possuem o prazo de 20 dias para a produção da peça de defesa. Não se aplica o benefício do prazo especial para a pessoa jurídica de direito público. Faculta-se apenas a prorrogação do prazo inicial, que poderá ser dilatado por mais 20 dias. O início do prazo dependerá da citação de todos os envolvidos, mediante a juntada do mandado físico ou eletrônico, ou mesmo do Aviso de Recebimento/AR, devidamente cumprido (arts. 230 e 231, I a V, do CPC). Incumbe lembrar que o prazo é comum, o que impede a retirada dos autos do cartório judicial. O prazo da citação por edital dependerá do transcurso dos 30 dias, após as publicações de estilo.

A *revelia* poderá se consumar nos autos da ação popular quando nenhum dos réus apresente defesa no processo, muito embora tenham sido devidamente citados para sua apresentação. Não devemos confundir a revelia com os efeitos advindos de sua consumação. A revelia é o ato de contumácia provocado pela inação do réu. O juiz não tem como impedir sua consumação. Afinal, a apresentação de defesa é um ônus, e não uma *obrigação*. Por outro lado, a presença de interesse público indisponível impede que os efeitos da revelia sejam consumados. Aplica-se o art. 345, II, do CPC, o que impossibilita a decisão antecipada da lide com base no art. 355, II. Deste modo, embora seja possível a não apresentação de defesa, não existe a possibilidade de decisão com base em presunção/ confissão ficta pela ausência de resposta. O juiz deverá se utilizar, caso necessário, dos poderes inquisitórios insculpidos no art. 370 do CPC para atingir o nível de maturação ideal para a solução da controvérsia, que é de interesse coletivo. A reconvenção não será possível na ação popular. Mesmo com a modificação operada no § 5º do art. 343 do CPC, a natureza da substituição operada pelo cidadão em regime de legitimação extraordinária para a tutela de interesse difuso não se coaduna com o regime de simetria nele proposto, o qual está voltado para pretensões de natureza individual.

15. INSTRUÇÃO E JULGAMENTO

Aplicam-se as regras do procedimento ordinário no que toca à instrução da ação popular. É possível a produção de provas testemunhal e pericial, ou mesmo a inspeção judicial. A prova pericial, assim como na ação de improbidade assume importância crucial para a demonstração de fatos objetivos juntamente com a prova documental. As autoridades que forem ouvidas dispõem do benefício de aplicação do art. 454 do CPC. Os poderes instrutórios do juiz podem determinar a oitiva de testemunhas referidas (art. 370 do CPC), uma vez que o objeto litigioso do processo projeta interesse difuso e com proteção ao patrimônio público.

16. SENTENÇA E O REGIME DA COISA JULGADA

A decisão proferida na ação popular poderá ser embasada no art. 487 do CPC, propiciando o nascimento de uma sentença de mérito (*Sacheurteil*), ou embasada no art. 485, quando se formará uma sentença eminentemente processual (*Prozessurteil*).

A vetusta linguagem da Lei da Ação Popular merece tradução. O art. 9º ainda se refere a "absolvição de instância", expressão que equivale ao que hoje se denomina de resolução do processo sem análise do mérito. Seria uma hipótese de extinção, com base no art. 485 do CPC.

16.1 Sentença de procedência

O acolhimento da pretensão popular provocará a invalidação (nulidade/anulabilidade) do ato impugnado e a condenação quanto ao ressarcimento dos cofres públicos. Observa-se que a sentença de procedência poderá englobar a tutela específica e a ressarcitória. Como consequência do acolhimento da pretensão, o autor deverá ser ressarcido das despesas do processo, no que se inclui todo e qualquer gasto. As custas não serão adiantadas pelo autor; contudo, eventuais despesas para o preparo do processo, inclusive pelo pagamento de emolumentos aos ofícios extrajudiciais, serão indenizadas ao autor em caso de procedência do pedido. O mesmo se diga em relação aos honorários advocatícios (art. 12 da Lei da Ação Popular).

16.2 Eficácias da sentença de procedência

A prolação da sentença de procedência provocará naturalmente a recomposição dos valores em hipótese de omissão ou ação (art. 14, §§ 1º e 2º, da Lei da Ação Popular). Na esteira do que também se prevê para as execuções de alimentos, o funcionário público será descontado em folha até a efetiva reposição (art. 14, § 3º). Esta solução, além de depender da conveniência e oportunidade, será condicionada à manutenção do funcionário ou agente dentro dos quadros da Administração Pública. É possível que o fato comprovado na ação popular seja motivo para abertura de processo administrativo e criminal, o que poderá comprometer esta solução, pela perda do cargo (art. 15 da Lei da Ação Popular).

A sentença de procedência também abre espaço para a concessão de tutela provisória para assegurar o cumprimento de sentença, cujo objetivo está em obter *segurança para a execução*. A previsão do art. 14, § 4º ("A parte condenada a restituir bens ou valores ficará sujeita a sequestro e penhora, desde a prolação da sentença condenatória"), está autorizada pelo art. 301 do CPC. Portanto, a sentença de procedência, ainda que necessite de liquidação, produzirá eficácia, com o intuito de permitir o cumprimento da sentença (art. 513 do CPC).

16.3 Sentença improcedência

A pretensão popular poderá não vingar, o que acarretará a improcedência do pedido. A consequência natural da improcedência reside na condenação do autor quanto às despesas de sucumbência. É a dicção natural e lógica do art. 85 do CPC, que reflete o princípio da sucumbência. Todavia, a ação popular submete-se a disciplina própria.

Se o cidadão sofresse a condenação efetiva na sucumbência pela improcedência do pedido inicial, existiria um natural abandono da utilização deste importante procedimento, pelo receio quanto à utilização do instituto. Por outro lado, franquear o acesso irrestrito, sem qualquer controle quanto ao uso abusivo da ação popular, corresponderia a um ato irresponsável por parte do legislador. Este é o motivo pelo qual o poder constituinte estabeleceu uma solução adequada para a questão, como se percebe da redação do art. 5º, LXXIII, *in fine*: "qualquer cidadão é parte legítima para propor ação popular que vise a anular ato lesivo ao patrimônio público ou de entidade de que o Estado participe, à moralidade administrativa, ao meio ambiente e ao patrimônio histórico e cultural, *ficando o autor, salvo comprovada má-fé, isento de custas judiciais e do ônus da sucumbência*"[144] (grifos nossos). Logo, somente quando a ação tenha sido empregada como meio ardiloso, para fins pessoais ou da agremiação política, o autor será penalizado com a aplicação de litigância de má-fé, sem prejuízo das custas e honorários advocatícios.

Outro ponto importantíssimo referente ao julgamento de improcedência diz respeito ao regime da coisa julgada. A fonte de disciplina da coisa julgada está centrada no art. 502 do CPC. No âmbito da tutela individual, a coisa julgada atinge somente aquele que foi parte no processo, e os limites da coisa julgada ficam restritos ao objeto litigioso discutido em juízo. O julgamento proferido nas ações individuais fica imunizado pela eficácia da coisa julgada, seja de procedência ou de improcedência. A coisa julgada forma-se *pro et contra*.

No regime da coisa julgada coletiva a solução não é idêntica. Do Direito Norte-Americano importamos o conceito de "representação adequada" (*adequacy of representation*). Tratando-se de situação de legitimação extraordinária (uma ou mais pessoas – litisconsórcio – defendendo um interesse transindividual), não seria justo permitir a formação da coisa julgada com eficácia *erga omnes* quando a ação tenha sido rejeitada por *mala gesti processus*. Este é o motivo pelo qual o julgador permite que a sentença na ação popular não fique coberta pela eficácia da coisa julgada quando a fundamentação da sentença de improcedência seja a insuficiência de provas. O não cumprimento do ônus da prova revela representação inadequada que não deve prejudicar a coletividade. Daí a redação do art. 18 da Lei 4.717/1965: "A sentença terá eficácia de coisa julgada oponível *erga omnes*, exceto no caso de haver sido a ação julgada improcedente por deficiência de prova; neste caso, qualquer cidadão poderá intentar outra ação com idêntico fundamento, valendo-se de nova prova". Existindo novas provas sobre o fato denunciado na ação popular, será possível ajuizar novo pedido para a invalidação do ato. Não se aplicará

144. Luísa Elisabeth T. C. Furtado, *Ação Popular*, p. 81.

o princípio do deduzido e do dedutível, pois não existirá a preclusão nos termos dos arts. 507 e 508 do CPC.

16.4 Sentença processual

A sentença a ser proferida sem análise do mérito provoca a necessidade do exame de algumas questões particulares, em vista do regime especial que informa a ação popular. Nos termos da Lei da Ação Popular, a sentença proferida com fundamento no art. 485 do CPC *absolve a instância*, ou seja, encerra a relação processual em primeira instância sem analisar o mérito da pretensão posta pelo autor.

A existência de interesse público quanto ao resultado da ação popular submete a decisão terminativa a regime especial. O legislador determinou que as sentenças proferidas pelo art. 485 do CPC sejam submetidas ao reexame necessário, nos termos do art. 19 da Lei da Ação Popular: "A sentença que concluir pela carência ou pela improcedência da ação está sujeita ao duplo grau de jurisdição, não produzindo efeito senão depois de confirmada pelo tribunal; da que julgar a ação procedente caberá apelação, com efeito suspensivo". A previsão do dispositivo parece singular, pois o reexame necessário é tradicionalmente previsto para as sentenças de mérito, nas quais a Fazenda é vencida (art. 496, I e II, do CPC). A rejeição do pedido popular representa decisão contrária ao interesse público, motivo pelo qual se utiliza o reexame. A inovação reside unicamente na aplicação do reexame para sentenças terminativas, uma vez que as sentenças processuais não impedem a repropositura do pedido.

16.4.1 Sentença terminativa e as Súmulas 346 e 473 do STF

A sentença terminativa poderá estar fundamentada na perda de objeto. A ausência superveniente de interesse de agir poderá ser demonstrada no processo quando o ato impugnado seja passível de revogação pela Administração Pública. Afinal, a Súmula 346 do STF permite que a pessoa jurídica de direito público nulifique atos administrativos viciados, por sua própria iniciativa: "A Administração Pública pode declarar a nulidade dos seus próprios atos". Na mesma esteira de pensamento encontramos a Súmula 473 do STF: "A Administração pode anular seus próprios atos, quando eivados de vícios que os tornam ilegais, porque deles não se originam direitos; ou revogá-los, por motivo de conveniência ou oportunidade, respeitados os direitos adquiridos, e ressalvada, em todos os casos, a apreciação judicial". A decisão judicial que tenha como fundamento a perda de objeto pela aplicação do art. 493 do CPC não deixará de condenar o(s) requerido(s) ao pagamento das custas e honorários, uma vez que a propositura da ação não foi desmotivada e certamente constituiu o motivo único para a revogação/invalidação *ex officio* pela Administração Pública.

17. RECURSOS

A decisão interlocutória relativa à concessão ou denegação da liminar ficará sujeita ao recurso de agravo de instrumento. O Poder Público terá um instrumento suplementar, representado pelo pedido de suspensão da liminar ou da sentença, nos termos do art. 4º, *caput* e § 1º, da Lei 8.437/1992.

Em relação à sentença, o recurso ordinário será o de apelação (art. 1.009 do CPC), com prazo de 15 dias. As sentenças terminativas (art. 485 do CPC) e definitivas (art. 487 do CPC) desafiarão o recurso de apelação. As sentenças de procedência provocam o recebimento do recurso em duplo efeito, nos termos do art. 19, *in fine*, da Lei da Ação Popular. As sentenças terminativas e as de improcedência dependerão do reexame necessário.

17.1 Ação popular: reexame e a Súmula 405 do STF

O reexame não constitui recurso, mas mecanismo que privilegia a Fazenda Pública, uma vez que constitui condição de eficácia para o julgado. O recurso é meio de insurgência pautado pela voluntariedade. No reexame, mesmo sem o oferecimento da peça recursal, a sentença será revisada, pelo efeito translativo, que opera a devolução integral da matéria, inclusive a ponto de prejudicar o particular. A autorização para a *reformatio in pejus* será unilateral, nos termos da Súmula 45 do STJ. Apesar de constituir clara violação da isonomia, trata-se de posicionamento consolidado.

O reexame necessário da ação popular também se aplica ao regime da ação civil pública, o que reforça a aplicação do diálogo das fontes (*Dialog der Quellen*) entre o regime das ações coletivas.[145] O STJ tem

---

145. "Segundo jurisprudência consolidada desta Corte, aplica-se o art. 19 da Lei n. 4.717/1965 por analogia às ações civis públicas, de forma que a sentença de improcedência deve ser submetida ao reexame necessário. O Tribunal de origem não se pronunciou sobre a matéria versada no art. 475, § 1º, do CPC/1973 [*art. 496, § 1º*,

posicionamento contraditório, pois permite a extensão do reexame para a ação civil pública mas o veda para a ação de improbidade.[146] A bem da verdade, ao menos nas sentenças coletivas de improcedência pelo mérito a extensão não deve ser negada, pela extensão analógica do art. 19 da Lei da Ação Popular c/c o art. 496, I, do CPC. A interpenetração entre o regime jurídico das ações coletivas permite esta solução.

No que tange à Súmula 405 do STF, vale lembrar que não se aplica ao regime da ação popular a solução oferecida ao mandado de segurança, o que motiva a explicitude do art. 19 da Lei da Ação Popular. A Súmula 405 foi editada para regular os efeitos da liminar concedida no mandado de segurança quando a sentença não confirme a tutela provisória concedida na fase inicial. O posicionamento do STF restou sintetizado junto ao verbete: "Denegado o mandado de segurança pela sentença, ou no julgamento do agravo, dela interposto, fica sem efeito a liminar concedida, retroagindo os efeitos da decisão contrária".

Na ação popular a inteligência da Súmula 405 não se aplica. O art. 19, *in fine*, da Lei 4.717/1965 é expresso quanto ao duplo efeito às sentenças de improcedência e extinção. Deste modo, a reversão da liminar concedida na ação popular ficará obstada até que a sentença final seja confirmada, o que motiva a inaplicabilidade da Súmula 405 do STF na ação popular, no modelo previsto para o mandado de segurança.[147]

18. CUMPRIMENTO DA SENTENÇA

A ação popular quanto ao cumprimento do comando condenatório sujeitar-se-á aos ditames do art. 513 do CPC (art. 14, § 4º, da Lei 4.717/1965). O cumprimento da sentença competirá primeiramente ao cidadão que tenha promovido a ação popular e posteriormente ao terceiro, ao Ministério Público (art. 16) ou à própria pessoa ou entidade lesada (art. 17).

do CPC/2015] apesar de instado a fazê-lo por meio dos competentes embargos de declaração. Nesse contexto, caberia à parte recorrente, nas razões do apelo especial, indicar ofensa ao art. 535 do CPC/1973, *[art. 1.022 do CPC/2015]* alegando a existência de possível omissão, providência da qual não se desincumbiu. Incide, pois, o óbice da Súmula n. 211/STJ" (STJ, 1ª Turma, AgInterno no REsp 1.264.666-SC, rel. Min. Sérgio Kukina, j. 13.9.2016, *DJe* 22.9/2016).
  146. "Esta Corte de Justiça, examinando o instituto da remessa necessária à luz da ação de improbidade administrativa, tem prestigiado sua interpretação restritiva, em face do caráter excepcional daquele instrumento processual – Precedentes" (STJ, 1ª Turma, REsp 1.115.586-DF, rel. Min. Gurgel de Faria, j. 2.8.2016, *DJe* 22.8.2016).
  147. Motivo pelo qual discordamos de José Afonso da Silva (*Ação Popular Constitucional*, cit., 2ª ed., 2ª tir., pp. 244-245) quanto à redação supérflua do art. 19.

Em face da sistemática inaugurada no sistema brasileiro que introduziu o processo sincrético (Lei 11.232/2005), exige-se o requerimento do credor para o início da fase de cumprimento (art. 513, § 1º, do CPC). Em caso de inércia, como existe o interesse coletivo na execução da sentença, ela será promovida pelo Ministério Público. O art. 16 da Lei 4.717/1965 prevê a possibilidade de que a sentença seja executada por qualquer cidadão eleitor, não sendo necessário que autor da ação seja o responsável pelo cumprimento da sentença. O dispositivo legal é expresso quanto à legitimidade do terceiro: "Caso decorridos 60 (sessenta) dias de publicação da sentença condenatória de segunda instância, sem que o autor ou terceiro promova a respectiva execução, o representante do Ministério Público a promoverá nos 30 (trinta) dias seguintes, sob pena de falta grave".

Não sendo promovida a execução por qualquer cidadão, o Ministério Público exercerá o ofício da execução, sob pena de falta funcional. O cumprimento da sentença não será uma faculdade, mas um dever, pois o ressarcimento aos cofres públicos representará a satisfação da pretensão condenatória.

As entidades referidas no art. 1º da Lei da Ação Popular também estão legitimadas para a fase de cumprimento de sentença, tenham elas participado como assistentes do autor ou não. Como a reversão das verbas condenatórias terá como destino a pessoa jurídica lesada,[148] ainda que tenham contestado a ação popular, nada impede que possam promover a execução contra o responsável ou beneficiário. Aqui visualiza-se a grande aproximação entre o fim da ação popular e o da ação de improbidade (art. 18 da Lei 8.429/1992).

Conclui-se que a Lei da Ação Popular permite uma *legitimação concorrente sucessiva* para o cumprimento de sentença. Inicialmente será deferida ao autor ou qualquer cidadão, pois atuam como legitimados extraordinários originários. Em seguida, em caráter superveniente, abre-se a possibilidade para a pessoa jurídica pleitear a execução das verbas subtraídas do seu patrimônio, em prejuízo da sociedade. Não sendo tomada qualquer atitude pelos legitimados anteriores, caberá ao Ministério Público a iniciativa. Esta é a ordem a ser respeitada para o início do cumprimento de sentença na ação popular.

---

148. Mesma solução que se aplica em relação à ação de improbidade, *ex vi* do art. 18 da Lei 8.429/1992: "A sentença que julgar procedente ação civil de reparação de dano ou decretar a perda dos bens havidos ilicitamente determinará o pagamento ou a reversão dos bens, conforme o caso, em favor da pessoa jurídica prejudicada pelo ilícito".

A defesa será formalizada por meio de impugnação, com as matérias limitadas ao § 1º do art. 525 do CPC. A penhora poderá recair sobre os bens sequestrados e arrestados na fase de conhecimento. Não deve ser descartada a possibilidade de hipoteca judiciária, cuja finalidade atende não apenas ao interesse coletivo, mas da própria segurança do tráfico negocial (art. 495 do CPC). A necessidade de averbação dos atos de garantia está expressa pelo princípio da concentração (art. 54 da Lei 13.097/2015). Logo, a proteção ao terceiro de boa-fé se perfaz pela publicidade dos ônus e gravames que recaem sobre os bens móveis e imóveis do executado. A segurança do tráfico negocial é garantida pela publicidade (*Rechtsverkehr*).

19. LIQUIDAÇÃO

O juiz deverá evitar a liquidação. Contudo, é possível que não tenha sido mensurado o valor da condenação. Tal fato não impedirá que a sentença seja prolatada, uma vez que ela será alvo de liquidação por arbitramento, nos termos do art. 509, I, do CPC. O processo de liquidação será uma fase dentro do processo de conhecimento. A liquidação por arbitramento é a que melhor se encaixa na dicção do art. 14 da Lei da Ação Popular. O dispositivo determina: "Se o valor da lesão ficar provado no curso da causa, será indicado na sentença; *se depender da avaliação ou perícia, será apurado na execução*" (grifos nossos). Por sua vez, o art. 510 do CPC expressa: "Na liquidação por arbitramento, o juiz intimará as partes para a apresentação de pareceres ou documentos elucidativos, no prazo que fixar, e, caso não possa decidir de plano, nomeará perito, observando-se, no que couber, o procedimento da prova pericial". Na ação popular, determinado o *an debeatur* na sentença de procedência, o *quantum debeatur* dependerá apenas de perícia *a posteriori*, quando não tenha sido possível a sua realização ou seu término, até o encerramento do processo de conhecimento.

20. PRESCRIÇÃO NA AÇÃO POPULAR

A ação popular apresentou importante embasamento para a definição sobre o prazo de execução das verbas oriundas da ação civil pública. O prazo quinquenal acabou sendo transportado para a Lei 7.347/1985 por extensão analógica e autêntico diálogo entre as fontes normativas.

Na ação popular o prazo quinquenal está regulado pelo art. 21 da Lei 4.717/1965. Ali se estabelece o prazo de prescrição da pretensão de conhecimento; logo, a execução também se submete ao mesmo prazo, em face da dicção da Súmula 150 do STF. Deve ser lembrado que a prescrição das sanções civis e administrativas da pretensão popular não impedirá o ressarcimento das verbas desviadas, em vista do que dispõe o art. 37, § 5º, da CF/1988. A recomposição do patrimônio público consiste em verbas que pertencem à coletividade, sendo imprescritíveis. O desvio de verba pública atenta contra a atitude proba dos cidadãos antepassados que construíram o País, contra os que vivem e lutam pela sua construção e contra a futura geração que guiará a Nação, o que justifica a imprescritibilidade da verba de ressarcimento.

Capítulo III
AÇÕES DE CONTROLE DE CONSTITUCIONALIDADE

§ 5º. Ação Direta de Inconstitucionalidade. § 6º. Ação Declaratória de Constitucionalidade. 7º. Arguição de Descumprimento de Preceito Fundamental.

§ 5º. AÇÃO DIRETA DE INCONSTITUCIONALIDADE

1. FINALIDADE DA AÇÃO DIRETA DE INCONSTITUCIONALIDADE (POR AÇÃO OU OMISSÃO)

O processo objetivo de declaração de inconstitucionalidade visa, como regra, a expurgar leis ou atos normativos federais ou estaduais que colidam com o texto constitucional. A inconstitucionalidade pode dar-se não apenas *por ação*, como também *por omissão*: "O desrespeito à Constituição tanto pode ocorrer mediante ação estatal quanto mediante inércia governamental. A situação de inconstitucionalidade pode derivar de um comportamento ativo do Poder Público, que age ou edita normas em desacordo com o que dispõe a Constituição, ofendendo-lhe, assim, os preceitos e os princípios que nela se acham consignados. Essa conduta estatal, que importa em um *facere* (atuação positiva), gera a inconstitucionalidade por ação. Se o Estado deixar de adotar as medidas necessárias à realização concreta dos preceitos da Constituição, em ordem a torná-los efetivos, operantes e exequíveis, abstendo-se, em consequência, de cumprir o dever de prestação que a Constituição lhe impôs, incidirá em violação negativa do texto constitucional. Desse *non facere* ou *non praestare* resultará a inconstitucionalidade por omissão, que pode ser total, quando é nenhuma a providência adotada, ou parcial, quando é insuficiente a medida efetivada pelo Poder Público".[1]

1. STF, ADI/MC 1.439, j. 22.5.1996, *DJU* 30.5.2003.

AÇÕES DE CONTROLE DE CONSTITUCIONALIDADE 651

No caso da ação declaratória de inconstitucionalidade *por omissão* (art. 103, § 2º, da CF/1988) reconhece-se o "estado de mora" em que se encontra o órgão responsável. Julgado procedente o pedido, "será dada ciência ao Poder competente para a adoção das providências necessárias" (art. 12-H da Lei 9.868/1999, inserido pela Lei 12.063/2009).

A jurisprudência clássica do STF é no sentido de que nesta ação não se pode "suprir a inatividade do órgão legislativo inadimplente". Há que se observar, porém, se em sede de ação direta de inconstitucionalidade por omissão se manifestará a *tendência concretista*, similar à que vem sendo observada na jurisprudência recente do STF proferida em sede de mandado de injunção. Com efeito, esse Tribunal tem se manifestado no sentido de que, ao se julgar procedente o mandado de injunção, deve-se não apenas declarar a omissão do Poder Público em relação a determinado direito fundamental, mas também viabilizar, no caso concreto, o exercício desse direito, afastando as consequências da inércia do legislador.[2]

O art. 102, I, "a", da CF/1988 é expresso em limitar a causa de pedir da ação direta de inconstitucionalidade, pois exclui a competência para analisar violações decorrentes de leis municipais. Estas serão alvo de controle indireto, mediante a incidência do art. 125, § 2º, da CF/1988 ou perante o controle difuso (*incidenter tantum*). A restrição também alcança o Distrito Federal quando exerce competência municipal (Súmula 642 do STF).

Os conceitos de "lei" e de "ato normativo" são objeto de ponderação pelo STF para fins de admissibilidade da ação direta de inconstitucionalidade. Somente leis e atos normativos gerais tornam possível o acesso à jurisdição constitucional, cujo papel precípuo é justamente o de realizar o controle *em abstrato*, e não *em concreto*. O ato normativo que atinge determinado interessado ou mesmo um grupo de pessoas identificáveis não atende aos reclames para a propositura da ação direta de inconstitucionalidade.

A inconstitucionalidade poderá ser formal (gênese) ou material (conteúdo confrontado). Não se admite a ação direta de inconstitucionalidade para o exame de legalidade sob a aparência de inconstitucionalidade, tal como ocorre nas hipóteses em que o decreto viola diretamente a lei e indiretamente a Constituição. Não existirá possibilidade jurídica para o ajuizamento da ação direta de inconstitucionalidade, uma vez

2. STF, MI 721-DF, j. 30.8.2007, *DJU* 14.9.2007.

que a ofensa se consumou contra a lei, e não contra a Constituição. A *inconstitucionalidade reflexa* não autoriza o controle concentrado.[3]

2. PROCEDIMENTO DA AÇÃO DIRETA DE INCONSTITUCIONALIDADE

2.1 A Lei 9.868/1999 e as alterações da Lei 12.063/2009

A Lei 9.868/1999 representou significativo avanço no controle de constitucionalidade, pois eliminou o Regimento Interno do STF como fonte de Direito para o processamento da ação direta de inconstitucionalidade e da ação declaratória de constitucionalidade e, ao mesmo tempo, consolidou a jurisprudência do STF sobre pontos essenciais quanto ao procedimento.

Posteriormente, a Lei 12.063/2009 inseriu na Lei 9.868/1999 os arts. 12-A a 12-H, que disciplinam o procedimento da ação direta de inconstitucionalidade por omissão, prevista no § 2º do art. 103 da CF.

2.2 Interesse na propositura da ação direta de inconstitucionalidade

A propositura da ação direta de inconstitucionalidade exige a demonstração da sua utilidade e do seu cabimento, em vista da descrição minuciosa da petição inicial quanto à causa de pedir (art. 3º, I, da Lei 9.868/1999). A inicial deverá conter o dispositivo de lei ou o ato normativo impugnado e sua correlação com o texto constitucional violado. A ação direta de inconstitucionalidade não se presta para a solução de conflitos entre o direito pré-constitucional e o texto constitucional vigente. Prepondera a tese de que este conflito é regulado pelo direito intertemporal (art. 2º, § 1º, da Lei de Introdução às Normas do Direito Brasileiro). Esta mesma solução não prepondera em relação à arguição de descumprimento de preceito fundamental, que prevê a possibilidade de análise do Direito anterior (art. 1º, parágrafo único, I, da Lei 9.882/1999). Logo, não existirá interesse de agir quando a lei ou o ato impugnado se referir ao texto constitucional pretérito.

É incabível a declaração de inconstitucionalidade *em potência*, quando sequer houve a manifestação do *ato*. Isto não impede a apreciação de lei que esteja sob condição suspensiva, em virtude de *vacatio legis*.

---

3. E não dá cabimento ao próprio recurso extraordinário em face de ação direta de inconstitucionalidade de tribunal local (cf.: STF, 1ª Turma, AgR no ARE 711.298, rela. Min. Rosa Weber, j. 26.5.2017, Processo Eletrônico, *DJe*-119, divulg. 6.6.2017, publ. 7.6.2017).

Neste caso a lei já foi promulgada e pende quanto à eficácia. Outro problema que atinge o interesse processual relaciona-se com a revogação da lei ou do ato normativo impugnado. Nada impede que a lei tida como inconstitucional seja objeto de revogação expressa, mediante a edição de nova lei (art. 2º, § 1º, da Lei de Introdução às Normas do Direito Brasileiro). O mesmo pode ser dito em relação ao ato normativo expedido pelo Poder federal ou estadual. A Administração Pública é competente para revogar os atos administrativos, inclusive quando padeçam de ilegalidade ou inconstitucionalidade. Nestas duas situações não existiria interesse de agir quanto à continuidade da ação direta de inconstitucionalidade, e os efeitos concretos gerados pela lei ou ato normativo revogado são decididos nas esferas ordinárias.

2.3 Pertinência temática

O STF – a nosso ver, de modo equivocado – introduziu uma limitação à propositura da ação direta sem qualquer apoio no texto constitucional. Além da demonstração dos requisitos exigidos pelo art. 3º da Lei 9.868/1999, alguns dos legitimados deverão comprovar a pertinência temática. Este requisito seria um *plus* em relação àqueles delineados pelos arts. 102, I, "a", e 103 da CF/1988. Um exemplo corriqueiro reside na exigência de o governador do Estado demonstrar, em sua inicial, a repercussão do texto legislativo impugnado (de outro Estado) na esfera jurídica do seu Estado.[4] No que tange às entidades e confederações a pertinência se traduz "na relação de congruência que necessariamente deve existir entre os objetivos estatutários ou as finalidades institucionais da entidade autora e o conteúdo material da norma questionada em sede de controle abstrato – foi erigido à condição de pressuposto qualificador da própria legitimidade ativa *ad causam* para efeito de instauração do processo objetivo de fiscalização concentrada de constitucionalidade".[5]

2.4 Legitimidade

A legitimidade para a *ação direta de inconstitucionalidade* e a legitimidade para a *ação declaratória de constitucionalidade* tornaram-se idênticas após a Emenda Constitucional 45/2004. Antes da Constituição

---

4. STF, Tribunal Pleno, ADI 2.466, rel. Min. Edson Fachin, j. 18.5.2017, Acórdão Eletrônico, *DJe*-118, divulg. 5.6.2017, publ. 6.6.2017.
5. STF, ADI/MC 1.157-DF, rel. Min. Celso de Mello, j. 1.12.1994.

Federal/1988 a legitimidade para propositura da ação direta de inconstitucionalidade era exclusiva e competia ao Procurador-Geral da República. O art. 2º da Lei 9.868/1999 serviu de modelo para a alteração do próprio art. 103 da CF/1988 quanto à inclusão do governador e da Câmara do Distrito Federal. Neste dispositivo estão previstos todos os legitimados para a propositura da ação direta de inconstitucionalidade e da ação declaratória de constitucionalidade. Trata-se de previsão *numerus clausus* – portanto, sem possibilidade de extensão.

A legitimidade para a propositura de ação direta de inconstitucionalidade por omissão, reconhecida também a *órgãos legislativos* (cf. art. 12-A da Lei 9.868/1999, inserido pela Lei 12.063/2009), poderia ser colocada em questão, já que normalmente estes órgãos acabarão figurando como réus na referida ação. Tal crítica, no entanto, não se justifica tratando-se de omissão do Poder Público quanto à tomada de providências administrativas, por exemplo. Mesmo em relação à omissão legislativa pode ocorrer que a mora diga respeito à criação de norma em relação à qual a iniciativa do processo legislativo seja exclusiva de determinado órgão, hipótese em que parece ser possível o ajuizamento de ação por um dos outros órgãos legiferantes.

Com relação à capacidade postulatória prevalece o entendimento quanto à natureza *in re ipsa* em relação aos seguintes legitimados: Presidente da República, Mesa do Senado Federal, Mesa da Câmara dos Deputados, Mesa de Assembleia Legislativa ou Mesa da Câmara Legislativa do Distrito Federal, Governador de Estado ou Governador do Distrito Federal, Procurador-Geral da República e Conselho Federal da OAB. Todavia, exige-se a presença do advogado para a integração da capacidade em relação aos partidos políticos com representação no Congresso Nacional e às confederações sindicais ou entidades de classe de âmbito nacional.

São admissíveis o litisconsórcio ativo e o passivo, entendido este último como a manifestação das autoridades responsáveis pela produção do ato (legal ou normativo) impugnado. Antes da Constituição Federal/1988 seria incogitável sustentar a possibilidade do litisconsórcio ativo, uma vez que a legitimidade era conferida com exclusividade ao Procurador-Geral da República.

Os legitimados à propositura da ação direta de inconstitucionalidade também poderão se manifestar no controle difuso, conforme prevê o art. 950, § 2º, do CPC. Em tese, é possível sustentar a assistência litisconsorcial (arts. 2º da Lei 9.868/1999 e 103 da CF/1988) na ação direta de inconstitucionalidade; afinal, todos são colegitimados para a propositura do pedido. Entretanto, a exigência de pertinência temática por parte do STF compromete esta afirmação, na medida em que se exige a demonstração de interesse específico em relação a alguns dos legitimados quanto à propositura da ação direta de inconstitucionalidade. O assistente simples é o autêntico terceiro (*Nebenpartei*) e sua participação é expressamente vedada (art. 7º, *caput*, da Lei 9.868/1999).

2.5 Fase inicial da ação direta de inconstitucionalidade

As normas para o processamento da ação direta de inconstitucionalidade estão previstas pela Lei 9.868/1999. A inicial deverá respeitar os requisitos elencados pelo já citado art. 3º, I e II, da Lei 9.868/1999 (tratando-se de inconstitucionalidade por omissão, cf. também o art. 12-B da referida lei). Eles delimitam a necessidade de exposição da causa de pedir, a qual não se vinculará a uma situação concreta, mas abstrata, além da delimitação do pedido. Esta conjugação permitirá ao relator realizar o controle quanto ao cabimento da ação. São elementos fundamentais do libelo. Admite-se que o pedido inicial seja cumulado, o que permite a realização de pedidos sucessivos, como a *declaração de inconstitucionalidade* e a *interpretação conforme*. Em situação peculiar o STF já admitiu a possibilidade de cumulação objetiva para permitir a declaração de inconstitucionalidade de atos normativos estadual e federal. A *causa petendi* no controle concentrado é aberta, o que acabou definido pelo STF após o julgamento da ADI 2.031, uma vez que a natureza objetiva e o interesse público no julgamento da demanda não limitam a cognição do STF aos fatos deduzidos na petição inicial.

A cognição vertical na ação direta de inconstitucionalidade é limitada, e a prova a ser produzida é essencialmente documental. Não obstante, possíveis a produção de prova pericial ou, mesmo, a realização de audiência pública para o esclarecimento de ponto considerado essencial para a correta compreensão da demanda (art. 9º, § 1º, da Lei 9.868/1999). Como se vê, a atividade instrutória poderá ir muito além da simples juntada da cópia da lei ou do ato normativo impugnado (art. 3º, parágrafo único, da Lei 9.868/1999). Não se admite a desistência do pedido, em vista da indisponibilidade sobre o objeto, no qual prepondera o interesse público na solução da controvérsia constitucional (art. 5º da Lei 9.868/1999). A impossibilidade da desistência alcança não só a ação principal, como também a medida cautelar.

2.6 A participação de terceiros e do "amicus curiae"

Não se admite a participação de terceiros no rito da Lei 9.868/1999 (art. 7º, *caput*). Esta restrição é justificada pela natureza objetiva do processo constitucional. A ação direta de inconstitucionalidade não revela a existência de lide subjetiva, ou seja, voltada para a solução de controvérsia entre partes definidas. Seu fim é outro, na medida em que busca resolver, em abstrato, a existência de violação ao texto constitucional, o que motiva a prolação de decisão ampletiva e vinculante. No controle abstrato decide-se sobre a ofensa à ordem jurídica em sua consideração global, e não particular.

É interessante observar, no entanto, que, no que tange à declaração de inconstitucionalidade *por omissão*, permite a lei que "os demais titulares referidos no art. 2º desta Lei poderão manifestar-se, por escrito, sobre o objeto da ação e pedir a juntada de documentos reputados úteis para o exame da matéria, no prazo das informações, bem como apresentar memoriais" (art. 12-E, § 1º).

De todo modo, apesar da restrição quanto à participação de terceiros na relação processual, a Lei 9.868/1999 permite a manifestação do *amicus curiae* no processo objetivo. O art. 7º, § 2º, desta LEI possibilita ao relator o deferimento, mediante decisão irrecorrível, da participação de outros órgãos ou entidades interessados na ação. O parâmetro para a admissão da participação serão a representatividade dos postulantes e a pertinência temática quanto à matéria debatida. A figura do *amicus curiae* não se confunde com a do assistente, ainda que ambos apresentem pontos de contato, especialmente após sua configuração em face do art. 138 do CPC/2015. Como decidiu o STF, o instituto do *amicus curiae* não confere poderes e faculdades processuais ao interveniente. Sua atividade será limitada e voltada à colaboração na construção de uma decisão democrática. A condição para seu ingresso é a demonstração de representatividade adequada para o litígio objetivo por meio de decisão irrecorrível.

A participação do *amicus curiae* também ganhou previsão para o controle difuso, conforme dicção do art. 950, § 3º, do CPC e para os processos de natureza repetitiva (art. 138 do CPC). O STF tem se utilizado desta figura através de audiências públicas, nas quais abre o debate sobre questões que serão alvo de decisão uniforme e vinculante. Se o Parlamento possui a prerrogativa de discutir a formação dos projetos de leis mediante a participação de diversos segmentos sociais, nada mais justo que o STF possa se valer da mesma prerrogativa, porém em fase posterior.

2.7 Informações e concessão de tutela de urgência no controle concentrado

Não sendo hipótese de indeferimento *in limine* da ação direta (art. 4º, *caput*, da Lei 9.868/1999), o relator deverá realizar o pedido de informações para as autoridades que elaboraram o ato impugnado, as quais serão prestadas no prazo de 30 dias (art. 6º da Lei 9.868/1999). No entanto, é possível que em caso de extrema urgência, e existindo pedido de medida cautelar, as informações possam ser dispensadas, em função da emergência da situação (art. 10, § 3º, da Lei 9.868/1999). Deste modo, o relator poderá tomar dois caminhos. Não existindo pedido de tutela de urgência, simplesmente requisitará o pedido de informações, e posteriormente determinará a oitiva do Advogado-Geral da União e do Procurador-Geral da República, no prazo sucessivo de 15 dias – solução admitida também na hipótese de ação direta de inconstitucionalidade por omissão (cf. art. 12-E, §§ 2º e 3º, da Lei 9.868/1999, inserido pela Lei 12.063/2009). Com o término do contraditório e da instrução (art. 9º, § 3º, da Lei 9.868/1999), o relator elaborará seu relatório, com distribuição de cópia aos demais ministros, pedindo dia para julgamento.

Existindo o pedido de tutela de urgência, poderá ser dispensada, num primeiro momento, a oitiva dos órgãos e das autoridades (art. 10, § 3º, da Lei 9.868/1999). Neste caso as informações serão prestadas em cinco dias (art. 10, *caput, in fine*) e as autoridades indicadas no § 1º do art. 10 serão ouvidas em três dias sucessivos.

Tratando-se de ação direta de inconstitucionalidade por omissão parece difícil configurar-se situação que justifique a concessão de liminar cautelar se se considerar que, em sua feição clássica, esta ação tem por finalidade apenas atestar a mora do órgão (legislativo ou administrativo) competente (art. 103, § 2º, da CF), e "não se pode pretender que mero provimento cautelar antecipe efeitos positivos inalcançáveis pela própria decisão final emanada do STF". O art. 12-F da Lei 9.868/1999 (inserido pela Lei 12.063/2009), no entanto, admite esta possibilidade, o que parece condizente com a orientação, acima referida, no sentido de dar concretude às decisões proferidas em sede de mandado de injunção – orientação que poderia vir a se aplicar à ação direta de inconstitucionalidade por omissão, *mutatis mutandis*. Segundo o § 1º do mencionado dispositivo legal, "a medida cautelar poderá consistir na suspensão da aplicação da lei ou do ato normativo questionado, no caso de omissão parcial, bem como na suspensão de processos judiciais ou de procedimentos administrativos, ou ainda em outra providência a ser fixada pelo tribunal".

2.8 Eficácia da liminar e julgamento definitivo em regime de urgência

A competência para o deferimento da medida liminar não é do relator, o qual realiza os atos instrutórios para a deliberação sobre sua concessão em Plenário. A sessão dependerá da presença de no mínimo oito ministros e o deferimento exigirá maioria absoluta. O relator poderá conceder a liminar em caráter *ad referendum* no período de recesso forense.

A eficácia da liminar será *ex nunc*, portanto, produzindo sua eficácia para o futuro. Em casos excepcionais poderá ser concedida a eficácia *ex tunc*, o que permitirá a retroatividade da liminar. A concessão da liminar poderá provocar o poder restaurador provisório da legislação anterior (art. 11, § 2º, da Lei 9.868/1999).

O art. 12 da Lei 9.868/1999 confere a possibilidade de conversão do rito, permitindo que o julgamento da liminar se converta em decisão definitiva. A abreviação do procedimento dependerá da apreciação do relator, que analisará se a relevância da matéria e seu significado para a ordem jurídica e social não permitem maior delonga quanto à sua apreciação. Tal juízo levará à diminuição dos prazos para a prestação das informações (10 dias) e para a oitiva sucessiva das autoridades mencionadas naquele dispositivo legal (5 dias).

3. A SENTENÇA NA AÇÃO DIRETA DE INCONSTITUCIONALIDADE E SEUS EFEITOS

A eficácia da decisão judicial no controle concentrado é complexa, em virtude da evolução sofrida no STF no decorrer dos anos. A Lei 9.868/1999 sintetizou os aspectos essenciais quanto aos elementos que definem os contornos da decisão colegiada, os quais merecem exame detido.

A decisão, a ser proferida pelo Pleno do STF, exigirá a presença de no mínimo oito ministros. A relevância, *in re ipsa*, da matéria assim como os efeitos decorrentes da decisão justificam a reserva de Plenário prevista pelo art. 22 da Lei 9.868/1999. O julgamento ainda dependerá da manifestação de seis ministros, seja pela declaração de inconstitucionalidade ou de constitucionalidade. Não sendo alcançada a maioria necessária, pela ausência de ministros, a sessão deverá ser suspensa, aguardando-se o comparecimento dos faltantes para o prosseguimento do julgamento (art. 23 da Lei 9.868/1999).

Quanto ao conteúdo do ato decisório, preponderava na jurisprudência do STF que o princípio da separação dos Poderes impediria o Tribunal de agregar qualquer efeito ao ato decisório. Em suma, o comando sentencial seria essencialmente declaratório e limitado ao que foi requerido no pedido inicial. Dentro desta visão, o STF atuaria apenas como *legislador negativo*, realizando a correção pela via da declaração de nulidade. No entanto, a jurisprudência do STF começa a demonstrar uma evolução quanto ao ponto ao compreender que a *causa petendi* na ação direta de inconstitucionalidade é aberta – portanto, sem o compromisso com o princípio da congruência. Isto permitiria ao STF conhecer de outras inconstitucionalidades presentes no texto legal em caso de impugnação parcial, bem como introduzir efeitos aditivos, ainda que decorrentes de uma *interpretação conforme*.

A procedência da ação direta de inconstitucionalidade acarretará a *declaração de nulidade* da lei ou ato normativo impugnado, operando-se, como regra, a eficácia *ex tunc*, nos termos do art. 27 da Lei 9.868/1999. Entretanto, o art. 27 conferiu, em caráter excepcional, a *modulação temporal* nas decisões proferidas na ação direta de inconstitucionalidade, possibilitando a declaração de inconstitucionalidade somente a partir do trânsito em julgado (eficácia *ex nunc*), a declaração de inconstitucionalidade *pro futuro*, a declaração de inconstitucionalidade sem decretação de nulidade (com paralisação da eficácia normativa). A permissão de limitar os efeitos da decretação de nulidade revela nova postura do STF, na medida em que a integridade do texto constitucional é sopesada com a eficácia social da decisão proferida. O julgamento da ação direta de inconstitucionalidade e da ação declaratória de constitucionalidade terá efeito dúplice (*actio duplex*), nos termos do art. 24 da Lei 9.868/1999, na medida em que a improcedência do pedido na ação direta de inconstitucionalidade resulta na declaração de constitucionalidade do ato impugnado, o que também valerá para a hipótese contrária, ou seja, o julgamento de improcedência da ação declaratória de constitucionalidade equivalerá à declaração de inconstitucionalidade do ato impugnado.

Esta análise pelo STF é fundamental, uma vez que as decisões proferidas em controle concentrado não são suscetíveis de recurso ordinário ou extraordinário ou, mesmo, passíveis de ação rescisória (art. 26 da Lei 9.868/1999). Admite-se unicamente a interposição dos embargos de declaração.

A decisão final terá efeito vinculante e *erga omnes*, nos termos do art. 102, § 2º, da CF/1988 e do art. 28, parágrafo único, da Lei 9.868/1999. O efeito expansivo da decisão vincula todas as esferas dos Poderes

Judiciário e Executivo. Somente o Poder Legislativo não ficará inibido pela decisão, uma vez que poderá editar nova norma com o mesmo conteúdo da que tenha sido expungida pelo julgamento do STF. Aliás, nos casos de declaração de inconstitucionalidade sem pronúncia de nulidade provoca-se o Legislativo para a edição de nova regulamentação sobre o texto impugnado.

Em caso de desrespeito ao efeito vinculante, a parte prejudicada poderá se valer da reclamação para corrigir a violação quanto à eficácia *erga omnes* e vinculante da decisão do STF. A eficácia da decisão dependerá de sua publicidade, o que exige o cumprimento do disposto no art. 28, *caput*, da Lei 9.868/1999.

No caso de ação direta de inconstitucionalidade por omissão, a decisão do STF apontará a omissão do órgão legiferante competente, ao qual será dada ciência para a adoção das providencias necessárias (art. 103, § 2º, da CF/1988 e art. 12-H, *caput*, da Lei 9.868/1999, inserido pela Lei 12.063/2009). Tratando-se de omissão de órgão administrativo, "as providências deverão ser adotadas no prazo de 30 (trinta) dias, ou em prazo razoável a ser estipulado excepcionalmente pelo Tribunal, tendo em vista as circunstâncias específicas do caso e o interesse público envolvido" (cf. § 1º do art. 12-H).

§ 6º. AÇÃO DECLARATÓRIA DE CONSTITUCIONALIDADE

A ação declaratória de constitucionalidade não foi aceita com inteira adesão pela doutrina brasileira, na medida em que assume a conotação de autêntica *avocatória branca*. Ela é fruto da Emenda Constitucional 3/1993. Seu procedimento é similar ao estabelecido para a ação direta de inconstitucionalidade, aplicando-se o já foi exposto anteriormente quanto aos institutos que são comuns, quanto à fundamentação e ao pedido no libelo (art. 14, I e II, da Lei 9.868/1999), poderes do relator quanto ao indeferimento *in limine* (art. 15, *caput*, da Lei 9.868/1999), impossibilidade de desistência (art. 16 da Lei 9.868/1999), proibição da intervenção de terceiros (art. 18 da Lei 9.868/1999) e realização de diligências instrutórias para o julgamento da causa (art. 20 da Lei 9.868/1999), procedimento para a concessão da liminar, natureza dúplice (art. 24 da Lei 9.868/1999) e eficácia quanto ao julgamento (arts. 27 e 28 da Lei 9.868/1999).

Todavia, existem alguns aspectos peculiares ao procedimento, notadamente ligados à configuração própria deste instituto, o qual não encontra paralelo no sistema alienígena. A petição inicial deverá justificar "a existência de controvérsia judicial relevante sobre a aplicação da disposição objeto da ação declaratória" (art. 14, III, da Lei 9.868/1999). Esta exigência não deixa de configurar *contradictio in terminis*; afinal, toda lei é dotada de *presunção de constitucionalidade* até eventual declaração de inconstitucionalidade. A existência de conflito sobre sua interpretação e sua aplicação não a elimina do mundo jurídico. Entretanto, sua consagração legal e constitucional é indubitável. No que tange à demonstração da controvérsia, é fundamental sua indicação precisa, que se mostre relevante para fins de apreciação, não se admitindo formulação genérica.

Na disciplina da ação declaratória de constitucionalidade houve veto quanto à participação do *amicus curiae*, como se infere dos vetos opostos aos §§ 1º e 2º do art. 18 da Lei 9.868/1999. Entretanto, não há motivo que impeça sua participação, desde que demonstrada a relevância de seu ingresso como colaborador da Corte (*friend of Court*). O próprio art. 20, § 1º, da Lei 9.868/1999 prevê sua integração, ainda que de modo indireto. No que se refere à decisão da ação declaratória de constitucionalidade remetemos o leitor às considerações traçadas quanto ao regime da ação direta de inconstitucionalidade, uma vez que os arts. 22 a 28 são de aplicação comum.

§ 7º. ARGUIÇÃO DE DESCUMPRIMENTO DE PRECEITO FUNDAMENTAL

1. Noções gerais

A arguição de descumprimento de preceito fundamental foi introduzida em nosso ordenamento jurídico através da Emenda Constitucional 3/1993, juntamente com a ação declaratória de constitucionalidade. Contudo, o art. 102, § 1º, da CF/1988 exigia norma disciplinadora desta ação, a qual veio consagrada com a edição da Lei 9.882/1999. A arguição visa a tutelar os preceitos fundamentais do texto constitucional, os quais são pautados pela tutela aos direitos fundamentais e pelas normas que definem o Estado de Direito Democrático Brasileiro. Apesar de ultrapassada a classificação relativa à separação entre as normas *formalmente constitucionais* e as *materialmente constitucionais*, uma vez que todas são constitucionais, deve ser relevado que o termo "preceito fundamental" estará reservado para o núcleo essencial do texto constitucional. A arguição poderá ser apresentada em caráter *inibitório* ou *repressivo*.

A regulamentação do art. 102, § 1º, da CF contribuiu para a ampliação do controle de constitucionalidade, sendo interessante sobrelevar que a arguição de descumprimento de preceito fundamental colmata lacuna em nosso sistema ao permitir o exame do direito pré-constitucional bem como analisar as violações oriundas do direito municipal (art. 1º, parágrafo único, I, da Lei 9.882/1999). É importante salientar que pende no STF o julgamento da ADI 2.231, através da qual se questiona a constitucionalidade dos dispositivos da Lei 9.882/1999, tendo sido deferida liminar para suspender, com eficácia *ex nunc*, a aplicação do art. 5º, § 3º. O Relator, Min. Néri da Silveira, ainda conferiu *interpretação conforme* ao disposto no inciso I do parágrafo único do art. 1º, ao excluir de sua incidência a controvérsia constitucional concretamente deduzida em processo pendente.

2. LEGITIMIDADE

Todos os legitimados para a propositura da ação direta de inconstitucionalidade e da ação declaratória de constitucionalidade (art. 103 da CF/1988) podem propor a arguição de descumprimento de preceito fundamental. A previsão originária da Lei 9.882/1999 trazia a possibilidade de qualquer cidadão se utilizar da ação; contudo, a inexistência de qualquer "filtro" para sua propositura gerou o veto ao inciso II do art. 2º da Lei 9.882/1999. Todavia, nada impede que o particular represente ao Procurador-Geral da República, que poderá ingressar com arguição após realizar o exame do questionamento.

3. PROCEDIMENTO DA ARGUIÇÃO DE DESCUMPRIMENTO DE PRECEITO FUNDAMENTAL

Basta breve leitura da Lei 9.882/1999 para perceber a similaridade entre o procedimento da arguição e aquele previsto para a ação direta de inconstitucionalidade e para a ação declaratória de constitucionalidade, nos termos da Lei 9.868/1999. O processo dependerá da apresentação da petição inicial, que deverá cumprir os requisitos exigidos pelo art. 3º. O legitimado deverá descrever a causa de pedir, indicando a ameaça ou a violação a preceito fundamental. Além do preceito, o autor deverá descrever qual ato emanado do Poder Público (art. 3º, II) resulta em violação ao preceito fundamental. Dentre os atos sindicáveis enquadram-se todos os atos normativos e administrativos praticados pelo Poder Público, inclusive de particulares em regime de colaboração (permissão/concessão). Questão polêmica refere-se à possibilidade de sindicância sobre os atos políticos. O STF ainda mantém a vedação de controle sobre os atos políticos, o que parece não estar em sintonia com o novo papel a ser desempenhado pelo Supremo.

As provas serão juntadas pela demonstração documental do ato praticado, ou em vias de ser materializado, que gere o descumprimento de preceito fundamental. O pedido deverá conter a especificação para cada uma das impugnações relativas a preceitos violados. Tratando-se de arguição pela via incidental, será essencial a demonstração da controvérsia judicial relevante (art. 3º, V). A inicial será apresentada em duas vias e, quando for subscrita por advogado, deverá estar acompanhada do instrumento de mandato (CPC, art. 103).

4. PODERES DO RELATOR E PRINCÍPIO DA SUBSIDIARIEDADE

Assim como no procedimento da ação direta de inconstitucionalidade, o relator assumirá a função de preparação do processo para julgamento. Competirá ao relator indeferir, *in limine*, o pedido de arguição quando a petição for inepta, não obedecer aos requisitos do art. 3º ou quando o fundamento invocado não possibilitar a via eleita. Apesar de não existir qualquer menção junto ao art. 4º, aplicar-se-á o *princípio da aproveitabilidade da petição inicial*, decorrente do princípio da economia, uma vez que o descumprimento de alguns elementos do art. 3º permite a emenda. A natureza do processo objetivo reforça sua aplicação, uma vez que prevalecem o impulso oficial e o interesse público na solução da demanda. O relator poderá determinar atos instrutórios, nos termos do art. 5º, § 2º, da Lei 9.882/1999.

O legislador estabelece o *princípio da subsidiariedade* em relação à arguição de descumprimento de preceito fundamental. Ela terá cabimento quando qualquer outro meio típico de controle concentrado não se mostrar eficaz. A ação direta de inconstitucionalidade e a ação declaratória de constitucionalidade não podem ser utilizadas para contestar ofensa de ato normativo municipal em face da Constituição; logo, nesta hipótese, a arguição de descumprimento de preceito fundamental será o meio mais eficaz em face do caso concreto. O STF atribuiu papel singular à arguição de descumprimento de preceito fundamental como meio de salvaguarda dos direitos fundamentais, ainda que a ofensa não provenha exclusivamente de ato do Poder Público, conforme dicção do art. 1º, *in fine*, da Lei 9.882/1998.

A decisão de indeferimento da inicial, assim como na ação direta de inconstitucionalidade, estará sujeita a revisão por meio de agravo, cujo prazo para interposição será de 15 dias, em face da alteração propiciada pelo art. 1.070 do CPC. Ainda que se trate de decisão que encerra a relação processual, não há previsão de apelação para a presente hipótese, em vista da tipicidade cerrada do § 2º do art. 4º da Lei 9.882/1999.

5. CONCESSÃO DE LIMINAR NA ARGUIÇÃO DE DESCUMPRIMENTO DE PRECEITO FUNDAMENTAL

O pedido liminar para a suspensão do ato impugnado será concedido quando a maioria dos membros do Pleno se manifestar pela existência de *ameaça* ou *violação* de preceito fundamental. Em situação de urgência e de extremo perigo, ou mesmo em período de recesso, quando não seja possível reunir os ministros de modo imediato para a apreciação da questão, o relator poderá apreciar o pedido liminar, *ad referendum* (art. 5º, § 1º, da Lei 9.882/1999). Lembramos que o § 3º do art. 5º se encontra suspenso por força da pendência do julgamento da ADI 2.231-8. O relator poderá determinar a oitiva dos órgãos responsáveis pelo ato impugnado, assim como do Advogado-Geral da União ou do Procurador-Geral da República, no prazo comum de cinco dias, quando entenda necessário para decidir sobre o pedido de urgência.

Caso a liminar tenha sido decidida sem a requisição das informações, o relator as solicitará no prazo de 10 dias, inclusive realizando pedido de informações adicionais, que poderão ser prestadas por escrito ou em audiências públicas, por *experts* nomeados, ou pela participação do *amicus curiae* (art. 6º). Admite-se no julgamento da arguição de descumprimento de preceito fundamental, a critério do relator, a apresentação de memoriais e de sustentação oral. Antes da reunião do Plenário para a apreciação do mérito, o Procurador-Geral da República terá o prazo de cinco dias para manifestação final.

6. DECISÃO FINAL NA ARGUIÇÃO DE DESCUMPRIMENTO DE PRECEITO FUNDAMENTAL E MODULAÇÃO DE EFEITOS

A decisão colegiada exige *quorum* qualificado para a instalação da sessão (dois terços); contudo, não prevê, de modo expresso, a necessidade de maioria qualificada para a declaração de procedência da arguição. Aplica-se ao caso o princípio da reserva de plenário, conforme dicção do art. 97 da CF/1988.

Após o julgamento da ação serão comunicados os órgãos e autoridades responsáveis pela prática dos atos que foram alvo da arguição de descumprimento de preceito fundamental (art. 10 da Lei 9.882/1999).

O cumprimento da decisão será imediato e dependerá da mera comunicação ao interessado, postergando-se a lavratura do acórdão. Somente transcorridos 10 dias, a contar do trânsito em julgado, a parte dispositiva da decisão será publicada no *Diário da Justiça* e no *Diário Oficial da União* (art. 10, §§ 1º e 2º).

O art. 11 da Lei 9.882/1999 também permite a aplicação da técnica de modulação quanto ao conteúdo e ao limite temporal de incidência da declaração, permitindo que se limite a eficácia *ex nunc* ou, mesmo, restringindo a retroatividade, em respeito aos princípios da segurança jurídica ou do interesse social. A decisão proferida não estará sujeita a recurso ou ação rescisória. Apesar da ausência de menção expressa, sempre será possível a interposição dos embargos de declaração. Será plenamente cabível a reclamação como garantia da autoridade do STF quanto ao cumprimento de suas decisões, especialmente por se tratar de decisão proferida em sede de controle concentrado (art. 13).

Capítulo IV
SISTEMAS DOS JUIZADOS ESPECIAIS (ESTADUAL, FEDERAL E DAS FAZENDAS PÚBLICAS ESTADUAIS E MUNICIPAIS)

1. A origem dos Juizados Especiais. 2. O Juizado e os procedimentos especiais. 3. Expansão e transformações dos Juizados Especiais. § 8º. JUIZADOS ESPECIAIS CÍVEIS (LEI 9.099/1995). § 9º. JUIZADOS ESPECIAIS CÍVEIS DA JUSTIÇA FEDERAL (LEI 10.259/2001). § 10. JUIZADOS ESPECIAIS DA FAZENDA PÚBLICA (LEI 12.153/2009).

1. A ORIGEM DOS JUIZADOS ESPECIAIS

A tentativa de otimizar a prestação da tutela jurisdicional levou o legislador a introduzir técnica voltada à sumarização e à simplificação do procedimento processual. A necessidade de fornecer procedimento célere e ágil para questões de menor complexidade propiciou, ainda na década de 1980, a edição da Lei 7.244/1984, que conferia a possibilidade de os Estados e o Distrito Federal criarem Juizados de Pequenas Causas, com atribuição para o julgamento das causas de reduzido valor econômico (art. 1º).

A Lei 7.244/1984 trouxe a condensação dos princípios informadores dos Juizados Especiais; porém, não possibilitou o fim almejado quanto à socialização do processo civil, especialmente quanto ao desafogo da Justiça Comum. A ausência de estruturação e de dotação orçamentária específica contribuiu para o insucesso dos Juizados.

Com a Constituição/1988 a necessidade de criação dos Juizados foi expressamente prevista como meio de democratização do processo, como se depreende do art. 98, I. A norma constitucional inovou ao prever a criação de Juizados para o julgamento das causas da União.

2. O Juizado e os procedimentos especiais

Entendemos que com a criação dos Juizados Especiais podemos classificar os procedimentos comuns em *ordinários*, *sumários* e *sumaríssimos*. O tratamento analítico dos Juizados Especiais no capítulo dos procedimentos especiais corresponde apenas a uma opção didática. Em vista da criação dos Juizados Especiais da Fazenda Pública, esta topologia permite o delineamento dos três microssistemas com maior vagar, pressupondo a incorporação de conceitos e institutos já trabalhados no primeiro tomo deste *Curso*. Não seria lícito afirmar que os Juizados correspondem meramente a um procedimento especial, pois a lei criou expressamente um novo órgão vinculado à Justiça Comum, informado por princípios próprios, com estrutura e procedimento peculiares, inclusive com previsão de acesso recursal diferenciado, composto por juízes da primeira instância. Por outro lado, o Enunciado 8 do Fórum Nacional de Juizados Estaduais/FONAJE expressa entendimento contrário à admissão dos procedimentos especiais nos Juizados: "As ações cíveis sujeitas aos procedimentos especiais não são admissíveis nos Juizados Especiais".

3. Expansão e transformações dos Juizados Especiais

Inicialmente a sistematização alcançou a Justiça Estadual, mediante a edição da Lei 9.099/1995. Alguns Estados já possuíam Juizados estruturados ainda nos moldes da Lei 7.244/1984, o que gerou a necessidade de transformação e adaptação. A Lei 9.099/1995 inseriu o procedimento sumaríssimo para as causas de menor complexidade tanto no âmbito civil quanto penal. Somente através da Lei 10.259/2001 foram criados os Juizados Especiais Federais, com objetivo de propiciar maior celeridade na Justiça Federal, especialmente nas causas previdenciárias, as quais estão relacionadas à proteção de direitos fundamentais ligados à subsistência do ser humano. Por último, foram criados os Juizados Especiais da Fazenda Pública, de acordo com o texto da Lei 12.153/2009, instituídos para o julgamento das causas da Fazenda Pública. Estes Juizados serão estruturados pela União, pelos Estados e Distrito Federal para o julgamento e a execução das causas sob suas respectivas competências. Sem dúvida, a iniciativa é louvável, pela simplificação do procedimento, especialmente em vista do jurisdicionado, que não dependerá da expedição de precatório para o cumprimento das decisões oriundas desses Juizados.

Pensamos ser possível depreender da análise dos procedimentos previstos nas leis mencionadas a existência de um *sistema* dos Juizados Especiais, visto que muitos são os princípios aplicáveis comumente a quaisquer dos procedimentos referidos – embora haja peculiaridades dignas de destaque, consoante se observará oportunamente.[1]

Analisaremos, na sequência, os procedimentos relativos aos três Juizados, em vista das peculiaridades que informam cada um dos microssistemas.[2]

§ 8º. JUIZADOS ESPECIAIS CÍVEIS
(LEI 9.099/1995)

1. OS JUIZADOS ESPECIAIS CÍVEIS E A LEI 9.099/1995

O cumprimento do disposto no art. 98, I, da CF/1988 materializou-se, num primeiro momento, com a criação dos Juizados Especiais pela Lei 9.099/1995. Esta lei institui, no âmbito dos Estados, um microssistema pautado pelos princípios da *oralidade, simplicidade, informalidade, economia processual* e *celeridade*.

No âmbito cível os Juizados Especiais foram instituídos com o objetivo de desafogar a Justiça Comum e ao mesmo tempo propiciar decisão célere para situações de menor complexidade (*small claims*), especialmente para a parcela da população mais necessitada, que não possuía o devido acesso à Justiça.

A gratuidade do acesso e a dispensa de advogado para causas de até 20 salários-mínimos provocaram uma avalanche de processos, o que trouxe congestionamento e alongamento das pautas dentro do próprio Juizado. Tal fato não surpreendeu os operadores do Direito, em vista da existência, até então, de uma *litigiosidade contida*. Afinal, questões que antes não seriam jamais reclamadas em juízo passaram a contar com um sistema simples e eficiente para a solução de pendências de menor valor econômico. O sucesso do modelo dos Juizados Especiais após a Lei 9.099/1995 leva a uma preocupação natural com o esgotamento e a sobrecarga do

---

1. Este sistema, como lembra Paulo Fadigas (in Jorge Tosta (coord.), *Juizados Especiais da Fazenda Pública*, p. 8.), está reconhecido no art. 1º, parágrafo único, da Lei 12.153/2009, ao menos na esfera estadual: "O sistema dos Juizados Especiais dos Estados e do Distrito Federal é formado pelos Juizados Especiais Cíveis, Juizados Especiais Criminais e Juizados Especiais da Fazenda Pública".

2. O sistema dos Juizados Especiais é marcado pela celeridade e informalidade e não ignora o diálogo com o Código de Processo Civil, inclusive quanto à prioridade de tramitação dos processos, conforme arts. 11 e 1.048 do CPC. Deve ser feita referência à Lei 13.466/2017, que reconhece para as pessoas com mais de 80 anos de idade regime de prioridade em relação aos idosos. A alteração atinge o art. 71, § 5º, do Estatuto do Idoso (Lei 10.741/2003).

sistema. Em muitas localidades as pautas de audiência já ultrapassam meses, e ainda se observa que não houve o investimento necessário para o aparelhamento e a informatização dos Juizados. Admite-se a figura do terceiro unicamente com o ajuizamento dos embargos de terceiro.

É possível antever no modelo dos Juizados Especiais Cíveis grande inspiração para a reforma processual de 2015, especialmente quanto à supressão do modelo beligerante que inaugurava a relação processual com a oferta de contestação. A possibilidade de iniciar a relação processual pelo ato de conciliação revela forte influência do modelo dos Juizados.

2. PRINCÍPIOS INFORMATIVOS DOS JUIZADOS

O art. 2º da Lei 9.099/1995 estabelece que os Juizados serão informados pelos princípios da *oralidade, simplicidade, informalidade, economia processual* e *celeridade*. A oralidade está presente de modo claro no procedimento dos Juizados, que prevê duas audiências no desenrolar do procedimento, sendo a primeira para tentativa de conciliação e transação (art. 16) e a segunda de instrução (art. 27), sem prejuízo da instituição de juízo arbitral (art. 24).

O processo predominantemente oral busca o contato direto entre os sujeitos processuais e permite maior celeridade, em vista da informatização quanto à prática dos atos processuais. Desde a redescoberta da oralidade por Chiovenda a doutrina a enfoca, mediante o exame de quatro subprincípios: *imediação, concentração, identidade física do juiz* e *irrecorribilidade das decisões interlocutórias*.

A imediação caracteriza-se pelo contato direto do juiz com as partes, o que favorece não só a melhor coleta da prova, mas também a tentativa de solução amigável, pela conciliação ou transação. A concentração no Juizado Especial é intensa, pois nas audiências praticam-se quase todos os atos processuais, seja na audiência de conciliação ou na de instrução e julgamento. Ambas serão designadas em datas próximas, quando não for possível sua realização após a frustração da conciliação (art. 27 da Lei dos Juizados Especiais).

A identidade física do juiz precisa ser analisada de modo diferenciado no Juizado, pois em regra a audiência é celebrada pelo juiz leigo, e não pelo juiz togado. Será essencial que o juiz leigo que tenha realizado a instrução profira a sentença, a qual será submetida à homologação do juiz togado (art. 40).

A irrecorribilidade das interlocutórias constitui o último subprincípio, o qual impede que as decisões proferidas no Juizado sejam alvo de recursos que possam paralisar a marcha processual. Todas as questões decididas no decorrer do procedimento e da audiência são devolvidas para a sentença (art. 29). A aplicação deste princípio deve ser mitigada no Juizado especialmente quando exista concessão de tutela provisória (art. 294 do CPC). A inexistência do agravo não impedirá a utilização do mandado de segurança para situações excepcionais.

Os demais princípios, da *simplicidade, informalidade, economia processual* e *celeridade*, estão em harmonia com o espírito dos Juizados Especiais, nos quais o juiz velará pela solução eficaz e rápida do processo, podendo valer-se da equidade e das máximas de experiência como critério de decisão. A instrução e o procedimento serão flexíveis, o que está de acordo com a simplicidade e a efetividade do processo, orientando a produção da prova e desprezando atos reputados como inúteis ou protelatórios (arts. 5º e 6º).

2.1 Os Juizados e o Código de Processo Civil/2015

Deve ser ressaltado que a aplicação da Lei 13.105/2015 deverá ser alvo de análise detida e de grande discussão doutrinária e construção jurisprudencial. O art. 2º da Lei 9.099/1995 revela a opção legal e axiológica dos juizados, o que restou explicitado pelo Enunciado FONAJE-161: "Considerado o princípio da especialidade, o Código de Processo Civil/2015 somente terá aplicação ao Sistema dos Juizados Especiais nos casos de expressa e específica remissão ou na hipótese de compatibilidade com os critérios previstos no art. 2º da Lei n. 9.099/95".

Um dentre os pontos polêmicos e de choque entre o Código de Processo Civil/2015 e os Juizados diz respeito à contagem dos prazos, os quais são computados apenas em dias úteis perante o Código de Processo Civil vigente, conforme expressa dicção do art. 219. Esta opção colide frontalmente com a celeridade do sistema dos Juizados. Parece-nos correta a formulação do Enunciado FONAJE-165: "Nos Juizados Especiais Cíveis, todos os prazos serão contados de forma contínua". É importante a sedimentação paulatina dos pontos essenciais sobre a interação entre os dois diplomas.

3. Competência

3.1 Regra geral

O Juizado terá competência para o julgamento de causas de menor complexidade, as quais são consideradas pela lei como aquelas cujo valor não ultrapasse 40 salários-mínimos. A eliminação do procedimento sumário presente no Código de Processo Civil/1973 suprimiu a tipificação do seu art. 275, II; contudo, referidas ações não mais previstas como hipóteses de procedimento sumário podem ser processadas pelo rito sumariíssimo do Juizado Especial, desde que obedecido o teto.[3] São causas de menor complexidade e que ainda se alinham ao espírito do art. 2º da Lei 9.099/1995. A *praxis* já revelava que os Juizados tinham absorvido, paulatinamente, as ações do juízo comum concernentes ao art. 275, II, do CPC/1973, o que de certa forma contribuiu para a eliminação do procedimento sumário. Também serão de competência dos Juizados as ações de despejo para uso próprio, independentemente do valor do imóvel. Por fim, também são da competência do Juizado as ações possessórias sobre bens imóveis cujo valor não exceda 40 salários-mínimos.[4] Eventual impugnação ao valor da causa deverá ser decidida de plano pelo juiz, na audiência, evitando-se qualquer transtorno ao bom andamento da causa (art. 29 da Lei 9.099/1995).[5] Admite-se a utilização dos embargos de terceiro no Juizado Especial. Apesar de sua especialidade, a ação é essencial para evitar o desenvolvimento de relação processual inútil, especialmente na fase de execução (art. 674 do CPC). Neste sentido é expressa a autorização do Enunciado FONAJE-155: "Admitem-se embargos de terceiro, no sistema dos Juizados, mesmo pelas pessoas excluídas pelo § 1º do art. 8º da Lei n. 9.099/1995".

O Juizado Especial instituído pela Lei 9.099/1995 não possui competência absoluta, ao contrário do Juizado Especial Federal (art. 3º, § 3º, da Lei 10.259/2001) e do Juizado Especial da Fazenda Pública (art. 2º, § 4º, da Lei 12.153/2009).

A complexidade da instrução probatória poderá implicar o deslocamento da causa para o procedimento comum, especialmente quando necessária a prova pericial. A prova pericial produzida pelas partes e apresentada como prova documental, não é eliminada do Juizado e pode ser utilizada para fins de julgamento.

---

3. E que deverá provocar a revisão do Enunciado FONAJE-58: "As causas cíveis enumeradas no art. 275, II, do CPC admitem condenação superior a 40 (quarenta) salários-mínimos e sua respectiva execução, no próprio Juizado".
4. Nos termos do Enunciado FONAJE-50, o salário-mínimo é o nacional: "Para efeito de alçada, em sede de Juizados Especiais, tomar-se-á como base o salário--mínimo nacional".
5. A leitura do art. 3º da Lei 9.099/1995 é restritiva, conforme o Enunciado FONAJE-30: "É taxativo o elenco das causas previstas na o art. 3º da Lei 9.099/1995". Ao menos nas causas de procedimentos especiais, pois em relação às demais o valor da causa acaba sendo o critério de limitação de acesso ao Juizado.

O próprio juiz poderá perceber, no decorrer da instrução, a inviabilidade da continuidade do processo pelo Juizado e determinar sua remessa para as vias ordinárias (art. 51, II, da Lei 9.099/1995).

O Juizado também será competente para a execução dos seus julgados, bem como para a execução de títulos extrajudiciais cujo valor da execução não ultrapasse o teto de 40 salários-mínimos. Existindo opção pela execução no Juizado de títulos com valor superior, considera-se renunciado o valor excedente. O mesmo valerá para pedidos condenatórios formulados com patamar superior ao limite de 40 salários-mínimos.

Questão interessante e já apontada em nota anterior reside na existência de limitação quanto ao valor da causa em relação aos pedidos formulados por pretensões materiais especiais e admitidas no sistema dos Juizados, como a ação de despejo para uso próprio. Mesmo que a causa ultrapasse 40 salários-mínimos, o pedido não pode ser negado. As ações possessórias possuem limitação expressa (art. 3º, IV, da Lei dos Juizados Especiais). Como o art. art. 275, II, do CPC/1973 foi revogado pelo Código/2015, o Enunciado FONAJE-58 deverá passar por revisão, como já comentado anteriormente: "As causas cíveis enumeradas no art. 275, II, do CPC, admitem condenação superior a 40 (quarenta) salários-mínimos e sua respectiva execução, no próprio Juizado".

É oportuno lembrar que existem muitas causas de pequeno valor que são mais complexas do que causas de grande valor econômico, as quais muitas vezes podem ser de simples resolução. Aliás, deve ser esclarecido que a incompetência para fins do Juizado nunca pode ser analisada *prima facie*, apenas pela descrição da causa de pedir, mas pela complexidade da produção da prova, cuja produção deficiente ou não produção poderão comprometer a formação da coisa julgada.[6]

Para fins do Código de Processo Civil/2015, vale ressaltar a aprovação do Enunciado FONAJE-97, que representa um modo de compatibilizar a execução das *astreintes* de 10% na execução: "A multa prevista no art. 523, *§ 1º*, do CPC/2015 aplica-se aos Juizados Especiais Cíveis, ainda que o valor desta, somado ao da execução, ultrapasse o limite de alçada; a segunda parte do referido dispositivo não é aplicável, sendo, portanto, indevidos honorários advocatícios de 10% (dez por cento)".

6. Neste sentido deve ser realizada a leitura do Enunciado FONAJE-54: "A menor complexidade da causa para a fixação da competência é aferida pelo objeto da prova e não em face do direito material".

3.2 Foro competente

A Lei dos Juizados não estabeleceu regra diversa da orientação já traçada pelo Código de Processo Civil para regular o foro competente. É possível afirmar que prevalece a regra geral do art. 46 do CPC, que está espelhada no art. 4º, I, da Lei 9.099/1995. Será competente o foro *do domicílio do réu* ou, a critério do autor, do local onde aquele exerça atividades profissionais ou econômicas ou mantenha estabelecimento, filial, agência, sucursal ou escritório. Note-se que o texto preordena os foros competentes, tornando facultativa ao autor da demanda a propositura do pedido em qualquer um deles.

Não há interesse e possibilidade jurídica no oferecimento de exceção de incompetência relativa por desobediência à ordem dos incisos do art. 4º da Lei 9.099/1995. Obviamente, não se encaixando o foro escolhido em nenhuma das hipóteses do art. 4º, o réu poderá suscitar a incompetência na contestação. Caso a alegação de incompetência seja acolhida, não será hipótese de mera remessa do processo ao juiz competente, mas, sim, de encerramento do processo (art. 51, III). A extinção do feito justifica--se pela celeridade e pela informalidade do Juizado. O mecanismo de exceção, ainda que vigente o processo eletrônico, representa sobrecarga indevida. Cabe à parte ingressar com o pedido no foro competente, conforme indicação da própria decisão judicial de extinção.

No sistema do Juizado Especial não se aplica a Súmula 33 do STJ, pois o juiz poderá conhecer de ofício da incompetência. É louvável, em atenção ao art. 9º do CPC, a abertura de prévio contraditório, em vista de possível fato que esclareça o ajuizamento da demanda. Vale o Enunciado FONAJE-89: "A incompetência territorial pode ser reconhecida de ofício no sistema de Juizados Especiais Cíveis".

3.3 Incompetência absoluta

O Juizado Especial será incompetente de modo absoluto para o julgamento das causas elencadas no art. 3º, § 2º, da Lei 9.099/1995. Ficam excluídas da competência do Juizado Especial as causas de natureza alimentar, falimentar, fiscal e de interesse da Fazenda Pública e também as relativas a acidentes de trabalho, a resíduos e ao estado e à capacidade das pessoas, ainda que de cunho patrimonial. A vedação também se estende à Lei 10.259/2001, *mutatis mutandis*. A Fazenda Pública foi excluída expressamente do âmbito de incidência da Lei 9.099/1995 e conta com procedimento especial próprio, nos termos da Lei 12.153/2009, o qual será examinado posteriormente. A competência consiste em pressuposto processual positivo essencial para o desenvolvimento regular do processo na seara dos Juizados Especiais. Ao contrário do procedimento comum, em que a incompetência acarreta o deslocamento do processo para o juízo competente, no Juizado Especial a solução será o encerramento do processo, mesmo tratando-se de incompetência territorial (art. 51, II, III e IV, da Lei 9.099/1995).[7]

4. PARTES

4.1 Pessoas que podem ser parte

Em vista da natureza e da vocação dos Juizados Especiais, a legitimação ativa (material e processual) dos Juizados está direcionada, preferencialmente, às pessoas físicas. Está vedado o acesso, nos termos da Lei 9.099/1995, às pessoas jurídicas de direito público, incluindo-se as empresas públicas. A mesma proibição atinge a massa civil, o insolvente, o preso e o incapaz. As pessoas jurídicas de direito privado também eram alcançadas pela vedação, pois não se admitia, em absoluto, sua participação ou, mesmo, a exigência do crédito pela pessoa física na qualidade de cessionário (art. 8º, § 1º).

Até a alteração promovida pela Lei 12.126/2009 a única exceção aberta para as pessoas jurídicas dizia respeito às micro e pequenas empresas, desde que comprovada a qualidade de sua constituição em juízo. Esta exceção teve origem na Lei 9.841/1999, posteriormente incorporada pelo Estatuto da Micro e Pequena Empresa, nos termos do art. 74 da Lei Complementar 123/2006. Com a Lei 12.126/2009 o rol de legitimados foi aumentado, nos termos da nova redação do art. 8º, § 1º, II, III e IV. Posteriormente o art. 8º, § 1º, II, foi alterado pela Lei Complementar 147/2014, que agora preveem expressamente a possibilidade de ingresso das pessoas enquadradas como microempreendedores individuais, microempresas e empresas de pequeno porte, na forma da Lei Complementar 123/2006, das pessoas jurídicas qualificadas como Organização da Sociedade Civil de Interesse Público/OSCIP, nos termos da Lei 9.790, de 23.3.1999, e das sociedades de crédito ao microempreendedor, nos termos do art. 1º da Lei 10.194, de 14.2.2001.

Não se admite no Juizado o preposto de pessoa física, uma vez que o comparecimento é essencial para possibilitar a tentativa de conciliação

---

7. Joel Dias Figueira Jr., *Da Competência nos Juizados Especiais Cíveis*, p. 18.

e solução do processo. A ausência da pessoa física será causa de extinção do processo.

Por outro lado, tratando-se de pessoa jurídica que ocupe o polo passivo ou, excepcionalmente, o polo ativo, a preposição há de ser admitida.

4.2 Capacidade postulatória

Nas ações de competência do Juizado será facultada a propositura do pedido sem a assistência do advogado nas causas de até 20 salários-mínimos (art. 9º da Lei dos Juizados Especiais). Ultrapassado o teto, o pedido deverá ser obrigatoriamente formulado com a presença de procurador judicial. É importante que o juiz não permita a participação da pessoa física sem o acompanhamento de advogado quando a parte adversa estiver acompanhada. Trata-se de garantia da isonomia processual.

No entanto, cremos que a interpretação literal do art. 9º não revela a melhor aplicação do dispositivo. Afinal, na fase de conciliação nada impede que a parte esteja desacompanhada, uma vez que não há produção de prova técnica. Não há prejuízo. Neste sentido deve ser realizada a leitura do Enunciado FONAJE-36: "A assistência obrigatória prevista no art. 9º da Lei n. 9.099/1995 tem lugar a partir da fase instrutória, não se aplicando para a formulação do pedido e a sessão de conciliação".

4.3 Litisconsórcio e intervenção de terceiros

Não há qualquer empecilho quanto à formação do litisconsórcio na modalidade facultativa ou necessária (art. 10). Veda-se, no entanto, a utilização de qualquer uma das modalidades de intervenção de terceiros, uma vez que a integração compromete a simplicidade e a celeridade do processo. A figura do *amicus curiae* (art. 138 do CPC), embora não seja propriamente uma modalidade de intervenção, em sua acepção clássica, poderia ser alvo de aceitação na relação processual, inclusive para superar eventual necessidade de prova pericial.

Admite-se, em tese, a desconsideração da personalidade jurídica, conforme orientação do Enunciado FONAJE-60: "É cabível a aplicação da desconsideração da personalidade jurídica, inclusive na fase de execução". Na prática, a orientação não é de simples materialização, em vista da necessidade de suspensão e formação do incidente, em relação ao que dispõe o CPC/2015, em face dos arts. 133 e 134.

5. O PROCEDIMENTO NO JUIZADO ESPECIAL E O DESENVOLVIMENTO DOS ATOS PROCESSUAIS

5.1 Visão geral do procedimento

Os atos processuais serão desenvolvidos com obediência ao princípio da publicidade (art. 12), permitindo-se a prática de atos processuais no período noturno – o que se revela essencial em muitas regiões rurais nas quais predomina o trabalho avulso mediante o pagamento de diárias. O princípio da instrumentalidade também possui ampla aplicação perante a Lei 9.099/1995, uma vez que a informalidade reinante nos Juizados determina que o ato somente poderá ser anulado quando não atingir o fim almejado (*pas de nullité sans grief*). A própria expedição de carta precatória não dependerá de maior formalidade, pois o juízo deprecado poderá ser comunicado por qualquer meio considerado idôneo, inclusive eletrônico (art. 13, § 2º, da Lei 9.099/1995).

5.2 petição inicial

O pedido no Juizado Especial poderá ser apresentado nas modalidades verbal, escrita ou eletrônica. A primeira opção exige que a Secretaria do Juizado reduza as declarações a termo, uma vez que o processo necessita de comprovação quanto à sua existência. O processo também poderá ser praticado na modalidade eletrônica, que substituirá, inevitavelmente, a modalidade escrita. Sua implantação, após a edição da Lei 11.419/2006, é progressiva e inevitável. A formulação do pedido não foge da estrutura delineada pelo art. 319 do CPC; contudo, sem seu rigor. O art. 14 determina que o pedido deverá ser formulado de modo claro e simples, com exposição da causa de pedir e do pedido, qualificação das partes e a indicação do valor perseguido em juízo. O valor assumirá importância para definir a própria competência do Juizado Especial.

Admite-se a possibilidade de emenda do pedido inicial até a fase que antecede a instrução, desde que concedido novo prazo para formulação de defesa. Neste sentido deve ser lido o Enunciado FONAJE-157: "Nos Juizados Especiais Cíveis, o autor poderá aditar o pedido até o momento da audiência de instrução e julgamento, ou até a fase instrutória, resguardado ao réu o respectivo direito de defesa".

5.2.1 Tutela provisória

Embora não exista previsão específica, admite-se a concessão de tutela provisória no Juizado Especial, seja na modalidade de cautelar, tutela antecipada ou tutela de evidência (art. 294 do CPC). A insurgência contra o ato de concessão poderá ser alvo de mandado de segurança. A concessão de tutela antecipada antecedente não deve ser admitida, uma vez que não se coaduna com o escopo do Juizado, conforme entendimento formulado pelo Enunciado FONAJE-163: "Os procedimentos de tutela de urgência requeridos em caráter antecedente, na forma prevista nos arts. 303 a 310 do CPC/2015, são incompatíveis com o Sistema dos Juizados Especiais".

A teor do Enunciado FONAJE-90: "A desistência da ação, mesmo sem a anuência do réu já citado, implicará a extinção do processo sem resolução do mérito, ainda que tal ato se dê em audiência de instrução e julgamento, salvo quando houver indícios de litigância de má-fé ou lide temerária".

5.3 Citação e intimação

Após a formalização da petição inicial o réu será citado preferencialmente por correspondência com Aviso de Recebimento/AR (art. 18). Tratando-se de pessoa jurídica, bastará que o comprovante seja entregue ao responsável pela recepção, devidamente identificado. A contrafé deverá conter cópia do pedido e a cientificação quanto à data para audiência de conciliação, com advertência das penalidades em caso de não comparecimento. A citação por edital é vedada nos Juizados Especiais. As intimações serão realizadas na mesma modalidade prevista para a citação.

A intimação eletrônica, inclusive por meios alternativos, será admitida, mas dependerá da anuência da parte. Não se exige a formalidade do Código de Processo Civil para a integridade do ato de intimação com as exigências do art. 272, conforme o Enunciado FONAJE-169: "O disposto nos §§ 1º e 5º do art. 272 do CPC/2015 não se aplica aos Juizados Especiais".

5.4 Audiências de conciliação e instrução

O procedimento é bifásico, com previsão de duas audiências. O réu será citado para comparecer a uma primeira audiência de conciliação, e sua contumácia acarretará a revelia (art. 16). Por outro lado, o não comparecimento do autor resultará na extinção do processo. O ato poderá ser realizado pelo conciliador ou, ainda, pelo juiz leigo ou togado, embora seja incomum a última hipótese. A conciliação positiva será homologada pelo juiz togado e constituirá título executivo judicial. A inovação oriunda da Lei 12.153/2009, através do art. 16, § 1º, merece aplicação nesta seara, o que permitiria, desde a fase inicial, uma possibilidade efetiva de conciliação e economia dos atos processuais.

É possível que as partes optem pelo juízo arbitral na hipótese de insucesso da conciliação, para o qual será nomeado um árbitro, dentre os juízes leigos da circunscrição territorial. Em caso contrário será designada nova data para a audiência de instrução, exceto se todas as partes concordarem com a instrução do feito imediatamente, o que será hipótese assaz rara (art. 27 da Lei 9.099/1995). Na mesma audiência de instrução serão colhidas as provas pertinentes ao julgamento da causa e proferida a decisão. As questões incidentais serão decididas de plano, em vista da irrecorribilidade em separado das interlocutórias. A audiência de instrução não poderá ser conduzida pelo conciliador, apenas pelo juiz leigo ou togado.

O comparecimento da parte é obrigatório na audiência, conforme o Enunciado FONAJE-78: "O oferecimento de resposta, oral ou escrita, não dispensa o comparecimento pessoal da parte, ensejando, pois, os efeitos da revelia".

5.5 Produção de provas

Será admitida a produção de todas as provas lícitas: documental, testemunhal e técnica. Aplica-se a regra do art. 369 do CPC. Não há necessidade de especificação prévia, em vista da concentração dos atos processuais, e o juiz poderá desconsiderar todas aquelas provas que forem impertinentes. A oitiva de até três testemunhas dependerá de depósito prévio do rol, em até cinco dias, quando a intimação for requerida pela parte. Os depoimentos não serão obrigatoriamente transcritos; todavia, aconselha-se a gravação digital ou magnética (art. 36 da Lei 9.099/1995). A prova pericial não será produzida no Juizado nos moldes do art. 464 do CPC, e sua necessidade gerará a resolução do procedimento, nos termos do art. 51, II, da Lei 9.099/1995. Por outro lado, é possível a produção de prova documental, com a juntada de laudo pré-constituído, ou mesmo a oitiva de *expert* que possa elucidar pontos relevantes sobre o objeto litigioso. Como assinalamos, até o *amicus curiae* poderá fornecer esclarecimentos que possam auxiliar na decisão. Vale lembrar a aplicação do Enunciado FONAJE-12: "A perícia informal é admissível na hipótese do art. 35 da Lei n. 9.099/1995".

5.6 Resposta do réu e pedido contraposto

A contestação englobará todas as possíveis formas de manifestação do réu no procedimento sumariíssimo, exceto quando forem arguidas exceção de suspeição ou impedimento, as quais serão formalizadas em peças autônomas. A exceção de incompetência será formulada como preliminar de contestação.

A Lei 9.099/1995 foi silente quanto ao prazo para a apresentação da contestação. O Enunciado FONAJE-10 estabelece que a defesa será apresentada até o início da audiência de instrução. A peça de defesa poderá conter pedido contraposto, o que confere caráter dúplice ao procedimento do Juizado Especial (art. 31 da Lei 9.099/1005). Somente a matéria prevista pelo art. 3º poderá ser alvo de pedido contraposto, o que o diferencia frontalmente da reconvenção. A apresentação de pedido na peça de defesa amplia o objeto litigioso. Por tal motivo, o autor terá o ônus de formular defesa e poderá precisar de prazo para responder, uma vez que foi surpreendido na audiência de instrução. Nesta hipótese, o ato de instrução poderá ser adiado, com designação de nova data (art. 31, parágrafo único). Caso a ré seja pessoa jurídica, a vedação do art. 8º, § 1º, não impede a formulação do pedido contraposto, o qual deverá ser admitido mesmo em relação a grandes empresas, em vista da sua indissociável conexão com a causa de pedir e o pedido do autor. Haverá economia processual com o julgamento simultâneo de ambas as pretensões.

5.7 Sentença

A sentença não assume a forma prevista pelo art. 489 do CPC, pois será elaborada de modo conciso, com dispensa do relatório. O juiz deverá apenas realizar um breve relato das provas produzidas e enfrentar as questões de fato e de direito relativas aos pedidos formulados. A fundamentação da sentença foge do princípio da estrita legalidade ampla, pois o juiz terá liberdade de decidir aplicando a equidade, os princípios gerais e as máximas de experiência como critérios principais de decisão (art. 6º da Lei 9.099/1995). Isto não elimina a necessidade de fundamentação adequada, nos termos do art. 489, § 1º, do CPC.

Ao decidir pedidos condenatórios o juiz não poderá proferir sentença ilíquida. Isto obriga a que o magistrado, já na fase de instrução, busque os meios necessários para proferir sentença líquida. Quando o julgamento tiver sido realizado pelo juiz leigo, este ficará vinculado e deverá proferir a decisão. Todavia, a decisão dependerá da homologação do juiz togado, o qual poderá substituí-la ou, quando não convencido, converter o feito em diligência, para a produção de prova reputada como essencial (art. 40 da Lei 9.099/1995).

5.8 Recursos

No Juizado Especial caberão, basicamente, três recursos: o recurso inominado (art. 41 da Lei 9.099/1995), os embargos de declaração (art. 48) e o recurso extraordinário. Não há previsão do agravo; portanto, a obediência ao princípio da taxatividade reconhece apenas os recursos previstos em lei. O mandado de segurança (art. 5º da lei 12.016/2009) terá cabimento em situações excepcionais; contudo, esta ação constitui supedâneo recursal para as ofensas a direito líquido e certo que dependam de emenda imediata.

O recurso inominado equivale à apelação e será interposto no prazo de 10 dias, contado da ciência da decisão. O prazo começará a fluir da efetiva ciência do ato, e não da intimação, sendo necessária a formulação de petição com exposição das razões e com pedido de reforma. Após a interposição fluirá o prazo de 48 horas para o preparo, que independerá de intimação. A ausência do preparo gera a deserção (art. 42, § 1º). Formalizado o preparo e observada a regularidade da peça, o recorrido será intimado para oferecer sua resposta, no prazo de 10 dias. O recurso é dotado apenas do efeito devolutivo; contudo o juízo *a quo* poderá atribuir o efeito suspensivo, desde que demonstrada sua necessidade (art. 43).

Os embargos de declaração terão cabimento contra omissão, obscuridade, contradição ou dúvida em relação a sentença ou acórdão proferido pela Turma Recursal. Importante frisar que a interposição dos embargos suspende o prazo recursal, ao contrário da previsão do Código de Processo Civil, que determina a interrupção (art. 50 da Lei 9.099/1995). Do julgamento proferido pela Turma Recursal ainda será cabível, em tese, o recurso extraordinário. Todavia, a necessidade do prequestionamento e da repercussão geral estreitam o acesso ao STF.

5.9 Execução no Juizado

O Juizado será competente para processar o julgamento das execuções por títulos judiciais e extrajudiciais. A fase de cumprimento de sentença decorre da aplicação do art. 52 da Lei 9.099/1995 conjugado com o art. 513 do CPC, uma vez que o Código de Processo Civil possui aplicação subsidiária. Importante ressaltar que o início da execução dependerá de mero pedido do exequente para o cumprimento do julgado quanto à obrigação de entregar quantia, de fazer, não fazer ou de entregar coisa certa ou incerta. A sentença também poderá possuir natureza mandamental ou executiva *lato sensu*. Neste caso não dependerá de fase autônoma para execução, nos moldes do art. 536 do CPC. Para o cumprimento da obrigação de fazer e de não fazer o juiz fixará prazo na sentença e poderá aplicar *astreintes* para forçar o cumprimento da sentença.

Na obrigação para pagamento de quantia certa, não cumprida a obrigação no prazo de 15 dias, o executado deverá indicar os bens para penhora e pedir a expedição do mandado. O executado poderá oferecer defesa; contudo, a penhora será pressuposto essencial para o oferecimento dos embargos, relativos às matérias previstas pelo art. 52, IX, da Lei 9.099/1995.

Na execução de título extrajudicial, não sendo encontrados bens para garantir a execução, o art. 53, § 4º, da Lei 9.099/1995 determina a extinção do feito, com arquivamento dos autos e devolução dos documentos ao autor. Não há possibilidade de suspensão do processo no Juizado Especial, especialmente na fase de execução.

5.10 Despesas processuais

O acesso aos Juizados independe do pagamento de custas ou emolumentos (art. 54 da Lei 9.099/1995). Somente na hipótese de interposição do recurso inominado será necessário realizar o preparo, o qual será dispensado quando a parte for beneficiária da assistência judiciária. Desta forma, o juiz nunca condenará o vencido em custas e honorários, exceto quando reconhecer expressamente a litigância de má-fé. Somente em fase recursal o vencido será condenado na sucumbência, nos termos do art. 55.

Na execução somente serão devidas custas quando reconhecida a improcedência dos embargos, declarada a litigância de má-fé ou vencida a parte recorrente, na fase recursal.

A isenção ao pagamento das custas recursais poderá ser alvo de diligência por parte do juiz, uma vez que a afirmação de pobreza gera apenas presunção relativa.

5.11 Acordo extrajudicial e ação rescisória

Como meio de favorecer a autocomposição, o art. 57 da Lei 9.099/1995 prevê a possibilidade de formulação de qualquer acordo, independentemente do valor ou natureza da causa. O título valerá como sentença e poderá ser executado pelas regras dos arts. 52 e ss. Se o acordo homologado disser respeito a matéria diversa da do art. 3º e em valor superior ao teto do Juizado, poderá ser executado pelas vias ordinárias (art. 515, III, do CPC). No Juizado Especial não será admitida ação rescisória como meio autônomo de impugnação do julgado (art. 59).

§ 9º. JUIZADOS ESPECIAIS CÍVEIS DA JUSTIÇA FEDERAL (LEI 10.259/2001)

1. INSTITUIÇÃO DOS JUIZADOS ESPECIAIS FEDERAIS

O Juizado Especial Federal foi instituído pela Lei 10.259/2001, que é responsável pela sua disciplina, sem prejuízo da aplicação da Lei 9.099/1995, em caráter subsidiário. Desde sua criação os Juizados Federais desempenharam papel importantíssimo nos *litígios de massa*, especialmente nas causas previdenciárias, pautadas pela natureza alimentar. A melhor estrutura da Justiça Federal contribui para a maior eficiência destes Juizados, quando comparados aos Estaduais, inclusive quanto à adoção do processo eletrônico.

2. APLICAÇÃO SUBSIDIÁRIA DA LEI 9.099/1995

A Lei 9.099/1995 tem aplicação marginal na esfera dos Juizados Federais (art. 1º da Lei 10.259/2001). É possível afirmar que os princípios informadores previstos pelo art. 2º da Lei 9.099/1995 possuem ampla guarida na Lei 10.259/2001. Os Juizados Federais também são orientados pela informalidade e pela simplicidade, com predomínio da oralidade. O juiz deverá velar pela economia processual, evitando a prática de atos desnecessários, com o fim de otimizar e acelerar a prestação da tutela jurisdicional.

3. COMPETÊNCIA DO JUIZADO FEDERAL

A competência do Juizado Federal, ao contrário do que ocorre no Juizado Estadual, é absoluta. Existindo na mesma Seção Judiciária a Vara Cível e a do Juizado, esta última exercerá *vis attractiva* sobre as causas de sua competência (art. 3º, § 3º, da Lei 10.259/2001). A Lei 10.259/2001 não permite sua aplicação no Juizado Especial Estadual, ainda que referidos locais não possuam Vara Federal ou em cuja Seção ainda não tenha sido instalada unicamente a Vara do Juizado Especial Federal. Não se aplica nesta situação o art. 109, § 3º, da CF/1988.

Competirão aos Juizados Especiais Federais o processamento das causas de até 60 salários-mínimos bem como a execução dos seus julgados. Quando o pedido for representado por obrigações periódicas, a soma das prestações não poderá ultrapassar o valor de alçada (art. 3º, § 2º). Também são expressamente excluídas de sua competência as causas referidas no art. 109, II, III e XI, da CF, as ações de mandado de segurança, de desapropriação, de divisão e demarcação, populares, execuções fiscais e por improbidade administrativa e as demandas sobre direitos ou interesses difusos, coletivos ou individuais homogêneos; as relativas a bens imóveis da União, autarquias e fundações públicas federais; as que versem sobre anulação ou cancelamento de ato administrativo federal, salvo o de natureza previdenciária e o de lançamento fiscal; por fim, as que tenham como objeto a impugnação da pena de demissão imposta a servidores públicos civis ou de sanções disciplinares aplicadas a militares (art. 3º, § 1º).

4. PARTES

4.1 Legitimação das partes

No Juizado Especial Federal a legitimação ativa é expressamente facultada para as microempresas e empresas de pequeno porte, nos termos do art. 6º, I, da Lei 10.259/2001, que deverá ser lido em consonância com a ampliação conferida pela Lei 12.126/2009, que alterou o § 1º do art. 8º da Lei 9.099/1995. No polo passivo conferiu-se legitimação unicamente para a União Federal, suas autarquias, fundações e empresas públicas. Além das pessoas jurídicas nominadas, o art. 6º, I, prevê a legitimação da pessoa física para a formulação de pedido no Juizado, aplicando-se a restrição prevista pelo art. 8º da Lei 9.099/1995, com exceção do incapaz. Aliás, muitos dos benefícios previdenciários têm como causa de pedir remota a incapacidade. Daí o acerto do Enunciado 10 do Fórum Nacional dos Juizados Especiais Federais/FONAJEF: "O incapaz pode ser parte autora nos Juizados Especiais Federais, dando-se-lhe curador especial, se ele não tiver representante constituído".

Não será permitido, igualmente, o ingresso do cessionário de pessoa jurídica, com natureza diversa da previsão do art. 6º, I, da Lei 10.259/2001.

4.2 Capacidade postulatória

O art. 10 da Lei 10.259/2001 acabou por permitir que ambas as partes possam atuar através de prepostos, independentemente de serem advogados. A norma foi objeto de ação direta de inconstitucionalidade; contudo, o STF reconheceu a constitucionalidade do dispositivo (ADI 3.168-6). A preocupação em relação ao dispositivo é semelhante em relação à Lei 9.099/1995, ou seja, uma possível violação ao princípio da igualdade. Afinal, a Fazenda Pública, mesmo quando atua por preposto diverso do procurador federal, sempre estará devidamente representada por funcionário público qualificado. O juiz deverá velar pela equiparação das armas no processo, sob pena de cometimento de injustiças. Poderá, inclusive, realizar a nomeação de defensor para o postulante que se revele inábil na defesa de sua pretensão. Os representantes judiciais da União e das pessoas jurídicas da Administração indireta (autarquias, empresas públicas e fundações) estão autorizados a conciliar e transigir, dentro dos parâmetros fixados em lei.

5. TUTELA DE URGÊNCIA

A possibilidade da concessão da tutela de urgência está expressamente permitida, conforme se depreende da redação dos arts. 4º e 5º da Lei 10.259/2001. Ainda é polêmica a concessão de tutela antecipada ou cautelar perante a Lei 9.099/1995. Muitos juízes não a concedem sob o argumento da celeridade, concentração e inexistência de recurso de agravo. Todavia, nenhum destes argumentos convence. Situações de urgência podem acontecer mesmo no microssistema dos Juizados, e a parte não pode ser tolhida em seu direito de pleitear a *tutela jurisdicional adequada*. Nos Juizados Federais abriu-se a possibilidade de concessão de cautelares. Entretanto, aplicando-se a fungibilidade insculpida pelo art. 305, parágrafo único, do CPC, percebe-se que a nomenclatura será indiferente, e o juiz terá o dever de conceder a medida de urgência que for adequada para o caso concreto. O art. 5º Lei 10.259/2001 é expresso quanto ao acesso à via recursal nesta hipótese. Nos Juizados Especiais Estaduais, amparados pela Lei 9.099/1995, abre-se a possibilidade do controle da decisão pela via excepcional do mandado de segurança caso a concessão da tutela de urgência seja deferida.

6. O PROCEDIMENTO DO JUIZADO FEDERAL

6.1 Aspectos gerais

O processamento das causas do Juizado Especial Federal está atrelado aos princípios da *instrumentalidade*, *informalidade* e *igualdade*. Ao contrário do que ocorre no procedimento ordinário, a Fazenda Pública não gozará dos costumeiros privilégios, como o prazo especial (art. 9º da Lei 10.259/2001) ou o reexame necessário (art. 13).

A prática dos atos processuais se dará, preferencialmente, por meio eletrônico, sendo essencial ressaltar que a restrição quanto à citação imposta pelo art. 8º, § 2º, da Lei 10.259/2001 não possui mais fundamento em vista da regulamentação do processo eletrônico através da Lei 11.419/2006 (art. 9º, § 1º) e do Código de Processo Civil/2015 (art. 246, V).

O procedimento também será bifásico, com aplicação subsidiária das disposições da Lei 9.099/1995, no que concerne às audiências de conciliação e instrução. A única benesse expressa para a Fazenda Pública reduz-se à obrigatoriedade de sua intimação prévia com pelo menos 30 dias de antecedência (art. 9º, *in fine*, da Lei 10.259/2001).

6.2 O pedido

A parte formulará seu pedido de modo escrito, oral ou eletrônico. O processo eletrônico facilita o processamento do pedido, uma vez que permite que o advogado possa postular sem a necessidade de deslocamento físico até o fórum. Para tanto, deverá estar habilitado no sistema e possuir assinatura eletrônica certificada digitalmente através de entidade credenciada (art. 1º, III, "a" e "b", Lei 11.419/2006). Em todo caso, os Juizados não podem se negar a receber os pedidos formulados oralmente, motivo pelo qual cada unidade deverá dispor dos meios necessários para a digitalização dos pedidos realizados por aqueles que compareceram desacompanhados de advogados.

6.3 Resposta do réu

A resposta do réu poderá ser formulada por meio escrito, oral ou eletrônico e deverá ser apresentada até antes do início da audiência de instrução. Tratando-se de processo eletrônico a peça será digitalizada, sem a necessidade de juntada posterior. Admitem-se a formulação de pedido contraposto bem como o oferecimento de exceção dentro da peça de contestação. As exceções de suspeição e impedimento serão processadas de acordo com a legislação processual ordinária, nos termos do art. 30 da Lei 9.099/1995. A exceção de incompetência territorial deverá ser arguida na própria peça de contestação.

6.4 Audiências de conciliação e instrução

A primeira audiência será de conciliação, da qual a Fazenda Pública será intimada com prazo não inferior a 30 dias (art. 9º da Lei 10.259/2001). As partes ou seus prepostos comparecerão com a finalidade de conciliar ou transigir. Não sendo possível a conciliação, será designada audiência de instrução para oitiva das testemunhas e das partes. Mesmo sendo possível a aplicação integradora do art. 27 da Lei 9.099/1995, é forçoso reconhecer que o ato de instrução não se desenvolve imediatamente à conciliação frustrada. Na prática, vários são os obstáculos, desde o pedido de produção de prova técnica, ou necessidade de enfrentamento de questões preliminares ou prejudiciais que deverão ser submetidas ao juiz leigo ou togado.

6.5 Produção de prova técnica

Sendo necessária a produção de laudo, o juiz nomeará *expert*, que o apresentará em até cinco dias antes da audiência (art. 12 da Lei 10.259/2001). Um fator importante para a efetividade do comando reside no custeio da prova técnica pelo próprio tribunal (art. 12, § 1º), que será posteriormente ressarcido quando a entidade pública for vencida. Tratando-se de ações previdenciárias a produção da prova pericial seguirá os moldes do Código de Processo Civil, pois as partes serão intimadas previamente para oferecer seus quesitos, muito embora o Código de Processo Civil/2015 tenha aumentado o prazo para 15 dias (art. 465, § 1º, III).

6.6 Sentença

O juiz federal também proferirá sua sentença com dispensa do relatório e com fundamentação concisa, nos termos delineados pela Lei 9.099/1995. O ideal é que a sentença seja proferida oralmente; contudo, o volume das pautas impede a adoção desta prática, mesmo em demandas repetitivas. A informalidade dos Juizados não autoriza a concessão de prazo para as alegações finais. No Juizado Especial existe maior discricionariedade, uma vez que a fundamentação da decisão não restará vinculada ao princípio da estrita legalidade. O juiz poderá se valer das máximas de experiência e do juízo de equidade. A sentença proferida pelo juiz leigo dependerá de homologação.

6.7 Execução

A execução no Juizado Especial Federal está voltada essencialmente para o cumprimento de sentença quanto aos valores definidos pelo julgado. A execução por título extrajudicial, embora possível, será rara. Como a execução se processará contra a Fazenda Pública, o regime será diferenciado. O pagamento não necessitará seguir o regime do art. 534 do CPC, pois os valores harmônicos com o teto de alçada (60 salários--mínimos) serão pagos com expedição de Requisição de Pagamento para Débitos de Pequeno Valor/RPV. Para fins de cumprimento da sentença, o juiz poderá, inclusive, sequestrar as verbas necessárias. Quando o valor da execução ultrapassar 60 salários-mínimos não existirá possibilidade de fracionamento da RPV. Abrem-se duas possibilidades: renúncia do excedente ou expedição de precatório (art. 17, § 4º, da Lei 10.259/2001). A execução de comando mandamental e executivo *lato sensu* contra a Fazenda não dependerá de fase de cumprimento, aplicando-se o regime delineado pelo art. 536 do CPC.

6.8 Recursos

Nos Juizados Federais também haverá o cabimento de recurso inominado para a Turma Recursal, vedado o reexame necessário (art. 13), com prazo de 10 dias, nos termos do art. 42 da Lei 9.099/1995.

Será possível utilizar o incidente de uniformização da jurisprudência para harmonizar e conciliar a jurisprudência regional (art. 14, § 1º) e nacional (art. 14, § 2º), sem prejuízo da manifestação do STJ sobre divergência quando o teor do acórdão violar súmula ou jurisprudência dominante do Tribunal. A inserção do pedido de uniformização através da lei é polêmica, em vista da inserção de competência às avessas, junto ao art. 105 da CF/1988. Na verdade, a nova assunção de competência para conhecer da divergência entre as Turmas Recursais dependeria de emenda constitucional. Todavia, o instituto é aplicado e possui regramento específico junto ao STJ. Concedem-se ao ministro-relator os poderes para a suspensão dos processos em que a divergência tenha cabimento. Os demais pedidos subsequentes de uniformização aguardarão, na forma retida, o julgamento do STJ (art. 14, § 6º).

Vale lembrar que toda decisão poderá ser integrada pelos embargos de declaração. O acesso ao STF através do recurso extraordinário também será possível, observadas as normas cabíveis (art. 37 da Resolução CJF-22/2008) para seu processamento (Súmula 640 do STF).

§ 10. JUIZADOS ESPECIAIS DA FAZENDA PÚBLICA (LEI 12.153/2009)

1. SURGIMENTO DOS JUIZADOS ESPECIAIS DA FAZENDA PÚBLICA

Os Juizados da Fazenda Pública foram instituídos pela Lei 12.153/2009 com o objetivo de contribuir para a democratização do processo, permitindo que as Fazendas Públicas Estadual e Municipal também estejam inseridas no microssistema dos Juizados. Esta previsão não era abarcada pela Lei 9.099/1995 ou mesmo pela Lei 10.259/2001. O sucesso e os bons resultados propiciados com as duas leis anteriores, especialmente perante os Juizados Federais, demonstram que a criação é bem-vinda, mas dependerá de grande esforço do Executivo e do Judiciário para a implantação e a estruturação desses Juizados. A União Federal será responsável pela implantação dos Juizados da Fazenda no Distrito Federal. Os demais serão instituídos pelos Estados. Vale lembrar que a União e suas autarquias e empresas públicas não se submetem ao Juizado Especial da Lei 12.153/2009.[8]

A implantação dos Juizados da Fazenda dependerá de grande investimento por parte da União, Estados e do Distrito Federal. Além disso, foi proibida a remessa de feitos das Varas da Fazenda Pública para os Juizados que forem instalados. Na intepretação da Lei do Juizado Especial da Fazenda Pública deverá ser observada a aplicação supletiva da lei dos demais Juizados (Enunciado FONAJE/JEFP-01).

2. COMPETÊNCIA

Inicialmente, cumpre destacar que o diploma restringe a competência dos Juizados da Fazenda Pública ao âmbito civil (art. 2º da Lei 12.153/2009). A competência dos Juizados da Fazenda Pública é delimitada para as causas de até 60 salários-mínimos. Desta forma, o texto abre a possibilidade de que Estados e Municípios fixem o teto de seus Juizados *em até 60 salários-mínimos*. Importante lembrar que o art. 87

---

8. Aliás, questão já enfrentada pelo STJ e que foi objeto do Enunciado FONAJE/JEFP-8: "De acordo com a decisão proferida pela 3ª Seção do Superior Tribunal de Justiça no Conflito de Competência n. 35.420, e considerando que o inciso II do art. 5º da Lei n. 12.153/2009 é taxativo e não inclui ente da Administração Federal entre os legitimados passivos, não cabe, no Juizado Especial da Fazenda Pública ou no Juizado Estadual Cível, ação contra a União, suas empresas públicas e autarquias, nem contra o INSS".

do ADCT havia fixado regra diferenciada para Estados e Municípios para cumprimento do art. 100, § 3º, da CF/1988, na redação anterior à Emenda Constitucional 62/2009. Consideravam-se débitos de pequeno valor aqueles no montante de até 40 salários-mínimos para os Estados e de 30 salários-mínimos para os Municípios. Este critério ainda permanecerá válido até que as entidades da Federação promulguem leis que atendam ao disposto pelo art. 13, §§ 2º e 3º, da Lei 12.153/2009. Tratando-se de obrigações vincendas e vencidas, a competência será analisada tomando-se em consideração a soma de 12 parcelas.

A competência, inicialmente definida pelo valor da causa, sofre um corte horizontal, com exclusão expressa de determinadas pretensões, que não poderão ser conhecidas nos Juizados da Fazenda Pública. Sofrem restrição quanto à matéria as ações de *mandado de segurança*, de *desapropriação*, de *divisão e demarcação*, *populares*, *por improbidade administrativa*, *execuções fiscais* e as *demandas sobre direitos ou interesses difusos e coletivos*; as *causas sobre bens imóveis dos Estados, Distrito Federal, Territórios e Municípios, autarquias e fundações públicas a eles vinculadas*; *as causas que tenham como objeto a impugnação da pena de demissão imposta a servidores públicos civis ou sanções disciplinares aplicadas a militares*.

Interessante observar que no âmbito coletivo não houve a exclusão expressa da tutela dos interesses individuais homogêneos. No entanto, esta mesma discussão foi travada perante a Lei 10.259/2001, prevalecendo a vedação de qualquer espécie de ação coletiva, contudo sem excluir a possibilidade de pedidos em litisconsórcio ativo, nos termos do Enunciado FONAJE/F-22: "A exclusão da competência dos Juizados Especiais Federais quanto às demandas sobre direitos ou interesses difusos, coletivos ou individuais homogêneos somente se aplica quanto a ações coletivas". No entanto, a cumulação subjetiva não poderá provocar tumulto ou dificuldade de acesso, motivo pelo qual o juiz poderá vetar o litisconsórcio multitudinário, nos termos do Enunciado FONAJE/F-19: "Aplica-se o parágrafo único do art. 46 do CPC em sede de Juizados Especiais Federais". Importante salientar que as regras definidas pela Lei 9.099/1995 se aplicam subsidiariamente a este sistema.

Os Juizados da Fazenda, assim como sucede com os Juizados Federais, são de competência absoluta. Desde que instalados, não haverá faculdade em sua opção, pois exercerão a força atrativa, nos termos do art. 2º, § 4º, da Lei 12.153/2009.

3. PARTES

3.1 Legitimidade das partes

No polo ativo, o disposto pelo art. 5º, I, da Lei 12.153/2009 precisa ser lido em consonância com a alteração promovida pela Lei 12.126/2009 junto à Lei 9.099/1995, que ampliou a legitimação ativa das pessoas jurídicas no Juizado Especial (v. *supra*). No polo passivo a grande inovação da lei reside na legitimidade passiva dos Estados, do Distrito Federal, dos Territórios e Municípios, bem como autarquias, fundações e empresas públicas a eles vinculadas (art. 5º, II, da Lei 12.153/2009). São permitidas a conciliação e a transação por parte dos procuradores das pessoas jurídicas, cujos poderes e limites serão definidos em lei especial. Sem esta prerrogativa não haveria sentido na instituição do procedimento especial.

3.2 Litisconsórcio ativo

O exame do art. 2º da Lei 12.153/2009 revela o veto presidencial quanto ao § 3º, que em sua redação original tratava da cumulação subjetiva de ações, ou seja, do litisconsórcio ativo. A Lei 9.099/1995 não traz vedação à formação do litisconsórcio; afinal, a coligação de partes no polo ativo ou no passivo não representa modalidade de intervenção de terceiros. Neste sentido, a Lei 9.099/1995 fez ressalva expressa no art. 10. O veto representa um equívoco, pois a interpretação vigente perante a Lei 10.259/2001 é clara quanto à possibilidade da defesa do interesse individual homogêneo através do litisconsórcio, desde que a formulação dos pedidos não revele complexidade ou tumulto. É o que determina o Enunciado FONAJE/F-18: "No caso de litisconsorte ativo, o valor da causa, para fins de fixação de competência, deve ser calculado por autor". O veto não deverá influenciar na proibição do litisconsórcio, cuja autorização advém da aplicação das regras gerais do Código de Processo Civil (art. 113) bem como da subsidiariedade proveniente da Lei 9.099/1995, como determina o art. 27 da Lei 12.153/2009.

Foi fixado o Enunciado 2, com cunho específico para o JEFP, autorizando a formação do litisconsórcio ativo: "É cabível, nos Juizados Especiais da Fazenda Pública, o litisconsórcio ativo, ficando definido, para fins de fixação da competência, o valor individualmente considerado de até 60 (sessenta) salários-mínimos".

4. TUTELA PROVISÓRIA

A lei trouxe inovação interessante ao dispor expressamente sobre o cabimento das medidas cautelares e antecipatórias no Juizado Especial. Houve significativa evolução legislativa. O texto da Lei 9.099/1995 era absolutamente omisso e o da Lei 10.259/2001 trazia unicamente a previsão das cautelares no art. 4º. O art. 3º da Lei 12.153/2009 prevê a concessão de provimentos cautelares e antecipatórios em fase preventiva, com o fim de evitar a consumação da lesão. Esta previsão deve servir de integração para a própria Lei 9.099/1995, incentivando os juízes a deferi-la quando necessária. De acordo com entendimento, firmado pelo Enunciado FONAJE/JEFP-05, o prazo para o recurso será de 10 dias contra a concessão da liminar no Juizado. Assevere-se, ainda, que não há prazo especial nesta seara, inclusive em relação à defensoria (Enunciado FONAJE/JEFP-03).

5. PROCEDIMENTO NO JUIZADO DA FAZENDA PÚBLICA

5.1 Princípios gerais

O desenvolvimento dos atos processuais também obedecerá aos princípios da celeridade, informalidade e simplicidade. Há uma tendência irreversível ao processo eletrônico perante os Juizados Especiais, especialmente após a Lei 11.419/2006, o que se tornou realidade consumada com o Código de Processo Civil/2015. Além da desburocratização, o processo eletrônico propicia maior agilidade e celeridade na comunicação dos atos processuais. No que diz respeito à comunicação, vale recordar que a previsão do art. 7º da Lei 12.153/2009 impede qualquer tipo de privilégio da Fazenda Pública quanto aos prazos processuais.[9] Apenas se exige a intimação prévia, com prazo mínimo de 30 dias, para a designação da primeira audiência de conciliação.

Dentre os atos processuais de instrução que antecedem a própria realização da audiência de conciliação destaca-se a obrigatoriedade da juntada, por parte da Fazenda Pública, dos documentos reputados relevantes para a causa, dos quais esteja na posse e que sejam essenciais para o deslinde da controvérsia (art. 9º).

---

9. Postulado reafirmado pelo Enunciado FONAJE/JEFP-13: "A contagem dos prazos processuais nos Juizados da Fazenda Pública será feita de forma contínua, observando-se, inclusive, a regra especial de que não há prazo diferenciado para a Fazenda Pública – art. 7º da Lei n. 12.153/2009".

O ato de instrução também será realizado em duas fases, sendo a primeira marcada pela conciliação e a segunda pela audiência de instrução. A Lei 12.153/2009 trouxe previsão específica das figuras do conciliador e do juiz leigo, remetendo o dispositivo para a Lei 10.259/2001, a qual era omissa a respeito. A maior inovação reside na previsão do art. 16, § 1º, da Lei 12.153/2009, pelo qual o conciliador atuará como assistente da instrução, na medida em que está autorizado a tomar o depoimento das partes e testemunhas na tentativa de conduzir a conciliação. Esta inovação exigirá nova postura e formação do conciliador, especialmente em face da possibilidade de o juiz leigo ou o togado aproveitar os atos de instrução já realizados no momento de proferir a decisão (art. 16, § 2º).

Em algumas situações poderá ser necessária a realização de prova pericial. Vale lembrar que o art. 10 permite a produção do laudo pericial que torne possível a realização da audiência de conciliação ou da de instrução.

Este exame será essencial quando a resposta fornecida pela Fazenda englobe documentos técnicos que possam exigir averiguação e confirmação sobre os dados contidos. A perícia não terá a formalidade do Código de Processo Civil. O juiz nomeará pessoa capacitada para examinar os elementos de prova e fornecer laudo em até cinco dias antes da audiência de conciliação ou de julgamento.

Sendo insuficiente o prazo, ante o fato de a pessoa habilitada afirmar que o fato é complexo e exige maior aprofundamento, o juiz poderá até extinguir a causa, uma vez que a prova será essencial e não poderá ser produzida na esfera do Juizado especial. Neste sentido encontramos o Enunciado FONAJE/JEFP-11: "As causas de maior complexidade probatória, por imporem dificuldades para assegurar o contraditório e a ampla defesa, afastam a competência do Juizado da Fazenda Pública". É possível que a perícia seja realizada e contraditada, com ponto que não resta devidamente esclarecido, o que também poderá determinar o encerramento da causa, nos termos do Enunciado FONAJE/JEFP-12: "Na hipótese de realização de exame técnico previsto no art. 10 da Lei n. 12.153/2009, em persistindo dúvida técnica, poderá o juiz extinguir o processo pela complexidade da causa".

5.2 Cumprimento da sentença

O cumprimento da decisão ou do acordo homologado será realizado com expedição de ofício para a autoridade que integrou o litígio, para a execução e cumprimento da decisão final (art. 12 da Lei 12.153/2009).

No cumprimento de sentença para pagamento de quantia, a ordem deverá ser cumprida em até 60 dias, mediante a expedição de requisição, sem a necessidade do precatório. O precatório somente será indispensável quando o montante da execução superar o teto estabelecido pela legislação local, lembrando que o valor máximo para Requisição de Pagamento para Débitos de Pequeno Valor/RPV será de 60 salários-mínimos (art. 13, I). Até a definição pela legislação local, os limites do RPV atenderão ao disposto no art. 13, § 3º, I e II, que fixa os montantes em 40 salários--mínimos para os Estados e 30 salários-mínimos para os Municípios.[10]

A lei estabeleceu detalhes interessantes com o fim de apaziguar problemas práticos, como o do levantamento dos depósitos judiciais. Para evitar qualquer locupletamento indevido por procuradores ardilosos, o art. 13, § 7º, determina que o levantamento da quantia ganha por procurador dependerá de procuração com poderes especiais e firma reconhecida. Além disso, a quantia somente poderá ser requerida na agência destinatária do valor. Ao contrário, a parte autora poderá realizar o levantamento da quantia em qualquer agência do banco depositário, independentemente de alvará (art. 13, § 6º).

O cumprimento das demais decisões de caráter mandamental ou executivo *lato sensu* será realizado *per officium iudicis*, nos moldes do art. 513 do CPC, com expedição de ofício para a autoridade competente. Será possível, inclusive, a fixação de *astreintes* contra a Fazenda Pública, como meio de execução indireta.

5.3 Recursos

Admite-se o recurso inominado, com espeque na Lei 9.099/1995, das decisões proferidas no Juizado Especial da Fazenda (art. 42). Não apenas a sentença, mas a decisão interlocutória também poderá ser alvo de impugnação, nos termos do art. 4º da Lei 12.153/2009. A ausência de recurso nominado ou inominado para as interlocutórias não impede a utilização excepcional do mandado de segurança. Toda e qualquer decisão proferida nos Juizados também poderá ser alvo de embargos de declaração, quando presentes seus fundamentos.

Embora não possua caráter propriamente recursal, acompanhando a previsão dos Juizados Federais, o texto trouxe a previsão do incidente de uniformização, que terá papel relevante para harmonizar a jurisprudência

---

10. Fernão Borba Franco, in Jorge Tosta (coord.), *Juizados Especiais da Fazenda Pública*, p. 114.

regional e nacional. O incidente tem cabimento quando Turmas Recursais do mesmo Estado (art. 18, § 1º, Lei 12.153/2009) ou de Estados diversos (art. 18, § 3º) entrarem em conflito de interpretação. Ao que tudo indica, a lei cria uma modalidade de acesso ao STJ, através de lei ordinária, o que infringe a competência cerrada definida pelo art. 105, III, da CF/1988. Na verdade, institui-se uma modalidade de recurso especial contra decisões proferidas em única instância, pois as Turmas Recursais, isoladas ou unidas, não constituem um Tribunal.

O STJ poderá ser chamado a se manifestar nos incidentes de uniformização para dirimir divergência sobre o direito material, nos moldes do que era previsto pelo art. 14, § 4º, da Lei 10.259/2001. É questionável o acerto quanto à restrição do incidente às questões de direito material, em vista da complexidade e da importância de nosso sistema processual. Aliás, basta um exame dos enunciados formulados em ambos os FONAJES para a comprovação desta assertiva.

Quando Turmas Recursais de Estados diversos conferirem interpretações dissonantes da lei federal ou que contrariem Súmula daquele Tribunal, existirá legitimidade para a reclamação ao STJ. Outra hipótese está centrada na decisão de uniformização do art. 18, § 3º, da Lei 12.153/2009, quando Turmas Recursais do mesmo Estado confiram interpretação dissonante com Súmula do STJ. Nesta hipótese também será lícita a participação da Corte Federal na solução da controvérsia.

Enquanto pendente de análise perante o STJ, nos termos das hipóteses ventiladas pelo art. 18, §§ 1º e 3º, os demais pedidos de uniformização, relativos a questões idênticas, serão sobrestados e aguardarão o julgamento da Corte Federal (art. 19, § 1º). O relator também poderá conceder tutela de urgência, de ofício ou a requerimento, com o fim de suspender os processos em que haja a discussão e a divergência, até a solução final (art. 19, § 2º). Confere-se o poder de instrução e requisição ao relator para a decisão do incidente (art. 19, § 3º). O recurso extraordinário também terá cabimento, e sua disciplina e seu processamento deverão ser alvo de regulamentação pelos regimentos internos competentes, observados os requisitos do prequestionamento e da repercussão geral.

BIBLIOGRAFIA

ABREU, Célia Barbosa. *Primeiras Linhas sobre a Interdição Após o Novo Código de Processo Civil*. Curitiba, Editora CRV, 2015.

ADAMEK, Marcelo Vieira von, e FRANÇA, Erasmo Valladão Azevedo e Novaes. *Da Ação de Dissolução Parcial de Sociedade*. São Paulo, Malheiros Editores, 2016.

AGUIAR, Leandro Katscharowski. *Tutela Coletiva de Direitos Individuais Homogêneos e sua Execução*. São Paulo, Dialética, 2002.

ALBERS, Jan, BAUMBACH, Adolf, HARTMANN, Peter, e LAUTERBACH, Wolfgang. *Zivilprozessordnung*. Munique, Verlag Beck, 2007.

ALBUQUERQUE, Luciano Campos de. *Dissolução de Sociedades*. 2ª ed. São Paulo, Malheiros Editores, 2015.

ALESSI, Renato. *Principi di Diritto Amministrativo*. t. I. Milão, Giuffrè, 1971.

ALEXY, Robert. *Teoria dos Direitos Fundamentais*. 2ª ed., 5ª tir. São Paulo, Malheiros Editores, 2017.

_____. *Theorie der Grundrechte (Teoria dos Direitos Fundamentais)*. 2ª ed. Frankfurt am Main, Suhrkamp, 1994.

ALLORIO, Enrico. *La Cosa Giudicata Rispetto ai Terzi*. Milão, Giuffrè, 1992.

ALMEIDA, Cândido Mendes de. *Ordenações Filipinas*. Livros I, III e IV. Reimpressão da ed. de 1870. Lisboa, Fundação Calouste Gulbenkian, 1985.

ALMEIDA, Francisco de Paula Lacerda de. *Direito das Coisas*. Rio de Janeiro, Ribeiro Santos, 1908.

ALMEIDA PRADO, Francisco B. de. *Transmissão da Propriedade Imóvel*. São Paulo, Saraiva, 1934.

ALVES, João Luiz. *Código Civil da República dos Estados Unidos do Brasil*. 3ª ed., t. II. Rio de Janeiro, Borsói, 1958.

ALVIM, Agostinho. *Da Inexecução das Obrigações e suas Consequências*. São Paulo, Saraiva, 1949.

AMBRA, Luiz. *Dos Embargos de Terceiro*. São Paulo, Ed. RT, 1971.

AMERICANO, Jorge. *Comentários ao Código de Processo Civil do Brasil*. t. II. São Paulo, Saraiva, 1941.

ANDRADE, Odilon de. *Comentários ao Código de Processo Civil*. vols. II, VII e IX. Rio de Janeiro, Forense, 1941.

ANTUNES, Luís Filipe Colaço. *A Tutela dos Interesses Difusos em Direito Administrativo: para uma Legitimação Procedimental*. Coimbra, Livraria Almedina, 1989.

ARAKEN DE ASSIS. *Processo Civil Brasileiro*. vols. I e III. São Paulo, Ed. RT, 2016.

ARAÚJO, Fabio Caldas de. "Breves considerações sobre o agravo (instrumento e retido)". In: MEDINA, José Miguel Garcia, *et alii*. *Os Poderes do Juiz e o Controle das Decisões Judiciais: Estudos em Homenagem à Professora Teresa Arruda Alvim Wambier*. São Paulo, Ed. RT, 2008.

_____. *Curso de Processo Civil – Parte Geral*. t. I. São Paulo, Malheiros Editores, 2016.

_____. In: ARRUDA ALVIM, José Manoel de (coord.). *Registros Públicos*. Rio de Janeiro, Forense, 2014.

_____. *Intervenção de Terceiros*. São Paulo, Malheiros Editores, 2015.

_____. *Posse*. Rio de Janeiro, Forense, 2007.

_____. "Teoria geral do registro civil". In: ARRUDA ALVIM, José Manoel de, *et alii* (coords.). *Lei dos Registros Públicos Comentada*. Rio de Janeiro, Forense, 2014 (pp. 28-154).

_____. *Usucapião*. 3ª ed. São Paulo, Malheiros Editores, 2015.

ARAÚJO, Fabio Caldas de, e MEDINA, José Miguel Garcia. *Código Civil Comentado*. São Paulo, Ed. RT, 2014.

_____. *Mandado de Segurança Individual e Coletivo*. 2ª ed. São Paulo, Ed. RT, 2012.

ARAÚJO, Fabio Caldas de, GAJARDONI, Fernando da Fonseca, e MEDINA, José Miguel Garcia. *Procedimentos Cautelares e Especiais*. 5ª ed., vol. 4. São Paulo, Ed. RT, 2014.

ARMELIN, DONALDO. *Embargos de Terceiro*. São Paulo, Saraiva, 2017.

ARNDT, Hans-Wolfgang, FETZER, Thomas, e KÖHLER, Marcus. *Recht des Internet (O Direito da Internet)*. 6ª ed. Heidelberg, Müller Verlag, 2008.

ARRUDA ALVIM, José Manoel de. "A posição dos sócios e associados em relação a ações movidas contra as sociedades e associações de que façam parte". In: *Aspectos Polêmicos e Atuais sobre os Terceiros no Processo Civil*. São Paulo, Ed. RT, 2004.

_____. *Comentários ao Código Civil*. vol. XI, t. I, "Livro Introdutório ao Direito das Coisas e ao Direito Civil". Rio de Janeiro, Forense, 2009.

_____. *Comentários ao Código de Processo Civil*. vol. III. São Paulo, Ed. RT, 1976.

_____. *Manual de Direito Processual Civil*. 14ª ed., vol. II. São Paulo, Ed. RT, 2011.

_____. *Tratado de Direito Processual Civil*. vol. I. São Paulo, Ed. RT, 1990; 2ª ed., vol. II. São Paulo, Ed. RT, 1990.

_____ (coord.). *Lei dos Registros Públicos Comentada*. Rio de Janeiro, Forense, 2014; 2ª ed. Rio de Janeiro, Forense, 2016.

BIBLIOGRAFIA

ASCENSÃO, José de Oliveira. *Direito Civil – Sucessões.* Coimbra, Coimbra Editora, 1977.

ASSIS, Araken de. *Manual da Execução.* São Paulo, Ed. RT, 2007; 18ª ed. São Paulo, Ed. RT, 2016.

ASSIS, Jacy de. *Processos de Procedimento Edital.* Uberlândia, Faculdade de Direito da Universidade, 1974.

BANDEIRA DE MELLO, Celso Antônio. *Curso de Direito Administrativo.* 33ª ed., 2ª tir. São Paulo, Malheiros Editores, 2017.

BANDEIRA DE MELLO, Oswaldo Aranha. *Reintegração sem Posse e sem Domínio.* São Paulo, Gráfica da Prefeitura Municipal de São Paulo, 1944.

BAPTISTA, Raimundo Carvalho. *Do Indeferimento da Petição Inicial.* 3ª ed. São Paulo, Iglu, 2001.

BARASSI, Ludovico. *La Teoria Generale delle Obbligazione.* vol. II. Milão, Giuffrè, 1952.

BARBOSA, Rui. *O Acre Septentrional – Reivindicação do Estado do Amazonas Contra a União ante o Supremo Tribunal Federal.* Rio de Janeiro, Jornal do Commercio, 1906.

_____. "Posse de direitos pessoais". In: *Clássicos do Direito Brasileiro.* São Paulo, Saraiva, 1986.

BARBOSA MOREIRA, José Carlos. "A antecipação da tutela jurisdicional na reforma do Código de Processo Civil". *RePro* 81. São Paulo, Ed. RT, 1996.

_____. *A Conexão de Causas como Pressuposto da Reconvenção.* São Paulo, Saraiva, 1979.

_____. *Comentários ao Código de Processo Civil.* 12ª ed., t. V. Rio de Janeiro, Forense, 2005.

_____. *Litisconsórcio Unitário.* Rio de Janeiro, Forense, 1972.

_____. "Medida cautelar liminarmente concedida e omissão do requerente em propor a tempo a ação principal". In: *Estudos em Homenagem a Ovídio Baptista da Silva.* Porto Alegre, Sérgio Antônio Fabris Editor, 1991.

_____. *O Novo Processo Civil Brasileiro.* 18ª ed. Rio de Janeiro, Forense, 1996.

_____. *Temas de Direito Processual.* 4ª Série. São Paulo, Saraiva, 1989.

_____. *Temas de Direito Processual.* 5ª Série. São Paulo, Saraiva, 1994.

BARROS, Hamilton de Moraes e. *Comentários ao Código de Processo Civil.* 2ª ed., vol. IX. Rio de Janeiro, Forense, 1977.

BATTAGLINI, Mario. *Il Protesto.* Milão, Giuffrè, 1960.

BAUDRY-LACANTINERIE, Gabriel, e LOYNES, P. de. *Trattato Teorico--Pratico di Diritto Civile – Del Pegno, Dei Privilegi, Delle Ipoteche e della Espropriazione Forzata.* t. I. Milão, Francesco Valardi, 1907.

BAUMBACH, A., ALBERS, J., HARTMANN, P., e LAUTERBACH, W. *Zivilprozessordnung.* Munique, Verlag Beck, 2007.

BAUR, Fritz, e GRUNSKY, Wolfgang. *Zivilprozeßrecht.* 9ª ed., vol. 9. Berlim, Luchterhand, 1997; 12ª ed. Berlim, Luchterhand, 2006.

BAUR, Fritz, e STÜRNER, Rolf. *Sachenrecht.* 17ª ed. Munique, C. H. Beck'sche Verlagsbuchhandlung, 1999.

_____. *Zwangsvollstreckunsrecht (Processo de Execução)* (continuação da obra de Adolf Schönke). Heidelberg, UTB/C. F. Müller Verlag, 1996.

BECKER-EBERHARD, Ekkehard, GAUL, Hans Friedhelm, LAKKIS, Panajotta, ROSENBERG, Leo, e SCHILKEN, Eberhard. *Zwangsvollstreckungsrecht.* 12ª ed. Munique, Verlag C. H. Beck, 2010.

BEDAQUE, José Roberto dos Santos. *Direito e Processo (Influência do Direito Material sobre o Processo).* 6ª ed. São Paulo, Malheiros Editores, 2011.

_____. *Tutela Cautelar e Tutela Antecipada: Tutelas Sumárias e de Urgência.* 5ª ed. São Paulo, Malheiros Editores, 2009.

BEGHINI, Roberto. *L'Azione di Reintegrazione del Possesso.* Pádua, CEDAM, 1995.

BENETTI, Gianfranco, e GRIGNANI, Guido. *Volontaria Giurisdizione.* Pádua, CEDAM, 1999.

BERGEL, J., BRUSCHI, M., e CIMAMONTI, S. *Traité de Droit Civil – sous la Direction de Jacques Ghestin.* Paris, Librarie Générale de Droit et de Jurisprudence, 1999.

BERGER, Christian, e JAUERNIG, Othmar. *Zwangsvollstreckung- und Insolvenzrecht.* Munique, C. H. Beck, 2007.

BERNHARDT, Wolfgang. *Grundriß des Zivilprozeßrechts.* Tübingen, Mohr, 1951.

BIANCA, Massimo. *Diritto Civile.* vols. 2 e 6 (*La Proprietà*). Milão, Giuffrè, 1999.

BIDART, Adolfo Gelsi. *Enfoque Procesal de la Familia.* Montevideo, MBA, 1958.

BLOMEYER, Arwed. *Zivilprozessrecht. Erkenntnisverfahren.* 2ª ed. Berlim, Duncker & Humblot, 1985.

BONAVIDES, Paulo. *Curso de Direito Constitucional.* 32ª ed. São Paulo, Malheiros Editores, 2017.

BONFANTE, Pietro. *Istituzioni di Diritto Romano.* 9ª ed. Milão, Vallardi, 1932.

BONINI, Giotto. *Il Processo Civile.* Milão, Fratelli Bocca Editori, 1943.

BONNECASE, Julien. *Traité de Droit Commercial Maritime.* Paris, Recueil Sirey, 1923.

BORBA, José Edwaldo Tavares. *Direito Societário.* 8ª ed. Rio de Janeiro, Renovar, 2003.

BORGES, Marcos Afonso. *Da Ação Discriminatória.* São Paulo, José Bushatsky Editor, 1976.

BRINZ, Alois von. *Lehrbuch der Pandekten.* 2ª ed., vols. I e II. Erlangen, Deichert, 1879 (reedição histórica da Keip Verlag Goldbach de 1997).

BROGAN, Michael, e SPENCER, David. *Mediation Law and Practice.* Cambridge, Cambridge University Press, 2006.

BROX, Hans, e WALKER, Wolf-D. *Zwangsvollstreckungsrecht.* 10ª ed. Munique, Vahlen Verlag, 2014.

BRUNS, Carl Georg. *Das Wesen der **Bona Fides** bei der Ersitzung*. Berlim, Puttkamer & Mühlbrecht, 1872.

——————. *Die Besitzklagen des römischen und heutigen Rechts*. Weimar, Hermann Böhlau, 1874.

——————. *Fontes Iuris Romani Antiqui*. Tübingen, Lauppiana, 1879.

BRUSCHI, M., BERGEL, J., e CIMAMONTI, S. *Traité de Droit Civil – sous la Direction de Jacques Ghestin*. Paris, Librarie Générale de Droit et de Jurisprudence, 1999.

BUENO, Cássio Scarpinella. *Partes e Terceiros no Processo Civil Brasileiro*. São Paulo, Saraiva, 2003.

BUFFELAN-LANORE, Yvaine. *Droit Civil*. 15ª ed. Paris, Dalloz/Sirey, 2007.

BULHÕES CARVALHO, Francisco Pereira. *Incapacidade Civil e Restrições de Direito*. t. I. Rio de Janeiro, Borsói, 1957.

BÜLOW, Oskar von. *Die Lehre von den Prozesseirenden und die Prozessvoraussetzungen* (*A Teoria das Exceções Processuais e os Pressupostos Processuais*). Giesses, 1868 (reimpr. Scientia Verlag Aalen, 1969).

BURCUOGLU, Halük. *Les Présomptions de Droit Attachées a la Possession en leur Application en Droit Suisse, en Droit Allemand, en Droit Turc*. Genebra, Offset S/A, 1978.

BUZAID, Alfredo. *Da Ação Direta de Declaração de Inconstitucionalidade no Direito Brasileiro*. São Paulo, Saraiva, 1958.

CAHALI, Francisco José, e PEREIRA, Rodrigo da Cunha (coords.). *Alimentos no Código Civil*. São Paulo, Saraiva, 2007.

CAHALI, Francisco José (coord.). *Posse e Propriedade*. São Paulo, Saraiva, 1987.

CAHALI, Yussef Said. *Dos Alimentos*. 3ª ed. São Paulo, Ed. RT, 1999.

——————. *Posse e Propriedade*. São Paulo, Saraiva, 1987.

——————. *Separações Conjugais e Divórcio*. 12ª ed. São Paulo, Ed. RT, 2011.

CAILLAUD, Bernard. *L'Exclusion d'un Associé dans les Sociétés*. Paris, Sirey, 1966.

CALAMANDREI, Piero. *El Procedimiento Monitorio*. Buenos Aires, Editorial Bibiliográfica Argentina, 1946.

CALDERON, Nei. *Ação Monitória*. São Paulo, LEUD, 2004.

CÂMARA LEAL, Antônio Luiz da. *Comentários ao Código de Processo Civil*. São Paulo, Livraria Acadêmica, 1930.

CAMPOS, João Vicente. *Da Avaria Particular no Direito Nacional e Internacional*. Rio de Janeiro, Forense, 1952.

——————. *Dos Sinistros Marítimos*. Rio de Janeiro, Forense, 1961.

CANARIS, Claus-Wilhelm. *Systemdenken und Systembegriff in der Jurisprudenz*. 2ª ed. Berlim, Duncker & Humblot, 1983.

CAPPELLETTI, Mauro. *Appunti sulla Tutela Giurisdizionale di Interessi Collettivi o Diffusi*. Pádua, CEDAM, 1976.

CAPPELLETTI, Mauro, e GARTH, Bryant (eds.). *Access to Justice – A World Survey*. vol. I. Milão, Giuffrè, 1978.

CARNEIRO, Rafael Araripe, e MENDES, Gilmar Ferreira (orgs.). *Gestão Pública e Direito Municipal – Tendências e Desafios*. São Paulo, Saraiva, 2016.

CARNELUTTI, Francesco. *Diritto e Processo*. Nápoles, Morano Editore, 1958.

_____. *Instituciones del Derecho Procesal*. Trad. de Santiago Sentís Melendo. Buenos Aires, El Foro, 1997.

_____. *Sistema del Diritto Processuale Civile*. vols. I e II. Pádua, CEDAM, 1936.

CARPI, Federico. "La tutela d'urgenza fra tutela, 'sentenza anticipata' e giudizio di merito". *Rivista di Diritto Processuale* 40/680 e ss.

CARPI, Federico, COLESANTI, Vittorio, e TARUFFO, Michele. *Commentario Breve al Codice di Procedura Civile*. 4ª ed. Pádua, CEDAM, 2002.

CARVALHO, Milton de Paulo. *Do Pedido no Processo Civil*. Porto Alegre, Sérgio Antônio Fabris Editor, 1992.

CARVALHO DE MENDONÇA, J. X. *Tratado de Direito Comercial Brasileiro*. ts. III e VII. Rio de Janeiro, Freitas Bastos, 1958.

CARVALHO FILHO, Antônio. "Apontamentos sobre a ação monitória". In: CARVALHO FILHO, Antônio, e SAMPAIO JR., Herval (coords.). *Os Juízes e o Novo CPC*. Salvador, Juspodivm, 2017.

CARVALHO FILHO, Antônio, e SAMPAIO JR., Herval (coords.). *Os Juízes e o Novo CPC*. Salvador, Juspodivm, 2017.

CARVALHO SANTOS, J. M. de. *Código Civil Brasileiro Interpretado*. vol. II. Rio de Janeiro, Freitas Bastos, 1982.

_____. *Código de Processo Civil Interpretado*. t. V. Rio de Janeiro, Freitas Bastos, 1956.

CARVALHOSA, Modesto, e WARDE JR., Walfrido Jorge. *Tratado de Direito Empresarial*. t. I (*Teoria Geral da Empresa*). São Paulo, Ed. RT, 2016.

CARVALHOSA, Modesto (coord.). *Tratado de Direito Empresarial*. ts. I e II. São Paulo, Ed. RT, 2016.

CASTRO, Amílcar de. *Direito Internacional Privado*. t. II. Rio de Janeiro, Forense, 2008.

CASTRO, Luiz Augusto de Araújo. *O Brasil e o Novo Direito do Mar: Mar Territorial e Zona Econômica Exclusiva*. Brasília, Fundação Alexandre Gusmão, 1989.

CASTRO MENDES, Aluísio Gonçalves de. *Ações Coletivas no Direito Comparado e Nacional*. 2ª ed. São Paulo, Ed. RT, 2007.

CASTRO Y BRAVO, Federico de. *La Persona Jurídica*. Madri, Civitas, 1984.

CAVALCANTI, José Paulo. *A Falsa Posse Indireta*. Recife, Uzeyka Advogados, 1990.

CAVALCANTI, Themístocles Brandão. *Tratado de Direito Administrativo*. 3ª ed., ts. III e IV. Rio de Janeiro, Freitas Bastos, 1956.

CAYROL, Nicolas. *Droit de l'Exécution*. Paris, LGDJ, 2013.

CERQUEIRA, Luís Otávio Sequeira de, et alii. *Comentários à Lei de Improbidade Administrativa*. 3ª ed. São Paulo, Ed. RT, 2011.

CHAINAIS, Cécile, FERRAND, Frédérique, e GUINCHARD, Serge. *Procédure Civile*. 3ª ed. Paris, Dalloz, 2013.

CHARLES, Sébastian, e LIPOVTESKY, Giles. *Tempos Hipermodernos*. Lisboa, Edições 70, 2011.

CHIOVENDA, Giuseppe. "Cosa giudicata e competenza". In: *Saggi di Diritto Processuale Civile*. t. II. Milão, Società Editrice Foro Italiano, 1930.

_____. *Instituciones de Derecho Procesal Civil*. vols. I e II, trad. de E. Gomes Orbaneja. Madri, Editorial Revista de Derecho Privado, 1940.

_____. *Istituzioni di Diritto Processuale Civile*. vol. II. Nápoles, Eugenio Jovene, 1953; 3ª ed., vols. I e II. Nápoles, Eugenio Jovene, 1936.

_____. "L'azione nel sistema dei diritti". In: *Saggi di Diritto Processuale Civile*. t. I. Milão, Società Editrice Foro Italiano, 1939 (pp. 3-99).

_____. *La Acción en el Sistema de los Derechos*. Trad. de Santiago Sentís Melendo. Bogotá, Editorial Themis, 1986.

_____. *Principii di Dirittto Processuale Civile*. Nápoles, Eugenio Jovene, 1923.

_____. *Saggi di Diritto Processuale Civile (1894-1937)*. ts. I e II. Milão, Società Editrice Foro Italiano, 1939.

CIMAMONTI, S., BERGEL, J., e BRUSCHI, M. *Traité de Droit Civil – sous la Direction de Jacques Ghestin*. Paris, Librarie Générale de Droit et de Jurisprudence, 1999.

CIMARDI, Cláudia Aparecida. *Proteção Processual da Posse*. São Paulo, Ed. RT, 2007.

CIRNE LIMA, Ruy. *Terras Devolutas*. Porto Alegre, Globo, 1935.

Codigo de Processo Civil e Commercial do Estado do Rio Grande do Sul – Lei 65/1908. Imprensa Oficial, 1908.

COELHO, Fabio Ulhoa. *Curso de Direito Comercial*. 14ª ed., t. III. São Paulo, Saraiva, 2013.

COLESANTI, Vittorio, CARPI, Federico, e TARUFFO, Michele. *Commentario Breve al Codice di Procedura Civile*. 4ª ed. Pádua, CEDAM, 2002.

COLTRO, Antônio Carlos, MAFRA, Tereza Cristina Monteiro, e TEIXEIRA, Sálvio de Figueiredo. *Comentários ao Novo Código Civil*. 2ª ed., vol. XVII. Rio de Janeiro, Forense, 2005.

COMOGLIO, Luigi Paolo, FERRI, Corrado, e TARUFFO, Michele. *Lezioni sul Processo Civile*. Bolonha, Il Mulino, 1995; 4ª ed., vols. I e II. Bolonha, Il Mulino, 2006.

COMPARATO, Fábio Konder. *Novos Ensaios e Pareceres de Direito Empresarial*. Rio de Janeiro, Forense, 1981.

CORNIL, Georges. *Traité de la Possession dans le Droit Romain*. Paris, Albert Fontemoing, 1905.

CORNU, Gérard. *Droit Civil – Les Biens*. 9ª ed. Paris, Montchrestien, 1999.

CORRÊA FILHO, Olavo Caetano. *Avaria Grossa de Navio*. São Paulo, Esplanada, 2001.

COSTA, Mário Júlio de Almeida. *Direito das Obrigações*. 10ª ed. Coimbra, Livraria Almedina, 2006.

COUTO, J. Gonçalves do. *Vista, Cobrança e Restauração de Autos Cíveis*. São Paulo, Jacintho Ribeiro dos Santos Editor, 1923.

COUTO E SILVA, Clóvis do. *A Obrigação como Processo*. São Paulo, José Bushatsky Editor, 1976.

_____. *Comentários ao Código de Processo Civil*. vol. XI, ts. I e II. São Paulo, Ed. RT, 1982.

CRETELLA JR., José. *Bens Públicos*. 2ª ed. São Paulo, LEUD, 1975.

_____. *Comentários à Constituição Federal de 1988*. t. IV. Rio de Janeiro, Forense Universitária, 1998.

_____. *Fundações Públicas*. 2ª ed. Rio de Janeiro, Forense, 2002.

CROME, Carl. *System des Deutschen Bürgerlichen Rechts*. t. I (reimpr. Keip Verlag, 1998). Tübingen/Leipzig, Verlag Mohr, 1900.

CROME, Carl, e VON LINGENTHAL, Karl Salomo Zachariae. *Manuale de Diritto Francese*. t. II, trad. de Ludovico Barassi. Milão, Società Editrice 1907.

CRUZ E TUCCI, José Rogério. *A Causa Petendi no Processo Civil*. 2ª ed. São Paulo, Ed. RT, 2001.

_____. "Hipoteca judiciária e devido processo legal". In: *Questões Práticas de Processo Civil*. São Paulo, Atlas, 2000.

_____. *Limites Subjetivos da Eficácia da Sentença e da Coisa Julgada Civil*. São Paulo, Ed. RT, 2007.

_____. *Questões Práticas de Processo Civil*. São Paulo, Atlas, 2000.

CRUZ E TUCCI, José Rogério, FRANÇA, Erasmo Valladão Azevedo e Novaes, e GONÇALVES NETO, Alfredo de Assis. *Tratado de Direito Empresarial*. t. II (*Empresa Individual de Responsabilidade Limitada e Sociedade de Pessoas*). São Paulo, Ed. RT, 2016.

CZYLAHR, Karl Ritter von. *Lehrbuch der Institutionen des Römischen Rechtes*. 6ª ed. Viena/Leipzig, F. Tempsky und G. Freytag, 1919.

D'ALESSIO, Francesco. *Diritto Amministrativo Italiano*. vol. 2. Turim, UTET, 1934.

DIAS, Maria Berenice. *Alimentos aos Bocados*. São Paulo, Ed. RT, 2013.

_____. *Manual de Direito das Famílias*. 9ª ed. São Paulo, Ed. RT, 2013.

_____ (coord.). *Incesto e Alienação Parental*. 3ª ed. São Paulo, Ed. RT, 2013.

DIDIER JR., Fredie. *Recurso de Terceiro Prejudicado*. São Paulo, RT, 2003.

DIDIER JR., Fredie, e ZANETI JR. *Curso de Direito Processual Civil*. 2ª ed. Salvador, Juspodivm, 2007.

DIEZ-PICAZO, Luis. *Sistema de Derecho Civil*. 6ª ed., t. III. Madri, Editorial Tecnos, 1998.

DINAMARCO, Cândido Rangel. *A Instrumentalidade do Processo*. 15ª ed. São Paulo, Malheiros Editores, 2013.

——————. *A Reforma da Reforma*. 6ª ed. São Paulo, Malheiros Editores, 2003.

——————. *Capítulos de Sentença*. 6ª ed. São Paulo, Malheiros Editores, 2014.

——————. *Execução Civil*. 8ª ed. São Paulo, Malheiros Editores, 2002 e 2003.

——————. *Fundamentos do Processo Civil Moderno*. 6ª ed., vols. I e II. São Paulo, Malheiros Editores, 2010.

——————. *Instituições de Direito Processual Civil*. 7ª ed., vol. II. São Paulo, Malheiros Editores, 2017.

——————. *Intervenção de Terceiros*. 5ª ed. São Paulo, Malheiros Editores, 2009.

——————. *Litisconsórcio*. 8ª ed. São Paulo, Malheiros Editores, 2009.

——————. *Vocabulário do Processo Civil*. 2ª ed. São Paulo, Malheiros Editores, 2014.

DINAMARCO, Cândido Rangel, *et alii*. *Teoria Geral do Processo*. 31ª ed. São Paulo, Malheiros Editores, 2015.

DOUCHY-OUDOT, Mélina. *Procédure Civile*. 6ª ed. Issy-les-Moulineaux Cedex, Gualino, Lextenso Éditions, 2014.

DUGUIT, Leon. *Traité de Droit Constitutionnel*. t. I. Paris, Fontemoing & C. Éditeurs, 1923.

ENNECCERUS, Ludwig, e LEHMANN, Heinrich. *Derecho de Obligaciones*. t. I, vol. II, e t. II, vol. I. Barcelona, Casa Editorial Bosch, 1971.

ENNECCERUS, Ludwig, KIPP, Theodor, e WOLFF, Martin. *Tratado de Derecho Civil – Parte General*. t. I, vol. I. Barcelona, Bosch, 1953.

ESTRELLA, Hernani. *Apuração dos Haveres*. 3ª ed. Rio de Janeiro, Forense, 2001.

FABRÍCIO, Adroaldo Furtado. *Comentários ao Código de Processo Civil*. Rio de Janeiro, Forense, 1980.

FACHIN, Luiz Edson. *Comentários ao Novo Código Civil*. vol. XVIII. Rio de Janeiro, Forense, 2005.

——————. *Elementos Críticos do Direito de Família*. Rio de Janeiro, Renovar, 2009.

——————. *Intervenção de Terceiros*. São Paulo, Ed. RT, 2009.

FADIGAS, Paulo. In: TOSTA, Jorge (coord.). *Juizados Especiais da Fazenda Pública*. Rio de Janeiro, Elsevier, 2012.

FARIA, Cristiano Chaves de. "Alimentos decorrentes do parentesco". In: CAHALI, Francisco José, e PEREIRA, Rodrigo da Cunha (coords.). *Alimentos no Código Civil: Aspectos Civil, Constitucional, Processual e Penal*. São Paulo, Saraiva, 2005.

FERRAND, Frédérique, CHAINAIS, Cécile, e GUINCHARD, Serge. *Procédure Civile*. 3ª ed. Paris, Dalloz, 2013.

FERRAND, Frédérique, e GUINCHARD, Serge. *Procédure Civile – Droit Interne et Droit Communautaire*. 32ª ed. Paris, Dalloz, 2014.

FERRARA, Francesco. *Teoría de las Personas Jurídicas*. Madri, Editorial Reus, 1929.

FERREIRA, Fernando Amâncio. *Curso de Processo de Execução*. 13ª ed. Coimbra, Livraria Almedina, 2010.

FERREIRA, Pinto. *Inventário, Partilha e Ações de Herança*. São Paulo, Saraiva, 1986.

FERREIRA, Waldemar. *Tratado de Direito Comercial*. vols. VIII, XII e XIII. São Paulo, Saraiva, 1964.

FERREIRA, Waldemar, e LEME, Ernesto. *Acção de Dissolução de Sociedade*. São Paulo, Ed. RT, 1938.

FERRI, Corrado, COMOGLIO, Luigi Paolo, e TARUFFO, Michele. *Lezioni sul Processo Civile*. Bolonha, Il Mulino, 1995; 4ª ed., vols. I e II. Bolonha, Il Mulino, 2006.

FETZER, Thomas, ARNDT, Hans-Wolfgang, e KÖHLER, Marcus. *Recht des Internet (O Direito da Internet)*. 6ª ed. Heidelberg, Müller Verlag, 2008.

FIGUEIRA JR., Joel Dias. *Da Competência nos Juizados Especiais Cíveis*. São Paulo, Ed. RT, 1996.

_____.. *Liminares nas Ações Possessórias*. São Paulo, Ed. RT, 1995.

FONSECA, Arnoldo Medeiros da. *Investigação de Paternidade*. 3ª ed. Rio de Janeiro, Forense, 1958.

FONSECA, Priscila M. P. Corrêa da. *Dissolução Parcial, Retirada e Exclusão de Sócio*. São Paulo, Atlas, 2002.

FRAGA, Affonso. *Divisão e Demarcação das Terras Particulares*. 4ª ed. São Paulo, Saraiva, 1936.

FRANÇA, Erasmo Valladão Azevedo e Novaes, CRUZ E TUCCI, José Rogério, e GONÇALVES NETO, Alfredo de Assis. *Tratado de Direito Empresarial*. t. II (*Empresa Individual de Responsabilidade Limitada e Sociedade de Pessoas*). São Paulo, Ed. RT, 2016.

FRANÇA, Erasmo Valladão Azevedo e Novaes, e ADAMEK, Marcelo Vieira von. *Da Ação de Dissolução Parcial de Sociedade*. São Paulo, Malheiros Editores, 2016.

FRANCO, Fernão Borba. In: TOSTA, Jorge (coord.). *Juizados Especiais da Fazenda Pública*. Rio de Janeiro, Elsevier, 2012.

FREITAS, Teixeira de. *Consolidação das Leis Civis*. Rio de Janeiro, Garnier, 1896.

FRICERO, Natalie, e JULIEN, Pierre. *Procédure Civile*. Paris, LGDJ, 2014.

FRIEDENTHAL, Jack H., KANE, Mary Kay, e MILLER, Arthur R. *Civil Procedure*. Minnesota, West Publishing, 1997.

FROMONT, Michel. *Droits Fondamentaux dans l'Ordre Juridique de la RFA (Direitos Fundamentais na Ordem Jurídica da República Federal Alemã)*. Recueil d'Études en Hommage a Charles Eisemann. Paris, Cujas 1975 (pp. 49-64).

FUTNER, Georg. *Das Urteil im Zivilprozeß*. 2ª ed. Munique/Berlim, C. H. Beck,1967.

FURTADO, Luísa Elisabeth T.C. *Ação Popular*. São Paulo, LTr, 1997.

FUX, Luiz. *Intervenção de Terceiros*. São Paulo, Saraiva, 1990.

GAJARDONI, Fernando da Fonseca, ARAÚJO, Fabio Caldas de, e MEDINA, José Miguel Garcia. *Procedimentos Cautelares e Especiais*. 5ª ed., vol. 4. São Paulo, Ed. RT, 2014.

GAJARDONI, Fernando da Fonseca, *et alii*. *Comentários à Lei de Improbidade Administrativa*. 3ª ed. São Paulo, Ed. RT, 2011.

GAMA, Affonso Dionysio. *Da Antichrese*. São Paulo, Saraiva, 1919.

_____. *Tratado Teórico e Prático de Testamentos*. 3ª ed. Rio de Janeiro, Freitas Bastos, 1953.

GAMA, Ricardo Rodrigues. *Limitação Cognitiva nos Embargos de Terceiro*. Campinas, Bookseller, 2002.

GARTH, Bryant, e CAPPELLETTI, Mauro (eds.). *Access to Justice – A World Survey*. vol. I. Milão, Giuffrè, 1978.

GAUL, Hans Friedhelm, BECKER-EBERHARD, Ekkehard, LAKKIS, Panajotta, ROSENBERG, Leo, e SCHILKEN, Eberhard. *Zwangsvollstreckungsrecht*. 12ª ed. Munique, Verlag C. H. Beck, 2010.

GAUPP, Ludwig, e STEIN, Friedrich. *Zivilprozessordnung*. vol. I. Tübingen, Mohr, 1934.

GEHRLEIN, Markus, e PRÜTTING, Hans (eds.). *ZPO-Kommentar (Comentários à Lei Processual Alemã)*. Luchterhand Verlag, 2014 e 2015.

GIANESINI, Rita. *Ação de Nunciação de Obra Nova*. São Paulo, Ed. RT, 1994.

GISCHKOW, Sérgio. *Ação de Alimentos*. Porto Alegre, Sérgio Antônio Fabris Editor, 1983.

GLÜCK, Christian Friedrich von. *Ausfürliche Erläuterung der Pandecten nach Hellfeld*. t. I, Sechts Theils, erste Abteilung. Erlangen Johann Jacob Palm, 1800; 2ª ed., vol. II. 1800; 2ª ed., vol. III, erste Abteilung, Erlangen, Balm & Enre, 1867; vol. VI, erste Abteilung.

_____. *Commentario alle Pandette*. Trad. de Arricchito. Livros II e XVIII, com notas de Ferrini e Serafini. Milão, Vallardi, 1901.

GOEBEL, Frank-Michael, GOTTWALD, Uwe, MÖNNIG, Peter, PRUSSEIT, Wolf, e SPURZEM, Michael. *Zivilprozessrecht*. Deutscher Anwaltverlag & Institut der Anwaltschaft GmbH, 2005.

GOLDSCHMIDT, James. *Der Prozeß als Rechtslage (O Processo como Situação Jurídica)*. Berlim, 1925 (reimpr. da 2ª ed. Scientia Verlag Aalen, 1986).

_____. *Derecho Procesal Civil*. Barcelona, Editorial Labor, 1936.

_____. *Teoría General del Proceso*. Trad. espanhola. Barcelona, Editorial Labor, 1936.

_____. *Zivilprozessrecht*. Berlim, Verlag von Julius Springer, 1929.

GOLDSCHMIDT, L. *Universalgeschichte des Handelsrechts*. Stuttgart, Ferdinand Enke, 1891.

GOMES, Orlando. *Alienação Fiduciária em Garantia*. São Paulo, Ed. RT, 1970.

_____. *O Novo Direito de Família*. Porto Alegre, Sérgio Antônio Fabris Editor, 1984.

GONÇALVES, Alfredo de Assis. "Empresa Individual de Responsabilidade Limitada". In: CARVALHOSA, Modesto (coord.). *Tratado de Direito Empresarial*. t. II. São Paulo, Ed. RT, 2016.

GONÇALVES, William Couto. *Intervenção de Terceiros*. Belo Horizonte, Del Rey, 1997.

GONÇALVES NETO, Alfredo de Assis, CRUZ E TUCCI, José Rogério, e FRANÇA, Erasmo Valladão Azevedo e Novaes. *Tratado de Direito Empresarial*. t. II (*Empresa Individual de Responsabilidade Limitada e Sociedade de Pessoas*). São Paulo, Ed. RT, 2016.

GONDIM NETO, Joaquim Guedes Correa. *Posse Indireta*. Rio de Janeiro, UFRJ, 1971.

GOTTWALD, Peter, e SCHWAB, Karl H. *Verfassung und Zivilprozeß (Constituição e Processo Civil)*. Gieseking Verlag Bielefeld, 1982, 1984 e 1989.

GOTTWALD, Peter, ROSENBERG, Leo, e SCHWAB, Karl Heinz. *Zivilprozessrecht*. 16ª ed. Munique, C. H. Beck'schle Verlagsbuchhandlung, 2004.

GOTTWALD, Uwe, GOEBEL, Frank-Michael, MÖNNIG, Peter, PRUSSEIT, Wolf, e SPURZEM, Michael. *Zivilprozessrecht*. Deutscher Anwaltverlag & Institut der Anwaltschaft GmbH, 2005.

GOZZO, Débora. *O Procedimento de Interdição*. São Paulo, Saraiva, 1986.

GRABENWARTER e HOLOUBEK. *Verfassungsrecht – Allgemeines Verwaltungsrecht*. Viena, Facultas Wuv, 2009.

GRECO, Leonardo. *Jurisdição Voluntária Moderna*. São Paulo, Dialética, 2003.

GRECO FILHO, Vicente. *Direito Processual Civil*. vol. III. São Paulo, Saraiva, 2008.

GRIGNANI, Guido, e BENETTI, Gianfranco. *Volontaria Giurisdizione*. Pádua, CEDAM, 1999.

GRISARD FILHO, Waldyr. *Guarda Compartilhada*. 2ª ed. São Paulo, Ed. RT, 2002.

GRUNSKY, Wolfgang, e BAUR, Fritz. *Zivilprozeßrecht*. 9ª ed., vol. 9. Berlim, Luchterhand, 1997; 12ª ed. Berlim, Luchterhand, 2006.

GUASP, Jaime. *Derecho Procesal Civil*. t. I, atualizado por Pedro Aragoneses. Madri, Civitas, 2002.

GUERRA FILHO, Willis Santiago. In: *RePro* 50/81 e ss. São Paulo, Ed. RT.

GUIMARÃES, José Lázaro Alfrêdo. *As Ações Coletivas e as Liminares contra Atos do Poder Público*. 2ª ed. Brasília, Brasília Jurídica, 1993.

GUINCHARD, Serge, CHAINAIS, Cécile, e FERRAND, Frédérique. *Procédure Civile*. 3ª ed. Paris, Dalloz, 2013.

GUINCHARD, Serge, e FERRAND, Frédérique. *Procédure Civile – Droit Interne et Droit Communautaire*. 32ª ed. Paris, Dalloz, 2014.

GUINCHARD, Serge, e VINCENT, Jean. *Procédure Civile*. 24ª ed. Paris, Dalloz, 2014.

GUSMÃO, Manoel Aureliano de. *Processo Civil e Comercial.* vol. I. São Paulo, Livraria Acadêmica, 1921.

HABSCHEID, Walther J. *Freiwilige Gerichtsbarkeit.* 6ª ed. Munique, C. H. Beck, 1977.

HARGER, Marcelo. *Improbidade Administrativa.* São Paulo, Atlas, 2015.

HARTMANN, P., ALBERS, J., BAUMBACH, A., e LAUTERBACH, W. *Zivilprozessordnung.* Munique, Verlag Beck, 2007.

HEDEMANN, J. W. *Tratado de Derecho Civil – Derecho de Cosas.* t. II. Madri, Editorial Revista de Derecho Privado, 1955.

HELLWIG, Hans-Jürgen. *Zur Systematik des Zivilprozeßrechtlichen Vertrages.* Bonn, Ludwig Röhrscheid Verlag, 1968.

HELLWIG, Konrad. *Klagrecht und Klagmöglicchkeit.* Reimpr. da 2ª ed. (1905), t. II. Leipzig, A. Deichertschen Verlagsbuchhandlung, 1980.

_____. *Lehrbuch des deustchen Zivilprozeßrechts.* t. II. Leipzig, Deichert'sche Verlagsbuchandlung, 1907.

_____. *System des deutschen Zivilprozeßrechts.* vols. I e II. Leipzig, Deichert, 1912.

HENKEL, Wolfram. *Prozessrecht und materielles Recht.* Göttingen, 1970.

HERNÁNDEZ, Francisco Rivero. *El Interés del Menor.* Madri, Dyckinson, 2000.

HERON, Jacques. *Droit Judiciaire Privé.* Paris, Montchrestien, 1991.

HOLOUBEK e GRABENWARTER. *Verfassungsrecht – Allgemeines Verwaltungsrecht.* Wien, Facultas Wuv, 2009.

HOLZHAMMER, Richard. *Österreichisches Zivilprozeßrecht – Erkenntnisverfharen.* Viena/NovaYork, Springer-Verlag, 1970.

HUC, Théophile. *Commentaire Théorique & Pratique du Code Civil.* t. II. Paris, Pichon, 1892.

HULOT, Henri, *et alii. Corps de Droit Civil Romain en Latin et en Français.* t. I. Paris, Metz, 1804 (reimpr. Scientia Verlag Aalen, 1979).

IHERING, Rudolf von. *Du Fondement de la Protection Possessoire.* 2ª ed., trad. de O. de Meuleunare. Paris, A. Marescq, Ainé, 1875.

ITABAIANA DE OLIVEIRA, Arthur Vasco. *Tratado de Direito das Sucessões.* vol. III. São Paulo, Max Limonad, 1952.

JARDIM, Augusto Tanger. *A Causa de Pedir no Direito Processual Civil.* Porto Alegre, Livraria do Advogado, 2008.

JAUERNIG, Othmar. *Bürgerliches Gesetzbuch mit Gesetz zur Regelung des Rechts der allgemeinen Geschäftsbedingungen.* Munique, Beck, 2007.

_____. *Direito Processual Civil.* 25ª ed., trad. de Silveira Ramos. Coimbra, Livraria Almedina, 2002.

_____. *Kommentar – Bürgerliches Gesetzbuch mit Allgemeinem Gleichhandlungsgesetz.* Munique, C. H. Beck, 2007.

_____. *Verhandlungsmaxime, Inquisitionsmaxime und Streitgegenstand.* Tübingen, Mohr, 1967.

_____. *Zivilprozessrecht.* 26ª ed. Munique, C. H. Beck, 2000.

JAUERNIG, Othmar, e BERGER, Christian. *Zwangsvollstreckung- und Insolvenzrecht.* Munique, C. H. Beck, 2007.

JELLINEK, Georg. *Allgemeine Staatslehre.* Berlim, Verlag von Julius Springer, 1922.

JOHNSON JR., E. "Access to Justice in the United States: the economic barriers and some promising solutions". In: CAPPELLETTI, Mauro, e GARTH, Bryant (eds.). *Acess to Justice – A World Survey.* vol. I. Milão, Giuffrè, 1978.

JOOST, Detlev. *Münchener Kommentar zum Bürgerlichen Gesetzbuch.* 3ª ed., vol. VI (*Sachenrecht*). Munique, C. H. Beck, 1997.

JÚDICE, Mônica Pimenta. *O Direito Marítimo no Código de Processo Civil.* Salvador, Juspodivm, 2015.

JULIEN, Pierre, e FRICERO, Natalie. *Procédure Civile.* Paris, LGDJ, 2014.

JUSTEN FILHO, Marçal. *Curso de Direito Administrativo.* 9ª ed. São Paulo, Ed. RT, 2013.

_____. *Desconsideração da Personalidade Societária no Direito Brasileiro.* São Paulo, Ed. RT, 1987.

JUSTO, A. Santos. *Breviário de Direito Privado Romano.* Coimbra, Wolters Kluwer, 2010.

KANE, Mary Kay, FRIEDENTHAL, Jack H., e MILLER, Arthur R. *Civil Procedure.* Minnesota, West Publishing, 1997.

KANT. *A Metafísica dos Costumes.* Trad. de Edson Bini. São Paulo, Edipro, 2003.

KARLOWA, Oto. *Römische Geschichite.* vols. I e II. Leipzig, Von Weit & Comp., 1885.

KASER, Max. *Das Römische Zivilprozessrecht (O Processo Civil Romano).* Munique, Verlag C.H. Beck, 1996.

KASER, Max, e KNÜTEL Rolf. *Römisches Privatrecht (Direito Privado Romano).* Munique, Verlag C. H. Beck, 2008.

KATZ, Alfred. *Staatsrecht – Grundkurs im Öffentlichen Recht.* 18ª ed. Heidelberg, C. F. Müller, 2010.

KELLER, Friedrich Ludwig von. *De la Procédure Civile et des Actions chez les Romains.* Trad. de Charles Capmas. Paris, Ernest Thorin, 1870.

_____. *Der Römische Civilprocess und die Actionen (O Processo Civil Romano e as Ações).* Leipzig, Bernhard Tauchnitz, 1883.

KELSEN, Hans. *Reine Rechtslehre (Teoria Pura do Direito).* Lípsia, Stanley L. Paulson, 1934 (reimpr. da 1ª ed. Scientia Verlag Aalen, 1994).

KIPP, Theodor, ENNECCERUS, Ludwig, e WOLFF, Martin. *Tratado de Derecho Civil – Parte General.* t. I, vol. I. Barcelona, Bosch, 1953.

KISCH, W. *Elementos de Derecho Procesal Civil.* 2ª ed. Madri, Editorial Revista de Derecho Privado, 1940.

KÜTTNER, Georg. *Die Wirgungen des Urteil ausserhalb die Zivilprozess* (*Die verschiedenen Arten der Urteilwirkungen*). Munique, C.H Beck, 1914.

LACERDA, J. C. Sampaio de. *Curso de Direito Marítimo e Aeronáutico*. Rio de Janeiro, Freitas Bastos, 1960.

LAKKIS, Panajotta, BECKER-EBERHARD, Ekkehard, GAUL, Hans Friedhelm, ROSENBERG, Leo, e SCHILKEN, Eberhard. *Zwangsvollstreckungsrecht*. 12ª ed. Munique, Verlag C. H. Beck, 2010.

LARENZ e WOLF. *Allgemeneir Teil des Bürgerlichen Rechts*. 9ª ed. Munique, C. H. Beck, 2004.

LAUTERBACH, W., ALBERS, J., BAUMBACH, A., e HARTMANN, P. *Zivilprozessordnung*. Munique, Verlag Beck, 2007.

LAZZARINI, Alexandre Alves. *A Causa Petendi nas Ações de Separação Judicial e Dissolução da União Estável*. São Paulo, Ed. RT, 1999.

LEHMANN, Heinrich. *Derecho de Família*. Trad. de José Navas. Madri, Editorial Revista de Derecho Privado, 1953.

LEHMANN, Heinrich, e ENNECCERUS, Ludwig. *Derecho de Obligaciones*. t. I, vol. II; t. II, vol. I. Barcelona, Casa Editorial Bosch, 1971.

LEITÃO, Helder Martins. *Dos Processos Especiais*. Porto, Librum, 2007.

LEITE, Eduardo Oliveira. *Comentários ao Novo Código Civil*. 3ª ed., t. XXI. Rio de Janeiro, Forense, 2003.

LEITE, Iolanda Moreira. "Registro imobiliário e ação de retificação – Posse e propriedade". In: CAHALI, Francisco José (coord.). *Posse e Propriedade*. São Paulo, Saraiva, 1987.

LEME, Ernesto, e FERREIRA, Waldemar. *Acção de Dissolução de Sociedade*. São Paulo, Ed. RT, 1938.

LENT, Friedrich. *Freiwillige Gerichtsbarkeit*. 3ª ed. Munique, Beck's Verlagsbuchandlung, 1958.

LENZA, Pedro. *Teoria Geral da Ação Civil Pública*. 3ª ed. São Paulo, Ed. RT, 2005.

LEONEL, Ricardo de Barros. *Causa de Pedir e Pedido*. São Paulo, Método, 2006.

LETTERON, Roseline. *Libertés Publiques*. 9ª ed. Paris, Dalloz, 2009.

LEVENEUR, Laurent. *Code Civil*. 28ª ed. Paris, Litec, 2009.

LIMA, Alcides de Mendonça. *Comentários ao Código de Processo Civil*. vol. XII. São Paulo, Ed. RT, 1982.

LINGENTHAL, Karl Salom Zachariae von, e CROME, Carl. *Manuale de Diritto Francese*. t. II, trad. de Ludovico Barassi. Milão, Società Editrice, 1909.

LIPOVTESKY, Giles, e CHARLES, Sébastian. *Tempos Hipermodernos*. Lisboa, Edições 70, 2011.

LOBÃO, Manuel de Almeida e Sousa. *Notas de Uso Pratico e Críticas (Notas a Mello)*. Parte I e Parte II, Título XIII. 4ª ed. Lisboa, Imprensa Nacional, 1918.

_____. *Segundas Linhas sobre o Processo Civil*. t. I. Lisboa, Imprensa Nacional, 1855.

_____. *Tratado Encyclopedico Compendiario, Pratico e Systematico dos Interdictos e Remedios Possessorios Geraes e Especiaes*. Lisboa, Imprensa Nacional, 1867.

_____. *Tratado Pratico do Processo Executivo Summario*. Lisboa, Imprensa Nacional, 1868.

LÔBO, Paulo. *Direito Civil – Famílias*. 4ª ed. vol. 4. São Paulo, Saraiva, 2012.

LOPES DA COSTA, Alfredo de Araújo. *Demarcação – Divisão – Tapumes*. Belo Horizonte, Bernardo Álvares Editora, 1963.

_____. *Dos Processos Especiais*. Belo Horizonte, Bernardo Álvares Editora, s/d.

_____. *Manual Elementar de Direito Processual Civil*. Rio de Janeiro, Revista Forense, 1956.

LOYNES, P. de, e BAUDRY-LACANTINERIE, G. *Trattato Teorico-Pratico di Diritto Civile. Del Pegno, dei Privilegi, delle Ipoteche e della Espropriazione Forzata*. t. I. Milão, Francesco Valardi, 1907.

LÜKE, Wolfgang. *Zivilprozessrecht – Erkenntnisverfahren/Zwangsvollstreckung//Europäisches Zivilverfahrensrecht* (*Direito Processual Civil – Processo de Conhecimento e de Execução*). 10ª ed. Munique, Verlag C. H. Beck, 2011.

LULOT, Henri, *et alii*. *Corps de Droit Roman en Latin et en Français. Les Cinquant Livres du Digeste ou des Pandectes*. t. I. Paris, Chez Behmer et Lamort Imprimeurs – Libraires, 1803 (reimpr. de Metz, Scientia Verlag Aalen, 1979).

MACEDO, Elaine Harzheim. *Do Procedimento Monitório*. São Paulo, Ed. RT, 1999.

MACHADO GUIMARÃES, Luiz. *Comentários ao Código de Processo Civil de 1939*. vol. IV. Rio de Janeiro, Forense, 1941.

MAFRA, Tereza Cristina Monteiro, COLTRO, Antônio Carlos, e TEIXEIRA, Sálvio de Figueiredo. *Comentários ao Novo Código Civil*. 2ª ed., vol. XVII. Rio de Janeiro, Forense, 2005.

MAIA, Diogo Campos Medina. *Ação Coletiva Passiva*. Rio de Janeiro, Lumen Juris, 2009.

MANCUSO, Rodolfo de Camargo. *Ação Civil Pública*. 13ª ed. São Paulo, Ed. RT, 2014.

_____. *Ação Popular*. 3ª ed. São Paulo, Ed. RT, 1998.

_____. *Interesses Difusos*. 6ª ed. São Paulo, Ed. RT, 2004.

_____. *Jurisdição Coletiva e Coisa Julgada*. 2ª ed. São Paulo, Ed. RT, 2007.

MANDRIOLI, Crisanto. *Corso di Diritto Processuale Civile*. Turim, Giappichelli, 2012.

MARCATO, Antônio Carlos. *Ação de Consignação em Pagamento*. 6ª ed. São Paulo, Malheiros Editores, 2001.

_____. *O Processo Monitório Brasileiro*. 2ª ed. São Paulo, Malheiros Editores, 2001.

_____. *Procedimento Ordinário*. 2ª ed. São Paulo, Bird, 2000.

MARKY, Thomas. *Curso Elementar de Direito Romano*. 4ª ed. São Paulo, Saraiva, 1988.

MARQUES, Cláudia Lima (coord.). *Diálogo das Fontes – Do Conflito à Coordenação de Normas do Direito Brasileiro*. São Paulo, Ed. RT, 2012.

MARQUES, José Frederico. *Ensaio sobre a Jurisdição Voluntária*. 2ª ed. São Paulo, Saraiva, 1959.

MARTINS, Pedro Batista. *Comentários ao Código de Processo Civil*. t. II. Rio de Janeiro, Forense, 1941.

MARTINS, Ricardo Marcondes. *Estudos de Direito Administrativo Neoconstitucional*. São Paulo, Malheiros Editores, 2015.

MARTINS, Sandro Gilbert. *A Defesa do Executado por Meio de Ações Autônomas – Defesa Heterotópica*. São Paulo, Ed. RT, 2002 (Coleção Enrico Tullio Liebman, vol. 50).

MATHIAS, Bernhard. *Lehrbuch des Bürgerliches Rechtes*. Berlim, Verlag von D. Härig, 1899.

MAURER, Hartmut. *Allgemeines Verwaltungsrecht*. 17ª ed. Munique, Verlag C. H. Beck, 2009.

MAYNZ, Charles. *Cours de Droit Romain*. 4ª ed., t. I. Bruxelas, Bruylant-Christophe Éditeurs, 1877.

MAZZEI, Rodrigo. *Direito de Superfície*. Salvador, Juspodivm, 2013.

MEDICUS. *Allgemeiner Teil des BGB*. Heidelberg, C. F. Müeller Verlag, 2006.

MEDINA, José Miguel Garcia. *Comentários à Constituição Federal* (art. 5º). São Paulo, Ed. RT, 2012.

_____. *Constituição Federal Comentada*. 2ª ed. São Paulo, Ed. RT, 2013.

_____. *Execução*. vol. 3 (*Processo Civil Moderno*). São Paulo, Ed. RT, 2008.

_____. *Execução Civil – Teoria Geral – Princípios Fundamentais*. 2ª ed., vol. 48. São Paulo, Ed. RT, 2004.

_____. "Litisconsórcio necessário ativo – Interpretação e alcance do art. 47, parágrafo único, do CPC". *RT* 777/ 41-56. São Paulo, Ed. RT.

_____. *Novo Código de Processo Civil Comentado* (com remissões e notas comparativas ao CPC/1973). São Paulo, Ed. RT, 2015.

MEDINA, José Miguel Garcia, ARAÚJO, Fabio Caldas de, e GAJARDONI, Fernando. *Procedimentos Especiais e Cautelares*. 5ª ed., vol. 4. São Paulo, Ed. RT, 2014.

MEDINA, José Miguel Garcia, e ARAÚJO, Fabio Caldas de. *Código Civil Comentado*. São Paulo, Ed. RT, 2014.

_____. *Mandado de Segurança Individual e Coletivo*. 2ª ed. São Paulo, Ed. RT, 2012.

MEDINA, José Miguel Garcia, *et alii*. *Os Poderes do Juiz e o Controle das Decisões Judiciais: Estudos em Homenagem à Professora Teresa Arruda Alvim Wambier*. São Paulo, Ed. RT, 2008.

MEIRELLES, Hely Lopes. *Direito Municipal Brasileiro*. 17ª ed., 2ª tir. São Paulo, Malheiros Editores, 2014.

MEIRELLES, Hely Lopes, MENDES, Gilmar Ferreira, e WALD, Arnoldo. *Mandado de Segurança e Ações Constitucionais*. 37ª ed. São Paulo, Malheiros Editores, 2016.
MELLO, Celso de Albuquerque. *Direito Internacional Público*. 9ª ed., t. I. Rio de Janeiro, Renovar, 2002.
MENDES, Gilmar Ferreira. *Direitos Fundamentais e Controle de Constitucionalidade*. 3ª ed. São Paulo, Saraiva, 2004.
MENDES, Gilmar Ferreira, e CARNEIRO, Rafael Araripe (orgs.). *Gestão Pública e Direito Municipal – Tendências e Desafios*. São Paulo, Saraiva, 2016.
MENDES, Gilmar Ferreira, MEIRELLES, Hely Lopes, e WALD, Arnoldo. *Mandado de Segurança e Ações Constitucionais*. 37ª ed. São Paulo, Malheiros Editores, 2016.
MENESTRINA, Francesco. *La Pregiudiciale nel Processo Civile*. Milão, Giuffrè, 1993 (*ristampa*).
MENEZES CORDEIRO, António. *Da Boa-Fé no Direito Civil*. 2ª reimpr. Coimbra, Livraria Almedina, 2001.
_____. *Da Modernização do Direito Civil*. vol. I. Coimbra, Livraria Almedina, 2004.
_____. *Direito das Obrigações*. vols. I e II. Lisboa, AAFDL, 1994.
_____. *Direitos Reais*. Lisboa, Lex, 1993.
_____. *Introdução ao Direito da Prestação de Contas*. Coimbra, Livraria Almedina, 2008.
_____. *Litigância de Má-Fé, Abuso do Direito de Ação e Culpa **In Agendo***. Coimbra, Livraria Almedina, 2014.
_____. *O Levantamento da Personalidade Colectiva no Direito Civil e Comercial*. Coimbra, Livraria Almedina, 2000.
_____. *Tratado da Arbitragem*. Coimbra, Livraria Almedina, 2015.
_____. *Tratado de Direito Civil Português*. vol. I, ts. I e II. Coimbra, Livraria Almedina, 2000; vol. I, ts. III e V. Coimbra, Livraria Almedina, 2004.
MESQUITA, Miguel. *Apreensão de Bens em Processo Executivo e Oposição de Terceiros*. Coimbra, Livraria Almedina, 1998.
MILLER, Arthur R., FRIEDENTHAL, Jack H., e KANE, Mary Kay. *Civil Procedure*. Minnesota, West Publishing, 1997.
MITIDIERO, Daniel. *Colaboração no Processo Civil*. São Paulo, Ed. RT, 2011.
_____. *Precedentes*. São Paulo, Ed. RT, 2016.
MÖNNIG, Peter, GOEBEL, Frank-Michael, GOTTWALD, Uwe, PRUSSEIT, Wolf, e SPURZEM, Michael. *Zivilprozessrecht*. Deutscher Anwaltverlag & Institut der Anwaltschaft GmbH, 2005.
MORAES E BARROS, Hamilton de. *Comentários ao Código de Processo Civil*. vols. IX e XI. São Paulo, Ed. RT, 1982.
MORANGE, Jean. *Manuel des Droits de l'Homme et Libertés Publiques*. Paris, PUF Droit, 2007.
MORATO, Francisco A. de Almeida. *Da Prescripção nas Acções Divisórias*. São Paulo, Livraria Acadêmica, 1917.

MUSIELAK, Hans-Joachim. *Grundkurs ZPO*. 9ª ed. Munique, Verlag C. H. Beck, 2007.

MÜTHER, Theodor. *Sulla Dottrina dell'Actio Romana, dell'Odierno Diritto de Azione, della* **Litiscontestatio** *e della Sucessione Singolare nelle Obbligazioni*. Firenze, Sanzoni, 1954.

MÜTHER, Theodor, e WINDSCHEID, Bernhard. *Polemica Intorno all'Actio*. Trad. de Ernest Heinitz. Florença, Sansoni, 1954.

NASCIMENTO, Carlos Valder do. *Coisa Julgada Inconstitucional*. Rio de Janeiro, América Jurídica, 2004.

NEGRÃO, Theotônio. "O juiz natural no direito processual civil comunitário europeu". *RePro* 101. São Paulo, Ed. RT, 2001.

_____. *Teoria Geral dos Recursos*. 6ª ed. São Paulo, Ed. RT, 2004.

NEGRÃO, Theotônio, *et alii*. *Código de Processo Civil e Legislação Processual em Vigor*. 47ª ed. São Paulo, Saraiva, 2016.

NERY JR., Nelson. "O juiz natural no direito processual civil comunitário europeu". *RePro* 101. São Paulo, Ed. RT, 2001.

_____. *Teoria Geral dos Recursos*. 6ª ed. São Paulo, Ed. RT, 2004.

NERY JR., Nelson, e NERY, Rosa Maria de Andrade. *Código Civil Comentado*. 10ª ed. São Paulo, Ed. RT, 2013.

_____. *Código de Processo Civil Comentado*. 10ª ed. São Paulo, Ed. RT, 2007.

_____. *Comentários ao Código de Processo Civil – Novo CPC – Lei 13.105/2015*. São Paulo, Ed. RT, 2015.

_____. *Constituição Federal Comentada*. São Paulo, RT, 2006.

NEUNER, Jörg. "A influência dos direitos fundamentais no direito privado alemão". In: MONTEIRO, António Pinto, NEUNER, Jörg, e SARLET, Ingo Wolfgang. *Direitos Fundamentais e Direito Privado. Uma Perspectiva de Direito Comparado*. Coimbra, Livraria Almedina, 2007.

NEUNER, Jörg, MONTEIRO, António Pinto, e SARLET, Ingo Wolfgang. *Direitos Fundamentais e Direito Privado. Uma Perspectiva de Direito Comparado*. Coimbra, Livraria Almedina, 2007.

NEUNER, Jörg, e WOLF, Manfred. *Allgemeneir Teil des Bürgerlichen Rechts*. 10ª ed. Munique, C. H. Beck, 2012.

NEVES, Daniel Amorim Assumpção. *Manual de Direito Processual Civil*. 8ª ed. Salvador, Juspodivm, 2016.

NICOLITT, André. *A Duração Razoável do Processo*. 2ª ed. São Paulo, Ed. RT, 2014.

OLIVEIRA, Carlos Alberto Alvaro de. *A Tutela de Urgência e o Direito de Família*. São Paulo, Saraiva, 2000.

OPITZ, Oswaldo, e OPITZ, Sílvia. *Tratado de Direito Agrário Brasileiro*. t. I. São Paulo, Saraiva, 1983.

OSÓRIO, Fabio Medina. *Teoria da Improbidade Administrativa.* São Paulo, Ed. RT, 2007.

PACHECO, José da Silva. *O Atentado no Processo Civil.* Rio de Janeiro, Borsói, 1958.

PAULA, Alexandre de. *Código de Processo Civil Anotado.* t. IV. São Paulo, Ed. RT, 1998.

PAULUS, Christoph G. *Zivilprozessrecht: Erkenntnisverfahren und Zwangsvollstreckung.* 3ª ed. Berlim/Heidelberg, Springer-Verlag, 2004.

PAWLOSKI. *Allgemeneir Teil des Bürgerlichen Rechts.* Berlim, C. F. Müeller, 2003.

PENNA, José Edgard. *Perfis Constitucionais das Terras Devolutas.* Belo Horizonte, Del Rey, 2003.

PENTEADO, Mauro Rodrigues. *Dissolução e Liquidação de Sociedades.* 2ª ed. São Paulo, Saraiva, 2000.

PEREIRA, José Horácio Cintra G. *Dos Embargos de Terceiro.* São Paulo, Atlas, 2002.

PEREIRA, Rodrigo da Cunha. "Alienação parental. Uma inversão da relação sujeito e objeto". In: DIAS, Maria Berenice (coord.). *Incesto e Alienação Parental.* 3ª ed. São Paulo, Ed. RT, 2013.

_____. *Concubinato e União Estável.* 4ª ed.. Belo Horizonte, Del Rey, 1997.

PEREIRA, Rodrigo da Cunha, e CAHALI, Francisco José (coords.). *Alimentos no Código Civil.* São Paulo, Saraiva, 2007.

PEREIRA, Rucemah Leonardo Gomes. *Avaria Grossa e Perigo (Regras de York e Antuérpia).* Rio de Janeiro, Femar, 1996.

PEREIRA, Sérgio Gischkow. *Ação de Alimentos.* 4ª ed. Porto Alegre, Livraria do Advogado, 2007.

PESSOA, Cláudia Grieco Tabosa. *Efeitos Patrimoniais do Concubinato.* São Paulo, Saraiva, 1997.

PICARDI, Nicola. *Manuale del Processo Civile.* 3ª ed. Milão, Giuffrè, 2016.

PIMENTEL, Wellington Moreira. *Comentários ao Código de Processo Civil.* 2ª ed., vol. III. São Paulo, Ed. RT, 1979.

PINHEIRO, Jorge Duarte. *Fase Introdutória dos Embargos de Terceiro.* Coimbra, Livraria Almedina, 1992.

PIRES DE SOUSA, Luís Filipe. *Processos Especiais de Divisão de Coisa Comum e de Prestação de Contas.* Coimbra, Livraria Almedina, 2016.

PLANIOL, Marcel. *Traité Élémentaire de Droit Civil.* 5ª ed., t. I. Paris, LGDJ, 1926.

PONTES, Tito Lívio. *Divisões, Demarcações, Tapumes.* São Paulo, Max Limonad, 1955.

PONTES DE MIRANDA, F. C. *Comentários à Constituição de 1967 com a Emenda n. 1 de 1969.* 2ª ed., 2ª tir., t. IV. São Paulo, Ed. RT, 1974.

_____. *Comentários ao Código de Processo Civil* (de 1939). t. VI; 2ª ed., t. IX. Rio de Janeiro, Forense, 1959.

_____. *Comentários ao Código de Processo Civil* (de 1973). ts. II, XII, XIII, XIV, XV e XVI. São Paulo, Ed. RT, 1977.

_____. *Tratado das Ações.* ts. II, III e VI.

_____. *Tratado de Direito Privado.* ts. I, III, IX, X, XX, XXXVIII e LV. São Paulo, Ed. RT, 1983.

PORTO, Sérgio Gilberto. *Doutrina e Prática dos Alimentos.* Porto Alegre, Sérgio Antônio Fabris Editor, 1985.

PRATA, Edson. *Embargos de Terceiro.* 3ª ed. São Paulo, LEUD, 1987.

PROTO PISANI, Andrea. *Lezioni di Diritto Processuale Civile.* Nápoles, Jovene, 2012.

PRUSSEIT, Wolf, GOEBEL, Frank-Michael, GOTTWALD, Uwe, MÖNNIG, Peter, e SPURZEM, Michael. *Zivilprozessrecht.* Deutscher Anwaltverlag & Institut der Anwaltschaft GmbH, 2005.

PRÜTTING, Hans, e BAUR, Fritz. *Sachenrecht.* 17ª ed. Munique, C. H. Beck'sche Verlagsbuchhandlung, 1999.

PRÜTTING, Hans, e GEHRLEIN, Markus. *Zivilprozessrecht.* 6ª ed. Köln, 2014.

_____ (eds.). *ZPO-Kommentar (Comentários à Lei Processual Alemã).* Luchterhand Verlag, 2014 e 2015.

PRÜTTING, Hans, e SCHWAB, Karl Heinz. *Sachenrecht.* 29ª ed. Munique, Verlag C. H. Beck, 2000.

PUNZI, Carmine. *Il Processo Civile – Sistema e Problematiche: I Procedimenti Speciali.* vol. III. Turim, Giappichelli, 2008.

PUTZO, Hans, e THOMAS, Heinz. *ZPO Kommentar.* Munique, C. H. Beck, 2008.

RAFFI (Comandante), André. *Avarias Marítimas.* Lisboa, Livraria Clássica Editora, 1955.

RAMON, Francis, e TROPER, Michel. *Droit Constitutionnel.* 30ª ed. Paris, Defrénois, 2007.

RECHBERGER, Walter H., e SIMOTTA, Daphne A. *Zivilprozessrecht. Erkenntnisverfahren (Direito Processual Civil – Processo de Conhecimento).* 7ª ed., t. I. Viena, Verlag Manz, 2009.

REIS, José Alberto dos. *Processo Ordinário e Sumário.* vol. I. Coimbra, Coimbra Editora, 1928.

_____. *Processos Especiais.* vols. I, t. II, e II. Coimbra, Coimbra Editora, 1982.

RIPERT, Georges. *Précis du Droit Maritime.* vol. III. Paris, Dalloz, 1939.

ROCCO, Ugo. *Trattato di Diritto Processuale Civile.* t. VI. Turim, UTET, 1967.

RODOVALHO, Thiago. "A oposição no novo Código de Processo Civil: de modalidade de intervenção de terceiros à condição de ação verdadeiramente autônoma". *RePro* 266. São Paulo, Ed. RT, 2017.

_____. *Cláusula Arbitral nos Contratos de Adesão.* São Paulo, Almedina, 2016.

RODRIGUES, Marco Antônio dos Santos. *A Modificação do Pedido e da Causa de Pedir no Processo Civil*. Rio de Janeiro, G/Z, 2014.

ROENICK, Hermann Homem de Carvalho. *Intervenção de Terceiros – A Oposição*. Rio de Janeiro, AIDE, 1995.

ROSENBERG, Leo, BECKER-EBERHARD, Ekkehard, GAUL, Hans Friedhelm, LAKKIS, Panajotta, e SCHILKEN, Eberhard. *Zwangsvollstreckungsrecht*. 12ª ed. Munique, Verlag C. H. Beck, 2010.

ROSENBERG, Leo, GOTTWALD, Peter, e SCHWAB, Karl H. *Zivilprozessrecht*. 16ª ed. Munique, C. H. Beck'schle Verlagsbuchhandlung, 2004.

RUFFINI, Francesco. *L'Actio Spolli*. Roma, "L'Erma" di Bretschneider, 1972.

RUGGIERO, Roberto de. *Instituições de Direito Civil*. vol. III. Milão, Francesco Vallardi, 1960.

SACCO, Rodolfo. *Possesso, Denuncia di Nuova Opera e di Danno Temuto*. vol. III.

SALEILLES, Raymond. *La Posesión*. Madri, Librería General de Victoriano Suárez, 1909.

SALLES, José Carlos de Moraes. *Usucapião de Bens Imóveis e Móveis*. 5ª ed. São Paulo, Ed. RT, 1999.

SALOMÃO, Jorge. *Execução de Sentença em Mandado de Segurança*. Rio de Janeiro, Freitas Bastos, 1956.

SALOMÃO FILHO, Calixto. *A Sociedade Unipessoal*. São Paulo, Malheiros Editores, 1995.

SAMPAIO JR., Herval, e CARVALHO FILHO, Antônio (coords.). *Os Juízes e o Novo CPC*. Salvador, Juspodivm, 2017.

SÁNCHEZ, Guillermo Ormazabal. *Iura Novit Curia*. Madri/Barcelona, Marcial Pons, 2007.

SANTOS, Ernane Fidélis dos. *Ação Monitória*. Belo Horizonte, Del Rey, 2000.

_____. *Manual de Direito Processual Civil*. 3ª ed., t. III. São Paulo, Saraiva, 1993.

SARLET, Ingo Wolfgang, MONTEIRO, António Pinto, e NEUNER, Jörg. *Direitos Fundamentais e Direito Privado. Uma Perspectiva de Direito Comparado*. Coimbra, Livraria Almedina, 2007.

SARMENTO, Eduardo Sócrates Castanheira. *A Interdição no Direito Brasileiro*. Rio de Janeiro, Forense, 1981.

SATTA, Salvatore. *Diritto Processuale Civile*. Atualizado por Carmini Punzi. Pádua, CEDAM, 2000.

SAVIGNY, Friedrich Carl von. *Das Recht des Besitzes Eine Zivilistische Abhandlung*. Scientia Verlagen Aalen, 1990 (reimpr. da edição de Viena, 1865).

_____. *Geschichte des römischen Rechts im Mittelalter* (*História do Direito Romano na Idade Média*). 7 vols., reimpr. de 1834. Bad Homburg, 1839.

_____. *Sistema del Derecho Romano Actual*. t. II. Madri, F. Goóngora y Compañía Editores, 1879.

_____. *System des heutigen Römischen Rechts* (*Sistema Atual do Direito Romano*). t. II, reed. Scientia Verlag Aalen. 1981.

_____. *Traité de la Possession en Droit Romain*. 7ª ed., trad. de Henri Staedtler. Paris, Auguste Durand Éditeur, 1866.

_____. *Vermischte Schriften*. Berlim, 1850 (reimpr. da 2ª ed. Scientia Verlag Aalen, 1981).

SCHIEDERMAIR, Erst Gerhard. *Vereinbarungen im Zivilprozeß*. Bonn, 1935.

SCHILKEN, Eberhard, BECKER-EBERHARD, Ekkehard, GAUL, Hans Friedhelm, LAKKIS, Panajotta, e ROSENBERG, Leo. *Zwangsvollstreckungsrecht*. 12ª ed. Munique, Verlag C. H. Beck, 2010.

SCHLAICH, Klaus, e KORIOTH, Stefan. *Das Bundesverfassungsgericht. Stellung. Verfahren, Entscheidungen*. 7ª ed. Munique, Verlag. C. H. Beck, 2007.

SCHLOSSER, Peter. *Einverständnis Parteilhandeln im Zivilprozeß*. Tübingen, Mohr, 1968.

SCHÖNKE, Adolf. *Derecho Procesal Civil*. Trad. da 5ª ed. alemã. Barcelona, Bosch, 1950.

_____. *Einführung in die Rechtswissenchaft* (*Introdução à Ciência do Direito*). 2ª e 3ª eds. Karlsruhe, Verlag C. F. Müller, 1947.

SCHUPPE, Wilhelm. *Der Begriff des Subjektiven Rechts* (*O Conceito de Direito Subjetivo*). Breslau, 1887 (reimpr. Scientia Verlag Aalen, 1963).

SCHWAB, Karl Heinz, e GOTTWALD, Peter. *Verfassung und Zivilprozeß* (*Constituição e Processo Civil*). Gieseking Verlag Bielefeld, 1982, 1984 e 1989.

SCHWAB, Karl Heinz, e PRÜTTING, Hans. *Sachenrecht*. 29ª ed. Munique, Verlag C. H. Beck, 2000.

SCHWAB, Karl Heinz, GOTTWALD, Peter, e ROSENBERG, Leo. *Zivilprozessrecht*. 16ª ed. Munique, C. H. Beck'schle Verlagsbuchlandlung, 2004.

SCHWEIGER, Matthias Michael. *Intertemporales Zivilprozessrecht*. Berlim, Duncker & Humblot, 2011.

SEABRA FAGUNDES, M. *Dos Recursos Ordinários em Matéria Civil*. Rio de Janeiro, Forense, 1946.

_____. *O Controle dos Atos Administrativos pelo Poder Judiciário*. 4ª ed. Rio de Janeiro, Forense, 1967.

SEMON, Hans M. "O debate oral no processo civil alemão". In: *Processo Oral – Coletânea de Estudos de Juristas Nacionais e Estrangeiros*. Rio de Janeiro, Forense, 1940.

SERICK, Rolf. *Rechtsform und Realität Juristischer Personen*. Berlim/Tübbingen, Walter de Gruyter and Co., 1955.

SERPA LOPES, Miguel Maria de. *Tratado dos Registros Públicos*. t. I. Rio de Janeiro, Freitas Bastos, 1955.

SILVA, De Plácido e. *Vocabulário Jurídico*. 31ª ed. ts. I e III. Rio de Janeiro, Forense/Grupo Gen, 2014.

SILVA, José Afonso da. *Ação Popular Constitucional*. 2ª ed., 2ª tir. São Paulo, Malheiros Editores, 2013.

_____. *Comentário Contextual à Constituição*. 9ª ed. São Paulo, Malheiros Editores, 2014.

SILVA, Ovídio A. Baptista da. *Comentários ao Código de Processo Civil*. vol. XIII. São Paulo, Ed. RT, 2000.

_____. *Curso de Processo Civil*. vol. I. Porto Alegre, Sérgio Antônio Fabris Editor, 1996.

_____. *Do Processo Cautelar*. 1ª ed. Rio de Janeiro, Forense, 1996.

SILVA, Paulo Márcio da. *Inquérito Civil e Ação Civil Pública*. Belo Horizonte, Del Rey, 2000.

SIMAS, Hugo. *Comentários ao Código de Processo Civil*. vol. VIII. Rio de Janeiro, Forense, 1940.

SIMOTTA, Daphne A., e RECHBERGER, Walter H. *Zivilprozessrecht. Erkenntnisverfahren (Direito Processual Civil – Processo de Conhecimento)*. 7ª ed., t. I. Viena, Verlag Manz, 2009.

SKDEL, Arthur. *Mahnverfahren*. Leipzig, Verlag von Bernhard Tauchnitz, 1891.

SOARES, Carlos Ricardo. *Heranças e Partilhas*. Coimbra, Livraria Almedina, 2007.

SOEHRINGER, Kay. *Die Nachfolge in Rechtslagen aus Prozessverträgen*. Berlim, Carl Heymanns Verlag, 1968.

SOUSA, Luís Filipe Pires de. *Processos Especiais de Divisão de Coisa Comum e de Prestação de Contas*. Coimbra, Livraria Almedina, 2016.

SOUZA, Gelson Amaro de. *Do Valor da Causa*. 4ª ed. São Paulo, Ed. RT, 2011.

SOUZA, Sebastião. *Da Herança Jacente*. Rio de Janeiro, Livraria Jacintho, 1941.

_____. *Dos Processos Especiais*. Rio de Janeiro: Forense, 1957.

SPENCER, David, e BROGAN, Michael. *Mediation Law and Practice*. Cambridge, Cambridge University Press, 2006.

SPOTA. *Tratado de Derecho Civil – Parte General*. t. VI. Buenos Aires, Depalma, 1967.

SPURZEM, Michael, GOEBEL, Frank-Michael, GOTTWALD, Uwe, MÖNNIG, Peter, e PRUSSEIT, Wolf. *Zivilprozessrecht*. Deutscher Anwaltverlag & Institut der Anwaltschaft GmbH, 2005.

SRAFFA, Angelo. *La Liquidazione dele Società Commerciali*. Florença, Fratelli Cammelli, 1899.

STAHL, Walter E. *Beiladung und Nebenintervention*. Berlim, Duncker & Humblot, 1969.

STEIN, Friedrich, e GAUPP, Ludwig. *Zivilprozessordnung*, vol. I. Tübingen, Mohr, 1934.

STRICLER, Yves. *Procédure Civile*. Paris, Larcier, 2013.

STÜRNER, Rolf, e BAUR, Fritz. *Sachenrecht*. 17ª ed. Munique, C. H. Beck'sche Verlagsbuchhandlung, 1999.

_____. *Zwangsvollstreckunsrecht (Processo de Execução). Zwangsvollstreckunsrecht (Processo de Execução)* (continuação da obra de Adolf Schönke). Heidelberg, UTB/C. F. Müller Verlag, 1996.

TALAMINI, Eduardo. *Coisa Julgada e sua Revisão.* São Paulo, Ed. RT, 2005.
_____. *Tutela Monitória.* São Paulo, Ed. RT, 1998.
TARTUCE, Fernanda. *Processo Civil Aplicado ao Direito de Família.* Rio de Janeiro, GEN/Método, 2012.
TARUFFO, Michele, CARPI, Federico, e COLESANTI, Vittorio. *Commentario Breve al Codice di Procedura Civile.* 4ª ed. Pádua, CEDAM, 2002.
TARUFFO, Michele, COMOGLIO, Luigi Paolo, e FERRI, Corrado. *Lezioni sul Processo Civile.* Bolonha, Il Mulino, 1995; 4ª ed., vols. I e II. Bolonha, Il Mulino, 2006.
TARZIA, Giuseppe. "Il contraddittorio nel processo esecutivo". In: *Esecuzione Forzata e Procedure Concorsali.* Pádua, CEDAM, 1994.
TEIXEIRA, Sálvio de Figueiredo, COLTRO, Antônio Carlos, e MAFRA, Tereza Cristina Monteiro. *Comentários ao Novo Código Civil.* 2ª ed., vol. XVII. Rio de Janeiro, Forense, 2005.
TESHEINER, José Maria Rosa. *Jurisdição Voluntária.* Porto Alegre, AIDE, 1992.
THEODORO JR., Humberto. *Curso de Direito Processual Civil.* vol. III. Rio de Janeiro, Forense, 2003.
TOSTA, Jorge (coord.). *Juizados Especiais da Fazenda Pública.* Rio de Janeiro, Elsevier, 2012.
TRABUCCHI. *Istituzione di Diritto Civile.* 39ª ed. Pádua, CEDAM, 1999.
TROPER, Michel, e RAMON, Francis. *Droit Constitutionnel.* 30ª ed. Paris, Defrénois, 2007.

VADELL, Lorenzo Bujosa. *La Protección Jurisdiccional de los Intereses de Grupo.* Barcelona, Casa Editorial Bosch, 1995.
VALLE, Numa P. do. *Avarias Marítimas.* São Paulo, Casa Duprat, 1921.
VAN WETTER. *Pandectes.* t. IV. Paris, LDGJ, 1909.
VARELA, João de Matos Antunes. *Das Obrigações em Geral.* vol. 1. Coimbra, Livraria Almedina, 1996.
VIGORITI, Vincenzo. *Le Azioni a Tutela di Interessi Collettivi – Atti del Convegno di Studio.* Pádua, CEDAM, 1976
VINCENT, Jean, e GUINCHARD, Serge. *Procédure Civile.* 24ª ed. Paris, Dalloz, 2014.
VIOLIN, Jordão. *Ação Coletiva Passiva: Fundamentos e Perfis.* Salvador, JusPodivm, 2008.
VON LINGENTHAL, Karl Salomo Zachariae, e CROME, Carl. *Manuale de Diritto Francese.* t. II, trad. de Ludovico Barassi. Milão, Società Editrice 1907.

WALD, Arnoldo, MEIRELLES, Hely Lopes, e MENDES, Gilmar Ferreira. *Mandado de Segurança e Ações Constitucionais.* 37ª ed. São Paulo, Malheiros Editores, 2016.
WALKER, Wolf-D., e BROX, Hans. *Zwangsvollstreckungsrecht.* 10ª ed. Munique, Vahlen Verlag, 2014.

WAMBIER, Teresa Arruda Alvim, e MEDINA, José Miguel Garcia. *O Dogma da Coisa Julgada*. São Paulo, Ed. RT, 2003.

WAMBIER, Teresa Arruda Alvim, *et alii*. *Direito Jurisprudencial*. vol. II. São Paulo, Ed. RT, 2015.

_____. *Primeiros Comentários ao Novo Código de Processo Civil*. São Paulo, Ed. RT, 2015.

WARDE JR., Walfrido Jorge. In: CARVALHOSA, Modesto (coord.). *Tratado de Direito Empresarial*. t. I. São Paulo, Ed. RT, 2016.

WARDE JR., Walfrido Jorge, e CARVALHOSA, Modesto. *Tratado de Direito Empresarial*. t. I (*Teoria Geral da Empresa*). São Paulo, Ed. RT, 2016.

WEIRICH, Hans-Armin. *Freiwillige Gericthsbarkeit. Eine Einführung in die Systematik und Praxis*. Stuttgart, Kohlhammer, 1981.

WELTER, Pedro Belmiro. *Coisa Julgada na Investigação de Paternidade*. 2ª ed. Porto Alegre, Síntese, 2002.

WHITAKER, F. *Terras (Divisões e Demarcações)*. 2ª ed. São Paulo, O Estado de S. Paulo, 1920.

WINDSCHEID, Bernhard. *Lehrbuch des Pandeketenrechts*. 9ª ed., vol. I. Berlim, 1906 (reimpr. Scientia Verlag Aalen, 1984).

WINDSCHEID, Bernhard, e MÜTHER, Theodor. *Polemica Intorno all'Actio*. Trad. de Ernest Heinitz. Florença, Sansoni, 1954.

WOLF, Manfred, e NEUNER, Jörg. *Allgemeneir Teil des Bürgerlichen Rechts*. 10ª ed. Munique, C. H. Beck, 2012.

WOLFF, Martin. *Tratado de Derecho Civil – Derecho de Cosas*. 3ª ed., t. III, vol. I. Barcelona, Casa Editorial Bosch, 1971.

WOLFF, Martin, ENNECCERUS, Ludwig, e KIPP, Theodor. *Tratado de Derecho Civil – Parte General*. t. I, vol. I. Barcelona, Bosch, 1953.

WÜRTENBERGER, Thomas, e ZIPPELIUS, Reinhold. *Deutsches Staatsrecht. Deutsches Staatsrecht*. 32ª ed. Munique, C.H. Beck, 2008.

ZANETI JR., e DIDIER JR., Fredie. *Curso de Direito Processual Civil*. 2ª ed., t. IV. Salvador, Juspodivm, 2007.

ZATTI, Paolo. *Corso di Diritto Civile*. 3ª ed. Pádua, CEDAM, 2008.

ZAVASCKI, Teori Albino. *Processo Coletivo*. São Paulo, Ed. RT, 2006.

ZIPPELIUS, Reinhold, e WÜRTENBERGER, Thomas. *Deutsches Staatsrecht. Deutsches Staatsrecht*. 32ª ed. Munique, C. H. Beck, 2008.

ZOPPINI, Andrea. *Le Fondazioni*. Nápoles, Jovene, 1995.

ÍNDICE ALFABÉTICO-REMISSIVO

Abertura da sucessão: 223
Ação
 de alimentos: 376
 de anulação e substituição de títulos ao portador: 62
 de consignação e pagamento: 71
 de depósito: 58
 de dissolução parcial de sociedade: 196
 de divisão: 185
 de embargos de terceiro: 281
 de guarda: 390
 de habilitação: 332
 de inventário: 215
 de investigação de paternidade: 371
 de nunciação de obra nova: 60
 de oposição: 317
 de prestar contas: 111
 de restauração de autos: 445
 de usucapião: 43-45, 50
 de venda a crédito com reserva de domínio: 63
 demarcatória: 183
 demarcatória parcial: 170
 direta de inconstitucionalidade: 650
 monitória: 392
 monitória – valor da causa: 409
 para homologação do penhor: 423
 petitória: 125
 possessória – conversão: 158
 publiciana: 48
Ação Civil Pública: 38, 41, 541, 578, 583, 614, 629, 639 notas 13, 58, 60
Ação Popular: 625
 prescrição: 648
Ações
 coletivas: 567
 de família: 341
 de família – tutela provisória: 349
 de improbidade administrativa – tutela provisória: 634
 divisórias: 138
 possessórias: 112-113, 115, 124
 possessórias – tutela provisória: 146
Actio duplex: 167
Adjudicação ao herdeiro: 270
Administrador provisório: 226
Aforamento: 96
Agente público: 603
Alienação *a non domino*: 299
Alienação fiduciária: 38, 59, 63-64
Alienação judicial: 443
Alimentos – minoração, majoração e exoneração: 389
Alimentos gravídicos: 352
Alteração do regime de bens: 491
Alvará judicial: 271
Ano e dia: 149
Apuração de haveres: 209
Aquisição originária: 43-44
Arrecadação de bens: 227
Arrolamento – escritura pública: 219
Arrolamento extrajudicial: 219
Assistência: 616
Associação: 46
Audiência de conciliação: 50, 52, 356, 617
Audiência de instrução: 53, 356, 617
Ausência: 505
Autoridade coatora: 542, 552

Autos suplementares: 451
Avarias: 432
Avarias grossas: 433

Balanço patrimonial: 209
Benfeitorias: 136
Bens
 de incapazes: 487
 imóveis: 689
 móveis: 61, 63
 perdidos: 512
 públicos: 136
 semoventes: 236
Boa-fé objetiva: 62

Caução: 156
Causa debendi: 407
Celeridade dos atos processuais: 396
Cheque prescrito: 400
Citação: 45
 da Fazenda Pública: 48
 do proprietário: 48
 dos confinantes: 50
Cláusulas CIF e FOB: 436
Codicilos: 498
Coisas vagas: 511
Colação: 218, 249
Companheiro: 250, 301
Competência
 ação monitória: 414
 ações de família: 353, 372
 consignação: 86
 divisão e demarcação: 167
 embargos de terceiro: 314
 escritura pública de arrolamento: 220
 mandado de segurança: 553
Compromisso de compra e venda: 403
Concessão de liminar: 664
Confinantes: 50, 175, 186
Cônjuge: 231, 250, 301
Consignação em pagamento: 73
 extrajudicial: 81
 petição inicial: 87
 tributária: 78
Contranotificação: 480
Contraprotesto: 480
Contrato de abertura de crédito: 396

Convenção de York-Antuérpia: 435
Cumulação de pedidos: 128
 no inventário: 280
Curador *ad litem*: 280
Curatela compartilhada: 525

Déficit procedimental: 33
Depositário infiel: 55
Depósito extrajudicial: 75
Desconsideração da personalidade jurídica: 207
Desjudicialização dos conflitos: 213
Detenção: 294
Devedor *ultra titulum*: 292
Dever de cooperação: 76
Direito da minoria: 534
Direito de visita: 390
Direito fundamental de fundar: 530
Direito material e processual: 33
Dissolução de sociedade
 judicial e extrajudicial: 201
 parcial e total: 199
Dívida *portable*: 79
Dívida *quérable*: 79
Divisão cômoda: 483
Doação dissimulada: 249
Doação inoficiosa: 253
Duplicatas: 401
Duração razoável: 345
Dúvida objetiva sobre o credor: 80

Embargos
 de terceiro: 281, 308
 pelo companheiro: 301
 pelo cônjuge: 301
 pelo proprietário: 298
Emenda da partilha: 263
Emendatio morae: 94
Encampação: 552
Entidade coletiva: 46
Equipe multidisciplinar: 521
Estado civil: 353
Estatuto da pessoa com deficiência: 517
Exceção de usucapião: 154
Exceptio declinatoria quanti: 417
Exceptio domini: 139
Exigência de contas: 99, 109
Expedição do formal: 263

ÍNDICE ALFABÉTICO-REMISSIVO

Flexibilização: 40
  procedimental: 343
Fraude à execução: 303
Fundação: 535
Fundações públicas: 532
Fungibilidade – possessórias: 124

Georreferenciamento: 182
Guarda: 390

Habilitação
  direta: 336
  incidental: 338
  ope iudicis: 334
Herança
  jacente: 499
  vacante: 499
Hipoteca legal: 527
Homologação da divisão: 187
Homologação na avaria: 445

Inconstitucionalidade reflexa: 652
Indenização de frutos: 134
Improbidade: 541, 601-602, 604, 607-608, 613-614, 616- 618, 641, 647, 672, 689
Improbidade presumida: 606
Interesse coletivo: 578
Interesse de agir
  consignação: 85
  divisão e demarcação: 163
  possessórias: 126
Interesses difusos: 579
Interesses individuais: 573
Interesses individuais homogêneos: 576
Intervenção Ministerial: 52
Inventariante: 226
  funções: 227
Inventário
  extrajudicial: 212
  judicial: 212
  negativo: 216
  positivo: 215
Irrepetibilidade da verba alimentar: 379
ITCMD: 214
Ius possessionis: 116
Ius possidendi: 116

Jurisdição
  contenciosa: 459
  da posse: 148
  voluntária: 462

Lalur: 64
Legitimação extraordinária passiva: 584
Legitimação passiva nos embargos: 305
Legitimidade
  ADI: 633
  alvará judicial: 272
  concorrente – inventário: 225
  consignação: 84
  das partes no juizado: 690
  habilitação: 339
  jurisdição voluntária: 464
  mandado de segurança: 551
  para dissolução parcial: 204
  para exigir contas: 99
  para oferecer contas: 100
  passiva no mandado de segurança: 552
  processual: 332
Levantamento da curatela: 525
Levantamento de precatório: 276
Litigância de má-fé: 423
Litígio possessório coletivo: 149
Litisconsórcio
  alternativo: 90, 454
  eventual: 384
  necessário: 207
  passivo: 45
Litispendência – ações coletivas: 588

Mandado de segurança: 543
  coletivo: 546
  desistência: 558
  execução no: 562
  preventivo: 545
  repressivo: 545
Marcos divisórios: 184
Mediação extrajudicial: 55
Ministério Público: 557
Modelo procedimental atípico: 40
Monitório: 392
Mora
  accipiens: 79

creditoris: 75
ex persona: 66
Morte civil: 505
Morte presumida: 505

Negócio jurídico: 75, 110
Negócio processual: 41, 183, 418
Negócio processual possessório: 151
Notas de empenho e subempenho: 399
Notas fiscais: 403
Nulidade: 49
Nunciação de obra nova: 58

Obrigação
   de entrega: 403
   de fazer: 403, 393
   de não fazer: 393
Ocupação de bens públicos: 138
Oficial de Justiça: 242
Oposição: 287
   de terceiro: 284
   sucessivas: 331

Pacto de São José: 59
Pagamento de dívidas: 255
Partidor: 258
Partilha
   amigável: 257
   contenciosa: 257
   judicial: 257
Penhor legal: 425
Pertinência temática: 653
Pessoa com deficiência – Estatuto: 517
Pessoa jurídica: 45
Pluriparentalidade: 357
Polo passivo coletivo: 155
Posse
   teoria objetiva: 120
   teoria subjetiva: 120
Posse de direitos: 117
Possessórias – pedido contraposto: 153
Possuidor
   direto: 294, 296
   indireto: 294
Prerrogativa de foro: 614
Pretensão publiciana: 154

Primeiras declarações: 229, 237
Princípio
   da aproveitabilidade da petição inicial: 663
   da concentração: 91, 495
   da dignidade da pessoa humana: 494
   da elasticidade: 472
   da fungibilidade: 124
   da igualdade: 74
   da oficialidade: 500
   da preservação da empresa: 198
   da prevalência do interesse: 392
   da proteção integral: 390, 512, 519
   da *saisine*: 484, 499-500
   da subsidiariedade: 663
   da tipicidade: 464, 605
   in dubio pro reo: 619
   in dubio pro societate: 619
   probatio diabolica: 34
Procedimento
   ação de alimentos: 383
   ações divisórias: 177
   ações possessórias: 112
   comum: 36, 37
   consignatório: 81
   discriminatório: 193
   dissolução parcial: 204
   edital: 49, 63
   embargos de terceiro: 311
   especial: 36-38, 72
   monitório: 406
   prestar contas: 105
Processo eletrônico: 449
Processos necessários: 71
Processos testemunháveis: 536
Propter rem: 58
Protesto marítimo: 536
Prova escrita – ação monitória: 392
Prova da união estável: 368
Publicidade – editais: 47

Quantum debeatur: 404
Quilombadas: 196
Quilombos: 196

Ratificação: 536
Reconhecimento da paternidade: 372

ÍNDICE ALFABÉTICO-REMISSIVO

Reconvenção: 52
Regra de ponderação: 620
Remoção do inventariante: 238
Renúncia abdicativa: 252
Renúncia translativa: 252
Representação do espólio: 227
Res: 404
Reserva de bens: 256
Reserva de domínio: 63-65
Restauração de autos: 445
Restitutio in integrum: 510
Rule: 433, 436, 576

Seguro DPVAT: 274
Sentença: 109
   contas – exigência – segunda fase: 110
   de alimentos: 388
   de interdição: 524
   possessória: 156
   processual: 644
Separação de corpos: 352
Sequestro: 156
Silêncio: 49
Sinistros marítimos: 431
Small claims: 36
Sobrepartilha: 279
Sociedade empresária: 196
Sociedade simples: 202
Sócio: 201
Sonegados: 218
Substituição processual: 45
Sucessão voluntária: 333
Súmulas: v. Índice das Súmulas e da Legislação
Suprimento judicial: 534

Teoria do fato consumado: 557
Terceiro de boa-fé: 65, 251

Terras
   devolutas: 189
   indígenas: 196
   públicas: 193
Testamenteiro: 499
Tipicidade procedimental: 464
Títulos ao portador: 59, 63
Títulos cambiais e cambiariformes: 400
Tomada de decisão apoiada: 516
Trabalhos de campo: 184
Triplicatas: 401
Tutela
   ações de família: 349
   ações possessórias: 146
   adequada: 39
   antecipada – ações de família: 350
   cautelar: 352
   de evidência: 351
   de evidência – juízo de família: 351
   de urgência: 39, 145, 511, 520, 657
   específica: 66
   improbidade administrativa: 634
   jurisdicional diferenciada: 72
   provisória: 676

Últimas declarações: 244
União estável: 224
Usucapião: 43-44, 172, 177, 356, 454
   administrativa: 42, 53, 55-56
   constitucional: 53
   extrajudicial: 41-42, 53
   extraordinária: 42, 53
   familiar: 53
   ordinária: 42, 53
Usucapio libertatis: 55

Venda à crédito: 63

ÍNDICE DAS SÚMULAS E DA LEGISLAÇÃO

Súmulas do STF
Súmula 49: 471
Súmula 101: 624
Súmula 112: 244
Súmula 113: 244
Súmula 114: 245
Súmula 116: 355, 490, 495
Súmula 150: 649
Súmula 237: 48, 174, 181, 185, 483
Súmula 263: 48
Súmula 266: 546
Súmula 267: 550
Súmula 268: 550
Súmula 269: 550, 558, 563
Súmula 271: 550
Súmula 304: 560
Súmula 340: 48
Súmula 346: 644
Súmula 365: 630
Súmula 377: 231, 250, 494
Súmula 380: 250
Súmula 391: 47, 50
Súmula 405: 555, 646
Súmula 476: 632
Súmula 487: 125, 141
Súmula 512: 560
Súmula 625: 551
Súmula 626: 561
Súmula 628: 553
Súmula 629: 547, 574
Súmula 630: 548
Súmula 632: 549
Súmula 640: 687
Súmula 641: 328
Súmula 642: 651

Súmula vinculante 25: 58-59

Súmulas do STJ
Súmula 01: 372, 385
Súmula 11: 49
Súmula 32: 467
Súmula 46: 314
Súmula 84: 116, 236, 285, 296
Súmula 105: 561
Súmula 112: 244
Súmula 134: 301
Súmula 161: 276, 474
Súmula 189: 557
Súmula 195: 287, 311
Súmula 202: 553
Súmula 206: 554
Súmula 208: 614
Súmula 209: 614
Súmula 228: 115
Súmula 233: 398
Súmula 247: 398
Súmula 279: 399
Súmula 259: 101
Súmula 263: 64
Súmula 282: 416
Súmula 293: 64
Súmula 299: 400, 404
Súmula 301: 361
Súmula 303: 285, 296, 306
Súmula 308: 236, 296-297
Súmula 339: 400
Súmula 375: 303
Súmula 383: 354
Súmula 419: 59
Súmula 477: 103

Súmula 494: nota 311
Súmula 503: 407
Súmula 504: 407
Súmula 531: 407
Súmula 542: 223

Conselho Nacional de Justiça – CNJ
Prov. 56/2016
Art.1º: 219, 230, 496
Res. 35/2007
Art. 1º: 220
  Art. 2º: 220-221
  Art. 5º: 222

Código de Processo Civil – CPC/2015
Art. 5º: 479
Art. 6º: 479
Art. 8º, III: 549
Art. 9º, III: 396
Art. 10: 160, 303
Art.17: 126
Art. 18: 582
Art. 42: 255
Art. 43: 169
Art. 46: 353, 373, 512, 553
Art. 47: 167, 488
Art. 48: 220, 230
Art. 48, I: 502
Art. 48, II: 230
Art. 49: 504
Art. 53, I: 354
Art. 53, II: 353, 385
Art. 53, III, "d": 86
Art. 60: 168
Art. 61: 328
Art. 73: 493
Art. 73, § 1º: 312
Art. 73, § 1º, I: 312
Art. 75: 227
Art. 77, VI: 125
Art. 77, § 2º: 125
Art. 85, § 2º: 466
Art. 85, § 3º: 421
Art. 85, § 14: 110
Art. 87, § 1º: 330
Art. 88: 468
Art. 90, § 4º: 330
Art. 97: 80
Art. 98: 222, 379

Art. 98, § 3º: 469
Art. 108: 333
Art. 109, § 1º: 334
Art. 109, § 3º: 155, 291
Art. 125, § 2º: 331
Art. 133: 534
Art. 133, § 2º: 305
Art. 138: 293, 656
Art. 139: 39
Art. 139, II: 334
Art. 139, V: 87, 325, 356
Art. 139, VI: 51, 203
Art. 148: 441
Art. 156, § 1º: 441
Art. 178: 465
Art. 178, III: 145
Art. 190: 39, 152, 419
Art. 218, § 3º: 442
Art. 229: 180, 328, 417, 442
Art. 231: 388
Art. 246, § 3º: 47, 50
Art. 247: 180, 240, 386
Art. 247, I: 352
Art. 258, I: 50
Art. 259: 323
Art. 259, I: 49
Art. 259, II: 63
Art. 259, III: 144, 155, 180, 240, 494
Art. 269, § 1º: 353
Art. 270: 353
Art. 272: 353
Art. 286, II: 552
Art. 294: 38, 61, 147, 285, 294
Art. 300: 82, 151,156, 327
Art. 300, IV: 40
Art. 300, § 2º: 148
Art. 301: 156, 167, 285, 352
Art. 304: 413
Art. 304, § 3º: 327
Art. 308, § 1º: 307
Art. 309, I: 342
Art. 311, I e II: 147, 151, 327
Art. 311, IV: 66, 405
Art. 313, I: 340
Art. 313, V: 224
Art. 313, VIII: 347
Art. 314: 340
Art. 318: 34, 37, 63

Art. 319: 105, 146, 178, 204
Art. 319, VII: 325
Art. 321: 336
Art. 323: 88, 565
Art. 324: 106
Art. 326: 61
Art. 327, § 1º: 39, 129
Art. 329, I e II: 159
Art. 334: 50, 61, 101, 112
Art. 334, § 4º, I: 356
Art. 335: 52, 356
Art. 335, III: 80
Art. 338: 128, 142, 181
Art. 344: 108, 209, 388-389
Art. 345: 108, 388
Art. 345, II: 356
Art. 345, III: 182
Art. 355: 181
Art. 356, I: 95
Art. 357: 53
Art. 359: 356
Art. 370: 389, 641
Art. 371: 108
Art. 382: 398
Art. 385: 353
Art. 447, § 2º: 357
Art. 454: 641
Art. 464, § 1º: 182
Art. 471: 105, 183, 187
Art. 472: 182
Art. 481: 150
Art. 485, IV: 87
Art. 487, I: 96
Art. 487, III: 183, 258
Art. 489: 388
Art. 489, § 2º: 267
Art. 494: 263
Art. 494, I: 264
Art. 495: 304
Art. 496: 421
Art. 497: 40, 122-123, 593
Art. 498: 59, 123
Art. 501: 75
Art. 510: 173
Art. 513: 122, 157
Art. 515: 235
Art. 515, III: 475
Art. 515, IV: 263
Art. 518: 293

Art. 524, VII: 306
Art. 525: 293
Art. 528: 357
Art. 537: 594
Art. 539: 66, 79, 81, 84-85
Art. 539, § § 1º e 2º: 82
Art. 539, § 3º: 87
Art. 540: 87
Art. 542, I e II: 87-88
Art. 543: 92
Art. 544: 78, 93
Art. 545, § 2º: 74, 86, 94
Art. 547: 74, 90
Art. 549: 96
Art. 550, § 1º: 105
Art. 550, § 4º: 108
Art. 550, § 6º: 100, 110
Art. 552: 100, 102
Art. 553: 99, 104, 110
Art. 554 *caput*: 115, 124, 146
Art. 554, §§ 1º, 2º, 3º: 142-144, 155
Art. 555: 128, 146
Art. 555, I: 130, 157
Art. 556: 154
Art. 557: 139-141, 154, 286
Art. 558, § ún.: 142
Art. 558, § ún.: 150
Art. 559: 156
Art. 561: 146-147
Art. 562: 145, 147-148
Art. 562, § ún.: 149
Art. 565, *caput*: 151
Art. 565: 151
Art. 565, §§ 1º, 4º:142, 149
Art. 565 § 2º: 143
Art. 565, § 3º: 155
Art. 565, § 4º: 151
Art. 565, § 5º: 151
Art. 566: 142
Art. 567: 122
Art. 569: 167
Art. 569, I: 163, 212
Art. 569, II: 163, 212
Art. 570: 161, 163, 168, 178
Art. 571: 161, 483
Art. 572: 170-171, 186
Art. 572, § 1º: 171-172
Art. 572, § 2º: 172
Art. 573: 182

ÍNDICE DAS SÚMULAS E DA LEGISLAÇÃO

Art. 574: 163, 165, 171, 173
Art. 576: 180
Art. 581: 179, 187
Art. 582: 183-184
Art. 585: 184
Art. 587: 184
Art. 588: 163, 185
Art. 592: 186
Art. 594: 187
Art. 595: 187
Art. 596: 187
Art. 596, IV: 188
Art. 597, § 4º: 188
Art. 599: 160, 199, 535
Art. 599, I: 201
Art. 600: 204
Art. 600, I: 204
Art. 600, II: 205
Art. 600, III: 205
Art. 600, VI: 207
Art. 601: 207
Art. 602: 206
Art. 603, § 1º: 209
Art. 603, § 2º: 200
Art. 604, III: 209
Art. 605: 210
Art. 607: 210
Art. 610:213, 219, 265
Art. 610, § 1º: 220, 273
Art. 611: 223
Art. 612: 204, 224, 235
Art. 613: 226
Art. 614: 225
Art. 615, § ún.: 225
Art. 616: 225
Art. 616, I: 225
Art. 617: 226, 239, 260
Art. 618, I: 227, 338
Art. 618, IV: 227
Art. 618, VII: 228
Art. 619: 228
Art. 619, III: 229
Art. 619, IV: 229
Art. 620: 230, 237
Art. 620, I: 230
Art. 620, IV: 236-237, 242, 255
Art. 620, § 1º: 237
Art. 621: 237
Art. 622: 225

Art. 622, VI: 238
Art. 623: 238
Art. 625: 225
Art. 626, § 1º: 240
Art. 626, § 3º: 240
Art. 627: 240, 242, 246
Art. 627, § 2º: 241
Art. 627, § 3º: 241
Art. 628: 256
Art. 629: 240, 242
Art. 630: 242
Art. 633: 242
Art. 634: 243
Art. 635: 243-244
Art. 637: 244
Art. 638, § 2º: 245
Art. 642: 256
Art. 642, § 3º: 256
Art. 643, § ún.: 256
Art. 647: 265
Art. 651: 257-258
Art. 652: 258
Art. 655, § ún.: 263
Art. 656: 264
Art. 657: 264
Art. 657, § ún.: 264- 266
Art. 658: 264
Art. 659: 219, 265, 270
Art. 659, § 1º: 216, 270
Art. 659, § 2º: 268
Art. 662: 260
Art. 662, § 2º: 263, 269
Art. 664: 270
Art. 664, § 4º: 270
Art. 666: 271
Art. 668: 279
Art. 668, II: 279
Art. 669, I: 217
Art. 669, II: 279-280
Art. 669, III: 280
Art. 670: 217
Art. 670, § ún.: 217
Art. 671, II: 280
Art. 672: 280
Art. 672, § ún.: 281
Art. 673: 280, 281
Art. 674: 283, 298, 308
Art. 674, § 1º: 294
Art. 674, § 2º: 300, 302

Art. 675: 284, 306-307
Art. 677, § 1º: 313
Art. 678: 313
Art. 679: 287
Art. 680: 316
Art. 681: 316
Art. 682: 50, 143, 318, 324, 326-327
Art. 683: 329
Art. 684: 330
Art. 685, § ún.: 329
Art. 686: 329
Art. 688: 339
Art. 689: 336
Art. 691: 338
Art. 692: 339
Art. 693: 37
Art. 694: 362
Art. 695, § 3º: 352
Art. 698: 354
Art. 699: 357
Art. 700: 323, 394, 397, 410
Art. 700, I: 405
Art. 700, II: 406
Art. 700, III: 406
Art. 700, § 1º: 393, 397
Art. 700, § 2º: 406
Art. 700, § 4º: 393, 410
Art. 700, § 5º: 410
Art. 700, § 6º: 400, 417, 420
Art. 701: 397, 411
Art. 701, § 1º: 419
Art. 701, § 3º: 412
Art. 701, § 4º: 400
Art. 702: 417
Art. 702, § 1º: 417
Art. 702, § 2º: 413
Art. 702, § 2º, I: 418
Art. 702, § 3º: 418
Art. 702, § 4º: 421
Art. 702, § 5º: 417
Art. 702, § 9º: 421
Art. 704: 433
Art. 708: 441
Art. 708, § 1º: 442
Art. 708, § 4º: 444
Art. 709: 444
Art. 710: 444-445
Art. 711: 441
Art. 712: 445

Art. 719: 464, 471, 479, 486
Art. 720: 464
Art. 721: 465-466, 485, 534
Art. 723, § ún.: 461, 466, 481
Art. 724: 464, 535
Art. 725: 160
Art. 725, III: 487
Art. 725, IV: 484
Art. 725, V: 166, 186, 212
Art. 725, VI: 473
Art. 725, VII: 473
Art. 725, VIII: 475
Art. 726: 477
Art. 726, § 1º: 478
Art. 727: 478
Art. 728, II: 479-480
Art. 729: 480
Art. 730: 166, 480-481
Art. 731: 361, 366, 467, 490
Art. 731, § ún.: 481, 490
Art. 732: 490
Art. 733: 361, 489, 491
Art. 734: 491
Art. 734, § 1º: 493-494
Art. 734, § 2º: 495
Art. 734, § 3º: 495
Art. 735: 497
Art. 735, § 3º: 499
Art. 736: 497
Art. 737, § 1º: 498
Art. 738: 484
Art. 739: 501
Art. 740: 501
Art. 740, § 1º: 501
Art. 740, § 6º: 502
Art. 742: 503
Art. 742, § 1º: 503
Art. 743, § 2º: 500, 503
Art. 744: 486, 506, 510
Art. 745: 495
Art. 745, § 1º: 507
Art. 745, § 4º: 510-511
Art. 746: 307, 511
Art. 746, § 2º: 512
Art. 747: 518
Art. 748: 518
Art. 748, I: 519
Art. 749, § ún.: 520
Art. 750: 520

ÍNDICE DAS SÚMULAS E DA LEGISLAÇÃO 731

Art. 751: 521
Art. 751, § 1º: 521
Art. 755, § 3º: 516
Art. 759, I: 526
Art. 759, II: 526
Art. 760, I: 528
Art. 760, II: 527
Art. 760, § 2º: 528
Art. 761: 528
Art. 762: 528
Art. 763: 528
Art. 763, § 1º: 528
Art. 764: 530, 534
Art. 764, I: 534
Art. 764, § 2º: 534
Art. 765: 530, 534
Art. 766: 538
Art. 767: 537
Art. 768: 537
Art. 769: 538
Art. 771, § ún.: 322
Art. 778, § 1º, II: 293
Art. 784: 322
Art. 784, III: 398
Art. 784, IV: 476
Art. 785: 395
Art. 789: 303, 424
Art. 790: 293
Art. 792: 303
Art. 792, III: 303
Art. 792, § 3º: 290, 305
Art. 792, § 4º: 290, 293, 303, 305
Art. 798, II: 306
Art. 799, IX: 289
Art. 842: 301
Art. 843: 302
Art. 844: 303
Art. 872: 243
Art. 873: 243
Art. 879: 480
Art. 889, II: 186
Art. 896: 482
Art. 896, § 3º: 488
Art. 914, § 2º: 314
Art. 915: 293
Art. 917: 413
Art. 932, II: 157
Art. 966: 266
Art. 966, § 2º: 413

Art. 966, § 4º: 264
Art. 982: 213
Art. 994: 550
Art. 996: 266
Art. 999, § 1º: 240
Art. 1.012: 109
Art. 1.012, § 1º: 184
Art. 1.012, § 1º, I: 188
Art. 1.013, § 5º: 157
Art. 1.015: 238, 246, 254
Art. 1.015, I: 422
Art. 1.015, IX: 331
Art. 1.015, § ún.: 239, 245
Art. 1.019: 636
Art. 1.070: 636
Art. 1.072, III: 222

CPC/1973
Art. 2º: 221
Art. 59: 318
Art. 60: 318
Art. 100: 353
Art. 267, III: 221
Art. 275, II: 114
Art. 485, III: 225
Art. 585, II: 398
Art. 852, § 2º: 81, 378
Art. 879: 125
Art. 897: 94
Art. 914: 99
Art. 914, I e II: 100
Art. 916: 419
Art. 919: 104
Art. 947: 170
Art. 950: 173
Art. 951: 173, 179
Art. 966: 172
Art. 989: 221, 224
Art. 1031, § 2º: 268
Art. 1034: 269
Art. 1.046: 282
Art. 1.046, § 1º: 286
Art. 1.047, II: 282
Art. 1.061: 334
Art. 1.102, "a": 396
Art. 1.102, "b": 412
Art. 1.102, "c": 412, 418
Art. 1.111: 467
Art. 1.112: 470

CPC/1939
Art. 655: 200
Art. 707: 283

CCB/2002
Art. 3º: 240, 515
Art. 4º: 240, 515
Art. 5º: 470
Art. 6º: 211
Art. 7º: 505
Art. 7º, I: 505
Art. 7º, II: 505
Art. 22: 510
Art. 27: 507
Art. 28: 507
Art. 28, § 1º: 508
Art. 28, § 2º: 508
Art. 29: 509
Art. 30: 508
Art. 30, § 2º: 508
Art. 32: 509
Art. 37: 510
Art. 44: 197
Art. 62: 531
Art. 64: 530
Art. 65, § ún.: 535
Art. 67: 534
Art. 67, I: 535
Art. 68: 432
Art. 69: 535
Art. 80, II: 299
Art. 108: 249
Art. 113: 62, 251, 479
Art. 139, III: 266
Art. 178, III: 266
Art. 189: 174, 370
Art. 202, I: 622
Art. 202, III: 405
Art. 205: 267, 370
Art. 232: 373
Art. 252: 92
Art. 304: 73, 84
Art. 305: 85
Art. 306: 85
Art. 327: 86
Art. 328: 86
Art. 333: 303
Art. 335, I e II: 79
Art. 335, IV e V: 80-81, 89

Art. 422: 62, 251
Art. 488: 177
Art. 496: 248
Art. 521: 63
Art. 524: 64
Art. 525: 67
Art. 544: 247, 249
Art. 652: 59
Art. 674, § 1º: 309
Art. 675: 309
Art. 677, § 2º: 309
Art. 792: 274
Art. 794: 274
Art. 896: 62
Art. 904: 61-62
Art. 907: 63
Art. 910: 62
Art. 921: 62
Art. 952: 123
Art. 966: 202
Art. 974, § 2º: 273
Art. 977: 493
Art. 980: 363, 495
Art. 981: 203
Art. 1.004: 206
Art. 1.028: 205
Art. 1.029: 199
Art. 1.030: 206
Art. 1.031: 205, 210
Art. 1.032: 206
Art. 1.077: 206
Art. 1.085: 206
Art. 1.196: 119-120, 127, 368
Art. 1.197: 127, 140
Art. 1.198: 128
Art. 1.199: 482
Art. 1.210, § 1º: 294, 427
Art. 1.210, § 2º: 140
Art. 1.212: 129
Art. 1.228: 119, 152
Art. 1.238: 55, 118
Art. 1.238, § ún.: 192
Art. 1.240-A: 47, 363
Art. 1.242, § ún.: 192
Art. 1.245: 139, 235, 299, 308
Art. 1.247, § ún.: 300
Art. 1.258: 139, 176
Art. 1.259: 176
Art. 1.267: 65

Art. 1.268: 66, 282, 300
Art. 1.297: 163, 164
Art. 1.314: 162, 482-483
Art. 1.320: 166
Art. 1.322: 483
Art. 1.331: 162
Art. 1.355: 110
Art. 1.361: 299
Art. 1.410: 473
Art. 1.417: 299
Art. 1.431: 424
Art. 1.467: 427
Art. 1.469: 427
Art. 1.470: 427
Art. 1.489: 527
Art. 1.523, I: 217
Art. 1.573: 363
Art. 1.578: 365
Art. 1.580, 1º: 362
Art. 1.581: 364
Art. 1.589: 391
Art. 1.601: 359
Art. 1.603: 234
Art. 1.614: 372
Art. 1.639: 491
Art. 1.641: 231, 494
Art. 1.641, II: 494
Art. 1.647: 486, 493
Art. 1.658: 232
Art. 1.723: 302
Art. 1.725: 368, 485
Art. 1.727: 346
Art. 1.728: 512
Art. 1.728, I: 513
Art. 1.735: 527
Art. 1.736: 527
Art. 1.737: 527
Art. 1.739: 528
Art. 1.747: 527
Art. 1.748: 527-528
Art. 1.750: 527
Art. 1.752: 527
Art. 1.753: 528
Art. 1.754: 528
Art. 1.755: 97, 528-529
Art. 1.768, IV: 519
Art. 1.784: 214, 216, 223, 270, 333
Art. 1.790: 250

Art. 1.790, I: 251
Art. 1.790, II: 251
Art. 1.810: 253
Art. 1.813: 255
Art. 1.813, § 2º: 255
Art. 1.816: 506
Art. 1.819: 501
Art. 1.824: 266
Art. 1.827, § ún.: 267
Art. 1.829: 231
Art. 1.829, I: 227, 231-232, 247, 250, 500, 507
Art. 1.830: 90, 226, 231, 300, 502
Art. 1.868: 497
Art. 1.869: 497
Art. 1.877: 498
Art. 1.881: 498
Art. 1.911: 471
Art. 1.951: 473
Art. 1.976: 499
Art. 1.977: 499
Art. 1.981: 499
Art. 1.987: 499
Art. 1.992: 238
Art. 1.996: 218, 237
Art. 2.002: 218, 247, 254
Art. 2.003: 250
Art. 2.003, § ún.: 251
Art. 2.004: 251
Art. 2.005: 246
Art. 2.006: 249
Art. 2.007: 254
Art. 2.010: 218
Art. 2.011: 218, 247
Art. 2.015: 219, 267
Art. 2.017: 257
Art. 2.018: 253
Art. 2.019: 257
Art. 2.019, § 2º: 258
Art. 2.021: 280
Art. 2.038, § 1º: 96
Art. 2.039: 492

CCB/1916
Art. 230: 491
Art. 347: 234
Art. 358: 234
Art. 1.603, IV: 500

Código Comercial
Art. 426: 62
Art. 501: 537
Art. 504: 537
Art. 567: 435
Art. 761: 433
Art. 762: 435
Art. 763: 433, 438
Art. 764: 434
Art. 766: 438

CF/1988
Art. 3º: 365
Art. 5º, caput: 140
Art. 5º, XX: 198
Art. 5º, XXI: 547-548, 574
Art. 5º, XXXVI: 361
Art. 5º, LV: 54, 56
Art. 5º, LVII: 619
Art. 5º, LXVII: 58
Art. 5º, LXIX: 545
Art. 5º, LXX: 545
Art. 5º, LXXIII: 624
Art. 5º, LXXIV: 222
Art. 5º, LXXVIII: 240, 345, 462
Art. 15, V: 601
Art. 37, § 4º: 601
Art. 37, § 5º: 622
Art. 71, § 3º: 621
Art. 98, I: 668
Art. 102, I: 651
Art. 103: 654
Art. 103, § 2º: 651
Art. 125, § 2º: 651
Art. 129, III: 617
Art. 170: 198
Art. 170, I: 198
Art. 183: 48, 55
Art. 191: 55
Art. 226, § 3º: 302, 367
Art. 227, § 6º: 234

Código de Defesa do Consumidor
Art. 26: 102
Art. 93: 592
Art. 94: 588
Art. 100: 600
Art. 103: 585
Art. 103, I: 585, 599
Art. 103, II: 599
Art. 103, III: 591
Art. 103, § 2º: 586
Art. 104: 585, 589

Código Tributário Nacional
Art. 192: 261

Estatuto da Criança e do Adolescente – Lei 8.060/1990
Art. 27: 359
Art. 33: 391
Art. 35: 391
Art. 36, § ún.: 513

Mandado de Segurança – Lei 12.016/2009
Art. 1º: 551
Art. 1º, § 1º: 552
Art. 2º: 552-553
Art. 5º, I: 551
Art. 7º, II: 555
Art. 7º, III: 554
Art. 10, § 2º: 553
Art. 12: 557
Art. 13: 549
Art. 14: 562
Art. 14, § 1º: 562
Art. 14, § 4º: 549
Art. 15: 549
Art. 19: 560
Art. 21: 546
Art. 22: 546
Art. 23: 549
Art. 25: 561, 565

Lei dos Registros Públicos Lei 6.015/1973
Art. 12: 232
Art. 29, § 1º: 363
Art. 94: 508
Art. 167, II: 363, 496
Art. 176, § 3º: 182
Art. 212: 162
Art. 213: 162
Art. 213, § 9º: 162
Art. 213, § 10: 162
Art. 216-A: 54-55, 323
Art. 216-A, §§ 10 e 15: 57

ÍNDICE DAS SÚMULAS E DA LEGISLAÇÃO

Lei da Ação Civil Pública – Lei 7.347/1985
Art.3º: 597
Art. 4º: 594
Art. 5º: 597, 600, 630
Art. 7º, I: 639
Art. 7º, 2º, II: 639
Art. 7º, 2º, III: 640
Art. 8º: 596
Art. 9º: 596
Art. 12: 598
Art. 14: 599
Art. 15: 600
Art. 16: 646-647
Art. 17: 646
Art. 18: 598, 647

Lei da Ação Popular – Lei 4.717/1965
Art.1º, § 1º: 625
Art. 1º, § 3º: 630
Art. 2º: 625
Art. 5º, § 3º: 634
Art. 5º, § 4º: 635
Art. 6º: 630, 632
Art. 6º, § 1º: 638
Art. 6º, § 5º: 629
Art. 7º, II: 632
Art. 9º: 626
Art. 12: 642
Art. 14, § 1º: 642
Art. 14, § 3º: 642
Art. 14, § 4º: 634
Art. 15: 627, 642
Art. 18: 643
Art. 19: 644

Juizado Especial Cível – Lei 9.099/1995
Art. 2º: 669
Art. 3º, I: 43
Art. 3º, IV: 114, 672
Art. 4º: 673
Art. 8º, § 1º: 674
Art. 9º: 673
Art. 12: 676
Art. 13, § 2º: 676
Art. 16: 677
Art. 18: 677
Art. 27: 686
Art. 29: 671
Art. 31: 679
Art. 36: 678
Art. 41: 680
Art. 42, § 1º: 680
Art. 43: 680
Art. 48: 680
Art. 50: 680
Art. 51, II: 672
Art. 51, III: 673
Art. 52: 680
Art. 52, IX: 681
Art. 53, § 4º: 681
Art. 54: 681
Art. 55: 681
Art. 57: 681
Art. 59: 682

Juizado Especial Cível Federal – Lei 10.259/2001
Art. 1º: 682
Art. 2º: 682
Art. 3º, 1º: 683
Art. 3º, § 2º: 683
Art. 3º, § 3º: 682
Art. 6º, I: 683
Art.8º: 683
Art. 10: 683
Art. 12: 686
Art. 14, § 1º: 687
Art. 14, § 2º: 687
Art. 14, § 6º: 687
Art. 17, § 4º: 687

Juizado Especial da Fazenda Pública – Lei 12.153/2009
Art. 2º: 688, 690
Art. 2º, § 4º: 689
Art. 4º: 691
Art. 5º, I: 690
Art. 5º, II: 690
Art. 7º: 691
Art. 9º: 691
Art. 12: 692
Art. 13: 689
Art. 13, I: 693
Art. 16, § 2º: 692

Art. 18, § 1º: 694
Art. 19: 694
Art. 27: 690

Lei de Improbidade – Lei 8.429/1992
Art. 2º: 603
Art. 7º: 609
Art. 9º: 605
Art. 9º, VII: 606, 616
Art. 10: 606
Art. 11: 602, 607
Art. 12: 602, 612
Art. 12, I: 619-620
Art. 13: 606, 616
Art. 14: 608
Art. 16: 611
Art. 17: 608, 612-613, 615
Art. 17, § 3º: 616
Art. 17, § 4º: 617
Art. 17, § 8º: 613
Art. 18: 616, 619
Art. 20: 611
Art. 23, I: 618, 622

Outras Leis Extravagantes

Lei 6.001/1973
Art. 20: 196

Lei 6.194/1974
Art. 3º: 274

Lei 6.383/1976
Art.18: 193
Art. 20: 194
Art. 20, § 2º: 195
Art. 22: 194-195
Art. 23: 195

Lei 6.858/1980
Art. 1º: 272-273
Art. 2º: 275

Lei 8.212/1991
Art. 47, II: 236

Lei 8.560/1992
Art. 1º: 234-235

Lei 9.636/1998: 137

Lei 9.868/1999
Art. 2º: 654
Art. 3º: 653
Art. 3º, I: 652, 655
Art. 3º, § ún.: 655
Art. 4º: 657
Art. 7º: 655-656
Art. 9º, § 1º: 655
Art. 9º, § 3º: 657
Art. 10, § 3º: 657
Art. 11, § 2º: 658
Art. 12-A: 652, 654
Art. 12-B: 655
Art. 12-E: 656-657
Art. 12-F: 657
Art. 12-H: 652
Art. 22: 658
Art. 23: 658
Art. 24: 658
Art. 27: 659
Art. 28, § ún.: 659

Lei 9.882/1999
Art. 1º: 663
Art. 1º, § ún., I: 652
Art. 2º, II: 662
Art. 3º: 662
Art. 3º, I: 655
Art. 3º, V: 663
Art. 5º, § 1º: 664
Art. 5º, § 2º: 663
Art. 5º, § 3º: 662
Art. 11: 665

Lei 10.257/2001
Art. 12: 47

Lei 9.494/1997
Art. 2-B: 565, 624

Lei 13.097/2015
Art. 54: 303

DL 9.760/1946
Art. 99: 96

* * *